中国哲学社会科学学科年鉴
CHINESE ACADEMIC ALMANAC

ALMANAC OF
WORLD HISTORY
STUDIES IN CHINA

罗文东 主编　刘健 徐再荣 副主编

中国世界史年鉴
2022

中国社会科学出版社

图书在版编目（CIP）数据

中国世界史年鉴. 2022 / 罗文东主编；刘健，徐再荣副主编. -- 北京：中国社会科学出版社，2024. 10.
ISBN 978-7-5227-3868-0

Ⅰ. K1-12

中国国家版本馆CIP数据核字第2024KC3904号

出 版 人	赵剑英
责任编辑	彭莎莉
责任校对	李　惠
责任印制	张雪娇

出　　版	中国社会科学出版社
社　　址	北京鼓楼西大街甲 158 号
邮　　编	100720
网　　址	http://www.csspw.cn
发 行 部	010-84083685
门 市 部	010-84029450
经　　销	新华书店及其他书店

印刷装订	三河市东方印刷有限公司
版　　次	2024年10月第1版
印　　次	2024年10月第1次印刷

开　　本	787×1092　1/16
印　　张	43
插　　页	2
字　　数	1101千字
定　　价	368.00元

凡购买中国社会科学出版社图书，如有质量问题请与本社营销中心联系调换
电话：010-84083683
版权所有　侵权必究

《中国世界史年鉴2022》编委会

(按姓氏笔画排序)

王三三	王大庆	王立新	王晓德	王新刚	叶聪岚	付成双	邢来顺
任东波	刘林海	刘　健	李秉忠	李剑鸣	李　莉	杨共乐	沐　涛
张礼刚	张　杨	张勇安	张艳茹	张倩红	张绪山	陈　恒	欧阳晓莉
罗文东	孟庆龙	孟钟捷	赵学功	哈全安	侯建新	姜　南	祝宏俊
费　晟	姚百慧	原祖杰	顾銮斋	晏绍祥	徐再荣	徐松岩	徐　毅
唐利国	韩东育	韩志斌	潘迎春

主　　　编：罗文东
副　主　编：刘　健　徐再荣（常务）
执行编辑部门：《世界历史》编辑部
执 行 编 辑：张艳茹　刘　巍　杜　娟　宁　凡　何　风　李　冉
　　　　　　王　超

编辑说明

《中国世界史年鉴2022》由中国社会科学院世界历史研究所主持编纂。本年鉴为具有综合性、文献性特征的年度资料性工具书，旨在比较全面地反映国内世界史学科发展状况，展现国内世界史研究成果，为学界提供可资参考的学术信息。

为更好地组织编纂，世界历史研究所专门组建了年鉴编委会。编委会主要由全国世界史科研和教学机构的学科带头人、现任国务院学位委员会世界史学科评议组成员组成。同时，《世界历史》编辑部作为执行编辑部门与相关机构建立了联络机制，以便全面收集全国世界史学科相关信息。

本年鉴共设10个栏目，其中"特稿"部分三篇分别从近代以来的中国世界史研究发展历程、近十年来中国世界史研究的发展状况、2021年世界史研究新进展三个角度，反映中国世界史研究的发展脉络及进展状况。"2021年世界史研究综述"部分主要按照区域国别史，并结合部分重点议题进行分篇，对全国的世界史研究作较详细的汇总和评介。除上述两栏目外，本年鉴另设"科研课题的立项与结项""著作、译著简介""论文观点摘编""世界史学科博士论文、博士后出站报告目录及简介""期刊、集刊动态""全国性学术社团动态""全国世界史主要科研和教学单位动态""世界史学科大事记"等栏目。本年鉴为中国世界史学科首部年鉴，在栏目设置、编辑体例、信息选择等方面均处于摸索阶段，有待今后进一步完善。

目　录

特　稿

近代以来中国世界史研究的发展 ……………………………………………… 于沛（3）
近十年来中国世界史研究的发展——以2021年中国世界史研究为中心的
　考察 ………………………………………………………………… 柴英　朱文旭（40）
2021年世界史研究的新进展 …………………………………………………… 刘健（61）

2021年世界史研究综述

2021年世界史理论与方法研究综述 ………………… 张文涛　付倬璘　崔鑫杰（73）
2021年世界古代中世纪史研究综述 …………………………………………………
　……………… 孙泓　吕厚量　温静　孙思萌　王超华　邢颖　王万里　余星辰　张璐（87）
2021年东亚、东南亚史研究综述 …………………… 张跃斌　李文明　许亮　时伟通（124）
2021年西亚、南亚史研究综述 ……………………………………… 姚惠娜　宋丽萍（140）
2021年中国非洲史研究综述 ………………………………………… 杭聪　高天宜（150）
2021年拉美史研究综述 ……………………………………………… 杜娟　王文仙（159）
2021年北美史研究综述 …………… 高国荣　金海　王宏波　张红菊　姚朋　赵月洎（166）
2021年西欧史研究综述 …………… 张炜　王超　信美利　罗宇维　赵博文　张慧　杨光（177）
2021年俄罗斯、东欧、中亚史研究综述 ……………………………………………
　………………………… 王晓菊　侯艾君　邢媛媛　鲍宏铮　朱剑利　李颖（187）
2021年"一带一路"史研究综述 …………………… 孟庆龙　李锐　张丹　张瑾（204）
2021年国内太平洋与太平洋国家史研究综述 ………… 邓超　吕桂霞　时伟通（214）
2021年国际关系史研究综述 …………………………………………… 梁占军　成振海（222）

科研课题的立项与结项

一、国家社会科学基金项目（世界历史学科） ……………………………………（235）
　（一）国家社会科学基金项目2021年度课题指南 ………………………………（235）
　（二）2021年国家社科基金重大项目立项名单 …………………………………（236）

（三）2021年国家社科基金重点项目立项名单 ……………………………………（236）
（四）2021年国家社科基金一般项目立项名单 ……………………………………（237）
（五）2021年国家社科基金青年项目立项名单 ……………………………………（240）
（六）2021年国家社科基金后期资助项目立项名单 ………………………………（241）
（七）2021年国家社科基金冷门绝学研究专项立项名单 …………………………（242）
（八）国家社科基金中国历史研究院重大历史问题研究专项 ……………………（243）
（九）2021年国家社科基金年度、青年、西部项目结项名单 ……………………（244）
（十）2021年国家社科基金后期资助项目结项名单 ………………………………（248）

二、教育部课题项目（世界史相关） ……………………………………………………（249）
（一）2021年度教育部人文社会科学研究规划基金项目立项一览 ………………（249）
（二）2021年度教育部人文社会科学研究青年基金项目立项一览 ………………（249）

著作、译著选介

一、著作 ……………………………………………………………………………………（253）
　世界古代中世纪史 ……………………………………………………………………（253）
　　吕厚量：《古希腊史学中帝国形象的演变研究》 ……………………………（253）
　　晏绍祥：《与距离斗争：中国和西方的古代世界史研究》 …………………（253）
　　郭丹彤主编，郭丹彤、杨熹、梁珊译著：《古代埃及新王国时期经济文献
　　　译注》 …………………………………………………………………………（254）
　　颜海英：《中国收藏的古埃及文物》 …………………………………………（254）
　　刘津瑜主编：《全球视野下的古罗马诗人奥维德研究前沿》 ………………（255）
　　王超华：《中世纪英格兰工资问题研究》 ……………………………………（256）
　日本与东亚史 …………………………………………………………………………（256）
　　周启乾：《近代东亚中的日本及日俄、中日关系研究》 ……………………（256）
　　赵国壮：《东亚糖业史研究》 …………………………………………………（257）
　　牛军：《战后东亚秩序》 ………………………………………………………（257）
　西亚、南亚史 …………………………………………………………………………（258）
　　姚惠娜：《殖民遗产与现实困境：历史视域下的欧盟地中海政策研究》 …（258）
　　梁道远编著：《古代阿拉伯史学家及其著作目录》 …………………………（259）
　　李晔梦：《以色列科研体系的演变》 …………………………………………（259）
　　哈全安：《土耳其通史》（修订本） …………………………………………（260）
　　艾仁贵：《马萨达神话与以色列集体记忆塑造》 ……………………………（260）
　　周小明：《印度宪法及其晚近变迁》 …………………………………………（261）
　　谢超：《论印度族群关系治理：以旁遮普问题为例（1983—1994）》 ……（262）
　非洲史 …………………………………………………………………………………（262）
　　李安山：《非洲现代史》（全二卷） …………………………………………（262）

蒋真等：《西亚北非地区政治发展的困境与危机研究》 (263)
杭聪：《战后英国英属撒哈拉以南非洲政策研究（1945—1980）》 (263)

拉美史 (264)
徐世澄：《美国与古巴关系史纲》 (264)
韩琦等：《墨西哥文化革新运动与现代化》 (264)

北美史 (265)
侯深：《无墙之城：美国历史上的城市与自然》 (265)
王俊勇：《美国黄石国家公园生态管理的历史考察（1872—1995）》 (266)
孟茹玉：《美国犹太人价值认同研究》 (266)
李剑鸣：《美国社会和政治史管窥》 (267)
王雪琴：《美国环境主义与环境运动研究》 (267)
章永乐：《此疆尔界："门罗主义"与近代空间政治》 (268)
王元崇：《中美相遇：大国外交与晚清兴衰（1784—1911）》 (269)
江振鹏：《奠基金融帝国：美国塔夫脱政府"金元外交"研究》 (269)
马燕坤：《秩序的建设与瓦解：后殖民时代美国在非洲的战略》 (270)

西欧史 (271)
潘迎华：《19世纪英国中产阶级女性研究》 (271)
孟钟捷、王琼颖：《魏玛德国社会政策研究》 (271)
周弘主编：《德国统一的外交》 (272)
向荣：《历史的延续与变迁》 (272)
于洪：《英国现代法治的历史渊源研究》 (273)
朱明：《巴勒莫：一部全球史》 (274)
沈坚、乐启良主编：《当代法国史学研究新趋势》 (274)
张弛：《重估政治：理解18世纪法国史》 (275)
刘景华等：《欧洲农村城镇化进程及其借鉴意义》 (276)
张炜：《社会变迁的催化剂：16世纪英格兰的印刷媒介》 (276)

俄罗斯、东欧、中亚史 (277)
马细谱：《巴尔干近现代史》（上下卷） (277)
孙兴杰：《"东方问题"与巴尔干化的历史根源》 (278)
庄宇、施越主编：《俄罗斯国家建构的历史进程》 (278)
宋永成：《苏联犹太人研究（1941—1953）——以犹太人反法西斯委员会为中心》 (279)
昝涛：《从巴格达到伊斯坦布尔：历史视野下的中东大变局》 (279)

"一带一路"史 (279)
吴小安：《区域与国别之间》 (279)
李伯重、董经胜主编：《海上丝绸之路：全球史视野下的考察》 (280)
于文杰主编：《"一带一路"传统文化访谈录》（上下卷） (281)

太平洋与太平洋国家史 …………………………………………………………（281）
　郑维宽主编：《东南亚区域史》 …………………………………………………（281）
　费晟：《再造金山：华人移民与澳新殖民地生态变迁》 ………………………（282）
　范若兰等：《东南亚女政治领袖研究》 …………………………………………（283）
　饶睿颖：《泰北佛教史》 …………………………………………………………（283）

二、译著 …………………………………………………………………………（284）

世界古代中世纪史 …………………………………………………………………（284）
　肯特·R. 威克斯：《埃及的神庙和陵墓》，杜世茹译 …………………………（284）
　F. W. 沃尔班克、A. E. 阿斯廷等编：《剑桥古代史》第七卷第一分册《希腊化世界》，杨巨平等译 …………………………………………………………（285）
　彼得·布朗：《穿过针眼：财富、西罗马帝国的衰亡和基督教会的形成，350—500 年》，刘寅、包倩怡等译 …………………………………………（286）
　菲利普·内莫：《古典与中世纪政治思想史》，张竝译 ………………………（286）
　韦尔纳·耶格尔：《教化：古希腊文化的理想》，陈文庆译 …………………（287）
　汉内莱·克莱梅蒂娜：《中世纪厨房：一部食品社会史》，欧阳瑾译 ………（287）
　约翰·哈彻、马克·贝利：《中世纪的模型：英格兰经济发展的历史与理论》，许明杰、黄嘉欣译 ………………………………………………………（288）
　保罗·福拉克主编：《新编剑桥中世纪史（第一卷）：约 500 年至约 700 年》，徐家玲等译 …………………………………………………………………（288）
　提姆西·路特主编：《新编剑桥中世纪史（第三卷）：约 900 年至约 1024 年》，顾銮斋等译 ……………………………………………………………（289）

日本与东亚史 ………………………………………………………………………（289）
　真嶋亚有：《"肤色"的忧郁：近代日本的人种体验》，宋晓煜译 ……………（289）
　韩清安（Eric C. Han）：《横滨中华街（1894—1972）：一个华人社区的兴起》，尹敏志译 …………………………………………………………………（289）

拉美史 ………………………………………………………………………………（290）
　玛丽·阿拉纳：《银、剑、石：拉丁美洲的三重烙印》，林华译 ………………（290）

北美史 ………………………………………………………………………………（290）
　马丁·道尔：《大河与大国》，刘小鸥译 …………………………………………（290）
　安娜·扎伊德：《罐头：一部美国公众的食品安全史》，邹赜韬、宋维维、王慧慧译 ………………………………………………………………………（291）
　玛丽萨·拉索：《被抹去的历史：巴拿马运河无人诉说的故事》，扈喜林译 …（291）
　詹姆斯·L. 诺瓦克、詹姆斯·W. 皮斯、拉里·D. 桑德斯：《美国农业政策：历史变迁与经济分析》，王宇、胡武阳、卢亚娟译 ………………………（291）
　默里·德里、赫伯特·J. 斯托林编：《反联邦论》，马万利译 ………………（292）
　西蒙·沙玛：《风雨横渡：英国、奴隶和美国革命》，李鹏程译 ………………（292）
　A. G. 霍普金斯：《美利坚帝国：一部全球史》，薛雍乐译 ……………………（292）

西欧史 ……………………………………………………………………………………（293）

 布伦丹·西姆斯：《千年英欧史》，李天云、窦雪雅译 ………………………（293）
 罗伯特·达恩顿：《法国大革命前夕的图书世界》，高毅、高煜译 …………（293）
 保罗·莱：《英国共和兴亡史》，祝晓辉译 ……………………………………（293）
 罗伯特·达恩顿：《法国旧制度时期的地下文学》，熊颖哲译 ………………（294）
 诺曼·戴维斯：《欧洲史》，刘北成、郭方等译 ………………………………（294）
 威廉·麦克尼尔：《威尼斯：欧洲的枢纽 1081—1797》，许可欣译 …………（295）
 约翰·朱利叶斯·诺里奇：《威尼斯史：向海而生的城市共和国》，杨乐言译 …（295）
 厄恩利·布拉德福德：《地中海的画像：从文明的起源到两次世界大战》，
  杨春景译 ……………………………………………………………………（295）
 阿兰·布隆迪：《地中海世界一万五千年》，周恒涛译 ………………………（296）
 约翰·克罗：《西班牙的灵魂：一个文明的哀伤与荣光》，庄安祺译 ………（296）
 瑞贝卡·里迪尔：《1666：瘟疫、战争和伦敦大火》，韩丽枫译 ……………（296）
 加布里埃尔·戈罗德茨编注，伊万·迈斯基著：《伦敦日记：苏联驻伦敦大使二战
  回忆》，全克林、赵文焕译 …………………………………………………（297）
 西蒙·赫弗：《凝视上帝：大战中的英国》，伍秋玉译 ………………………（297）
 T. M. 迪瓦恩：《苏格兰民族：一部现代史》，徐一彤译 ……………………（297）
 诺埃尔·马尔科姆：《帝国代理人：16世纪地中海世界的骑士、海盗、耶稣会士与
  间谍》，余福海译 ……………………………………………………………（298）
 尼古劳斯·瓦克斯曼：《纳粹集中营史》，柴茁译 ……………………………（299）
 马修·休兹、克里斯·曼：《希特勒的纳粹德国：第三帝国社会生活史》，
  于仓和译 ……………………………………………………………………（299）
 埃里克·韦茨：《魏玛德国：希望与悲剧》，姚峰译 …………………………（299）
 巴尔特·范埃斯：《被隔绝的女孩：二战中的荷兰犹太人和地下抵抗运动》，
  成琳译 ………………………………………………………………………（300）
 伊维德编：《荷兰的中国研究：过去、现在与未来》，耿勇、刘晶、侯喆译 …（300）
 罗兰·斯特龙伯格：《西方现代思想史：1789年至今》，刘北成、赵国新译 …（301）
 基尔·沃丁顿：《欧洲医疗五百年——1500年以来的欧洲医疗社会史》，
  李尚仁译 ……………………………………………………………………（301）
 安东·范德伦：《海洋帝国的崛起：尼德兰八十年战争，1568—1648》，
  杜原译 ………………………………………………………………………（302）
 亚当·图兹：《滔天洪水：第一次世界大战与全球秩序的重建》，陈涛、
  史天宇译 ……………………………………………………………………（302）
 威廉·多伊尔：《牛津法国大革命史》，张弛、黄艳红、刘景迪译 …………（303）
 菲利普·S. 戈尔斯基：《规训革命：加尔文主义与近代早期欧洲国家的兴起》，
  李钧鹏、李腾译 ……………………………………………………………（303）

帕特里斯·格尼费：《帝国之路：通向最高权力的拿破仑，1769—1802》，王雨涵、
　　黎炜健译 ·· (304)
俄罗斯、东欧、中亚史 ·· (304)
　　伊万·德米特里耶维奇·科瓦利琴科：《19世纪上半叶的俄国农奴》，张广翔、
　　　刘颜青译 ·· (304)
　　鲍维金·瓦列里·伊万诺维奇：《俄国金融资本的起源》，张广翔、高笑译 ············· (305)
　　扎哈洛夫·维克多·尼夫拉耶维奇、彼得罗夫·尤里·亚历山德罗维奇、
　　　萨茨洛·米哈伊尔·卡尔内利耶维奇：《俄国税收史（9—20世纪初）》，
　　　张广翔、梁红刚译 ··· (305)
　　列昂尼德·约瑟福维奇·鲍罗德金等：《卢布不是万能的：十月革命前俄国的纺织企业
　　　与工人》，张广翔、王祎、赵子恒译 ··· (306)
　　利季娅·瓦西里耶夫娜·科什曼、柳德米拉·德米特里耶娃·杰尔加乔娃主编：
　　　《权力·社会·文化：19世纪末20世纪初俄国文化发展概论》，张广翔、
　　　高腾译 ··· (306)
　　尤里·亚历山德罗维奇·彼得罗夫：《20世纪初的莫斯科企业家》，张广翔、
　　　师成译 ··· (307)
　　小杰克·F.马特洛克：《苏联解体亲历记》，张敏谦等译 ··· (308)
　　马克·劳伦斯·希拉德：《伏特加政治：酒精、专制和俄罗斯国家秘史》，王进、
　　　余杜烽译 ··· (308)
　　威廉·麦克尼尔：《东欧——草原边疆1500—1800》，八月译 ································· (309)
　　博博占·加富罗维奇·加富罗夫：《塔吉克人——上古时代、古代及中世纪历史》，
　　　中国社会科学院俄罗斯东欧中亚研究所、塔吉克斯坦共和国民族科学院、
　　　塔吉克斯坦驻华大使馆联合课题组译 ··· (309)
太平洋史 ·· (310)
　　吴汉泉：《朝贡与利润：1652—1853年的中暹贸易》，王杨红、刘俊涛、
　　　吕俊昌译 ··· (310)
　　迈克尔·瓦提裘提斯：《季风吹拂的土地：现代东南亚的碎裂与重生》，
　　　张馨方译 ··· (311)
　　安东尼·瑞德：《东南亚史：危险而关键的十字路口》，宋婉贞、张振江译 ············· (311)

论文观点摘编

越南古代史家对本国古史的书写和构建初探 ·· (315)
帝国叙事与英国环境史研究主题 ··· (315)
从媒介技术角度重新理解西方历史书写的秩序 ·· (315)
税制与乌尔第三王朝的国家治理 ··· (315)
苏美尔人驿站系统的形成及其作用 ·· (316)

罗马共和国后期行省治理的弊端与规范 …………………………………………… (316)
合作与限制：20世纪70年代美国对韩国导弹开发活动的反应与对策 …………… (316)
关于非洲阿拉伯国家通史研究的若干问题 ……………………………………… (316)
太平洋史与太平洋国家史研究刍议 ……………………………………………… (317)
中国拉丁美洲研究的回顾与思考 ………………………………………………… (317)
启蒙运动时期德波对美洲全面"退化"的想象 ………………………………… (317)
古埃及神庙中的"秘传"知识 …………………………………………………… (318)
论日本军部西进战略的形成与演变 ……………………………………………… (318)
近代英国对抑郁症的认知——从忧郁症到抑郁症 ……………………………… (318)
美国与1958年法国政府危机 ……………………………………………………… (318)
二战后三十年间澳大利亚技术移民结构与成因探析 …………………………… (319)
国际东南亚研究的演变——以东南亚史研究为重点 …………………………… (319)
"大规模报复"战略与美国海外核部署 ………………………………………… (319)
处女地假说与北美印第安人的命运 ……………………………………………… (319)
老工业城市的再生之路：洛厄尔的转型路径 …………………………………… (320)
维多利亚时代的困惑：领事裁判权与治外法权之恶 …………………………… (320)
全球史在日本的兴起、实践及其特点 …………………………………………… (320)
美国建国者的"知识政治学" …………………………………………………… (320)
19世纪后半期美国城市住房治理研究 …………………………………………… (321)
明清鼎革后日朝通信使笔谈中的"中华"观碰撞 ……………………………… (321)
社会文化史视野下的17世纪法国沙龙女性 ……………………………………… (321)
中世纪晚期英格兰农民的仲夏节娱乐 …………………………………………… (321)
19世纪晚期美国农民对"乔治主义"的接受与扬弃 …………………………… (322)
国家史观视域下新印度史学的叙事建构：从雅利安文明到莫卧儿帝国 ……… (322)
世纪罗马"帝国主义"问题在西方学术界的缘起与发展 ……………………… (322)
德意志农民战争纲领中的国家制度改革 ………………………………………… (322)
晚期拜占庭帝国雇佣兵控制权的丧失及其影响 ………………………………… (322)
大变局之际中国世界史研究的学术发展轨迹——以2020年《复印报刊资料·世界史》
　为中心 …………………………………………………………………………… (323)
古代两河流域早期王衔的沿革与国家形态的演变 ……………………………… (323)
从跨国史视野重新审视美国革命 ………………………………………………… (323)
20世纪初期日本的东亚"同文"主张与亚洲主义——以"汉字统一会"为中心的
　考察 ……………………………………………………………………………… (324)
古代埃及国家起源过程中的"他者"形象与国家职能建构 …………………… (324)
影响美国革命的隐藏因素 ………………………………………………………… (324)
种族问题与冷战初期美国的对外宣传 …………………………………………… (324)
西方古代史学源流辨析 …………………………………………………………… (325)

大变局时代的世界史研究 …………………………………………………………………（325）
美国史学界关于美国革命历史记忆的研究 ……………………………………………（325）
全球史研究：对民族-国家话语的反思与构建 …………………………………………（325）
弃中取日：近代巴西东亚移民政策的转变 ……………………………………………（326）
希罗多德与雅典"史前史"的书写 ………………………………………………………（326）
蒙古时代之后——东部亚洲海域的一个历史关键时期（1368—1420）………………（326）
英国近代土地确权立法与实践 …………………………………………………………（327）
政治理论中的历史与规范性：以罗尔斯为例 …………………………………………（327）
记忆、历史与遗忘：雅典大赦与吕西阿斯的修辞策略 ………………………………（327）
疫情之下的社会分裂——英国医学界关于1832年霍乱的病原学之争 ……………（327）
20世纪日本学界的"古代虾夷族群"论争 ………………………………………………（328）
占领初期日本"文化国家"构想中的国权与民权论争 ………………………………（328）
近代早期欧洲军事革命论的西方中心主义偏见 ………………………………………（328）
联邦德国的德国统一政策研究现状——以联邦德国对民主德国的经济政策为考察
　　核心 ……………………………………………………………………………………（328）
小石城事件国际影响下的美国民权运动 ………………………………………………（329）
20世纪30年代初意大利与中国的经济合作计划 ……………………………………（329）
19世纪美国反堕胎运动的权力争夺与种族因素 ………………………………………（329）
苏联原子弹之父库尔恰托夫与苏联核计划 ……………………………………………（330）
全球史的兴起与当代中国全球史学科建设 ……………………………………………（330）
古罗马人对瘟疫的认知与应对 …………………………………………………………（330）
反犹主义概念的起源与流变 ……………………………………………………………（330）
我国太平洋与太平洋国家史研究：现状、问题与愿景 ………………………………（331）
埃利乌斯·阿里斯泰德与2世纪希腊知识精英的历史观 ……………………………（331）
史学史研究的性质、演变和未来：一个全球的视角 …………………………………（331）
21世纪马克思主义世界历史观的叙事主题 ……………………………………………（331）
当代西方口述史学的六大理论转向 ……………………………………………………（332）
从掠夺性开发到保护性利用：对美国区域规划文件《大平原的未来》的重新
　　审视 ……………………………………………………………………………………（332）
从书信看兰克第一本书及附本的诞生 …………………………………………………（332）
法国启蒙与革命时代的"自然理性"及其效应——以公制单位"米"的诞生为中心
　　的考察 …………………………………………………………………………………（332）
英属非洲殖民地的棉花种植推广活动及其影响 ………………………………………（333）
战时日本开发原子弹的底层逻辑、推进体制与路径方法 ……………………………（333）
近代英国公司制度的起源 ………………………………………………………………（333）
如何在世界文明史范式研究中凸显中国特色 …………………………………………（334）
俄罗斯对《苏德互不侵犯条约》评价80年 ……………………………………………（334）

20世纪以来世界历史分期问题探讨 (334)
"债务换取自然"与塑造绿色话语霸权：美国对热带森林的保护政策及评析 (334)
古埃及：一个不重视历史的文明 (335)
"新帝国史"：西方帝国史研究的新趋势 (335)
西北欧在欧洲文明形成中的核心作用 (335)
从地中海到黄河——希腊化文化信息在中国的回响（至公元7世纪） (335)
气候：17—19世纪欧洲社会和政治抗争的一个因素？ (335)
丸山真男的学术研究与对日本军国主义的反思 (336)
美国主流新闻媒体对新左派运动的形象建构——以《纽约时报》对"学生争取民主社会组织"的报道为中心 (336)
法国心态史的研究传统与理论转型 (336)

世界史学科博士学位论文、博士后出站报告目录及简介

中国社会科学院大学 (341)
  张文静：《美国阿拉斯加北坡石油开发与管道建设的争议及影响（1968—1980）》 (341)
  李巧：《诺夫哥罗德与汉萨同盟贸易关系研究》 (342)
  陈丽蓉：《阿拉伯国家联盟及其安全治理研究》 (343)
  周芬：《19世纪英帝国孟买和哈利法克斯海军基地研究》 (344)
  李天瑷：《后人类史学：概念、实践与展望》 (345)
  郑鹏：《西北科学考察团文物文献整理研究与展览策划——以中国国家博物馆馆藏为中心》 (345)
北京大学 (346)
  钟孜：《法国城市水环境治理的历史变迁——以里昂为中心的考察》 (346)
  卢雅怀：《三场争论中的杰罗姆修道理想》 (347)
  盛仁杰：《"政治平衡"的艺术：鲁瓦耶-科拉尔的政治思想研究》 (348)
  董雨：《20世纪土库曼民族建构研究》 (349)
  黄浩：《18世纪法国地方行政改革研究：思想与实践》 (349)
  宋昊：《纳粹德国休闲政策研究》 (350)
  李宇恒：《从君主国到人民国家：托马斯·莫尔政治思想再透视》 (351)
  刘宏焘：《菲律宾渔业危机的形成与社会应对（1946—2010）》 (351)
  杜世茹：《〈冥世之书〉与埃及新王国时期的来世观念》 (352)
  林漫：《"转向"与"矛盾"——20世纪60年代末以来的美国妇女与性别史研究》 (353)
  张国帅：《19世纪北太平洋的域内捕鲸业崛起研究》 (354)
  张慧：《法国重农学派政治思想研究（1756—1791）》 (355)

马智博：《古埃及洁净仪式与"洁净"观念研究》 (356)

乌昵尔：《无奈与有限——1921年英帝国关于中东殖民政策的开罗—耶路撒冷会议及其影响研究》 (356)

张一博：《"萨尔普遍史"与欧洲近代史学思想变迁》 (357)

复旦大学 (358)

詹瑜松：《论希腊"叛徒"——以古风和古典时期与波斯人交结的希腊人为中心》 (358)

陈小虎：《"巴拉丁事业"与英国内战的爆发》 (359)

聂文：《近代早期英国的健康观念及其实践研究》 (359)

张娓：《论罗马皇帝朱利安写作〈赫利俄斯王颂〉的政治目的》 (360)

中国人民大学 (361)

贾秀涛：《美国中东之友研究（1951—1967）》 (361)

李时雨：《摩苏尔问题研究（1914—1926）》 (362)

温灏雷：《中古后期英国议会君主制下的政治舆论研究》 (362)

徐进伟：《晚期古代罗马帝国东部边疆研究》 (363)

陶芳：《中世纪晚期英格兰世俗慈善研究》 (364)

浙江大学 (365)

冯丽红：《江户早期唐船贸易及唐商管理研究》 (365)

张柏榕：《被忽视的共和社会主义者——皮埃尔·勒鲁思想研究》 (365)

宣栋彪：《美国海外扩张的种族主义之辨（1893—1901）——以兼并夏威夷、波多黎各和菲律宾为例》 (365)

南京大学 (366)

李方：《近代报刊与中国基督教青年会形象之塑造——以〈大公报〉和〈申报〉为中心的考察》 (366)

李张兵：《自主与借重：撒切尔时期英国核威慑力量建设政策研究》 (367)

宋斌：《冷战后美日同盟关系研究——基于多元制衡视角》 (367)

宋艳华：《季理斐在华活动研究（1888—1930）》 (368)

邢瑞利：《安全私人化与私营安保治理模式研究》 (369)

赵儒南：《冷战时期西方大众音乐的发展及其政治作用研究》 (370)

姚全：《竞争性区域主义与中美湄公河角力》 (371)

北京师范大学 (371)

徐佳星：《英国工人职业病防治体系构建研究（1864—1914）》 (371)

安凤仙：《狄奥尼修斯对罗马早期历史的构建——基于对〈罗马古事纪〉的考察》 (372)

金嵌雯：《海登·怀特的历史话语思想研究》 (372)

张娜：《韩非子的正义思想——兼与柏拉图的正义思想比较》 (372)

俞紫梅：《赫鲁晓夫时期的对外文化交流研究（1953—1964）》 (373)

杨昕沫：《罗扎耶夫斯基的俄国法西斯主义活动与思想研究》 …………………（373）
孙琳：《清入关前经济研究》 ……………………………………………………（374）

武汉大学 …………………………………………………………………………（374）
王丹桂：《新加坡港口发展的历史演进（至20世纪末）》 ……………………（374）
杨勇萍：《美（南）越的乡村"安民计划"（1954—1973）》 …………………（375）
洪玲艳：《美国科技外交的缘起（1945—1961）》 ……………………………（375）
张守慧：《系统性种族主义与20世纪中期美国住房隔离研究》 ………………（376）
徐跃龙：《美国重建时期南方黑人教育问题研究》 ……………………………（377）
闫自兵：《遏制与分化：冷战时期美国对苏联中亚地区的秘密活动研究》 …（378）

南开大学 …………………………………………………………………………（379）
（一）历史学院 ……………………………………………………………………（379）
焦健：《巴西黑人奴隶文化研究——文化的传承与变迁》 ……………………（379）
王杨：《希腊化王像钱币研究》 …………………………………………………（379）
桑叶：《9至12世纪初罗斯与拜占庭关系研究——以〈往年纪事〉为中心》 …（380）
范晨星：《脆弱的同盟——美国与法国外交关系研究（1776—1801）》 ……（381）
王潇：《叙利亚希腊化城市及其与丝绸之路关系研究——以安条克、杜拉·欧罗普斯、
　　巴尔米拉为例》 ……………………………………………………………（382）
武文君：《阿尔忒弥斯崇拜研究》 ………………………………………………（383）
李天宇：《印度尼西亚与联合国关系研究（1945—1965）》 …………………（384）
李超：《1910—1940年墨西哥的天主教会与国家研究》 ………………………（385）
宁锐：《历史学视域下的巴西亚马孙开发研究》 ………………………………（386）
李潇：《丝路希腊式钱币研究——王像、神像、铭文》 ………………………（387）
姚明星：《水泥丛林中的绿色空间：维多利亚时代英国城市公园研究》 ……（388）
潘萌：《伊斯兰革命以来伊朗的海湾政策研究》 ………………………………（389）
赵云龙：《古代雅典诉讼制度中的讼师研究》 …………………………………（390）
刘豪：《墨西哥革命小说与社会转型（20世纪前半期）》 ……………………（391）
万里洪：《南印度泰米尔民族主义的历史考察（1885—1977）——以泰米尔纳德邦为
　　中心》 ………………………………………………………………………（392）
（二）日本研究院 …………………………………………………………………（394）
万亚萍：《日本图书馆文化在近代中国的传播研究》 …………………………（394）
曹亚坤：《战时日本"学徒出阵"研究》 ………………………………………（395）
吴成苓：《日本藩校教育研究》 …………………………………………………（395）
赵岩：《日本全面侵华前对阎锡山控制区的经济调查与渗透研究》 …………（396）

华东师范大学 ……………………………………………………………………（397）
张凯成：《纽约市环境污染治理研究（1945—2000）》 ………………………（397）
许珊珊：《富格尔家族的商业活动（15—17世纪）》 …………………………（398）
徐璟玮：《德国二战记忆中的纽伦堡审判》 ……………………………………（398）

刘夏妮：《〈中日和平友好条约〉缔结过程研究》 ……………………………………………（399）
熊晨曦：《卡特政府对华科技交流与合作政策研究》 ………………………………………（399）
赵建成：《美国东欧犹太移民社会生活研究（1880—1930）》 ……………………………（399）
高天宜：《民族主义视域下坦噶尼喀与桑给巴尔走向政治联合研究》 ……………………（400）
安竣谙：《美国对缅甸经济援助政策研究（1947—1958）》 ………………………………（400）
马俊杰：《1912—1970年中国与埃及关系研究》 …………………………………………（402）
李臻：《美国占领时期日本的"中道政权"研究——以统治体制内政治力量的互动
　　关系为视角》 ……………………………………………………………………………（403）

中山大学 …………………………………………………………………………………………（403）
秦云周：《广东省银行海外侨汇经营研究（1945.8—1949.10）》 …………………………（403）
谢潇：《中世纪晚期英格兰修道院财政研究》 ………………………………………………（404）
李立华：《古希腊米底化现象研究》 …………………………………………………………（405）
张小敏：《北太平洋航路及其影响研究（18世纪后期—19世纪中期）》 …………………（406）
刘璐璐：《明代海船上的分工组织与船民社会》 ……………………………………………（407）
冯筱媛：《唐代墓室壁画研究》 ………………………………………………………………（407）

吉林大学 …………………………………………………………………………………………（408）
王力：《沃尔特·R.米德"美国外交传统"思想研究》 ……………………………………（408）
姜金言：《日本平安时代的上皇制度研究》 …………………………………………………（408）
王颖鹏：《美国对苏联的核情报工作研究（1942—1953）》 ………………………………（409）
张千任：《鸠山一郎内阁"自主外交"政策研究》 …………………………………………（410）

四川大学 …………………………………………………………………………………………（411）
许镇梅：《从经济合作到政治反叛：美国南方农民联盟的平民主义活动研究》 …………（411）
王怡辰：《19世纪俄罗斯思想中的俄罗斯特殊性及其当代影响——兼论对西方观的
　　借鉴与批判》 ……………………………………………………………………………（411）

厦门大学 …………………………………………………………………………………………（412）
杨慧英：《15—18世纪法国官职买卖研究》 …………………………………………………（412）

东北师范大学 ……………………………………………………………………………………（413）
陈友军：《"语言接触"与中古时期英语的演变》 …………………………………………（413）
谢汉卿：《英国律师会馆研究》 ………………………………………………………………（414）
于振洋：《中世纪晚期英国商人商业信贷活动研究》 ………………………………………（415）
李伟：《17—18世纪英国女性消费研究》 ……………………………………………………（415）
李敏：《爱尔兰流亡者的跨国民族主义：美国芬尼亚兄弟会的兴起与衰落（1858—
　　1880）》 …………………………………………………………………………………（416）
许卓：《美国亚洲基金会在菲律宾冷战活动研究（1951—1967）》 ………………………（417）
崔姗：《明治维新时期日本教育法治研究（1868—1889年）》 ……………………………（418）
李彬：《12—15世纪西欧大学文学院研究》 …………………………………………………（419）
高露：《12—15世纪欧洲大学特许权研究——以博洛尼亚大学、巴黎大学和牛津大学

为例》 ……………………………………………………………………（419）
　李震宇：《罗马帝国潘诺尼亚行省治理研究（公元前35年至公元284年）》 …………（420）
　施晓静：《波里比阿的历史书写与身份认同》 ………………………………………（421）
　金继宏：《古埃及男性服饰文化研究》 ………………………………………………（422）
　郭小瑞：《古埃及平民群体研究（公元前2686—公元前1069）》 …………………（423）
　吴桐：《狄奥多鲁斯〈历史文库〉战争叙事中的情感要素》 ………………………（423）
　张红霞：《西塞罗〈为克卢安提乌斯〉辩护词中的形象构建与范式》 ……………（424）
　陈克：《古希腊嘉奖外邦代理人法令研究》 …………………………………………（425）
　段红玉：《西塞罗与罗马共和末期的政治（公元前49—公元前43年）——以西塞罗
　　书信为中心》 ……………………………………………………………………（425）
　董俊：《国际视域下梁启超近代领袖观研究》 ………………………………………（426）
　卢静达：《日本神话传说与民族信仰研究——以〈古事记〉神代卷为中心》 ……（427）
　洪仁善：《日本近代化和殖民化进程中的语言政策研究》 …………………………（428）
　孙炜冉：《〈日本书纪〉中高句丽记事研究》 …………………………………………（428）

上海大学 …………………………………………………………………………………（429）
　李宁：《伊斯坦布尔都市文化的流变与重塑（1856—1938）》 ……………………（429）
　来源：《秘鲁华人饮食文化史研究》 …………………………………………………（430）
　Nurettin Akcay：《中国与土耳其公共外交比较研究（2002—2012）》 ……………（431）
　David Perez-Des Rosiers：《技术动态变化：2000—2020年中国与加拿大在高科技领域
　　战略与伙伴关系的案例研究》 …………………………………………………（432）
　李鑫均：《土耳其经济发展模式的演进（1923—1967）》 …………………………（432）
　杜东辉：《土耳其外交战略研究（1922—1952）》 …………………………………（433）

华南师范大学 ……………………………………………………………………………（434）
　吕素娟：《伊斯兰教阿赫默迪亚派的创建与发展特征探究》 ………………………（434）
　赵莉莉：《多元女性人生：社会性别视角下的美国女传教士斐尔德研究》 ………（435）

西北大学 …………………………………………………………………………………（436）
　（一）西北大学历史系 …………………………………………………………………（436）
　张文涛：《中东地区国际组织研究》 …………………………………………………（436）
　李云鹏：《叙利亚历史进程中的国家与部落关系研究》 ……………………………（437）
　（二）西北大学中东研究所 ……………………………………………………………（437）
　龙沛：《罗马波斯战争研究（66BC—628AD）》 ……………………………………（437）
　李彩玲：《埃及民族民主党及其执政研究》 …………………………………………（438）
　李赛：《以色列利库德集团的起源、发展与执政研究》 ……………………………（439）
　林友堂：《摩洛哥苏非派历史演进研究》 ……………………………………………（440）
　李小娟：《19世纪美国传教士在中东地区的传教活动研究》 ………………………（441）
　康丽娜：《文明交往视阈下的布哈拉汗国研究》 ……………………………………（442）
　成飞：《巴勒斯坦非暴力抵抗运动研究》 ……………………………………………（442）

杨张锋：《冷战后土耳其的中亚政策研究》……………………………………（443）
　　张玉友：《阿尔及利亚部落社会变迁研究》……………………………………（444）
郑州大学………………………………………………………………………………（445）
　　邢文海：《当代埃及外国投资法律变迁研究》…………………………………（445）
　　杨彪：《以色列农业转型发展研究（1948—2020）》…………………………（446）
　　徐成志：《尼赫鲁时期印度的越南政策研究（1947—1964）》………………（447）
陕西师范大学…………………………………………………………………………（447）
　　宋海群：《捷克斯洛伐克反法西斯抵抗运动研究（1938—1945）》…………（447）
　　Smirnov Vadim（瓦金）：《苏联专家在陕西工作的历史考察（1956—1960）》…（449）
　　Hamed Elsayed Kahlil Mohamed（博文武）：《中世纪初期中阿关系史（从远古至阿巴斯王朝中期）》………………………………………………………（450）
　　马茜：《乌兹别克斯坦音乐史（1917-1991）》…………………………………（451）
　　龙国仁：《中亚非传统安全的历史演进与现实侧观（1991—2021）》………（452）
　　周厚琴：《危机与选择：俄国大动乱研究》……………………………………（452）
上海师范大学…………………………………………………………………………（453）
　　李逸夫：《佐西莫斯〈罗马新史〉研究》………………………………………（453）
　　马百亮：《乔治·格罗特雅典民主观研究》……………………………………（454）
　　杨年：《西非传统宗教研究——以阿肯人、伊博人和约鲁巴人为例》………（454）
　　姚汉昌：《柯林武德进步观念研究》……………………………………………（455）
　　陆建平：《古罗马儿童研究——从共和晚期到帝国早期》……………………（456）
　　黄建：《普鲁塔克的女性观研究》………………………………………………（456）
　　蒋吕一：《近代以来斯德哥尔摩城市实体规划与建设研究》…………………（457）
　　张亚庆：《美国对东非三国外交政策的研究（1960—1980年）》……………（458）
　　何杨：《心态史视野下19世纪英国的意大利游记研究》………………………（459）
　　陈慧本：《德国新历史主义史学思想研究（1945—2016）》…………………（460）
首都师范大学…………………………………………………………………………（460）
　　成振海：《英国与1961—1963年伊拉克-科威特危机》………………………（460）
　　陈强：《20世纪早期足球运动的本土化与国际化》……………………………（461）
　　荆玲玲：《烟草与英帝国兴起（16世纪末—18世纪初）》……………………（462）
　　李雅菲：《改革开放以来的中国环境史与环境保护研究》……………………（463）
　　毛佳鹏：《布罗代尔〈地中海史〉在美国学界的影响》………………………（464）
　　刘旭：《11—12世纪西西里族群关系研究》……………………………………（465）
　　薛宁：《非洲与美洲的跨文化交流：1500—1900年》…………………………（466）
　　倪娜：《早期近代塞法迪犹太·美洲散居研究》………………………………（467）
河南大学………………………………………………………………………………（467）
　　宋瑞娟：《二战后美国犹太人族群认同建构因素研究（1945—1973）》……（467）
　　臧德清：《以色列高等教育国际化发展研究》…………………………………（468）

崔财周：《当代英国反犹主义研究》 (468)
陈超：《公元前5世纪末的雅典例外状态与立法制度改革》 (468)
天津师范大学 (469)
王家超：《贵族土地权利与〈大宪章〉的产生》 (469)
袁跃华：《近代英国个人破产制度研究》 (469)
郭佳丽：《近代早期英国贵族阶层女性教育》 (470)
福建师范大学 (471)
王光伟：《黄热病、霍乱与美国公共卫生发展研究（1793—1905）》 (471)
陈榕猇：《印尼海洋政策的演变研究——以"群岛观"为视角》 (472)
黄玥瑜：《日本总体战体制在冲绳的建构与实施》 (472)

期刊、集刊动态

学术期刊
《世界历史》 (477)
《外国问题研究》 (480)
《古代文明》 (483)
《经济社会史评论》 (487)
《世界历史评论》 (489)
《华侨华人历史研究》 (492)
World History Studies (495)
Journal of Ancient Civilizations (497)

学术集刊
《妇女与性别史研究》 (499)
《海洋史研究》 (500)
《冷战国际史研究》 (503)
《全球史》 (504)
《全球史评论》 (505)
《水历史与水文明研究》 (508)
《丝绸之路研究集刊》 (509)
《外交与军事历史评论》 (512)
《西学研究》 (512)
《亚洲概念史研究》 (513)
《医疗社会史研究》 (514)
《日本学研究》 (515)
《越南研究》 (516)
《中东研究》 (517)
《亚洲与世界》 (519)

《英国研究》…………………………………………………………………………（519）
《欧美史研究》………………………………………………………………………（521）
《古典学评论》………………………………………………………………………（522）
《近代中外关系史研究》……………………………………………………………（523）
《近现代国际关系史研究》…………………………………………………………（524）
《世界近现代史研究》………………………………………………………………（524）
《新史学》……………………………………………………………………………（526）
《新世界史》…………………………………………………………………………（529）
《国际史学研究论丛》………………………………………………………………（529）
The BNU Historical Review …………………………………………………………（529）
《世界历史文摘》……………………………………………………………………（530）

全国性学术社团动态

全国性学术社团动态

中国朝鲜史研究会……………………………………………………………………（535）
中国德国史研究会……………………………………………………………………（537）
中国第二次世界大战史研究会………………………………………………………（538）
中国法国史研究会……………………………………………………………………（541）
中国非洲史研究会……………………………………………………………………（543）
中国国际文化书院……………………………………………………………………（545）
中国拉丁美洲史研究会………………………………………………………………（546）
中国美国史研究会……………………………………………………………………（549）
中国日本史学会………………………………………………………………………（551）
中国世界古代中世纪史研究会………………………………………………………（552）
中国世界近代现代史研究会…………………………………………………………（556）
中国苏联东欧史研究会………………………………………………………………（560）
中国英国史研究会……………………………………………………………………（563）
中国中日关系史学会…………………………………………………………………（565）

全国世界史主要科研和教学单位动态

中国社会科学院世界历史研究所……………………………………………………（569）
北京大学………………………………………………………………………………（575）
清华大学………………………………………………………………………………（580）
复旦大学………………………………………………………………………………（582）
中国人民大学…………………………………………………………………………（586）
浙江大学………………………………………………………………………………（588）
南京大学………………………………………………………………………………（592）

北京师范大学 …………………………………………………………………………（594）
武汉大学 ……………………………………………………………………………（598）
南开大学 ……………………………………………………………………………（599）
华东师范大学 ………………………………………………………………………（601）
中山大学 ……………………………………………………………………………（604）
吉林大学 ……………………………………………………………………………（607）
四川大学 ……………………………………………………………………………（609）
厦门大学 ……………………………………………………………………………（612）
山东大学 ……………………………………………………………………………（615）
东北师范大学 ………………………………………………………………………（618）
上海大学 ……………………………………………………………………………（622）
华中师范大学 ………………………………………………………………………（627）
华南师范大学 ………………………………………………………………………（629）
西北大学 ……………………………………………………………………………（631）
郑州大学 ……………………………………………………………………………（635）
西南大学 ……………………………………………………………………………（638）
陕西师范大学 ………………………………………………………………………（640）
上海师范大学 ………………………………………………………………………（642）
首都师范大学 ………………………………………………………………………（646）
河南大学 ……………………………………………………………………………（648）
天津师范大学 ………………………………………………………………………（650）
福建师范大学 ………………………………………………………………………（653）
广西师范大学 ………………………………………………………………………（655）

2021年世界史学科大事记

1月 …………………………………………………………………………………（661）
4月 …………………………………………………………………………………（661）
5月 …………………………………………………………………………………（661）
6月 …………………………………………………………………………………（662）
7月 …………………………………………………………………………………（662）
8月 …………………………………………………………………………………（662）
9月 …………………………………………………………………………………（663）
10月 …………………………………………………………………………………（663）
11月 …………………………………………………………………………………（664）
12月 …………………………………………………………………………………（666）

特　　稿

近代以来中国世界史研究的发展

于沛[*]

引言：晚清大变局与中国世界史编纂的萌生

鸦片战争是中国社会变化的历史转折点，它开启了中国忧患深重的时代，同时揭开了中国人民反抗外国侵略的序幕。太平天国、中法战争、中日甲午战争、维新运动、义和团运动、辛亥革命、新文化运动和五四运动，中国共产党成立，以及在中国共产党的领导下，中国人民前仆后继，推翻"三座大山"的伟大革命等重大历史事件，深刻地影响了近代中国的历史进程，对中国政治、经济、文化和社会发展产生了广泛的影响，近代中国世界历史编纂从萌生到发展也如是。它是历史的产物，应时代的呼唤而生，在其走过的每一步，自然都留有深刻的历史烙印。

19世纪三四十年代，欧美主要资本主义国家相继完成了工业革命，历史向"世界历史"的转变，结束了世界各大陆和各大洋彼此孤立的状态，资本主义成为新的历史潮流。此时中国的资本主义萌芽虽有发展，但并未达到足以破坏旧的生产方式、实现社会革命的程度，中国徘徊在世界历史潮流之外。

1840年，英国发动侵略中国的鸦片战争，中国社会开始逐步沦为半殖民地半封建社会。鸦片战争后，马克思、恩格斯在分析中国的社会形势时，就明确指出，西方列强的侵入将使中国的殖民地化加深，并必然引起中国人民的反抗和革命。"过不了多少年，我们就会看到世界上最古老的帝国作垂死的挣扎，同时我们也会看到整个亚洲新世纪的曙光。"[①] 林则徐率先摒弃"天朝上国"的旧说，力主认清世界的大势。早在鸦片战争前，林则徐即已开始大量收集外国人撰写的报刊书籍，组织了解外国、精通英语的人从事翻译工作。自1839年下半年至1840年，林则徐组织编写《四洲志》，他亲自润色、评述，较完整地介绍了亚洲、非洲、欧洲和美洲（北美和南美）三十多个国家和地区的历史、地理、政治、经济、文化、民族、民俗以及宗教等。在编撰的过程中林则徐不时加入自己的见解，结合当时中国的实际画龙点睛，从历史与现实的结合上给人以深刻的启迪。《四洲志》打开了当时中国了解世界的一扇窗户。

《四洲志》被公认为影响中国近代历史的名著之一。它"具有鲜明的时代精神，体现出时代的特征"，并"站在时代潮流之上，揭示当时社会所普遍关注的问题"。它还"以其丰富的内涵、睿智的思想和深刻的启示，不但给世人提供了行为龟鉴，而且影响到历史发展的进程"。[②] 毋庸讳言，《四洲志》虽算不上一部世界历史研究性的著作，但它却是近代中国世界历史编撰

---

[*] 作者简介：于沛，中国社会科学院世界历史研究所研究员。

[①] 《马克思恩格斯全集》第12卷，人民出版社1965年版，第234页。

[②] 罗炳良：《影响中国近代史的名著·总序》，载（清）林则徐著，张曼评注《四洲志》，华夏出版社2002年版，"总序"第1—2页。

萌生的标志。其之所以如此重要，原因之一即编纂《四洲志》所体现出的继承中国古典史学经世致用的优良传统，以及编纂《四洲志》所蕴含的以爱国主义为主要内容的民族精神。这也成为一个多世纪以来的中国世界史编纂（研究）主流的特点和优点。近代中国的世界历史编纂，始终和近代中国历史的脉搏一起跳动。研究世界的历史，是为了中国的现实和未来。

一、从鸦片战争到五四运动

1. 鸦片战争和睁眼看世界

鸦片战争后，中国社会发生了深刻变化，不可避免地会影响到社会生活的各个领域。近代中国世界历史编纂的萌生与发展即是其中之一。"中华民族是一个善于反思、自觉反思的民族，重史的传统即可证明。中国有几千年的经验，每到国家与民族面临关键时刻，全社会就会不由得反思既往。……中国从来不拒绝异质文化，尤其是近百年来，在受尽屈辱的同时，既努力向异质文化学习，同时也在反思。"① 这种反思并不仅仅是限于对自身历史的反思，对世界历史的介绍、学习和研究，自然也是"反思"的内容之一。

史学思潮和社会思潮相互激荡，相互呼应。史学发展的规律性内容之一，即越是社会发展提出复杂、重大的理论问题和现实问题时，越是社会矛盾加深、社会动荡加剧时，往往越是史学得到迅速发展之时。国家在危难之时，总有一批爱国志士奋起，为救亡图存奔走。鸦片战争后，举国上下在深感奇耻大辱的同时，一些人开始重视对外部世界历史与现实的了解，以寻求拯救民族危亡的道路。

近代爱国主义的先驱中，林则徐是"睁眼看世界"的第一人，魏源、姚莹等为其中的杰出代表。中国近代的外国史地研究，是在鸦片战争时期酝酿发展起来的。它顺应了历史发展的潮流，表现出崭新的时代内容。自然，那时还谈不到具有完备学科意义的世界史，更不存在世界史的理论体系和史学方法，一切都是出于反抗西方列强侵略的现实需要。正是在这样的背景下，中国出现了第一次研究中外史地的高潮。这"不仅冲击了当时学术界沉闷的局面，为中国史学的发展开拓了新的视野、新的局面，而且在介绍和输入西方近代思想文化方面起了重要的桥梁作用，对中国近代思想史和史学史的研究产生了深远的影响②。"民族危机日益加深，是这一时期研究外国史地的高潮强有力的直接的动因。它经历了一个由不自觉到逐步自觉的过程。

1842年《南京条约》签订后，爱国主义思想家魏源在悲愤之际，完成了四十余万言的《圣武记》。该书共14卷，前10卷主要是回顾鸦片战争之前清朝的历史；后4卷，主要是魏源自己对军事等问题的论述。《圣武记》完成后，在1844年、1846年又做了修订。魏源针锋相对地回答了清廷中部分官员对林则徐的攻击，指出鸦片战争发生的根本原因，不是林则徐禁烟。为了战胜入侵敌国，魏源认为除了"以彼长技，御彼长技"，学习外国的先进技术建造坚船利炮之外，还要详尽地了解外国，不能再闭关自守、盲目虚骄，对外国闭目塞听的状况不能再继续下去了。

魏源从战败中吸取教训，开始编撰《海国图志》，以图做到知己知彼。"欲制外夷者，必先悉夷情始，欲悉夷情者，必先立译馆翻夷书始；欲造就边才者，必先用留心边事之督抚始。"③

---

① 许嘉璐：《未央四集：许嘉璐文化论说》，中国社会科学出版社2013年版，第73页。
② 吴泽主编，桂遵义、袁英光著：《中国近代史学史》（修订本）上，人民出版社2010年版，第93页。
③ （清）魏源撰：《海国图志·筹海篇》，岳麓书社2021年版，第35页。

他认为，今日的西方国家，特别是英国，已经不是历史上远远落后于中国的"夷狄"，应该承认它们的长处，同时也承认自己的落后，然后向它们学习，使自己的实力增强，不再受西方列强的凌辱。正是在这种认识的基础上，魏源逐渐形成了"悉夷—师夷—制夷"的思想。

1841年6月，林则徐在被发配到新疆伊犁的途中，在京口（镇江）与魏源相会。魏源接受林则徐的嘱托，在林则徐编译的《四洲志》和《澳门月报》等资料的基础上，补充了大量新的文献资料，编成《海国图志》50卷本，约57万字，含地图23幅，其他插图8幅，于1843年1月刻印于扬州。这是中国第一部有关世界史地的著作，揭开了近代中国世界史地研究的崭新一页，其内容使闭塞已久的中国人开始有了全新的世界概念，对西洋有了整体的初步了解。该书是中国第一部系统的世界分国志，也是当时亚洲最完备的介绍世界各国史地知识的巨著。

这部被称作当时的"简明世界史"的著作中，包括有政治、经济、军事、科技、历史、地理、宗教、文化、教育，以至风土民情等诸多丰富的内容。刘师培赞《海国图志》："一改列代四裔传之例，以开国别史之先声，不可谓非中国之新史学也。"魏源对中国传统史学体例的改造，使《海国图志》在某种意义上成为中国第一部国别史著作。当时传统史学体例的改变，以及《海国图志》的问世，均有具体的历史背景，反映了魏源所生活的那个时代的要求——"睁眼看世界"的现实呼唤。

中国史学经世致用的优良传统，在《海国图志》中多有体现。魏源主张研究外国，要与中国的实际相结合，反对脱离实际。魏源的思想核心是"悉夷""师夷"和"制夷"，如果说"悉夷""师夷"是手段，那么，"制夷"则是目的，即"师夷之长技以制夷"。魏源在回答"是书何以作"时明确指出，是"以夷攻夷而作，为以夷款夷而作，为师夷长技以制夷而作"。"悉夷—师夷—制夷"的思想提出后，在中国社会产生了很大的反响，向西方社会学习，寻求救国的真理的社会思潮，由此得到迅速的发展。

2. 救亡图存　走向世界

自19世纪60年代起，清政府中的一些进步官员，为了达到"富国"的目的，开始仿效西方：采用资本主义的一些生产技术，兴办"洋务"。洋务派主要代表人物有奕䜣、曾国藩、李鸿章、左宗棠、张之洞等。洋务派创办的工业首先是军事工业、交通运输业、工矿企业等。对外国的介绍也不仅仅限于自然科学，外国史地逐渐成为重要内容之一。从19世纪60年代到甲午战争爆发，主要由洋务派创办的学堂有25所之多[①]，最早的是1862年奕䜣创办隶属总理衙门的京师同文馆，"讲各国地图""读各国史略""翻译条子"，并译出《俄国史略》《各国史略》等。

19世纪60年代，清廷官员桂文灿上条陈提议派遣幼童到俄罗斯、美国学习制造船炮、铅药、军器之法；薛福成也向曾国藩提议，招收聪慧少年，派到各国去，学习其语言文字，研究其科学技术，"其杰出者，旌以爵奖"。清政府正式派出留学生之前，也有中国人到外国留学，如容闳1854年毕业于耶鲁大学，他是第一个毕业于美国大学的中国留学生。在容闳的积极努力下，1872年8月11日，中国派遣的第一批留美学生启程赴美，官派留美幼童前后4批共120人。在洋务运动时期，中国进一步对外开放，派遣留学生到英国、法国学习。福州船政学堂在

[①] 这些学校主要有上海外国语言文字学校（1863年）（即上海同文馆，后改名广方言馆）、广州同文馆（1864年）、福州船政学堂、福州水师学堂、福州电报学堂等。

1877年、1883年、1886年分3批派赴英、法留学生近80人，福州船政学堂的严复，即是这批留学生中的佼佼者。

洋务运动的兴起，促进了以实地考察为主要特征的外国史地研究。这一时期中国知识分子对外国史地的介绍和研究，是中国走向世界的具体体现，推动了走向世界这一进步思潮的形成和发展。如徐建寅著有《欧游杂录》《德国合盟纪事本末》《美国合盟本末》。又如，张德彝一生8次出国，到过法国、英国、比利时、荷兰、丹麦、瑞典、芬兰、俄国、普鲁士、日本等，在国外生活了27年。每次出国，他都写下详细的日记，依次成辑《航海述奇》《再述奇》《三述奇》《四述奇》，直至《八述奇》，共约200万字。

这一时期中国的世界史编纂人才倍出。其重要的代表人物之一，是清末改良主义思想家、历史学家王韬，他被称为中国世界史编纂的先驱。王韬所生活的时代，恰是近代中国已不满足于停留在"睁眼看世界"，而开始走向世界的时代。面对"天地之变局"，王韬力主变革，认为"孔子而处于今日，亦不得不变"，"穷则变，变则通，知天下事，未有久而不变者也"。他还主张在变革的过程中向欧洲学习。其对欧美"君民共主制度"尤其欣赏。

王韬世界史方面的主要代表作，有中国第一部法国历史著作《法国志略》（《重订法国志略》）和《普法战纪》。此外还有未刊行的《西古史》《俄罗斯志》《美利坚志》等。他研究欧洲历史的目的是"经世匡时"。这在其著作中多有体现。王韬还著有《泰西著述考》，是明末清初92位来华传教士211种著述的目录汇编，每位传教士的国籍、来华时间及主要活动都有介绍。①

在19世纪下半叶的中国，已经可以看到一些外国史地著作，但是，这些著作多是外国人自己写的。王韬认为这些外国史地作品多有谬误，颇不以为然，于是就萌生了自己撰写法国历史的想法。在王韬看来，法国在欧洲是一个举足轻重的国家，"法在欧洲，为千余年自立之国。喜选事，善用兵，欧洲全局视之以为安危。列国于会盟征伐诸大端，无不遣使集议于其都，而法为执牛耳，其国威兵力之足以慑人，盖积渐使之然矣"。不仅如此，王韬对法国的盛衰也有思考，认为这绝非"一朝一夕之故"。"论者但知法之所以盛，而不知法之所以衰，固不得为探本穷源者矣。法之胜，法固有以致之；法之衰，法亦自有以取之，并不得为弱法者咎也。吾愿欧洲诸国以法为鉴焉可也。"② 实际上，法国盛衰的历史经验和教训，不仅对欧洲诸国，而且对中国同样有重要的借鉴意义。王韬编撰成《法国志略》14卷，1890年重订为24卷，使其内容更加丰富。

王韬的《普法战纪》是我国第一部记述欧洲战史的著作。1871年普法战争结束后，王韬从欧洲回到国内，与张宗良合作编译了不少文献资料在报刊上发表，此后又将这些收集在一起，同时又补充其他资料，编辑成《普法战纪》14卷，1873年8月，由中华印务总局排印发行。1886年，王韬又根据普法军队中的有关文件以及世界各国的相关评论，增补为《普法战纪》20卷，对普法交战期间两国的政治、经济、军事诸方面进行了更深入的论述。《普法战纪》是较

---

① 王韬的主要著作、译作除已经述及的之外，还有《火器略说》《西国天学源流》《西学图说》《西学原始考》《重学浅说》《华英通商事略》《漫游随录》《扶桑游记》等。

② 王韬：《法国图说·序》，载海青编《中国近代思想家文库·王韬卷》，中国人民大学出版社2013年版，第58页。

系统记述巴黎公社的第一部著作。近代中国对于国际工人运动和社会主义学说的最初了解、对于法国无产阶级的惨烈斗争，正是从这时开始的。

鉴于《普法战纪》还介绍了西方的史地知识，这对于当时的中国来说是急需的，也受到洋务派的欢迎。在一些人看来，这本书可以和魏源的《海国图志》相提并论。梁启超对于《普法战纪》给予了较高的评价。在他看来，这部著作是纪事本末体外国史书中值得一读的书。① 今人对《普法战纪》等的研究也在不断深入，"西方文化首先被我国吸收的是天文、数学，而后是制造，都属于科技的。……从观念形态上了解西方，从文化建立上讲更重要。而这却是中国人自己主动进行的，是从王韬开始的"。《普法战纪》这本书"并非1870年普鲁士、法国战争的简单记录，是从了解普法，特别是法国的角度出发辑录的，所以是第一本中国人了解外国的著作"②。《普法战纪》《法国志略》在当时被不少人列为必读书。

王韬的著作，较明显地受到西方史学的影响。在1890年刊行的《重订法国志略》关于法国历史的阐述更加系统完备，对法国开国纪元、王朝更迭、法国大革命、对外战争等都不遗漏。此外，还包括法国的疆域总志、巴黎志、郡邑志、藩属附志、广志等，被认为是一部内容丰富的法国史。在《重订法国志略》中，王韬还从实际出发，就中外史学的异同进行了比较。他说，中国史学原以专叙历代治乱、沿革得失、天地变异，而于国势民情，则略讲或不讲，认为这些已包蕴于其中；西史则间及民间琐事，如科学发明、技术创造等，必追述其源流，以显现人才之进步、制作之沿革，认为这些记载都是不可缺少的。王韬的这种比较，直接地对中国封建史学的弊端进行了批评。此后不久，中国史学关于"民史""君史"的讨论，则对中国封建史学有了更深入的批判。

3. 中日甲午战争后的"亡国史"编纂

中日甲午战争的失败，清政府的腐败无能彻底暴露，帝国主义列强急欲瓜分中国，中华民族危机加剧。中日甲午战争后，中国学者开始汲取、借鉴外国史学的有益内容，为拯救民族危亡这一时代的主题服务，进而推动了中国世界史编纂进入一个新的发展时期。这是一个承上启下的阶段，世界史编纂表现出不少新内容和新特点。

20世纪初，在我国出现了译介西学著作的高潮。据民国藏书家顾燮光（1875—1949年）在1934年出版的《译书经眼录》记载，1902—1904年的翻译著作有533种之多。1902年，江西官报社出版日本学者涩江保著，陈澹然翻译的《波兰遗史》；1907年，江楚编译局出版了刘鉴译述的《埃及近事考》。学部编译图书局以编译教科书为主，同时也出版了一些地志类的译著，如《印度新志》《爪哇志》《苏门答拉（腊）志》《西伯利亚岛志》《小亚细亚志》等。

20世纪初，外国历史著作译介在中国大量面世。其中，1897年在上海创办的大同译书局在这一过程中发挥了重要作用。此外，商务印书馆也于1897年2月12日在上海开业。商务印书馆在中国文化发展中的作用是多方面的，其中也包括对中国世界史学科发展的积极推动作用。1902年，商务印书馆编译所在上海宝山路成立，编译所聘请各科专家及学者至百人以上，20世纪在译介外国史学和外国史学理论名著方面，商务印书馆的作用不可替代。

---

① 参见梁启超《读西学书法》，《质学丛书》1896年第11册。
② 汪家熔：《新出版、新出版第一人——王韬》，载中国近代现代出版史编纂组编《中国近代现代出版史学术讨论会文集》，中国书籍出版社1990年版，第517页。

20世纪初，中国对世界史介绍、研究的深度和广度，和以往相比，已经有了明显的变化，一些世界史学名著开始传入中国。这不仅对当时，而且对以后中国的世界历史编纂，都产生了一定影响。陕西翰林周维翰撰《西史纲目》120卷，于1900年完成，1901年，由上海经世文社先行出版上古部分20卷；1903年由湖南书局刊行。这是一部纲目体世界编年史，当时所能搜集到的外国史著述或译著尽在其中，包括中国徐继畬的《瀛寰志略》、魏源的《海国图志》等。《西史纲目》大体反映了当时中国学者对海内外世界历史研究状况的认识范围和程度。

19世纪末20世纪初，在当时的中国的世界史编纂中，对一些国家亡国史的翻译或编译占有重要的地位。据不完全统计，1900年后的10年间，相关译著至少有50种以上。20世纪初的外国亡国史研究，和当时中国社会的脉搏一起跳动。亡国史编纂的主要目的，是用史实说明这些国家所以亡国的主要原因，在于"因循守旧""不图自强"，希望能警醒国民，从中吸取教训，引以为鉴，以激发中国人民自强自立、反对帝国主义侵略的爱国情感。在某种意义上，当时研读"亡国史"比研读"建国史"更有意义。因为"读建国之史，使人感，使人兴，使人发扬蹈厉。读亡国之史，使人痛，使人惧，使人怵然自戒。虽然，处将亡之势，而不自知其所以亡者，则与其读建国史，不如读亡国史①"。

1903年5月，陈独秀在安徽爱国会发表演说时，明确指出了"各国必执利益均沾之说瓜分我中国"的严峻现实，呼吁国人要清醒地认识到中国面临的困境："各国将来瓜分我中国，其惨状何堪设想！我中国人如在梦中，尚不知有灭国为奴之惨……"针对有些人"只争生死，不争荣辱，但求偷生苟活于世上，灭国为奴皆甘心受之"的现实，陈独秀指出中国人并不是"天然无爱国性"，因此要"将众人脑筋中爱国机关拨动"。② 之后，陈独秀先后撰写了《瓜分中国》《说国家》《亡国篇》等文章，进一步宣传他抵御帝国主义列强的爱国主义思想。正是在这种普遍的爱国、救国宣传不断高涨的社会氛围中，外国亡国史的编纂得到迅速的发展。

为了避免中国重蹈埃及的覆辙，一些学者译出了日本学者柴四郎的《埃及近世史》，在中国思想界引起广泛反响。一些人已经敏锐地看到，拯救国家于危难中，仅仅依靠少数的志士仁人是不够的，关键是要全国人民都要有爱国之心。他们提出："国之立也，必人人心中有爱国之思想，人人目中有爱国之观念，然后扑者起，废者兴，死者生，亡者存，而埃及人民何如哉?"③ 1900年，麦鼎华感叹自己国家"时事之艰危，悲国权之屈辱，用译是书以助戒惧"④，翻译《埃及近世史》，由上海广智书局出版，他希望以埃及亡国的历史作为一剂良药，使中华民族警醒。

1757年之后，印度半岛英卧儿帝国逐渐沦为英国的殖民地，至19世纪中叶彻底亡国。在20世纪初的中国，有不少著述探讨印度半岛莫卧儿帝国亡国的历史教训，希望国人将印度半岛莫卧儿帝国的灭亡作为前车之鉴，使国人在惨痛的历史事实面前猛醒。相关著述有：英国亨德·伟良（Hunter William，1840—?）著，任廷旭译《印度史揽要》3卷，1901年由上海广学会和上海美华书馆分别印行；夏清馥编译《印度灭亡战史》，1903年1月由上海群谊译社出版。

---

① 参见1902年《新民丛报》第6号，关于上海广智书局印行的《埃及近世史》的介绍。
② 《陈独秀著作选》第一卷，上海人民出版社1993年版，第14—15页。
③ 陈怀：《读〈埃及近世史〉跋尾》，《新世界学报》1903年第3期。
④ 麦鼎华：《埃及近世史·译者序》，《新民丛报》1902年第6号。

关于朝鲜亡国的著作也有多种。早在日俄战争期间，梁启超即撰《朝鲜亡国史略》。1910年，梁启超又撰《朝鲜灭亡之原因》。他认为朝鲜灭亡的主要原因，在于朝鲜是一个封建专制的国家。国家的命运，全系一家一人之身，朝鲜高官君臣为一己私利，不惜卖国求荣。他认为这尤其值得国人认真思考。

关于越南亡国的历史著作，同样有多种得以出版。例如《越南亡国史》，系梁启超根据越南民族解放运动领袖、爱国志士潘佩珠（1867—1940 年）的自述，编纂而成①，上海广智书局1905 年 10 月出版。该书记述了越南灭亡的经过和原因、法国殖民当局的暴行，以及灭亡后国家的惨状。梁启超以越南之国为例，警醒中国人民，要奋起保家卫国，而不是束手待毙。

19 世纪，经过三次英缅战争后，缅甸成为英属印度的一省而亡国。张成清的《缅甸史》，载《云南》1908 年第 13、14、16 号。他通过分析缅甸亡国的历史，揭露英国殖民统治给缅甸人民带来的无穷无尽的灾难，希望中国人民振作精神反帝救亡，拯救国家于危难之中，免步缅甸之后尘。

4. 辛亥革命和"革命史"编纂

20 世纪初，中国人民的生活急剧恶化，社会动荡加剧。"随着资本主义在中国的发展，中国工人阶级的力量也逐渐壮大起来。1906 年安源煤矿工人 6000 余人参加了同盟会在萍乡、浏阳、醴陵举行的起义。1911 年汉川铁路筑路工人举行起义来响应资产阶级反对清朝政府的'铁路国有'运动。此外，工人为改善本身生活条件曾进行过多次罢工斗争。"总之，辛亥革命以前的 10 年间，中国的革命浪潮风起云涌，新的全国性的革命运动一触即发。1904 年，孙中山在《中国问题的真解决》中说："满清王朝可以比作一座即将倒塌的房屋，整个结构已从根本上彻底地腐朽了，难道有人只要用几根小柱子斜撑住外墙就能够使那座房屋免于倾倒吗？……当前的满清统治，自十九世纪初叶即已开始衰微，现在则正迅速地走向死亡。……必须以一个新的、开明的、进步的政府来代替旧政府。"②

辛亥革命时期的外国史编译和介绍，主要集中在世界各国的"革命史"方面。这表明在 20 世纪初的中国，资产阶级革命思潮已经有了进一步的发展。一些知识分子以美国以及西欧国家的资产阶级革命为榜样，使有关国外资产阶级革命的历史著作较多地被介绍到中国来。这一时期对美国独立史的介绍和研究，是最重要的内容之一。美国曾是英国的殖民地，但通过独立战争，建立了自由、民主的国家，成为中国人民学习的对象。美国独立的历史，对中国辛亥革命产生了直接的影响。这种影响，在 19 世纪中期至 20 世纪初的美国独立史研究中，都有明显的表现。

中国知识分子对美国战争史的编纂，并非自 20 世纪初始，但 20 世纪初开始出现一个编译高潮。20 世纪初，美国独立史的研究，在中国得到进一步的发展。美国哈佛大学史学教授姜宁著，章宗元译的《美国独立史》，1902 年由（东京）译书汇编社出版。该书原书名为《美国

---

① 《越南亡国史》，由越南革命家潘佩珠于 20 世纪初期写成。当时越南正受法国统治，潘佩珠于 1905 年到日本求援，并用汉文写成此书（书中采用别号"巢南子"）。潘佩珠与梁启超讨论当时越南政局，并深得其关注。梁启超建议："法人在越种种奇状，举世界无知者，子（潘佩珠）为我言之，我为子播之，或亦可以唤起世界舆论于万一。"梁启超 1905 年为之作叙，并资助出版。

② 《孙中山全集》第一卷，中华书局 1981 年版，第 254 页。

史》，共12卷，其中前6卷的主要内容为美国独立之前的历史，故译出后被称为《美国独立史》；后6卷的主要内容为美国独立之后的历史，1903年也由章宗元翻译成书，书名为《美史记事本末》。除以上外，章宗元还译刊有《美国宪法》《美国民政考》。1899年日本涩江保著，中国东京留学生译的《美国独立战史》由商务印书馆1903年出版。1904年春，商务印书馆在《东方杂志》刊登广告，明确指出了出版这部《美国独立战史》的现实意义："处此物竞世界，战争为不可容已之事，于以卫国，于以保种，舍是盖未有能自存也。欧人尚武。战术日精，陈迹具在，足资取法。"①

1911年辛亥革命时，商务印书馆对《美国独立战史》重新修订再版。当时，《东方杂志》在该书的广告中也写道："世界各国欲脱束缚而登自由，其代价必以铁血。"②译者强调，世界上每个国家争取独立、自由，都要付出流血的代价。1912年（民国元年）和1913年（民国二年），先后出版了第三版和第四版，这种"热销"表明，正在揭开历史崭新一页的中国，对于了解美国独立战争的历史是十分迫切的。

对美国重要历史文献《独立宣言》的介绍，在辛亥革命时期外国史的介绍和研究中，占有重要地位。其间，《独立宣言》曾五次全文发表，在国内广为流传，其意义不言自明。1901年5月10日，中国留日学生创办的《国民报》创刊号，刊发了《美国独立檄文》。这是在中国最早全文介绍美国《独立宣言》③。该报在创刊之时即发表美国《独立宣言》，是欲借该宣言，表达中国先进知识分子追求自由、独立、民主，推翻专制政体的崇高革命理想。1911年11月21日，由孙炳文（1885—1927年）任总编辑的《民国报》创刊号，刊发了《美利坚民主独立文》。此文根据美国《独立宣言》全文译出。此时系辛亥革命武昌起义后40天。1912年1月11日，《民国报》发表了《北美合众国宣告独立檄文》。此时正值1912年1月1日孙中山在南京就任中华民国临时大总统，中华民国宣告成立。

商务印书馆旗下创刊于1904年的《东方杂志》，对世界历史的介绍较为关注。仅从1904年《东方杂志》的广告中，就可看到直接从日文转译的西文历史著作多种。由商务印书馆和出洋学生编辑所等出版的著作包括法国赛奴巴的《泰西民族文明史》、俄国伊罗瓦基伊的《俄罗斯史》等。辛亥革命前后，《东方杂志》更广泛介绍了世界各国革命和革命的历史。例如，1911年出版的第8卷第1号中就有《纪巴西之乱》《纪墨西哥之乱》；第8卷第3号中的《墨西哥乱事记》《摩洛哥事件》；第8卷第4号中的《三年中之四大革命》《葡萄牙之政变》；第8卷第6号中的《土耳其国近时之状况》；等等。这些文章和当时中国社会现实有密切的联系，意在说明中国的封建统治阶级如不吸取教训，那在中国也将"激成大变"，中国爆发革命也是不可避免的。

法国大革命在当时的中国被广泛介绍，此外，国内还编译有意大利、苏格兰、荷兰、希腊、葡萄牙、俄国、菲律宾等国的革命史著作。这些著作同样是通过对各个国家革命历史的记叙，阐述反对封建专制统治，发动革命的重要性和必要性。这些著作主要有：张仁普译《意大利独

---

① 《东方杂志》，1904年4月10日，第1卷，第2期。
② 《东方杂志》，1911年11月15日，第8卷，第9期。
③ 在此之前，早在19世纪中叶，魏源在《海国图志》卷59《弥利坚总记》中，曾介绍过美国《独立宣言》的内容，但没有引起国人的重视；梁廷枏在《合省国说》卷2中，也曾介绍过《独立宣言》。

立史》，由上海广智书局1903年出版；东京留学生译述《义（意）大利独立战史》，由商务印书馆1902年出版；《意大利建国史》，由上海一新书局1903年出版；穆湘瑶译《苏格兰独立志》，由通社1903年出版；《苏格兰独立史》，那顿著，商务印书馆译，由商务印书馆1903年出版，《历史丛书》之一；《荷兰独立史》，载《江苏》1903年；秦嗣宗译《希腊独立史》，由上海广智书局1902年出版；《葡萄牙革命史》，由商务印书馆1911年出版；《俄国革命战史》，由上海人演社1903年出版；棒时著，东京留学生译《菲列宾（菲律宾）独立战史》，由商务印书馆1902年出版；中国同是伤心人译《飞猎滨（菲律宾）独立战史》《非律宾（菲律宾）民党起义记》，载《杭州白话报》1901年；等等。

5. 清末民初唯物史观在中国的早期传播

19世纪70年代，马克思主义学说即已开始了在中国的传播。对马克思主义学说的理解，当时主要是通过日本社会主义者的著作介绍到中国来。创刊于19世纪60年代末，由传教士主办的《万国公报》（当时称《中国教会新报》）较早介绍了马克思主义学说，如在《大同学》①第一章《今世景象》中简述了18世纪以来的阶级斗争后写道："其以百工领袖著名者，英人马克思也。马克思之言曰：纠股办事之人，其权笼罩五洲，实过于君相之范围一国，吾侪若不早为之所，任期蔓延日广，诚恐总地球之财币，必将尽入其手。然万一到此时势，当即系富家权尽之时，何也？穷黎既至其时，实已计无复之，不得不出其自有之权，用以安民而救世。"② 这里虽误将马克思说成是"英人"，但文中所述马克思的思想却基本无误。1900年，中国留日学生在东京成立了"译书汇编社"。1901年1月，《译书汇编》第2期译载了日本有贺长雄著《社会党镇压及其社会政策》。文中对社会主义有如下定义："西国学者，悯贫富之不等，而为佣工者，往往受资本家之制，遂有倡均贫富制恒产之说者，谓之社会主义。"

19世纪末，随着日本资本主义的迅速发展，工人运动和社会主义思潮兴起。1902年，幸德秋水著《广长舌》出版，这是一部宣传包括唯物史观在内的科学社会主义基本原理的通俗读物，同年底，该著作由中国国民丛书社译成中文，上海商务印书馆出版。1905年11月，革命党人朱执信在同盟会机关刊物《民报》中撰写《德意志社会革命家小传》《德意志社会革命家列传》③，在介绍马克思、恩格斯的生平事业时，高度评价《共产党宣言》和《资本论》。1908年1月，《〈共产党宣言〉恩格斯1888年英文版序言》由民鸣译成中文，发表在《天义报》第15卷。同年，《天义报》1908年春季增刊（第16—19卷）发表了民鸣所译《共产党宣言》的"前言"和第一章"绅士与平民"（即《资产者与无产者》）。1911年10月，辛亥革命取得了胜利，由于资产阶级革命派的推动，社会主义思潮在中国有了更大的影响。当时出版的"新智识丛书""马克思研究丛书""社会丛书""新时代丛书"等，均出版了有关社会主义的著作。

1917年俄国十月革命取得胜利。在十月革命的影响下，李大钊等具有初步共产主义思想的

---

① 《大同学》，在《万国公报》第121—124册（时称《中国教会新报》）连载。光绪二十五年（1899年）正月到四月。

② 《万国公报文选》，生活·读书·新知三联书店1998年版，第614—615页。《大同学》系英国传教士李提摩太、中国文人蔡尔康根据英国社会学家本杰明·颉德的《社会进化论》一书编译而成。当时，"颉德"译作"企德"。

③ 蛰伸：《德意志社会革命家小传》，《民报》第2号，1905年11月26日；蛰伸：《德意志社会革命家列传》，《民报》第3号，1906年4月5日。

知识分子，开始在中国传播马克思主义，进一步扩大了唯物史观在中国的影响。1917年俄国十月革命后第三天，上海《国民日报》就对此进行了报道。同年，《太平洋》、《劳动》、《东方杂志》和《申报》等也对此进行了介绍。1918年7月1日，李大钊发表了《法俄革命之比较观》一文，这是中国人民热情歌颂十月革命的第一篇文章。在文中，李大钊明确指出："俄罗斯之革命是20世纪初期之革命，是立于社会主义上之革命，是社会的革命而并著世界的革命之采色者也。"① 他认为："俄罗斯之革命，非独俄罗斯人心变动之显兆，实二十世纪全世界人类普遍心理变动之显兆。……此非历史家故为惊人之笔遂足以耸世听闻，为历史材料之事件本身实足以报此消息也。吾人对于俄罗斯今日之事变，惟有翘首以迎其世界新文明之曙光……"② 同年11月15日，李大钊在《新青年》第5卷第5号发表《庶民的胜利》和《布尔什维主义的胜利》，热情歌颂十月革命的胜利，认为："一九一七年的俄国革命，是二十世纪中世界革命的先声。""Bolshevlsm（布尔什维主义）的胜利，就是二十世纪世界人类人人心中共同觉悟的新精神的胜利。""试看将来的环球，必是赤旗的世界！"③ 五四前夜，陈独秀在《每周评论》撰文论述了十月革命的历史意义。他说："美英两国有承认俄罗斯布尔扎维克（原文如此）政府的消息，这事如果实行，世界大势必有大大的变动。十八世纪法兰西的政治革命，二十世纪俄罗斯的社会革命，当时的人们都对着他们极口痛骂，但是后来的历史家，都要把他们当作人类社会变动和进化的大关键。"④ 陈独秀强调，1917年俄国十月革命和1789年的法国大革命，都有划时代的世界历史意义。

五四运动之后，马克思主义得到更广泛的传播，而这种传播首先是从介绍唯物史观开始的。1919年5月11日，《新青年》出版了"马克思主义研究专号"，刊载了李大钊的《我的马克思主义观》（附《哲学的贫困》、《共产党宣言》摘译、《〈政治经济学〉导言》）等。1920年4月，日本马克思主义者河上肇著《近世经济思想史论》出版，对亚当·斯密以来的经济思想分三讲进行了简明扼要的阐述。同年6月，陈望道将其中的第二讲《马克斯（马克思）底唯物史观》译成中文在《民国日报》副刊《觉悟》分三次刊出、从"社会进化论"和"阶级争斗说"等方面介绍了唯物史观的基本原理。

二、从五四运动到人民共和国成立

1. 中共早期领导人的世界历史观

中国共产党的领导人十分重视研究历史。这些研究与时代同行，与他们推翻旧世界、建立新中国，实现中华民族的伟大复兴的宏图伟业紧密联系在一起。

李大钊是中国共产主义运动的先驱，中国共产党主要创建者之一。他一生"夙研史学"，包括外国史，因外国史"本为常识所需，而当欧风东渐，汉土革新之时，尤宜资为借鉴"。⑤ 李大钊强调，无论中外历史，"历史观者，实为人生的准据，欲得一正确的人生观，必先得一正确

---

① 《李大钊选集》，人民出版社1959年版，第102页。
② 《李大钊选集》，人民出版社1959年版，第104页。
③ 《李大钊选集》，人民出版社1959年版，第111、117、118页。
④ 《陈独秀著作选编》第2卷，上海人民出版社2009年版，第80页。
⑤ 《李大钊全集》第3卷，人民出版社2006年版，第329页。

的历史观"①。中共正式建党前，李大钊在分析了18世纪和19世纪前半期欧洲盛行的莱辛、赫尔德、弗格森、赫胥黎、黑格尔等的唯心史观后明确指出，"唯物史观所取的方法，则全不同。他的目的是为得到全部的真实，其及于人类精神的影响……不是一种供权势阶级愚民的器具"，唯物史观在使"我们要晓得一切过去的历史，都是靠我们本身具有的人力创造出来的"，我们要"创造一种世界的平民的新历史"。②

19世纪末20世纪初，中国处在革命与社会裂变的大变局中。在这激变的时代，李大钊发表了《大英帝国主义者侵略中国史》（1925年）、《从印度航路发见以至〈辛丑条约〉帝国主义侵入东方大事年表》（1925年）等文，与中共早期领导人瞿秋白的《帝国主义侵略中国之各方式》（1923年）、蔡和森的《美国资本奴隶中国的新计划》（1923年）、陈独秀的《一九二三年列强对华之回顾》（1924年）、萧楚女的《帝国主义侵略中国之实况》（1924年）、周恩来的《辛丑条约与帝国主义》（1926年）等交相辉映，痛斥帝国主义是中华民族最凶恶的敌人。

1919年8月，北京大学"中国史学门"改为"史学系"，学生从学习和研究中国历史拓展到学习和研究外国历史。1920年7月，李大钊担任北大教授，同时兼任图书馆主任。他在北大史学系开始讲授"史学思想史"③，重点探讨了桑西门（圣西门）、孔德、孔道西（孔多塞）、鲍丹（波丹）、鲁雷、孟德斯鸠、韦柯（维科）、理恺尔（李凯尔特）等人的历史哲学思想，通过分析唯物史观的"前史"，强调唯物史观的科学性，以及它在诸多历史观中的核心地位，开创了中国史学系统研究西方历史哲学之先河。此外，在分析"何谓史学"，以及"史学与其他学科的关系"时，李大钊还阐述了培根、富理曼（弗里曼）、格罗忒（格罗特）、海尔革（海克尔）、兰蒲瑞西（兰普雷希特）、海格尔（黑格尔）、文蝶儿班德（文德尔班）、赫胥黎、傅林特（菲林特）等人的历史思想，内容十分丰富，为中国世界史学术思想的发展做出了积极的贡献。

李大钊同时代的一些中共领导人十分重视世界史的学习。1917年12月，陈独秀出任北京大学文科学长时，提议在必修课中增加"西洋古代史""西洋中古史""西洋近代史""东洋通史""日本史"；在选修课中增加"西洋政治史""西洋外交史""西洋文明史""西洋历史教授法"等。1915年9月，陈独秀创办《青年杂志》（1916年9月改名《新青年》），在创刊号上撰有《敬告青年》发刊词。他在论及现代新青年所应具备的种种进步精神时，用不少世界历史的史实来说明。例如，他在谈到"进步、进取，而非保守和退隐"时说："呜呼！巴比伦人往亦，其文明尚有何等之效用耶？……世界进化，骎骎未有已焉，其不能善变而与之俱进者，将见其不适环境之争存，而退归天然淘汰已耳，保守云乎哉！"④

蔡和森1919年底赴法勤工俭学时，曾认真研读过恩格斯的《家庭、私有制和国家的起源》。1921年归国后，他汲取经典作家《共产党宣言》《资本论》《劳动在从猿到人转变过程中的作

---

① 《李大钊全集》第4卷，人民出版社2006年版，第252页。
② 《李大钊全集》第3卷，人民出版社2006年版，第219、221—222页。
③ 李大钊的《史学思想史讲义》包括：《史观》《今与古》《鲍丹的历史思想》《鲁雷的历史思想》《孟德斯鸠的历史思想》《韦柯及其历史思想》《孔道西的历史观》《桑西门的历史观》《马克思的历史哲学与理恺尔的历史哲学》《唯物史观在现代社会学上的价值》，以及《唯物史观在现代史学上的价值》等。见上海图书馆1962年影印本《史学思想史讲义》。有研究者认为，从内容上看，将此讲义冠以"欧美史学思想史"之名似更贴切。
④ 《陈独秀著作选编》第1卷，上海人民出版社2009年版，第160页。

用》等著作的观点，参阅摩尔根《古代社会》等历史文献，写成《社会进化史》①。他将人类历史划分为野蛮时代、半开化时代和文明时代三个阶段。书中指出，"自十五世纪末，印度航路和美洲发见后，墨西哥和秘鲁的金子流入欧洲，因此创立一种太平洋上的商业，而使土地财产的价值日益跌落，并且给资本主义的生产以决定的动力。由此遂开一近世的大革命和阶级争斗的新纪元"，然而资本主义虽曾有过进步的历史作用，但无法改变其固有的矛盾，而必然走向自己的反面，"于是人类的历史又朝着共产主义的方向前进了"②；"世界革命的成功，只是时间迟早的问题"③。

张闻天对史学理论造诣颇深。他认为："过去的事情，实则没有过去，它还是在现在活着。""过去是活着在现在而且与未来相衔接的，所以要解决现实生活中所发生的一切问题，就不能不研究过去的历史。"④ 从这一认识出发，张闻天1924年在翻译美国史家房龙《人类的故事》时指出，这部著作"差不多完全以白种人为中心"，远不能称其为"人类的历史"。他认为："对于有数千年文化史的中国与印度只在原书第四十二章内略略说了一点，敷衍了事。不幸就是这一点也已经犯了许多错误！我觉得删去这一章对于读者即没有损失，而且他所说的既以欧美人为中心，倒不如把原书的书名改为《西洋史大纲》，较为近于实际。"⑤ 在原书"解放运动"一章中，房龙只写了法国大革命、工业革命、1848年欧洲革命，而张闻天则在这一章的后面补写了俄国十月革命，欢呼列宁领导的社会主义革命的伟大胜利。

2. 新史学思潮中世界史研究的最初成果

20世纪初，中国资产阶级改良主义者用进化史观批判封建主义史学，希冀借此致力于民族的觉醒。这为中国"新史学"的到来奠定了理论上的基础。严复以进化史观分析人类社会的发展，对中国史学在近代的演变有着开凿鸿蒙的作用。1909年1月，严复撰《泰晤士〈万国通史〉序》，力主历史学应研究人类的进化："左氏固相斫之书，柱下乃家人之语。至若究文明之进步，求事变之远因，察公例之流行，知社会之情状，欲学者毋忘前事，资为后师，用以迎蜕进之机，收竞存之利，则求诸古人著作，或理有不逮，或力所未皇。"他还说："故欲言一民之质文强弱，一国之萌长盛衰，独就其民其国而言，虽详乃不可见，必繁俗殊化，合叙并观，夫而后真形以出。"这就要求"学者必扩其心于至大之域"⑥。在严复看来，只有在广阔的世界历史背景下，才能认清一个国家的历史。

20世纪初，以进化论为理论基础的近代西方史学理论，开始输入中国，并产生了重要的影响。1902年《译书汇编》第9期、第10期，发表留日学生汪荣宝编译的《史学概论》，这是国内第一部以"史学概论"命名的著作。《史学概论》根据日本著名史学家坪井九马三的讲义《史学研究法》，和久米邦武、浮田和民等人的有关论著编译。这些日本学者的史学思想都来源于西方，所以从某种意义上说，汪荣宝在《史学概论》中，所介绍的也是西方的史学理论。

---

① 1924年8月，《社会进化史》由上海民智书局出版，到1929年再版5次，在中国社会各界有广泛影响。
② 《蔡和森文集》上卷，人民出版社2013年版，第550、553页。
③ 《蔡和森文集》上卷，人民出版社2013年版，第652页。
④ 《张闻天早期文集（1919.7—1925.6）》（修订版），中共党史出版社2010年版，第488、489页。
⑤ 《张闻天早期文集（1919.7—1925.6）》（修订版），中共党史出版社2010年版，第490页。
⑥ 严复：《泰晤士〈万国通史〉序》，载王栻主编《严复集》第2册，中华书局1986年版，第270页；严复：《〈法意〉按语》，载王栻主编《严复集》第4册，中华书局1986年版，第955页。

20世纪初，一些中国学者提出重视"民史"，反对"君史"的问题。这是西方史学理论传入中国后，在中国史学发展进程中产生的直接反响。西方重视"民史"，是和资产阶级反对封建专制制度，鼓吹"自由、平等、博爱"，发展资本主义生产关系，建立资产阶级的政治统治联系在一起的。在中国，梁启超最早提出了这个问题。他认为中国封建主义史学"君史"盛行，中国各代的历史，"不过为一代之主作谱牒"①。这些观点当时即有振聋发聩的作用，得到谭嗣同、徐仁铸等人的赞同。

1918年初，蒋梦麟在《教育杂志》第10卷第1期（十周年纪念专号）发表文章《历史教授革新之研究》。蒋梦麟明确提出要革新中国旧史学。他说，在中国史学的教学和研究中，"泥古"的风气很盛，中国史学要彻底革新，应向美国史学家那样，"扩张历史范围"，"改变历史方针"，"革新教授方法"，从而改变中国史学的落后面貌，使之得以进步。② 1921年2月，何炳松在朱希祖的鼓励下开始翻译美国史学家鲁滨孙的《新史学》，朱希祖说，这部书，"是很合我国史学界的程度，先把消极的方面多说些，把史学界陈腐不堪的地方摧陷扩清了，然后慢慢地想到积极的建设方面去"，"学问是断不可分国界的。我国史学界总应该虚怀善纳，无论哪一国的史学学说，都应当介绍进来"。③

何炳松翻译的鲁滨孙《新史学》，由商务印书馆在1923年出版。在何炳松看来，美国新史学派的史学思想"虽然是属于欧洲史方面，但是很可以做我们中国研究历史的人的针砭"④。何炳松译介鲁滨孙《新史学》，是在介绍一种全新的历史观念。这种观念反映了中国史学发展的客观要求。陈衡哲对于何炳松的译著，给予了高度的评价，认为尽管是译著，却也是从中国人的立场出发来进行这项工作的，而不是食洋不化。陈衡哲称赞何炳松凭借其深厚的学术底蕴，以东方人的世界眼光，给了鲁滨孙的史著"一套优美的华服"⑤，使其在中国风靡一时。

除鲁滨孙新史学之外，在20世纪20年代后介绍到国内的西方史学理论名著，还有李思纯翻译法国朗格诺瓦、瑟诺博司的《史学原论》，由商务印书馆1926年出版；张宗文翻译瑟诺博司的《社会科学与历史方法》，由大东书局1930年出版；向达翻译美国班兹（巴恩斯）的《史学》，由商务印书馆1930年出版；黎东方翻译法国施亨利的《历史之科学与哲学》，由商务印书馆1930年出版；薛澄清翻译美国弗林的《历史方法概论》，于1933年出版；陈石孚翻译美国塞利格曼的《经济史观》，于1928年出版；董之学译班兹的《新史学与社会科学》，由商务印书馆1933年出版；等等。此外，林恩·桑戴克（Lynn Thorndike，1882—1965年）的《世界文化史》（1930年）；班兹的《西洋史进化概论》（1932年）也都译成中文出版。

进入20世纪30年代以后，世界通史、断代史、地区史、国别史、专门史已经有了长足的发展。毋庸讳言，上述各方面的研究并不平衡，参差不齐。但是，在统一的"世界历史"学科之下，上述世界史的重要研究方向，毕竟都已有了这样或那样的著作问世，这是不争的事实，总之，中国世界史编纂的框架基本形成了。世界史编纂的主要内容是：世界通史和史前史、古

---

① 梁启超：《续译列国岁计政要叙》，《时务报》，1897年7月20日。
② 蒋梦麟：《历史教授革新之研究》，《教育杂志》第10卷第1期，1918年1月20日。
③ 朱希祖：《新史学·序》，载鲁滨孙《新史学》，何炳松译，广西师范大学出版社2005年版，"序"第3页。
④ 《何炳松文集》第3卷，商务印书馆1996年版，第7、21页。
⑤ 参见陈衡哲《中古欧洲史·序言》，载何炳松著，刘寅生、房鑫亮编《何炳松文集》第1卷，商务印书馆1997年版，"序言"第4页。

代中世纪史、近现代史等断代史；西洋史和东洋史等地区史；印度史、暹罗史、蒙古史、日本史、土耳其史、朝鲜史、越南史、印尼史、俄国（苏联）史、英国史、法国史、德国史、意大利史、美国史、澳大利亚史等国别史；社会经济史、革命史、政治思想史、文化（文明）史、国际关系史和中外关系史等专门史。这些世界史著述虽然形式不一、学术水平不一，却都留有独具魅力的历史印迹。

3. 对"欧洲中心主义"的批判

欧洲中心论的历史观，顾名思义，以西欧或欧美为"中心"，大肆宣扬西欧白色人种的优越，认为西欧的历史是整个人类普遍的历史，始终是人类历史矛盾运动的中心。因此，整个世界的历史都应以西欧的历史为标准来认识和剪裁。18世纪中期，德国哥丁根学派的一些史学家最早提出了西欧中心理论。以后经德国哲学家黑格尔、史学家兰克，法国社会学家孔德，美国历史学家海斯、穆恩、韦兰等人的阐发，"白种人是世界历史的主角"，成为西方史学中一种根深蒂固的偏见。

20世纪初，西欧中心论开始受到挑战，1918年，德国历史哲学家斯宾格勒在其代表作《西方的没落》中，提出"文化形态史观"（或称"历史形态学"），他认为历史研究的单位是"文化"，为人们描绘出一幅多中心，而不是以西欧为中心的世界文化图景。此后，英国历史学家汤因比继承、发展了斯宾格勒的"文化形态史观"。1934—1961年，其多卷本《历史研究》陆续问世。汤因比强调把人类历史看作一个整体进行研究，以"文明"（或社会）作为历史研究的单位。他认为近6000年的人类历史发展中，有26种文明（或社会）得到了发展，西方基督教文明只是其中之一。几乎与斯宾格勒、汤因比同时，中国历史学家对欧洲中心论，进行了日趋深入的批判。

1920年，英国学者赫伯特·乔治·韦尔斯的《世界史纲：生物和人类的简明史》出版。由于这部著作"不过是对过去百年内地质学者、古生物学者、胚胎学者和任何一类博物学者、心理学者、民族学者、考古学者、语言学者和历史研究者的大量活动所揭示的现实的初始图景加以通俗的叙述"①，所以拥有众多的读者，有广泛的影响。1928年3月，雷海宗写有《评汉译韦尔斯著〈世界史纲〉》，在《时事新报》上发表。这可能是他在美国获得博士学位归国后公开发表的第一篇文章。雷海宗对韦尔斯《世界史纲》提出尖锐批评，认为这是一部"专门发挥某种史观的书"，作者韦尔斯是"西洋著作界一个富有普通常识而缺乏任何高深专门知识的人，所以在他的脑海中'历史'一个名词就代表'西洋史'，而他的历史观也就是他以西洋史为根据所推演出来的一个历史观"。

雷海宗针对当时中国学术界的现状指出："中国现在一切的学问艺术都仰给于外人，那是无可讳言的。""《史纲》……无史学的价值，我们不可把他当史书介绍与比较易欺的国人。"因此，雷海宗强调："我们所要注意的就是无论怎样《史纲》并不是历史；研究历史时，最好读别的书，对韦尔斯的书愈少过问愈好。"② 雷海宗对"欧洲中心论"的批评，反映了当时进步历

---

① [英]赫·乔·韦尔斯：《世界史纲：生物和人类的简明史》，吴文藻等译，人民出版社1982年版，第6页。
② 雷海宗：《评汉译韦尔斯著〈世界史纲〉》，《时事新报》1928年3月4日，转引自《伯伦史学集》，第613—614、619—620页。

史学家的共识。

1933年5月1日，何炳松撰写了《初中外国史》的"编辑大意"，明确指出："旧式外国史总以欧洲一洲为中心，东洋史则以中国一国为中心。欧洲和中国固然为东西两洋文化的重心，不可忽视；但亦不宜偏重本书很想用综合的眼光，把东西史家向来轻视的西部亚洲史，给以相当的地位。"① 显然，何炳松努力和"欧洲中心论"划清界限，同时，对所谓"中国中心"，也持否定态度。

1934年，商务印书馆又出版了何炳松的《高中外国史》，上下两册，何炳松明确提出撰写的"立场问题"。因为"我们试看寻常所谓外国史或世界史，多半是欧洲中心扩大起来的西洋史。欧洲固然是现代世界文化的重心，值得我们格外的注意。但是我们中国人既系亚洲民族的一份子，而亚洲其他各民族在上古和中古时代对于世界的文化又确有很大的贡献，似乎不应因为他们久已衰亡，就可附和欧洲史家的偏见，一概置之不理"②。何炳松的《高中外国史》从理论与实践的结合上对摆脱欧洲中心论的影响，进行了有益的探索。

1949年秋，周谷城3卷本《世界通史》，由商务印书馆出版。在书中周谷城旗帜鲜明地提出"欧洲通史并非世界通史之中心所在"③ 的论断，通过对尼罗河流域文化区、西亚文化区、爱琴文化区、中国文化区、印度文化区、中美洲文化区6大古文化区的阐述，努力凸显不同国家、不同民族和不同文明的特征，及它们彼此之间的关系，包括历史上的中国与世界。

在《世界通史·弁言》中，周谷城从四个方面，就"什么是世界通史"，进行了基本的理论阐释。他说："一、世界通史并非国别史之总和。……本人不认国别史之总和为世界通史。""二、欧洲通史并非世界通史之中心所在。……因此我们断不能忽视亚洲及欧亚之间的活动。""三、进化阶段，不能因难明而予以否认。世界各地历史的演进，无不有阶段可寻。""四、概括的叙述不能转为抽象的空谈。……我们很重概括的叙述，但不能离开具体的事实而作抽象的空谈。"④ 周谷城的上述认识，至今仍具有重要的理论意义和现实意义。他突破了"欧洲中心论"的束缚，强调世界各地区之间的相互联系，主张将世界历史作为一个整体进行研究，这对中国的世界史建设有开拓性的作用。

4. 国民教育体系中的世界历史学

19世纪末，对外国历史知识的学习，已经成为历史学教育不可缺少的内容之一。戊戌变法之前，康有为、梁启超在学堂、书院开始推行资产阶级维新教育，"世界史"是重要的课程之一。在万木草堂，康有为开设"万国政治沿革得失""万国史学"等课程。在梁启超任总教习的湖南时务学堂，《日本国志》《万国史记》《泰西新史揽要》被列为课程的学习内容。20世纪初，中国的世界史编纂，已经有了长足发展。1903年1月8日，《大陆报》"论说"栏刊载《近世世界史之观念》。文章写道：中国在闭关时期知识未周，见闻不广，并不知有亚洲，遑向世界，故世界史之著，亘古无闻焉。但自海禁开放后的数十年来，西方事物涌入，宗教、贸易、外交、学术、技艺之会通，我国民耳濡目染，则世界之观念，宜其勃然兴起，以成世界史，而

---

① 何炳松著，刘寅生、房鑫亮编：《何炳松文集》第五卷，商务印书馆1997年版，第3页。
② 何炳松著，刘寅生、房鑫亮编：《何炳松文集》第五卷，商务印书馆1997年版，第3页。
③ 周谷城：《世界通史》上，河北教育出版社2000年版，第3页。
④ 周谷城：《世界通史》上，河北教育出版社2000年版，第3—4页。

沾溉同胞矣。

清政府为了维持自己的统治，在1901年发布"变法"上谕，参照"西法"，实行新政。新政的主要内容之一，就是调整教育政策。在"中学为体，西学为用"的原则下，新政增加了西学的内容，包括最终废除科举制，奖励出国留学，开设新式学堂等，这在客观上促进了20世纪初中国世界史教学的发展。一些新式教科书，包括外国历史的教科书正是在这时开始面世。

清政府1901年的诏书规定：除京师已设大学堂，应切实整顿外，着各省所有书院，于省城外均改设大学堂，各府及直隶州均改设中学堂，各州县均改设小学堂，并多设蒙学堂。1902年1月，吏部尚书张百熙出任管学大臣，着手建立新的学制系统。这是中国近代教育历史上，第一个由国家公布的学制系统，具有法律的意义。因1902年是旧历的"壬寅"年，所以这个学制也被称为"壬寅学制"。

在这个学制中，"外国文"、"中外地理"和"中外历史"是"中学堂"和"高等学堂"学习的规定内容之一。如京师大学堂师范馆的历史课程，在第二年学习"外国上世史""外国中世史"，第三年学习"外国近世史"，第四年为"外国近世史并授以教史学之次序方法"。《钦定学堂章程》颁布后，尚没来得及全面实施，便在张之洞的主持下，开始学制的全面修订工作。从1903年6月开始，半年后完成。1904年1月，经清帝批准后颁布，此为《奏定学堂章程》，又称"癸卯学制"。这是近代中国第一个以教育法令公布并在全国实行的学制，被认为是中国近代化教育开端的标识。

1898年戊戌变法颁布数十条维新诏令，其内容之一就是设立京师大学堂（北京大学），标志着绵延1000多年的科举制的崩溃。京师大学堂的办学宗旨是中学为体，西学为用，观其会通，无得偏废。所学的功课，则"略依泰西、日本通行学校功课之种别"。1899年秋，京师大学堂已经设立了与"政治专门讲堂""舆地专门讲堂"并列的"史学专门讲堂"[1]，世界史从一般意义的"文学"中脱离出来。[2]

京师大学堂在19世纪末建立之初，就比较重视中外历史教育。当时预备科要学习"中外史制度异同"；仕学馆要学习"外国史典章制度"；师范馆要学习"外国上世史"、"外国中世史"和"外国近世史"，这些对20世纪二三十年代北京大学的世界史学科建设，无疑有重要的意义，由下表可见一斑。

表1：1918—1937年间北京大学开设的世界史相关课程表

姓名	职务	任教时间	开设课程
钱维骥	讲师	1918—1919年	东洋通史
曹位康	讲师	1918—1919年	中国与亚洲诸国交通史

---

[1] 参见管学大臣许景澄1900年2月18日的奏折：上年六月，臣蒙恩命，暂行管理，因与孙家鼐随事商榷，添派专门教习以广讲授……分设经史讲堂，曰求志、曰敦行、曰立本、曰守约，计四处；专门讲堂，史学、政治、舆地，计三处。……文载北京大学、第一历史档案馆编《京师大学堂档案选编》，北京大学出版社2001年版，第87页。

[2] 参见《大学堂章程》，载北京大学校史研究室编《北京大学史料》第1卷，北京大学出版社1993年版，第199页。

续表

姓名	职务	任教时间	开设课程
梁敬錞	讲师	1918—1919 年	西洋史
何炳松	讲师	1818—1922 年	西洋史、新史学（英文）、西洋中古史、西洋近世史
陈映璜	讲师	1918—1931 年	人类学及人种学、人类学
杨栋林	教授	1919—1924 年	西洋通史、欧洲社会变迁史、外国现代史
赵文锐	讲师	1920—1921 年	西洋近世史
邹宗孟	讲师	1920—1921 年	日本近世史
张孝年	讲师	1922—1925 年	日本近世史
徐渭津	—	1923—1924 年	西洋上古史、西洋中古史
张健	讲师	1923—1924 年	西洋近世史
熊遂	讲师	1923—1926 年	欧洲文化史、欧洲中古、西洋中古史、西洋近世史
刘崇鋐	讲师	1924—1925 年 1929—1931 年 1934—1937 年	欧洲上古史、西洋 19 世纪史、英国史、西洋近百年史、西洋近世史择题研究
陈翰笙	教授	1924—1927 年	欧美通史、欧美中古史、欧美近世史、欧美史学史
李宗五	讲师	1925—1927 年 1930—1934 年	日本史、日本近世史、西洋近百年史
李璜	讲师	1925—1927 年	欧洲上古史、欧洲文化史
吴祥麒	讲师	1926—1927 年	欧洲中古史
张星烺	讲师	1928—1935 年	南洋史、中西交通史
孔繁霱	讲师	1929—1930 年	西洋史学史
陆懋德	讲师	1929—1931 年	西洋通史
王桐龄	讲师	1929—1931 年	东洋史、东洋通史
陈立廷	讲师	1929—1931 年	西洋近百年史
毛准	教授	1930—1937 年	希腊文明史、科学思想史
李飞生	讲师	1930—1931 年	西洋通史
黄文山	教授	1930—1931 年	西洋史学史
陈受颐	教授	1931—1936 年	西洋中古史、近代中欧文化接触研究、文艺复兴与宗教改革、西洋十七八世纪史、西洋史籍举要、近代中欧文化接触史
黎东方	讲师	1931—1932 年	西洋近代史、法国大革命史

续表

姓名	职务	任教时间	开设课程
梁思成	讲师	1931—1932 年	东洋建筑史、西洋建筑史
陈同燮	教授	1932—1935 年	西洋通史、西洋上古史、西洋近百年史、英国史、欧洲殖民事业发展史、1815 之后之英帝国
聂鑫	讲师	1932—1937 年	中亚民族史、西洋上古史择题研究、西洋中古民族迁移史、法国史
吴正华	讲师	1932—1934 年	法国革命史
张忠绂	教授	1932—1933 年	西洋近代外交史
周炳琳	教授	1932—1933 年	西洋经济史
姚从吾	教授	1934—1937 年	世界史择题研究
向达	教授	1934—1937 年	中西交通史、印度通史
罗念生	讲师	1934—1937 年	希腊文明史
皮名举	副教授	1935—1937 年	西洋上古史、西洋史学史、西洋 19 世纪史、西洋史学名著选读
齐思和	讲师	1935—1936 年	西洋当代史、世界中世纪史
王辑五	讲师	1935—1937 年	日本史、日本近世史
钢和泰	名誉教授	1920—1923 年 1934—1937 年	印度古代史
今西龙	特邀	1922—1923 年	朝鲜史
李锡禄	讲师	1936—1937 年	德意志近代史、意大利近代史
卢明德	—	1935—1937 年	西洋近古史、俄国史

三、中国世界史研究的新纪元

1. 唯物史观学习热潮中的中国史学

1949 年 10 月 1 日新中国成立，中国社会历史的发展揭开了崭新的一页，世界史研究学也进入了一个新的阶段。"新阶段"的主要标志，是马克思主义和唯物史观成为历史研究的指导思想。然而，这一切并不是自发实现的，而是通过思想文化建设、思想改造学习运动，包括世界史学科在内的整个中国历史学的学科建设而逐渐完成的。

1949 年 7 月 1 日，中国新史学研究会成立，郭沫若任主席，吴玉章、范文澜为副主席。研究会宗旨的重要内容之一，就是"学习并运用历史唯物主义的观点和方法，批判各种旧历史观"[①]。同年 9 月 29 日，新中国成立前夕通过的具有宪法性质的《中国人民政治协商会议共同

---

① 《中国新史学研究会暂行简章》，载中国史学会秘书处编《中国史学会五十年》，海燕出版社 2004 年版，第 4 页。

纲领》中也明确规定："提倡用科学的历史观点,研究和解释历史、经济、政治、文化和国际事务。"① 学习马克思主义和改造世界观密切结合在一起。1950年6月23日,在全国政协一届二次会议的闭幕式上,毛泽东讲话时指出,批评和自我批评,"这是一个很好的方法,是推动大家坚持真理、修正错误的很好的方法,是人民国家内全体革命人民进行自我教育和自我改造的唯一正确的方法"。"我希望全国各民族、各民主阶级、各民主党派、各人民团体和一切爱国民主人士,都采用这种办法。"② 1951年夏,北京大学开展了40余天的学习运动,推动了全国性的知识分子思想改造运动。"思想改造,首先是各种知识分子的思想改造,是我国在各方面彻底实现民主改革和逐步实行工业化的重要条件之一。"③ 从1950年下半年开始,在全国先后掀起了学习社会发展史、中国共产党历史的热潮。1951年10月《毛泽东选集》出版后,全国又掀起学习毛泽东思想的热潮。

1951年7月28日,在中国新史学研究会的基础上,成立了中国史学会。郭沫若指出,自中国新史学研究会成立以来的两年间,中国史学界已经出现了从唯心史观向唯物史观的转变。1953年8月,中共中央成立"中国历史问题研究委员会"。陈伯达向毛泽东请示委员会的工作方针时,毛泽东讲了四个字:"百家争鸣④"。历史研究委员的工作就从增设历史研究所、办刊物、出一批资料书做起,并决定编辑出版《历史研究》杂志。

1954年《历史研究》创刊时,郭沫若为创刊号撰写了《开展历史研究,迎接文化建设高潮》发刊词。发刊词不仅明确指出了新中国历史研究的具体任务,而且旗帜鲜明地强调广大史学工作者要"学习应用马列主义的立场、观点和方法,认真地研究中国的历史,研究中国的经济、政治、军事和文化,对每一个问题要根据详细的材料加以具体的分析,然后引出理论性的结论来⑤"。郭沫若还说,中国人民革命的胜利,对全世界是一个极大的鼓舞,因而世界人民特别是追求解放的人民对中国的历史和现实便感到莫大的憧憬……我们须得满足内外人民的需要,把世界史上的白页写满;我们须得从历史研究这一角度来推进文化建设,促成社会主义工业化的实现。⑥

1953年1月29日,毛泽东亲自批准成立中央编译局,其任务是有系统地有计划地翻译马克思、恩格斯、列宁、斯大林的全部著作。20世纪60年代,《马克思主义经典作家论历史科学》由人民出版社出版,为广大史学工作者自觉学习唯物史观、用唯物史观指导历史研究创造了有利的条件。

新中国成立初期,在广大史学工作者学习马克思主义的热潮中,一些对马克思主义学说陌生的知名学者也积极投身其中。冯友兰回忆说,1949年"中国革命胜利了,革命带来了马克思主义的哲学。绝大多数中国人,包括知识分子,支持了革命,接受了马克思主义。人们深信,正是这场革命制止了帝国主义的侵略,推翻了军阀和地主的剥削和压迫,从半封建半殖民地的

---

① 中共中央文献研究室编:《建国以来重要文献选编》第一册,中央文献出版社1992年版,第11页。
② 《毛泽东选集》第5卷,人民出版社1977年版,第28页。
③ 《毛泽东文集》第6卷,人民出版社1999年版,第184页。
④ 《毛泽东传(1949—1976)》(上),中央文献出版社2003年版,第486页。
⑤ 《毛泽东选集》第3卷,人民出版社1991年版,第837页。
⑥ 参见郭沫若《开展历史研究,迎接文化建设高潮——为〈历史研究〉发刊而作》,《历史研究》1954年第1期。

地位拯救出中国，重新获得了中国的独立和自由。人们相信马克思主义是真理①"。顾颉刚也曾坦言："纵然我不能纯熟地运用马克思主义，至少可以跟着马克思主义者的足迹而前进。"1949年，陈垣写"致胡适的公开信"，5月11日在《人民日报》发表。他写道："今年一月底，北平解放了。解放后的北平，来了新的军队；那是人民的军队，树立了新的政权；那是人民的政权，来了新的一切，一切都是属于人民的。我活了七十岁的年纪，现在才看到了真正人民的社会，在历史上，从不曾有过的新的社会。"

1955年《学习》杂志第四期，发表了题为《必须宣传唯物主义思想 批判唯心主义思想》的重要社论。社论指出，随着中国社会主义建设和社会主义改造的深入发展，工人阶级与反动阶级之间的斗争日趋尖锐和复杂。这一斗争是在经济、政治和思想领域同时进行的，是一场严重的阶级斗争。辩证唯物主义是工人阶级的科学的世界观，是马克思列宁主义的理论基础。1954年，史学界即已投入到对胡适学术思想的批判中，范文澜、周一良、任继愈、田余庆、齐思和、嵇文甫、郑天挺、孙秉莹、梁从诫等，以及北京大学等高校历史系师生纷纷撰文，批判胡适的唯心主义历史观和实用主义的史学方法论。这些批判涉及如何运用唯物史观认识和分析中国和世界的历史、如何科学地评价历史人物、如何认识历史前进的动力，以及如何认识历史矛盾运动的规律性等。批判唯心主义，是宣传和学习唯物史观的重要内容之一。

在1956—1966年开始全面建设社会主义的十年中，我们奠定了"进行现代化建设的物质技术基础"，培养和积累了"全国经济文化建设等方面的骨干力量和他们的工作经验"，文化教育、科学技术领域也得到长足发展；但同时也"遭到过严重挫折"。1981年6月，党的十一届六中全会一致通过的《关于建国以来党的若干历史问题的决议》中指出，这十年中，"党的工作在指导方针上有过严重失误，经历了曲折的发展过程"②。"曲折"主要是指"左倾错误严重地泛滥""反右派斗争被严重扩大化""阶级斗争扩大化和绝对化"，在包括史学在内的意识形态领域，进行错误的政治批判。如1957年批判雷海宗、向达、荣孟源、陈梦家等"右派分子"。③ 将一般的不同认识问题或不同的学术观点问题上升为社会主义和资本主义"两条道路的斗争"，用政治批判代替学术探讨，这不仅无助于我国马克思主义史学理论建设，而且带来了消极的负面影响。

2. 中国世界史学科建设和苏联史学

在新中国成立后的50年代和60年代初，中国史学建设的主要内容是介绍、学习苏联史学理论及其研究实践，这是和坚持唯物史观，清除资产阶级、封建主义史学的影响联系在一起的。学习苏联史学，这是新中国成立初期，"一边倒"的基本国家政策决定的。1952年10月，中国科学院院长扩大会议，作出了《中国科学院关于加强学习和介绍苏联先进科学的决议》，该决议要求加强研究苏联科学成果、翻译出版优秀的苏联科学著作、系统介绍苏联科学的最新成就，苏联史学自然也包括在内。

新中国成立初期，在中国史学界，特别是在年轻的世界历史学科普及马克思主义唯物史观的热潮中，苏联历史学家的学术专著便成为理想的"教科书"，其不仅适用于高等院校年轻的

---

① 冯友兰：《三松堂自序》，生活・读书・新知三联书店1989年版，第371页。
② 中共中央文献研究室编：《关于建国以来党的若干历史问题的决议注释本》，人民出版社1983年版，第22页。
③ 翦伯赞等：《捍卫马克思列宁主义的历史科学》，中国青年出版社1958年版，第1、5、13页。

学子，而且也适用于广大教师。从某种意义上说，这是通过苏联史学家具体的历史著作，开展唯物史观启蒙性和普及性的工作。在这个过程中，自然也存在着这样或那样的缺点和不足，如简单化、概念化，以及教条主义、公式化等，而且这些缺点和不足给中国史学的发展也带来了一些消极的影响。但是，这毕竟是中国世界历史学学科建设的重要内容，是中国世界史学发展历史上的一个重要的阶段，成绩是主流。特别是在新中国成立初期，百废待兴，这对中国马克思主义史学的理论建设，包括马克思主义思想理论建设，具有重要的意义。

1949年12月，苏联科学院为庆祝斯大林70寿辰，出版了一部纪念文集。文集中的内容之一，是苏联科学院历史研究所所长、莫斯科大学教授葛利科夫（今译格列科夫）撰写的《斯大林与历史科学》，中文单行本在1953年由人民出版社出版。这部著作主要是从历史理论方面，强调斯大林的著作对历史科学有重要的指导意义，"苏维埃历史学家们彻底地实现斯大林——伟大领袖和学者——底指示，乃是历史科学进一步繁荣底保证"①。该书所阐释的重大理论问题，虽然多是从苏联历史的背景下展开的，但在很多方面又含有历史矛盾运动中的普遍意义。

译成中文本的苏联史学家的著作，更多的还是对历史过程的实证性研究成果。在世界古代史方面有：贾可诺夫、马加辛涅尔译注《巴比伦皇帝哈谟拉比法典与古巴比伦法解说》，由中国人民大学出版社1954年出版；米舒林编著《古代世界史》，由中国青年出版社1955年出版；苏联科学院历史研究所编《古代世界史大纲》，由生活·读书·新知三联书店1955年出版；司徒卢威编《古代的东方》，由人民教育出版社1955年出版；阿甫基耶夫著《古代东方史》，由生活·读书·新知三联书店1956年出版；格拉德舍夫斯基著《原始社会史》，由高等教育出版社1958年出版；格拉德舍夫斯基著《古代东方史》，由高等教育出版社1959年出版；塞尔格耶夫著《古希腊史》，由高等教育出版社1955年出版；科瓦略夫著《古代罗马史》，由生活·读书·新知三联书店1957年出版；卡里斯托夫、乌特钦科主编《古代的罗马》，由人民教育出版社1957年出版；狄雅可夫、科瓦略夫主编《古代世界史（古代罗马部分）》，由高等教育出版社1959年出版；博克沙宁著《世界古代史地图集（苏联中学用）》，由上海地图出版社1959年出版；等等。

在世界中世纪史方面有：柯斯铭斯基著《中世世界史》，由开明书店1951年出版；谢苗诺夫著《世界中世史》，由东北师范大学出版社1954年出版；柯思明斯基著《中世世界史》，由中国青年出版社1955年出版；柯思明斯基著《中世世界史》，由人民教育出版社1956年出版；谢缅诺夫著《中世纪史》，由生活·读书·新知三联书店1956年出版；波梁斯基著《外国经济史（封建主义时代）》，由生活·读书·新知三联书店1958年出版；梅伊曼著《封建生产方式的运动》，由科学出版社1956年出版；科斯敏斯基、斯卡斯金主编《中世纪史》（第一卷），由生活·读书·新知三联书店1957年出版。

在世界近现代史方面有：苏联科学院历史研究所编《近代史教程》（5卷），由人民出版社1950—1955年出版；叶菲莫夫著《近代世界史》，由人民出版社1950年出版；迦耳金等著《现代世界史》，由海燕书店1950年出版；叶菲莫夫著《近代世界史》（上下册），由中华书局1952年出版；叶菲莫夫著《近代世界史》（上、下），由中国青年出版社1955年出版；波尔什涅夫等著《新编近代史（1640—1780）》（第一卷），由人民出版社1955年出版；祖波克等著《现

---

① ［苏］葛利科夫：《斯大林与历史科学》，余元盦译，人民出版社1953年版，第48页。

代世界史》，由生活·读书·新知三联书店 1956 年出版；科切托夫著《东南亚及远东各国近代现代史讲义》（3 卷），由高等教育出版社 1958 年出版。

在世界通史方面，主要有：尼基甫洛夫著《世界通史讲义》（3 卷），由高等教育出版社 1956 年出版；苏联科学院主编《世界通史》（10 卷），由生活·读书·新知三联书店 1959—1976 年相继出版。此外，鲍爵姆金主编《世界外交史》（5 卷），在 1949—1951 年由五十年代出版社出版；在七八十年代，生活·读书·新知三联书店出版了鲍爵姆金、佐林、葛罗米柯等在六十年代主编的《世界外交史》增订第 2 版的中文本，计 5 卷 10 册。

新中国成立后，一些苏联历史学家应邀来华讲学，并在东北师范大学、北京大学、中国人民大学、外交学院等高校，以及中共中央党校（当时称马列学校）开课，讲授世界通史、地区史或国别史，为培养历史系本科生、研究生做出了贡献。1955—1957 年，苏联世界上古史专家格拉德舍夫斯基等来华授课，在东北师大历史系举办了为期两年的全国性的"世界上古史研究班"，上海大夏大学副教授林志纯（日知）调往东北师范大学，作为研究班的中方指导教师，学员则是来自国内高校从事世界上古史教学和研究工作的青年教师，如毛昭晰、刘家和、刘文鹏、周怡天、崔连仲等，后均成为新中国第一代世界上古史专家。

从实现中国世界史研究建设的长远目标出发，教育部派遣留学生到苏联学习世界史，在 1954 年、1955 年达到高潮。留学生大多从大学一年级新生中选出，经过国内短期俄语培训后，主要集中在列宁格勒大学历史系学习本科生课程。还有一些高年级同学被派遣到莫斯科大学学习副博士研究生课程。

3. 对"欧洲中心主义"的再批判

周谷城是我国史学界最先起来反对欧洲中心论的学者之一。早在 20 世纪 40 年代，周谷城就提出写世界史要分区并列，同时叙述，但又不排斥某一时期某一地区成为重点的观点。他出版于 1949 年 9 月的 3 卷本《世界通史》打破了"欧洲中心论"话语体系，描绘了世界文化彼此交流和互为因果的内在联系。新中国成立后，他相继发表《史学上的全局观念》（1959 年）、《论西亚古史的重要性》（1960 年）、《论西亚古史研究的重要性》（1961 年）、《评没有世界性的世界史》（1961 年）、《迷惑人们的"欧洲中心论"》（1961 年）、《论世界历史发展的形势》（1961 年）、《古代西亚的国际地位》（1979 年）、《我是怎样研究世界史的》（1982 年）、《世界是多元的整体》（1988 年）等论文，不断深化对"欧洲中心论"的批判。周谷城强调指出，世界史不应以欧洲为中心，以欧洲为中心的世界史只能是"欧洲史"，而不是完整意义上的"世界史"。1961 年，周谷城在论及"欧洲中心论的动摇与我们的希望"时指出："今日各大学开设亚、非、拉丁美洲史，是具有斗争意义的。世界史书中如果也从正面叙述亚、非、拉丁美洲史，那便是新体系之一端。客观的历史正在改变之中；主观的历史亦必力求改变，以加速客观历史的大改变。否定以欧洲为中心的世界史，建立具有新观点、新体系的世界史的时候到了。"周谷城对欧洲中心论的批判，并不是置事实于不顾，完全否定欧洲在世界近代历史中的作用，而是强调从事实出发。例如，在《世界通史》第 3 卷中，他集中论述了欧洲文化的发展；世界范围的扩大，16—18 世纪世界历史的迅速发展，重点在欧洲。不言而喻，"欧洲中心论"，和从事实出发，在一定历史时期中的"欧洲的中心作用"，是截然不同的两个概念。20 世纪 80 年代初，复旦大学历史系根据教育部的安排，准备编写《世界通史》，周谷城接受了历史系的邀请，同意参加这项工作，并表示："我的写法未必很好，但与西方或欧美学者的写法完全不同。"这种不同，主要表现为历史观念的完全不同，周谷城写的是中国人心目中的世界史，而非对欧美学者撰写的世界通史的重复或复制。周谷城的《世界通史》的体系，至今仍有重要的理论意义和现实意义。

1964 年，吴于廑在批判"欧洲中心论"把世界分成"文明的欧洲和落后的非欧洲"，用欧洲的价值观念衡量世界时，开始提出"整体史观"思想。他说："一部名副其实的世界史，无疑必须体现世界的观点。所谓世界观点，是针对地区或种族的观点而言的。它应当排除地区或种族观点的偏见，全面而如实地考察世界各地区、各国家、各民族的历史。"他认为以往世界史家的共同局限，"在于缺乏一个世界史家所必须具备的世界观点"[①]。文章发表后不久，"文化大革命"开始，中国历史科学遭受严重摧残，世界史研究受到破坏，吴于廑的研究被迫停顿。

"文化大革命"结束后的 1978 年 6 月，吴于廑在教育部召开的"全国高校文科教学工作座谈会"上，再次重申了他的"整体史观"思想。他认为撰写新的、有特色的世界史，"必须树立以世界为一全局的观点"，"在世界史这门学科中，有不少重要的超出地区史、国别史范围的专门课题，有待我们研究。不研究这样的课题，我看就难以从全局来考察世界历史"[②]。吴于廑提出的"整体世界历史观"，是马克思主义唯物史观基本原理在世界历史认识中的具体运用和体现，其理论渊源是马克思的"世界历史"理论。马克思坚持历史和逻辑的两种方法的有机统一，得出"世界史不是过去一直存在的，作为世界史的历史是结果"[③]的经典结论。

为深入阐述"整体史观"，吴于廑在实证研究的基础上，就"整体史观"进行了艰苦的理论探索，一批重大学术成果相继问世。1990 年，《中国大百科全书·外国历史》出版，吴于廑为其撰写的卷首长篇导言"世界历史"，可视为他的"整体史观"的系统表述。其理论要点如下。

——世界历史的内容，是"对人类历史自原始、孤立、分散的人群发展为全部世界成一密切联系整体的过程进行系统探讨和阐述"。世界历史学科的主要任务，是"以世界全局的观点，综合考察各地区、各国、各民族的历史，运用相关学科如文化人类学、考古学的成果，研究和阐明人类历史的演变，揭示演变的规律和趋向"[④]。

——资本主义大工业和世界市场，消除了各民族、各国的孤立闭塞状态，日益在经济上把世界连成一个整体，从而"首次开创了世界历史，因为它使每个文明国家以及这些国家中的每一个人的需要都依赖于整个世界"[⑤]。世界历史不是各民族、各国家、各地区或者按形态学派的说法各文明历史的堆积，而是其自身有规律发展的结果。

——"人类历史发展为世界历史，经历了一个漫长的过程。这个过程包括两个方面：纵向发展方面和横向发展方面。""纵向发展"，指五种社会形态构成一个由低级到高级发展的纵向序列，但它并非是一个机械的程序。"不同民族、国家或地区在历史上的多样性，和世界历史的统一性并非互不相容的矛盾。""横向发展"，"指历史由各地区间的相互闭塞到逐步开放，由彼

---

① 《吴于廑文选》，武汉大学出版社 2007 年版，第 3、4 页。
② 《吴于廑文选》，武汉大学出版社 2007 年版，第 19、20 页。
③ 《马克思恩格斯全集》第 46 卷（上），人民出版社 1974 年版，第 48 页。
④ 吴于廑：《世界历史》，中国大百科全书出版社 2010 年版，第 2 页。
⑤ 《马克思恩格斯全集》第 3 卷，人民出版社 1960 年版，第 68 页。

此分散到逐步联系密切,终于发展成为整体的世界历史"。① "各个相互影响的活动范围在这个发展进程中愈来愈扩大,各民族的原始闭关自守状态则由于日益完善的生产方式、交往以及因此自发地发展起来的各民族之间的分工而消灭得愈来愈彻底,历史就在愈来愈大的程度上成为全世界的历史。"②

——前资本主义时期阶级社会农本经济,必然具有"闭塞性",不打破普遍存在的闭塞状态,历史也就不能发展为世界历史。社会经济发展的水平是交往增多的决定性因素。

——两个多世纪以来,资本主义"实现了人类历史空前未有的纵向和横向发展……但在不断扩大和发展的同时,它面临着难以解救的矛盾"。这首先是资本主义内在的生产社会化和生产资料私人占有的矛盾。社会主义"扩大以至最后遍及整个世界……是人类历史发展的总趋向。黄河九曲,终将流归沧海"③。

在不断深化对欧洲中心论的批判中,吴于廑提出了中国世界史学术体系的核心理论——"整体史观",这对中国世界史学科建设有里程碑的开拓意义。

4. 新中国世界史研究的早期成果

20世纪中叶,以新中国成立为标志,中国世界史研究开始从译介到研究的转变,这种转变大抵在改革开放后完成。在20世纪下半叶,我国的世界史研究不再是以介绍外国学者的观点为主,而开始独立的、系统从事世界历史研究。

1954年,雷海宗发表《世界史上一些论断和概念的商榷》,就正确认识和使用世界史的一些论断和概念,有针对性地提出了自己的观点。他认为,这些"有的是事实认识的问题,有的是立场观点的问题。无论问题是大或小,都或多或少地足以妨碍我们对于历史的正确了解"④。1962年,周一良、吴于廑主编的《世界通史》由人民出版社出版。这部著作由上古史、中古史、近代史(上下)三部分四册组成,这是新中国成立后我国世界史学者首次编写的世界通史类学术著作。这部著作所涉及的内容,始于原始社会,止于1917年十月社会主义革命,主要内容包括经济发展、阶级斗争、政治制度、文化教育、重大历史事件和重要历史人物的评价等。编者强调:"本书力图通过东方和西方各国的历史事件、人物和制度,阐明世界历史发展的主要线索和基本规律。在分期叙述世界史总进程的同时,也分别揭示某些国家本身历史发展的线索;并论述各时期中国与世界各国的关系⑤"。从某种意义上可以说,这部《世界通史》反映或代表了当时中国世界历史研究所达到的水平,在当时曾有广泛的影响,不少高等院校在进行世界历史教学时,都选用了这部著作作为正式的教科书使用。

在国别史研究中,这一时期的主要成果有:黄绍湘著《美国简明史》,由生活·读书·新知三联书店1953年出版;黄绍湘著《美国早期发展史(1492—1823)》,由人民出版社1957年出版;王荣堂1955年著《十八世纪法国资产阶级革命》,后补充文献,改写为《十八世纪法国资产阶级革命史》,由上海人民出版社1981年出版;胡代聪编著《十八世纪法国资产阶级革

---

① 吴于廑:《世界历史》,中国大百科全书出版社2010年版,第27、28、30页。
② 《马克思恩格斯全集》第3卷,人民出版社1960年版,第51页。
③ 吴于廑:《世界历史》,中国大百科全书出版社2010年版,第105页。
④ 雷海宗:《世界史上一些论断和概念的商榷》,《历史教学》1954年第5期。
⑤ 周一良、吴于廑:《世界通史·前言》,载周一良、吴于廑主编,齐思和本册主编《世界通史·上古部分》,人民出版社1962年版。

命》，由通俗读物出版社 1956 年出版；曹绍廉著《法国资产阶级革命》，由湖北人民出版社 1956 年出版；刘宗绪著《法国资产阶级革命》，由商务印书馆 1965 年出版；杨人楩著《圣鞠斯特》，由生活·读书·新知三联书店 1957 年出版；等等。此外还有：朱龙华编著《意大利文艺复兴》，由商务印书馆 1964 年出版；林举岱编著《十七世纪英国资产阶级革命》，由华东人民出版社 1954 年出版；刘祚昌著《英国资产阶级革命史》，由新知识出版社 1956 年出版；蒋孟引著《第二次鸦片战争》，由生活·读书·新知三联书店 1965 年出版，等等。

中国是一个亚洲国家，而且近代以来和许多亚洲国家有着相同的经历和遭遇。和欧美国家的历史研究相比，亚洲史研究条件较差，不仅可借鉴的研究成果较少，而且严重缺乏历史文献资料。尽管如此，新中国成立后亚洲史研究仍然取得较大进展，主要成果有王辑五编《亚洲各国史纲要》，由高等教育出版社 1957 年出版；季羡林著《1857—59 年印度民族起义》，由人民出版社 1958 年出版；王启民、朱守仁等编《亚洲各国近代史讲义》，由山东人民出版社 1959 年出版；朱杰勤编著《亚洲各国史》，由广东人民出版社 1958 年出版；周一良编著《亚洲各国古代史》（上），由高等教育出版社 1958 年出版；何肇发编著《亚洲各国现代史讲义》（上下），由高等教育出版社 1958 年出版；等等。此外，非洲史研究、拉丁美洲史研究同样产生了较多的成果。

研究历史必须占有史料，史料虽不等于历史学，但是，它却是历史研究的前提，很难想象脱离史料去进行科学的历史研究。进行历史研究时，要"详细地占有材料，在马克思列宁主义一般原理的指导下，从这些材料中引出正确的结论"[①]。世界史文献资料的选辑工作，是中国世界史研究的基本建设工程之一。1955 年世界史资料丛刊编委会成立。该编委会编辑的《世界史资料丛刊初集》，计划出版 34 种，从 1957 年起由生活·读书·新知三联书店分册出版。第一批已出版的主要有《古代埃及与古代两河流域》（日知选译）、《中世纪初期的西欧》（齐思和、耿淡如、寿纪瑜选译）、《中世纪中期的西欧》（刘启戈、李雅书选译）、《中世纪晚期的西欧》（齐思和、林幼琪选译）、《罗马共和国时期》（上下）（任炳湘选译）、《一六〇〇—一九一四年的日本》（张荫桐选译）、《一七六五—一九一七年的美国》（谢德风、孙秉莹等选译）、《18 世纪末法国资产阶级革命》（吴绪、杨人楩选译）、《一八一五—一八七〇年的英国》（张芝联选译）、《一八二五—一九〇五年的俄国》（张蓉初、张盛健等选译）、《一八七一—一八九八年的欧洲国际关系》（王铁崖、王绍坊选译）、《一八九八—一九一四年的欧洲国际关系》（王铁崖、王绳祖选译）、《十七、十八世纪的欧洲大陆诸国》（黎国彬等选译）。

四、中国世界史研究和中国特色社会主义

1. 中国世界史研究的春天

"文化大革命"首先是从史学界开始的。1965 年 11 月 10 日，姚文元在《文汇报》上刊出《评新编历史剧〈海瑞罢官〉》，揭开了十年浩劫的序幕。陈伯达、关锋、戚本禹以《人民日报》社论的形式造谣惑众说："资产阶级代表人物，把史学当作他们反党反社会主义的一个重要阵地。他们歪曲历史，借古讽今，欺骗群众，为资本主义复辟进行舆论准备。"[②] 社论号召"为保卫无产阶级专政，保卫社会主义，同反动的史学观念进行激烈的斗争"。中国马克思主义

---

① 《毛泽东选集》第 3 卷，人民出版社 1991 年版，第 801 页。
② 社论：《夺取资产阶级霸占的史学阵地》，《人民日报》1966 年 6 月 3 日第 1 版。

史学受到严重摧残。

1976年10月粉碎"四人帮","文化大革命"结束。1978年12月,中共十一届三中全会胜利召开,作出了把全党工作重点转移到社会主义现代化建设,实行改革开放的战略决策。这是决定中国命运的伟大的历史转折。1982年,邓小平郑重提出"走自己的道路,建设有中国特色的社会主义"的历史命题。中国世界历史研究迎来了春天,进入了大繁荣、大发展的新的历史阶段。

党的十一届三中全会后,中国人民开始了建设有中国特色社会主义的伟大历程,改革开放成为不可抗拒的历史潮流。我国社会生活的各个领域都迫切需要加强对外国的了解,而要真正了解外国任何一个方面的问题,就不能不追溯其历史根源,从而为我国世界史研究迅速发展提供了难得的历史机遇。20世纪下半叶,特别是改革开放以来,中国世界史学者以一系列令中外学术界注目的优秀成果表明,中国世界史研究已经完成了从译介到研究的转变,使其成为具有现代科学完备形态的一门学科,中国世界史研究进入高速发展时期。

广大世界史学者彻底打破了"左"倾思潮影响下盛行的种种精神枷锁,冲破了一些人为设置的所谓研究"禁区",就人类历史进程中的许多重大理论问题展开了热烈的讨论和争鸣,如历史发展的统一性和多样性,历史发展的必然性、偶然性和选择性,地理环境在历史发展中的作用等。他们瞄准学术发展前沿,打开认识视野,拓展思维空间,既立足当代又继承传统,既立足本国又学习外国,大力推进学术观点创新、学科体系创新和科研方法创新,努力建设具有中国特色、中国风格的世界历史研究。

20世纪80年代,中国世界历史研究进入了自己发展的黄金时代。世界史研究和当代国际政治、国际关系的现实发展有着密切的关系,不仅当代国际生活中的一些热点问题都可以从历史中找到根源,而且许多研究课题反映了当代世界已经发生或正在发生的深刻变化,如第二次世界大战对人类历史进程的影响,殖民体系瓦解的历史必然性,新殖民主义新霸权主义问题,当代资本主义政治、经济及阶级关系的新变化,我国周边安全环境问题,经济全球化问题,苏联东欧剧变的原因及历史教训,"冷战"后世界战略格局的演变,科技革命与当代社会变迁,20世纪人类历史巨变,等等。

2003年11月24日,胡锦涛主持中共中央政治局第九次集体学习时强调,浩瀚而宝贵的历史知识既是人类总结昨天的记录,又是人类把握今天、创造明天的向导。一部人类文明史就是人类不断在以往历史的基础上有所发现、有所发明、有所创造、有所前进的历史。中华民族历来就有治史、学史、用史的传统。我们党在领导革命、建设和改革的过程中,一贯重视对历史经验的借鉴和运用。在新形势下,我们要更加重视学习历史知识,更加注重用中国历史特别是中国革命史来教育党员干部和人民。不仅要学习中国历史,还要学习世界历史;不仅要有深远的历史眼光,而且要有宽广的世界眼光。这一讲话对于新时期中国世界史学科建设和世界史研究的发展具有重要的指导意义。

2015年8月23日,第22届国际历史科学大会在山东济南开幕。国家主席习近平发来贺信。习近平主席在贺信中说,历史研究是一切社会科学的基础,承担着"究天人之际,通古今之变"的使命。重视历史、研究历史、借鉴历史,可以给人类带来很多了解昨天、把握今天、开创明天的智慧。习近平主席十分重视历史,重视学习历史、研究历史,善于从历史中汲取治国理政智慧。习近平主席的"贺信"集中体现了他的马克思主义历史观,不仅进一步丰富了当代马克思主义史学理论的新形态，而且回答了中国和世界发展所面临的重大理论问题。

今天，中国和世界的联系密不可分，中国已不再是处于世界体系边缘的旁观者，也不再是国际秩序被动的接受者，而是积极的参与者和建设者。作为影响现代世界历史进程的重要力量之一，中国必须对世界的现实和历史有真切的了解。当今世界正在发生深刻复杂的变化。世界的今天是从世界的昨天发展而来。历史不会消失。正是在这个意义上，习近平主席说："今天世界遇到的很多事情可以在历史上找到影子，历史上发生的很多事情也可以作为今天的镜鉴。重视历史、研究历史、借鉴历史，可以给人类带来很多了解昨天、把握今天、开创明天的智慧。""历史是人类最好的老师。"[①]

古往今来，任何有科学价值的历史研究成果，都是时代的产物，反映出特定时代的客观要求，当代中国的世界史研究亦应如此。当代世界史研究的领域明显扩大了，彻底改变了以前以政治史、革命史、国际共运史研究为主的状况，不仅在通史、断代史、地区史、国别史研究领域，而且在经济史、文化史、社会史、思想史、军事史、外交史等领域都取得了不少重要的成果。随着改革开放的不断深入，世界历史研究不断有越来越优秀的成果问世。

2. 中国世界史研究理论建设

自19世纪中期近代中国世界史研究萌生时起，就存在着脱离中国传统史学的倾向。这种倾向在谋求民族独立解放的特殊时期固然有一定的积极意义，即借助西方史学的理论和方法，批判中国传统史学中的糟粕；但是，如果走向极端，则会全盘否定中国传统史学，包括其优秀传统，使一些人盲目地、不加分析地将自己的研究纳入西方史学理论和方法的框架之中，陷入改头换面的"欧洲中心论"中。

"文化大革命"结束后，广大史学工作者痛定思痛，高度重视马克思主义史学理论建设。这是新时期中国史学发展的重要特点，世界历史学科亦如是。1979年3月，中国历史学规划会在成都召开。会议强调，实现新时期中国历史学规划，必须坚持马列主义毛泽东思想的理论指导，当务之急是开展马克思主义史学理论研究，这是恢复在"文化大革命"中受到严重摧残的中国史学的重大举措之一。

1983年4月，中国史学界第三次代表大会在北京举行，会议的主题是马克思主义与历史科学。刘大年在报告中说，世界上一切解释人类社会历史的学说中，唯一真正致广大，尽精微，综罗百代的学说是马克思的学说，是马克思主义，历史研究要以马克思主义为理论指导。他系统地批判了马克思主义"过时"论，同时指出，马克思主义必须根据新的经验不断地丰富和发展自己。1983年6月，《世界历史》第3期发表评论员文章《让马克思主义史学理论之花迎风怒放》。文章指出，加强马克思主义史学理论研究，是时代的要求，也是历史科学自身发展的需要。

1983年5月，全国哲学社会科学规划会议召开，强调在马克思主义理论指导下，加强中外史学理论研究，并作出了定期召开全国性的史学理论研讨会的决定。自1984年开始，至2021年已召开了24届全国史学理论研讨会，先后就历史与现实、历史发展的统一性与多样性、自然科学方法与历史研究、历史学方法论、历史认识理论、社会经济形态理论、外国史学理论的传入及对中国近现代史学的影响、东方历史发展道路、中外马克思主义史学的理论成就、全球化

---

① 《习近平致第二十二届国际历史科学大会的贺信》，《人民日报》2015年8月24日第1版。

与全球史、中国世界史研究体系建设、西方史学理论研究中的前沿问题和热点问题、西方历史哲学、新世纪唯物史观面临的挑战和机遇、中国世界历史研究的理论体系、世界历史进程中的中国与世界，以及新中国成立以来史学理论研究的回顾与展望等展开热烈的讨论，有力地推动了马克思主义史学理论建设。

1986年，中国社会科学院世界历史研究所根据时任中国社会科学院院长胡绳的意见，成立了外国史学理论研究室。其主要任务是开展中外史学理论方法论研究和世界历史进程中的重大理论问题研究。该室不仅承担国家和中国社会科学院的重大课题，而且还培养研究方向为马克思主义史学理论的硕、博士研究生，接收博士后科研流动人员。1993年，为团结全国马克思主义史学理论研究人才，中国史学会史学理论研究分会成立。2003年，中国社会科学院世界历史研究所的史学理论学科，被批准为"中国社会科学院重点学科建设工程"项目之一。所有这一切，不仅有力地加强和推动了我国的马克思主义史学理论建设，而且对我国的世界历史学科的理论建设同样具有重要的意义。

2004年4月，中央实施的马克思主义理论研究和建设工程启动，为此而成立《史学概论》课题组，该课题组明确史学概论的主要内容，是以马克思主义中国化的最新成果为指导，在新的历史条件下构建马克思主义史学理论的新形态，阐释马克思主义史学原理的新体系、新发展。《史学概论》的问世，对加强全国高校历史系师生学习和研究马克思主义史学理论，无疑有重要的推动作用。

2005年，中国社会科学院史学理论研究中心成立，其宗旨是在唯物史观指导下，组织、协调院内外学者开展中外史学理论、方法论的研究，并推动国际、国内的学术交流与合作，促进我国史学理论的学科建设，繁荣和发展中国马克思主义史学理论研究。

20世纪70年代末和80年代，是中国世界史学学科建设快速发展的重要时期。如何建立马克思主义的世界史体系问题首先被提上日程。当时，我国世界史学者首先围绕着如何建立马克思主义的世界史体系问题开展了广泛深入的研讨，在中国世界历史研究的发展历史上，留下了厚重的一笔。陈翰笙在1978年和1979年先后撰写了《对研究世界史的几点意见》和《关于编写世界历史的问题》。[①] 陈翰笙明确指出，我们要了解世界，改造世界，就必须研究世界历史。世界史的作用，就是要让读者了解社会发展的客观规律，懂得社会组织如何改变，人类如何进步的根本原因，从而使得这门科学成为我们从事革命实践的思想武器。除陈翰笙之外，庞卓恒、何兹全、郭圣铭、罗荣渠、王绳祖、刘远图、李纯武、吴于廑等，先后撰文探讨如何建立马克思主义的世界史体系问题。[②] 他们认为，"世界史"必须揭示出世界各族人民那种互相影响、互相依存的关系，揭示出每一历史时期的主要内容、主要特征和主要的发展方向。当前的所谓"世界史"，讲的是中国史以外的世界史。我们需要包括中国史的世界史。中国学者的《世界通

[①] 这两篇文章先后发表在《世界历史》1978年第1期、《世界史研究动态》1979年第5期。

[②] 这些文章主要是：庞卓恒《把握两个关键问题》，《世界史研究动态》1984年第2期；郭圣铭《建立马克思主义的世界史体系》，《世界历史》1984年第1期；罗荣渠《有关开创世界史研究新局面的几个问题》，《历史研究》1984年第3期；王绳祖《几点意见》，《世界史研究动态》1984年第7期；刘远图《世界通史体系问题刍议》，《世界历史》1984年第2期；李纯武《有关〈世界通史〉体系的几点意见》，《世界历史》1984年第3期。此外，杭州大学历史系世界史教研室、法国史研究室还撰有《对多卷本〈世界通史〉体系、主线及中心论的几种意见》（《世界历史》1984年第4期）。

史》，要反映出中国研究世界史的新水平、新特点，在史料、见解、体系、文风等方面都要有新东西，这是新时期摆在广大世界史工作者面前艰巨而光荣的历史性任务。

3. 中国世界史研究学科建设

自20世纪70年代末起，为适应世界历史学科发展的需要，学界相继成立了由中国社会科学院主管，挂靠于世界历史研究所的群众性学术团体，如中国美国史研究会、中国朝鲜史研究会、中国法国史研究会、中国二战史研究会、中国非洲史研究会、中国中日关系史学会、中国苏联东欧史研究会、中国世界近代现代史研究会、中国拉丁美洲史研究会、中国英国史研究会、中国德国史研究会、中国日本史学会、中国世界古代中世纪史研究会等。此外，还有中国国际关系史研究会（中国国际关系学会）、中国国际共运史学会等。这些学会的主要任务是广泛联系、组织、协调国内相关研究机构和研究人员，促进国内外学术交流和学术合作，接受、承担国家及有关单位委托的科研任务；组织学术讨论，鉴定和推荐优秀科研成果；培养人才，出版会刊等。这些学术团体在团结全国世界史学者，加强学科建设，组织、协调、培养研究力量，制定研究规划，推动世界历史研究深入发展等方面，起着积极的促进作用。

中国社会科学院成立后不久，即开始着手创办一批学术刊物。1978年12月，由世界历史研究所主办的《世界历史》杂志创刊。这是中国世界史专业唯一的国家级专业学术刊物。从此，中国世界史学者有了自己进行学术信息交流、团结国内外世界历史学者的园地。在创刊号上，发表了"本刊评论员文章"——《遵循毛泽东同志的教导，加强世界历史研究》。《世界历史》主要登载代表本学科国内最高学术水平的学术论文，反映本学科建设的最新进展，当时辟有史学理论与方法论、研究综述、争鸣、书评、学术报道、书讯等栏目。

1992年，《史学理论研究》创刊。外国史学理论研究是该刊重要内容之一。该刊前身是中国社会科学院主管，中国社会科学院世界历史研究所、历史研究所、近代史研究所主办的全国性的史学理论研究专业刊物《史学理论》（1987—1989年）。这是我国唯一的一份有关史学理论方法论的专业性学术刊物。在《发刊词》中，编者还就办刊工作中如何坚持马列主义、毛泽东思想的理论指导，反对形形色色的错误思潮和观点，反对意识形态领域里的和平演变等问题进行了较详尽的阐释。此外，中国社会科学院世界历史研究所还主办有《世界史研究动态》（1979—1994年）、《史学理论》（1987—1989年）、《外国史知识》（1981—1986年）、《世界历史译丛》（1979—1980年）等。这些刊物在中国世界历史学科建设中具有不可替代的重要作用。

为了适应教学工作发展的需要，20世纪60年代出版的《世界通史资料选辑》，在80年代初修订，仍然由商务印书馆出版。这次修订再版，针对旧版存在的问题，做了比较大的修改，新增加了"现代部分"，收入不少珍贵的历史文献。在我国，世界现代史研究正是在80年代之后蓬勃发展起来的。

随着世界史研究的深入发展，北京大学、东北师范大学、南开大学、首都师范大学、复旦大学、华东师范大学、武汉大学、浙江大学、厦门大学、西北大学、云南大学、吉林大学、河南大学等高校相继建立起国别史、地区史或专史的各类研究机构。近年来我国世界史研究和教学队伍有了长足发展。年轻一代高级专门人才的培养，是我国世界史学学科建设的又一重要内容。中国社会科学院世界历史研究所，地方社会科学院、所，以及高等院校世界史科研、教学人员，是我国世界史研究的基本队伍。这支队伍中年富力强的学术骨干，大多在改革开放之后成长起来。现在，大批国内外培养的硕、博士研究生，通过教学或科研实践的锻炼，成为各自岗位的中坚力量。20世纪和21世纪之交，中国社会科学院世界史所博士后流动站开始接收以外国史学理论为研究方向的博士后研究人员。这一举措为外国史学理论研究队伍不断补充新鲜力量，成为外国史学理论研究持续发展的重要动因之一。

20世纪80年代到90年代初，中国世界史学者通过自己的研究成果，在加强世界史学学科建设上迈出了坚实的步伐。1990年1月，《中国大百科全书·外国历史》卷由中国大百科全书出版社出版，这是世界史学学科建设的重要成果之一。《中国大百科全书·外国历史》卷，计两册，约333.4万字。该卷编辑委员会主任为陈翰笙，副主任为刘思慕、吴于廑、朱庭光。其主要内容包括亚洲、非洲、欧洲、拉丁美洲、北美洲、大洋洲等国家和地区的历史，国际共产主义运动的历史，国际关系史等。此外还有"总论"，涉及人类的起源，社会经济形态，三大宗教，外国史学理论与史学史，中国世界史研究机构、团体、学者，等等。在新中国成立60周年之际，《中国大百科全书》第2版32卷问世，新版本按照国际通例，按照拼音字头排序，不再按照学科分卷。自《中国大百科全书》第1版问世以来，人类社会发生了急剧变化，各领域的知识大幅度更新。鉴于该丛书是面向21世纪、反映国家科学文化水平的新一代百科全书，所以在撰写第2版时，相关研究人员在理论上和文献资料上，进行了较长时间的准备。世界历史部分，在原有基础上，约1/3新增写，1/3改写，1/3删除。数以百计的世界史学者全力以赴投入到这项工作中去，在设计条目和行文时更加注意综合性和检索性，努力做到学术性、准确性和可读性的统一，在如何做到深入浅出、雅俗共赏方面进行了有益的尝试。

1986年，国务院批准设立了国家社会科学基金。这成为我国在社会科学研究领域支持基础研究的主渠道。国家社会科学基金项目评审会议下设世界史评审组，由来自全国高校或研究机构的专家学者组成，每年召开会议评审研究课题项目或制订哲学社会科学发展规划时，都对如何加强世界史学学科建设给予了充分的重视，无论是重大项目、重点项目、一般项目或青年项目都给予了较大的支持。这些项目有重要的学术价值和现实意义，它们的完成对提高世界史研究科学水平、加速人才培养、加强世界史学学科建设都具有重要的意义。

4. 中国世界史研究走上国际史坛

新中国成立后，中国世界史学科的国际学术交流，主要和苏联及东欧、亚洲的社会主义国家进行；1978年改革开放后，开始走上国际史坛。新时期中国世界史国际学术交流，扩大到西欧、北美、亚非、拉美和大洋洲各地区。德国著名史学家、前国际历史科学委员会主席卡尔·迪特里希·埃德曼（Karl Dietrich Erdmann）指出："从1972年美国总统尼克松访华开始，中国就逐渐回到世界舞台，在数位中国史学家参与了战前最后一届大会——1938年苏黎世大会之后，中国学术界与外界的联系令它赢得了重返国际历史科学委员会的机会。国际历史科学委员会主席作为中国社会科学院的嘉宾，在北京、上海作了关于国际历史科学大会发展的讲座。罗马尼亚政府对中国史学家参会给予大力支持并发出邀请，于是中国代表团参加了布加勒斯特大会。中国代表团随后提出了加入国际历史科学委员会的申请。"①

1980年8月10日至17日，由夏鼐任团长、刘思慕任副团长的中国史学家代表团，作为非会员国代表，列席了在布加勒斯特举行的第15届国际历史科学大会。中国史学家代表团提交了

---

① ［德］卡尔·迪特里希·埃德曼：《国际历史科学大会百年历程（1898—2000）》，山东大学课题组译，中国社会科学出版社2015年版，第328—329页。

《中世纪中国和拜占庭的关系》(夏鼐)、《中国抗日战争的宣传工作》(刘思慕)、《改良还是革命：晚清中国思想界对法国大革命的反应》(张芝联)等论文，参加了古代史、中世纪史、法国革命史、第二次世界大战史、拜占庭史等专题史的讨论。第15届国际历史科学大会后，中共中央批准了中国史学会以国家会员的身份加入国际历史学会的报告。1982年9月，国际历史科学大会决定正式接纳中国为新成员。此后，中国史学会组团参加了1985年的第16届及此后的历届大会。

1985年8月23日至9月1日，第16届国际历史科学大会在德国斯图加特举行，中国史学会第一次作为国际历史科学委员会的集体会员，派出自己的代表团参加大会。1985年适逢世界反法西斯战争胜利40周年，所以这次大会的重要主题是"反对纳粹主义、法西斯主义和日本军国主义"。针对国外一些研究第二次世界大战历史的著作，不把中国的抗日战争放在世界反法西斯战争中的做法，刘大年明确指出"这是说不通的"，"中国从1937年7月7日卢沟桥事变起，展开了连续八年的全民族的抗日战争。惊天动地，伟业空前。没有中国的抗战，就没有世界反法西斯战争在亚洲、在东方的胜利"[①]。

1995年8月27日至9月3日，中国史学会代表团一行24人，出席了在加拿大蒙特利尔召开的第18届国际历史科学大会。在大会开幕式上，国际史学会秘书长贝达里达指出了大会的指导精神是"'普世'、责任和真理"。他提出不要像马基雅维利一样，让历史学堕落成政治术的倡议。大会的主题是"民族、人民和国家的形式""性别史""移民史"，这些议题强调了世界范围内的社会经济史研究取向。经国务院批准，中国史学会代表团在此次会上正式提出2000年在北京举办第19届国际历史科学大会的申请，但出于种种原因，首先是"欧洲中心主义"根深蒂固的影响，加上国外敌视新中国的政治势力的活动，这一申办议案没有被通过。

2000年8月6日至13日，第19届国际历史科学大会在挪威奥斯陆举行，来自世界各个国家和地区的历史学家近2000人与会，中国史学会代表团由23人组成。此次大会的主题是"历史学和历史学家所经历的20世纪"，旨在讨论经济全球化的社会后果及历史作用。中国史学会组织了由戴逸教授主持的"18世纪的中国与世界"圆桌会议。

2005年7月3日至9日，第20届国际历史科学大会在澳大利亚悉尼新南威尔士大学举行，来自世界各个国家和地区的历史学家1200余人与会。中国史学会代表团由30余人组成。会议的三大主题是"史学中的自然与人类：神话与历史""史学中的战争、和平""社会与国际秩序"。中国史学会在会上组织了"近现代时期的中国与世界"专题讨论会。

2010年8月21日至29日，第21届国际历史科学大会在荷兰阿姆斯特丹举行，来自世界各国的历史学家1800多人出席。此次大会是围绕着"水与社会发展"召开的。中国史学会代表团出席此次大会的重要任务，是申办第22届国际历史科学大会。8月22日上午在会员国代表大会上，中国史学会正式提出申请并经过大会投票获得通过。

2015年8月23日至29日，第22届国际历史科学大会在济南开幕，来自世界各地的2600余名历史学家齐聚济南，围绕国际史学界的热点、重点，展开学术交流。这是国际历史科学大会第一次在亚洲举办。国家主席习近平发来贺信，向大会召开表示热烈的祝贺。贺信中说，历史研究是一切社会科学的基础，承担着"究天人之际，通古今之变"的使命，重视历史、研究

---

① 中国史学会编：《第十六届国际历史科学大会中国学者论文集》，中华书局1985年版，第2—4页。

历史、借鉴历史，可以给人类带来很多了解昨天、把握今天、开创明天的智慧。所以说，历史是人类最好的老师。

中国史学界与国际历史科学大会的联系，并不仅仅局限在每5年一次的全球史家的学术聚会上，其他的学术研讨活动也经常开展。例如，2004年4月7日至9日，由中国史学会、中国社会科学院世界历史研究所和国际历史科学委员会主办，中国社会科学院中国边疆史地研究中心协办的"东亚国家和地区现代化进程"国际学术研讨会在北京成功举办。

20世纪80年代以来，国际历史科学大会讨论的主要问题，在中国史学界日渐产生较广泛的影响，这些问题主要是：东欧——各种文明接触的地带；历史上的合约问题的形式；联邦制和多元制的国家；社会妇女；反法西斯主义、反纳粹主义、反日本军国主义；印度洋和世界上少数民族历史的研究；史学方法研究；马克斯·韦伯史学理论研究；全球史、世界史、"普世"史；革命与改革；民族、人民和国家的形式；性别史；移民的历史；全球史的前景：概念和方法论；千禧年、时间和历史；过去和现在，即历史的利用和滥用与历史学家的责任；历史上的人类与自然；神话与历史；历史上的战争、和平社会和国际秩序；帝国的衰落作为文化的城市；宗教与权力；全球视野下的中国；历史化的情绪；世界史中的革命，即比较与关联；数码技术在史学中的运用；等等。中国世界史学者对这些问题给予了充分的关注，积极参与了相关问题的研究和讨论，与世界各国历史学家的学术交流愈益密切。这些对中国世界史学科的发展无疑是有益的。

5. 中国世界史研究的新成果

世界文明史和世界文化研究，在近年的中国世界史研究中占有重要的地位。这与国际学术界对"世界文明、文化"深入研究有直接的关系。"尽管经济全球化的趋势在加速进行，世界政治却日益向多极化的方向发展，社会文化的多元化发展也呈现出丰富多彩的局面。正是在这种情况下，不少国家的学者开始更加重视文化战略的研究，他们认为文化因素将在21世纪的世界发展进程中发挥越来越重要的作用。"① 周谷城、田汝康主编的"世界文化丛书"，由浙江人民出版社在20世纪80年代陆续出版，已经出版近20种，以著作为主，以译著为辅，都和世界历史研究有密切的关系，从另一个侧面反映了中国世界史学科的成长和进步。

针对国际学术界的"西方中心论"和"文明冲突论"，中国学者提出自己的文明理论，将世界文明划分为12种文明体系。20世纪和21世纪之交，中国社会科学院的学者完成了由汝信主编的12卷本《世界文明大系》，由中国社会科学出版社在1999—2002年出版。这是我国第一部全面、系统、客观论述世界各主要文明的跨学科的研究成果，标志着中国学者对世界文明历史的研究进一步向纵深发展。2004年初，马克垚主编的3卷本《世界文明史》，由北京大学出版社出版。这部著作是国家教育部委托的"高等教育面向21世纪教学内容和课程体系改革计划"项目之一，也是北京大学文科重点研究项目。

在世界史研究中，"通史"研究是世界史研究的重要组成部分，没有"通史"研究的世界史是不完整的世界史研究。从某种意义上可以说，世界通史的研究水平，包括理论框架设计和理论体系的构建，往往集中体现了世界史学科整体上所达到的学术水平。1997年，人民出版社出版的《世界通史》（6卷本），由古代卷、中世纪、近代卷、现代卷、当代卷组成，由崔连仲、

---

① 汝信：《世界文明大系·总序》，载于沛等《斯拉夫文明》，中国社会科学出版社2001年版，总序第1页。

刘明翰、刘祚昌、徐天新等人主编。这是较早的版本。吴于廑、齐世荣主编的《世界史》（6卷本），由高等教育出版社在1992—1994年出版。这套《世界史》是由国家教委委托主编的高校教学用书，集中反映了中国学者在当时的最新研究成果，涉及经济、政治、文化、社会等方面。2001年，王斯德主编《世界通史》，由华东师范大学出版社出版。该书共3卷，分三编：《前工业文明与地域性历史——1500年以前的世界》《工业文明的兴盛——16—19世纪的世界史》《现代文明的发展与选择——20世纪的世界史》。编写者认为，世界通史所考察的对象应当是人类社会作为一种整体性历史运动的发展进程。武寅研究员主持的多卷本《世界历史》是中国社会科学院的重大课题，经过中国社会科学院世界历史研究所，和高校世界史学者近十年的艰苦努力，其最终成果在2010年开始陆续问世。多卷本《世界历史》是我国第一部专题研究与编年相结合的通史类著作，它以马克思主义唯物史观为理论指导，通过对复杂的世界历史进程的研究，特别是通过对影响世界历史进程的若干重大问题的深入探讨，再现了人类社会丰富多彩的历史图景，科学回答了人类历史发展中的一系列重大理论问题，揭示人类历史不可逆转的进步趋势，并在此基础上，概括了人类历史发展的一般规律和特殊规律。

此外，世界古代中世纪史、近代史、现当代史等断代史研究，地区史研究、国别史研究、国际关系史研究、第二次世界大战史研究、国际共产主义运动史研究、冷战史研究、世界现代化进程等专门史研究，中外历史比较研究等方面也都硕果累累。

对史学理论（包括外国史学理论）问题的高度关注和深入系统的研究，成为"文化大革命"后中国史学摆脱极"左"思潮影响，突破人为的精神枷锁和研究"禁区"，走向复兴的重要标志之一。历史唯物主义是中国马克思主义史学理论的基础、灵魂或核心，但不等于是史学理论的全部内容。历史学有自己的理论体系，这在20世纪80年代初就已经成为广大史学工作者的共识。改革开放新时期，中国世界史研究的重大成就之一，是外国史学理论研究取得重大进展，通过取其精华、去其糟粕，广泛汲取人类文明的一切优秀成果，推动中国世界史研究的马克思主义史学理论建设。外国史学理论研究，是中国世界历史研究的重要内容之一，近些年的研究领域主要是马克思主义唯物史观、外国马克思主义史学理论研究、历史哲学和历史认识理论、外国史学史、跨学科方法和历史学分支学科研究、现代西方史学思潮研究、史学方法论研究等。

改革开放以来，所谓"当代人不修当代史"的陈规旧说已被彻底摒弃。这对世界现代史的学科建设有重要意义。改革开放40余年来，世界现代史研究①从无到有、由弱到强，得到迅速

---

① 这些成果主要有：《世界现代史》编写组《世界现代史》，山东人民出版社1981年版；王斯德主编《世界现代史》，高等教育出版社1988年版；徐天新等《当代世界史（1945—1987）》，人民出版社1989年版；王斯德、钱洪主编《世界当代史（1945—1991）》（第二版），高等教育出版社1993年版；吴于廑、齐世荣主编《世界史·现代篇》（上下），高等教育出版社1994年版；金重远主编《战后世界史》，复旦大学出版社1995年版；李世安《世界现代史》，高等教育出版社2000年版；余伟民主编《世界当代史》，高等教育出版社2001年版；王斯德主编《现代文明的发展与选择——20世纪世界史》，华东师范大学出版社2001年版；金重远等《世界现当代史》，复旦大学出版社2005年版；齐世荣等主编《20世纪世界历史巨变》，学习出版社2005年版；齐世荣主编《世界史：现代卷》，高等教育出版社2006年版；齐世荣主编《世界史：当代卷》，高等教育出版社2006年版；王斯德主编《世界当代史1945—2000》（第三版），高等教育出版社2008年版；《世界现代史》编写组《世界现代史》（上下册），高等教育出版社、人民出版社2011年版。

发展，对繁荣历史科学和认清中国和世界历史发展大势，有重要的理论意义和现实意义。面对复杂严峻的国际形势，如何认清国际形势发展的特点和趋势、如何认识中国与世界的关系已经发生和正在发生的历史性变化，一刻也离不开对世界现代史的学习和研究。世界现代史以20世纪以来的世界历史为研究对象，从全世界、全人类的角度，从政治、经济、军事、社会、文化等各方面综合研究和考察1900年以来世界发展的历史。欲深入理解世界多极化更趋明朗、经济全球化深入发展、文化多样化持续推进、社会信息化加速发展，以及国际安全挑战变得更加复杂多样等，首先要对世界现代历史进行回顾和思考。2018年6月，习近平主席在中央外事工作会议上指出，"当前中国处于近代以来最好的发展时期，世界处于百年未有之大变局，两者同步交织、相互激荡"。此后，他又多次重申这个判断。这无疑是站在世界历史的高度，对世界发展大势作出的重大战略判断。世界出现"百年未有之大变局"的主要表现和主要原因是什么、"百年未有之大变局"对世界和中国的影响是什么、中国该如何应对、世界将走向何处，对于这些问题的回答，同样离不开深入学习和研究世界现代历史。

结束语　基于中国世界史学术思想史（1840—2020年）的理论思考

中国世界史研究的时代主题。习近平总书记指出："1840年鸦片战争以后，中国逐步成为半殖民地半封建社会，国家蒙辱、人民蒙难、文明蒙尘，中华民族遭受了前所未有的劫难。从那时起，实现中华民族伟大复兴，就成为中国人民和中华民族最伟大的梦想。"中国的世界历史研究，正是在这样特定的历史背景下开始萌生的，并在其主流发展中，始终表现出与中国政治、经济、文化和社会发展同呼吸、共命运，与之风雨同行的特点和优点。中国世界史研究的内容是从远古到现当代的外国历史，但它所关注的却从不脱离自己的祖国，从不脱离时代的主题，与时代的脉搏一起跳动。研究外国的历史，并不仅仅是了解和铭记外国的历史，而是要从外国历史中获取镜鉴和启迪，回答中国社会发展所面临的这样或那样的现实问题。总之，研究外国的历史，是为了中国的现实和未来。习近平总书记指出："新时代坚持和发展中国特色社会主义，更加需要系统研究中国历史和文化，更加需要深刻把握人类发展历史规律，在对历史的深入思考中汲取智慧、走向未来。"[①] 建设中国特色社会主义、实现中华民族伟大复兴，需要历史的智慧，自然也包括从世界历史中汲取历史的智慧，同时还需要世界眼光。

中国世界史研究的基本精神。世界上任何一个民族国家要自立于世界民族之林，都离不开经济力量和文化力量这两种力量。在这里，文化力量可以视为"民族精神"的同义词，它是一个民族生命力、创造力和凝聚力的集中体现。中华民族在5000多年的发展中，形成了以爱国主义为核心，团结统一、爱好和平、勤劳勇敢、自强不息的伟大民族精神，历史记忆是民族精神传播的主要形式。1899年，梁启超撰写《爱国论》，明确提出"爱国"概念。他说："国之存亡，种种盛衰，虽曰天命，岂非人事哉？彼东西之国何以浡然日兴？我支那何以莦然日危？彼其国民，以国为己之国，以国事为己事，以国权为己权，以国耻为己耻，以国荣为己荣。我之国民，以国为君相之国，其事其权，其荣其耻，皆视为度外之事。呜呼！不有民，何有国？不有国，何有民？民与国，一而二，二而一者也。"[②] 梁启超的这种明确区分"君相之国"与"国民合一的国家"的思想，清晰地贯穿在他史界革命的新史学的思想中，对中国世界史研究的爱

---

① 《习近平致中国社会科学院中国历史研究院成立的贺信》，《人民日报》2019年1月4日第1版。
② 哀时客（梁启超）：《爱国论》，《清议报》第6册，光绪二十五年（1899年）正月十一日。

国主义传统也产生了积极的影响。爱国主义是一个历史范畴,在近代以来中国世界史研究不同的发展时期,爱国主义也有不同的具体内容,今天的爱国主义,毫无疑义是热爱社会主义祖国。林则徐、梁启超、李大钊虽然生活在不同的历史时代,有不同的信仰,但他们都是爱国主义者。"爱国"在不同的历史时代,始终是一种崇高的感情。

中国世界史学者的社会担当。马克思主义经典作家说:"我们仅仅知道一门唯一的科学,即历史科学。""我们根本没有想到要怀疑或轻视'历史的启示';历史就是我们的一切。"[1] 这就是说,只有对历史深入研究,才有可能揭示历史的奥秘,清醒地洞察现实和未来,"出乎史,入乎道,欲知大道,必先为史"[2]。中国世界史编纂的主流,自 19 世纪中叶萌生时,就关注现实,经世致用,求真求实,在历史与现实的结合上回应时代提出的问题。新中国成立后,这一切在新时代发扬光大,远非昔日可比。在不同的历史时代,史家的社会责任有不同的内容。今天,我们站在一个新的历史起点上。世界历史研究在建设中国特色社会主义的伟大事业中,关系到民族的兴衰和国家的命运。在世界历史研究中,要努力做到深刻的理论探究与高度的关注现实的辩证统一。由于中国世界史研究具有历史感与现实感并重的优秀传统,在改革开放的新的历史条件下,便更易形成重视历史研究的时代精神,以及将历史认识建立在对当代世界和中国现实的深刻理解上的世界史观。对现实理解的深度,在某种意义上决定了对历史认识的深度。古往今来,一切伟大的历史学家,都是在现实的感召之下而从事历史研究的。中国世界史学者应自觉地担当起该担当的社会责任。只有这样,诸多的史学作品才能有恒久的生命力,成为时代的精华,在实现中华民族伟大复兴的中国梦、构筑人类命运共同体中有所贡献。

新时代:变革中的中国世界历史学。今日之中国已经大踏步赶上时代。中国特色社会主义进入了新时代,中华民族迎来了从站起来、富起来到强起来的飞跃,实现中华民族的伟大复兴已不可逆转。新时代呼唤"新史学"。社会大变革的时代,一定是历史科学大发展的时代。要按照立足中国、借鉴国外,挖掘历史、把握当代,关怀人类、面向未来的思路,着力构建中国特色的世界历史学,在指导思想、学科体系、学术体系、话语体系等方面充分体现中国特色、中国风格、中国气派。其中有两个问题值得重视。

其一,大历史观是唯物史观与时俱进的新的增长点。当代中国历史科学站在一个新的历史起点上,立足中国、关怀人类,从历史长河、时代大潮、时代风云的内在关联中,从历史逻辑、实践逻辑、理论逻辑的辩证结合中,探究历史规律的"大历史观"应时而生。"大历史观"与大卫·克里斯蒂安、黄仁宇等的"大历史"截然不同。如果说马克思主义历史观,是世界观和价值观的辩证统一,"是从对人类历史发展的考察中抽象出来的最一般的结果的概括",它始终站在现实历史的基础上,研究人类历史的发展的一般规律,那么,大历史观则是以唯物史观为理论基础,无论是"对人类历史发展的考察",还是从中得出的"最一般的结果的概括",都赋予其时代的、民族的和学科发展的新内容,而不仅仅是历史认识领域时空的扩大或延长。其二,历史阐释的现代取向。在历史认识范畴中,历史流动地存在于人们永不间断的理解和阐释中,"历史",是被阐释的历史。这是因为历史学的特点,使"历史实际、历史资料、历史认识者构

---

[1] 《马克思恩格斯文集》第 1 卷,人民出版社 2009 年版,第 519 页;《马克思恩格斯全集》第 3 卷,人民出版社 2002 年版,第 520 页。

[2] 《中国近代思想家文库·龚自珍卷》,中国人民大学出版社 2015 年版,第 256 页。

成了各具独立性的三极，它们之中的每一极都积极地能动地作用于其他两极"①。这也就决定了历史研究，是在认识论的范畴和认识论的意义上展开的，历史认识是具有阐释性的认识，对历史真理的认识和判断，离不开对历史的阐释。历史阐释至少应是理性的阐释、创造性的阐释、辩证的阐释。阐释是一种创造，是人的创造性的突出表现。阐释是主客观的统一，一切阐释都是相对的、无止境的。"阐释"，不是消极地回到作者的主观意图，而是阐释者的主观世界与作品提供的世界的融合。

从历史走向未来的世界历史研究所。1963 年，周恩来在出访亚非 14 国前夕，亲自召集有关部门负责同志座谈如何加强研究外国工作问题。座谈形成会议纪要，并给中央写了一份《关于加强研究外国工作的报告》。1963 年 12 月 30 日，毛泽东审阅这份报告，充分肯定该报告的价值，并写有重要批示。随后这份报告连同毛泽东的批示作为中共中央文件（中发〔63〕866 号）转发全国，中央同时成立了由廖承志任组长的"国际研究指导小组"。1964 年 4 月 2 日，中央落实毛泽东的批示，批准成立中国科学院世界历史研究所，由陈翰笙、汪世汉主持工作。

"文化大革命"结束后，中国世界史研究和教学从"四人帮"的摧残下走出，在全面贯彻落实新时期党的路线方针政策时，世界历史研究所起着核心的主导作用。这从 20 世纪 70 年代末 80 年代初，世界历史所主持或参与主持的几次全国性的会议，以及主持制定全国的世界史研究规划就可看出。

1978 年 6 月 13—19 日，中国社会科学院在天津召开全国历史学规划座谈会，会议广泛听取与会史学研究机构、教学单位领导和专家学者的意见，修改、制定了《1978—1985 年历史学科发展规划的初步设想》（修改稿）和《1978—1985 年历史学（中国古代史部分）发展规划设想》（修订草案）、《1978—1985 年中国近现代史研究草案》、《1978—1985 年中国近代史（1840—1949）》、《中华人民共和国史（1949— ）选题》（初稿）、《1978—1985 年世界史学科发展规划的步设想》及《全国世界史学科 3—8 年的科研项目》等。

1979 年 4 月 17—24 日，中国社会科学院世界历史研究所在北京主持召开全国世界史学科规划会议。会议由世界历史研究所所长刘思慕主持，中国社会科学院顾问陈翰笙就编写世界通史问题作了发言，中国社会科学院副院长邓力群在闭幕会上发表了讲话。来自全国各地著名学者，承担规划项目单位的代表及部分高校、科研机构的代表出席会议。

1983 年 5 月 21—27 日，全国历史学科规划会议在湖南长沙举行。世界历史学科发展规划是会议讨论的重要内容之一。时任中国社会科学院党组第一书记梅益出席会议并讲话。会议审议了"六五"期间历史学科全国重点研究项目共 33 项，同时对"七五"期间历史学科发展的设想进行了认真的研究，提出建议。

2019 年前，中国社会科学院中国历史研究院成立，世界历史研究所进入一个崭新的发展阶段。习近平总书记在致中国社会科学院中国历史研究院成立的贺信中指出："希望我国广大历史研究工作者继承优良传统，整合中国历史、世界历史、考古等方面研究力量，着力提高研究水平和创新能力，推动相关历史学科融合发展，总结历史经验，揭示历史规律，把握历史趋势，加快构建中国特色历史学学科体系、学术体系、话语体系。""希望中国历史研究院团结凝聚全国广大历史研究工作者，坚持历史唯物主义立场、观点、方法，立足中国、放眼世界、立时代

---

① 姜义华等：《史学导论》，复旦大学出版社 2003 年版，第 77 页。

之潮头，通古今之变化，发思想之先声，推出一批有思想穿透力的精品力作，培养一批学贯中西的历史学家，充分发挥知古鉴今、资政育人作用，为推动中国历史研究发展、加强中国史学研究国际交流合作出贡献。"世界历史研究所当不辱使命，在新时代再铸辉煌。

中国社会科学院世界历史研究所建所50多年来，积累了一大批优秀成果，创办了许多重要刊物，培养了一批批优秀的世界史学者，为中国世界史学科的建设做出了不可替代的重大贡献。这一切是几代世界史学者心血和生命的累积，是宝贵的精神财富和学术遗产。相信世界历史研究所一定不会辜负伟大的新时代，铭记光荣的历史，从历史走向更加辉煌的未来。

近十年来中国世界史研究的发展
——以2021年中国世界史研究为中心的考察

柴英 朱文旭[*]

2021年适逢中国共产党成立100周年，学术界同仁在举办各类庆祝百年华诞活动的同时，也开展了各个学科领域研究成果的自我回顾和总结。中国的世界史学科除旧布新、锐意进取、堪当重任，在基础理论、研究方法、新史学、医疗史、区域国别史方面均取得丰硕成果。本文拟以2021年度《复印报刊资料·世界史》的全文转载和索引数据为中心，辅以世界史成长为一级学科十年（2011—2021年）的相关统计数据，全面呈现中国世界史研究成就，展望世界史学科的未来探索之路。

一、十年来中国世界史论文发表概况与趋势

世界史学科成为历史学门类中的一级学科已经历时十年有余。十载春秋，世界史领域学术同仁从最初的举手相庆的狂欢中逐渐沉静下来，转而继续在各自的研究领域脚踏实地、精耕细作、砥砺前行。本文抽取了2011年、2015年、2021年《复印报刊资料·世界史》全年索引和转载数据，从世界史研究论文发表数量来科学评估中国世界史研究领域的发展状况（见图1.1）

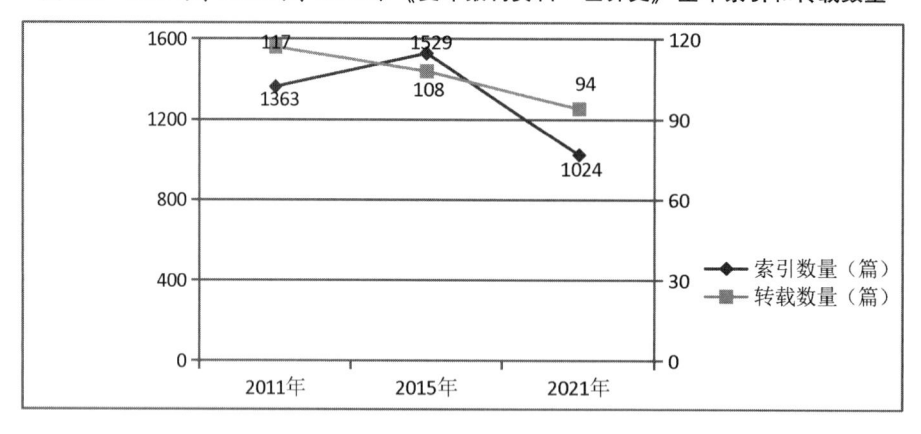

图1.1 2011年、2015年、2021年《复印报刊资料·世界史》全年索引和转载数量

根据《复印报刊资料·世界史》索引数据库显示，2011年中国报刊公开发表的世界史研究论文共计1363篇，2015年该数据增长到1529篇，增长幅度较为明显。世界史学科地位的提升促进了该学科领域的学科建设和学术研究的发展进入快车道模式。然而，这样的发展态势并没有一直持续下去。2021年，世界史论文全年索引数量为1024篇，较2015年下降幅度为24%。

---

[*] 作者简介：柴英，中国人民大学书报资料中心历史学学科执行主编、编审；朱文旭，北京大学历史系博雅博士后。

从 2011 年、2015 年、2021 年《复印报刊资料·世界史》的全文转载的论文数量和单篇平均字数来看,2011 年转载了 117 篇文章,2015 年为 108 篇,2021 年则下降为 94 篇;然而,单篇平均字数由 2011 年的 14111 字不断增涨为 2015 年的 15213 字、2021 年的 17468 字(见图 1.2)。

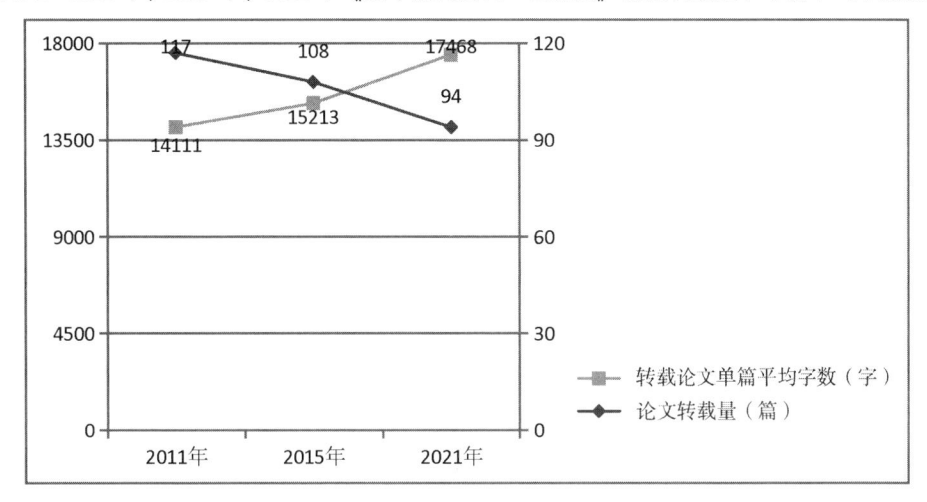

图 1.2 2011 年、2015 年、2021 年《复印报刊资料·世界史》论文转载量和单篇平均字数变化

纵观 2011—2021 年世界史成长为一级学科后十年,相关专题论文发表数量经历了稳健增长,而后又呈现出明显的下降趋势,这种看似矛盾的现象背后是中国世界史研究注重提升质量、精益求精的努力。具体说来,学科地位的提升、学术共同体的塑造和学术交流平台的丰富助力了世界史的持续发展。

第一,学科地位的提升带来了学科建设的各项利好支持政策。

(1)世界史学科的专业建设得到加强。世界史成为一级学科后,教育部积极支持高校自主在世界史学科下设置二级学科方向,增设本科阶段的世界史专业方向。有些高校根据《学位授予和人才培养学科目录设置与管理办法》,结合本校学科优势资源,不断拓展完善世界史专业学科体系。截至 2021 年,我国已经建成 19 个世界史本科专业点,36 个硕士学位授权点,33 个博士学位授权点。

(2)制定世界史本科专业教学质量国家标准,从培养目标、课程体系、师资队伍、教学条件等方面调整规范了教学成效,从专业内涵建设和人才培养能力方面修订了世界史专业人才培养方案,夯实了世界史专业后备人才培养的根基。

(3)重点打造学科建设领航舰。出于历史原因,我国世界史专业整体发展水平并不均衡,呈现重点院校、重点专业方向可以与国际学术齐头并进,基础薄弱的院校和专业方向困境丛生的态势。教育部采取了定点扶持弱势院校、重点培育优势院校的发展策略。如 2015 年国务院公布《统筹推进世界一流大学和一流学科建设总体方案》,2017 年教育部、财政部、国家发展改革委员会联合确认发布了世界一流大学和一流学科建设高校及建设学科名单,北京大学、东北师范大学、南开大学 3 所高校的世界史专业入选世界史"双一流"学科。2019 年教育部提出全面提升本科教育质量,印发《关于一流本科课程建设的实施意见》,提出实施一流本科课程"双万计划"。世界史学科领域有北京大学、南开大学、首都师范大学等一批高校的世界史专业入选国家级一流专业建设点。北京师范大学、武汉大学、东北师范大学等高校精心打造的"简明世界史（一）（二）""世界文明专题（古代部分）""世界古代史（1）"等本科课程获得国家级一流本科课程荣誉。本科课程质量的全面提升，为世界史学科发展储备了学术有生力量，为世界史学术研究的未来发展补充了新鲜血液。

第二，世界史学术共同体在这一时期成型并进一步加强。

"一花独放不是春，百花齐放春满园"。学术研究过程中与学术同仁交流讨论是不断激发出全新灵感和原创思想的重要路径。因此，学科的长远健康发展离不开学术同仁的共同参与和努力推动。由学科、学者合力凝聚的学术共同体有助于形成共商、共建、共享的学术氛围，更有利于产生和传播原创性学术成果。近年来，世界史学科领域高度重视学术共同体的构建和良性运行，多家高校和研究机构彻底打破人文社会科学各学科之间的壁垒，高度整合世界史学科的国内外教学研究资源和优秀人才资本，成立了多个跨国别、跨学科、跨专业的研究中心。如东北师范大学的世界文明史研究中心、首都师范大学的全球史研究中心、辽宁大学的世界史研究中心、苏州科技大学的世界史数据库信息中心等。这些研究机构在推动世界史的学科建设、人才培养、创新发展等方面发挥了至关重要的作用，它们也成为孕育优质学术研究成果的摇篮和基地。

第三，搭建各种形式的学术交流平台，学术交流活动异彩纷呈。

一门学科的发展壮大，离不开专业人才的培育传承、学术共同体的互相守望，更离不开学术交流平台的传播助力。近些年，世界史学科逐渐意识到推动学术交流活动和提升学术研究成果的数量和质量的内在关联，一方面全国各地高校和研究机构通过召开学术会议、举办学术讲座等形式促进学术界内部的交流与融通，如已经举办多届的"'长三角'美国史论坛"，由华东地区的复旦大学、浙江大学、南京大学、华东师范大学、上海大学、上海师范大学等高校联合发起，为我国美国史研究交流构筑了一个长期平台，催生了众多在史料挖掘、理论探索和方法转向等方面均有较大突破的美国史研究成果。此外，新媒体技术的不断发展，消解了学术交流的时空屏障，越来越多的研究机构通过网络会议、讲座的形式实现了国际国内学术交流的同频共振，这些学术交流的创新举措增强了我国世界史研究人员对于国际学科前沿动态的精准把握，也提升了我国世界史学科的国际学术影响力。另一方面，相关机构通过创办集刊、学会通讯、学会论文集等方式，增加了学术成果的公开发表机会，如 2008 年由首都师范大学创办的《全球史评论》，发表文章构成由最初的外国学者稿件居多逐渐发展为以中国学者稿件为主，文章主题由引介全球史理论方法逐渐转向阐释全球史视角下的中国历史、中国问题等。十多年来，该刊引领了中国全球史研究的学术生长方向，汇聚了中外全球史研究的成果精粹，激发了中国学者学术研究的创作热情。这一时期，还有多家世界史研究机构致力于创办不同专业方向的学术期刊，如 2014 年上海师范大学以集刊形式创办的《世界历史评论》，经过五年的不懈努力，2019 年该刊正式成为学术期刊。这是我国世界史学科的第二份以"世界历史"为刊发内容的专业期刊，也是世界史成为一级学科之后，世界史学科建设的重要成果之一。该刊依托上海师范大学深厚的世界史学科资源，凭借光启国际论坛、光启讲坛、兆武历史思想讲坛以及愚庵比较史学讲坛等既有学术品牌，倡导学术要实现中外交流、学科跨界，为我国世界史学科建设学术发展提供了交流沟通的新天地。此外，上海大学创办的《医疗社会史研究》、西北大学中东研究所创办的《中东研究》等集刊也让各专业领域优秀研究成果得以广泛传播。

世界史学术论文发表数量、《复印报刊资料·世界史》全文转载数量在 2015 年后下滑，是学科发展和科研评价合力作用的结果，应当引起注意。相关数据显示，这一现象并非世界史学科独有，哲学社会科学的学术成果发表总量也呈现下降趋势，历史学科论文发表数量下降趋势尤为明显一些。

发表数量下降的原因主要是我国科研机构学术成果考评机制发生转向——从要求发表数量逐渐转变为看重学术品质。近现代以来，中国经历了亘古未有之广泛而深刻的社会变革，宏大而独特的中国式现代化发展模式的实践创新对哲学社会科学工作者提出了更高、更多的要求，同时也为哲学社会科学大繁荣、大发展提供了丰富强大的源头活水和广阔多样的空间。中国的发展需要高水平的原创哲学社会科学成果。党的十八大以来，习近平总书记多次对我国哲学社会科学发展作出重要指示，提出要构建具有中国特色的哲学社会科学的学科体系、学术体系、话语体系。哲学社会科学工作者应该"自觉把个人学术追求同国家和民族发展紧紧联系在一起，努力多出经得起实践、人民、历史检验的研究成果"。在科研成果考评管理方面，适时逐步调整成果考核标准，从要求科研成果发表数量转而强调科研成果的学术质量，推行代表作制度，鼓励科研工作者严谨治学、潜心专研、开拓创新，做具有原创性的大学问、真学问。我国哲学社会科学界主动响应党和国家的号召，积极科学回应时代之问、中国之问、世界之问、人民之问。"板凳甘坐十年冷，文章不写半句空。"哲学社会科学科研工作者在各自的研究领域锐意进取、精耕细作，共同营造了崇尚精品、互学互鉴的优良学风。而作为学术研究交流平台的学术期刊，密切关注学术发展变化，主动引领学术动态前沿，选文组稿刊发时更加侧重选取有内涵、有厚重感的学术作品。此外，以转引率高低衡量论文学术质量的学术期刊评价指标间接导致综合类期刊选文逐渐社科化。社会科学类文章转引率普遍高于人文社会科学类，而人文社会科学类中历史学科论文转引率最低，在这场以转引率为导向的学术资源角逐中世界史学科必然会越来越处于不利地位。针对这一现状，世界史学术界应有清醒的认知，并要积极采取应对措施。

二、2021年世界史论文统计概况

2021年全国共计有265种期刊（包含集刊），发表了世界史学术论文1057篇，其中会议综述、书评、研究综述类文章74篇，各种专题研究论文983篇。《复印报刊资料·世界史》全文转载论文94篇，转载率为9.18%，共计覆盖44种刊物（见表2.1）。

表2.1　2021年《复印报刊资料·世界史》全文转载部分情况

单位：篇,%

期刊名称	刊期	期刊性质	发文数	转载数	转载比率
《世界历史》	双月	非综合性	64	9	14.06
《历史研究》	双月	非综合性	71	7	9.85
《史学集刊》	双月	非综合性	78	7	8.97
《上海师范大学学报》（哲学社会科学版）	双月	综合性	90	5	5.55
《日本学刊》	双月	非综合性	40	3	7.50
《全球史评论》	半年	非综合性	50	3	6.00

续表

期刊名称	刊期	期刊性质	发文数	转载数	转载比率
《古代文明》	季刊	非综合性	53	3	5.66
《史林》	双月	非综合性	113	4	3.53
《四川大学学报》（哲学社会科学版）	双月	综合性	113	3	2.65
《史学理论研究》	双月	非综合性	98	3	3.06
《历史教学》	半月	非综合性	241	3	1.24
《厦门大学学报》（哲学社会科学版）	双月	综合性	96	2	2.08
《清华大学学报》（哲学社会科学版）	双月	综合性	94	2	2.12
《社会科学战线》	月刊	综合性	369	3	0.81
《史学月刊》	月刊	非综合性	159	2	1.25
《学术研究》	月刊	综合性	268	2	0.74
《俄罗斯东欧中亚研究》	双月	非综合性	53	1	1.88
《西亚非洲》	双月	非综合性	39	1	2.56
《江海学刊》	双月	综合性	187	2	1.07
《华东师范大学学报》（哲学社会科学版）	双月	综合性	95	1	1.05

基于2021年的全年索引数据可见，除去各种会议综述、动态、书评类论文，2021年对于英、美、日、俄、德、法等国历史的研究的学术论文分别为126篇、123篇、102篇、42篇、26篇、32篇，涉及上述6国历史的论文共328篇，占比31.03%。主题观照拉丁美洲、非洲、中东、南亚与东南亚地区历史的论文数量分别为11篇、33篇、27篇、34篇，涉及大洋洲与太平洋岛屿地区的研究成果为5篇，关注朝鲜、韩国的东亚史论文49篇。综合对比五年来的数据[①]，对英美等欧洲国家和地区的研究成果数量缓慢下降，占比缩减；而对传统研究较少的拉美、非洲等地区国家，虽在论文发表数量上浮动不大，但考虑到世界史研究成果在近年来不断下滑的情况，可以说对上述地区研究极度缺乏的现象正逐渐改善。

2021年世界史学术论文署名作者（合著只统计第一作者）共计858人，其中中国作者834人，外国作者24人。综合考量世界史学术研究对学者的专业水准和外语水平要求较高，学术成

---

① 柴英、朱文旭：《2019年中国世界史研究概观——基于本年度人大复印报刊资料〈世界史〉与全年索引》，《上海师范大学学报》（哲学社会科学版）2020年第4期。

果的产出难度较大，本文暂定年度发表 2 篇及以上论文为学术活跃度较高的作者。统计数据显示，发表论文数量 2 篇及以上的作者为 118 人，在中国学者群体中占比为 14.15%，其中发表 2 篇论文的作者为 84 人，发表 3 篇论文的作者为 22 人，发表 4 篇论文的作者为 6 人，发表 5 篇论文的作者为 5 人，发表 6 篇论文的作者只有 1 人（见表 2.2）。从所属的学术单位来考察，学术活跃度高的作者主要来自北京大学、南开大学、吉林大学、南京大学、四川大学、浙江大学、中国人民大学、首都师范大学、西北大学等世界史学科建设发展较好的科研院所。这也说明哲学社会科学的发展是一个系统工程，不但需要学者自身勇于担当、甘于奉献，也需要所在的学术环境能够支持配合、协同创新。从年龄分布来看，学术活跃度高的作者群体年龄分布于 30—60 岁，其中既有理论功底扎实、勇于开拓创新的领军学者，也有年富力强、锐意进取的中青年学术骨干。世界史学科专业方向种类齐全、梯队衔接有序的人才体系构建已初见成效。

表 2.2　2021 年部分世界史学者的学术活跃度

单位：篇

序号	发文量	作者	作者单位
1	6	张广翔	吉林大学东北亚学院（东北亚研究院）
2	5	侯建新	天津师范大学欧洲文明研究院
3	5	徐浩	中国人民大学历史学院
4	5	晏绍祥	首都师范大学历史学院
5	5	张箭	四川大学历史文化学院
6	5	张兰星	四川师范大学历史文化与旅游学院
7	4	陈天社	郑州大学历史学院
8	4	韩志斌	西北大学中东研究所
9	4	黄民兴	西北大学中东研究所
10	4	刘祥	四川大学历史文化学院
11	4	孙志鹏	东北师范大学历史文化学院
12	4	徐桑奕	南京大学历史学院
13	3	艾仁贵	河南大学以色列研究中心/区域与国别研究院
14	3	陈波	华东师范大学历史学系、社会主义历史与文献研究院
15	3	陈志强	南开大学历史学院
16	3	董子云	浙江大学人文学院历史系世界史所
17	3	杜娟	中国社会科学院世界历史研究所
18	3	杜平	《首都师范大学学报》编辑部
19	3	胡莉	北京大学区域与国别研究院

续表

序号	发文量	作者	作者单位
20	3	黄春高	北京大学历史学系
21	3	刘昌玉	浙江师范大学人文学院
22	3	刘爽	黑龙江省社会科学院
23	3	刘寅	浙江大学人文学院历史系
24	3	马德义	海南师范大学历史文化学院
25	3	彭小瑜	北京大学历史学系
26	3	亓佩成	滨州学院人文学院
27	3	王晓德	福建师范大学社会历史学院
28	3	王以欣	南开大学历史学院
29	3	王臻	天津师范大学欧洲文明研究院
30	3	肖晓丹	四川大学外国语学院、历史文化学院
31	3	许二斌	厦门大学历史系
32	3	颜海英	北京大学历史学系
33	3	昝涛	北京大学历史学系、北京大学土耳其研究中心
34	3	张杨	浙江大学人文学院历史系

三、2021 年世界史研究趋势

2021 年，国内外形势复杂严峻，诸多风险挑战并行，是中国共产党和国家历史上具有里程碑意义的一年。这一年，中国的世界史研究稳步前进，其中不乏关切现实发展重大议题之作，也有聚焦学科前景进路的反思求索、关注专题研究的深入探讨。具体来说，2021 年中国世界史研究有如下数个特征和趋势值得关注。

（一）文明史方兴未艾，全球史、中外交流史异彩纷呈

民族国家一度是历史研究的天然场域，包括中国史、世界史和考古学等历史学类专业学者曾长期耕耘于其中，并取得丰硕成果；然而，近年来全球史、跨国史、区域国别研究的崛起，以及文明史、环境史、动物史的方兴未艾，史学研究的路径、方法、对象、旨归等发生了巨大的变化，中国的世界史研究在一定程度上主导、牵引和促进了这种变迁。透过 2021 年的相关成果，对此可见一斑。

文明史的基本问题得到关注，并产生了一系列颇具特色的理论思考和个案研究。国家和文明起源问题是文明史的基本问题。陈胜前对国家文明起源研究的逻辑推理路径和理解、共情式体验路径进行评述，主张应当夯实并综合科学与人文的导向进行探讨。[①] 晏绍祥扼要地介绍了克里特国家的起源和特征；国洪更考察了约公元前 2900 年至前 2004 年两河流域的国家形态，

---

① 陈胜前:《有关国家文明起源的研究路径的反思》,《史学集刊》2021 年第 3 期,《世界史》2021 年第 8 期。

提出统治者头衔和名号是早期国家的重要标识，其头衔和名号蕴含清晰的地理内涵，经历了从指代单一城市、局部区域到整个"世界"的变迁；史海波简要地勾勒出古埃及从涅伽达到早王朝初期的物质文明发展线索，提出零王朝时期国王的职能凸显、"他者"的形象愈发鲜明，是古埃及王权和国家形成的重要时期；王坤鹏认为，周人以"王家""周邦"为核心建立周王国，两者还在随后数百年中持续参与塑造了周文明，这是认识周文明的重要线索①，四位学者由此展现了克里特、西亚、埃及和中国的文明起源的不同侧面。同时，还有学者从文明史的视野出发，重新审视欧洲文明的独特性，对其价值和意义进行再定位，并就日耳曼族裔、西北欧和西欧教会婚姻法等问题进行专题讨论。②除此之外，还有数十位学者汲取文明史的滋养，介入了更加丰富多元的议题。

全球史和跨国史作为历史学研究的一股思潮已经走过了半个世纪，前者在中国落地生根已逾二十年，后者也催生了一系列优秀成果。通过观察2021年相关的学术成果，可以发现中国的全球史研究有以下几个显著的倾向。

第一，关注理论建设，审视、批判西方全球史的实践，思考中国全球史学科的进路。如，徐善伟从20世纪90年代西方学界颇具代表性的四本全球通史或世界通史的教材入手，肯定了这些作品的贡献，并指出它们未能很好地处理"内在传承与创新"和"跨文化互动"的关系；张文涛系统地梳理了全球史兴起的脉络后，提出建设中国全球史学科利于克服"西方中心论"、打破"中国威胁论"，助力构建人类命运共同体。③

第二，视野开阔、议题丰富多元。康昊的研究展示了日本全球史发生发展的脉络，并指出关注亚洲空间、亚洲海域，强调亚洲经济和国际秩序的内部机制为其显著特征。④日本学者冈本充弘对民族国家史、世界史和全球史的讨论和批判被引介。⑤何立波将罗马元首制放在罗马与希腊化跨文化互动的场域中予以审视。⑥褚书达从虚构的地理概念"未知的南方大陆"（Terra Australis Incognita）入手，讲述了这种"观念"与英国南太平洋探索"实践"的交织互动。⑦还

---

① 晏绍祥的《克里特国家的起源及特征》、国洪更的《古代两河流域早期王衔的沿革与国家形态的演变》、史海波的《古代埃及国家起源过程中的"他者"形象与国家职能建构》、王坤鹏的《王家、周邦与王国：理解西周文明形成的一个线索》，载于《史学集刊》2021年第3期，《世界史》2021年第8期。

② 刘昶：《欧洲经验的独特性及其意义》、侯建新：《"准独立个体"：日耳曼人突破性贡献》、徐浩：《西北欧在欧洲文明形成中的核心作用》、龙秀清：《中古教会婚姻立法中的同意原则》、李振宏：《重新认识欧洲文明的价值和意义》，载于《史学月刊》2021年第10期。

③ 徐善伟：《当代西方全球通史编纂的成就与困境》，《史学理论研究》2020年第5期，《世界史》2021年第2期；张文涛：《全球史的兴起与当代中国全球史学科建设》，《甘肃社会科学》2021年第4期，《世界史》2021年第10期。

④ 康昊：《全球史在日本的兴起、实践及其特点》，《史学理论研究》2021年第2期，《世界史》2021年第6期。

⑤ ［日］冈本充弘：《民族国家史与全球史：以日本的历史学为例的思考》，贾凌雁译，《全球史评论》2020年第19辑，《世界史》2021年第7期。

⑥ 何立波：《希腊模式还是罗马传统——跨文化视阈下的罗马元首制》，《全球史评论》2020年第19辑，《世界史》2021年第5期；作者还对罗马帝国元首继承问题进行了细致的考证，参见何立波《罗马帝国元首继承问题透视》，《古典学评论》2021年第7辑，《世界史》2021年第10期。

⑦ 褚书达：《"南方大陆"想象与英国南太平洋事业的发端》，《全球史评论》2020年第18辑，《世界史》2021年第2期。

有学者阐发了历史事件中的跨文化因素,如李大伟以《狄奥多西法典》为中心,展现了罗马法史上第一部官方法典在基督教合法化后发生的转变——犹太人律法地位下降、孕育和奠定了基督教会和基督教世俗政权对犹太人的律法定位。① 需要指出的是,这些议题跨越了全球史和国别史、专门史的藩篱,既可以作为专题研究成功运用全球史范式的范例,也可以被称为全球史实践的具体结晶。这正是近年来中国全球史研究的发展方向和重要特征。

第三,研究注重中国与世界、世界与中国。美国学者入江昭认为,全球史的意义在于对民族国家历史的突破,跨国史则是在疆域、国别的单元基础上关注与"他者"和周边互动。② 当下,中国的全球史和跨国史存在高度绾合的一面。例如,邬银兰发现,欧洲的《行在图》(Quinsai,汉语"行在"音译)从瓦莱奇《行在都市图》——绘制杭州的画作,演变成为风格独特的《行在图》,承载了16世纪、17世纪欧洲人对中国的想象和误解;韩国籍学者安洙英基于英国药材学者丹尼尔·汉璧礼档案,再现了以汉璧礼为代表的英国科学家命名中国草药,并将其纳入全球性、普遍性的科学体系的实践;王华考察了1880—1950年代美国主导的北美北海岸—中国的海洋动物毛皮、檀香木贸易,以及在此驱动下,北太平洋贸易网络的形塑。③ 上述被转载论文只是这种现象和趋势的缩影。作为全球史学术成果的重要刊发园地,《全球史评论》第二十辑便以"全球史视角下的中国"为主题,刊发了12篇涉及东西方地图、中韩财产分割文书比较、华工出洋、"洋赈""鬼子"指称等专题论文。

在中国国际地位日益提升的今天,中外关系史成为新的学术热点,同时关切到中国史和世界史的交融互动。2021年,中国社会科学院万明研究员组织荣新江、顾銮斋、李安山、李雪涛和陈佳荣等多名学者,就中外关系史抒发己见。荣新江简要梳理了中外关系史/"中西交通史"的历史和丝绸之路在中西学界的研究热,提议在建设中外关系史的过程中,应引入新方法、新手段(如GIS),加强相关史籍整理,充分利用考古发现。顾銮斋认为,谋求中外关系史的发展,首先在于明确学科定位,其次需要借鉴已有的、成熟的国别史、区域国别史的成果,最后落脚于人才队伍的培养和建设。李安山根据从事非洲华人华侨史研究的经验强调"史料为重中之重";李雪涛振聋发聩地指出,"中外关系史才是真正的世界史","今天的世界史,就是世界关系的历史"。④

华侨华人史天然涉及中外双边,2021年亦有相当数量的优秀成果产出。美国内战后南部华人劳工是较少被提及的一个群体,伍斌对南部种植园主招募华工及其产生的后果进行梳理,指出这种现象——华人在政治、种族、文化等障碍中立足于杂货铺为代表的服务行业,其背后是

---

① 李大伟:《跨文化交流与罗马帝国犹太人律法政策嬗变——以〈狄奥多西法典〉为中心的考察》,《清华大学学报(哲学社会科学版)》2020年第6期,《世界史》2021年第1期。

② [美]入江昭:《全球史与跨国史:过去,现在和未来》,邢承吉、滕凯炜译,浙江大学出版社2017年版。

③ 邬银兰:《全球化初期欧洲〈行在图〉源流考》,《浙江学刊》2020年第6期,《世界史》2021年第2期;[韩]安洙英:《19世纪英国草药知识的全球化和普遍化——以丹尼尔·汉璧礼的中国草药研究为中心》,《复旦学报(社会科学版)》2020年第6期,《世界史》2021年第1期;王华:《海洋贸易与北太平洋的早期全球化》,《史学集刊》2020年第6期,《世界史》2021年第2期。

④ 荣新江:《丝绸之路研究热与中外关系史学科建设》、顾銮斋:《补缺、汲取、提升:关于中外关系史学科构建的一些思考》、李安山:《史料为重中之重——中外关系史研究的一点体会》、李雪涛:《中外关系史才是真正的世界史》,载于《上海师范大学学报(哲学社会科学版)》2021年第3期,《世界史》2021年第10期。

南部种族关系发生作用，南部华人势单力薄、在黑人—白人的夹缝中失语，甚至"隐形"。①1959—1961年印尼排华浪潮，直接影响了300万印尼华人的命运，引发了新中国历史上第一次大规模海外撤侨，高艳杰的论文考察了此次排华浪潮的缘起、过程与后果，将之置于更加宏大的国内国际局势之中审视，指出排华问题被过度放大，导致双方"斗而不破"，而实际上双方在彼时并无根本性战略、利益冲突，也没有长期敌对的动机和必要性。②还有学者对美国华人争取公立教育平权第一案——泰普诉赫尔利案、五四时期纽约时报华人来信、日本江户初期"唐人社会"等问题进行了专题讨论。③

（二）医疗社会史引领"新文化史"议题拓展

2020年，基于为国家应对新冠疫情建言献策之初衷，医疗防疫史探讨在中国的世界史研究中异军突起。④2021年，新冠疫情依然在全球蔓延，人们面对的不仅是肆虐的新冠疫情，还有疫病冲击下的生活与社会。诸多学者对"后疫情社会""疫情与国家治理"等问题热烈讨论，世界史学者亦积极研究相关问题，推动医疗社会史的论题走向深入。刘金源将目光投向1832年霍乱流行的英国社会，指出彼时关于霍乱病原的争论不再仅仅是医学辩论，争论的背后是精英阶层和工商业阶层、下层民众的关切及诉求难以弥合。⑤赵秀荣对作为一种情感、气质的"忧郁"（melancholy）和作为一种心理疾病的"抑郁症"（depression）做了区分，并系统地考察了从古典到近代早期英国，人们对这种疾病的认知变化，指出这反映了从迷信走向科学的认知变迁，映照了英国乃至欧洲社会向文明、理性的进步。⑥同时，英国学者维多利亚·贝茨等提出，1948年以来英国NHS（National Health Service）医院建筑、内部陈设和医院环境变化，是"以病人为中心"理念的产物，而这些变化也作用并塑造了这一理念。⑦此外，还有学者通过黑死病、美洲天花、梅毒和1918年大流感揭露了西方学界对传染病起源地的歧视与偏见等。⑧

---

① 伍斌：《美国内战后的南部华人农业劳工》，《四川大学学报（哲学社会科学版）》2021年第2期，《世界史》2021年第7期。

② 高艳杰：《1959—1961年印尼排华浪潮与中印尼关系的波动》，《世界历史》2020年第5期，《世界史》2021年第1期。

③ 谢佳璐、商丽浩：《美国华人争取公立教育平权第一案：泰普诉赫尔利案之背景、过程与意义》，《华侨华人历史研究》2021年第1期；杨帆：《五四时期中国近代民族主义的对外表达——以〈纽约时报〉华人读者来信为中心》，《华侨华人历史研究》2021年第2期；吕品晶、迟皓：《日本华侨社会形成时期考察——兼论江户初期"唐人社会"的实态》，《华侨华人历史研究》2021年第2期。

④ 柴英、朱文旭：《大变局之际中国世界史研究的学术发展轨迹——以2020年〈复印报刊资料·世界史〉为中心》，《史林》2021年第3期，《世界史》2021年第9期。

⑤ 刘金源：《疫情之下的社会分裂——英国医学界关于1832年霍乱的病原学之争》，《史学集刊》2021年第4期，《世界史》2021年第11期。

⑥ 赵秀荣：《近代英国对抑郁症的认知——从忧郁症到抑郁症》，《安徽史学》2021年第1期，《世界史》2021年第5期。

⑦ ［英］维多利亚·贝茨等：《从建筑学到声学：1948年以来英国国民健康服务体系中"以病人为中心"医院的建立》，《医疗社会史研究》2021年第1辑，《世界史》2021年第12期。

⑧ 施诚、倪娜：《西方学术界重大传染病起源地研究的歧见和偏见——以黑死病、美洲天花、梅毒和1918年大流感为例》，《清华大学学报（哲学社会科学版）》2020年第6期。

医疗社会史大热，一定程度上可以归结为现实疫情的投射，而从学理视角思考，则离不开近年来"新文化史"的盛行。2021年，更多的学者有意识地运用城市史、书籍史、阅读史和身体史[1]等"新文化史"衍生流派的分析范式和研究方法，介入传统研究时段、地域或主题，发掘新议题、展示新面向。尚洁注意到发生在1506年威尼斯的怪诞之事——一对青年男女的婚礼极尽奢华却"均合禁奢之法"。抽丝剥茧之后，一场蕴藏经济发展变迁与社会移风易俗的事例跃然纸上。12—14世纪，意大利城市跨区域贸易、资本主义手工业发展带来的财富积累，在消费阶层炫耀和攀比之风的助推下，于奢侈品市场上找到出口，在婚丧礼仪、节日庆典、私人宴会和日常消费中，通过购买华服、首饰，以及彩礼嫁妆等形式得到宣泄。意大利城市的禁奢法令纷至沓来，政治、经济和社会动因牵引着禁奢法因地因时地调整完善。[2] 中世纪欧洲盛传的"东方三博士"、圣托马斯和祭司王约翰三名基督徒在东方扩张并胜利的故事吸引了姬庆红的注意。通过回溯历史，她认为《马可·波罗游记》的世俗记述同基督教的叙述存在多处悖异，《马可·波罗游记》不仅由内而外地解构了这个故事，而且动摇了故事的神学地位，给基督教精英带来"心理创伤"。[3] 古埃及文化中的"洁净"的仪式得到了马智博的关注。他指出，"洁净"是古埃及独有的来生信仰中的重要仪式，区隔神圣与世俗、秩序与混乱，"洁净"观念随着古埃及宗教信仰、来世观念和世俗道德的发展完善而不断丰富。[4] 同时，颜海英通过考证古埃及新王国时期王室专用的"冥世之书"在神庙的分布情况，透过神庙浮雕、墓室建筑语言、图像艺术，生动地展现了古埃及人的来世信仰和习俗。[5] 韩宇希望透过美国东北部马萨诸塞州洛厄尔（Lowell）转型之路，思考老工业城市的进路。洛厄尔因纺织业的兴衰而起伏，后借助高新技术产业和国家自然历史公园为代表的服务业而东山再起，产业多元化、创造性利用工业遗产和临近大城市的区位因素是其崛起的内在逻辑。[6] 此外，还有学者对古典时期四种共餐制度之一的政厅公餐进行讨论，凸显这一制度身份认同、荣誉象征和政治调节机制的内涵。[7]

环境史研究稳步推进，与城市史、帝国史碰撞出更多可能性。侯深将目光投注到美国大平原城市——"草海之城"堪萨斯，审视这座城市建制百余年来的进程。借助着以资本和铁路为代表的技术力量，堪萨斯一度冲破自然的束缚高速发展，然而"尘暴"带来的干旱和洪水接踵

---

[1] 一些研究拥有明显的性别、身体要素。如王以欣通过四种古代文献中记载的巨吉斯弑君夺权的故事，展现了民间故事的母题及创作中蕴含的文化和性别元素。王以欣：《巨吉斯的传奇：民间故事中的文化和性别元素》，《妇女与性别史研究》2021年第4辑，《世界史》2021年第3期。

[2] 尚洁：《文艺复兴时期意大利的崇奢与禁奢》，《历史研究》2020年第6期，《世界史》2021年第5期。

[3] 姬庆红：《〈马可·波罗游记〉与中世纪欧洲东方观的悖异——以东方三博士传说体系为例》，《古代文明》2021年第3期，《世界史》2021年第9期。

[4] 马智博：《神圣、复活与秩序——古埃及宗教仪式中的"洁净"及其相关观念》，《外国问题研究》2021年第2期，《世界史》2021年第11期。

[5] 颜海英：《文本、图像与仪式——古埃及神庙中的"冥世之书"》，《古代文明》2021年第1期，《世界史》2021年第4期。

[6] 韩宇：《老工业城市的再生之路：洛厄尔的转型路径》，《厦门大学学报（哲学社会科学版）》2021年第2期，《世界史》2021年第6期。

[7] 吴娟：《古典时期雅典政厅公餐制度论析》，《历史教学（下半月刊）》2021年第4期，《世界史》2021年第6期。

而至，将"蒸蒸日上"的憧憬击碎。她指出，这种自然和城市的缠绕不仅是堪萨斯、芝加哥的故事，也是过度膨胀资本主义制度和经济野心的悲剧，这终将警醒人们正视自然，学会与生态共处。① 有学者则以 19 世纪全球性跨区域物种交流的经典案例——金鸡纳移植南亚为线索，考察了西方人移植金鸡纳的动因、移植实践及其成败得失，这不仅反映了英印殖民者对社会—自然因素的克服和适应，也揭示了山地生态系统中人与自然互动的一个侧面。② 付成双从环境观念史和文化史的角度考察了美国历史上的处女地假说，指出白人殖民者受利益驱使，以及种族主义和文化偏见影响，建构了处女地假说，将原住民简单化为高贵印第安人或野蛮人的刻板印象；如此假说成为白人殖民者扩张领土、压榨剥削原住民的工具，也成为印第安人被种族主义、殖民主义笼罩的梦魇。③ 新西兰籍学者詹姆斯·毕以迪主张从帝国的维度审视和推进英国环境史研究，其主旨在于，英帝国曾一度获取并控制了不计其数的自然资源，帝国通过促进动物、植物和商品的全球流动，造成了剧烈的生态破坏和环境变化，也塑造了当今理解认识生态和自然的理念，这应当引起环境史学界同仁的关注。④ 城市史和帝国史研究自身也有不同程度进展。张广翔的研究展现了 19 世纪末 20 世纪初俄国城市化浪潮中的市政基础设施建设的动因、实践、表现形式，并对此予以客观的评价和定位。⑤ 刘文明廓清了帝国史的萌发脉络，指出后殖民理论、新社会史等多重思潮作用下的"新帝国史"是帝国史研究的前沿所在，他们主张透过性别、文化、消费、身份认同等理解和阐释帝国。⑥

"新文化史"盛行致使性别、社会文化、饮食与消费等议题受到关注，一些具有代表性的学者和观点纷至沓来。⑦ 郭涛借鉴文学批评的方法，聚焦《历史》的叙事手法和修辞策略，指出希罗多德运用人称转换、一词多义和反讽等手法建构出超越雅典城邦政治的历史知识。⑧ 刘寅聚焦古代晚期和中世纪早期这一传统研究较为薄弱的时段，向中文学界系统地引介了彼得·布朗及其"古代晚期"（Late Antiquity）研究，认为彼得·布朗的"古代晚期"不是固定的历史分期，而是关注古典至中世纪延续与断裂的开放性史学问题，彼得·布朗本人对此议题做出

---

① 侯深：《自然与城市的历史缠绕——草海之城堪萨斯的变迁》，《史学集刊》2021 年第 2 期，《世界史》2021 年第 5 期。

② 仇振武、梅雪芹：《自然试验与"仁慈统治"：19 世纪中后期英属印度金鸡纳种植事业的兴衰探析》，《学术研究》2020 年第 12 期，《世界史》2021 年第 3 期。

③ 付成双：《处女地假说与北美印第安人的命运》，《史学集刊》2021 年第 2 期，《世界史》2021 年第 6 期。

④ ［新西兰］詹姆斯·毕以迪：《帝国叙事与英国环境史研究主题》，仇振武译，《江海学刊》2021 年第 1 期，《世界史》2021 年第 8 期。

⑤ 张广翔：《19 世纪末 20 世纪初俄国城市基础设施建设》，《陕西师范大学学报（哲学社会科学版）》2020 年第 5 期，《世界史》2021 年第 1 期。

⑥ 刘文明：《"新帝国史"：西方帝国史研究的新趋势》，《社会科学战线》2021 年第 9 期，《世界史》2021 年第 11 期。

⑦ 威廉·乔治·霍斯金斯与其主张的新社会史较为典型，霍斯金斯致力于构建新地方史，助推新社会史、创立英国景观史等。参见姜启舟《威廉·乔治·霍斯金斯与英国新社会史的兴起》，《史林》2020 年第 6 期，《世界史》2021 年第 4 期。

⑧ 郭涛：《希罗多德与雅典"史前史"的书写》，《世界历史》2021 年第 4 期，《世界史》2021 年第 11 期。

了堪称开创性、典范性的研究。① 同时，刘寅还透过里昂主教莱德拉德及其革新里昂的举措，以小见大地还原和观察查理曼的"加洛林革新"。② 徐浩从人口数量、农业生产和食品价格的变迁着手，对中世纪欧洲的食品供求关系进行考察。他指出，在中世纪农业生产力水平下，人口压力较小的国家往往能率先改善生活水平，人口压力大的国家则缺乏根本变化，欧洲各国告别糊口经济的时间因此不尽相同。③ 俞金尧将目光转向漫漫黑夜，从经济的视角出发，思考近代以后欧洲人对夜晚的态度变迁。他的研究表明，黑夜在西方历史文化中常作负面形象，夜生活在17世纪出现，到18世纪时成为时尚，至19世纪已势不可挡；夜生活扩展到了生产领域，劳动时间不断地向夜晚延伸，直至劳资双方斗争协商达成8小时工作制，但"轮班""三班倒"将夜间劳动制度化，黑夜成为资本扩张的一个新的"空间"。④ 汤晓燕将女性主导的沙龙文化放置在16—18世纪法国社会结构变迁的历史中予以解读：法国市民精英在16世纪跻身贵族等级后，要求树立全新文化身份标识，这推动了法国文化走向精致优雅，沙龙女性被委以重任。她们在启蒙时代社会走向多元后走向衰落。⑤

（三）英美等大国史研究持续推进的同时薄弱区域、国别研究得到发展

中国的世界史学科在英、美、日、俄、德和法等大国史研究领域成效卓著，其成果数量众多、议题丰富，而对于拉丁美洲、非洲、大洋洲和东南亚地区国家历史研究相对薄弱；2021年，大国史研究稳中有进，研究主题更加多元、前瞻性十足；与此同时，一些学者勇敢涉足研究较少的地区、国家，取得一定成效。

以美国史为例，2021年相关研究成果丰硕、颇具特色。其一，主题多样，切入视角颇具前瞻性、启发性。例如，《史学月刊》在2021年第3期推出的"跨国史视野中的美国早期史"笔谈，王晓德、李剑鸣、蔡萌、薛冰清、佛朗索瓦·弗斯滕伯格、伍迪·霍尔顿等多位中外知名学者从大西洋世界整体史维度出发，运用多国史料，对美国建国前期、早期历史展开探讨，涉及美国的"他者"形象、"法属北美"、早期史的"网络路径"、跨国史视野下的美国革命等一系列重大问题。⑥ 同时，李剑鸣另有研究揭示了美国建国者们不仅有意识地运用"知识"服务于政治运作，还注重发掘知识的"公共属性"——建设公共图书馆、发展公共教育，培育有识民众、助力共和发展。该研究是美国早期史、政治文化史的典范之作。⑦ 2021年，《四川大学学

---

① 刘寅：《彼得·布朗与他的古代晚期研究》，《史学史研究》2021年第2期，《世界史》2021年第12期；还有学者聚焦彼得·布朗对基督教化的讨论——缓慢不彻底、多样化，参见孙中华《彼得·布朗对基督教化问题的新认识》，《史学史研究》2021年第1期。

② 刘寅：《莱德拉德与里昂的"加洛林革新"》，《历史研究》2020年第5期，《世界史》2021年第3期。

③ 徐浩：《告别糊口经济——中世纪欧洲食品供求关系研究》，《史学月刊》2021年第2期，《世界史》2021年第4期。

④ 俞金尧：《资本扩张与近代欧洲的黑夜史》，《历史研究》2020年第4期，《世界史》2021年第1期。

⑤ 汤晓燕：《社会文化视野下的17世纪法国沙龙女性》，《世界历史》2021年第2期，《世界史》2021年第7期。

⑥ 王晓德：《文化中心论与早期欧洲精英建构美国"他者"形象的根源》；［美］佛朗索瓦·弗斯滕伯格：《"法属北美"的轮廓与主权》，薛冰清译；薛冰清：《"网络路径"与美国早期史研究》；李剑鸣：《从跨国史视野重新审视美国革命》；［美］伍迪·霍尔顿：《影响美国革命的隐藏因素》，陈亚丽译；蔡萌：《美国早期社会改革运动的跨国网络》，载于《史学月刊》2021年第3期，第5—42页。

⑦ 李剑鸣：《美国建国者的"知识政治学"》，《世界历史评论》2021年第2期，第69—100页。

报（哲学社会科学版）》开辟"美国农业史研究专栏",邀请三名中青年美国史学者,聚焦美国在工业化、城市化进程中的农民、农村、农业问题开展研究。除了前述伍斌对于南部华人农业劳工的研究之外,王禹对19世纪晚期美国农民接受、摒弃"乔治主义"的考察,呈现出了美国农民独有的政治文化倾向;许镇梅对19世纪下半叶美国农民运动的研究,阐释了农民组织反政党倾向的缘起、内涵和意义。① 其二,继续深入考察美国社会的性别、种族和阶级问题,并同其他议题结合做出有益探讨。原祖杰和周曼斯的研究表明,19世纪美国反堕胎运动,旨在控制白人妇女生育率的下降。究其原因:一方面职业医师追求权威、追求经济利益;另一方面,信奉"白人至上"的医师力图在移民的冲击下维护盎格鲁-撒克逊白人的族裔—人口主导地位。② 谢国荣将美国的种族问题置于冷战初期美苏双方对外宣传的场域中进行考察。他的研究厘清了美国在冷战初期就黑人民权事务进行外宣的起因、实践和影响,并指出这种宣传背离了事实真相,使得其可信度和效果大打折扣。冷战的现实压力敦促美国政府兑现民主承诺。③ 除此之外,还有学者系统地梳理了亨利·卢斯"20世纪是美国的世纪"的提出与影响;总结并反思了1949—2019年中国的美国史研究。④

2021年,国内的日本史研究涌现了相当数量的成果,上溯及日本古史、下延至二战后,主题涉及日本近代鼠疫、细菌战、农村治理、"出版新体制"等。其中,对于明治维新的相关讨论颇具特色。何鹏举注意到江户中后期的算学家、经世学家本多利明,发掘了他以"自然之道"为核心的改革构想——在对日本进行适当地定位后,要求以西方诸国为榜样、将中国作为参照,行贸易、新式工业等的"国家丰饶策"。⑤ 崔金柱的研究展现了二战前至冷战后日本学界基于不同的问题导向,对松方正义的军事财政运营给予的对立性解读,认为近来日本学界萌发的"修正否认"倾向脱离了"富国与强兵"的争论,走向历史虚无主义,存在巨大缺陷,没有说服力。⑥ 此外,日本学者梳理了近代以来将海域视作自主历史空间取向的日本海洋史研究,引起国内学者关注并被引介。⑦

英国史是中国世界史研究最早涉足的领域之一,相关积淀深厚,2021年,相关学者的讨论

---

① 伍斌:《美国内战后的南部华人农业劳工》,《四川大学学报(哲学社会科学版)》2021年第2期,《世界史》2021年第7期;王禹:《19世纪晚期美国农民对"乔治主义"的接受与扬弃》,《四川大学学报(哲学社会科学版)》2021年第2期,《世界史》2021年第6期;许镇梅:《19世纪末美国平民主义运动中的反政党文化——基于南方农民联盟兴衰史的分析》,《四川大学学报(哲学社会科学版)》2021年第2期。

② 原祖杰、周曼斯:《19世纪美国反堕胎运动的权力争夺与种族因素》,《厦门大学学报(哲学社会科学版)》2021年第4期,《世界史》2021年第10期。

③ 谢国荣:《种族问题与冷战初期美国的对外宣传》,《世界历史》2021年第3期,《世界史》2021年第9期。

④ 王一哲:《亨利·卢斯"美国世纪"命题的提出及其影响》,《历史研究》2020年第6期,《世界史》2021年第7期;王立新:《七十年来中国的美国史研究》,《美国研究》2020年第4期,《世界史》2021年第1期。

⑤ 何鹏举:《作为"国家丰饶策"的"自然治道"——本多利明的近世日本维新构想》,《史林》2021年第1期,《世界史》2021年第6期。

⑥ 崔金柱:《富国与强兵孰先——日本学界对松方军事财政的争论》,《军事历史》2021年第2期,《世界史》2021年第10期。

⑦ [日]早濑晋三:《作为历史空间的海域世界——近代以来日本的海洋史研究》,申斌译,《海洋史研究》第16辑,《世界史》2021年第3期。

兼具深度与新意。刘城的研究展现了英国宗教改革后，三种类型的天主教徒（国教堂中的教宗分子、拒绝国教的教宗分子和天主教流亡者）在忠于"女王/英王"和"上帝"之间难两全的认同困境。① 陈日华展现了近代早期英国古物学家刻板印象之外的另一面——他们通过界定英国文明的日耳曼特征、释读古英语、重新定位基督教等活动建构了近代早期英国的民族认同。② 侯建新的研究揭示了英国资本主义土地产权制度，也就是土地确权在英国法律中的确立与实践。③ 杜平指出，受到海权思想的影响，英国在19世纪初加强制海权的掌控，对本国商船的保护政策由原来的护航转变为主动封锁、进攻，以牵制敌方海上力量。④

此外，法国史、德国史研究等也有不同程度的进展。法国史方面。周小兰对法国1846—1847年经济危机进行了深入的探究，通过对农业、工业、金融业和铁路事业的剖析，展现了此次经济危机形成、扩大和触发革命的具体过程。⑤ 姚百慧以美国外交和美法关系为视角，对1958年法国政府危机进行再审视，他的研究表明美国的政策选择十分摇摆且有限，基于多种原因，美国最终选择支持戴高乐执政。⑥ 德意志农民战争是德国史的重要问题，学者们将其纳入"近代国家兴起的理论和路径"的主题下进行思考。朱孝远指出，德国农民战争中富含国家体制改革的内容，涉及政治、经济和社会等多个方面，旨在确立人民的主体地位和权益。⑦ 付家慧阐发了闵采尔的共有思想，明确了其对农民战争的影响；此外，她还明晰了矿工群体在农民战争中的诉求。⑧ 还有学者的研究揭示，在德意志帝国（1871—1918年）急剧转型之际，"乡土"成为缓解"现代化危机"的良方。⑨

拉丁美洲、非洲、大洋洲和中东、东南亚等研究相对薄弱的地区国家，在2021年有新的成果涌现。

拉丁美洲史方面，王晓德系统地回顾了百余年来中国的拉丁美洲研究，他将中国对拉美的记忆追溯至明朝刻印意大利人艾儒略所撰的《职方外纪》，并指出中国对拉美的研究在1949年前集中在现状介绍，新中国成立后研究初步发展，改革开放后进入"黄金时期"，进入21世纪则"喜忧参半"——后继乏人但夹杂"拉美热"，因此主张重视拉美史研究，加强学科建设、人才队伍建设、专业期刊建设。⑩ 胡祥琴的研究以《职方外纪》17世纪在中国流传所带来的冲击为中心，再

---

① 刘城：《伊丽莎白一世时代天主教徒的身份认同困境》，《历史研究》2021年第4期，《世界史》2021年第12期。
② 陈日华：《古物学家与近代早期英国民族认同建构》，《历史研究》2021年第3期，《世界史》2021年第10期。
③ 侯建新：《英国近代土地确权立法与实践》，《世界历史》2021年第4期，《世界史》2021年第12期。
④ 杜平：《从护航到封锁攻击：19世纪后期英国海上商船保护政策再探讨》，《社会科学研究》2021年第1期，《世界史》2021年第5期。
⑤ 周小兰：《法国1846—1847年经济危机新论——兼论1848年革命的爆发原因》，《学术研究》2021年第4期，《世界史》2021年第6期。
⑥ 姚百慧：《美国与1958年法国政府危机》，《世界历史》2021年第1期，《世界史》2021年第7期。
⑦ 朱孝远：《德意志农民战争纲领中的国家制度改革》，《历史教学》2021年第4期，《世界史》2021年第7期。
⑧ 付家慧：《闵采尔的共有思想与德意志农民战争》，《历史教学》2021年第4期；《德意志农民战争中矿工的诉求和作用》，《史学月刊》2021年第12期。
⑨ 邢来顺、宋彩红：《乡土认同与德意志帝国时期政治社会矛盾的舒解》，《历史教学》2021年第10期，《世界史》2021年第8期。
⑩ 王晓德：《中国拉丁美洲研究的回顾与思考》，《拉丁美洲研究》2021年第1期。

现了中国古人对拉美乃至更大的世界的认知过程及思想变迁。① 除此以外，有学者发掘启蒙时代欧洲知识人对南美洲探险活动背后有以理性为工具进行扩张的意图；另有学者分析了20世纪上半叶美国的拉美移民等。② 这些研究都在事实上推动并丰富了中国的拉美史研究。

非洲史方面。王铁铮指出，"非洲阿拉伯国家通史研究是中国世界史研究异常薄弱的领域"，而包括基础理论、多元文明流变与古代史、氏族部落与民族国家认同、被殖民史、现代化实践、伊斯兰教与北非阿拉伯国家伊斯兰潮、北非政治剧变等七大关系密切、互相作用的问题，是这个领域的始基性议题。③ 事实上，王铁铮本人就上述部分问题已经进行了有益思考。他指出，非洲阿拉伯国家的部落一般可以划分为两种——柏柏尔人部落、阿拉伯部落，家族和部落在非洲阿拉伯国家建构的过程中发挥着重要而复杂的作用。④ 李鹏涛考察了英属非洲殖民地野生动物保护，棉花种植推广活动的兴起、实践与影响。⑤ 这是他关于英国在非洲的殖民、被殖民国家的历史变迁等问题上的最新成果。另有学者对诸如20世纪南非种族资本主义发展、近年来南非史学研究等问题进行研究。⑥ 总的来说，就像非洲史论文在《西亚非洲》中呈现出来的那样——2021年全年刊文41篇，涉及非洲18篇、涉及非洲史约3篇，中国的非洲史研究依然薄弱、紧缺，有较大的增长空间。

中东是现代国际关系、国际政治的热点地区，但世界史相关从业者不多。昝涛、艾仁贵等是长期深耕在这一领域的学者，2021年他们发表了不少成果。昝涛系统地梳理了"库尔德问题"话语在奥斯曼帝国晚期、凯末尔主义主导时期和当代土耳其三个阶段的基本特点及其诉求。⑦ 艾仁贵细致而全面地剖析了犹太史学界的"耶路撒冷学派"。⑧ 此外，他还将特拉维夫的城市规划纳入犹太复国主义的框架中进行审视，指出作为"第一座希伯来城市"，建造特拉维夫不仅移植欧洲现代观念，是"田园城市"的历史实践，也映射了犹太移民于其故土重建家园和主权的意图。⑨

---

① 胡祥琴：《〈职方外纪〉与17世纪中国人心目中的拉美印象》，《北方民族大学学报（哲学社会科学版）》2020年第5期，《世界史》2021年第2期。
② 陈日华、刘霞妍：《启蒙时代早期欧洲知识人的殖民地科学探险与旅行书写——以拉·孔达米纳对南美洲的探险考察为例》，《拉丁美洲研究》2021年第5期；梁茂信：《美国的拉美移民来源的梯度结构分析（1900—1929年）——以墨西哥移民为中心》，《拉丁美洲研究》2021年第6期。
③ 王铁铮：《关于非洲阿拉伯国家通史研究的若干问题》，《西亚非洲》2021年第1期，《世界史》2021年第4期。
④ 王铁铮：《非洲阿拉伯民族国家构建中的部落因素》，《光明日报》2021年1月18日。
⑤ 李鹏涛：《英属非洲殖民地野生动物保护》，《安徽史学》2020年第6期；《英属非洲殖民地的棉花种植推广活动及其影响》，《世界历史》2021年第6期。
⑥ 杭聪：《20世纪南非种族资本主义发展简述》，《学术探索》2021年第7期；刘鸿武、刘远康：《近年来南非史学研究述评》，《历史教学问题》2021年第2期。
⑦ 昝涛：《奥斯曼帝国晚期与现代土耳其官方关于"库尔德问题"话语的嬗变》，《阿拉伯世界研究》2020年第6期，《世界史》2021年第3期。
⑧ 艾仁贵：《"耶路撒冷学派"与犹太民族主义史学的构建》，《世界历史》2020年第6期，《世界史》2021年第5期。
⑨ 艾仁贵：《建造"第一座希伯来城市"——"田园城市"理念与特拉维夫的城市规划（1909—1934）》，《史林》2021年第2期。

一些研究涉足了较为冷门的东南亚国家。范宏伟的研究表明，缅甸独立后的独立不结盟政策不是真正的中立，而是亲向英美等西方阵营。其典型表现为：接纳在中国解放战争中战败的国民党军队，联合美国、中国台湾方面阻挠中国革命的胜利。但这也引发了缅甸政局的连锁反应，削弱了美缅间的相互信任，促使缅甸形成了更加平衡多元的中立外交政策。[①] 王秋怡认为菲律宾被美国殖民的历史、二战后仍为美国掌控的现实，以及寻求安全保障的诉求，促使菲律宾率先响应美国，加入朝鲜战争。[②] 成思佳运用新近发现的《大越史略》和越南古代史籍，勾勒出越南史家书写、建构本国古史的三个阶段，肯定了这种书写与建构的价值。[③]

（四）冷战、国际关系史研究紧贴现实、明确反战诉求和平

2021 年是苏联解体三十周年，"世界大战"和"冷战"已然远去，但战争的威胁、"后冷战时代"国与国之间各种形式的竞争与对抗从未远去。与此同时，国际关系、国际政治波诡云谲。这都昭示着当下世界正处于前所未有的大变局之中，国际形势与国家力量对比正发生着深刻的变化。面对当下的国际格局，彭小瑜向我们引介了托马斯·默顿的反战和平思想，以及其振聋发聩地提出的"仇恨是死亡的种子"的观点。[④] 而冷战史、国家关系史等相关研究同现实高度结合，在 2021 年涤故更新。

针对 20 世纪初的德意志帝国为什么会走向战争这一追问，童欣指出，国内政治生态的极化是德国走向一战的重要原因，究其根源，社会改革派和资产阶级自由派都看不到实现其政治理念的希望，最终倒向狂热的民族主义——德国学者桑巴特的转变便是其中典型。[⑤] 第二次世界大战期间的相关问题也得到关注和解读。陈余基于解密的苏联历史档案、苏联报刊和《塔斯之窗》的多元解读，再现了卫国战争期间，以《塔斯之窗》为代表的政治宣传画在爱国主义宣传中发挥的独特作用——通俗易懂、主题鲜明、内容生动形象，拥有强大感召力，号召和鼓舞群众的效果显著。[⑥] 还有学者聚焦苏联原子弹之父库尔恰托夫，再现了苏联在二战后外有美国核优势威慑、内部百废待兴、一片萧条，在此重压之下，短时间成功研制原子弹的艰辛历程。[⑦]

朝鲜战争是第二次世界大战后的首场热战，其影响深远。《军事历史研究》组稿"日本介入朝鲜战争与重新武装问题"，陈静静、王鹏飞和李庆辉三名学者充分发掘了美日解密档案和相关史料，并展开研讨。陈静静将日本重新武装的问题置于朝鲜战争的进程中，进行了历时性的

[①] 范宏伟：《缅甸中立主义外交选择（1949—1954）——缅北国民党军与美国干涉的影响》，《南开学报（哲学社会科学版）》2021 年第 2 期，《世界史》2021 年第 7 期。

[②] 王秋怡：《菲律宾为何积极参加朝鲜战争》，《经济社会史评论》2021 年第 2 期，《世界史》2021 年第 8 期。

[③] 成思佳：《越南古代史家对本国古史的书写和建构初探》，《史学理论研究》2021 年第 1 期，《世界史》2021 年第 5 期。

[④] 彭小瑜：《"仇恨是死亡的种子"：托马斯·默顿的反战立场与世界和平理想》，《上海师范大学学报（哲学社会科学版）》2021 年第 4 期，《世界史》2021 年第 12 期。

[⑤] 童欣：《从桑巴特的思想转变看第一次世界大战前德国政治的极化》，《史林》2020 年第 6 期，《世界史》2021 年第 4 期。

[⑥] 陈余：《卫国战争中的爱国主义宣传——以〈塔斯之窗〉为例》，《俄罗斯东欧中亚研究》2021 年第 3 期，《世界史》2021 年第 9 期。

[⑦] 张广翔、金丹：《苏联原子弹之父库尔恰托夫与苏联核计划》，《吉林大学社会科学学报》2021 年第 4 期，《世界史》2021 年第 10 期。

梳理和评判。她的研究指出，国际形势的变化、美国对日本的战略定位与日本自身的判断共同促成日本利用朝鲜战争重新武装。① 另外两名学者分别对朝鲜战争与日本海军部队重建、日本扫雷部队在朝鲜战争中的作用和影响进行考察。② 除此之外，还有一些学者也从不同角度对朝鲜战争及其相关问题做出探索，如朝鲜战争对美国的心理冲击、核武器在朝鲜战场上的威慑与讹诈、英国在朝鲜战争初期的舆论控制③等等。这在事实上推动并加深了学界对于朝鲜战争的认识和理解。

　　二战后、冷战与后冷战时期的一些涉及国际关系、多国关系和国际治理的重大历史事件得到关注、厘清。梁志聚焦二战后美韩同盟关系，运用美韩双方档案文献，对驻韩美军和韩国导弹开发计划等问题进行考察。他指出，驻韩美军撤离/削减的争议由来已久，可以追溯至1949年4月，此后在不同总统任期内不断重启和搁置，双方为此屡屡爆发争端甚至信任危机，其背后原因是美韩双方不同的战略诉求、认知方式和话语权的严重失衡。该争议至今仍是美韩同盟关系的基本特征之一。④ 同时，他还将20世纪70年代朴正熙政府秘密研发导弹的问题置于美韩关系、美国的全球战略以及国际性反导弹扩散机制的多元维度中进行审视，廓清了韩国导弹开发的来龙去脉及其影响。⑤ 战后日本与美国关系是另一个关乎东亚秩序的重要议题。牟伦海从文化的角度审视了战后日本重建和美日同盟，他的研究表明"文化国家"一度成为战后日本重建的理想形态，但是基于"国权""民权"立国的分野导致政界与思想界的"保守"与"进步"分野，由此导致了民主化改革不彻底、"国权"理念最终主导重建⑥；同时，他还揭示了因美国在二战后文化帝国主义膨胀而主导建构的美日同盟实为"想象的同盟"，其根源在于，日本战后改革停留在制度层面，未触及文化根源，同盟关系因此在日本经济崛起后发生变动⑦。此外，还有学者对日本电影人永田雅一在1954年发起的东南亚电影节进行考察，指出其中存在军国主义文化侵略的遗毒。⑧ 二战后的"两德"的相关问题也为学者所关注。王超系统地梳理了当下学界从经济政策的视角解读"两德"统一的研究现状⑨；王帅考察了德国与波兰之间的奥得-尼斯边界问题解决

---

① 陈静静：《朝鲜战争进程中美日关于日本重新武装问题的交涉》，《军事历史研究》2020年第6期，《世界史》2021年第4期。

② 王鹏飞：《朝鲜战争与日本海上军力的重建》，《军事历史研究》2020年第6期；李庆辉：《日本扫雷部队参与朝鲜战争及其影响》，《军事历史研究》2020年第6期。

③ 孟庆龙：《火与冰：朝鲜战争对美国的心理冲击》，《军事历史》2020年第5期；邵永灵、邱军：《朝鲜战争与核武器》，《军事历史》2020年第5期；侯美：《朝鲜战争初期英国政府的舆论管控》，《军事历史》2021年第1期。

④ 梁志：《"导火索"：驻韩美军裁减问题与美韩关系（1948—1979）》，《华东师范大学学报（哲学社会科学版）》2021年第1期，《世界史》2021年第4期。

⑤ 梁志：《合作与限制：20世纪70年代美国对韩国导弹开发活动的反应与对策》，《世界历史》2021年第1期。

⑥ 牟伦海：《占领初期日本"文化国家"构想中的国权与民权论争》，《日本学刊》2021年第4期，《世界史》2021年第11期。

⑦ 牟伦海：《"想象的同盟"：战后美日同盟的文化起源探析》，《日本学刊》2020年第S1期，《世界史》2021年第3期。

⑧ 钟翰声：《文化外交的作用与局限：冷战初期日本电影节外交（1954—1956年）》，《日本学刊》2021年第3期，《世界史》2021年第9期。

⑨ 王超：《联邦德国的德国统一政策研究现状——以联邦德国对民主德国的经济政策为考察核心》，《上海师范大学学报（哲学社会科学版）》2021年第4期，《世界史》2021年第11期。

的历程，并指出两国边界纠纷的本质是两个民族之间如何实现和解的问题。①

（五）尝试回应重大议题，基础研究推陈出新

诸如历史分期、文明与国家起源、世界史发展基本理论、重要地区国别历史（尤其是早期史），以及具有深远影响的、有"节点"意义的重大历史人物与事件堪称世界史学科的基础研究。事实上，此类研究在中国世界史萌发、发展的过程中持续不断地涌现，基础研究的推陈出新并不为 2021 年中国世界史研究所独有的，这里只是就一些具体的成果对当下中国世界史研究予以管窥蠡测。

世界历史分期是世界史的基本问题，不同的方案体现出认识与审视世界历史的不同逻辑、视角与关怀。李友东细致地梳理了 20 世纪以来西方史学界对世界史的多重分期及其批评，如"古代—中世纪—现代"，沃勒斯坦以 1450 年、1640 年、1815 年、1917 年为节点的"四个主要时代"分期，西方中心取向的、非西方中心取向的"全球化"等着眼于世界联系交往的分期，佩里·安德森的"过渡期"分期，后现代取向的解构分期等；随后聚焦中国史学界的世界史分期——"社会形态"演进分期、人类历史"横纵向发展"分期、"现代化—文明史"分期等；指出伴随着史学研究的深入、细致和全面，世界历史的分期讨论也在演进和推陈出新，抛开东西方学界分歧，对于世界历史分期的思考仍然需要以人为本，着眼于人与时代的联系、关注普遍因素、兼容精英和大众。②

中外历史上的一些"关键时期"发生了对于王朝、国家、区域，乃至整个世界而言的深刻变化，影响深远，因而成为中国史、世界史关注的热点和焦点。近年来，世界史与中国史交融互动成为当下历史学界的重要动向③，在这样的背景下，一些学者观照中外历史上共有的"关键时期"。葛兆光提出，蒙古帝国解体后至 1420 年朝鲜通信使赴日（1368—1420 年）是东亚海域的一个重大历史时期：以明王朝为中心，包括李氏朝鲜、足利日本、琉球、安南和暹罗等国共同建构的东亚政治、经济、文化秩序在这一时期形成，一直延续至 19 世纪中期。④ 事实上，也有学者对其中这一"关键时期"的重大历史事件进行考察。马云超主张将 1419 年"己亥东征"置于东亚秩序的框架中进行斟酌，赋予其更加浓厚的外交博弈色彩。⑤

基础研究的推进仰赖世界史同仁聚焦各自领域，通过一系列扎实、可靠的研究来推动学科的发展。这里以相关研究积淀深厚，近年来增长放缓的世界上古史、中世纪史和政治史的研究为例做简要说明。刘昌玉对国际亚述学界一个悬而未决的课题做出了回答。他认为古代两河流域文化是农耕文化与游牧文化的结合体，并着眼于库提人和阿摩利人的统治，指出对于两河流域文化的拒斥和吸纳是其能够长治久安的重要因素，现存古代两河流域的楔形文字文献对游牧

---

① 王帅：《国际史视角下德国与波兰奥得-尼斯边界问题的最终解决》，《四川大学学报（哲学社会科学版）》2021 年第 3 期，《世界史》2021 年第 8 期。

② 李友东：《20 世纪以来世界历史分期问题探讨》，《社会科学战线》2021 年第 7 期，《世界史》2021 年第 12 期。

③ 柴英、朱文旭：《大变局之际中国世界史研究的学术发展轨迹——以 2020 年〈复印报刊资料·世界史〉为中心》，《史林》2021 年第 3 期。

④ 葛兆光：《蒙古时代之后——东部亚洲海域的一个历史关键时期（1368—1420）》，《清华大学学报（哲学社会科学版）》2021 年第 4 期，《世界史》2021 年第 9 期。

⑤ 马云超：《"己亥东征"与 15 世纪前期的东亚外交博弈——以朝鲜王朝初期的对外政策为中心》，《江海学刊》2021 年第 5 期，《世界史》2021 年第 12 期。

民族的贬损书写，往往限于生活方式和文化，是定居生活者观察"他者"的反映，体现出两河文化和周边文化的交流互鉴。① 晏绍祥基于修昔底德、狄奥多鲁斯等古典作家的书写，结合晚近学术成果，直面公元前5世纪叙拉古建立民主政治的问题。他指出：早期叙拉古缺乏民主基因，但公民群体的突然形成和僭主政治垮台使得民主成为可能，由此形成具有城邦民主一般特征的民主政治并发挥作用，展现了古希腊民主政治的多样性与复杂性。② 祝宏俊钩沉史学界曾热烈讨论过的黑劳士制度问题，他将这一制度追溯至斯巴达建国初期，厘清了从征服拉科尼亚至公元前4世纪斯巴达黑劳士的主要来源、构成，及其社会地位变迁。③ 刘小青从行省治理入手，观察罗马共和国后期的政治运作。她认为行省官员滥用权力、大肆敛财是行省治理中的首要弊病，当局对此立法细致、诉讼规范、惩罚严厉，然而行省制度的缺陷和法律实施客观限制等因素未能有效革除弊病，这加速了共和政治失序与共和国衰亡。④

《大宪章》是中世纪英格兰最为重要的法律文件，近年来受到法律史、宪政史学者们高度关注。王栋细致地考证了1215年《大宪章》的"前史"，廓清了从《未知特许状》《男爵法案》到1215年《大宪章》的演进脉络，指出其中蕴含的从男爵期待的"特训状"到世俗法案，再到王国共同体的特许状的发展逻辑。⑤ 同时，他还辨析了1215年《大宪章》的法理渊源，表明《大宪章》受到罗马法和教会法混合之"共同法"的影响有限，其主要受到盎格鲁-撒克逊时期发展来的英国法的滋养；《大宪章》彰显并发展了初步形成的普通法，成为英国制定法的重要根基。⑥ 这是他长期思考和探究《大宪章》的最新成果。⑦ 许杰明将英格兰议会在13世纪末至15世纪初反复确认《大宪章》达49次这一极不寻常的现象置于议会政治的框架中进行审视，指出这是英王适应政治形势之举：伴随着议会政治的形成及其在财政税收事务上扮演愈发重要的角色，英王需要透过议会实现集权，《大宪章》则成为双方协作拉锯的重要媒介，重复确认的活动伴随着15世纪议会角色的异化而式微。⑧ 谢丰斋挑战了中世纪英格兰城镇化的商业起源说，主张中世纪欧洲社会的土地分封造成国家法权零碎、私人化，领主动用私人法权建造私人小城镇的行为不受约束和限制，这也是中世纪英格兰城镇化的动因，并造就了数量众多的、零

---

① 刘昌玉：《排斥还是认同：库提人、阿摩利人与古代两河流域文化》，《社会科学战线》2021年第5期，《世界史》2021年第10期。

② 晏绍祥：《公元前5世纪中后期叙拉古的民主政治》，《首都师范大学学报（社会科学版）》2020年第4期，《世界史》2021年第2期。

③ 祝宏俊：《古代斯巴达黑劳士社会地位的演进》，《贵州社会科学》2020年第11期，《世界史》2021年第3期。

④ 刘小青：《罗马共和国后期行省治理的弊端与规范》，《史学集刊》2021年第1期，《世界史》2021年第7期。

⑤ 王栋：《〈大宪章〉制定考——从男爵方案到国家特许状》，《古代文明》2021年第1期，《世界史》2021年第6期。

⑥ 王栋：《〈大宪章〉渊源：罗马法还是蛮族习惯法》，《经济社会史评论》2021年第2期。

⑦ 王栋：《构建大宪章的现代性：学科分立视野下的19世纪大宪章研究》，《杭州师范大学学报（社会科学版）》2016年第2期；《神话与现代之间：〈大宪章〉在20世纪初的两种叙事》，《中山大学法律评论》2016年第2辑；《法律叙事的确立：二战后的〈大宪章〉研究》，《政治思想史》2018年第3期；《艰难的翻译：评陈国华译〈大宪章〉》，《世界历史》2018年第5期；《〈大宪章〉文本考：版本、正本、副本及译本》，《法律科学（西北政法大学学报）》2020年第3期；等等。

⑧ 许明杰：《中世纪晚期英格兰议会政治中的大宪章与王权》，《世界历史》2020年第5期，《世界史》2021年第2期。

碎的小微城镇。①

此外，一些学者就世界史研究的基本方法、学术成果的书写与呈现形式提出了自己的见解。李隆国指出，我国的世界史是国别史与全球史或世界形成史的结合，而培养合格甚至出色的世界史学者需要打下语言基础，学会收集和解读史料，循序渐进地磨炼写作。②周祥森根据自己在《史学月刊》多年的编辑工作经验，就学术论文引言——开篇、学术史梳理的写作规范、要点、一般形式等内容进行了讨论。③

结　语

2021年中国世界史研究接续过往积淀、推陈出新。站在2021年审视成为"一级学科"后的中国世界史发展，过往十年是中国世界史发展的黄金时期，在学科建设、人才培养、学术发表等方面确实取得了相当进展，同时，其暴露出来一些问题也发人深省。

第一，世界史学科专业建设问题。根据2021年《学位授予和人才培养学科目录设置与管理办法》以及相关新闻，截至2021年12月31日，全国世界史一级学科博士学位授权点33个、硕士学位授权点36个④；作为对比，中国史的数据分别是55个、111个；就学位授权点数量来说，世界史较中国史仍有相当差距。第二，世界史学术发表园地问题。诚如前文所言，由于注重学术质量、贴合学术考评体制所需，2011—2021年中国的世界史学术论文年均产出数量呈下降趋势；支持和鼓励更多专业性期刊发展，促进综合类期刊开辟世界史发表园地、提升世界史相关论文发文量显得尤为迫切。此外，世界史学科还拥有数量丰富的外文期刊，及其诸如《世界历史》（英文版）等发表园地；如能在国内的考评体系中科学地赋予这些外文刊物合理的评价标准，将促进中国世界史研究进一步发展和"走出去"。第三，世界史研究的"论题"问题。处于"全球""文明"这样宏大议题与具体细致的微观议题之间的中长时段、跨国家地区的"中观"式研究已经有一些成果涌现，但总体上依然是较少的。

总之，世界史学科成为一级学科后的十载春秋，适逢中国哲学社会科学大发展大繁荣时期，国家政策的鼓励和支持为世界史学科发展提供了持续有力的外部驱动力，有理想有抱负的世界史学科同仁勇敢地承担起时代赋予的历史使命，抓住这百年未有之变局带来的机遇，发扬团结协作脚踏实地的优良传统，积极从学科建设、人才培养、学术共同体缔造、学术交流等方面不断夯实学科基础，不断提升世界史学术研究水平，为我国经济社会发展建设提供了宝贵的历史经验。

---

① 谢丰斋：《私人法权的介入：中世纪英格兰的城镇化》，《世界历史》2021年第1期，《世界史》2021年第7期。
② 李隆国：《世界史研究方法刍议》，《光明日报》2020年12月21日。
③ 周祥森：《世界史学术论文引言写作要素初论》，《史学月刊》2020年第12期，《世界史》2021年第2期。
④ 根据2021年10月26日的《国务院学位委员会下达2020年审核增列的博士、硕士学位授权点名单的通知》（学位〔2021〕14号），广西师范大学增列世界史博士学位授权点，湖北大学增列世界史硕士学位授权点。

2021 年世界史研究的新进展

刘健*

2021 年，世界史学科表现出追踪重大理论和现实问题、追踪国际国内学科前沿、传统主题与新兴议题交相辉映等特点，在科研成果、课题立项、硕博士研究生、国际国内学术交流等多方面有所体现。

一、2021 年世界史学科学术研究的基本特点

2021 年，在新冠疫情的持续影响下，国内外世界史学科的对外交流受到严重影响。但是，疫情催生的线上国际学术研讨活动十分活跃。这些活动大多围绕热点、焦点问题展开。国内外学者通过线上交流拉近了彼此间的关系，展现了新型学术交流模式。国内多个全国性学术社团的年会均以线上方式召开，涉及的主题和议题广泛，体现了学科发展的新趋势。

2021 年，世界史研究继续表现出主题覆盖面广的特点。基本史学专题仍然是研究重点，政治史、经济社会史、制度史、外交史、对外关系史、边疆史、文艺复兴史、殖民史、帝国史等专题研究成果仍然受到世界史学界广泛关注。一些新兴专题领域，比如环境史、海洋史、疾病史（或医疗社会史）逐渐沉淀，渐成基本史学研究专题。新文化史研究主题方兴未艾，政治文化史、社会文化史、阅读史和书籍史、概念史、记忆史、情感史、日常生活史等各个学科领域均产出了丰富的研究成果。全球史视角不断拓展和深入，全球思想史开始兴起。史学史研究在各个学科领域都表现出强劲的发展势头，成为近年世界史学科学术研究的亮点和热点。

世界史学科各个二级学科、三级学科相关研究领域表现出各自学科特点。

世界古代史研究仍然侧重文献整理、考古发掘和研究以及微观考证研究，史诗[①]、演说词[②]、诗歌、法律、游记、钱币铭文等文献的史学价值被重点讨论、重新评价。从区域分布上看，古代希腊罗马史、英国中世纪史仍然是国内学界研究的主要领域，研究成果最为丰富；古代西亚史、埃及史、拜占庭史研究稳步发展，俄罗斯史、东亚史（日本史、朝鲜史）、非洲古代史研究成果仍有欠缺。在研究主题上，政治史[③]、经济史、军事史、法律史、宗教史、思想史、对外交流史等主题仍然是研究重点，古代文明和国家的起源、王权观念与实践、古代国家治理、古代历史上游牧文明与农耕文明的冲突与交融、草原丝绸之路与古代地中海世界、古代

---

* 作者简介：刘健，中国社会科学院世界历史研究所研究员。

① 拱玉书译注：《吉尔伽美什史诗》，商务印书馆 2021 年版；欧阳晓莉：《英雄与神祇——〈吉尔伽美什史诗〉研读》，上海三联书店 2021 年版；高峰枫：《维吉尔史诗中的历史与政治》，北京大学出版社 2021 年版；刘津瑜主编：《全球视野下的古罗马诗人奥维德研究前沿》（上下卷），北京大学出版社 2021 年版。

② 吕厚量：《埃利乌斯·阿里斯泰德与 2 世纪希腊知识精英的历史观》，《历史研究》2021 年第 5 期。

③ 李云飞：《加洛林王朝代际更替中的疆土分治与王国一体》，《历史研究》2021 年第 2 期。

世界文化生命力问题、雅典民主制度与民主意识形态、欧洲中世纪政教关系①、欧洲中世纪经济社会史②、近代早期英国民族认同建构③、古代东亚世界宗藩关系等问题继续得到学者的重视，民族问题、帝国问题④与跨文化交流等仍是热点，对文化记忆、历史记忆、日常生活史⑤等新兴史学话题的讨论十分活跃，从世界历史的视角开展丝绸之路史研究是世界史与中国史融合研究的一个突破口。

近代现代史研究更加强调中观和宏观研究。跨国史、跨文化史、海洋史、殖民史等专题是近年研究的重点。中国世界近代现代史研究会2021年年会的议题分别是："政治史与外交史""近代史上的社会变迁与社会治理""跨国史与文明互动""近代史上的疾病、健康与环境""第二次世界大战及中外历史教科书关于战争的书写问题""国际关系史的重大问题""国际政治和民族问题"等。

近代现代史研究主要体现为区域国别史研究。2021年，从地理分布上看，欧美史研究仍然占据主流，亚洲、非洲、拉丁美洲、大洋洲研究相对薄弱。

美国史研究中，政治外交史依然是研究重点，经济社会文化史成为研究热点。美国族裔问题和民权运动、中美关系史、美国对外政策（包含外交、经济、军事、国际组织等）⑥、美国环境史、美国城市史⑦等仍然是重要的研究主题。因美国史是区域国别史研究中最重要的一个研究领域，美国史研究表现出成果多、引领国内学术前沿的作用，尤其表现在跨国史⑧、环境史、城市史等专题领域。

西欧史研究明显强调整体意义和文化—建构意义上的欧洲概念。⑨ 焦点集中在全球意义上的发展问题、生态环境问题、人权和难民问题等话题上。同时，西欧各国政治史、身份认同、欧盟一体化、英帝国史、殖民史、家庭史、二战问题等传统议题仍然是研究的重点，政治文化史成为西欧史研究新的学术增长点。国别史研究中，英国仍然是主要研究对象，身份认同⑩、医疗社会史、经济社会史视野下的法律问题、印刷史⑪以及英帝国史是2021年研究的主题词；

---

① 刘虹男、陈文海：《墨洛温王朝教务会议与法兰克王权理论的构建》，《历史研究》2021年第1期；朱君杙：《查理曼时期的"和子句"纠纷与基督教会的大分裂》，《世界宗教研究》2021年第3期。

② 王超华：《中世纪英格兰工资问题研究》，中国社会科学出版社2021年版。

③ 刘城：《伊丽莎白一世时代天主教徒的身份认同困境》，《历史研究》2021年第4期；陈日华：《古物学家与近代早期英国民族认同建构》，《历史研究》2021年第3期。

④ 吕厚量：《古希腊史学中帝国形象的演变研究》，中国社会科学出版社2021年版。2021年10月22—23日，第12届中日韩欧洲古代史年会的主题是"古代世界的和平与霸权"。

⑤ 黄春高：《同意原则的表里：15世纪英国乡绅书信中的日常婚姻》，《历史研究》2021年第1期。

⑥ 赵学功：《美国对苏联的预防性核打击计划及其流产（1945—1949）》，《历史研究》2021年第6期。

⑦ 侯文蕙：《松庐散记》，内蒙古教育出版社2021年版；侯深：《无墙之城：美国历史上的城市与自然》，四川人民出版社2021年版。

⑧ 章永乐：《此疆尔界："门罗主义"与近代空间政治》，生活·读书·新知三联书店2021年版。

⑨ 刘景华等：《欧洲农村城镇化进程及其借鉴意义》，经济科学出版社2021年版；郑非：《帝国的技艺：统治不可统治之地》，广西师范大学出版社2021年版。

⑩ 刘城：《伊丽莎白一世时代天主教徒的身份认同困境》，《历史研究》2021年第4期。

⑪ 张炜：《社会变迁的催化剂：16世纪英格兰的印刷媒介》，社会科学文献出版社2021年版。

法国史研究涉及传统政治史与政治文化史、经济史、社会文化史、思想观念史（历史时间、记忆、心态史）等专题[1]；德国史研究侧重经济社会史[2]、政治外交史[3]、社会文化史[4]、概念史、医疗史、书籍史等领域；意大利史仍以文艺复兴研究为主，同时观照现当代史；西班牙史和葡萄牙史研究以东西方交流为主。

俄罗斯东欧中亚史研究中，外交史、边疆史、中亚史、中东欧国家史、苏联历史认识分歧、冷战史、后冷战史等是主要的研究议题。此外，大国关系、宗教、民族问题也受到较多关注，表现出鲜明的观照现实特点。在研究区域上，较全面地覆盖了该区域众多国家，涉及今俄罗斯大部、中亚、巴尔干[5]、中东欧等多个地区。

东亚史研究中，"东亚"视角成为审视东亚区域史、东亚与外部世界关系以及日本近代史的视角。基于古代东亚历史经验，特别是所谓"朝贡秩序"的国际关系理论研究是近年来学界的新热点。日本史研究中，日本政治史[6]、中日关系史、日本共产党、日本军国主义史与侵略战争史、日本历史教科书与历史认识、思想文化史、医疗卫生史问题是研究重点，古代和中世史研究集中在思想文化史、文化交流史以及典籍文献学[7]专题上。朝鲜史研究中，中朝宗藩关系研究仍然是古代史研究的重点[8]，但开始关注朝鲜的外交自主性问题[9]；近代转型研究中，仍然注重研究大国影响；当代史研究中，冷战和现代化问题引发关注。

东南亚史研究中，现实观照占据主要地位。华人华侨、越南战争、族群冲突与国家建构、地区格局中的东南亚国家等传统议题仍然在学术研究的视野中。区域文明、身份认同、公共卫生安全等新议题也成为研究增长点。

南亚史研究中，民族主义、民族身份认同等仍然是热点问题，印度教民族主义意识形态、少数族裔和社会公正等是2021年度学者们重点讨论的议题。另外，影像史学、历史空间等跨学科史学话题在南亚史研究中有较多讨论。南亚地区自古以来在东西方文化交流中发挥重要作用，也是共建"一带一路"倡议的关键一环。相关议题也在学界得到重点关注，在四川大学南亚研究所斯里兰卡研究中心、兰州大学阿富汗研究中心和印度研究中心、西北大学丝绸之路研究院联合举办的第二期"一带一路"与区域国别研究青年论坛上，网络安全、环境、国际关系等多个前沿研究领域被纳入讨论。

---

[1] 乐启良、沈坚主编：《当代法国史学研究新趋势》，浙江大学出版社2021年版。

[2] 孟钟捷、王琼颖：《魏玛德国的社会政策研究》，中国社会科学出版社2021年版。

[3] 周弘主编：《德国统一的外交》，社会科学文献出版社2021年版。

[4] 邢来顺：《19世纪旅美德国学者的文化民族主义关切》，《历史研究》2021年第3期。

[5] 马细谱：《巴尔干近现代史》（上下卷），中国社会科学出版社2021年版。

[6] 韩东育：《从近代化到近代性：日本新旧宪法的思想史解读》，《历史研究》2021年第6期。

[7] 张钧波：《朝鲜王朝法律史研究》，中国社会科学出版社2021年版；杨昭全：《朝鲜汉文学史》（共5卷），吉林人民出版社2020年版；刘海峰、张文达主编：《朝鲜王朝科举史料·峤南科榜录》，广西师范大学出版社2021年版。

[8] 孙卫国：《"再造藩邦"之师：万历抗倭援朝明军将士群体研究》，社会科学文献出版社2021年版；孙卫国：《大明旗号与小中华意识：朝鲜王朝尊周思明问题研究（1637—1800）》（修订版），四川人民出版社2021年版；刁书仁、王崇时：《古代中朝宗藩关系与中朝疆界历史研究》，北京大学出版社2021年版。

[9] 刘畅：《高丽中期文人群体的国家主体意识与对华观念转变》，《文史哲》2021年第4期。

西亚史研究的成果多以现实问题为切入点，探讨当前问题的历史根源。由于历史和地缘关系，很多学者把西亚和北非作为中东进行整体研究。文明交往、民族国家建构、民族问题、集体记忆[1]、部落、殖民主义等具有鲜明中东史研究特征的主题受到广泛关注。2021年，《历史教学》推出"大屠杀记忆研究"专题，从多个维度探讨大屠杀记忆在犹太民族认同构建中扮演的角色。部落是阿拉伯社会政治危机中的活跃因素，成为新兴学术热点，《史学月刊》开辟专栏探讨部落在中东的作用。《中东研究》集刊推出一批跨越中东古今的研究成果，涉及议题广泛，在学术界产生了较好影响。《新编中东国家通史》获得国家社科基金中国历史研究院重大历史问题研究专项2021年度重大招标项目立项，中东史研究的学术体系构建再上新台阶。

非洲史研究中，中国特色非洲史话语体系建设、欧非关系史、中非关系史、殖民主义[2]、当代非洲政治西化、非洲国家治理等问题是2021年度研究的重点。2021年，多卷本《非洲通史》编纂工程启动，开启了中国学界构建中国特色非洲史话语体系的历程。在区域国别分布上，南非、东非、西非、北非地区均有涉及，出现了有关南非共产党以及加纳、摩洛哥等国国家治理问题的研究成果。

拉丁美洲史研究主要集中在对拉美主要大国墨西哥、智利、阿根廷和巴西的研究，对中美洲国家巴拿马、危地马拉、洪都拉斯等有所关注。从研究选题来看，大国与拉美国家的关系是焦点问题[3]，中国拉丁美洲史研究会2021年年会的主题是"全球史视野下拉丁美洲与世界的互动"，设置议题包括"地理大发现时期新旧大陆之间的互动""域外大国在拉美的博弈""西班牙与拉美国家之间的互动""英国与拉美国家之间的互动""美国与拉美国家之间的互动""东亚与拉美之间的互动""中拉关系的历史与现实""中美拉三边关系互动"，反映了拉丁美洲史研究的主要趋势。另外左翼政治力量、马克思主义本土化、资源型经济、农业和土地、移民族裔史等问题受到重点关注。殖民地史和近代史成果有所增加。

专题史研究中，环境史研究的范围继续扩大，世界史各个学科领域都将环境史研究设为专题进行总结；古代气候、史前环境史、海洋环境史以及人与动物的关系等成为新的环境史研究主题。

海洋史的研究范围日益扩大，在地中海史、大西洋史、太平洋史、古代海洋史研究中，海洋政治史、经济史、军事史、海洋社会文化史、疾病史、环境史等逐渐成为海洋史研究的核心议题。印度洋史、北冰洋史、南极史等研究开始被纳入研究视野。有关澳大利亚、俄罗斯、日本和菲律宾等太平洋国家历史研究主要集中于大国政治和殖民史等传统历史领域，华人华侨史研究表现出鲜明的中国特色。[4] 中国与现代太平洋世界关系研究（1500—1900年）、"太平洋丝绸之路"档案文献整理与研究被列为国家社会科学基金中国历史研究院重大历史问题研究专项2021年度重大招标项目。

另外，移民问题、农业史等日益受到关注，将成为今后研究的持续增长点。

---

[1] 艾仁贵：《马萨达神话与以色列集体记忆塑造》，社会科学文献出版社2021年版。
[2] 杭聪：《战后英国英属撒哈拉以南非洲政策研究（1945—1980）》，中国社会科学出版社2021年版。
[3] 徐世澄：《美国与古巴关系史纲》，中国社会科学出版社2021年版。
[4] 张秋生主编：《世界华侨华人通史·大洋洲卷》，中国华侨出版社2021年版；费晟：《再造金山：华人移民与澳新殖民地生态变迁》，北京师范大学出版社2021年版；李庆：《明万历初年中国与西属菲律宾首次交往考述》，《历史研究》2021年第3期。

二、重大历史和理论问题

国际学界世界史各研究领域的研究重点仍然表现出明显的差异性，但均关注一些重大历史和理论问题。

如何构建具有中国特色的世界史学科体系是中国几代世界史学者极为关注的问题。由于沛撰写，中国社会科学出版社出版的《近代中国世界历史编纂（1840—1949）》与作者的另外一部著作《当代中国世界历史学研究（1949—2019）》对近代以来中国的世界史学科发展历史进行了全面系统的总结和回顾。这两部著作为今后开展世界史学科体系、学术体系和话语体系建设夯实了基础。另外，世界史学者分别从不同角度研究国内外学科发展史，包括学科史、科学史、断代史等不同学科领域，以期为中国的世界史学科体系建设提供借鉴。彭树智探索人类文明交往"自觉化"之道，关注东西方文明的交往，进一步深化了他所提出的"文明交往论"。[1] 2021 年，一些区域性通史著作出版，《罗马史纲》[2]、《巴尔干近现代史》（上下卷）[3]、《东南亚区域史》[4]、《中东国家史（610—2000）》（全八册）[5]、《土耳其通史》（修订本）[6]、《非洲现代史》[7]、《多米尼加》[8] 均全面总结了各个区域历史发展的基本脉络，总结基本特征和发展规律。

2021 年 12 月 24 日，在中国历史研究院主办，中国社会科学院世界历史研究所和中国社会科学院"登峰战略"欧美近现代史优势学科承办的"大变局与世界史研究：世界史成为一级学科十周年"学术研讨会上，与会学者表达了世界史学者应承担直击现实、围绕重大问题开展研究的社会责任的初心。会议提出"建设新时代中国史学"的倡议：以习近平新时代中国特色社会主义思想为指导，站在新时代的高度，从今日中国与世界的关系出发看待世界历史进程；要具备大历史观，作为思想者努力构建具有自身特色的学科体系、学术体系和话语体系；要继承中国史学的优良传统，积极关注现实，服务现实，以形成新的学术生长点；要注重多学科融合发展，努力打造新时代世界通史和全球史著作。作为基础学科之一，世界史要立足于长时段和宽领域，为回应现实问题多做储备性研究；在构建世界史研究的学术体系方面，要积极发挥后发力量，继承中国史学优秀传统，重视史学和史学史研究，扭转西方史学界长期占据话语权优势的局面。"新时代世界史学科体系、学术体系、话语体系建设"是 2021 年 11 月 25—26 日，中国社会科学院（中国历史研究院）世界历史研究所主办的第二届中国世界史高端论坛聚焦的主题之一。此外，在中国世界近代现代史研究会现代史专业委员会、中国苏联东欧史研究会主办的年度学术研讨会上，学科体系建设都是主题或主要议题。

全球史是近半个世纪以来学界十分重视的研究范式。全球史观成为编纂世界通史的新的视

---

[1] 彭树智：《京隐述作集》（全二册），中国社会科学出版社 2021 年版。
[2] 李筠：《罗马史纲》，岳麓书社 2021 年版。
[3] 马细谱：《巴尔干近现代史》（上下卷），中国社会科学出版社 2021 年版。
[4] 郑维宽主编：《东南亚区域史》，暨南大学出版社 2021 年版。
[5] 哈全安：《中东国家史（610—2000）》（全八册），天津出版传媒集团、天津人民出版社 2021 年版。
[6] 哈全安：《土耳其通史》（修订本），上海社会科学院出版社 2021 年版。
[7] 李安山：《非洲现代史》（上下册），华东师范大学出版社 2021 年版。
[8] 秦善进、牛淋编著：《多米尼加》，社会科学文献出版社 2021 年版。

角，得到众多学者的关注。2021年，刘新成、武寅呼吁撰写有中国特色的全球史，刘文明等[①]学者发表著作或撰文对全球史的兴起和发展历程、主要概念和理论、创新性和时代意义等进行了深入的讨论。一些成果从整体史的角度研究世界历史问题。整体史观、欧洲视角、东亚视角、跨文化史、跨国史、海洋史、环境史研究均体现出全球史研究范式的影响。

区域国别史研究是世界历史学科体系中的一个重要分支。近年来，建立区域国别学的呼声越来越高。2021年，通过发表文章、组织专题学术研讨会等方式，钱乘旦[②]等学者参与到这个问题的讨论中。2021年12月，在中国社会科学院世界历史研究所主办的纪念世界历史成为一级学科十周年研讨会上，学者们聚焦区域国别研究给本学科带来的机遇和挑战，进而展开了热烈的讨论。中国苏联东欧史研究会2021年年会的主题是"后苏联空间和东欧国别区域发展道路"；中国南亚学会成立中南亚研究分会体现了跨区域研究的发展趋势。

近年来，国际国内学界十分重视文明比较研究，对文化交往的路线和路径、物质文化和精神文化的交流融合、外交和政治经济关系等问题，从不同角度，采用不同方式方法进行了深入研究；对于不同区域、不同时段、不同类型的文明进行比较，尤其是与中华文明的比较研究体现了中国国际地位不断提高、日益受到国际社会关注的事实。[③] 有关中外关系、丝绸之路、"一带一路"的研究成果的数量和质量不断提高，且在世界历史各个学科领域都有高质量成果产出。2021年9月14—15日，由中国社会科学院和伊朗伊斯兰文化联络组织联合主办的第六届中国与伊朗文化对话会聚焦"中国伊朗两大文明中的多样性和包容性"这一主题，探讨了中伊双方文化交流的历史背景与现状，尤其是双方文化内涵中的"多元性与包容性"。中古中国与欧洲文明比较研究被纳入国家社科基金中国历史研究院重大历史问题研究专项2021年度重大招标项目。从国际关系视角开展中欧、中非、中拉，欧美、欧拉文明交往与比较研究、华人华侨史研究、国外中国学等也被纳入研究视角。

史学史研究是历史研究的基础。"历史哲学""历史理论""史学理论"，这三个名词既相互关联，又有所差异。世界史学者从多个角度对三者及其相互关系进行探讨。其中包含对于新史学范式的回顾、总结与反思。"历史性""历史时间""空间""记忆""信息""图像""口头传统""语境"等名词在2021年的世界史成果中反复、多次出现。学界还从多个角度关注西方主要史学大国的研究动态和趋势，在世界古代中世纪史、世界近代现代史、当代史以及各个区域国别研究，乃至专题史领域，都产出了十分丰富的史学史研究成果。另外，有关印度、希伯来等国家和民族的历史叙事传统、阿拉伯史学史[④]、帝国历史叙事话语等受到学者们的高度重视，开辟了历史叙事的新方向。各领域的史学史研究日益深入，既包括史学家、史学流派、史学思想演变等成果，又引进了知识考古、接受史等新史学研究方法，同时注重分析大历史背景下史学思想的变化。

三、年度热点问题

2021年是世界历史上众多重大事件的时间节点，学界围绕相关议题形成了丰硕的成果。

---

① 刘文明主著：《全球史概论》，北京大学出版社2021年版。
② 钱乘旦：《以学科建设为纲　推进我国区域国别研究》，《大学与学科》2021年第4期。
③ 杨巨平主编：《古国文明与丝绸之路》，中国社会科学出版社2021年版。
④ 梁道远编著：《古代阿拉伯史学家及其著作目录》，社会科学文献出版社2021年版。

2021年是中国共产党成立100周年，国内外世界史学界从世界的视角对这一个重大事件进行了探讨。《世界历史》①、《当代世界社会主义问题》② 发表了系列文章探索中国共产党早期领导人的世界历史观、各国共产党的发展及与中国共产党的关系等具有世界历史意义的话题。日本史学界在中共与日共关系史③、日本共产党发展史、日本左翼政党史、日本的马克思主义传播史等问题上进行了研究。《当代世界与社会主义》发表了有关中国共产党与拉丁美洲各国共产党和左翼政党关系的论文。④ 非洲史学界对中国共产党的非洲观进行了集中讨论⑤，指出百年中国共产党的非洲观诞生于共通的情感，服务于非洲人民，稳固于互利共赢，最终开启构建人类命运共同体的新征程。国际世界历史学界也围绕中国共产党的世界历史贡献展开了深入的讨论，涉及对中国共产党贡献的评价、中国共产党与世界各国政党之间的交往、毛泽东思想在世界各地的传播等议题。⑥

此外，2021年是"9·11"事件20周年、苏联解体30年、中亚五国独立30周年⑦、中美"乒乓外交"50周年⑧、近代希腊独立战争爆发200周年，学界从总结历史教训、中外关系史等十分丰富的角度进行了深入的学术研究。

自2020年，新冠疫情暴发以来，疫病史、医疗社会史等议题受到空前关注。《医学与文明》创刊，《医疗社会史研究》集刊继续出版，世界史各个学科领域均发表了相关研究成果，国家社科基金立项课题中也出现了相关选题。

现代化问题在国际世界史学研究中是一个传统话题，学界研究大多集中在20世纪90年代前后。但在当前中国学界已经成为热点问题，并且因应"中国式现代化"提出了新的研究视角和思路。2021年，现代化研究，尤其在发展中国家，比如拉丁美洲各国，以及南非、印度等，现代化问题再次受到关注。⑨

---

① 《世界历史》2021年第3期发表于沛的《李大钊的世界史观》、唐洲雁的《毛泽东对美国认识的理论及其现实启示》、韩东育的《抗战中的中共和日共关系侧记》。

② 《当代世界社会主义问题》2021年第1、2、3期发表王明亮、王新影的《日本共产党宣传工作的演变历程及特征》，许可、郑宜帆的《日本共产党宣传工作网络化研究》，朱修强的《日本共产党"在野党联合政权"构想评析》，丁曼的《日本共产党"共斗"路线评析》。

③ 徐志民：《中共与日共早期关系考（1921—1931）》，《史学月刊》2021年第7期；韩东育上引文；孙波：《1928—1929年中共在日本的组织及活动——以日方档案资料为中心的历史考察》，《史林》2021年第5期。

④ 袁东振：《古巴共产党的建设实践与经验探析》，《当代世界与社会主义》2021年第4期；丁波文：《智利共产党百年社会主义探索历程与兴衰浅析》，《当代世界与社会主义》2021年第2期。

⑤ 李新烽：《百年共产党与非洲革命和建设》，《马克思主义研究》2021年第3期；张凯：《百年中国共产党与中非党际交往——理解中非关系的一个视角》，《中国非洲学刊》2021年第2期；高天宜、沐涛：《历史维度下中国共产党非洲观的形成与发展》，《中国非洲学刊》2021年第2期。

⑥ 楼宇：《拉丁美洲共产党人评中国共产党建党百年的历史成就与世界意义》，《拉丁美洲研究》2021年第3期；高维谦：《毛泽东思想对拉美地区文化政治的影响研究》，《国外社会科学前沿》2021年第2期。

⑦ 孙壮志等：《中亚五国社会发展30年：走势与评估》，中国社会科学出版社2020年版。

⑧ 徐国琦：《体育与中美关系的历史发展——纪念"乒乓外交"50周年》，《美国研究》2021年第3期。

⑨ 韩琦等：《墨西哥文化革新运动与现代化》，社会科学文献出版社2021年版。《世界历史》2021年第6期发表了沐涛的《南非现代化之路及其特征》、董经胜的《墨西哥现代化模式的转换及其经验教训》、宋丽萍的《印度政治现代化进程中的中央—地方关系》。

四、服务现实

2021 年，部分研究主题因应国际国内形势、当前世界发展大势以及部分年度热点问题开展研讨。

人类文明新形态、现代化道路、百年未有之大变局仍然是 2021 年世界史学界服务现实研究的重点问题。中国世界史学者围绕上述主题进行了更加深入的思考和分析。[1] 第二届中国世界史高端论坛以"世界史视阈中的人类文明新形态""世界史视阈中的现代化新道路"为主要议题，与会学者围绕开拓"中国式现代化新道路"、反对西方中心论、中外历史比较研究的重要意义等问题做了发言，并结合中国史与世界史、思想史、环境史的建构与转型等具体例证进行了说明。

2013 年，中国提出"一带一路"倡议。八年间，"一带一路"研究的学科体系在逐步建立，并且更加重视总结"一带一路"建设成果和经验，"海洋命运共同体"、区域合作等问题受到持续关注。其中，应用对策型研究占绝大多数，体现出强烈的资政功用。中国社会科学院"一带一路"研究中心继续推出《"一带一路"建设发展报告（2021）》，中国社会科学院国家高端智库组织编写的《"一带一路"手册：2020 版》，总结共建"一带一路"取得的积极进展，尤其侧重总结如何应对突如其来的新冠疫情对全世界的冲击，分析共建"一带一路"的进展和经验。2021 年 12 月 10 日，中国社会科学院世界历史研究所主办"阿富汗变局、亚欧地缘政治新态势与'一带一路'倡议新前景"学术研讨会，围绕主题展开研讨。

一些国际热点问题引发世界史学者在某些专题上展开研究。比如，出于为国家应对新冠疫情建言献策的初心，世界历史上的疫病史、医疗社会史、公共卫生史、灾害史等成为研究焦点。又如，2021 年受美国黑人弗洛伊德被白人警察杀害而引发的"黑人命也是命"运动影响，美国族裔关系和民权运动研究成为美国史年度热点问题。[2]

世界史学界持续关注一些传统国家安全问题。2021 年 10 月 22 日，中国中日关系史学会举办"海洋维权维稳需加强战略传播——以钓鱼岛列岛为案例"学术研讨会，针对钓鱼岛归属正本清源问题以及日本新政府对中日关系及钓鱼岛问题的考虑等进行了讨论。

五、多学科研究方法的运用

当前世界史研究中，多学科交叉研究方法广泛应用。人文科学各学科、人文科学与社会科学、人文科学与自然科学的融合日益深入。语言学、文字学、考古学研究方法在古代文明和区域国别研究中早已被广泛应用；环境史研究中普遍使用自然科学研究方法；计量史学方法早已得到学界的广泛认可；分子生物学、基因科学、岩相学、科技考古方法等广泛应用于全球史、文化交流史研究中；艺术史研究方法在近年来革命史相关主题研究中得到更加深入的应用；等等。

世界历史研究本身就具有跨学科属性，文献学、考古学、语言学、人类学、社会学等跨学科知识和方法早已用于研究工作。2021 年，跨国史、跨文化史研究成果增多，体现出世界历史学者正在努力尝试打破区域国别学科壁垒，在更大的区域和领域内开展研究的趋势。传统政治

---

[1] 于沛：《历史大变局中的人类文明新形态》，《历史研究》2021 年第 6 期。
[2] 谢国荣：《小石城事件国际影响下的美国民权运动》，《历史研究》2021 年第 4 期。

史研究不再局限于对具体政治人物、事件、制度的研究,转而采用人物传记、社会网络分析等方法,注重采用跨国与跨学科的视角。对外交流史研究的成果表现出考古学、艺术学、文献学研究方法充分融合的特征。经济社会史研究常常与经济学、社会学、法学等交叉融合。

六、研究资料的使用

原始文献资料的使用范围更加广泛。借助互联网优势,越来越多的学者采用一手资料开展研究工作。原始文献、古代典籍、档案资料的整理与研究已经成为世界历史学科近年研究的重点。2021年立项的涉及世界史的15项国家社科基金重大项目中,有5项为文献整理项目,分别是韩国汉文史部文献编年与专题研究、东南亚藏中国南海史料文献整理与研究、美国对朝鲜半岛政策档案文献整理与研究(1945—2001)、法兰西第三共和国殖民扩张史料整理与研究、日本馆藏中国共产党新闻宣传史料整理与研究(1921—1945);2021年立项的涉及世界史的11个冷门绝学项目中,有8项为文献典籍研究项目。另外在国家社科基金重大专项、重点项目、一般项目和青年项目中,也有多项文献研究项目立项。

世界古代史研究延续使用原始文献开展研究的传统,楔形文字、象形文字等古代语言文字资料,希腊语、拉丁语等古典作家著述和铭文资料一直是研究的重中之重;纳入研究的文献类型不断拓展,史诗、演说词、契约、宗教文献、法律条文等是近年文献资料研究和利用的主要类型;考古资料和图像资料的使用仍然是古代史研究的特色。欧洲中世纪史研究中,拉丁语、中古英语、中古德语、中古法语、古代阿拉伯语、中古波斯语文献越来越多地成为研究对象,文本研究逐渐成为研究热点。近代史研究中,更多类型的文献被纳入研究视野。

图像资料的史学价值受到高度重视。世界史研究借助艺术史的研究方法,重新审视图像资料的价值。在文化交流史研究中,图像资料的使用最为普及。2021年,世界史学者综合运用历史文献学、考古资料和图像资料解读文化交流史中的一些具体问题,同时也解答了丝绸之路上东西方文化交流、世界历史上的文明交换路径等宏大问题。

七、需要继续关注和发展的主题和专题

2021年,中国世界历史学科发展继续表现出研究成果数量稳步提高,质量有明显改善,发表成果的学者和学生的人数稳步上升,选题紧紧追踪国际学术前沿等良好的发展态势。中国世界史学者的研究成果逐渐产生世界影响。北京大学教授颜海英的专著《中国收藏的古埃及文物》[①] 包含了首次发表的古埃及碑铭,引起了国际学术界的广泛关注。四川大学副教授王禹的论文《"大佬"拉福莱特与"进步主义运动"的悖论》荣获2020年美国历史学家协会戴维·西伦奖(2021年正式授予),该文被收入美国历史学顶级期刊《美国历史杂志》。[②] 一些学者,尤其是青年学者在国际知名出版社出版了学术专著,在国际期刊和论文集中发表了研究成果,并参与国际学术研讨,体现了中国世界历史学界与国际学界交流、沟通的积极性。

但是,作为一个成为一级学科仅仅十年的新学科,仍然面临一些亟须改善的问题。主要表

[①] 颜海英:《中国收藏的古埃及文物》,中国社会科学出版社2021年版。

[②] 王禹:《"大佬"拉福莱特与"进步主义运动"的悖论》,《四川大学学报(哲学与社会科学版)》2018年第3期。Wang Yu, "'Boss' Robert La Follette and the Paradox of the U. S. Progressive Movement", in *Journal of American History*, Volume 108, Issue 4, March 2022.

现在以下几个方面。

（一）学科分布不均、研究水平不均衡现象仍然存在

世界古代中世纪史学科领域内，古代希腊罗马史、英国中世纪史仍然是研究重点，古代西亚史、埃及史、拜占庭史有所发展；古代印度史成果偏重宗教和艺术，历史研究成果仍然稀少，历史脉络不够清晰，多是立足于中印文化交流史；原始社会史、中世纪古代非洲史、古代拉丁美洲史、古代日本史、中世纪斯拉夫史、阿拉伯和伊斯兰教早期史等领域的代表性成果依旧相对匮乏，基本从属于近现代史研究领域。

世界近代、现代史研究领域内，少数大国，如英国、美国的历史仍然是研究重点，西欧其他国家历史研究有所进展。其他各大洲历史研究中，同样存在重大国、轻小国的现象：西欧以外其他欧洲国家少有涉及；东亚、西亚、南亚历史研究同样面临以主要国家为主要研究对象，其他国家少人问津的问题；非洲史研究以北非的埃及和南非为主，西非、东非国家偶有涉及，多数非洲国家无人研究；拉丁美洲史主要集中在对主要大国，如墨西哥、智利、阿根廷和巴西的历史研究上。

研究力量薄弱、资料稀缺是学科分布不均、研究水平不均衡的主要原因。在现有条件下，全面铺开研究所有国家和地区的历史并不现实，也不必要。应统筹全面布局，重点针对对人类历史、世界文明和当前发展有重要影响力的国家和地区的历史开展研究，支持学科布局相对完整稳定的学科稳健发展，扶持有重要理论和现实意义的学科，为未来开展世界通史研究储备人才、培养人才。

（二）运用新资料、提出新问题的能力有待提高

近年来，世界史研究成果日益丰硕，新选题、新视角、新方法、新材料不断涌现，服务于国家大局的研究成果也为数不少。但总体而言，研究资料的使用、主题和问题的提出大多仍然追踪国际学科前沿，距离提出具有中国历史学特征的学术话语，引领国际学术前沿仍有较大差距。

首先，世界史研究的资料在国外，这是毋庸置疑的事实。同时，近年来，西方学界在研究资料发掘和利用类型等方面变化很大，更多类型的原始资料不断被应用于历史研究，最新资料获取滞后或难以获得，是中国世界史学界面临的首要问题。

其次，国际世界史研究的发展趋势与国内对世界史学科的要求存在偏差，导致世界史学者提出问题、解决问题的意识仍显不足。

当前中国的发展给世界历史学科提出了一系列新要求、新课题，世界历史学者已经给予了积极回应和响应，今后一段时间内，百年未有之大变局、人类命运共同体、中国式现代化、"一带一路"倡议等必然仍然是世界历史学科研究的重要议题。

（三）构建中国世界史"三大体系"任重道远

中国的世界历史研究自19世纪上半叶开始，经过一百多年的探索，在20世纪80年代以后逐渐走向快速发展的道路，尤其是进入新世纪以来，在各方面都取得了长足的进步。但是，世界历史学科在高校分布、人员数量、人员培养质量、学科领域分布、学术研究水平等各个方面仍然存在较多的短板、弱项，学科体系建设初见成效，学术体系构建尚处于起步阶段，在国际学术交流中尚未取得较大话语权。

2021年世界史研究综述

2021 年世界史理论与方法研究综述

什么是世界史，是我们在进行学科综述时首先面对的难题。任何一门学科综述，只有在既定的范围内，才能根据学科发展要求，遴选学者们所做出的研究成果，并进行合理的评估。然而，在当前中国的学术语境中，世界史的范围相当模糊。人们在使用世界史这个概念时，通常有三种不同的意涵互相交织在一起，分别是区别于中国史的外国史、包括中国史在内的世界史，以及包括一切学科知识在内的人类史。在学科体系划分中，世界史是与中国史并列的一级学科。这就意味着世界史学科的专业设置、人才培养、研究队伍建设、科研规划等方面与中国史学科有清晰的界限与分工。这是世界史的第一种意涵，或可称之为外国史。然而在具体研究中，这样的界限与分工常常被打破，如世界人口史、世界经济史、世界环境史、世界科技史等明显具有世界史特征的各专门史研究领域并不会将中国史内容排除在外。这里所用的世界史概念，强调的是一种超越民族国家的全球性视野。这是世界史的第二种意涵。除上述二者之外，世界史还有第三种意涵，即包括一切学科知识在内的人类史。探索人类历史发展规律，并将之落实到世界通史编纂中，是世界史研究的基本目标。要实现这样的目标，没有一门学科的知识是可以缺少的，每一门学科的知识进展都在不同程度上丰富与深化人们对于人类历史进程的理解，有时甚至是革命性的理解，如达尔文的进化论就曾如此。以上三种意涵，各有其理论和方法，要进行综述并非易事。本文拟从人类历史重大问题研究、世界史学科三大体系建设、外国史学理论与史学史研究三个角度对 2021 年的成果做扼要回顾。

一、人类历史重大问题研究

身处不同时代与不同领域的人们，对于什么是重大历史问题会有不同的理解。即便如此，对于作为同一个物种的人类，有些问题更具有普遍而重要的意义。人类从哪里来、语言如何诞生、农业如何起源、国家为什么会产生、科学革命为何出现、未来通向哪里，以上几个问题，是世界史领域始终要面对的大问题。2021 年，国内学者就相关问题做出了一些新的探索。

季强等学者在《人类从哪里来？——（4）人类演化与古地理、古环境和古气候变化》一文中指出，800 万年以来，地球上主要发生过 3 次冷气候事件：第一次冷气候事件大约发生在距今 700 万年前，一股强烈的干冷气流刮过欧洲大陆，穿越赤道地区直达非洲大陆，使得原始森林开始萎缩，导致古猿与人类发生演化分异；第二次冷气候事件大约发生在距今 400 万年前，那时干冷气候持续发展，非洲大陆的原始森林进一步萎缩，并逐渐演化为稀树草原，此时出现了南方猿人和傍人；第三次冷气候事件大约发生在距今 200 万年前，全球气候变化波动较大，冷—暖气候交替发展，地球上出现了真正意义上的人（人属），并逐渐演化成现代人。根据目前的研究，人类的起源和演化与古地理、古环境和古气候变化密切相关。人类演化历史大致可分为 7 个时期：撒海尔猿人—原初猿人时期、地居猿人时期、南方猿人—傍人时期、能人—鲁道夫人时期、匠人—直立人时期、先驱人—海德堡人时期和智人时期。① 在《人类从哪里来？——（5）北京直立人真的是东亚人的直系祖先吗？》一文中，季强等人描述了北京直立人的主要形态特征，讨论了直立人与现代人在形态特征上的差异，认为包括北京直立人在内的东亚地区直立人是一个灭绝的支系，没有留下后代，不是现代东亚人或中国人的直系祖先。大约在200万年前，直立人起源于非洲的匠人或能人，而后走出非洲扩散到欧洲和亚洲。非洲的直立人约在90万年前演化为先驱人，约在60万年前演化为海德堡人，约在30万年前演化为尼安德特人、丹尼索瓦人和包括现代人在内的智人。②

毛晓伟等人在《古基因组解密末次盛冰期前后的东亚北部人群动态》一文中指出，过去十多年来，围绕世界各地考古遗址人群开展的古基因组研究，在旧石器时代晚期以来欧洲、北亚等区域人群的演化问题上取得重大进展。然而东亚人群古基因组研究则相对滞后，尤其是对中国人类古基因组的研究极度匮乏，使东亚人群遗传演化和迁徙融合的历史成为现代人演化进程里的重要"缺环"。近几年中国科学家在这方面的研究取得了突破性进展。③ 王恬怡等人在《古基因组揭示1.1万年以来东亚与东南亚交汇处人群的遗传历史》一文中认为，东亚和东南亚有着悠久的现代人生存和居住史，是研究欧亚大陆东部以及大洋洲现代人起源、演化与扩散的关键区域。然而东亚南方与东南亚地区潮湿炎热、极不利于古DNA保存的气候条件，使得通过古基因组来探究这一区域人群的遗传历史成为巨大的挑战。研究人员对东亚南部人群的古基因组开展研究，揭示了自1.1万年以来东亚与东南亚交汇处人群迁徙与互动的历史，填补了两地接壤区域人类古基因组的空白，更新了我们对两地人群交流历史的认识。④

近几十年来，国外发表了大量关于人类语言起源问题的专著与论文，但国内鲜有相关论著。李东风在《人类语言起源之谜》一文中对人类语言起源的各种假说及语言基因和人类相关活动规律进行了概述。文章从考古学、解剖学、动物学、人类学、神经生物学、遗传学、进化论到心理学、语言学，结合现有的科学事实，推测、分析了人类语言起源的可能机制。"语言基因"的研究在一定程度上解释了人类语言产生、发展的遗传学基础，喉部气囊消退、膈肌作用与内耳的变化，以及口腔缩短、喉头下降和舌根活动余地增加等为语言表达创造了结构、生理基础；伴随进化的人类社会活动在有效语言的产生中扮演着关键角色。歌唱、手势和摹声三者统一的语言起源理论值得关注。但要彻底解开人类语言之谜，还有待进一步研究。⑤

桑佳旻在《粮食生产因何发生——农业起源动因研究述评》一文中，从对现有农业起源动因之单因论、协同进化论、多因论和历史情境论诸理论或解释模型的内在逻辑进行梳理和评论，认为若将农业起源动机归因于单一维度的对环境或人口压力的适应性反应，或视其为对社会资源分配、需求满足、象征系统发展等社会文化因素的简单回应，或将其视为人与自然协同进化

---

① 季强、季燕南、吴文盛、董颖、郭震：《人类从哪里来？——（4）人类演化与古地理、古环境和古气候变化》，《地质学刊》2021年第1期。

② 季强、季燕南、詹庚申、吴文盛、郭震、董颖、章其华：《人类从哪里来？——（5）北京直立人真的是东亚人的直系祖先吗？》，《地质学刊》2021年第2期。

③ 毛晓伟、平婉菁、付巧妹：《古基因组解密末次盛冰期前后的东亚北部人群动态》，《遗传》2021年第6期。

④ 王恬怡、陈泽慧、平婉菁、刘逸宸、刘雅琳、付巧妹：《古基因组揭示1.1万年以来东亚与东南亚交汇处人群的遗传历史》，《遗传》2021年第8期。

⑤ 李东风：《人类语言起源之谜》，《生物学通报》2021年第5期。

论的结果，虽在某种程度上给人以启示，但最后都难免失之偏颇而无法得到有效的答案。系统论思想虽然注意到该命题的多维面相和系统相关性，但也存在如何在考古实践层面落地并避免人文缺失的挑战。历史情境论虽可补足系统论的缺陷，但其普适性则有待验证。[1]

吴国盛在《现代科学之统一整合的历史回顾》一文中认为，现代科学是在分化与统一的双重变奏中发展的。现代科学诞生的大背景是中世纪后期希腊文明与基督教文明的融合。文艺复兴时期数学传统与工匠传统的结合，为新物理学开辟了道路。19世纪，注重探索性实验的培根科学被整合到牛顿力学的数学体系之中，完成了物理科学的大统一。今天我们拥有的仍然是一个分裂的世界观，时间性世界观与非时间性世界观仍然有待整合。[2] 郝刘祥在《表征、介入与实在——科学革命的结构化进程》一文中，基于弗洛里斯·科恩的编史学研究，指出17世纪科学革命是由数学化表征、介入性实验和本体论承诺这三个主题互动交织而成的结构化进程。这个三元互动结构一经形成，便具有自我修正、自我发展的内在动力，后续的科学革命，正是为了解决表征、介入和实在这三者之间的内在紧张关系。对科学革命的结构化进程的认识，有助于理解库恩范式理论的局限。[3] 雷德鹏、李霞丽在《论柯瓦雷科学史学的现象学维度》一文中认为，科学史研究内史学派奠基人柯瓦雷的科学史学思想受到了其导师胡塞尔的深刻影响，并在科学史的本质认识和科学史学的基本方法两个层面显示了胡塞尔现象学科学史学理论与方法的鲜明印迹。[4]

朱林蕃在《智能理论、人机融合与后人类主义哲学》一文中指出，过去三十年间，随着智能科学中最具有实践潜力的人机融合技术的长足发展，脑机接口、体外骨骼等设备都已走入人们视野，人机融合技术的出现与发展，不仅已经深刻影响到智能科学与生活世界，还将更进一步重新塑造和定义人类的生物属性。在人机融合的未来，在何种程度/比例上的融合可以称作人？通过回顾和总结智能科学理论过去三种不同的范式，并借助后人类主义哲学思想，阐述和介绍人机融合技术带来的后人类主义哲学观，后者不仅将帮助我们在未来人机融合的虚拟智能设计中指出道路，并且还可以帮助我们克服人类中心主义认知观。[5] 成素梅在《人工智能本性的跨学科解析》一文中指出，智能机器是介于人与工具之间的一种新型人造物，它们因为能够感知环境信息，而体现出类人性或自主性；又因为只能进行"代理思维"或只具有"代理智能"，所以保持了物质性或工具性。人类是否能够最终创造出人类水平的人工智能，是一个需要展开跨学科综合研究的技术问题，而且存在许多不确定性。从当前人工智能的场景化应用或智能化发展所引发的社会变革来看社会—科学—技术高度纠缠发展，已经将人类文明推进到必须先确定可实时调整的治理方案，然后再大力推进技术发展的时代。[6] 唐远雄、孙嘉伟在《审视脑机接口：后人类未来的技术演化与治理》一文中指出，随着机器扩展人类的演化，脑机接口技术的问世突破了传统的人机关系，人机共生成为可能。人类的演化也从自然选择到技术选择，

---

[1] 桑佳旻:《粮食生产因何发生——农业起源动因研究述评》,《广西民族大学学报（哲学社会科学版）》2021年第2期。
[2] 吴国盛:《现代科学之统一整合的历史回顾》,《大学与学科》2021年第4期。
[3] 郝刘祥:《表征、介入与实在——科学革命的结构化进程》,《自然辩证法通讯》2021年第6期。
[4] 雷德鹏、李霞丽:《论柯瓦雷科学史学的现象学维度》,《自然辩证法研究》2021年第4期。
[5] 朱林蕃:《智能理论、人机融合与后人类主义哲学》,《现代外国哲学》2021年第2期。
[6] 成素梅:《人工智能本性的跨学科解析》,《国外理论动态》2021年第4期。

步入后人类时代。但它同时触及人类与机器界限的问题，新的技术鸿沟横亘，算法入侵自由意志，个体成为责任海绵。困境的根源在于，脑机接口技术的社会化影响社会关系，技术应用的同时将人变为技术应用的客体。因此在推动脑机接口技术发展时，必须设置红线，防止技术鸿沟扩大，对其进行社会化治理，用现代多元群体的集体共识来约束技术狂飙的野性。①

以上研究成果均非世界史学科学者所做出，然而这些却是世界史研究不能不关注的问题。人类历史上的大问题，需要多学科学者共同探索研究，世界史学者尤其不能缺位，不然我们难以对相关进展做出适当评估，也难以将相应成果融汇到世界通史编纂以及对人类历史规律的探索中来。

二、世界史学科三大体系建设

三大体系建设是国内世界史学科学者关注的热点问题。2021年中，学者们发表了不少有价值的成果和见解，有些直接指出了当前学科中存在的问题，有些是对国外相关经验和教训的分析与总结，这些均是对世界史学科体系、学术体系和话语体系建设的有益探索。

1. 学科体系建设

于沛的《近代中国世界历史编纂（1840—1949）》是我国迄今为止第一部对近代中国世界历史编纂进行系统研究的断代史学专著，也是对中国世界史学科发生学进行深入研究的著作。作者强调，近代中国世界历史编纂"是历史的产物，应时代的呼唤而生，在其走过的每一步，自然都有深刻的历史烙印"②。正是基于这样的认识，作者始终注重将学术发展与时代思潮、民族命运等大历史背景相结合。全书共分三编：第一编为"晚清大变局中的世界史编纂"；第二编为"中华民族觉醒和世界史编纂"；第三编为"用唯物史观重新认识世界史的开端"。在超过50万字的篇幅中，近代中国世界历史学科的诞生和成长历程得到了多方位呈现。特别值得指出的是，《近代中国世界历史编纂（1840—1949）》是作者另一部著作《当代中国世界历史学研究（1949—2009）》的姊妹篇。两部著作合在一起，构成了中国世界史学科发展的奠基性通史著作，必将对中国世界史学科的未来发展产生长久影响。

陈恒在《考古学取代不了史前史》一文中对国内世界史前史研究状况进行了回顾。他指出，改革开放后的十多年间是当代中国世界史前史研究的黄金时代。此后，中国的世界史前史研究逐步衰落，只是近年来引进翻译了不少相关书籍。进入新世纪以来，不见哪所大学、哪个研究所就世界史前史召开过学术研讨会，也很少见相关学术论文，研究生做这方面的毕业论文更是少见了，先前从事这方面研究的学者也已转型。没有学科支持的学术是无源之水，其生命力一定难以持久，中国的世界史前史就是一个典型的代表。国外的史前史研究不断有新发现，由于我们缺乏学科支撑，世界史学界很少介绍这一领域的新材料、新观点、新理论，世界史教材也很难真正吸收最新的世界史前史成果，讲授的内容数十年来少有变化，很难激发学生的想象空间、思辨能力、创新精神。作者还对产生这一状况的原因进行了分析。③ 陈恒道出了十分重要的问题。史前史可谓一个国家世界史研究能力和水平的综合体现，不仅因为史前史隐含着许多人类历史大问题的雏形，同时还因为该领域需要多学科配合才能进行。倘若对全世界范围

---

① 唐远雄、孙嘉伟：《审视脑机接口：后人类未来的技术演化与治理》，《科学·经济·社会》2021年第1期。
② 于沛：《近代中国世界历史编纂（1840—1949）》，中国社会科学出版社2021年版，"前言"第1页。
③ 陈恒：《考古学取代不了史前史》，《读书》2021年第10期。

内考古材料不够熟悉，不能进行大时空尺度对比，或者不能利用自然科学、生物学、进化心理学、人类学等学科知识对有限的考古材料进行深入研究分析，恐怕连简单的研究都不容易做好。钱乘旦在《以学科建设为纲 推进我国区域国别研究》一文中阐述了区域国别研究的重要性、必要性、性质，及其目前在我国的发展状况、困难及解决方案。他指出，区域国别研究是大国的需要，在当前世界格局重大变化的背景下，尤其需要推进这项研究。区域国别研究是典型的交叉学科，通过多学科知识的交叉融合产生新的知识体系。目前我国区域国别研究最需要解决的是人才培养问题，为了培养人才，必须将区域国别研究建设成一个正式的"学科"。[①]

全球史是世界史学科中近几年的热点问题之一。刘文明主著的《全球史概论》是首都师范大学全球史研究中心为教学需要而编纂的全球史教材。《全球史概论》详细梳理了全球史的学术发展史、全球史的核心概念和理论以及进行全球史研究的方法，并附有研究参考书目，是一本指导性较强、信息量较大的全球史研究入门著作。[②] 曹小文在《全球史研究：对民族—国家话语的反思与构建》一文中指出，当今世界范围内的全球史研究形成了试图摆脱传统民族国家话语与突破西方中心话语藩篱的两种重要趋向。全球史研究致力于打破传统民族国家话语，推动当代史学发生卓有成效的变革，但并未改变包括全球史话语构建者内在的民族国家身份及其特定的文化诉求。除英、美、德、法等主要发达国家外，当前非西方国家的全球史研究和书写反映了全球史领域突破西方话语藩篱的新趋向，是世界多极化在文化领域的反映。[③] 张文涛的《全球史的兴起与当代中国全球史学科建设》一文认为，全球史兴起于20世纪中期以后，与四个新兴的"全球性"内容有关，即全球性机制、全球性联系、全球性挑战和全球性意识。全球史倡导超越西方中心和民族国家史学视角，通过多学科方法研究不同主体之间的互动关系，著作类型主要有民族史、文明史、人类史、专题史几种。建设中国全球史学科，要有科学眼光，树立大历史学科观念；要有世界眼光，深入理解中华文明与世界文明的关系；要有长远眼光，加强对于人类起源和未来趋势的研究，以此为基础探寻人类发展的基本规律。[④] 康昊在《全球史在日本的兴起、实践及其特点》一文中分析了日本全球史状况。日本全球史研究的兴起和发展有其内在的学术脉络，水岛司、羽田正、秋田茂等学者是日本全球史的倡导者，他们的研究成果以及在他们倡导下成立的相关学术机构，推动了全球史在日本的发展，并使之具有不同于西方的特点。关注亚洲空间、亚洲海域，强调亚洲经济及国际秩序的内部机制的重要性是日本的全球史研究最显著的特点。[⑤]

陈磊的论文《博雅与专业的妥协：19世纪牛津大学历史学科的建立》研究了19世纪牛津大学历史学科的建立，认为牛津大学与英国的教会—国家建制紧密相联，其博雅教育体系长期以培养教俗精英为旨归。在19世纪英国社会、政治和宗教变动的多重冲击下，该体系出现危机，引发了各方论争。为此，牛津大学实施了将现代历史等新兴科目引入课程体系等改革措施，对博雅教育的内容和载体进行扩容，以适应学生群体需求的变化。这为历史学科的创设开拓了

---

① 钱乘旦：《以学科建设为纲 推进我国区域国别研究》，《大学与学科》2021年第4期。
② 刘文明主著：《全球史概论》，北京大学出版社2021年版。
③ 曹小文：《全球史研究：对民族-国家话语的反思与构建》，《史学理论研究》2021年第4期。
④ 张文涛：《全球史的兴起与当代中国全球史学科建设》，《甘肃社会科学》2021年第4期。
⑤ 康昊：《全球史在日本的兴起、实践及其特点》，《史学理论研究》2021年第2期。

制度空间。牛津史学教授结合本土经验和德国史学方法，初步构建了现代史学的理论体系和研究框架，帮助英国史学跻身欧洲史学之林；同时，学院的史学导师成立联合会，搭建了兼具博雅与专业教育功能的教学与考试体制。这两种教育理念与势力相互竞争、交锋与渗透，最终推动建立了牛津历史学科，并锻造了大批国家精英和学术领袖。牛津历史学科的建设模式不仅深刻影响了英国史学发展的脉络和风格，也参与塑造了英国的政治文化和民族特性。① 李腾在《中世纪研究在美国的建立及其早期风格》一文中指出，自19世纪70年代以来，美国的中世纪研究开始形成较为完整的知识与话语体系，亨利·亚当斯、赫伯特·亚当斯以及乔治·亚当斯在这个过程中扮演了重要角色。在早期建设阶段，业余学者和专门学会成为推动学术发展和学科专业化的主要参与者，大学培养模式则主要受德国和法国的影响。到20世纪30年代，美国的欧洲中世纪研究形成了重视教科书写作、在对欧洲中世纪历史理解中的他者性和继承性相互叠加、宏大视野与碎片化研究相互交织等特色。这些早期风格塑造了美国中世纪研究的核心范式，同时也对20世纪中期以来国际中世纪史学界的发展产生了深远影响。② 这些域外史学发展经验是我们进行学科建设的有益参考。

2. 学术体系建设

顾晓伟在《历史理论与史学理论之关系新解》一文中重申了历史理论与史学理论的重要性，指出我们既要看到历史与史学、历史理论与史学理论的区别，又要看到历史与史学、历史理论与史学理论的联系。正是分析传统的史学理论在逻辑和语言分析层面的深入研究，才使得我们走出镜像的朴素实在论，使得我们认识到历史学家的主体性是不可消解的，历史学家使用的语言也是不透明的。相反，那些忽视这些问题而径直认为历史学不需要任何史学理论的看法恰恰是"掩耳盗铃"。③ 董立河在《思辨的历史哲学的复兴——当代西方历史理论的最新进展》一文中分析了西方理论家当前对于宏阔历史观念的热情。他们呼唤一种新的思辨的历史哲学，并希望它能够同历史研究联起手来，一起迎接生态和科技前景所隐含的挑战，共同应对摆在时代面前的紧迫问题。新的思辨的历史哲学有三个鲜明特性。第一，历史性。面对现代性无法想象的历史巨变，构建新的时间框架和历史理论，仍然需要以现代历史观为参照。第二，实证性。当前这种对历史性未来的新思考，虽然也属于思辨的历史哲学，但主要是以地质学、气象学和各种前沿科技成果为基础的，极大地增强了其科学性和可信度。第三，跨学科性。与第二点相关，当前对历史性未来的研究设想，本原自其他学科特别是自然科学的启发，同时也希望人文社会科学工作者加入讨论，以激荡出一些新颖的甚至是意想不到的思想浪花。④

黄艳红在《历史性的体制和当下主义：弗朗索瓦·阿赫多戈的历史时间研究述评》一文中认为，弗朗索瓦·阿赫多戈对几种"历史性体制"进行了分析，他将这一概念定义为过去、现在和未来之间的纽合方式，不同的社会可能有不同的纽合方式，如历史性的英雄体制、"旧制度"和现代体制。这些体制并非静态的，它们可以从一种体制转向另一种，这样的时刻被阿赫多戈称为时间秩序的危机。最近几十年西方世界出现的时间秩序危机孕育出一种新的体制——

---

① 陈磊：《博雅与专业的妥协：19世纪牛津大学历史学科的建立》，《世界历史》2021年第4期。
② 李腾：《中世纪研究在美国的建立及其早期风格》，《史学史研究》2021年第1期。
③ 顾晓伟：《历史理论与史学理论之关系新解》，《史学理论研究》2021年第6期。
④ 董立河：《思辨的历史哲学的复兴——当代西方历史理论的最新进展》，《史学理论研究》2021年第6期。

当下主义，它不同于采取未来主义视角、强调过去与当下连续性的现代性体制，而是一种相对无序、不再具有光辉期待视域的时间秩序。① 张旭鹏的《观念与空间：跨国视域下观念的流动与变迁》一文认为，空间是观念史研究的一个重要维度。随着历史研究中"跨国转向""全球转向"的兴起，人们愈发关注观念的流动以及观念在进入不同的空间时产生的种种与原初内涵迥异的变化。一方面，观念需要作出调整，以适应这一新的空间；另一方面，观念也会被这一新的空间加以改造。观念的流动性最终为观念带来一种混杂性，使之兼具原初语境和新语境的共同特征。研究观念与空间的关系，以让我们认识到观念在迁移和挪用时所遭遇的各种复杂性和可能性。② 金嵌雯在《西方史学思想中的历史想象观念探析》一文中指出，西方学界对历史想象的认识经历了一个历史过程。启蒙时期，康德的演绎逻辑和维柯的诗性智慧提供了对想象的两种不同理解，并影响了此后的历史想象观念。随着19世纪史学的专业化，大部分职业史家视想象为历史研究中需抑制的因素。随后，柯林伍德和海登·怀特分别在认知层面和话语层面为历史想象进行了辩护。他们认为，历史叙事无法剔除想象，历史想象在其中发挥着连接、综合或预构史料的作用。历史想象对史家探寻历史过程、理解历史意义不可或缺。有关历史想象的探讨启发我们思考一种不止包含事实，还可能蕴含着伦理和审美维度的历史真实。③ 以上几位学者的文章均具有较强理论色彩，提出了学术体系建设中一些值得重视的理论问题。

王旭东的《信息史学基本特点再阐释》一文指出，历史在发展，历史学也必然要发展。新的历史研究，需要新的思维和新的表达。信息史学正是基于这样的理论认知，作为对20世纪下半叶以来时代变革潮流和新世纪新挑战的一种积极回应而提出的。信息史学认为，历史学的存在依赖于"文本"承载的信息，而历史的本原是信息；历史认识论架构实际上存在复杂的嵌套结构，其主客体在这一架构中的有效互动依赖于信息流作用；探究信息时代人类历史发展需要全方位跨学科"新综合"，为此信息史学倡导开放性的方法论研究和运用。信息史学旨在清除不同学科话语体系之间的藩篱，营建能够将历史学与信息科学予以融合的跨学科语境，以促进我国古老历史学学科建设的现代化。④ 王加华在《让图像"说话"：图像入史的可能性、路径及限度》一文中分析了图像史学的特点。近年来，随着"读图时代"的来临与"图像转向"的出现，图像入史日益成为学界研究的热门话题。而图像之所以能入史，与图像是历史信息的直接承载者紧密相关。就图像入史的路径与方法来说，既可以图证史，亦可以史解图。此外，不论对图像内在本体的分析，还是对图像外围内容的讨论，本质上都是图像入史的路径与方式。在此过程中，为避免落入图像入史的陷阱与误区，必须要加强图像考证，尽可能全面、准确地把握图像本体及存在语境，处理好图像文献与文字文献二者的关系。整体来看，图像入史绝不仅是一个局限于历史学学科内部的理论、方法和实践，更是一个需要多学科合作的综合研究体系。⑤ 付有强的《西方食物史研究范式及其演变》一文认为，食物是人类赖以生存的重要物质之一，研究食物的历史有助于了解不同社会及其文化所经历的变迁。在西方，食物史作为一个

---

① 黄艳红：《历史性的体制和当下主义：弗朗索瓦·阿赫多戈的历史时间研究述评》，《安徽史学》2021年第2期。
② 张旭鹏：《观念与空间：跨国视域下观念的流动与变迁》，《中国社会科学院研究生院学报》2021年第5期。
③ 金嵌雯：《西方史学思想中的历史想象观念探析》，《史学月刊》2021年第6期。
④ 王旭东：《信息史学基本特点再阐释》，《中国社会科学评价》2021年第1期。
⑤ 王加华：《让图像"说话"：图像入史的可能性、路径及限度》，《史学理论研究》2021年第3期。

研究领域，从确立到现在大致经历了三种研究范式：经济—社会史范式、文化史范式和全球史范式。经济—社会史范式肇始于经济史领域，经由年鉴学派而逐渐完善。文化史范式将食物与文化变迁置于分析的中心，在不同的阶段分别受到传统文化史和新文化史的影响。21世纪以来，全球化的热潮又为食物研究的全球史范式提供了机遇，食物承载的全球性历史变迁、围绕食物而展开的种种全球性联系，成为当前食物史研究的重点。① 以上成果对于进一步拓展学术研究富有启发性意义。

3. 话语体系建设

于沛在《历史大变局中的人类文明新形态》一文中提出，18世纪中叶，法国启蒙思想家维克托·米拉波、伏尔泰、孟德斯鸠等开始使用现代意义的"文明"概念，其含义由社会的美德、道德延伸到泛指人、社会和国家的进步状态。到19世纪初，"文明"这一概念已在西方学术文化中广泛流行，但至今在全球仍歧义纷呈。当代中国学者的主流观点认为，文明指"人类在认识世界和改造世界的活动中所创造的物质的、制度的和精神的成果的总和。文明是社会历史进步和人类开化状态的基本标志"。历史发展到21世纪，世界经历前所未有之大变局，进入新的动荡变革期，各种不确定因素明显增多，人类文明站到新的十字路口。在世界历史大变局的视域下，探究人类文明新形态产生的历史必然性，无疑有重要的理论意义和现实意义。② 董欣洁在《中国马克思主义史学的世界史话语》一文中指出，中国马克思主义史学研究者在世界史领域的阐释和论断，其立足点始终是围绕中国社会面临的现实问题。新中国成立七十余年来，中国特色社会主义道路是通过和平互利原则从农业文明向工业文明迈进的伟大实践。中国马克思主义史学的世界史话语是对这一世界变革进程的理论阐述，其基本特点是将民族性和世界性较好地融为一体。中国马克思主义史学世界史话语经历了三个基本发展阶段，具有丰富的研究内容。这种话语探讨是在中外历史比较中发展起来的，为世界史学科形态构建提供了基本理论框架和分析方式，即运用马克思主义的社会形态理论和世界历史理论，对人类历史进行纵向和横向的综合研究。③

王立新在《国家史观视域下新印度史学的叙事建构：从雅利安文明到莫卧儿帝国》一文中指出，以《剑桥印度史》和《牛津印度史》为代表的正统印度史学以詹姆斯·米尔在《英属印度史》一书中阐述的"印度文明"概念为基础，借用比较语言学的研究成果建构了正统印度史学的历史叙事——雅利安叙事；而以《新剑桥印度史》为代表的新印度史学则以"早期现代"概念为基础建构了一种完全不同的历史叙事——莫卧儿帝国叙事。尽管这两种印度历史叙事都是在现代西方史学传统中的国家史观视域下进行的，但它们却建立起完全不同的意义空间。正统印度史学的历史叙事建构了一种传统性的历史空间，而新印度史学的历史叙事则建构起一种现代性的历史空间。④ 梅华龙的《希伯来经典文献对世界帝国话语体系的重构与借鉴》一文指出，公元前第一千纪前半期，新亚述帝国及其后的其他世界帝国在国王铭文中采用了与其世界

---

① 付有强：《西方食物史研究范式及其演变》，《史学理论研究》2021年第4期。
② 于沛：《历史大变局中的人类文明新形态》，《历史研究》2021年第6期。
③ 董欣洁：《中国马克思主义史学的世界史话语》，《江海学刊》2021年第4期。
④ 王立新：《国家史观视域下新印度史学的叙事建构：从雅利安文明到莫卧儿帝国》，《世界历史》2021年第2期。

霸权相对应的政治观念和话语体系，而后者也随着帝国的对外扩张而为帝国外部的小国所熟知。希伯来经典文献的作者通过借鉴世界帝国的话语体系和意识形态，重塑了以色列的政治史及以色列民族神祇的地位。面对帝国的威胁和国破家亡的局面，希伯来精英不仅借此保护了地方传统，而且也重新定义了以色列—犹大族群身份。①

周芬、张顺洪在《帝国和帝国主义概念辨析》一文中指出，在研究中，帝国和帝国主义概念的使用存在着泛化的倾向，妨碍人们正确理解世界历史。世界古代中世纪各地区小国之间交流互动、碰撞、融合，逐渐形成的大国一般情况下不应称为帝国。帝国主要是指15世纪末以后西方列强通过扩张建立的海外殖民帝国。帝国主义属于资本主义，不存在于古代中世纪。帝国主义是指资本主义的垄断阶段，也可指列强推行殖民主义和霸权主义的政策、行为和主张。当今一些西方学者使用帝国和帝国主义概念时，具有很强的意识形态偏向。我国史学研究者要深刻把握并准确使用帝国和帝国主义概念，致力于构建科学的话语体系，增强我国史学话语在国际学术界的影响力。②熊宸的《19世纪罗马"帝国主义"问题在西方学术界的缘起与发展》一文认为，"帝国主义"一词虽然来自19世纪中期的现代帝国经验，却常被用来形容古代罗马的军事扩张与帝国统治，若不对该词在罗马史研究最初的用法予以澄清，便容易将现代帝国统治的视角代入对罗马统治的观察之中，从而造成理解上的偏差。伴随着19世纪末欧洲殖民帝国达至鼎盛而逐渐发展起来的"帝国主义"及"罗马帝国主义"概念在这一时期所经历的主要变化及其在罗马史研究中造成的影响值得关注。从中可以看到，在西方世界中至今仍极具影响力的罗马史话题和论点中，有哪些是在特定的时代背景下提出来的，又在罗马史学史的发展中占据着怎样的地位。③刘文明的《"新帝国史"：西方帝国史研究的新趋势》一文指出，帝国史作为一个专门研究领域，出现于19世纪末的英国。20世纪上半叶，以《剑桥英帝国史》为代表，确立起一种关于英帝国史的宏大叙事，以宗主国为中心从政治、经济和军事扩张来解释帝国史。帝国史研究在20世纪50年代至20世纪70年代的去殖民化浪潮中一度衰落，但在20世纪80年代之后随着全球化的深入而出现了复兴和发展，并在后殖民理论、新社会史、妇女和性别史、新文化史、全球史等思潮影响下出现了"新帝国史"。在这种"新帝国史"中，性别、种族、文化、身份认同、互动网络等成为理解和解释帝国的重要维度，尤其是让殖民地人民"说话"和去宗主国中心化，在一定程度上解构了以宗主国为中心的传统帝国史叙事，但这一任务的完成有待非西方学者的参与和努力。④

三、外国史学理论与史学史研究

王晴佳在《史学史研究的性质、演变和未来：一个全球的视角》一文中提出，史学史成为一个研究领域是19世纪历史学走向职业化的结果，其发展成为一个成熟的领域则以20世纪初《近现代史学史》《十九世纪的历史学和历史学家》等奠基型著作的问世为标志。21世纪一些新的著作出版，可以预测这个领域未来的发展方向有三点：一是尝试用全球的和跨文化的视角来考察世界各地历史实践的传统与变革；二是许多从业者正在将自己的研究范围扩大到史家的作

---

① 梅华龙：《希伯来经典文献对世界帝国话语体系的重构与借鉴》，《世界历史》2021年第3期。
② 周芬、张顺洪：《帝国和帝国主义概念辨析》，《史学理论研究》2021年第2期。
③ 熊宸：《19世纪罗马"帝国主义"问题在西方学术界的缘起与发展》，《世界历史》2021年第2期。
④ 刘文明：《"新帝国史"：西方帝国史研究的新趋势》，《社会科学战线》2021年第9期。

品之外；三是人们开始分析未来科学技术新进展对人们认识和表述历史的影响。这三种发展趋势敦促历史学从业者：超越欧洲中心主义，落实全球化的视野；将关注的焦点从史家的论著扩展到整个有关过去的知识；检讨和应对科学技术的新进展对未来历史书写的潜在和重大的影响。[1] 这可能更多是西方史学界的情况，就2021年国内世界史学科的国外史学理论与史学史研究而言，这三个趋势表现得还不是特别明显。

在对于西方早期史学家的研究领域中，出现了一批较有质量的成果。杨共乐的《西方古代史学源流辨析》一文指出，近代以来，随着史学科学化的推进，世界学术界对西方古典学的研究取得很大进展，尤其在译解古典作品方面成效明显。众多古希腊拉丁文献被译成现代文本，大大地推动了古典文献学的发展，促进了西方古代学术研究的进步。但凡事皆有两重性。当学界都把希罗多德的"ἱστορία"与修昔底德的"δυγγραφω"、波利比乌斯的"ἱστορία"归类或译为"history"的时候，它们之间的差异性也日渐为学者所忽视、所遗忘。[2] 徐松岩的《修昔底德选用史料方法刍议》一文研究了修昔底德编撰史料的方法，认为修昔底德按照自己处理史料的原则，对于战前史和战争史本身的史料分别采取了不同的处理方法。对于战前史料的选择和考信方法主要采用比较考异法和反溯法；对于当代史料的选用及考信方法主要采取实录法、辨异法、推测法、纠错法、隐微法五种。修昔底德貌似如实直书的表象背后隐含着名副其实的"修昔底德陷阱"。[3] 刘星星在《论苏维托尼乌斯的求真思想》一文中指出，在罗马帝国早期西方传记史学发展的背景下，苏维托尼乌斯的传记写作表现出突出的求真意识。受罗马实用史学的影响，苏维托尼乌斯的求真思想，一方面体现在其对史实的考辨上，另一方面体现在他通过全面考察帝王的"政治活动"和"私人生活"，探索帝王的品性对罗马帝国初期历史发展进程的影响。通过为帝王立传的方式，对罗马帝国早期历史的发展进程做道德反思，这是西方传记史学发展的重要成果，对西方后世传记史学的发展影响深远。[4] 吕厚量的《埃利乌斯·阿里斯泰德与2世纪希腊知识精英的历史观》一文认为，埃利乌斯·阿里斯泰德在其公共演说词《泛雅典娜节集会辞》和《罗马颂》中，展示了一套与古典时代历史叙述模式有明显区别的、带有浓厚宗教色彩与"普世史"特征的历史记忆。这种历史记忆成功地迎合了2世纪希腊知识精英的品位，而且同尤西比乌斯等早期基督教史学家建立的教会史叙述模式具有相似性。[5]

学者们对于英语世界的史学研究保持着较高热情。孙中华在《彼得·布朗对基督教化问题的新认识》一文中指出，20世纪70年代，爱尔兰裔美国史家彼得·布朗系统地提出解释罗马帝国和古典文明命运的"古代晚期"理论。在古代晚期视角下，布朗通过文本证据与考古证据相结合，并借助后现代的"解释学的怀疑"，以及"表象"理论，解构关于基督教化的传统叙事，并提出关于基督教化问题的新观点。[6] 魏孝稷的《菲利普·柯丁的比较世界史研究》一文指出，美国世界史研究的先驱菲利普·柯丁针对区域史研究的碎片化和传统世界史编纂的空洞化问题，提出了比较世界史的研究方法，在"跨文化贸易""种植园""西方的扩张""大西洋

---

[1] 王晴佳：《史学史研究的性质、演变和未来：一个全球的视角》，《史学史研究》2021年第4期。
[2] 杨共乐：《西方古代史学源流辨析》，《史学史研究》2021年第3期。
[3] 徐松岩：《修昔底德选用史料方法刍议》，《史学集刊》2021年第1期。
[4] 刘星星：《论苏维托尼乌斯的求真思想》，《史学史研究》2021年第4期。
[5] 吕厚量：《埃利乌斯·阿里斯泰德与2世纪希腊知识精英的历史观》，《历史研究》2021年第5期。
[6] 孙中华：《彼得·布朗对基督教化问题的新认识》，《史学史研究》2021年第1期。

史""全球移民史""全球医疗史"等议题上,取得了突出成就,并以个案分析的方法为世界史研究提供了可实证化的方向。而且,柯丁通过设立"比较世界史"研究生项目,培养了大批优秀的世界史学者,他们成为当今西方世界史研究的中流砥柱。[1] 王晴佳在《历史哲学和历史中的哲学——简论昆廷·斯金纳对史学理论的贡献》一文中指出,斯金纳通过借鉴约翰·奥斯汀等语言哲学家的著作,探究语言和观念所隐含的"言外之意"如何需要通过阅读同时代的著作,了解当时的语言习惯来获取对其真切的理解。斯金纳的探索有助于推广学术界的"语言学转向",但他又并非是一个后结构主义者和后现代主义者。他对历史研究的理论和方法——"历史中的哲学"——做出了别具一格的贡献,而其学术兴趣,则依旧受制于"西方中心论"的传统,与现代史学的基本走向没有形成积极的互动。[2] 姚汉昌在《全球史学史研究入门——评丹尼尔·沃尔夫的〈简明史学史〉》一文中指出,丹尼尔·沃尔夫总主编的《牛津历史著作史》、独著的《全球史学史》和《简明史学史:从古至今的全球历史编纂学》,构成沃尔夫全球史学史研究的三部曲。三部曲用不同的篇幅讲述人类历史学实践的历史,冲击了传统的史学史书写模式,为史学史书写开辟了另一种途径。《简明史学史》是沃尔夫最新的著作,该书脱胎于《全球史学史》,为读者尤其是本科生的阅读提供了极大的便利,也进一步推动了全球史学史理念的传播。[3]

法国史学研究内容丰富。袁鸿钧的《布罗代尔的通史意识:对"长时段"的再思考》一文指出,费尔南·布罗代尔的"长时段"理论,常以历史变化中"多重节律"的"时间"面貌而广为人知。但在布罗代尔看来,"空间"与"时间"对于"长时段"同样重要。在历史编纂实践的探索中,布罗代尔试图将"时间"和"空间"统一起来,展现出宽宏的"通史"意识。这种时间和空间的统一首先意味着,布罗代尔尝试基于历史经验的综合性建立一门综合学科,其次,还意味着在历史断裂的框架下思考历史事件和历史遗存。[4] 黄艳红的《贝尔纳·葛内的中世纪史学研究述略》一文对贝尔纳·葛内的学术研究进行了考察。贝尔纳·葛内长期致力于对中世纪史学的研究,他从中世纪史学的文类、史学在整个知识体系中的地位出发,对中世纪史学的若干特征进行了解释。葛内始终关注史学发展与中世纪整体历史进程的互动,侧重于考察中世纪特殊的"历史文化",揭示中世纪史学的多样性和变动性。他对中世纪记忆与政治权力之关系的考察,便是其历史文化研究的出色成果。总体而言,葛内倾向于把中世纪史学视为整个西方历史文化进程中的一个重要环节,它与文艺复兴史学之间没有根本性的断裂。[5] 张弛的《心态、社会结构与社会变迁——乔治·勒费弗尔的心态史》一文总结了法国革命史家乔治·勒费弗尔的研究特点。勒费弗尔在研究法国农村社会史的过程中,不断探索心态与社会经济结构的关系,形成了一种有别于年鉴学派的心态史研究取向。他的心态研究更侧重于微观层面,聚焦短时段的政治事件。除此之外,勒费弗尔的心态史表现出三个理论特点:心态是一种能动的因素;心态构成社会经济与人行动之间的中间因素;心态通过人的实践得以影响社会政治转

---

[1] 魏孝稷:《菲利普·柯丁的比较世界史研究》,《史学理论研究》2021年第6期。
[2] 王晴佳:《历史哲学和历史中的哲学——简论昆廷·斯金纳对史学理论的贡献》,《华东师范大学学报(哲学社会科学版)》2021年第5期。
[3] 姚汉昌:《全球史学史研究入门——评丹尼尔·沃尔夫的〈简明史学史〉》,《史学理论研究》2021年第3期。
[4] 袁鸿钧:《布罗代尔的通史意识:对"长时段"的再思考》,《外国问题研究》2021年第4期。
[5] 黄艳红:《贝尔纳·葛内的中世纪史学研究述略》,《世界历史评论》2021年第1期。

型。他的心态史研究不仅能弥补年鉴学派心态史研究的不足与缺陷，也有助于反思文化史研究的缺陷，进一步推进社会文化史研究。① 周立红的《从境地研究到气候史：勒华拉杜里的总体史探索》一文认为20世纪50—70年代，勒华拉杜里受到法国社会经济史学界生态—人口研究模式的启发，吸收了自然科学界研究气候波动的成果和方法，突破了年鉴学派境地研究的框架，主张采取科学方法研究历史上气候的波动，但不讨论气候波动与人类社会的关系。这种研究范式被称作"没有人的气候史"。21世纪初，勒华拉杜里从"没有人的气候史"转向气候史，在某种程度上也受到"叙事史的复兴"这一史学思潮的影响。但是他并没有摒弃科学的历史学，而是努力将科学的历史学与叙事的历史学结合起来，从总体史的角度撰写气候史。② 周小兰在《从社会史到情感史——法国历史学家阿兰·科尔班的学术之路》一文中指出，阿兰·科尔班是受经济社会史范式影响成长起来的一位历史学家。他攻读博士学位期间在拉布鲁斯指导下考察了19世纪利穆赞地区独特的经济和社会风貌，但这一研究让他意识到拉布鲁斯研究的局限。此后，他延续勒费弗尔阐发的心态史研究。近年来，得益于情感史研究理论的重大进展，科尔班突破心态史局限，对文学材料进行文本解读，构建了一种独特的情感史范式。总之，科尔班试图在传统的整体史范式之外实现一种历史的综合，他的学术道路是20世纪70年代至今法国史学界演变的缩影。③ 李任之在《从"文化的社会史"到"社会的文化史"：罗杰·夏蒂埃的文化史研究》一文中指出，罗杰·夏蒂埃认为，仅仅通过考察文化产品的流通状况无法了解民众的心态，真正的书籍史和文化史研究应该建立在探讨阅读实践以及作者、文本、书籍与读者之间的复杂关系上。在夏蒂埃看来，读者无时无刻不在"占有"文本的意义，他们的社会层级和文本的物质载体等因素都决定了他们的阅读方式。除了实证研究，夏蒂埃还从理论上重新诠释了文化与社会的关系：文化并不是所谓的"第三层级"，而是人们用来理解、规划与定义社会实在的"表象"。由此，夏蒂埃的所谓"社会的文化史"试图恢复文化的自主性，并且凸显文化史研究对于社会史的价值。④

德国史学的研究成果相对较为集中。景德祥《从书信看兰克第一本书及附本的诞生》一文中指出，兰克能以其第一本书及附本进入德国大学史学界，主要是由于当时普鲁士文化部高官的重视，而不是因为这两本书被当时的德国与普鲁士史学界视为具有划时代意义的史学著作。兰克得以进入德国大学史学界，固然要归结于他在其第一本书及附本中表现出来的史学才能，但他试图通过出版著作以摆脱个人与研究困境的急切追求，以及出版过程的节外生枝，也给这两本书打上了明显的烙印。⑤ 胡昌智在《论兰克的史学思想》一文中认为，兰克强调史家要有观点，要了解自我的局限性并提升自我，他也不隐讳自己的历史看法。兰克把历史叙述成许多趋势，每个趋势里都有它充满价值的个体性，所有趋势的交错汇集构成时代，甚至是世界史。由于基督教的信仰，让兰克把欧洲族群的冲突乐观地视为一起成长与融合的过程，同时也让他把这一过程等同为世界史。他对非基督教世界的偏见，源自他的宗教精神，造成他历史理论本

---

① 张弛：《心态、社会结构与社会变迁——乔治·勒费弗尔的心态史》，《史学史研究》2021年第3期。
② 周立红：《从境地研究到气候史：勒华拉杜里的总体史探索》，《社会科学战线》2021年第11期。
③ 周小兰：《从社会史到情感史——法国历史学家阿兰·科尔班的学术之路》，《史学理论研究》2021年第3期。
④ 李任之：《从"文化的社会史"到"社会的文化史"：罗杰·夏蒂埃的文化史研究》，《史林》2021年第5期。
⑤ 景德祥：《从书信看兰克第一本书及附本的诞生》，《上海师范大学学报（哲学社会科学版）》2021年第6期。

身的矛盾。这一矛盾体现在他无法以他核心的思想——个体性原则——对待异文化。在历史思考上他使用双重价值标准。① 李孝迁、胡昌智的《兰克在新中国史学界的境遇》一文指出，马克思受德国左翼知识分子的影响，曾对兰克作了否定性的评价，后经苏联学者的进一步发挥，兰克被定格为反动派。马克思的兰克评语早在1945年即已通过苏联学者的论文译介到中国，但最初似无影响，至1960年代初借助各种译著的传布，始被中国史家所熟知，深刻影响了他们对兰克的认知。1958年开始中国史学界推行"兴无灭资"的史学革命，开展两条路线斗争。为了更好批判中外资产阶级史学，1960年代初国内史学界密集译介兰克的资料，有些史家积极批判兰克，但所凭借的文献多为二手著作，很少有人直接阅读兰克作品。进入"文化大革命"时期，兰克话题已然进入禁区。② 崔琳菲在《黑格尔历史哲学中的动态个体性及其意义——以〈宗教哲学讲演录〉的文本为依据》一文中指出，黑格尔的历史哲学往往被批判是神秘主义的或保守主义的，即只看重绝对精神而忽视个体性，认为黑格尔哲学中本就存在个体性主观因素的学者，也大多将这一个体性视为不证自明的静态存在，从而难以准确理解黑格尔的伦理自由概念。从对《宗教哲学讲演录》的分析可以看出，黑格尔通过诠释"民众宗教"，呈现了个体性的动态发育过程：犹太教阶段首先孕育了作为"有限的精神"的个体性，但因其主体能动性不够发达，故而在"直观辩证法"运动中失衡，以献祭的悲剧告终；在基督教阶段，个体性与绝对精神处于二元结构的排斥原则下，不断进行克服中介的成长运动，最终获得实存。由此可见，黑格尔历史哲学中的个体性具有动态的发育过程，这一动态发育过程对历史的发展起到了不容忽视的推动作用。③

在西方古典史学、英语世界史学、法国史学、德国史学研究之外，其他国家和地区的史学也得到了一定程度的观照。韩东育的《丸山真男的学术研究与对日本军国主义的反思》一文是对日本史学家丸山真男学术思想的研究。文章指出，关于七十多年前那场对外侵略战争，日本进步知识分子曾做过深度的反思。其中，体验、观察并反思了日本军国主义内外肆虐全过程的丸山真男及其学术研究，最具代表性。其从未变奏的近代国家意识和主权在民思想，贯穿于前近代与近现代、战（太平洋战争）中与战后的全部重大理论和现实问题中；短暂的军旅生涯之所以无法构成其学术思想的全部背景，缘于丸山"十五年战争观"下的战中军国体验，特别是青少年时期所遭遇的政治暴力和屈辱记忆；其对于"自身历史"和"内在的理解"的反复强调，为揭示丸山庞大学术思想体系的内在机理，提供了一贯始终的观察维度。④ 成思佳的《越南古代史家对本国古史的书写和构建初探》一文，结合新发现的《大越史略》抄本和越南古代其他主要的代表性史籍，将越南古代史家对本国古史的书写和构建分为三个主要阶段，包括陈朝史家对古史的最初书写和构建、后黎朝史家对古史的丰富与发展以及中兴黎朝、西山朝和阮朝三代史家对古史的修正与定型。文章认为越南古史的书写和构建不仅为当时的越南诸自主王朝构建了一套相对完整的越史叙事的话语体系，亦成为近代以来越南构建其现代民族和国家的

---

① 胡昌智：《论兰克的史学思想》，《学术研究》2021年第8期。
② 李孝迁、胡昌智：《兰克在新中国史学界的境遇》，《史学史研究》2021年第1期。
③ 崔琳菲：《黑格尔历史哲学中的动态个体性及其意义——以〈宗教哲学讲演录〉的文本为依据》，《中南大学学报（社会科学版）》2021年第2期。
④ 韩东育：《丸山真男的学术研究与对日本军国主义的反思》，《中国社会科学》2021年第11期。

重要历史素材。由于深受古代汉文化的影响与浸润，越南古代史家笔下的本国古史亦包含很多鲜明的中国历史文化特征，这是中越两国之间长期交往的一种必然产物和历史记忆。① 梁道远的《阿拉伯编年史家伊本·艾西尔及其所处的时代》一文，研究了阿拉伯史学"三大编年史家"之一的伊本·艾西尔。他的代表作《历史大全》是学者们研究十字军东征史和蒙古西征史的最佳阿拉伯文史料之一。它既是伊本·艾西尔一生所学的结晶，也是他所处时代的实录。②

四、简要评价与展望

由上可知，2021年，中国学者在世界史理论与方法领域内辛勤耕耘，取得了一定的成绩。特别需要提出的是，在一些人类历史重大问题上，如语言起源、农业起源、国家起源、科学革命、新兴科技对于人类未来走向的可能影响等方面，中国学者正在逐步提出自己的看法，尽管这样的成果还只是零星出现，深度与国际同行相比也远远不够，但依然是值得肯定的进步。在世界史学科三大体系建设方面，有对过去学术研究的系统总结，也有对史前史研究的停滞不前表达的忧虑，相信这种声音会引起人们的更多关注。在外国史学理论与史学史研究方面，学者们对于国外有影响的理论方法、历史学家和历史著作也有较为具体的研究。以上种种，都会给中国世界史学科发展带来帮助。

与此同时，也应当承认，以上三个方面都存在很大的提升空间。就第一个方面而言，西方世界19世纪已经就相关问题展开过不少研究（如马、恩就专门论述过语言起源、国家起源、科学进展等问题，并将之纳入对历史发展理论的系统思考），时至今日，学术积累更是丰厚，而国内对一些人类重大问题的关注，还远远不能跟上时代发展的步伐。就第二个方面而言，史前史研究是世界史研究的基础，需要多学科支撑，需要不那么急功近利的评价体系，这些条件都还是我们的短板，甚至连翻译和引介工作还只是刚刚起步。就第三个方面而言，不少对于外国史学理论与史学史的研究还比较老套，难以建立较大尺度的知识与理论坐标系，故而深入程度不够，甚至会被一些新潮的理论带偏，难以对实证研究产生真正的影响，这是值得理论研究者思考的问题。尽管每一种理论都有其长处和不足，但理论与理论还是存在差别。打个不太恰当的比喻，有些理论如同带有破洞的衣服，补补还可以穿一穿；有些理论再新颖，充其量只是补破洞的补丁。倘若我们把补丁当衣服穿，就会闹笑话。如何区分一种理论到底是衣服还是补丁，这就要考验研究者的眼光。我们期待来年的宏观性与通史性研究能够再上台阶，局部问题有深度，整体视野有广度，理论思考有高度。

（执笔者：张文涛、付偉璘、崔鑫杰）

---

① 成思佳：《越南古代史家对本国古史的书写和构建初探》，《史学理论研究》2021年第1期。
② 梁道远：《阿拉伯编年史家伊本·艾西尔及其所处的时代》，《北方论丛》2021年第2期。

2021年世界古代中世纪史研究综述

2021年国内世界古代中世纪史学科无严重意识形态问题出现，在学术研究进展方面表现出以下三个基本特征。首先，专著出版的质量与数量较往年有了较为明显的提升。其次，民族问题、帝国问题与跨文化交流等领域成为学者们关注的热点。最后，文化记忆、历史记忆等话题的相关讨论十分活跃。

2021年国内的埃及史、朝鲜史、希腊罗马史、古代西亚史、东西方交流史、欧洲中世纪史等领域均有重要专著问世，见证了我国世界古代中世纪史领域学者们的辛勤耕耘与踏实治学传统。颜海英的埃及学专著收录了迄今为止中国境内所发现的古埃及文物。① 作者自20世纪90年代起，一直探访找寻流落在中国各地的古埃及文物，这部著作对这些文物进行了系统研究，包含了首次发表的碑铭，引起了国际学术界的广泛关注，为我国的埃及学研究赢得了国际声誉。国内朝鲜史学者们出版的专著对古代至近代的朝鲜法律史、文学史与外交史进行了深入研究。② 希腊罗马史领域的学者对古罗马诗人维吉尔、奥维德的作品与思想，以及古希腊史学中帝国形象的演变问题进行了探讨。③ 在古代两河流域史领域，拱玉书与欧阳晓莉分别对苏美尔《吉尔伽美什史诗》进行了译注与分析。④ 杨巨平主编的《古国文明与丝绸之路》从世界上古史的角度对丝绸之路史提出了中国学者的思考与分析。⑤ 王超华针对中世纪英国的工资问题进行了专题性研究。⑥

2021年国内世界古代中世纪史领域在民族、帝国与跨文化交流领域著述颇丰。除《大明旗号与小中华意识：朝鲜王朝尊周思明问题研究（1637—1800）》《古代中朝宗藩关系与中朝疆界历史研究》《维吉尔史诗中的历史与政治》《古希腊史学中帝国形象的演变研究》《古国文明与丝绸之路》等专著类成果，学者们还发表了一系列引人关注的高水平论文。王忠孝借用了马克斯·韦伯的"合法性"理论，将之置于奥古斯都时代的政治史语境下，系统考察了奥古斯都

---

① 颜海英：《中国收藏的古埃及文物》，中国社会科学出版社2021年版。
② 张钧波：《朝鲜王朝法律史研究》，中国社会科学出版社2021年版；杨昭全：《朝鲜汉文学史》（共5册），吉林人民出版社2020年版；孙卫国：《大明旗号与小中华意识：朝鲜王朝尊周思明问题研究（1637—1800）》（修订版），四川人民出版社2021年版；刁书仁、王崇时：《古代中朝宗藩关系与中朝疆界历史研究》，北京大学出版社2021年版。
③ 高峰枫：《维吉尔史诗中的历史与政治》，北京大学出版社2021年版；刘津瑜主编：《全球视野下的古罗马诗人奥维德研究前沿》（上下卷），北京大学出版社2021年版；吕厚量：《古希腊史学中帝国形象的演变研究》，中国社会科学出版社2021年版。
④ 拱玉书译注：《吉尔伽美什史诗》，商务印书馆2021年版；欧阳晓莉：《英雄与神祇——〈吉尔伽美什史诗〉研读》，上海三联书店2021年版。
⑤ 杨巨平主编：《古国文明与丝绸之路》，中国社会科学出版社2021年版。
⑥ 王超华：《中世纪英格兰工资问题研究》，中国社会科学出版社2021年版。

"合法性权威"的缔造过程。作者结合韦伯提出的"遗传超凡魅力权威"向"传统型权威"与"法理型权威"过渡的论述,通过实例强调了罗马帝国早期"王朝合法性"与"君主统治合法性"之间的共生关系。① 裔昭印以跨文化的视野,考察了在古代丝绸之路上的重要国家罗马帝国对东方的陆路和海上丝路贸易开拓发展的历史背景、状况和社会文化影响。② 熊宸从接受史的角度出发,研究了伴随着19世纪末欧洲殖民帝国达至鼎盛而逐渐发展起来的"帝国主义"及"罗马帝国主义"概念在这一时期所经历的主要变化,及其在罗马史研究中造成的深远影响。③

文化记忆与历史记忆是2021年国内古代中世纪史学界青年学者们普遍关注的另一个热点。庞国庆从希腊民族史书写的视角分析了拜占庭帝国研究的学术史。④ 温静探讨了埃及古王国时代的太阳神崇拜与王权观念塑造的关联性。⑤ 郭涛研究了希罗多德史著中对雅典"史前史"的呈现方式。⑥ 吕厚量讨论了埃利乌斯·阿里斯泰德演说词中历史记忆的特征。⑦ 刘小青关注了马略的形象在罗马共和国末期被高度理想化的原因,认为社会记忆的选择性、开放性与简单化等特性始终在背后发挥作用,是马略完美公共形象形成的文化机制。⑧

下面分各学科分别综述本学科的2021年研究状况。

西亚史学科

2021年西亚史研究成果中,文献仍然是研究的主要材料,文献解读、译注仍然是年度研究成果的主要内容,信件在其中占有相当的比重。在以文献为基础的具体问题研究上,中国学者关注的内容十分广泛,从国家的治理和扩张,到日常的经济社会生活均有涉猎。在西亚考古材料的运用上,中国学者也有丰硕的成果,为中外文明的比较研究提供了新的视野。此外,古代西亚史学者翻译、撰写了一批兼具学术价值和科普价值的读物,为跨学科交流提供了可能。

古代西亚国家治理研究。受研究材料的影响,政治史的研究一直是历史研究的重要内容。在2021年,研究古代西亚史的中国学者普遍关注到国家治理的问题,是以古代文明研究照鉴未来的绝佳例证。

袁指挥、刘凤华译注了一批古代埃及与西亚国家之间的外交信函,即阿马尔那泥板书信,梳理了"阿马尔那时代"近东政治格局的剧烈变动,尤其是亚述、埃及、巴比伦和米坦尼等大国势力的消长⑨,以及埃及与巴勒斯坦地区附属国的关系⑩。其中大国的和平崛起的历史事实对

---

① 王忠孝:《从马克斯·韦伯的"合法性"理论看罗马帝国早期的元首政制》,《古代文明》2020年第4期。
② 裔昭印:《论早期罗马帝国的东方贸易及其社会文化影响》,《历史教学(下半月刊)》2021年第8期。
③ 熊宸:《19世纪罗马"帝国主义"问题在西方学术界的缘起与发展》,《世界历史》2021年第2期。
④ 庞国庆:《希腊民族历史书写视域下的拜占庭研究(1821—1930年)》,《史学理论研究》2021年第5期。
⑤ 温静:《太阳、王权与来世——埃及古王国时期太阳神信仰的嬗变》,《世界历史》2020年第6期。
⑥ 郭涛:《希罗多德与雅典"史前史"的书写》,《世界历史》2021年第4期。
⑦ 吕厚量:《埃利乌斯·阿里斯泰德与2世纪希腊知识精英的历史观》,《历史研究》2021年第5期。
⑧ 刘小青:《罗马共和国末期盖乌斯·马略公共形象的理想化及其成因》,《中南大学学报(社会科学版)》2021年第2期。
⑨ 袁指挥:《和平崛起的大国:阿马尔那第9、15、16号书信译注》,《中东研究》2021年第1期。
⑩ 袁指挥:《扩张者拉巴玉的辩白:第252—254号阿马尔那泥板书信译注》,《外国问题研究》2021年第1期;刘凤华、袁指挥:《论巴勒斯坦地区的埃及附属国的对外扩张——以阿马尔那泥板书信为材料》,《历史教学问题》2021年第5期。

于我国应当如何应对当今的国际政治格局具有重要借鉴意义。李政探究了在赫梯历史上较早出现并且为赫梯国王们广泛运用的统治手段——监视管理和监察管理在赫梯国家内政管理统治中的作用。国洪更追溯了早王朝时期、城邦争霸阶段以及阿卡德王国与乌尔第三王朝时期标志统治者权势的头衔的历史沿革,进而考察古代两河流域早期国家形态的演变情况。① 曾秦、李海峰从萨尔贡二世时期的信件文书入手,考察萨尔贡二世乃至新亚述时期帝国政治活动,指出信件文书的书写格式,不仅是行政文献中对格式的统一要求,更是帝国宗法礼仪的延伸,是君臣制度的体现;信件文书的具体内容,打破了王室铭文中对国王功绩的盲目宣扬,表明国家的正常运转与其官员的参与密不可分;信件文书的传送方式,反映了帝国疆域的扩展以及交通体系的完善,为国家政治活动的高效运转提供了坚实的基础。② 刘昌玉从税赋制度演变,历时性地梳理了乌尔第三王朝统治者实现其国家治理、巩固中央集权制政权的重要措施和手段,展现了乌尔第三王朝的国家治理模式与特征,为重新认识人类文明早期国家的构建提供了直接证据和重要的参考。③ 贾妍以出土于今伊拉克北部巴拉瓦特遗址的三组青铜门饰浮雕带为材料,运用艺术史的方法,解读公元前9世纪亚述帝国新亚述时期疆域地理视野和王权意识形态。④ 蒋瑞霞通过解读贝希斯敦铭浮雕的图像内涵并分析图像与铭文的关系,阐述大流士有意识地创造王权图像的目的和意义。⑤ 刘健从运河这一两河流域标志性符号入手,以时间为尺度,梳理了运河在不同时期的功能和象征意义,并进一步指出运河的开凿、维护和使用也从一个侧面体现了古代两河流域王权观念以及国家制度建设和治理能力不断强化的过程。⑥

社会与经济史方面。2021年,古代西亚史研究学者在社会和经济史的研究上也有长足的进展,展现了古代两河流域的鲜活画面。刘健以今伊拉克北部尼尼微遗址发现的亚述帝国晚期354篇脏卜报告为研究对象,梳理分析其中有关脏卜师的记录,总结脏卜师集团的基本状况、工作职责和政治化、官员化特征。⑦ 刘昌玉通过梳理古代两河流域楔形文字文献中对游牧民族的贬损性描写,认为古代两河流域书写者对游牧民族外表形象与生活方式的贬义性描述、对热衷于吸收两河流域文化的游牧民族的认同态度,反映出其以两河流域为中心的对外观察,体现出两河文化与周边文化的交流互鉴。⑧ 在古代两河流域政治婚姻的研究中,刘昌玉没有局限于某个单一王朝和时期的个案研究,而是从古代两河流域整体发展进行综合考察,将古代两河流域的政治婚姻进行分类,并总结其特征,认为这类婚姻还客观上促进了文明交流互鉴。⑨ 李海峰通过梳理商业文献,分析了在新亚述时期日渐活跃的银钱借贷活动,这一时期存在着多种多样的借贷利息,标志着银钱借贷活动已成为普通大众皆可参与的商业活动。银钱借贷的期

---

① 国洪更:《古代两河流域早期王衔的沿革与国家形态的演变》,《史学集刊》2021年第3期。
② 曾秦、李海峰:《萨尔贡二世时期信件文书初探》,《历史教学问题》2021年第4期。
③ 刘昌玉:《税制与乌尔第三王朝的国家治理》,《古代文明》2021年第1期。
④ 贾妍:《开合之际与内外之间:新亚述帝国浮雕纪功门的空间阅读》,《文艺研究》2021年第3期。
⑤ 蒋瑞霞:《现实与想象的融合:从〈贝希斯敦铭文〉解读古代波斯王权图像的本质》,《美术》2021年第4期。
⑥ 刘健:《古代两河流域文明运河功能探析》,《历史教学问题》2021年第4期。
⑦ 刘健:《亚述帝国王宫出土脏卜报告中的卜师》,《殷都学刊》2021年第3期。
⑧ 刘昌玉:《排斥还是认同:库提人、阿摩利人与古代两河流域文化》,《社会科学战线》2021年第5期。
⑨ 刘昌玉:《"无爱之约":古代两河流域的政治婚姻》,《社会科学报》2021年6月17日。

限多为3个月以内,是人们为了生计或进行商业投资而进行的短期借贷。短期借贷有利于资金的快速流通,有力地促进了商业经济的发展。① 史孝文的译著《古代卡尼什:青铜时代安纳托利亚的商业殖民地》介绍了位于安纳托利亚的古代城市卡尼什,作为古亚述的贸易前哨,在该城商人的私人住宅中出土了丰富的精制泥板,解释了卡尼什居民的日常生活,深入阐释了青铜时代充满活力的安纳托利亚社会。②

在古代西亚文学的研究方面,我国学者不仅翻译了一批古代文学作品,还将文学与历史文化结合,试图探索文明发展道路。拱玉书从阿卡德语版本的原始文献出发,参考其他现代语言的译著,将古代两河流域流传广泛的《吉尔伽美什史诗》译作中文,并附以西亚历史、史诗背景、流传演变等情况。③ 李政在文章中指出,赫梯文明的起源和发展建立在学习和借鉴安纳托利亚本土文明和周边文明的基础上,作为一支外来迁移者,印欧赫梯人在他们的历史上通过吸收、翻译、改编乃至创造,结合他们自身的需要,走出了一条特色鲜明的文学发展道路,这成为公元前两千纪文学发展史上的一个最为突出的成就之一。④

考古材料的运用方面。西亚考古材料的关注,一方面是中国研究者对西亚考古研究的卓越贡献,另一方面也有助于中国学者扩宽学术视野,以比较的方法进行中外文化交流的研究。刘昌玉、朱方云梳理了叙利亚最古老的文明,也是公元前三千纪两河流域同东地中海世界沟通的重要中转站和贸易枢纽——埃卜拉遗址的考古学史,并总结了多年来关于埃卜拉遗址的研究成果,不仅通过泥板解读探讨埃卜拉语言文字、社会结构、外交关系、长途贸易等议题,而且随着研究方法的进步和新证据的不断出现,进一步拓宽了埃卜拉学的研究空间,为古代叙利亚文明的研究开辟了新的途径。⑤ 邱菊芯通过对比唐镶金兽首玛瑙杯和赫梯鹿身来通杯,立足于二者的共通点,对其表象进行对比研究,从而对来通杯的传播演变进行深层探索,挖掘异域文化交融过程中文物承载的历史意义。⑥

此外,我国学者还编译了一批兼具学术性科普性的通识性读物。颜海英、常洋铭翻译的卡伦·拉德纳的著作《古代亚述简史》,介绍了亚述这一辉煌的古代文明国家。王献华翻译的伦纳德·伍雷的著作《苏美尔人》,主要就苏美尔人高度发达的艺术和手工业、社会组织、精神信仰等具体问题进行了阐述。

埃及学研究

2021年国际埃及学研究关注环境生态史,尤其是古代社会人与动物的关系,代表著作为意大利埃及学家 Angelo Colonna 所著《早王朝到新王国时期埃及动物崇拜的宗教实践与文化构建》。努比亚研究也在近几年成为热点。《古努比亚语语法》出版。2018年举办的"苏丹与努比

---

① 李海峰:《新亚述时期银钱借贷活动探析》,《社会科学战线》2021年第5期。
② [丹]莫恩斯·特罗勒·拉尔森:《古代卡尼什:青铜时代安纳托利亚的商业殖民地》,史孝文译,商务印书馆2021年版。
③ 拱玉书译:《吉尔伽美什史诗》,商务印书馆2021年版。
④ 李政:《论赫梯文学发展和形成的历史文化道路》,《国外文学》2021年第2期。
⑤ 刘昌玉、朱方云:《古叙利亚埃卜拉城的考古发掘与埃卜拉学研究》,《西北大学学报(哲学社会科学版)》2021年第6期。
⑥ 邱菊芯:《唐镶金兽首玛瑙杯与赫梯鹿身来通杯比较研究》,《文物鉴定与鉴赏》2021年第5期。

亚考古前沿论坛"论文集也在 2021 年出版，文集囊括了努比亚苏丹地区考古的最新研究成果。《牛津古努比亚参考书》是研究古代努比亚问题的重要工具书。

田野考古方面。受新冠疫情影响，中国社会科学院考古所赴埃及卡尔纳克孟图神庙考古队没有能够前往现场进行发掘，仅保留 5 名工人对发掘现场进行维护。世界其他国家的考古队也暂停了田野工作。

美国宾夕法尼亚大学考古队出版了阿拜多斯地区新发现的瑟奈布卡伊王陵的考古报告。① 瑟奈布卡伊是考古队发现的一位新国王，这是近年来首次发现未经记载的国王。关于丹德拉神庙的发掘整理工作也取得了很大进展，神庙内部彩色浮雕与铭文首次发表，为研究者提供了翔实的资料。② 国王谷 KV32 号墓，即新王国君主阿蒙何太普二世王后提阿之墓资料也首次完整发表。③

除了这些突破性成果，还有一些已经持续了多年的项目也在稳步进行，如达舒尔金字塔建筑群项目④、赫尔万地区古王国官员墓葬的考古发掘工作⑤、巴拉特地区的古王国村落遗址⑥等。

根据 2021 年出版的考古报告，目前国际埃及考古领域有两个新趋势。其一，希腊罗马时期神庙遗址得到更为详细的整理和记录。除前文提及的丹德拉神庙，希腊化时代修建的卡尔纳克神庙第一塔门的浮雕铭文记录整理项目取得了阶段性成果。⑦ 同一时期的孔姆·欧姆博神庙铭文与浮雕也得以整理出版⑧，埃德弗神庙的记录与整理工作⑨也在进行之中。其二，埃及考古学界对努比亚考古的重视程度日益增加。对上古晚期努比亚地区马库利亚王国的考古发掘取得了新的成果。⑩

---

① Josef Wegner and Kevin Cahail, *King Seneb-Kay's tomb and the necropolis of a lost dynasty at Abydos*, With contributions by Jane Hill, Maria Rosado, and Molly Gleeson, University Museum monograph 155, Philadelphia, PA: University of Pennsylvania Museum of Archaeology and Anthropology, 2021.

② Sylvie Cauville, *Dendara : la porte d'Horus*, Le Caire: Institut français d'archéologie orientale, 2021.

③ Hanna Jenni, Andreas Dorn, and Elina Paulin-Grothe, *Das Grab der Königin Tiaa im Tal der Könige* (KV 32), Mit einem Beitrag von David Aston, Swiss Egyptological Studies 1, Basel; Frankfurt am Mainz: Librum, 2021.

④ Felix Arnold, *Dahschur IV : Tempelanlagen im Tal der Knickpyramide*, Mit Beiträgen von Ashraf Senussi. Archäologische Veröffentlichungen, Deutsches Archäologisches Institut, Abteilung Kairo 133, Wiesbaden: Harrassowitz, 2021.

⑤ E. Christiana Köhler, *Helwan V : excavations in operation 4, tombs 101-150*, With contributions by Adel Moustafa A. Ali, Herbert Böhm, Friederike Junge, Nora Kuch and Christine Marshall, Excavations at Helwan 1, Rahden/Westf.: Marie Leidorf, 2021.

⑥ Clara Jeuthe, *Balat XII : the Sheikh Muftah site*, Fouilles de l'Institut Français d'Archéologie Orientale 86, Le Caire: Institut français d'archéologie orientale, 2021.

⑦ Michèle Broze and René Preys, *La porte d'Amon : le deuxième pylône de Karnak I ; études et relevé épigraphique* (Ka2Pyl nos 1-33), Bibliothèque générale 63, Le Caire: Institut français d'archéologie orientale, 2021.

⑧ Shafia Bedier, Françoise Labrique, Ali Abdelhalim Ali, Anna Dékány, and Sven Eicke, *Kom Ombo II : les inscriptions de la salle médiane et des chapelles annexes (chambre d'introduction des offrandes, chambre de l'inondation, laboratoire)*, Temples; Kôm Ombo 2, Le Caire: Institut français d'archéologie orientale, 2021.

⑨ Dieter Kurth, *Edfou IV : Seite 1-201, Die Inschriften des Tempels von Edfu : Abteilung I übersetzungen 5* (1). Hützel: Backe, 2021.

⑩ Ewa Czyżewska-Zalewska, *Early Makuria Research Project : El-Zuma cemetery. Volume 2 : The pottery*, With a contribution by Aneta Cedro, Harvard Egyptological Studies 13 (2), Leiden; Boston: Brill, 2021.

2018年举办的"苏丹与努比亚考古前沿论坛"论文集也在2021年出版，文集囊括了努比亚苏丹地区考古的最新研究成果。① 《牛津古努比亚参考书》超过一千页，是研究古代努比亚问题的重要工具书。②

古代语言研究与文献集方面。古埃及语言中变体僧侣体文献研究领域取得了突破性进展。其一，第一部变体僧侣体经济文献集得以出版，为研究公元前7世纪底比斯地区的经济活动和法律文书提供了丰富的史料，同时也为学习和研究变体僧侣体语法提供了范例。③ 其二，《古努比亚语语法》是近年来出版的最为详尽的古努比亚语法工具书，其中包含大量来自铭文与手稿的例句。④

文献研究的侧重点从传统的象形文字铭文转向传统本文的传承，希腊罗马时代的文献得到了充分的重视，《托勒密埃及铭文集》整理出版。⑤ 从后王朝时期到希腊化时期的《亡灵书》咒语也得以整理出版。⑥ 此外，一批托勒密时期的陶片得以翻译整理成集，为研究当时的社会经济和法律法规提供了新的史料。⑦

国际埃及学的研究方面。古代环境与生态方面的研究目前成为埃及学研究的热点，其中一个分支就是古代社会人与动物关系的研究。意大利埃及学家Angelo Colonna出版了《早王朝到新王国时期埃及动物崇拜的宗教实践与文化构建》一书，系统整理了古埃及宗教文献中与动物有关的史料，重新探讨了"动物崇拜"的内涵，指出动物崇拜并非仅限于民间宗教，而是社会文化与宗教各因素综合构建的复杂现象。⑧ Susan Turner出版了《新王国埃及的马》一书，系统整理了当时

---

① Rennan Lemos and Samantha Tipper, eds., *Current perspectives in Sudanese and Nubian archaeology: A collection of papers presented at the 2018 Sudan Studies Research Conference*, Cambridge, Access Archaeology, Oxford: Archaeopress, 2021.

② Geoff Emberling and Bruce Beyer Williams, eds., *The Oxford handbook of ancient Nubia*. Oxford: Oxford University Press, 2021.

③ Koenraad Donker van Heel, *The archive of the Theban choachyte Petebaste Son of Peteamunip (floruit 7th century BCE): Abnormal hieratic papyrus Louvre E 3228 A–H*, With the collaboration of Juan J. Archidona Ramírez, Charlotte Dietrich, Maren Goecke-Bauer and Petra C. Hogenboom-Meijerink, Papyrologica Lugduno-Batava 38, Leiden; Boston: Brill, 2021; Koenraad Donker van Heel, *Dealing with the dead in ancient Egypt: The funerary business of Petebaste*, Cairo; New York: American University in Cairo Press, 2021.

④ Vincent W. J. Van Gerven Oei, *A Reference Grammar of Old Nubian*, Orientalia Lovaniensia Analecta 299, Leuven; Paris; Bristol, CT: Peeters, 2021.

⑤ Alan K. Bowman, Charles V. Crowther, Simon Hornblower, Rachel Mairs, and Kyriakos Savvopoulos, *Corpus of Ptolemaic inscriptions, Part I: Greek, bilingual, and trilingual inscriptions from Egypt, Volume 1: Alexandria and the Delta (nos. 1–206)*, Drawing on material originally collected by P. M. Fraser, Oxford Studies in Ancient Documents, Oxford: Oxford University Press, 2021.

⑥ Malcolm Mosher Jr., *The Book of the Dead, Saite through Ptolemaic Periods: A study of traditions evident in versions of texts and vignettes. Vol. 9, part 1: BD spells 144–146*, SPBDStudies 9 (1), Norwell, MA: Independently published by Malcolm Mosher, Jr., 2021.

⑦ Brian P. Muhs, Foy D. Scalf, and Jacqueline E. Jay, *The archive of Thotsutmis, son of Panouphis: Early Ptolemaic ostraca from Deir el Bahari (O. Edgerton)*, Oriental Institute Publications 146, Chicago: Oriental Institute of the University of Chicago, 2021.

⑧ Angelo Colonna, *Religious practice and cultural construction of animal worship in Egypt from the Early Dynastic to the New Kingdom: Ritual forms, material display, historical development*, Archaeopress Egyptology 36, Oxford: Archaeopress, 2021.

关于马的史料，并深入研究了马传入埃及后社会对这一新兴动物产生的反应以及马匹对埃及社会的影响。① Paul L. Jones 出版了《古王国与中王国埃及的动物饲养》。② 讨论了节肢动物在古埃及社会所具有的文化含义的论文集也得以出版。③《古埃及的药物与医疗》论文集出版，该论文集收录了于 2018 年举办的第三届"古埃及药物与医疗"研讨会上发表的重要论文。④

文明比较研究方面。Anthony J. Barbieri-Low 出版了《古代埃及与早期中国：国家、社会与文化》一书，从地理环境、国家政治、行政司法、书写传统等方面将埃及新王国时代与中国汉代加以对比。书中还特别对比了两个文明对死后世界的看法，以及王莽改革与埃及异端法老埃赫那吞的宗教改革。⑤

希腊化时代仍然是探讨文明融合问题的热点领域。论文集《托勒密与塞琉古帝国的比较：融合、沟通与抵制》收录了比较两个国家历史地理、文化、宗教与铭文艺术等方面的重要论文。⑥

我国埃及学研究的发展状况。2021 年国内埃及学界最重要的成果是颜海英所著《中国收藏的古埃及文物》一书。⑦ 该书收录了迄今为止中国境内所发现的古埃及文物。作者自 20 世纪 90 年代以来，一直探访找寻流落在中国各地的古埃及文物，这部著作对这些文物进行了系统研究，包含首次发表的碑铭，引起了国际学术界的广泛关注，为我国的埃及学研究赢得了国际声誉。

在意识形态领域，早期古埃及国家研究受到了国内学者的充分重视。金寿福发表文章对古埃及国家形成的路径进行了探索，将研究重点从如何定性早期埃及国家转移到领土国家形成的特殊动因与具体过程，认为古埃及国家的形成是经济、政治、宗教、意识形态与生态等多方面因素相互作用的结果；处于社会领导地位的精英群体通过宗教仪式与图像文字创造了权威知识，成为领土国家在理念上诞生的关键因素。⑧ 黄庆娇利用艺术史的研究方法，通过对希拉康波利斯第 100 号墓壁画中的"暴力"主题图像进行分析，阐释了埃及国家形成时期王权的形成过程。⑨ 温静对埃及早期太阳神信仰进行研究，分析了早期国家形成过程中，太阳神信仰与王权

---

① Susan Turner, *The horse in New Kingdom Egypt: Its introduction, nature, role and impact*, Wallasey: Abercromby, 2021.

② Paul Leonard Jones, *Animal husbandry in ancient Egypt during the Old and Middle Kingdoms*, Wallasey: Abercromby, 2021.

③ Sydney H. Aufrère and Cathie Spieser, eds., *Le microcosme animal en égypte ancienne: de l'effroi à la vénération. études d'archéo-et ethnoarthropodologie culturelle*, Orientalia Lovaniensia Analecta 297, Leuven; Paris; Bristol, CT: Peeters, 2021.

④ Rosa Dinarès Solà, Mikel Fernàndez Georges, and Maria Rosa Guasch-Jané, eds., *Pharmacy and medicine in ancient Egypt: proceedings of the conference held in Barcelona* (2018), Archaeopress Egyptology 34, Oxford: Archaeopress, 2021.

⑤ Anthony J. Barbieri-Low, *Ancient Egypt and early China: State, society, and culture*. Seattle: University of Washington Press, 2021.

⑥ Christelle Fischer-Bovet and Sitta von Reden, eds., *Comparing the Ptolemaic and Seleucid empires: Integration, communication, and resistance*. Cambridge: Cambridge University Press, 2021.

⑦ 颜海英：《中国收藏的古埃及文物》，中国社会科学出版社 2021 年版。

⑧ 金寿福：《古埃及最早领土国家形成的路径》，《历史教学》（下半月刊）2021 年第 8 期。

⑨ 黄庆娇：《图写权力：希拉康波利斯第 100 号壁画墓的"暴力"图像研究》，《世界美术》2021 年第 1 期。

之间的关系,并探讨了太阳神信仰的发展及其与奥赛里斯信仰相结合的过程。[1]

对古埃及宗教的研究一直是我国学者关注的问题。颜海英对古埃及神庙的"秘传"知识进行了深入探讨,厘清了秘传知识流传的两个传统[2],同时也对埃及墓葬与神庙中丧葬铭文出现的位置进行了研究,考证了新王国时期王室专用的"冥世之书"在神庙中的分布情况[3]。黄庆娇对《金字塔文》中的知识生成问题进行了探讨。[4] 马智博的研究重点是古埃及宗教中的"洁净"观念以及与洁净相关的仪式。[5] 南树华发表文章,对古埃及冥界之神奥赛里斯的头衔进行了整理。[6]

在古埃及经济史方面,我国学者也有了一定研究进展。杨熹、郭丹彤对法老时代埃及的谷物税进行了系统的整理和分析,探讨了古埃及国家权力的纵向运行状态。[7]

还有一些学者的研究范围涵盖了古埃及的文化、艺术等方面,这也是最近国内埃及学界的一个新动向。郭子林讨论了古埃及人记录历史的方式,归纳出古埃及文明"以神为本"的特征,并认为这样的特征使古埃及文明最终难以反抗异族的统治而走向衰亡[8]。杨熹以文化记忆理论为出发点,讨论了古埃及的职业教育。[9] 金继宏、李晓东发表文章梳理了古埃及服饰的历史变迁,对古埃及人的审美意识进行了探讨。[10] 薛江、颜海英对希腊化时代埃及的木乃伊肖像画进行了分析和解读,探讨了古代晚期地中海地区的文化交融与身份认同。[11] 杜世茹探讨了古埃及艺术中竖琴手的形象,并分析了演奏竖琴的仪式性作用以及与之相关联的宗教观念。[12] 贾妍分析了古埃及猫神的艺术形象,从图像特征与精神内涵两个层面研究了古埃及的贝斯特信仰。[13]

古埃及与周边文明交往方面。郭丹彤梳理了古埃及文明与周边各地区的关系,指出古埃及文明兴盛的关键在于其对周边地区所具有的文化包容。[14] 田明、苏玉雪讨论了古埃及与阿克苏姆的文明交往,系统分析了东北非各文明交往所形成的网格状贸易格局。[15] 袁指挥等学者以阿

---

[1] 温静:《太阳、王权与来世——埃及古王国时期太阳神信仰的嬗变》,《世界历史》2020年第6期。
[2] 颜海英:《古埃及神庙中的"秘传"知识》,《杭州师范大学学报(社会科学版)》2021年第1期。
[3] 颜海英:《文本、图像与仪式——古埃及神庙中的"冥世之书"》,《古代文明》2021年第1期。
[4] 黄庆娇:《埃及古王国时期国王乌纳斯墓葬"金字塔铭文"的知识生成》,《美术大观》2021年第10期。
[5] 马智博:《神圣、复活与秩序——古埃及宗教仪式中的"洁净"及其相关观念》,《外国问题研究》2021年第2期;《〈金字塔铭文〉与古埃及人的"洁净"观和"洁净"仪式》,《古代文明》2021年第15卷。
[6] 南树华:《古代埃及奥西里斯的头衔整理及研究》,《内蒙古民族大学学报(社会科学版)》2021年第3期。
[7] 杨熹、郭丹彤:《法老时代埃及谷物税研究》,《历史教学问题》2021年第4期。
[8] 郭子林:《古埃及:一个不重视历史的文明》,《历史教学》(下半月刊)2021年第8期。
[9] 杨熹:《文化记忆视阈下的古代埃及职业教育》,《内蒙古民族大学学报(社会科学版)》2021年第1期。
[10] 金继宏、李晓东:《古埃及服饰历史变迁中的审美意识》,《文艺争鸣》2021年第5期。
[11] 薛江、颜海英:《寂静之中的超越——木乃伊肖像画解读》,《美术大观》2021年第10期。
[12] 杜世茹:《古埃及艺术中的竖琴手形象》,《艺术设计研究》2020年第6期。
[13] 贾妍:《神猫:古埃及艺术与信仰中的贝斯特形象探析》,《美术大观》2021年第7期。
[14] 郭丹彤:《古代埃及文明的包容性》,《历史教学》(下半月刊)2021年第8期。
[15] 田明、苏玉雪:《古埃及与阿克苏姆的文明交往》,《内蒙古民族大学学报(社会科学版)》2021年第1期。

马尔那泥板书信为基础,对古埃及与巴勒斯坦地区的关系进行了研究。①

随着我国在埃及考古工作的开展,考古学界也开始关注埃及学研究,《大众考古》策划了埃及考古专刊（2021年第7期）,刊登了金寿福、戴鑫、李晓东、徐昊、袁指挥、王晗、郭丹彤、王欢、汪世超、田明撰写的九篇文章,内容涵盖埃及考古学术史、丹德拉、卡尔纳克等神庙遗址,以及埃及与周边文明交往的考古资料等诸多方面。

古代印度史学科研究

2021年,国内印度古代史研究仍旧未受到重视,处于较为低迷的状态,研究队伍不足且关注内容相对单一。回顾2021年的学术研究,在宗教史,尤其是佛教研究这一传统领域,以及印度艺术史、中印交流史等方面均有成果推出。另外,此前国内不太关注的印度河文明,也开始有学者进行了一定的研究。

长期以来,国内涉及印度古代史的成果中,以印度佛教研究最为兴盛,2021年也不例外。白冰从宗教人类学的角度,考察印度佛教咒语在佛教演变不同阶段的不同用途,侧面反映了佛教的社会转变。② 朱明忠梳理了佛教在印度自产生以来,直到其消融的一千五百余年的发展演变及其与印度教的互动,从而分析了佛教被印度教同化的主观与客观原因。③ 仲克才让则从术语学和词源学的角度,讨论了初期佛教的基本术语和相应的思想。④

当然,印度佛教研究一个重要的子命题即佛教艺术,2021年在雕塑、壁画、音乐等方面均有成果。郑燕燕根据已有的考古、文献和图像资料,追溯了佛像"绀琉璃发"的渊源及其自地中海到印度的传播路径⑤；她和赛丽娜·奥佚罗一起将印度河上游地区的佛教岩画与中国新疆的同题材壁画进行对比,证明了印度河上游作为犍陀罗和新疆佛教艺术桥梁的重要地位⑥。郑燕燕还通过佛典考察了印度古代宝石学的知识通过佛教传入中国并产生影响的历程。⑦ 祁姿妤则分析了公元2—4世纪佛像出现以后,东南印度仍存在的佛足迹石,确立了以西北印度和中印度为基本框架的二元美术传统。⑧ 尹锡南则对梵语作品《舞论》的内容进行了音乐理论方面的研究。⑨

除佛教以外,印度教和印度神话也颇受关注。钟德志和苏惠珊对吠陀时期的"圣牛"神话

---

① 袁指挥：《扩张者拉巴玉的辩白：第252—254号阿马尔那泥板书信译注》,《外国问题研究》2021年第1期；刘凤华、袁指挥：《论巴勒斯坦地区的埃及附属国的对外扩张——以阿马尔那泥板书信为材料》,《历史教学问题》2021年第5期。

② 白冰：《神灵、支配与信仰：宗教人类学视野下印度佛教咒语从禁止到盛行》,《中国俗文化研究》2021年第1期。

③ 朱明忠：《佛教在印度的产生、发展与消融》,《南亚东南亚研究》2021年第3期。

④ 仲克才让：《初期佛教的基本术语及其思想研究》,博士学位论文,西藏大学,2021年。

⑤ 郑燕燕：《从地中海到印度河：蓝色佛发的渊源及传播》,《文艺研究》2021年第6期。

⑥ 赛丽娜·奥佚罗、郑燕燕：《印度河上游地区的佛教岩画及其与古代新疆佛教艺术的关系》,《西域研究》2021年第1期。

⑦ 郑燕燕：《从佛典识"玻璃"——兼谈古代印度宝石学对中国的影响》,《西域研究》2021年第1期。

⑧ 祁姿妤：《礼拜看不见的佛陀——2—4世纪东南印度佛足迹石的朝向分析》,《创意设计源》2021年第2期。

⑨ 尹锡南：《梵语名著〈舞论〉的音乐论略议》,《南亚研究季刊》2021年第1期。

进行了研究，分析了牛在古代印度的社会角色转变及其影响。① 姜景奎则详细阐释了印度神话中的梵天，并从历史角度解读了梵天形象。② 同时，印度史诗研究也有学者重新拾起。黄佳瞳和增宝当周就《摩诃婆罗多》在我国藏族地区的翻译与传播问题进行考察，并指出了其对藏族文学的重要影响。③

此外，也有学者开始关注印度河文明，主要体现为王茜在考古学方面的研究。她梳理了印度河文明考古学术史，指出了我国在印度河文明研究上的薄弱之处④；之后与王建新收集和整理哈拉帕遗址的珠子，分析它们的演变历程，并指出了其两次变化。⑤

另有学者对四面骰卜从印度到敦煌的传播、古代西北印度的铸币工艺进行了研究。⑥

整体来说，目前已能够看出学者们在该方向尝试新突破，如印度河文明的研究的开展，又如宗教人类学、词源学、术语学、钱币学、乐理学等新方法的运用。但由于人员队伍有限，国内印度古代史研究仍然比较零碎，不能形成体系，历史脉络也不够清晰；研究主题过于集中在佛教史，且多是立足于中印文化交流这一大框架下；对外国资料发掘与分析仍然不够深入。

古希腊史研究

从选题角度来看，2021年国内古希腊史研究选题方向较为全面均衡，政治史、文化史、思想史、史学史、社会史和海洋史均有学者撰文探讨，选题更加具体深入，部分以前缺乏关注的问题受到学者们的关注。从史料选用角度来看，除传统文献史料和碑铭史料外，钱币史料和周航记等特种文献均得到部分学者的充分利用。对古典文献和经典研究著作的译介有较为显著的成果。

在专著方面，希腊史学中的帝国形象以及文明与蛮族的构建是2021年国内古希腊史研究的重点之一。吕厚量出版专著《古希腊史学中帝国形象的演变研究》，梳理了自公元前5世纪至公元5世纪多位不同身份、不同立场、不同风格的史家对帝国形象的记述，认为对帝国形象的描述、分析、评判与反思是贯穿古希腊史学传统的一条明确线索，同时在古典史学语境下，波斯和罗马构成了古希腊史学中最为重要的两大帝国形象。⑦ 此外，在学界得到广泛好评的《希腊史研究入门》出版第二版。此版本订正了第一版中的一些错误，并根据研究发展情况填补新内容，如在第四章增加"古代希腊经济史"以及"性与性别研究"两个新专题。⑧

古希腊政治史方面。对雅典民主制度与民主意识形态的探讨仍然是2021年国内古希腊史学者的研究重点之一，而且学者们更重视从雅典具体的社会制度与仪式角度入手探讨了城邦民主

---

① 钟德志、苏惠珊：《吠陀时代印度"圣牛"神话初现研究》，《神话研究集刊》2021年第1期。
② 姜景奎：《印度神话之历史性解读：梵天篇》，《南亚东南亚研究》2021年第4期。
③ 黄佳瞳、增宝当周：《印度史诗〈摩诃婆罗多〉在中国藏族地区的译介与接受》，《南亚东南亚研究》2021年第5期。
④ 王茜：《印度河文明考古学术史研究》，博士学位论文，西北大学，2021。
⑤ 王茜、王建新：《哈拉帕文化珠子研究》，《考古与文物》2021年第4期。
⑥ 杨刚：《四面骰卜及其佛教化历程：从印度到敦煌》，《西南民族大学学报（人文社会科学版）》2021年第2期；袁炜：《古代西北印度钱币的"叠铸法"铸币工艺》，《甘肃金融》2021年第3期。
⑦ 吕厚量：《古希腊史学中帝国形象的演变研究》，中国社会科学出版社2021年版。
⑧ 黄洋、晏绍祥：《希腊史研究入门》（第二版），北京大学出版社2021年版。

意识形态的构建与演变。晏绍祥分析了雅典的国葬典礼制度和现存葬礼演说,从历时性角度探讨了城邦意识形态的演变。作者指出,从公元前5世纪到前4世纪,作为城邦官方意识形态宣传一环的葬礼演说赞颂的主要对象从公民集体转为将军个人,这预示了以公民集体为基础的城邦政制逐渐式微。① 吴娟介绍了古代雅典政厅公餐的基本运作机制。通过考察斯泰西斯法令,她认为政厅公餐作为一种身份认同、荣誉措施以及调节机制对城邦政制起到了积极作用。② 陈克考察了自公元前5世纪至前2世纪的德尔菲嘉奖外邦代理人法令铭文情况。通过个案分析和量化统计分析,作者指出,德尔菲的外邦代理人只是礼仪性的嘉奖,是一种荣誉头衔,并不强调实用性,在缺乏实用性的情况下,嘉奖代理人制度还能持续施行,其原因在于,嘉奖外邦代理人是德尔菲答谢支持者的一种方式,有助于维护德尔菲泛希腊宗教同盟的影响力。③ 李傲侧重关注波斯帝国宫廷政治斗争对《国王和约》订立的影响。作者认为,《国王和约》的订立是波斯帝国宫廷派系斗争的结果,也反映了希腊城邦联合的趋势,它在本质上反映了波斯帝国的衰弱而非强盛。④ 赵云龙讨论了雅典的志愿公诉制度,认为志愿公诉制度设立原因是帮助弱者,抑制贵族权势,调节城邦内部贫富矛盾和维护城邦利益,让每个人成为"城邦管理者"。志愿公诉制度起源于梭伦改革,成长于克里斯提尼改革,完成于厄菲阿尔特改革。此项制度得益于雅典帝国的扩张,诉讼案件的增多客观上促使志愿公诉制度成熟。志愿诉讼涉及诉讼范围较大,涉及离任审查、告发和非法法令指控。志愿公诉制度的发展也带来了诉讼风气盛行和冤假错案数量增加的弊端。⑤ 王志超和黄晓博认为泛希腊主义定义模糊,涵盖芜杂。自治(自由)与征服是古典泛希腊主义的两种不同面相,二者单独或共同主导了这一时期的大部分泛希腊主张和实践,存在着明显的共生和冲突关系。泛希腊主义的两种面相构成的张力有助于古典时代希腊城邦的生存和发展,但同时也呈现出一种"悖论",进一步凸显了泛希腊主义的灵活性和包容性。⑥ 贾文言讨论了公元前5世纪末到前4世纪初的底比斯对雅典外交政策变化。从公元前404年至前395年,底比斯对雅典的外交政策经历了从敌对到结盟的转变。底比斯调整的主要诉求是应对斯巴达。在调整之初,雅典并未积极回应。两者外交关系的实质性改善是公元前395年,在斯巴达—波斯友好关系已经破裂且陷入战争、波斯展开金钱外交的情况下,底比斯和雅典基于共同反对斯巴达的目的而结成同盟。⑦

社会史与文化史方面。多位学者在2021年探讨了雅典城邦对于集体记忆的塑造和利用。李宏伟接续了洛侯和沃尔珀特的讨论,关注到演说词记述雅典大赦的修辞策略的特殊性。作者认为,吕西阿斯诉讼演说辞中对大赦相关事件的叙述展示了民主政制重建后演说者在法庭上关于正义以及和解所使用的修辞策略,反映了诉讼演说对内战后民众集体记忆与雅典公民身份的塑

---

① 晏绍祥:《古典时代雅典国葬典礼演说与城邦形象建构》,《社会科学战线》2021年第5期。
② 吴娟:《古典时期雅典政厅公餐制度论析》,《历史教学(下半月刊)》2021年第4期。
③ 陈克:《论德尔菲外邦代理人制的礼仪性》,《古代文明》2021年第2期。
④ 李敖:《从〈国王和约〉看晚期波斯帝国对希腊的弱势地位》,《赤峰学院学报(汉文哲学社会科学版)》2021年第9期。
⑤ 赵云龙:《试论古代雅典志愿公诉制度》,《内蒙古大学学报(哲学社会科学版)》2021年第3期。
⑥ 王志超、黄晓博:《试析古典泛希腊主义的两种面相》,《外国问题研究》2021年第1期。
⑦ 贾文言:《公元前4世纪初底比斯对雅典的外交政策论析》,《西华师范大学学报(哲学社会科学版)》2021年第1期。

造过程，以及它对城邦政治稳定所起到的作用。① 邢颖通过对古典时期雅典绘画柱廊装饰画的分析，指出绘画柱廊在当时起到了国家战争胜利纪念馆的作用。绘画柱廊展现了雅典人对城邦发展史的历史记忆。在泛雅典人节上，巡游队伍所经过的以绘画柱廊为代表的雅典城市建筑群构成了重要的节日空间和有关城邦历史的"记忆之场"，雅典新兴民主制的合法性源泉和民主雅典的城邦意识形态被视觉化呈现给公民集体，公民集体的共同体意识借此得到强化。②

受近两年疫情的影响，学界对疫情史的关注大大增加，2021年的古希腊史研究也对这一问题有所回应。曾紫来讨论了宗教视野下古希腊人的瘟疫观变化，认为古希腊世界从远古到古典时代对瘟疫的认识是在不断深化和发展的，同时将瘟疫归因为神灵的看法也日益减少。但即使是在古典时代，除了部分贵族精英和专业人士之外，普通的古希腊人还很难理性客观对待瘟疫这样的毁灭性疾病，在经历怀疑和轻视传统神灵、追求及时行乐的短暂风潮之后，普通人最终还是需要寻求新的医神崇拜和信仰以作为精神的寄托。③

早期希腊爱琴文明史与希腊化史在2021年也得到学者们的关注。晏绍祥以克里特文明的发展特征为例，讨论了早期国家形成的相关问题。他指出克里特国家起源和特征的探讨似乎表明，农业的产生、社会分工的发展和复杂化、生产力的变革是国家产生的基本前提。早期国家固然存在明显的阶级和社会分化，也的确是那个掌握着最多生产资料的统治阶级的国家，必要时会使用暴力镇压被压迫者的反抗，但国家的职能显然不仅仅是镇压。无论是苏美尔的城邦、印度河流域的早期国家，还是青铜时代的克里特，甚至前王朝时代的埃及，国家都承担着组织生产和贸易、通过宗教仪式和经济再分配活动凝聚社会认同等其他诸多重要的职能。④ 李潇关注希印双语币发行制式的变迁以及变迁背后反映的族群文化认同观念变化。印度—希腊人国王为稳固统治，不可避免地施行一些"印度化"政策的同时，又延续着自己所熟悉的希腊—巴克特里亚传统，始终坚持着自己的希腊人身份认同。印度—希腊人政权消亡后，印度—斯基泰和印度—帕提亚人仍然使用希印双语币，并加入自己的族群文化特色的做法，则是对印度—希腊人统治经验的继承。希腊—马其顿、印度、斯基泰、帕提亚以及波斯文化都在希印双语钱币上有所体现，这显示了自公元前2世纪初期以来印度西北部地区的多族群文化交流与互动。⑤

史学史方面。郭涛认为基于文本"说了什么"的阅读难以更好地解读希罗多德"史前史"叙事背后的意图，因此其采用了文学批评的方法，考察文本是"如何说的"。作者通过剖析文本的叙事手法和修辞策略，揭示希罗多德精心隐藏于文本背后的真正意图。希罗多德运用了人称转换、一词多义、反讽等修辞手法，将"文明的蛮族"埃及人、"野蛮的蛮族"皮拉斯基人，以及"曾经的蛮族"伊奥尼亚人三个看似片段性的文本叙事构建成与雅典"地生神话"政治宣传截然不同的历史知识，超越于雅典城邦政治之上。希罗多德的雅典"史前史"对希腊人与蛮族关系的叩问是反思整部《历史》叙事主旨的切入点。⑥ 张绪强通过梳理荷马研究的发展历程，

---

① 李宏伟：《记忆、历史与遗忘：雅典大赦与吕西阿斯的修辞策略》，《世界历史》2021年第4期。
② 邢颖：《古典时代雅典的节日空间与历史记忆——以雅典绘画柱廊为核心的探讨》，《殷都学刊》2021年第3期。
③ 曾紫来：《宗教视野下古希腊人对瘟疫的认识变化初探》，《南开史学》2021年第1期。
④ 晏绍祥：《克里特国家的起源及特征》，《史学集刊》2021年第3期。
⑤ 李潇：《希印双语币的起源、演变与多族群文化互动》，《西域研究》2021年第2期。
⑥ 郭涛：《希罗多德与雅典"史前史"的书写》，《世界历史》2021年第4期。

指出"口头传统"研究的重要性在于打破了传统语文学研究过于局限于文本内容的弊端。"口头传统"研究证实了史诗表演的真实性,开拓了荷马研究的早期古希腊文化研究视角和表演文化研究视角。① 奚昊捷关注希罗多德的德尔斐神谕和史家所处时代语境之间的关联。作者认为,希腊城邦的"大众语境"催生了希罗多德的德尔斐神谕记述,希罗多德需要做出合乎大众记忆的叙述,以保存城邦共同体在一定条件下可以接受的记忆。神谕叙述是希罗多德的一种特殊的写作手法,旨在通过叙述的方式来追求为希腊大众所接受的过去。②

海洋史方面。陈思伟以古代希腊罗马人探索曼德海峡的经历为个案,讨论了古希腊罗马地理知识的产生和传承方式。作者认为,古典作家的记载与事实本身存在程度不同的偏差,这种记述得不准确与古希腊罗马人的知识结构有关。相较于源自水手和商人的一手材料,古典作家更信任以官方文献为代表的二手材料或依据官方材料编撰的权威著作。特别是罗马帝国时代,地理学家的主要精力集中在整理校对前辈先贤的研究,所著作品多重复权威的观点。③ 陈思伟还关注了古代的周航记的体例和内容。他指出周航记记录了地中海航线及其周边地区的港口市镇、水文状况、避难地、沿岸物资、人文风情及政治状况等内容。周航记语言简单,句子短小,很少修饰。结合周航记的成书过程、写作意图和作者身份、潜在受众读者,以及与中世纪航海图鉴的比较,作者反驳了认为周航记是海上航行指南的传统观点,指出周航记在古代更多起到旅行指南或货物购销指南的作用。④

古代文献翻译方面。郭子龙翻译了雅典演说家埃斯奇奈斯的演说辞《诉提马尔霍斯》。《诉提马尔霍斯》标志着埃斯奇奈斯和德莫斯提尼争讼的开始,是研究雅典对马其顿外交观念冲突的关键史料,也是了解公元前4世纪雅典政制、文教、风化的重要史料。此外,《诉提马尔霍斯》记述了大量古希腊同性恋行为以及对同性恋行为的伦理判断,对研究古希腊性观念、性经验、性伦理有着举足轻重的作用。⑤ 刘皓明翻译了品达的《竞技赛会庆胜赞歌集》。译者以1987年版赫尔西·马勒修订的原布鲁诺·施耐尔编辑的《品达全集》的第八卷为底本,参考了大量译本和注疏。该译本是希腊—中文双语本,译者针对诗集中的人名、地名、神名编纂了一篇《专名注释引得》,并附有解释。此外,为方便读者理解作品所涉及的地理空间,译者还附上《古希腊本土暨诸岛屿地图》、《古希腊人在南意大利暨西西里殖民地地图》和《古代环地中海地图》。⑥

学术译作方面。《剑桥古代史(第七卷第一分册):希腊化世界》于2021年出版。⑦ 随着阿纳尔多·莫米利亚诺的"古典学三部曲"之第二卷《古希腊传记的嬗变》翻译出版,他的古典学三部曲(其他两部为《现代史学的古典基础》《异族的智慧——希腊化的局限》)均有了中

---

① 张绪强:《"口头传统"理论与荷马研究》,《西南大学学报(社会科学版)》2021年第5期。
② 奚昊捷:《希罗多德的历史语境与德尔斐神谕叙述》,《历史教学问题》2021年第3期。
③ 陈思伟:《曼德海峡与古希腊罗马地理知识的传承》,《中国历史地理论丛》2021年第4期。
④ 陈思伟:《古代希腊罗马的周航记及其功用》,《史学集刊》2021年第1期。
⑤ [古希腊]埃斯奇奈斯:《诉提马尔霍斯》,郭子龙译,上海人民出版社2021年版。
⑥ [古希腊]品达:《竞技赛会庆胜赞歌集》,刘皓明译,北京大学出版社2021年版。
⑦ [英]F. W. 沃尔班克等编:《剑桥古代史(第七卷第一分册):希腊化世界》,杨巨平等译,中国社会科学出版社2021年版。

译本。① 珍妮·施特劳斯·柯雷的早期代表作《奥林坡斯的政治》一书的中译本根据其2006年第二版译出。② 韦尔纳·耶格尔的巨著《教化：古希腊的文化理想》的中译本根据德文原版翻译出版。③

希腊化与罗马史研究

2021年是我国希腊化—罗马史学界在克服困难的历程中砥砺前行、积累创新的一年。从消极的方面看，由于全球范围内新冠疫情影响的持续和深化，国际学术交流合作、希腊化与罗马史专业海外留学人才的培养等工作均受到严重干扰，国内外的许多相关学术会议与讲座被迫停办或转为线上。由于国际化学术交流程度的削弱和防疫条件下利用图书馆藏资源难度的加大，2021年希腊化—罗马史学科发表的期刊论文数量较往年也有较为明显的下降。从积极的角度看，学界在2021年内仍然推出了一批锐意创新的学术论文和引人注目的专业译著成果，硕士博士学位论文的选题与写作质量令人有耳目一新之感，展示了这一学科日益改善的人才储备状况和未来的可观发展潜力。

2021年罗马史领域推出了3部专著。高峰枫的《维吉尔史诗中的历史与政治》④ 探讨了古罗马诗人维吉尔的史诗《埃涅阿斯纪》所蕴含的政治和历史问题，包括维吉尔与奥古斯都的关系、主人公埃涅阿斯的政治寓意、狄多女王这一形象的政治影射、史诗中的神灵如何折射奥古斯都时代的宗教观念等。除了对史诗进行历史和政治方面的分析之外，该书还对在20世纪影响很大的悲观主义解读和传统的"奥古斯都式"解读进行了分析和评价。刘津瑜主编的《全球视野下的古罗马诗人奥维德研究前沿》⑤ 代表了当前国内学界奥维德研究的前沿水准。中国政法大学教授李筠的《罗马史纲》⑥ 运用深入浅出的笔触，以"史纲"的写作方式，围绕"超大规模共同体"这个核心概念勾勒了罗马历史从王政时期到共和时代、再到帝国阶段的发展进程。

2021年10月22—23日，第12届中日韩欧洲古代史年会（古代世界的和平与霸权）在韩国首尔召开。出于疫情防控的需要，该次会议在延期一年后采取线上形式进行。华南师范大学的李立华和中国社会科学院世界历史研究所的吕厚量作为中国学者代表阐述了自己的研究成果。李立华以狄奥多鲁斯的文本为主要依托，分析了希腊文明与迦太基文明在西西里岛上的军事争夺态势。吕厚量讨论了旅行家波桑尼阿斯的《希腊纪行》中包含的文化记忆，分析了波桑尼阿斯罗马观的二元性。值得一提的是，该次与会的中日韩学者在选题上体现出了一个十分明显的趋势：绝大多数参会论文均将希腊化时代和罗马帝国时期作为研究对象，而希腊古典历史和罗马共和国史领域的相关成果则相对稀少。这一现象一方面反映了东亚希腊罗马史研究者对希腊化历史和罗马帝国史的高度关注，另一方面也在一定程度上说明了希腊古典历史与罗马共和国史研究领域方法论创新的紧迫性。

---

① ［意］阿纳尔多·莫米利亚诺：《古希腊传记的嬗变》，孙文栋译，华夏出版社2021年版。
② ［美］珍妮·施特劳斯·柯雷：《奥林坡斯的政治：四首长篇荷马颂诗的形式与意义》，余静双译，北京大学出版社2021年版。
③ ［德］韦尔纳·耶格尔：《教化：古希腊文化的理想》，陈文庆译，华东师范大学出版社2021年版。
④ 高峰枫：《维吉尔史诗中的历史与政治》，北京大学出版社2021年版。
⑤ 刘津瑜主编：《全球视野下的古罗马诗人奥维德研究前沿》，北京大学出版社2021年版。
⑥ 李筠：《罗马史纲》，岳麓书社2021年版。

2021年11月13—15日，中国世界古代中世纪史年会在内蒙古民族大学法学与历史学院召开。受新冠疫情的影响，该次年会也在延期后采用线上与线下相结合的方式召开。何彦霄以大众政治与流行叙事为视角，对公元1世纪的希腊小说——卡里同的《卡里娥伊与凯瑞亚斯》进行了解读。作者着重关注了小说第5卷里对巴比伦民众参与卡里娥伊婚姻的呈现。他的解读结合了塔西佗、普鲁塔克对帕提亚统治下美索不达米亚塞琉西亚城里的大众政治与流行叙事的记载，并吸收了荷马史诗的相关研究成果，认为该小说情节最初来源于帕提亚统治下塞琉西亚的流行叙事。孟凡青的报告从钱币学角度出发，讨论了罗马帝国皇室女性的形象塑造对希腊化时代王后的借鉴与改造，以及这种文化借鉴现象的空间分布与传播路径。

在政治军事史领域，罗马元首制的本质与特征成为2021年学者们关注的重点问题。王忠孝借用了马克斯·韦伯的"合法性"理论，将之置于奥古斯都时代的政治史语境下，系统考察了奥古斯都"合法性权威"的缔造过程。作者结合韦伯提出的"遗传超凡魅力权威"向"传统型权威"与"法理型权威"过渡的论述，通过实例强调了罗马帝国早期"王朝合法性"与"君主统治合法性"之间的共生关系。[①] 他的另一项研究探讨了"凯撒"之名号在罗马元首制时期的演变历程。[②] 何立波研究了罗马帝国元首形象的神化历程[③]，分析了元首制与希腊、罗马两大传统的渊源[④]。倪滕达梳理了《尤里乌斯法》和《帕披乌斯·波派乌斯法》的现存残篇，讨论了奥古斯都鼓励生育政策的得失。[⑤] 罗马共和国后期的政治特征也吸引了若干学者的兴趣。刘训练从"德性政治"的视角出发，对罗马共和国的政治文化进行了富有新意的阐释。[⑥] 刘小青关注了马略的形象在罗马共和国末期被高度理想化的原因，认为社会记忆的选择性、开放性与简单化等特性始终在背后发挥作用，是马略完美公共形象形成的文化机制。[⑦]

还有学者对希腊化与罗马政治军事史领域内的其他问题表现出了广泛兴趣。潘岳对秦汉与罗马这两个建立在农业社会之上的超大规模政治体进行了横向比较，评价了二者留给后世东西方文明的不同遗产。[⑧] 龙沛探讨了帕提亚王国的希腊化程度问题[⑨]，梳理了帕提亚帝国与东罗马帝国之间的军事冲突历程[⑩]。张杨剖析了第二次布匿战争中迦太基失败的原因。[⑪] 张浩然对波利

[①] 王忠孝：《从马克斯·韦伯的"合法性"理论看罗马帝国早期的元首政制》，《古代文明》2020年第4期。
[②] 王忠孝：《论"凯撒"之名号在罗马元首制时期的演变》，《复旦学报（社会科学版）》2021年第2期。
[③] 何立波：《从"第一公民"到"圣奥古斯都"：论罗马帝国元首的神化》，《宗教信仰与民族文化》（第十五辑），社会科学文献出版社2021年版。
[④] 何立波：《希腊模式还是罗马传统——跨文化视阈下的罗马元首制》，《全球史评论》（第19辑），中国社会科学出版社2020年版。
[⑤] 倪滕达：《从〈尤里乌斯法〉和〈帕披乌斯·波派乌斯法〉看奥古斯都的婚育政策》，《世界历史》2021年第2期。
[⑥] 刘训练：《德性政治：罗马政治文化的观念构造》，《道德与文明》2021年第1期。
[⑦] 刘小青：《罗马共和国末期盖乌斯·马略公共形象的理想化及其成因》，《中南大学学报（社会科学版）》2021年第2期。
[⑧] 潘岳：《秦汉与罗马》，《中央社会主义学院学报》2020年第6期。
[⑨] 龙沛：《帕提亚帝国"希腊化王朝论"商榷》，《古代文明》2021年第2期。
[⑩] 龙沛：《罗马波斯战争研究（66BC—628AD）》，博士学位论文，西北大学，2021年。
[⑪] 张杨：《第二次布匿战争迦太基的失败根源分析》，《唐山师范学院学报》2021年第4期。

101

埃努斯军事手册的第四卷的内容进行了详细译注。①

在经济社会史领域，"交流"一如既往地扮演着学者们高度关注的核心关键词角色。裔昭印以跨文化的视野，考察了在古代丝绸之路上的重要国家罗马帝国对东方的陆路和海上丝路贸易开拓发展的历史背景、状况和社会文化影响。② 崔丽娜从钱币学的视角出发，认为亚历山大型钱币的出现和传播同希腊语一道定义了"希腊化世界"。③ 陈思伟系统考察了盛行于希腊化与罗马帝国时代的"周航记"航海手册的功用。④ 田明、苏玉雪梳理了希腊化与罗马—拜占庭时代埃及与埃塞俄比亚地区的经济交往。⑤ 高克冰讨论了罗马帝国与阿拉伯之间的海路贸易问题。⑥ 马垚垚介绍了罗马帝国在犹太地区的道路建设情况。⑦

除交流主题外，希腊化—罗马社会经济史领域的学者们还关注了行省治理、中西古史比较、城市史等重要课题。刘小青分析了罗马共和国后期行省治理的弊端，认为行省治理的失当从行省与共和国政治两个层面加速了共和政治的失序，推动了内战的爆发，进而加速了罗马共和国的衰亡。⑧ 李震宇、宫秀华探讨了潘诺尼亚行省起义对罗马扩张政策的深刻影响。⑨ 范秀琳对《氾胜之书》与老伽图的《农业志》进行了比较研究。⑩ 马新、陈树淑比较了汉朝与罗马的娱乐生活。⑪ 秦治国研究了古罗马公共浴场的社会捐赠现象。⑫ 鲍红信概述了共和末期至帝国早期罗马城市管理的情况。⑬

思想文化史继续在2021年希腊化—罗马史研究领域中占据着主导地位，其选题倾向也继续侧重于史学与历史记忆研究方面。张元伟评价了普鲁塔克《平行列传》以"序论、第一传、第二传、合论"体例架构的四体结构，并在此基础上讨论了当下普鲁塔克传记作品通行校勘本中存在的一些章节划分问题。⑭ 施晓静探讨了推崇罗马与爱希腊两种情感在波里比阿（又译"波利比乌斯"）

---

① 张浩然：《波利埃努斯〈军略〉卷四译注》，硕士学位论文，东北师范大学，2021年。
② 裔昭印：《论早期罗马帝国的东方贸易及其社会文化影响》，《历史教学（下半月刊）》2021年第4期。
③ 崔丽娜：《定义希腊化世界：亚历山大型钱币的出现和传播》，《全球史评论》第19辑，中国社会科学出版社2020年版。
④ 陈思伟：《古代希腊罗马的周航记及其功用》，《史学集刊》2021年第1期。
⑤ 田明、苏玉雪：《古埃及与阿克苏姆的文明交往》，《内蒙古民族大学学报（社会科学版）》2021年第1期。
⑥ 高克冰：《罗马帝国与阿拉伯地区间的海路及贸易——兼论早期海上丝绸之路西段》，《廊坊师范学院学报（社会科学版）》2021年第3期。
⑦ 马垚垚：《罗马帝国在犹地亚行省的道路建设》，《陇东学院学报》2021年第1期。
⑧ 刘小青：《罗马共和国后期行省治理的弊端与规范》，《史学集刊》2021年第1期。
⑨ 李震宇、宫秀华：《试论潘诺尼亚起义对罗马扩张政策的影响》，《外国问题研究》2021年第1期。
⑩ 范秀琳：《西汉与古罗马农书之比较——以〈氾胜之书〉与〈农业志〉为例》，《辽宁师范大学学报（社会科学版）》2021年第5期。
⑪ 马新、陈树淑：《汉朝与罗马娱乐生活之比较——兼论汉朝与罗马文明基因之差异》，《济南大学学报（社会科学版）》2021年第5期。
⑫ 秦治国：《古罗马公共浴场的捐赠及其社会作用研究》，《历史教学》2021年第8期。
⑬ 鲍红信：《共和晚期至帝国早期罗马城市的社会管理——以罗马城为中心的考察》，《都市文化研究》2021年第1期。
⑭ 张元伟：《普鲁塔克〈平行列传〉的"四体结构"》，《古代文明》2021年第1期。

史著中的张力与微妙平衡。① 杨之涵梳理了波利比乌斯笔下罗马混合政体的优越性。② 陈茵茵、林中泽剖析了优西比乌对君士坦丁正面形象的塑造。③ 安凤仙分析了狄奥尼修斯对罗马人希腊起源说的构建方式。④ 何立波介绍了希腊罗马作家笔下的"赛里斯"。⑤ 叶然讨论了塔西佗笔下的小塞涅卡形象。⑥ 莫凡解读了赫洛迪安对元首品行的述评。⑦ 胡长江阐释了佐西莫斯在《罗马新史》中的历史观倾向。⑧ 吕厚量研究了埃利乌斯·阿里斯泰德演说词中历史记忆的特征。⑨

思想文化史领域其他主题的研究状况同样十分活跃。熊宸从接受史的角度出发，研究了伴随着 19 世纪末欧洲殖民帝国达至鼎盛而逐渐发展起来的"帝国主义"及"罗马帝国主义"概念在这一时期所经历的主要变化，及其在罗马史研究中造成的深远影响。⑩ 杨巨平分析了犍陀罗艺术中的"希腊神"形象在中国文化中的变迁⑪，指出了希腊化元素对中国文化的影响⑫。刘津瑜、王悦、肖鑫瑶和谢佩芸对奥维德的诗作进行了译注。⑬ 陈思伟解读了希腊罗马文献记载中的曼德海峡。⑭ 阮芬关注了希腊化—罗马时代的德尔斐圣所。⑮ 齐小艳剖析了古代索格底亚那城的希腊化问题。⑯ 郭云艳从钱币学角度诠释了罗马文化对希腊文化的继承与创新。⑰ 王杨研究

---

① 施晓静：《波里比阿著史的立场二重性问题》，《古代文明》2021 年第 2 期；施晓静：《波里比阿的历史书写与身份认同》，博士学位论文，东北师范大学、2021 年。

② 杨之涵：《罗马混合政体的优良性探析——波利比乌斯〈通史〉读书笔记》，《政法论坛》2021 年第 3 期。

③ 陈茵茵、林中泽：《"再世摩西"——优西比乌对君士坦丁的颂扬及其缘由》，《学术研究》2021 年第 2 期。

④ 安凤仙：《狄奥尼修斯对罗马人希腊起源的构建》，《史林》2021 年第 2 期。

⑤ 何立波：《古希腊罗马作家对"赛里斯"的历史书写和形象塑造》，《蚕业科学》2021 年第 4 期。

⑥ 叶然：《罗马帝国里的君子之争》，《读书》2021 年第 7 期。

⑦ 莫凡：《赫洛迪安对元首品行的述评——以〈帝国史〉为考察对象》，《史学理论与史学史学刊》（下卷）2020 年，社会科学文献出版社 2020 年版。

⑧ 胡长江：《论历史学家佐西莫斯宗教思想中的反基督教倾向》，《内蒙古民族大学学报（社会科学版）》2021 年第 1 期；《论〈罗马新史〉中佐西莫斯的个人思想倾向》，《外国问题研究》2020 年第 4 期。

⑨ 吕厚量：《埃利乌斯·阿里斯泰德与 2 世纪希腊知识精英的历史观》，《历史研究》2021 年第 1 期。

⑩ 熊宸：《19 世纪罗马"帝国主义"问题在西方学术界的缘起与发展》，《世界历史》2021 年第 2 期。

⑪ 杨巨平：《犍陀罗艺术中的"希腊神"及其在中国的演化——一项基于图像的初步考察》，《西域研究》2021 年第 1 期。

⑫ 杨巨平：《从地中海到黄河——希腊化文化信息在中国的回响（至公元 7 世纪）》，《历史教学（下半月刊）》2020 年第 10 期。

⑬ 刘津瑜：《凯旋式、奥古斯都家族与罗马帝国：奥维德〈哀怨集〉4.2 译注与解读》，《都市文化研究》2021 年第 2 期；王悦：《维纳斯和四月：奥维德〈岁时记〉第四卷 1—132 译注》，《都市文化研究》2021 年第 2 期；肖鑫瑶：《奥维德〈爱的艺术〉第一卷第 351—772 行译注》，《都市文化研究》2021 年第 2 期；谢佩芸：《奥维德〈女容良方〉译注》，《都市文化研究》2021 年第 2 期。

⑭ 陈思伟：《曼德海峡与古希腊罗马地理知识的传承》，《中国历史地理论丛》2021 年第 4 期。

⑮ 阮芬：《希腊化罗马时代的德尔斐圣所》，《都市文化研究》2021 年第 1 期。

⑯ 齐小艳：《古代索格底亚那城市希腊化文化的传入与延续》，《全球史评论》第 19 辑，中国社会科学出版社 2020 年版。

⑰ 郭云艳：《罗马对希腊文化的模仿、调适与创新——以货币为视角》，《历史教学（下半月刊）》2021 年第 1 期。

了塞琉古王朝时代的阿波罗型钱币。[1] 林国荣论述了蒙森与塞姆对罗马帝国历史的叙事模式。[2] 詹瑜松讨论了伊西斯、希腊罗马宗教与基督教之间的互动关系。[3] 张娓以朱利安改宗时间为例，探讨了罗马传统信仰与基督教的碰撞对历史书写的影响。[4]

2021年希腊化—罗马史领域的主要译著成果有波利比乌斯的《通史》（杨之涵译，上海三联书店2021年版）、马克·D.富勒顿的《罗马世界的艺术与考古》（郭佳好译，华中科技大学出版社2020年版）、弗兰克·阿德科克的《罗马共和国的战争艺术》（金春岚译，上海三联书店2021年版）、阿德里安·戈兹沃西的《哈德良长城：罗马帝国的荣光与文明世界的尽头》（大婧译，北京燕山出版社2020年版）、奥古斯丁的《论音乐》（石敏敏译，中国社会科学出版社2021年版）等。

古代东西方交流史研究

2021年，丝绸之路研究仍然在国内古代东西方交流研究中占据相当大的比重，相关成果呈现出学术意义和现实价值有机结合的特征。其中，东西方交流内容及影响研究最为热门，并在传统研究的基础上进一步细化，而路径研究热度下降。从研究资料上看，整体依旧是考古资料和文献材料相结合，但相较于文献材料，考古资料的运用和分析更为广泛。此外，研究者还尝试从新视角切入该领域，并注重利用跨学科的方法。在东西方交流的学术史梳理和理论总结上也有一些成果。学术史梳理上有席蓬、任敬文和李丹对"古代巴蜀与南亚文明"研究综述的总结[5]；史学理论方面则有柴冬冬对"丝绸之路"所隐含的文化间性的提出与阐释[6]。

东西方物质交流研究方面，2021年研究成果颇丰，国内学者最关注的是丝绸之路上的钱币问题。学者们注意到了中亚地区金银货币在丝路贸易和文化传播中的重要作用，及其与古代中国货币体系碰撞产生的影响。[7] 此外，付承章通过对魏晋南北朝时期传入我国的金银器进行分类比对，研究了西方金银器对我国的影响[8]；杨雪和刘瑜对照了国内外同时期异文锦袍及残片，总结出锦袍铭文特点，将其分为三大阶段并探究了其传播路径[9]；米小强则考察了黄金之丘的出土物，从器形、纹饰等方面与周边文化中的相似元素对比，从而分析了阿富汗北部的文化交

---

[1] 王杨：《塞琉古王朝阿波罗型钱币研究》，《西域研究》2021年第4期。
[2] 林国荣：《从蒙森到塞姆：罗马帝国叙事的变迁》，《师大法学》2020年第1辑，法律出版社2021年版。
[3] 詹瑜松：《国外伊西斯研究概论——兼谈基督教对希腊罗马宗教研究的影响》，《基督教学术》第24辑，上海三联书店2020年版。
[4] 张娓：《试析罗马传统信仰与基督教的碰撞对历史书写的影响——以朱利安改宗时间问题为例》，《基督教学术》第23辑，上海三联书店2020年版。
[5] 席蓬、任敬文、李丹：《"古代巴蜀与南亚文明"研究综述——兼评〈古代巴蜀与南亚的文化互动和融合〉》，《民族学刊》2021年第5期。
[6] 柴冬冬：《文化间性："丝绸之路"文化阐释的逻辑起点》，《内蒙古社会科学》2021年第3期。
[7] 裴成国：《中古时期丝绸之路金银货币的流通及其对中国的影响》，《吐鲁番学研究》2021年第1期；中山：《希腊·东征·中亚 唐之前丝绸之路上的金银货币》，《文明》2021年第4期；李锦绣：《萨珊银币见证中西文化交流》，《中国社会科学报》2021年11月8日第5版。
[8] 付承章：《魏晋南北朝时期西方金银器的传入与中西文化交流》，《内蒙古社会科学》2021年第4期。
[9] 杨雪、刘瑜：《丝绸之路出土的异文锦袍与东西方纺织服饰艺术交流》，《服装学报》2021年第2期。

融现象①；张凯对丝绸之路早期东西方彩陶文化的传播路径和时间范围进行梳理，总结铜石并用时代的东西方彩陶文化交流对我国文化的影响②；冯敏研究了丝绸输出到西方世界的官方与民间两大途径和丝绸文化传播的情况③。

东西方文化交往研究，可分为科技艺术层面、思想文化层面、政治层面等。2021 年研究中以艺术交流研究热度最高，研究者着重运用图像学的方法对比考察了欧亚大陆不同地区具体的文化元素。学者们注意到金翅鸟形象，犍陀罗"希腊神"形象，陈国公主墓的文殊像及浮雕配饰、凤纹与轮菊纹在东西文化交流中的传播与演变，并考察了这些图像形制变迁所体现的文明交流与融合。④ 而郑燕燕研究了佛像"绀琉璃发"的源起及其向印度，进而远至东亚、东南亚的传播过程，并解释了其不断变化的内涵⑤；郭佳雯和王朝辉对甘肃出土的东罗马神人纹鎏金银盘的文化意象进行解读，分析了其体现的不同文化元素的融合⑥。

在思想文化层面，徐欣悦对比了《摩诃婆罗多》与《吉尔伽美什》中洪水神话，指出了二者在情节元素与叙事"句法"上的相似性和民族语境与价值取向的差异⑦；曹磊和赵芃则对道教文化在古丝绸之路上的传播问题进行了研究⑧；杨巨平从文献典籍、佛教艺术、考古遗迹遗物等方面综合考察了汉唐之际中华文明与希腊化文明以及其他丝路文明的深度互动与融合。⑨ 另外值得一提的是，胡文辉参考中国古代文献，总结外来文化名词的本土化指称实例，进而对早期史料中的"西王母"和"佛太子"提出了新解释。⑩ 在政治层面上，冀开运和杨晨颖讨论了波斯作为中国与地中海世界贸易的中间人，对中国的外交政策和双方的互动往来的影响。⑪

东西方交流路径研究，主要包括文明交往具体路线和其沿线城市、国家的研究，以及它们的时空演变。交通路线研究上代表成果主要是李毅铭对丝路开通之初帕提亚帝国境内的东西交

---

① 米小强：《黄金之丘墓出土物与丝绸之路文化交流》，博士学位论文，兰州大学，2021 年。
② 张凯：《丝绸之路早期东西方彩陶文化交流脉络概述》，《时代报告（奔流）》2021 年第 2 期。
③ 冯敏：《以丝绸为中心的中古时期中西文化交流考察》，《地域文化研究》2021 年第 5 期。
④ 丁琳：《金翅鸟形象与中西文化交流——以敦煌西域为中心》，硕士学位论文，西北民族大学，2021 年；杨巨平：《犍陀罗艺术中的"希腊神"及其在中国的演化——一项基于图像的初步考察》，《西域研究》2022 年第 1 期；李婧杰：《草原丝绸之路上东西方文化交流研究——陈国公主墓葬饰和随葬物的文殊像探究》，《文化创新比较研究》2021 年第 28 期；李婧杰、刘义：《草原丝绸之路上东西方文化交流研究——凤纹与轮菊纹的西渐》，《赤峰学院学报（汉文哲学社会科学版）》2021 年第 9 期。
⑤ 郑燕燕：《从地中海到印度河：蓝色佛发的渊源及传播》，《文艺研究》2021 年第 6 期。
⑥ 郭佳雯、王朝辉：《丝绸之路上的中西文化交流——东罗马神人纹鎏金银盘文化意象解读》，《石家庄职业技术学院学报》2021 年第 1 期。
⑦ 徐欣悦：《〈摩诃婆罗多〉与〈吉尔伽美什〉中洪水神话的结构比较》，《新纪实》2021 年第 25 期。
⑧ 曹磊、赵芃：《古丝绸之路道教文化传播与交流——以道教在西南古丝绸之路传播为例》，《石河子大学学报（哲学社会科学版）》2021 年第 5 期。
⑨ 杨巨平：《从地中海到黄河——希腊化文化信息在中国的回响（至公元 7 世纪）》，《历史教学（下半月刊）》2021 年第 10 期。
⑩ 胡文辉：《"西王母"与"佛太子"中西交通史上的"格义"式指称》，《中国文化》2021 年第 1 期。
⑪ 冀开运、杨晨颖：《公元 5 至 6 世纪波斯与中国在丝绸之路上的关系探析》，《内蒙古民族大学学报（社会科学版）》2021 年第 2 期。

通路线及其随政治形势变化发生的局部变动的考察。① 沿线城市研究方面的代表成果则是仲海燕对丝路节点——宁夏固原的研究。②

另外还需提到的是，一些学者对早期海上丝绸之路西段的海路贸易、中国与南亚间丝路及佛教传播问题也进行了一定研究。③

整体来看，2021年的东西方交流史研究较以往有一定突破，研究内容也比较深入，学者多从细微角度切入来讨论文化交流。钱币学、考古学、图像学知识的运用也相当热门。但研究者依旧围绕在中国古代史视角下的丝绸之路展开，在史料运用、研究方法、研究内容上与世界史沟通不足。

拜占庭和中古阿拉伯—伊斯兰世界研究

我国学界在2021年，在拜占庭和中古阿拉伯—伊斯兰世界研究领域共发表学术论文近40篇，总体上延续了近年来以史料考据为基础的专题研究导向。

在史学史和史学理论方面，2021年正值近代希腊独立战争爆发200周年，当代希腊史学界已经将拜占庭时期的历史视为本民族的中古历史，但在希腊独立之后的很长一段时间里，希腊知识界受到西欧启蒙时代观念的影响，对拜占庭历史曾有过排斥的阶段。在2021年这个重要的时间节点上，回顾近代以来拜占庭研究在欧洲学界的发展史、接受史，成为国内外学者共同关注的热点话题。

就中国学者的论述而言，具有代表性的是陈志强的《拜占廷研究的时代之光》一文，它总结了拜占廷帝国历史与文化研究的发展历程：从16世纪末至17世纪末的早期兴起阶段，到18世纪百年左右的停滞阶段，再至19世纪上半叶以后的快速发展阶段。作者认为，拜占廷学的曲折发展一直伴随着欧洲近代历史的巨大变革，它在文艺复兴和宗教改革时代萌发，在启蒙时期遭受挫折，随着工业革命特别是科技革命的发展而结出丰硕的成果。作为历史学的一门特殊学问，拜占廷研究工作的发展历程真实反映出欧洲近代工业文明兴起的历史，处处透射出时代变革的光彩。④ 庞国庆的《希腊民族历史书写视域下的拜占庭研究（1821—1930年）》则回顾了近现代希腊拜占庭研究的孕育、兴起和发展历程，认为它见证了希腊自1821年独立以来民族历史书写范式的探索和逐渐走向成熟的过程。⑤

在中古阿拉伯—伊斯兰史学史方面，王向远从我国中东学学术思想史的角度，大体梳理分析了"西域—大食—天方—中东"的称谓演化，认为，中国现代学界对"中东"这一外来区域概念的接受，意味着中东这一区域纳入了我国"东方学"的范畴，并在"东方—西方"二分世界的基础上来看待中东、研究中东。但是，鉴于中东介乎东方与西方之间的区域特性，在学理

---

① 李毅铭：《丝路开通之初帕提亚帝国境内的东西交通路线》，《中国历史地理论丛》2021年第1期。
② 仲海燕：《古物与方志互见的民族交往交流交融——以丝绸之路与节点城市的关系为例》，《宁夏师范学院学报》2021年第9期。
③ 高克冰：《罗马帝国与阿拉伯地区间的海路及贸易——兼论早期海上丝绸之路西段》，《廊坊师范学院学报（社会科学版）》2021年第3期；孟宪实：《中国与南亚之间的丝绸之路——以唐代取经僧人的记录为中心》，《敦煌研究》2021年第3期。
④ 陈志强：《拜占廷研究的时代之光》，《历史教学》2021年第5期。
⑤ 庞国庆：《希腊民族历史书写视域下的拜占庭研究（1821—1930年）》，《史学理论研究》2021年第5期。

上,在具体的研究中,如何判断中东历史文化的区域属性,如何安排和处理中东区域在"东方学"中的位置,如何体现中东区域所特有的"西方之东、东方之西"的区域特性,还需要进一步的探索与研究。① 李万春以波斯语地方历史《布哈拉史》为例,引入同时期其他波斯语及阿拉伯语史料,试图改变以往以"民族主义"概念来解释中古时期伊斯兰历史编纂学发展的视角,重新以"地域"或"地方意识"的角度为切入点,对该书创作与翻译的背景进行了深入研究,探讨中古时期呼罗珊与中亚"地方意识"的发展是如何影响区域内历史书写的。②

在专题研究方面,研究领域丰富多样,出现了许多具有时代特征的论题。

在拜占庭研究领域,拜占庭钱币流入中国及其后续影响、拜占庭史家对中国风土的记载成为学者们讨论的话题。裴成国以拜占庭金币和萨珊银币在中古中国的流通,论证中国古代的货币系统具有开放性的特点,认为拜占庭金币和萨珊银币在中国的流通与唐代金开元通宝的铸造应当有着直接关系。③ 苏聪对7世纪拜占庭作家塞奥非拉克特关于"桃花石"的记载进行再考察,肯定了塞奥非拉克特的《历史》具有重要的史料价值。④

除了与大陆另一端的中国的交往,拜占庭帝国在古代晚期的世界地理观念、它与萨珊波斯帝国的交往也受到关注。林英、李晓嘉的论文探讨了拜占庭帝国早期世界地理观念中的"东方",认为与罗马帝国盛期相比,早期拜占庭帝国的世界地理观念有了明显的变化。⑤ 龙沛译介的德国学者亨宁·伯尔姆的论文,则从古代晚期地中海世界的两大主导型力量——萨珊波斯帝国与罗马—拜占庭帝国——之间冲突与兼容并存的交往特点出发,分析3—7世纪双方国内权力格局与统治理念的变迁如何主导了此间双方关系的演进,成为形塑罗马与波斯对外战略的真正主导因素。⑥ 张理铭也以三次战争为主线,对查士丁尼执政时期与波斯帝国的外交关系做出梳理,认为两国在拉锯战中付出沉重的代价,致使双方霸权加速衰落以及阿拉伯人的崛起。⑦

此外,也有学者对拜占庭帝国与北非、东欧其他国家的交往进行了研究。田明、苏玉雪在论文中阐释了罗马—拜占庭帝国统治时期的埃及与阿克苏姆的交往互动。⑧ 桑叶从拜占庭与古罗斯的关系入手,论析罗斯人第一次远征君士坦丁堡对拜占庭帝国造成的长远影响。⑨

在阿拉伯—伊斯兰研究领域,加法尔·卡拉尔·艾哈迈德和王光远基于中阿古代典籍文献

---

① 王向远:《从"西域—大食—天方—中东"区域称谓演化看我国中东学史》,《西北师大学报(社会科学版)》2021年第3期。

② 李万春:《公元9至12世纪伊斯兰史学发展中的"地方意识"——以〈布哈拉史〉为例》,《世界宗教文化》2021年第2期。

③ 裴成国:《中古时期丝绸之路金银货币的流通及其对中国的影响》,《吐鲁番学研究》2021年第1期。

④ 苏聪:《"亲切的一瞥":塞奥非拉克特所记"桃花石"历史与文化考论》,《贵州社会科学》2021年第5期。

⑤ 林英、李晓嘉:《早期拜占庭帝国的世界地理观念与日益重要的"东方"》,《历史教学(下半月刊)》2021年第12期。

⑥ [德]亨宁·伯尔姆:《威胁还是福气?——对3—7世纪萨珊波斯与罗马帝国关系的考察》,龙沛译,《中东研究》2021年第1期。

⑦ 张理铭:《论查士丁尼时代拜占庭帝国与波斯帝国外交关系》,《西部学刊》2021年第17期。

⑧ 田明、苏玉雪:《古埃及与阿克苏姆的文明交往》,《内蒙古民族大学学报(社会科学版)》2021年第1期。

⑨ 桑叶:《"第一次罗斯远征君士坦丁堡"对拜占庭帝国的影响》,《内蒙古大学学报(哲学社会科学版)》2021年第2期。

揭示了持续数个世纪的丝路文化带的繁荣发展和中阿文化交流盛况。① 陈春晓运用中古时代波斯、阿拉伯文文献，同时结合汉文史料记载，考察中国茶在波斯、阿拉伯地区的早期（10—15世纪）传播的历史。② 马建春、李蒙蒙则对中古时期活跃在海上丝绸之路上的中东商旅群体进行研究，通过梳理 9—13 世纪阿拉伯文献对朝鲜半岛的记载、唐宋时期汉文史料以及 11 世纪高丽文献就大食赴朝鲜半岛进献方物的载录，论证大食商旅于此时段内通过广州、扬州、明州、泉州等贸易港口与新罗、高丽商人多有接触和交往。③ 党宝海梳理了中阿双方史籍中所记载的 8—15 世纪中国与也门的相互认知、经贸和政治往来，认为双方的交往是中国与西印度洋北部地区经贸、政治、文化关系的一个缩影，也部分地反映了在内外因素的共同作用下，古代中国对外关系的变化历程。④

中古时期的医疗史方面，李润虎对欧洲主流医学叙事的框架——认为阿拉伯医学的主要贡献是"医学知识的保管人"——进行反思，对公元 7—17 世纪阿拉伯医学的发展进行分阶段的考察，分析中古各个时期阿拉伯医学的贡献和意义。⑤ 陈巍、靳宇智将医疗史与知识史、贸易史相结合，选取中世纪伊斯兰市场监察手册作为研究资料，以其所载药物的作伪与辨伪知识为线索，概述了这类文献所依托的制度产生、演变、跨文化传播的历程和所载知识的大致内容。⑥

拜占庭医疗史、疫病史方面。陈悦梳理了从古代晚期至 13 世纪拜占庭帝国公共医疗制度的发展特点，探讨其与地中海东部的城市医生制度、帝国财政、皇帝之间的互动关系。⑦ 韦天娇梳理了 6 世纪查士丁尼时期，君士坦丁堡的民众对大瘟疫的五种反应，指出，人类与瘟疫的斗争没有结束，认识和把握瘟疫始终是人类社会难以回避的问题。在现在的时代背景下，面对传染病带给我们的恐慌和空前震撼，我们应科学地认识瘟疫，理智地应对瘟疫。⑧

政治军事史研究方面。陈志强对拜占庭帝国晚期中央政府丧失雇佣兵控制权的史实和影响进行阐释，认为这是帝国晚期军事衰败的重要环节。⑨ 刘义以全球史的视角观察 1453 年拜占庭帝国首都君士坦丁堡陷落的广泛且深远的影响，将其视作全球文明史上的一个关键事件。⑩ 李继荣运用文明交往理论，考察拜占庭帝国叙利亚王朝的"伊琳娜称帝事件"，从能力、环境与

---

① 加法尔·卡拉尔·艾哈迈德、王光远：《丝绸之路文化带：唐朝至元朝时期中阿文化交流与互鉴》，《西亚非洲》2021 年第 6 期。
② 陈春晓：《中国茶在波斯、阿拉伯地区的早期传播》，《中国农史》2021 年第 3 期。
③ 马建春、李蒙蒙：《9—13 世纪朝鲜半岛大食蕃商行迹钩沉》，《中国经济史研究》2021 年第 4 期。
④ 党宝海：《八至十五世纪的中国与也门》，《北京大学学报（哲学社会科学版）》2021 年第 2 期。
⑤ 李润虎：《中世纪阿拉伯医学对近代西方医学革命的奠基》，《自然辩证法通讯》2021 年第 9 期。
⑥ 陈巍、靳宇智：《古代丝路上的药物辨伪知识传播——以中世纪伊斯兰市场监察手册为线索》，《海交史研究》2021 年第 2 期。
⑦ 陈悦：《拜占庭帝国公共医疗制度的兴衰》，2021 年中国世界古代中世纪史研究会古代史专业委员会年会论文，内蒙古通辽，2021 年 11 月 14 日。
⑧ 韦天娇：《查士丁尼大瘟疫下君士坦丁堡的民众反应》，《西部学刊》2021 年第 16 期。
⑨ 陈志强：《晚期拜占庭帝国雇佣兵控制权的丧失及其影响》，《世界历史》2021 年第 3 期。
⑩ 刘义：《帝国更替与文明兴衰——全球史上的 1453 年》，《全球史评论》（第十九辑），中国社会科学出版社 2020 年版。

制度三方面探讨伊琳娜成功称帝的原因,认为它是拜占庭与东西方"交往"的重要结果之一。①白楠、马峥嵘则立足于地理环境对历史进程的影响,认为唐帝国与阿拉伯帝国于公元751年在中亚怛罗斯城爆发的冲突,是在以技术突破为前提的文明阶段性发展之地理扩张的需求推动下的必然结果。②

中古时期的制度史方面。在2021年的相关研究中,多位学者对拜占庭国家的皇位继承制度、行政—军事制度做出考察。苏聪、石旭认为,莫里斯承续了拜占庭早期的政治改革成果,尤其借鉴了查士丁尼时期的"军政合权",同时结合东哥特王国与汪达尔王国逐渐形成的"蛮族"治理军事化的因素,最终在北非和意大利实行总督制改革。③ 陈悦聚焦拜占庭皇帝利奥六世的"第四次婚姻案",认为它是拜占庭帝国皇位继承史上非常重要的一个案例,对拜占庭帝国皇位继承制度的发展起到了关键性的作用。④ 此外,董晓佳对晚期罗马帝国皇帝芝诺统治时期政局混乱的原因做出分析⑤。孙丽芳有别于以衰亡视角审视拜占庭帕列奥列格王朝的出发点,反而关注该王朝能够长期存续的原因⑥。

就经济史领域而言,2021年的相关研究视角宏阔,对拜占庭帝国经济社会领域的整体特征和重点问题有所概述。陈志强为《罗马—拜占庭经济史》撰写了书评,认为该书的中心论点"中产阶级决定论"不符合罗马—拜占庭历史发展的实际。该书确定的这一概念与拜占庭史料中的类似提法含义完全不同,该论点形成的关键在于该书的研究方法不是历史学的,而是经济学的。此外,该书未能认识到古代经济活动与现代经济活动的本质区别,误将工业文明主导的某种经济活动现象与以农为本的经济活动相混淆,因此既不能看到两种经济结构内在的差异性,也不能识别两种经济结构中多种貌似相同要素之间的不同。⑦ 庞国庆对拜占庭各个时期土地关系的特点做出归纳,认为对土地关系的解读,有助于深刻理解拜占庭帝国国势的起伏。⑧

社会、思想、文化史领域。在法律史研究方面,李继荣、徐家玲以拜占庭立法文书《法律选编》为中心,分析早期拜占庭立法基督教化的生成逻辑。⑨ 在文学史方面,李韦豫、朴玉以12世纪拜占庭帝国颇具代表性的著名边疆诗歌《狄吉尼斯·阿克里特》为考察对象,在文本分析的基础上引入女性研究视角,力图展现拜占庭边疆诗歌中的女性人物在家庭生活和文化传播方面的重要作用,以及她们在尊崇"男权"的父系社会中为个人及整个女性群体生存状况的改

---

① 李继荣:《拜占庭伊琳娜女皇称帝原因新探——以拜占庭与东方地区的文明交流为视角》,《西北大学学报(哲学社会科学版)》2021年第6期。
② 白楠、马峥嵘:《地理史观视域下的怛罗斯之战研究》,《外国问题研究》2021年第3期。
③ 苏聪、石旭:《转型之道:莫里斯总督制的建立与影响》,《中州大学学报》2021年第4期。
④ 陈悦:《从利奥六世的"第四次婚姻案"透析拜占庭中期皇位继承制度的发展》,《内蒙古大学学报(哲学社会科学版)》2021年第3期。
⑤ 董晓佳:《论晚期罗马帝国皇帝芝诺统治时期政局混乱的原因》,《外国问题研究》2021年第3期。
⑥ 孙丽芳:《拜占庭末代王朝的存续之道》,《中国社会科学报》2021年8月16日。
⑦ 陈志强:《拜占庭经济"中产阶级决定论"考辨——关于〈罗马—拜占庭经济史〉》,《世界历史评论》2020年第4期。
⑧ 庞国庆:《拜占庭帝国土地关系述评》,《世界历史评论》2021年第1期。
⑨ 李继荣、徐家玲:《早期拜占庭法律基督教化的路径与逻辑——以〈法律选编〉为中心》,《经济社会史评论》2020年第4期。

善付出的牺牲和努力。① 就城市史而言，武鹏的《5—6世纪拜占庭帝国大城市的火灾述论》分析了古代晚期拜占庭帝国境内几大都市容易发生火灾的原因及其影响。② 在宗教史和教会史方面，朱君杙的论文阐释了查理曼时期的"和子句"纠纷是如何对后来1054年基督教会大分裂产生了深远的影响。③

对具体的考古资料和物质遗存研究，最有代表性的是陈志强的《拜占庭方尖碑的文明启示》④。该文以坐落在拜占庭首都君士坦丁堡的一座方尖碑为分析对象，认为这座方尖碑反映出拜占庭文化遗产的丰富多样性，即基督教官方意识形态语境下古典文化遗产的融合，还揭示出古罗马文化对地中海古代文化传统的继承，亦即古罗马帝国对以古埃及为代表的多种古代文化的继承。方尖碑还启示要掌握地中海文明圈起源和发展中呈现出的"多元一统"的发展线索，即包括巴比伦、赫梯、亚述、腓尼基、古埃及等诸多古代文化之间的冲突、碰撞、融合和发展，而古典文化是在此基础上融合古犹太、古希腊、古罗马等多种文化发展的一个新阶段，正是在古典文化发展阶段，古希腊文化达到了新的顶峰，拜占庭文化所代表的是该文明圈的衰落。以往学界以近现代洲际视野对该文明圈做分类、割裂、孤立的观察，显得很不合理，需要调整思路，应将该文明圈视为一个整体，并加强相关领域的研究。又如，孙思萌对拜占庭钱币上女性图像的发展变化进行梳理、考察，认为拜占庭时期皇室女性形象在铸币上的呈现大多具有明确的政治内涵，呈现拜占庭皇室女性形象的铸币能够在相当程度上反映历史的真实情况，提供可以与文献史料相比照的有效历史信息。⑤

在译著方面，2021年约有10部与拜占庭、中古阿拉伯—伊斯兰研究相关的中文译著出版，其中最重要的通论性译著是《新编剑桥中世纪史（第一卷）：约500年至约700年》⑥、《新编剑桥中世纪史（第三卷）：约900年至约1024年》⑦和《新编剑桥中世纪史（第四卷）：约1024年至约1198年（第二分册）》⑧。这套《新编剑桥中世纪史》在编写体例和篇章编排上突破了传统政治史的框架，试图呈现"全面的历史"，将经济、社会、精神、文化等领域纳入论述范围，提供了对中世纪更为全面、翔实的记载；在叙事视角上，则摆脱了以往将欧洲视为世界全部的"欧洲中心论"，反对将欧洲各国历史机械拼凑或简单相加，力图从整体上考察中世纪欧洲各国的历史发展轨迹及相互间的影响。这套丛书的译介将有助于我国学界更好地理解一个世纪以来西方学界在中古史方面关注的问题、取得的进展。

另一部重要译作是美国历史学家、全球史研究奠基人之一威廉·麦克尼尔的《东欧：草原

---

① 李韦豫、朴玉：《拜占庭边疆诗歌中的女性形象解析》，《文艺争鸣》2021年第6期。
② 武鹏：《5—6世纪拜占庭帝国大城市的火灾述论》，《贵州社会科学》2021年第5期。
③ 朱君杙：《查理曼时期的"和子句"纠纷与基督教会的大分裂》，《世界宗教研究》2021年第3期。
④ 陈志强：《拜占庭方尖碑的文明启示》，《贵州社会科学》2021年第5期。
⑤ 孙思萌：《拜占庭皇室女性的政治角色刍议——基于铸币的历史考察》，《殷都学刊》2021年第3期。
⑥ [英]保罗·福拉克主编：《新编剑桥中世纪史（第一卷）：约500年至约700年》，徐家玲等译，中国社会科学出版社2021年版。
⑦ [英]提姆西·路特主编：《新编剑桥中世纪史（第三卷）：约900年至约1024年》，顾銮斋等译，中国社会科学出版社2021年版。
⑧ [英]大卫·勒斯科姆、乔纳森·赖利-史密斯主编：《新编剑桥中世纪史（第四卷）：约1024年至约1198年（第二分册）》，陈志强等译，中国社会科学出版社2021年版。

边疆1500—1800》。这部作品以宏大的视野、文明互动的眼光，探讨东欧地区如何从中世纪匈牙利、波兰、立陶宛、特兰西瓦尼亚、哥特等势力的群雄角逐，演变为奥斯曼、哈布斯堡和俄罗斯三个帝国鼎立的格局；同时，考察了东欧如何被农业开拓者涌入和开发，从而改变了当地社会经济面貌的过程，展示出这段开拓史在人类文明演进中的深远意义。①

此外，英国著名拜占庭学家D. M. 尼科尔的学术专著《约翰·坎塔库泽尼与14世纪拜占庭帝国史》②、英国著名史学家诺威奇的两卷本专著《征服（1016—1130）：西西里的诺曼王朝》③，以及视野宏阔的通论作品《地中海的画像：从文明的起源到两次世界大战》④、《雅典3000年：一座城市里的欧洲文明史》⑤、《地中海世界一万五千年》⑥等也被译为中文出版。

在通史、资料汇编和专著方面，哈全安的《土耳其通史》（修订本）⑦中的前半部分内容追溯安纳托利亚的古代历史，即安纳托利亚自赫梯文明时代、爱琴海东部沿岸希腊诸城邦时代、罗马时代至拜占庭帝国时代的历史变迁及其横跨欧亚和东西交融的历史特色，全面叙述了自突厥人西迁至奥斯曼帝国崛起和征服的波澜起伏的历史过程。邓苏宁编著的《中国古籍中的阿拉伯》⑧分为上下两编，上编收录了二十四史及《资治通鉴》等其他史书中对阿拉伯的记载，以记述中阿交往的史实为主；下编整理了《经行记》等十一部涉及阿拉伯的中外交通古籍中的相关记载，杂有各类史地著作及诗文，以记录阿拉伯风土、人情、物产等为主。此外，郭筠的《书苑撷英——阿拉伯地理古籍中的中阿海上丝路交往》⑨、孙丽芳的《13世纪拜占庭—尼西亚帝国的"陪都"研究》⑩也是2021年值得关注的论著。

总的看来，2021年中国学界在拜占庭和中古阿拉伯—伊斯兰研究领域所关注的主要论题具有鲜明的时代特征。首先，"一带一路"视域下的文明交往、文明互鉴的历史受到学者们的普遍关注，2021年中这方面的成果在数量上尤为突出。第二，在全球持续抗疫的时代背景下，我国学者继续关注中古时期的医疗史。第三，在传统的政治军事史研究中引入了新的理论视角。第四，对中古时期的制度史也多有关注，它作为政治史的重要分支，对理解中古国家的治理具有重要意义。

朝鲜古代史研究

2021年国内外朝鲜古代史学界继续强调"超越国境"的区域史、整体史视角的倾向。日韩

---

① ［美］威廉·麦克尼尔：《东欧：草原边疆1500—1800》，八月译，上海人民出版社2021年版。
② ［英］D. M. 尼科尔：《约翰·坎塔库泽尼与14世纪拜占庭帝国史》，孙丽芳、李萱译，山东大学出版社2021年版。
③ ［英］约翰·朱利叶斯·诺威奇：《征服（1016—1130）：西西里的诺曼王朝》（两卷本），李强译，中国友谊出版社2021年版。
④ ［英］厄恩利·布拉德福德：《地中海的画像：从文明的起源到两次世界大战》，杨春景译，社会科学文献出版社2021年版。
⑤ ［法］雅克·伯萨尼：《雅典3000年：一座城市里的欧洲文明史》，喻祺译，敦煌文艺出版社2021年版。
⑥ ［法］阿兰·布隆迪：《地中海世界一万五千年》，周恒涛译，四川文艺出版社2021年版。
⑦ 哈全安：《土耳其通史》（修订本），上海社会科学院出版社2021年版。
⑧ 邓苏宁编著：《中国古籍中的阿拉伯》，光明日报出版社2021年版。
⑨ 郭筠：《书苑撷英——阿拉伯地理古籍中的中阿海上丝路交往》，文化艺术出版社2021年版。
⑩ 孙丽芳：《13世纪拜占庭—尼西亚帝国的"陪都"研究》，山东大学出版社2021年版。

将古代东亚世界作为研究的主体，侧重从考古文化、文化典籍入手，从东亚视角对各国的相互关系、文化传播进行宏观把握，研究古代东亚世界的关系。朝鲜学者的研究视角变化不大。而中国朝鲜古代史研究开始逐渐走出低谷，与往年相比，出版专著数量明显增加，主要有四个特点。一是研究领域继续以文化交流史、中朝宗藩关系、专题史为主。二是以微观实证研究为主，碎片化研究为辅的趋势仍没有改变。三是研究视角多元化，除侧重从考古文化、文化典籍入手外，开始从法律、音乐、文学、货币等方面，研究古代中国对朝鲜半岛的影响，开始注意发挥以史为鉴的功用，出现了探讨自然灾害等重大社会危机事件在朝鲜半岛历史发展中的影响的研究论著。百济历史、音乐史、海洋史、钱币史、礼仪史的研究成为热点。四是重明清，而轻古代的趋势始终没有得到改变。

2021年11月5日至6日，由中国朝鲜史研究会主办，延边大学朝鲜—韩国研究中心承办的中国朝鲜史研究会2021年学术年会，在吉林延边州以线上形式召开。该次年会的主题为"朝鲜半岛的历史与文化"，其中主要议题分为五项，分别是朝鲜半岛历史与文化、东亚视域下的朝鲜半岛对外关系、中朝（韩）古代移民研究、朝核问题以及讨论第十一届理事会换届事项。出席线上会议的人员包括来自北京、上海、天津、吉林、黑龙江、河南、山东、浙江、江苏、陕西、安徽、四川、江西、福建、广东、广西等16个省、自治区、直辖市的代表，以及朝鲜、日本等国的学者和硕博士研究生，总计逾百人，提交了近90篇论文。

基于古代东亚历史经验，特别是所谓"朝贡秩序"的国际关系理论研究是近年来学界的新热点。陈拯分析了这一学术议题兴起背后的动因，重点评议了国际学术界近年来的几部代表性著作，特别是青年学者的著作，检讨由它们所引发的学术讨论，从而展现该领域的前沿特征，揭示相关研究在知识生产与接受过程中所出现的矛盾，特别是实践与意图间的偏差，并就如何突破这一困境提出看法。[1] 葛兆光认为在蒙古时代之后（1368—1420年），是东部亚洲海域的一个历史关键时期，东部亚洲海域经历了妥协、冲突、再平衡的过程，终于在1419年所谓"应永外寇"或称"己亥东征"事件以及1420年朝鲜通信使赴日之后，初步形成了政治上以朝鲜"事大交邻"为枢轴，以明王朝为中心的国际秩序，以及经济上环东海、南海诸国，以商贾往来为主的贸易圈。[2] 作者进一步讲述了亚洲（或东亚）史研究领域的学术史，对欧洲、日本以及中国的亚洲史研究及其背后的学术、文化与政治背景进行了分析。[3] 陈俊达、王征对10—13世纪的东亚国际体系进行整体把握和反思。[4] 黄纯艳认为古代东亚的和平秩序以中国为中心，以朝贡体系为载体。这一体系之实质是东亚和平的历史形态。在"内外拆解"之下，东亚朝贡体系最终在观念上从"天下"走向"万国"，关系形态也从朝贡走向条约。[5]

---

[1] 陈拯：《无问西东：古代东亚秩序研究的自我束缚与解脱》，《外交评论（外交学院学报）》2020年第6期。

[2] 葛兆光：《蒙古时代之后——东部亚洲海域的一个历史关键时期（1368—1420）》，《清华大学学报（哲学社会科学版）》2021年第4期。

[3] 葛兆光：《亚洲史的学术史：欧洲东方学、日本东洋学与中国的亚洲史研究》，《世界历史评论》2021年第2期。

[4] 陈俊达、王征：《反思"封贡体系"：10至13世纪东亚国际体系的一个侧面》，《赤峰学院学报（汉文哲学社会科学版）》2021年第2期。

[5] 黄纯艳：《朝贡体系维护了古代东亚和平》，《历史评论》2021年第2期。

韩东育认为明清时期中国与东亚各国的封贡关系，并非决定于同质的政治制度、互补的经济结构和相倾的文化体系中任何一个单项，而是建立在宗藩双方足够明显的综合落差上。对封贡过程中无数繁复事端的成功应对，体现了以实力为依托的传统中华礼序及其制度在驾驭区域关系、维护区域稳定、促进区域繁荣等方面曾经拥有的价值优势和掌控艺术。然而，当平等意识稀薄的封贡关系逐渐培育出无数个唯我独尊的"小中华"时，中国周边政权蓄势已久的自立愿望和颠覆冲动也终于借助西方"国际法"的威权而相继达成。历时千载的"封贡体系"亦开始了让位于"条约体系"。①

安洙英、姜伊威对韩国学界近三十年的从"东洋史"到"东亚史"历史叙事进行了反思，认为通过概括东亚史的形成脉络以及韩国学界近三十年来的相关讨论，可以一窥韩国史学界的整体变化方向。② 朱雄在东亚海洋文化的整体视角下，探究了东亚整体海洋文化的生成、演变与互动交流，深入考察了东亚各国个体海洋文化内涵、特点上的差异。③ 韩宾娜、王艺深认为通过对古代都城研究探讨东亚社会的整体性、互动性以及内部特殊性，应是东亚都城研究的意义所在，但目前的主流观点强调"中国制度"与"中国源流"，对东亚的整体性考察稍显不足。作者提出在研究时首先应对相关概念做出界定，且应充分发掘古代都城间的互动过程，同时应以建置研究、系统研究来丰富制度研究。④ 祁姿妤从东亚佛足迹图像内容的演变历史和图像性质出发，将佛足迹分为三种风格，最终得出佛足迹样式与玄奘、王玄策这类知名人物的关系，是一种中古时期普遍的"图文书写传统"这一结论。⑤ 罗芳林从漆器的设计文化角度出发，研讨了东亚地区的漆艺制品如何实现独具传统的美术品的共生，以富有特点的区域性的漆艺品——古代朝鲜、日本的案例为研究对象，结合漆工艺的文献总结《髹饰录》等，论析东亚漆艺术的设计形态，分析区域美术品的独特视觉"结构"。⑥ 朱安祥、郑悦以古代日本、越南形塑唐代中国开元钱制作为考察线索，揭示了古代东亚地区货币文化认同的历史渊源，进而提出"东亚货币文化圈"这一概念，并为东亚经济一体化提供历史借鉴。⑦ 李无未认为东亚古典文献发掘与整理的质量，对东亚古典文献学研究成果呈现起着十分重要的作用，东亚古典文献呈现出辐射、兼容、新畴、演化四种模式。⑧ 孙逊在东亚儒学视阈下对韩国汉文小说进行了研究。⑨ 聂运伟关注了东亚同文书院文献资料的收藏、整理与编纂的状况。⑩ 刘志刚认为"汉字文化圈"

---

① 韩东育：《明清时期东亚封贡体系的关系实态——以中朝、中日关系为核心》，《社会科学战线》2020年第12期。
② 安洙英、姜伊威：《从"东洋史"到"东亚史"——韩国学界近三十年的历史叙事反思》，《史学理论研究》2021年第5期。
③ 朱雄：《东亚海洋文化的生成演变与未来走向——基于历史的考察》，《海交史研究》2020年第4期。
④ 韩宾娜、王艺深：《东亚都城研究若干理论问题刍议》，《东北师大学报（哲学社会科学版）》2021年第4期。
⑤ 祁姿妤：《东亚佛足迹的样式、图像结构与风格问题》，《艺术设计研究》2021年第4期。
⑥ 罗芳林：《造型设计、图饰与漆文化——东亚漆艺的"风格"视角》，《雕塑》2021年第4期。
⑦ 朱安祥、郑悦：《古代东亚地区的货币文化认同——以日本、越南形塑"开元钱制"为线索的考察》，《北方金融》2021年第9期。
⑧ 李无未：《东亚古典文献呈现模式：辐射、兼容、新畴、演化》，《东疆学刊》2021年第2期。
⑨ 孙逊：《东亚儒学视阈下的韩国汉文小说研究》，《文学评论》2021年第2期。
⑩ 聂运伟：《东亚同文书院文献资料的收藏、整理与编纂》，《文化发展论丛》2020年卷（总第19期）。

经历了复杂而漫长的历史演变,虽然其间经历过"去中国化""再中国化"的曲折和反复,但汉字文化圈及其所蕴含的中国文化价值观念,不仅对古代中国周边国家文化传统、价值观念的形成产生了积极影响,而且极大推动了人类文明的发展进步。① 王冠、傅永军认为东亚儒学因经典诠释而存在、发展,并基于东亚儒者对儒家经典的诠释而逐步得以建构,形成一种跨时代、跨区域的儒学新形态。②

近年来,东亚学者针对古代灾害史的研究不断深入、成果显著,但现有研究不免存在视角碎片化、选题单一化、学科间交融互通程度不足等问题。学者也着重于对本国灾害史的研究,而忽略了同一区域不同国家灾害及应对的相似性、关联性与差异性。林泽杰、拜根兴立足于东亚视角,对古代东亚灾害史展开系统研究,认为这有益于推动灾害史研究,也是进行中国灾害史研究的另一途径。③

移民史一直是近年研究的热点。方礼刚以东夷文化为背景,从历史、社会、非遗、旅游、生态等多重视角开启朝鲜半岛疍民的研究,但由于受资料来源所限,关注的时空范围是以今天的韩国为主。④ 孙泓结合文献记载与考古资料对北京大兴城区发现乐良郡朝鲜人韩显度铭文砖进行了研究,认为韩显度祖籍为乐浪郡朝鲜县,是古朝鲜时期从中原迁至乐浪郡融入当地的汉人后裔,所以称"乐良朝鲜人",其先祖应该是432年从乐浪朝鲜县迁至此地。⑤ 安岳3号墓和德兴里壁画墓墨书铭文的发现,对于研究中古时期朝鲜半岛及汉人移民皆具有重要意义,学界也已经有比较细致的研究。杨军就冬寿的籍贯、官衔和镇的官衔展开研究,认为两墓铭文对照,既反映出高句丽管理中原移民方式的变化,也反映出中原移民对高句丽政权认同心理的变化。⑥ 冯立君通过比较唐朝与海东三国的关系,并结合连云港在唐代为海州所在,地处东亚陆海交通道要冲的地理特征,探讨高句丽、百济、新罗人唐移民与连云港可能存在的交集问题,认为连云港封土石室墓埋葬人群身份为新罗移民的可能性最大。⑦

海洋史也是2021年关注的焦点之一。东方海上丝绸之路古已有之。目前,学界对朝鲜半岛海上航路的关注多集中于东方海上丝绸之路的兴盛时期,即中国的唐宋时期、朝鲜半岛的统一新罗和高丽时期,而关于统一新罗前朝鲜半岛海上航路的变迁尚存在进一步研究的空间。李雪威、单天雷以活跃在朝鲜半岛的各种势力之间的较量与博弈为背景,探讨了统一新罗前朝鲜半岛诸多海上航路的萌芽、形成与利用状况。⑧ 张晓东探讨了隋唐海上力量与东亚周边关系,认

---

① 刘志刚:《汉字文化圈的历史演变及其当代价值》,《云南师范大学学报(对外汉语教学与研究版)》2020年第6期。
② 王冠、傅永军:《论东亚儒学的创造性诠释》,《东岳论丛》2021年第1期。
③ 林泽杰、拜根兴:《从东亚视域拓展古代灾害史研究》,《中国社会科学报》2021年7月26日。
④ 方礼刚:《东夷文化视阈下朝鲜半岛疍民遗踪及文化价值初探》,《延边大学学报(社会科学版)》2021年第3期。
⑤ 孙泓:《北京大兴出土铭文砖相关问题研究》,《殷都学刊》2021年第3期。
⑥ 杨军:《安岳3号墓和德兴里壁画墓铭文新说——兼论4世纪朝鲜半岛的汉人遗民与移民》,《史学集刊》2021年第5期。
⑦ 冯立君:《朝鲜半岛入唐移民地域分布的再认识——连云港封土石室墓埋葬人群身份论争的启发》,《暨南史学》2020年第2期。
⑧ 李雪威、单天雷:《统一新罗前朝鲜半岛海上航路的历史变迁》,《韩国研究论丛》2020年第1期。

为由于地缘特征，隋唐时期的海上军事力量在东征战争和东北亚周边关系中发挥了重要的战略作用，影响战争胜负和周边外交成败。① 马建春、李蒙蒙在广泛搜罗、梳理阿拉伯、中国、高丽等相关文献的基础上，佐以出土实物，将大食商人置于东亚海域诸方关系中进行综合考察，通过类推分析，对大食商人与朝鲜半岛的贸易联系进行了深入的讨论。②

中朝宗藩关系是经久不衰的研究热点问题。孙卫国以朝鲜王朝尊周思明问题为中心，结合朝鲜历史上正统观、慕华观、事大观、华夷观等主流文化心态的阐释，系统全面地论述了17—19世纪，自号"小中华"的朝鲜王朝尊周思明的渊源、表现，重新解释了清朝时期的中朝关系，其著作既弥补了朝鲜尊周思明问题系统研究的空缺，又增加了对传统中国与周边宗藩关系的解析，开启了重新检视朝鲜史及中朝关系史的新视角。③ 冯立君认为新罗的"事大外交"，源自春秋战国以来的"以小事大"思想。新罗与唐五代外交史上，除个别时期外，始终践行事大外交的理念，"事大外交"为新罗带来丰厚的国家利益，对于中国与周边世界秩序的构建具有典范意义，已成为东亚共享的历史遗产。④ 范靓讨论了朝鲜型华夷观与韩国民族主义关系，认为受朝鲜"华夷观"影响深远的韩国民族主义最终对当今韩国政治、经济以及文化等各个领域的创造者和政策的制定者产生了或正面或负面、或积极或消极的影响，从而在一定程度上造成中韩建交以来，政治、经济、文化交流摩擦不断、矛盾重重。⑤

宗教习俗方面。和连篇累牍、成果累出的双方的佛教交流的研究相比，唐与新罗的道教交流与往来方面学界虽有一定的研究，但总体关注却相对较少，对一些问题的诠释仍有待于进一步加强。拜根兴在已有研究的基础上，对唐与新罗道教文化交流涉及的一些问题再次做探讨。关羽信仰作为明朝盛行的信仰文化，在万历援朝战争时期由明军传入朝鲜半岛，学界围绕关羽信仰传播至朝鲜半岛的背景进行了研究。郑红英、李兆曦对其成为朝鲜王朝本土化信仰体系的发展过程及其对朝鲜王朝文化产生的影响进行了探究。⑥ 胡辰洋从《处容歌》神话的叙事结构展开，对神话中蕴含的新罗人民的意识形态及民间信仰、历史政治背景、人物身份等进行考究，认为新罗乡歌是韩国诗歌形态开始的标志。⑦ 陈栋以"佾舞"发展为脉络，以探究"佾舞"的兴起、发展、传播及韩国以"释奠大祭"为代表的"佾舞"传承、发展及复兴为视角，梳理了"佾舞"自产生及传入韩国以来不断产生变化的过程，并对"佾舞"在两国的发展进行概括。⑧ 李傲翼、廖婧对朝鲜半岛三国时代、高丽时期、朝鲜时期三个阶段剑器舞的发展嬗变进行了考证。⑨ 金青云、池龙浩、徐嘉璘在考察历史文献记载和考古文物资料的基础上，对中国古代蹴鞠的起源、蹴鞠在朝鲜半岛的传播等相关历史事实进行了探讨。⑩

---

① 张晓东：《隋唐海上力量与东亚周边关系》，花木兰文化事业有限公司2021年版。
② 马建春、李蒙蒙：《9—13世纪朝鲜半岛大食蕃商行迹钩沉》，《中国经济史研究》2021年第4期。
③ 孙卫国：《大明旗号与小中华意识：朝鲜王朝尊周思明问题研究》，四川人民出版社2021年版。
④ 冯立君：《新罗"事大外交"的思想与实践》，《韩国研究论丛》2020年第1期。
⑤ 范靓：《朝鲜型华夷观与韩国民族主义关系探究》，《山东科技大学学报（社会科学版）》2021年第2期。
⑥ 郑红英、李兆曦：《论关羽信仰在朝鲜半岛的传播》，《韩国研究论丛》2020年第1期。
⑦ 胡辰洋：《韩国〈处容歌〉神话解析考察》，《神话研究集刊》2021年第四集。
⑧ 陈栋：《从"释奠大祭"看佾舞在韩国的传承与发展》，《今古文创》2021年第9期。
⑨ 李傲翼、廖婧：《朝鲜半岛剑器舞考》，《北京舞蹈学院学报》2021年第1期。
⑩ 金青云、池龙浩、徐嘉璘：《中国古代蹴鞠在朝鲜半岛的传播研究》，《东疆学刊》2021年第4期。

礼仪制度史方面。管洪扬对元朝皇帝及高丽国王即位之宴飨、元朝皇太子受封册之宴飨进行了专题研究，透过对宴会相关程序、诏书、心态等研究，讨论了其所反映的政治映像①。郝永光、蔡灿煌对比分析了《高丽史》、《朝鲜王朝实录》、《朝鲜乐概要》和《国朝五礼仪》等文献和访谈部分，韩国宗庙祭礼乐的直接和间接参与者，以"同文化的差异研究"为研究理念，探究了宗庙祭礼乐的乐队编制变化的历史动因和政治背景。② 乌云高娃探讨了元代的鹰猎习俗与高丽鹰坊的关系，认为元代的鹰猎习俗及其制度影响到高丽，高丽的鹰坊及鹰坊使在元朝与高丽的朝贡关系中起到了重要的作用。③

法律史方面。张钧波的《朝鲜王朝法律史研究》一文对朝鲜王朝法律体系及中华法系对朝鲜王朝的影响做了系统梳理，充分利用中韩两国文献资料，配以大量的图片和表格，从立法、行政法、刑事法、家族法与阶级法、诉讼法、法律与文学、法律人物等方面概述了朝鲜王朝时期半岛上法律运行的基本情况，勾勒出朝鲜王朝五百年法律史的基本面貌。④ 张春海认为高丽的两大法律体系大致与华制和土俗的二分格局相对应，彼此之间既有较为明显的分野，又紧密配合、相互补充，共同构成了高丽王朝的基本法律框架⑤；其继而对高丽律令格式体系的形态与特征进行探究，指出法典的框架性与有限的系统性、法典的简单化与法条的直观化、法典的个别化倾向及彼此间界限的融通以及游走于华化与土俗间的法典内容，是高丽律令格式法律体系的基本特征。⑥

货币史研究一直是朝鲜史研究的薄弱环节。朝鲜半岛历史上首次自主铸行金属货币始于高丽王朝。高丽铸币作为朝鲜半岛货币史上的重要里程碑，本应得到足够的重视，但因相关史料阙如，该课题至今未得到完全充分的研究。李廷青在已有研究的基础上，充分利用中韩文献，结合出土实物，尤其从文化交流史的视角，对高丽铸行铁钱相关问题做了系统的考察。⑦ 崔劲波、李廷青的《高丽铸币》一书，从多个角度对高丽时代的货币流通进行了系统的阐述，既充分吸收借鉴了前人的成果，又注重学术创新，并结合钱币实物，将高丽铸币放在东方货币文化的脉络中加以考察，解决了一些因史料匮乏而无法解决的问题。但该研究缺少高丽铸币文化的内容，比较遗憾。⑧

考古方面。成璟瑭认为在朝鲜半岛考古学开始的年代无法以具体的事件一言以蔽之，循不同的发展线索，以西方考古学理论基础与以田野考古为核心的考古学传播到朝鲜半岛、朝鲜半岛逐步建立起相对完善的考古学体系为两个节点，将朝鲜半岛考古学的发端区分为自发、萌芽、

---

① 管洪扬：《元丽宴飨中的政治映像》，《西部学刊》2021年第13期。
② 郝永光、蔡灿煌：《中国雅乐文化在朝鲜半岛的传承与变貌——基于宗庙祭礼乐乐队编制嬗变的历史背景与动机》，《中国音乐学》2021年第4期。
③ 乌云高娃：《元代的鹰猎习俗与高丽鹰坊》，《西部蒙古论坛》2021年第2期。
④ 张钧波：《朝鲜王朝法律史研究》，中国社会科学出版社2021年版。
⑤ 张春海：《华俗互动下高丽的二元化法制体系》，《中国古代法律文献研究》第十四辑，社会科学文献出版社2021年版。
⑥ 张春海：《论高丽律令格式体系的特征》，《延边大学学报（社会科学版）》2021年第6期。
⑦ 李廷青：《高丽铸行铁钱考》，《中国钱币》2021年第2期。
⑧ 崔劲波、李廷青：《高丽铸币》，商务印书馆2021年版。

成长三个阶段。① 韩国忠州高句丽碑自发现初期已有诸多国内学者关注并研究，以至于今日积累了丰硕的成果。耿铁华对碑文的内容进行了梳理，结合文献，明确了立碑的时间应该在长寿王统治的最后十年间。② 赵宇然介绍了韩国东北亚历史财团与韩国古代史学会对忠州高句丽碑调查研究的新成果。通过三维扫描以及RTI拍摄等最新科技，发现了重要的立碑年代证据。即在碑题额部分识读出了"永乐七年岁在丁酉"8个字，据此重新将立碑年代定为广开土王在位时的397年。③ 汤妮以讨论高丽青瓷为主，阐述其对中国南北方诸窑口不同风格的吸纳与借鉴，探索高丽青瓷的创新与发展，认为在中国青瓷的影响下，高丽青瓷在器型、纹饰等方面进行了改良和革新，从而形成了独特的本土化风格。④

中朝关系史研究方面。张芳依据《三国史记》以夫余王"带素"为中心的相关记载，探索了西汉新莽时期夫余国的发展轨迹及其与中原王朝关系等问题，大致勾勒出两汉之交的夫余国情况。⑤ 葛天认为从汉代至6世纪前期，朝鲜半岛南端一直存在倭人。"任那日本府"的主要统治对象是在朝鲜半岛南端生息繁衍了数百年的倭人，"任那日本府"不是九州倭国远征朝鲜半岛所建立的针对外族的殖民统治机构。⑥

海内外学界对唐与新罗关系的研究成果斐然，只是由于史料分散且欠缺的缘故，涉及唐与新罗相互认识问题着墨者并不多，而这一问题的研究却是唐罗关系中必须解决的重要问题之一。拜根兴、阳运驰采用中、韩、日现存史料，通过爬梳唐朝与新罗近300年交往之史实，探讨双方宗藩关系中官方与民间相互认识有关问题。⑦

高丽文献中有关蒙古与高丽最初正式接触时订立"兄弟之盟"的记载。学者多将之作为蒙、丽外交关系中的一环，既未对事实本身进行深入探讨，亦未注意到在不同的认同场景下，它作为一种话语的变迁。张春海将着力点放在蒙古将征服高丽正式作为目标前，高丽人出于对"夷狄"的不认同，不承认"兄弟之盟"事实的存在，代之以"约和""和亲"的话语。⑧ 刘畅选取高丽中期这一时段，从山水景观的再发现、祖先追认、战争与使行诗三个角度论述阐明高丽文人的国家主体意识，及其背后所体现的古代中国的强大影响。⑨

目前学界围绕元代的耽罗岛已有不少论述，均提及了耽罗在明丽关系中的重要地位，弥补了前人研究的一些缺憾，但仍不足以展示两国在耽罗议题上明暗交锋的基本面相。李蒙蒙聚焦明丽两国有关耽罗的外交文书，通过对耽罗归属过程具体情形的展现，揭示了明廷与高丽在耽

---

① 成璟瑭：《朝鲜半岛考古学的发端》，《边疆考古研究》2021年第1期。
② 耿铁华：《忠州高句丽碑的新释文字与相关问题》，《通化师范学院学报》2021年第1期。
③ 赵宇然：《忠州高句丽碑研究新成果》，《通化师范学院学报》2021年第1期。
④ 汤妮：《中国青瓷影响下的高丽青瓷》，《陶瓷研究》2021年第3期。
⑤ 张芳：《西汉新莽时期夫余国纪事考——以〈三国史记〉中夫余王"带素"为中心》，《黑龙江民族丛刊》2021年第3期。
⑥ 葛天：《狗邪韩国是倭人之地——兼论任那非日本殖民地》，《辽宁省博物馆馆刊（2020）》，科学出版社2020年版。
⑦ 拜根兴、阳运驰：《论唐与新罗的相互认识及其特征》，《韩国研究论丛》2021年第一辑，社会科学文献出版社2021年版。
⑧ 张春海：《高丽文献中的蒙、丽"兄弟之盟"——事实、认同与话语》，《安徽史学》2021年第5期。
⑨ 刘畅：《高丽中期文人群体的国家主体意识与对华观念转变》，《文史哲》2021年第4期。

罗议题上的策略变化，进而管窥明丽关系随着北元势力消长而产生的复杂演变。①

当前，中外学界有一定数量的研究辽朝与高丽朝外交关系的学术成果，部分学者也在一定程度上探讨了辽朝对包括东疆地区在内的今我国东北及周边境外地区的治理问题。但对辽丽关系的演变同辽朝东疆经略之间的相互作用关注不足，亦鲜见前辈学者将辽朝对东疆地区的治理置于整个辽丽关系史的研究视界中。黄金辉、袁迪嘉根据辽朝和高丽朝两国外交关系的变迁，以多个历史时期不同的辽丽外交状态为分野，对辽朝经略东部边疆地区的举措进行分析及阐释，揭示了辽丽关系与辽朝经略东疆之间的特殊联系。② 马云超力图跳出日朝关系的既有框架，将"己亥东征"放入东亚世界的大背景下加以考察，认为朝鲜王朝世宗时期的"己亥东征"不仅是一次军事行动，更是外交上的博弈。③

文化典籍研究一直是学界研究的重要领域，近年域外词成为学界关注的学术核心问题之一，《全高丽朝鲜词》之出版，在词学界掀起一个研究小高潮。然而，中国词学界开始较多关注域外词毕竟为时不长，其研究亟待深入。马里扬④、叶晔⑤、汪超⑥、杨传庆⑦以高丽朝鲜词为研究对象，从"效体"误读、变体、领字、讹字、僻调等角度入手，既重视中国词作和词学东传之影响，更重视朝鲜半岛词作之因本土文化、误读、词乐失传等复杂因素而带来的独创性。转换视角，高丽朝鲜词同样为词学带来新鲜活力。四篇论文所选择的研究角度，专业性非常强，彰显出作者深厚的学术功底。文章皆以小见大，在具体详尽的论述中，得出具有启示性的前瞻结论，将极大地推动和深化高丽朝鲜词之研究。

目前学术界对《史记》在域外的传播及影响关注较少，这方面的研究成果不多。杨绍固、付阿敏利用韩国文献，对《史记》在古代朝鲜半岛的传播与影响进行研究，从民族文学和民族历史的角度对这一问题展开了论述。⑧

以往中韩两地关于《尔雅》的研究，主要集中在版本校勘、字词训诂、雅学研究史等本体视角，也有《尔雅》与《说文》及《尔雅》与《方言》的比较分析，但对于《尔雅》在海外的传播与影响研究几乎空缺。任晓霏、孙昕、夏丽媛运用历史文献法，追踪《尔雅》在朝鲜半岛的传播历史、传播途径以及雅学深远的社会影响，探究中国传世辞书对汉字文化圈及其文明演进的构建力。⑨ 唐铭逸、任晓霏运用文献法追踪《说文解字》在朝鲜半岛的传播历史、传播

---

① 李蒙蒙：《洪武时期明丽关系中的耽罗因素探析》，《暨南史学》2021年第1期。
② 黄金辉、袁迪嘉：《辽丽关系视域下辽朝的东疆经略》，《东疆学刊》2021年第1期。
③ 马云超：《"己亥东征"与15世纪前期的东亚外交博弈——以朝鲜王朝初期的对外政策为中心》，《江海学刊》2021年第5期。
④ 马里扬：《〈高丽史〉"唐乐"的讹字、僻调与作者问题》，《国学学刊》2021年第2期。
⑤ 叶晔：《"效体"误读与高丽朝鲜词的另一种活力》，《国学学刊》2021年第2期。
⑥ 汪超：《论高丽、朝鲜词的单字领字》，《国学学刊》2021年第2期。
⑦ 杨传庆：《突破矩矱：朝鲜半岛词文学变体考察》，《国学学刊》2021年第2期。
⑧ 杨绍固、付阿敏：《论〈史记〉在古代朝鲜半岛的传播与影响》，《渭南师范学院学报》2020年第9期。
⑨ 任晓霏、孙昕、夏丽媛：《中国传世辞书在汉字文化圈的传播与影响——以〈尔雅〉在朝鲜半岛的传播为例》，《江苏大学学报（社会科学版）》2021年第2期。

途径、传播动因,讨论了《说文解字》在韩国的引用研究、辞书编撰等方面的深刻影响。①

关于《尚书》对《训要十条》的影响,学界已有一些零散的研究,大多将《尚书》列入儒家经典,分析中国儒家思想对《训要十条》的影响。金京爱、崔小萍以不同的视角,主要聚焦《训要十条》以怎样的方法具体引用《尚书》,即从修辞层面探究这种引用背后所隐藏的政治意识,认为作为修辞手法的引用及其所体现的政治意识是中国古典典籍跨文化传播的重要方式与推动力。②

长安形象因其政治属性与汉文文学特色成为韩国古代汉诗文学中一个具有特殊"文化地位"的文学符号,现有研究视角则多"以史为主",时期、对象较为分散。刘志峰认为必须超越单纯作家论的层面,以历史的角度从文学分野视角眺望中韩交流的历史;克服"自我中心"的主体性思维,以"主体间性"的观点正视中、韩文学主体间的"共在"与交流;从历代文人对"长安"接受与创造的文学言说中,梳理朝鲜半岛历代对中国认识的变化源流,揭示长安文学形象所具有的普遍意义。③

金永寿从朝鲜汉字资源的整理,汉字传入朝鲜与朝鲜社会的关系,汉语音韵对朝鲜语音韵学的影响,朝鲜汉字、汉文教育及汉朝翻译等方面,考察和梳理以往研究的成果与不足,以便为今后的朝鲜汉字资源的整理和研究提供参考资料和依据。④ 蔡艺、李青对《纪效新书》传入朝鲜半岛的时间、版本、路径和背景及其对朝鲜汉文武籍编撰产生的影响进行探究,从书籍交流的视角系统呈现《纪效新书》的武艺史价值,为中国武术传播史、中朝武艺交流史的研究提供参考。⑤ 刘晨在梳理"逸书存日"说形成过程的基础上,廓清了前近代中日朝三国文人阶层围绕该传说展开的对日本历史认知的真实样貌,着重分析该传说在近世日朝交往中所引发的思想文化交涉与冲突,以期理解中国不在场的前提下东亚交流活动的政治与文化脉络。⑥ 金永寿、尚咏梅从接触语言学的角度,审视汉字在朝鲜半岛的传播,探讨朝鲜语吏读文与汉语的互动关系以及汉字在朝鲜半岛的本土化对朝鲜语言文字的作用和影响。⑦ 曲金良认为结缘于历史人物郑梦周而实现的中韩两方的当代文化合作与密切互动,使郑梦周之思想、诗文、行迹在中韩两国得到当代"落地",是"环中国海文化共同体"的深厚历史渊源和底蕴在当代传承的一个鲜活例证。⑧ 杨昭全详细介绍了从朝鲜新罗时期到近现代的朝鲜汉文学史,时间跨度长达一千多年。以时间为轴线,通过对每个时期不同文学体裁的文学作品的介绍,概括出朝鲜汉文学史各

---

① 唐铭逸、任晓霏:《中国传世汉字辞书在汉字文化圈的传播与影响——〈说文解字〉在朝鲜半岛的旅行》,《文教资料》2020年第34期。
② 金京爱、崔小萍:《高丽〈训要十条〉引〈尚书〉方法及其政治意识》,《海南大学学报(人文社会科学版)》2020年第6期。
③ 刘志峰:《韩国古代汉诗"长安形象"中的中国认识源流蠡论》,《东疆学刊》2021年第4期。
④ 金永寿:《朝鲜汉字资源文献整理与研究述评》,《东疆学刊》2021年第2期。
⑤ 蔡艺、李青:《〈纪效新书〉在朝鲜半岛的传播与影响——基于朝鲜汉文武籍编撰的视角》,《山东体育科技》2020年第6期。
⑥ 刘晨:《"徐福逸书"与近世日朝交涉中的东亚文脉》,《延边大学学报(社会科学版)》2021年第5期。
⑦ 金永寿、尚咏梅:《汉字与朝鲜半岛吏读文的关系及影响》,《民族语文》2021年第3期。
⑧ 曲金良:《"环中国海文化共同体"历史上的跨海人文旅行——明朝高丽文人郑梦周的渡海入京与其人其诗的古今影响》,《集美大学学报(哲学社会科学版)》2021年第1期。

个阶段不同的文学特点。① 李未醉对明清以前通事的产生、发展概况及研究情况做了历史的回顾,并从世界历史发展的视角出发,具体分析明清时期东亚华人通事群体形成的历史背景和社会原因,从宏观角度阐述明清时期东亚华人通事在东亚历史发展中所发挥的重要作用。②

资料整理方面。刘海峰、张文达主编的《朝鲜王朝科举史料·峤南科榜录》,是朝鲜王朝峤南地区的地方性科举文献,除收录"龙榜""虎榜""司马榜"外,还附有看上去不属于科举录的"荫仕"("袭荫""逸荫""荐荫""行荫""资荫")、"寿职"、"赠职"、"世讲"等内容,反映了朝鲜王朝峤南地区的科举历史,也为后人保留了大量珍贵的人物资料,无论是对朝鲜王朝的科举制研究,还是对中国的科举制研究,抑或两国之间文化与制度的交互研究,都极具文献参考价值。③

总的看来,2021年国内世界古代中世纪史学科研究中存在的不足之处包括以下四个方面。第一,学科发展严重不均衡。希腊罗马史、西欧中世纪史等领域依旧成果丰硕;古埃及史、拜占庭史研究取得了长足进步;原始社会史、古代印度史、中世纪古代非洲史、古代拉丁美洲史、古代日本史、中世纪斯拉夫史、阿拉伯和伊斯兰教早期史等领域的代表性成果依旧相对匮乏。第二,学术资源分布严重不平衡。一流学者与成果往往集中于上海、北京、天津、广州、长春等东部沿海的大城市中,除武汉、西安、成都、重庆等地外,广大中西部地区的世界古代中世纪史研究力量还相对薄弱。第三,国内学术界的研究成果与国际学术界的互动与交流、国内优秀学者在国际学术界中的影响力仍然有限。第四,2021年国内世界古代中世纪史学科在文献整理与译著出版的数量与质量方面较往年略有下降。希望此后能够引进古代印度史、古代日本史的相关人才,逐步改善古代中世纪史学科发展不平衡的状况。

欧洲中世纪史研究

整体而言,2021年中国欧洲中世纪史研究呈现出如下三个特点:第一,传统的研究领域成果丰富;第二,越来越多的研究从拉丁语原始文献入手;第三,新的史学书写方法日益受到追捧。

医疗社会史研究热度不减。面对已持续两年的新冠疫情,学界对欧洲中世纪的瘟疫、疾病及防控等问题保持着高度关注。邹翔考察了近代英国民间医学衰落的原因。她认为在近代早期,随着社会各方面的变革,各学科、职业呈现出专业化的趋势,医学也在这期间开始其专业化的历程,民间医学被整肃和排斥,并最终衰落。在此过程中,英国的宗教、政治和文化等要素都发挥了重要作用。④ 赵秀荣从1602年清教徒之家女孩玛丽·格洛弗的歇斯底里症状及之后引发的事件出发,认为近代早期英国社会对歇斯底里的认知仍旧处于从恶魔附体到身体疾病的过渡时期,歇斯底里尚未成为单独分类的疾病,但医生已经尝试将歇斯底里的解释医学化,把它从超自然主义中剥离出来。⑤ 孙继静根据对欧洲近代早期鼠疫防控工作的考察,认为欧洲妇女凭借家庭内的丰富医疗知识与经验,将家庭内医疗实践与公共卫生建设结合起来,增强了政府对

---

① 杨昭全:《朝鲜汉文学史》(共5册),吉林人民出版社2020年版。
② 李未醉:《明清时期东亚华人通事研究》,人民出版社2021年版。
③ 刘海峰、张文达主编:《朝鲜王朝科举史料·峤南科榜录》,广西师范大学出版社2021年版。
④ 邹翔:《近代英国民间医学的衰落:一项社会史的考察》,《中国社会科学院研究生院学报》2021年第4期。
⑤ 赵秀荣:《近代早期英国社会对"歇斯底里"的认知》,《经济社会史评论》2021年第3期。

鼠疫疫情的管控能力，满足了日益增长的济贫需求，并促进了专门医疗护理机制的形成。① 除此之外，《医学与文明》创刊使学界又多了一种专业刊物。《医疗社会史研究》集刊、《国际社会科学杂志（中文版）》等有多篇国际医疗社会史佳作译介，都大大拓展了我们的视野。

政治史研究新论频出。政治史历来是欧洲中世纪研究的重点，2021年又有不少新作、新论面世。李云飞挑战了疆土分治会导致国家分裂的观点，认为在疆土分治的过程中，加洛林国王们都会采用多种手段维护王国一体，比如禁止一些儿子的继承资格、禁止分王国再分治、强化长子地位等，这些措施亦可有利于王国一体。② 王晋新从文本、学术和历史三重语境出发，对诺特克在《查理大帝业绩》一书中关于查理曼"流泪"的叙事加以观照与辨析，认为这是一则并不符合历史真实的叙事，但是却具有一定的史料价值。③ 刘寅梳理了查理曼的"钦定布道辞"的编校史，并结合古文书学与史学信息，论证查理曼800年称帝后发动的改革运动构成了这篇布道辞产生的历史语境。④

王栋考察了《大宪章》形成之前的《未知特许状》草案和《男爵法案》草案，他认为《大宪章》一方面遵从《未知特许状》采取特许状形式，继承了国王宣誓传统；另一方面基本采用了《男爵法案》的内容、次序和措辞，确立了国家治理的结构。⑤ 谷延方指出，英格兰1297年危机在议会与王权的博弈中暂时化解，王权在一定程度上被限制，英国议会得以成长，对国内经济环境及对外关系也产生了重要影响。⑥ 董子云从布鲁日习惯法的两次更迭来观察国王、伯爵、城市的权力之争。王权的最终胜利使该事件成为法兰西王国法制化进程中的重要一步。⑦ 朱孝远考察了德意志农民战争时期农民起义军建立人民国家的纲领的改革，这些改革都服务于一个目的，即人民的国家执政为民，充分保障人民的政治、经济、社会权益，反映出早期人民国家的真正特性。⑧

在2021年政治史研究中，中世纪的政教关系研究引人注目。刘虹男和陈文海发掘法兰克王权理论中的基督教元素，并认为墨洛温国王通过教务会议，不仅在族群众多的高卢论证了自身统治权力的合法性，还传递出一种国王与主教共同商议国家大计、处理王国要务的象征性内涵。⑨ 包倩怡探讨了教宗格里高利一世在任职末年的福卡斯篡位事件，认为该事件为改善教会的生存状况提供可能，格里高利在这个事件中所做的选择，为中世纪早期教宗结盟加洛林王朝

---

① 孙继静：《近代早期欧洲妇女的家内医疗与公共卫生建设——基于鼠疫防控的考察》，《淮北师范大学学报》2021第3期。
② 李云飞：《加洛林王朝代际更替中的疆土分治与王国一体》，《历史研究》2021年第2期。
③ 王晋新：《情感与真实——诺特克所述"查理曼之泪"之辨析》，《世界历史评论》2021年第1期。
④ 刘寅：《查理曼的钦定布道辞——"德意志文献集成"〈法兰克王国条令〉第121号译释》，《世界历史评论》2021年第1期。
⑤ 王栋：《〈大宪章〉制定考——从男爵方案到国家特许状》，《古代文明》2021年第1期。
⑥ 谷延方：《1297年危机：英国议会与王权的初次较量和妥协》，《经济社会史评论》2021年第1期。
⑦ 董子云：《布鲁日习惯法的两次更迭与国王、伯爵、城市的权力之争（1281—1297）》，《世界历史》2021年第3期。
⑧ 朱孝远：《德意志农民战争纲领中的国家制度改革》，《历史教学（下半月刊）》2021年第2期。
⑨ 刘虹男、陈文海：《墨洛温王朝教务会议与法兰克王权理论的构建》，《历史研究》2021年第1期。

埋下了伏笔。① 李德龙认为法国王室对特兰特大公会议教令经历了从最初的推迟接受转变为有选择地采纳，再到最后默许地方教会接受三个阶段。这个过程是法国王室与罗马教廷关系的缩影，也是法国政教关系调适过程的写照。②

经济社会史研究深入推进。经济社会史研究常常与转型研究相关联，又因其广阔的学科属性，经济学、社会学、法学等学科的知识都交融其中。彭小瑜分析了中世纪神学家于格的《论童贞玛利亚》与本笃会修道士格兰西《教会法汇要》关于婚姻问题的观点。作者认为他们对爱情和婚姻问题的看法具有鲜明的人文主义特色，赞美夫妻之间的合意、柔情和忠诚，积极鼓吹他们心目中的男女平等和社会平等理想。③ 黄春高以1469年玛杰里·帕斯顿的婚姻个案为切入点，并在中世纪基督教的婚姻同意原则大背景下，对15世纪英国乡绅的婚姻观念与实践进行实证研究。结果显示，乡绅的日常婚姻仍然是土地财产和身份地位等传统要素在发挥重要作用。④ 高峻峰分析了15世纪帕斯顿家族中玛格丽·帕斯顿的婚姻选择困境，指出在帕斯顿家族成员的观念中，婚姻对他们的乡绅身份获得认同有重要影响。⑤

徐浩从"糊口经济"这个概念来考察中世纪欧洲各国食品的供求关系。他发现较早开始低出生率的国家摆脱了人口与资源的周期性循环，在中世纪农业缓慢增长的条件下率先改善了生活水平；而那些农业发展相对迟缓和人口增长较快的国家，则延续传统的人口—资源模式，生活水平没有根本变化。⑥ 于振洋、李新宽考察了中世纪晚期英国信贷与商业情况。他们认为，由于信贷的广泛存在，在中世纪晚期的危机中，英国商业在市场格局、商品消费以及贸易群体方面仍能够保持相当的活跃性，其根本原因在于中世纪晚期英国确立了一套官方的信贷维护机制，能够为以信贷形式从事的商业活动提供制度和法律的保障。⑦ 谢丰斋认为，中世纪的城镇化不单是由经济发展即商业化带来的，其中也有领主的私人法权因素。⑧ 刘程对中世纪后期北欧远程贸易模式变迁的研究，在一定程度上增加了国内学界对北欧远程贸易的认知。⑨ 王超华梳理了从罗杰斯以来中世纪英格兰工资史的研究线索，从工资变化、工资收入、工资差异、工资立法等方面对工资问题展开系统研究，并认为，黑死病之后英格兰工资劳动者收入和生活水平大大改善，"黄金时代"从而产生。此外，他还从莎士比亚的戏剧《仲夏夜之梦》出发，再绘了中世纪英格兰仲夏节的欢乐图景，从中我们可以管窥"快乐的英格兰"的历史现象及其成因。⑩

---

① 包倩怡：《格里高利一世时期的政教关系》，《世界历史》2021年第1期。
② 李德龙：《近代早期法国王室对特兰特会议教令的接受》，《史学月刊》2021年第11期。
③ 彭小瑜：《"理性不能辨识的，爱心可以体验"——于格的〈论童贞玛利亚〉与〈教会法汇要〉案例第29》，《世界历史评论》2021年第1期。
④ 黄春高：《同意原则的表里：15世纪英国乡绅书信中的日常婚姻》，《历史研究》2021年第1期。
⑤ 高峻峰：《玛格丽·帕斯顿的婚姻和乡绅身份的构建与认同》，《经济社会史评论》2021年第3期。
⑥ 徐浩：《告别糊口经济——中世纪欧洲食品供求关系研究》，《史学月刊》2021年第2期。
⑦ 于振洋、李新宽：《危机中的繁荣：中世纪晚期英国信贷与商业活跃性》，《史林》2021年第2期。
⑧ 谢丰斋：《私人法权的介入：中世纪英格兰的城镇化》，《世界历史》2021年第1期。
⑨ 刘程：《中世纪后期北欧远程贸易模式变迁研究》，《新疆财经大学学报》2021年第2期。
⑩ 王超华：《中世纪英格兰工资问题研究》，中国社会科学出版社2021年版；王超华：《中世纪晚期英格兰农民的仲夏节娱乐》，《经济社会史评论》2021年第2期。

史学史研究多点开花。李腾考察了美国早期的中世纪研究史，他认为自19世纪70年代以来，美国的中世纪研究形成较为完整的知识与话语体系，到20世纪30年代，则形成了重视教科书写作、他者性和继承性相互叠加、宏大视野与碎片化研究相互交织等特色。[1] 20世纪70年代，法国传统政治史研究面对年鉴学派的挑战陷入巨大危机，贝尔纳·葛内结合当时史学理论和史学方法的新发展，提出研究法国中世纪晚期政治史的新框架。董子云认为，在葛内的影响下，法国中世纪晚期政治史研究在20世纪末走向复兴。[2] 钱金飞分析了近两百年来学者们对神圣罗马帝国的认识，以及当今学者对这个政体的共识。[3] 柴彬、孙柳总结了70年来我国学者对西欧农业史、农村史、农民史的研究成果和不足。[4] 邹兆辰回忆了我国中世纪研究的先驱人物戚国淦先生的治学风范。[5] 此外，林恩·怀特的马镫与封建制、农业革命、技术进步的基督教根源等观点曾在历史学家中掀起长期的论战，我国学者对此也有讨论。[6]

记忆与历史书写、身份认同等话题日益受到重视。伊丽莎白女王与罗马教宗庇护五世沿用"宗教社会"传统，以信仰统一的原则来规训社会，加剧了天主教徒的身份认同困境。刘城探究了伊丽莎白一世在国家治理中如何突破宗教社会的传统，以适应宗教改革后基督教信仰多元化发展的局面。[7] 陈日华考察了古物学家与近代早期英国民族认同建构情况。随着宗教改革的进行与民族国家的形成，古物学家界定了英国文明的日耳曼特征，释读了古英语，重新评估了基督教因素。近代早期古物研究运动与英国社会变迁密切相关，具有鲜明的民族性与时代性。[8] 孙超探究了近代早期伦敦的历史话语与集体认同。在英国转型的关键时刻，英国当局重塑伦敦市民记忆的努力经历了"中立化—温和新教化—激进新教化"的过程，伦敦在一个相对较长的时期内没有像欧洲大陆的一些城市那样快速陷入社会撕裂的状态，这样的措施维持了伦敦的长期繁荣。[9]

（执笔者：孙泓、吕厚量、温静、孙思萌、王超华、邢颖、王万里、余星辰、张璐）

---

[1] 李腾：《中世纪研究在美国的建立及其早期风格》，《史学史研究》2021年第1期。
[2] 董子云：《贝尔纳·葛内与法国中世纪晚期政治史研究》，《史学理论研究》2021年第5期。
[3] 钱金飞：《数百年来学术界对神圣罗马帝国的研究及其新进展》，《思想战线》2021年第2期。
[4] 柴彬、孙柳：《中国史学界关于西欧农业史、农村史、农民史研究70年述评——以对英、法、德三国研究为例》，《外国问题研究》2021年第2期。
[5] 邹兆辰：《"老派学人"戚国淦先生的治学风范》，《首都师范大学学报（社会科学版）》2021年第4期。
[6] 吕天择：《林恩·怀特的中世纪技术史研究及其当代意义》，《自然辩证法通讯》2021年第8期。
[7] 刘城：《伊丽莎白一世时代天主教徒的身份认同困境》，《历史研究》2021年第4期。
[8] 陈日华：《古物学家与近代早期英国民族认同建构》，《历史研究》2021年第3期。
[9] 孙超：《重建市民记忆：近代早期伦敦的历史话语与集体认同》，《浙江大学学报（人文社会科学版）》2021年第2期。

2021年东亚、东南亚史研究综述

2021年的亚洲史研究，在各个方面都取得了长足进展，展现出欣欣向荣的发展态势。本文重点叙述东亚史、日本史、朝鲜史、东南亚史的研究状况。其中，东亚史是近些年兴起的研究领域，着重从东亚整体的角度来探讨该地区的各种问题，涌现了一批令人注目的研究成果；日本史、朝鲜史、东南亚史则是传统的研究领域，但随着研究的深入和拓展，一些重点研究方向持续取得进展和突破，同时也出现了诸多新领域、新方法、新成果。以下按照这四个部分来进行说明。

东亚史研究

近些年来，关于东亚区域史的研究受到广泛关注，国内学界从各个方面进行了有意义的探讨。2021年的东亚史研究，主要集中在以下几个方面。

一、对东亚史研究的历史进行综述、评论

宋成有重新审视了日本学界自近代以来的东亚史研究。[1] 他指出，在近代日本帝国武力崛起的过程中，"东洋史学"应运而生，因而兼具国策性与学术性。其奠基者白鸟库吉、内藤湖南等著书立说、提交研究报告，影响深远。二战结束初期，日本学者反省战前的研究，与"皇国史观""国策史学"划清界限，开始新的探讨。其中西岛定生与堀敏一的"东亚世界论"引人注目。随着经济高速发展，日本成为名列前茅的经济大国，东亚史的探索出现新趋势，东亚世界论受到普遍重视。进入21世纪，国际格局发生显著变化，日本东亚史研究与时俱进，新论迭出，硕果累累，并表现出两个突出特点：学术研究均基于现实需要或政府的委托，为当代日本外交提供思路，政治性明显；若干论著为贯彻某种史观和研究方法，未顾及历史进程的系统性与整体性，倾向于专题性研究的谋篇布局，可能是日本式学术研究细分化、碎片化的延续与扩大。

安洙英、姜伊威对韩国学界近三十年来的东亚史动向进行了述评。[2] 该文指出，20世纪90年代以后，把东亚作为一个地区单位思考的学术倾向在韩国明显抬头，而"东亚史"也被视为一种有意义的历史认识方式和叙述单位。学校教育"东亚史"课程开设后，东亚史的构成和研究方法的讨论丰富起来，启发韩国历史学界改变观点和转换思路。

---

[1] 宋成有：《推进东方外交史研究的他山之石——重新审视近代以来日本的东亚史研究》，《上海师范大学学报（哲学社会科学版）》2022年第1期。

[2] 安洙英、姜伊威：《从"东洋史"到"东亚史"——韩国学界近三十年的历史叙事反思》，《史学理论研究》2021年第5期。

黄俊杰探讨了21世纪东亚研究的必要性、新策略及其有关的理论问题。① 首先，该文指出，在西方帝国主义国家的侵凌之下，20世纪东亚各国知识界丧失了对东亚文化的信心。在这样的背景之下，20世纪东亚学术界思考东亚文化常常采取一种"以西摄东"的思路，以西方经验或理论的最高标准检核东亚各国之发展，导致许多研究论著沦为某种"忠诚度研究"，甚至成为"折射的东方主义"，造成20世纪许多东亚研究论著成为不了解"东亚"的"东亚研究"。所以，在21世纪重返东亚，乃成为绝对必要。其次，该文提出三个新时代的东亚研究策略：①研究焦点从东亚文化发展之"结果"转向"过程"；②兼顾东亚各地文化之"共性"与"特殊性"；③从关键词切入研究东亚思想交流史。再次，该文指出上述新研究策略可能触及的理论问题包括：①"国家"是否可超越之问题；②"疆界"之"可移动性"与"可协商性"问题；③东亚各国民族主义问题。最后，该文指出中国文化研究在新时代东亚研究中仍居于关键性地位。

以上三篇文章，对于国内学界深化东亚史研究，或者具有重要的参考意义，或者具有某种指导价值，值得予以关注。

二、关于东亚与外部世界关系的研究

徐鑫探讨了17世纪初期荷兰人的东亚认识。② 他指出，16世纪末17世纪初荷兰人进入亚洲后，其对东亚的基本认识仍然基于欧洲经验，将西班牙人和葡萄牙人视为自己最重要的对手。这一时期，荷兰人并不了解中国，对东亚的认识也仅仅依赖自身经验，并将之纳入到欧洲各国之间的竞争视野中。杜鹃梳理了近代巴西的东亚移民政策。③ 她指出，1850年巴西宣布禁止奴隶贸易后，曾试图从中国大规模引进华工，但始终未能如愿。这也在客观上为巴西和日本签署移民协定提供了历史机遇。巴西、日本在1895年建交，巴西引进日本劳工拥有了合法性。20世纪初，美国和加拿大相继出台了禁止或限制日本移民的政策，迫使日本劳工另寻出路；欧洲主要移民来源国纷纷颁布法令，禁止向巴西输出补贴劳工移民，巴西欲寻求劳动力来源多元化。与此同时，巴西的咖啡经济在政府的干预下逐渐复苏，增加了对劳动力的需求。在此情况下，巴西、日本于1907年签订《移民契约》。该文强调，19世纪末20世纪初中日两国国力对比及国际地位的变化，中日海外移民政策的不同走向，以及巴西和日本在建设现代民族国家过程中都追随欧洲文明，才是推动近代巴西东亚移民政策发生"弃中取日"转变的深层次原因。

三、从东亚视角来研究日本近代历史的相关问题

周启乾的论文集从东亚视角探讨近代日本的经济、文化、科技、法制，以及与俄国、中国的关系等多个方面，集中体现作者的研究思想和科研水准。④ 林翔探讨了近代日本的东亚"同文"主张与亚洲主义的关系。⑤ 他指出，近代日本国粹派提出"汉字国字论"，主张从日本"国字"角度来选择和使用汉字，这为"汉字统一会"统一东亚文字的论调提供了思想资源。汉字

---

① 黄俊杰：《关于21世纪东亚研究的几点思考》，《贵州大学学报（社会科学版）》2020年第6期。
② 徐鑫：《17世纪初荷兰人的东亚认识与入据台湾》，《河北学刊》2021年第6期。
③ 杜鹃：《弃中取日：近代巴西东亚移民政策的转变》，《世界历史》2021年第4期。
④ 周启乾：《近代东亚中的日本及日俄、中日关系研究》，社会科学文献出版社2021年版。
⑤ 林翔：《20世纪初期日本的东亚"同文"主张与亚洲主义——以"汉字统一会"为中心的考察》，《世界历史》2021年第3期。

统一会的"总设计师"是伊泽修二,他主张以汉字为东亚思想交流的利器。"汉字统一会"反对废除汉字,主张择取汉字中"共通实用"的部分,其实就是试图将日本的限制汉字政策推广到东亚。他强调,该组织整理汉字的目的不限于统一文字,还主张统一语言,其实质是为日本侵略亚洲做文化准备。范宏涛从东亚视域讨论了近代日本人物大谷光瑞。[①] 大谷光瑞是日本近代佛教家、探险家,以组织亚洲"内陆探险"为世人所熟知。该文从三个方面总结了大谷光瑞的朝鲜半岛之行及其与朝鲜半岛的关系。其一,分别在甲午战争和日俄战争时期派出"从军布教使"服务战争,呼应了日本政府的对朝扩张;其二,从1914年"放浪"之旅开始,数次前往朝鲜半岛,并在20世纪30年代提出亚洲殖民规划;其三,价值重大的"大谷文物"在东亚地区的流转给中国文化财产造成了无可弥补的损失,在某种程度上也间接为新时代东亚共同研究提供了基础。

学术集刊方面,《东亚学》以"东亚整体为研究对象",其第二辑有若干篇近代史方面的文章[②],例如聂友军的《1870年柳原前光使团在华交涉始末》、刘菁的《〈使清日记〉中的中国形象》等。

从东亚视角研究日本近代历史具有重要的历史意义和现实意义,上述作品进一步深化了这方面的研究。

四、东亚其他相关问题的研究

张晓刚通过聚焦近代中日韩三国在欧美国家武力冲击背景下的开港历程以及开港城市社会发展轨迹来再现东亚国家迥异不同的早期现代化历史进程,探索东亚国家的对外观念及因应策略等因素对其现代化及开港城市社会变迁的具体影响。[③] 牛军探讨了中国援越抗法政策、1954年中国对印度支那停战政策的缘起与演变、中美关系与东亚冷战、冷战时期美国在东亚的局部战争决策、20世纪60年代中美关系、中美苏战略三角的缘起及终结等相关问题。[④] 韩爱勇概述了东亚地区主义演变的历史,并对其未来发展趋向做了分析。[⑤] 赵国壮从糖品消费入手,将行业史和区域史研究有机结合起来,考察了明清以降东亚糖业经济发展情况,展现了东亚糖业格局变迁及重构的历史过程。[⑥]

总而言之,作为一个新的研究领域,东亚史研究具有广阔的发展前景,同时也迫切需要一些经典性的研究成果来开拓新的研究局面。

日本史研究

2021年的日本史研究主要有以下内容。

---

① 范宏涛:《东亚视域下的大谷光瑞与朝鲜半岛》,《当代韩国》2021年第1期。
② 江静主编:《东亚学》第二辑,上海交通大学出版社2021年版。
③ 张晓刚:《东亚开港与城市近代化研究》,中国社会科学出版社2021年版。
④ 牛军:《战后东亚秩序》,世界知识出版社2021年版。
⑤ 韩爱勇:《东亚地区主义的历史进程与未来趋向》,新华出版社2021年版。
⑥ 赵国壮:《东亚糖业史研究》,科学出版社2021年版。

一、中共与日共交往史、日共发展史、日本的社会主义传播史

2021年是中国共产党的百年华诞之年。国内日本史学界在中共与日共关系史研究方面取得了颇为丰硕的成果。同时,在日本共产党发展史、日本左翼政党史、日本的马克思主义传播史等方面学界研究也有长足进展。中国共产党建立的第二年,日本建立了其国内最初的共产主义政党组织——日本共产党。对于建党之初的中国共产党与日本共产党是否有着组织层面的交流,两党间存在怎样的联系与合作这些问题,徐志民在《中共与日共早期关系考(1921—1931)》一文中进行了系统的考证性研究。他指出,建党之初的中国共产党与日本共产党在共同指导台湾的共产主义组织、积极营救在中国被捕的日共领导人、联合开展反帝游行等方面有着较为深入的合作。① 抗日战争之中,中共与日共在反战、反日本军国主义方面也有着深入的合作。在《抗战中的中共和日共关系侧记》一文中,韩东育对片山潜、野坂参三、尾崎秀实等日共领导人以及伊田助男等国际共产主义战士与中国共产党的合作反战、对支持中国抗战的具体事例进行了考察。② 中国共产党建党之初,在日本是有支部组织的。但1927年国共分裂之后,中共在日本的组织及活动遭到了严重破坏。1928—1929年,中共在日本进行了组织重建。在《1928—1929年中共在日本的组织及活动——以日方档案资料为中心的历史考察》一文中,孙波利用日本的档案资料,对1928—1929年期间中国共产党在日本的组织重建、在日华人华侨间的共产主义思想宣传、开展马克思主义研究、与日共的组织联系等方面进行了系统考察。③

2021年,国内学术界对日本共产党的历史,尤其是对日共现当代发展史也开展了多角度的分析与研究。在政党发展史方面,谭晓军的《百年历程:日本共产党的发展困境及启示》从"日共百年历程中遭遇的困境及其原因"与"近年来日共对我国态度的转变及其原因"两个方面,对日本共产党的百年发展历程进行了分析与总结。④ 在当代日本共产党的政党政策方面,2021年的研究成果也较为丰富,特别是《当代世界社会主义问题》杂志对相关论文进行了集中刊载。其中,王明亮、王新影的《日本共产党宣传工作的演变历程及特征》与许可、郑宜帆的《日本共产党宣传工作网络化研究》对日本共产党的宣传工作方针进行了分析。⑤ 朱修强的《日本共产党"在野党联合政权"构想评析》对日共基于自身"在野统一战线理论"而提出的"在野党联合政权构想"进行了学理分析。⑥ 丁曼在《日本共产党"共斗"路线评析》中也对日共的统战路线进行了研究。⑦

在日本社会主义思想传播史方面,刘峰的《日本早期社会主义运动的挫折——以幸德秋水

---

① 徐志民:《中共与日共早期关系考(1921—1931)》,《史学月刊》2021年第7期。
② 韩东育:《抗战中的中共和日共关系侧记》,《世界历史》2021年第3期。
③ 孙波:《1928—1929年中共在日本的组织及活动——以日方档案资料为中心的历史考察》,《史林》2021年第5期。
④ 谭晓军:《百年历程:日本共产党的发展困境及启示》,《马克思主义与现实》2021年第4期。
⑤ 王明亮、王新影:《日本共产党宣传工作的演变历程及特征》,《当代世界社会主义问题》2021年第2期;许可、郑宜帆:《日本共产党宣传工作网络化研究》,《当代世界社会主义问题》2021年第2期。
⑥ 朱修强:《日本共产党"在野党联合政权"构想评析》,《当代世界社会主义问题》2021年第3期。
⑦ 丁曼:《日本共产党"共斗"路线评析》,《当代世界社会主义问题》2021年第1期。

的精英主义思想为线索》(《社会主义研究》2021 年第 5 期)① 与匡伶的《日本早期社会主义运动与佛教——以"大逆事件"为中心》(《日本问题研究》2021 年第 2 期)② 进一步拓展了该领域的研究。

二、日本军国主义史、侵略战争史、历史教科书历史认识问题

国内学界一直十分重视日本军国主义史与侵略战争史的研究。2021 年,该领域的成果也颇为丰富。在日本军国主义史方面,韩东育的《丸山真男的学术研究与对日本军国主义的反思》(《中国社会科学》2021 年第 11 期)、郭循春的《近代日本军队的国民"统制"机制及其演进》(《世界历史》2021 年第 5 期)较具代表性。征兵制度是日本军国主义体系中的重要环节。对此,曹亚坤在论文《从"免缓现役"到"学徒出阵":近代日本学生兵役制度的演变》对日本军国主义体制下学生兵役制度的变化与日本侵略战争之间的关系进行了分析。③ 舆论统制也是日本军国主义的重要一环,孙继强的《战时日本"出版新体制"的构筑及其法西斯化》从出版业的角度,分析了日本军国主义对舆论的钳制。④ 王玉强、庄苗苗的《近代日本马政及其对外扩张》则对日本军国主义体系中的军马问题进行了系统性考察。⑤

在日本侵略战争史方面,国内学术界更是一如既往地推出了一大批研究成果,研究视角呈现出了丰富的多样性。这些成果突破了既有的传统军事侵略史研究,从经济侵略史、文化侵略史、教育侵略史等角度对日本的侵略战争史进行了全面的觉瞰。传统军事侵略史方面,汪小义的《再论 1874 年日本出兵侵台意图》(《台湾研究集刊》2021 年第 2 期)、马晓娟的《石原莞尔与日本陆军"中坚层"的战争实践——以九一八事变为中心的考察》(《军事历史》2021 年第 1 期)、寇振锋的《日本军用汉语教科书〈皇军必携:实用支那语〉探究》(《日本侵华南京大屠杀研究》2021 年第 4 期)等较具代表性。经济侵略史方面。文春美的《寺内内阁的"区域经济一体化"政策与西原借款》指出,"朝鲜银行"在金融层面上承担着"鲜满经济一体化"政策的积极推进者的角色,它试图把将朝鲜纳入"日元货币圈"的经验推广到中国东北甚至中国关内,而寺内正毅内阁时期由"朝鲜银行"主导的西原借款正是 20 世纪 30 年代所谓"日满支经济一体化"的政策雏形。⑥ 瞿亮、张承昊的《砂糖产业与近代日本的南方扩张》对砂糖产业与日本的"南进"侵略之间的关系进行了分析。⑦ 林翔的《20 世纪初期日本的东亚"同文"主张与亚洲主义——以"汉字统一会"为中心的考察》则从文化侵略的角度,以所谓"汉字统

---

① 刘峰:《日本早期社会主义运动的挫折——以幸德秋水的精英主义思想为线索》,《社会主义研究》2021 年第 5 期。
② 匡伶:《日本早期社会主义运动与佛教——以"大逆事件"为中心》,《日本问题研究》2021 年第 2 期。
③ 曹亚坤:《从"免缓现役"到"学徒出阵":近代日本学生兵役制度的演变》,《外国问题研究》2021 年第 1 期。
④ 孙继强:《战时日本"出版新体制"的构筑及其法西斯化》,《世界历史》2021 年第 2 期。
⑤ 王玉强、庄苗苗:《近代日本马政及其对外扩张》,《史学集刊》2021 年第 5 期。
⑥ 文春美:《寺内内阁的"区域经济一体化"政策与西原借款》,《华中师范大学学报(人文社会科学版)》2021 年第 3 期。
⑦ 瞿亮、张承昊:《砂糖产业与近代日本的南方扩张》,《世界历史》2021 年第 5 期。

一会"为具体史例,对日本企图在亚洲进行的文化统制进行了分析。[1] 朱丁睿的《日本对伪北京大学的殖民管控与奴化教育》以伪北京大学为例,对日本侵华时期的教育侵略与奴化教育进行了具体的个案研究。[2] 此外,经济侵略史方面,还有蒲俊宏的《抗战时期日本经济侵略中的南洋侨汇》(《兰台世界》2021年第4期)、王耀振的《在华日本商业会议所对抵制日货运动的因应(1915—1923)》(《日本侵华南京大屠杀研究》2021年第4期)、马轶民的《伪满成立前日本在中国东北的农业掠夺开发——经济殖民视角下的水田农业开发模式分析》(《史学集刊》2021年第4期)、石嘉的《战时日本对华中沦陷区烟草业的统制(1937—1945)》(《史林》2021年第1期)等也颇具学术价值。文化与教育侵略史方面,刘学利的《伪满洲国教科书中的日本形象探析》(《大学》2021年第45期),刘经纬、黄逸萱的《伪满时期日本在中国东北的奴化教育制度及其危害》(《齐齐哈尔大学学报(哲学社会科学版)》2021年第11期),王安宇的《日本侵略者对伪满洲国"历史"及"日满关系"的历史书写》(《安庆师范大学学报(社会科学版)》2021年第1期)等也值得学界关注。

日本的历史教科书与历史认识问题也是国内学界长期关注的焦点。在历史认识方面,陈健行的《日本政府对"慰安妇"问题的历史认识演变——以官方谈话为中心的考察》从日本政府官方谈话的角度,对日本官方对"慰安妇"问题历史认识的变化进行了分析。[3] 历史教科书问题方面,唐剑明的《日本初中历史教科书中的中国抗日战争》较具代表性。[4]

三、古代中世纪史、前近代史(古代、中世、近世史)

日本古代史、中世史是国内日本史研究的较薄弱环节,但2021年该领域也涌现出了一批优秀成果。古代史方面。姜金言、戴宇的《藤原氏外戚政治与上皇制度的发展》对藤原氏外戚政治与上皇制度的关系问题进行了考证分析。[5] 朴慧淑、张艳琴的《日本游女百大夫信仰与傀儡子百神崇拜之关系溯考》(《民俗研究》2021年第4期)对平安时期游女百大夫信仰与傀儡子百神崇拜的关系进行了考证。

国内学界对日本中世史的研究主要聚焦以禅宗为中心的文化研究。2021年的研究也呈现出这一特征。较具代表性的研究有顾雯、宋时磊的《"茶器名物记"文献与日本茶道的成立——以镰仓到江户时代为中心》。该文以21部古典茶书文献为主线和中心,将日本茶道文化的发展分为茶道具从附属于"唐物""御物"的室内书院装饰物记录的时代、走向作为"茶器名物记"专集的时代和多样化及个性化展开的时代三个阶段。[6] 此外,张如意的《论日本武家社会的形成和发展》(《日本问题研究》2021年第4期)、康昊的《瘟疫、饥馑与施饿鬼仪式——朝鲜

---

[1] 林翔:《20世纪初期日本的东亚"同文"主张与亚洲主义——以"汉字统一会"为中心的考察》,《世界历史》2021年第3期。
[2] 朱丁睿:《日本对伪北京大学的殖民管控与奴化教育》,《抗日战争研究》2021年第4期。
[3] 陈健行:《日本政府对"慰安妇"问题的历史认识演变——以官方谈话为中心的考察》,《日本研究》2021年第2期。
[4] 唐剑明:《日本初中历史教科书中的中国抗日战争》,《首都师范大学学报(社会科学版)》2021年第1期。
[5] 姜金言、戴宇:《藤原氏外戚政治与上皇制度的发展》,《史学月刊》2021年第8期。
[6] 顾雯、宋时磊:《"茶器名物记"文献与日本茶道的成立——以镰仓到江户时代为中心》,《农业考古》2021年第2期。

"己亥东征"背景下日本的饥疫对策》(《海交史研究》2021年第2期)则分别从武家社会结构、灾荒疾病救治的角度对中世日本社会的具体问题进行了研究。

国内学界对近世史的关注主要集中于思想文化史、文化交流史以及典籍文献学研究。思想文化史方面，董灏智的《日本江户思想家的"日本优越论"取向》较具代表性。[①] 此外，思想史方面，高悦的《江户日本对中华价值的置换：以徂徕学双重中国认知为中心》(《外国问题研究》2021年第4期)也具有一定的学术价值。文化交流史方面，徐克伟的《汉译西书之于日本江户兰学的借鉴意义》(《国际汉学》2021年第1期)、《汉译佛经对德川日本兰学翻译的借鉴意义》(《宗教学研究》2021年第1期)，樊宁的《三国文化在日本的流传与嬗变》(《中州学刊》2021年第8期)较具代表性。典籍文献学研究方面，伴俊典的《中国古典戏曲传入日本的相关疑问——以日本江户时期新发现的唐船舶载资料等珍稀文献分析为中心》(《河北学刊》2021年第4期)、张小敏的《〈诗经〉在日本江户时期的接受与流变》(《山西大学学报（哲学社会科学版）》2021年第4期)较具代表性。

四、日本近现代史

近现代史是国内日本史学学界研究重点，成果历年均十分丰富。除前文所述日本军国主义史、侵略战争史等相关专题研究外，2021年国内学界在政治史、中日关系史、思想文化史、医疗卫生史方面也均取得了一系列颇具学术价值的成果。近代政治史方面，陈伟的《原敬关于立宪君主制改革的构想与实践》(《世界历史》2021年第5期)、《日本初期议会期藩阀政府与民党关系之演变》(《中国社会科学院研究生院学报》2021年第3期)、《近代日本政党内阁期的选举运动》(《北京社会科学》2021年第9期)对原敬与日本近代政党政治的关系、20世纪早期日本的选举政治等问题进行了体系性学术考察。现代政治史方面，张跃斌的《浅析二战战后初期日本的选举政治》认为，从战后初期的选举实践来看，政治人物把获得选票视为目的本身、而非达到目的的手段，由此导致不择手段、钻法律空子的现象司空见惯，金权政治连环上演，无法从根本上破解日本政治遇到的各种难题。文章指出，造成这一系列问题的深层次原因，在于日本社会过于迷信选举的倾向。[②] 中日关系史方面，许龙生在《中日两国围绕明治天皇去世开展的"葬礼外交"探析》一文中指出，中日两国围绕明治天皇去世所展现的"迎"与"拒"，反映了外交手段与外交实践的分离，以及民国政府寻求列国承认与日本政府意图扩大在华利益之间的对立。[③] 刘峰在《甲午战争以前日本的对华协调政策——以1876—1894年的朝鲜问题为例》一文中，以1876—1894年的朝鲜问题为例，对中日甲午战争以前日本的对华协调政策进行了分析与考察。[④] 思想文化史方面，韩东育在《从近代化到近代性：日本新旧宪法的思想史解读》一文中指出，日本从明治到昭和的成败轨迹表明，"近代化"在本质上不等同于"近代性"。文章还指出，日本政府之所以直到今天仍企图"修宪"，暴露出新宪法在"国体"和"天

[①] 董灏智：《日本江户思想家的"日本优越论"取向》，《东北师大学报（哲学社会科学版）》2021年第4期。
[②] 张跃斌：《浅析二战战后初期日本的选举政治》，《晋阳学刊》2021年第6期。
[③] 许龙生：《中日两国围绕明治天皇去世开展的"葬礼外交"探析》，《安徽史学》2021年第4期。
[④] 刘峰：《甲午战争以前日本的对华协调政策——以1876—1894年的朝鲜问题为例》，《安徽史学》2021年第5期。

皇"问题上所存在的无法克服的法理疏漏。[1] 牟伦海的《占领初期日本"文化国家"构想中的国权与民权论争》则对日本在二战后占领初期自主提出的"文化国家"构想进行了考察。[2] 医疗卫生史方面。焦润明、杨殿林在《19世纪70年代末日本应对霍乱的举措及启示》一文中指出,19世纪70年代末日本政府针对霍乱疫情的一系列防控举措,对日本近代和现代防疫体系的形成具有重要推动作用。[3] 孙志鹏、李思佳在《近代日本的鼠疫防控及社会管理》一文中,对20世纪初期日本的鼠疫防控进行了社会史的考察。[4] 蒋道霞在《二战后日本医疗保障制度的历史演进》一文中指出,二战后,日本医疗保障经历了现代医疗保障制度的重建和全民医疗保障制度体系的确立与发展阶段。1984年之后,伴随着老龄化的发展,日本进行了一系列的医疗保障制度改革,在此过程中,经济发展与医保财政是关键考量。[5] 除上述领域外,移民史研究在2021年也取得了进展。较具代表性的研究有杜鹃的《弃中取日:近代巴西东亚移民政策的转变》(《世界历史》2021年第4期)、《近代日本移民政策的转变》(《北方论丛》2021年第3期),李春燕的《明治时期日本移民至美国的动因探究》(《公关世界》2021年第16期)等。

五、史学史与史学理论

马克思主义史学史与史学理论方面。周雨霏的《马克思主义史学与二战前及战时日本的亚洲观——以"亚细亚的"一词的流行与语义变迁为中心》(《史学月刊》2021年第11期)对马克思在《〈政治经济学批判〉序言》中使用的"亚细亚的"(asiatisch)一词在日本的含义变迁进行了考察。邢科的《论马克思主义史学的宏观视野——以上田茂树〈世界历史〉为中心》则对日本共产党领导人上田茂树的马克思主义世界通史著作《世界历史》的史学影响进行了考察。[6] 此外,还有叶建的《近代日本史学理论著述与李大钊史学思想的变化》(《淮阴师范学院学报(哲学社会科学版)》2021年第6期)等也值得学界关注。实证主义史学方面。周雨菲的《兰克史学在日本的传播与接受》对兰克史学在日本的传播与发展历程进行了总结与分析。[7] 贾菁菁的《坪井九马三与近代日本实证史学》则对坪井九马三的实证主义史学进行了研究。[8] 李文明的《20世纪日本学界的"古代虾夷族群"论争》则对20世纪日本学界的"古代虾夷族群"论争进行了梳理与考察。[9]

六、日本史研究重要著作介绍

2021年8月,由中国日本史学会会长杨栋梁牵头,日本史学会和东北师范大学东亚研究所

---

[1] 韩东育:《从近代化到近代性:日本新旧宪法的思想史解读》,《历史研究》2021年第6期。
[2] 牟伦海:《占领初期日本"文化国家"构想中的国权与民权论争》,《日本学刊》2021年第4期。
[3] 焦润明、杨殿林:《19世纪70年代末日本应对霍乱的举措及启示》,《吉林大学社会科学学报》2021年第1期。
[4] 孙志鹏、李思佳:《近代日本的鼠疫防控及社会管理》,《经济社会史评论》2021年第3期。
[5] 蒋道霞:《二战后日本医疗保障制度的历史演进》,《西部学刊》2021年第23期。
[6] 邢科:《论马克思主义史学的宏观视野——以上田茂树〈世界历史〉为中心》,《哈尔滨工业大学学报(社会科学版)》2021年第6期。
[7] 周雨菲:《兰克史学在日本的传播与接受》,《学术研究》2021年第8期。
[8] 贾菁菁:《坪井九马三与近代日本实证史学》,《学术研究》2021年第8期。
[9] 李文明:《20世纪日本学界的"古代虾夷族群"论争》,《世界历史》2021年第4期。

主编的《日本社会变迁研究》丛书由江苏人民出版社出版。《日本社会变迁研究——纪念中国日本史学会成立四十周年论文拔萃》,是四十年来我国日本史研究优秀成果的集成。文集的出版,在我国的日本研究学术史上具有仰望先贤、奖掖中坚、激励后学的里程碑意义。该丛书收录的110篇专题论文,是通过中国日本史学会专门设立的"纪念中国日本史学会成立四十周年优秀论文评审委员"的评审产生的,入选论文绝大多数为在国内一级学科顶尖期刊上发表的论文。按照历史发展阶段划分的原则,文集共分为四卷约140万字,内容涉及日本古代至当代各个历史发展阶段中政治、经济、社会、文化思想及对外关系的重要问题,集中展示了中国学者的研究视角、研究方法、立场和观点。

朝鲜史研究

总体来看,2021年中国的朝鲜/韩国史研究取得了较大成就。单从成果数量来看,用中图分类号在中国知网上检索到的朝鲜史论文有104篇之多,远超2019年的82篇和2020年的84篇;在中国国家图书馆检索到的2021年新出版朝鲜史学术著作有五六部之多,而在往年通常也就两三部。所以,将2021年视为中国朝鲜史研究的丰收之年,并不为过。具体从成果内容看,2021年朝鲜史研究呈现一些新的特点。

第一,研究视角出现转向。以往的中国朝鲜史研究多是站在中国看朝鲜,而2021年有很多青年学者注重从朝鲜的视角看中国。在历史上,中国与朝鲜交往密切,朝鲜保留了大量关于中国的记载。以往学界仅把它们作为研究中朝交往的史料使用,或者是作为国内史料的参考。严格来说,这样的研究仍属于中国史范畴。而现在越来越多的学者挖掘和利用朝鲜有关中国的史料,是为了探究当时朝鲜精英阶层的对华观的形成。这就在朝鲜史范畴中。

代表性的著作有潍坊学院王珂老师与两位韩国学者合著的《漫漫朝天路——明末朝鲜使臣海路使行研究(登州卷)》。该书在爬梳了三十余种明末朝鲜使臣海路使行文献的基础上,结合文献考证、田野调查、访谈等多种手段,重构了明末朝鲜使臣的使行路径(山东登州府段),较全面、如实地再现了明末朝鲜使臣视域中的中国文化空间。[①] 这种视角转换,不仅出现在明清中朝交流史中,就是在当代中韩关系研究中也有应用。上海政法大学张弛的《韩国对中国周边外交的认知研究:2002—2014》[②] 就是这样的著作。该书主要是考察韩国"四界"——政府、学界、媒体和民众——对上海合作组织、亚洲基础设施投资银行和南海争端的认知态度,呈现出韩国视野下中国周边外交的基本轮廓。该书将历史学中的资料收集分析同国际政治心理学理论巧妙结合起来,令人耳目一新。

除了这两本代表著作外,2021年还涌现出多篇论文探讨朝鲜的对华观。比如刘畅的《高丽中期文人群体的国家主体意识与对华观念转变》[③] 和张弛的《明清鼎革与朝鲜王朝对华观的嬗

[①] 王珂、[韩]韩钟镇、[韩]唐润熙:《漫漫朝天路——明末朝鲜使臣海路使行研究(登州卷)》,中国社会科学出版社2021年版。

[②] 张弛:《韩国对中国周边外交的认知研究:2002—2014》,社会科学文献出版社2021年版。

[③] 刘畅:《高丽中期文人群体的国家主体意识与对华观念转变》,《文史哲》2021年第4期。

变》①。这在2021年的朝鲜史年会提交论文中也有体现。比如，郑立菲的《十九世纪中后期朝鲜开化士人对华称谓的嬗变》、王建宏的《〈东亚日报〉呈现的中国共产党形象（1920—1940）》和杨雨蕾的《明清朝鲜文人的浙江潮认知》等。

第二，研究路径有所超越。以往研究古代中朝交往或朝鲜外交都离不开东亚宗藩秩序的大框架。在此路径下，朝鲜的外交自主性往往得不到体现。而2021年此类研究明显减少。相反，突出朝鲜自主性的研究题目增多，最明显的例证就是对明清之际朝日关系研究的关注。这方面，天津师范大学的王臻②、宁波大学的郑洁西③和南京大学的马云超④都有成果发表。他们的研究让我们看到了朝鲜在宗藩体系下的自主性。王臻认为壬辰战后朝鲜有意发展与日本关系，一个重要考量就是想在明与后金对峙的局面下，实现"外交关系的多样化"。马云超也指出，"朝鲜王朝在奉行'事大主义'的前提下，仍基于本国利益灵活地制定外交政策"。但他们也都强调中国在朝日交往中始终扮演着"不在场的在场者"角色。所以，这并非是否定宗藩体系，而是一种补充。

2021年，关于中朝宗藩关系研究影响最大的力作当属南开大学孙卫国教授的《"再造番邦"之师：万历抗倭援朝明军将士群体研究》（社会科学文献出版社2021年版）一书⑤。万历抗倭援朝战争是近世东亚中日朝三国间发生的一场重要战争，对塑造中朝宗藩关系产生深远影响。抗倭援朝的明军将士因为有"再造番邦"之功，而受到当时朝鲜王朝的感恩。但在后世历史书写中，明军将士却被贬低。孙卫国教授认为主要是受三种因素所累：一是明朝党争，二是明清易代后的政治偏见，三是韩日两国的民族主义史学立场。作者著此书正是为明军将士"正名"。表面上看，此书应属于中国史下的中外关系史范畴，但作者在史料使用上强调"多元史料互相对勘"，在研究方法上注重心态情感研究，在研究对象上不仅限于中国明朝，也涉朝日两国，同时书中还回应了韩日乃至西方学界观点。所以，其东亚史和全球史的意义也不应被低估。

第三，在韩国近代转型方面，注重考察大国的影响。近代东亚国际秩序转型通常是指古代华夷秩序的崩塌与近代条约体系的建立。朝鲜正是两种体系碰撞的交汇点，背后是中日两大国地位变换。苏州科技大学祝曙光教授的《朝鲜与东亚国际秩序的近代转型》一文正是对这一关联的分析：面对西方的冲击，"中国竭力维持中朝宗藩关系，力图使华夷国际体系与近代条约体系兼容、并存。但由于国力衰落，提供公共资源的能力不足，在日本以及西方国家压力和朝鲜内部日益严重的离心倾向下，无法扭转华夷国际体系的瓦解，东亚国际秩序在武力威胁与军事冲突中向近代转型⑥"。海南师范大学马德义发表了在朝鲜近代化转型中美国影响的论文《近代美朝建交之初福久如何拓展美国在朝商业利益及其成败》⑦。该文主要通过考察美朝建交之初美

---

① 张弛：《明清鼎革与朝鲜王朝对华观的嬗变》，《中州学刊》2021年第10期。
② 王臻：《东亚区域外交：壬辰战后朝鲜与日本之间的关系态势探析》，《安徽史学》2021年第4期。
③ 郑洁西：《万历朝鲜战争再战前夜日朝外交关系探微——以金应瑞与小西行长的外交活动为中心》，《古代文明》2021年第2期。
④ 马云超：《"己亥东征"与15世纪前期的东亚外交博弈——以朝鲜王朝初期的对外政策为中心》，《江海学刊》2021年第5期。
⑤ 孙卫国：《"再造番邦"之师：万历抗倭援朝明军将士群体研究》，社会科学文献出版社2021年版。
⑥ 祝曙光：《朝鲜与东亚国际秩序的近代转型》，《江汉论坛》2021年第2期。
⑦ 马德义：《近代美朝建交之初福久如何拓展美国在朝商业利益及其成败》，《当代韩国》2021年第2期。

国外交官福久在朝鲜的主要活动，透射出19世纪末美国对朝鲜不予重视的态度。延边大学韩石博士《论日本殖民统治时期的朝鲜棉业发展（1910—1940）》[1]一文，分析了朝鲜棉业是如何步入近代化的。20世纪30年代，东亚陷入战争阴云，朝鲜的棉业成为日本维持对外侵略战争的经济后盾，一方面在朝鲜继续生产种植棉花；另一方面，在朝鲜本土投资开办棉纺织厂，扩大棉纺织业发展规模，为其对外侵略提供经济支撑。这一时期朝鲜棉业是服务于日本军国主义体制的，难以得到充分自主发展。

第四，韩国当代史研究出现新亮点。相较于古代和近现代朝鲜史研究百花齐放的局面，二战后的朝鲜和韩国史研究就显得"冷清"多了，这是国内朝鲜史研究长期存在的一个问题。但这也不意味着当代韩国史就停滞不前，2021年仍然有亮点可圈。

首先，冷战史是战后朝鲜史研究中鲜有能够保持发展势头的领域，这与外交档案的陆续公开密切相关。2021年，华东师范大学冷战史专家梁志教授发表的新作《合作与限制：20世纪70年代美国对韩国导弹开发活动的反应与对策》[2]，就是充分利用了新解密的1970年代美国外交档案，再现韩国导弹开发受限问题的源起。该文的现实意义很大。冷战期间，美国在朝鲜半岛以防御为主，所以美国不仅要威慑朝鲜，还要约束韩国的军事能力。而最近，美国为韩国导弹开发松绑，意味着美韩同盟由守转攻。另外，延边大学的金成杰老师则刊发了关于冷战另一阵营的研究成果。金成杰的《试论朝鲜光复后入朝苏联朝鲜人群体的构成及其主要活动》一文关注的是朝鲜建国之初从苏联回国的一支政治力量，被称为"苏联派"。长期以来，朝鲜史学界常有此称谓，但鲜有人做过具体研究，该文算是填补了国内空白。根据金成杰老师的考证，该群体主要由对日作战时期情报人员、苏籍朝鲜军人、俄语教师、各类技术专家、政府机关内各领域顾问等构成。这些人在朝鲜确立社会主义制度过程中发挥了重要作用，在诸多领域作出了贡献。但后来，苏联朝鲜人群体因缺乏朝鲜国内政治基础，影响力逐渐衰退。[3]

其次，韩国的现代化研究亦有新成果出现。现代化研究是韩国当代史的重要组成部分，但其研究多不在历史学界，而是见于经济学、政治学和社会学中。2021年也不例外，延边大学经济管理学院的沈权平梳理了韩国"乡村振兴"政策的起源、演进和政策路向。[4] 该文对韩国的经验教训有较为深刻的总结，对中国的乡村振兴有借鉴意义。

东南亚史研究

从20世纪初期的南洋研究算起，中国的东南亚研究已走过百年历史。进入新世纪，尤其是"一带一路"倡议提出以来，随着中国国力的提升、东南亚地区重要战略地位的凸显，以及中

---

[1] 韩石：《论日本殖民统治时期的朝鲜棉业发展（1910—1940）》，《齐齐哈尔大学学报（哲学社会科学版）》2021年第9期。

[2] 梁志：《合作与限制：20世纪70年代美国对韩国导弹开发活动的反应与对策》，《世界历史》2021年第1期。

[3] 金成杰：《试论朝鲜光复后入朝苏联朝鲜人群体的构成及其主要活动》，《延边大学学报（社会科学版）》2021年第4期。

[4] 沈权平：《韩国乡村振兴社会政策的起源、演进及政策路向》，《中国农业大学学报（社会科学版）》2021年第5期。

国与东南亚关系的日益密切，中国对东南亚研究的重视程度日渐增强。历史研究最主要的功用在于"经世致用"，现实需要是历史知识生产的原动力，2021年中国的东南亚史研究也不例外。在新冠疫情仍在东南亚某些国家肆虐的2021年2月，缅甸出现政权交替，以敏昂莱为首的军方执掌政权。拜登上台后，延续特朗普时期的"印太战略"，竭力把位于太平洋和印度洋枢纽的东南亚纳入其"印太框架"，抗衡中国的"一带一路"倡议，遏制中国崛起。为此，时隔五年后，2021年10月，美国再度举办"美国—东盟峰会"。此外，2021年"区域国别学"成为交叉学科门类下的一级学科。正是在上述背景下，2021年中国的东南亚史研究在区域通史和国别通史的撰写、译介，研究议题、研究方法和视角等方面都取得了一定的进展。

一、东南亚区域通史和国别通史的撰写与译介

通史撰写最能体现一个学科的研究水平。广西民族大学郑维宽教授主编的《东南亚区域史》是中国东南亚通史研究的最新代表性成果。[①] 如作者在前言部分指出，与以往的东南亚研究"重现实、轻历史"不同，他旨在将历史和现实结合起来，从历史脉络中探寻现实问题生成的渊源，从而更加深刻把握中国—东盟关系的演进历程。在书写范式上，该书从整体史和文明史的角度重构了东南亚区域史书写的范式，将东南亚区域发展的历史性和共时性紧密结合，既注重不同时间断面上东南亚各国和区域演进的整体轨迹，也涉及了同一时间断面上各个民族国家和民族文化之间的横向联系。

全书分为三编。第一编"东南亚区域发展史"勾勒了东南亚历史发展的整体脉络。在叙述各国历史纵向演进的同时，作者梳理了各国历史发展的横向联系，揭示了这种横向联系在东南亚区域史形成中的作用。第二编"东南亚文化史"从文明史观复原了东南亚文化发展的历史历程。作者从语言文字、文学艺术、宗教信仰和建筑雕刻四个要素进行切入，揭示了本土和外来影响两个层面在东南亚文化形成和发展中的作用。第三编"东南亚与周边交流史"则从国别角度，论述了东盟十国与中国及相互之间的交流史。

尽管作者力求挖掘东南亚历史的整体性，但在论述时基本还是从国别角度切入，不免给人以碎片化的感觉。此外，作者并未深刻揭示东南亚的主体性。通读全书后不难发现，作者仍突出了中国和西方殖民主义在东南亚历史演进中的影响，"欧洲中心"和"中国中心"的痕迹仍比较明显。

过去十多年里，中国的东南亚研究虽进展明显，但与美欧、日本、新加坡相比在不少方面还存在差距，尤其在理论和学说上。唯有在批判性地借鉴吸收国外的成果的基础上，我们才能创造自己的理论，进而得到国际学界的承认。译介是该过程必不可少的环节。2021年，在东南亚史译介上最突出的成就当属《东南亚史：危险而关键的十字路口》一书的中文版问世。[②] 作者安东尼·瑞德是澳大利亚历史学家，主要研究领域为东南亚史，他曾创办加州大学洛杉矶分校的东南亚研究中心、新加坡国立大学的亚洲研究所。瑞德教授著作等身，且全部研究精力聚焦东南亚地区，被誉为当今世界东南亚研究领域第一人。该书是他的最新著作。

众所周知，东南亚地区文化多样，历史复杂，那么应如何将其历史整合在一个统一的进程

---

① 郑维宽主编：《东南亚区域史》，暨南大学出版社2021年版。
② ［澳］安东尼·瑞德：《东南亚史：危险而关键的十字路口》，宋婉贞、张振江译，上海人民出版社2021年版。

中呢？与同类著作相比，瑞德教授的著作有以下特点。一是突破民族国家叙事框架。该书并非单纯的东南亚国别史的叠加，而是一部真正意义上的东南亚区域史，整体性特征明显。二是东南亚的主体性特征明显。中国学者书写东南亚史时侧重"中国中心"，欧洲学者在撰写时侧重"欧洲中心"，东南亚本土的民族主义著作则总是将叙事中的欧洲、中国影响降到最低。瑞德教授无论是在主题设置还是在材料使用上，都力避这三种倾向，秉持"在东南亚研究东南亚，为东南亚人研究东南亚"的情怀，竭力使东南亚人在自己的历史叙事中具备中心性和权威性地位。三是以主题为导向。以往的东南亚史著作多以重大事件和重要历史人物为切入点，瑞德教授却力求避免英雄主义叙事，而是以不同主题行文，同时给予普通民众更多的关注，重点关注与东南亚民众息息相关的环境、宗教、社会、文化、人口、健康、思想等方面。总之，该书不仅具有史料价值，更具方法论意义。

本着将更多海外东南亚研究成果引入中国的目的，在一批知名学者的推动下，商务印书馆和云南大学于2014年正式启动"海外东南亚研究译丛"项目。2020年12月，该项目重磅推出了越南著名历史学家陈重金所著的《越南通史》。[①] 该书于1920年出版，1949年第三次修订，1992年出过一版中文版。《越南通史》堪称鸿篇巨制，起自上古传说中的鸿庞氏，下迄1902年，涵盖了几乎所有的重要历史节点。该书不仅是越南首部以拉丁字母写成的历史著作，还是首部借鉴西方史学方法和理论的著作。此外，与封建时代越南官修史只注重"帝王将相"和王权争霸不同，作者还注意到了与人民生活紧密相联的史事，如学习、钱币、法律、社会、风俗、信仰等，并将这些与人民相关的历史写入其中。陈重金一生经历了封建时代末期、法国殖民统治时期、日本占领时期、共和国初期，他的这部巨著不仅是了解和研究越南历史的重要参考资料，更让我们看到了一位有良知的知识分子和民族主义者在时代巨变中著史立说、启迪民智的家国情怀。

二、东南亚区域或国别史研究的方法

一门独立的学科必须有清晰的研究边界和方法。随着国内学界对东南亚区域国别史的研究越发重视，除上述通史著作中暗含的方法论内容外，2021年还有一些专门探讨东南亚区域国别研究的方法和理论著作问世。

吴小安的《区域与国别之间》是一部重磅著作。[②] 该书结合东南亚研究和华侨华人研究，从学科方法论与个案专题研究两大层面，系统考察了区域与国别研究到底是什么、区域研究的谱系是什么，以及"区域与国别之间"的维度到底何在等重大学术关怀的问题。作者通过具体案例阐释的"田野调查""历史观察""历史视角""概念脉络和学术脉络谱系构建""个案研究""跨界研究"等研究方法对研究东南亚区域史具有重大参考意义。

包茂红的《国际东南亚研究的演变——以东南亚史研究为重点》发表后在学界引起了较大反响。[③] 作者首先对东南亚的概念谱系做了探讨，指出东南亚这个概念是欧美人创造的，是东南亚区域和其宗主国关系变化的产物，也是日本帝国主义侵略反衬的结果。东南亚这个概念是

---

① ［越］陈重金：《越南通史》，戴可来译，商务印书馆2020年版。
② 吴小安：《区域与国别之间》，科学出版社2021年版。
③ 包茂红：《国际东南亚研究的演变——以东南亚史研究为重点》，《陕西师范大学学报（哲学社会科学版）》2021年第2期。

多元的，是在不同文化和国家利益基础上建构的。这是国内少有的把东南亚概念说得如此透彻的成果。作者梳理了欧美的东南亚研究、东亚的东南亚研究，进而指出，从世界学术发展的大趋势和亚洲的东南亚研究经验两方面看，东南亚研究需要进行文理交叉的研究，而环境史研究正是一个实现文理交叉的抓手。他认为环境史不仅是一门学科领域，更代表着一种新的思维方式。环境史在承认环境具有历史能动性的前提下，通过与人及其社会的相互作用可形成一种自然科学化的"超级史"——把自然科学、人文和社会科学融为一体，进而把自然规律与社会规律统一的新历史。

龚浩群的《中国东南亚研究的人类学路径：回顾与反思》从"东南亚华人研究""跨界民族研究""东南亚国家主体社会研究"三个方面梳理了中国的东南亚人类学研究的进展和不足。[1] 作者进而指出，当下东南亚的人类学研究首先应具有明显的中国意识，即充分理解中国与东南亚的历史和现实联系，重视当代中国与东南亚之间的互动所产生的广泛影响，在中国与东南亚的联系中去认识东南亚本土社会的特点及其变迁；其次应具备区域视角，即重视东南亚的本土经验，从当地社会的视角来理解东南亚，充分关注区域内部以及该区域与其他区域之间的人口、商品、资本和文化流动现象；最后还需要全球关怀，即在东南亚和世界的关系格局中思考东南亚人类学的研究问题。

越南战争是冷战时期具有重大国际史意义的事件，其影响一直延续至今。正因如此，越南史的研究一直是国际显学。越南统一后，其官修历史往往进行选择性叙述、排除他国影响，并因现实需求而不断改变叙述，呈现出明显的民族主义和实用主义倾向。比如对西贡政权的法理地位，以往的叙述中大都将其视为"傀儡政权"或"伪政权"，但在越共十一大后，随着中越南海争端的发酵，越南对西贡政权的认识开始出现不同声音，新编《越南历史》出版后，越南围绕该问题的看法日益分化。赵卫华对这些不同声音进行了梳理，指出南海问题是上述变化的核心动因。[2] 西方尤其是美国的越南研究呈现出明显的范式转变，即从殖民主义范式到美国的新殖民主义范式再到越战结束后的去殖民化范式的转变。杜雨晴和牛军凯梳理了这种变化，指出尽管范式在转变，但背后的意识形态对立和西方中心痕迹仍比较明显。作者建议中国的区域国别研究应吸取这一教训，立足本土视角，挑战西方认识论霸权。[3]

在西方的越南史研究中，加拿大魁北克大学蒙特利尔分校世界史系教授克里斯多夫·戈沙（Christopher E. Goscha）的研究可谓独树一帜。戈沙 1965 年出生在美国堪萨斯州，属于越战时期出生成长的一代人，精通越南语、法语，并具有国际关系和历史双重学术背景。他的研究专长是印度支那史，尤以越南史为著，被誉为西方越南史研究中生代第一人。他的《新越南史》（*The Penguin History of Modern Vietnam*）一经出版即引起了巨大反响，如今我国台湾地区已有中译本问世。云南大学的王子奇从理论角度对戈沙的新著做了剖析述评。他认为戈沙的越南史研究有三个突出特征：一是"去动员化"，即抽离政治语境、站在"价值中立"的立场去考察越南历史，以求历史知识的客观性；二是"去例外化"，即将越南置于全球、区域视野，通过横

---

[1] 龚浩群：《中国东南亚研究的人类学路径：回顾与反思》，《东南亚研究》2021 年第 6 期。
[2] 赵卫华：《越南国内关于西贡政权历史法理地位的争论》，《南洋问题研究》2021 年第 1 期。
[3] 杜雨晴、牛军凯：《去殖民化与区域国别研究的模式转型——以西方越南研究为主线》，《东南亚研究》2021 年第 6 期。

向比较研究，得出越南并非"例外"，并非只是简单地反抗外来侵略，其本身亦充斥着领土扩张和侵略行为；三是"去简单化"，即运用多语种、多形式的材料，强调多样性和偶然性，力图呈现不一样的越南史图景。①

祝湘辉立足全球视野，以族群冲突与国家建构为逻辑主线，以不同时期国际缅甸研究的代表性著述为文本案例，梳理了缅甸研究之历史进程，并剖析了不同思想、理论和方法之长短。他进而指出，此后的缅甸研究应以问题为导向，使其更加全面客观、具体深入。②

三、现实关怀下的传统议题与新议题研究

2021年缅甸政变后，不少学者基于现实关怀，对缅甸历史做了研究。范宏伟剖析了缅甸独立后其中立主义外交政策的形成和确立，他认为国民党残军进入缅甸对缅甸安全、政治的影响，以及美国在该问题上的两面性，削弱了美缅关系的信任和基础，推动吴努政府调整政策，在两大阵营之间实行更加平衡与多元的中立政策。③

作为东南亚地区强国，越南在地区格局的演变中正发挥越来越重要的作用。2021年越南的历史仍受学界重视。于向东和徐成志分析了印度在第一次印度支那战争期间的调停外交，认为印度的调停外交表面是中立主义，实质上体现了利己主义和实用原则，本质上服务于印度"有声有色"大国地位的诉求。④ 孔鹏和陈丽梳理了越南与缅甸关系的发展历程，认为在两国关系发展中，越南表现得更加积极主动，集中体现着越南的地区外交方略，折射出"安全""发展""崛起"是越南地区外交行为的驱动因素。⑤ 乌力吉分析了冷战初期越共结盟政策的缘起与形成，认为越共在彻底倒向社会主义的过程中具有很强的主动性和实用性，通过与社会主义阵营结盟，越共获取了中国的大量援助，保证了抗法斗争的开展，并解决了法国选择保大政府所引发的越南民主共和国政权合法性危机。⑥

印度尼西亚是东南亚地区强国，也是中国"21世纪的海上丝绸之路"的重要节点和枢纽。陈榕猇梳理了印尼海洋政策从苏哈托时期的"群岛观"到佐科时期的"全球海洋支点"的变化，认为这一转变不仅植根于印尼历史上的海洋意识和海洋文化，并且与地区秩序、区域大国和中等强国身份，以及国内政治背景等现实利益诉求息息相关。⑦

除上述传统议题外，2021年也出现了数篇新议题的研究。吴圣杨梳理了泰文明的内涵及发展特点，认为泰文明经历了从深受印度教和本土原始农耕生活方式影响的高棉城市文明，到南传佛教文明，再到深受学理性佛教影响的文明的演变。作者指出尽管泰文明不断演变并在发展

---

① Christopher E. Goscha, *The Penguin History of Modern Vietnam*, Penguin, UK, 2016；王子奇：《克里斯多夫·戈沙的越南史研究叙论》，《史学理论研究》2021年第1期。
② 祝湘辉：《族群冲突与国家建构：全球视野中的缅甸研究》，《东南亚研究》2021年第1期。
③ 范宏伟：《缅甸中立主义外交选择（1949—1954）——缅北国民党军与美国干涉的影响》，《南开学报（哲学社会科学版）》2021年第2期。
④ 于向东、徐成志：《第一次印度支那战争期间印度的调停外交》，《东南亚研究》2021年第3期。
⑤ 孔鹏、陈丽：《越缅关系与越南的地区外交方略》，《云大地区研究》2020年第2期。
⑥ 乌力吉：《冷战初期越共结盟政策的缘起与形成（1947—1950）》，《国际政治研究》2021年第1期。
⑦ 陈榕猇：《从"群岛观"到"全球海洋支点"构想——印尼海洋政策的形成及演变》，《东南亚研究》2021年第2期。

过程中不断吸收和改造外来的有利因素，但新的文明形态仍保留大量旧文明的因素，凸显了其夯实传统、重精神的"粘稠传统"[1]。王晓平和张昕研究了20世纪90年代以来马来西亚华文教育与华族认同，认为在华教体系让渡给国家教育体系的背景下，马来西亚的华人身份认同面临危机。作者指出，如果马来西亚华人族群能在此过程中重振教育并使自身文化被合法接纳为国家文化，那么这种危机反倒可能成为保存和延续当地华人文化的转机。[2]

新冠疫情的肆虐使全球卫生治理成为热点问题，东盟的卫生治理也吸引了研究者的兴趣。张蕾梳理了东盟卫生治理的历史，认为东盟的卫生治理模式并非建立在正式制度安排基础上、以预期结果为导向的一体化模式，而是一种以改造和适应国际规范为引领、边合作边凝聚共识、渐进发展制度的开放式进程，这种地区卫生合作方式为解决全球卫生治理的"雄心"与发展中国家"低能"之间存在的"高不成低不就"困境提供了思路。[3]

四、东南亚史研究前瞻

尽管2021年中国的东南亚史研究取得了不少成绩，但离中国特色的三大体系构建还有不小的差距。为弥合现实与理想的差距，我们可在以下方面下功夫。一是继续译介海外优秀的东南亚史研究成果。明末徐光启指出"欲求超胜，必须会通；会通之前，先须翻译"。只有充分学习、借鉴国外的理论和学说，才能创造我们自己的理论，才能为中国的东南亚史研究在国际上赢得话语权。二是在方法上充分借鉴人类学、考古学、比较政治学、国际政治，甚至自然科学的理论方法，做到交叉研究。三是在视野上应做到从全球和区域整体看东南亚，从东南亚看中国，挖掘东南亚本身的主动性和能动性，避免单纯从欧洲或中国看东南亚。四是在关注传统议题的同时，应充分研究像人口流动、跨境民族、族群冲突、文化网络等新的议题，在新旧结合中使东南亚史研究呈现新面貌。

（执笔者：张跃斌、李文明、许亮、时伟通）

---

[1] 吴圣杨：《基于"粘稠传统"的与时俱进——泰文明的内涵及发展特点研究》，《南洋问题研究》2021年第2期。

[2] 王晓平、张昕：《20世纪90年代以来马来西亚华文教育与华族文化认同的危机与转机》，《东南亚研究》2021年第5期。

[3] 张蕾：《弥合"雄心"与"低能"——规范本土化与东盟地区卫生合作制度化的协同演进》，《当代亚太》2022年第1期。

2021 年西亚、南亚史研究综述

西亚史研究

  经过诸多学者长期以来的不懈努力，薪火相传，国内的西亚史研究获得长足发展，体现在 2021 年，可以说成果较为丰富，在深度和广度上都有所拓展，并开辟了新的研究领域。西亚史研究深受现实影响，近些年当地发生的重大事件都反映到史学研究中，充分体现了这个研究领域历史与现实密切联系的特点。西亚地区各种问题错综复杂，民族、宗教、教派、政治、经济矛盾盘根错节，外部干涉历久经年。认识当地的现实问题，离不开对历史的深入研究。西亚史研究的成果多以现实问题为切入点，探讨当前问题的历史根源。在研究方法上，西亚史研究具有国别区域研究的特点，该领域的学者乐于采用跨学科的研究方法。由于历史和地缘关系，很多学者把西亚和北非作为中东的一部分进行整体研究，西亚史研究的很多成果以中东史研究成果的面目呈现出来，本文尊重原文的表述方式，不再具体说明。

一、文明交往研究

  西亚地处世界文明交流碰撞的十字路口，也是连接中国与世界丝绸之路的途经之地，丰富多彩的文明交往构成当地历史发展的主轴。彭树智以马克思和恩格斯的"大历史观"为指导，在对世界历史特别是中东历史进行实证研究的基础上，提出"文明交往论"。在书中，他揭示了文明交往形成的交往力在人类历史发展中的作用，分析文明交往的形态和方式，总结文明交往的规律和特点，形成人类文明交往的历史观念。文明交往史观为推动我国的中东研究和世界史研究做出了极为重要的贡献，是当代中国世界历史研究的重大理论成果之一。彭树智所著《京隐述作集》从"文以载道"、"史以明道"和"哲以论道"三方面探索人类文明交往"自觉化"之道，关注东西方文明的交往，关注美学在人类历史上的发展，总结中国传统的治学之功，是对"文明交往论"的进一步深化。[①]

  学者们广泛运用多种语言文献，从跨文化视角出发，采用长时段的方法研究中东的文明交往，取得一定成果。车效梅、马思的《15—16 世纪霍尔木兹贸易圈与海上丝绸之路研究》考察波斯湾地区的海上门户霍尔木兹沿岸城市发展和商贸往来之间的互动，认为贸易使霍尔木兹成为欧亚非文明交往汇集之地，改变了城市人口结构，促使城市宗教文化和社会生活国际化与多元化。[②] 冀开运、杨晨颖的《公元 5 至 6 世纪波斯与中国在丝绸之路上的关系探析》认为，在波斯与东罗马帝国的贸易争夺战中，波斯是丝绸国际贸易的促进者，也是中国与地中海世界之间贸易交流的受益者和控制者，致力于与中国保持合作关系，双方使者往来数量及合作规模都

[①] 彭树智：《京隐述作集》，中国社会科学出版社 2021 年版。
[②] 车效梅、马思：《15—16 世纪霍尔木兹贸易圈与海上丝绸之路研究》，《西亚非洲》2021 年第 6 期。

不断提升。① 韩志斌、薛亦凡的《伊拉克复兴党的兴衰成败与现实影响》利用文明交往理论审视复兴社会主义和伊拉克复兴党,认为二者是西方社会主义思想和阿拉伯传统文明互鉴而产生的新思潮和实践活动。在此基础上分析伊拉克复兴党兴衰成败的历史经验和教训,探讨其意识形态在现实生活中的影响。②

二、通史撰写

对西亚地区和国家通史的编撰取得较大进展。哈全安所著《土耳其通史》(修订本)从安纳托利亚的古代历史开始,全面叙述自突厥人西迁至奥斯曼帝国通过军事征服建立,并在与西方文明的碰撞中由盛转衰,最终土耳其在现代化道路上艰难探索的历史进程。该书对奥斯曼帝国和现代土耳其的政治制度、社会经济、文化成就、民主化探索,以及世俗政治与宗教政治的互动都有深入探讨。③ 哈全安所著《中东国家史(610—2000)》系列获得再版。这套书以国别为基础,研究和叙述伊斯兰教诞生以来中东各国传统文明的兴衰及其现代化进程,从理论层面梳理和总结中东国家历史发展的脉络与规律。④

三、民族国家构建研究

民族国家构建是多年来学术界关注的重点,相关研究不断深化拓展。宗教在中东民族国家构建过程中发挥着重要作用。黄民兴的《试析伊斯兰教与近现代中东民族国家构建的关系》指出,伊斯兰的国家体制经历了从"普世"体制向列国体制的转变。伊斯兰教的意识形态与政治高度统一,对中东传统国家体制产生深刻影响,在意识形态上是"真主主权论"和君主的"代治人"理论,在国家体制上是传统的政教合一,在社会领域是穆斯林享有特权地位和非穆斯林的社团自治,在经济上是国家控制土地和农业剩余价值。近代以来,以第二次世界大战为界,伊斯兰教对中东民族国家构建的影响总体上经历了一个"U"字形的发展历程。中东民族国家构建遭遇的一系列问题,催生了各种反体制的伊斯兰思潮和运动。⑤

第二次世界大战结束后,西亚地区摆脱西方列强的殖民统治,建立起独立的民族国家体系,但在民族国家构建中遭遇多种挑战。尤其是近年来,当地普遍出现政治动荡,部分国家内外交困,甚至发生政权更迭。蒋真等著《西亚北非地区政治发展的困境与危机研究》,把历史与现实相结合,研究20世纪以来西亚北非国家的政治发展。作者选取突尼斯、埃及、也门、土耳其、叙利亚、利比亚、沙特阿拉伯、伊朗等几个具有代表性的国家,梳理这些国家独立后在政治改革与发展中面临的危机与困境,全面分析这些危机与困境产生的原因和演进规律,探讨这些国家政治发展的前景。⑥

李晔梦所著《以色列科研体系的演变》,把以色列的科研事业置于民族国家建构的大背景下进行分析,系统研究以色列建国后科研体系的形成、发展与完善,梳理其科技史的发展脉络,

---

① 冀开运、杨晨颖:《公元5至6世纪波斯与中国在丝绸之路上的关系探析》,《内蒙古民族大学学报(社会科学版)》2021年第2期。
② 韩志斌、薛亦凡:《伊拉克复兴党的兴衰成败与现实影响》,《西亚非洲》2021年第3期。
③ 哈全安:《土耳其通史》(修订本),上海社会科学院出版社2021年版。
④ 哈全安:《中东国家史(610—2000)》,天津人民出版社2021年版。
⑤ 黄民兴:《试析伊斯兰教与近现代中东民族国家构建的关系》,《外国问题研究》2021年第1期。
⑥ 蒋真等:《西亚北非地区政治发展的困境与危机研究》,中国社会科学出版社2021年版。

探讨科技发展、产业调整与宏观经济发展的轨迹及其相互作用。作者认为科研事业承载着以色列的国家意志，科技发展塑造了以色列的国家创新竞争力。以色列政府通过深度干预科技事业、在国家层面通过进行立法保障、动员多种力量与社会资源等手段，维持了科研管理体系的有效运转。受益于政府角色到位、体制机制的保障、责任分摊与受益机制的明晰、社会文化环境的养成等因素，以色列的科研管理体系运转良好，达到预期效益，并产生明显的技术外溢效应。①

伊朗史领域。李福泉、金鹏的《什叶派乌里玛与1905—1911年伊朗立宪革命》认为，立宪革命是伊朗政教关系发展的重要转折点，什叶派乌里玛与巴扎商人和现代知识分子结成盟友，深度参与立宪革命，标志着什叶派乌里玛作为一个获得宪法承认的特殊阶层正式进入伊朗现代政治舞台。② 冯燚的《论1889—1892年瘟疫大流行与伊朗社会抗议运动》探讨了19世纪末的瘟疫大流行在伊朗民族觉醒中的作用，认为恺加王朝抗疫不力导致大规模抗议活动，抗议活动提高了神职人员和现代知识分子的影响力，加上伊朗社会形成的反对恺加王朝和外国殖民势力的民族觉醒氛围，共同促进了1906年宪政革命的爆发。③

国家认同方面。闫伟、田鸿涛的《"哈希姆认同"：约旦政治文化的意涵与建构路径》，梳理了"哈希姆认同"在不同历史时期的内涵和外延，探讨约旦民族国家构建中对"哈希姆认同"的建构，认为约旦将传统宗教政治文化现代化，是除世俗民族主义与伊斯兰主义之外的独特民族建构路径，在某种意义上是现代约旦的稳定之匙。④ 犹太移民是以色列国家建构过程中的一个关键问题。崔财周的《以色列1950年〈回归法〉议会辩论中的犹太移民问题》，以档案文献为基础，考察法案出台过程中各政治势力之间的博弈，认为《回归法》的颁布确保了"新犹太人"和本土犹太人的历史连续性，维系了犹太认同，保障了以色列国家的安全。⑤

民族问题领域。肖文超的《奥斯曼帝国时期境内库尔德问题的历史演变》，结合奥斯曼帝国对少数族群的政策演变，分析库尔德人现代民族意识的形成，认为经过第一次世界大战的洗礼，库尔德人的民族独立意识开始逐渐走向成熟。现代库尔德民族主义运动兴起，对中东地区和平与稳定产生深远影响。⑥ 王楠的《1987—1993年巴勒斯坦起义：背景、特点与影响》，分析了巴勒斯坦第一次大起义的动因、过程、特点及影响，认为大起义凝聚了巴勒斯坦人的民族意识，增强了流亡者和本土居民间的政治互补与彼此影响，为巴勒斯坦人赢得大量国际同情，迫使以色列政府改变政策，走上了与巴解组织的和谈之路。⑦

社会思潮也是学者关注的一个方面。刘义的《从东方政策到社会民主——土耳其的社会主义运动》认为，近代以来社会主义/共产主义思潮在土耳其兴起后，虽然一直未能占据主导地位，且时常受到压制和迫害，却能够持续存在并时常创新，在一定程度上证明了其生命力和有效性。⑧

---

① 李晔梦：《以色列科研体系的演变》，社会科学文献出版社2021年版。
② 李福泉、金鹏：《什叶派乌里玛与1905—1911年伊朗立宪革命》，《安徽史学》2021年第3期。
③ 冯燚：《论1889—1892年瘟疫大流行与伊朗社会抗议运动》，《史学集刊》2021年第4期。
④ 闫伟、田鸿涛：《"哈希姆认同"：约旦政治文化的意涵与建构路径》，《西亚非洲》2021年第5期。
⑤ 崔财周：《以色列1950年〈回归法〉议会辩论中的犹太移民问题》，《史学月刊》2021年第8期。
⑥ 肖文超：《奥斯曼帝国时期境内库尔德问题的历史演变》，《世界民族》2021年第1期。
⑦ 王楠：《1987—1993年巴勒斯坦起义：背景、特点与影响》，《世界民族》2021年第2期。
⑧ 刘义：《从东方政策到社会民主——土耳其的社会主义运动》，《史林》2021年第1期。

四、对集体记忆的研究

集体记忆和历史书写是近年来学术界关注的重要问题。犹太—以色列史研究更关注集体记忆与以色列民族国家构建之间的关系，艾仁贵所著《马萨达神话与以色列集体记忆塑造》是其中比较有代表性的成果。作者综合运用历史学、社会学、政治心理学等多学科的方法，深入系统地研究马萨达神话与现代以色列集体记忆的塑造，探讨犹太社会从流散到返回故土过程中的民族国家构建。作者认为，马萨达神话在20世纪的建构及其解构，是犹太复国主义运动借助传统象征符号塑造集体记忆、构建民族国家的过程；而马萨达神话作为象征符号反过来塑造了以色列的对外行为和民族性格，成为其奉行强硬政策的政治心理基础。[1]

《历史教学（下半月刊）》推出"大屠杀记忆研究"专题，从多个维度探讨大屠杀记忆在犹太民族认同构建中扮演的角色。安然的《战后犹太人的对德索赔问题研究——以"索赔联合会"为个案的历史考察》认为对德索赔将赔偿与犹太社会战后重建紧密结合，提升了犹太人的民族自信心和对新生以色列国家的归属感[2]；马静丹的《纳粹德国对欧洲犹太文化财产的劫掠》认为纳粹对欧洲犹太文化环境不可逆转的破坏，导致战后世界犹太文化中心向美国和以色列转移[3]；张倩红、邓燕平的《国际组织对大屠杀记忆的传承》分析了国际组织在大屠杀记忆的传承方面发挥的重要作用，指出需要警惕对大屠杀记忆的滥用现象[4]；刘丽娟的《纳粹大屠杀记忆的"美国化"》分析纳粹大屠杀事件从战后大众记忆的边缘位置逐步上升为美国国史和历史记忆重要内容的过程[5]。

五、对部落的研究

部落是中东传统的社会组织形式。中东剧变以来，部落成为阿拉伯社会政治危机中的活跃因素，开始受到中国学者关注，成为新兴学术热点。《史学月刊》开辟专栏探讨部落在中东的作用。韩志斌的《中东部落：概念认知、类型演化及社会治理》，从中东社会历史出发分析部落，认为西方学界对中东国家部落社会的传统认知植根于西方中心论，存在严重问题，是用西方社会发展的标尺衡量中东国家的部落社会。这种认知被中东国家统治者所接受，从而深刻地影响了中东国家政治沿革、经济变迁与社会发展。对于中东国家尤其是阿拉伯国家而言，现代国家是西方的舶来品，与中东国家的传统社会生态不符。如何从本土政治文化中发掘现代性，平衡政治伊斯兰与部落的关系，从而将部落社会纳入现代社会治理的轨道，可能才是破解中东国家部落问题的关键。[6] 闫伟的《无政府社会：当代阿富汗部落社会的权力结构与秩序延展》，从社会史角度出发，聚焦阿富汗穆沙希班王朝（1929—1973年）时期的部落社会，认为当代阿富汗部落社会具有独特的社会组织形式，一定程度上代替了国家的某些职能，提供了无政府状态之下的社会稳定，维系着社会的基本秩序。部落社会的无政府性与现代国家的层级性和集权

---

[1] 艾仁贵：《马萨达神话与以色列集体记忆塑造》，社会科学文献出版社2021年版。
[2] 安然：《战后犹太人的对德索赔问题研究——以"索赔联合会"为个案的历史考察》，《历史教学（下半月刊）》2021年第6期。
[3] 马静丹：《纳粹德国对欧洲犹太文化财产的劫掠》，《历史教学（下半月刊）》2021年第6期。
[4] 张倩红、邓燕平：《国际组织对大屠杀记忆的传承》，《历史教学（下半月刊）》2021年第6期。
[5] 刘丽娟：《纳粹大屠杀记忆的"美国化"》，《历史教学（下半月刊）》2021年第6期。
[6] 韩志斌：《中东部落：概念认知、类型演化及社会治理》，《史学月刊》2021年第5期。

性存在结构性的矛盾,成为阿富汗乃至部分中东和非洲国家面临的严峻挑战。① 吴彦的《沙特阿拉伯历史上的部落与国家》认为,虽然部落与国家之间的持续紧张关系贯穿于 20 世纪中东国家现代化的历史进程中,但部落与国家对抗的现象在阿拉伯半岛并未成为主流。沙特阿拉伯的部落组织仍然现实存在且拥有较大社会影响力,部落与国家长期处于共生状态是其社会变迁的鲜明特征。②

六、史学史研究

阿拉伯史学是世界史学史上特色鲜明的一个分支,但尚未得到国内外学术界的充分重视和研究。研究阿拉伯史学史,对构建具有中国特色的中东史学史学科体系、学术体系和话语体系具有重要的意义。近几年来,国内学术界对阿拉伯史学史的研究从无到有发展迅速,从仅有零星论文发表,到不同类型的国家社科基金相继立项,开启了阿拉伯史学史研究的新局面。特别是宁夏大学中国阿拉伯国家研究院正式启动对阿拉伯史学史的系统研究,陆续有成果发表,引起国内学术界的关注。梁道远编著的"古代阿拉伯史学文献提要丛书"第一卷《古代阿拉伯史学家及其著作目录》,通过整理大量的古代阿拉伯史学文献,概述阿拉伯史学的发展演变,利用分期方法梳理公元 622—1524 年约 1500 名阿拉伯史学家及其主要作品,为学界初步了解古代阿拉伯历史学奠定了文献基础。③ 邓燕平的《巴勒斯坦的口述历史、集体记忆与民族认同》分析巴勒斯坦口述史兴起的原因和发展阶段,探讨巴勒斯坦口述史与巴勒斯坦人构建集体记忆和民族认同的关系。作者认为,口述历史叙事强化了难民对巴勒斯坦地域、文化与政治的认同感,塑造了共同的民族意识,维护了巴勒斯坦人的民族身份,促进了民族国家的构建。④

七、殖民主义研究

殖民主义塑造了西亚地区的民族国家体系,至今仍在当地具有深远影响,吸引学术界对其进行深入挖掘。姚惠娜所著《殖民遗产与现实困境:历史视域下的欧盟地中海政策研究》,从殖民主义历史遗产的视角,梳理欧盟主要成员国瓜分阿拉伯世界、对当地进行殖民统治的历史;研究欧盟对地中海国家政策的发展演变,分析其政策目标和动机。成员国国家利益差异及其与欧盟整体利益的矛盾,以及欧盟对外政策制度安排的二元体系、国际格局的历史变化都制约着欧盟的地中海政策,是欧盟在这个问题上产生"能力—期望值差距"的主要原因。⑤ 蒋真、李小娟的《美国传教士在奥斯曼帝国的传教活动及其影响》,研究美国传教士与奥斯曼帝国的博弈,认为这是历史上基督教与伊斯兰教互动关系的缩影,代表着"基督教的美国"与"最后的伊斯兰帝国"之间的文明碰撞。美国传教士用宗教关怀掩盖谋求自身国家利益的本质,其活动在促进奥斯曼帝国教育和妇女事业发展的同时,间接助长民族主义运动的兴起,埋下奥斯曼帝国解体的隐患。⑥ 西万·赛义德的《英国在伊拉克的殖民主义遗产及影响》,研究英国在伊拉克的殖民统治,剖析英国人的殖民心态、殖民管理模式和新殖民主义现象,认为英国的殖民统治

---

① 闫伟:《无政府社会:当代阿富汗部落社会的权力结构与秩序延展》,《史学月刊》2021 年第 5 期。
② 吴彦:《沙特阿拉伯历史上的部落与国家》,《史学月刊》2021 年第 5 期。
③ 梁道远编著:《古代阿拉伯史学家及其著作目录》,社会科学文献出版社 2021 年版。
④ 邓燕平:《巴勒斯坦的口述历史、集体记忆与民族认同》,《西亚非洲》2021 年第 3 期。
⑤ 姚惠娜:《殖民遗产与现实困境:历史视域下的欧盟地中海政策研究》,中国社会科学出版社 2021 年版。
⑥ 蒋真、李小娟:《美国传教士在奥斯曼帝国的传教活动及其影响》,《阿拉伯世界研究》2021 年第 3 期。

直接影响着伊拉克的民族国家建构过程,对伊拉克产生了难以消除的影响,伊拉克独立后国家内部出现的教派矛盾、政治暴力等情况,都与英国殖民主义及其委任统治遗产有很大关系。[1]

总之,2021年西亚史研究取得一定成绩。在研究选题上,体现了中国学者的视角;在史料运用上,对一手材料的使用增多;在研究方法上,以历史学的方法为主,注意综合使用社会学、政治学、宗教学等跨学科的理论与方法。然而,当前的西亚史研究仍存在一些问题,面临诸多困难。西亚地区国别众多,但国内从事西亚史研究的队伍却不够壮大,导致研究主要集中于大国,对中小国家的关注有限。西亚史研究,需要与国际学术界进行密切交流,到研究对象国进行实地调研,广泛获取材料。受新冠疫情、地区和国际局势影响,与国际学术界的交流和田野调查工作无法正常开展,研究资料获取受到限制,在很大程度上阻碍了研究的推进。

南亚史研究

受新冠疫情影响,2021年的学术活动偏少,多数采取在线的形式。学术会议的主题以当代热点问题为主,以南亚历史文化研究为主题的学术研究会较少。2021年南亚史研究的学术成果以共建"一带一路"国家基本情况介绍为热点,传统史学研究成果较少。一些新兴领域开始引起学界的关注,在这方面也出现了一些有分量的成果。从总体上说,南亚史的研究体现了国内世界史研究的基本趋势,传统史学成果偏少,新兴学科领域受到广泛关注,史学的现实功能受到重视。

2021年的学术活动由学会和高校主导,既强调与国际学术界的交流互动,也注意加强与国内不同学术机构的横向交流以及不同学科和区域研究的交叉。这些趋势表明在疫情的影响下,我国学界依然保持了良性发展态势。

世界史研究向来关注国外学术研究动向和前沿问题。2021年5月,由北京大学外国语学院和国际合作部主办,清华大学历史系协办的讲座——《从欧洲的中心出发:波兰视角下的南亚研究》对于了解欧洲南亚研究现状有很大的帮助。讲座邀请波兰华沙大学达努塔·沙西克(Danuta Stasik)教授就波兰与南亚地区的交流史、波兰的印度学以及现代南亚研究、印度学与东方学和语文学的关系、欧洲南亚学会及其主办的欧洲南亚研究会议四个主题展开交流。沙西克教授是波兰华沙大学东方学院南亚学系系主任、欧洲南亚学会会长,对印度文学和文字等都有很深的造诣。她在讲座中对波兰学界以及欧洲其他国家一些争议性的概念,如东方学、印度学、语文学等做了详细的分析。这次学术讲座对于我们了解国外南亚学术研究的最新动态,制定更加完整、兼具理论和实用功能的未来学术规划具有启发意义。

2021年国内学术交流活动体现了学科交叉、地域联合的良性互动态势。2021年11月,中国南亚学会中南亚研究分会的成立体现了学术机构横向交流和学科交叉合作的一种新趋势——跨区域研究。在中国南亚学会中南亚研究分会成立预备会议上,南亚学会代表叶海林研究员指出,无论是从南亚学科发展的角度,还是从国际关系的大背景来说都需要强化跨区域研究。他希望跨区域研究会成为中亚和南亚研究的新的增长点和发展契机。

2021年7月,四川大学南亚研究所斯里兰卡研究中心、兰州大学阿富汗中心和印度研究中

---

[1] [英]西万·赛义德:《英国在伊拉克的殖民主义遗产及影响》,梁钦译,《西亚非洲》2021年第1期。

心、西北大学丝绸之路研究院联合举办了第二期"一带一路"与区域国别研究青年论坛。来自上述三校的师生参加了此次学术交流活动，与会的年轻学者围绕当前中印关系发展的相关问题、巴基斯坦粮食安全、阿富汗问题进行了广泛的交流。这些论题涉及网络安全、环境、国际关系等多个前沿研究领域，对丰富中国对周边国家的认识、促进南亚研究向纵深方向发展具有一定的推动作用。值得一提的是，这次论坛涉及多所高校，强调不同地区之间的合作与交流，同时也秉承培养年轻学者的宗旨，有利于活跃学术气氛，培养更多的创新型人才和新生代力量。

学术成果上，在国内研究不足的情况下，引进国外的相关研究成果体现了世界历史学科的特点。译介国外成果可以让我们更多地了解国外研究动态，在资料和理论建设上都有重要的意义。2021年引进的译著涉及文明史、科技史和经济史等内容。在文明史方面，《印度次大陆：文明五千年》①是作者根据讲义编撰的文明史研究专著。针对文明史编撰体系设置上偏重近现代的现状，作者用前八章的笔墨介绍印度古代文明。作者认为存活于今日的悠久的古代文明是了解当代乃至未来的宝贵的资源和途径，因此希望给予早期历史应有的重视。在文明发展进程的体系建构上，作者并没有提出新的概念。

殖民主义阶段文明史的研究视角很多，其中政治、经济和民族解放运动是主体。《新编剑桥印度史：印度殖民时期的科学、技术和医学》②则另辟蹊径，从科学发展的角度研究印度文明与西方文明的冲突、对抗与融合。该书内容涉及医学、科技、物理等近代新兴学科领域。对于传统印度文明与西方文明的关系、英国殖民者的政策取向、近代科学的属性以及传统文明在近代遭遇的发展困境等专题，作者都有细致的研究。

在印度经济史研究上，1991年经济改革驱动下出现了一批有分量的研究成果。近年来的研究成果主要集中在印度的优势产业或者印度农业等有现实意义的部门，经济史的研究成果较少。比马尔·迦兰的《印度经济史：内部专家的洞见》③阐述了自20世纪70年代以来印度经济发展的历程。作者是印度央行前行长，熟悉印度经济问题。他在书中介绍了每个阶段经济发展策略和争论的热点问题。该著对于了解印度经济发展具有重要的参考价值。

中国学者的研究成果涉及不同的专题。《印度农业》、《印度宪法及其晚近变迁》和《印度政治制度》是有代表性的经济和政治专题史研究专著。这些专著以译介基本情况为主，也研究了相关领域的基本问题。《印度农业》④是由驻印度使馆经济商务处外交官在三年调研基础上编写而成的。该书对印度农业资源和农业发展的基本情况做了详细的介绍，指出了印度农业发展的经验、面临的问题以及中印农业合作的前景。《印度宪法及其晚近变迁》⑤分别从宪法的历史源流和制宪过程、现行宪法及其修订变化和宪法制度与经济社会发展之间的关系三个方面讨论了宪法与社会发展的关系，以及印度宪法未来面临的挑战。《印度政治制度》⑥以印度宪法建构的政治制度为主线，对印度政治制度的主要内容以及围绕这些基本内容所发生的争论和冲突进

---

① ［美］托马斯·特劳特曼：《印度次大陆：文明五千年》，当代世界出版社2021年版。
② ［英］大卫·阿诺德：《新编剑桥印度史：印度殖民时期的科学、技术和医学》，刘明译，云南出版集团公司、云南人民出版社2021年版。
③ ［印］比马尔·迦兰：《印度经济史：内部专家的洞见》，张翎译，中国科学技术出版社2021年版。
④ 李柏军主编：《印度农业》，中国农业出版社2021年版。
⑤ 周小明：《印度宪法及其晚近变迁》，上海三联书店2021年版。
⑥ 谢超主编：《印度政治制度》，中国社会科学出版社2021年版。

行了详细的阐述。该书对于把握印度国内政治的运行规则和相关制度的历史发展过程具有一定的参考价值。

南亚复杂的种族、种姓和宗教发展史使得民族主义、民族身份认同等成为南亚史学界关注的热点问题。旁遮普问题就是其中一个受关注度较高的话题。就旁遮普问题而言，它既是印度联邦制发展中一个具有典型特征的个体案例，也是民族与族群关系值得关注的案例，因此关于旁遮普问题的研究具有重要理论意义。除了宗教、民族问题外，因 1984 年英迪拉·甘地遇刺后引发的对锡克教徒的暴力攻击行为，锡克人的人权问题也广受司法界和社会各界的重视。《论印度族群关系治理：以旁遮普问题为例（1983—1994）》① 通过对印度政府处理锡克少数族群民族要求的几个阶段的分析，探讨旁遮普问题产生的根源。《印度现代化进程中的中央—地方关系》② 从发展中国家与发达国家现代化发展模式异同的角度探讨了印度独立后中央地方关系的历史发展。宋丽萍认为，在资本主义先天发展不足的情况下采用西方模式开展政治现代化，导致种姓、宗教、部落等传统身份认同与现代政治结合，国家整合问题丛生。印度的经验表明，现代化发展道路必须与本国国情结合。

影像史学是近年来颇受重视的跨学科史学研究热点话题。科技的发展使影像承载的内容日趋丰富，影像与历史学的结合是新史学研究正在开拓和发展的重要领域之一。电影作为反映政治、社会问题的艺术手段之一越来越受到史学研究者的关注。《看见印度：影像里的印度》③ 是一部从电影角度引出印度人文历史、社会、国情的综合性读物。该书选取了具有代表性的 22 部电影作为分析对象，分别从历史、经济、政治、社会、文化等方面进行分析和介绍。这些电影与印度历史和现实的关联度高，从另一个角度反映了印度的历史文化和社会问题。

空间是史学编撰的核心要素之一，对历史空间的认识与叙述者所在的空间、叙述者对历史空间的认知与界定等多个要素关联。近年来，新史学和跨学科研究的兴盛使学界对历史空间的认识也在不断深化。庶民学派的主将迪佩什·查卡拉巴提将历史空间的认知从全球史发展到星球史，从而将人类内部的互动扩展到人类与非人类之间的关系。王立新的《国家史观视域下新印度史学的叙事建构：从雅利安文明到莫卧儿帝国》探讨了新剑桥印度史学派的空间概念理论。作者对以《剑桥印度史》和《牛津印度史》为代表的雅利安文明叙事所建构的传统性历史空间与以《新剑桥印度史》为代表的新印度史学以莫卧儿叙事为基础建构的现代性历史空间做了比较，指出："新印度观的出现构成了印度史学的一次根本断裂。这种断裂似乎可以同托马斯·库恩在《科学革命的结构》中所说的'范式转换'相提并论。它意味着与正统印度史学的旧印度观的决裂。"④ 作者在对两个代表性流派比较的基础上得出了如上结论。其如果能够对新剑桥印度史学流派的概念界定与特征以及发展简况做背景上的叙述，并增加文中提到的两个史学流派与殖民主义史学、民族主义史学、马克思主义史学、教派主义史学、总体史和庶民学派等的比较分析，可以加深对历史空间概念的内涵与外延的理解。

---

① 谢超：《论印度族群关系治理：以旁遮普问题为例（1983—1994）》，中国社会科学出版社 2021 年版。
② 宋丽萍：《印度现代化进程中的中央—地方关系》，《世界历史》2021 年第 6 期。
③ 朱天祥、熊晨旭主编：《看见印度：影像里的印度》，上海远东出版社 2021 年版。
④ 王立新：《国家史观视域下新印度史学的叙事建构：从雅利安文明到莫卧儿帝国》，《世界历史》2021 年第 2 期。

印度人民党执政以来，关于印度教民族主义意识形态的研究成果可谓浩如烟海。学者们对印度教特性的历史发展和特征、印度教特性意识形态的影响等做了大量的研究。陈金英的《"世俗主义"变迁与印度人民党的印度教国家》概述了印度政治右转的倾向，指出在印度人民党体制下，"一个建立在宗教政治上的世俗印度国家正在形成"①。作者也追溯了印度教教派主义的渊源，指出世俗主义及政治机会主义在印度政治右转中的作用。印度教教派主义意识形态的历史演变和印度政治的发展是一个复杂多面的问题，宗教政治在独立后印度发展中的作用值得关注，也应该加强对这方面内容的研究。《莫迪经济外交政策的理论逻辑与实践》②探讨了莫迪经济外交中新自由制度主义和经济民族主义互嵌互动的理论逻辑，认为莫迪经济外交政策兼具重商主义和印度教民族主义的双重特点。《巴基斯坦俾路支民族主义极端化及其对中巴经济走廊建设的影响》③研究了俾路支民族主义的发展、主张及其对中国"一带一路"建设的影响。作者认为俾路支民族主义是一种极端化的民族分离主义运动。这一极端化运动对中巴经济走廊建设产生消极的负面影响。如何评估周边国家极端主义对中国外交的影响是一个值得我们深入思考的课题。

少数族裔和社会公正问题是具有普遍意义的社会问题。印度政府在这方面也做出了很大的努力，但这部分政策也是引起争议的最大的部分。学者们在这个问题上的看法差异很大，有人赞成，有人反对。《印度的保留政策与阶序人社会的公平问题》④提出了保留政策造成的社会撕裂和社会公正问题。少数族群保护问题不是仅印度有的问题，美国也有平权运动，印度平权运动涉及的群体更多，情况也更为复杂。作者认为印度政府处理少数族群问题上的做法值得肯定，但也出现了很多问题。"这个保留政策不是最好的制度，而是一种不那么坏的制度"。也就是说，两害相权取其轻，显示出印度政府的无奈。作者在文中提到政策所涉及的族群撕裂和公正问题，这不仅是对印度政府的拷问，对其他国家也有借鉴意义。

"一带一路"共建国家的研究可以为外交提供基础资料。因为强调现实功用，这类著作多聚焦国际关系与当代政治、外交问题。其对于了解对象国的基本情况有重要的参考价值。2021年出版的南亚国别热点问题研究专著包括《2014—2020年的阿富汗局势发展与武装势力相互关系》⑤、《斯里兰卡内战结束以来的中斯关系发展研究》⑥和《列国志——斯里兰卡》（新版）⑦。

总体来说，2021年国内南亚近现代史的研究在继承以往论题的基础上，增加了对新兴学科和国外研究现状的关注，理论和现实兼顾，从而使南亚史学研究取得了一定的进展。学术会议和学术活动既注意地域之间的联合互动，也关注学科之间的交叉借鉴，同时还注意南亚研究后

---

① 陈金英：《"世俗主义"变迁与印度人民党的印度教国家》，《南亚研究》2021年第1期。
② 李涛、袁晓姣：《莫迪经济外交政策的理论逻辑与实践》，《南亚研究》2021年第2期。
③ 孔亮：《巴基斯坦俾路支民族主义极端化及其对中巴经济走廊建设的影响》，《南亚东南亚研究》2021年第3期。
④ 尚会鹏：《印度的保留政策与阶序人社会的公平问题》，《世界政治研究》2021年第1辑，中国社会科学出版社2021年版。
⑤ 黄逢春、曾祥裕、陈枫：《2014—2020年的阿富汗局势发展与武装势力相互关系》，国际文化出版公司2021年版。
⑥ 王腾飞：《斯里兰卡内战结束以来的中斯关系发展研究》，华夏出版有限公司2021年版。
⑦ 杨文武、代俊、罗文宝编著：《列国志——斯里兰卡》（新版），社会科学文献出版社2021年版。

备力量的培养。一些热门的研究话题，包括影像史学、史学空间、印度教民族主义意识形态、少数派和社会公正问题都受到学者们的关注。同时，南亚史的研究也存在一些问题。首先，研究人员数量少，后备力量不足，传统史学研究萎缩。历史是了解现实、预测未来的基础和主要途径，应加大对象国历史文化研究的力度。其次，在资料建设上也面临诸多问题，体现在学术期刊引进少，档案资料缺乏，进而影响到史学成果的原创性和质量。

（执笔者：姚惠娜、宋丽萍）

2021年中国非洲史研究综述

2021年中国非洲史研究的主题关键词为"通"。"通"体现在三个方面：首先，为学界对通史研究的关注度上升，在项目立项、著作出版和方法研讨等领域均有所显示；其次，为学者自觉以求通之心从事研究，在建党百年之际总结党在中非关系中历史经验的成果充分显示了这一点；最后，为学者在地域研究中打破时段局限力求形成贯通性认识，在关于非洲国家治理的研究成果中显示颇多。

一、2021年非洲史研究概况

2021年的非洲史研究大致可分为通史及史学理论与史学史、非洲与世界关系和非洲国家治理几部分。关注问题如下。

首先，学界共同尝试回答如何构建中国特色的非洲史研究话语体系。第一，学界认为需要发挥史学学科的优长，即长时段视野和综合汇聚功能。综合汇聚功能不仅指汇聚社会多方面历史发展，而且指借用多学科方法，这一点在通史写作中体现明显。要充分发挥两项优长，需要史学工作者在自身能力塑造方面坐实深度，提升广度。第二，史学撰述必同社会发展紧密相联。从史学史研究中可发现史学辩论主题为时代所确定，如殖民地时期奠定的欧洲人所撰非洲史的主导地位，再如新南非时期史学撰述重点的转变。史家更自觉地将当代事件纳入历史叙事，不管是西式民主政体在非问题，还是中国在非影响力增强问题。第三，重视非洲人在推动历史发展中的主体性，这在2021年学人著述中体现明显。

其次，学界尝试厘清非洲在与世界其他国家地区交往中的能动性和局限性。第一，通过对中国共产党与非洲交往经验的梳理，总结良好传统助力中非命运共同体建设。第二，注意挖掘殖民地时期非洲人的主观能动性、阐明殖民统治的压迫性，以及殖民者保持自身影响力的手段。第三，揭示了非洲国家如何在被大环境所限的情况下进行对外交往，也揭示了非洲作为国际政治基本力量，被域外国家积极争取的现实。

最后，学界尝试梳理非洲国家治理的经验教训。第一，希望通过对历史发展道路的反思，提出未来前进的方向，研究20世纪南非历史的成果体现此点最为鲜明。第二，希望通过对各项民族相关问题的研究，为化解民族分离运动和竞选族群化、利用少数族群作外交管道提供借鉴。第三，希望通过对左翼政党的研究，探究各国发展道路的变动轨迹，对南非共产党和摩洛哥进步与社会主义党的研究成果即展现此目的。

综合来看，2021年研究成果既有传统的政治、经济议题，还有不少有关文化认同的选题，更有综合性著作，成果丰富、主题多样。

二、史观新进展与通史写作

新时代孕育新史观，新史观催生新成果。新成果首重贯通性。贯通性研究是历史研究皇冠上的明珠，通史撰写是一个学科研究水平的集中体现。

1. 多卷本《非洲通史》的编纂方法

构建人类命运共同体的时代，中国学者需要推动中国特色非洲研究话语体系建设，多卷本《非洲通史》适时获得国家社科基金中国历史研究院重大历史问题研究专项2021年度重大招标项目立项。该项目成员具有多元专业学科背景，不仅包括国内的非洲史研究主要力量，而且吸收了不少其他学科的专业人员。该项目计划形成五卷本二百多万字的研究成果。该团队已经确定总体思路为，以马克思主义唯物史观为指导，借鉴国际学术界最新研究成果，突出非洲文明的主体性、整体性和本土因素，关注非洲不同地区之间的差异和联系性，探讨内外因素在非洲历史发展中的作用和影响，以及非洲历史发展趋势，形成反映新时代的非洲通史新成果。

在该总体思路指引下，团队成员厘清了研究方法。项目将采用多角度、多层次、多学科的研究方法和手段，批判吸收国内外新见资料、新成果和新论述；从非洲地区的整体视角，剖析代表性国家的鲜活个案，以期从局部事件反映历史全貌；根据相关议题的研究需要，将历史学与人类学、考古学、社会学、政治学、经济学和语言学等跨学科的研究方法融会贯通，增加研究的纵深感；对于经济、人口等需要大量数据支撑的研究领域，采用图表、建模等定量分析法，结合相关数据进行理论分析。

团队成员将研究方法具体化为两大操作步骤。首先，重视对个性和共性的综合分析，将具体历史事件置于整个非洲历史发展中加以考察，以期从错综复杂的历史现象中探索其规律性，阐明历史事件内在的因果关系。团队认为非洲历史研究涉及三个层面的研究视角，即整体视角，如非洲大陆、非洲本土人及海外非洲人、非洲与世界等；局部视角，如次地区、地理区域、地区历史、语言文化系、农耕民族、游牧民族等；个别视角，如国家、殖民地、领袖、团体、个体等。在书写非洲历史时，既要有全局观，又要体现研究的探微特点，因此在研究切入点时，团队成员需要根据具体章节、具体问题采用非洲综合和重点地区或重点国家、重点事件相结合的体例，略通史之所说，详通史之所略。其次，借鉴非洲、西方和国内学术成果，构建中国特色非洲研究话语体系，履行当代中国学人的时代使命。

近代以来，随着西方的强盛及其在世界各地的扩张，西方知识也推广至全球，其中既有通用的科学和技术等，也有一些基于西方国情、出于西方视野、带有西方局限的本土认知和知识，这一现象或多或少反映在外部世界与非洲之间的相互认知和学术研究上。需要以非洲本土认知为重要参照，批判性对待西方认知和知识，立足中国视野，面向未来，致力于构建有中国特色的非洲研究话语体系。

2. 史论关注的三大问题

上述《非洲通史》项目团队的编撰思路反映了当前非洲史学界在撰述方法上强调非洲主体性和非洲普遍性与特殊性的统一，注重以多学科视角促进中国话语体系建设。此种治史方法是对当下非洲史研究成果的再深化，如2021年国内学界出版的3部相关通史著作、译作和4篇史学理论、史学史论文充分体现了上述史学意识。

在这些成果中，学者们多主张以长时段视野看待非洲发展，注重探究非洲同域外交往尤其是欧非交往的不同类型及诸方面影响，更将当代非洲政治西化问题纳入历史考察之中。下面分别介绍学者们围绕这三个问题展开的讨论。

首先，需要以长时段视野来看待非洲发展成为史家共识。李安山所著《非洲现代史》分析了非洲被纳入全球资本主义体系所带来的长期影响。这一过程起源于奴隶贸易，深化于殖民地时期，非洲成为殖民宗主国的经济工具，各地分别生产单一的经济作物或矿物。这种依附性延续到非洲国家独立后，虽然有些国家曾努力尝试发展制造业并改变单一的经济结构，但这些尝试并未能从根本上改变不平等的国际经济秩序和非洲经济的依附地位。非洲长期处于全球经济链最底端，常常遭到西方国家和跨国公司的剥削与收割，导致国内经济、政治动荡频发。近几十年，西方国家和一些国际组织对非洲的援助的苛刻的附加条件让非洲处于"失语模式"，进一步加深了非洲对西方国家的依赖。① 理查德·雷德所著《非洲现代史》直接言明"要理解非洲的政治、社会和经济发展，一种长期的思路是至关重要的"。基于此种观点，该书比较全面地呈现了近200年来非洲的历史，并提出非洲的整体主动性呈曲折前进的状态，非洲经常在主动地位和被动地位之间摇摆不定，如果人们只看到其中一方面便会容易得出乐观或者拔高、悲观或者贬低的极端化结论。② 凯文·希林顿所著《非洲通史》以编年体的形式，全面介绍了从石器时代至后殖民地时代非洲社会的兴衰沉浮，审视了非洲各个地区的发展历程，并讨论了非洲发展面临的主要问题及其症结所在，美中不足的是其忽视了后殖民统治时期西方对非洲发展的负面影响。③ 王铁铮提出了自前伊斯兰时期至当代的五大时代主题，尝试搭建起北非阿拉伯国家通史研究的主题框架，同样是求通意识的写照。④

其次，剖析欧非交往的不同类型及诸方面影响是另一焦点。王铁铮提出的五大时代主题之一便是区分西方列强对非洲阿拉伯国家实施殖民的手段方式，在尊重史料的基础上对殖民史进行再分析。张玉友和孔妍均从史学撰写的角度分析了欧洲文明同北非伊斯兰文明之间的碰撞。张玉友梳理了阿尔及利亚部落社会史书写范式演变的学术史，认为中东部落社会研究经历了从欧洲学派到美国学派再到西方和本土学者共存的发展过程，体现了殖民主义、非殖民化和民族主义等国际社会思潮演进的轨迹。⑤ 孔妍聚焦一名近代埃及史家及其代表作，分析了拿破仑入侵埃及后伊斯兰乌莱玛阶层的变化，进而阐明欧洲人入侵对埃及社会发展的长远影响。⑥ 作为欧洲人在非洲殖民统治演变产物的种族隔离制度的结束，带来南非史学从过去长期争议的种族、阶级问题向其他社会现实议题的转变，在延续其自由主义和激进社会史传统的同时，逐步向新文化史、环境史、性别史、休闲史等领域探索求新。但同时南非史学发展也面临黑人历史学家长期缺席、历史教育陷于停滞和后现代思潮冲击等诸多现实挑战。⑦ 对于当下的欧非交往，凯文·希林顿认为中国、印度和海湾富国等在非投资第一次挑战了西方经济霸权，经贸活动不附加类似于西方的政治条件，对非洲国家具有吸引力。理查德·雷德的用词稍显平淡，却也正视了这一新因素。欧非交往或正在经历方式的变革。

最后，当代非洲政治西化问题已被纳入诸种通史著作及理论文章的视野。李安山所著《非洲现代史》重点分析了20世纪90年代非洲全方面开展的多党制变革，认为建立真正意义上的

---

① 李安山：《非洲现代史》，华东师范大学出版社2021年版。
② [英]理查德·雷德：《非洲现代史》（第三版），王毅译，上海人民出版社2021年版。
③ [英]凯文·希林顿：《非洲通史》（第四版），赵俊译，九州出版社2021年版。
④ 王铁铮：《关于非洲阿拉伯国家通史研究的若干问题》，《西亚非洲》2021年第1期。
⑤ 张玉友：《民族志·"分支型社会"·部落转型——阿尔及利亚部落社会史书写范式的演变》，《史学月刊》2021年第5期。
⑥ 孔妍：《埃及编年史家杰巴尔提及其史学"三部曲"》，《北方论丛》2021年第2期。
⑦ 刘鸿武、刘远康：《近年来南非史学研究述评》，《历史教学问题》2021年第2期。

民主制度并通过民主化促进国家建构仍是一个极其艰巨的任务。非洲对西方国家的经济依赖往往转化为西方干预非洲政府发展的能力。多党制变革是在下层民众要求和西方大国压力下，在社会条件并不充分的基础上仓促施行的，侧重"选举"和"多党"两个特征，对国家建构既有正面作用，也带来很多负面影响。该书在指出政治西化过失的同时，强调政治独立要与摆脱外界经济控制和社会文化完全自主齐头并进，非洲方能获取真正的自主性，才有望在今后实现持续性的自主发展，一个能够独立自主探索发展道路的非洲必将迎来光明的未来。

贯通性研究有助于启发我们对于非洲自主探索发展道路的思考，无论是承接西方或者是迎接东方，非洲人都不得不走出一条自己的路，非洲与世界的交往也会因此更有活力。

三、非洲与世界

自人类起源时代，非洲便与世界其他地区产生联系。自1500年新航路开辟以来，非洲与外界的联系开始逐渐被欧洲人所主导。时至今日，中国、印度和海湾富国等同非洲联系尤其是经济联系的增强，才使非洲同世界的联系更为多元、平衡。

1. 中非关系史研究

当前中非关系已成为国际关注的焦点，中非关系史在中国非洲史研究界也日益占据更大比重。构建新时代中国非洲史学术体系，其中一项重要问题就是厘清中非关系史，梳理新时代中非命运共同体发展的历史路径。2021年中非关系史研究的突出主题是百年中国共产党与非洲交往经验再总结，3篇论文[1]较能反映这一主题。在充分肯定交往经验的基础上，学者们总结出"平等"和"共鸣"两个引领双方关系良好发展的关键词。

"平等"即指以独立自主、完全平等、互相尊重、互不干涉内政为交往基本原则。李新烽指出，中国共产党自与非洲国家交往以来，就为非洲反帝反殖反霸权提供思想理论指导，并以实际行动支持非洲的反帝反殖反霸权斗争。这是世界革命观与共同发展观结合的产物。也正是因为这样的历史积淀，中非历史发展的路径中既体现了中国共产党对于中非共同价值观的坚持与原则的恪守，又展现了中国共产党对非关系交往中政策的灵活及与时俱进。高天宜、沐涛将"非洲观"的概念继续深化，从历史维度梳理中国共产党的非洲观所呈现出的统一的、联系的、辩证的发展脉络。百年中国共产党的非洲观在历史维度下呈现出四个阶段性特点，即诞生于共通的情感，服务于非洲人民，稳固于互利共赢，最终开启构建人类命运共同体的新征程。中国共产党的非洲观具有统一性与连续性，中非关系的发展道路实则是历史必然的选择。上述李新烽，高天宜、沐涛的论文均谈到中国共产党的"非洲观"，李新烽强调中国共产党从非洲本位出发的主张，表明中国共产党对非洲国家主权独立与各国主宰自己命运的充分尊重，展现出中国共产党对于非洲国家的尊重与支持。高天宜、沐涛则将视角更多置于中国共产党对于非洲的认知，认为中华人民共和国作为新兴独立的人民政权可以为非洲国家独立后的发展提供另一种思路。中非历史关系的核心原则在于"平等"，这种平等是地位的平等、反抗的平等、发展的平等。

"共鸣"即指友好的中非关系源自情感共通中诞生的共同价值观。虽然早期的中国共产党

---

[1] 李新烽：《百年共产党与非洲革命和建设》，《马克思主义研究》2021年第3期；张凯：《百年中国共产党与中非党际交往——理解中非关系的一个视角》，《中国非洲学刊》2021年第2期；高天宜、沐涛：《历史纬度下中国共产党非洲观的形成与发展》，《中国非洲学刊》2021年第2期。

还处于非执政党地位,但中国共产党就已开始与非洲各国人民情感共鸣、相互声援。就像张凯所言,中非党际交流在中国共产党对外交往历程中虽起步较晚,但发展迅速,在中国共产党对外交往格局中的地位日益突出,对促进中非关系发展所发挥的独特作用日趋明显。搭建中国与非洲关系历史与现实的桥梁,既是实现中国共产党第二个百年计划的必由之路,同时也是中国共产党发展中国特色社会主义,彰显中国道路优越性的必然方向。

最后如孙遇洲所认为的那样,中非关系的发展蕴含"东西意识形态之争"及"南北发展不平等"两大问题。所以,对于中非关系的历史研究应超越冷战视角、对抗思维。中非关系实则包含新兴独立非洲国家在与中国的接触、深化与商议的过程中,从中国的发展道路中探寻思想与物质支持的历史思考。①

2. 非洲殖民主义史研究

对西方殖民主义在非洲影响的研究揭示出非洲国家独立后发展长久陷入困顿的历史原因。2021年有1部专著和5篇论文涉及相关议题,值得关注。②

李鹏涛通过分析英属非洲殖民地的棉花种植推广活动揭示了非洲经济殖民地化的复杂过程,剖析了非洲社会在面对殖民者棉花种植推广时表现出的历史能动性。他强调非洲农民能动性对棉花种植推广活动成效的影响的同时,并未忽视对英国政策起因和内容的分析,更将叙述重点集中于对政策具体落实情况的分析,从而使研究不同于以往。他认为英国资方主要通过殖民地政府的强制力推广棉花种植,推广行动未带来生产模式的变革反而冲击了粮食生产,仅有少数特定非洲社会群体从中受益,这使棉花产量不及殖民者的预期。杨年、张忠祥认为,非洲人的传统信仰经历了被欧洲学者用基督教思想解读到承认其合理性的过程。早期大部分欧洲学者认为非洲人传统信仰本身不具有研究价值,更多地从基督教的思想来释义非洲人的宗教和文化。随着越来越多的欧洲学者逐步从非洲人自身的立场和他们的宗教文化环境来重新解读这一问题时,欧洲学者发现非洲人的传统信仰具有独特的重要价值,因为它和非洲人生活的各个方面密切关联且不断自我更新。赵贤和黄金宽均指出了殖民地政府的开发活动对非洲地区的负面影响。高文洋则阐明西班牙殖民当局的统治方略无意间改变了部落社会的原本格局是催生1921年里夫战争的两大原因之一。

研究成果还尝试解释西方如何在殖民统治结束之后延续自己在非洲的影响力。在分析大量一手材料的基础上,杭聪认为英国政府在1945—1980年的非殖民化时期实施了延续自己在非洲影响力的策略,这是殖民统治瓦解而殖民影响不衰的重要原因。英国政府在政治策略上延续分而治之的手法,尽可能将权力移交给更温和且亲西方的非洲领导人并且用暴力作私利的最后保障;在经济策略上通过维持以英国为中心经济结构、促成渐进赎买白人投资、以官方援助形式

---

① Jodie Yuzhou Sun, "Africa and China", in Toyin Falola, Mohammed Bashir Salau(eds), *Africa in Global History: A Handbook*, Berlin: De Gruyter Oldenbourg, 2021, pp. 315—333.

② 杭聪:《战后英国英属撒哈拉以南非洲政策研究(1945—1980)》,中国社会科学出版社2021年版;李鹏涛:《英属非洲殖民地的棉花种植推广活动及其影响》,《世界历史》2021年第6期;杨年、张忠祥:《由近代欧洲有关非洲人的传统信仰问题引出的思考》,《基督宗教研究》2021年第1卷;赵贤:《英国殖民时期尼日利亚锡矿开发的经济社会影响研究》,《非洲研究》2021年第1卷;黄金宽:《一战后英国在非洲殖民地的农业开发活动研究》,《非洲研究》2021年第1卷;高文洋:《"里夫战争"起源和性质的部落社会阐释》,《史学月刊》2021年第5期。

利诱的方式共同延续殖民地时期建立起来的单一经济；在文化策略上通过宣扬"文明使命论"将英帝国解体过程解释为英国"自愿放弃"帝国的行为，构建争取更多利益的舆论优势。在布置措施的过程中，经济考虑无疑扮演基础性角色，政治或战略考量在具体时段对具体地点的考虑中占据重要位置。最后他强调英国政府的策略是在国际压力、殖民地压力和国内压力的氛围下制定的，三种压力在不同地区和时间段内发挥了大小不同的作用，决定了英国对独立后非洲国家殖民影响的强度和广度各不相同，并昭示了非洲未来彻底突破殖民影响的可能性。

3. 非洲与其他地区、国际行为体关系史

同中非关系史和殖民地时期史的研究相比，非洲与其他地区交往史、参与国际组织的历史的研究稍显薄弱，或许从一个侧面展示了非洲对外交往的现实。2021年有4篇论文值得关注。[①]

有成果揭示出非洲对外交往中所受到的大环境局限。毕健康通过比对近年来美国和以色列解密的埃以和平谈判档案结合埃及相关文献，认为萨达特推动埃以和谈的外交战略是双轮驱动，既想甩掉与以色列战争的包袱，又想借助美国获取发展的资本、技术和管理资源。这使得萨达特即使在非公开场合，都会表现出在巴勒斯坦争端上立场不坚定，或有弃守西岸和加沙之意。萨达特之所以弃守西岸和加沙，根本原因在于客观上埃及国力的力不从心，而非主观意愿上背叛巴勒斯坦。钱一平分析了欧洲人和阿曼人对同一桑给巴尔人物的不同形象塑造，认为背后是欧洲与阿拉伯的文明优越论和文化霸权之争，而非洲则呈现失语的状态。

有成果展示了非洲在国际政治中所发挥的作用和地位。张贵洪认为非洲国家的加入极大地改变了联合国的政治生态，作为基本力量推动了国际关系民主化。郭锐、梁立昌梳理了韩国始于20世纪60年代的对非外交，认为其从以政治关系为主逐步过渡到经济实用主义，现以多样化的外交方式推动韩非关系走向全面化和立体化。

非洲与世界的交往终需服务于当地的进步、人民生活的改善，具体化将有助于非洲国家治理水平的提升。

四、非洲国家治理研究

非洲国家治理研究长期处于聚焦几个地区大国、覆盖面不足的状态。学人尝试以点带面提出自身见解、勾勒普遍图景。

1. 南非史研究

历年国别区域史研究中，有关南非的研究成果都位居前列。2021年对于南非历史发展探讨的重点是现代化道路反思和共产党历史审视，有4篇论文值得推荐。[②]

[①] 毕健康：《背叛抑或弃守？——埃以和谈中埃、以、美围绕巴勒斯坦问题的三方博弈》，《安徽史学》2021年第4期；郭锐、梁立昌：《冷战后韩国对非洲政策的范式转换：从政治功利主义到经济实用主义》，《西亚非洲》2021年第1期；张贵洪：《非洲与联合国关系：历史演进、现实逻辑与未来展望》，《中国非洲学刊》2021年第3期；钱一平：《解构西方殖民话语与帝国整体霸权下对他者形象的塑造——以提普·提卜的形象祛魅为例》，《阿拉伯研究论丛》2021年第1卷。

[②] 沐涛：《南非现代化之路及其特征》，《世界历史》2021年第6期；杭聪：《20世纪南非种族资本主义发展简述》，《学术探索》2021年第7期；李玉洁：《百年再启程：南非共产党对社会主义的新探索》，《世界社会主义研究》2021年第12期；张凯：《百年政治变迁下南非共产党的政策调适与实践探索》，《当代世界与社会主义》2021年第5期。

学界围绕种族隔离制度究竟如何反映了南非的特殊性，以及非洲和世界发展道路上的普遍性问题与解决方式。沐涛更倾向于强调南非的特殊性，杭聪则倾向于南非发展道路普遍性的一面。在沐涛看来，政治现代化滞后于经济现代化是自20世纪70年代中期以来一直制约南非现代化发展的重要因素。自曼德拉开始的五位黑人总统通过建立一个种族平等的包容性国家，以和平的方式解决了种族隔离问题。经济上，新南非利用国际贸易促使产业结构调整，助力发展黑人经济。这些措施仅仅是缓解而非彻底消弭政治和经济现代化的撕裂。杭聪认为南非以种族划分代替阶级分野来化解原始资本积累和熟练劳工培养带来的社会撕裂，获得暂时性经济发展的同时孕育了社会冲突的种子，造成了南非经济发展的长期困境。随着经济发展南非社会阶级化的趋势日强、各民族共同的南非民族认同铸就，都使南非向资本主义社会的普遍类型前进。

南非共产党的百年历史见证了现今中左政治氛围的形成，形成了"特殊类型的殖民主义"、革命"两阶段论"等富有南非特色的社会主义理论，并与"非国大"结成联盟以推进民族民主革命，学者们总结了它的经验，一致认为注重理论建设不断调试适应社会发展是它生存和发展的根本原因。张凯更多言及后种族隔离时代南非共产党对社会主义的探索活动，概括为参与执政、重塑联盟和开展运动三方面。李玉洁谈及南非共产党尤为注重与同为百年大党的中国共产党的交往，使命和愿景的相似性使两党的交往日益频繁，建立起了紧密友好的党际关系。

2. 东非史研究

本部分收录3篇论文，分别涉及民族问题和非洲人主动性问题。①

民族问题表现为地方分离和族群政治，这在非洲具有普遍性。在王涛等人看来，桑给巴尔地区的分离既源于国内政治地位的下降，也源于种族身份的对立。他们将桑给巴尔的分离主义分为三个阶段，即围绕坦桑尼亚政府设置问题的争议、1992年政党制度变革引起的党内纷争、极端暴力手段推动分离展开。王涛、朱子毅的核心观点认为，坦桑尼亚联合政府长期致力于国民身份认同建构与两岸一体化整合，取得了较好成效，实现了对分离主义的有效治理，并将坦桑尼亚的案例作为抵御分离主义的成功案例。李佳以肯尼亚族群身份建构及其政治化为例，指出独立早期肯尼亚政治精英对族群身份的操纵和利用，造成了排他性族群认同的强化以及族群身份的政治化；民主化之后，族群身份的政治化不仅体现在政党联盟建设层面，还体现在普通民众层面，族群身份是影响投票的最重要因素。

独立从来不是被赐予的，非洲人民争取自身权益的主动性方是根本。刘宇以20世纪坦桑尼亚圣经解读为视角，指出殖民者和反抗者都从圣经中寻找契合需要的章节，进行重新解读和诠释，殖民者意在借助圣经维护殖民统治，反抗者则是"利用主人的工具拆毁主人的房子"，借助圣经推翻殖民统治，赢得民族独立与尊严。

3. 西非史研究

2021年西非地区研究的亮点是法语区域涌现研究成果，也有关于加纳的新成果问世。②

---

① 王涛、朱子毅：《桑给巴尔分离主义运动与坦桑尼亚联合政府的有效治理》，《世界民族》2021年第6期；刘宇：《20世纪坦桑尼亚圣经解读与政治互动》，《中国非洲学刊》2021年第1期；李佳：《肯尼亚族群身份建构及其政治化》，《中国非洲学刊》2021年第1期。

② 胡洋：《传统与现代：加纳传统土地制度改革析论》，《西亚非洲》2021年第5期；孟瑾：《科特迪瓦民族和解进程探究》，《中国非洲学刊》2021年第1期；王战、孙小涵：《桑戈尔的社会主义观：探索、实践与认知：从大非洲联邦构想的失败到塞内加尔国家治理经验》，《法国研究》2021年第1期。

非洲土地制度曾是国内学界探讨热点，胡洋能够有所新论也源于时代的新需要。胡洋认为，殖民者入侵前，加纳传统土地制度是一套管理社会的习惯规则，而经殖民统治改造后，则演变为服务于统治阶级利益的管理制度。加纳独立后，实施了土地国有化和私有化两轮改革，但因为没有充分关切到酋长阶层利益的改革而屡屡遭受挫折。近年来，加纳试图将传统的管理经验与现代管理技术相融合，重新打造土地制度。

关于法语非洲的研究成果将重点放在非洲国家领导人对民族国家发展的影响上。孟瑾以科特迪瓦为例，认为博瓦尼时期实现的经济增长和专制统治暂时抑制了社会矛盾的爆发。后博瓦尼时期，长期积攒的社会矛盾激化，使科特迪瓦社会走向分裂。政治领导人、国家机构、社会组织等不同性质的行为主体参与到民族和解进程中。民族和解因政治立场、个人利益等局限而面临诸多阻力和困难。王战、孙小涵认为，桑戈尔的社会主义探索主要经历了三个阶段：呼吁建立大非洲联邦、积极与马里联合组成法属苏丹联邦和塞内加尔执政期。大非洲联邦构想最终因受大部分非洲领袖和民众的抵制而破灭，法属苏丹联邦的尝试也以1960年马里和塞内加尔的分道扬镳而宣告失败。

4. 北非史研究

2021年集中在有关摩洛哥的研究上，除前述高文洋论文外，还有2篇论文[①]值得关注，涉及少数族群如何影响多民族国家外交政策制定和左翼政党发展问题。张玉友指出自1956年独立至今，摩洛哥与以色列关系经历了有限接触、正常化接触、秘密接触和双边关系正常化4个阶段。犹太社区通过犹太社会精英的积极游说、政府与非政府组织的广泛动员以及美国犹太集团的间接推动等路径，影响摩洛哥对以色列的外交政策。摩洛哥王室在平衡风险与收益的情况下，通过国际犹太社区为摩洛哥获取以色列的战略资源援助。他在另一篇文章中谈到摩洛哥进步与社会主义党在不同时期充分结合该国国情，从内政与外交两大方面对社会主义革命进行了积极的理论探索。长远来看，尽管摩洛哥进步与社会主义党的发展深受政治分裂化和党内实用主义路线的影响，但其社会主义思想将持续影响和塑造摩洛哥左翼思潮。

总体来看，非洲国家治理史显示了非洲国家探索自主发展道路的曲折经历，而新通道的选择源于非洲人民对于历史的反思和对现实国情的深刻认识。将历史与现实融合，解答当下非洲治理问题道阻且长。

五、问题与前瞻

综上所述，2021年一系列求"通"论著反映出中国非洲史学界整体学术水平的提升，这一提升与国人对非洲关注有直接关联。当前世界正处在百年未有之大变局下，大变局不仅要求中国将目光放置于世界当中，同时对学者认识和解释世界的能力提出了更高要求，进而激励着学人扬帆远航。

千里之行，始于足下，求"通"之路贵在筑基。从史学角度而言，当前中国非洲史研究的基础并不雄厚。我们应该看到中非关系史和南非史能出现通论性成果的原因在于学界积累较多，但其并不具有普遍意义，即便中非关系史亦有多方面工作待加强，如以新的时代关切重新梳理历史、总结经验，整理出一些应予避免的问题。南非史亦需将近三十年的发展有机纳入到历史

---

① 张玉友：《摩洛哥对以色列"接触政策"中的犹太人因素考察》，《西亚非洲》2021年第2期；张玉友：《摩洛哥进步与社会主义党的发展演变及现实挑战》，《当代世界与社会主义》2021年第6期。

序列之中。我们还应看到，国内学界对非洲与世界联系的研究更多着眼于外部世界施加于非洲的影响，对非洲人主动性的挖掘还不充分。我们更要看到对非洲各地历史的研究任务还很重。这就急需中国非洲史学者加强对非洲自身历史发展脉络的研究，尤其是法语非洲、尼日利亚史的研究有待重点加强。学术力量需下沉到国别区域或专题研究；不仅需要加强跨学科方法的应用，还需要增强实地调研的主动性。我们还需加强历史同现实的交融性研究以及跨领域跨学科的综合研究，在历史研究中实现知识的综合。从此种意义上讲，要以多卷本《非洲通史》撰写为抓手，通过整合国内非洲史学界研究力量，促进学科更全面发展，进而助力中国非洲史研究在国际非洲史学界享有一席之地。

（执笔者：杭聪、高天宜）

2021 年拉美史研究综述

2021 年拉美史学界研究成果丰富，关注的研究领域愈加广泛，不但有对政治、经济、社会、国际关系等传统领域的深入研究，还开辟了新的研究领域。从国别角度来看，主要集中于对拉美主要大国墨西哥、智利、阿根廷和巴西的研究。从研究选题来看，主要关注了左翼政治力量、马克思主义本土化、资源型经济、农业和土地、大国与拉美国家的关系、移民族裔史等问题。从研究时段来看，主要集中在现当代，同时也有越来越多的学者重视殖民地史和近代史的研究。

2021 年的拉美史研究呈现出学术新气象：一是，体现了强烈的现实关怀，研究主题密切结合国内外重大历史事件，体现了基础理论研究与应用对策研究的融合发展，比如对拉美共产党和中国共产党百年历程进行比较研究；二是，医疗卫生史成为 2021 年的学术前沿之一；三是，学者们不仅重视对国内拉美史进行学术史梳理，也开始关注拉美国家的学术发展脉络；四是，对加勒比地区的史学研究有所加强。

2021 年出版学术专著 5 部，发表论文数篇。学科研究综述从史学理论和史学史领域、政治史领域、经济史领域、社会文化史领域、国际关系史领域几个方面展开。

史学理论和史学史领域。秦善进、牛淋在国别通史性著作《多米尼加》[1] 中论述了多米尼加共和国的国土与人口、宗教与民俗、特色资源、殖民前简史等内容。王晓德在《中国拉丁美洲研究的回顾与思考》一文中全面回顾了中国的拉丁美洲研究的百年历程，总结了成绩和不足，并对今后的研究进行了展望。[2] 王晓阳在《拉丁美洲的毛泽东研究评述》一文中分析了拉美学界对毛泽东研究的历史进程、研究领域和研究方法。[3] 李兴华在《墨西哥汉学研究：历史与现状》一文中论述了墨西哥的汉学研究成果、发展趋势和所面临的问题。[4] 孙洪波在《资源民族主义研究评述：以拉美石油产业为案例的历史考察》一文中梳理了国际学界有关拉美石油民族主义的研究。[5]

在政治史领域，学者们主要关注了拉美的政治生态问题、左翼政治力量、民主政治、马克思主义本土化以及政治腐败问题。中国现代国际关系研究院拉美研究所课题组成员在《拉美政治生态演变的新趋势、动因及影响》一文中，通过分析近年来拉美政治生态呈现的一系列新的发展动向和趋势，指出，拉美政治生态变化背后，既有全球同频"共振"、负面效应传导的外

---

[1] 秦善进、牛淋编著：《多米尼加》，社会科学文献出版社 2021 年版。
[2] 王晓德：《中国拉丁美洲研究的回顾与思考》，《拉丁美洲研究》2021 年第 1 期。
[3] 王晓阳：《拉丁美洲的毛泽东研究评述》，《理论月刊》2021 年第 4 期。
[4] 李兴华：《墨西哥汉学研究：历史与现状》，《国际汉学》2021 年第 1 期。
[5] 孙洪波：《资源民族主义研究评述：以拉美石油产业为案例的历史考察》，《西南科技大学学报（哲学社会科学版）》2021 年第 1 期。

因，更有自身新旧矛盾集中发酵、相互激荡的内因，而突然暴发的新冠疫情无疑成为冲击地区发展的最大因素，加速了地区"乱""变"交织的进程。又强调，拉美国家亟须加强民主治理，推动政党良性竞争，增强民众政治参与信心，尤其要全面提升政府治理能力，以创造稳定发展环境，增加内生性发展动力，推动国家重回发展快车道。① 袁东振在《古巴共产党党的建设实践与经验探析》一文中探讨了古巴共产党的党建实践，认为坚持马列主义的指导，重视党的民族性，注重完善和改进领导方式，注重党员和干部队伍建设，坚持群众路线，加强党规、制度和道德的约束力等是其积累的独特经验，这些经验是其长期执政的重要基础。② 丁波文在《智利共产党百年社会主义探索历程与兴衰浅析》一文中关注了智利共产党的百年社会主义探索，认为其通过建立与社会党等中左翼政党的联盟合作策略推进"和平过渡"道路。③ 林华在《阿根廷进步主义的实践、困境和局限》一文中从阿根廷进步主义思想内涵着手，总结左翼政党在解决经济和社会问题方面有别于新自由主义的执政理念和实践。④ 李菡在《拉美左翼和参与式民主：以拉美四国为例》一文中比较了巴西、委内瑞拉、玻利维亚和厄瓜多尔四国左翼政府创建的参与式民主体制的差异、成效以及面临的挑战。⑤ 张芯瑜在《拉美民粹主义对民主影响的实证研究》一文中考察了民粹主义和民主的关系。⑥ 高波在《拉美国家的体系性腐败及其治理》一文中分析了拉美国家腐败问题的特征和根源。文章指出，从整体上看，拉美国家的腐败问题具有明显的体系性、广泛性和多样性等特点，其根源由远至近可以归纳为：经济社会不平等→社会资本匮乏→政治庇护主义→问责缺位。在智利这类社会资本力量较强的拉美国家，民众应通过合作型社会组织对政治精英集团进行有效问责，从而遏制腐败的蔓延。拉美反腐败的经验教训为世人提供了重要启示，即社会建设才是根治腐败的关键。⑦

在经济史领域，"资源诅咒"、经济结构的脆弱性、"三农"问题是2021年的研究热点。芦思姮在专著《"资源诅咒"与制度弱化：拉美国家"发展陷阱"镜鉴》中认为，拉美国家长期落入"发展陷阱"应归因于制度弱化效应及其"路径依赖"。⑧ 王晓笛在《拉丁美洲经济结构脆弱性的政治经济学分析》一文中从政治经济学视角分析了拉美经济结构脆弱性的突出表现和形成原因。⑨ "三农"问题亦是学者们长期关注的领域。刘明在《20世纪以来巴西印第安人土地政策的变迁》一文中考察了20世纪以来巴西印第安人土地政策的发展历程。⑩ 张佳蓉在《智利弗雷政府的农业工会与农村社会关系变革》一文中探讨了20世纪60年代智利弗雷政府的土

---

① 中国现代国际关系研究院拉美研究所课题组：《拉美政治生态演变的新趋势、动因及影响》，《拉丁美洲研究》2021年第3期。
② 袁东振：《古巴共产党党的建设实践与经验探析》，《当代世界与社会主义》2021年第4期。
③ 丁波文：《智利共产党百年社会主义探索历程与兴衰浅析》，《当代世界与社会主义》2021年第2期。
④ 林华：《阿根廷进步主义的实践、困境和局限》，《世界社会主义研究》2021年第11期。
⑤ 李菡：《拉美左翼和参与式民主：以拉美四国为例》，《拉丁美洲研究》2021年第1期。
⑥ 张芯瑜：《拉美民粹主义对民主影响的实证研究》，《拉丁美洲研究》2021年第1期。
⑦ 高波：《拉美国家的体系性腐败及其治理》，《现代国际关系》2021年第3期。
⑧ 芦思姮：《"资源诅咒"与制度弱化：拉美国家"发展陷阱"镜鉴》，中国社会科学出版社2021年版。
⑨ 王晓笛：《拉丁美洲经济结构脆弱性的政治经济学分析》，《政治经济学评论》2021年第4期。
⑩ 刘明：《20世纪以来巴西印第安人土地政策的变迁》，《世界民族》2021年第3期。

地改革。① 徐振伟、赵勇冠在《智利阿连德政权垮台的粮食因素》一文中另辟蹊径，从粮食危机的视角剖析智利阿连德政权垮台的原因。② 夏立安、周文章在《智利阿连德改革失败探因：基于财产权的视角》一文中通过研究指出，阿连德政府激进的土地改革扩大了社会对立面，导致其政权失去了农民的支持；对工业、金融和矿业的国有化改革则招致了资产和资本阶层的怨恨与国际社会的不满。在财产权问题上，阿连德未能处理好手段与目的、形式合法与实质违法、政治与经济、财产社会性与私有性这四对矛盾，最终导致了改革的失败。③ 魏宁在《20世纪下半叶美国芝加哥学派对智利经济社会发展的重要影响》一文中对20世纪下半叶美国芝加哥学派理论在智利的传播和影响进行了考察。④ 李仁方在《皮诺切特政府的土地改革与智利社会转型》一文中指出，皮诺切特政府延续而非终止或逆转了弗雷和阿连德政府的土地改革进程，并以法治和市场这两大工具有序地基本实现了预期改革目标。通过土地改革，皮诺切特政府推动智利土地制度及其生产关系成功地向现代资本主义转型，并促使农村社会阶层结构、城乡社会人口结构和政府与"三农"关系都发生了重大转变，进而给智利的经济社会发展带来了深远影响。⑤ 贾根良、刘旭东在《现代货币理论：来自拉美的经验》一文中运用现代货币理论剖析了20世纪80年代拉美陷入"失去的十年"的原因。⑥

在国际关系史领域，美拉关系、中拉关系、欧拉关系仍然是学界关注的热点，同时也不乏对拉美国家之间关系的探讨。美拉关系方面。徐世澄的新著《美国和古巴关系史纲》深入阐释了美古关系演变的原因及美国对古巴实施帝国主义和霸权主义政策的本质。⑦ 石晓文在《美秘洛沃斯群岛之争及影响》一文中探讨了19世纪中期美国和秘鲁围绕洛沃斯群岛鸟粪资源的争端。⑧ 崔德龙在《第二次委内瑞拉危机中美国海军外交的转型》一文中关注了1902—1903年第二次委内瑞拉危机期间美国海军的外交转型问题。⑨ 陈少晶、党凯莉在《冷战初期美国对巴西锰矿的开采》一文中研究了冷战初期美国对巴西锰矿的开采。⑩

中拉关系方面。2021年是中国共产党的百年华诞，国际社会对此非常关注。楼宇在《拉丁美洲共产党人评中国共产党建党百年的历史成就与世界意义》一文中系统梳理了拉美共产党人

---

① 张佳蓉：《智利弗雷政府的农业工会与农村社会关系变革》，《农业考古》2021年第1期。
② 徐振伟、赵勇冠：《智利阿连德政权垮台的粮食因素》，《安徽史学》2021年第2期。
③ 夏立安、周文章：《智利阿连德改革失败探因：基于财产权的视角》，《拉丁美洲研究》2021年第5期。
④ 魏宁：《20世纪下半叶美国芝加哥学派对智利经济社会发展的重要影响》，《东岳论丛》2021年第3期。
⑤ 李仁方：《皮诺切特政府的土地改革与智利社会转型》，《世界近现代史研究》（第十八辑），社会科学文献出版社2021年版。
⑥ 贾根良、刘旭东：《现代货币理论：来自拉美的经验》，《学术研究》2021年第10期。
⑦ 徐世澄：《美国和古巴关系史纲》，中国社会科学出版社2021年版。
⑧ 石晓文：《美秘洛沃斯群岛之争及影响》，《拉丁美洲研究》2021年第1期。
⑨ 崔德龙：《第二次委内瑞拉危机中美国海军外交的转型》，《鲁东大学学报（哲学社会科学版）》2021年第1期。
⑩ 陈少晶、党凯莉：《冷战初期美国对巴西锰矿的开采》，《山西大同大学学报（社会科学版）》2021年第2期。

对中共百年历程的伟大贡献和重要经验的思考与感悟。① 高维谦在《毛泽东思想对拉美地区文化政治的影响研究》一文中探讨了毛泽东思想对拉美地区文化政治的影响。② 陈岚、欧阳媛在《中国对拉美西班牙语国家传播模式的传承与变迁——以书刊出版为例》一文中探讨了中国对拉美西语国家的外宣模式。③ 郑晓莉、李宇娴、邹占在《中国与拉美地区体育交流历史回顾与展望》一文中讨论了中拉体育交流合作问题。④

在欧拉关系方面。王晓德在《启蒙运动时期德波对美洲全面"退化"的想象》一文中考察了启蒙运动时期荷兰学者德波的美洲观及其影响。⑤ 陈少晶在《近代早期英国对拉丁美洲的殖民扩张微探》一文中探讨了近代早期英国在拉美的殖民扩张情况。⑥ 肖曼、刘明在《阿根廷外交政策的转向：以不结盟运动为例》一文中将不结盟运动作为研究视角，剖析了阿根廷外交政策如何发生了转向。⑦

关于拉美国家之间的关系研究。刘雨萌在《1959年以来古巴与委内瑞拉关系的演进及特点》一文中研究了20世纪后半期以来古巴和委内瑞拉双边关系的发展脉络。⑧

在社会文化史领域，移民族裔史和医疗卫生史研究是2021年的热点领域。在华人华侨史方面，对古巴的华人问题关注较多。张书在《〈古巴华工调查录〉与清政府的华工政策》一文中以古巴华工为例，分析了清政府的华工政策，发现《古巴华工调查录》为清政府提供了古巴华工遭受虐待的事实，使清政府能够更有针对性地制定保护华工的措施，从而对清政府的华工政策由消极向积极的转变产生了较大的影响。⑨ 吴晴萍在《近代古巴华人社区的形成与粤剧的传播》一文中梳理了粤剧早期在古巴及美洲的传播与接受，探讨了华侨华人同当地社会的关系，研究了粤剧在海外的传播，并肯定了粤剧在中外戏曲文化交流中所做出的贡献。⑩ 赵越在《19世纪末20世纪初古巴华人形象的构建与塑造》一文中探讨了19世纪末20世纪初古巴华人形象的构建与塑造问题。⑪ 庄妍、王元林在《晚清华工赴巴拿马筑路开河初探》一文中考察了晚清华工在巴拿马筑路开河的事迹，分析了他们为巴拿马经济和社会的发展做出的贡献。同时作者

---

① 楼宇：《拉丁美洲共产党人评中国共产党建党百年的历史成就与世界意义》，《拉丁美洲研究》2021年第3期。

② 高维谦：《毛泽东思想对拉美地区文化政治的影响研究》，《国外社会科学前沿》2021年第2期。

③ 陈岚、欧阳媛：《中国对拉美西班牙语国家传播模式的传承与变迁——以书刊出版为例》，《对外传播》2021年第2期。

④ 郑晓莉、李宇娴、邹占：《中国与拉美地区体育交流历史回顾与展望》，《西南科技大学学报（哲学社会科学版）》2021年第1期。

⑤ 王晓德：《启蒙运动时期德波对美洲全面"退化"的想象》，《世界历史》2021年第1期。

⑥ 陈少晶：《近代早期英国对拉丁美洲的殖民扩张微探》，《晋中学院学报》2021年第3期。

⑦ 肖曼、刘明：《阿根廷外交政策的转向：以不结盟运动为例》，《西南科技大学学报（哲学社会科学版）》2021年第2期。

⑧ 刘雨萌：《1959年以来古巴与委内瑞拉关系的演进及特点》，《当代世界与社会主义》2021年第1期。

⑨ 张书：《〈古巴华工调查录〉与清政府的华工政策》，《国际汉学》2021年第2期。

⑩ 吴晴萍：《近代古巴华人社区的形成与粤剧的传播》，《佛山科学技术学院学报（社会科学版）》2021年第3期。

⑪ 赵越：《19世纪末20世纪初古巴华人形象的构建与塑造》，《八桂侨刊》2021年第1期。

指出，清政府通过外交磋商、设领事馆等措施以改善侨胞的生存环境。①

此外，美国的拉美移民、巴西的日本移民、印第安人权利问题也是这一领域的焦点。梁茂信在《美国的拉美移民来源的梯度结构分析（1900—1929年）——以墨西哥移民为中心》一文中通过分析指出，1900—1929年美国的墨西哥移民来源的梯度结构既反映了拉美地区经济发展的失衡及其与美国经济的融合关系，也是美国企业的招工措施实施后移民劳工直接参与美国经济活动特别是生产过程引发的必然结果，从而使美墨边境地区跃升为经济繁荣发展的区域性跨国中心，但是随之而来的非法移民、各类走私活动和妓女贩卖等问题的泛滥，则表明该地区具有国际化特点的跨国社会问题不容小觑。② 杜娟在《弃中取日：近代巴西东亚移民政策的转变》一文中通过分析指出，19世纪末20世纪初中日两国国力对比及国际地位的变化、中日海外移民政策的不同走向，以及巴西和日本在建设现代民族国家过程中都追随欧洲文明，才是推动近代巴西东亚移民政策发生"弃中取日"转变的深层次原因。在《日本人移民巴西初期的历程和特征》一文中，她阐释了1908—1923年期间日本移民巴西初期的特征：巴西政府提供了移民活动的主要资金；以家庭为单位的契约农工构成了移民主体；日本移民高度聚居在圣保罗州的农村地区；日本移民的定居率非常高；在移民规模方面，巴西还不是日本移民的主要目的国，而日本也仅是巴西的一个移民来源小国。这一时期日本向巴西的移民活动遵循的是"大公司、小政府"的运行模式。③ 金晓文在《移民、租佃制与阿根廷早期民众主义的兴起》一文中探讨了移民、租佃制与20世纪初阿根廷民众主义兴起的内在联系。④

医疗卫生史是2021年的学术前沿领域，学者们关注了阿根廷、古巴、巴西等国的医疗卫生史的研究。夏婷婷在《19世纪末20世纪初阿根廷的肺结核防治与民族国家建构》一文中探讨了阿根廷的肺结核防治与民族国家建构问题。⑤ 宋晓丽、张文海在《古巴特色的卫生外交及启示——以埃博拉疫情为例》一文中分析了古巴具有特色的卫生外交以及获得的启示。⑥ 王若瞳在《中国—巴西医疗卫生合作历史、现状及前景》一文中探讨了中国和巴西在医疗卫生合作方面的历史、现状，并对发展前景做了前瞻性的预测。⑦

此外，韩琦等学者在专著《墨西哥文化革新运动与现代化》中通过研究指出，1910年墨西哥革命后，在新政府倡导和支持下发生的一场文化革新运动实质上是由之前的文化欧化倾向转向墨西哥化、确立墨西哥民族自信和文化自信的运动，是一场文化民族主义运动。它是墨西哥文化现代化的具体体现，对巩固大革命成果和推动20世纪后半期墨西哥的现代化具有重要意

---

① 庄妍、王元林：《晚清华工赴巴拿马筑路开河初探》，《八桂侨刊》2021年第1期。
② 梁茂信：《美国的拉美移民来源的梯度结构分析（1900—1929年）——以墨西哥移民为中心》，《拉丁美洲研究》2021年第6期。
③ 杜娟：《弃中取日：近代巴西东亚移民政策的转变》，《世界历史》2021年第4期；《日本人移民巴西初期的历程和特征》，《拉丁美洲研究》2021年第5期。
④ 金晓文：《移民、租佃制与阿根廷早期民众主义的兴起》，《拉丁美洲研究》2021年第1期。
⑤ 夏婷婷：《19世纪末20世纪初阿根廷的肺结核防治与民族国家建构》，《世界历史》2021年第4期。
⑥ 宋晓丽、张文海：《古巴特色的卫生外交及启示——以埃博拉疫情为例》，《河北师范大学学报（哲学社会科学版）》2021年第4期。
⑦ 王若瞳：《中国—巴西医疗卫生合作历史、现状及前景》，《文化创新比较研究》2021年第29期。

义。① 该专著丰富了国内学界对拉美国家社会文化的研究。郭存海在专著《拉丁美洲的中产阶级研究》中系统研究了拉美中产阶级的形成和发展，以此为基础，阐释了"成长的烦扰"和"进步的不满"何以在该群体滋生、弥漫，并且指出，拉美社会的未来有赖于缔造一种"包容中产阶级"的增长模式和政策模式。②

关于拉美国家的其他社会问题，例如拉美社会不平等问题，拉美国家的城市重建、社会治理、水卫生、音乐文化、社会保障等问题学者们也有关注。袁东振在《不平等对拉美国家政治和社会变迁的影响》一文中指出，拉美长期以来一直遭受不平等问题的困扰。拉美地区的不平等既有与其他地区类似的特点，又有该地区独有的特色。通过分析和观察拉美地区的不平等，可以为认识世界范围的不平等问题提供新素材，为世界不平等问题的研究提供若干参照。③ 房连泉在《新冠疫情冲击下拉美国家的社会贫困和不平等：社会结构脆弱性视角》一文中通过分析 2020 年新冠疫情给拉美经济社会带来的巨大冲击，以及为应对疫情拉美各国出台的大量的应急性社会保护措施指出，这场危机与拉美地区固有的经济社会不平等、财富分配不公、劳动力市场非正规化、卫生健康体系薄弱以及社会保障制度覆盖不足等因素交织在一起，进一步加剧了该地区社会发展中的矛盾冲突。他认为危机产生的外因来自疫情暴发，内因则源于该地区长期积累的结构性矛盾无法有效解决；2020 年疫情进一步印证了拉美社会结构固有的脆弱性。④ 汪艮兰、程洪在《迪亚斯执政时期美国的资本扩张与墨西哥城的城市重建》一文中指出，在迪亚斯执政时期，以美国资本为主导、墨西哥政府支持的对墨西哥城的城市重建，有力地推动了这座城市的早期现代化进程。同时也应看到，美国在墨西哥的资本扩张是讲求利己主义的，要为本国的制造业开拓海外市场，为美国资本主义的生存和发展提供养分，与 19 世纪后期美国的扩张外交政策是浑然一体的。⑤ 邵俊霖、翟天豪、罗茜在《城市贫困集聚治理的国际经验及其启示——以美国、日本、巴西、印度、墨西哥五国为例》一文中梳理了美国、日本、巴西、印度、墨西哥等国城市贫困集聚治理的国际经验，在此基础上提出我国城市贫困集聚治理对策建议，为我国未来推进城乡融合、解决城市相对贫困集聚提供了理论支持和决策参考。⑥ 程晶在《近代历史上巴西城市水卫生的变迁》一文中分析了巴西水卫生变迁的历史。⑦ 关于拉美国家的音乐文化问题，张译文在《墨西哥音乐文化与拉丁美洲音乐文化的发展》一文中分析了墨西哥音乐文化与拉美国家音乐文化的发展历史。⑧ 张浩淼在《阿根廷的社会保障与经济发展：回顾与镜鉴》一文中通过考察阿根廷社会保障与经济发展的历程，以及每个阶段的经济发展背景和

---

① 韩琦等：《墨西哥文化革新运动与现代化》，社会科学文献出版社 2021 年版。
② 郭存海：《拉丁美洲的中产阶级研究》，朝华出版社 2021 年版。
③ 袁东振：《不平等对拉美国家政治和社会变迁的影响》，《世界政治研究》2021 年第 1 辑，中国社会科学出版社 2021 年版。
④ 房连泉：《新冠疫情冲击下拉美国家的社会贫困和不平等：社会结构脆弱性视角》，《拉丁美洲研究》2021 年第 5 期。
⑤ 汪艮兰、程洪：《迪亚斯执政时期美国的资本扩张与墨西哥城的城市重建》，《世界历史》2021 年第 5 期。
⑥ 邵俊霖、翟天豪、罗茜：《城市贫困集聚治理的国际经验及其启示——以美国、日本、巴西、印度、墨西哥五国为例》，《社会治理》2021 年第 3 期。
⑦ 程晶：《近代历史上巴西城市水卫生的变迁》，《光明日报》2021 年 4 月 19 日。
⑧ 张译文：《墨西哥音乐文化与拉丁美洲音乐文化的发展》，《当代音乐》2021 年第 3 期。

社会保障的主要措施与问题，发现阿根廷经济发展战略和模式选择的失误是导致其落入"中等收入陷阱"的关键原因，并不能将其经济困境单纯归咎于社会保障政策。①

在研究动态方面，除了上述研究成果之外，2021年学术社团中国拉丁美洲史研究会主办了两次学术研讨会。一个会议的主题是"全球史视野下拉丁美洲与世界的互动"，主要围绕几个学术版块，即"地理大发现与殖民地时期新旧大陆之间的互动""域外大国在拉美地区的博弈""英美与拉美国家的互动""中国与拉美国家的互动""拉美国家的历史与现实问题"展开，可以说基本上涵盖了与会议主题相关联的最新研究成果，较好地展现了全球史视野下拉丁美洲与世界互动的基本面貌。另一个会议的主题是"拉美现代化进程中的科技与文化"，这是第十一届中国拉美研究青年论坛的选题，分设了四个专题："投资拉美—科技企业""民族与文化""经济与贸易""政治与外交"。拉美研究青年论坛每年举办一次，由中国拉丁美洲史研究会和中国拉丁美洲学会共同发起并且轮流主办，是培养拉美研究青年学者的主要阵地。

综观2021年拉美史研究状况，可以看到大部分研究成果集中于对当代现实问题的探讨，对历史问题的研究成果相对较少。这主要有两个方面的原因：一方面是国内拉美史科研力量的薄弱；另一方面是随着我国与拉美国家地区经贸关系的发展，现实需求性逐渐增强。这也恰恰说明了拉美史研究的症结所在，即由于缺乏具有历史通透力的分析，因而导致无法给予现实问题真正的良方妙药。对现实问题的深入分析是建立在对历史的深耕基础之上的。

鉴于此，如何夯实拉美史学科的建设基础，将基础历史研究与现实对策研究充分融合在一起，更好更全面服务于国家的需要，是当前面临的重要任务。以拉美史研究为底层基础，构建拉美学，当下最重要的是着力培养拉美史方向教学与研究梯队人才队伍。建议从以下几点考虑。

第一，从高校世界史教学抓起，培养学生对拉美史的兴趣和热情。当前高校世界历史教材涉猎拉美史内容很少。建议高校在讲授拉美史内容时，将其置于世界史大背景下；同时从世界整体视角探讨拉美国家的历史，避免孤零零学习拉美史。

第二，在培养拉美史方向研究生时，加强对历史问题的关注。学生毕业论文的选题大多来源于个人读书的聚焦点和学习过程中遇到的兴趣点。如何在上课过程中引导学生的选择偏好，是重要的切入点。

第三，拉美史科研人员自身科研能力的提升。以终为始，历史研究的最终目的是服务现实。拉美史研究对我国的镜鉴作用很重要，要从思想上重视这一点。科研人员应深耕细作，致力于探讨深层次的历史原因，同时摸索挖掘实际问题的内在逻辑性，才能给予符合实际的历史解释。在增强自身科研能力的同时，还要注意加强与国际学界的交流，了解国际前沿动态，以为自身研究提供好的参考视角。此外，不仅要注重对西班牙语原始档案材料的使用，更要了解拉美学者的观点和看法，结合欧美学者的探讨，从不同侧面加深对问题的认识和思考。

（执笔者：杜娟、王文仙）

---

① 张浩淼：《阿根廷的社会保障与经济发展：回顾与镜鉴》，《社会保障评论》2021年第4期。

2021年北美史研究综述

2021年，国内北美史研究稳步推进。得益于网络和信息化技术的发展，学者不出国门也能通过各种途径获得大量外文材料，包括一手档案文献。研究条件的改进极大地推动了国内北美史研究的进展，原始文献的运用在国内美国史学界也越来越普遍。总体来看，国内美国史研究可谓成果斐然，加拿大史研究也渐有起色。

一、美国政治史

2021年在美国政治史研究领域，我国学者均取得了丰硕成果，出版了不少专著、评著，发表了若干学术论文，这些著述在研究内容及研究方法和视角上都有一定的突破，促进我国的美国政治史研究进一步走向深入。

美国独立战争史、两党制[1]和民权运动等传统的研究热点仍然受到人们关注，但是在研究对象上呈现出具体化的发展趋势，而在研究方法和视角上则更多采用跨国与跨学科的视角。比如谢国荣的文章就聚焦小石城事件背景下的美国民权运动，揭示了小石城事件是如何加速非洲裔民权国际主义话语的形成和推动美国政府的民权改革的。[2] 作者把小石城事件作为切入点，但视野又远远超出事件本身，延伸到非洲裔民权国际主义话语、民权组织的冷战思考、国会的国际考量以及行政当局的民权改革战略，充分体现了作者知微见著的史学眼光。于展则考察了国际舆论与肯尼迪政府民权改革之间的关系[3]以及马尔科姆·X晚年的经历和对民权运动的影响[4]。不管是伯明翰运动，还是马尔科姆·X的个人经历，都被作者置于国际的视角之下，考察它们在美国之外的地区所产生的影响，以及这些影响又是如何反作用于美国国内社会的。对于民权运动史的研究者而言，这都具有开阔视野的作用。李敏的博士学位论文则专门考察了美国爱尔兰裔流亡者的跨国民族主义。[5] 许二斌介绍了美国独立战争中的德意志雇佣兵情况。[6] 章永乐的专著则探讨了"门罗主义"作为一种地缘政治话语，在美国、德国、日本和中国传播与使用的历史。[7] 该书以全球史的视角，勾画了门罗主义的话语谱系，不仅仅关注门罗主义这个术语在不同语言中的意义流变，而且还力图展示这种意义流变背后的历史情境和具体政治过程。这些研究表明，采用跨国史的研究视角能够给传统的研究课题注入新的内容。

---

① 熊李力：《两极垄断体制下的美国两党》，《人民论坛》2021年第19期。
② 谢国荣：《小石城事件国际影响下美国的民权运动》，《历史研究》2021年第4期。
③ 于展：《伯明翰运动、国际舆论与肯尼迪政府的民权改革》，《史学月刊》2021年第9期。
④ 于展：《马尔科姆·X晚年的海外游历、国际主义及影响》，《世界历史评论》2021年第2期。
⑤ 李敏：《爱尔兰流亡者的跨国民族主义——美国芬尼亚兄弟会的兴起与衰落（1858—1880）》，博士学位论文，东北师范大学，2021年。
⑥ 许二斌：《美国独立战争中英国雇用的德意志部队》，《经济社会史评论》2021年第3期。
⑦ 章永乐：《此疆尔界："门罗主义"与近代空间政治》，生活·读书·新知三联书店2021年版。

值得一提的是，在原始文献的挖掘方面也取得了进展。从中国知网上能够检索到美国独立战争时期英国的小册子已经结集出版①，这对于我们了解当时英国的社会舆论具有重要意义。此外，在美国政治史领域耕耘多年的李剑鸣教授也在2021年里把他的研究成果结集出版，其中包括他在美国政治史研究中的一些代表性成果②，可供研究者学习借鉴。

美国政治史研究的一大特征就是有很强的时效性。随着近年美国政坛上种族关系问题日益升温，对美国族裔关系和民权运动的研究也成为近年美国政治史研究的热点。在中国知网上检索到2021年发表的关于民权运动的论文有95篇之多。但相应的，关于美国宪政史的研究则变得相对冷淡。时效性确实是影响历史研究的重要因素。但在重视热点问题的同时，我们也不能忽视对一些基础问题的研究。对美国政治而言，宪政史就是这样一个不可或缺的内容。我们期待将来这方面有更多更好的成果出现。

尤其值得一提的是，四川大学副教授王禹所写的论文《"大佬"拉福莱特与"进步主义运动"的悖论》③荣获2020年美国历史学家协会戴维·西伦奖（2021年正式授予）。该文以拉福莱特个人的著作、演讲、当时的新闻报道和大量二手文献为基础，分析了拉福莱特既以向"大佬"和"政党机器"发起斗争的改革者形象在美国政治舞台上出现，又被时人视为"大佬"和"政党机器"缔造者这种悖论，并力图对更广泛的"进步主义"提供一个更好的阐释。评委会认为该文对拉福莱特的政治生涯进行了"细致而富有洞见"的分析，"论述令人信服"，"值得认可"。此后，该文还被收入美国历史学顶级期刊《美国历史杂志》④。这表明，在一定条件下，中国研究美国史的学者们在某个领域的研究成果是能够得到国际认可，并与美国的历史学家们展开对话的。这应该是中国的美国史学家们努力的方向。

二、美国外交史

2021年国内学者对美国外交史的研究还是硕果颇丰的。研究的重点主要集中在以下几个方面。

在内政对外交政策的影响方面。一些学者继续关注族裔群体对美国外交政策的影响。王阳的论文深入分析了影响不同族裔在美国外交政策决策过程中作用差异的因素，指出这种影响是动态的和不断发展变化的。⑤ 韩磊的论文考察了美国东欧裔族群以"中欧—东欧联盟"为主要活动载体，对美国北约东扩政策施加的影响。⑥ 谢国荣的论文考察了冷战时期美国种族问题对美国外交的影响，以及美国外交反过来对解决美国种族问题方面的影响。⑦ 另一些学者则更多

---

① Harry T. Dickinson, *British Pamphlets on American Revolution*, Taylor and Francis Books.
② 李剑鸣：《美国社会和政治史管窥（学术中国文丛）》，广东高等教育出版社2021年版。
③ 王禹：《"大佬"拉福莱特与"进步主义运动"的悖论》，《四川大学学报（哲学社会科学版）》2018年第3期。
④ Wang Yu: "'Boss' Robert La Follette and the Paradox of the U. S. Progressive Movement", in *Journal of American History*, Volume 108, Issue 4, March 2022.
⑤ 王阳：《族裔因素对美国外交政策影响新探》，《世界民族》2021年第1期。
⑥ 韩磊：《后冷战时代美国东欧裔族群与北约东扩——以"中欧—东欧联盟"为分析中心》，《北方论丛》2021年第4期。
⑦ 谢国荣：《种族问题与冷战初期美国的对外宣传》，《世界历史》2021年第3期。

关注的是美国政府机构、美国基金会、智库等民间组织在美国外交决策中的作用。张瑾的两篇论文分别论述了美国中央情报局在美国针对1962年中印边界问题的政策和战略决策、美国对印度核问题看法中的影响。[1] 滕凯炜的论文考察了一战后卡内基基金会对国际秩序的看法以及该基金会在国际司法体系建立过程中的作用。[2] 银培萩的论文探讨了美国基金会与智库二者融合而成的"金智复合体"与美国外交政策之间的关系。[3]

美国外交思想史方面的研究成果主要集中在冷战时期美国外交战略思想及其影响方面。张小明的著作《乔治·凯南遏制思想研究》（增订本）[4] 在1994年版[5]的基础上进行了增补，主要增补了三个附录，其中附录二的作者与乔治·凯南交往的信息尤其值得关注。这部著作对于了解美国冷战时期和后冷战时期的外交思想都具有重要的参考价值。朱小曼、郭凯丽的论文通过梳理二战后美国在重大国际危机中的外交战略，论述了美国跨域威慑的概念、实践及其对冷战后美国外交战略的影响。[6] 王浩的论文尝试在二战后美国的大国竞争战略的研究中引入国内政治变量，构建一个新的分析框架，并按照这一框架分析二战后美国的大国竞争战略经历的两次重大变迁。[7] 美国"早期"外交思想史的研究方面。付文广的论文比较系统地论述了从1823年"门罗主义"的提出到1920年伍德罗·威尔逊任期结束的近一个世纪里，美国对外干预思想的历史以及美国干预思想显示出的美国与外部世界的关系。[8] 马建标、刘畅的论文对一战后的美国外交思想进行了探讨，考察了"公约主义"的继承者马慕瑞，在华盛顿体系中落实"公约主义"的过程及其最终失败的原因。[9] 而马燕坤的著作则通过对美国从殖民地时期到"9·11"事件后本·拉登之死，这一长时期内美国在非洲的战略与在非洲塑造的秩序之间关系的历史考察指出，美国在非洲的秩序的建设与瓦解取决于该秩序是否对美国对非洲的战略有价值。这一特点对于认识美国在世界其他地区的战略与秩序之间的关系具有启发意义。[10]

美国经济外交史方面。江振鹏的著作通过对塔夫脱政府在对外经济关系中使用"金元外交"的几个案例的论述，探讨了20世纪初美国"金元外交"的特征及其对美国构筑国际金融权力的影响。[11]

美国与他国的双边关系史方面。中美关系史一直是国内美国外交史研究的重点。2021年是中美"乒乓外交"50周年，有学者以此为契机探讨了体育因素在中美关系中的作用和影响，选

---

[1] 张瑾：《美国情报视野中的1962年中印边界战争》，《中国社会科学院研究生院学报》2021年第1期；《美国情报视阈下的印度核问题（1958—1966）》，《首都师范大学学报（社会科学版）》2021年第2期。
[2] 滕凯炜：《卡内基基金会与一战后国际秩序的构建》，《世界历史》2021年第3期。
[3] 银培萩：《"金智复合体"与美国外交政策的克制主义转向》，《外交评论》2021年第6期。
[4] 张小明：《乔治·凯南遏制思想研究》（增订本），世界知识出版社2021年版。
[5] 张小明：《乔治·凯南遏制思想研究》，北京语言学院出版社1994年版。
[6] 朱小曼、郭凯丽：《跨域威慑在美国外交政策中的运用》，《军事文摘》2021年第21期。
[7] 王浩：《从自由国际主义到现实制度主义：国内政治与二战后美国大国竞争战略变迁的逻辑》，《当代亚太》2021年第4期。
[8] 付文广：《从门罗主义到威尔逊主义：美国对外干预思想的起源与发展》，《拉丁美洲研究》2021年第3期。
[9] 马建标、刘畅：《"公约主义者"的悲剧：马慕瑞与华盛顿体系的兴衰》，《近代史研究》2021年第5期。
[10] 马燕坤：《秩序的建设与瓦解：后殖民时代美国在非洲的战略》，中国社会科学出版社2021年版。
[11] 江振鹏：《奠基金融帝国：美国塔夫脱政府"金元外交"研究》，中国社会科学出版社2021年版。

题本身也显示了中国史学工作者经世致用的优良传统。例如，徐国琦通过分析留美幼童、基督教青年会以及中国参加两届美国洛杉矶奥运会等案例，揭示这些由体育活动形成的中美共同经历，如何为"乒乓外交"的成功及中美两国人民交往打下坚实的历史基础。① 王元崇的著作试图通过探讨中美早期关系史为认识当今中美关系乃至今后中美关系的走向提供历史的视角。② 在美苏关系史方面，赵学功的论文对战后初期美国对苏联的核作战计划进行系统考察，揭示了这一时期美国对苏政策的进攻性、冒险性和复杂性。③ 在美英关系史方面，金海的论文探讨了美英在废奴运动上合作的基础、存在的分歧及其原因和影响。④ 在美日关系史方面，赵承伟、卢镇的论文探讨了日本幕府末期日美之间的不对等关系，指出美国实际上在推行其扩张主义外交政策，而日本并没有吸取历史教训，自此以后同样走上了对外扩张的道路。⑤ 在美法关系史方面，姚百慧的论文以美国外交和美法关系为视角，讨论美国对法国国内政治局势变化的情报评估、政策选择及其影响。⑥

美国军事外交史方面。刘子奎的论文将卡特政府的国际核燃料循环评估计划与其防核扩散政策结合起来研究，揭示了二者之间的关系，指出前者标志着后者的转变，即卡特政府防核扩散政策的重点从阻止非核武器国家获得核能力，逐步转向防止具有所谓"不良意图"的"问题国家"开发核武器。⑦ 论文的结论为理解当今美国针对不同国家实行不同的防核扩散政策提供了启示。陈波的论文梳理、分析了1953—1957年美国"大规模报复"战略"落地"的历史过程，有助于认识美国高层核观念的变化、核决策的机制，并加深对美国外交决策过程中盟国、舆情等影响的理解。⑧ 梁志的论文通过对20世纪70年代美国对韩国导弹开发活动的反应与对策的论述，一定程度上弥补了在韩国导弹开发史的研究中，对美韩两国就该问题进行博弈的研究的不足。⑨

美国文化外交史方面。潘迎春、洪玲艳的论文探讨了国际科技合作对美国外交的影响。⑩ 吴非的论文以比较的方法考察了后冷战时期美俄的媒体外交走向、媒体外交的作用以及美俄的媒体外交斗争对地缘政治的影响。⑪

---

① 徐国琦：《体育与中美关系的历史发展——纪念"乒乓外交"50周年》，《美国研究》2021年第3期。
② 王元崇：《中美相遇：大国外交与晚清兴衰（1784—1911）》，文汇出版社2021年版。
③ 赵学功：《美国对苏联的预防性核打击计划及其流产（1945—1949）》，《历史研究》2021年第6期。
④ 金海：《18世纪末至19世纪上半期的英美废奴运动：合作、分歧与局限》，《首都师范大学学报（社会科学版）》2021年第6期。
⑤ 赵承伟、卢镇：《幕末日美外交关系的不对等性（1853—1867）——兼谈对当代国际关系的启示》，《内蒙古民族大学学报（社会科学版）》2021年第6期。
⑥ 姚百慧：《美国与1958年法国政府危机》，《世界历史》2021年第1期。
⑦ 刘子奎：《卡特政府防核扩散政策的考察》，《历史研究》2021年第5期。
⑧ 陈波：《"大规模报复"战略与美国海外核部署》，《世界历史》2021年第2期。
⑨ 梁志：《合作与限制：20世纪70年代美国对韩国导弹开发活动的反应与对策》，《世界历史》2021年第1期。
⑩ 潘迎春、洪玲艳：《美国在外交中对国际科技合作的利用——以1957—1958年国际地球物理年为例》，《历史教学（下半月刊）》2021年第9期。
⑪ 吴非：《媒体外交——美国与俄罗斯媒体外交思想的分析与参考》，中国商务出版社2021年版。

美国与国际组织的关系方面。刘祥的论文论述了美国在联合国初期的人权政治上与其他国家的斗争与妥协，揭示了美国政策的核心在于通过人权政治提升其国际影响力，同时避免联合国对其国内管辖权的干涉。①

三、美国经济史、社会文化史

2021年，美国经济史研究在以往基础上继续发展、有所拓展和深化。农业史较以往受到了更多关注，《四川大学学报（哲学社会科学版）》2021年第2期开辟了美国农业史研究专栏，所刊发的3篇文章从多方面考察了19世纪中晚期美国农民的生产生活及其政治诉求。② 林红梳理了20世纪以来美国的贫富分化以及再分配机制未能有效发挥作用的原因。③ 商务印书馆出版的译著《美国农业政策：历史变迁与经济分析》④ 一书追溯了殖民地时期以来美国农业政策的理论基础及其政治经济影响，对全面认识和了解美国农业政策发展史有着重要的意义。

在美国城市史研究方面，住房问题与城市重建受到重视。李文硕考察了20世纪七八十年代纽约市保障性住房政策的转变及其影响。⑤ 此外，他在另一篇论文里还论述了美国城市史研究的空间取向，指出这一空间取向表现在研究主题和研究尺度两个方面，即空间本身成为研究对象，以及跨国史路径对城市史研究视野的突破。⑥ 对美国城市史空间取向的研究，有助于我国学者把握美国城市史研究的新动向，开拓更广阔的研究视野。李莉梳理了19世纪后半期美国为解决城市住房问题所做的努力及其局限。⑦ 伍斌探讨了1906年旧金山大地震后唐人街的原址重建及其意义。

在美国社会文化史研究领域成果较多，题目丰富，立意新颖。移民与种族问题一直是个热点。梁茂信从墨西哥移民的角度，深入分析了1900—1929年美国拉美移民来源的梯度结构形成及其对美国社会的深刻影响。⑧ 丁见民梳理了北美医学专业化的开端。⑨ 原祖杰、周曼斯探讨了19世纪美国职业医师的反堕胎运动及其影响。⑩ 谢国荣《小石城事件国际影响下的美国民权运动》从国际的广阔视角探讨了小石城事件引发的国际批评和艾森豪威尔采取的极具象征性的政治行动。（《历史研究》2021年第4期）。

美国思想研究方面。王希的论文从分析霍夫施塔特《美国生活中的反智主义》一书创作的

---

① 刘祥：《美国与联合国初期的人权政治》，《美国研究》2021年第4期。
② 伍斌：《美国内战后的南部华人农业劳工》，王禹：《19世纪晚期美国农民对"乔治主义"的接受与扬弃》，许镇梅：《19世纪末美国平民主义运动中的反政党文化——基于南方农民联盟兴衰史的分析》。
③ 林红：《"达尔之问"的再讨论：经济不平等与美国的再分配困境》，《美国研究》2021年第2期。
④ ［美］詹姆斯·L. 诺瓦克、詹姆斯·W. 皮斯、拉里·D. 桑德斯：《美国农业政策：历史变迁与经济分析》，王宇、胡武阳、卢亚娟译，商务印书馆2021年版。
⑤ 李文硕：《20世纪七八十年代纽约市保障性住房政策的转变及其影响》，《世界历史》2021年第5期。
⑥ 李文硕：《美国城市史研究的空间取向》，《史学理论研究》2021年第6期。
⑦ 李莉：《19世纪后半期美国城市住房治理研究》，《求是学刊》2021年第2期。
⑧ 梁茂信：《美国的拉美移民来源的梯度结构分析（1900—1929年）——以墨西哥移民为中心》，《拉丁美洲研究》2021年第6期。
⑨ 丁见民：《19世纪以前北美精英专业医生的专业化诉求》，《史学集刊》2021年第6期。
⑩ 原祖杰、周曼斯：《19世纪美国反堕胎运动的权力争夺与种族因素》，《厦门大学学报（哲学社会科学版）》2021年第4期。

历史背景出发,讨论了"反智主义"概念的有效性和局限性,① 文章力图揭示一种可被称为"霍夫施塔特困境"的现象——自由派知识分子如何在一个高度民主化和反智化的美国社会中找到自己的位置。

四、美国环境史

2021 年,环境史研究领域出版了几部高质量的专著。《环境史的理论与实践:世界环境史研究演讲录》以国内数位世界环境史研究领域的知名学者在中国社会科学院世界历史研究所的专题讲座为基础,从学术史和实证研究的角度,探讨了环境史领域的理论和前沿问题。② 该书由两部分组成。第一部分主要从学术史的角度考察国际环境史研究的新进展和新路径、太平洋环境史研究的兴起和发展以及农业史与环境史的联系与区别。第二部分从实证的角度探讨世界历史上人与自然关系的变迁,涉及的题材包括全球史视野下的环境现代化、全球变暖问题的演变、英帝国的环境文化遗产、南太平洋地区环境问题和美国工业化时期的环境问题与环境保护。该书题材丰富,观点新颖,是一本了解国际环境史理论和相关前沿问题的重要参考书,同时对中国的生态文明建设具有参考价值。

侯文蕙是国内环境史研究的先驱,其所著《松庐散记》一书凝聚了作者近二十年来在环境史著述方面的一些心得与思考。③ 该书由上篇《山长水远》和下篇《彼美可期》组成。上篇以回忆为主,包括不同题材的回忆、书评和杂感等,下篇是作者多年来读书、译书和写书的心得。该书展现了一位历史学者的生态关怀,以温馨感人的笔触记录了从事环境史研究的经历和思考,对了解环境史在国内外的发展脉络具有很高的参考价值。

侯深在《无墙之城:美国历史上的城市与自然》一书中探讨了美国历史上自然与城市相互影响、相互博弈的历史,梳理了自然力量如何影响多个形态各异的大都市的发展,提出了美国城市发展的三重"生态悖论":追求自由与奴役自然的悖论;无限丰富的城市与单一化的自然的悖论;不断膨胀的城市与日益萎缩的地球的悖论。④ 作为这本书的思想灵魂,"三重悖论"体现了作者的人文关怀和生态关怀,具有很高的学术价值和现实意义,可以引导人们思考如何建设人与自然和谐相处的绿色城市。

王俊勇在《美国黄石国家公园生态管理的历史考察(1872—1995)》⑤ 一书中较为系统地梳理了黄石国家公园管理政策一个多世纪以来从单一物种保护向生态系统保护的转变,考察了科学家在这一政策转变过程中所发挥的独特作用,是国内首部探讨美国国家公园的环境史著作。

除上述专著以外,不少论文也各有千秋,体现了环境史研究的一些新气象。其一,视野宏大,对一些重大问题进行整体讨论。付成双从文化史与环境观念史的角度探讨了处女地假说在美国长盛不衰的原因及其对印第安人的影响。⑥ 另外,他和赵陆还从环境社会史的角度考察了美国工业化农业发展所引起的农场主分化和环境破坏问题,分析了美国农业现代化与家庭农场

---

① 王希:《反智主义与霍夫施塔特困境》,《美国研究》2021 年第 4 期。
② 徐再荣、张瑾主编:《环境史的理论与实践:世界环境史研究演讲录》,商务印书馆 2021 年版。
③ 侯文蕙:《松庐散记》,内蒙古教育出版社 2021 年版。
④ 侯深:《无墙之城:美国历史上的城市与自然》,四川人民出版社 2021 年版。
⑤ 王俊勇:《美国黄石国家公园生态管理的历史考察(1872—1995)》,中国社会科学出版社 2021 年版。
⑥ 付成双:《处女地假说与北美印第安人的命运》,《史学集刊》2021 年第 2 期。

梦想破灭的悖论。① 其二，不囿陈说，见解独到。高国荣指出，《大平原的未来》这一区域发展规划及其落实固然存在诸多不足，但它却体现了美国农地利用政策在20世纪30年代所发生的转折性变化。② 刘向阳认为，严格的环境管制是20世纪70年代美国滞涨危机的重要原因，这是对美国滞涨危机的新解释。他同时提出，环境史研究的经济学转向有利于推进环境史研究的创新。③ 其三，疫病史是新热点。北美早期疾病医疗史的研究往往聚焦原住民印第安人群体。丁见民另辟蹊径，探讨了传染病对白人人口的影响。他指出，传染病在殖民地时期对白人社会构成重大冲击，但进入19世纪后就已经不再对北美早期社会经济发展构成主要威胁。④ 王光伟考察了1878年黄热病在美国的流行及其危害，以及美国政府和社会应对疫情的相关措施。⑤ 此外，他还考察了黄热病通过埃及伊蚊而非瘴气传播（即"蚊子说"）这一医学知识的更新过程，分析了该知识在1905年美国黄热病疫情防治期间的广泛宣传及其成功运用。⑥ 其四，全球史的视野得到运用。王林亚从环境史的角度阐述了美国参与发展中国家热带森林保护的来龙去脉，指出美国此举是为重塑美国政府的环保形象，并从环境正义的角度分析了美国对热带森林保护的局限性。⑦ 石晓文梳理了19世纪中期美国对智利鸟粪资源的掠夺，将其视为美国新生态帝国主义崛起的标志。⑧ 其五，资源保护和污染治理依然是研究重点。孙群郎、张豪俊考察了美国郊区低密度开发带来的洪涝灾害、联邦政府治理洪灾的工程及生物措施、功过参半的洪灾保险计划。⑨ 而罗尔斯顿则利用访谈的形式，阐明了荒野保护对于生态文明建设的重要性。⑩

2021年，国内学界还引入了一些海外研究成果，其中有三本书尤其值得关注。其一是美国著名环境史学家小麦克尼尔等的新著《大加速：1945年以来人类世的环境史》。⑪ 该书在大量借鉴自然科学研究成果的基础上，梳理了1945年以来世界环境日益加速的巨大变化，并分析了其

---

① 付成双、赵陆：《美国的农业现代化与家庭农场梦想的破灭》，《历史教学（下半月刊）》2021年第12期。
② 高国荣：《从掠夺性开发到保护性利用：对美国区域规划文件〈大平原的未来〉的重新审视》，《史学集刊》2021年第6期。
③ 刘向阳：《环境史视野下的20世纪70年代美国"滞涨危机"新解——兼论环境史的经济转向及其创新》，《北京师范大学学报（社会科学版）》2021年第6期。
④ 丁见民：《传染病与19世纪中期以前北美白人人口的增长》，《四川大学学报（哲学社会科学版）》2021年第4期。
⑤ 王光伟：《传染病疫情下的政府防治与社会救助——以1878年美国黄热病疫情防控为例》，《史学月刊》2021年第4期。
⑥ 王光伟：《"蚊子说"与1905年美国黄热病疫情的防治》，《世界历史》2021年第6期。
⑦ 王林亚：《"债务换取自然"与塑造绿色话语霸权：美国对热带森林的保护政策及评析》，《历史教学》2021年第7期。
⑧ 石晓文：《"鸟粪热"与美国新生态帝国主义的崛起》，《历史教学（下半月刊）》2021年第3期。
⑨ 孙群郎、张豪俊：《美国郊区的低密度开发与洪涝灾害及其治理》，《吉林大学社会科学学报》2021年第6期。
⑩ 柯进华、霍尔姆斯·罗尔斯顿：《充分的荒野保护是生态文明走向成熟的标志——世界著名生态伦理学家罗尔斯顿访谈》，《鄱阳湖学刊》2021年第6期。
⑪ ［美］约翰·R. 麦克尼尔、彼得·恩格尔克：《大加速：1945年以来人类世的环境史》，施雱译，中信出版社2021年版。

人为原因和严重后果。其二是《大河与大国：从河流的视角讲述美国史》。① 该书系统考察了河流开发与美国历史之间的密切关系，讲述了美国河流开发利用的宏大历史。该书通过故事切入，文笔生动，兼具学术性与可读性。其三是《罐头：一部美国公众的食品安全史》。② 该书从环境史的角度考察了一个多世纪以来罐装食品对人类传统饮食习惯、人与自然关系的颠覆，阐述了美国公众对罐装食品的态度转变，展现了美国工业食品体系的发展及其不足。

五、史学史

在美国史学史研究方面，国内学术界也取得了一定的突破，拓展了美国史研究的视野与方法。

美国早期史研究的一些新动向受到了多位学者的关注。其一，美国早期史与跨国史的结合。《史学月刊》在2021年第3期中推出相关专题——"跨国视野中的美国早期史"笔谈，邀请相关学者从不同角度就该方面进行了深度探讨。其中值得一提的是，薛冰清分析了"网络路径"对美国早期史研究的影响。"网络路径"是史学"跨国转向"和"全球转向"的重要概念，强调跨国性、流动性和交互性③，这一概念的运用能够为美国早期史研究提供新思路与新方法。其他学者的文章都以具体问题为中心，示范了如何进行美国早期史的跨国视野研究。其二，历史记忆。蔡梦竹梳理了过去半个世纪美国史学界关于美国革命历史记忆的研究成果，指出美国革命历史记忆的研究受到了政治文化研究、"身份政治"史学和公共史学这三个本土因素的推动④。该文不同于以往学者关注欧洲的记忆研究理论，而是立足于美国的本土化元素梳理历史记忆研究的发展，对研究美国革命史具有参考价值。其三，美国国家史。徐良、丛玮梳理了美国早期国家史书写的发展情况，认为美国早期史学经历了从地方史或地区史向国家史转变的发展历程，对美国国家的早期发展与民族认同产生了重要影响。⑤

在性别史研究方面，女性史与男性史皆受到了国内学者的关注。原祖杰、武玉红梳理了美国女性史研究范式的转变，指出20世纪80年代的美国女性史研究，从注重寻求普遍的"姐妹情谊"转变为强调"女性差异"及其背后的权力关系⑥，体现了多元文化路径对当今美国女性史学的主导性影响。特别值得一提的是上海辞书出版社出版的洪君的专著《从"维多利亚女性"到"新女性"：美国社会转型过程中的中产阶级女性（1870—1920）》。该书从生存境遇、婚姻与家庭、教育就业、政治参与等多方面考察了1870—1920年这半个世纪里美国中产阶级女性社会地位和角色的变化⑦，是国内研究美国妇女史的一部力作。而林漫则介绍了男性史这一

---

① ［美］马丁·道尔：《大河与大国：从河流的视角讲述美国史》，刘小鸥译，北京大学出版社2021年版。
② 安娜·扎伊德：《罐头：一部美国公众的食品安全史》，邹赜韬、宋维维、王慧慧译，上海社会科学院出版社2021年版。
③ 薛冰清：《"网络路径"与美国早期史研究》，《史学月刊》2021年第3期。
④ 蔡梦竹：《美国史学界关于美国革命历史记忆的研究》，《世界历史》2021年第4期。
⑤ 徐良、丛玮：《早期美国国家史的历史书写》，《江西师范大学学报（哲学社会科学版）》2021年第5期。
⑥ 原祖杰、武玉红：《从"姐妹情谊"到"女性差异"——美国女性史研究范式的转变》，《社会科学战线》2021年第7期。
⑦ 洪君：《从"维多利亚女性"到"新女性"：美国社会转型过程中的中产阶级女性（1870—1920）》，上海辞书出版社2021年版。

新领域，通过追溯美国男性史的发展脉络，考察了男性史、妇女史和性别史之间的关系，认为男性史能够扩大性别史研究的范围，改变性别史领域的学术生态。① 男性史是性别史研究的重要领域，对男性史的引入能够补充完善国内的美国性别史研究。

六、加拿大史

2021年，国内加拿大史研究发表的论文着眼点集中于政治文化史、经济史、民族史和教育史等领域，研究成果总体呈现数量增加，广度和深度也有推进的趋势。

据不完全统计，2021年，国内学者发表的与加拿大问题相关的论文有约500篇之多，但其中与加拿大史学研究相关的却数量很少。有别于研究其他地区国别史的史学论文和著作，近年来，国内基于史学重大理论的加拿大史研究成果处于匮乏状态。这一方面是因为加拿大史较少有世界历史或划时代重大意义的历史性事件；另一方面，加拿大为人口中等规模国家，史学界对其现代以来历史的研究多侧重研究其当代史，基于重大史学理论的贯穿式的史学研究鲜有成果。

近现代西方传教士在华传教和中国社会的互动，主要以欧洲人和美国人为主，加拿大人来华传教的人数较少。近年来，随着历史研究"全球史""跨国史"的兴起，中国学者越来越多地将研究视野投向了跨文化的非国家行为个体。岳丽的《加拿大传教士古约翰在中国》②，将研究视野投向了来华的加拿大传教士，用中国近现代基督教史的视角研究传教士古约翰（Jonathan Goforth）遭遇义和团运动、与冯玉祥关系的确立和随后的疏离，以及审视古约翰在东部传教的宗教经历。作者认为，古约翰来华学习语言、建立传教站、传播基督教，不断适应中国的宗教与文化，与中国社会互动，这些都是"跨国个体"的典型代表，传教士的经历与记忆既是连接中西文化的纽带，同时也是传教士属国与中国的共有记忆，是"共有历史"研究的基础。

教育史一直以来都是加拿大史研究的重点领域，研究者大多关注加拿大教育的现代化进程，代表性的论文有袁利平、李君莜的《加拿大高等教育现代化发展战略：一种宏观视角的分析》。③ 文章对加拿大政府结合该国国情和高等教育现实需求，因地制宜出台的高等教育现代化发展战略进行了详尽的分析，指出加拿大高等教育现代化战略核心主要集中在国际化、信息化、高质量、创新和善治等方面，具备了兼顾高等教育的人文性与民主性，注重高等教育的宽基础和高质量，重视高等教育的国际化和信息化，强调高等教育治理的有效性等特征，对加拿大现代高等教育的发展起到了重要作用，对当前我国高等教育改革也有一定的参考价值。

经济史是加拿大史研究的重点，之前的研究多集中于当代中加经贸史，近来许多研究者的目光投向了海洋经济领域。姚朋阐述了当代加拿大海洋经济发展所处的海洋环境，着重介绍和分析了当代加拿大海洋经济管理和海洋治理现状、海洋治理面临的困境和挑战，以及加拿大政府在海洋环境保护方面采取的主要措施。文章指出，加拿大海洋经济可持续发展的概念和内涵仍然处于博弈过程中，随着时间的推移，其民间海洋经济发展需求和政府海洋治理、海洋经济

---

① 林漫：《男性史：当代美国性别史的新视角》，《史学月刊》2021年第5期。
② 岳丽：《加拿大传教士古约翰在中国》，《宗教学研究》2021年第2期。
③ 袁利平、李君莜：《加拿大高等教育现代化发展战略：一种宏观视角的分析》，《西北工业大学学报（社会科学版）》2022年第2期。

管理之间的矛盾将呈现更加焦灼的局面①。

社会史、文化史和民族史研究也受到了一定的关注。袁霞发表的论文②认为，加拿大著名女作家玛格丽特·阿特伍德的作品对加拿大作为一个民族和国家的发展历程有着非常深入的思考，其早期作品大力宣扬加拿大独特的民族文化身份，并且她明确指出"加拿大性"与加拿大的地理位置息息相关；其20世纪90年代的作品则更多记录的是多元文化语境下加拿大不断变化的社会现实和民族构成，也深切反映了她在思考加拿大民族身份时的与时俱进的话语风格；到了2000年以后，阿特伍德的作品呈现出一种超民族主义的境界，对后国家时代的人类共同命运进行了思考。励轩的《比较视野下的多元文化主义——以欧洲和加拿大为例》对欧洲国家和加拿大的多元文化主义进行了比较，指出没有哪个欧洲国家像加拿大那样通过立法手段把多元文化主义政策制度化。③ 与欧洲相比，加拿大多元文化主义政策覆盖面更为广泛，其不仅需要处理移民带来的多样性问题，也要处理本国人民固有的多样性问题，比如如何回应魁北克法裔加拿大人要求获得主权的分离运动问题。这也导致了加拿大和欧洲国家在理解和实施多元文化主义过程中有着很大的差异。

中加关系史是国内学界的传统关注重点。许龙波考察了加拿大华人媒体对1919年南北议和态度的转变。④ 南北议和指的是1919年2月北京的北洋政府和南方护法军政府之间为停战议和召开的会议。这不仅是中国近代史上的重大事件，还是一场吸引了海内外华人广泛参与的政治大辩论。作者通过对史料的分析指出，当时加拿大华人出版的《大汉公报》对南北议和进行了深入报道和评论，不仅努力促进和谈，还积极为和谈献策。南北议和失败后，该报对和谈由希望转变为失望，并且反思和谈破裂缘由，呼吁以改造社会来变革政治。

近年来，国内加拿大政治史方面的研究，多着眼于加拿大的当代议会政治。陈燕萍认为，从新法兰西时期的法国人到大征服之后的加拿大人，从加拿大联邦下的法裔加拿大人到20世纪60年代平静革命后的魁北克人，生活在魁北克的法裔加拿大人的身份几经转换，成了拥有"法国灵魂、美洲肉体"的混合体。他们不断在新旧大陆之间游移，在传统与现代、传承与决裂之间纠结徘徊，使得自身文化认同的确立变得微妙而复杂。⑤

总体来看，在北美史研究中，政治外交史依然是研究重点，经济社会文化史成为研究热点，环境史、疫病史方兴未艾。这一研究态势在未来还会延续。从相关成果的选题来看，中国的北美史研究有非常明显的现实观照，程度不同地旨在为中国的社会主义现代化建设提供参考借鉴。在世界正经历着百年未有大变局之际，中美竞争关系的加剧无疑会对国内美国史研究产生一定的影响。在这种背景下，北美史学界努力通过扎实的学术成果引导民众更加客观理性地认识美国。与此同时，中国北美史学界也越来越重视自身的学科建设，在借鉴国外最新学术成果的同时，汲取中国史学的营养，为中国史学大厦建设添砖加瓦。受疫情影响，线上国内外学术交流明显增多，且大多对外开放，由此能使更多的人参与并受益。作为国内外国史研究中影响最大

---

① 姚朋：《当代加拿大海洋经济管理、海洋治理及其挑战》，《晋阳学刊》2021年第6期。
② 袁霞：《玛格丽特·阿特伍德创作中的民族国家思想之演进》，《英美文学研究论丛》2021年第1期。
③ 励轩：《比较视野下的多元文化主义——以欧洲和加拿大为例》，《学术界》2021年第12期。
④ 许龙波：《加拿大华人媒体对1919年南北议和态度的转变——基于〈大汉公报〉的考察》，《西华师范大学学报（哲学社会科学版）》2021年第1期。
⑤ 陈燕萍：《不确定的国度——从魁北克文学看法裔加拿大人的身份认同演变》，《外国文学》2021年第4期。

的分支领域之一，美国史学界新人辈出，力作不断，呈现出朝气蓬勃、繁荣发展的喜人气象。但也应该看到，虽然国内的北美史研究取得长足进步，但能同国际学术界进行真正意义上的对话的学者还比较有限。在国际学术界增强话语权和影响力，将是中国北美史学者未来长期努力的方向。

（执笔者：高国荣、金海、王宏波、张红菊、姚朋、赵月涓）

2021 年西欧史研究综述

回顾 2021 年全年，国内学术界关于西欧史的研究成果、热点和趋势，同往年相比有了明显变化。总体来说，在 2021 年，国内西欧史研究越发明显地强调整体意义和文化—建构意义上的欧洲概念，从微观个案和宏观结构的角度来反思西欧近现代的历史事件、发展过程和显著特征。具体说来，结合当下世界范围内的各种重大议题和严峻危机，例如全球意义上的发展问题、生态环境问题、人权和难民问题，尤其是依旧笼罩全球的新冠疫情阴影，使 2021 年西欧史研究将关注的焦点放在了这些话题之上。与此同时，许多经典议题也是学者们持续讨论的对象，例如欧洲身份认同、欧盟一体化进程及相关的历史、法律、制度演进、殖民史和殖民地问题、家庭史、二战问题研究等。最后，传统的政治史研究在 2021 年也有新作问世。

一、整体视角下的西欧史研究、译介作品综述

2021 年国内学界对于整体视角下欧洲历史的研究进一步深化，并产生了多本具有比较视野和现实关怀的欧洲史研究成果。刘景华教授领衔撰写的《欧洲农村城镇化进程及其借鉴意义》一书以长时段视角探讨了从公元 11 世纪至今欧洲农村城镇化在不同阶段的发展特点。该书在综合英国、法国、德国、意大利、荷兰五国城镇化历史经验的基础上，总结提炼出欧洲农村城镇化的多种范式和共同特征。除了历史研究外，此书还结合欧洲多国和中国本土数十个村镇的实地调研报告，为我国农村城镇化进程中如何避免乡村衰败提供了借鉴，体现了国内欧洲史研究的现实价值和本土关怀。[1]

郑非的《帝国的技艺：统治不可统治之地》则分别探讨了英国、法国、奥地利—哈布斯堡和俄罗斯四个近现代欧洲帝国统治其属民的方式。作者以正式/非正式、隔离/吸纳两个维度来对这些欧洲帝国进行分类和分析，前者指的是中央对于边缘地带的管控程度，后者指的是帝国应对民族主义问题的统治术。该书特别强调了前现代欧洲帝国进入现代帝国的关键是大众政治的兴起，这意味着帝国不得不面对更为尖锐激烈的族群关系和中央—边缘关系。尽管这四大帝国都走向崩溃，但不同的帝国组织形式和应对之道还是产生了截然不同的后果。此书从比较的维度和帝国治理得失的视角为理解近现代欧洲帝国的崩溃提供了新的创见。[2]

2021 年还有若干有关整体欧洲史的作品翻译出版。美国学者菲利普·S. 戈尔斯基的《规训革命：加尔文主义与近代早期欧洲国家的兴起》是一部比较历史社会学研究的著作。该书将基督新教加尔文派作为研究对象，选取低地国家荷兰和勃兰登堡—普鲁士作为比较个案，认为宗教改革在欧洲社会引发了波及广泛的深刻规训过程，可以称之为规训革命。规训以较少的强制力和暴力塑造了较为顺从和勤勉的民众，从而不仅大大加强了国家的管制力，也极大地强化了

---

[1] 刘景华等：《欧洲农村城镇化进程及其借鉴意义》，经济科学出版社 2021 年版。
[2] 郑非：《帝国的技艺：统治不可统治之地》，广西师范大学出版社 2021 年版。

国家的榨取和强制能力。因此这场变革大大增强了近代早期欧洲国家的权力，直接促使信奉加尔文主义的欧洲国家（如荷兰、普鲁士和英格兰）从中央集权程度低、君主力量较弱的国家跻身于欧洲强国之列。该书同时比较了欧洲不同教派对于社会规训的影响，对于理解近代欧洲变革提供了新的视角。①

英国学者布伦丹·西姆斯的《千年英欧史：英国与欧洲，1000年的冲突与合作》则考察了英国和欧洲大陆自1066年威廉征服至今的互动历史。这本书很大程度上破除了传统上英国历史撰写中的"英国例外论"，将英欧关系置于英国历史的核心。该书认为，近代以来，欧洲大陆在英国的战略和政治辩论中始终占据中心地位，英国对于欧洲大陆的介入和在海外的扩张大多和欧陆内部局势变动有关。而英国独有的社会政治制度很大程度上也是为了应对欧洲体系的压力。该书还从英欧关系史的角度阐述了英国脱欧的历史和思想根源，对于理解当代英欧关系同样有启发意义。②

法国学者安托万·里勒蒂的《公众的形象：名人的诞生（1750—1850）》揭示了启蒙运动时期至浪漫主义时期名人机制是如何在欧洲和北美发展起来的。首先，该书界定了"名人"（célébrité）和荣耀（gloire）以及名声（réputation）的区别，强调名人实际上是现代性的产物。18世纪欧洲公共领域的转变带来了休闲娱乐业的商业化和公共舆论的兴起，由此诞生的名人机制不但改变了欧洲文化界和艺术界的运行模式，对于启蒙运动的传播产生了深远的影响，还对政治人物提出新的要求。大革命前后，欧洲政治人物不仅需要合法性，面对民众的评判和好奇心还必须受欢迎。该书指出，法国大革命前夕玛丽·安托瓦内特王后公共形象的恶化助推了波旁王朝的崩溃。③ 总的来看，2021年新引进国内的欧洲史译作倾向于两类作品，或和当代欧洲现实问题密切相关，或采纳了跨学科视角，有助于历史学和社会学、传播学、政治学的对话和互相借鉴。

除了新翻译至国内的欧洲史图书外，2021年多部欧洲史译著再版，表明国内出版界和读者对于欧洲史主题图书的兴趣和需求依然强烈。④

二、英国史研究综述

2021年国内英国史研究进一步深化，取得了丰硕的成果。鉴于英国史的研究较为成熟，研究群体庞大，科研成果颇丰，本节以英国史研究的主题为框架，择优秀成果论述。其中，身份认同问题是2021年英国史研究的一大亮点。刘城考察了宗教改革之后英国人在忠于国王还是忠于信仰方面的矛盾心理，凸显了近代转型时期英国人身份认同的困境。⑤ 陈日华聚焦古物学家

---

① ［美］菲利普·S. 戈尔斯基：《规训革命：加尔文主义与近代早期欧洲国家的兴起》，李钧鹏、李腾译，北京师范大学出版集团、北京师范大学出版社2021年版。

② ［英］布伦丹·西姆斯：《千年英欧史：英国与欧洲，1000年的冲突与合作》，李天云、窦雪雅译，中信出版集团2021年版。

③ ［法］安托万·里勒蒂：《公众的形象：名人的诞生（1750—1850）》，宋玉芳译，浙江大学出版社2021年版。

④ ［英］诺曼·戴维斯：《欧洲史》（三卷本），刘北成、郭方等译，中信出版集团2021年版；［英］彼得·克拉克：《欧洲城镇史：400—2000年》，宋一然等译，商务印书馆2021年版。

⑤ 刘城：《伊丽莎白一世时代天主教徒的身份认同困境》，《历史研究》2021年第4期。

的历史地位，揭示了其在近代英国民族认同构建过程中的作用。[1] 张迅实从概念史的角度，厘清了中世纪晚期以来英国"贵族"观念的发展和区别。[2] 于明波梳理了学界有关二战后英国有色人种移民的相关研究，在总结已有成果的前提下，展望了该领域未来的发展趋势。[3]

作为对现实问题的积极回应，医疗社会史研究在2021年依然保持较高的关注度。向荣的《第二次鼠疫大流行与意大利和英国的社会应对》立足于跨国比较和长时段研究，凸显了欧洲抗疫的历史复杂性和曲折性。[4] 柴彬、程冠宇通过考察伦敦大瘟疫中的教会角色，指出教会在瘟疫发展过程中角色由主导转向辅助，促进了世俗社会和医学观念的妥协。[5] 刘金源的《疫情之下的社会分裂——英国医学界关于1832年霍乱的病原学之争》通过梳理19世纪英国医学界关于霍乱起源的争论，同样强调了科学发展的复杂性。[6] 赵秀荣通过梳理英国近代以来对抑郁症认知的变化，反映出英国近代社会的理性化，以及英国社会的文化建构。[7] 元鹏成指出英国近代的慈善药房弥补了政府公共服务职能的缺失，为19世纪英国公共卫生运动的兴起奠定了基础。[8] 胡莉以英国国民健康服务机制为切入点，分析指出保守党与工党基于不同的理由，抛弃了凯恩斯主义，接受新自由主义及其医疗保障理念，形成了一种"准市场"的运作机制。[9]

经济社会史视野下的法律问题也受到多位学者的关注。侯建新考察了英国土地私有化立法的过程，以及圈地运动对于土地私有化的实践，强调这种实践奠定了英国近代经济发展的基础。[10] 孙小娇通过梳理19世纪英国通过议会立法确立租佃权合法性的历史事件，体现了商业社会精神在议会立法决策过程中的影响。[11] 任有权分析了19世纪英国土地租期从定额向年租转变的历史现象，指出其虽然有不利影响，但是并没有破坏传统的租佃关系，也没有抑制佃农投资的增长。[12] 张乃和重新梳理了英国公司制度的起源，指出公司法人和公司财产合二为一，是英国公司制度开端的标志。[13] 李新宽重新分析了17世纪末英国土地银行实践失败的原因，指出失败的主因是制度缺陷、货币短缺等，并非托利党与辉格党之间的党争所致。[14] 许志强通过解读1831年的《狩猎法》，认为该法案的实践困境反映了这一时期日益激化的乡村社会矛盾，以及

---

[1] 陈日华：《古物学家与近代早期英国民族认同建构》，《历史研究》2021年第3期。
[2] 张迅实：《争议、表述和再考证：近代英国"贵族"概念探究》，《世界历史》2021年第3期。
[3] 于明波：《战后英国有色人种移民问题研究述评》，《史学月刊》2021年第3期。
[4] 向荣：《第二次鼠疫大流行与意大利和英国的社会应对》，《世界历史评论》2021年第3期。
[5] 柴彬、程冠宇：《1665—1666伦敦大瘟疫治理中的面相探析》，《历史教学（下半月刊）》2021年第8期。
[6] 刘金源：《疫情之下的社会分裂——英国医学界关于1832年霍乱的病原学之争》，《史学集刊》2021年第4期。
[7] 赵秀荣：《近代英国对抑郁症的认知——从忧郁症到抑郁症》，《安徽史学》2021年第1期。
[8] 元鹏成：《论近代英国慈善药房的兴起》，《历史教学（下半月刊）》2021年第3期。
[9] 胡莉：《英国国民健康服务制度的新自由主义改革与反思》，《经济社会史评论》2021年第1期。
[10] 侯建新：《英国近代土地确权立法与实践》，《世界历史》2021年第4期。
[11] 孙小娇：《19世纪英格兰租佃权的历史考察》，《史林》2021年第3期。
[12] 任有权：《市场化与英国土地租期的转变》，《经济社会史评论》2021年第2期。
[13] 张乃和：《近代英国公司制度的起源》，《吉林大学社会科学学报》2021年第6期。
[14] 李新宽：《近代早期英国的土地银行》，《经济社会史评论》2021年第1期。

土地贵族在资本主义发展早期的身份危机。① 此外，郭家宏研究了新济贫法对于英国贫民基本医疗的保障问题。② 褚书达以1785年之后苏格兰高地渔业争取政府支持的运动为例证，验证了英国此时向下通达、理性决策的政治机制。③ 征咪关注了以科学决策名义改变19世纪英国海洋拖网渔业立法依据的负面效应。④ 贾珺考察了一战期间信鸽角色和功能的变化，通过对信鸽形象人性化的塑造，有助于理解信鸽保护条例和动物福利理念，以及这种变化与动物立法之间的关系。⑤

社会文化史方面，印刷出版问题成为2021年学者热议话题之一。张炜探究了印刷媒介的发展与16世纪英国宗教、政治、教育变革之间的互动关系，以媒介视角重新审视了近代社会转型这一经典主题。⑥ 陶晋解构了都铎政府对于凯特起义的塑造，揭示了重塑起义历史叙述，对于巩固都铎王朝统治秩序、强化国家治理具有重要的意义。⑦ 张影追索了17—18世纪英国出版审查从政治施压向经济调控的转变过程，认为这种转变为英国新闻自由的发展创造了良好空间。⑧ 高峻峰考察了15世纪英国诺克福德郡的一桩婚姻纠纷，揭示了近代早期英国婚姻和乡绅身份构建之间的内在联系。⑨ 此外，陈磊回溯了19世纪牛津大学在面临社会、宗教、政治冲击下，重建历史学科的过程，并讨论了其历史意义。⑩ 该学者同时以斯塔布斯的教会史为研究对象，揭示了安立甘国教派的属性是介于罗马和日内瓦之间，其宗教信仰既反对政教分离，又反对清教主义和仪式主义，其宗教理念推动了安立甘国教派的现代化转型。⑪

英帝国史是近些年国内英国史学界新的学术热点。李鹏涛以20世纪上半叶英国在非洲的棉花种植活动为研究对象，论述了非洲被纳入全球资本主义体系的复杂进程及其影响。⑫ 徐桑奕以对新南威尔士州的贸易权的重新分配为背景，讨论了转型时期英帝国内部利益重新分配的历史变化。⑬ 杜明明考察了19世纪英国对澳大利亚土著的屠杀，指出英国政府对于这一历史事件的回避态度，对现代民族国家身份认同的形成有着不可估量的消极影响。⑭

法律史作为传统的研究热点，2021年的研究成果相对薄弱。邵政达以16世纪罗马法不断进

---

① 许志强：《狩猎与盗猎——英国"长18世纪"转型视域下的狩猎法变迁》，《史学集刊》2021年第6期。
② 郭家宏：《新济贫法体制下英国贫民医疗救助问题探析》，《史学月刊》2021年第2期。
③ 褚书达：《1785年后苏格兰高地渔业争取国家支持的经过》，《经济社会史评论》2021年第4期。
④ 征咪：《科学决策的盲区——19世纪英国海洋拖网渔业立法依据转型的思考》，《史学月刊》2021年第7期。
⑤ 贾珺：《英国信鸽在"一战"中的角色转换与形象变迁》，《世界历史》2021年第1期。
⑥ 张炜：《社会变迁的催化剂：16世纪英格兰的印刷媒介》，社会科学文献出版社2021年版。
⑦ 陶晋：《神话叙事：都铎官方对凯特起义的重塑》，《历史教学（下半月刊）》2021年第12期。
⑧ 张影：《斯图亚特王朝晚期英国出版审查制度的变革》，《史学月刊》2021年第6期。
⑨ 高峻峰：《玛格丽·帕斯顿的婚姻和乡绅身份的构建与认同》，《经济社会史评论》2021年第3期。
⑩ 陈磊：《博雅与专业的妥协：19世纪牛津大学历史学科的建立》，《世界历史》2021年第4期。
⑪ 陈磊：《在罗马和日内瓦之间：斯塔布斯论安立甘宗之英国性》，《史林》2021年第3期。
⑫ 李鹏涛：《英属非洲殖民地的棉花种植推广活动及其影响》，《世界历史》2021年第6期。
⑬ 徐桑奕：《英帝国与殖民地自由贸易权问题——以初创期新南威尔士为中心的考察》，《世界历史》2021年第6期。
⑭ 杜明明：《19世纪早期英国殖民澳大利亚的土著政策及其引发的争论——以"黑色战争"为例》，《历史教学（下半月刊）》2021年第8期。

入英国，普通法院遭遇危机的历史背景为切入点，讨论了普通法院是如何自救，并且最终形成"二元互动"的司法模式。① 倪正春梳理了近代英国圈地运动的程序规范，指出该程序体现出了"程序正义"原则与自下而上的内在逻辑。②

工具书方面。张乃和主编的《英国经济社会史文献学著作指南》一书为中世纪到近代英国经济社会史的研究提供了有益借鉴。③ 英国史文集和再版图书方面。向荣的《历史的延续与变迁》与阎照祥的《英国政党政治史》皆取得了广泛的社会影响。④

三、法国史研究综述

在国际格局和世界体系经历变革与调整的时刻，世界史的书写方式也在进行更新。中国的法国史学者具有敏锐的学术洞察力、开阔的学术视野，能够深切体会当前世界的复杂形势，了解国外的学术热点与前沿，同时结合我国的现实需要，撰写出既回应现实命题，又聚焦学科内生性特色的研究成果。下文简要分析2021年法国史研究的现状与趋势。

按研究专题来看，2021年成果内容涉及传统政治史与政治文化史、经济史、社会文化史、思想观念史等多个领域。在传统政治史领域，高嘉懿立足于现代中法关系史的发展脉络，探讨了冷战时期法国议员在中法建交中的角色，强调他们在两国外交关系空缺的情况下成为先行探路者，发挥了传递消息、维系联络的作用，并最终巩固了中法建交成果。⑤ 政治文化史是2021年学者们重点关注的领域。潘丹探讨了《红与黑》中的"心灵之爱"与"头脑之爱"，折射出后革命时代新旧交错的精神面貌。⑥ 罗宇维探讨了革命歌曲的法国版本与法国大革命初期歌曲的"革新"，说明了具有政治性的歌曲不再是单纯的艺术或者文化的具体内容，它同样随着大革命的历史进程得到了"革新"。⑦ 于京东以17—18世纪的法兰西王国为例，阐释了绝对主义以地图为媒介所呈现出的政治表象与权力美学。⑧ 孟亚莉、肖云上则分析了19世纪法国新教与道德世俗化的关联性。⑨ 此外，詹娜研究了法国旧制度时期的犯罪与管控。⑩

汤晓燕从社会文化史视角出发，回溯了17世纪沙龙文化，探讨了女性群体的活动与影响，呈现了法国沙龙文化的形成过程及其缘起的背景。⑪ 曾晓阳探讨了法兰西第三共和国公立初等学校对大革命形象的重塑过程。⑫ 思想观念史方面。崇明分析了孟德斯鸠政治和社会思想中的

---

① 邵政达：《都铎王朝普通法法院的危机与自救》，《经济社会史评论》2021年第3期。
② 倪正春：《英国议会圈地的实施程序及其特点》，《经济社会史评论》2021年第3期。
③ 张乃和主编：《英国经济社会史文献学著作指南》，人民东方出版传媒、东方出版社2021年版。
④ 向荣：《历史的延续与变迁》，商务印书馆2021年版；阎照祥：《英国政党政治史》，河南人民出版社2021年版。
⑤ 高嘉懿：《跨阵营的探路者：法国议员在中法建交中的角色》，《世界历史》2021年第5期。
⑥ 潘丹：《自我、革命与爱情：〈红与黑〉中的"心灵之爱"与"头脑之爱"》，《社会》2021年第4期。
⑦ 罗宇维：《革命歌曲的法国版本与法国大革命初期歌曲的"革新"》，高国荣、张炜主编：《欧美史研究》（第4辑），社会科学文献出版社2021年版。
⑧ 于京东：《地图上的"绝对主义"——画像、空间与政治权力的再生产》，《文艺研究》2021年第8期。
⑨ 孟亚莉、肖云上：《19世纪法国新教与道德世俗化》，《法国研究》2021年第3期。
⑩ 詹娜：《法国旧制度时期的犯罪与管控》，《内蒙古师范大学学报（哲学社会科学版）》2021年第4期。
⑪ 汤晓燕：《社会文化史视野下的17世纪法国沙龙女性》，《世界历史》2021年第2期。
⑫ 曾晓阳：《法兰西第三共和国公立初等学校对大革命形象的重塑》，《法国研究》2021年第3期。

自然观念。① 张弛分析了孟德斯鸠论述商业问题的历史语境，认为法国人需要考察历史经验与政治制度的差异，寻找适合法国的发展路径，孟德斯鸠的商业思想正是对上述问题的回应。② 曾晓阳探讨了西耶斯和勒南对"国族"概念的阐述，展现出这一概念的时代性和政治性。③ 她还对近现代法国学界有关法兰西祖先的争辩的过程、结果和意义进行了考察，揭示了"高卢祖先说"占据上风的内在原因。④ 黄艳红则考察了从启蒙运动到大革命时期的法国理性主义思潮和实践如何推动了公制度量衡的诞生。⑤

与前述领域相比，2021 年经济史方面的研究稍显稀缺。周小兰重新分析了 1846—1847 年的经济危机，追溯危机如何在革命最激烈的巴黎逐步显山露水，剖析农业、工业和金融业在这场危机中的表现，考察其与革命之间是否有直接的因果联系。⑥ 姜南比较全面地探讨了包括法国在内的西欧主要国家与共同农业政策的关系，进而展示了欧共体的运行机制。⑦

此外，在史学理论与史学史方面，沈坚与乐启良会集众多学人对当代法国史学研究新趋势做了梳理。⑧ 黄艳红探讨了弗朗索瓦·阿赫托戈的历史时间研究。⑨ 张弛、成沅一对达恩顿的访谈有助于我们了解 2021 年欧美学界关于书籍史研究的最新动向。⑩ 此外，张弛还论述了法国心态史的研究传统与理论转型⑪，并进一步分析了法国革命史家乔治·勒费弗尔的心态史研究⑫。周立红在译介埃玛纽埃尔·加尼耶和埃玛纽埃尔·勒华拉杜里关于气候史研究最新成果的同时⑬，将勒华拉杜里的气候史研究放到年鉴学派的发展脉络中论述，探讨了他从境地研究到气候史的总体史探索⑭。

四、德国史研究综述

据粗略统计，2021 年国内德国史学界出版了 2 部著作⑮、近 20 部译著，发表了 30 余篇论

---

① 崇明：《孟德斯鸠政治和社会思想中的自然观念》，《社会》2021 年第 6 期。
② 张弛：《孟德斯鸠商业思想语境辨析》，《史学月刊》2021 年第 8 期。
③ 曾晓阳：《论近代法国两次"国族之问"》，《世界民族》2021 年第 5 期。
④ 曾晓阳：《近现代法国学界对高卢祖先说的构建》，《安徽史学》2021 年第 6 期。
⑤ 黄艳红：《法国启蒙与革命时代的"自然理性"及其效应——以公制单位"米"的诞生为中心的考察》，《世界历史》2021 年第 6 期。
⑥ 周小兰：《法国 1846—1847 年经济危机新论——兼论 1848 年革命的爆发原因》，《学术研究》2021 年第 4 期。
⑦ 姜南：《从共同农业政策看欧共体的运行机制》，《重庆邮电大学学报（社会科学版）》2021 年第 6 期。
⑧ 沈坚、乐启良主编：《当代法国史学研究新趋势》，浙江大学出版社 2021 年版。
⑨ 黄艳红：《历史性的体制和当下主义：弗朗索瓦·阿赫托戈的历史时间研究述评》，《安徽史学》2021 年第 2 期。
⑩ 张弛、成沅一：《书籍史和启蒙运动研究的往昔与未来——美国文化史学家罗伯特·达恩顿访谈录》，《史学理论研究》2021 年第 1 期。
⑪ 张弛：《法国心态史的研究传统与理论转型》，《社会科学战线》2021 年第 11 期。
⑫ 张弛：《心态、社会结构与社会变迁——乔治·勒费弗尔的心态史》，《史学史研究》2021 年第 3 期。
⑬ 埃玛纽埃尔·加尼耶：《气候：17—19 世纪欧洲社会和政治抗争的一个因素?》，周立红译，《社会科学战线》2021 年第 11 期；埃玛纽埃尔·勒华拉杜里：《气候与长时段——基于葡萄采摘日期的研究》，周立红译，《社会科学战线》2021 年第 11 期。
⑭ 周立红：《从境地研究到气候史：勒华拉杜里的总体史探索》，《社会科学战线》2021 年第 11 期。
⑮ 周弘主编：《德国统一的外交》，社会科学文献出版社 2021 年版；孟钟捷、王琼颖：《魏玛德国的社会政策研究》，中国社会科学出版社 2021 年版。

文、10 余篇硕博士学位论文。这些都反映出国内德国史研究工作的稳步推进。

经济史方面。郭宜章基于一战前德意志制造同盟代表德国政府参与组织的德国世博会的历史背景，通过梳理其展览组织、展馆建设、展品选择、陈列方式和影响力量等元素，阐述德国透过大型博览会这一窗口向世界呈现国家形象的时代变奏和文化要义。①

政治外交史方面。朱孝远认为德意志农民战争纲领中的国家制度改革都服务于一个目的，即人民的国家执政为人民，反映出早期人民国家的真正特性。② 付家慧探讨了 1524—1526 年的德意志农民战争期间矿工的特殊诉求以及发挥的重要作用。③ 钱金飞考察了数百年来学术界对神圣罗马帝国的研究及其新进展，认为学者们逐步放弃了对这个帝国的负面评价，神圣罗马帝国的优越性和特点开始得到充分的揭示。④ 王银宏重点考察了《威斯特伐利亚和约》对神圣罗马帝国的作用，认为它在很大程度上解决了神圣罗马帝国内部诸侯的权力地位和利益问题，为帝国确立起多种宗教共存的基本规则。⑤ 王宏波分析了德国工业革命以来的变化，认为 19 世纪末 20 世纪初德国工人运动和德国历史发展的进程验证了恩格斯关于德国工人运动的论断。⑥ 徐之凯考察了二战后法国对德占领初期的社会治理危机，分析和评价了法国的应对举措及其为盟国对德政策的调整产生的影响。⑦ 王超梳理和分析了国内外关于联邦德国对民主德国经济政策的相关研究，认为对该政策的深入研究可以突破传统以政治外交视角研究德国统一史的常规。⑧ 张广翔、王金玲深入考察了 1945—1956 年德国专家参与苏联核计划的历史背景，承担的工作及其发挥的重要作用。⑨

社会文化史方面。邢来顺考察了 19 世纪后半期一些旅美德国学者的文化民族主义，认为其思想认知经历了从执着守护德意志文化的狭隘迷思乃至美国"日耳曼化"的狂想，到理性思考德意志文化融入美利坚文化的转变。⑩ 邢来顺、宋彩红以作为人们记忆原点和情感落点的"乡土"为切入点，具体探究了其在缓解德意志帝国时期快速现代化转型的激烈矛盾方面所起的作用。⑪ 徐健将浪漫主义与 19 世纪初的普鲁士改革相结合，通过描述米勒和斯泰因的思想和主张，分析其"浪漫"思想和活动轨迹，展现这一时期德意志历史的丰富性。⑫ 黄燎宇通过对德国浪

---

① 郭宜章：《第一次世界大战前德意志制造同盟参与组织的世界博览会研究》，《美术学报》2021 年第 1 期。
② 朱孝远：《德意志农民战争纲领中的国家制度改革》，《历史教学（下半月刊）》2021 年第 2 期。
③ 付家慧：《德意志农民战争中矿工的诉求和作用》，《史学月刊》2021 年第 12 期。
④ 钱金飞：《数百年来学术界对神圣罗马帝国的研究及其新进展》，《思想战线》2021 年第 2 期。
⑤ 王银宏：《宗教争端的世俗衍化和政治表达——1648 年〈威斯特伐利亚和约〉与神圣罗马帝国的秩序建构》，《史学月刊》2021 年第 7 期。
⑥ 王宏波：《试论恩格斯关于德国工人运动的思想及其实践》，《当代世界与社会主义》2021 年第 5 期。
⑦ 徐之凯：《二战后法国对德占领初期的社会治理危机考察（1945—1946）》，《首都师范大学学报（社会科学版）》2021 年第 4 期。
⑧ 王超：《联邦德国的德国统一政策研究现状——以联邦德国对民主德国的经济政策为考察核心》，《上海师范大学学报（哲学社会科学版）》2021 年第 4 期。
⑨ 张广翔、王金玲：《德国专家与苏联核计划（1945—1956）》，《史学月刊》2021 年第 10 期。
⑩ 邢来顺：《19 世纪旅美德国学者的文化民族主义关切》，《历史研究》2021 年第 3 期。
⑪ 邢来顺、宋彩红：《乡土认同与德意志帝国时期政治社会矛盾的舒解》，《历史教学（下半月刊）》2021 年第 5 期。
⑫ 徐健：《普鲁士改革时期的浪漫主义：思想与行动》，《史学集刊》2021 年第 3 期。

漫文化的深入考察，揭示它对德意志民族性和德国历史进程产生的重要影响。① 岳伟考察了战后联邦德国新社会运动兴起的社会背景，认为它与联邦德国的后工业社会转型密切相关。② 徐继承、宋嘉宁探究了昂纳克时期民主德国的住房建设规划，认为该规划可大致分为繁荣的住房及住宅区建设阶段与整体政策上的收缩以及内城建设转向阶段。③ 马丹静从文化角度考察纳粹德国对欧洲犹太文化财产的劫掠，分析了纳粹劫掠犹太文化财产的动因，探讨了纳粹文化劫掠活动所产生的影响。④

新研究视角与方法的运用也引人关注。概念史方面。李大伟从概念史角度系统梳理反犹主义概念的起源与流变，揭示反犹主义概念生成过程与主要特征。⑤ 林纯洁通过对德国历史上国名与国号的梳理，认为这种国名和国号的演变体现了德国历史的特殊性和延续性。⑥ 医疗史方面。袁玮蔓以德国胶澳军医医学报告为中心，探析了帝国主义时代的专业医学写作与帝国扩张之间的关系，指出即使是为扩张者服务的"学术"研究也带有帝国主义的意识和动机。⑦ 袁玮蔓考察了16—18世纪德国的中医研究，认为德国的研究者对中药和脉学基本上持积极的态度，而对针灸的态度则经历了从好奇推崇到批评拒绝的转变。⑧ 顾年茂以1896—1907年德国医生罗伯特·科赫在德属东非用"帝国医学取代土著巫医"为分析重点，力图阐明医学在德意志建立殖民帝国中的重要作用。⑨ 顾年茂对1892年德国汉堡瘟疫大流行进行了探析，认为市政当局隐瞒疫情是1892年汉堡瘟疫大流行的主要原因，外来霍乱侵袭、城市污染、居住环境恶劣等则是导致瘟疫暴发的重要因素。⑩ 书籍史方面。景德祥以兰克写作与出版第一本书第一册及附本时期的来往书信为主要资料基础，还原兰克第一本书及附本的写作、出版以及兰克进入德国大学史学界的过程。⑪

史学理论和史学史方面。胡昌智从兰克书信、序言中散见的论述，整理了其知识主体、史家观点，描述了其论述的客体，并指出兰克对历史主体、客体的看法是附着在欧洲中心主义信念之上的，他的《世界史》对待东方的方式，体现了他历史思考的双重标准。⑫ 周雨霏细致考

---

① 黄燎宇：《从文化崛起到文化诱惑——对德国浪漫文化的再思考》，《同济大学学报（社会科学版）》2021年第4期。
② 岳伟：《联邦德国新社会运动兴起的社会背景探析》，南开大学世界近现代史研究中心编：《世界近现代史研究》（第十七辑），社会科学文献出版社2021年版。
③ 徐继承、宋嘉宁：《昂纳克时期民主德国住房建设规划探究》，《都市文化研究》2021年第1期。
④ 马丹静：《纳粹德国对欧洲犹太文化财产的劫掠》，《历史教学（下半月刊）》2021年第6期。
⑤ 李大伟：《反犹主义概念的起源与流变》，《世界历史》2021年第5期。
⑥ 林纯洁：《德意志之名：德国国名的起源与国号的演变》，《史学集刊》2021年第1期。
⑦ 袁玮蔓：《19—20世纪初期的帝国扩张与医学研究——以德国胶澳军医医学报告为中心的探讨》，《自然辩证法通讯》2021年第9期。
⑧ 袁玮蔓：《16—18世纪德国的中医研究》，《国际汉学》2021年第4期。
⑨ 顾年茂：《医疗化与德意志殖民帝国建构——以罗伯特·科赫的三次东非行医为中心》，《自然辩证法通讯》2021年第9期。
⑩ 顾年茂：《1892年德国汉堡瘟疫大流行探析》，《历史教学问题》2021年第2期。
⑪ 景德祥：《从书信看兰克第一本书及附本的诞生》，《上海师范大学学报（哲学社会科学版）》2021年第6期。
⑫ 胡昌智：《论兰克的史学思想》，《学术研究》2021年第8期。

察了兰克史学在日本的传播的三个阶段,以及兰克史学对日本史学家产生的重要影响。①

综上所述,2021年国内德国史除传统研究领域外,还在概念史、医疗史、记忆史等领域有所成就。这表示国内学界紧跟国际学界的研究动向。

五、意大利史、西班牙史和葡萄牙史研究综述

在2021年意大利史研究中,文艺复兴仍是其成果最为丰富的主题。其中,中国研究者不仅积极探索新角度,还积极拓展多语种史料,提出新观点。传统研究人物、史家方面。钟碧莉运用英、法、意多语种文献,围绕圣方济各神学思想对"文艺复兴之父"彼特拉克思想的深远影响,尝试厘清12—15世纪"贫穷"定义的演变、"贫穷运动"的发展和托钵僧团体的影响。②崔瑾认为,作为研究意大利文艺复兴文化史的两位重要代表人物之一,伯克加深了学界对意大利文艺复兴史学的理解,弥补了布克哈特有关文艺复兴文化史研究的不足,从研究理念、研究方法等方面实现了意大利文艺复兴文化史研究的新突破。③艺术史方面的研究主力是美术专业人员,史学研究者较少。其中,吴琼从"文艺复兴"作为一个历史对象被"发明"切入,再次审视雅各布·布克哈特,尤其对他的"现代人"、现代观念做出深入分析阐释。④政治思想史方面。郭琳对美国学者韩金斯新作《德性政治:意大利文艺复兴时期的灵魂术与治国术》予以分析评介,指出韩金斯力图让政治重归人文主义,所谓"德性政治"照亮了人文主义政治思想的本质。⑤

法西斯时期则是意大利史研究者探讨的另一个重点时期。中文成果如信美利关注20世纪30年代意大利与中国之间的经济合作计划,指出法西斯政府虽然试图寻求对华"合作",然其本质仍是帝国主义扩张。⑥此外,意大利历史人物方面,葛兰西研究的中文成果依然颇为引人注目,中国学者特别关注葛兰西的实践哲学、文化领导权思想。⑦

意大利当代研究方面,民粹主义和2020年以来的新冠疫情是中国学者的关注重点。陈昕彤对意大利近现代社会政治中的宗教影响进行梳理回顾,分析天主教民主党瓦解与意大利右翼民粹主义政党崛起的关系。⑧李凯旋通过访谈介绍了意大利左翼学者的观点,他认为,新冠疫情暴露了资本主义国家的治理缺陷,也加剧了起始于2007—2008年的经济社会危机。新

---

① 周雨霏:《兰克史学在日本的传播与接受》,《学术研究》2021年第8期。
② 钟碧莉:《彼特拉克"贫穷观"的发展:基于方济各思想的解读》,《世界历史》2021年第1期。
③ 崔瑾:《从雅各布·布克哈特到彼得·伯克——意大利文艺复兴文化史研究新突破》,《内蒙古大学学报(哲学社会科学版)》2021年第1期。
④ 吴琼:《作为文化史的艺术史——"文艺复兴"的发明与布克哈特的现代观念》,《艺术学研究》2021年第6期。
⑤ 郭琳:《德性政治:对意大利人文主义思想的新诠释——评韩金斯著〈德性政治:意大利文艺复兴时期的灵魂术与治国术〉》,《政治思想史》2021年第1期。
⑥ 信美利:《20世纪30年代初意大利与中国的经济合作计划》,《世界历史》2021年第4期。
⑦ 孙璐杨、伍志燕:《葛兰西实践性意识形态思想的地位与影响》,《理论界》2021年第6期;罗骞、唐解云:《葛兰西实践哲学的历史内在性概念——〈狱中札记〉对历史唯物主义的理论贡献》,《马克思主义与现实》2021年第3期。
⑧ 陈昕彤:《意大利右翼民粹主义政治中的宗教因素探析》,《世界宗教文化》2021年第4期。

自由主义的生产消费方式及其对福利国家的侵蚀，是如今资本主义世界陷入多重危机的深层原因。[1]

国内西班牙史研究多侧重中西交流领域，2021年发表有关于此的论文多篇。叶君洋关注传统研究主题传教士来华问题，指出基于17世纪西班牙方济各会士率先挑起礼仪之争等诸多因素，在华方济各会常被划入反对适应、挑起争斗的一派，但根据传教史料，他们也借鉴耶稣会士经验，结合自身传教实践，形成文化适应策略。[2]

与西班牙史研究的侧重相似，国内葡萄牙史研究也更加关注中西交流、关系史领域，尤其以海上丝绸之路研究为重点。车效梅和马思探讨了15—16世纪霍尔木兹贸易圈问题，认为霍尔木兹贸易繁荣是稳定的国内环境与通畅的海上丝绸之路交互作用的结果，亦是政府贸易保护、宗教宽容、各商人团体共同努力的成果，同时也与科技进步、海军发展密切相关。贸易使霍尔木兹成为欧亚非文明交往汇集之地，不仅改变了城市人口结构，还助推城市宗教文化、经济、生活等方面的国际化与多元化。[3] 何演将目光放在斯里兰卡，认为先后接受汉文明和欧洲文明洗礼的斯里兰卡，在15—17世纪成为东西方文化传播路线的地理中心，中西文化在斯里兰卡碰撞的历史，展示出其在中外交通史和东西方文化传播中的丰富历史价值。[4] 此外，还有围绕传教士问题的研究。范若兰分析了16—18世纪天主教在南海区域初期传播的多重矛盾及影响，指出天主教在南海区域的初期传播中，由于传教与贸易和殖民纠结在一起，围绕保教权出现多重矛盾，从而导致天主教产生严重的内耗，制约了传教活动。[5]

总之，2021年国内西欧史研究在继承传统研究特色的基础上积极回应现实问题，不断拓展新领域，在研究深度和广度方面皆有显著进展。目前的成果仍以个案研究为主，但学界延续2020年以来将欧洲作为一个文明单元进行整体性讨论的趋势，围绕欧洲文明特点展开了更为热烈的探讨[6]，开启了从更广阔视角探讨欧洲历史的有益尝试。新时代呼唤新的宏大叙事。[7] 因此，打破国别界垒，将西欧诸国历史置于欧洲整体视野下进行全方位考察，是新的宏大叙事的题中应有之义，这或许是今后国内欧洲史研究者努力的一个重要方面。

（执笔者：张炜、王超、信美利、罗宇维、赵博文、张慧、杨光）

---

[1] 李凯旋：《新冠肺炎疫情下新自由主义资本主义的多重危机——意大利左翼学者访谈》，《马克思主义与现实》2021年第4期。

[2] 叶君洋：《17世纪西班牙在华方济各会士的文化适应策略》，《国际汉学》2021年第4期。

[3] 车效梅、马思：《15—16世纪霍尔木兹贸易圈与海上丝绸之路研究》，《西亚非洲》2021年第6期。

[4] 何演：《17世纪前中国和葡萄牙关于斯里兰卡的地理考释》，《国际汉学》2021年第2期。

[5] 范若兰：《"保教权"之争：16—18世纪天主教在南海区域初期传播的多重矛盾及影响》，《东南亚纵横》2021年第4期。

[6] 任世江、王元天：《欧洲文明内核之全景式探寻》，《经济社会史评论》2021年第1期；李振宏：《重新认识欧洲文明的价值和意义》，《史学月刊》2021年第10期；刘昶：《欧洲经验的独特性及其意义》，《史学月刊》2021年第10期。

[7] 俞金尧：《大变局时代的世界史研究》，《历史教学问题》2021年第3期；《大变局时代历史学重建宏大叙事的责任》，《探索与争鸣》2021年第10期。

2021年俄罗斯、东欧、中亚史研究综述

2021年，俄罗斯东欧中亚史研究获得长足发展，在俄罗斯东欧宗教史、社会史、外交史、边疆史及中亚现当代史等领域开辟出新的学术增长点，发表了诸多有学术价值和现实意义的学术成果。其中，国内外交史研究在帝俄外交史、苏联外交史及后苏联时代俄罗斯外交史上皆有建树，涉及商业、政治、军事等多个外交相关领域，在俄罗斯外交理论方面亦有佳作。2021年是中国东欧历史特别是巴尔干史研究的丰收之年。大量高水平的论文进一步拓展了该领域研究的广度和深度，两部高水平专著则为广大读者呈现出了一幅中国学者所描绘的巴尔干近现代史全景。

俄罗斯史研究

一、俄罗斯古代中世纪史与史学史研究

2021年，国内学界在俄罗斯古代中世纪史和史学史领域的研究范围进一步扩展。刘亚丁认为，古斯拉夫人多神教神话中没有比较完整的东方崇拜的可靠材料。12世纪的《往年纪事》表明古罗斯人在接受基督教之后，已经形成了包括东方在内的半神话半实在的"全世界观"，"东方"成了吉祥之地。12世纪丹尼尔的《游记》和15世纪阿法那西·尼基金的《游三海》记述了俄罗斯人直接观照东方的经验。近代以来，塔吉谢夫的俄罗斯史著作通过转述古希腊的文献间接表现出了东方观；外交人员、东正教人士的文书、信件、报告等对"东方"做具体描绘。19世纪以来，卡拉姆津的《俄罗斯国家史》提供了有关东方的信息，在俄罗斯知识精英的作品中折射出了东方元素，托尔斯泰在晚年更是转向东方哲学研究。在20世纪、21世纪的文学作品中俄罗斯作家有着东方想象。俄罗斯人观照东方的不同视角与其观念有关，其中"俯视者"视角应该是受到了"莫斯科—第三罗马"说余绪的影响。[①]

陈皓认为，叶卡捷琳娜二世统治时期是乌克兰俄罗斯化的重要时期。在这期间，俄罗斯中央集权又一次得到强化，乌克兰经这次强化后完全变为俄罗斯国家的一部分。另外，随着俄罗斯贵族政治地位的提高，乌克兰贵族的权利也大大加强。诸多的变化让乌克兰贵族更加俄罗斯化，乌克兰贵族以一种前所未有相对平等的姿态加入俄罗斯贵族的行列，这使得乌克兰贵族对俄罗斯帝国的认同空前增强，从而让帝国对乌克兰的控制更加牢固。[②]

于宁宁认为，亚历山大二世执政初期，俄国出于借助法国力量降低战争影响、改变克里米亚战争后的外交困境、打压奥地利、冲破国际条约束缚等方面的考虑，加上减少了对法国革命

[①] 刘亚丁：《俄罗斯文学和历史文献中的"看东方"》，《俄罗斯文艺》2021年第1期。
[②] 陈皓：《叶卡捷琳娜二世时期俄国对乌克兰贵族的俄罗斯化》，《西部学刊》2021年第12期。

的担心和外交思维发生转变，改变了对法国敌视的态度，俄法合作成为外交政策的主要内容。两国在巴尔干问题上展现出了明确的合作姿态。然而，在涉及俄国根本利益的问题上俄国始终无法得到法国的支持。最终，在意大利和波兰问题的冲击下，俄法合作终结。①

俄罗斯史学史方面。张建华对托洛茨基三卷本《俄国革命史》做了简介，认为该作品尽可能客观具体地描述革命自身的进程，同时将用活生生的场景写成革命历史的特长发挥到了极致；特别强调使用历史文献和档案的重要性；探讨了"俄国革命的前提条件""谁掌握着二月革命的领导权""二月革命是什么性质的革命""为什么十月革命的发生具有历史必然性"等问题，是托洛茨基毕生的理论思考和笔墨生涯中的重要著作。该文还介绍了《俄国革命史》在中国的传播及其史学价值和历史意义。②

东正教历史仍然是俄罗斯历史中受到较多关注的领域。国春雷认为，17世纪中期的尼康宗教改革导致俄国教会分裂成两大对立阵营，一方为俄国政府全力支持的东正教会，另一方为旧礼仪派。1800年，部分旧教徒重新加入并服从东正教会领导，组建以弥合教会分裂为己任的皈一派。一方面，它协助东正教会劝导旧教徒加入皈一派或东正教会；另一方面，它代表旧教徒劝说俄国政府和东正教会停止对旧礼仪派的迫害。19世纪上半期，由于俄国政府对旧礼仪派的强制政策、东正教会对皈一派的制约和旧礼仪派对皈一派的误解，使得皈一派处于不利地位，给弥合教会分裂带来消极影响。19世纪下半叶至20世纪初，皈一派理论渐趋完善，以切实有效的行动大大促进教会分裂的弥合。受苏联压制宗教政策影响，皈一派教区规模、经济实力和社会影响力全面萎缩，其弥合教会分裂的工作任重道远。③

唐戈认为，当制度化宗教特别是一神教，与其他性质的宗教，比如原生性宗教、民间宗教相遇，多数情况下，制度化宗教特别是一神教会替代其他性质的宗教。然而，在中俄两国交界的额尔古纳河及黑龙江上游地区，从19世纪初到1965年，当作为制度化宗教和一神教的东正教与作为原生性宗教的萨满教相遇时，宗教冲突和宗教替代并没有发生，从而成为宗教接触的一个反例。④

俄罗斯学界在俄国古代中世纪史研究方面成绩斐然。维亚切斯拉夫·科兹利亚科夫发表论文《"善人如何生活"（根据17世纪60—70年代"宗教案件"材料研究俄罗斯私人生活的史料学问题）》，根据17世纪60—70年代俄罗斯主教法庭手写卷宗，对当时社会的私人生活进行史料学研究。这些卷宗资料翔实、证据充分，呈现出许多教会法律文献所无法提供的私人生活的案例，使研究者在分析当时家庭生活的矛盾冲突中看到人们日常生活的深层基础及其行为模式。这些卷宗涉及的范围也很广泛，不仅包括服役特权阶层人士，也包括教区牧师、农奴、仆从和哥萨克等当时所谓"沉默的多数"。⑤

彼得·马雷金和谢尔盖·波格丹诺夫发表《论12世纪中叶特维尔的出现》一文，对俄罗斯历史及考古界关于特维尔出现时间的争论进行了深入剖析。作者通过对最新考古发现和编年史

---

① 于宁宁：《试析亚历山大二世执政初期俄法关系的变化》，《社科纵横》2021年第4期。
② 张建华：《托洛茨基〈俄国革命史〉的历史思考和史学价值》，《欧亚人文研究（中俄文）》2021年第3期。
③ 国春雷：《皈一派在俄国教会分裂中的弥合作用》，《世界宗教文化》2021年第4期。
④ 唐戈：《宗教接触的一个反例：东正教与萨满教在中俄边境的相遇》，《世界宗教文化》2021年第4期。
⑤ Вячеслав Козляков, 《Как живут добрые люди》（источниковедческие проблемы изучения частной жизни в России по материалам 《духовных дел》 1660—1670-х гг. // Российская История. 2021. № 1.

等史料进行分析后，认为特维尔形成于 12 世纪中叶。①

叶连娜·科尼亚夫斯卡娅发表《13 世纪至 14 世纪 60 年代中期的特维尔公国》一文，认为特维尔公国对于罗斯历史及其发展主要道路的形成具有重要意义。它作为独立国家实体出现在蒙古统治罗斯土地的第一个十年，一直存在到 1485 年，是东北罗斯最发达和最强大的政治和行政实体之一。另外，从 13 世纪开始到 14 世纪下半叶，特维尔公国的王公影响力巨大，要么占据弗拉基米尔大公位，要么成为弗拉基米尔大公位的有力竞争者。②

伊琳娜·沙米娜发表《彼得一世教会改革第一阶段的实际实施（1701—1703）》一文，指出要想深刻理解彼得改革的本质和特点，分析政府实施改革所采取的具体步骤尤为重要。她认为，彼得一世在 1701—1703 年实施的教会改革最终导致了僧侣集团的财产管理权被转交给国家——世俗机构修道院衙门首次对高级僧侣的房屋、修道院及其地产进行全国性的登记；3 年内统计教会财产的任务得以完成，修道院衙门获得了关于高级僧侣房屋、修道院和教区教堂的信息。然而，改革在实施过程中缺少深思熟虑：从 1701 年 1 月 24 日修道院衙门重建，到 1701 年 4 月开始对高级僧侣的房屋和修道院进行第一批登记，时间太短，无法确定改革任务。有史料表明，最初是制定了标准文件的，但最终修道院衙门的管理层并未使用这一标准文件。很多迹象表明，当时的政府没有足够的行政资源来实施最初的所有构想。③

阿列克谢·莫罗辛和伊琳娜·乌斯季诺娃发表《牧首约阿基姆之死和 1690 年俄罗斯东正教会首领的选举》一文，对 17 世纪俄罗斯历任牧首的即位及更替情况做了简要回顾，并详细记述了牧首约阿基姆于 1690 年死亡的过程及其死后牧首位的选举情况。作者认为，约阿基姆死后，俄罗斯东正教会新首脑的选举与之前一样，都伴随着世俗当局的积极干预。虽然多个候选人及其背后的政治集团使得选举变得复杂，但选举却得以在很短时间（4 个月）内完成。这可以通过以下两种情况解释：一方面，在 1690 年的候选人当中有人能满足年轻沙皇彼得一世的需要；另一方面，17 世纪 60—80 年代教会生活的复杂波折使得权力当局感到有必要寻求同教会的妥协，同时也促进了教会主教们的政治影响力的增长。④

瓦连佐娃发表《17 世纪俄罗斯宫廷经济体系中的"大公白湖鱼场"》一文，研究了 17 世纪俄罗斯沙皇领地的社会经济发展问题，阐明"大公白湖渔场"在宫廷经济体系中的角色与作用。该文使用了未刊发过的公文文件和回忆录作为史料，揭示受当地（白湖地区军政长官）和中央政府（大宫廷衙门）双重管辖的该渔场是 17 世纪 60—80 年代俄罗斯渔场经济的重要组成部分，不仅每年向莫斯科和德米特罗夫等城市提供丰富渔业产品，而且还为莫斯科宫廷带来丰厚代役租金收益。同时该渔场也是用来惩罚周边宫廷乡镇居民中的强盗、杀人犯、纵火犯等

---

① Пётр Малыгин, Сергей Богданов, О проблеме возникновения Твери в середине XII в.//Российская История. 2021. No 2.

② Елена Конявская, Тверское княжество в XIII в.—середине 1360-х гг.//Российская История. 2021. No 2.

③ Ирина Шамина, Практическая реализация первого этапа церковной реформы Петра I (1701—1703) //Российская История. 2021. No 4.

④ Алексей Морохин, Ирина Устинова, Смерть патриарха Иоакима и выборы главы Русской Православной Церкви в 1690 г. // Российская История. 2021. No 5.

"坏人"之所。[1]

　　Р. А. 阿尔斯拉诺夫和 Е. В. 林科娃发表《自由主义者—保守主义者—社会主义者 К. Д. 卡维林是什么人？问题的史学史》一文，对俄国1861年农奴制改革中著名思想家康斯坦丁·德米特里耶维奇·卡维林（1818—1885年）的思想观点和生平事迹做出客观评价。在对卡维林著作和不同时期研究者对卡维林历史编纂学观点进行分析的基础上，两位作者认为卡维林思想可称为"民族启蒙自由主义"，其基础是自由主义、保守主义和社会主义的结合；其核心是与社会和国家责任相交织的个体自由的观念。[2]

　　С. А. 奇尔金发表《卡尔十二世谈与俄罗斯的战争（来自瑞典国王的信件）》一文。"北方战争"是俄罗斯历史上为争夺波罗的海及其沿岸地区而与瑞典进行的一次重要战争。1893年在斯德哥尔摩出版的瑞典国王卡尔十二世（1682—1718年）的书信是关于此次战争的珍贵史料，不仅记述了国王作为军人参战的直接印象，而且反映了其政治观点的变化过程，但至今未进入俄罗斯本国历史编纂学者的关注视野。该文重点考察了书信中关于俄国及其军队的记述，再现了瑞典同俄罗斯在此次战争中所表现出来的军事冲突的主要细节。[3]

　　А. С. 伊先科发表《苏联史学中弗拉基米尔·莫诺马赫的形象》一文，考察了苏联时期关于基辅大公弗拉基米尔·莫诺马赫的历史著述情况：1917年革命之后，苏俄/苏联史学主流认为莫诺马赫是封建主和剥削者。然而，自20世纪30年代起，苏联学界开始认为，莫诺马赫为创建强大国家和抵御外敌侵略做出了杰出贡献，他不仅是封建主、封建意识形态的奠基人之一，也是缔造罗斯统一的睿智的国务活动家和杰出的军事将领、天才的作家以及受到良好教育之人。[4]

　　В. В. 福明发表《革命前和苏联时期国内考古学家解读中的瓦良格—罗斯问题》一文，以考古发掘的具体成果为依据，揭示了将墓穴葬、船火葬、各种扣针、故意损坏武器的仪式等视为斯堪的纳维亚人特有的习俗是毫无根据的。而正是基于这种阐释，形成了关于9—11世纪罗斯历史的错误看法，在学术上将罗斯人称为"斯堪的纳维亚斯拉夫人"和"东欧诺曼人"。作者还认为，考古学"如果不是揭示历史真相的唯一方法，也是最好方法"这一观点是错误的。[5]

　　洛博琴科发表《罗斯接受基督教的历史分析》一文，介绍了俄罗斯历史学领域对罗斯接受基督教这一事件的主要观点，分析了现代评价体系中罗斯接受基督教之目的和任务，揭示了基督教在古代罗斯国家发展中的重要作用。在作者看来，大多数研究者都认为，接受基督教使基辅罗斯得以融入世界基督教大家庭；缓和了基辅罗斯同欧洲国家间的关系；促进了基辅罗斯文化的丰富以及拜占庭绘画、建筑、文献、文学等的传播。[6]

---

[1] Л. Ю. Варенцова, 《Великих государей белоозерский рыбный двор》 в системе дворцового хозяйства России XVII в. // Вопросы истории, 2021. No 1.

[2] Р. А. Арсланов, Е. В. Линькова, Либерал — консерватор — социалист. Кем был К. Д. Кавелин? Историография вопроса. // Вопросы истории, 2021. No 4 (1).

[3] С. А. Чиркин, Карл XII о войне с Россией (из писем шведского короля) // Вопросы истории, 2021. No 4 (1).

[4] А. С. Ищенко, Образ Владимира Мономаха в советской историографии. // Вопросы истории, 2021. No 5 (1).

[5] В. В. Фомин, Варяго-русский вопрос в интерпретации отечественных археологов дореволюционного и советского времени. // Вопросы истории, 2021. No 5 (1).

[6] Л. Н. Лобченко, Исторический анализ принятия христианства на Руси.//Вопросы истории, 2021. No 8 (1).

P. M. 瓦列耶夫发表《中世纪（8世纪至15世纪初）伏尔加保加利亚与芬兰—乌戈尔人贸易关系发展的主要阶段》一文，认为中世纪的军事政治事件，如伏尔加保加利亚和罗斯等独立国家的存在、11世纪末至13世纪初保加尔人同罗斯进行的"贸易战争"、蒙古人的入侵、中央集权化时期以及14世纪至15世纪初的"停滞"等，均对调整贸易方向、寻找销售商品新市场及相互影响的方式产生了显著影响。①

　　H. C. 米格达发表《13世纪作为中央集权管理机构的衙门体系的确立问题》一文，讨论了莫斯科公国衙门体系形成的不同阶段，认为衙门体系由公国内具有固定编制和公文处理职能的常设功能性机关组成。作者还考察了衙门内部的不同职位，分析了公文处理以及诉讼审理的特点。②

　　M. H. 科兹洛夫和 E. E. 博伊佐娃发表《关于前蒙古时代东斯拉夫人神话观念中井的位置和作用问题》一文，在对古罗斯编年史、考古学资料和民间创作史料进行分析的基础上，对古罗斯时代东斯拉夫人同井相关的信仰进行了颠覆性阐释。作者认为，在俄罗斯人祖先的意识当中，井代表着一种介于人们所生活的世界与隐秘地下世界之间的神话空间。作者指出，在对于井的多神教崇拜同对水和土地的崇拜，以及俄罗斯人祖先关于死后世界的想象之间有着显而易见的联系。对井表示尊崇的习俗是古斯拉夫多神教的古老传统之一，这种传统在接受基督教后的几个世纪里都还一直存在着。③

　　M. H. 科兹洛夫和 Я. B. 马特维耶娃发表《东斯拉夫多神教中的双面神崇拜》一文，提出了一个原创性的科学假设，认为在古梁赞、切尔尼戈夫和基辅发现的双面神像，在俄罗斯祖先意识中象征着东斯拉夫人的丰产之神和统治地下世界之神，它们在12—16世纪很多致力于反对多神教的古罗斯训诫文学中多有提及。作者强调，在古代俄罗斯的艺术遗迹中，可以清晰看到同地下世界相关的诸多神话形象之演变进程。早先死后世界的多神教象征之物，如塞壬海妖、狮身鹰首怪和龙等想象出来的生物，后来逐渐被圣鲍里斯和格列布所替代。④

二、俄罗斯西伯利亚与远东问题研究

　　国内学界对俄罗斯边疆史尤其是西伯利亚与远东历史的研究有所推进。李巧认为，毛皮贸易是17世纪俄国整个拓殖运动不可或缺的组成部分。依托西伯利亚丰厚的毛皮资源与西欧庞大的毛皮消费市场，毛皮贸易成为俄国拓殖西伯利亚的重要形式。自1581年越过乌拉尔山至17世纪中叶，俄国人将西伯利亚大部分土地收入囊中，并在该地区大力开展毛皮贸易。俄国政府通过征收毛皮税、实行贵重毛皮专卖制度等渠道获得大量毛皮，毛皮收益遂成为西伯利亚财政收入的主要来源。毛皮贸易的开展促进了西伯利亚社会经济发展。随着紫貂皮资源的萎缩，俄

---

① P. M. Валеев, Основные этапы развития торговых связей Волжской Булгарии и финно-угров в период Средневековья (VIII — начало XV в.). //Вопросы истории, 2021. № 9（1）.

② H. C. Мигда, К вопросу о становлении приказной системы как органов централизованного управления в XIII в. //Вопросы истории, 2021. № 9（1）.

③ M. H. Козлов, Е. Е. Бойцова, К вопросу о месте и роли колодцев в мифологических представлениях восточных славян домонгольской эпохи. //Вопросы истории, 2021. № 9（2）.

④ M. H. Козлов, Я. В. Матвеева, Культ двуликих божеств в восточнославянском язычестве. //Вопросы истории, 2021. № 12（2）.

国对西欧毛皮出口陷入了困境。17世纪末，俄国人加速进军中国毛皮市场，并继续向东寻找新的毛皮产地。毛皮贸易是俄国人持续向东方拓殖的重要推动力。①

潘晓伟系统考察了19世纪末至20世纪20年代日本人在俄国太平洋海域的渔业活动及俄国应对政策。作者认为，当时日本人以渔业工人或渔业主的身份，参与到俄国太平洋海域的渔业活动当中，是当地渔业资源开发的主要力量之一，对俄国太平洋海域的渔业发展产生了很大影响。最初，日本人在俄国太平洋海域的渔业活动主要局限于萨哈林海域。从20世纪初起，日本人大批进入鄂霍次克—堪察加海域。日本人在俄国太平洋海域的渔业活动深受俄日关系变化的影响。19世纪末至20世纪初，在俄日交恶的背景下，日本人的渔业活动受到一些限制。从1907年俄日"渔业协定"签署后，在俄日友好的氛围中，俄国对日本人渔业活动的限制减少，使得日本人在俄国太平洋海域的渔业活动获得了长足发展。日本干涉俄国革命期间，在日本国内军方的支持下，日本人在该地区的渔业形成垄断地位。②

金成镐在《20世纪初期俄国沿海州朝鲜民族的反日革命运动》一文中认为，1905年11月日本逼迫朝鲜王朝签订《乙巳保护条约》，开始变朝鲜为自己的"保护国"和独占殖民地，从此朝鲜反日民族运动逐步扩展到国外朝鲜移民社会。20世纪初，在朝鲜国外移民中，人口较多、反日民族运动较为活跃的地方是中国东北和俄国沿海州地区。沿海州朝鲜移民的反日运动在朝鲜反日民族运动史上占有重要的地位，尤其是在朝鲜民族初期共产主义运动史上起到了先驱作用。③

吴迪、王晓菊在《1917年—1944年苏日萨哈林石油之争探析》一文中探讨了俄日关系中的重大问题。1917年俄国十月革命后，苏日两国成为争夺萨哈林石油的主角。以1925年苏日建交和1937年苏联停止对日石油出口为节点，萨哈林石油之争历经三个阶段。受1929年世界经济危机、第二次世界大战等因素影响，苏升日降趋势明显，直至1944年苏联完全夺回萨哈林石油控制权。1917—1944年苏日萨哈林石油之争是一场地缘因素影响远大于经济价值的博弈，对苏日关系乃至当今俄日关系产生了深远影响。④

三、俄罗斯外交史研究

帝俄外交史研究主要集中在俄美、俄中、俄日与俄英关系上。俄美关系方面。梁立佳以帝俄与美、英商业冲突及其导致的沙皇俄国"1821敕令"为切入点，探究了19世纪20年代美洲西北海岸外交危机，认为此次外交危机中呈现的商业掠夺与移民拓殖两种殖民方式的较量，在某种程度上预示了19世纪以后北美大陆地缘政治演进的趋势。⑤梁立佳认为，俄美公司由此失去解决移民区给养问题的一个有效选项，被迫转向与美商贸易和罗斯拓殖等其他渠道，这一结

---

① 李巧：《毛皮贸易与17世纪俄国的西伯利亚拓殖运动》，《世界历史》2021年第1期。
② 潘晓伟：《日本人在俄国太平洋海域的渔业活动及俄国对其政策——以19世纪末至20世纪20年代为例》，《世界民族》2021年第5期。
③ 金成镐：《20世纪初期俄国沿海州朝鲜民族的反日革命运动》，《东疆学刊》2021年第4期。
④ 吴迪、王晓菊：《1917年—1944年苏日萨哈林石油之争探析》，《东北亚学刊》2021年第6期。
⑤ 梁立佳：《皮毛与帝国：1820年代美洲西北海岸外交危机新论》，《全球史评论》第二十一辑，中国社会科学出版社2021年版。

果进而对沙俄在北太平洋的整体扩张产生深远影响。① 俄日关系方面。邢媛媛从漂流民角度解读俄日关系，认为漂流民从国际政治、世界文化认同、情报搜集三条主要路径影响并作用于俄日关系发展态势。② 王敬荣认为，俄日两国近代在黑龙江地区殖民，其对东北地区防疫权的争夺反映了俄日双方在东北地区对中国主权的侵犯。③ 中俄关系方面。刘啸虎、李珂考察了近代中俄茶叶贸易与晋商，认为晋商给俄国带去茶叶，供应稳定的茶叶使俄国形成独特的茶文化。而晋商也是俄国商人在俄国和中国蒙古地区最强有力的商业竞争对手。④ 王天宝回顾了著名耶稣会士徐日升、张诚在《尼布楚条约》谈判中的历史形象变迁，其形象从正面到负面的翻转充分反映了沙皇俄国历史上对外扩张的舆论导向。⑤ 叶柏川、于白昆梳理了近三十年来清代中俄关系研究成果，认为中俄近三十年来的政治外交问题研究在诸多议题上有长足进步，但在多民族、多语种档案运用及实地考察等方面仍待加强。⑥

对苏联时期的外交研究方面，国内学者着重围绕第二次世界大战及冷战时期的苏中、苏美关系进行研究。苏联对华关系方面，余伟民分析了苏俄—苏联对华"双轨"外交战略，认为这种"双轨"外交使苏俄—苏联在对华外交中掌握了主动权，实现了其国家利益。但从长远的目标看则是失败的。⑦ 高立伟分析了抗日战争时期中苏关系发展模式，认为苏联通过两条路径实施的外交选择，虽然在一定程度上和一定时期内牺牲了中国人民的利益、伤害了中国人民的感情，但避免了国共两党内战，促进了抗日民族统一战线的形成，对于中国取得抗日战争以及世界反法西斯战争的胜利都发挥了巨大的作用。⑧ 杨彦君着眼于第二次世界大战后美苏围绕日本生物战情报的交涉，认为战后初期在美苏参加的重大国际事件中，大国博弈已经在台前幕后频繁上演，而围绕日本生物战情报的交涉正是镶嵌在这一历史进程之中的典型事件。⑨

苏联解体后的俄罗斯外交方面成果颇丰。刘丹分析了后苏联空间中发生的国际政治和外交角逐，认为后苏联空间是俄罗斯重振大国地位的重要依托。⑩ 吕萍分析了苏联解体后的俄罗斯"欧洲选择"，她认为，由于在实现关系正常化的标准问题上存在难以调和的分歧，未来一定时期内俄欧仍将维持没有外交关系但仍进行经济和能源合作的务实关系。⑪ 胡冰分析了俄罗斯与

---

① 梁立佳：《19世纪俄美公司殖民夏威夷群岛的历史省察——以舍费尔的殖民活动为中心》，《中国社会科学院研究生院学报》2021年第3期。
② 邢媛媛：《日俄早期关系中的日本漂流民研究》，《日本学刊》2021年第3期。
③ 王敬荣：《俄日两国与近现代黑龙江疫情（1910—1954年）》，《黑龙江档案》2021年第4期。
④ 刘啸虎、李珂：《俄罗斯学者视野下近代中俄茶叶贸易与晋商》，《农业考古》2021年第5期。
⑤ 王天宝：《尼布楚谈判中徐日升、张诚的历史形象变迁》，《哈尔滨工业大学学报（社会科学版）》2021年第6期。
⑥ 叶柏川、于白昆：《近三十年来清代中俄政治外交问题研究述评》，《中南民族大学学报（人文社会科学版）》2021年第5期。
⑦ 余伟民：《1917—1927年苏俄—苏联对华"双轨"外交述略》，《历史教学问题》2021年第6期。
⑧ 高立伟：《抗日战争时期中苏关系发展模式分析——基于苏联高层决策角度》，《学术探索》2021年第1期。
⑨ 杨彦君：《第二次世界大战后美苏围绕日本生物战情报的交涉》，《史林》2021年第5期。
⑩ 刘丹：《后苏联空间：俄罗斯的战略依托及大国博弈》，《俄罗斯东欧中亚研究》2021年第6期。
⑪ 吕萍：《俄罗斯的"欧洲选择"分析》，《俄罗斯东欧中亚研究》2021年第6期。

伊斯兰合作组织的合作，认为这种合作成为俄罗斯在伊斯兰世界政治舞台上的有效助力。俄罗斯与伊斯兰合作组织的关系成为大国与国际组织参与解决全球伊斯兰难题的典范，值得借鉴和学习。① 王晋着眼于美国影响下的俄罗斯和伊朗关系，认为美国的压力和威胁，促成了俄罗斯和伊朗之间的多领域合作。然而，俄罗斯和伊朗对美国的认知差异，是俄伊两国关系进一步发展的重要障碍。② 俄罗斯与美国、中国三边关系方面。冯绍雷认为，当今世界仍处于"多极、多元、多样化"阶段，中、美、俄三方关系并不同于冷战状态，也不至于逆转"基辛格三角"。从较长时段看，中、美、俄三方关系理应也未必不可以通过及时的沟通、协调得到一定程度的尊重和改善；然而其基本战略利益的差异和分歧，决定了三方间的协调和共处是长期的艰苦过程。③ 侯艾君认为，中国、俄罗斯和美国都是世界上的重要大国，中—俄—美战略三角关系及其演变是考察国际政治问题的一个重要观察视角；考察三者中任何双边关系都会感到第三方的隐性存在，且脱离一方看待其他两方始终存在某种视角偏差。从20世纪90年代以来，中、俄在多数情况下都是现存世界秩序的保守力量，一定程度上也从现有秩序中受益，因而中、俄都是重要的地缘政治平衡因素。恰恰是美国不断地侵蚀和破坏现存世界秩序，却指责中、俄欲颠覆现存世界秩序，或是国际秩序中的"修正主义者"。美国主导下的世界秩序具有不公正性，对于非西方世界具有排斥性。由于美国的霸权主义逻辑及其维持其排他性霸权秩序的努力，让中国、俄罗斯、伊朗等国家体会到严重的不安全感和被剥夺感，因而成为现存世界秩序的被迫反抗者。在美国霸权持续衰落的情况下，应该致力于重塑以中—俄—美战略平衡为基础的多边合作，复兴联合国等国际组织，建立更加公正的国际政治、经济新秩序。④ 俄美关系方面。吴雨薇分析了美国"印太战略"对俄罗斯"大欧亚伙伴关系战略"的影响，认为"印太战略"对俄罗斯"大欧亚伙伴关系战略"的影响具有两重性，即机遇与挑战并存。⑤

俄罗斯学者对俄罗斯自身外交史的研究成果良多，主要集中在帝俄时期外交史及苏俄、苏联外交方面。2021年帝俄时期外交史研究多从军事与外交关系入手，苏俄、苏联外交史方面则主要在白军、苏联对外合作及宗教外交等方面着墨。

帝国时期俄罗斯外交史方面。А. О. 亚斯特列波夫研究了彼得大帝外交政策的威尼斯方向与普鲁特战役。他认为，普鲁特战役对帝俄与威尼斯外交关系产生了积极影响，其带来的种种外交关系转变使得帝俄与威尼斯关系进入了一个"硕果累累"的阶段。⑥ И. Д. 普茨列夫考察了17—18世纪俄国俄罗斯东南边界西伯利亚布拉哈人的情报活动，认为布拉哈人对俄帝国在西伯利亚的情报网络建立及了解西伯利亚周边国家方面作出了突出贡献。⑦ А. Ю. 巴鲁诺夫章分析了19世纪末20世纪初俄罗斯帝国对外政策与国内政策的相互关系，以及俄罗斯统治阶级和保守

---

① 胡冰：《进程与动力：俄罗斯与伊斯兰合作组织的合作分析》，《中东研究》2021年第2期。
② 王晋：《美国影响下的俄罗斯与伊朗关系》，《阿拉伯世界研究》2021年第2期。
③ 冯绍雷：《中、美、俄三边关系的演进现状与前景》，《清华社会科学》2021年第1期。
④ 侯艾君：《中—俄—美战略三角与世界秩序》，《深圳大学学报（人文社会科学版）》2021年第2期。
⑤ 吴雨薇：《简析美国"印太战略"对俄罗斯"大欧亚伙伴关系战略"的影响》，《西部学刊》2021年第1期。
⑥ А. О. Ястребов., Венецианское направление внешней политики Петра I и Прутский поход, Вестник МГИМО-Университета. 2021. 14（6）.
⑦ И. Д. Пузырев, Разведывательная деятельность сибирских бухарцев на юго-восточном пограничье России в XVII-XVIII вв, Вестник Российского университета дружбы народов. Серия: История России. 2021. Т. 20. No 3.

派精英对被视为外交目标的偏远民族的态度变化。他认为，随着日俄战争的失败，帝俄对"东方民族"提供援助的意识形态化思想逐渐减弱，纯粹的务实动机开始变得更加清晰。①

对于苏俄及苏联时期的外交史研究。E. M. 米拉诺娃研究了巴黎和会上的俄罗斯白军"政治代表团"，她认为，虽然在巴黎和会上"政治代表团"并未获得参会机会，但之后"政治代表团"逐渐形成了在俄国外的白军政治中心，加剧了白军内部分歧。② Д. В. 基帕追溯了1946—1991 年苏日人道主义合作的发展，指出苏日人道主义合作对促进苏联远东地区的对日沟通发挥了重要作用。③ Н. О. 巴斯科夫、О. А. 诺维科夫着眼于苏联时期苏联教会在南斯拉夫的外交行动，认为在苏联与南斯拉夫关系危机初期，苏联在巴尔干地区的教会政策表明，在许多情况下，宗教在传统（和后传统）社会中发挥了国家自我认同的重要的作用，但其作用往往被个别国家及其外交机构低估。④

中亚现当代史研究

2021 年是苏联解体三十周年，同时也是中亚五国独立三十周年，是一个重要的年份。中亚地处欧亚大陆的中心和"丝绸之路经济带"的核心地区，因而成为学界关注重点。2021 年，中外学界对中亚地区现当代史方面的研究成果较为丰硕，且涉及领域非常广泛。

1991 年苏联解体后，中亚出现了五个新独立国家，这些新独立国家开始走上国际政治舞台，与外界建立了广泛联系；2001 年"9·11"事件之后，美军出兵阿富汗，并在中亚建立军事基地，中亚几乎成为国际政治的中心。许多学者指出，世界性大国和地区性大国都对中亚展开了争夺，开始了新的"大牌局"。

中亚五国独立以来的发展历程是一个重要研究方向。孙壮志等著的《中亚五国政治社会发展 30 年：走势与评估》⑤ 一书，对 1991 年以来中亚的政治与社会稳定状况进行评估，分析影响中亚国家政治与社会稳定的主要因素，展望中亚五国未来发展趋势。该书通过长期调研与大量史料，展现出中亚国家为转型发展所做出的调整与选择，并探讨中亚稳定对中国战略利益与地区合作的影响。除专著之外，还有大量的相关论文。曾向红的《中亚地区治理三十年：一项研究议程》⑥ 提出深入研究中亚地区治理及其变迁的必要性和研究中应关注的维度与议题。张友

---

① А. Ю. Полунов, Земский собор, образ 《Белого царя》 и политика России по отношению к отдаленным народам В КОНЦЕ XIX—НАЧАЛЕ XX В, Вестник ПСТГУ. Серия II: История. История Русской Православной Церкви. 2021. Вып. 99.

② Е. М. Миронова, Русская политическая делегация, 1919–1920 гг, Новейшая история России. 2021. Т. 11, № 4.

③ Д. В. Киба, Гуманитарное взаимодействие Японии и СССР во второй половине XX века, Новейшая история России. 2021. Т. 11, № 1.

④ Н. О. Пашков, О. А. Новиков, Советская церковная дипломатия в СФРЮ в 1948–1953 гг. в контексте международного положения СССР//Исторический журнал: научные исследования. – 2021. – № 1.

⑤ 孙壮志等：《中亚五国政治社会发展 30 年：走势与评估》，中国社会科学出版社 2020 年版。

⑥ 曾向红：《中亚地区治理三十年：一项研究议程》，《东北亚论坛》2021 年第 5 期。

国、伊琳娜·伊利汗的《中亚国家建构中的公共空间政治》[1]指出中亚各国独立后利用公共空间,增强国家政权的合法化与国民的认同感。李中海的《中亚经济30年:从转型到发展》[2]分析了中亚独立三十年的经济体制变化、绩效表现和制约发展的瓶颈问题,提出实现中亚经济增长的解决措施。肖斌的《复杂系统下的多中心与中亚经济的依附性增长》[3]探讨了中亚经济从单一依附转向多中心依附,以及这一转向对中亚经济增长的推动作用。刘洋、刘文斌、李小亮的《中亚独立三十年来现代艺术史研究的视野与策略》[4]指出中亚脱离俄罗斯后,对其现代艺术史的研究也应当从中脱离出来。中亚独立前,与苏俄联系密切,为在国内建立起新的民族身份与文化认同,获得真正的民族独立,摆脱苏联的长期影响,各国纷纷开启"去俄罗斯化"。袁蕙珈的《中亚五国"去俄罗斯化"问题研究》[5]等成果论述了中亚为消除俄罗斯在该地区政治、经济、文化上的影响所采取的政策、行动及其带来的影响。2021年对中亚地区独立后的发展既有整体研究,也有具体分析。如叶童的《哈萨克斯坦"首任总统—民族领袖制"的政治设想与实践》[6]、张莉的《哈萨克斯坦高等教育发展研究》[7]探讨了哈萨克斯坦独立后,在改革政治体制、推动高等教育方面取得的成就。中亚五国独立三十年来取得了巨大发展,同时也有挑战,王志章、杨珂凡的《中亚五国贫困陷阱形态刻画及跨越策略研究》[8]、周明、李嘉伟的《21世纪初两次国际抗议浪潮的关联与比较——兼论作为中介的吉尔吉斯斯坦"革命"》[9]、王明昌的《吉塔边界冲突凸显中亚地区安全困境》[10]论述了中亚五国发展中遇到的贫困问题、政治问题与安全问题。冷战结束后,中亚作为重要的战略缓冲带,地缘政治经济意义不断凸显,郭晓婷的《大国在中亚地区的发展援助及其成效》[11]、呼文俐的《冷战后欧盟对中亚地区的援助研究》[12]、姜怀祥的《俄罗斯对中亚国家的援助——政策演进、援助规模和援助方式》[13]、肖斌的《美国的中亚政策:基于猎鹿博弈视角的分析》[14]展现了大国对中亚地区事务的介入,分析了各大国参与中亚地区事务的动机、政策、活动与影响。

---

[1] 张友国、伊琳娜·伊力汗:《中亚国家建构中的公共空间政治》,《俄罗斯东欧中亚研究》2021年第1期。

[2] 李中海:《中亚经济30年:从转型到发展》,《欧亚经济》2021年第4期。

[3] 肖斌:《复杂系统下的多中心与中亚经济的依附性增长》,《欧亚经济》2021年第5期。

[4] 刘洋、刘文斌、刘小亮:《中亚独立三十年来现代艺术史研究的视野与策略》,《西北美术》2021年第3期。

[5] 袁蕙珈:《中亚五国"去俄罗斯化"问题研究》,硕士学位论文,外交学院,2021年。

[6] 叶童:《哈萨克斯坦"首任总统—民族领袖制"的政治设想与实践》,硕士学位论文,上海外国语大学,2021年。

[7] 张莉:《哈萨克斯坦高等教育发展研究》,硕士学位论文,西北师范大学,2021年。

[8] 王志章、杨珂凡:《中亚五国贫困陷阱形态刻画及跨越策略研究》,《世界农业》2021年第5期。

[9] 周明、李嘉伟:《21世纪初两次国际抗议浪潮的关联与比较——兼论作为中介的吉尔吉斯斯坦"革命"》,《俄罗斯研究》2021年第1期。

[10] 王明昌:《吉塔边界冲突凸显中亚地区安全困境》,《世界知识》2021年第11期。

[11] 郭晓婷:《大国在中亚地区的发展援助及其成效》,《社会科学文摘》2021年第3期。

[12] 呼文俐:《冷战后欧盟对中亚地区的援助研究》,硕士学位论文,北京外国语大学,2021年。

[13] 姜怀祥:《俄罗斯对中亚国家的援助——政策演进、援助规模和援助方式》,《俄罗斯东欧中亚研究》2021年第2期。

[14] 肖斌:《美国的中亚政策:基于猎鹿博弈视角的分析》,《俄罗斯学刊》2021年第3期。

关于19世纪被称为中亚"大牌局"的地缘政治博弈也是一个重要的研究领域。杜哲元著《中亚大变局与英国的政策应对（1864—1885年）》[①]，论述了1864年到1885年英俄两国在中亚地区进行的对抗，分析中亚大变局爆发的背景，按照时间顺序介绍了英国为应对俄国威胁，推出的政策。学术论文方面。黄民兴、康丽娜的《文明交往视阈下16世纪布哈拉汗国的经济发展》[②]通过分析16世纪布哈拉汗国的经济制度与农牧业、手工业、贸易的发展状况，探究中亚近代初期文明交往。谢洋的《卡拉与城市：19世纪末以前中亚地区城市发展概述——以希瓦城市为例》[③]简述了希瓦从古代堡垒演变为近代城市的发展历程。邓沛勇、刘莲芬的《19世纪下半叶至20世纪初俄国治下中亚各族居民国家认同感形成原因探究》[④]指出俄国征服中亚后，采取一系列手段推动中亚居民对俄的政治、经济、文化认同。苏雅拉、侯艾君的《帝俄时期中亚现代化进程刍议——以棉花业为中心》[⑤]，苏雅拉《畸形的现代化：帝俄时期中亚棉花业与现代化进程研究（1867—1917）》[⑥]论述了帝俄时期中亚棉花种植业的发展进程以及棉花种植对中亚现代化进程的影响。黄达远、孔令昊的《文明论视角下的"俄国·中亚"空间建构及其对晚清中国的影响》[⑦]采用了文明论视角探讨沙俄是如何通过"文明等级"来在中亚建立殖民空间的。李郁瑜的《中亚文字改革：历史回顾与现实思考》[⑧]对中亚语言文字的历史变迁进行了梳理，探讨了中亚独立后文字改革的现实影响。

此外，中亚研究呈现出新视角、新领域、多维度、跨学科趋势。郭雨桐的《乌兹别克斯坦与罗贡水电站建设的地缘政治经济学》[⑨]、阿不都热合曼·莫合得的《中亚五国水资源困境及应对研究》[⑩]从中亚内部的水资源矛盾入手，探讨中亚国家应如何进行合作。何云霞、钱素芳、李英堂的《中亚华裔东干文学中女性形象的流变及其文化成因》[⑪]梳理出东干文学中女性形象发展流变历程，并挖掘其背后的历史文化成因。高志鸿、张合理等的《气候变化背景下中亚跨境河流平原区水文变化特征：以楚河为例》[⑫]，彭宇、李发东等的《1990—2019年中亚五国干旱

[①] 杜哲元：《中亚大变局与英国的政策应对（1864—1885年）》，中国社会科学出版社2021年版。
[②] 黄民兴、康丽娜：《文明交往视阈下16世纪布哈拉汗国的经济发展》，《史学集刊》2021年第2期。
[③] 谢洋：《卡拉与城市：19世纪末以前中亚地区城市发展概述——以希瓦城市为例》，《城市发展研究》2021年第10期。
[④] 邓沛勇、刘莲芬：《19世纪下半叶至20世纪初俄国治下中亚各族居民国家认同感形成原因探究》，《内蒙古民族大学学报（社会科学版）》2021年第2期。
[⑤] 苏雅拉、侯艾君：《帝俄时期中亚现代化进程刍议——以棉花业为中心》，《德州学院学报》2021年第3期。
[⑥] 苏雅拉：《畸形的现代化：帝俄时期中亚棉花业与现代化进程研究（1867—1917）》，硕士学位论文，内蒙古师范大学，2021年。
[⑦] 黄达远、孔令昊：《文明论视角下的"俄国·中亚"空间建构及其对晚清中国的影响》，《俄罗斯研究》2021年第5期。
[⑧] 李郁瑜：《中亚文字改革：历史回顾与现实思考》，《西北民族论丛》2020年第2期。
[⑨] 郭雨桐：《乌兹别克斯坦与罗贡水电站建设的地缘政治经济学》，硕士学位论文，上海外国语大学，2021年。
[⑩] 阿不都热合曼·莫合得：《中亚五国水资源困境及应对研究》，硕士学位论文，东北师范大学，2021年。
[⑪] 何云霞、钱素芳、李英堂：《中亚华裔东干文学中女性形象的流变及其文化成因》，《河北民族师范学院学报》2021年第1期。
[⑫] 高志鸿、张合理、陈峰、Bakhtiyorov Zulfiyor、岳伟鹏、赵晓思：《气候变化背景下中亚跨境河流平源区水文变化特征：以楚河为例》，《云南大学学报（自然科学版）》2021年第4期。

状况时空变化特征及大气涛动驱动分析》①采用数学或地理模型，运用科技手段，探究中亚地区环境中的变化、特征与影响因素。

中亚是"一带一路"倡议的重要一节，基于"一带一路"倡议对中亚展开研究，仍是学界的重要方向。张宁的《新冠肺炎疫情对中亚"一带一路"合作影响》②通过分析疫情期间中国与中亚的合作，指出疫情更加凸显"一带一路"的重要性。苏畅的《论"一带一路"建设面临的中亚激进主义向极端主义演变问题》③探究中亚激进主义的由来与演变，指出"一带一路"建设需要中国与中亚深化反恐合作。

2021年我国关于中亚地区的研究著述颇丰，涉及范围更广，研究角度更多，现实意义更大。作为中国的战略伙伴，中亚五国在我国对外政策的理念创新与政策实践中占有极其重要的地位。深入研究中亚地区，可为我国与中亚五国关系发展提供参考。

近年来，中亚国家关于苏联历史问题的看法与俄罗斯产生分歧，甚至引发争议和矛盾，值得关注。首先，中亚国家继续挖掘所谓"大清洗"时期的历史，并予以消极评价。2021年4月，吉尔吉斯斯坦出版著作《吉尔吉斯共和国政治镇压受害者之书（1920—1953）》［Книги жертв политических репрессий Кыргызской Республики（1920—1953 гг.）］。该书作者是国家安全委员会军官波罗特·阿布杜拉赫曼诺夫。他指出，写作此书的目的，是昭告关于极权主义时代的真相，为被污蔑和被枪杀的人正名昭雪。该书将是一个系列，意在为那些无理由地遭到大规模政治镇压的人恢复历史公正，永久地纪念那些被无辜镇压的吉尔吉斯斯坦的公民。该书是被枪杀者、被送往劳改营的人们的简明履历手册。据作者介绍，从事该课题的研究团队，在三年时间里，利用了大量国家安全委员会的档案完成该著。书中涉及1.35万宗案件，合并了1.7万名被镇压者的姓名，并建起一个数据库，读者通过数据库就可进行统计学分析，确定被镇压者的准确人数、社会出身、民族、受教育程度以及年龄、性别、党派情况。

其次，一些中亚国家非常消极地看待苏联集体化，甚至认为1932—1933年暴发的大饥荒是苏联政府故意造成的，是对相关民族实施的"种族灭绝"。关于哈萨克斯坦的大饥荒问题，近年来中亚国家发表了大量研究成果，并多次举办学术活动，官方人士也常常对此问题做出表态。2021年3月，哈萨克斯坦学者苏丹·阿奇穆别科夫的著作《在革命与饥荒之间的哈萨克人》（Султан Акимбеков. Казахи между революцией и голодом. Алматы. 2021 г.）出版。该著认为苏联在1930年代推行的集体化政策、强制牧民定居政策，导致哈萨克斯坦失去大量人口——饿死人数从100万人到184万人、250万人、300万人到400万人不等。

2021年，以相同的题材，俄罗斯学者德米特里·维尔霍图罗夫（Д. Верхотуров）撰写的《并不存在的"哈萨克大屠杀"》（《Казахский геноцид》, которого не было. М. 2021）则对于多年来被哈萨克斯坦一些学者炒作的关于1929—1933年"大饥荒"的问题予以辩正和回应。该著利用大量鲜为人知的档案文献证明：哈萨克斯坦共和国在苏联集体化时期和游牧改定居之后

---

① 彭宇、李发东、徐宁：Rashid Kulmatov、高克昌、王国勤、张永勇、乔云峰、李艳红、杨涵、郝帅、李琦、Sayidjakhon Khasanov：《1990—2019年中亚五国干旱状况时空变化特征及大气涛动驱动分析》，《中国生态农业学报（中英文）》2021年第2期。

② 张宁：《新冠肺炎疫情对中亚"一带一路"合作影响》，《俄罗斯学刊》2021年第1期。

③ 苏畅：《论"一带一路"建设面临的中亚激进主义向极端主义演变问题》，《陕西师范大学学报（哲学社会科学版）》2021年第2期。

的条件下究竟发生了什么；严重的经济危机是怎么出现的；因饥荒死亡大量人口的真正原因；饿死人数的估算——作者认为死去65万人左右，而不是一些哈萨克斯坦学者所认为的饿死150万人、200万人甚至400万人。

东欧史研究

2021年涉及东欧地区的史学论文仍以近现代史和当代史为主，中世纪史作为这些论题的背景，也常有涉及。下面分区域国别史、冷战专题和后冷战专题，对2021年的重要论文、专著及译著加以回顾。

乌克兰史和白俄罗斯史领域。刘泓分析了在波兰的乌克兰人的曲折历史，认为波兰的乌克兰人身份认同不同于乌克兰的乌克兰人身份认同，出于历史等多种原因，在波兰的乌克兰人努力避免在波籍乌克兰人身份认同与乌克兰籍乌克兰人身份认同之间建立关联，坚持认为本族是波兰的少数民族，是波兰国民的组成部分。① 毕洪业回顾了乌克兰独立后，寡头崛起的过程，认为相对于其他后苏联空间国家，乌克兰寡头在各个领域都非常活跃且更具稳定性，这使得乌克兰长期面临系统性的经济、政治与社会危机，但消除寡头影响又在短期内难以实现。② 沈莉华分析了俄乌史学界对二战后乌克兰历史热点问题存在的争议，特别是苏联时期在乌克兰教育和宗教文化方面的政策问题、在乌实行俄罗斯化问题、划归克里米亚问题、切尔诺贝利事故问题，指出了双方的分歧和历史事件本身的复杂性。③ 张弘梳理了"观念"对乌克兰经济转型模式、资本主义模式，进而对国家治理结构的影响，认为新自由主义和资本主义模式造成了寡头对国家权力的俘获，最终使乌克兰来到了"失败国家"的边缘。④ 程恩富和李燕分析了自卢卡申科执政后，白俄罗斯停止私有化、保持国有经济成分主体地位、强化总统制领导、强化社会公平和公正、秉持多元化和多方向外交，最终走上市场社会主义发展道路的历程，认为市场社会主义使白俄罗斯经济从衰败中恢复并快速发展，国家经济基础日益稳固，在社会保障、就业、公民权利、民众生活质量、避免社会分化、保持社会稳定等方面取得了重大成就，可以给当今社会主义实践和资本主义制度改革以重要启示。⑤

巴尔干史领域。在奥斯曼时期的研究中，陈莹雪以1593—1821年发布的169篇教会文件为基本史料，考察了奥斯曼帝国统治时期东正教会对于学校教育的影响，认为东正教会所支持面向社会大众的、免费的公益教育，鼓励各地自由办学，目的是使教育得到更大普及。⑥ 在巴尔干战争方面有两篇重要论文。李建军详细分析了1912—1913年巴尔干战争后美国卡内基国际和平基金会牵头撰写的《卡内基报告》，认为该报告对巴尔干战争的看法充满了"巴尔干主义"的偏见，在表达"文明世界"的"人道主义"关切的同时，使该报告成为帝国主义干预巴尔干

---

① 刘泓：《国际关系视域下的民族主义实践：以波兰的乌克兰人为例》，《世界民族》2021年第6期。
② 毕洪业：《乌克兰寡头政治体制：形成、特征及影响》，《俄罗斯学刊》2021年第5期。
③ 沈莉华：《俄乌关于二战后乌克兰历史问题的争议》，《西伯利亚研究》2021年第6期。
④ 张弘：《国家形态与政治转型：乌克兰政治转型三十年评析》，《俄罗斯东欧中亚研究》2021年第6期。
⑤ 程恩富、李燕：《白俄罗斯市场社会主义模式与启示》，《经济社会体制比较》第二十一辑。
⑥ 陈莹雪：《奥斯曼帝国统治时期东正教会对希腊公益教育的支持（1593—1821年）》，《世界历史评论》2021年第1期。

的工具，也为后来美国干预巴尔干的行动提供了文本支持。[1] 韩志斌和张弛认为，巴尔干战争期间，英国以大国集体会议的形式化解各方矛盾，维护了"协调外交"体系，也令英国在近东的利益得到保证，但在处理巴尔干战争后续问题时，英国却放弃大国一致原则，与法俄同盟协同行动，"协调外交"体系就此瓦解。该文指出，尽管大国之间的协调外交可以解决个别问题，但没有解决国际体系的根本问题；两次巴尔干战争已经为"协调外交"敲响了丧钟，而"七月危机"及随后的第一次世界大战拉开了国际秩序和国际体系新时代的大幕。[2] 罗马尼亚是2021年学界关注的重点。曾繁怡和朱晓中梳理了罗马尼亚特兰西瓦尼亚地区自中世纪以来的历史，特别是冷战至今匈牙利和罗马尼亚民族政策的演变，认为特兰西瓦尼亚地区的匈牙利族问题不仅对匈牙利和罗马尼亚的关系有重要影响，更影响着中东欧地区和欧盟的稳定与发展。[3] 董希骁以《凡尔赛条约》的签订为起点，分"大罗马尼亚"时期、二战时期、社会主义时期、冷战结束至今四个阶段，对罗马尼亚境内的民族构成变化和语言政策走向情况进行了梳理，指出了民族主义色彩的语言政策对激化族际冲突的推动作用，认为罗马尼亚如何摆脱语言民族主义的羁绊，遵循欧盟"多语制"原则，将语言多样性看作宝贵的资源而非潜在的冲突，是其迫切需要解决的问题。[4] 曲岩梳理了摩尔多瓦与罗马尼亚的亲缘关系和摩尔多瓦国家的曲折历程，认为摩、罗两族渐行渐远并非其自主选择，而是几大帝国地缘政治争夺的结果；摩尔多瓦获得独立后、国家语言的塑造与民族历史的书写在构建民族身份认同的过程中发挥了重要作用，可以作为理解中东欧国家转型中的民族主义的一个绝佳案例，同时也有助于反思小国在民族国家形成过程中的机遇和困境。[5] 另外，魏剑采用跨学科的方法，结合民族学理论分析展示了民族国家构建视野下保加利亚波马克人的民族化进程，认为巴尔干半岛各民族国家不但继承了奥斯曼帝国遗产，同时深受西欧民族主义建国思想和地缘政治影响，致使该地区民族问题异常复杂和多变。[6]

中欧国家历史方面。杨友孙梳理了冷战结束三十年来，反思反犹主义的发展历程，认为这种反思已逐渐取代反犹主义，成为波兰新的"政治正确"，波兰的"犹太元素"明显增强；尽管由于这种反思还不够彻底，加之右翼保守力量主宰政坛，波兰近年出现了反犹主义回潮，但这只是波兰历史上的反犹主义的惯性和回声，其影响力正在逐渐减小。[7]

波罗的海国家历史方面。苟利武认为苏联时期大量俄罗斯人移入拉脱维亚和苏联解体后拉

---

[1] 李建军：《"巴尔干战争"的他者叙事与巴尔干主义话语——以〈卡内基报告〉为中心的考察》，《全球史评论》第二十一辑，中国社会科学出版社2021年版。

[2] 韩志斌、张弛：《巴尔干战争前后英国的"协调外交"》，《世界历史》2021年第3期。

[3] 曾繁怡、朱晓中：《罗马尼亚特兰西瓦尼亚地区跨境匈牙利族问题浅析》，《欧洲语言文化研究》第12辑，社会科学文献出版社2021年版。

[4] 董希骁：《罗马尼亚民族构成和语言政策百年演变情况述评》，《欧洲语言文化研究》第12辑，社会科学文献出版社2021年版。

[5] 曲岩：《帝国遗产与现实困境中的民族认同——摩尔多瓦的民族国家构建》，《俄罗斯东欧中亚研究》2021年第3期。

[6] 魏剑：《成为保加利亚人：民族国家构建与地方社会转型——以保加利亚波马克人的民族化进程为例》，《中南民族大学学报（人文社会科学版）》2021年第4期。

[7] 杨友孙：《波兰反思反犹主义的进展与问题》，《学术界》2021年第7期。

脱维亚对俄罗斯不够信任并采取了一系列激进的去俄化政策，是拉脱维亚"非公民"问题产生的主要原因，但随着该国人口大量流失，"非公民"在族群结构、语言文化和国家安全方面都给拉脱维亚带来结构性挑战，其国内"非公民"问题将成为今后拉脱维亚社会的主要矛盾。①

冷战专题方面。徐刚详细梳理了20世纪40年代巴尔干共产党人执政前后提出的建立巴尔干联邦的设想，认为在短短不到四年的时间里，保加利亚—南斯拉夫联邦计划从轰轰烈烈出台到急转直下夭折的原因是多方面的，其中主要是由于两国之间的分歧，特别是两极格局的对立以及大国政治下的南斯拉夫与苏联的冲突；建立保南联邦的尝试既是巴尔干联合史上的一次实践高地，同时也成为此后半个多世纪巴尔干联合思想的"绝唱"。② 李斌分析了哥穆尔卡对波兰道路理论与实践历尽曲折且两次中途夭折的探索历程，认为这一探索波兰道路的基本思想包含着有益的价值成分，无论成就还是失误，都是国际共产主义运动经验教训的宝贵财富。③ 王帅梳理了1989年东西德统一之际，历史遗留的德国与波兰之间奥得-尼斯边界谈判的历程，特别是在英美法的介入下，波兰参与"2+4"谈判的经过，认为这一谈判促使波德两个民族实现了历史和解，因此其并不是一场索求领土的零和博弈。④ 冷战期间的中国和东欧关系方面。项佐涛和向康祺结合档案资料，分析了中苏关系恶化后特别是1968年苏联出兵捷克斯洛伐克后，中南双方都担忧会遭到苏联的武装入侵，由此开始接触并且在一系列国际问题上开展合作的历程，认为中南关系的正常化可以分为破冰期、试探性接触期、高级代表团互访、领导人互访四个时期，推进中南关系正常化的主要动力是中国对于社会主义认知的变化以及中南国家利益的一致性。⑤ 刘超、代玉、王贺欣回顾了1949年后赴东欧留学生所经历的起步、高潮、波动、回升与停滞五个阶段，指出这一过程中的民族特色和时代特征，认为除教育意义之外，这一交流更潜藏着深层的战略价值，彰显着决策者高度的政治智慧。⑥

后冷战专题方面。高歌指出，冷战结束后，本地区部分国家加入了北约，并参与了多项行动，为北约做出独有贡献，但这些国家的加入也给北约在决策效率、行动能力、责任分担和价值观方面带来了挑战。同时由于这些国家国力有限，在北约内部影响力不大。⑦ 高歌还就欧盟东扩问题指出，本地区部分国家入盟和欧盟东扩的动机有相同的一面，但并非完全是同一过程：前者更看重经济意义，后者更看重安全意义；二者的考量、行为模式和路径也有所不同，而这是由于加入与接纳的角色不同，更是由于新老成员国的异质性及其带来的维护和争取自身利益

---

① 苟利武：《拉脱维亚"非公民"问题成因、挑战与应对》，《历史教学问题》2021年第1期。
② 徐刚：《巴尔干联邦计划研究（1944—1948）：以保南联邦为中心》，《俄罗斯东欧中亚研究》2021年第4期。
③ 李斌：《哥穆尔卡对波兰道路的探索及其当代意义》，《商洛学院学报》2021年第3期。
④ 王帅：《国际史视角下德国与波兰奥得-尼斯边界问题的最终解决》，《四川大学学报（哲学社会科学版）》2021年第3期。
⑤ 项佐涛、向康祺：《中南关系正常化的过程——基于南斯拉夫解密档案的分析》，《国际政治研究》2021年第2期。
⑥ 刘超、代玉、王贺欣：《"一带一路"人文交流的先声——二十世纪五六十年代中国与东欧之间教育交流考论》，《社会科学论坛》2021年第6期。
⑦ 高歌：《中东欧国家与冷战后北约的新变化》，《俄罗斯学刊》2021年第1期。

的需要不同。这种异质性至今依然存在，并影响着新老成员国关系乃至欧洲一体化的发展。①徐刚分析了克罗地亚二十多年的转型历程，指出入盟对其民主化的正向作用十分显著，但入盟后其民主巩固的深化则充满着反复、曲折甚至倒退。这些现象则成为考察欧洲一体化走向，特别为考察欧盟政治融合能力提供了极好的视角。②

2021年，国内出版界奉献了两部关于巴尔干历史的重要著作。马细谱所著《巴尔干近现代史》（上下卷）是其潜心研究巴尔干历史六十余年的结晶之作。③有别于国内已有的东欧史和巴尔干国别史著作，这是第一部中国学者专门研究巴尔干地区史的专著。该书从中世纪讲起，重点是奥斯曼土耳其时期（15世纪）至今的历史。除了高度的系统性、全面性之外，该书还有一些重要的创新之处值得注意。第一，在研究对象上，该著详细论述了土耳其和希腊这两个通常不在中东欧范畴之内的域内国家的历史：前者通常在中东史中进行研究，因此往往缺乏欧洲视角，后者则除了其本国国别史和现代国际关系史之外，很少作为欧洲区域史的重要内容进行叙述。第二，在考察时段上，该著中关于中东欧国家参与欧盟和北约的大量论述，使其具有鲜明的时代性。第三，该著具有鲜明的国际视角，不限于就巴尔干论巴尔干，而是在许多重大的节点性历史事件中，例如在南斯拉夫国家解体问题上，详细分析了国际局势的影响和德、法、英、美、意大利、苏联—俄罗斯等涉事各主要国家的有关立场。这对于巴尔干现当代史的撰写而言还是第一次。第四，该著有着丰富的历史细节，如在冷战结束后，罗马尼亚、保加利亚、塞尔维亚、阿尔巴尼亚等国前王室的政治作为；这一内容是巴尔干史题中应有之义，但在以往的研究中几乎为空白；这也充分展现了作者深厚的史学积累。第五，从编排形式上，作者很好地运用了专题的形式，将宗教、文化等在巴尔干地区具有共性的问题单独提出，系统论述，避免了因国别叙述而造成的割裂。总体而言，这部巴尔干史著作不但具有地域全面、资料翔实、与时俱进、国际视角的特点，而且编排清晰、叙述生动、引人入胜，可以说是学术性与可读性均属上乘的学术佳作。

孙兴杰所著《"东方问题"与巴尔干化的历史根源》详细分析了"东方问题"背景下，帝国中心与边缘的博弈、欧洲国际体对巴尔干国家的深度介入，以及民族国家构建等因素在"巴尔干化"进程中的作用，具有国际关系史的性质，是对中国巴尔干问题研究的一次重要提升，具有鲜明的跨学科特点。④作者在政治学理论和国际关系史的框架下，对巴尔干地区近四百年来的历史演化进行了详尽的分析。围绕"东方问题"这一主线，作者系统叙述了奥斯曼帝国、哈布斯堡王朝、沙皇俄国这几个主要涉事帝国在各个阶段的内政、外交情况以及欧洲的整体局势，并在这一框架下对奥斯曼内政改革、希腊民族独立战争、东南欧民族独立运动等历史事件进行了充分研究，使原本在国别史领域内的内容，甚至域外国家的内容，都有机地融入巴尔干研究的整体之中，取得了很好的效果，使读者对西方政治学框架如何在巴尔干问题上得以体现有了比较完整的认识，是中国史学界对巴尔干问题、"东方问题"的一次开创性研究。

另外，美国著名历史学家威廉·麦克尼尔《东欧：草原边疆1500—1800》中译本出版。该

---

① 高歌：《中东欧国家入盟与欧盟东扩：是否为同一进程?》，《俄罗斯东欧中亚研究》2021年第4期。
② 徐刚：《中东欧国家政治转型的比较与评估——以克罗地亚民主化进程为例》，《欧洲研究》2021年第4期。
③ 马细谱：《巴尔干近现代史》（上下卷），中国社会科学出版社2021年版。
④ 孙兴杰：《"东方问题"与巴尔干化的历史根源》，中央编译出版社2021年版。

书描述了"草原边疆"转变为近代国家的历史过程,涉及东欧治乱交替的三百年、俄罗斯帝国如何崛起、近代东欧如何形成,以及19世纪至今的东欧局势,是国际史学名著。① 罗马尼亚历史学者米尔恰·普拉通的文集《民族、现代化与罗马尼亚精英》选取了罗马尼亚近现代史中多位影响深远的文化精英,着重围绕《文学谈话》杂志周围的人与事,以大量的细节和翔实的材料重现了现代罗马尼亚民族的铸造过程和实现民族国家现代化的进程。②

2021年俄罗斯东欧中亚史研究在取得长足进步的同时,也存在一些问题。例如,在俄罗斯历史领域,学界对欧俄地区关注较多,对俄罗斯辽阔的边疆区域尤其是北高加索地区缺乏关注;学界所使用的文献资料很大程度上局限于俄罗斯的档案资料和学术成果,对中东欧国家的学术成果和文献资料缺乏应有的重视和使用;对俄罗斯外交史过于偏重大国关系史,忽视俄国与小国尤其是与地区性小国的关系史。另外,对文化外交的关注度不够,需要加强这一领域的研究。

(执笔者:王晓菊、侯艾君、邢媛媛、鲍宏铮、朱剑利、李颖)

---

① [美]威廉·麦克尼尔:《东欧:草原边疆1500—1800》,八月译,上海人民出版社2021年版。
② [罗马尼亚]米尔恰·普拉通:《民族、现代化与罗马尼亚精英》,忻婧、曲岩译,辽宁人民出版社2021年版。

2021 年"一带一路"史研究综述

2021 年是"一带一路"倡议提出的第八年,"一带一路"相关问题的研究热度不减,成果丰硕,研究进展明显。八年间,"一带一路"研究由主要涉及背景与缘由、意义、前景和建议四个方面逐渐转向实践层面,涉及如何加强国际合作、合作面临的风险、对合作质量的评估等具体问题。2021 年"一带一路"研究呈现若干新趋势,主要体现在三个方面:一是"一带一路"研究由碎片化向体系化迈进;二是重视对"一带一路"建设的总结和反思;三是研究内容由抽象宏观转向具体深入。另外,"海上丝绸之路"研究是"一带一路"史研究的重点组成部分。有关"海上丝绸之路"研究的成果多为跨学科研究成果,考古学、艺术学、文献学研究方法充分融合;研究主题广泛,对中西方海上物质、文化交流的路线、内容、文化的相互影响以及"海洋命运共同体"等均有涉及;成果类型多样,既有学术研究成果,也有文献集成、考古报告,还包括普及读物、图册画册等,显示出各方关注"海上丝绸之路"热度不减。2021 年,国外学界和智库对于"一带一路"的分析主要围绕着"一带一路"倡议对地缘政治的影响,以及在"一带一路"框架下区域经济发展的成果和出现的问题展开。

"一带一路"研究新进展

2021 年关于"一带一路"的研究进展明显。成果涉及贸易、投资、金融、旅游、宗教、法律、文化等多个层面,其中有关贸易的文章最多。从成果功能来看,应用对策型研究占绝大多数,体现出强烈的资政功用。从成果内容来看,关注较多的话题是经贸合作、对外直接投资、高质量发展、国内国际双循环等,研究较为深入的是探讨中国在"一带一路"建设中的收益情况,以及遇到的阻力、面临的风险及对策,还有区域经贸合作问题。但国内对"一带一路"的理论建构和国别研究相对较弱。下面从著作、研究报告和学术论文三方面梳理"一带一路"研究取得的新进展。

一、著作

(一)《"一带一路"建设发展报告(2021)》

中国社会科学院"一带一路"研究中心 2015 年成立以来出版了大量相关研究成果,2021 年推出《"一带一路"建设发展报告(2021)》。全书共分五部分。总报告指出,2020 年新冠疫情对世界造成全方位冲击,共建"一带一路"逆风前行,取得来之不易的积极进展,展现出强大韧性和旺盛活力。分报告重点介绍和分析了中国与"一带一路"共建国家在贸易、投资、产能、科技等领域的合作。国际合作篇介绍和分析了中国与东南亚、东北亚、欧洲、非洲、拉美、中亚等国家和地区在"一带一路"建设中的合作现状。国内区域篇着重介绍和分析了京津冀、长三角、大湾区、东北、武汉、西安、青岛等"一带一路"建设的重点区域及城市的对外合作情况。专题篇研究了中国与"一带一路"重点领域的合作进展。①

(二)《"一带一路"手册：2020 版》

为了给有志于"一带一路"倡议的中外研究者、实践者和观察者提供一个指南性的读本，中国社会科学院国家高端智库组织编写了《"一带一路"手册》第一版，2021 年推出续集《"一带一路"手册：2020 版》，反映了 2017 年底以来"一带一路"倡议理论发展和实践探索、经验总结的最新成果，内容包括"一带一路"倡议提出的时代背景、历史传承、框架和理念、"五通"、多路建设、六大经济走廊、推进机制、由互联互通带动和支持的经济走廊和其他项目、专业领域多边合作倡议和平台、参与方提及的其他倡议和举措、部分国际/国家行动计划与"一带一路"等。②

(三)《"一带一路"视野下妈祖文化传承发展研究》丛书

《"一带一路"视野下妈祖文化传承发展研究》是莆田学院首次承担的国家社科基金特别委托项目"'一带一路'与妈祖文化传承发展研究"的课题成果，分中国卷上、下两册，亚洲卷，欧美卷，综合卷，共五册，对推进"一带一路"文化交流、民心相通、经贸合作等领域的研究具有重要的参考作用。③

二、研究报告、访谈等

兰州大学一带一路研究中心发布主旨研究报告 14 份。其中 2021 年 5 月 17 日发布《"一带一路"投资风险及管控系列报告》，包括《新冠肺炎疫情下国际卫生公共产品供给的中国实践》、《中国企业对"一带一路"国家投资风险测度分析》和《"一带一路"沿线地区的主要安全问题研究》等 7 份报告。报告梳理了相关国家存在的潜在风险，为国际卫生合作、企业投资等提供了针对性建议。11 月 25 日，兰州大学对外发布《"一带一路"投资机遇和风险管控系列报告》，包括《中国与后疫情时代跨国产业链布局》《"一带一路"国际合作中的企业法律风险及其应对》《后疫情时代上海合作组织如何对接"一带一路"》等 7 份报告。这些报告聚焦后疫情时代背景下"一带一路"共建国家当前最关注的热点问题，并梳理了相关国家存在的投资机遇和潜在风险，为劳务合作、企业投资等提供了有针对性的建议。

南京大学"一带一路"研究院自 2019 年成立以来，重点研究了"一带一路"与文化遗产问题。于文杰主编的《"一带一路"传统文化访谈录》(上下卷)从民心相通的历史文化角度，对丝路共建国家的传统文化和文化遗产进行深入研究，通过走访文化遗产传承人，探讨各国传统工艺品，记录各类艺术大师的艺术人生，揭示丝路共建国家传统文化和文化遗产所蕴含的丰富历史经验和民族智慧。④

三、学术论文

(一)"一带一路"倡议实施中的宗教风险研究

杨莉基于宗教信仰格局、宗教与族群、宗教法治程度等维度，研究新加坡宗教的现状和发

---

① 孙壮志、赵克斌、王晓泉主编：《"一带一路"建设发展报告(2021)》，社会科学文献出版社 2021 年版。
② 蔡昉、[英] 马丁·雅克、王灵桂主编：《"一带一路"手册：2020 版》，中国社会科学出版社 2021 年版。
③ 宋建晓主编：《"一带一路"视野下妈祖文化传承发展研究》，人民出版社 2021 年版。
④ 于文杰主编：《"一带一路"传统文化访谈录》(上下卷)，人民出版社 2021 年版。

展趋势，揭示新加坡在"一带一路"倡议实施中潜在的宗教风险。① 张熙概述了白俄罗斯宗教历史与现状，分析了当代白俄罗斯的宗教发展态势与宗教政策，并从宗教信仰格局、民族宗教关系、宗教法治程度、政教关系情况、宗教教派矛盾等维度，评估该国在"一带一路"倡议实施中存在的宗教风险程度。② 梁娟娟立足苏丹宗教发展的历史与现状，从宗教与世俗关系、宗教与部落纷争、教派冲突与极端主义风险三个方面，分析和评估苏丹的宗教形势以及存在的宗教风险。③

（二）中欧班列研究

徐紫嫣、夏杰长、袁航认为中欧班列正在成为畅通国内国际双循环、协同带动后疫情时代全球经济复苏的强劲动力。中欧班列建设存在边境口岸通行能力不足、铁路运输规则中外各异、回程进口货源量少质低和对政府财政补贴过度依赖等问题。需要立足双循环新发展格局，重点克服制约中欧班列发展的基础设施瓶颈问题，努力提升通关效率，丰富回程货源，强化市场导向，协同各种竞合关系，营造有助于中欧班列健康、高质量发展的政策环境。④ 路征、彭志豪、高飞指出中欧班列的通行对中国—中东欧国家贸易总体上产生了显著的促进作用，但并没有改变现阶段中国—中东欧国家贸易的结构特征，而是进一步强化了现有结构特征。⑤

（三）区域经贸合作研究

孟中印缅经济走廊。陆亚琴、顾伟认为，"孟中印缅"经济走廊建设促进了中国对孟加拉国、印度和缅甸三国的投资。中国应积极开展同孟印缅三国的磋商谈话，进一步推动深度合作。⑥

中蒙俄经济走廊。张秀杰认为，中蒙俄三国在简化和协调贸易程序、基础设施建设、营商环境和商建自贸区等方面仍存在问题与障碍。因此，应通过增加新的合作点、完善基础设施、优化营商环境、加强相关机制建议等措施，促进中蒙俄的贸易畅通。⑦ 安锦、韩雨莲、张子玉指出，在中蒙俄三国贸易规模不断扩大的情势下，中国应从四个方面加强中蒙俄经济走廊的建设：降低贸易壁垒、建立自贸区、促进双循环良性互动；优先发展基础设施建设，带动三国共同繁荣；消除误解，加强交流与沟通；完善体制机制，探索合作的多元化。⑧

南亚经贸合作。张家栋、柯孜凝指出，"一带一路"建设在南亚的进展总体上呈现三种模式。一是巴基斯坦模式。中巴两国全方位合作，相关项目虽偶遇干扰，但总体进展顺利。二是斯里兰卡模式。斯里兰卡同时与中国和印度合作，虽然存在多种干扰因素，但总体上可以推进。

---

① 杨莉：《"一带一路"倡议实施中的新加坡宗教风险研究》，《世界宗教文化》2021年第2期。
② 张熙：《"一带一路"倡议实施中的白俄罗斯宗教风险研究》，《世界宗教文化》2021年第2期。
③ 梁娟娟：《"一带一路"倡议实施中的苏丹宗教风险研究》，《世界宗教文化》2021年第2期。
④ 徐紫嫣、夏杰长、袁航：《中欧班列建设的成效、问题与对策建议》，《国际贸易》2021年第9期。
⑤ 路征、彭志豪、高飞：《中欧班列对中国—中东欧国家贸易结构的影响》，《地域研究与开发》2021年第3期。
⑥ 陆亚琴、顾伟：《"孟中印缅"经济走廊倡议促进中国对外直接投资了吗？——基于倍差法的实证研究》，《云南财经大学学报》2021年第2期。
⑦ 张秀杰：《中蒙俄经济走廊建设中的贸易畅通问题及对策》，《哈尔滨工业大学学报（社会科学版）》2021年第2期。
⑧ 安锦、韩雨莲、张子玉：《中蒙俄经济走廊建设效果与中国的提升策略》，《亚太经济》2021年第2期。

三是印度模式。印度公开反对"一带一路"倡议，且中印两国间的经贸合作在2020年因新冠疫情和中印关系出现波折而受挫折，但中印经贸关系总体上仍然在发展，并且潜力巨大。"一带一路"建设在南亚地区的进展面临国际政治风险、南亚国家内部政治风险、重大项目运营风险等。中国需要明确"一带一路"倡议在南亚地区的内涵和意图，推动项目主体多元化、项目内容多元化、项目实施方式多边化。① 胡文远、范云指出，"一带一路"倡议为中国在南亚地区直接投资的区位分布和投资格局优化创造了机遇。中国对南亚投资依然面临东道国投资壁垒、中国在南亚投资的产业集中度过高、中国对南亚投资易受非经济因素干扰，以及中国在南亚小国投资受到西方国家和印度大肆宣扬的"债务陷阱论"等因素的制约。因此，优化中国对南亚投资格局，需要重视对南亚各国市场环境与投资风险的评估，结合东道国自身优势进行投资布局，避免非理性投资；考虑南亚各国的环境特殊性，以差异化投资为原则，找准利益契合点进行投资布局；政府要采取措施完善企业"走出去"的相关配套制度，促进有效投资；重视中国企业海外形象的建设，营造有利于投资的民意基础与舆论环境。② 邱实、蔡立辉指出，印度地区霸权国身份是导致南亚区域一体化程度较低的深刻因素。这种认知一方面使印度忽视南亚小国利益而引发其不满情绪，导致南亚地区安全问题凸显；另一方面使南亚小国恐惧印度国家身份而被迫依赖印度以求发展，造成南亚各国安全需求不对称。两种认知状态导致南亚国家关系矛盾与失衡、制度化联系程度较低以及合作意识分散等障碍性问题，深刻阻碍着南亚区域合作的发展状态与成效。③

（四）对"一带一路"倡议的认知研究

韩建伟、舒梦从欧洲与中东两个地区的国际地位、具体的"一带一路"合作和新冠疫情冲击等方面，探讨了欧洲主流认知负面性增加、中东总体上保持积极认知的原因，指出需要深入研究如何维系中欧合作关系大局、积极参与中东地区的经济与安全治理、保障"一带一路"稳健拓展和改善我国外部环境等问题。④ 孔建勋、沈圆圆指出，东南亚中资企业推动民心相通进展良好，但成效并不均衡。主要问题体现在中资企业对外沟通能力不足、对当地员工情感投入乏力以及企业社会责任感履行被动这三个方面。因此，海外中资企业需拓宽内部宣传渠道来构建正面认知，让情理融入工作管理，塑造情感认同，以履行企业社会责任为工具，提升当地员工信赖感，从而夯实澜湄国家命运共同体和"一带一路"倡议的社会根基。⑤ 张瑾考察了我国如何利用科学合作的方式来打造"健康丝绸之路"，认为中国与"一带一路"共建国家和地区开展科技合作、共同抗疫是"一带一路"优势互补、协作共赢的体现，亦是打造"健康丝绸之路"，维护好地区和全球公共卫生安全的必要之举。⑥

---

① 张家栋、柯孜凝：《"一带一路"建设在南亚：现状、挑战与机遇》，《印度洋经济体研究》2021年第5期。

② 胡文远、范云：《"一带一路"背景下中国对南亚直接投资的特点、问题与对策》，《印度洋经济体研究》2021年第5期。

③ 邱实、蔡立辉：《印度国家身份对南亚区域合作的影响——基于国家身份认知视角》，《云南师范大学学报（哲学社会科学版）》2021年第6期。

④ 韩建伟、舒梦：《欧洲与中东对"一带一路"的认知差异》，《国际关系研究》2021年第5期。

⑤ 孔建勋、沈圆圆：《"一带一路"倡议下东南亚中资企业推进民心相通的实证分析》，《云南师范大学学报（哲学社会科学版）》2021年第6期。

⑥ 张瑾：《科技合作打造"健康丝绸之路"》，《一带一路报道（中英文）》2021年第5期。

"海上丝绸之路"研究新进展

海上丝绸之路的历史也是一部中国航海史，一部对外贸易经济史和文化交流史。中国同海外地区的海上交通和商贸往来由来已久，可追溯到秦汉时期。隋唐五代以来，随着航海技术的不断进步，海外交通迅速发展，至宋元时期海外贸易达到空前繁荣，明清时期受海外贸易政策影响出现了新的特点。海上丝绸之路本质上是一条海上贸易通道，连接起一个世界贸易体系，其形成和不断发展是商品经济和全球市场共同作用的结果。海上丝绸之路虽是晚近出现的一个学术概念，但却有着深厚的学术基础。随着"一带一路"倡议的推进，对"海上丝绸之路"的相关历史研究也越来越深入。2021年，国内研究海上丝绸之路历史的成果形式多样，包括论文、文章、著作、译著和古籍整理等。

一、理论研究

孙灿利用"软联通"的机制概念来助力21世纪海上丝绸之路构建"海洋命运共同体"。他认为，21世纪海上丝绸之路的高质量发展需要借助"软联通"的机制逻辑，加强以"发展"为基调的海洋政策对接、以"法制"为核心的海洋规则对接及以"公益"为底色的海洋标准对接。[1] 段克、余静总结了我国参与全球海洋治理所面临的挑战，认为"海洋命运共同体"理念可以助推中国参与全球海洋治理，并提出相关对策建议，即不断提升维护海洋权益的能力、提升海上丝绸之路建设的风险防控能力和战略定力、深度参与联合国框架下的全球海洋治理、构建海洋强国建设法制保障体系。[2] 杨泽伟认为"海洋命运共同体"理念进一步丰富了"21世纪海上丝绸之路"建设的价值引领，后者是践行前者的重要平台，增加"21世纪海上丝绸之路"建设合作文件的硬法因素，也有利于保障"21世纪海上丝绸之路"建设的顺利进行。[3] 王兰兰概述了海上丝绸贸易对古代中外经济文化交流的影响，认为海上丝绸贸易起自秦汉，历经魏晋南北朝、隋唐五代、宋元明清等漫长的历史时期，不断发展繁荣，促进了丝织品通过海上航道进行国际间双向流动，推动了各国丝织技术的互相交流、借鉴与发展，有助于中华文化多元审美的形成，为世界文明搭建起了互联互通的桥梁。[4] 樊如森认为近代陆上和海上"丝绸之路"的发展奠定了"一带一路"倡议的历史地理基础，这一进程促进了中国国内和国际两个市场的发展与完善，也将传统农、牧、工、商业纳入市场化工业的发展轨道，加快了近代中国经济的外向化与工业化，奠定了今天中国自主开放和"一带一路"倡议的历史地理基础。[5] 周榜师认

---

[1] 孙灿：《"软联通"机制：21世纪海上丝绸之路共建的逻辑与路径》，《中国海洋大学学报（社会科学版）》2021年第6期。

[2] 段克、余静：《"海洋命运共同体"理念助推中国参与全球海洋治理》，《中国海洋大学学报（社会科学版）》2021年第6期。

[3] 杨泽伟：《论"海洋命运共同体"理念与"21世纪海上丝绸之路"建设的交互影响》，《中国海洋大学学报（社会科学版）》2021年第5期。

[4] 王兰兰：《海上丝绸贸易对古代中外经济文化交流的影响》，《西安文理学院学报（社会科学版）》2021年第3期。

[5] 樊如森：《中国陆上和海上"丝绸之路"的近代交汇与交融》，《贵州社会科学》2021年第7期。

为 1840 年是"海上丝绸之路"贸易史上具有里程碑意义的时间节点，海上丝绸之路沿途的国家和地区与福建等地的海外贸易从此发生了微妙的变化。① 吴小安在全球学科发展脉络的大背景下，探讨了区域与国别的概念、区域研究的谱系，以及"区域与国别之间"的维度。结合作者深耕的东南亚研究与华侨华人研究，该书从学科方法论与个案专题研究两个层面分为上、下两编。② 李伯重、董经胜主编的论文集以全球史为视角，时间和地域跨度较广，论题有关海外贸易、地缘政治等，为"海上丝绸之路"研究这一新的研究领域提供了示范。③ 以上这两本书都是"北京大学海上丝路与区域历史研究丛书"的作品。

二、实践研究

论文方面，柳平生、葛金芳认为宋代海上丝路贸易勃兴和社会经济结构变迁是双向互动的历史过程，宋代"南重北轻"的经济格局、雄厚的制造实力以及领先世界的造船与航海技术为海上丝路的繁盛提供了物质支撑和内在动力。④ 夏时华、王春认为宋代海商在从事海上丝绸之路香料贸易过程中，出于抵御和分担海外贸易风险、筹集贸易资本或合作经营的需要实行贸易合伙制经营，大体上分为合本经营、委托经营、结伴经营等经营方式，宋代海商在合伙制经营上虽与阿拉伯商人有着相似性，但并非是受其影响，主要还是自身发展逻辑所致。⑤ 高克冰分析了罗马帝国与阿拉伯地区海路贸易的形成与发展过程，认为罗马帝国与阿拉伯地区的海路贸易是古代世界海上交往的重要内容，它不仅为罗马帝国提供了丰富的香料等商品，而且借由此将海洋贸易的范围拓展至印度等地，从而在公元 1 世纪形成了早期海上丝绸之路西段。⑥ 黄薇从"南海一号"的考古发现来论证历史上海上丝绸之路的鼎盛。⑦ 关伟嘉等以古代海上丝绸之路文化传播的重要载体——船舶为对象，研究南海依托腹地广东一带的古船型"广船"的演变史，揭示了船型发展对当时海外经济贸易和航海文化的影响和推进作用。⑧ 丘志力等对中国工艺中的广作牙雕进行了个案研究，通过对广作牙雕原料来源、技艺特征、源头及外销发展历程的梳理，探讨了 17—19 世纪广作牙雕海外市场拓展与海上丝绸之路跨文化交流的关系。⑨ 韩翔、张睿考证了 10—13 世纪海上丝绸之路中的西村窑瓷器发展，认为作为一种中国文化的载体，西村窑外销瓷不仅代表着我国高超的制瓷技术、审美意识、民族习俗以及中国文化的韵味，而且还

---

① 周榜师：《论鸦片战争后海上丝绸之路与福建贸易》，《理论与当代》2021 年第 2 期。
② 吴小安：《区域与国别之间》，科学出版社 2021 年版。
③ 李伯重、董经胜主编：《海上丝绸之路：全球史视野下的考察》，社会科学文献出版社 2021 年版。
④ 柳平生、葛金芳：《试析宋代海上丝绸之路勃兴的内在经济动因——兼论两宋经济结构变迁与三大文明竞争格局形成》，《文史哲》2021 年第 1 期。
⑤ 夏时华、王春：《宋代海上丝绸之路香料贸易的合伙制经营考察》，《青海社会科学》2021 年第 1 期。
⑥ 高克冰：《罗马帝国与阿拉伯地区间的海路及贸易——兼论早期海上丝绸之路西段》，《廊坊师范学院学报（社会科学版）》2021 年第 3 期。
⑦ 黄薇：《中国水下考古从无到有，直道超车"南海一号"：见证海上丝绸之路的鼎盛》，《国家人文历史》2021 年第 15 期。
⑧ 关伟嘉、陈坤、陈建平、马菁：《文化自信下海上丝绸之路与"广船"历史文化长廊构建研究》，《产业与科技论坛》2021 年第 20 期。
⑨ 丘志力、薄昊楠、杨炯、罗涵、吴沫：《广作牙雕：17—19 世纪"海上丝绸之路"上的跨文化交流》，《宝石和宝石学杂志（中英文）》2021 年第 5 期。

为中外文化的历史交流、社会进步产生了绵长而又深远的影响。① 王颖分析了印度莫迪政府对"印太"概念的认知及其对"21世纪海上丝绸之路"的影响。虽然印度政府目前没有正式出台"印太"战略构想，但其在亚太地区角色的转变与定位使印度产生了较为开放的战略认知，以推动其与美日澳等国形成潜在的战略组合。② 鲁晓敏等和李静蓉、林仪对宋元中国的世界海洋商贸中心——泉州在"海上丝绸之路"中的历史地理地位做了描述。③ 陈少丰从具体历史人物出发，探讨了元代海上丝绸之路背景下摩洛哥旅行家伊本·白图泰在泉州的经历。④ 张晓东从上海青浦区的考古成果出发，探讨了古代上海是如何参与海上丝绸之路的。⑤ 于丽君探讨了唐代绍兴与日本的经济文化交流。绍兴在唐朝被称为"越州"，当时越州的佛教文化兴盛，佛教文化也是越州与日本遣唐使展开交流和学习的主要内容，对日本的佛教文化产生了深远的影响。⑥ 赵鸣研究了徐福东渡与东北亚区域海上丝绸之路的关系，认为徐福东渡开辟了多国之间的航海线路，推进了东亚地区的交通发展；与当地居民开展商品交易，促进了东亚地区的贸易往来；将中国文化传播至朝鲜半岛、日本，促进了东北亚各国的文化交流。⑦

论著方面，以地方研究为主的很多，且多为集体或合作编著。如，《海丝泉州：宋元中国的世界海洋商贸中心史迹剪影》是一部展示泉州关于宋元时期史迹剪影的摄影集；《洲尾贸易场：汉代以后北部湾海上丝绸之路变迁与延续的历史见证》介绍了洲尾遗址的最新研究成果；《丝路长乐》体现了福州市长乐区在海上丝绸之路的地位；许贵林等回顾广西在古代海上丝绸之路发展中的历史；何传添等对广东建设海上丝绸之路科技圈进行了系统研究；陈彬强、陈冬珑收录反映宋元史实的文献，为泉州申遗提供佐证史料。⑧《海丝文化研究》（第二辑）关注了海丝遗产传承保护，注重海丝贸易、港口物流及海丝文献整理。⑨《海上丝路世界百年稀见历史影像修复与考订》纵览19世纪中期至20世纪前半期海上丝绸之路沿线的风土人情、社会生活及历史发展，集中体现了一百多年间海上丝绸之路沿线国家、地区的社会面貌及历史发展，是近代

---

① 韩翔、张睿：《论公元10至13世纪海上丝绸之路中的西村窑瓷器》，《农村经济与科技》2021年第1期。
② 王颖：《印度"印太"认知及其对"21世纪海上丝绸之路"的影响》，《南亚研究季刊》2021年第3期。
③ 鲁晓敏、李艺爽、小栗砸、陈英杰：《涨海声中万国商："海上丝绸之路"从这里开始》，《环球人文地理》2021年第17期；李静蓉、林仪：《海上丝绸之路视野中的"泉州时代"（10—14世纪）》，《文化创新比较研究》2021年第22期。
④ 陈少丰：《元代海上丝绸之路旅行者偶遇现象分析——以伊本·白图泰在泉州的经历为例》，《闽台缘》2021年第1期。
⑤ 张晓东：《古代上海如何参与海上丝绸之路》，《丝路百科》2021年第3期。
⑥ 于丽君：《唐代绍兴与日本"海上丝绸之路"研究》，《文化产业》2021年第8期。
⑦ 赵鸣：《徐福东渡与东北亚区域海上丝绸之路的演进》，《连云港师范高等专科学校学报》2021年第1期。
⑧ 泉州市政协文化文史和学习委员会编：《海丝泉州：宋元中国的世界海洋商贸中心史迹剪影》，中国文史出版社2021年版；何守强：《洲尾贸易场：汉代以后北部湾海上丝绸之路变迁与延续的历史见证》，漓江出版社2021年版；福州市长乐区社会科学界联合会：《丝路长乐》，海峡出版发行集团、海峡文艺出版社2021年版；许贵林等：《北部湾，21世纪海上丝绸之路新起点：广西向海经济发展研究》，科学出版社2021年版；何传添、肖奎喜等：《国际科技合作圈建设及广东的实践与对策——基于海上丝绸之路的视角》，中山大学出版社2021年版；陈彬强、陈冬珑主编：《泉州海上丝绸之路历史文献汇编：初编》（全二册），厦门大学出版社2020年版。
⑨ 王万盈主编：《海丝文化研究》（第二辑），厦门大学出版社2021年版。

全球史的宝贵研究资料。①《冰上丝绸之路——最后的地中海》着眼于海上丝路架构的延伸和变化，探讨了欧亚经济文化的历史关联。②

从以上研究成果来看，论文方面，发表在权威史学期刊的极少，但各类一般综合刊物的论文角度各异，着力点各有千秋；论著方面，集体创作的著作占比较高，且以考古类的作品为多。"海上丝绸之路"研究重点多在考古和国际关系，研究对象偏重贸易、城市和港口，在中外关系角度的考察上更偏重于我国的相关历史叙述，对国外文献的考察和涉猎不多，其主要原因是海上丝绸之路涉猎的国家和地区地域广泛、各国语言和文字的记载程度不一以及研究者对对象国的语言文字掌握程度不高。"海上丝绸之路"历史研究的学科特点决定了历史学这一方向的人才培养需要加大力度定向培育一批通晓对象国文字和文化的高素质专业人才。

国外学者和智库对"一带一路"的看法

2021年，国外学者和智库对于"一带一路"的分析主要是围绕"一带一路"倡议对地缘政治的影响，以及在"一带一路"框架下区域经济发展的成果和出现的问题展开的。

一、地缘政治核心的转变

德国外交关系协会分析家柏比认为，中国的崛起导致了全球经济和政治力量的转移，人们不再争论是否下一个世纪将属于中国或亚洲，而是讨论中国将如何影响欧洲和西方。不过，转变的核心不是回归以中国为中心的世界秩序，而是欧亚连接的世界体系和欧亚世界秩序开始重新崛起。雅各布·玛利亚·柏比还认为，中国通过"一带一路"倡议参与到区域和全球治理的实践当中，目前尚无法提供所有相关参与者都接受并共享的项目前景。③

"一带一路"倡议加速了地缘政治从西方向经济和军事飞速崛起的中国倾斜此已成为共识。中国的倡议提供的是区域和全球合作的发动引擎，需要参与者的共同努力来构建合作框架和共同规则。阿根廷国际关系委员会顾问、中国项目副协调员拉蒙对此评价积极，认为中国在世界上的新角色是从落后的经济体到全球参与者。"一带一路"倡议不仅是一个具体的项目，而且是一个促进基于联通性和基础设施的包容性合作的框架，为重塑国际经济关系，特别是针对发展中国家和新兴国家的经济关系提供了可能。中国在国际援助中所发挥的积极作用非常有吸引力，已成为传统的西方援助的替代方案。他同时提醒中国，应注意对援助项目影响的评定、监控和评估，以免监督不力可能导致的环境和社会方面的负面后果，损害中国声誉。在倡议实施过程中，中国还应加大开放与合作，以有利于更多的利益相关者，避免使贸易线周边国

---

① 徐宗懋图文馆：《海上丝路世界百年稀见历史影像修复与考订》，商务印书馆2021年版。
② 冯并：《冰上丝绸之路——最后的"地中海"》，外文出版社2021年版。
③ [德]雅各布·玛利亚·柏比：《"一带一路"倡议：中国与欧亚秩序的再次兴起——挑战与机遇》，薄帆译，载王灵桂主编《70年中国发展与人类命运共同体建设——中外联合研究报告（No.8）》（上册），社会科学文献出版社2021年版，第396—403页。

家——传统上被称为"后院国家"置身于地缘政治对抗的前线。①

二、区域性合作的成果与问题

在开展区域合作时,中国寻求以中东欧国家为支点,通过中—蒙—俄、中国—中亚—西亚经济走廊,新欧亚大陆桥贯通中国到欧洲的铁路;同时,中国还有向东南亚和南亚发展的经济走廊;与非洲、拉丁美洲的合作,甚至参与北极地区的合作,都说明"一带一路"并不受限于地理概念,意在建立向所有经济体开放的合作机制。

(一) 中东欧地区被认为是欧盟东部外围地区

中国在该区域推出"16+1"合作机制,以基础设施、运输和能源行业为重点。2019年由于希腊加入,合作成员国扩展,形成"17+1"。捷克学者鲁道夫·福斯特指出,在合作初期,中东欧国家热情较高,希望中国对其基础设施的投资日益增加,相关的经济措施能够加快中东欧国家追赶西欧富裕国家的步伐。但是,近些年来,中国与中东欧国家的贸易和投资关系收效并不明显,影响了双方互信关系的建立。随着中国转向地中海国家的港口建设,投资重心明显南移。②

原本对中国与中东欧国家合作不持反对立场的欧盟开始重新审视中国在中东欧的存在。把中国视为"战略竞争对手",推出外国投资的筛选机制,对中国的投资做了诸多限制,同时要求中国对欧盟要对等开放资本市场。美国也把中东欧看作中国影响力增强的地区,认为中俄"联盟"在地缘政治竞争中可能挑战美国在欧洲的利益,因而美国要重返中东欧。因此,不难理解2021年5月21日立陶宛宣布退出"17+1"机制,正是美国在中东欧地区施加影响,波兰、捷克和波罗的海国家采取更为坚定的亲西方政策的结果。

(二) 中亚位于丝绸之路的中心,中国通过建立运输走廊、实施高科技领域联合项目、开展信息和通信技术领域的合作,为中亚各国的发展提供了更多的可能性

中亚学者认为,中国投资交通基础设施,包括开通跨里海国际运输通道,既减少产品运输的时间和成本,也为中亚国家纳入全球物流路线网络提供重要保证,对于广泛利用该地区巨大的旅游资源也很有利。但中亚学者担心,在开展连接中国的运输项目后,中亚国家的国民经济多样化水平将下降,可能导致这些国家国际收支失衡。此外要采取措施和机制,以防该地区某些国家沦为快速发展经济体的矿物和原材料附属国,或是对外部金融和投资的过分依赖。③

(三) 南亚地区是"一带一路"倡议重要的一环,6个经济走廊中南亚占了2个:中巴经济走廊和孟加拉—中国—印度—缅甸经济走廊

澳大利亚学者认为,在南亚与中国的合作中,中国—南亚东南亚智库论坛为地区邻国提供

---

① [阿根廷] 卡罗拉·贝亚特里斯·拉蒙:《"一带一路"倡议,国际合作和对欠发达地区的启示》,薄帆译,载王灵桂主编《70年中国发展与人类命运共同体建设——中外联合研究报告(No.8)》(上册),社会科学文献出版社2021年版,第414—421页。

② [捷克] 鲁道夫·福斯特:《"17+1"地区合作机制在中东欧》,薄帆译,载王灵桂主编《70年中国发展与人类命运共同体建设——中外联合研究报告(No.8)》(上册),社会科学文献出版社2021年版,第374—381页。

③ [乌兹别克] 沙洛菲丁·纳扎罗夫:《展望"一带一路"倡议在中亚》,薄帆译,载王灵桂主编《70年中国发展与人类命运共同体建设——中外联合研究报告(No.8)》(上册),社会科学文献出版社2021年版,第383—386页。

了观察"一带一路"倡议项目的机会,也为中国提供了正确看待相关项目的机会。[1] 观察家研究基金会战略研究负责人认为,由于连接欧洲、中东、非洲和亚洲四个关键地区,科伦坡港具有重要的战略意义;在中国的"一带一路"倡议正重塑中国与南亚地区的关系之际,印度产生了一种新的紧迫感,需要制定适当的方案进行应对。[2]

(四)"一带一路"对非洲的影响体现在贸易、投资、基础设施融资和经济援助等方面

其积极影响在于:通过出口原料换取相对便宜的中国产品使消费者获利;中国贷款资助的基础设施项目刺激了非洲国家的经济增长;各种形式的经济援助可以改善当地医疗、保健和人道主义服务。但与此同时,也存在着一些负面因素,如贸易赤字的增加、投资可能导致环境状况的恶化,以及持续的债务问题。津巴布韦学者纳多齐认为,要解决这些问题应该从解决非洲发展能力问题入手:一是扩大非洲的相应供应能力,把非洲生产者纳入中国生产价值链;二是增强非洲工业生产能力以促进非洲公司融入中国国际价值链。[3]

(执笔者:孟庆龙、李锐、张丹、张瑾)

---

[1] 王灵桂主编:《展望"一带一路"新贡献:国外智库论中国与世界(之九)》,社会科学文献出版社2021年版,第146—147页。

[2] 王灵桂主编:《展望"一带一路"新贡献:国外智库论中国与世界(之九)》,社会科学文献出版社2021年版,第184—185页。

[3] [津巴布韦]伊曼纽尔·乌佐马·纳多齐:《充分利用中国的"一带一路"倡议(BRI)在非洲的发展》,薄帆译,载王灵桂主编《70年中国发展与人类命运共同体建设——中外联合研究报告(No.8)》(上册),社会科学文献出版社2021年版,第405—412页。

2021年国内太平洋与太平洋国家史研究综述

在中美实力差距逐渐缩小、美国展开与中国全面战略竞争的背景下，太平洋地区与国别研究引起了学界越来越多的关注和探讨。相关领域研究成果的增多虽然体现了学者强烈的现实关怀，但从历史角度展开研究的成果占比仍然偏低。相较于往年，2021年太平洋与太平洋国家史领域还是取得了较为可喜的成绩，不仅有三项国家社科基金重大项目获得立项资助，而且还有多项专著和学术论文等成果出版。有关这一学科的发展情况，下面大致以学科发展路径的理论探讨、传统研究领域的继续深化、新研究议题的不断拓展和学科建设的相关进展等几个方面进行详细介绍。

学科发展路径的理论探讨

从学科名称上看，该学科的研究范围至少由两大部分组成：第一，太平洋史；第二，太平洋国家史。首先来看太平洋史，它属于海洋史中最新的研究领域，具有重要的未来发展前景。一般而言，最早的海洋史研究可以追溯到法国年鉴学派史学家费尔南·布罗代尔及其代表作《菲利普二世时代的地中海和地中海世界》。在这本名著中，他把16世纪后半期的地中海世界作为一个整体加以考察，此后地球上的其他海域陆续成为后世学人的新研究对象。太平洋是世界上最大、最深和岛屿最多的海洋，约占地球表面积的三分之一，拥有从北极圈到南极洲，从亚洲到美洲的辽阔水域。如果就海洋史研究角度而言，太平洋史研究理应早就出现，并应随着海洋史研究的成熟而日益成为主流。但是，对于世界上大部分历史学家来说，太平洋地区成为长期"被遗忘的角落"，几乎沦为学术研究的"空白之地"。

一如国际史学界，国内的太平洋史研究也长期徘徊在主流学术之外。尽管亦有先驱学者拓荒性的贡献，然而专业人才长期匮乏导致了学术成果的稀缺。近年来，随着我国国际地位的不断提高、海权意识的大幅提升和"一带一路"倡议的大力推进，太平洋问题研究成为新的学术增长点。然而，相关成果大多集中于现实问题研究，太平洋史依然未见明显勃兴。在这种情况下，有关"太平洋国家史"的讨论就更为稀有。2021年，华东师范大学汪诗明教授在和刘舒琪合著的文章中指出，"作为认识论上的一个整体史概念，太平洋国家史是有待取得共识的，甚至很可能达不成共识"。由于这一概念既涉及对太平洋国家史如何认知，又涉及如何操作的问题，所以"一旦要把太平洋国家史从一般认识层面落实到文本层面，事情就可能变得复杂起来"。[①]

尽管存在不少困难，学界仍然努力推进研究方向的探索，2021年出现了数篇重要研究成果，讨论了太平洋史与太平洋国家史研究的未来进路。汪诗明教授和刘舒琪博士在《太平洋史与太平洋国家史研究刍议》一文中试图厘清太平洋史、太平洋国家史以及太平洋区域内的次区

---

① 汪诗明、刘舒琪：《太平洋史与太平洋国家史研究刍议》，载《全球史评论》第二十辑，中国社会科学出版社2021年版。

域史的概念,并且探讨国内学界如何在借鉴国外研究成果的基础上开拓创新。两位作者论述了该学科兴起的背景,并对相关概念做出了界定。全球史及区域国别问题研究越来越受到重视是太平洋史和太平洋国家史受国内学界关注的直接背景。太平洋史的概念比较容易界定,研究议题和主线比较清晰,即把太平洋视为历史的一个场景和舞台,从整体角度探讨太平洋的变迁,而非过分强调舞台上的角色。作者同时坦言,太平洋国家史尚难给出明确的定义,因为定义太平洋国家及区域内的主要国家和边缘国家都存在困难。作者建议,可以从建构次区域史的角度切入,弥补甚至替代现在难以形成共识的太平洋国家史。两位作者还指出,该领域的"西方中心论"印记依然明显,我国学者应逐步摆脱这一束缚,书写中国人自己的太平洋史。①

中国社会科学院世界历史研究所吕桂霞研究员在《我国太平洋与太平洋国家史研究:现状、问题与愿景》一文中,就目前国内和"太平洋与太平洋国家史"关联最为密切的"太平洋岛国"、"南太平洋岛国"、"南太平洋岛屿国家"以及"南太地区"等概念进行系统梳理,在此基础上,就"太平洋与太平洋国家史"概念予以严格界定。她认为太平洋国家既应包括太平洋(包括边缘海)沿岸国家,也应包括太平洋中已独立的国家,共计44个国家。此外,她认为,结合该地区的复杂情况,"太平洋与太平洋国家史"的概念还应进一步泛化,在太平洋相关独立国家的基础上,再加上美、英、法、日、澳、新等国在太平洋上的海外领土。这一定义符合世界历史学科发展的需要。她认为目前该领域还存在研究基础薄弱、研究队伍尚不成熟、发表成果较为困难等问题。为此,她建议加紧太平洋国家史的编纂,加大自然科学和社会科学的融合研究力度,并高度重视大国与太平洋地区的关系史研究。②

中山大学历史系张小敏博士的《中国海洋史研究的发展及趋势》一文较为详细地梳理了海洋史研究在中国的发展,其中太平洋史领域的研究成果是作者述评的重点。她认为目前太平洋史研究存在以下问题:从研究内容上,仍集中于传统的领域,如海洋政治史、经济史、军事史,但新海洋史议题,如海洋社会文化史、疾病史、环境史等研究较为薄弱;从研究区域看,海洋区域史研究不平衡,仍集中在中国沿海地区,对太平洋地区海岛的关注不足;从研究方法的视角看,跨学科研究不充分。她建议学习国外海洋史研究的经验,从跨学科多视角进行研究,并从时间和空间上重构海洋史的叙事模式。③

传统研究领域的继续深化

太平洋国家历史研究成果数量较往年有所增加。与澳大利亚、俄罗斯、日本和菲律宾相关的历史研究成果出现了可喜进展,特别是在澳大利亚史的研究方面成果丰硕,但是研究话题仍主要集中于大国政治和殖民史等传统历史领域。概言之,2021年的传统历史领域研究成果呈现以下三个特点:从研究议题上看,有关移民、华侨华人等领域仍是研究重点和热点;从成果数量上说,澳大利亚史研究的新成果集中出现;从研究区域而言,北太平洋国家的争议性历史得到进一步深入研究。

2021年,华侨华人史领域出现了一部重头著作——江苏师范大学张秋生教授主编的《世界

---

① 汪诗明、刘舒琪:《太平洋史与太平洋国家史研究刍议》,载《全球史评论》第二十辑,中国社会科学出版社2021年版。
② 吕桂霞:《我国太平洋与太平洋国家史研究:现状、问题与愿景》,《历史教学问题》2021年第5期。
③ 张小敏:《中国海洋史研究的发展及趋势》,《史学月刊》2021年第6期。

华侨华人通史·大洋洲卷》。① 全书近100万字，分六编系统介绍、论述了华人移居澳大利亚、新西兰和大洋洲岛国的历史，深入考察了华人华侨移民大洋洲的社会历史背景，华人对大洋洲经济与社会发展的重要贡献，澳大利亚与新西兰对华移民政策的演变，战后大洋洲华人社团、华人经济、华人参政和华人文化的发展等内容。书中还有大量图片和表格，后面有附录，专门介绍大洋洲华侨华人研究动态。作为国内首部研究大洋洲华侨华人的专著，该书填补了我国系统研究大洋洲华人华侨历史的空白，极大丰富和拓展了大洋洲史及华侨华人史的研究视野，具有重要学术价值和现实意义。

东南亚华人华侨宗教信仰中心的变迁对未来华人族群认同可能产生重要影响。华侨大学华侨华人研究院副教授朱东芹在《菲律宾华人宗教信仰的特点及成因分析》一文中依据田野调查资料，对菲律宾华人的宗教信仰现状进行了梳理，并对其特点及成因展开了探讨。她着重指出，随着代际更替和社会融合发展，菲律宾华人宗教信仰出现了两个值得关注的现象：在信仰结构上，新生代日益与华人传统宗教信仰疏离而与主流宗教接近，形成主流宗教占优而华人传统宗教居劣的格局；在信仰趋势上，不仅有信徒由传统宗教转而皈依主流宗教，而且近年来在主流宗教中日趋由天主教向基督教流动。她认为，信仰中心的转移意味着传统宗教作为华人族群边界标识的作用日益消解，而信仰人群的流动反映了华人正试图构建某种新的宗教文化和群体形象。②

在有关澳大利亚的历史研究成果中，涉及众多话题。学界对澳大利亚早期的历史进行了探讨，并指出了其对澳大利亚身份建构和经济社会现实的影响。杜明明的《19世纪早期英国殖民澳大利亚的土著政策及其引发的争论——以"黑色战争"为例》一文论述了澳大利亚史学界对英国在"黑色战争"中是否杀戮澳大利亚土著的两种对立认识，指出澳大利亚殖民历史的认知混乱对其构建现代民族国家身份认同有着不可低估的消极影响。③ 张红艳的《澳大利亚淘金热与其现代化发展》一文论述了淘金热在澳大利亚兴起的背景，并重点论述了淘金热对澳大利亚的影响。她认为淘金热给澳大利亚带来的全面深刻的变化，主要体现在以下几方面：淘金热给澳大利亚民族经济带来了发展的第一桶金，使得其有资本去投资和购买机器设备等；淘金的过程带来了大量淘金者，使得其人口数量和结构逐渐迈向健康化，铁路交通和住房等基础设施随着人口的增多也日益发展；淘金带来财富的日益增长，人们需要获得政治诉求的途径和获得相应的政治地位，澳大利亚自治责任政府得以成立。④ 李途的《二元困境、"反思主义"与澳大利亚的对外政策调整》一文从历史和现实双重角度分析了澳大利亚最终选择了与美国结盟的原因。他认为一方面澳大利亚无法摆脱对美国的安全依赖；另一方面，尽管中国是澳大利亚最重要的贸易伙伴，但这种经济影响力并没有转化为政治影响力。作者还指出，尽管澳大利亚对美国的安全依赖不会在短时间内改变，但澳大利亚与美国的特殊关系已经不再特殊，澳大利亚已开始加强在国防领域的独立性。⑤

---

① 张秋生主编：《世界华侨华人通史·大洋洲卷》，中国华侨出版社2019年版。
② 朱东芹：《菲律宾华人宗教信仰的特点及成因分析》，《华人华侨历史研究》2021年第2期。
③ 杜明明：《19世纪早期英国殖民澳大利亚的土著政策及其引发的争论——以"黑色战争"为例》，《历史教学（下半月刊）》2021年第8期。
④ 张红艳：《澳大利亚淘金热与其现代化发展》，《西部学刊》2021年第19期。
⑤ 李途：《二元困境、"反思主义"与澳大利亚的对外政策调整》，《国际论坛》2021年第4期。

在涉及北太平洋的历史研究中，亦有佳作问世。河北大学历史学院梁立佳在《19世纪俄美公司殖民夏威夷群岛的历史省察——以舍费尔的殖民活动为中心》一文中指出，19世纪初俄美公司在夏威夷群岛一系列的殖民扩张活动中，尤以1815—1817年舍费尔医生在瓦胡岛和考爱岛上的殖民活动最为突出。这一殖民计划的最终失败使得俄美公司被迫转向其他渠道，进而对沙俄在北太平洋的整体扩张产生了深远的影响。在舍费尔的殖民冒险问题上，探险家个人、俄美公司、沙皇政府三者间表现出的态度差异，揭示出了19世纪上半叶沙皇俄国殖民扩张进程中私人商业与国家权力之间合作与冲突并存的隐秘逻辑。[①]

在北太平洋国际关系史中，中美关系无疑具有举足轻重的地位。香港大学嘉里集团基金全球化历史讲席教授徐国琦在《体育与中美关系的历史发展——纪念"乒乓外交"50周年》一文中揭示了体育活动中形成的中美共同经历，如何为"乒乓外交"的成功及中美两国人民交往打下的坚实历史基础。[②]徐国琦教授近年来致力于通过跨国史的解释模式重新梳理中美关系史，重点是两国在文化层面和非政府层面的交往。作者认为，体育的重要性在中美关系史中非常突出，不仅帮助缔造了中美人民的友谊，也与两国外交关系环环相扣，成为两国"共有的历史"和"共有旅程"的重要环节。徐教授这种新的研究视角，强调两国在政治、军事、外交之外的"关系"，在学术上是一个突破和创新，有可能为人们提供一个有效窗口，以思考如何更好处理中美两国关系，增进彼此的友谊和相互了解。

美国亚太战略一直是国际关系史的专家学者关注和探讨的重点问题，尤其近年来随着中美竞争加剧其热度持续上升。安徽师范大学历史学院尹蒙蒙博士的《美国太平洋"岛链"战略的构建及其当代影响》一文兼顾了历史与现实，探讨了冷战初期美国基于反共、防共、遏制共产主义影响而构建的"岛链"战略。作者认为，这项战略的核心在于同太平洋近岸岛屿地区和国家的一系列安全保障条约。具体而言，美日同盟构成了该战略的核心，美韩同盟是该战略的心理安慰剂，美菲同盟形成了该战略的基础，美台同盟则是遏制中国的关键。此外，美国政府还把"岛链"进一步分为离岸岛屿链、食物供应链、战略物资供应链、西亚链。冷战结束后，"岛链"战略对美国以维护和巩固霸权为核心的大战略的实施产生了十分重要的影响。作者认为，它不仅促进了美国及其盟友之间的权力均衡，还有助于巩固其在亚太地区的霸权，以及对日益崛起的中国的遏制。[③]

历史研究无疑有助于更好地理解东亚地区秩序的演变，华东师范大学历史系王志红博士在《16世纪末日本与西属菲律宾的外交关系》一文中对近代东西方不同秩序的碰撞作出了独特的解读。1592年万历朝鲜战争爆发前夕，丰臣秀吉遣使至马尼拉，要求菲律宾的西班牙人遣使朝贡。其间的交涉不乏谎言与欺骗，双方外交关系时而一片光明，却又转瞬跌入冰点。1597年西属菲律宾遣使赴日，但却得到强硬回复。直到1598年，西属菲律宾依旧笼罩在日本侵略的恐惧当中。王志红认为，这一时期日本与西属菲律宾的外交关系成为东方华夷秩序与西方殖民体系

---

① 梁立佳:《19世纪俄美公司殖民夏威夷群岛的历史省察——以舍费尔的殖民活动为中心》，《中国社会科学院研究生院学报》2021年第3期。
② 徐国琦:《体育与中美关系的历史发展——纪念"乒乓外交"50周年》，《美国研究》2021年第3期。
③ 尹蒙蒙:《美国太平洋"岛链"战略的构建及其当代影响》，《安徽师范大学学报（人文社会科学版）》2021年第6期。

之间异质文明碰撞的缩影。①

太平洋战争研究是太平洋史中为数极少能引起普遍兴趣的一个传统领域,既有研究似乎已经全面深刻地阐释了太平洋战争爆发的背景及主要原因。但细究之下,其中尚存些许薄弱之处。徐传博的《太平洋战争起源再研究:德国扩张对日本"南进"决策的推动》一文进一步丰富了有关这一问题的研究。作者在考察"自给自足经济圈"战略的发展与实施的基础上,阐释德国扩张导致的国际形势激变,揭示日本高层在德国扩张攻势背景下实施"南进"并对美开战的过程。在此基础上,作者阐明了日本"南进"扩张的必然性。②

新研究议题的不断拓展

如前所述,近年来国内从事太平洋研究的相关机构大量涌现,但繁荣表象之下掩盖的是太平洋史的门庭冷落。有限的研究人数散落在太平洋研究这样广阔的研究空间之中,这种状况决定了相关研究的可拓展性极强。世界史研究中各种既有研究路径和方法的重新组合带来了太平洋史研究视角和领域的拓展。

环境史学是世界史研究中正在蓬勃兴起的新史学,已经取得了丰硕的成果。诚如已故美国环境史学家J.唐纳德·休斯所言,旧史学是将自然和环境的存在当作布景或背景来对待的,而环境史则将它们当作活跃的有助于发展的力量。中山大学历史系费晟教授的《再造金山:华人移民与澳新殖民地生态变迁》一书,就是国内太平洋史学界关于将移民和环境史相结合的一部开拓性著作。该书尝试突破以人为中心的传统史学,将人视为自然的诸多要素之一,即把澳新殖民地华人移民看作"一种生物群落的流动",阐述他们"应对新环境的挑战"的经过,及"适应并改造新环境"的历程。③ 该著运用中外多重证据综合对比、层次分析法及田野考察等跨学科的研究方法,深入研究近代以来华人在澳新殖民地的经历,展现其适应和改造自然生态的能动性和创造性。

太平洋岛国的环境史研究开始引起学者们的关注,颇有代表性的成果是隋心和李玉的《1918年大流感期间萨摩亚社会初揭》一文。④ 该文认为1918年大流感因战争和兵力输送等,波及太平洋岛国萨摩亚,但因东、西萨摩亚应对方式不同,出现了东萨摩亚零感染而西萨摩亚疫情严重的现象。基于此,两位作者对1918年大流感在萨摩亚社会暴发的原因、传播的方式与政府采取的应对措施进行揭示,并分析1918年大流感造成的人口变化和高死亡率的缘由,认为洛根政府应对不当、西萨摩亚医疗人员有限及医疗资源短缺、西萨摩亚地理环境的封闭性、西萨摩亚人的自身观念和生活习惯等是造成西萨摩亚疫情肆虐的重要原因;1918年大流感造成西萨摩亚人口特别是青壮年和男性人口锐减,并使其本土领导层影响力急剧下降,最终成为西萨摩亚独立运动的导火线,助推了西萨摩亚独立。

太平洋岛国的环境曾经受到西方大国核试验的严重损害,这方面的研究也得到了加强。冷

---

① 王志红:《16世纪末日本与西属菲律宾的外交关系》,《历史教学问题》2021年第5期。
② 徐传博:《太平洋战争起源再研究:德国扩张对日本"南进"决策的推动》,《日本侵华南京大屠杀研究》2021年第3期。
③ 费晟:《再造金山:华人移民与澳新殖民地生态变迁》,北京师范大学出版社2021年版。
④ 隋心、李玉:《1918年大流感期间萨摩亚社会初揭》,《太平洋岛国研究》第六辑,社会科学文献出版社2021年版。

战时期，世界主要大国热衷于核试验。西方核大国美国、英国和法国都在南太平洋地区一度频繁进行核试验。聊城大学田肖红研究员和卢燕的《法国在南太平洋的核试验（1962—1996）：原因、概况与影响》一文回顾了法国在南太平洋法属波利尼西亚进行的193次核武器试验。作者认为，法国在南太平洋的核试验严重损害了太平洋地区环境和当地人民的身心健康，法国与当地国家的关系也长期处于紧张状态。法国在核试验问题上的极端利己主义行径仍然影响着当今它在南太平洋地区的角色和地位。①

太平洋岛国史研究领域还出现了民族问题研究的新成果。吕桂霞的《斐济的印度移民：历史演变及影响》讲述，从1879年开始，英国殖民政府为在斐济发展种植园经济而从印度引进了大量契约劳工，印度商人、教师等接踵而至，一方面推动了斐济多样化经济的发展，使其通过为国际市场提供原料卷入资本主义世界体系之中；另一方面，极大地改变了斐济的人口结构，进而对斐济社会的方方面面产生了重大影响。② 赵少峰在《南太平洋岛屿地区民族分离主义运动探析》一文中指出，在南太平洋已经独立的14个民族国家内部，由于受到利益分配、大国介入以及传统、习俗、信仰差异等因素影响，寻求分离的思想和行动依然存在，并在布干维尔等地区愈演愈烈。在南太平洋的三个次区域——波利尼西亚群岛的民族分离主义压力较小，而美拉尼西亚群岛地区压力最大。与世界其他地区相比，当今南太平洋岛屿地区的民族分离主义运动普遍呈现温和性、持久性的特征。③ 倪鹏的《太平洋岛国地区移民活动及治理问题析论——以气候移民为中心的考察》则以气候移民为中心，对太平洋岛国地区的移民活动与治理进行考察，认为太平洋岛民不仅是人类历史发展进程中流动性最强的族群之一，而且因气候变化、自然灾害等影响，目前也是移民事件频发地区。④

移民史一直是国内太平洋史研究的主流，而从技术移民角度展开的历史研究还相对较新颖。中国社会科学院世界历史研究所副研究员张瑾的《二战后三十年间澳大利亚技术移民结构与成因探析》一文将研究聚焦这一新领域。第二次世界大战后，澳大利亚对移民特别是技术移民的需求量大增，其移民政策不仅遵循英国优先的原则，而且技术移民中英国人占比最大。随着时间的推移，技术移民来源结构出现变化，即来自其他国家和地区的技术移民比重有所增大。澳大利亚政府多次改革移民政策，优先接纳技术移民，进一步改变移民人口结构。作者认为，随着英澳人才供给的特殊关系逐渐消失，带有种族歧视色彩的"白澳"政策开始走向瓦解，导致了族裔、文化及移民来源地日渐多元化的新趋势。⑤

如果说太平洋史受到了长久的忽视，那么新西兰史就是几近"空白之地"。在新西兰史中，有关左翼运动历史的研究更可谓"冷门中的冷门"。宋学增博士的《新西兰共产主义政党百年兴衰探源》一文稍稍弥补了这种缺憾。该文分阶段梳理了新西兰共产主义政党百年兴衰的历史，归纳了新西兰共产主义政党百年历程的六个特点。作者总结了新西兰共产主义政党百年兴衰的

---

① 田有红、卢燕：《法国在南太平洋的核试验（1962—1996）：原因、概况与影响》，《太平洋岛国研究》2020年第五辑，社会科学文献出版社2020年版。
② 吕桂霞：《斐济的印度移民：历史演变及影响》，《世界民族》2021年第5期。
③ 赵少峰：《南太平洋岛屿地区民族分离主义运动探析》，《世界民族》2021年第4期。
④ 倪鹏：《太平洋岛国地区移民活动及治理问题析论——以气候移民为中心的考察》，《世界民族》2021年第4期。
⑤ 张瑾：《二战后三十年间澳大利亚技术移民结构与成因探析》，《世界历史》2021年第1期。

四点启示，并对新西兰共产主义政党的发展前景进行了预判。从实际处境来看，新西兰的共产主义政党已经非常弱小，处于非常边缘化的地位，其发展前景并不乐观。①

2021年，有些论著还根据新的史料建构了不同的叙事。李庆的《明万历初年中国与西属菲律宾首次交往考述》以福建海商林必秀的事迹为线索，根据西班牙印地亚斯总档案馆收藏的众多手稿以及其他未刊材料，遵循中西史料互补互证的原则，更加全面、准确地展现了中国和菲律宾首次交往的整体图景。② 以往对这次交往的叙述大都利用明朝官方文书，其叙事框架仍未摆脱"朝贡史"范畴。作者的考察启示我们，从不同史料入手会得到不同的图景，在中国与太平洋国家关系的研究中，我们应借鉴多方面材料，力求实现叙事的完整性，甚至可以从微观叙事入手，深入挖掘地方政府乃至个人在大国交往中的角色和历史作用。

18世纪后半叶，欧洲国家把考察和探索的目的地锁定在了太平洋地区的波利尼西亚。这些航海家和旅人的文字记录中，以大量篇幅描述了热情美丽的土著女性，许多画家也以这些女性为蓝本绘制了诸多画作，由此使得土著女性成为太平洋在欧洲的重要文化符号之一。但随着欧洲国家对太平洋了解的深入，它们心中的太平洋变成了落后、野蛮的代名词，这些女性也被"污名化"。徐桑奕的《18世纪欧洲文本记述与艺术形塑中的太平洋土著女性》一文论述了这一变化，进而指出欧洲在历史阐释上仍然具有话语权并会根据自己的利益和需要塑造文化上的"他者"。该文启示我们，"欧洲中心"的太平洋史研究仍任重道远。③

学科建设的相关进展

太平洋与太平洋国家史是一个发展时间很短的新学科，相关学术机构之间的联系交流、研究成果发布平台的构建和研究课题的支持力度等方面都较为薄弱。2021年，国内学界在这些方面也取得一定进展。

2021年4月11日至17日，中国社会科学院世界历史研究所太平洋与太平洋国家史研究室一行四人在福建厦门、泉州、福州三地调研。此行是太平洋与太平洋国家史研究室自2019年底成立以来组织的首次调研活动。调研组先后赴华侨大学华侨华人研究院、厦门大学历史系、厦门大学南洋研究院、泉州师范学院文传学院、福建师范大学社会历史学院和福建农林大学南太平洋岛国研究中心等科研单位进行交流座谈。此次调研从整体上对福建省内涉及太平洋与太平洋国家史研究的现状与未来做了详细了解，并初步建立起相互之间的学术联系，为以后进一步的交流与合作奠定了基础。

2021年4月17日，中山大学大洋洲研究中心和社会科学文献出版社联合在线上发布《大洋洲蓝皮书：大洋洲发展报告（2019—2020）》。蓝皮书由总报告，分报告，澳大利亚、新西兰篇，太平洋岛国篇和专题篇组成，全方位、多角度论述了2019—2020年大洋洲地区各国政治、经济、外交、区域合作等多方面的情况，反映了大洋洲在该时期的最新动态。《大洋洲蓝皮书：大洋洲发展报告（2019-2020）》是教育部国别和区域研究培育基地——中山大学大洋洲研究中心的主要智库研究成果。

---

① 宋学增：《新西兰共产主义政党百年兴衰探源》，《马克思主义与现实》2021年第4期。
② 李庆：《明万历初年中国与西属菲律宾首次交往考述》，《历史研究》2021年第3期。
③ 徐桑奕：《18世纪欧洲文本记述与艺术形塑中的太平洋土著女性》，《全球史评论》第二十一辑，中国社会科学出版社2021年版。

2021年10月，王毅国务委员兼外长在首次"中国—太平洋岛国外长会议"上宣布成立"中国—太平洋岛国应对气候变化合作中心"，并写入《中国—太平洋岛国外长会联合声明》。该中心由聊城大学负责建设，表明聊城大学太平洋岛国研究已得到国家与社会的认可。该中心还在鼓励青年教师、学生赴海外访学、援教、留学以及推进师资队伍国际化建设等方面取得一定成绩。2021年，该中心的张剑锋老师前往汤加执行援教任务，另有多名学生赴国外留学，这是该中心为学科发展培养后继人才的具体举措。

此外，经全国哲学社会科学工作领导小组批准，国家社科基金设立中国历史研究院重大历史问题研究专项2021年度重大招标项目。其中，属于太平洋与太平洋国家史的研究领域的课题，分别是"中国与现代太平洋世界关系研究（1500—1900）"和"'太平洋丝绸之路'档案文献整理与研究"。前者由中国社会科学院大学历史学院王华教授主持，后者由北京大学吴杰伟教授和南京大学于文杰教授分别独立主持。在首次设立的22项课题中，本学科就占三项，充分体现了国家对于太平洋与太平洋国家史研究的重视与支持。

囿于笔者视野，2021年太平洋与太平洋国家史学科的进展状况肯定不限于以上所述内容。总体而言，2021年中国内该领域研究发展迅速，成果数量较之以往有所提升，学科建设稳步推进。以上成果的取得固然令人欣喜，然而放眼国际学界，我国现阶段太平洋与太平洋国家史研究尚有不少亟待加强之处。例如，由于兴起较晚且学术积累有限，相对世界史的其他分支学科，基础研究较弱，在理论和史料等方面都有较大提升空间；因为研究人员较少，太平洋与太平洋国家史，所涉及问题又相当庞杂，导致了研究力量的分散；由于语言和资料的限制，涉及太平洋岛国的某些研究尚停留在基本史实的探究和梳理阶段。相信随着有关机构的大力推动，国内学界与国际学界的进一步互动交流，以及对大西洋史、印度洋史等发展较为成熟的海洋史研究的深度借鉴，这些问题将会逐步得到解决。在中美关系处于一个十字路口的当下，太平洋与太平洋国家史研究在推动基础理论研究与应用对策研究融合发展方面大有可为。

（执笔者：邓超、吕桂霞、时伟通）

2021 年国际关系史研究综述

2021 年，中国学界国际关系史研究重点突出、成果丰富。特别是在选题的时空范围、档案数据的利用以及新方法的使用等方面都有很大进展。该文借助网络数据平台和纸质刊物文献，对其中具有较高学术价值和现实价值的学术成果进行梳理，重点就大国外交政策、大国互动关系、区域国际关系史、中外关系史、国际组织与国际秩序五个方面择要进行介绍。

一、大国外交政策研究

大国外交政策研究一直是国际关系史研究的重点内容。2021 年相关的研究主要集中在英国、美国、苏联、日本和印度的外交政策方面，专题研究为主，选题多样，涉及范围广泛。

（一）英国外交政策

2021 年中国学界有关英国外交政策研究的重点集中在新中国成立前英国维护在华经济利益、英国的危机应对举措以及 20 世纪 70 年代中美关系缓和的背景下英国对华政策的调整等。傅亮《关税特别会议与英国对华海关新政策（1925—1926）》（《史林》2021 年第 6 期）探究了 20 世纪 20 年代中国爱国反帝运动高涨的背景下，英国的对华海关政策由监督和控制中国海关税收的征收、保管、分配和使用，主动向承认中国政府完全享有附加税的征收、保管与分配的权力的转变过程。其认为英国的这一转变是中国摆脱帝国主义对中国海关的控制、实现关税自主的初声。张俊义《济南事件后英国的应对与中国的困境》（《抗日战争研究》2021 年第 4 期）详细梳理了英国政府对 1928 年济南事件的认知、反应，特别是选择对日合作政策的原因与实质。作者认为英国对济南事件的反应和政策可视为英国在东亚实行对日绥靖政策的预演。该文对于我们认知二战爆发前东亚复杂的政治局势具有一定价值。侯中军《论英国对二战后中英商约的筹议》（《近代史研究》2021 年第 3 期）指出，二战后英国拖延达成新的中英商约的原因，主要是因为国民党政府的不妥协和英国期望得到远超中美商约的特殊优惠政策所致。吴泉成《论南京解放前后英国大使南迁和"共同阵线"问题》（《历史教学问题》2021 年第 5 期）指出，人民解放军解放南京前夕，务实的英国人实际上希望与中共建立联系，其主要措施就是联合美法等西方国家将其"驻华使馆和大使"继续驻留南京，即所谓"共同阵线"设想。然而，中国共产党"一边倒"政策的确立以及美国对中共的政策由"看一看"到"不主动承认"的转变，使这一设想很快瓦解。宋良、张超《1972 年英国撤销驻中国台湾淡水"领事馆"始末》（《当代中国史研究》2021 年第 6 期）考察了在中美关系由对抗转向缓和、中国恢复联合国合法席位的背景下，为缓和中英关系，英国撤销其驻台湾地区淡水"领事馆"的决策和执行过程。文章指出英国在中国台湾"领事馆"撤留问题上的立场的转变体现了英国现实主义外交传统。忻怿《英国售华"斯贝"军用发动机及美英"有限武装扶华政策"探析》（《安徽史学》2021 年第 4 期）利用英美档案，以英国向中国出售"斯贝"军用发动机为例，重点探究了在美国构建美中制苏安全协调关系（20 世纪 70 年代初）的背景下，美英的"有限武装扶华政策"。

其指出相对于美国担心军售可能对冷战技术封锁等造成"机制性"冲击,英国则更为看重军售的制苏安全时效性和经济效益,特别是谋求争夺对华军售的有利地位。

此外,2021年,中国学界有关英国在巴尔干地区的外交政策的代表性研究成果当属韩志斌、张弛《巴尔干战争前后英国的"协调外交"》(《世界历史》2021年第3期)。该文分析了英国在巴尔干地区由维持大国间的"协调外交"到放弃"协调一致"原则的过程,指出尽管一战前大国之间的协调与一致原则可以解决个别问题,但国际体系间同盟国与协约国的分裂与相互猜忌,导致大国间的均势进一步失衡,并最终引发第一次世界大战。

(二)美国外交政策

2021年有关美国外交政策的研究主要涉及美国历史上的核外交与核战略政策,同时美国的国际危机应对、美国与冷战的起源等课题也受到了一定关注。

1. 美国的核外交和核战略方面

关于杜鲁门时期的核外交,刘京《杜鲁门的胜利:1945年华盛顿会议与联合国管制原子能的缘起》(《历史教学(下半月刊)》2021年第5期)认为,虽然1945年华盛顿会议发表的《华盛顿宣言》奠定了联合国原子能委员会成立的基础,且是原子能国际管制的重要一步,但是由于美国当时对核技术的垄断,以及在谈判中采用缩短谈判时间、不设会议日程等手法,使得华盛顿会议的结果更符合美国的利益。

有关艾森豪威尔政府时期的美国的核战略与海外核部署、美苏的核谈判等方面,陈波的系列论文值得关注。其论文《突破"禁忌":艾森豪威尔政府的核武观与美国大规模海外核部署》(《上海师范大学学报(哲学社会科学版)》2021年第6期)和《"大规模报复"战略与美国海外核部署》(《世界历史》2021年第2期)指出,艾森豪威尔时期,美国在思想和认识层面对核武器的使用发生了转变,即开始认为"核武器并非是危险且不道德的",并且将核技术看作能够给国家安全带来巨大利益的事物。这种观念和认知的转变促使美国将在局部战争和有限冲突中可以使用核武器确定下来,实际中某种程度上打开了美国的"核枷锁",并在之后借助与盟国既有的"基地权益"进行核存储,不断通过新闻署的宣传营造有利的舆论环境,为大规模核部署行动扫除思想障碍、做好政策铺垫。此外,陈波还分别探讨了美国"大规模报复"战略在域外地区或国家的部署情况,包括欧洲(《20世纪50年代美国在欧洲部署核武器政策探析》,《史学月刊》2021年第9期)、联邦德国(《艾森豪威尔时期美国在联邦德国的核武器部署》,《史林》2021年第5期)和意大利(《艾森豪威尔政府与美国在意大利的核部署》,《华东师范大学学报(哲学社会科学版)》2021年第1期)等。在他的另一篇文章《危局中的赌局:第二次台海危机中美国使用核武器决策再考察》(《军事历史研究》2021年第3期)中,他认为台海危机正好爆发于美国对国家安全战略进行反思的阶段,其高层尚未就"大规模报复"与"有限战争"形成统一思想,这使得在第二次台海危机过程中美国表面上高调推进"使用核武"的言行本质上是一场"核讹诈"。此外,刘子奎《核查与艾森豪威尔政府禁止核试验谈判(1957—1960)》(《华东师范大学学报(哲学社会科学版)》2021年第1期)认为美苏都将禁止核试验作为对对方进行冷战和实现自身外交战略诉求的工具,核查问题被高度政治化,致使双方在核查问题上针锋相对,最终导致20世纪50年代后半期美苏关于禁止核试验的谈判以失败告终。

关于美国的印度核外交。张瑾《美国情报视阈下的印度核问题(1958—1966)》(《首都师范大学学报(社会科学版)》2021年第5期)一文指出,中印边境冲突至1964年中国第一颗原子弹爆炸成功前，美国将印度视为对抗中国核发展的"合适"伙伴。中国核试验成功后，美国情报界认为，印度的核武化进程加快将可能危机美国的长远战略利益，因而开始反对印度发展核武。柏友春《尼克松政府对印度1974年核试验的研判、反应与对策——基于美国解密档案的考察》（《军事历史研究》2021年第6期）分析了尼克松政府上台后对印度核问题的认识与处理，以及在印度核试验后的反应与对策。认为美国出于全球冷战战略的需要及维持良好的美印关系重要性的考量，对印度的核试验采取了"低调"处理政策，并继续向印度提供浓缩铀。

关于卡特政府的核外交政策。刘子奎《卡特政府防核扩散政策的考察》（《历史研究》2021年第5期）认为，在冷战和西方联盟内部的双重压力下，卡特政府的防核扩散政策由阻止非核武器国家通过开发核能和后处理技术获得核能力的国际核燃料循环评估（INFCE）计划，转变为防止具有所谓"不良意图"的"问题国家"开发核武器。文章指出卡特政府防核扩散政策奠定了此后美国政府防核扩散政策的基本立场和走向，即在核问题上的"双重标准"。

赵学功重点探究了冷战时期美国对苏联的核政策。《核武器与冷战时期美国对苏联的政策》（《国际政治研究》2021年第1期）指出，冷战期间，美国对苏的核政策经历了六个阶段：二战结束之初的核垄断、核威胁以及必要之时的核打击政策，20世纪50年代的先发制人的核打击战略，60年代的利用核优势进行核威慑战略，70年代的核缓和，80年代初的核竞赛，80年代中期至冷战结束的核缓和与核谈判等阶段。在《美国对苏联的预防性核打击计划及其流产（1945—1949）》（《历史研究》2021年第6期）一文中，赵学功详细阐释了二战结束之初，为防止苏联的核武发展威胁并巩固美国自身核优势，美国人对苏联进行预防性核打击计划的产生到流产过程，指出了战后初期美国核战略的野蛮性、进攻性和冒险性，以及美国核"道义"原则的伪善性。1949年苏联核弹的成功最终使美国放弃了对苏预防性核打击的设想，杜鲁门政府开始寻求利用核威慑和政治、经济、军事和文化等综合手段遏制苏联的政策。

2. 美国政府的危机外交与文化外交

菅先锋《1937年布鲁塞尔会议与美国的外交因应》（《抗日战争研究》2021年第3期）指出，出于维护华盛顿体系的意图，美国积极推动布鲁塞尔会议和中日战争的和平解决。但是美国国内的孤立主义思潮和担心卷入中日冲突的风险，致使美国既未制裁日本，又未选择支援中国。张瑾在《美国情报视野中的1962年中印边界战争》（《中国社会科学院研究生院学报》2021年第1期）中指出，美国对中印边界冲突以及中印关系的评估和预测，具有意识形态先行甚至主导、遏制中国的冷战思维等特征，同时中印边界战争为美国强化美印关系和对华遏制战略提供了契机。贾岩、徐显芬《美国"均衡外交"在十月战争中的实践》（《历史教学问题》2021年第2期）考察了中东十月战争期间，美国采取的既确保苏联和以色列均不占优势，又避免与阿拉伯国家陷入完全对立的所谓"均衡外交"政策。文章指出美国通过干涉此次战争，确立在中东地区的影响力和地缘优势，使中东地区美、苏对峙局面发生逆转。于展《非洲外交官在美受歧视事件与肯尼迪政府的应对》（《全球史评论》第二十一辑）叙述了在美国种族歧视根深蒂固的背景下，肯尼迪政府在应对驻美非洲外交官受歧视问题上的有关举措的局限性。

美国与冷战的起源方面。张小明《重读乔治·凯南的"长电报"》（《美国研究》2021年第2期）重新审视和研究了凯南"长电报"的内容及其内涵，认为以往研究存在诸多误解或误读之处。第一，由于"长电报"的成稿和发送过于匆忙，导致原文缺文少字，而非以往所认为的被故意抹掉；"长电报"的存档编号也不是电报编号，电报的编号应为美驻苏使馆第511号电报。第二,"八千字电报"一说存在谬误之处,电报实际字数仅有 5540 个字。第三,关于凯南电报中的核心词语"Logic of Force"不应理解为"武力的逻辑",而是"力量的逻辑"。以上分析对我们重新和正确认识凯南的思想以及冷战的起源具有重要价值。

美国的文化冷战外交方面。高奕《冷战时期美国对东南亚的文化外交》(《南亚东南亚研究》2021 年第 1 期)一文指出,美国在东南亚的文化外交主要有三种表现形式,即以富布赖特项目为代表的教育交流外交、以图书馆建设和图书翻译及传播为特征的图书外交,以及文艺表演外交。美国在东南亚的文化外交一方面在当地塑造了亲美力量,另一方面也招致了部分老牌殖民国家的反感,且美国文化外交扩张主义的本质与其宣传上的"完美"形象的矛盾使其成效大打折扣。高文知《冷战初期美占区广播电台与美国对民主德国心理战》(《历史教学问题》2021 年第 4 期)和白建才《美国隐蔽宣传行动与苏东剧变》(《国际政治研究》2021 年第 1 期)从文化宣传方面阐释了美国分别对东德和苏东地区的冷战战略及其影响。他们认为,美国利用无线电广播、图书项目、公共外交等大量隐蔽宣传行动,塑造了东德等苏东社会主义国家民众的亲西方思想,激发了他们对现政权和社会制度的不满,对苏东各国的社会主义制度的解体产生了潜移默化的影响。

(三)苏联的外交政策

2021 年中国学界有关苏联外交政策,在研究主题上主要涉及苏联早期对东方的外交实践、斯大林的外交政策、戈尔巴乔夫政府的外交行为探究等。

关于苏联早期对东方的外交实践。余伟民《十月革命后共产国际的东方战略及东方革命的展开》(《俄罗斯研究》2021 年第 1 期)详细地论述了从共产国际二大到四大,在列宁和布尔什维克党的领导下,共产国际世界革命的重心由西欧彻底转向东方的过程。在这一转变过程中,苏联对共产国际实现了苏联化的改造,使之成为服务于苏俄—苏联国家利益及其对外政策的工具。在其另一篇文章《1917—1927 年苏俄—苏联对华"双轨"外交述略》(《历史教学问题》2021 年第 6 期)中,他认为这一阶段苏联对华政策具有明显的"双轨"特点:外交人民委员部负责发展对华政府关系,共产国际、情报机构则负责推进中国革命,在中国推动建立一个亲苏政权。然而,由于苏方将建立社会主义新政权的希望寄托于国民党和共产党的合作以及对国民党的改造上,这注定了其失败的结局。

关于斯大林时期的外交政策研究,代表作主要有梁强《情报与斯大林在苏芬战争中的战略决策》(《历史教学问题》2021 年第 1 期)、江艺鹏《耶路撒冷的"俄国财产"与苏联对以色列外交(1948—1953)》(《历史教学问题》2021 年第 3 期)以及江艺鹏与肖瑜合著《从蜜月走向对抗——冷战初期的苏联与以色列关系研究(1948—1953)》(社会科学文献出版社 2021 年版)一书。梁强利用苏联外交部门、情报系统、军方以及共产国际有关苏芬战争的档案,指出苏联情报系统对芬兰民众反抗意志和英法等西方国家介入程度预判的错误,是斯大林发动苏芬战争的重要因素,也是斯大林最终决定提前结束战争的原因。他认为,斯大林时代苏联情报工作重视情报人员的政治立场和忠诚度,轻视独立科学的检验程序,再加上斯大林综合分析情报材料能力的缺乏、苏联情报唯上不唯实的特点,导致苏联情报盲点的出现,造成其情报工作的重大误判。

江艺鹏认为近东地区"被卷入"冷战并非一个完全被动的过程,而是苏联、美国、以色列与阿拉伯各国多方互动的结果;由于巴勒斯坦地区根深蒂固的传统宗教思想,因此近东地区的冷战没有表现出强烈的意识形态色彩，反而因这种浓厚的宗教氛围形成了一道"文化的屏障"，阻碍了美苏对近东当地事务的过度干预。江艺鹏、肖瑜以档案材料为基础，详细叙述了以色列建国至赫鲁晓夫上台前苏联对以色列的态度和政策的演变过程。文章认为二战后斯大林通过支持以色列在巴勒斯坦建国，较为成功地加剧了英美间的矛盾，使美国陷入中东困局的泥淖中。同时，从1948年下半年开始，以色列逐渐倒向西方，导致苏联对其境内的犹太人进行了大清洗，使得犹太人的民族主义情绪成为苏联的一个不安定因素。

关于戈尔巴乔夫政府的外交行为。张菊萍《转向"灾难外交"：切尔诺贝利事故中戈尔巴乔夫政府的外交行为探究》（《俄罗斯研究》2021年第6期）认为，切尔诺贝利事故发生后，在戈尔巴乔夫外交领域改革思想以及救灾的客观需求的推动下，苏联政府的外交行为不得不由最初主张的对外"秘而不宣"占主导的"灾难不外交"，转变为向国际社会报告并争取国际社会的援助来应对此次核事故的"灾难外交"，这一转变为戈尔巴乔夫的对外战略新思维提供了进一步发展的契机。

（四）日本的外交政策

二战以及二战之前的日本对华政策是2021年中国学界关注的重点，代表作主要有郭循春著的《第一次直奉战争前后日本的"不援张"政策》（《民国档案》2021年第1期）、许金生著的《近代日本对华宣传战研究（1868—1937）》（复旦大学出版社2021年版）、中国第二历史档案馆编的《日本对华调查档案资料续编》（全50册）（社会科学文献出版社2021年版）。

郭循春指出，在日本看来，张作霖仅是中国的一个地方军阀和日本维护"满蒙"安定的工具，因此，第一次直奉战争前后，日本始终持"不援助"张作霖的政策。该文很大程度上改变了以往学者所提出的直皖战争后，张作霖代替段祺瑞而成为日本在华势力的代言人的说法。许金生以1937年为下限，对近代日本对华宣传政策的形成与发展过程，以及日本外交机构与军方等在华操纵报刊、通讯社的活动进行了系统考察。文章指出从明治初期开始，日本政府就十分注重利用报刊等开展对外宣传，并逐渐将通过报刊开展对华宣传上升至国家立策层面。在七七事变之前，日本在华外交机构、日本军方利用投资主办、贷款、收买、补助等手段，在中国20多个重要城市至少操纵过中日英等语种的报刊139种、通讯社10多家，使其成为对华宣传的重要工具。《日本对华调查档案资料续编》在《日本对华调查档案资料选编》的基础上，进一步收集和整理了"满铁"及其所属机构的调查报告，以及日本其他调查机构于1916—1945年在中国各地调查形成的报告，内容涵盖文化、产业、交通、工业、农业、经济建设、社会状况、人民生活水平等方面。

王涛、邓荣秀《日本对意埃冲突（1934—1936）的外交政策演变——基于对日本国立公文馆解密档案的考察》（《历史教学问题》2021年第2期）系统梳理了日本对1934—1936年意埃冲突政策演变的三个阶段，即由同情、支持埃方，到态度暧昧，再到彻底转为支持意方。李超《二战结束初期日本关于琉球领土归属权的对策研究与实践活动（1945—1947）》（《四川师范大学学报（社会科学版）》2021年第1期）分析了二战后初期日本寻求琉球领土归属权的对策的转变，即由最初的"必要情形下寄希望于琉球居民主张适用人民自决原则"方案，转而集中采取一种依靠和迎合美国的对策。而美国基于冷战思维，逐渐放弃了全面对日媾和的国际法约定，转而寻求独占日本并与日本"片面"媾和，并使之成为美国对苏冷战的太平洋桥头堡。两国这种利益的相互交换，促成了双方在琉球领土归属权问题上的"政治默契"。

(五) 印度的外交政策

于向东、徐成志《第一次印度支那战争期间印度的调停外交》(《东南亚研究》2021年第3期)认为,印度对第一次印支战争的政策经历了由最初的"不干涉"向"以调停外交形式介入"的转变。尽管印度奉行不结盟政策,但追求大国影响力的理想,促使印度以"调停"外交的形式介入国际事务,这反映出印度外交利己与实用原则下的中立主义实质。该文对我们更为全面地认识印度的不结盟政策具有一定意义。

孟庆龙《印度对1962年战争的认知与对华政策走势》(《中国社会科学院大学学报》2021年第6期)认为,印度政治精英对领土问题的偏执和对这场战争的错误认知、盲目自大的心态与民族主义宣传、在对华关系中提升军事的作用等做法,决定了中印关系改善的复杂性、长期性、曲折性和不确定性。他在另一篇论文《印度官方对1962年战争的总结与反思》(《边界与海洋研究》2021年第3期)中,通过解读印方在1963年和1992年完成的两份秘密调查报告——《亨德森·布鲁克斯报告》和《1962年与中国冲突的历史》,以及英国的相关解密档案,系统梳理了印度官方对1962年战败的总结和反思。文章认为印度除了军事方面的总结和反思有些接近事实外,其他大多极不客观,有的甚至极不理性,在很大程度上影响了印度日后在中印边界问题和中印关系上的态度、立场和行为方式。

二、大国互动关系研究

大国关系很大程度上决定着国际格局的走向、国际秩序的稳定和国际体系的形态,因而是国际关系史历来关注的重点。2021年中国学界有关大国互动关系的研究成果总体虽较少,但相关内容极具启发性。

沈志华探讨了美苏冷战起源的经济因素。《"无条件援助":租借与战时美苏经济关系——关于美苏冷战起源的经济因素(讨论之三)》(《清华大学学报(哲学社会科学版)》2021年第5期)一文,从战前美苏经济关系与租借政策的缘起、对苏联租借援助政策的确立和实施、二战结束后美国对苏租借政策转变、租借援助政策在苏联的意义和作用四个方面梳理了美国对苏租借援助的历史过程。他指出在二战期间,美国租借法成为盟国与法西斯作战的"胜利武器",同时也使苏联经济实际上开始融入国际经济体系中。沈志华认为,苏联并未看到租借改变了美苏战时的经济关系,而是仅关注租借带来的经济利益。由于双方战后的政策性失误和在意识形态上的戒备和根本对立,租借政策最终未能成为昔日盟友战后的"和平工具"。

在沈志华的另一篇文章《战后赔偿:美苏对德占领政策中的合作与冲突——关于美苏冷战起源的经济因素(讨论之四)》(《华东师范大学学报(哲学社会科学版)》2021年第5期)中,他叙述了美苏在战后德国赔偿问题上从协商、合作走向分裂、对抗的历史过程。该文认为苏联对德占领政策的核心是获取战争赔偿;德国分裂的根源是美苏在赔偿问题上的决裂;美苏对德占领政策分歧的起点也在于赔偿问题。沈志华指出美国对苏联的指责和不信任始于政治问题,而苏联对美国的指责和不信任则聚焦经济问题,这有利于我们从经济视角探讨冷战起源的问题。

此外,在美法关系方面,姚百慧《美国与1958年法国政府危机》(《世界历史》2021年第1期)从美国外交和美法关系的视角分析了美国与1958年法国政府危机的缘起,美国对法国国内政治局势变化的情报评估、政策选择及其影响。文章指出美国对法国和突尼斯冲突的斡旋实践直接造成了加亚尔政府的倒台,导致法国政府危机的爆发;面对法国政府危机,美国的政策经历了由"冷眼旁观"到逐渐偏向戴高乐；美国从保持冷战优势，顺应非殖民化浪潮、法国自身政治变动等角度，最终认定戴高乐执政是对其最有利的结果。

关于美日关系。史方正所译美国学者 W. 拉夫伯尔的专著《创造新日本：1853 年以来的美日关系史》（山西人民出版社 2021 年版）梳理讲述了自 1853 年美国打开日本大门以来两国之间的分歧、冲突、战争与合作。特别是作者通过运用美日两国的文献材料，呈现了重新武装日本背后的曲折、现代美日贸易谈判中的紧张、日本在为美国巨额赤字提供资金方面的持续重要性，以及两国开拓中国市场的动力。

三、区域国际关系史研究

区域国际关系史是近几年来学界研究的热点领域。2021 年中国学界有关区域国际关系史的研究主要集中在以下几个领域。

关于欧洲国际关系史的研究。仇全菊所译爱尔兰学者埃米尔·约瑟夫·狄龙的著作《巴黎和会：谈判桌上的分赃、战胜国对"一战"后政治格局的安排与瓜分世界狂潮的形成》（东方出版社 2021 年版）以巴黎和会为观察点，深刻剖析了战胜国与战败国之间、战胜国强国与战胜国弱国之间、坚持殖民主义的势力与支持民族解放的势力之间的历史矛盾与现实争执。侯波所译美国学者詹姆斯·肖特维尔的著作《巴黎和会亲历记》（上海社会科学院出版社 2021 年版）是巴黎和会期间美国代表肖特维尔用于记录经历和见闻的私人日记汇编。此书虽然是一部私人日记，却可以弥补正史之不足，具有较高的史料价值。全克林等所译苏联学者伊万·迈斯基《伦敦日记：苏联驻伦敦大使二战回忆（1932—1943）》（广西师范大学出版社 2021 年版）是苏联驻英大使伊万·迈斯基于 1932—1943 年在伦敦写下的一批珍贵日记，后经谨严选编、作注而成书。日记记述苏联在英的外交活动，见证了众多二战重大历史事件，由此可窥见苏联外交政策之制定、英国对参战态度之转变、战时诸人之心态等，因此具有重要的史料价值。

此外，王帅《国际史视角下德国与波兰奥得—尼斯边界问题的最终解决》（《四川大学学报（哲学社会科学版）》2021 年第 3 期）对两德统一前后两国确定奥得—尼斯边界的过程及其外部推动因素进行了实证考察。认为从本质上而言，德波奥得—尼斯边界问题不是索求领土的零和博弈，它围绕法律与程序上的不同选择，体现的是德波两个民族如何实现历史和解的问题。安然《战后犹太人的对德索赔问题研究——以"索赔联合会"为个案的历史考察》（《历史教学（下半月刊）》2021 年第 6 期）详细论述了战后至 20 世纪 60 年代中期犹太人对德国索赔问题的演变过程，认为犹太人社区将赔偿与犹太社会战后重建，以及促进战后犹太社会文化复兴等紧密结合起来，显示了犹太人战后应对灾难的积极精神。徐成《危机管理视角下的绥靖行为论析》（《史学集刊》2021 年第 1 期）从危机管理视角，对国际政治中"绥靖"一词的历史污名化问题进行了反思。认为绥靖的本质并非投降，也不意味着放弃制衡，而是均势与制衡的一种手段，其目的是消除或缓解对方对本国的威胁认知，来影响对象国的行为，促成和平的机会，或者为战争的准备赢取些时间，这也是一种明智、理性之举。因此，绥靖并非一定是愚蠢、懦弱的非理性行为，反而恰恰可能是国家在进行审慎的成本收益计算和利弊权衡后的艰难抉择。

四、中外关系史研究

"中国中外关系史是一门国际性和综合性学科，其主要研究对象是中国与外部世界之间相互作用、相互影响的历史进程"，一直是学者们研究的重点领域。2021 年中国学界有关中外关系史的研究成果仍然较为丰富，在范围上涵盖了中国与世界主要大国、中国与周边国家的关系史，具有较大的学术和现实价值。

关于中美关系。牛军《从赫尔利到马歇尔：美国调处国共矛盾始末（第三版）》（社会科学文献出版社2021年版）利用大量档案资料，探究了美国罗斯福和杜鲁门两届政府深度介入中国内部事务、直接参与调处国共矛盾的过程和对华政策的特点，并分析了美国、苏联、国民党与中国共产党四方之间的互动及影响。尤建设《20世纪50年代美中之间禁运与反禁运的较量》（《史学月刊》2021年第8期）认为，这一时期美国对华禁运政策经历了从有限禁运到全面禁运、从单边禁运到多边国际禁运的演变。面对美国的禁运，中国通过启动进出口的应急机制、利用国内国际两个市场、举办商品博览会和交易会、拓展社会主义国家市场、发展与不同类型国家的经济贸易关系等措施，不但极大地降低了美国禁运的消极影响，加强了中国与社会主义和亚非国家的关系，而且改善了与部分资本主义国家的关系。刘磊、于婷婷《1979年〈中美贸易关系协定〉与中美经贸关系正常化》（《外国问题研究》2021年第3期）指出，1979年《中美贸易关系协定》的达成标志着美国由对华实行贸易管制到将中国视为"友好国家"的重大转变，并认为它开辟了未来十年中美在战略上相互支持、经济上相互补充的平稳发展期，对中国的改革开放和四个现代化建设也产生了积极影响。

关于中英关系，主要聚焦二战期间的中英关系。王钊《太平洋战争时期中英五千万英镑借款交涉》（《抗日战争研究》2021年第2期）通过对英国外交部等"旧档案"的重新挖掘和对顾维钧档案、杨格档案等"新史料"的利用，对1941—1944年国民政府向英国借款问题的曲折历程进行了研究。他认为，英国在对华借款问题上的考量主要是出于对战后国际收支的考量，而国民政府方面则忽视了英国因经济力量不足所面临的窘境，而一味从"殖民者心态"审视英国的态度，因而，尽管借款协定最终得以签订，但是中英间的矛盾和不满实际上不减反增。左双文《未严格执行的禁运：滇缅路封锁前后的中英缅关系》（《民国档案》2021年第1期）详述了1940年英国在日本压力下封锁滇缅路前后，中英缅三方围绕打破封锁的交涉互动过程。作者提出了不同于以往学者的观点：尽管初期迫于欧洲战事的吃紧，英国表面上顺从了日本的压力，但击败法西斯的共同战略利益，促使英国事实上对华采取了"限运"而非"禁运"、实施暗中配合与协助中国的政策，并且在封锁三个月到期后，立即解除了封锁。

关于中法关系。程玉祥《1947年中法西沙群岛事件之交涉》（《中国边疆史地研究》2021年第1期）运用中文和法文档案，探讨了1947年中法西沙群岛事件的爆发和交涉的过程。指出自1931年至20世纪50年代中期法国撤出印度支那之前，其侵占西沙群岛的既定政策从未改变。在与法国交涉过程中，国民政府的坚决立场，以及用事实戳穿法国伪造"历史证据"的行动，为国民政府依据1887年中法界约划设两条位于北部湾的南海断续线奠定了基础。李云逸《1973—1975年中法就两国欧洲政策的磋商》（《首都师范大学学报（社会科学版）》2021年第2期）认为中国这一时期对欧洲的政策，很大程度上是基于对抗苏联的需要。在欧洲政策上，中法政策的分歧主要在政策的细节上：法国着重于维持欧洲地区的独立、和平与稳定，而中国则着重于对抗美苏两个霸权国家；在欧洲缓和问题上，中国认为法国的对苏缓和必然会助长苏联的霸权主义扩张政策，而法国则更偏向于认为和平稳定已成为主流；在对欧洲一体化问题上，中国基于平衡苏联威胁的担忧，主张应该加快欧洲政治、军事和经济一体化进程，而忽视了欧洲内部在一体化道路上面临的多重困境。

关于中德关系。侯中军《一战期间围绕北京政府对德宣战条件的外交交涉》(《安徽师范大学学报（人文社会科学版）》2021年第6期）指出，中国加入一战与英法日俄等存在极大的关系，英日法俄在支持中国参战的总体目标上是相同的，但是，美国由于希望利用中国的中立身份购买美军舰，因而主张中国不宜过快对德宣战。

关于中苏关系。侯中军《1945年中苏谈判前国民政府围绕雅尔塔密约的外交交涉》(《学术月刊》2021年第4期）指出，1945年中苏谈判前，国民政府已经通过私人渠道知晓雅尔塔密约中有关中国的内容，而国民党政府之所以最终将顾维钧排除在与苏谈判的中国代表团之外，主要是顾维钧主张对苏谈判拖延引起了维护雅尔塔密约内容的美国人的不满，美方很可能谎称斯大林未认可顾维钧作为代表团成员，进而排除顾维钧参与谈判。肖钊、罗玉明《1949—1956年中国赴苏参观代表团研究》(《当代中国史研究》2021年第2期）就1949—1956年期间中国赴苏代表团的缘起和组建、参观代表团的活动、参观代表团的经验总结与推广、参观代表团的影响等方面进行了论述。文章认为这种代表团形式为我国获取苏联的先进经验做出了贡献，同时增进了中苏友谊，塑造了中国良好的国家形象。

关于中非关系。李安山《中非古代关系史研究四十年》(《社会科学战线》2021年第2期）首次系统梳理了改革开放以来中国学界对古代中国（汉代、唐代、宋元、明代、清代）与非洲关系史的研究状况，总结了学者对不同时期中非关系的主要内容：汉代，主要集中在中非关系的起始时间、非洲地名以及早期非洲移民；唐代，主要集中在古籍中涉及的相关地名、中非交往特别是商贸往来以及被称为"昆仑奴"或"僧衹"的黑人的来源；宋元时期，主要集中于物产交流、官方交往和考古研究；明代，主要集中于明代地图上出现的非洲地名、郑和下西洋与非洲的关联、明代贸易及明瓷在非洲的发现；清代，主要集中于与非洲相关的清代著述及非洲早期华侨社会的相关问题。同时该书指出，就中非关系史而言，中国学界在研究资料的收集、研究课题的细化、研究水平的提高、研究人才的培养等方面还有巨大的研究空间；就从中外关系史学科建设而言，在研究视角上应该分别具有中国史、外国史、全球史的视角；在研究领域上，除政治、经济和文化交往外，应加强对移民问题的研究；在研究史料上，应加强对著名研究专著和重要史料的组织和翻译。

关于中国与周边国家关系史研究，2021年学界主要聚焦中国—东南亚国家关系和中国与阿富汗关系。关于中国—东南亚国家关系。刘佳《中缅边界问题的缘起——八莫之交涉》(《南洋问题研究》2021年第2期）以八莫问题为中心，探讨了英国于中缅边界问题产生中的作用。认为八莫交涉的失败，不仅仅是因为清朝末期国力的虚弱，高层落后的国家边疆主权观念、海洋知识的缺乏、政策上的缺位、对八莫地缘价值的认知的缺乏同样是重要原因。它实际上暴露了清朝在世界格局发展大势面前的窘迫，认为无论是从知识体系还是国家实力上，清政府都无法应对西方殖民者的挑战。时伟通《中国对老挝援助政策的演变及其动因（1956—1965）》(《世界历史》2021年第6期）运用新解密的中国外交部档案、地方档案和美苏档案，阐述了1956年至1965年，中国援助老挝由"构想未实施"到"积极援助老挝爱国力量"再到全面"援助巴特寮"的过程。他指出，中国援老的义利观存在失当：即脱离中国当时的国力能力与美国和苏联争夺影响力，以证明中国反帝反修主张的正确性，宣示中国在亚非拉世界的领导地位，致使中国对老挝的援助并未取得预期效果。

关于中国与阿富汗的关系。张安《20世纪60年代中国对中阿通航问题的处理与中阿交涉——基于中国外交部档案的考察》(《首都师范大学学报（社会科学版）》2021年第3期)认为，由于20世纪60年代中国民航客观条件的限制，再加上中巴关系战略重要性远胜于中阿关系，以及担心阿富汗受到美国的怂恿，导致中国政府对阿富汗的通航请求始终秉持慎之又慎的态度。

关于中国古代的对外关系史。王子今《秦汉时期中外关系史研究40年》(《贵州社会科学》2021年第6期)从"秦汉史"断代研究学术专著对中外关系史的关注、秦汉关系史专题研究、丝绸之路史研究（西域方向、南海方向、西南夷方向、东海方向）、秦汉中外关系史研究视野和研究路径上的进展、考古学对秦汉中外关系史研究的推动等方面总结了近四十年来学界对秦汉时期中外关系史的研究状况。作者认为目前学界对这一课题的研究仍存在选题陈旧、思路狭隘、重复性研究等不足之处。

五、国际组织与国际秩序研究

2021年中国史学界有关国际组织和国际问题的研究主要聚焦中国与联合国的关系、联合国的建立及其会员国加入模式的比较等。

关于中国与联合国的关系。马海天《〈李顿报告书〉发表后国际联盟促使中日和解的尝试》(《抗日战争研究》2021年第2期)详述了九一八事变后，国联调解中日争端的过程。他指出，国联主导下的中日和解，是在最低限度维持自身权威的前提下，寻求对日本妥协方案的过程。然而，日本坚持既定侵华政策，破坏集体安全机制的根本原则，导致和解工作归于失败。胡荣荣《中国政府应对联合国非殖民化特委会讨论港澳问题的历史考察（1963—1972）》(《广东社会科学》2021年第6期)探析了1964年中国针对联合国非殖民化特委会有关香港、澳门地位问题的外交的背景、应对与影响。该文指出中国政府在尚未恢复联合国合法席位的情况下，采取了在特委会会外的双边外交形式，分别按不同的国家性质及其对我国的态度制定不同策略，通过确定阐述重点，对重点国家进行解释工作，使中国的港澳方针为更多的国家所认知和理解，有效防止了任何人、任何势力在港、澳搞所谓"独立""全民公决"的可能，同时也为中国日后在联合国开展活动积累了宝贵经验，是新中国联合国外交史上的一次重要尝试。唐刚《中国与联合国50年：实践、经验及未来展望》(《华北电力大学学报（社会科学版）》2021年第6期)和张磊《中国重返联合国五十年：发展历程与演进逻辑》(《国际观察》2021年第5期)全面回顾了中华人民共和国恢复联合国合法席位五十年来的历程和经验，并就未来中国在联合国的实践和中国与联合国关系的发展提出了各自的建议，具有较强的启发价值。

关于联合国的建立及其会员国加入模式的比较。舒建中、陈露《敦巴顿橡树园会议与联合国的建立》(《史学月刊》2021年第6期)通过美国档案，追溯美国在"敦巴顿橡树园计划"形成过程中的角色和作用。作者认为敦巴顿橡树园会议是筹建联合国及其制度体系的第一个重要步骤，而在"敦巴顿橡树园计划"的形成过程中，美国在政策引领、议程设置和外交推动等方面均施展了重要影响力，进而指出美国在联合国筹建进程中所发挥的主导作用。徐萍《冷战期间东北亚国家加入联合国的三种模式论析》(《吉林大学社会科学学报》2021年第1期)认为，受制于美苏冷战的国际背景，东北亚国家加入联合国的历程可以概括为各具特征的三种模式：中华人民共和国的恢复正常权益模式，日本和蒙古国因为东西方两大阵营阻碍而产生的"一揽子交易"模式以及朝鲜和韩国的分裂模式。作者认为冷战对峙严重影响到东北亚国家的对外关系，是阻碍东北亚国家正常加入联合国的重要原因；东北亚国家通往联合国之路的曲折与坎坷，反映了冷战已经扩展至国际组织层面；东北亚国家加入联合国的历程也表明联合国安理会的否决权需要进行适度改革。

关于国际秩序方面。滕凯炜《卡内基基金会与一战后国际秩序的构建》（《世界历史》2021年第3期）探讨了一战后，卡内基基金会主张构建的以国际司法体制和国际法院为核心的战后国际秩序，与威尔逊主义主张构建的以集体安全和国际组织为基础的国际秩序的思想冲突。宋志勇《国际秩序、"满蒙权益"、反苏防共：日本发动九一八事变的认知逻辑》（《社科科学辑刊》2021年第4期）指出，九一八事变前日本对国际秩序"满蒙权益"、反苏防共等方面存在的错误认知是导致九一八事变、国际秩序遭破坏的深层次原因。

除了论文和著作之外，需要指出的是，2021年国际关系史方面还获得多项国家级科研立项，其选题现实意义明显，体现了百年未有之大变局背景下中国学者对现实问题的关注度日益提升。一、美国外交方面，相关项目主要有：①梁志"美国对朝鲜半岛政策档案文献整理与研究（1945—2001）"（国家社科基金重大项目）；②冯琳"美国对台政策及蒋美互动的历史考察（1949—1979）"（国家社科基金重点项目）；③吴昊"二战以来美国南海政策的演变及影响研究"（国家社科基金一般项目）；④忻怿"美国对华安全战略研究（1969—2001）"（国家社科基金青年项目）。二、英国外交方面，相关项目主要有：①奚庆庆"英国与中国共产党关系研究（1945—1954）"（国家社科基金一般项目）；②郑彬彬"英国在华情报网络的建构与对华外交决策研究（1843—1911）"（国家社科基金青年项目）；③刘恒"英国与印度的国防建设关系研究（1947—1965）"（国家社科基金青年项目）。三、中苏关系方面，相关项目主要有：孙泽学"苏联与恢复联合国中国代表权问题研究（1949—1971）"（国家社科基金一般项目）。四、东北亚关系方面，相关项目主要有：乌兰图雅"东北亚地缘政治视域中的战后日蒙关系研究"（国家社科基金一般项目）。五、冷战国际关系研究方面，相关研究成果主要有：①王延庆"冷战时期美苏对非洲之角政策研究"（国家社科基金一般项目）；②郝天豪"冷战视域下美台'共同防御条约'的历史考察"（国家社科基金青年项目）；③彭永福"冷战时期英国对'印太地区'秩序的规划与政策研究"（国家社科基金青年项目）。

综上所述，我们可以清楚地看到，2021年中国学界对国际关系史方面的研究呈现出三大特点：第一，研究选题呈现出大国对外政策为首要、大国互动与中外关系史研究为重点、区域国际关系与国际组织研究兴起的特点，且问题意识日益彰显；第二，选题越来越关注现实，新问题、新视角的研究占比越来越高，其中不乏专题研究系列成果的集中推出，显示研究实力的显著增强；第三，多方档案、多国档案的互证研究渐趋普遍，同时积极挖掘新的档案数据库和纸质档案也渐成风气，这是学界长期以来强化实证导向的客观结果，反映了新世纪以来我国国际关系史研究质量提升的主流趋势。

（执笔者：梁占军、成振海）

科研课题的
立项与结项

一、国家社会科学基金项目

(世界历史学科)

(一) 国家社会科学基金项目 2021 年度课题指南
1. 世界史学科三大体系建设专题研究
2. 构建人类命运共同体的历史研究
3. 近代以来世界大变局研究
4. 世界历史上突发公共卫生事件及其应对措施研究
5. 现代国际组织历史研究
6. 世界各国应对人口老龄化国家战略的历史考察研究
7. 近代以来列强对中国南海政策的历史考察研究
8. 现代全球治理体系的历史研究
9. 欧洲难民与移民史研究
10. 史学理论与史学史专题研究
11. 世界古代史专题研究
12. 史前史专题研究
13. 古代法制史研究
14. 古代世界的交往研究
15. 古代文明形态研究
16. 古代宗教专题研究
17. 罗马帝国中央政府与地方治理研究
18. 西欧中世纪拉丁和方言文献学研究
19. 世界近现代史专题研究
20. 近现代中东国家社会史研究
21. 近现代拉美文化史研究
22. 西方基督教社会思想史研究
23. 阿拉伯国家政体的历史研究
24. 英国殖民统治史研究
25. 国别区域史专题研究
26. 欧盟史专题研究
27. 欧洲列国统治下的殖民地史研究
28. 东盟史研究
29. 印度史专题研究
30. 全球史研究

31. 国际关系史专题研究
32. 美国史专题研究
33. 俄罗斯历史专题研究
34. 共产国际史研究
35. 非洲史专题研究

（二）2021年国家社科基金重大项目立项名单（涉密项目未列入）

表3.1

序号	课题名称	批准号	首席专家	责任单位
1	20世纪60年代以来苏联（俄罗斯）科技哲学与科技史研究	21&ZD062	万长松	江南大学
2	美式民主的理论悖论与实践困境研究	21&ZD160	佟德志	天津师范大学
3	近代中外条约研究学术文献的搜集、整理与学术史研究（1842—1949）	21&ZD198	李传斌	湖南师范大学
4	人类瘟疫史	21&ZD241	李化成	陕西师范大学
5	韩国汉文史部文献编年与专题研究	21&ZD242	孙卫国	南开大学
6	外国历史教科书中的中国形象史料整理与研究	21&ZD243	孟钟捷	华东师范大学
7	东南亚馆藏中国南海史料文献整理与研究	21&ZD244	王子昌	暨南大学
8	美国对朝鲜半岛政策档案文献整理与研究（1945—2001）	21&ZD245	梁志	华东师范大学
9	中东经济通史	21&ZD246	王三义	上海大学
10	欧洲近代社会主义思想史研究	21&ZD247	李宏图	复旦大学
11	法兰西第三共和国殖民扩张史料整理与研究	21&ZD248	吕一民	浙江大学
12	加勒比文学史研究（多卷本）	21&ZD274	周敏	杭州师范大学
13	印度古代文艺理论史	21&ZD275	尹锡南	四川大学
14	18世纪欧亚文学交流互鉴研究	21&ZD278	金雯	华东师范大学
15	日本馆藏中国共产党新闻宣传史料整理与研究（1921—1945）	21&ZD323	赵新利	中国传媒大学

（三）2021年国家社科基金重点项目立项名单

表3.2

序号	课题名称	姓名	工作单位	批准号
1	白人种族主义与美国有色族裔的文化认同研究	付成双	南开大学	21ASS001
2	20世纪美国联邦政府住房政策研究	李莉	厦门大学	21ASS002

续表

序号	课题名称	姓名	工作单位	批准号
3	英国儿童教管体系研究（1780—1914）	许志强	扬州大学	21ASS003
4	法国在第三共和国时期的海外殖民扩张研究	吕一民	浙江大学	21ASS004
5	海湾国家的家族统治与君主制政体嬗变史比较研究	王铁铮	西北大学	21ASS005
6	东南亚国家中小学历史教科书中的涉华重大叙事研究	李涛	云南大学	21ASS006
7	古代罗马共和政治研究	晏绍祥	首都师范大学	21ASS007
8	亚述帝国土地制度研究	国洪更	中国社会科学院世界历史研究所	21ASS008
9	现代天主教社会思想史研究	彭小瑜	北京大学	21ASS009

（四）2021年国家社科基金一般项目立项名单

表 3.3

序号	课题名称	姓名	工作单位	批准号
1	冷战时期美苏对非洲之角政策研究	王延庆	兰州大学	21BSS001
2	文化冷战视域下的美国国际展览会与国家形象塑造研究（1947—1977）	胡腾蛟	长沙学院	21BSS002
3	20世纪美国地方政府公务员专业化的历史进路研究	石庆环	辽宁大学	21BSS003
4	工业化早期美国工人阶级的政治与文化研究	蔡萌	上海师范大学	21BSS004
5	全球史视野下的若干美洲作物的发展传播研究	张箭	四川大学	21BSS005
6	金帐汗国史研究	邓沛勇	贵州师范大学	21BSS006
7	作为文化记忆的德国工业遗产研究	王涛	南京大学	21BSS007
8	琉球通史	修斌	中国海洋大学	21BSS008
9	近代南海地缘形势与列强南海政策研究	孙晓光	曲阜师范大学	21BSS009
10	早期希腊国家形态演变研究	李永斌	首都师范大学	21BSS010
11	奥斯曼帝国历史上的瘟疫与防疫研究（1347—1923）	宋保军	宁夏大学	21BSS011
12	7至15世纪阿拉伯地理典籍和古地图中的中阿海上丝路港口研究	郭筠	浙江外国语学院	21BSS012
13	中国世界史话语体系构建研究	董欣洁	中国社会科学院历史理论研究所	21BSS013
14	美国禁毒外交的滥觞与鉴戒研究	林晓萍	福建警察学院	21BSS014

续表

序号	课题名称	姓名	工作单位	批准号
15	美国对印度粮食援助与贸易霸权研究	尤建设	许昌学院	21BSS015
16	二战以来美国南海政策的演变及影响研究	吴昊	云南大学	21BSS016
17	美国区域和国际研究的历史演进研究	牛可	北京大学	21BSS017
18	征税权问题与美国早期国家构建研究	雷芳	湖南科技大学	21BSS018
19	澳大利亚民族史观生成与演变研究	赵昌	江苏师范大学	21BSS019
20	二战后美国有毒物质管控与环境健康问题防治研究	陈黎黎	四川外国语大学	21BSS020
21	美国城市化进程中的种族暴力研究	魏涛	中国社会科学院世界历史研究所	21BSS021
22	企业家群体与英国自由贸易的兴衰研究（1770—1932）	尹建龙	安徽大学	21BSS022
23	17—18世纪英格兰乡村警役与基层治理研究	杨松涛	河南大学	21BSS023
24	节育与英国社会现代化研究	傅新球	湖南师范大学	21BSS024
25	英国议会圈地档案文献的整理、翻译与研究	倪正春	南京师范大学	21BSS025
26	工业革命以来英国的结核病认知及应对研究（1760—1952）	毛利霞	山东师范大学	21BSS026
27	殖民主义视域下的英国对华茶业考察研究（1787—1905）	刘章才	天津师范大学	21BSS027
28	宫廷文化对英国近代社会的文明教化研究（1763—1900）	贾迎亮	天水师范学院	21BSS028
29	共产国际、苏联与越南革命史专题研究（1921—1976）	吕雪峰	广西民族大学	21BSS029
30	俄罗斯历史中的基辅罗斯遗产继承问题研究（1240—1721）	朱川豫	哈尔滨师范大学	21BSS030
31	法西斯意大利的海外扩张与二战在中东地区的起源（1922—1940）	王波	河南师范大学	21BSS031
32	魏玛德国的第一次世界大战记忆研究	孟钟捷	华东师范大学	21BSS032
33	俄罗斯帝国边疆治理研究	孟君	内蒙古民族大学	21BSS033
34	法国"高卢主义范式"演变及其现代性研究（1562—1905）	王印	温州大学	21BSS034
35	德意志联邦共和国极右翼政党研究（1949—2020）	高中杭	武汉大学	21BSS035
36	近代日本社会思想转型中的财富与美德之争研究	商兆琦	复旦大学	21BSS036

续表

序号	课题名称	姓名	工作单位	批准号
37	晚清西南地区中日人物往来及相关记述研究	李炯里	贵州大学	21BSS037
38	战后日本对非洲政府开发援助研究（1957—2020）	连会新	河北大学	21BSS038
39	近代日本宫中政治与对华决策研究	张敏	河北师范大学	21BSS039
40	日本自卫队史研究	田凯	辽宁大学	21BSS040
41	日本应对1918—1920年世界性流感的历史考察	李文明	中国社会科学院世界历史研究所	21BSS041
42	英属印度霍乱防治与医学交汇研究（1817—1947）	杜宪兵	天津师范大学	21BSS042
43	罗马帝国东部行省总督政令中的地方自治与帝国治理研究	吴靖远	北京大学	21BSS043
44	罗马行省总督名衔与权责变迁研究	张楠	东北师范大学	21BSS044
45	古典时代雅典法令铭文整理与研究	阴元涛	东北师范大学	21BSS045
46	公元前4世纪初东地中海地区主要国家间关系研究	贾文言	曲阜师范大学	21BSS046
47	罗马帝国埃及行省治理模式研究	王佃玉	山东师范大学	21BSS047
48	古代以色列宗教史专题研究	黄薇	上海大学	21BSS048
49	梭伦法律残篇整理与研究	张绪强	西南大学	21BSS049
50	文明交融视野下古代粟特钱币的整理与研究	齐小艳	长治学院	21BSS050
51	中世纪英格兰主教档案的文献学研究	杨韶杰	北京师范大学	21BSS051
52	意大利海外商人与地中海-印度洋商路研究（14—16世纪）	朱明	华东师范大学	21BSS052
53	从地缘政治角度看4—8世纪地中海区域政教关系研究	龚伟英	华南师范大学	21BSS053
54	拜占庭帝国对疾疫的认知与应对研究	邹薇	四川大学	21BSS054
55	拜占庭帝国民族与宗教群体治理研究	赵法欣	西南民族大学	21BSS055
56	概念史视域下的"证据"与当代西方史学理论范式研究	余伟	福建师范大学	21BSS056
57	非国大与新南非国家治理研究	张忠祥	上海师范大学	21BSS057
58	历史学"全球转向"的史学史研究	岳秀坤	首都师范大学	21BSS058
59	胡塞尔现象学史学理论研究	卓立	西南政法大学	21BSS059
60	东北亚地缘政治视域中的战后日蒙关系研究	乌兰图雅	天津社会科学院	21BSS060

续表

序号	课题名称	姓名	工作单位	批准号
61	日本殖民地统治体系的重构与拓务省研究	佟艳	延边大学	21BSS061
62	历史教科书叙事方式及其影响效应研究	王郢	武汉大学	21BSS062

（五）2021年国家社科基金青年项目立项名单

表3.4

序号	课题名称	姓名	工作单位	批准号
1	生态殖民主义视角下美国全球霸权追逐与东南亚环境变迁研究（1898—1975）	王林亚	福建师范大学	21CSS001
2	美国对华安全战略研究（1969—2001）	忻怿	陕西师范大学	21CSS002
3	1952年以来巴西天主教的政治参与和政治文化研究	高然	北京外国语大学	21CSS003
4	美国退伍军人组织与保守主义教育研究（1919—1972）	张大鹏	暨南大学	21CSS004
5	20世纪英国医生职业角色转换研究	白爽	南京师范大学	21CSS005
6	近代早期英国的食物危机与社会治理研究	冯雅琼	上海师范大学	21CSS006
7	冷战时期英国对"印太地区"秩序的规划与政策研究	彭永福	苏州科技大学	21CSS007
8	伦敦城市绿色空间体系构建及其启示研究（1833—1906）	严玉芳	长春师范大学	21CSS008
9	英帝国卫生防疫史研究（1832—1945）	刘旭	重庆邮电大学	21CSS009
10	近代早期法国捐官制度研究	杨磊	河南大学	21CSS010
11	民族意志视野下德国历史理论的变迁研究	尉佩云	山西大学	21CSS011
12	近代早期法国世俗化背景下民族身份认同的建构研究	江晟	浙江师范大学	21CSS012
13	全球化背景下的近现代摩洛哥乡村社会变迁研究	高文洋	郑州大学	21CSS013
14	近代法国对中国南海的认知与政策研究（1898—1947）	任雯婧	中国社会科学院近代史研究所	21CSS014
15	日本近代转型期乡村组织化机制研究（1889—1918）	高燎	重庆大学	21CSS015
16	南海周边国家间领土及海洋纷争史研究	邬志野	广西师范大学	21CSS016
17	以色列城市社会的变迁及其治理研究	刘洪洁	河南大学	21CSS017

续表

序号	课题名称	姓名	工作单位	批准号
18	朝鲜王朝"三十年危机"与东亚秩序转型研究（1598—1627）	黄修志	鲁东大学	21CSS018
19	英国与印度的国防建设关系研究（1947—1965）	刘恒	云南大学	21CSS019
20	明末以来果敢地区历史变迁研究	范玉金	云南省社会科学院	21CSS020
21	越南阮朝前期疫病流行与应对研究（1802—1885）	成思佳	郑州大学	21CSS021
22	韩国独立运动时期"联中抗日"思潮研究	郑立菲	中国社会科学院世界历史研究所	21CSS022
23	普通法与英格兰王国治理研究（1154—1377）	刘林	南京师范大学	21CSS023
24	欧洲中世博物学文献研究与译注	蒋澈	清华大学	21CSS024
25	查理曼改革文献考释与实践机制研究	刘寅	浙江大学	21CSS025
26	法国习惯法编纂与地方治理体系构建研究（1454—1539）	董子云	浙江大学	21CSS026
27	20世纪以来的"世界大城市理论"研究	倪凯	聊城大学	21CSS027
28	埃及军政关系研究（1798—2013）	段九州	清华大学	21CSS028
29	西方后叙事主义历史哲学研究	张涛	四川大学	21CSS029
30	联合国环境规划署与全球环境治理关系研究（1968—1992）	靳小勇	西安交通大学	21CSS030
31	近现代埃及民族主义史学研究	孔妍	郑州大学	21CSS031
32	俄罗斯汉学远东学派研究	刘丽秋	中原工学院	21CSS032
33	宇都宫太郎旧藏涉华资料的整理与研究	吉辰	中山大学	21CSS033
34	西北闪米特语国王铭文的译注与研究	梅华龙	北京大学	21CSS034

（六）2021年国家社科基金后期资助项目立项名单

表3.5

序号	项目名称	负责人	项目责任单位	项目类别
1	15—17世纪英国农民主体权利演变研究	雍正江	扬州大学	重点项目
2	西方历史人类学新探	刘海涛	中国社会科学院	一般项目
3	柯林武德的"历史理性批判"研究	顾晓伟	中山大学	一般项目
4	德国近代历史观念史研究	张骏	四川大学	一般项目

续表

序号	项目名称	负责人	项目责任单位	项目类别
5	大西洋视野下的美国捕鲸移民与环境变迁研究	张宏宇	西北大学	一般项目
6	美国进步主义时期环境保护运动中的女性	李婷	西安外国语大学	一般项目
7	美国保守主义的时代缩影（1938—1975）	蔺晓林	海南大学	一般项目
8	俄罗斯国家机构史	许金秋	吉林大学	一般项目
9	俄国修道院与国家、社会研究（14—18世纪）	杨翠红	吉林大学	一般项目
10	俄国大臣会议与经济发展问题研究（1905—1917）	安岩	安徽师范大学	一般项目
11	战后东南亚国家义务教育政策变迁研究（1945—2018）	吴晓山	广西师范大学	一般项目
12	日本近世孔庙祭祀研究	李月珊	山东大学	一般项目
13	晚清在朝"领事裁判权"研究（1882—1894）	周国瑞	中国石油大学（华东）	一般项目
14	日本帝国兴亡史	杨栋梁	南开大学	一般项目
15	青年与英国宗教改革研究（1530—1580）	冀占强	郑州大学	一般项目
16	18世纪英国社会的科学精神：自然哲学讲座研究	征咪	南京大学	一般项目
17	从维京人到福利国家：北欧千年史	王云龙	东北师范大学	一般项目
18	近代法国城市化进程中的游戏和休闲研究	唐运冠	温州大学	一般项目
19	早期中德语言文化交流史（1600—1800）	柯卉	凯里学院	一般项目
20	非政府组织与美国对外人权政策的演变	刘祥	四川大学	一般项目
21	美国反国际恐怖主义政策研究	张杨	苏州大学	一般项目
22	瑜伽：概念、历史与文明（公元前3000—前600年）	巢巍	北京第二外国语学院	一般项目

（七）2021年国家社科基金冷门绝学研究专项立项名单

表3.6

团队项目

序号	学术团队名称	课题名称	批准号	首席专家	责任单位
1	华南理工大学岭南地域建筑史学研究团队	广州一口通商时期东西方建筑文化交互影响研究	21VJXT011	吴庆洲	华南理工大学
2	东北师范大学古希腊语、拉丁语铭文学与文献学团队	铭文与文献双重视阈中的西方古典职官研究	21VJXT023	张强	东北师范大学

个人项目

序号	课题名称	批准号	项目负责人	责任单位
1	日本外务省外交史料馆涉藏档案整理与研究	21VJXG005	秦永章	中国社会科学院民族学与人类学研究所
2	19世纪法国航行记录中我国南海维权证据整理与研究	21VJXG006	郑鹏	海南大学
3	英美涉疆档案整理与研究	21VJXG007	郭胜利	河南大学
4	中国史学典籍的早期西传研究（1500—1800）	21VJXG021	胡文婷	电子科技大学
5	欧洲学者对中国历史纪年和古代天象记录的研究及其影响	21VJXG026	韩琦	浙江大学
6	赫梯石刻文献研究	21VJXG028	刘健	中国社会科学院世界历史研究所
7	13至18世纪乌尔都语发展与南亚文化共变性研究	21VJXG029	张嘉妹	北京大学
8	古希腊语史诗《女英雄谱》残篇译注与研究	21VJXG030	徐晓旭	中国人民大学
9	18世纪法国来华汉学家钱德明未刊手稿整理与研究	21VJXG045	龙云	外交学院

（八）国家社科基金中国历史研究院重大历史问题研究专项

表 3.7

2021年度重大招标项目立项名单（世界史相关）

序号	项目名称	负责人	责任单位
1	历史虚无主义思潮解析和批判	夏春涛	中国历史研究院历史理论研究所
2	河西走廊与中亚文明	田澍	西北师范大学
3	元明清时期中国"大一统"理念的演进与周边关系研究	胡兴东	云南大学
4	援越抗美官兵口述史料抢救与整理	黄铮	广西社会科学院
5	中国与现代太平洋世界关系研究（1500—1900）	王华	中国社会科学院大学
6	"太平洋丝绸之路"档案文献整理与研究	吴杰伟	北京大学
7	"太平洋丝绸之路"档案文献整理与研究	于文杰	南京大学

续表

序号	项目名称	负责人	责任单位
8	中古中国与欧洲文明比较研究	侯建新	天津师范大学
9	新编中东国家通史（多卷本）	王铁铮	西北大学
10	非洲通史（多卷本）	李新烽	中国社会科学院西亚非洲研究所

（九）2021年国家社科基金年度、青年、西部项目结项名单

表3.8

世界史相关

优秀

批准号	项目名称	负责人	工作单位	证书号
15BSS019	美国与世界海洋自由历史进程研究	曲升	渤海大学	20210070
15BSS020	1800年以来的美国城市环境史研究	侯深	中国人民大学	20210483
14CSS002	希腊化—罗马时期地中海世界的犹太观念研究	郑阳	天津师范大学	20210506
16BSS025	北美印第安人的传统及其现代变迁研究	付成双	南开大学	20210808
15BSS003	7—15世纪地中海史研究	夏继果	首都师范大学	20211194
14BSS027	英国议会圈地与农民土地权利研究	倪正春	南京师范大学	20211303
16CSS001	《马丁·路德年谱》研究	林纯洁	华中科技大学	20212467
16ASS001	奥斯曼帝国政治制度研究	王三义	上海大学	20215381
15CSS020	全球化视野下的近代夏威夷外来人口研究	杨捷	江南大学	20212708
16CSS002	第二十六王朝时期埃及外交与战争文献整理与研究	马一舟	厦门大学	20213153
16CSS014	1923年日本屠杀华工事件外交史料整理与研究	郑乐静	宁波大学	20213524
15BSS033	转型时期英国政治话语的生成和实践研究（1485—1640）	邓云清	西南大学	20213721
15AZD041	20世纪以来英国劳资关系史	刘金源	南京大学	20213922
16BSS029	美国工业化转型时期农民状况研究（1870—1900）	原祖杰	四川大学	20214060

良好

批准号	项目名称	负责人	工作单位	证书号
15XSS005	物价、环境与16—17世纪英国农村居民生活水平研究	李士珍	内蒙古农业大学	20210069
15CSS023	维多利亚时期英国犯罪治理体系变迁研究	许志强	扬州大学	20210150
15CSS013	中世纪印度穆斯林种姓问题研究	蔡晶	华侨大学	20210186
16CSS032	"南库尔德斯坦问题"与英国的中东政策研究（1931—1947）	肖文超	信阳师范学院	20210225
15BSS006	4—6世纪罗马帝国基督教化研究	张日元	泰山学院	20210603
14BSS019	美国儿童福利法建构的历史考察（1890—1930）	柴英	中国人民大学	20210775
14XSS004	丝绸之路河西走廊段的希腊化艺术研究	靳艳	西北民族大学	20211133
15BSS029	近代英国公共医疗服务体制变迁研究	郭家宏	北京师范大学	20211169
15XSS006	朝鲜反日民族解放运动与中国共产党关系研究	金成镐	延边大学	20211241
15CSS029	帕提亚与丝绸之路文化交流研究	王三三	华南师范大学	20211456
14CSS007	美国"社会政治"的兴起——以道德改革和权利运动为中心	曹鸿	中山大学	20211463
15CSS016	二战时期美国对华宣传与文化外交研究	王睿恒	南京大学	20211718
17CSS031	日本传统农业科技及其现代生态价值研究	叶磊	盐城工学院	20211736
17CSS013	以色列移民政策史研究	艾仁贵	河南大学	20212171
15BSS027	1660—1860年英国社会道德问题研究	姜德福	大连大学	20212360
17BSS038	俄乌关系中的历史争议问题研究	沈莉华	黑龙江大学	20212376
16CSS022	美国城市更新运动与中心城市转型研究	李文硕	上海师范大学	20212391
16CSS012	近代中日应对西方茶叶贸易质量规制的路径比较研究	宋时磊	武汉大学	20212472
15BSS040	二战后东南亚区域合作起源与演变研究（1945—1967）	郑先武	南京大学	20215395
17BSS039	近代斯里兰卡对外关系研究	佟加蒙	北京外国语大学	20212584
16BSS002	保守主义与美国史学变迁研究	谈丽	复旦大学	20212656
17BSS031	16—18世纪英国地方志研究	陈日华	南京大学	20212715
16BSS001	日韩朝三国出土汉文典籍简牍整理研究	葛继勇	郑州大学	20213197
16CSS005	公职选举与罗马共和国后期政治研究	刘小青	湖北大学	20213200

续表

批准号	项目名称	负责人	工作单位	证书号
16XSS005	美国区域经济开发史	黄贤全	西南大学	20213286
16CSS011	多维视角下的叙利亚民族认同构建研究	王霏	山西师范大学	20213440
16CSS006	古罗斯文明研究（9—13世纪初）	齐嘉	苏州科技大学	20213931
16BSS045	法国大革命时期的图像与政治文化研究	汤晓燕	浙江大学	20213939
16BSS046	冷战视阈下的东南亚"区域主义"研究（1961—1991）	张云	暨南大学	20214019
16CSS018	第二次世界大战结束以来的日本领土问题研究	李若愚	四川大学	20214066
16XSS002	西方古典中世纪文献中的丝绸之路研究	万翔	西北大学	20214120

合格

批准号	项目名称	负责人	工作单位	证书号
15BSS032	英国工业化时期女性犯罪及其社会反应研究	宋严萍	江苏师范大学	20210126
18CSS011	公元7至15世纪阿拉伯古地图视阈下的中阿海上丝路交往及其特点研究	郭筠	浙江外国语学院	20210166
15BSS031	印刷媒介视阈下英国民族国家构建研究（15—17世纪）	陈金锋	安徽大学	20210174
14BSS017	加拿大社会住房政策史研究	李巍	山东大学	20210218
16BSS011	罗马帝国元首制研究	何立波	陆军装甲兵学院	20210494
15XSS004	19世纪英国在东南亚的海洋政策研究	王本涛	广西师范大学	20211071
15BSS016	德川幕府末日本与西方的关系研究	张兰星	四川师范大学	20211093
15CSS003	苏格兰启蒙史学研究	张正萍	浙江大学	20211335
15CSS002	当代英国剑桥学派史学思想研究	姜静	郑州大学	20211405
18CSS003	明清东亚周边国家"家礼"汉籍整理研究	彭卫民	长江师范学院	20211484
15ASS002	中世纪西欧健康问题研究	李化成	陕西师范大学	20211537
16BSS020	二战时期日军战俘政策研究	王铁军	辽宁大学	20211681
14BSS013	朝鲜半岛汉文史料研究	金健人	浙江越秀外国语学院	20211753
16BSS017	20世纪伊朗政治现代化进程研究	吴成	河南师范大学	20212177
18CSS001	"突厥"的概念史研究	陈浩	上海交通大学	20212388

续表

批准号	项目名称	负责人	工作单位	证书号
15BSS005	4—6世纪欧亚丝路贸易中的拜占庭、中介民族与中国关系研究	张爽	南京师范大学	20212409
15BSS010	部落社会理论视野下的印度现代早期农业社会研究	王立新	华中师范大学	20212468
16XSS007	阿富汗与巴基斯坦关系研究（1947—2020）	李敏	云南省社会科学院	20212545
15BSS037	近代中国茶叶欧洲传播史研究	刘勇	厦门大学	20215435
15XSS003	美国社会运动与大学关系的历史考察（1876—1999）	傅林	四川师范大学	20215546
15BSS042	苏联对德政策研究（1941—1990）	李凤艳	东北师范大学	20212641
15CSS022	帕麦斯顿时代英国外交政策研究（1830—1865）	耿兆锐	宁波大学	20212740
15BSS034	19世纪中前期法国经济社会危机的机理及政府应对研究	周小兰	华南师范大学	20212872
16CSS023	19世纪英国贵族和乡绅在乡村转型过程中的作用研究	任有权	云南大学	20212917
16CSS008	10—20世纪上半叶越南国家意识的形成研究	郑青青	云南农业大学	20212924
16BSS026	20世纪以来美国县政府史料整理与研究	曹升生	渤海大学	20213041
15XSS001	美国佛教史研究	明清	云南师范大学	20213325
15BSS014	新加坡社会治理现代化研究	魏炜	赣南师范大学	20213573
16BSS027	进步主义运动与美国规制国家的兴起研究（1887—1917）	赵辉兵	江苏师范大学	20213914
16BSS034	现代法国政府应对民族冲突危机政策研究	张庆海	华南师范大学	20214005
16BSS023	日本环境公害问题的历史学考察	李超	陇东学院	20214133

免于鉴定

批准号	项目名称	负责人	工作单位	证书号
15ASS004	中韩日三国的"战争记忆"与历史认识问题比较研究	郑毅	北华大学	20210849
16BSS018	南海冲突背景下菲律宾外交行为背后的民族心理和外交思维历史溯源研究	范丽萍	广西师范大学	20211482
15BSS024	二战后美国公共外交政策与机制研究	刘鸣筝	吉林大学	20212644

(十) 2021年国家社科基金后期资助项目结项名单

表3.9

批准号	证书号	项目名称	负责人	工作单位
18FSS009	20215008	东西方视域下第一次十字军战争研究	王向鹏	河北师范大学
18FSS006	20215200	跨文化视野下的狄奥尼索斯崇拜研究	魏凤莲	鲁东大学
16FSS001	20215257	中世纪西欧的医生	高建红	陕西师范大学
18FSS021	F20215453	从怀疑走向共识——英语世界的历史知识客观性问题研究	顾晓伟	中山大学
18FSS013	F20215454	苏联农业集体化运动研究	吕卉	海南大学
18FSS018	F20215478	两次世界大战之间的德国军备问题研究	苑爽	哈尔滨师范大学
9FSSB010	F20215596	罗曼诺夫王朝税收史（1613—1917）	梁红刚	长春师范大学
17FSS013	F20215598	古罗马角斗活动研究	高福进	上海交通大学

二、教育部课题项目

（世界史相关）

（一）2021年度教育部人文社会科学研究规划基金项目立项一览

表 3.10

序号	项目名称	项目批准号	申请人	学校名称
1	18世纪欧洲中国史书写的范式及影响研究	21YJA770005	孙健	北京外国语大学
2	梵蒂冈图书馆藏中国传统古籍善本整理与研究	21YJA770013	谢辉	北京外国语大学
3	17世纪英国公众舆论与政权兴衰研究	21YJA770004	刘淑青	德州学院
4	满铁附属地殖民社会教育研究	21YJA770014	谢忠宇	东北师范大学
5	东亚文化圈视野下的越南传统天文历法研究	21YJA770008	汪小虎	华南师范大学
6	近代转型时期的英国邮政研究	21YJA770003	金燕	南京邮电大学
7	英国早期银行体系的发展与金融创新	21YJA770016	徐滨	天津师范大学
8	游戏与法国近代社会转型研究	21YJA770006	唐运冠	温州大学
9	《四部医典》中外来香药的资料整理与研究	21YJA770009	温翠芳	西南大学

（二）2021年度教育部人文社会科学研究青年基金项目立项一览

表 3.11

序号	项目名称	项目批准号	申请人	学校名称
1	法国在东亚海上扩张的相关法文文献整理与研究（1844—1914）	21YJC770011	江天岳	北京师范大学
2	中外约章与中国近代货栈业嬗变研究	21YJC770030	熊辛格	衡阳师范学院
3	古代晚期高卢教务会议文献译注与研究	21YJC770017	刘虹男	华南师范大学
4	现代宇宙学的历史研究	21YJC770027	吴玉梅	江苏科技大学
5	《弗洛多德年代记》与《史纪》对比研究	21YJC770023	王晨旭	辽宁大学
6	法国所藏义和团运动文献资料的收集、编译与研究（1898—1910）	21YJC770012	鞠雪霞	曲阜师范大学
7	近代西人对中国边疆的史地书写与路径演变研究	21YJC770006	崔华杰	山东大学

续表

序号	项目名称	项目批准号	申请人	学校名称
8	日本七、八十年代税制变革对收入公平影响的历史考察研究	21YJC770034	郑少华	山西财经大学
9	新见太行抗日根据地孔家峧文书整理与研究	21YJC770031	晏雪莲	山西大学
10	19世纪末以来"中世纪人文主义"建构及其知识生产研究	21YJC770005	程利伟	台州学院
11	基于多国档案文献的中缅经贸关系研究（1950—1967）	21YJC770004	陈洪运	厦门大学
12	威尔逊（E.H. Wilson）在华采集和引种植物历史及其影响研究	21YJC770026	吴仁武	浙江农林大学
13	明治日本海军侵华史研究（1874—1912）	21YJC770016	李洋	郑州大学

（本篇由杜娟、马渝燕供稿，杜娟编辑）

著作、译著选介

一、著作

世界古代中世纪史

【吕厚量：《古希腊史学中帝国形象的演变研究》，中国社会科学出版社 2021 年版】

"帝国"（empire）这一英、法文词语的起源最早可追溯到古典拉丁文中的"imperium"一词，在描述国家时意指由中央集权控制的地域与民族共同体，这种集权既可以是由一位专制君主代表的王权，也可以表现为寡头集团乃至共和国政府对多族群生活地域进行统治的形式。尽管该词在古典希腊时期的语境中尚无精确对应的概念，但在从公元前 5 世纪到公元 5 世纪的近千年中，对帝国形象的描述、分析、评判与反思却始终是贯穿古希腊史学传统的一条明确线索，并在希腊史学的形成、发展与转型过程中产生了深刻影响。更重要的是，由于古希腊史学在意大利文艺复兴以来的近现代西方文明发展历程中占据着举足轻重的地位，这些作品中塑造的帝国形象也在构建近现代西方学者与公众对帝国的认识与记忆过程中产生了深远影响。该书的重点在于揭示帝国形象在希腊史学发展历程中的"不变"与"变"，即提炼出该形象在不同时期的各部史学作品中的共性与符合渐变发展规律的个性，进而在一定程度上揭示希腊史学本身的固有规律与发展脉络。为此，该书在方法论的选取方面力图坚持宏观历时性线索梳理与个案研究并重的基本原则，其主要目标是在对相关代表性希腊史家的个案研究积累基础上，概括出蕴含在古希腊文明的历史记忆之内的、与希腊政治思想理论中对帝国统治模式的定位同中有异的帝国形象，从而为国内学界理解西方自古以来逐渐积累起来的帝国观念及其史学背景提供线索与依据。

该书的"波斯篇"为第 1—5 章。第 1—2 章对希罗多德和泰西阿斯塑造的波斯帝国形象进行了分析，概括了其中对古老、辉煌的波斯乃至东方文明的平视、仰视态度。第 3—4 章分析了色诺芬对波斯帝国专制统治模式的二重立场。第 5 章通过古希腊史学语境下波斯宫廷宴饮形象这一个案，展示了色诺芬以降古希腊波斯观中东方主义形象的演变历程。

该书的"罗马篇"为第 6—9 章。第 6—7 章展示了波利比乌斯、约瑟福斯等地中海东部知识精英在同罗马文明的"遭遇"阶段形成的尚不完备、难以自圆其说的帝国观。第 8—9 章力图通过波桑尼阿斯的《希腊纪行》与帝国晚期历史叙述传统中的"再造罗马"话语模式两项个案的研究，揭示帝制统治之下希腊知识精英同罗马帝国政权逐渐建立文化认同的曲折历史进程。（吕厚量）

【晏绍祥：《与距离斗争：中国和西方的古代世界史研究》，上海人民出版社 2021 年版】

该书由作者的七篇学术论文组成，其中五篇已发表，内容涉及中西历史比较、古希腊罗马史学史研究、中国世界古代史研究状况和国外古希腊罗马史研究的热点问题等。

《波斯帝国的"专制"与"集权"》考察了波斯国王、总督和地方共同体的权力分配，勾勒波斯帝国内部政治运行的大体轮廓，认为波斯帝国在某些方面是"专制"的，在某些方面有"自治"的特点。《与距离斗争：波斯、罗马与秦汉帝国统治方式的初步比较》一文比较了波斯、罗马和中国秦汉帝国是如何克服巨大的交通成本，维护国家统一，实现有效统治的。《古代希腊罗马史学》系《西方史学思想史》一书的导论，主要介绍了古希腊和古罗马的史学家、史学名著和史学成就：从《荷马史诗》开始，逐一介绍希罗多德、修昔底德、色诺芬、波利比乌斯、李维、帕特克鲁斯、塔西佗、迪奥多鲁斯、斯特拉波等古典史家以及他们的作品。《20世纪中国的世界上古史研究》一文回顾了中国世界古代史学科建立和发展的几个阶段：20世纪前期的了解与接受阶段、1949—1966年的奠定基础阶段、1977—1990年的恢复与发展阶段和1991—2011年的繁荣与深入阶段，并且梳理了中国世界上古史研究的热点问题和主要成果。《博通中西、影响深远——读〈日知文集〉》深度评介林志纯先生在城邦研究、中国古代史研究、中西古史比较研究、史料翻译和古史研究方法等领域的影响。文章认为林先生的城邦—帝国理论对学术界影响巨大，具有打破学科壁垒的意义。《古典世界的政治与政治思考——评〈剑桥希腊罗马政治思想史〉》客观评价了《剑桥希腊罗马政治思想史》一书，认为该书在西方古代政治思想史研究中占有重要地位，不过由于该书偏重于政治路径而非历史路径，突出思想家个人的独创性，因而在揭示政治思想的历史背景方面有所欠缺，对古代政治意识形态的分析，对非文献史料的运用有待补充。《西方学术界关于罗马共和国帝国主义动力的讨论》一文简要介绍了从古至今不同时期西方思想和学术界对于罗马帝国主义动力来源的不同观点和讨论。

总体来看，这本书内容十分丰富，既有政治史方面问题的专题研究、通论性质的西方史学史，又有对中国学术史的介绍，以及西方学术评述相关的内容，对于世界上古史研究来说有多方面的学术价值。（刘天歌）

【郭丹彤主编，郭丹彤、杨熹、梁珊译著：《古代埃及新王国时期经济文献译注》，中西书局2021年版】

《古代埃及新王国时期经济文献译注》是郭丹彤教授主持的2018年国家社科基金重大项目"古代埃及新王国时期行政文献整理研究"子课题的文献集，是一套系统翻译、注解古代埃及新王国时期经济文献的史料集。全书分上下两编，上编为古埃及语手写体纸草文献的象形文字转录，下编为象形文字文献的转写、翻译和注释。全书共850页，收录了古代埃及新王国时期（约公元前1550—前1069年），即第18、19、20王朝最富代表性或最具研究价值的经济类文献共计79篇。新王国时期是古代埃及文明的鼎盛时期，存世文献中有大量隶属于该时期的经济文献。这些文献充分反映了新王国国家管理与社会经济活动的运行机制。所录文献按记述内容分为以下五类。第一，土地清册文献，共计1篇，即韦伯纸草。韦伯纸草详细记载了埃及中部某地区土地占有和土地税收的情况，是研究古代埃及土地制度必不可少的文献资料。第二，税收文献，共计13篇，以哈里斯纸草和都灵税收纸草为主。哈里斯纸草是研究埃及神庙经济的主要文献资料，记载了新王国末期祭司集团的经济活动。第三，财产交易文献，共计37篇，其中，包括12篇买卖契约，8篇租赁契约，17篇兼及买卖与租赁的契约。第四，财产继承和转让文献，共计23篇，其中，包括"瑙奈赫特遗嘱"和"收养纸草"等重要文献。第五，社会经济文献，共计5篇，其中，包含亚眠纸草和都灵罢工纸草。作者对新王国社会经济和国家行政管理方面的史料进行了科学严谨的翻译和注释，对纸草和陶片上的手写体文本进行了象形文字转写，增加了史料的可读性，所附索引也便利读者查找文献的相关内容，提高了该书的实用性。该书是古埃及经济史领域的重要成果，是国内首部系统整理、翻译新王国时期经济文献的史料集。（温静）

【颜海英：《中国收藏的古埃及文物》，中国社会科学出版社2021年版】

该书是2007—2014年国家社科基金项目的成果，收录了中国境内的古埃及文物、文物复制品和拓片。端方等晚清官员在出访埃及时从文物市场购买了一批古埃及文物作为私人收藏带回国内，又制作了拓片和仿制品。作者花费十年时间，对流散的古埃及文物、拓片、复制品进行了系统的收集和整理，并首次对国家博物馆、国家图书馆等机构收藏的古埃及棺木和石碑上的铭文进行了释读和翻译，相关研究成果获得了国际埃及学界的肯定。该书分为两个部分。第一部分共分为八章，介绍中国境内古埃及文物发现的背景和过程，以时间为线索，对古王国、新王国、希腊罗马时期的石碑和彩绘棺木进行了系统的研究。收录的古埃及文物分为原件、仿制品、拓片三类，分别对应三组收藏号。该书给出了每件文物在三类中的对应关系，并附加了索引编号。作者将每件文物的各类图片进行对比，对铭文进行了拉丁化转写，分析了典型的祭文格式，给出了准确的现代汉语译文，完成了14块石碑及彩绘木棺铭文的释读。该书的第二部分共有八章，在对文物藏品考据整理的基础上，对古埃及的丧葬宗教、墓碑形制演变、丧葬文献的演变过程进行了深入的研究。第二部分的第一章和第二章分别介绍了古埃及人的来世观念和丧葬仪式。第三章总结了墓碑形制的演变。第四章与第五章主要探讨了墓葬文学的起源和发展，及其与古埃及文明知识体系的关系。第六章与第七章结合复活仪式和奥赛里斯信仰对古埃及丧葬文献《来世之书》和《冥世之书》进行了深入的分析，解释了古埃及人丧葬宗教的内在机制。第八章作者探讨了希腊罗马时代古埃及丧葬宗教所具有的天文意义与文化融合的时代现象，认为古埃及传统的宗教仪式和神秘知识在托勒密时代开始正典化，古埃及人将生活建立在宇宙秩序的规范之下，发展出独特的生命哲学。该书是中国埃及学研究者首次对古埃及文物进行系统性、原创性的研究成果，具有较高学术价值，为世界埃及学发展和古埃及文物的保存做出了贡献。

（温静）

【刘津瑜主编：《全球视野下的古罗马诗人奥维德研究前沿》，北京大学出版社2021年版】

该书系国家社科基金重大投标项目"古罗马诗人奥维德全集译注"成果之一，收入北京大学出版社"西方古典学研究丛书"。该文集收录的32篇文章绝大多数为首发，由来自13个国家的42位作者和译者共同完成，是近年来西方古典学进行国际学术合作的新尝试。奥维德是古罗马的著名诗人，其诗作不仅是研究古典文化的重要文献，也是后世众多西方文学作品的创作源泉。长期以来，我国对奥维德的研究还处于译介和零星讨论阶段，缺乏系统性研究。该书是国内关于奥维德研究的第一部著作，围绕"全球语境下的奥维德：奥维德逝世两千年纪念"这一主题，讨论奥维德在世界各地的接受史、奥维德在各种媒介（抄本、视觉艺术、石碑等）中的构建、21世纪如何解构及讲授奥维德的作品以及奥维德汉译所面临的挑战等话题。

文集分为上、下两卷，共八个部分，分别涵盖研究史、接受史、文学研究新角度、流放诗歌研究、文本新发现、视觉艺术呈现、中文译注等主题。这些主题覆盖面广、时间跨度长、角度多样。上卷包括第一部分至第四部分，探讨"奥维德与帝国""文本传承""爱情诗文学分析新角度""奥维德《变形记》新解"等主题。下卷包括了第五部分至第八部分，阐述"奥维德与流放主题""视觉艺术中的奥维德""奥维德在世界各地的接受""古典学在中国"等问题。该书收录的文章展现了作者对文本的细读功底。作者综合运用叙事学分析、空间转向、记忆研究等理论，聚集了一批奥维德研究领域的最新发现。部分研究文章附有选篇译注，旨在鼓励结合文章和译注的阅读方法并突出译注的文献价值。该书表明了探索古典学国际化新方向的雄心，同时并不满足于译介国外学者的研究。以中文发表的最新研究成果填补了国内相关研究的空白，体现出中文学界及翻译界能够以一种合作与参与的方式对拉丁语言文学研究作出贡献，为今后我国西方古典学领域其他研究方向的突破提供了一种思路。（任易凡）

【王超华：《中世纪英格兰工资问题研究》，中国社会科学出版社 2021 年版】

工资及其购买力水平不仅反映出工资劳动者的消费水平和生活状况，也能体现出社会经济形势的变化。从以亚当·斯密为代表的古典经济学派，到现代诸经济学流派，无不将工资作为一个重要的研究课题。在中世纪英格兰，随着社会商业化程度的加深，劳动力市场发展迅速，工资劳动者在总人口中所占的比例不断增加。1208年，温彻斯特主教的庄园账簿中出现了现存最早的工资数据。在大约半个世纪后，此类数据在英格兰的多个地产的庄园账簿中连续出现，成为供现代学者研究的课题。百余年来，中世纪英格兰工资问题研究在西方学界已经有深厚的成果积累，但当前研究者们大都倾向于用现代经济学方法去分析中世纪的状况，将市场经济下的劳动力供需以及"工资黏性"等理论应用于中世纪工资研究，这就在一定程度上背离了当时的真实状况。在我们看来，必须将经济与社会紧密地结合，才能还原历史的真相。这本书共分为导论、工资劳动者、工资变化、工资差别、工资收入、工资立法、工资与经济变迁、结论与讨论等 8 章，尝试在对基本研究线索进行梳理的基础上，对中世纪英格兰工资问题展开系统研究，并对与该问题相关的"黄金时代论"、工业革命的起源、"大分流"等问题进行讨论。希望可以加深对社会底层实际生活状况、社会群体的流动、劳动的价值以及社会商业化程度的认识，同时为劳动力市场的科学治理提供一些线索。（王超华）

日本与东亚史

【周启乾：《近代东亚中的日本及日俄、中日关系研究》，社会科学文献出版社 2021年版】

全书由三部分组成，分别为"日本篇"、"日俄关系篇"与"中日关系篇"，集中收录了作者自 20 世纪 70 年代至 21 世纪初期的主要研究成果，共计论文 27 篇。论题广泛，征引繁复，充分体现了作者以广阔的学术视野深入探索日本近代化历程的学术特色。各部分的核心内容如下。

第一部分"日本篇"为全书重点，共收录论文 13 篇，探讨了日本走上帝国主义道路的双重路径。一方面，作者关注日本明治维新以来向西方学习的诸多面相，在还原史实的基础上，客观解析了其西化进程的得与失；另一方面，作者以日本侵占北海道、发动甲午战争、参加第一次世界大战为例，深刻揭露了日本通过殖民的手段，完成资本原始积累的罪恶历程，值得世人警醒。第二部分"日俄关系篇"由 5 篇论文构成，主要围绕日俄战争，论述了日本与沙俄关系的嬗变。根据作者的研究，日俄战争的爆发绝非偶然，而是源于近代之前两国在远东领土问题上的对立。该冲突在日俄战争中彻底爆发，又以日俄战争为转折点，为瓜分中国而相互勾结。与此同时，作者回顾并总结了 20 世纪 90 年代以前日本学界对日俄关系史的研究成果，丰富了相关学术史的内容。第三部分"中日关系篇"由 9 篇论文构成，分别从日本与中国的角度对两国关系进行了考察。日本方面，作者从明治时代的中国市场调查、不平等贸易，到九一八事变后的"开发"华北经济，全面解析了日本在经济上侵略中国的手段与实质。中国方面，作者以郑观应、张謇、周学熙等人为例，深入探究了晚清知识分子的日本认识，以及透过日本之窗，推动中国近代化发展的历程。

总体而言，该文集体现了作者近四十年来对日本近代化历程的多维探索与深入阐释，不仅在日本经济史、思想史、对外关系史等研究领域具有开拓性意义，而且从侧面反映出改革开放以来我国日本史学科蓬勃发展的良好态势。（郑立菲）

【赵国壮：《东亚糖业史研究》，科学出版社 2021 年版】

该书主要是探讨近代中国及东亚糖业经济格局的演变。以糖为主题在传统史学研究中并不多见，但代表着新史学的研究范式，在当前流行的食物史、消费史、贸易史、全球史中占有重要位置。该书作者多年耕耘中国糖业史研究，掌握丰富的四川及全国资料，并先后在日本和英国收集相关档案文献。该书正是作者对三方史料整理研究之成果，具有填补国内学术空白的价值。根据该书的梳理，中国糖业生产在古代长期领先于东亚乃至世界，到明清时期中国手工制糖水平进一步提高，在东亚贸易中居主导地位。从 19 世纪后期，中国大陆甘蔗糖业一家独大的局面开始式微。爪哇糖业、怡和与太古集团代表的香港糖业、殖民台湾后的日本糖业以及高寒纬度地区推广的甜菜糖业，都在重塑着东亚糖业新局面。进入 20 世纪，机器生产在制糖业中得以推广，但中国国糖还普遍停留在手工作业水平，到 20 世纪 30 年代，糖已成为仅次于棉布的中国第二大进口商品。中国主导东亚糖业的格局彻底解体。一部东亚糖业史就是一部东亚现代化进程史。在自给自足的农业生产时期，中国领先于世界，是东亚经济的中心。16—19 世纪，中国与西方出现"分流"：得益于技术的变革和殖民地的种植园，西方商业资本主义能够与中国相竞争；明清时期的中国在东亚经济格局中依然保持优势，但到 19 世纪后期，机器生产取代手工作坊，中国终被西方超越。同时期的日本，不仅学习西方技术，也效仿西方国家侵略殖民，取代中国成为东亚经济中心。从横向维度看，关于糖业史的研究具有鲜明的区域史和全球史意义。东亚海洋贸易是近些年研究热点，丝绸、瓷器、香料、白银的流动受到很多关注，该书又为我们增加了糖的流动。以这些商品为载体，将中国、日本、朝鲜和东南亚乃至南亚连成一片可以与同时期地中海相媲美的贸易区域。另外，糖的全球化流动同样值得关注。糖在欧洲曾被视为贵族才能消费得起的奢侈品，这吸引殖民者在中美洲和爪哇大规模经营甘蔗种植园。而 1890 年后，甜菜制糖在欧洲推广，这让过去以欧洲为市场的爪哇糖业和古巴糖业开始扩大东亚市场。日本制糖工业正是利用台湾和爪哇的蔗糖原料发展起来的，同时日本还在朝鲜和中国东北积极发展甜菜制糖，最终成为东亚糖业主导者。（许亮）

【牛军：《战后东亚秩序》，世界知识出版社 2021 年版】

牛军教授长期从事东亚冷战史和中国外交史研究，该论文集正是他近些年研究成果的集结，收录了从 2006 年到 2020 年作者比较具有代表性的论文。在牛军教授看来，战后东亚国际秩序出现过三次根本性改变。第一次发生在 1950 年，革命胜利后的中国"倒向"苏联，接着朝鲜战争爆发，中美直接对抗，美国组建东亚军事联盟，遏制中苏，开启了东亚的冷战秩序。第二次发生在 1978 年，中美建交，共同应对苏联霸权，中国随后对越南自卫反击，中美一度成为"准同盟"关系。中美合作奠定了东亚后冷战秩序的基础，就是在苏联解体后这一秩序也延续了三十年。第三次发生在 2018 年，美国明确将中国视为战略竞争对手，采取全方位对华遏制，中美关系重回对抗主基调。中国是东亚国际秩序的主要塑造者。新中国的外交史就是东亚国际秩序的演化史。中共的外交工作开始于1944年与美国军事观察组的接触，当时中共需要与美国合作，共同抗日。但是日本投降后，中共对美的扶蒋政策产生怀疑，对美态度渐渐走向对抗。延续到建政之初，新中国对苏"一边倒"、对美"打扫干净屋子再请客"。朝鲜战争的爆发，让中美还没来得及增信释疑就走向兵戎相见，中苏联合反美的局面固化下来，冷战扩展到东亚。在印支半岛，中国主动援越抗法，但"不包办"，不派兵参战。这种"援助者"而非"参战者"的身份，让中国在日内瓦印支停战谈判中发挥了重要作用。随着美国军事介入越南，中国转而援越抗美。一方面，中苏发生路线争论，理论之争把外交推向激进，表现在援助北越比苏联更积极、力度更大；另一方面，中国吸取朝鲜战争的教训，避免在印支再与美国打一场战争，希望北越克制，并利用各种渠道同美方沟通。牛军教授将之称为"安全的革命"。援越抗美政策将美国陷入越战泥潭。尼克松认识到美国要想从越战脱身必须改善同中国的关系。此时，苏联霸权主义超过美帝国主义成为中国最大威胁。1972年尼克松访华，中美联合应对苏联在东亚的霸权主义。到1978年，中美关系已到达"准同盟"程度。中国给越南一次军事教训，认为它是苏联在东南亚搞扩张的"马前卒"。进入20世纪80年代，中国外交撤弃激进主义，不再以"备战"为指导，奉行独立自主的和平外交政策，寻求改善同苏联关系。1989年中苏关系正常化，中国"告别冷战"。但冷战后中美关系经历了一段迷茫波动期，进入21世纪中美合作才趋于稳定。但2018年后，中美重回对抗。牛军教授的这部论文集给我们呈现了一种不同于欧洲的冷战面貌：在欧洲美苏两强起着决定性作用，但在东亚，很多新兴国家利用美苏冷战来推进自己的国家议程。这是论文集中多次提及的"新冷战史"。该论文集还揭示了中国外交决策的复杂性，受到地缘安全战略、国内发展战略与意识形态三方面的影响。在研究方法上，作者非常善于挖掘使用国内外档案和回忆录进行历史复原，用具象的历史叙述来论证一些抽象的国际关系概念与理论。（许亮）

西亚、南亚史

【姚惠娜：《殖民遗产与现实困境：历史视域下的欧盟地中海政策研究》，中国社会科学出版社2021年版】

在欧盟地中海政策的决策、实施及遇阻过程中，欧盟主要成员国与当地的历史联系，特别是这些国家在当地的殖民遗产，发挥着重要影响。该书在坚持历史唯物主义的基础上，综合采用历史学和国际政治学的研究方法，从殖民主义历史遗产的视角，梳理欧盟主要成员国瓜分地中海地区、对当地进行殖民统治的历史；研究欧盟对地中海国家政策的发展演变，分析其政策的目标和动机。该书的正文由五部分组成。第一章梳理西欧列强征服地中海南岸地区的历史，在此基础上，分析殖民主义在当地的遗产。接下来的两章集中论述欧盟对地中海政策的形成背景、内容和特点，其中第二章主要论述冷战时期欧共体对地中海政策从无到有、从支离破碎到形成共同立场、从仅有对外经济政策到形成对阿以冲突共同立场的历史过程。第三章主要分析了海湾危机及之后欧盟对地中海的政策，重点主要集中在欧盟对地中海阿拉伯国家的政策。第四章探讨欧盟对地中海政策的目的和动机。作者借用国际关系中分析主权国家对外政策行为的概念"国家利益"来分析欧盟在地中海地区战略利益的构成，包括历史联系和殖民遗产、地缘政治、能源、市场、安全等因素。第五章研究制约欧盟对地中海政策的因素。由于不是超国家行为体，欧盟的对外政策不同于主权国家的对外政策，其对外政策的制定实施受到诸多因素的制约。这章从欧盟本身对外政策的制度安排、成员国国家利益与欧盟共同利益的矛盾分歧以及国际格局等几个层次分析欧盟地中海政策的局限性及其产生的根源。该书认为，欧盟成员国在地中海地区的殖民遗产不同，在当地的国家利益存在差异。成员国国家利益差异及其与欧盟整体利益的矛盾，以及欧盟对外政策制度安排的二元体系、国际格局的历史演变都制约着欧盟的地中海政策，是欧盟在地中海政策上产生"能力-期望值差距"的主要原因。该书对欧盟地中海政策的研究，对深入探讨欧洲政治合作的前景，把握国际政治走向，具有实际参考价值和理论意义。（姚惠娜）

【梁道远编著：《古代阿拉伯史学家及其著作目录》，社会科学文献出版社2021年版】

阿拉伯史学是世界史学史上特色鲜明的一个分支，但尚未得到国内外学术界的充分重视和研究。研究阿拉伯史学史，对构建具有中国特色的中东史学史学科体系、学术体系和话语体系具有重要的意义。近几年来，国内学术界对阿拉伯史学史的研究从无到有发展迅速，从仅有零星论文发表，到不同类型的国家社科基金相继立项，开启了阿拉伯史学史研究的新局面。特别是宁夏大学中国阿拉伯国家研究院正式启动对阿拉伯史学史的系统研究，陆续有成果发表，引起国内学术界的关注。梁道远主编的"古代阿拉伯史学文献提要丛书"，是宁夏大学作为阿拉伯国家研究省部共建协同创新中心的标志性成果之一。该丛书首卷《古代阿拉伯史学家及其著作目录》，概述古代阿拉伯史学的发展演变，整理古代阿拉伯史学文献，为学界初步了解古代阿拉伯历史学奠定文献基础。在导论中，作者把古代阿拉伯史学的发展划分为萌芽、成长、繁荣、延续四个阶段，并总结每个阶段的特点。阿拉伯史学兴起于公元7世纪中叶，与中国史学和西方史学相比，起步较晚，涉及的时间跨度略短。但阿拉伯史学发展速度较快，产生了众多史家，他们著述丰富，构成了伊斯兰史学/穆斯林史学的主体。作者认为，古代阿拉伯史学具有起步晚、发展快、史家众、书量大、直叙多、议论少、内容繁、记述细和神学性的整体发展特点，成就值得肯定。阿拉伯史家们大量记述古代世界各民族的历史和传说，塑造了系统的历史哲学和史学理论。但他们也存在过于注重记录人的行为、缺乏对事件过程的分析、重复啰唆、深受神学史观影响等缺陷。阿拉伯史学不像中国史学和西方史学那样源远流长。然而，它把历史的真实性和时间意识带到了印度、中亚和撒哈拉，对伊朗史学和土耳其史学也都产生了积极的影响。在正文的10编中，作者按照时间顺序，利用分期方法梳理了公元622—1524年约1500名阿拉伯史学家，列出了每位史学家的全名、生卒年、生卒地点、主要著作以及参考文献等信息。该书为学界初步了解古代阿拉伯历史学奠定了文献基础。（姚惠娜）

【李晔梦：《以色列科研体系的演变》，社会科学文献出版社2021年版】

较为完备的科研管理体系在以色列国家的发展过程中发挥着重要作用。该书系统研究以色列建国后科研体系的形成、发展与完善，梳理其科技史的发展脉络，探讨以色列科技发展、产业调整与宏观经济发展的轨迹及其相互作用。全书共6章，从论述19世纪末犹太复国主义者的科学理想开始，将以色列科研体系的演变追溯至建国前巴勒斯坦的犹太人社团伊休夫的教育和科研事业。作者把以色列建国后的科研体系发展分为初创、成熟和完善三个阶段。从建国到1968年是以色列科研体系的初创阶段，主要论述该时期科研管理机构的设置、民用和军工领域的科研布局、国民教育体系的完善。从1968年至20世纪90年代末，是以色列科研体系的成熟阶段。作者着重论述首席科学家制度、国家立法与研发投入、人才储备、国际合作等。从20世纪90年代末至今，是以色列科研体系的完善阶段。作者深入探讨了以色列的创新驱动发展战略、"科学—工程—技术—创新"科技政策运行模式、人才战略及科技事业的成就。作者总结以色列科研体系的特征，探讨以色列科技创新的文化基因，认为以色列的科研体系能够随着经济社会形势的变化而进行调整，政府在科研管理中始终发挥了主导作用，科技政策运作体系具有完整性、合理性与有效性。作者把以色列的科研事业置于民族国家建构的大背景下进行分析，认为科研事业承载着以色列的国家意志，科技发展塑造了以色列的国家创新竞争力。以色列政府通过深度干预科技事业、在国家层面进行立法保证、动员多种力量与社会资源等手段，维持了科研管理体系的有效运转。基于政府角色的到位、体制机制的保障、责任分摊与受益机制的明晰、社会文化环境的养成等因素，以色列的科研管理体系不仅运转良好，达到预期效益，还产生明显的技术外溢效应。然而，比较优势弱化、政治和安全局势动荡、行政干预、高层腐败现象等都成为影响以色列科研事业的制约因素。该书对以色列科研体系的研究，可以为中国及众多发展中国家发展科研提供借鉴。（姚惠娜）

【哈全安：《土耳其通史》（修订本），上海社会科学院出版社2021年版】

该书从安纳托利亚的古代历史开始，全面叙述奥斯曼帝国的崛起与发展，并在与西方文明的碰撞中由盛转衰，以及土耳其共和国在现代化、民主化的道路上艰难探索的历史进程。全书正文共17章。前两章叙述安纳托利亚的古代文明及突厥人称雄西亚的历史。伊斯兰教在中亚的传播和突厥人西迁，开了安纳托利亚的突厥化和伊斯兰教化的先河。第3章至第10章集中论述了奥斯曼帝国的征服与崛起、统治制度、社会经济、文化成就、政治衰落、宪政与改革的探索以及最终的灭亡。作者认为，奥斯曼帝国在圣战基础上建立庞大的封建帝国，版图辽阔，教派和族群众多，伊斯兰教色彩浓厚，但宗教政策相对宽容。其统治下的亚非欧大陆中央地带具有农本社会的典型特征，个体生产和自给自足的自然经济占据主导地位。随着欧洲诸国的崛起，伊斯兰世界相对停滞，奥斯曼帝国无力抗衡来自西方的冲击，最终走向衰落和灭亡。第11章至第17章主要探讨现代土耳其共和国的诞生、威权统治的建立与终结、民主化进程的艰难探索、民主制框架下世俗政治与宗教政治的互动、经济发展与社会进步、当前正义与发展党的执政等。现代化进程是土耳其共和国的历史主线。对于土耳其的现代化理论与实践、现代化进程中的政治生态，诸如世俗政治与宗教政治、政党政治与选举政治、精英政治与民众政治、现代伊斯兰主义的思想与实践等重大问题，该书都有独到见解。作者认为，土耳其共和国诞生于奥斯曼帝国废墟之上，经历了民族解放运动的高涨和民主化的长足进步，由一党制的威权政治发展，到多党制的议会选举，从军人干政和军方政变频发，发展到文官政治渐趋成熟，从世俗主义的绝对原则到伊斯兰主义的政治实践，政治制度和政治生活在现代化的进程中发生了巨大的变化。伊斯兰复兴运动并非土耳其共和国现代化进程中的历史逆流，正义与发展党的崛起是土耳其共和国走进21世纪的崭新乐章。该书对奥斯曼帝国封建制度、土耳其现代化理论与实践以及伊斯兰教在其中的作用等问题的探讨，具有重要的理论意义和学术价值。（姚惠娜）

【艾仁贵：《马萨达神话与以色列集体记忆塑造》，社会科学文献出版社2021年版】

集体记忆与民族国家构建之间的关系，是近年来犹太-以色列史研究关注的重要问题，成果较多，这本书是其中比较有代表性的成果。该书以马萨达神话的建构及其解构为个案，运用历史学、社会学、政治心理学等多学科交叉的方法，尤其从集体记忆的路径，深入系统地研究马萨达神话与现代以色列集体记忆的塑造。除绪论和结语以外，全书分为三部分，分别从历史叙述、神话建构与回归历史等层面对马萨达神话进行全方位的学理分析。在上篇历史叙述部分，分两章探究马萨达事件的早期历史书写及其在中古时期的形象，分析当时主流犹太社会对其采取的遗忘与忽略的态度。在中篇神话建构部分，分五章探讨20世纪初至60年代犹太复国主义运动和以色列国家对马萨达神话的建构，分析马萨达跃升为国族认同符号的过程。在应对纳粹势力扩张和争取民族独立期间，伊休夫运用马萨达象征进行民族动员的成功，以及以色列建国后被包围的现实处境，使马萨达日益获得以色列人的思想认同与精神认可，不断在建国初期的政治生活中得到运用与强化，影响达到空前地步。在下篇回归历史部分，分三章考察马萨达神话的解构历程。不仅犹太宗教阵营抗拒和消解马萨达神话，社会政治环境变迁也使民众不断质疑否定马萨达情结。特别是历史学者加入这场解构运动，在学术上给予马萨达神话以重击。由于神圣性不断降低，民族价值日益下降，商业价值越发凸显，最终使马萨达神话回归历史。作者认为，作为表征国族的视觉形象与政治隐喻，马萨达神话在20世纪的兴起及演变历程，折射出以色列"自然国族化"和"国族自然化"之间的互动关系：一方面，马萨达神话成为犹太民族主义者借助传统象征资源塑造集体记忆、构建现代民族国家的重要手段；另一方面，马萨达神话作为象征符号反过来塑造了以色列的对外行为和民族性格，成为其奉行绝不妥协的强硬军事安全政策的政治心理基础。该书对以色列集体记忆与现代民族国家认同构建的探讨，对深化以色列史研究具有重要的学术价值和理论意义。（姚惠娜）

【周小明：《印度宪法及其晚近变迁》，上海三联书店2021年版】

该书分别从宪法的历史源流和制宪过程、现行宪法及其修订变化和宪法制度与经济社会发展之间的关系三个方面讨论了宪法与社会发展的关系，以及印度宪法未来面临的挑战。第一部分论述印度宪法的历史源流和制宪过程，这部分讨论了东印度公司时期和英王统治印度时期的宪法性文件，并分析了印度制宪过程及其特点，梳理了印度现行宪法的104次修改。作者认为英国长期殖民、复杂的种姓、多元宗教语言和弱中央集权的历史传统等因素是印度能够制定并保持共和宪法的重要原因。第二部分论述了宪法确立的三大基本制度——基本权利制度、议会内阁制及联邦制——的制度条文及其在20世纪80年代以来的变迁。作者指出，亚洲、拉美和非洲很多国家战后不久纷纷走向威权主义或独裁道路，但印度民主宪政和制度一直屹立不动，这对世界民主法治发展是一个重大的贡献。但印度宪政制发展也存在民主质量低，政府低效、腐败横行等问题。出现这些问题的原因在于其公平竞争机制的缺失。第三部分讨论了宪法和社会公正之间的微妙关系、印度宪法面临的挑战以及印度法律教育问题。作者认为，印度法律教育的管理体制和学制应该说是科学的，但由于法律生源质量差、法律教师待遇低和法学院硬件设施落后等原因的制约，印度法学教育的质量较低，这也影响到印度宪政制度实施的质量。对于未来的发展，作者认为继续推动经济自由化参与世界公平竞争，形成一支强大的印度中产阶级是印度宪法从共和宪法走向民主宪法的根本之路。该书虽然是法制史的专著，但作者能够高质量地将法制史发展与社会经济发展

联系起来，总结印度宪政中三大基本制度对中国的启示，这增加了该书的理论和实际参考价值。（宋丽萍）

【谢超：《论印度族群关系治理：以旁遮普问题为例（1983—1994）》，中国社会科学出版社 2021 年版】

该书根据族群关系中中央政府、激进组织和当地温和派三方互动对民众支持走向影响的变化，将印度政府治理锡克问题分为四个阶段。第一个阶段是 1983 年冲突发生后到 1984 年 10 月，这个阶段以联邦政府主导为主，没有团结当地温和派，以军事打击的手段消除温和派的影响。这一策略虽然缓和了族群关系，但没有得到当地民众的支持。第二阶段是 1984 年 10 月拉吉夫·甘地接任后到 1987 年 6 月。联邦政府与当地温和派签订了协议，但没有很好地履行协议，降低了温和派的威信。面对极端派的挑衅，政府以军事行动回应，但忽视了宗教的敏感性，不但没有解决族群对立，而且削弱了温和派的影响，也无法制约激进派。第三阶段是 1987 年 6 月到 1991 年 6 月。警方和媒体的介入赢得了锡克民众的支持，但由于温和派警力有限，无法发起大规模的治理行动，族群问题仍没有得到根本治理。第四阶段是 1991 年 6 月纳拉辛哈·拉奥上任到 1994 年，族群问题得到初步解决。这一阶段，联邦政府信任和任用温和派，并提供资源和其他方面的支持，在多方面举措的共同作用下，政府治理策略有效打击了激进组织的有生力量。民族主义、民族身份认同和民族治理一直是南亚史学界关注的热点问题。旁遮普是其中敏感度较高的话题，它既涉及锡克教宗教问题，也涉及民族和族群问题，是研究印度国家治理的一个具有典型特征的案例。该书提出族群治理需要平衡族群发展与国家建设。当政府能够争取到足够多的当地人口支持时，激进组织就无法在族群内部招募到足够的人员，以补充在政府治理行动中损失的成员。这样的结论对多民族国家处理民族关系和种族冲突具有重要的理论和现实意义。（宋丽萍）

非洲史

【李安山：《非洲现代史》（全二卷），华东师范大学出版社 2021 年版】

该书入选 2021 年度国家社科基金中华学术外译重点项目，收入华东师范大学出版社"六点图书·非洲系列丛书"。非洲现代史是理解非洲历史的重要组成部分，纵观整个世界现代史，中国和非洲有着相似的命运，分享着发展的机遇。该书分为上下两卷，共计百万余字，分为政治、经济、文化、民族四个专题，以四个方面聚焦现代非洲，为中国理解非洲提供一套知识参照系。政治专题主要论述非洲遭受西方殖民过程中的反抗，以及非洲国家在非殖民道路中对于国家构建与民主化的探索。经济专题分析非洲被纳入全球资本主义体系所带来的长期影响，着重探讨非洲人在经济波折下的能动性与创造性。文化专题探讨进入现代社会以来非洲的学术传统与文化非殖民化道路，从深层次探索非洲思想的发展过程，非洲哲学精神的底蕴和非洲人文社科领域当下的发展及其全球意义。民族专题揭示民族问题在现代非洲的重要性，以五个非洲国家为案例，阐述了非洲国家在民族构建中的优势与不足。最后，作者认为非洲现代史的书写既要说明其自身厚重的历史人文积淀及多种文明在非洲的遗产，又要阐明非洲被欧洲强行纳入国际体系带来的种种影响。该书较以往同类型的研究，更重视从非洲在全球资本主义体系中的依附和被剥削地位出发思考非洲人的自主性，反对将非洲的问题归结于完全的非洲内因论，认为非洲拥有自身的独特优势和巨大潜力，有望在今后实现持续性的自主发展，在非洲语境下全面阐述了非殖民化这一概念的内涵与外延。该书以严谨的态度，以尊重与弘扬非洲自主性为主旨，秉持国际视野、非洲情怀和中国立场，展现了一名中国学者对非洲民主政治、经济运转、自主探索和发展前景的判断。（高天宜）

【蒋真等：《西亚北非地区政治发展的困境与危机研究》，中国社会科学出版社2021年版】

该书系国家"万人计划"青年拔尖人才及陕西省哲学社会科学重点研究基地项目"中东地区政治与宗教关系"（12JZ056）的研究成果，受到西北大学"211工程"支持。西亚北非地区的政治变迁关乎国际政治经济的安全与稳定，是当前世界历史与国际政治研究中的一个重要命题。自民族国家独立体系形成以来，西亚北非地区的政治发展进程不断面临困境与危机，这在一定程度上体现了发展中国家寻求国家发展道路的困惑，也是当前地区和国际冲突的重要源点之一。尤其是"阿拉伯之春"以来，西亚北非地区出现大面积的政治动荡，进一步放大了这一困境，并带来了国家认同的危机和政治秩序的失衡。该书以困境与危机为线索，从历史和现实的角度梳理了西亚北非地区政治发展困境与危机的表现，并对这种困境与危机的产生和演进进行规律性总结，继而解读影响当前该地区政治变革的关键因素等问题，做到"反思历史"与"研究现实"的一致性。鉴于西亚北非地区政治变迁呈现出政治发展模式的多样性、政治秩序的多变性以及政治文化的多元性等特征，该书选取了突尼斯、埃及、也门、土耳其、叙利亚、利比亚、沙特、伊朗等该地区比较有代表性的国家作为研究对象，通过挖掘各国在政治发展历程中所呈现出困境与危机的特殊性，来比较分析在其特殊性中所蕴含的普遍性。这种国别与区域、微观与宏观、个性与共性相结合的分析框架为解读当前西亚北非地区政治变革提供了新的思路。该书从内外因辩证原理出发认为，伊斯兰传统文明的自然演进及其与外来文明的融合与冲撞是影响西亚北非地区政治发展变迁的主要因素，也是导致当前该地区政治发展困境与危机的根源所在。在方法论层面，该书摒弃了"西方中心论"色彩浓厚的西方政治发展理论，秉持历史唯物主义政治发展观，以尊重各国政治发展多元性为前提，揭示了在不同文明激烈交锋的西亚北非地区探索建立具有地区特色的民主政治前景的必要性。这对于解构和突破"西方中心论"，建构有中国特色的哲学社会科学是一次积极且有意义的尝试。（纪华溪）

【杭聪：《战后英国英属撒哈拉以南非洲政策研究（1945—1980）》，中国社会科学出版社2021年版】

英帝国曾是人类历史上最大的海基全球性殖民帝国，其兴衰反映了资本主义的阶段性变化，在撒哈拉以南非洲占据了人口稠密地区，南非、尼日利亚和肯尼亚等地区大国至今仍受被殖民经历的影响。英国殖民统治何以瓦解，英国政府又采取哪些政策尽可能保留原有经济、社会结构以延续自身利益是值得思考的问题。该书有三个值得注意的地方：一是各章节均应用大量一手资料，系统考察了第二次世界大战之后英国撒哈拉以南非洲殖民政策，所涉地区不限于非洲、所研时段不限于战后，尤注意以撒哈拉以南非洲经济、社会变化为切入点；二是应用比较方法揭示了英国殖民统治在各地的独特性和普遍性特征，分析了英国历届政府政策的异同以及在撒哈拉以南非洲不同地区间宪制改革模式、经济开发模式、社会管控模式的异同，并尝试将个案研究同资本主义世界体系变迁联系在一起；三是提出经济考虑是英国政府决策的基础，政治或防务考虑加速或延缓了政策实施时间和具体决定政策实施方式，反对英美学界的政治决定论。上述三点渗透入全书正文的七章。第一、二章，厘清研究的方法路径进而辨析了英国对撒哈拉以南非洲普遍性政策的演变。第三、四、五、六章分别叙述了英国的政治改革政策、暴力维持政策、经济政策、社会政策，重点描述了英国百般拖延殖民地独立并千方百计保留自身影响的种种措施，尤其是将自身经济利益置于一切问题之上的历史事实。虽然英帝国经济体系衰落了，但由于英国资本和白人移民财产权和经济特权的保留，再加上英国政府的援助政策，英国在撒哈拉以南非洲保留了大量的经济权益，甚至该权益获得某种程度的发展，结果成为英国构筑英非关系的基础。第七章，既从世界格局演变出发分析英帝国解体，又通过比较英帝国同其他殖民帝国瓦解特征的异同分析英帝国解体对世界格局的影响。总体来看，该书尝试从一手史料出发针对学界流行的观点提出独特看法，且能贯通始终，值得推荐。（甄小东）

拉美史

【徐世澄：《美国与古巴关系史纲》，中国社会科学出版社 2021 年版】

该书主要通过对一些重要历史事件和人物叙述，分析美国历任总统对古巴的政策及古巴独立后古巴历届政府与美国的关系的演变，力图勾画出世界超级大国美国与与它隔海相望的近邻小岛国古巴之间近二百年来恩怨关系的轮廓，有助于读者对美古关系有一个大致的了解，认识美古关系演变的原因和美国对古巴政策的本质，并从中得出一些规律性的看法和结论。全书正文共分七章。第一章，分析1805—1868年美国对古巴干涉的"熟果"政策及门罗主义。第二章，分析1868—1902年古巴的独立战争及美国对古巴的军事占领。第三章，分析1902—1959年美国对古巴共和国的控制以及古巴反对独裁政治的斗争。第四章，分析1959—1961年古巴革命胜利后初期的美古关系，从艾森豪威尔政府承认古巴革命政府到宣布与古巴断交。第五章，分析1961—2009年美古断交后近半个世纪的美古关系，介绍了美国雇佣军对古巴的入侵，以及古巴导弹危机对古美关系的影响。继而先后分析了约翰逊、福特、尼克松执政时期（1963—1977年）、卡特执政时期（1977—1981年）、里根和老布什执政时期（1981—1993年）、克林顿执政时期（1993—2001年）、小布什执政时期（2001—2009年）的美古关系。第六章，分析奥巴马执政时期（2009—2017年）的美古关系。第七章，分析特朗普上台后美古关系的变化（2017—2021年）。最后在结语部分，作者分析了美古持续对抗的根本原因、美古关系正常化的障碍以及美古关系的前景，指出美古关系正常化的进程仍将是曲折多变的，不会一帆风顺。该书是一部比较系统和完整阐述美古关系史的专著，丰富了国内国际关系史的研究。该书最大的特点是作者的特殊经历。该书作者曾经在哈瓦那大学进修，直接见证了古巴革命的历史。后期在准备该书过程中又利用出访美国和古巴机会结识了美古关系的专家，获赠或购买一些有关美古关系的书籍和资料，从而为撰写该书打下了坚实基础。该书是深入了解古巴历史、了解美国历届统治精英反对古巴的历史恩怨的一部必读著作。（王文仙）

【韩琦等：《墨西哥文化革新运动与现代化》，社会科学文献出版社 2021 年版】

该书是中国历史研究院学术出版资助项目成果。墨西哥文化革新运动开始于1910年墨西哥革命之前，经历了1920年至1940年的高潮，其尾声延续到20世纪40年代甚至50年代，是墨西哥文化发展的一个黄金时代。它是伴随1910—1920年墨西哥革命以及随后的经济和社会变革而在文化领域发生的一场文化民族主义运动，体现在多个文化领域中发生的思想、内容和形式的根本性变革上。该书从文化革新运动与现代化进程关系的角度，在吸纳国外学者研究成果和深入研究其单个领域的基础上，将文化革新运动作为一个整体事件加以全面系统梳理，并探讨其与墨西哥现代化的关系，从而弥补国内外学术研究中的不足。全书共有八章，分别介绍剖析了巴斯孔塞洛斯的"宇宙种族"思想与文化民族主义、加米奥的《锻造祖国》与土著主义运动、反教权主义运动、教育改革、壁画艺术运动、墨西哥革命小说、早期电影与民族主义、西班牙流亡知识分子与墨西哥现代社会科学兴起，勾勒了一幅墨西哥文化革新运动的绚丽画卷。该书的特色体现在：把墨西哥文化革新运动作为一个整体性事件进行研究，赋予墨西哥文化革新运动合理的历史定义和全面解读，同时将其嵌入墨西哥现代化进程中。其既有历史性的分析，也有现实性的思考。作者指出，巴斯孔塞洛斯的理论是墨西哥文化民族主义的基石。官方意识形态的特色是提倡种族文化融合的思想与土著主义思想合一。墨西哥文化革新运动实质上是一场文化民族主义运动，是继墨西哥的政治独立之后的一次文化独立运动，是从欧化到墨西哥化，建立墨西哥民族自信和文化自信，获得精神解放的运动。文化革新运动本身就是墨西哥现代化的组成部分，它获取的成果对之后的墨西哥现代化进程也产生了重要的影响。它不仅开启了墨西哥文化本身的现代化进程，巩固了墨西哥大革命的成果，而且促进了20世纪40年代之后墨西哥的政治稳定、经济发展以及文化的新繁荣。而且作者还认识到文化革新运动本身有其复杂性和矛盾性的一面。（王文仙）

北美史

【侯深：《无墙之城：美国历史上的城市与自然》，四川人民出版社2021年版】

该书以美国历史上的城市发展与自然的关系为研究视角，探讨了以"无墙之城"为核心意象的美国城市的形成与发展、困境与使命。该书首先提出了美国城市历史中的三重悖论：追求自由与奴役自然、多元的文化与简化的生态、不断膨胀的城市与持续萎缩的星球。全书围绕此三重悖论展开，以美国的匹兹堡、波士顿、拉斯维加斯、堪萨斯城、旧金山等城市为核心，论述了美国城市与其所在的自然世界协同演化的历史。全书正文共分四个部分。第一部分"城市书写"，主要梳理了美国城市环境史学的发展脉络，分析了城市环境史的既有范式、遭遇的困境与未来可能的研究方向，指出城市环境史应当打破城市的边界，将城市的发展放到地区整体演化过程中，发掘经济与生态的互动，关注人们关于城市与自然的思考对于城市及其生态的影响。第二部分"增长的城市"，聚焦城市内部，以匹兹堡和波士顿两个城市为例，重审自由、健康与道德在匹兹堡城市历史中的张力与变化，探讨波士顿在城市开展的自然保护，重新定义文明在城市时代的内涵。第三部分"扩张的城市"，关注城市与城市之外的世界之间的关系，该部分以拉斯维加斯和堪萨斯城两个城市为例，探讨了拉斯维加斯的人口迁移与生态变迁之间的联系，审视了堪萨斯城与其农业腹地的关系变化。第四部分"城市的思想景观"，讨论了城市与自然的关系，反思了城市主义与反城市主义思想的出现和演化，描述了人们对旧金山的城市想象与自然环境如何塑造了这个城市。该书资料翔实，论述清晰，文笔流畅，考察了城市发展与自然之间的关系，体现了环境史学家对人与自然之间关系的思考与关切。此外，书中所提出的三重生态悖论对思考当今城市的发展困境与未来使命也具有重要意义。（赵月涓、高国荣）

【王俊勇：《美国黄石国家公园生态管理的历史考察（1872—1995）》，中国社会科学出版社2021年版】

该书受西南林业大学马克思主义学院发展基金的资助。该书系统叙述了科学家研究和保护美国黄石国家公园野生动物的历史过程，深入分析了黄石公园野生动物保护等管理政策的重大转变及其原因，全面探讨了科学家在黄石国家公园野生动物保护过程中的地位和作用。全书由导论、正文四章与结语组成。导论交代了该书的选题缘由与意义，厘清了国家公园、野生动物和科学家等相关概念，并对黄石国家公园的相关研究进行了小结，介绍了该书的研究思路、方法与拟解决的问题。第一章探讨了黄石国家公园创建的历史背景，介绍了1872年之前黄石地区的生态环境、公园的创建过程以及公园创建早期野生动物的遭遇。第二章考察了野生动物管理的开端与生态思想的初步形成，阐述了国家公园管理局的创建过程，分析了"保存原始自然"的生态保护思想，以野生动物处为例探讨了生态学家的具体保护行动。第三章论述了20世纪30年代中期至60年代上半期自然平衡观的形成与应用，通过鹿、熊、野牛等野生动物管理，分析科学家在黄石公园开展的科研活动，展现了科学家、管理者、利益相关方三者之间的合作与冲突，揭示了黄石公园生态保护的内在矛盾。第四章阐述了生态保护理念的形成及其影响，从环保运动和环境立法两个方面论述了科学家在黄石公园生态管理中逐步扩大影响力的有利条件，探究了科学家在"自然规制"、大黄石生态系统等生态保护理念的形成及应用中所发挥的独特作用。该书以作者博士学位论文为基础修改而成，论述合理，文字简洁，是国内关于美国黄石国家公园生态管理历史的最新研究成果，可以为我国的国家公园建设提供借鉴。（赵月涓、高国荣）

【孟茹玉：《美国犹太人价值认同研究》，商务印书馆2021年版】

该书系国家社会科学基金重大项目"国外价值观教育现状调查与可借鉴性研究"的阶段性成果，被列入商务印书馆出版的"中外价值观教育前沿论丛"。价值观教育一向是世界各国普遍关注的焦点问题。东北师范大学思想政治教育研究中心依托学校"双一流"建设学科和思想政治教育国家重点学科的研究平台优势，十多年来聚焦中外价值观教育比较研究领域深耕细作，并在此基础上，与商务印书馆联合策划出版"中外价值观教育前沿论丛"，针对当今世界各国价值观教育的前沿热点问题进行实地走访和调研，开展系统深入研究。

孟茹玉博士的《美国犹太人价值认同研究》是该论丛首批推出的六部专著之一，全书由绪论、第一章美国犹太人价值认同的分析基础、第二章美国犹太人价值认同的历史流变、第三章美国犹太人价值认同的现代张力、第四章美国犹太人价值认同的构成逻辑、第五章美国犹太人价值认同的教育路径和第六章美国犹太人价值认同研究的启示共七个部分组成。在绪论中，作者对美国犹太人价值观认同问题的缘起、国内外的研究现状、研究内容和研究方法做出了概括性的介绍。随后作者逐章从美国犹太人价值认同的分析基础、历史流变、现代张力、构成逻辑及教育路径等方面对美国犹太人的价值认同进行了深入分析和探讨。作者认为，价值认同既是个体确证自我身份、塑造价值信仰的根本途径，也是群体凝心聚力的动力之源；犹太文明四千余年历经苦难而生生不息，其中价值观因素厥功至伟。价值认同的本质意涵包含有三层意思：一是表征事物的本质属性，即一事物区别于其他事物的特性；二是指涉事物的同一性，即不同事物之间共有共享的相通性，或同一事物在不同时空场域和发展阶段所秉承的一致性；三是指代身份或归属，即在自我与他者的关系结构和相互比照中，确证"我是谁"的身份和"我们是谁"的归属。

作为"中外价值观教育前沿论丛"之一，该书的立足点是为探寻社会主义核心价值观认同的教育路径服务的，因此，全书的重点放在了美国犹太人价值认同的教育路径及由此带给我们的启示。作者引用详尽的资料，追溯了美国犹太人价值认同教育的历史嬗变过程，剖析了美国犹太人价值认同教育体系的基本构成，并对美国犹太学校包含的各种类型及其价值认同教育方式进行了较为深刻的探讨和论述。该书对于我国当下的大中小学德育研究者、工作者乃至有一定兴趣的社会公众，都具有一定的启发价值和现实意义。

（谢闻歌）

【李剑鸣：《美国社会和政治史管窥》，广东高等教育出版社2021年版】

该书是李剑鸣教授的论文集，收录了他多年来在美国史研究方面的主要论文。全书分为三编，涵盖三个方面的主题。第一编题为"美国历史轨迹扫描"，由8篇论文构成，包括《美国历史的基本线索和主要特点》《奴隶制与美国内战前的社会和政治变迁》《论美国联邦行政权力的历史演变》等，讨论了从殖民地时期到20世纪美国社会和政治史中的若干重要问题，旨在弥补当时国内美国史知识体系和思想理论取向中存在的不足，参与中文语境中美国史研究的话语重构。第二编题为"文化接触的历史反思"，收录5篇论文，主题都是关于美国印第安人与主流社会的文化关系，包括《两个世界文明汇合与北美印第安人的历史命运》《文化接触与美国印第安人社会文化的变迁》《美国印第安人保留地制度的形成和作用》等，从宏观视角阐释印第安人数百年来在文化接触中的经历，试图在相当困难的研究条件下推动对美国印第安人历史的研究，并就文化解释的路径进行尝试。第三编题为"美国早期政治史蠡测"，包括6篇论文，集中讨论美国独立和建国时期的主要问题，比如《美国独立战争爆发前的政治辩论及其意义》《"危机"想象与美国革命的特征》《美国革命中的政体想象与国家构建》等，借助政治学和历史社会学的分析工具，基于比较丰富的原始材料，探讨美国早期国家构建的内涵和特征，努力从新的视角重新审视美国早期政治史。

文集中收录的《"危机"想象与美国革命的特征》一文曾经发表于《中国社会科学》2010年第3期，是李剑鸣教授的代表作之一。该文认为美国革命并不是通常意义上的社会政治经济危机的产物，建国精英以"自由的危机"为核心的"危机"想象，成为进行革命动员，推进国家建构的主导话语。建国精英所采取的这种危机话语，是以他们特定的价值取向和政治诉求为基础的，具有明显的想象性质。正是这样一种"危机"想象，在革命中发挥了重要的动员和辩护功能，而且还在一定程度上塑造了美国革命的特征。该文的视角独特，观点新颖，在美国革命史和早期政治史研究领域有着重要的地位。

（谢闻歌）

【王雪琴：《美国环境主义与环境运动研究》，光明日报出版社2021年版】

环境问题是全球共同面临的问题。在对环境问题的认识不断深入的过程中，美国环境主义思潮逐渐形成并引发环境运动，对全球产生深远影响。该书正文分为四章，即环境问题与研究方法、美国环境主义的批判性建构、美国环境主义的拓展性建构、美国环境主义面临的问题，以及结论。对美国环境主义与环境运动的研究，该书提出了两种建构方式，一是批判性建构，二是拓展性建构。前者体现为对西方文明的批判，后者体现为对西方文明的拓展。环境主义的构建首先具有批判意识，建立在对西方文明的批判基础上。超验主义、自然保护主义、大地伦理学等是对工业文明破坏环境的批判，突破西方工业文明发展无极限的思想，形成关注环境、保护环境的意识，弥补了工业文明的不足。第二次世界大战后，环境污染成为主要问题，卡逊用《寂静的春天》唤起人们对人类生活环境的注意，引发1970年的"地球日"活动以及现代环境运动，环境主义思潮不断深化。奈斯提出的"深层生态学"思想使环境主义发展到人类与自然和谐的新阶段，从而在更深层次上对西方哲学传统提出挑战。环境主义的拓展性建构始于20世纪70年代，建立在对西方主要观念的拓展基础上，把西方文明的内在价值从人向动物、植物，最后向自然万物、生态系统进行拓展，突破人类中心主义，肯定自然万物也应有与人类相同的平等权利，从而强调人与自然的和谐。批判性思维与拓展性思维两种方式有机结合，互相补充，丰富了西方文明的内容，形成美国思考环境问题的新意识，成为环境保护的思想前提。作者指出，批判性建构与拓展性建构两种方式互相渗透、相互补充，使环境主义和环境运动不断走向深入。

该书最后部分指出，美国环境运动存在的主要问题是没有重视环境运动带给少数民族及弱势群体的影响，忽视了"环境公正"，同时也面临美国企业集团组织起来的"反环境运动"。尽管环境主义者从自由主义传统对环境主义进行拓展性建构，但美国至今仍缺乏一种深厚而完备的人与自然和谐统一的观念，这是美国环境主义面临的主要挑战。建立人与自然和谐统一的世界观，是美国环境主义和环境运动的前进方向，也是可持续发展的最终目标。（张红菊）

【**章永乐：《此疆尔界："门罗主义"与近代空间政治》，生活·读书·新知三联书店2021年版**】

作者采用全球史的视角，考察了"门罗主义"的话语谱系在全球传播和演变的历史。全书分为绪论和五章。绪论首先介绍了作者对"门罗主义"话语的理解和研究方法，尤其探讨了空间政治的四个层次。第一章考察了"门罗主义"在美洲的演变历程。第二章考察了欧洲传统强国从排斥到接受的过程，由此展现出从19世纪以来欧洲运用"门罗主义"国际秩序的规则由传统公法向新国际法的演变。第三章讨论了日本作为一个新兴的资本主义强国，是如何运用"门罗主义"话语作为在亚洲与西方列强争霸的工具，既要抵抗欧美列强对亚洲的渗透，又要在亚洲扩张自己的势力，从而为其自身的殖民利益服务。第四章和第五章两章则以中国为代表性的个案，探讨殖民地与半殖民地国家是如何利用"门罗主义"话语来维护自身利益并完成革命任务的。其中第四章研究的是辛亥革命期间，南方革命各省是如何在革命的语境下运用"门罗主义"，从而创造出一种"省域门罗主义"的新话语，论证各省的独立和地方自治的正当性的。第五章研究从清末到民国晚期，中国作为一个国家，是如何在国际关系中运用"门罗主义"来维护自身的独立与抵抗外国列强的侵略的。

该书的创新之处在于，它突破了我们以往将"门罗主义"仅限于美国的外交政策的理解，而是通过对"门罗主义"话语传播历史的考察，梳理了两次世界大战前后，在国际体系中处于不同地位的国家对"门罗主义"的不同认识与使用——美国将"门罗主义"从维护自己在美洲大陆自由活动权利的工具变为在世界上实行"霸权主义"和"新殖民主义"的工具；德国与日本则将"门罗主义"与"生存空间"理论和军国主义传统相结合，最终走上纳粹主义与法西斯主义的道路；至于中国，"门罗主义"则在近代以来不同的历史发展阶段中为民主革命、国家统一和民族独立等不同的目标服务，发展出不同的样式，中国的知识分子在不同时期也对它做出了不同的解释和反应。因此，该书从政治史的视角考察"门罗主义"话语的"全球化"变形，可以说是19世纪末以来世界全球化过程的一个缩影。这是我们以全球史视角考察具体历史问题的一个有益尝试。（金海）

【王元崇：《中美相遇：大国外交与晚清兴衰（1784—1911）》，文汇出版社2021年版】

该书以大量翔实的史料、罕见的历史图片，生动而真实地还原了从1784年美国派出"中国皇后"号商船首次开启对华贸易到1911年辛亥革命为止近130年的美国与晚清中国之间外交关系的历史。全书包括引言和18章，从内容结构上来看，可以分为五个部分。第一部分包括第一章和第二章，整体介绍18世纪末的世界秩序以及这种秩序下的中美两国情况；第二部分包括第三章到第六章，介绍中美两国之间在经济上的碰撞与交流；第三部分包括第七章到第十章，介绍在中美关系中，两国的文化差异所带来的各种问题以及它们的应对之策；第四部分包括第十一章到第十六章，介绍中美关系中的政治、文化和人员交流，以及两国社会对这些交流的不同反应；第五部分包括第十七章和第十八章，介绍的是美国对中国传统势力范围的渗透和中国的应对政策。作者通过对晚清中美两国之间政治、经济、军事、文化和人员交流各方面的往来与互动的全面介绍，展现了"天朝"与"外夷"、传统与现代的激烈冲突下进步与保守、开放与封闭的复杂博弈，既还原了中国走向近代化与国际化的艰辛之旅，也追溯了美国在与非西方文明国家交往时所展现出的文化优越感和"普世价值观"的历史根源。

中美关系的历史并非一个新的研究课题，但是该书仍有其独到之处。它既有精彩的故事讲述，又有事件及人物的深刻剖析，并且用一种深邃的历史眼光将这些散落的珍珠连成一串精美的项链。它不同于我们以往的教科书过于简单化的三言两语的盖棺定论，而是回到历史发生的年代，通过认真检视每一个细节，让历史回归当事者本身。通过这些生动的刻画和描述，作者能够提出一些有别于传统教科书的独特视角和观点。因此，它既适合于成为专业研究者的参考书，也适于历史爱好者作为科普书来阅读。（金海）

【江振鹏：《奠基金融帝国：美国塔夫脱政府"金元外交"研究》，中国社会科学出版社2021年版】

"金元外交"在美国塔夫脱政府时期成型，其核心在于适应现代商业要求，以"金元"取代"子弹"，由美国国务院出面推动，对"一切合法、有利可图的美国海外企业予以一切恰当的支持"。塔夫脱政府时期"金元外交"的核心理念对美国外交政策的影响延续至今。该书以欠发达地区债务危机与美国"金元外交"关系为视角，以塔夫脱政府时期国务院、投资银行、财政专家在应对欠发达地区债务危机中的互动关系为主线，通过对塔夫脱政府时期"金元外交"进行较为系统的梳理，探讨美国在20世纪初期开始构筑国际财政和金融权力方面的尝试。全书正文分为四章。第一章阐述"金元外交"的背景，主要论述国务院、投资银行和财政专家在20世纪初期美国对外关系中所起的作用，探讨这一时期美国外交的总体性特征，即呈现出公共政策、私人资本与专业知识的"组合特征"。第二章以尼加拉瓜的债务危机为案例，探讨美国在其后院拉丁美洲地区打造"金元外交"样板中的"控制性和支配性作用"。第三章以利比里亚的债务危机为案例，论述塔夫脱时期美国对非洲地区实施"金元外交"

269

的情况。利比里亚债务危机与"金元外交"之间的关系最终表现为美国在利比里亚建立的以美国为主导,由英国、法国和德国共同参与的"国际海关关税监管体制"和由美国人兼任利比里亚政府财政顾问的格局。第四章以清末民初中国外债问题为案例,论述美国在亚洲地区实施"金元外交"的情况。结论部分对债务危机与塔夫脱政府"金元外交"的关系进行综合分析,总结其特征,并将"金元外交"置于美国外交政策发展史的大框架内,论述其所起的重要作用和历史影响。作者指出"金元外交"的核心理念在塔夫脱政府之后并未消失,作为一项兼具务实性、可操作性的外交政策,在随后美国多届政府实施的各类新版金融外交乃至美元霸权护持政策中都得到了延续。该书是作者在博士学位论文的基础上进一步修改付梓的,书中史料扎实,不仅运用了美国外交文件、清末外务部的档案等第一手官方资料,也运用了大量历史事件参与者的文集、回忆录等第一手私人文件,同时也参考了中外学者的研究成果,是国内史学界对美国"金元外交"政策研究的新起点。(王宏波)

【马燕坤:《秩序的建设与瓦解:后殖民时代美国在非洲的战略》,中国社会科学出版社2021年版】

实用主义是美国外交政策的特征之一。美国在非洲的战略演变史显示了这一点。该书认为当非洲在美国对外战略上具有价值时,美国就会积极推进对非战略,从而塑造出一定的秩序。而当美国认为非洲在其对外战略上不具有价值时,或者说当美国已经借助非洲完成了战略目标或任务时,美国便会从中抽身,从而瓦解先前已确立起来的秩序。作者以近代非洲历史和现代国际关系史为主线,分五章来阐述上述观点。第一章论述非洲处于殖民地时期美国在非洲"生产"秩序的建设与瓦解。在非洲处于殖民地时期,美国通过商品经济植入非洲,在非洲塑造出一定的秩序模式,美国因此在非洲获取源源不断的利益。第二章论述殖民统治体系瓦解后到冷战结束前美国在非洲"非红色"秩序的建设与瓦解。美国从与苏联冷战的战略出发,在与非洲的外交关系上,以"反殖民主义"、"反共产主义"和支持"民主主义"的方式,通过经济援助、军事基地建设等为美国在非洲确立扩张主义格局,也为美国在非洲的战略秩序确立了框架。随着苏联解体,美国在非洲的"非红色"秩序随之瓦解。第三章论述冷战结束后到"9·11"事件前美国在非洲"信任"秩序的建设与瓦解。冷战结束后,美国作为唯一的超级大国,将非洲纳入美国维护其单级优势的战略中。美国把在非洲的战略重心放在对"信誉"的精心打造上,在方式上则以提升经济外交和民主外交的价值为重心。但非洲经济的落后和民主主义的泛滥使美国的对非战略收获甚微。第四章论述了"9·11"事件后至本·拉登之死美国在非洲"分类"秩序的建设与瓦解。"9·11"事件打破了美国塑造属于美国的世纪的愿望,反恐成为美国外交的首要任务。从维护美国世界霸权出发,在反恐上美国将一部分非洲国家纳入反恐联盟的同时,将其他非洲国家排除在外,其目的是美国要在非洲建立"分类"秩序。本·拉登死亡后,美国在非洲乃至世界的"分类"秩序动摇。第五章论述了在美国重返亚太的战略背景下美国在非洲的战略以及中国在非洲的战略空间。由于美国难以将更多的精力投注在非洲身上,这对于中国在非洲建立长效性外交战略来说是有机会的。该书认为,美国在非洲秩序的建设与瓦解,既体现出美国的战略惯性,也体现出美国外交战略的不确定性。进而言之,美国不仅在非洲如此,甚至对世界其他国家和地区也同样不例外。(王宏波)

西欧史

【潘迎华：《19世纪英国中产阶级女性研究》，社会科学文献出版社2021年版】

随着女性主义思潮的发展和人们认识的进步，妇女史的研究，尤其女性在历史中的地位与作用从过去历史学研究的盲点逐渐成为讨论的热点。近代英国是女性主义思想主张和政治运动的发源地之一，尤其是到了19世纪，随着技术进步和经济发展，英国社会经历了经济工业化和政治民主化的深刻变革，这也同样影响了英国的社会结构和家庭生活，经济和社会生活的巨大变革使得19世纪英国不同阶层的女性生活出现了差异性的变化，中产阶级女性开始走出家庭的私人领域，产生更多的社会政治影响。该书以19世纪英国的中产阶级女性为研究对象，综合多学科理论知识，梳理分析此阶段不同时期、不同阶层中产阶级女性的生活理念，其在家庭私人领域和公共领域的活动状况、地位和作用的演变，考察其生活工作状况和家庭社会地位演变对中产阶级文化模式的影响，以及社会经济、政治、文化进步与妇女家庭地位变迁的关系。全书正文包括五章，第一章介绍了英国中产阶级及其文化模式的特征与历史，表明19世纪英国中产阶级的自由民主理论与改革实践活动对当时英国社会生活模式和政治模式的影响；第二章分析了中产阶级女性的家庭生活，其家庭法律地位和财产权等内容；第三章讨论不同阶层中产阶级女性的职业生涯和投资经营活动，论证其在经济领域的作用；第四章考察英国中产阶级女性的受教育情况和女性教育事业的发展；第五章则着力描绘中产阶级女性在公共政治社会领域所发挥的作用，讨论了其参政的政治环境以及女性慈善活动和参政运动，并总结了中产阶级女性参政运动的理论贡献。较以往的家庭史和妇女史研究作品而言，该书将观察焦点放在现代女性主义理论和实践萌发的时刻，着力分析在经济基础、政治模式和社会观念变革的大背景之下，中产阶级女性对女性正当权利的争取和所做出的实践与理论贡献，以历史唯物主义为理论基础，结合了政治史、思想史、家庭史和妇女史等视角，全面客观地勾勒了19世纪英国中产阶级女性在公共领域和私人领域的形象，全书结构合理、叙述线索清楚、图表资料翔实、史料丰富、文笔优美，为女性主义运动、妇女史和家庭史等领域的研究写作提供了示范和借鉴。（罗宇维）

【孟钟捷、王琼颖：《魏玛德国社会政策研究》，中国社会科学出版社2021年版】

魏玛德国是德国历史上的第一个"福利国家"，其社会政策虽被视为民主体制失效的根源之一，但它在社会治理方面仍具有先驱性。在当代中国日益重视"加强和创新社会治理"的背景下，魏玛德国社会政策实践的经验和教训具有一定的借鉴意义。该书结合整体视角与个案研究，利用政治文化史的方法，以七大社会政策——雇员保护政策、住房政策、劳动力市场政策、传统社会保护政策、家庭政策、历史政策和特殊群体政策——为观察对象，以劳动时间规范、社会福利房建设、失业保险体制建构、"新穷人"及"医生群体"的反抗、"堕胎禁令"存废、公共纪念之争、针对青少年和吉卜赛人及同性恋者的矫正措施为研究个案，来剖析这一时期社会治理的路径与问题。全书正文分为七章。第一章，从8小时工作制规范出发，讨论了魏玛德国的雇员保护政策。第二章，以社会福利房建设为例，探讨了魏玛德国的住房政策。第三章，从失业保险体制来谈魏玛德国劳动力市场政策的演变。第四章，讨论魏玛时期传统社会保险政策在扩大和改革过程中遭遇的困境，特别是遭受"新穷人"

和"医生群体"的抗议。第五章,以"堕胎禁令"的存废之争为中心,探讨了魏玛德国的家庭政策。第六章,以国名、纪念日和公共历史书写为核心,探讨了魏玛共和国的历史政策。第七章,以青少年、吉卜赛人和同性恋者三类特殊群体为对象,讨论了魏玛德国针对特殊群体的矫正措施。最后,作者认为以上探讨的七大社会政策都从一个侧面提供了一套解决"社会问题"的方式。魏玛德国的社会政策一方面具有在整个德国历史上的延续性特征,另一方面也展示出时代所赋予的新意和特性。但由于时间短促以及两大困境——社会政策在增加国家权力和保障社会权利之间的张力以及社会政策在经济政策和政治政策之间的张力,魏玛德国的社会政策未能解决魏玛时代的社会问题。该书较之于以往的同类型研究,使用了新开放的档案材料,更加全面地关注魏玛德国社会政策的各个领域,讲述了不同社会政策的前因后果,并加强不同个案之间的联系性,从政治文化史的角度重新认识社会政策发展中的贡献和问题。(王超 孙语馨)

【周弘主编:《德国统一的外交》,社会科学文献出版社2021年版】

德国统一不仅解决了传统外交的巅峰问题,而且大量地使用了多领域的外交工具,在短短数月内完成了错综复杂的外交谈判,堪称世界外交史中的奇迹。该书从两个德国、整个欧洲以及东西方阵营三个层面的六个主要利益攸关方出发,主要研究20世纪80年代末90年代初主张并推动两德统一的政治力量,如何在两德统一的外部进程中折冲樽俎,最终使受到国际法承认的两个主权德国实现和平统一的博弈过程。全书正文分为七章。第一、二章关注了两个德国与德国统一。第一章重点在分析联邦德国为实现德意志民族重新统一的夙愿而采取的外交政策,尤其是在科尔执政时期。第二章侧重分析民主德国在德国统一立场上经历的两次重大转变,以及其民族分离主义政策失败的原因。第三章至第五章关注了围绕德国统一的欧洲外交场。第三章分析了撒切尔夫人领导下英国对德国统一的态度及对德政策转变。第四章分析了在法国支持德国统一的基调上密特朗政府对德政策的转变。第五章分析了欧共体在德国统一进程中扮演的角色。第六、七章关注了东西方博弈与德国统一。第六章主要分析美国在"超越遏制"战略下对德国统一进程的推动。第七章侧重分析苏联(主要是戈尔巴乔夫时期)对德政策的变化。综上,通过外交活动,德国统一完成了最后的冲刺,最终以和平的方式得以实现。德国统一实质性地推动了欧洲一体化,也从根本上改变了欧洲的地缘政治格局,并对苏联乃至当前的俄罗斯产生了深远的地缘政治影响,华沙条约组织解散,而北约却持续东扩,俄罗斯的战略空间被不断压缩,美国在欧洲的主导地位进一步加强。两德统一提供了一个二战后分裂国家走向统一的现实案例,通过对其进行研究和分析,可以揭示德国统一的内外在原因,同时认识到在德国统一过程中,外交努力所起的举足轻重的作用。较之于国内以往对二战后德国统一问题的研究,该书利用了多国原始文献,从外交的角度细致、全面、详尽地梳理了德国统一过程中相关方的外交博弈,还将德国统一问题放到欧洲一体化的进程中进一步探讨。(王超 孙语馨)

【向荣:《历史的延续与变迁》,商务印书馆2021年版】

该著作集合了作者从教生涯以来部分的学术论文和学术文章,分为"政治与政治文化""经济与社会""文化与心态""史学与史学史""书评与书序"五个主题,全面反映了作者的学术思想与治学理念。15—18世纪是西欧历史的重要转型时期,是西欧社会全面从中世纪迈向近代的关键阶段,以英国为先导的西欧诸国，在政治、经济、文化、思想方面经历了巨大的变革，西方学术界将这一重要时期定义为"近代早期"。该书以英国近代早期的历史为主，揭示了英国近代转型的过程。向荣教授的研究以马克思主义为指导，坚持唯物史观，阐释了西欧近代转型的历史客观规律，在学术观点上创新，并被学界所广泛认可。其一，作者修正了学术界对于过渡时期的认识，强调社会变革是一个渐进的长时段过程，并非一蹴而就，例如英国近代早期的贫困问题，并不像学界之前描述的那样严重，生产力的发展和济贫制度的建立，实则缓解了这种社会矛盾；其二，作者跨越了国别史的限制，以宏大的视角审视了近代早期的欧洲历史，在比较研究方面有突出的贡献，例如意大利和英国在两次鼠疫流行期间政策的差异，指出西欧国家对于防疫政策的差异性，符合各国国情的防疫政策才能持久有效；同时应该重视历史本身的复杂性，避免意识形态和过度的理论构建；其三，向荣教授从英国近代转型入手，关注资本主义起源和发展这一宏大的问题，通过批判性反思"新教伦理和资本主义精神"、"皮朗命题"和 R.H. 托尼对于资本主义经典论断，揭示资本主义发展的一般性规律；其四，该书关注国内外最新的学术前沿和学术动态，并且提出自己的见解，展望了民族史和世界史在中国历史学界的前景及可能出现的困境。

该书在国内具有创建性，作者采取了宏观叙事和微观研究相结合的研究方式，在关注学界的发展趋势和宏大叙事的同时，兼顾微观研究和个案研究，利用翔实的一手资料研究，使用的材料包括档案、手稿、近代早期的印制品等，为国内世界史研究的不断深入和专业化做出了贡献。该著作代表了我国世界史研究的高水平。该书自出版以来，获得了学术界的一致好评。（赵博文）

【于洪：《英国现代法治的历史渊源研究》，人民出版社 2021 年版】

于洪深耕法治史领域多年，该部著作是其多年研究成果的集中体现。法治史是英国历史研究中经久不衰的主题，英国历史上的政治、经济、制度、文化皆在法律中体现；与欧洲大陆施行的大陆法系所不同，英国施行的是独树一帜的"普通法系"，具有全球性的影响。该书研究的重点在于"普通法系"是如何在英国一步步确立，并且引导英国从传统社会向现代社会转变的历史进程。

相比于程汉大主编《英国法制史》一书，该书更加侧重于法治社会的确立，是对《英国法制史》的有益补充，全面性深化了中国学术界的法律史研究。该书从宏观的历史视角出发，认为英国的"普通法系"始于诺曼征服，征服者威廉建立的封建制度为普通法的确立创造了至关重要的政治条件和社会环境；亨利二世的司法改革及其后继君主对诉讼体系的完善，整合了通行于英格兰的习惯法，促进了普通法的成型。随着封建制度的不断完善，法律和王权之间的地位问题逐渐显现，从《牛津条例》到《大宪章》的出台，法律始终扮演着约束王权的角色，将国王和贵族之间的矛盾控制在一定的限度内。这种权力的制衡机制，为英国日后的法治社会形成提供了制度上的支撑。玫瑰战争之后，王权不断加强，英国出现了特权法庭，对中世纪以降的普通法体系形成强有力的挑战。英国的新兴阶层和法律团体在这一时期维护普通法至上的传统，保留了英国法治社会的传统和希望。英国内战最终确立了议会主权，司法独立得以实现，英国法治社会正式确立，保证英国走向近代。

全书沿着法治发展的历史脉络层层递进，有扎实的史料作为支撑和依托，令人信服地勾画出英国法治社会出现的历史过程。于洪副教授的专著查阅、使用了大量的原始文献，具有很强的学术性，扎实可靠，很好地做到了论从史出。同时，作者很好地利用了不同的原始文献，做到了原始文献之间的互证，避免了过分依靠"孤证"史料而导致结论不充分的情况，利用新材料、新方法将传统的经典题目做出新意，获得学界好评的同时，推进了国内英国法律史的发展。（赵博文）

【朱明：《巴勒莫：一部全球史》，上海人民出版社 2021 年版】

该书的考察对象是意大利南部西西里大区的首府巴勒莫。在 12 世纪前后，这座城市是地中海世界的中心，与欧洲、非洲、亚洲都有密切的联系，而且与同时期欧亚大陆上的许多城市都有可比性。在以往的欧洲城市史研究中，中世纪城市的源头一般被置于公元 12 世纪前后。因为传统做法是将中世纪早期的欧洲视作古罗马时代以后衰落、中断的时期，城市的消失也被认为是这一时期的重要特征。该书认为这种划分方法忽视了古罗马城市的延续性、日耳曼王国的城市化，以及来自基督教和伊斯兰文明的影响，而这些因素在欧洲中世纪城市的发展初期都起到一定作用，为欧洲城市此后的发展奠定了基础。20 世纪七八十年代，世界的发展在朝全球一体化大踏步进行，欧洲地方史和城市史的研究也在 20 世纪 90 年代以后有更大程度的突破。一方面，20 世纪末以来的城市史注重从细微处着手，研究城市的具体空间，探讨其生成的背景和原因，并且对其功能和影响深入考察。另一方面，城市史的研究也在朝着更宏大的空间发展，从过去注重地方性、国家内的城市，到现在关注跨区域、跨国界的流动中的城市。该书借助近三十年史学理论的革命和创新，以巴勒莫为中心，突破以往局限于西欧的城市研究范式，从全球史的视角分析这座中世纪的"全球城市"，并且将其与地中海周边城市以及"丝绸之路"上的城市做比较，展示一幅世界范围内城市发展的历史长卷，在更广阔的空间考察多元文明的共存，为欧洲城市史和世界文明史研究提供新的视角和方法，对我们理解"全球城市"的历史渊源和历史上全球化时代对城市的影响，也具有借鉴意义。该书以小见大，既是一部以巴勒莫为中心的城市史，也是一部以巴勒莫为视角和出发点的全球史。作者对全球化、多元文明抱以积极、支持的态度，将中世纪巴勒莫的繁荣归因为多元文明的包容性。作者认为，在中世纪全球化的背景下，容纳多样文明是顺应历史潮流的表现，巴勒莫虽然屡次发生政权易手的情况，但是城市文化、社会、经济、城市建设各方面都从中获得了促进作用，反而是全球性让位于地域性之后，巴勒莫告别了曾经的繁荣时代。作者对这种由盛转衰的演变感到叹惋，他在全书的历史叙述中注入了自己的主张与关怀。（信美利）

【沈坚、乐启良主编：《当代法国史学研究新趋势》，浙江大学出版社 2021 年版】

该书是继 2005 年李宏图主编的《法国史研究的新视野》之后，中国又一部按专题和领域反映中国法国史学者群体最新研究成果的综合性著作，由 18 位中青年法国史学者执笔而成。为了体现法国史研究的各前沿领域，该书按照主题分成了六大部分，即"历史的阐释与编纂""气候、环境与经济""社会史的重生""政治史的回归""时间和记忆""情感与身体"，基本覆盖了法国史研究的传统领域以及新兴方向。

第一部分历史的阐释与编纂部分只有《保罗·利科的研究取向与科学的历史阐述学的建构》一文，作者吕一民系统梳理了对于当代法国史学界影响最大的思想家保罗·利科的研究取向：恪守人文主义传统、重视历史学家的责任感、强调历史学的客观性、重视"他者"、注重叙事等。第二部分"气候、环境与经济"包含三篇综述文章，分别对法国正在兴起的气候史、城市环境史和企业史等新兴领域的研究进行了系统的梳理，并概括了各领域的特点、优势、局限，并展望了未来发展方向。第三部分和第四部分"社会史的重生"和"政治史的回归"则聚焦法国传统史学领域的新动向和新趋势，探讨法国社会史前沿的四篇论文涉及努瓦利耶的社会历史学、18世纪法国书籍与社会研究、比较社会史，以及法国革命史的全球转向等。而第四部分政治史的回归包括四篇文章，前两篇追踪法国政治史研究新趋势，探讨了后年鉴学派时代法国兴起的新政治史、政治的概念史和政治的文化史等流派。后两篇则探讨西方学界对法国重要思想家孟德斯鸠和基佐政治思想的最新研究。第五部分和第六部分则聚焦法国史学的前沿主题，即"时间和记忆""情感与身体"，各包含两篇文章。黄艳红从法国经验出发阐述了历史性体制概念及其在史学研究的应用。沈坚则阐述了蓬勃兴起的法国记忆史的特点、优势和局限。孙一萍和徐前进对法国情感史和身体史的发展进行了深入的介绍。

在这六大部分之外，还包括"近年来西方学界的近代早期法国史研究"和三篇法国著名历史学家的访谈文章，前者综合了近年来英语学界和法语学界对于法国近代早期史领域的多个领域的研究成果，而后者则体现了国内对法国重要学者和研究前沿的了解。

除了分领域介绍外，该书还对法国史学研究总体趋势进行了总结，指出法国史学中结构主义、革命话语、宏大叙事正在衰退，微观史、主观体验史大行其道。总的来看，该书的作者遍布中国十三所高校，涉及领域包括历史哲学、政治史、社会史、书籍史、记忆史、身体史、情感史、气候史、环境史、企业史、全球史等，较为全面地呈现了20世纪80年代以来国内法国史学研究的总体特征，是一部高水平的集体学术成果。（杨光）

【张弛：《重估政治：理解18世纪法国史》，浙江大学出版社2021年版】

该书系浙江大学"双一流骨干基础学科建设"和"中央高校基本科研业务费专项资助的成果"，收录了作者近十年来在学术期刊和媒体上发表的12篇在法国史领域发表的学术论文、研究综述和书评文章，涉及法国旧制度和大革命史两个领域的政治史。该书分成五个部分，包括政治体制、政治语境、政治文化、再评法国革命，以及历史与文化研究。该书主要从政治与文化、制度和思想等几个方面，来理解18世纪法国如何由绝对君主制国家转变为现代国家。

第一部分是政治体制，包括两篇文章，分别选择旧制度时期绝对君主制的研究取向和法国大革命时期中央集权制从废弃到复建这两个主题来探讨法国国家体制在大革命前后的延续和变革。总的来说这两个研究虽然时段不同，但都在借鉴西方史学界最新成果的基础上，很大程度上修正了托克维尔式的印象主义理解，质疑了近代法国国家的全能和全权，强调了社会的能动性，以及以往不被重视的经济因素。作者提出法国大革命前后的行政体制经历了"从多样性的中央集权"（1789年之前），经"统一分权体制"（1789—1792年）这一过渡阶段，最终迈向了"统一的中央集权体制"（1793年至法兰西第一帝国）。第二部分主要探讨理解政治的历史背景，也包括两篇文章，第一篇从18世纪达让松的《法国古今政体论》来讨论法国政治激进主义的起源，而第二篇则讨论了大革命时期的财产权和政治权利的挂钩如何锻造资产阶级的问题。第三部分研究政治文化，实际上也是剖析政治语境，这部分的三篇文章分别研究大革命前后的无套裤汉、1792年国民公会选举以及法国革命中的农民问题，作者主张在重新思考传统结论获得路径的局限性的基础上，回到历史原有语境下去理解大革命时期的政治符号、政治议程和政治力量，得出了有说服力的新结论。第四部分"再评法国革命"部分收入两篇综述，分别系统梳理了近年来国际学界对于法国大革命起源和恐怖政治的研究的最新观点，客观地指出了近年来观念文化取向的研究路径的成果和不足。第五部分历史与文化研究收入三篇书评，涉及法国劳工、年鉴学派、法国大革命时期的女性服饰等主题。作者在这部分并不满足于就书评书，对于相关专著涉及的专有概念、史学争论以及相关跨学科知识都进行了深入介绍。总的来说，该书既呈现了作者作为青年法国史学者从博士学位论文写作到独立开辟新研究领域的个人学术史，也代表了国内法国史学界对旧制度到大革命政治史的研究水平，是一部富有洞见，具有启发性的专著。（杨光）

【刘景华等：《欧洲农村城镇化进程及其借鉴意义》，经济科学出版社 2021 年版】

由刘景华教授领衔，国内外多所高校学者通力合作撰写的《欧洲农村城镇化进程及其借鉴意义》系教育部哲学社会科学重大课题项目结项成果，被纳入"十三五"国家重点出版物出版规划项目。该书以长时段视角分国别讨论探讨了从公元 11 世纪至今欧洲农村城镇化在不同阶段的发展特点，在此基础上结合国内乡镇城市化案例提出了具体借鉴意义。

该书共分为八篇二十二章。第一篇主要讨论研究目标和概念，特别对城镇化和城市化两个概念进行了辨析，并说明城镇化在不同学科语境下的不同含义。第二篇则是欧洲城镇化进程的宏观研究，包括在分期的基础上讨论各自阶段主要特征，中世纪是欧洲乡村城镇化的奠基和心理准备时期，近代早期是农村城镇化启动时期，18—20 世纪工业革命和工业化时期农村城镇化全面推进，20世纪后期农村城镇化多样态推进直到完成。作者指出工业革命和工业化是推进农村城镇化的基本动力，农村城镇化促进了农民生活水平的提高。第三篇则结合丹麦、法国、英国的实例，从长时段的视角探讨欧洲乡村的基础设施完善、乡村改造以及 20 世纪以来农村面对新挑战时的观念转变。鉴于乡村旅游业在当今欧洲乡村经济的重要地位，该书在第四篇结合英国、法国、德国、意大利、奥地利等多国具体实例，从乡村旅游业发展探讨欧洲乡镇经济振兴。第五篇则聚焦中世纪晚期至今的英国农村现代化进程，探讨了从"原工业化"、工业革命到 20 世纪等不同阶段英国农村城镇化的特征和挑战。第六篇则运用比较视角将视线转向了欧洲大陆，分别探讨了法国、德国和荷兰三国农村城镇化的特点，这一部分较好地把握了欧洲各国农村城镇化的个性。第七篇是该书的点睛之笔，作者对国内东部发达地区和中西部地区经济区位不同的四地（天津蓟州、浙江、湖南邵东、甘肃定西）进行实地调研和考察，展现了各自的城镇化进程及优势或不足。在掌握中欧一手资料的基础上，该书结合对欧洲农村城镇化的研究和考察，提出了有针对性的意见，包括注重农村城市化的长期性、注意自然发展和政府干预的关系，以及在空间上追求城镇格局的平衡性和合理性、培育农村新的经济增长点、运用新科技新思维提升农村资源利用度等建议，具有可信性和可行性。

总之，该书在综合英国、法国、德国、意大利、荷兰五国城镇化历史经验的基础上，总结提炼出欧洲农村城镇化的多种范式和共同特征。同时，此书还包含欧洲多国和中国共计数十个村镇的实地调研报告，从实际出发，为我国农村城镇化进程中如何避免乡村衰败提供了借鉴和建议，体现了国内欧洲史研究的现实意义和本土关怀。（杨光）

【张炜：《社会变迁的催化剂：16 世纪英格兰的印刷媒介》，社会科学文献出版社 2021 年版】

该书系中国社会科学院创新工程学术出版资助项目成果。书籍史是 20 世纪后半叶首先在欧美学术界发展起来的一个重要学术研究领域，近年来在中国学术界也引起了越来越多学者的关注。该书充分借鉴吸收了这种新兴的研究视角和方法，从印刷媒介与社会变迁的互动关系入手，强调了印刷书籍对 16 世纪英格兰政治、经济、社会文化等方面的影响。作者在肯定印刷术历史作用的同时，也对"印刷革命"论进行了有理有据的辨析，认为新型传播技术的发展普及以及与之相伴的新知识的传播，均要受到社会诸多因素的制约，也就是说，技术并不具有决定性力量，而是一种推动性力量，这样也就解释了为什么金属活字印刷术在某些国家和地区得到了较快的推广，具有较大影响力，而在另外一些地区的发展则相对迟滞。该书梳理了数十年来，特别是 21 世纪以来欧美学术界的最新研究情况，分析其方法和资料的特色，从而勾勒出一幅较为全面细致的学术史图景，这本身即具有一定的学术价值；此外，作者在吸收相关研究成果的基础上，使用了很多第一手印刷品资料，使该书具有较高的史料价值；特别值得一提的是，该书在理论上也有自己的创新之处，主要在于修正了"印刷革命"论的某些偏颇之处，提出要以更全面的视角审视印刷术的社会影响问题。该书作为"新书架·书籍史"的代表性著作被《光明日报》2022 年 7 月 9 日第 12 版推介。（袁子傲）

俄罗斯、东欧、中亚史

【马细谱：《巴尔干近现代史》（上下卷），中国社会科学出版社 2021 年版】

该书系中国社会科学院老年科研基金资助项目成果，是中国社会科学院老学者文库中的一种。马细谱是我国著名的巴尔干史专家。该书是作者潜心研究巴尔干历史六十余年的结晶之作。有别于国内已有的东欧史和巴尔干国别史著作，这是第一部中国学者专门研究巴尔干地区通史的专著。该书上卷第一篇从中世纪讲起，奥斯曼统治时期（15 世纪至 19 世纪）和战争年代的巴尔干国家（1918—1945 年）各为一篇，共三篇九章。下卷的冷战中的巴尔干国家（1945—1990 年）和巴尔干国家参与欧洲一体化进程各为一篇，共两篇九章。下卷还有巴尔干大事记，奥斯曼谱系图，巴尔干国家总统和总理一览表，希腊历代国王、总统、总理一览表，巴尔干国家经济、转轨水平、投资、贸易、人口、民族等基本情况表等附录多种，非常实用。作为一部通史，该书除全面性之外，还有一些重要的创新之处值得注意。第一，在研究对象上，该著详细论述了土耳其和希腊这两个通常不在中东欧范畴之内的域内国家的历史：前者因通常在中东史中进行研究，因此往往缺乏欧洲视角，后者虽然是该地区的重要国家，从奥斯曼统治下最先获得独立且是西方在该地区的唯一传统盟国，但除了其本国国别史和现代国际关系史之外，很少作为欧洲区域史的重要内容进行叙述。该书将这两国纳入考察，弥补了以往巴尔干史的一个明显缺陷，使叙述体系更加完整。第二，在考察时段上，该著有关于中东欧国家参与欧盟和北约的大量论述。这些发生在最近十几年的事件，对该地区的历史而言，具有分水岭意义，但由于其属于晚近的当代史范畴，常常为史学界所回避。该著将其纳入考察，因此具有鲜明的时代性。第三，该著具有鲜明的国际视角，不仅限于就巴尔干论巴尔干，在许多重大的节点性历史事件中，例如在南斯拉夫国家解体问题上，详细分析了国际局势的影响和德、法、英、美、意大利、苏联—俄罗斯等涉事各主要国家的有关立场，这对于巴尔干现当代史的撰写而言，还是第一次。第四，该著有着丰富的历史细节，如在冷战结束后，巴尔干各国如罗马尼亚、保加利亚、塞尔维亚、阿尔巴尼亚等前王室的政治作为；这一内容是巴尔干史的题中应有之义，但在以往研究中几乎为空白；这也充分展现了作者深厚的史学积累。第五，从编排形式上，作者很好地运用了专题的形式，将宗教、文化等在巴尔干地区具有共性的问题单独提出，系统论述，避免了因国别叙述而造成的割裂。总体而言，这部巴尔干史著作不但具有地域全面、资料翔实、与时俱进、国际视角的特点，而且编排清晰、叙述生动，引人入胜，可以说是学术性与可读性均属上乘的学术佳作。（鲍宏铮）

【孙兴杰：《"东方问题"与巴尔干化的历史根源》，中央编译出版社2021年版】

"东方问题"是国际关系史中的经典问题，受到了包括马克思、恩格斯在内的时人和后代学者的广泛重视。"巴尔干化"进程始于"东方问题"，而这一具有负面意味和悲剧色彩的称谓又是理解后冷战时代前南斯拉夫问题、巴尔干局势，乃至欧盟和北约政策的一把钥匙。因此该书的研究内容不但具有历史深度，也颇具现实意义。该书共分六章：第一章导论；第二章"东方问题的内涵与分期"介绍了帝国理论在区域范围内的形态，马克思主义、文明冲突论、地缘政治论分别如何看待"东方问题"；第三章"帝国、战争与边缘的形成"分析了奥斯曼帝国、哈布斯堡王朝、沙皇俄国的国家能力与战争史，以及巴尔干作为几大帝国边缘地带的地位的形成；第四章"霸权体系下的东方问题"分析了奥斯曼土耳其帝国在从帝国体系向霸权体系转型过程中所面临的内外困局；第五章"区域崛起与东方问题的终结"分析了巴尔干民族主义的兴起和与奥斯曼帝国的博弈；第六章"后帝国空间与巴尔干化的逻辑"分析了奥斯曼帝国解体及巴尔干地区在民族和政治上的碎片化。该书详细分析了"东方问题"背景下，帝国中心与边缘的博弈、欧洲国际体对巴尔干国家的深度介入，以及民族国家构建等因素在"巴尔干化"进程中的作用，具有国际关系史的性质，是对中国巴尔干问题研究的一次重要提升，具有鲜明的跨学科特点。作者在政治学理论和国际关系史的框架下，对巴尔干地区近四百年来的历史演化进行了详尽的分析。围绕"东方问题"这一主线，作者系统叙述了几个主要涉事帝国在各个阶段的内政、外交情况以及欧洲的整体局势，并在这一框架下对奥斯曼内政改革、希腊民族独立战争、东南欧民族独立运动等历史事件进行了充分研究，使原本在国别史领域内的内容，甚至域外国家的内容，都有机地融入了巴尔干研究的整体之中，取得了很好的效果，使读者对西方政治学框架如何在巴尔干问题上得以体现有了比较完整的认识，是中国史学界对巴尔干问题、"东方问题"的一次开创性研究。（鲍宏铮）

【庄宇、施越主编：《俄罗斯国家建构的历史进程》，商务印书馆2021年版】

《俄罗斯国家建构的历史进程》是一部以俄罗斯国家建构为主题的学术论文集，由来自北京大学历史系和北京大学外国语学院的两位青年学者主编，是"北京大学区域国别研究丛书"中的一种。该书分为"历史编"和"当代编"两个部分，分别有7篇和3篇专题论文，加上全书导言，共11篇文章。这11位作者之中，有3位是来自日本、英国和俄罗斯的海外学者；8位中国作者则都是中国俄国史学界的著名教授或活跃的学界新锐。

该书颇有特色，值得学界注意。首先，该书对俄罗斯国家构建的研究突破了俄罗斯民族和俄罗斯欧洲地区的界限，拓展到了沙皇俄国最为晚近的领土，全文11篇文章中有5篇直接或间接与此有关，如日本北海道大学斯拉夫研究中心教授宇山智彦的《个别主义帝国——俄国在中亚的改宗和征兵政策》、英国牛津大学历史系副教授莫里森的《俄罗斯帝国的母国、殖民地和帝国公民性》、北京大学外国语学院助理教授施越的《沙俄对哈萨克草原东部地区统治政策初探》等文章。这在中国的学界和出版界是一次重要尝试。其次，该书中的不少论文具有跨学科特点，如施越对1822年《西伯利亚吉尔吉斯人条例》的研究、北京师范大学历史学院教授张建华的《俄罗斯"民族认同"与"公民认同"的博弈》一文都综合运用了政治学、法律学、民族学等知识，使文章体现出了跨学科性质。最后，该书对国家认同问题的探讨覆盖了从18世纪直到普京第四个总统任期的广阔时段，如中国社会科学院俄罗斯东欧中亚研究所研究员庞大鹏的《当代俄罗斯思想》就对晚近出现的"普京主义""普京长久国家"进行了研究。

该书从选题到编排，再到每篇文章，都展现出了高超的学术水平，特别是年轻学者们的思想活力。值得一提的是，这是一次由中国年轻一代学者担任主编，有海外重量级学者加盟的国际合作，汇集了西方、东方和俄罗斯的三种传统，同时也向国际同行展现了中国学界的最新气象。将中国的俄国研究带向世界先进水平始终是中国学人的目标。这一工作经过三十年的努力已取得重要进展。该文集的问世可以说是中国学人在这条道路上的又一个重要成果。（鲍宏铮）

【宋永成：《苏联犹太人研究（1941—1953）——以犹太人反法西斯委员会为中心》，商务印书馆2021年版】

该书是关于卫国战争爆发前后苏联犹太人问题的专题性研究著作。出于种种原因，犹太学在中国发展较快，而关于苏联犹太人的研究在我国学界的研究基础较为薄弱。犹太人是俄罗斯帝国和苏联境内的重要族群，发挥着重要而独特的作用，也遭受了多舛的命运。宋永成的著作着重于探讨和挖掘二战爆发前后苏联对犹太人政策的演变、苏联犹太人与苏联政府的关系、犹太人的去留抉择问题。作者运用大量文献资料（其中包括大量的苏联档案文献），对该时期苏联犹太人问题做出了严谨、翔实的梳理和考订。全书70余万字，注释占30万字。当然，关于该时期苏联的具体政策（诸如苏联反犹主义）的根源和性质的探讨并未彻底终结，仍然是一个开放的问题。尤其是，关于"列宁格勒案""医生案"的事实和价值判断部分，能否将其主要归因于斯大林的某些心理学症候，赫鲁晓夫等人的说法（尤其是赫鲁晓夫"秘密报告"中的说法）在多大程度上可以采信，仍有很大的探讨空间。（李颖、侯艾君）

【昝涛：《从巴格达到伊斯坦布尔：历史视野下的中东大变局》，中信出版集团股份有限公司2022年版】

此书是近年来出版的有关中东、西亚（部分涉及中亚、高加索等地区）主要大国如伊朗、土耳其，以及阿拉伯诸国的历史与现状的较有分量的著作。该书对中东地区一些根本性的重大历史与现实问题做出自己的学术观察，视野宏阔，方法论意识、问题导向突出；历史与现状相结合；宏观视角和重大论题与微观、实证的论证相结合；在大范围内对有关联度的时空进行比较分析；文笔流畅生动。作者对中东地区的现当代政治变迁做出了自己的解读。该书的形式和风格迥异于通常的学院派著作，而类似一种学术随笔，因而在学术表达方面更加开阔自如，而在流布方面也更有优势。（李颖、侯艾君）

"一带一路"史

【吴小安：《区域与国别之间》，科学出版社2021年版】

该书是北京大学大型专项课题"海上丝绸之路及其沿线国家和地区历史文化研究"的成果，为"北京大学海上丝路与区域历史研究丛书"的首部作品。该书在全球学科发展脉络的大背景下，探讨了区域与国别的概念、区域研究的谱系，以及"区域与国别之间"的维度。结合作者深耕的东南亚研究与华侨华人研究，该书从学科方法论与个案专题研究两个层面分为上、下两编，共13章。上编"学科方法论"讨论了东南亚华侨华人研究的理论、方法、视角与经验等学科体系建设问题，涉及田野调查的方法、经验、研究范式以及学科体系的构建等。下编"专题个案研究"选取了诸多重大问题予以探讨，包括东南亚国家的形成、形态、属性与功能，中国与东南亚国家的关系与发展，日本与东南亚国家关系的历史与现实，东南亚华侨华人，等等。该书区分了区域与国别研究在国际与国内研究中的特点，体现了跨学科和多学科进行区域与国别研究的必要性。在对区域与国别研究做深度理论思考的基础上，该书对东南亚历史与东南亚华人相关问题进行的个案研究可作为区域与国别研究中使用跨学科方法的范例。该书体现了鲜明的中国学者的立场，并兼具世界与国家、历史与跨学科的视野，从多视角思索区域史、国别史以及全球史之间的复杂关系，具有一定学术前沿性和时代前瞻性。该书可作为区域国别研究、"一带一路"研究、东南亚研究、华侨华人研究和跨学科研究的重要参考书，有助于读者理解中国的历史与社会、中国的地方与边缘等中国历史、区域研究的核心问题。（张瑾）

【李伯重、董经胜主编：《海上丝绸之路：全球史视野下的考察》，社会科学文献出版社2021年版】

该书是北京大学大型专项课题"海上丝绸之路及其沿线国家和地区历史文化研究"的成果，被收入"北京大学海上丝路与区域历史研究丛书"系列。"海上丝绸之路"研究包括两个主要部分，一是海上丝绸之路——中国和中国以外各地区的海上联系的研究，二是沿线国家和地区——中国以外，但与海上丝绸之路有关的各国和各地区的社会、经济、文化情况的研究。文集以时间为序、以地域为轴，汇集了中外16位学者关于海上丝绸之路历史文化的研究成果，包含了中国史和世界史的综合性研究成果。王小甫论述了阿曼作为古代丝绸之路海陆两道联通路网的交通枢纽；王铿以古代中日之间的一条海上航道为中心探究了六朝时期会稽郡的海外贸易；荣新江对杨良瑶出使的情况做了详细讨论，以推进唐朝与黑衣大食关系史的研究；党宝海讨论了元朝与伊利汗国的海路联系；李伯重考察了15世纪至17世纪前半期东亚世界国际贸易中的商人的类型和身份；徐健探讨了18世纪中期埃姆登亚洲公司的广州贸易；昝涛反思了多维视野下的马嘎尔尼使华事件，进一步检讨后现代史学研究路径的相关问题；徐勇认为中国海岸地带开发与滨海城带的形成，激活了海洋因素的动力作用，促动了国内社会经济文化与国际外交诸方面的深刻变化；王元周从货币流通的角度论述了朝鲜的清钱通用与革罢；唐利国从文化交流的角度对日本武士道论视野中的中国儒学进行了建构；臧运祜梳理了日本从"大陆政策"到"大东亚共荣圈"的亚太政策演变轨迹；包茂红从环境史的角度论述了菲律宾有机农业的兴起与发展；潘华琼探讨了摩洛哥与马里的经济、文化和政治联系；董经胜考察了墨西哥革命后"国家重建"时期的土地与农业政策；罗澜（Peter Nolan）从人文精神角度对陆上和海上丝绸之路给出了自己的理解；羽田正重审了作为海盗的东印度公司与亚洲人之间的关系。

该文集时间和地域跨度较广，论题包含了中外海外贸易和联系、地缘政治以及海上丝绸之路沿线各国和各地区的社会、经济、文化专题研究，展现了一种全球史的视角，为"海上丝绸之路"研究这一较新的领域提供了切入角度和思考示范。该书涵盖了海上丝绸之路研究中的许多未被重视的问题，为"一带一路"历史研究添砖加瓦,在国内产生了良好的学术影响。中国历史研究网对该书做了推介,腾讯网将该书列入《全球史视野下的中国与世界——2021历史学分社推荐书单》。该书已入选2022年度国家社科基金中华学术外译项目,将被译成韩语出版。(张瑾)

【于文杰主编:《"一带一路"传统文化访谈录》(上下卷),人民出版社2021年版】

该书是南京大学"一带一路"研究团队,走访十多个国家的诸多学者或者文化遗产传承人而编写的访谈录。全书逾100万字,南京大学十多名专家和三十多名学生参加了访问与撰写。该书分上下两卷,内容翔实丰富,配有相关艺术品图片和采访图片,上卷分为"人文之路""陶瓷之路""锦绣之路"三部分,下卷分为"玉石之路""手工之路""文艺之路"三部分,分别对各艺术领域中的工艺美术大师进行了专访,并对访谈内容进行了提炼,最终集结成文,形成访谈录的文字。该书写作团队对丝路沿线国家的传统文化和文化遗产进行了深入探究,通过走访数十位文化遗产传承人,探讨各国传统工艺品,特别是陶瓷、锦绣、玉石、金木竹漆工艺品等制作方法和特点,记录各类艺术大师的艺术人生,揭示了丝路沿线国家传统文化和文化遗产所蕴含的丰富的历史经验和民族智慧。

2013年习近平总书记提出"一带一路"倡议之后,南京大学师生利用各自学科优势,积极展开"一带一路"领域诸多问题的教学与研究。南京大学"一带一路"研究院首席专家、历史学院于文杰教授及其国际学术团队利用近十年的时间,访问"一带一路"沿线的俄罗斯、哈萨克斯坦、泰国、马来西亚、越南、巴基斯坦、孟加拉国和埃及等国家和地区,了解其传统文化,并对诸多文献展开历史研究。其间,还通过"'一带一路'与传统文化国际学术论坛""海外院士大讲堂""中巴'一带一路'文化之旅冬令营""中巴高校全方位合作备忘录""南京大学'一带一路'与文化传承暑期社会实践",以及"世界丝路艺术史"等课程教学,在丝路沿线国家产生了很好的影响。在长期教学科研的基础上,最终促成该书的问世。该访谈录运用了"口述史"的写作形式,并佐以查阅正史、方志、家谱等研究方法,力求真实和严谨。该访谈录对"一带一路"这一新研究领域有着积极的学术贡献,并对"一带一路"的文化建设起到现实的参考作用。该书着力探究"一带一路"沿线国家的文化艺术上的人文交流,是一次民心相通、交流互鉴和合作共赢的学术实践,对于增进丝路沿线国家的经济与文化交往,促进人类命运共同体建设,具有一定学术价值和现实意义。该书出版后在国内产生了积极的学术影响。新华社、中国社会科学网、中国社会科学院世界历史网、江苏新闻网等媒体对该书的出版予以报道。该书为我国学术界"一带一路"研究与建设事业中人才培养、服务社会,以及文科国际化办学做出了积极贡献。(张瑾)

太平洋与太平洋国家史

【郑维宽主编:《东南亚区域史》,暨南大学出版社2021年版】

该书系广东高等教育本科教学改革工程项目"面向东盟的'东南亚区域史'课程建设"的结项成果。战后,非殖民化运动与冷战在东南亚相交织,使得东南亚地区经历了长时段的大规模热战和动荡,主要大国都不同程度卷入其中。应时之需,东南亚区域研究较早进入学术视野,在美国等西方国家尤受关注。相比之下,中国的东南亚研究起步较晚,对现实的关注远超对历史的关注。作为中国近邻的东南亚是中国地缘政治的主要舞台和"21世纪海上丝绸之路"的枢纽,对中国有重要的战略价值。构建更为紧密的

"中国—东盟命运共同体"的现实需要，呼吁要加强对东南亚，尤其是东南亚历史的研究，该书恰恰是这样一本具有现实关怀的著作。

全书分为"东南亚区域发展史""东南亚文化史""东南亚与周边地区交流史"三编。第一编包含"东南亚各国的发展历程"和"东南亚各国历史发展的道路"两章。第二编从宗教、语言文字、文学、艺术四个版块梳理了东南亚文化发展的历程，并对此做了总结概观，揭示了东南亚文化发展的整体特征及外来文化对东南亚文化的影响。第三编则按照国别，分别介绍了越南、柬埔寨、老挝、缅甸、泰国、菲律宾、马来西亚、印度尼西亚八国与周边地区的交流史。

与国内以往的同类著作相比，该书表现以下特征。一是内容充分翔实。国内关于东南亚整体史的著作大都是关注战后的断代史著作，通史类著作则以国别史居多，在议题设置上以政治和经济为主。该书关注的是东南亚各国从史前到当代的发展历程，涵盖了除新加坡和文莱这两个历史较短国家外的东盟八国，在议题上专门设置"文化"和"与周边地区交流"这两编，而且这两编的内容都相当精彩。二是书写范式新颖。与以往研究简单将国别史内容拼凑叠加不同，该著作立足整体史和文明史，既注重各国历史纵向演进的同时，也注重各国历史发展的横向关系，在分析外来因素影响的同时，又揭示了东南亚各国横向联系在东南亚区域史形成中的作用。三是通俗易懂。该书虽是为历史专业学生编写的教材，不过从其内容上看，其完全可作为一本通俗读本，供各方面感兴趣的读者使用，而且属于一部"开卷有益"的著作。（时伟通）

【费晟：《再造金山：华人移民与澳新殖民地生态变迁》，北京师范大学出版社 2021年版】

澳大利亚与新西兰历史是我国世界史研究中基础非常薄弱的领域，该书采用了全球史与环境史的新视角整合了之前零碎保存的史料，从中国对南太平洋早期关系及澳大利亚与新西兰殖民地生态变化的角度探讨了当地历史演进的特点，突破了传统国别区域史研究中重视政治经济话题，从而容易忽略地缘上较为次要的大洋洲地区的局限。该书的叙事围绕19世纪下半叶澳新殖民地华人移民的生产生活展开，通过阐述华人在澳新殖民地的经历，展现其适应和改造自然生态的能动性和创造性，是我国大洋洲史研究领域主题新颖的一部著作，也是国内世界史领域关于移民环境史的尝试性著作。该书将"移民环境史"定义为："即以移民为中心的人与自然环境互动的历史。它不仅讨论环境因素在迁徙过程中扮演角色的作用，也关注移民适应并改造新环境的行为、思想与后果。"

该书共分九章。这九章内容总体可分为四个部分。第一部分即第一章"序章"，通过对相关学术史的梳理，引出研究问题，并简要介绍了澳新的自然地理环境，以便与后来移民所造成的自然生态环境的变化相对比。"序章"还简要介绍了全书的章节安排。第二部分包括第二章至第六章的内容，主要论述中国市场对海参、檀香木、海豹的需求，华人淘金者及其独特的生产方式，华人所建立的多样化混合农业对澳大利亚殖民地生态的影响；同时也强调英帝国的殖民政策和资本主义全球市场等因素对澳新殖民地环境的影响，分析了欧洲移民使用生态焦虑和生态危机话语，来达到排斥限制华人移民的目的。第三部分包括第七章和第八章，集中论述华人移民及华人资本对新西兰自然生态所造成的影响，华人不仅参与新西兰南岛移民社会与生态的建设，也在昆士兰极北地区开垦疆土，进一步证明了华人对新环境的适应力和改造力，并对澳大利亚与新西兰进行了对比。第四部分即第九章，也是该书的"终章"，强调近代海外华人移民是世界历史的重要内容，华人移民并非全然是"内敛、封闭且缺乏自主选择性"，而是积极地适应并改造澳新自然生态，是澳新"新移民生态"的积极参与者。书中考订了中国与南太平洋地区跨洋交流的源起，凸显了中国要素对世界历史进程的主动影响。（张红菊）

【范若兰等：《东南亚女政治领袖研究》，中国社会科学出版社2021年版】

该书是由中山大学国际关系学院教授范若兰领衔，中山大学国际关系学院和国际问题研究院多位东南亚研究人员的集体成果。自20世纪80年代中期以来，东南亚一些国家开始了民主化浪潮，在从威权政治向民主转型的过程中，涌现出众多女领袖，她们或因是著名男性政治家的妻女而对民众有较大的号召力，或因具有非暴力和温顺的女性特质而得到民众的拥戴，其中特别具有代表性的是菲律宾总统科拉松·阿基诺与阿罗约夫人、印度尼西亚总统梅加瓦蒂、泰国总理英拉以及缅甸的昂山素季等。该书以女性主义为理论基础，以社会性别、父权制、道德资本和双重困扰为分析工具，对东南亚女政治领袖的上台路径和执政表现进行梳理，探讨民主化与父权制对女领袖的影响，研究她们作为女总统和女总理所面临的更多困境和争议。在比较东南亚女领袖的共性与差异的基础上，通过与其他国家女政治领袖的比较研究，探讨女性权力参与和政治经济发展水平、政治文化的关系。

《东南亚女政治领袖研究》由"导论"和6个章节构成。其中，"导论"部分，系统梳理了对国内外学界有关东南亚女政治领袖的学术研究，深刻剖析了学界东南亚研究探讨的主要问题、取得的成就和存在的问题，并对其研究范式和分析工具进行评析。之后分章对东南亚女政治领袖进行个案研究，选取的5个研究对象分别为菲律宾第一位女总统科拉松·阿基诺和第二位女总统阿罗约夫人、印度尼西亚第一位女总统梅加瓦蒂、泰国第一位女总理英拉和马来西亚公正党领袖阿兹莎。从第一章到第五章，具体剖析了5位女政治领袖的上台路径、执政表现、政治思想、政治风格等，并对其形成的原因进行深刻讨论。第六章则对东南亚5位女政治领袖的上台路径和执政表现进行比较分析，探讨其异同，并将之与世界其他国家女政治领袖进行比较。作者认为，女性在东南亚之所以能成为政治领袖，既与她们具有的多重身份，包括政治家族的继承者和替代者、专制腐败政权的反对者和民主象征，以及道德资本密切相关，又与她们的从政意愿和经验有着十分重要关系。（吕桂霞）

【饶睿颖：《泰北佛教史》，社会科学文献出版社2021年版】

该书基于历史学与宗教学视角，利用大量中外文资料并结合实地调查，系统、全面地梳理与分析了泰北兰那王国的形成发展、泰北佛教的传入、兰那佛教文化圈的形成和泰北佛教的变迁过程，及其与西双版纳佛教的关系。此外，作者还对一些长久以来模糊不清的问题进行探究和给予解答。

在泰国北部地区历史上，曾经出现过独立的国家，其宗教文化源远流长，以南传上座部佛教为其核心宗教文化。其中，泰北主体民族泰庸人所建立的兰那王国的兴衰对泰北佛教的形成与发展具有密切影响。从兰那王国首位国王芒莱王接受佛教开始，历代君主都依赖佛教确立其统治的合法性或正统性。首先，国王必须是佛教忠实的拥护者。其次，其正统性必须要经过僧伽的认可。最后，僧伽的衣食也仰仗统治集团的供养，佛法才能得以延续并弘扬。显然，佛教与地区政权之间形成了相互依赖的共生关系。

佛教文化涵盖范围广阔，包括东南亚及南亚的很多地区，是一种跨国文化现象。伴随兰那王国走向强大，泰北佛教亦发展至鼎盛。这一时期，形成了以清迈为中心，周边傣泰民族分布区域为边缘的兰那佛教文化圈。兰那佛教文化圈是一个文化地理概念，其覆盖范围大致包括西双版纳、景栋、勐勇、勐乃、琅勃拉邦等地区。该文化圈属于南传上座部佛教文化圈的范畴，同时带有某些不同民族文化特别是傣—泰民族的文化特征。兰那佛教文化圈的形成是佛教文化传播普及过程中的一个缩影。佛教文化加入了兰那本土文化元素，由当地人加以融合、创造，最终形成了独具特色的泰北兰那泰庸人新文化。兰那佛教文化圈的形成和发展促进了泰北区域之间的交流互动，使佛教文化成了这个区域之内重要的精神纽带。圈内僧人经常与泰北同行进行广泛交流，其中西双版纳佛教与泰北佛教渊源尤为深厚。两者之间频繁交流，相互作用，在历史发展进程中对彼此教派的复兴与发展都功不可没。由此，亦可一窥西双版纳地区与泰北之间的佛教渊源与佛教僧伽制度改革的关系。

该书叙述的时间跨度始自公元8世纪女王国建立，一直到20世纪初兰那归属泰国为止，涉及泰北佛教传入、发展和变迁的漫长历史进程。20世纪初，兰那被纳入泰国版图。1902年泰国又颁布121号《僧伽法》，泰北佛教基本定型，再未有重大变化。通过阅读该书，读者可以一览泰北历史与南传佛教的发展史，领略佛教文化圈范围内傣—泰民族间的文化交流，进而理解其对消弭族群与政治藩篱以及促成民心相通的重要意义。

（邓超）

二、译著

世界古代中世纪史

【肯特·R.威克斯：《埃及的神庙和陵墓》，杜世茹译，华中科技大学出版社2021年版】

该书的作者威克斯是开罗美国大学的埃及学教授、"底比斯地图测绘项目"（Theban Mapping Project）负责人，致力于底比斯地区的考古工作近四十年。作者的学术背景首先为这本围绕底比斯地区历史遗迹展开的介绍性手册奠定了坚实的专业基础。引言之外该书由六章组成。第一章介绍了包括卢克索神庙在内的尼罗河东岸遗迹。第二章关注哈特谢普苏特、拉美西斯二世等埃及统治者的祭庙（mortuary temple）。祭庙是埃及学家划分出的，与供奉神灵的"神庙"（cult temple）相对的概念，指与国王丧仪相关联的庙宇。然而在实际中，二者的区分并不十分明晰。第三章则将重点转向了国王谷，按照统治时间顺序依次详细介绍了从图特摩斯三世墓（KV34）到拉美西斯九世墓（KV6）的共计19座国王陵墓。第四章选择性介绍了位于王后谷的四座墓葬。"王后谷"虽名为"王后"，但王子与公主也被发现葬于此处，该章首先介绍的QV44就是拉美西斯三世之子哈姆瓦赛特的陵墓。第五章则按时间顺序对面向公众开放的十余处新王国时期底比斯大墓地贵族墓进行了逐一介绍。该书原题直译为"卢克索与国王谷的宝藏"，考虑到内容篇幅比重，相较中译名，原名显然更加切合书中主题。然而作者在最后一章突破了底比斯地区的地理限制，将目光转向了上埃及地区，介绍了底比斯地区之外位于阿拜多斯、丹德拉、埃斯纳、埃德富、康翁波的神庙。选择这些神庙的原因十分简单——它们都是底比斯地区之外的热门旅游地,而这一点也是该书写作的出发点,即为游客提供一本翔实的旅行指南。该书虽然以描述性科普为中心,但是书中插图之丰富精美、介绍之细致考究也使得该书不失为一本可供专业学者使用的工具手册。(赵可馨)

【F. W. 沃尔班克、A. E. 阿斯廷等编:《剑桥古代史》第七卷第一分册《希腊化世界》,杨巨平等译,中国社会科学出版社 2021 年版】

该译著为中国社会科学院重大科研项目和国家社科基金重大招标项目"《剑桥古代史》《新编剑桥中世纪史》翻译工程"的成果之一。

英文版《剑桥古代史》第一版 12 卷本于 20 世纪前期面世。自 20 世纪 70 年代开始,由英国、法国、德国、意大利等国知名学者进行了长达三十年的重写和增补,20 世纪 80 年代出版了第二版 14 卷 19 册。其中第七卷第一分册的撰写计划始于 1977 年,完成于 1982 年,剑桥大学出版社于 1984 年出版,中文译本于 2021 年由中国社会科学出版社出版。该卷题为"希腊化世界",选取的历史时段为公元前 323 年至公元前 217 年。全书分为 12 章。

第一章介绍希腊化时期的史料,沃尔班克教授分析了研究这一时期的可用史料,包括佚文作家、传世作家的文献史料和铭文、纸草、陶片、钱币、考古发掘资料。爱德华·威尔教授在第二章"对亚历山大的继承"叙述公元前 323 年至公元前 301 年安提柯一世的时代,这位亚历山大的继承人试图复兴帝国的努力在他的竞争对手将军们的反对下以失败告终。亚历山大帝国分裂为三个王国,一种新型政治模式诞生。沃尔班克教授在第三章"君主制与君主制观念"中阐释希腊化君主制的特征、希腊化国家政府管理机制,以及支持这种统治的政治理念:理想国王的概念以及国王崇拜、王朝崇拜等。威尔教授在第四章"希腊化王国的形成"讲述亚历山大继承者们的权力竞争,以及托勒密王朝、塞琉古王朝和安提柯王朝三国鼎立模式的形成。埃里克·特纳爵士撰写的第五章"托勒密埃及",利用传世文献和纸草文献复原托勒密一世时期、菲拉德尔弗斯与欧尔革特斯统治时期、欧尔革特斯一世到二世时期的行政管理、经济、社会、宗教、文学和艺术。多米尼克·穆斯教授撰写的第六章"叙利亚与东方",分析了塞琉古王国的君主制特点、政府组织、行政区划、官员设置、军队状况、税制与经济生活。沃尔班克教授在第七章"马其顿和希腊"中,讲述从安提柯·戈纳塔斯和皮洛士到安提柯二世时期的政治、军事事件,讨论马其顿王国的特性与阿凯亚和埃托利亚联盟的兴起。

该书第一章至第七章分别研究了希腊化世界的三个王国,第八章"希腊化世界的文化、社会和经济特征"则描述整个希腊化时代的文化、社会和经济特征,戴维斯教授着重考察了城邦在这一时期的作用和变化。第九卷"希腊化时代的科学:和平与战争时期的应用"展示了这一历史时期最富有创造性的成果。劳埃德教授讨论了希腊化时期在物理学、地理学、天文学、医学和生命科学领域取得的巨大成就;伊冯·加兰教授讨论了围城技术如何改变战争进程,并且对所有人的日常生活发生影响;汤普森博士对希腊化世界的农业技术发展变化进行了评估;温特教授分析了希腊化时期建筑方法、建筑材料和城镇规划的新颖独创性。

第十章至第十二章侧重于对人物和历史事件的叙述和分析。在第十章"阿伽托克勒斯"中,迈斯特教授描述了阿伽托克勒斯在西西里的生涯,皮洛士在意大利、西西里的军事冒险。海嫩教授撰写的第十一章围绕叙利亚—埃及战争这条主线，揭示塞琉古和托勒密王朝之间的关系网，同时叙述小亚细亚诸新王国的兴起和凯尔特人的入侵。最后，在第十二章"马其顿和希腊诸同盟"中，沃尔班克教授将马其顿和希腊本土的历史叙述到所谓"社会战争"结束（公元前217年）。（胡玉娟）

【彼得·布朗：《穿过针眼：财富、西罗马帝国的衰亡和基督教会的形成，350—500年》，刘寅、包倩怡等译，社会科学文献出版社2021年版】

该书作者彼得·布朗毕业于牛津大学新学院，先后在牛津大学万灵学院、现代历史学院，伦敦大学皇家霍洛威学院，加州大学伯克利分校和普林斯顿大学从事古代历史研究。

在该书中，彼得·布朗提出并试图解决为什么在4世纪中叶尚处于罗马社会、政治和经济生活边缘的基督教会在一个多世纪的时间内成为聚集财富和权威的中心。全书共分为五个部分。在第一部分作者交代了该书所涉时段的社会与思想背景，介绍了这一时期的罗马社会、自君士坦丁皈依后基督教社会地位的变化，古代人对于捐献财富给城市的观念传统和新兴的向教会和穷人捐献财富的基督教观念的发展。在第二部分"盛世"的十三个章节中，作者分析了4世纪一系列处于不同宗教背景、社会地位的著名人物的财富观念和使用财富的手段，分别讨论了多神教徒西马库斯，米兰的安布罗斯，希波的奥古斯丁，诺拉的保利努斯、圣哲罗姆以及作为群像的罗马富人和普通民众，涉及罗马、意大利、高卢、北非等西部帝国主要的地理与行政区域。在第三部分"危机时代"中，布朗讨论了5世纪初罗马陷落后伯拉纠派摒弃财富思想在意大利的流行，奥古斯丁与伯拉纠派关于财富观念、财富的道德属性等问题的争论。在第四部分"余波"作者讨论了公元430年后西部陷入暴力性失序和区域关联性崩溃后，新出现的基督教财富观念的内容以及基督教教会的财富与权威的迅速成长原因。在第五部分"通向彼岸世界"中，布朗将整个6世纪的西欧视作一个整体，讨论基督教会如何管理和处置其财富，这些用于宗教目的的财富对主教和平信徒捐赠者的压力如何改变了基督教的性质。在结论部分，布朗指出，在公元500—650年，有关教会财富的使用，基督教社群的性质以及基督教灵魂命运的观点聚合成了一种新理念，并在之后与教会的财富、对穷人关系以及灵魂的命运联系起来，形成了西方大公教会信众思想中的重要组成部分。

该书将宗教史研究和物质文化结合，在古代晚期研究陷入过度专业化的风气时仍旧保持了一种统一且广阔的视野，将古代晚期社会的变化置于长时段多区域的视域中，以财富的观念与财富的使用方式为线索，串联起整个西部帝国在两个世纪以来社会组织形式的重大变化以及社会形态的巨大转向，为讨论西部帝国衰亡和中世纪社会诞生提供了新的解释图景。（刘乾昊）

【菲利普·内莫：《古典与中世纪政治思想史》，张竝译，华东师范大学出版社2021年版】

菲利普·内莫（Philippe Nemo），法国当代知名哲学、政治学教授，先后任教于图尔大学（Universite de Tours）和奥古斯特·孔德学院（Institut Auguste Comte），现为巴黎高等商学院—欧洲管理学院（ESCP-EAP）的教授。该书为其代表著作，与《现当代政治思想史》合为"政治观念史教程"，成为法国各大学和研究机构的经典教科书和基础读物。

该书原为讲义，面向学生和入门读者，故而比较浅显易懂，详细介绍历代政治思想家的生平、著作及其主要观点，而不做过多学术性评价。该书篇幅浩大，对每一种主要学说都做了详细介绍，并且与伦理学和哲学相结合，对政治学思想做比较深入的阐述。

然而，该书并不局限于学说的阐述，还提供了相当多关于古代、中世纪的历史背景介绍。菲利普·内莫认为，政治思想史与历史具有某种特殊的关系，它们彼此紧密相连，正是政治生活为理论家提供了思考的对象，并促使他们介入思想论辩之中。因此，与一般的政治思想史著作不同，该书不仅仅讨论政治思想的概念、材料及其内在发展逻辑，而且将政治观念置于历史环境中，讨论这些观念为何产生，以及如何发挥历史作用。

该书主体分为"古希腊""古罗马""中世纪"三部分。第一部分围绕古希腊民主与城邦的衰落，探究古希腊政治历史的潜在线索，详尽地阐述了柏拉图、亚里士多德、色诺芬、伊索克拉底、德谟斯提尼等古希腊思想家的生平、作品、各自学说中的主要论点及其架构。第二部分首先围绕罗马共和国的兴盛与罗马帝国的崛起，线条鲜明地勾勒了整部罗马人的历史。在向读者论述罗马历史的同时，着重介绍了罗马法的各项重要内容，包括其起源发展，各个历史阶段的诉讼程序，以及罗马公法和私法的各项内容。第三部分首先详尽地论述了居住于古代近东地区的希伯来人的历史，以及包含在他们的古代经典中的政治思想。

作者认为希伯来人的古代经典中的政治思想迥异于古代希腊、罗马人的政治思想，由于经历了中世纪，来自"耶路撒冷"的新的道德因素与来自雅典和罗马的公民遗产终于真正融合在一起；于是欧洲致力于科学及社会进步的现代才有可能取得长足进步。（胡玉娟）

【韦尔纳·耶格尔：《教化：古希腊文化的理想》，陈文庆译，华东师范大学出版社2021年版】

该书共三卷，研究了教育理想在希腊古典时期的发展演变历程。第一卷讨论了"古风时代的希腊"与"雅典精神"；第二卷以柏拉图的《理想国》为中心展开论述；第三卷着重阐发了柏拉图《法律篇》的思想内涵。标题中的"教化"既包括狭义上的文化教育，也包括对希腊公民政治、道德素质的培养与塑造。该书的时间跨度从希腊古风时代延续到公元前4世纪前期，即柏拉图与伊索克拉底从事哲学、修辞学教育的时期。该书广泛讨论了荷马史诗、赫西俄德、希腊戏剧、智者学派、修昔底德等作家作品在希腊教化史上做出的贡献，并十分详细地探讨了柏拉图的《理想国》《法律篇》与伊索克拉底在西方教育史上的地位问题。该书为德国古典学家耶格尔倾注毕生心血完成的代表作，在西方教育史与古典学术史上占据着重要地位。译本文笔流畅，对原文的理解基本准确无误。译稿的文学修辞色彩较为鲜明。（吕厚量）

【汉内莱·克莱梅蒂娜：《中世纪厨房：一部食品社会史》，欧阳瑾译，上海社会科学院出版社2021年版】

在中世纪，烹饪在英国和欧洲其他地区逐渐成为一种时尚。今人往往以为中世纪食材品质低劣、口味难以下咽、就餐礼仪粗俗，但该书试图改变这一印象，并认为中世纪欧洲是"美食天堂"。作者依据大量手稿，并补充以壁画、挂毯、彩绘玻璃等可视证据，向读者展示了中世纪晚期（1300—1500年）的饮食文化，以及当时在饮食方面的习俗、态度和思想。全书共分为三个部分：第一部分（第1章）是全书总论，从饮食的阶级差异、节日宴饮、烹饪手法、饮食与宗教、饮食与医学等角度介绍了中世纪晚期欧洲的饮食概况；第二部分（第2—9章）详细介绍了中世纪饮食中的主食、蔬菜、肉食、鱼类、酱料、蛋奶、甜点、酒精饮品以及食物背后的文化现象；第三部分（第10章）论述了中世纪饮食文化研究中的史料运用问题。近年来，以中世纪饮食文化为主题的论著已不少见，逐渐改变了人们对中世纪饮食的"蔑视"态度。

与同类型著作相比，该书对中世纪饮食与医学关系的论述尤其值得关注。作者认为，中世纪的欧洲人注重饮食健康，并结合时节，通过饮食来调节身体的"平衡"状态，这与中国的"医食同源"观念有相似之处。（王超华、叶紫玟）

【约翰·哈彻、马克·贝利：《中世纪的模型：英格兰经济发展的历史与理论》，许明杰、黄嘉欣译，上海三联书店2021年版】

该书系"十三五"国家重点图书出版规划项目、国家出版基金资助项目、国家社会科学基金重大项目"英国经济社会史文献学专题研究"的阶段性成果，受国家社会科学基金青年项目"法律视角下中世纪晚期英格兰民众与国家关系研究"资助，被收入"上海三联人文经典书库"丛书。经济社会变迁的历程与原因极为复杂，理论与模型为研究该问题构建了框架。该书的主要内容是关于中世纪英国经济史解释的三大理论模型，即人口—资源模型、商业化模式和阶级斗争理论，其中也论及制度、货币、排斥、混沌、路径依赖、后现代主义阐释等问题。全书分为六章。第一章论及历史写作和历史解释所使用的方法和模型，它们分别源自马尔萨斯、斯密和马克思，在史学研究领域引起巨大反响，并塑造着历史学者看待中世纪历史的方式。随后的第二章至第四章分别回顾了这三个模型的理论与证据，并评估了其优势和弱点。第五章以英格兰农奴制研究为例证对上述三种模型进行了验证和评价。第六章介绍了混沌理论、历史哲学、后现代主义等新的理论模型及其利弊。作者指出，超级模型的重大缺陷在于简单化，历史学家不应对其过分依赖。该书篇幅不大，内容精炼简洁，是中世纪经济社会史研究的极佳入门书和学术指南，对于从事其他地区或时段经济史研究的学者也有很大的参考价值。（王超华、叶紫玟）

【保罗·福拉克主编：《新编剑桥中世纪史（第一卷）：约500年至约700年》，徐家玲等译，中国社会科学出版社2021年版】

《剑桥中世纪史》是剑桥大学出版社推出的三部世界史名著之一。与旧版相比，《新编剑桥中世纪史》编写体例和篇章编排更加清晰明了，突破了传统政治史的旧框架，试图呈现"整体的历史"，将经济、社会、精神、文化等纳入论述范围。尤其是新编系列反对将欧洲各国历史机械拼凑或简单相加，力图从整体上考察中世纪欧洲各国的历史发展轨迹及相互间的影响。该书第1卷涵盖了自罗马帝国衰亡（6世纪前后）到西方封建社会萌生（8世纪前后）之间的地中海欧洲、斯堪的纳维亚半岛与不列颠群岛的历史进程。该卷共28章，分为四个部分。第一部分为导论，包括导言部分以及前三章，重点介绍了"罗马帝国的转型"理论和20世纪八九十年代之后西方盛行的"晚期古代"理论，梳理了罗马世界变化的两条主线索，即晚期罗马帝国的衰亡和蛮族对罗马世界的入侵，并论及早期中世纪研究所依据的重要史料和考古学证据。第二部分（第4—10章）、第三部分（第11—19章）按照时间顺序分别描述了6世纪、7世纪的历史。最后一部分（第20—28章）以专题的方式探究了犹太人、王权、经济、宗教、教育和艺术等问题。该书强调，罗马帝国的"衰亡"是"蛮族"能够进入罗马世界的原因，而不是其结局，在罗马帝国向中世纪"转型"的过程中，"晚期古代"和"罗马的"元素与"蛮族的"元素在对立、冲突和社会交往中逐渐走向融合与趋同。因此，此时的欧洲是一个浴火重生的世界，是一个充满新的希望和挑战的世界。该卷所体现出的上述新史观对于我们系统学习和研究早期中世纪欧洲史有重要价值。（王超华、叶紫玟）

【提姆西·路特主编：《新编剑桥中世纪史（第三卷）：约900年至约1024年》，顾銮斋等译，中国社会科学出版社2021年版】

《新编剑桥中世纪史》翻译工程系中国社会科学院重大科研项目、国家社科基金重大招标项目。该卷的研究时段是"漫长的10世纪"（9世纪末到11世纪二三十年代），详细论述了奴隶制向农奴制的转变、聚落形态的演进、权力和权利模式的变动等基本问题。全卷共28章，分为四个部分。第一部分（第1章）对"漫长的10世纪"的历史做出了概述；第二部分（第2—8章）为经济社会史的诸专题；第三部分（第9—18章）分别论述加洛林帝国分裂后出现的诸国家组织；第四部分（第19—28章）专论拜占庭和处于欧洲的伊斯兰国家组织，以从东北到西南为序安排各章。该卷指出，欧洲在这一时期完成了从古代世界向中世纪世界的转变，欧洲核心区各王国开始了自我认同和发展的历史进程。该卷以实证研究为基础，保证史实的客观性和真实性，并力图呈现历史的差异性和多样性。该卷赋予"封建"以经济社会史的新内涵，突破传统政治史的旧框架，并且使用了封建革命（feudal revolution）、封建突破（feudal mutation）等概念，以革命定性中世纪，肯定并且提升了"中世纪"在欧洲历史上的地位，洗洁了人文主义者给予中世纪的污名，对我们今天客观认识和深入理解欧洲中世纪史有重要参考价值。（王超华、叶紫玟）

日本与东亚史

【真嶋亚有：《"肤色"的忧郁：近代日本的人种体验》，宋晓煜译，社会科学文献出版社2021年版】

《"肤色"的忧郁——近代日本的人种体验》真是一部既有思想深度，又有趣的研究日本人的自我认知和精神结构的学术著作，学术性和可读性都很强。作者探讨了日本人的人种意识如何对近代日本的现代化过程造成了深远的影响，人种意识在历史事件中起到了怎样的作用，并分析了日本的民族心态。

该书通过聚焦明治时代到二战后日本精英的海外经历，考察近代日本人种问题的思想谱系。作者以点见面，以内村鉴三、夏目漱石、远藤周作三人为案例，从近代日本精英阶层留洋西方遇到的因人种差异（特别是肤色）产生的各种故事切入，为我们呈现了近代以来日本在遭遇西洋文明时所直面的种族困境。

近代日本通过否定日本、学习西方文明来求得日本的延续，最后却发现他们无论怎样学习出色，甚至成为"世界五大强国"，依然无法消除肤色人种差异的歧视。一切皆可西化唯独人种除外，于是虽有"脱亚入欧论"，却又因人种之别难获归属。肤色差异无力改变，于是信奉实力至上。日本这种对于肤色的"忧郁"来自文明边缘的自卑感和优越感，文化上的无根性是近代日本种族自卑与自大的根源。肤色的不可改变，恰恰以一种可视化的形式反映了这种自我矛盾。作者指出，人种歧视和偏见心理是人类的普遍性质，无论黄种人的日本在政治、经济、文化各方面如何西化，肤色的"忧郁"将持续地存在于日本人的心性当中。（文春美）

【韩清安（Eric C. Han）：《横滨中华街（1894—1972）：一个华人社区的兴起》，尹敏志译，社会科学文献出版社2021年版】

全书以日本横滨的中华街为切入点，考察了1894年至1972年横滨华人社区形成与发展的历史。作者广泛利用日本政府的官方记录、报刊、回忆录以及口述资料，深入剖析了在战争与和平交替的中日关系中，横滨华人面临的政经困境、扮演的历史角色以及分裂的内部形态。与此同时，他聚焦华侨身份与日本"单一民族"叙事之间难以调和的矛盾，在历史的纵深中探寻集体认同显现与消解的深层原因。在其笔下，横滨华人从最初松散的乡土认同，到民国初年觉醒的国族认同，再到第二次世界大战时期被迫"中日亲善"，迨至如今自称"横滨之子"的身份认同，在充满排他性、冲突性的国族认同中，调和出具有包容性与世界性的地方认同。该书不仅颠覆了国家空间优于地方空间的惯性假设，也为缓解民族主义与国际化的矛盾提供了新的启示。（郑立菲）

拉美史

【玛丽·阿拉纳：《银、剑、石：拉丁美洲的三重烙印》，林华译，中信出版集团股份有限公司2021年版】

该书是2019年美国图书馆协会书单榜中榜非虚构获奖作品，2020年安德鲁·卡内基优秀小说与非小说奖入围作品。秘鲁裔作家玛丽·阿拉纳是作家、编辑、记者和文学评论家。全书共分三部分十二章内容，作者将不同历史时期的事件巧妙地穿插在一起，深入解读现实并渗入其中，力图揭开现实的不同层面。第一章是引子，作者指出该书只想解释拉丁美洲人民的遗产和历史上的三个要素，希望对未来有所启发。第一部分的主题是"银"，第二、三、四、五章围绕该主题展开。作者认为，殖民时代和后殖民时代的疤痕仍然历历在目，虐待、愤懑、怀疑成为人民性格的一部分。"银"是这一切的开始，现在依然是人人欲得之物，是严厉的主人。第二部分主题是"剑"，第六、七、八、九章围绕该主题展开。通过列举不同国家的历史事实，作者指出，拉丁美洲国家的暴力文化经久不衰，缘于种族、阶级和贫困这三大因素。历史上是剑取代了燧石，当下是枪取代了剑。第三部分的主题是"石"，第十、十一、十二章内容阐释了这个主题。作者指出，在前哥伦布时期，暴力与信仰是相结合的。在殖民地时期，征服、殖民、传教热情在拉丁美洲大陆并驾齐驱，征服了印第安人的灵魂。实际上从政治独立后一直到当代，天主教会虽然做了不少好事，但它是巨大的矛盾体，因为既捍卫穷人利益，同时也为显贵说话。它是大杂烩，但并没有完成基本的任务。这个任务就是传播一个真正人道、守法、平等的社会始终应遵循的美德。最后，作者认为，银、剑、石的历史在苦难而又充满希望的拉丁美洲土地上齐头并进。该书三位主人公的故事反映了拉丁美洲的真实现状，也是对过去历史的概括，而他们的结局也将决定拉丁美洲的未来走向。该书最大的特色在于：作者对拉美文化身份有多年的思考和洞察，既有丰富的切身经验，又能具备他者视角；既有批判，又有反思。作者用丰富的历史资料和扎实的纪实写作，以恢宏的千年历史为背景，以三个当代拉美人的经历为线索，串联历史与现实，抛开"胜利者视角"，采用胜者与败者并置对照的叙事框架，将拉丁美洲过去千年的历史无缝编织在一起，动人呈现塑就拉丁美洲独特经历奠定的"本性"的三股力量，即银（来自外部的对资源的无尽索取剥削）、剑（挥之不去的暴力阴影）、石（根深蒂固的宗教信仰），勾勒出这片土地上人民的身份、心态与命运。作者试图回答到底是什么使得拉丁美洲人与世界上的其他人如此不同，而该书恰似是拉丁美洲的一切，是混血，是杂种，引发读者深深的思考。（王文仙）

北美史

【马丁·道尔：《大河与大国》，刘小鸥译，北京大学出版社2021年版】

河流科学与政策学科教授马丁·道尔，将美国河流的历史与其河流科学与工程专业知识相结合，对美国不同时期的政策如何影响河流工程有着独特见解。全书分为五个部分，阐述了美国河流管理政策的演变，以及河流管理对美国政治文化的影响。第一部分"联邦制"讲述了河流管理在美国联邦制演变中所起的作用。第二部分"主权与所有权"阐释了美国水权法的演变以及河流对国家主权与财产权的塑造。第三部分"税收"论述了美国政府在污水防治过程中的经济政治结构的改变，阐释了河流保护对政府税收的影响。第四部分"监管"则讨论了政府监管能源以及水坝的历史。第五部分"保护"介绍了美国在保护河流方面所做的卓有成效的努力。作为环境学领域的一部力作，该书讲述了美国与河流之间相互塑造与成就的故事，阐明了河流开发与美国历史发展的密切联系。（赵月涓、高国荣）

【安娜·扎伊德：《罐头：一部美国公众的食品安全史》，邹赜韬、宋维维、王慧慧译，上海社会科学院出版社 2021 年版】

该书获得 2019 年詹姆斯·比尔德烹饪书籍大奖，中文版收入上海社会科学院出版社"食可语"丛书。全书以听装牛奶、豌豆、橄榄、番茄、金枪鱼和"金宝汤"等六类罐头为叙述主体，聚焦制罐技术、农业生产、细菌学研究、监管及消费者活动，叙述了美国罐头工业的发展历程。150 年前，当罐头刚在美国出现之际，人们对其安全性充满疑惑。如今罐头已成为美国人不可或缺的生活必需品。该书分析了食物现代工厂生产体系网络的形成过程，通过对联邦政府、高等院校、罐头企业、农业试验站以及贸易组织的广泛研究，揭示了作为食品产业链中间环节的罐头厂商对美国现代食品的影响。该书还探讨了美国公众对加工食品的信任感的消失与重塑过程。作者指出，尽管美国食品体系异常复杂，个人消费行为具有局限性，但消费者的集体行动依然可以推动食品行业的积极转变。（赵月涓、高国荣）

【玛丽萨·拉索：《被抹去的历史：巴拿马运河无人诉说的故事》，扈喜林译，广东人民出版社 2021 年版】

全书正文部分分为七个章节，按时间顺序讲述了巴拿马运河区的历史。作者根据大量的原始档案资料与个人回忆，描述了巴拿马运河区人们真实的日常生活与经历，论述了美国受政治与经济利益推动对运河区的管理教化，分析了美国政策在巴拿马运河区所导致的人口流失及景观变迁。该书认为，巴拿马运河区在美国干涉之前已经形成了完善的政治和经济文化，而地峡运河委员会的介入破坏了巴拿马运河区本身已经存在的自治系统。这一观点有别于将早期巴拿马运河区视为落后的白人中心主义观念，是对带有种族偏见的传统巴拿马运河历史叙述的纠正。该书详细论述了美国对巴拿马运河区居民的误解与文化偏见。作者认为，美国长期将巴拿马地区视为技术落后、不文明开化的地区，这一根深蒂固的刻板认识导致了美国对运河区实施的人口外迁政策，从而对运河区的社会生活与当地景观环境产生了重大影响。（赵月涓、高国荣）

【詹姆斯·L. 诺瓦克、詹姆斯·W. 皮斯、拉里·D. 桑德斯：《美国农业政策：历史变迁与经济分析》，王宇、胡武阳、卢亚娟译，商务印书馆 2021 年版】

该书主要研究了三大问题。一是较为详细地研究了美国农业法律法规体系的逐步形成及其演进过程。依托完善的农业法律法规体系，是美国农业政策制定和调整的基础。二是较为全面地阐述了美国农业政策的整体框架，包括农业补贴政策、食品和营养保障计划、农业资源和生态环境保护政策、农业保险计划等。其中，农业补贴政策以及食品和营养保障计划是美国农业政策的重点，农业资源和生态环境保护政策是美国农业政策的核心，农产品贸易政策以及农业保险计划是美国农业政策的最新关切。三是较为深入

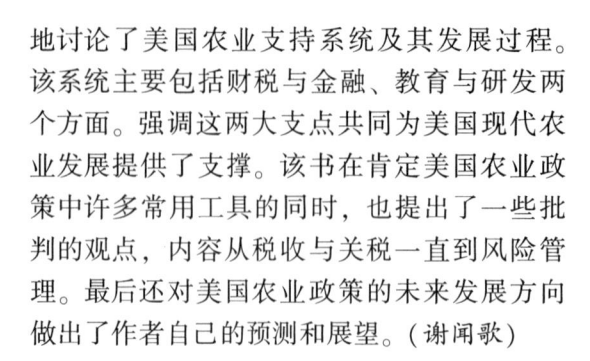

地讨论了美国农业支持系统及其发展过程。该系统主要包括财税与金融、教育与研发两个方面。强调这两大支点共同为美国现代农业发展提供了支撑。该书在肯定美国农业政策中许多常用工具的同时，也提出了一些批判的观点，内容从税收与关税一直到风险管理。最后还对美国农业政策的未来发展方向做出了作者自己的预测和展望。（谢闻歌）

【默里·德里、赫伯特·J．斯托林编：《反联邦论》，马万利译，浙江大学出版社2021年版】

自1787年提议和起草《联邦宪法》，到1789年正式批准，美国国内对是否应该批准《联邦宪法》展开了一场激烈的大辩论。以麦迪逊、汉密尔顿、约翰·杰伊等人为代表的联邦党人在一系列文章中表达了支持它的主张，后被称为"联邦论"。而反对批准《联邦宪法》的论证则由多个作者以多种形式表达，其中多数人使用了假名，后来这些文章以"反联邦论"闻名。该书就是由两位美国制宪史权威专家编选自反联邦主义者所写的关于美国《1787年宪法》的评论文章与信件的合集，内容涉及联邦权与州权、宪法解释权、审判权、税法、常备军、参众两院与总统的权力分割、权利法案的缺失等，是理解美国《宪法》与制宪历史的重要文献。国内史学界一直以来对于《联邦党人文集》相对熟悉，但对于与联邦党人展开论战的作品（《反联邦论》）却知之甚少。该书的翻译出版成为国内第一部真正意义上的反联邦主义者文献，填补了我国美国制宪史研究的一项空白，可谓是全面理解和研究美国宪法的必读之作。（谢闻歌）

【西蒙·沙玛：《风雨横渡：英国、奴隶和美国革命》，李鹏程译，南京大学出版社2020年版】

作者讲述了美国独立战争前后英国国内众多废奴主义者与非洲裔黑人为解放奴隶而斗争的故事，因为他们相信自由是属于全人类的权利，不因肤色和种族有别。废奴主义者在法庭上为遭人绑架的非洲裔黑人慷慨陈词，带领他们穿越枪林弹雨的北美军事战场，横渡风暴肆虐的大西洋，最终帮助他们重返非洲故乡，在野蛮荒芜的塞拉利昂开创新生活。蓄奴者的阻挠、革命者的虚伪、英国政府的干扰，甚至黑人同胞见利忘义的背叛行径，种种艰难险阻，都无法泯灭他们追求和捍卫自由的决心与勇气。全书分为两个部分，标题分别为"格林"和"约翰"，取自两位英国国内的反奴隶制运动领袖格兰维尔·夏普和约翰·克拉克森。作者歌颂了美国黑人为了自由而进行的艰苦斗争，也强调了英国政府和英国国内废奴主义者在推动反奴隶制运动中所扮演的重要角色，却忽视了英帝国在奴隶制和大西洋奴隶贸易中的恶行。在作者看来，似乎是英国政府而不是即将成立的美利坚共和国为黑人提供了一个更可靠的自由机会，作者没有看到当时英国军队向非洲裔黑人提供自由只是斗争的权宜之计，这是作者立场的局限。（魏涛）

【A.G. 霍普金斯：《美利坚帝国：一部全球史》，薛雍乐译，民主与建设出版社有限责任公司2021年版】

作者运用全球视野和比较分析方法，超越了美国例外论的神话，从全球史的角度来阐述从殖民地时代至21世纪初的美国历史，指出美利坚帝国经历了和其他西方帝国相似的命运，借助殖民剥削才完成了民族—工业国家的建构，发展了资本主义。作者将美利坚帝国的历史分为三个阶段，每一个阶段都被一场危机所打断。第一阶段是殖民时期，被独立战争所打断。第二阶段一直持续到1898年，被美西战争所打断。作者认为，独立后的美国仍然深受英国强大经济实力的影响，但美国内战削弱了英国对美国南部经济的影响力，并极大地推动了美国的工业化和国家建设。美西战争开创了美利坚帝国的下一个阶段，美国通过在加勒比和太平洋上的扩张，走上了和其他西欧国家类似的发展轨迹，成为全球化力量的中介。必须看到，作者将19世纪上半叶的美国与英国之间的关系与二战后殖民宗主国与去殖民化的亚洲和非洲国家之间的关系进行类比，似乎欠缺足够的说服力。另外作者认为1898年之前的美国并不是一个帝国的观点也需要更多论证。（魏涛）

西欧史

【布伦丹·西姆斯：《千年英欧史》[1]，李天云、窦雪雅译，中信出版集团2021年版】

该书系"历史的镜像"系列图书之一。纵观欧洲历史，英国总是扮演着一个纠结、复杂、矛盾的角色。它曾经入侵别国，也曾惨遭入侵；它曾变换立场，也曾袖手旁观。该书描述了英国与欧洲大陆自公元1世纪罗马人攻占不列颠以来跌宕起伏的关系，刻画了英国与欧洲大陆之间因地缘、家族、宗教与政治等构成的藕断丝连的历史变迁。该书第一章简要介绍了英格兰是如何通过"基督教世界的联结"以及相似的社会政治结构与欧洲大陆建立联系的。第二章，读者可看到在英法百年战争末期，英国是如何丧失与欧洲大陆的领土联系的。第三章至第七章讲述了欧洲大陆如何在英国的战略和政治辩论中始终占据中心地位。第八章讲述了从1945年至今不断涌现的或新或旧的欧洲问题。该书旨在表明，不列颠群岛的历史从来不是一种与世隔绝的历史，而一直都是与欧洲大陆密切相关的故事。在英国业已脱离欧盟的背景下，该书有助于人们明晓英国的选择与未来的走向。（张炜）

【罗伯特·达恩顿：《法国大革命前夕的图书世界》[2]，高毅、高煜译，上海人民出版社2021年版】

该书系"文景·回音谷"书系之一。大革命前夕法国的书籍世界变化无穷，极其丰富。图书业作为一个经济系统，吸引着书商、出版人、偷运者、行会理事各色人等参与其中。该书立足于纳沙泰尔出版社的大量档案文件，以及从巴黎和外省可得到的每个与图书行业有联系的人的信件，描述了大革命前整个行业作为一个体系运作的情形，以及它如何运转失灵、如何崩溃、又如何因为图书从业人员的努力恢复运转的过程，从而将各类图书从业者的形象鲜活地展现在读者面前。另外，该书还探索了阅读史的核心问题，即哪些书被卖给了读者、读者又是如何阅读它们的，从而涉及了与交往和意识形态酝酿有关的宏大问题。作者展现了一个充满博弈、混乱与生机的图书世界，在这个世界里，人人贪恋财富，为满足阅读需求而努力，同时也在不自觉地为一场革命做着准备。作者有关启蒙文学的传播的研究，刻画了大众阅读、近代贸易和启蒙运动交融的历史图景，并拓展出一个内涵丰富的思想社会史的研究领域。（张炜）

【保罗·莱：《英国共和兴亡史》[3]，祝晓辉译，天津人民出版社2021年版】

17世纪中叶，英格兰经历了政治制度上的巨大变革。1642年，英国内战爆发，1649年，国王查理一世被处决，君主制遭到废除，英国

---

[1] Brendan Simms, *Britain's Europe: A Thousand Years of Conflict and Cooperation*, Allen Lane, 2016.

[2] Robert Darnton, *A Literary Tour de France: The World of Books on the Eve of the French Revolution*, Oxford University Press, 2018.

[3] Paul Lay, *Providence Lost: The Rise and Fall of Cromwell's Protectorate*, Appolo Book, 2020.

成为共和国。此后，奥利弗·克伦威尔于1653年成为护国公，建立护国公体制。克伦威尔死后，查理二世从海外流亡归来，复辟斯图亚特王朝。英格兰共和国就此终结。围绕上述宏大变革的线索，保罗·莱以趣味而又严谨的方式，讲述了英格兰第一次也是唯一一次建立共和政府的尝试，生动再现了克伦威尔当政时期的上层政治斗争情境，深入刻画了克伦威尔的政治信念和施政特点；展示了通过宗教信仰推翻君主制而建立起的共和国，如何一步步走向灭亡的过程；从史实出发，回答了为什么英国人特别厌恶清教徒那种专横的虔敬以及任何形式的激进主义。该书是为数不多的详细描述17世纪中叶英国护国公制度的专著，对全面理解近代早期英国政治制度变革具有填补空白的作用。（张炜）

【罗伯特·达恩顿：《法国旧制度时期的地下文学》[1]，熊颖哲译，社会科学文献出版社2021年版】

该书是一部关于启蒙运动的思想史研究著作。但该书并未对宏大历史概念和著名历史人物琢磨太多，而是聚焦思想知识如何生产、传播的动态过程，特别留意了禁书、盗版书等非法作品的传播与接受。作者潜入文学的地下暗界，以禁书为线索，将启蒙作家、出版商、印刷行业各个环节的工人、书籍二道贩子、边境上的走私贩子、警方、文化沙龙贵族、法国王室等多方人物联系起来，通过对警方和18世纪出版商纳沙泰尔印刷公司档案的抽丝剥茧，还原了思想所处的生动历史场景。作者热切关注了书籍打破文化障碍的力量。该书实际上是为了理解这种力量而作的，它挑战了关于启蒙运动的传统观点，也不同于文学史研究的标准方法。该书代表了作者达恩顿学术研究生涯的一个转折点，在此之后他还继续探索这个地下文学世界。欧美学界的其他学者也跟随其脚步，开始研究相关主题，业已出现规模相当可观的一批历史著作。（张炜）

【诺曼·戴维斯：《欧洲史》[2]，刘北成、郭方等译，中信出版集团股份有限公司2021年版】

《欧洲史》是英国历史学家诺曼·戴维斯的代表作。该书为欧洲历史设计出一种时间和空间的坐标系统，呈现出鲜明的整体史印象。同时，该书将传统叙述方式与特写结合，容纳了常被历史学家忽略的各种奇特事物和思想，是一部内容丰富又趣味盎然的欧洲通史作品。第一卷《古典时代（史前—公元337）》讲述的是"欧洲"正式亮相之前这片陆地的历史。作者强调，欧洲不是独立的"大陆"，而是一个"半岛"。地貌、气候、地质和动物群落共同营造了一个良性的环境，这是理解欧洲历史的基础。欧洲历史上从未出现过一个像希腊这样如此有生命力的阶段。而罗马具有一种内聚性品质，是希腊文明不具备的。第二卷《帝国时代（约330—1493）》讲述的是欧洲中世纪的历史，该卷着力突出了中世纪的中心主题——将基督教重新组织成一种新的帝国制度。第三卷《转型时代（约1450—1914）》始于文艺复兴，止于"一战"。该卷强调，文艺复兴粉碎了中世纪文明的精神力量，启动了欧洲向现代蜕变的过程。在历经政治上的"绝对主义时代"并被革命推翻后，现代化开始发挥作用，欧洲进入高歌猛进的机器大工业时代，与此同时，世界格局也在多国竞相瓜分世界的进程中发生着裂变。（张炜）

---

[1] Robert Darnton, *The Literary Underground of the Old Regime*, Harvard University Press, 1982.

[2] Norman Davies, *Europe: A History*, Oxford University Press, 1996.

【威廉·麦克尼尔：《威尼斯：欧洲的枢纽1081—1797》①，许可欣译，上海人民出版社2021年版】

该书将威尼斯视为中世纪至近代早期的欧洲枢纽，描述了拉丁基督教国家与东欧东正教国家、伊斯兰教国家之间的交流与冲突。长久以来，受语言多样性和史料所限，包括东正教和拉丁基督教之间的冲突的持续影响，历史学家常忽视或低估东欧、南欧在中世纪晚期和近代早期，在文化交流的规模和重要性方面曾经所扮演的角色。麦克尼尔旨在通过使用同化模式和文化排斥模式，整理四种语言写成的近代学术著作，分析不完整的数据，进而纠正缺失。他的观点是，东欧和南欧不同民族间的文化互动永远不会停止，并成为历史变迁的主要动力。即使在奥斯曼帝国势力前进到巴尔干半岛后，拉丁基督徒和地中海东部的人民也并未停止接触。威尼斯地处亚得里亚海，拉丁基督教世界的边缘，在1600年之前，它也是东西欧两地跨区贸易的主要地点。威尼斯这种不断有外地人来往的城市，注定成为文化交流的领导者。麦克尼尔在该书中探讨威尼斯称霸地中海世界的根基，以及这座城市及其海外帝国在拉丁基督教世界、东正教世界和奥斯曼土地之间的竞争、贸易和文化交流中扮演的角色。（信美利）

【约翰·朱利叶斯·诺里奇：《威尼斯史：向海而生的城市共和国》②，杨乐言译，译林出版社2021年版】

威尼斯曾经是一个国祚绵延千余年的独立共和国，最初是由躲避蛮族入侵的难民聚居而成的水上城市，后逐渐发展为占有巨额财富、掌控东西两大帝国权势的城邦。它有一套持续了一千多年的复杂而奇特的寡头共和政体，维系着这座城市的稳定与扩张。该书尝试完整讲述威尼斯历史，详细描绘了威尼斯从公元5世纪建立到18世纪末亡于拿破仑之手的历史过程。威尼斯的早期岁月，基础资源匮乏，时常矛盾丛生。以13世纪拉丁帝国对君士坦丁堡的占领和威尼斯打下商业帝国的基础为开端，到16世纪法国人对意大利长期的干涉止，这段时期充满了事故动乱和复杂纠纷。威尼斯的特性在于它独异于意大利其他名城，以希腊的方式产生成长，即便脱离对君士坦丁堡的依附之后很久，它依然背向意大利，坚决地以东方马首是瞻。意大利大陆上的政治纠葛，教皇与神圣罗马皇帝，或是封建领主与市民社团，都没有影响到威尼斯这座城市。诺里奇认为这座城市本身具有着恒久不变的美质。（信美利）

【厄恩利·布拉德福德：《地中海的画像：从文明的起源到两次世界大战》③，杨春景译，社会科学文献出版社2021年版】

地中海连接欧、亚、非三大洲，自古以来具有重要的地理位置，也是孕育西欧文明的摇篮。数千年来，人类在地中海上航行、开展贸易、发动战争，在地中海沿岸地区和岛屿上建立城市、殖民地和帝国。布拉德福德试图撰写一部"地中海通史"，从早期的埃及人、克里特人、腓尼基人，到古典时代的希腊人及其他民族；后来，地中海相继成为罗马帝国、拜占庭帝国的"国内海域"，又被阿拉伯人和土耳其人占领；18世纪，地中海重回欧洲人的怀抱，然而英国人和法国人一直在争夺该地区的霸权；拿破仑战争、苏伊士运河的修建、两次世界大战等成为地中海近现代历史上重要的事件。作者的论述截至二战结束，关于二战只是有侧重地介绍了某些方面。作者认为，史家不能与他论述的历

---

① William H. McNeill, *Venice: The Hinge of Europe 1081-1797*, University of Chicago Press, 2009.
② John Julius Norwich, *A History of Venice*, Viking, 2013.
③ Ernle Bradford, *Mediterranean: Portrait of A Sea*, Hodder and Stoughton, 2000.

史离得太近，至少要过一个世纪，人们才有可能正确地认识历史。除了用重大事件勾勒的时间线外，布拉德福德还呈现了丰富的历史细节，如地理与水文、植物与动物、航海与贸易、社会与宗教、战争与和平等。（信美利）

【阿兰·布隆迪：《地中海世界一万五千年》①，周恒涛译，四川文艺出版社 2021 年版】

地中海世界的历史就是冲突、矛盾的历史，通过对地中海地区进行 15000 年时间跨度的研究，布隆迪融会贯通东西方的观点，不仅将帝国的衰落、领土的冲突、近现代的政治和宗教紧张局势一一呈现，而且对文化、民族和社会各阶级对抗产生的裂痕进行了剖析。从 15000 年前到 21 世纪，布隆迪以大视角解读地中海世界的演化逻辑，他对地中海完成了一次深度的探索，展现了地中海在塑造和影响欧洲、中东和北非的历史进程中所起到的至关重要的作用。该书在各章节开头附上相关的大事年表，使历史脉络清晰明了；采用十一张原创地中海各时期地图，有助于掌握各帝国、民族、教派的分布区域。（信美利）

【约翰·克罗：《西班牙的灵魂：一个文明的哀伤与荣光》②，庄安祺译，中信出版集团股份有限公司 2021 年版】

从伊比利亚半岛文明曙光初现起，西班牙这片土地上先后经历了罗马帝国的征服、西哥特的入侵、摩尔人的统治、基督徒的再征服运动、天主教双君的大一统、哈布斯堡和波旁王朝的兴衰、内战和佛朗哥独裁，直至后佛朗哥时代的浴火重生。该书是一部横跨两千多年的西班牙文化史，考察了上述重大历史阶段，并着重关注政治事件表象下的思想潮流和民族特质。其从建筑、文学、艺术、社会、政治等多方面切入西班牙的历史，展现了西班牙混杂多样的精神底色，阐明地处欧洲边缘的西班牙如何融合罗马、北非、阿拉伯的世俗及宗教文化，如何迸发出璀璨的文学艺术火花，如何在 8 个世纪的收复失地运动中达到宗教热情和国家一统的巅峰，如何开启大航海时代却错失种种发展机遇，又如何在左翼右翼的撕裂中经历内战之殇。克罗勾勒出西班牙充满魅力又矛盾重重的性格侧写，感性又禁欲，有创造力又趋于保守，极度分化又力求统一，在骄傲炽热的理想背后掩藏着一种悲剧感。（信美利）

【瑞贝卡·里迪尔：《1666：瘟疫、战争和伦敦大火》③，韩丽枫译，浙江文艺出版社 2021 年版】

1666 年对于英国，尤其是伦敦而言，是一个多事之秋，亦是历史性的转折。1666 年英国遭受鼠疫大流行的困扰，并且在第二次英荷战争中遭遇失败；伦敦城的一场大火，对这个城市造成了毁灭性的打击。更为重要的是，这一年是斯图亚特王朝复辟后发生的，一切不利的因素交织在一起，成为英国人，尤其是伦敦人头顶的阴霾。里迪尔通过数个英国当时社会精英的视角，重构了 1666 年伦敦、英国的遭遇和命运，审视了政治精英的心态，平民的舆情在这个不平凡的年代是如何变化的。

失败中总是蕴藏了机遇，在如此不平凡的一年，英国和伦敦也完成了蜕变：火灾有

---

① Alain Blondy, *Le monde méditerranéen, 15. 000 ans d'histoire*, Perrin, 2018.
② John A. Crow, *Spain: The Root and the Flower. An Interpretation of Spain and the Spanish People*, University of California Press, 1994.
③ Rebecca Rodeal, *1666: Plague, War and Hellfire*, The Grayhawk Agency Ltd, 2016.

效地抑制了疫情；克里斯托弗·雷恩提出了重建伦敦城的构想；牛顿提出了万有引力定律。这些改变英国历史进程的事件也都发生在这个多灾之年。里迪尔以翔实的史料，独特的视角审视了英国的1666年，是一部兼具学术性的科普读物，有助于读者更全面地理解1666年的英国。（赵博文）

【加布里埃尔·戈罗德茨编注，伊万·迈斯基著：《伦敦日记：苏联驻伦敦大使二战回忆》[1]，全克林、赵文焕译，广西师范大学出版社2021年版】

该书是二战期间苏联驻英国大使迈斯基的日记汇编。这本私人日记的发现和出版具有戏剧性，由于斯大林不鼓励苏联的政府官员写作，迈斯基的日记实则是一种"违纪"行为。迈斯基在1953年被指控为英国政府从事间谍活动，日记本被苏联安全部门没收。直至苏联解体，这些珍贵的文献才重见天日，并由耶鲁大学出版社在2015年出版。迈斯基的日记给很多二战中的重大历史事件提供了新的材料和视角，能够让历史学者从一个大使的角度，去重新审视二战期间苏联对英国外交政策的转变、政治家之间的博弈、舆情对于民众心态的影响等；日记同样提及了中国在苏联对外政策制定过程中的作用。

该书揭示了苏联大使在斯大林外交政策制定过程中的影响力，以及大使对于促进苏联和英国结盟过程中的重要作用。但是在书目的前言和后记中，戈罗德茨不自觉地提及了苏联的"威权主义"和苏联的排外倾向，有意地将迈斯基塑造成为一个完美、符合英国价值观而被苏联政府诟病的"守旧派"和"鞑靼小个子"外交官。因此，在使用这批珍贵档案的同时，学者应该更加注意同其他史料之间的互证和支撑，避免先入为主地看待这本珍贵的战时日记。（赵博文）

【西蒙·赫弗：《凝视上帝：大战中的英国》[2]，伍秋玉译，社会科学文献出版社2021年版】

《凝视上帝：大战中的英国》是系列丛书的第三部，主要讲述英国在第一次世界大战中的历史，以军事为主线。英国近代以来奉行自由政策，对英国的政治、经济影响颇深。英国能够奉行这种自由政策的基础，是通过军事征服建立的全球性的殖民帝国，以及领先全球的贸易。但是这种政策塑造的文化习俗并不适应一场高强度的战争。一战的爆发对英国的自由主义提出了严峻的挑战，英国政府不得不改变策略，强化国家管控，建立了一支强大的军队，并且最终赢得了一战。同时英国面临国内的第二战场：爱尔兰。1918年主张爱尔兰独立的新芬党赢得大选，英国不得不在应付一战的同时，处理爱尔兰的事务。

《凝视上帝：大战中的英国》同时关注了这种改变对于英国社会的形塑。英国政府强化了对社会的控制，一方面改变了英国人对于自由主义的信仰，另外一方面也为福利国家的建立创造了社会基础。医疗、教育、住房等方面的问题，在政府不断扩大对社会控制之后，得到了改善，尽管远达不到理想的状态。一战严重削弱了英国的优势地位，该书同样揭示了在战争背景下，英国的普通民众因悲痛、惶恐而表现出的不安状态。该著从一个新的视角重新梳理一战时期的英国历史，加深了读者对这一时期的了解，是一部优秀的译著。（赵博文）

---

[1] Gabriel Gorodetsky ed., *The Diaries of Ivan Maisky: Stalin's Ambassador to London, 1932–1943*, Yale University Press, 2015.

[2] Simon Heffer, *Staring at God: Britain in the Great War*, Random House Books, 2019.

【T. M. 迪瓦恩：《苏格兰民族：一部现代史》①，徐一彤译，社会科学文献出版社2021年版】

迪瓦恩的《苏格兰民族：一部现代史》是一部百科全书式的历史科普性读物，讲述了苏格兰自1707年加入联合王国，至21世纪初的历史，包括了政治、经济、文化、宗教等方面的历史。苏格兰加入联合王国，并不是领土的合并，而是两个王国从共君走向联合的进程。因此，苏格兰始终保有自身的独特性，这种独特性不仅仅体现在文化方面，在经济方面也尤为明显。正如迪瓦恩所关注到的，苏格兰对于经济的干预程度远高于英格兰。与此同时，两个国家也在不断地趋同，苏格兰的社会结构、文化氛围也在英格兰因素的不断渗透下，进行着变革，尽管这种变革十分缓慢。迪瓦恩通过阐释苏格兰的"独特性"与"趋同性"之间的张力，向读者展示为何当下苏格兰会走向公投，为何两个国家没有最终全面统一。苏格兰历史在中国世界史学界是一个较为冷僻的分支，近些年由于公投等问题逐渐引起学界的关注。迪瓦恩的著作为这一学术研究领域提供了很好的背景知识，也有助于大众更好地理解苏格兰。

但是该书的中文译本存在一定的问题，尤其是译著的题目"苏格兰民族"。"Nation"一词在英文中既有民族的含义，又有民族国家的含义。按照译者民族的译法，该书应该强调身份认同和民族认同；但是该部译著的重点在于政治、经济和社会结构。这种重点更加契合"国家"这样一个拥有制度性概念的中文名称。与此同时，"苏格兰民族"的译法是否成立也值得商榷；北不列颠人（North Britons）一度成为苏格兰人的身份认同；迪瓦恩同时指出，移民，尤其是东欧的一些移民也成为苏格兰文化形塑的重要组成部分，苏格兰民族是什么？是一个人种学的概念，一个文化上的概念，还是一个政治性的标签，恐怕都难以回答。同时，民族主义的陷阱是历史研究中的一个难题，该书的题目应该如何翻译，对于历史学者而言更应该审慎。（赵博文）

【诺埃尔·马尔科姆：《帝国代理人：16世纪地中海世界的骑士、海盗、耶稣会士与间谍》②，余福海译，文汇出版社2021年版】

自21世纪以来，历史研究逐渐走出民族国家的藩篱，区域史、全球史不断推陈出新，从新的视角审视历史。马尔科姆的著作是正视这种趋势的一种反映。马尔科姆通过微观的视角，主要以布吕尼和布鲁蒂家族的联姻关系为切入点，展现这两个家族是如何在奥斯曼帝国挑战整个欧洲的历史时期，活跃于大国博弈的台前和幕后。该书通过还原两个家族为主线的兴衰历史，管窥了这一时期西欧的文化、外交、政治发展。同时，马尔科姆向我们展示了实际利益和权力斗争才是苏丹国和西欧冲突的根源，宗教和意识形态的因素并非主要作用。该著作展现了地中海世界复杂的面目，以更加宏达和可观的视角，跳出民族国家的限制来解读历史，是一种非常有益的尝试。为国内世界史领域如何在跨国史、区域史、全球史领域创新提供了思路；利用微观史，以小见大、以点见面的研究思路，同样值得借鉴。（赵博文）

---

① T. M. Devine, *Scottish Nation：A Modern History*, Penguin Book Ltd, 1999.

② Noel Malcolm, *Agents of Empire：Knights, Corsairs, Jesuits and Spies in the Sixteenth-Century Mediterranean World*, Oxford University Press, 2015.

著作、译著选介

【尼古劳斯·瓦克斯曼：《纳粹集中营史》①，柴茁译，社会科学文献出版社2021年版】

该书是一本关于集中营的全面记录，采用宏观编年史的方法，从两个主要方面对党卫队集中营进行分析。第一个方面着重于展示集中营之内的生与死，审视集中营内微观情况以及随时间推移所产生的变化。第二个方面则透过更广阔的视角观察第三帝国的兴衰以及集中营在其中的地位。全书正文分为11个章节。第一章至第三章，记述了1933—1939年集中营系统的战前起源、形成到扩张。第四、五章，分别讲述1939年秋到1941年末集中营开始出现的大规模死亡和处决。第六章，阐释奥斯维辛如何变成一个主要的灭绝营。第七章，阐释在东欧沦陷区的囚犯和党卫队人员的日常生活。第八、九章，以更宏观的视角展现1942—1943年集中营体系和卫星营的发展，尤其是越来越多的奴隶劳工以及德国在二战期间对数十万囚犯的剥削。第十章，分析战时的囚犯社区，以及他们所面对的艰难抉择。第十一章，以1944—1945年第三帝国以及集中营在腥风血雨中的崩溃收尾。最后（终曲），记述二战后集中营的解放、幸存者的处境、集中营审判、对集中营的记忆在不同时期的变化以及集中营纪念馆的建立。作者认为，集中营的发展轨迹没有必然的因素，它紧密跟随着政权统治者的总体目标和野心。集中营的行事虽然摇摆不定，但其基本规则、组织和精神在20世纪30年代中期就已形成，此后基本上没有发生改变。集中营系统将极端暴力、折磨和谋杀统统正常化，是一个巨大的价值扭转器。（王超　孙语馨）

【马修·休兹、克里斯·曼：《希特勒的纳粹德国：第三帝国社会生活史》②，于仓和译，浙江大学出版社2021年版】

该书较为详尽地探讨了第三帝国的社会生活，从社会角度解释第三帝国能够在国内聚集起强大的工业生产和运转能力、在政治上野心勃勃、在军事上一度所向披靡的原因。该书正文分为16个章节。第一章讲述了希特勒的个人经历及其对希特勒的影响。第二章论述了魏玛共和国的社会经济状况及其对纳粹党上台的影响。第三章讲述了纳粹经济奇迹的实现。第四章至第七章分别讨论了纳粹统治向对青年的渗透以及青年的反抗、理想妇女的形象与实质上对妇女的歧视、德国人的日常生活，以及纳粹统治对文化艺术发展的冲击。第八章举例说明了纳粹开始采用的恐怖手段。第九、十章，梳理了二战期间德军战局的变化以及对战争情绪态度的变化。第十一、十二章分别介绍了战时德国的工业生产状况和日常生活状况。第十三章讲述了二战末期德国军队与国内难民的处境与最后战败。第十四章揭示了德国内部反抗纳粹的行动。第十五章讨论了纳粹对犹太人种族灭绝政策的形成及执行。第十六章展现了德国战败后德国人的处境。（王超　孙语馨）

【埃里克·韦茨：《魏玛德国：希望与悲剧》③，姚峰译，北京大学出版社2021年版】

该书涉及1918—1933年魏玛时期的所有主要方面——政治、经济、文化和社会，以及彼此间的联系，最终回答了魏玛德国出了什么问题、何以导致灾难性结局等问题。该书正文分为10个章节。第一章梳理了一战战败后魏玛共和国是如何在错综复杂的局势下建立的。第二章描绘了柏林的城市建设与社

---

① Nikolaus Wachsmann, *KL: A History of the Nazi Concentration Camps*, 2nd ed., Abacus, 2016.
② Matthew Hughes and Chris Mann, *Inside Hitler's Germany: Life Under The Third Reich*. Reprinted, Snap, 2011.
③ Eric D. Weitz, *Weimar Germany: Promise and Tragedy*, New and Expanded Edition, Princeton University Press, 2013.

会生活。第三章分析了魏玛德国政治的不同派别主张、形势变化以及继承性与新特点。第四章揭示了魏玛时期通货膨胀和大萧条造成的经济动荡及其影响。第五章至第八章探讨了魏玛时期的文化,分别讨论了魏玛时期现代建筑的特点,新媒介如摄影、电影、广播和唱片的发展和魏玛文化的特点。第八章讲述了魏玛时期形成的对性爱和身体的新态度、新主张。第九章分析了魏玛时期右翼思想主张及革命,以及纳粹最终上台的过程。第十章论述了受到魏玛时期影响的德国流亡者在世界各地为文化事业做出的贡献。最后,作者肯定了魏玛辉煌的创造力,以及政治和文化上的解放性尝试;作者也以魏玛为鉴,提出民主是脆弱的,对民主的威胁可能产生于国家内部,社会若不能就根本问题达成共识就可能失控。(王超　孙语馨)

【巴尔特·范埃斯:《被隔绝的女孩:二战中的荷兰犹太人和地下抵抗运动》①,成琳译,社会科学文献出版社2021年版】

该书曾获2018年科斯塔图书奖年度好书以及2018年Slightly Foxed杂志最佳传记奖。范埃斯以对二战幸存者、荷兰的犹太人利恩的采访为基础,记录了利恩及其家庭成员在二战时期所遭遇的苦难经历以及战后的生活历程。在二战期间,荷兰犹太人的死亡率曾高达80%,这同这个国家当时政府当局的政策和民众的态度有着极大的关系。该书从小利恩的视角出发,回忆了在这种高压残忍的政治和战争氛围下,犹太人因荷兰政府的悬赏政策所面临的生存困境与生命威胁,也记录了这一时期荷兰地下抵抗组织寄宿家庭对犹太人的保护活动。全书以散文式的叙述方式展现了小利恩的遭遇,穿插了许多图片、影像、信件和日记资料,从个人的视角出发提供了荷兰犹太人二战和战后遭遇的全景图。

犹太人问题一直是二战史研究的重要议题之一,相较于其他同类作品而言,该书自成一格,特色鲜明。第一,该书在兼顾文字叙述流畅和文笔优美的同时,提供了荷兰犹太人战时及战后生活的大量史料,为研究相关议题提供了参考。第二,从小女孩利恩的视角出发对荷兰在二战时期的犹太人政策进行勾勒,一方面更凸显出战争的残酷和纳粹犹太人政策的血腥与反人道,另一方面也更能勾起了人们反思战争和爱好和平的情感。第三,本书的写作方式为个人史和家庭史的研究提供了可借鉴的风格,兼顾了可读性与历史研究的严肃与科学。(罗宇维)

【伊维德编:《荷兰的中国研究:过去、现在与未来》②,耿勇、刘晶、侯喆译,上海社会科学院出版社2021年版】

该书编者为莱顿大学中国语言与文学荣誉教授、哈佛大学中国文学研究院教授伊维德,收录的10篇论文来自多位荷兰当代著名中国学研究者。文集回溯了19世纪中叶至今荷兰的中国研究成就与进展,分析讨论了荷兰中国研究的特定知识兴趣与学科关注点,介绍了当前中国文化和中国学在荷兰的状态并展望了未来的发展趋势,是一部优秀的学科史研究论文集。具体而言,该书的导论对全书内容和该书主题做了全局式的介绍评价。包乐史、田海、司马翎、彭轲、林恪、莫欧礼、何世泰和柯雷等作者的论文则重点关注了荷兰中国研究的不同领域和重点议题,凸显了荷兰中国学研究的热点转变,如对莱顿大学早期汉学家的追溯与致敬、东南亚荷兰的中国语文学研究、中国宗教与当代中国的再思考、对中国文学的研究与翻译、对中国

---

① Bart Van Es, *The Cut Out Girl: A Story of War and Family, Lost and Found*, Penguin Press, 2018.
② Wilt L. Idema ed., *Chinese Studies in the Netherlands: Past, Present and Future*, Koninklijke Brill, 2014.

艺术与物质文化的研究、博睿出版社与荷兰汉学的关联与影响以及中国学在荷兰的发展状况等内容。

同英、美、法、德等国家的汉学研究相比，国内学界目前对荷兰汉学的关注了解并不太多，该书部分地弥补了这一知识空白，向读者展现了荷兰汉学研究较为悠久的历史和丰富的内容，并指出了荷兰汉学家对国际汉学研究的重要贡献，为学者和读者进一步了解和研究荷兰汉学提供了一些指南与帮助。（罗宇维）

【罗兰·斯特龙伯格：《西方现代思想史：1789年至今》[1]，刘北成、赵国新译，中信出版集团股份有限公司2021年版】

该书为斯特龙伯格《西方现代思想史》两卷本中译本的最新再版，继续采用刘北成、赵国新译本。原书分上下两卷，以1789年法国大革命为界，此次再版的下卷内容是1789年至20世纪80年代西方思想史的变迁与沿革。全书正文共11章，以时间顺序追溯了200年来西方思想史中的重要人物、主张、思想运动、思想潮流与意识形态主张，归纳了每一时期代表时代特征的主流思想与观念流派，囊括了对包括浪漫主义、自由主义、保守主义、民族主义、进步主义、社会主义、共产主义、女性主义、现代主义、后现代主义以及诸多相关联思想主张与流派的背景分析、代表人物及其主张介绍、思想和社会政治文化影响评价等内容，梳理了两百年来欧洲思想流派的演变。

该书视野宏大，议题丰富，逻辑清楚，内容翔实，讨论深刻，是一部具有广泛影响和备受好评的经典思想史著作。较其他思想史作品而言，该书具有明显的特点和优点：

第一，作者以思想和现实的相互影响为观照，强调每种思想的产生背景与现实问题指向，以此为线索将近200年的欧洲思想史贯穿为有机整体，展现了在经济社会政治历史大变迁背景下西方人的思想活动与成果；第二，该书在具体议题的选取上，专门分析了包括浪漫主义、文学理论、20世纪科学革命以及后现代主义与女性主义等议题，为读者提供了现代西方思想文化历史的全景图；第三，该书较为客观地介绍和讨论了社会主义和共产主义思想流派和思想家。（罗宇维）

【基尔·沃丁顿：《欧洲医疗五百年——1500年以来的欧洲医疗社会史》[2]，李尚仁译，上海社会科学院出版社2021年版】

该书为卡迪夫大学医疗社会史教授基尔·沃丁顿的代表作之一，综合了沃丁顿教授近四十年在医疗社会史领域研究教学的成果。该译本沿用2014年台湾远足文化/左岸文化出版社李尚仁老师的三卷本译本。全书共十六章，涵盖了自1500年至20世纪晚期欧洲社会医疗领域的发展历程，采用比较史的写作方式，以医学史个别主题的处理办法梳理和分析了500年来欧洲社会医疗技术、观念的变化以及社会政治发展与其的复杂关系。根据原书的写作规划，该书由三个方面的主要内容构成：第一部分讨论整体上医疗与民众之间的复杂历史，从医疗社会史学科回顾入手，继而围绕500年来欧洲社会生活中的疾病观念与认识、宗教与医疗、女性与医疗以及自助医疗和医疗市场等论题进行了探讨；第二部分关注500年来欧洲医疗技术的发展与变革，作者以史料为基础分析了解剖学、外科、医院机构、医疗人员、科学实验与医学实践以及护理等领域的发展变化；第三部

---

[1] Roland Strongberg, *European Intellectual History Since 1789*, Pearson Education, 1994.

[2] Keir Waddington, *An Introduction to the Social History of Medicine: Europe Since 1500*, Palgrave Macmillan Education Limited, 2011.

分则反思了近代国家发展与医疗事业之间的相互影响,讨论的内容则包括公共卫生、国家的健康护理、医疗与帝国、战争医疗以及精神病医疗事业等议题。

该书是以综合和比较视角进行医疗社会史综合研究的杰出作品,作者通过翔实的史料和精彩的分析证明了医学与医疗护理的变化往往并非必然,时常需要长时段的积累,探究了疾病、医疗与政治、社会文化之间的实质性和象征性关系。全书叙述框架清楚、结构紧凑,从整体上提供了了解和观察欧洲近代医疗社会变迁历史的切入点。最后,书中还提供了丰富的扩展阅读材料,供有兴趣的读者和研究者进一步阅读。(罗宇维)

【安东·范德伦:《海洋帝国的崛起:尼德兰八十年战争,1568—1648》[1],杜原译,天地出版社2021年版】

该书为荷兰学者安东·范德伦以尼德兰八十年战争为主题的历史专著,全书共分8章,全面和系统地梳理介绍了1568年至1648年尼德兰战争的始末与历史影响,为了解和认识17世纪荷兰的崛起及其所创造的"黄金时代"提供了背景知识。该书以时间顺序为轴,从1555年之前尼德兰的政治和宗教状况入手,继而梳理了八十年战争不同时期尼德兰各派政治和宗教势力面对宗教信仰、统治权归属和公民权范畴等问题时所做出的不同反应,以及由此引起的数次冲突与战争。全书分七个阶段描述了这场争取宗教和良心自由、自决权和参与权的战争,采用了大量档案文献资料来呈现战争中各方的态度、策略、战场实况与战略战术等。此外,作者还兼顾了政治史的发展脉络,勾勒了伴随八十年战争的历史,荷兰所发展出的独特政治模式与国家类型。

该书逻辑清楚、内容繁简得当、叙述流畅、资料翔实。作者不仅择选了诸多与八十年战争相关的史料文献和图片资料,还编排了相应的大事年表,为读者全面系统地了解掌握这段历史的发展脉络、关键人物和细节提供了帮助。作为近代西方历史上最早崛起的海洋国家和"第一个现代经济体",荷兰之历史经验和发展路径都需要得到全面地了解和反思,但限于语言的障碍和西方近代史的繁杂线索等,近代早期荷兰的历史在国内较少受到关注。就此而言,该书为有兴趣的读者和研究者提供了参考,丰富了相关历史研究的文献资料内容。(罗宇维)

【亚当·图兹:《滔天洪水:第一次世界大战与全球秩序的重建》[2],陈涛、史天宇译,中国华侨出版社2021年版】

该书是图兹对两次世界大战研究经典问题的回答,也是他对当前世界秩序的起源与建立的反思。全书共分四个部分,追溯了一战各国和各方势力在战争不同阶段对当前世界格局的理解与对策,勾勒了经历战争洗礼和权谋斗争以后以美国为主导的国际新秩序构想与实践的诞生与初步发展,最终表明在这一历史阶段世界权力新秩序的形成过程,也就是美国是如何成为超级大国,对世界其他主要国家的经济和安全利益行使否决权的。全书共分四部分二十六章,以"欧亚危机"、"赢得民主的胜利"、"未完成的和平"和"寻找新秩序"为主题,按照时间顺序叙述了一战期间以及战后各国面对战争危机和战后困境所做出的反应与对策,尤其侧重于描写因战争的冲击,不同国家持不同政治意识形态立场的政治家、政党、政府以及社会团体对结束战争实现和平之出路的构想,并将叙

---

[1] Van Der Lem, Anton, *Revolt in the Netherlands: The Eighty Years War, 1568-1648*, Uitgeverij Vantilt, 2014.

[2] Adam Tooze, *The Deluge: The Great War and The Remaking of Global Order*, Allen Lane, 2014.

述的重点放在了美国在这一过程中对欧洲和世界秩序的干预与重塑上,最终证明了威尔逊及其继任者并不是以理想主义为圭臬来参与国际政治,而是采用了特殊的策略来重塑国际格局,确保和增强了美国的国际地位与权威。

相较于一般的两战史研究而言,该书将研究焦点放在了两次战争期间各参战国国内国际经济政治社会问题与战争冲突的相互影响上,采用大量的史料和数据资料分析不同国家受一战影响所面临的困境与解决困境的尝试,并提醒人们重新认识当前世界格局以及美国在国际秩序中的角色与策略,丰富了两战史研究的内容,也是政治史和国际关系史研究两战与国际秩序问题的一种新的写作尝试。(罗宇维)

【威廉·多伊尔:《牛津法国大革命史》[1],张弛、黄艳红、刘景迪译,人民日报出版社2021年版】

《牛津法国大革命史》是牛津欧洲史系列的重要作品,其作者威廉·多伊尔是英国布里斯特尔大学教授、英国国家学术院院士,研究专长为18世纪法国史,横跨旧制度和大革命两个阶段。该书第一版在1989年推出,2002年修订再版,增添了大革命的历史编纂学,以介绍20世纪90年代后大革命领域的最新研究成果。该书共分成十七章,外加三个附录(法国大革命大事年表、共和历公历换算表,以及大革命及其史学家)。该书将叙述的起点定在1777年路易十六即位,而将终点定在了1802年,这个时间段的限定既体现了作者的学术专长,也体现了作者对法国大革命的观点,作者认为1802年法国和罗马教廷签约,与英国议和,拿破仑成为终身执政,解决了大革命以来的战争、宗教和君主三大问题,可以视为法国大革命的终结。威廉·多伊尔学术专长是旧制度末期社会政治史,对于捐官制、大革命的起源等问题有深厚的研究并出版过专著。因此该书前三章都在讨论路易十六即位后的法国、启蒙舆论,以及1776年至1788年的危机等,充分阐述了革命爆发的原因。第四章到第十一章作者将巴黎革命形势的升级和外省和欧洲其他国家的反应结合起来,描述了1788年三级会议召开到1793年雅各宾专政的革命进程。第十二章到第十六章同样结合反革命和法国对欧洲的影响,探讨从热月到1802年革命终结过程。第十七章则是对法国大革命意义的总结。总的来说,该书较好地综合了英语世界对于大革命的研究,是该主题较好的入门读物。(杨光)

【菲利普·S.戈尔斯基:《规训革命:加尔文主义与近代早期欧洲国家的兴起》[2],李钧鹏、李腾译,北京师范大学出版社2021年版】

菲利普·S.戈尔斯基的《规训革命:加尔文主义与近代早期欧洲国家的兴起》是比较历史社会学领域的代表性作品。该书将基督新教加尔文派作为研究对象,选取低地国家荷兰和勃兰登堡-普鲁士作为比较个案,认为宗教改革在欧洲社会引发了波及广泛的深刻规训过程,可以称为规训革命。规训以较少的强制力和暴力塑造了较为顺从和勤勉的民众,从而不仅大大加强了国家机器的管制力,也极大地强化了国家机器的榨取和强制能力。因此这场变革大大增强了近代早期欧洲国家的权力,直接促使信奉加尔文主义的欧洲国家从中央集权程度低、君主力量较弱

---

[1] William Doyle, *The Oxford history of French Revolution: Second edition*, Oxford University Press, 2002.

[2] Philip S. Gorski, *The Disciplinary Revolution: Calvinism and the Rise of the State in Early Modern Europe*, University of Chicago Press, 2003.

的国家跻身为欧洲强国。该书第一章主要进行理论综述。对国家理论、宗教改革问题，以及韦伯和福柯的相关理论进行了联结，提出加尔文主义、社会规训和国家权力三者之间的内在联系。第二章主要探讨低地国家发生的自下而上的规训革命。从荷兰起义到荷兰国家创建，加尔文宗教教义对于公众的规训在荷兰崛起中扮演关键角色，影响到政治、军事、慈善、社会生活等各方面。第三章则探讨普鲁士发生的规训革命。普鲁士民众大多信奉信义宗，而王室和宫廷信奉加尔文宗，两者冲突导致王室更具自主性，正是腓特烈·威廉一世用加尔文派原则自上而下规训行政和军事部门，从而让普鲁士国家政权具有超群实力。第四章同时比较了欧洲不同教派对于社会规训的影响。总体来说，该书将历史和理论结合，对理解近代欧洲变革提供了新的视角。（杨光）

【帕特里斯·格尼费：《帝国之路：通向最高权力的拿破仑，1769—1802》①，王雨涵、黎炜健译，九州出版社2021年版】

该书是历史人物传记，讲述拿破仑自诞生于科西嘉到成为法国执政府终身执政的前半生历程。作者为法国社会科学高等研究院教授，著名历史学家帕特里斯·格尼费，他在革命史和帝国史领域已经有多部专著。该书曾获得2013年拿破仑基金会大奖、政治人物传记大奖、2014年法兰西学术院戈贝尔奖等多部重磅学术奖励。作者在写作中结合了历史研究的最新成果，不仅分析拿破仑个人性格和命运的独特之处，还结合了从旧制度崩溃到大革命爆发的历史背景和社会舆论，让读者从当事人视角体会拿破仑个人命运和法国历史进程密不可分。第一部分讲述拿破仑的家庭背景、求学经历以及他在政治认同上从倾向科西嘉民族主义到最终选择支持法国大革命的历程。第二部分和第三部分主要讲1793年至1797年拿破仑在军事领域崭露头角的过程，包括土伦之战击败英国、意大利战役，击败奥地利以及在巴黎镇压保王党人暴乱等。第四部分则讲述拿破仑远征埃及，这是他从军事统帅走向政坛的转折点。而第五部分和第六部分则聚焦雾月政变和执政前三年，即拿破仑夺取和执掌法国最高权力的关键时期，拿破仑先后签订了《教务专约》、与反法同盟各国的和约，实现了国内宗教和解和欧洲和平。作者特别指出，担任终身执政也是拿破仑让国内外相信大革命结束的措施之一。总之，该书历史细节丰富，论证扎实，是兼具可读性和学术性的佳作。（杨光）

俄罗斯、东欧、中亚史

【伊万·德米特里耶维奇·科瓦利琴科：《19世纪上半叶的俄国农奴》，张广翔、刘颜青译，社会科学文献出版社2021年版】

该书获教育部人文社会科学重点研究基地吉林大学东北亚研究中心资助出版，是"俄国史译丛"系列之一。俄国农奴制是以劳役制为主要剥削形式的封建经济、法律制度。该书的主要研究目标是揭示俄国农奴制农村中资本主义生产关系的兴起和封建制度瓦解的规律和特点，确定旧生产关系崩溃和行将摧毁农奴制度的新生产关系发展的程度。研究对象是俄国农奴制，也就是地主和农村。研究区域包括西北地区、中部工业区、中部黑土区、伏尔加河中游、伏尔加河下游和扎沃尔日（萨马拉省）地区、斯摩棱斯克省。北部地区、高加索和西伯利亚地区不在研究之列，因为这三个地区农奴稀少。全书分为六章。作者专门用一章的篇幅来叙述资料及其选择和分析的问题，向读者呈现出丰富的事实性数据即统计报表。第二章分析19世纪

---

① Patrice Gueniffey, *Bonaparte: 1769-1802*, Gallimard, 2013.

上半叶样本地区的农奴制农村社会经济发展趋势，这是整部书的研究背景，因此作者挑选的资料覆盖欧俄各地区。第三章至第五章分析中部黑土区和伏尔加流域从事农业的地主农民地位和经济水平。第四章分析中部工业区和西北地区地主农民地位和经济情况。第五章分析农副混合型农民与副业性农民的地位和经济地位。这三章旨在揭示农民经济发展的阶段、类型和多样性。研究中，作者充分考虑农民经济活动的特点及其所受剥削的形式，使用微差分析法来分析各阶层的农民。第六章得出结论，揭示出封建农奴制经济所面临危机的实质，一是商品货币关系不可避免渗入封建农奴制经济体系中，二是商品货币关系的发展不仅是生产力发展的总体反映，也是小商品和资本主义社会生产制度形成的基础。该书以数据分析见长，致力于重要问题的基础性分析，通过概括性的数据和数理统计法客观阐释出俄国农奴制农村发展过程中的方方面面，填补了以往农奴制研究中对高利贷资本、企业活动特点和雇佣劳动力研究空白。（邢媛媛）

【鲍维金·瓦列里·伊万诺维奇：《俄国金融资本的起源》，张广翔、高笑译，社会科学文献出版社 2021 年版】

该书获得教育部人文社会科学重点研究基地吉林大学东北亚研究中心资助出版，是"俄国史译丛"系列之一。在俄国历史上，19 世纪 80—90 年代是一个过渡时期，在旧"自由"资本主义基础上新现象开始出现并成熟，逐渐转变为垄断资本主义。基于对 19 世纪末俄国的生产集中度、垄断的发展及银行与工业融合的研究，作者试图阐明俄国金融资本出现的最初阶段，即其起源时期。作者研究的资料基础是俄国商业银行和工业企业的档案材料。全书共三章。第一章研究 19 世纪末之前俄国的生产集中，不仅展示出生产集中的大量统计数据，还揭示出改革后时期生产集中的性质。第二章分析俄国工业垄断的形成，重点阐述铁路建设行业中的垄断协会、金属加工和采矿等其他部门的垄断协会、石油行业垄断的形成、建筑材料工业中垄断协会的出现、俄国工业的垄断规模及垄断协会起源和发展的一般规律。早期垄断协会积累的经验是成熟的垄断势力的先决条件。第三章分析银行与工业融合的开始，俄国银行向金融工业的转向、两者融合的一些结果。该书全面论述了俄国金融资本起源时期的历史，分析了外国投资在俄国生产和资本集中过程中的作用，探究了俄国与西欧金融资本起源的异同，揭示了俄国资本主义生产社会化的规律和特征。资本主义向帝国主义转变是俄国经济史上的重要转折点，该书探讨了这一转变的开端，深入剖析了俄国金融资本究竟产生于何时、以何种形式存在以及为何扎根于俄国，并从历史层面探析金融资本的逻辑，有助于读者理解当代资本主义的经济实质。该书研究的时间段（20 年）虽然仅仅是俄国金融资本的史前时期，很难高估其在该国经济命运中的重要性，但作者认为，这 20 年奠定了俄国垄断资本主义的基础，并显露出未来的些许特征。该书运用大量的银行档案、企业档案，堪称俄国金融资本研究的奠基之作。（邢媛媛）

【扎哈洛夫·维克多·尼夫拉耶维奇、彼得罗夫·尤里·亚历山德罗维奇、萨茨洛·米哈伊尔·卡尔内利耶维奇：《俄国税收史（9—20 世纪初）》，张广翔、梁红刚译，社会科学文献出版社 2021 年版】

该书获教育部人文社会科学重点研究基地吉林大学东北亚研究中心资助出版，是"俄国史译丛"系列之一。税收史是俄国历史不可分割的部分，俄国税赋的产生与向被征服者征收贡赋紧密相连。该书是以当前大众关心的税收问题为题材，探究税赋与俄国主要历史事件之间的联系。税收也是当代俄罗斯的重要问题之一。全书共十章。第一章分析基辅罗斯的贡赋，此时第一个统一国家和独裁统治得以确立。第二章分析金帐汗国统治时期的税收和俄罗斯国家的建立，税收权力变更是罗斯得以生存的重要条件，是统一莫斯科公国崛起的重要因素。第三章分析16—17世纪莫斯科公国的赋税，正是税收提高才使得国家疆域开始扩大、军队和管理机关等重要建制得以重建。第四章研究18世纪俄罗斯帝国的税收。第五章研究亚历山大一世执政时期的行政改革与税收政策。第六章研究尼古拉一世时期的税收制度。普通纳税阶层缴纳的贡赋是18—19世纪俄国强大的重要保障。第七章研究亚历山大二世改革时期的税收。第八章研究亚历山大三世时期的税收改革。亚历山大二世和亚历山大三世时期的俄国开始复兴，税收领域实行了彻底改革。第九章研究20世纪初俄国的税收改革，虽然俄国税收体制落后于欧洲强国，但能够确保俄国财政收入增长、保障帝国财政稳定，这说明税收体制适应了俄国的经济和社会条件。第十章研究世界大战和革命时代的税收制度。全书以俄国历史发展阶段为脉络，翔实梳理了税收制度的起源、发展、演变历程。书中全面阐述了革命前俄国的税收体制，最后得出结论，革命前的俄国政府利用政策刺激了经济的增长，并在这方面积累了丰富的经验。

（邢媛媛）

【列昂尼德·约瑟福维奇·鲍罗德金等：《卢布不是万能的：十月革命前俄国的纺织企业与工人》，张广翔、王祎、赵子恒译，社会科学文献出版社2021年版】

该书属于吉林大学东北亚研究院组织翻译的"俄国史译丛"中的经济史系列。19世纪80年代至20世纪10年代是俄国工业快速发展的时期，伴随着经济关系的剧烈震荡，劳动者与工厂主之间的关系也出现了新变化，其中包括工厂对工人的劳动激励机制。该书试图在俄国加速工业化这一宏观过程中，通过对孔申手工工场和雅罗斯拉夫尔大手工工场这两家具有代表性且史料丰富的大型纺织企业进行微观的案例研究，进而深入探讨十月革命前工厂对纺织工人的劳动激励机制。全书共分为四个部分。第一部分在进行学术史回顾与史料综述之余，对两家大型企业的历史概况（管理方式、生产过程和劳动力状况）加以介绍。第二部分主要分析了企业如何利用各种物质因素让工人在岗位上更好地工作，具体包括工资—奖金与罚款等正反两个方面。第三部分详细介绍了企业如何通过提供各类社会基础设施（工人住房、食品供应、医疗服务、社会保障、休闲场所）来吸引工人。第四部分则通过分析劳动关系，揭示了工厂管理部门和工人对于劳动激励机制的看法，并探讨了这一机制的效能。研究结果表明：在工业化蓬勃发展时期，吸引更多的熟练工人进厂做工、进而留住他们，同时尽量为工人提供比周边工厂更好的工作条件是企业实行劳动激励的两大基本行为。20世纪初，大型纺织企业的工厂主为工人建立了相当广泛的保障体系，但在资金分配上存在不平衡性；对于工人而言，收入始终是其关注的首要方面，因此成为整个劳动激励体系中最重要的因素。当时工厂的惩罚制度主要是为了维护工人生产的纪律性、熟练度和生产率，而不是为了弥补工厂的损失或剥削工人。总之，该书揭示了十月革命前俄国大型纺织企业对工人劳动激励机制的演变过程，这对于苏联乃至当代的生产活动具有借鉴意义。

（方可追、王晓菊）

【利季娅·瓦西里耶夫娜·科什曼、柳德米拉·德米特里耶娃·杰尔加乔娃主编：《权力·社会·文化：19世纪末20世纪初俄国文化发展概论》，张广翔、高腾译，社会科学文献出版社2021年版】

该书将19世纪末20世纪初的俄国文化视作一个整体，考察了其重要组成部分——法律文化与政治文化的关系、权力与文化的关系、文化运动的公众参与形式，这些内容与社会的精神道德面貌息息相关，而社会的精神道德面貌又决定了社会文化环境的广度和深度，也决定了文化的社会功能。全书分上下两册，正文由十章构成，按照内容可分为两大部分。第一部分，探讨的是法律文化与政治文化。俄国的专制制度与法律、政治文化密切相关。首先，该书从俄国政治制度入手，概述19世纪末至20世纪初俄国专制政体现状及其演变历程，为深入探讨后续政治问题埋下伏笔。其次，以19世纪末20世纪初俄国的政治文化及政治俱乐部为着力点，梳理俄国独特政治文化和社会性政治组织的发展历史，尝试探究形成俄国特色公民政治文化的传统要素。最后，从理论层面的法律教育及法学流派、再到实践层面的俄国社会政治生活中的法学问题，深入浅出地论述了19世纪末20世纪初俄国的法律文化。第二部分，对公众参与文化运动的多种形式进行了全面分析。首先，通过阐述日常生活中的东正教会及宗教社会组织，论述教会在进行劳动人民的道德教育、维护人民生活的精神和文化基础、推行教育和慈善事业的发展中发挥的作用。其次，以参与各类社会文化活动的妇女为视角，揭示19世纪末至20世纪初俄国女性的思想、身份的转变。此外，社会公众还通过科学、文艺资助活动及慈善事业参与文化生活。此类文化生活的蓬勃发展，折射出俄国民族文化和教育事业的勃兴，形成俄国的文化空间。该书围绕上述问题层层铺展，从文化史的角度考察了19世纪末20世纪初俄国的社会发展状况，在呈现基本史实的同时也进行了精辟、详细地分析，既触及俄国文化史的细节问题，又统一为一个有机的整体。公众文化生活、权力结构状况、社会活动及社会精神状态互相影响又反作用于19世纪末20世纪初的俄国社会、政治变革。在讨论上述问题时，作者剖析将三者糅合在一起的桩桩事件，以此探究公众文化生活、权力结构状况、社会活动之间复杂、密切的联系。（白景虹、王晓菊）

【尤里·亚历山德罗维奇·彼得罗夫：《20世纪初的莫斯科企业家》，张广翔、师成译，社会科学文献出版社2021年版】

在1861—1917年的半个多世纪里，俄罗斯的私营企业在相对自由的环境中得到了快速发展。作为当时俄国国内企业家阶层的主要集中地区之一，莫斯科的资产阶级的经济、社会活动不仅直接影响着城市的发展，也有助于阐释革命前俄国社会阶层的分化、该国经济增长的模式与类型、20世纪初俄国政治危机的解决方案。该书对19世纪和20世纪之交尤其是1905—1907年莫斯科资产阶级这一群体进行了系统研究。全书共分为三章。第一章主要考察研究对象的社会财产结构，通过对莫斯科国家机关征收的所得税项目、股票交易所经纪人人员组成、资本家遗嘱、房东群体构成等方面的分析，勾画了企业家阶层的财富状况。第二章揭示了莫斯科企业家活动的特点与类型。作者认为，家族企业的性质催生了当地资本与生产融资相结合的特殊经营模式；而根据民族宗教特征，莫斯科企业家主要包括三种类型：一是大俄罗斯企业家，二是农民和底层工商业者出身的企业家，三是西欧裔的外国企业家及帝国境内少数民族企业家、犹太人企业家。第三章则探讨了莫斯科企业家对于政治活动的参与。与不过问政治的圣彼得堡金融资产阶级不同，莫斯科资产阶级在进入20世纪以后日趋活跃，在自由主义框架内提出了以市场经济和宪政—法制为核心的国家发展模式，具有历史的进步性。然而，出于自身政治经验的缺乏、俄罗斯公民社会的不完善、大多数居民的反资产阶级心态及世界大战下的极端条件等原因，其最终未能成为俄国的领导力量。总的来说，作为俄罗斯国内第一部全面研究莫斯科资产阶级社会财产状况、经济和政治影响的史学专著，该书修正了苏联史学中有关这一群体"反动"的单一刻板印象，有助于更加全面地了解20世纪初的俄国社会与经济状况。（方可追、王晓菊）

【小杰克·F. 马特洛克：《苏联解体亲历记》，张敏谦等译，上海三联书店2021年版】

小杰克·F. 马特洛克是美国外交人员、历史学者，1987—1991年任美国驻苏联大使。在该书中，作者基本上按照时间顺序讲述了自己学习俄语、进而从事对苏工作的缘起，对俄罗斯、苏联的历史做了简要但并非不重要的回顾与评价。他对戈尔巴乔夫上台执政前苏联内外的困境做了粗线条而带有个人观察特点的描述，重点讲述了戈尔巴乔夫上台后苏联政治态势的演化：作者谈到了戈尔巴乔夫改革的初始情况，讲述了自己对苏共新领导班子的搭建和构成的观察，从美国角度透露了美苏两国/冷战两大阵营间若干重大外交事件的来龙去脉，谈到了作者对戈尔巴乔夫与军队、克格勃、苏共高级领导人等关系的观察。作者可以明显发现苏共在理论指导上发生了几次急剧的变化，如放弃阶级学说，关注"全人类"利益，大谈"人道的社会主义"，等等。作者关注到苏联社会中出现若干"宽松"的迹象，如苏联持不同政见者境遇得到很大改善，叶利钦等党内异见分子的崛起，历史问题/伤疤被频频揭开，等等。在作者笔下，苏联改革的迟缓与无序及其溢出性后果逐渐开始显现：反腐败渐渐变成对个人的清算；苏联内部出现各种骚乱，其中以若干加盟共和国的分离主义活动为著；放任甚至鼓励东欧各国发生于己不利的情况；军队、克格勃等机构不满情绪渐渐高涨；党逐渐失去执政地位；激进的经济改革失败；国家体制发生根本性变化；作为挽救苏联尝试的"8·19事件"的爆发及其失败。以上种种表现最终都指向一个结果：苏联解体。作为重

大历史进程的见证人和一定程度上的参与者，作者对苏联解体前后的很多事件、人物做了较为细致的记述，提供了不少鲜为人知的历史细节，并辅以深度分析，为研究这段历史提供了很好的素材。"苏联解体亲历记"为对原书名的意译，直译应该是"对一个帝国的尸检：美国大使对苏联解体的记述"。在这份"尸检报告"中，作者行文里带着的"胜利者"的优越感和对"历史终结"的乐观也是很明显的——不过事实证明，这种情绪维持的时间难以久长。另外，尽管作者也会提到美国及其本人在苏联解体中的"善诱"作用，却避免谈到西方资本在苏联"尸体"上的掳掠狂欢，而是径直以"自由民主"与"专制独裁"的二分对立为叙事基调，这在历史认识上是少了些深度的。（朱剑利）

【马克·劳伦斯·希拉德：《伏特加政治：酒精、专制和俄罗斯国家秘史》，王进、余杜烽译，社会科学文献出版社2021年版】

马克·劳伦斯·希拉德是美国宾夕法尼亚州维拉诺瓦大学的政治学教授。他从一个人们不常注意到的角度，即把烈度酒与专制结合起来，并认为自己发现了俄罗斯的一个国家秘密。在该书中，作者谈到俄罗斯人对酒精的钟爱古已有之，世界闻名，甚至成了俄罗斯文化中的一个显著特点。他从16世纪上半叶写起，一直写到21世纪，列举出大量的奇闻轶事，来说明俄国人酗酒的各种形态。比如，书中讨论了伏特加与俄罗斯文化名人的关系，如托尔斯泰、陀思妥耶夫斯基，甚至是车尔尼雪夫斯基。不过，作为一名政治学者，希拉德并没有把俄罗斯人酗酒/自我毁灭看成某种与生俱来的文化特性，看成俄罗斯人在基因层面不可剥夺的部分。在常常是狂欢似的讲述之中，作者力图把经济以至政治怎样与伏特加挂上钩讲清楚。比如，在谈到伏特加对沙皇俄国后期经济的影响时，希拉德提到伏特加作为税收来源的重要性：在19世纪末20世纪初，伏特加销售

税占俄罗斯国家税收总额竟达30%左右。如果没有伏特加税，国家的运作效率就会低很多。不过，大量饮酒又会对国民的生命健康造成毁灭性的影响，从而在另一个方面破坏国家的财政。这实际上就是俄罗斯一个久久难以破除的怪圈：一方面，俄罗斯要走现代化的道路，另一方面，如果国家努力促进其公民的健康和福祉，则国家本身又会面临财政、金融等方面的破产。如此，希拉德提出了一个独特的、涉及俄罗斯政治之根本的观点，即俄罗斯的伏特加灾难不是天灾，而是人祸。他认为，尽管数百年间经历了各个不同的政权，伏特加政治始终保持不变：酒精成了俄罗斯高级政治文化的关键部分；酒精还被用来强制大众遵守规定，特别是通过税收和建立某种机构（酒馆和酒吧），使人群更加温顺、更容易控制（不能让人民清醒）；14世纪时伏特加蒸馏方法的发现创造了专制，而到了17世纪，专制却创造了酒精问题——专制国家通过酒精征服社会，伏特加成了俄罗斯专制统治者进行国家治理的一个重要组成部分，"伏特加政治"成了专制政体的核心支柱。到后来，伏特加政治甚至产生了新的、更强的迭代变异，由"伏特加政治"变为"永恒伏特加政治"，即俄罗斯专制国家必须始终让俄罗斯人民沉迷于伏特加酒才能更好进行统治。（朱剑利）

【威廉·麦克尼尔：《东欧——草原边疆1500—1800》，八月译，上海人民出版社2021年版】

在该书中，麦克尼尔研究了1500年至1800年奥斯曼帝国、哈布斯堡王朝与俄罗斯帝国三国在欧亚草原的最西端（书中所说的多瑙河和庞廷欧洲，多种文明的交汇处）彼此争雄的历史。他指出，在1570年以前，主要是奥斯曼帝国在该地区进行扩张，试图控制这里的人民。在1570年和1650年之间，奥斯曼帝国、哈布斯堡王朝与俄罗斯这三个本地区的周边大国内部都经历了君主与贵族之间的斗争，进行了内部的整合；正当它们内部处于动荡时期之时，该地区的特兰西瓦尼亚人、摩尔达维亚人、瓦拉几亚人、克里米亚鞑靼人和哥萨克人就获得了短暂的繁荣。而到了1650年前后，当"官僚主义君主制"在这几个大国分别稳固下来、君主获得了更多的权力以后，该地区不可避免地成为腾出手来的大国争夺的对象。到了1740年，三个帝国在该地区的边界已经确定下来，原本保持某种独立性的各国人民被分别归入某国统治之下，开始被分别同化。这个同化的过程延续到1800年前后时，地域之间的界线已很分明，而人民之间的差异在经济、政治、礼仪等方面凸显，原先开放的草原边疆被隔开、封闭起来。作者认为，俄罗斯对该地区实施了较为成功的殖民政策，进行了较为有效的统治。俄罗斯的农奴主和各种国家力量（军事官僚机构）共同构建了一个安全得到保障的农业社会，使得原先不安定的边疆地区平静下来。这也有助于俄罗斯成长为一个大国。奥地利也想很好管理所得土地（匈牙利、克罗地亚和特兰西瓦尼亚等），但遭到了天主教和民族主义的激烈抵抗。土耳其人则在多方面陷入衰败，对该地区的治理难以成功。对于普通读者来说，书中使用的很多地理和历史术语是陌生的，涉及的各种历史事件、人物、条约等也大多数被作为背景以粗线条来介绍，而不是讲述、研究的对象，因此该书阅读起来需要具备一定的知识储备。正文之后附有作者给出的"参考书目"，为有需要进一步探讨的读者提供方便。（朱剑利）

【博博占·加富罗维奇·加富罗夫：《塔吉克人——上古时代、古代及中世纪历史》，中国社会科学院俄罗斯东欧中亚研究所、塔吉克斯坦共和国民族科学院、塔吉克斯坦驻华大使馆联合课题组译，中国社会科学出版社2022年版】

此前我国出版该著作的早期版本，肖之

兴译，名为《中亚塔吉克史》（中国社会科学出版社1985年版）。加富罗夫的这一著作曾在1947年、1949年、1952年、1955年多次出版，而这次新译著是依据作者1989年的原著最终版译出。比起旧版本，新版本补充了许多内容，增加了不少考古学材料。1991年塔吉克斯坦独立之后，仍然是塔国公民案头必备的重要书籍，是每个塔国公民都有义务学习的关于塔吉克民族起源和发展的历史进程及成就的经典著作。2021年，在新冠疫情肆虐之年，塔吉克斯坦政府给每个塔国家庭都馈赠一部加富罗夫的著作。加富罗夫的著作已经成为当代塔吉克民族和塔吉克斯坦国家的重要精神财富。

加富罗夫是苏联塔吉克族的著名史学家，也是一位重要的文化社会活动家。其在史学探索和塔吉克斯坦加盟共和国的学术文化建设方面的贡献非常大，是今日塔吉克斯坦史学学派的奠基人。加富罗夫的名作提出并尝试解决许多重要问题：远古和中古时期塔吉克斯坦境内的文化遗存；塔吉克人的族源问题，乌兹别克人的族源问题，塔、乌两族之间的关系；塔吉克人及塔吉克斯坦的土地在不同历史时期里建立的王朝和政权的兴亡史；塔吉克人及今日塔吉克斯坦的土地与其他族群和国家在历史上的交流往来和文化互动；塔吉克民族的最终形成；等等。该书不限于作者著述时的塔吉克斯坦加盟共和国的地域范围，也不限于塔吉克民族的历史。作者运用了马克思主义的理论和方法，在分析历史事件和进程、评价历史人物时坚持阶级分析观点，具有鲜明的时代特征。如果对每一版的修订内容进行比较，都能看出不同时期苏联意识形态的新动向。今天看起来，该书的研究方法、角度、运用的文献资料，对一些历史事件和进程的解读存在不足，似乎显得老旧甚至过时，尽管如此，该书仍不失为塔吉克斯坦现代史学史上的一部奠基性的重要著作，除了该学者在相关历史问题上做出的可贵学术探索之外，表明该著作本身还具有史学史方面的独特认知价值。加富罗夫及其史学著作可能会像上古和中古时期的中外文化名人一样，成为我国与塔吉克民族和塔吉克斯坦国家之间学术文化交流方面的重要符号。（李颖、侯艾君）

太平洋史

【吴汉泉：《朝贡与利润：1652—1853年的中暹贸易》，王杨红、刘俊涛、吕俊昌译，社会科学文献出版社2021年版】

朝贡制度是明清时期中国维持与周边国家关系的政治制度和经济制度。作为当时的朝贡国之一，暹罗（1939年更名为泰国）与中国进行了长期的朝贡贸易。该书从暹罗两百年间与清朝数次朝贡往来的史料入手，考察了暹罗在朝贡关系下的海运贸易行为，并分析了中国在暹罗的海外贸易和国内经济中发挥的重要作用。在1652—1853年的两百年间，暹罗虽然经历了朝代更迭，政权数易其手，却都坚持了与清廷的朝贡往来。其间不仅有清廷不断调整的朝贡政策与暹廷的应对，也有朝贡帆船贸易给暹罗带来的经济结构甚至政治制度的变化。朝贡不仅为暹罗带来了丰厚的利润，也促成了暹罗原型资本主义的形成。暹罗华人在这个过程中扮演了不可或缺的角色。大米是中暹两国一个重要的贸易产品，18世纪数十年的大米贸易，不仅是中暹贸易发展历程中必不可少的一环，也对了解清朝早中期东南沿海尤其是福建、广东以及浙江的民生情况有参考意义。该书共11章，展现了两百年间在全球交通、经济以及科技发展变化背景下中暹两国朝贡贸易关系的起起落落，从细节入手渲染出恢宏的历史画卷。

该书作者吴汉泉是泰籍华人，祖籍广东

潮州，中国与东南亚关系研究专家，哈佛大学博士，师从费正清教授。该书是作者在博士学位论文基础上修改完善而成的。译者也是中国与东南亚关系史、东南亚华侨华人史领域的专家。（张红菊）

【迈克尔·瓦提裘提斯：《季风吹拂的土地：现代东南亚的碎裂与重生》，张馨方译，上海人民出版社2021年版】

该书的英文标题虽然是"Blood and Silk"，但作者并不局限于看上去很光鲜、柔软的"丝"的一面，而是基于研究者、观察者、参与者的三种身份，从东南亚的社会症结与历史重负出发，辅以细腻动人的个人经验，追溯经济与文化、殖民背景与历史遗产，内部分歧与外部渗透，深度解析地区性冲突的背后原因，及其对于国际局势的影响。该书通过与高层精英或升斗小民的对话，揭开了东南亚的真实面貌——深入骨髓的腐败、被舍弃的人民、愈发极端的种族和宗教偏执。该书以一种专题讨论的方式讨论了东南亚的贪腐问题、历史遗留问题、民族宗教问题、中国与东南亚的关系，也讨论到东盟作为一个政治联盟实体的存在情况。作者认为东南亚困局的原因有三：一是精英分子始终自私自利；二是支持东南亚社会稳定的宽容与包容关系正在淡化；三是外在环境的变化。副标题"碎裂与重生"也更好地概括了该书的两个主题，作者在对权力和冲突进行了长时间的介绍之后，提出了自己对东南亚未来的展望。（吕桂霞）

【安东尼·瑞德：《东南亚史：危险而关键的十字路口》，宋婉贞、张振江译，上海人民出版社2021年版】

作者安东尼·瑞德是国际知名的东南亚史专家，享有"东南亚史研究"第一人的美誉。该书的英文版在2015年问世，是瑞德继两卷本《东南亚的贸易时代：1450—1680年》之后的一部东南亚通史的巨著。全书由二十章组成，时间跨度有一千多年。"危险而关键的十字路口"有两层含义：一是说地理位置重要的东南亚，其区域史在世界历史上至关重要；二是说东南亚是多种风险和威胁，尤其是自然灾害频发的地区。与大多数历史类著作以时间先后为主线不同的是，瑞德在整体上关注时间线索的同时，还以主题行文，在重点关注经济和文化两个主题的同时，还揭示出东南亚地区区别于其他地区或使东南亚成为独立区域的三个方面：危险的气候环境因素、女性在经济和社会领域中的自主性以及独有的非国家功能的社会机制。这三个因素在同类著作中是较少见的。该书的另一特色是其独到的叙事视角。作者超越了东南亚民族国家叙事，避免了"从欧洲看东南亚"或"从中国看东南亚"，而是从全球史和整体史的视角出发，充分关注东南亚的整体性特征，力求揭示东南亚在自我历史演进中的自主性和主导性，提倡在全球视域中理解东南亚的独特性。此种视角具有重要的方法论启示意义。（时伟通）

论文观点摘编

【越南古代史家对本国古史的书写和构建初探】

越南古史涉及其民族和国家起源问题，历来为治越南史之学者所关注。过去，由于史料方面的缺失和限制，中外学界的研究主要集中于考证和探讨越南古史的历史真实性，甚少有人注意越南古代史家书写和构建其古史的整体历史过程。该文结合新发现的《大越史略》抄本和越南古代其他主要的代表性史籍，将越南古代史家对本国古史的书写和构建分为三个主要阶段，包括陈朝史家对古史的最初书写和构建、后黎朝史家对古史的丰富与发展以及中兴黎朝、西山朝和阮朝三代史家对古史的修正与定型。越南古史的书写和构建不仅为当时的越南诸自主王朝构建了一套相对完整的越史叙事的话语体系，亦成为近代以来越南构建其现代民族和国家的重要历史素材。由于深受古代汉文化的影响与浸润，越南古代史家笔下的本国古史亦包含很多鲜明的中国历史文化特征，这是中越两国之间长期交往的一种必然产物和历史记忆。

（作者成思佳，原载《史学理论研究》2021年第1期）

【帝国叙事与英国环境史研究主题】

获取殖民地进而控制环境乃是英帝国主义的重要经济支撑。帝国主义使英国控制了数百万公顷的农田，占有了不计其数的各类自然资源。在寻求高效利用自然资源的过程中，英帝国促使植物、动物及商品在全世界范围内流通，造成了空前的生态破坏与剧烈的环境变化，由此也促成了许多现代的观念和学科，而我们今天正是透过它们来理解自然。鉴于自然资源的使用与作用在英帝国中举足轻重，对帝国环境史学进行概述，检视其中的能动性、规模与交换等议题便是研究的题中应有之义。

（作者詹姆斯·毕以迪、仇振武，原载《江海学刊》2021年第1期）

【从媒介技术角度重新理解西方历史书写的秩序】

基于"媒介即信息"的洞见，历史书写可以看作记忆感官的延伸，媒介技术在其中起到决定性作用。历史书写的内容通过口头、甲骨、石碑、竹简、羊皮纸、手抄本、印刷书籍、电脑和手机等介质呈现出来，历史书写的秩序必然发生天翻地覆的变化。口传文化的古典史学，历史书写的秩序是由一个从"听"到"听"的听觉共同体系统所操纵的，口头表达及其雄辩的修辞学被凸显为一种必要的技能；印刷文化的现代史学，眼部读写取代了大声朗读，历史书写的秩序则是由一个从"看"到"看"的视觉共同体系统把持的，书面表达及其理性的逻辑学成为一种需要强化训练的技能。赛博文化的当代史学，人工智能化的"算法"和数字阅读终端将成为历史书写秩序的最终裁决者，在"印刷人"向"智能人"的变局中，算法工程师与历史学家将携手共进或逐渐合一，历史学的生态将在赛博空间上重新"部落化"。人工智能的介入，并不意味着历史学者群体的消亡。人脑总是先于电脑，只要保持一颗敏锐而健全的心灵，人类就能够应对各种挑战，继续焕发历史书写的无限生机。

（作者顾晓伟，原载《中国社会科学评价》2021年第1期）

【税制与乌尔第三王朝的国家治理】

乌尔第三王朝是古代两河流域的中央集权制国家。赋税制度是乌尔第三王朝统治者实现其国家治理、巩固中央集权制政权的重要措施和手段，从第二王舒尔吉时期税制的建立，到第三王阿马尔辛时期税制的微调，再到第四王舒辛时期税制的变革，乌尔第三王朝的赋税政策经历了由主动进取到被动冒进的演变。这三位国王统治时期的税制演变，不仅影响了乌尔第三王朝财政政策的执行与经济政策的制定，更加体现了乌尔第三王朝的国家治理模式与特征，为重新认识人类文明早期国家的构建提供了直接证据和重要的参考。

（作者刘昌玉，原载《古代文明》2021年第1期）

【苏美尔人驿站系统的形成及其作用】

驿站是苏美尔人建立的一种为官员在旅途中提供食宿补给的场所。它提高了国家行政效率，便利了人员及物资流动，促进了人类历史上早期交通网络的诞生与发展。苏美尔人的驿站系统发端于早王朝时期，并在乌尔第三王朝进一步得到完善。其内部详尽而明确的分工方式，以及完善的运营流程，均为后来闻名于世的亚述帝国与波斯帝国交通体系树立了典范。苏美尔人的驿站只服务于因公出行人员，具有明显的官办性质，对巩固政权起到了重要作用，其自身的演变也反映了整个王朝的兴衰。

（作者李智，原载《世界历史》2021年第1期）

【罗马共和国后期行省治理的弊端与规范】

行省治理是罗马共和国后期政治生活的一个重要内容，直接关乎共和政治的运作与国家的命运。然而，在行省治理过程中，作为实际治理者的罗马官员滥用权力，通过多种途径大肆搜刮钱财，成为行省治理中的首要弊病。为遏制这种弊病，规范行省治理，罗马当局围绕着官员搜刮钱财现象，不断加强法律建设，呈现出立法条款细致化、诉讼程序固定化以及惩处严厉化的倾向。但是，行省治理制度中总督权力缺乏制衡，荣誉任职的传统观念以及税收体系的混乱等因素为罗马官员滥用权力、非法敛财提供了条件，而相关法律实践过程面临距离、语言、时间与经济成本等实际障碍，且法庭充斥着腐败与偏见，导致治理局面未因法律建设的加强而得以有效改善。行省治理的失当从行省与共和国政治两个层面加速了共和政治的失序，推动了内战的爆发，进而加速了罗马共和国的衰亡。

（作者刘小青，原载《史学集刊》2021年第1期）

【合作与限制：20世纪70年代美国对韩国导弹开发活动的反应与对策】

20世纪70年代初，由于对美国安全承诺的疑虑日益加深，凭借着来自美国的知识、技术和人才积累，韩国朴正熙政府秘密启动了导弹开发计划。但在美国政府看来，韩国导弹研发将破坏东北亚地区稳定，因此必须加以遏制。为此，美国一边继续同朴正熙政府进行与导弹相关的军事技术合作，一边对韩国独立的导弹开发活动施加限制。然而，随着韩国国家实力的不断增强、导弹技术的全球扩散、美国自身商业利益的考量及其政府内部的明显意见分歧，福特政府和卡特政府仅仅是延缓而未能制止韩国导弹开发的步伐。1978年9月，韩国导弹试验成功。在这一重大事态的影响下，美国决定从双边合作和多边限制这两个层面入手，将韩国导弹研制活动约束在射程180公里、载弹量300公斤的范围内。其后，里根政府构建起全球防导弹扩散机制，这也在一定程度上受到韩国导弹开发的影响。

（作者梁志，原载《世界历史》2021年第1期）

【关于非洲阿拉伯国家通史研究的若干问题】

非洲阿拉伯国家通史的整体和系统研究，涉及诸多对其历史进程具有重大影响的问题，可归纳为七大问题：非洲阿拉伯国家通史研究的理论指导，多元文明的流变与古代的北非史，非洲阿拉伯国家的氏族、部落、部族与民族国家认同，列强对非洲阿拉伯国家的殖民统治，现代化运动与阿拉伯社会主义的治国实践，早期的伊斯兰教与非洲阿拉伯国家的伊斯兰潮，北非的政治剧变和阿拉伯国家的未来走向。这七大问题既是一个个独立的专题研究案例，又是一个彼此关联、互为作用、具有内在有机联系的整体。它依据多层面的视域和大量客观史实，深刻反映了不同时期非洲阿拉伯各国社会、政治、经济和宗教文化等领域的独特样貌及嬗变，从根本上影响着非洲阿拉伯国家历史演进的脉络和轨迹。一定程度上讲，这些问题构建了非洲阿拉伯国家通史研究的一个大框架，同时也提供了一种宏观的视野和路径，并通过多维度的比较研究来揭示非洲阿拉伯国家历史发展的基本规律和主要特点。

（作者王铁铮，原载《西亚非洲》2021年第1期）

【太平洋史与太平洋国家史研究刍议】

国外的太平洋史研究已取得了一定的成果，其中环境史、原住民史研究令人印象深刻，但"西方中心论"的印迹依然明显。在全球史及区域国别问题研究渐受重视的背景下，太平洋史研究开始受到国内学界的关注。作为认识论上的一个整体史概念，太平洋国家史是有待取得共识的；作为一部文本上的整体史，太平洋国家史很难被定性、构架和书写，这主要是由于研究的意义不明以及缺乏历史建构。有鉴于此，太平洋地区的区域史、次区域史应是学界感兴趣并着力而为的领域。

（作者汪诗明、刘舒琪，原载刘新成、刘文明主编《全球史评论》第二十辑，中国社会科学出版社2021年版）

【中国拉丁美洲研究的回顾与思考】

中国的拉丁美洲研究经历了百余年的历程，但只是到了中华人民共和国成立之后才逐步形成了一个专门的研究领域。改革开放之后，中国的拉丁美洲研究进入了快速发展时期，创办了该领域的专门研究刊物，研究机构增多，研究队伍迅速扩大，成立了为研究人员提供学术交流平台的两个全国性学会——中国拉丁美洲史研究会和中国拉丁美洲学会。从改革开放至今，中国的拉丁美洲研究取得了引人注目的成果，对拉美历史与现状的探讨不断走向深入。如果把中国的拉美研究作为一门学科的话，那么经过几代人的艰辛努力，到现在这门学科的确已经茁壮成长起来，而且日趋成熟，正在满载着丰硕的研究成果稳步向前推进。然而，在总结成绩时尤其要看到不足，中国的拉丁美洲研究依然存在着很大的提升空间，拉美地区很多国家在研究中基本上还属于空白，与拉美相关的一些重大问题尚未深入开展。回顾过去，总结得失，认识不足，展望未来，必然有助于中国的拉丁美洲研究大踏步地向着更高水平迈进。

（作者王晓德，原载《拉丁美洲研究》2021年第1期）

【启蒙运动时期德波对美洲全面"退化"的想象】

德波是欧洲启蒙时代研究美洲问题的专家之一，他撰写的多卷本《关于美洲人的哲学研究》出版后在欧洲学界引起很大反响，赞扬之声和批评之声迭起。德波接受了布丰的美洲退化论，但比布丰走得更远，成为"美洲退化论"更加完善的不可或缺环节。德波研究的重点是美洲人的退化，其中包括生活在美洲的欧洲白人移民后裔，后者的退化更能说明"恶劣"的自然环境如何使"优越种族"的生理机能或创新能力向着"低劣"方向蜕变。德波对克里奥尔人退化的阐述是他与布丰在退化观上的最大区别，给其全面否定美洲画上了一个圆满的句号。德波对美洲的全面否定显然走到了极端，却满足了欧洲很多人的种族或文化优越心态。德波向欧洲人展现出一幅令人恐怖的美洲图景。德波的美洲退化观虽不是"昙花一现"，但想象毕竟代替不了事实。随着美洲之真相不断地展现在世人面前，德波的美洲退化观走到尽头乃为历史发展的必然。

（作者王晓德，原载《世界历史》2021年第1期）

【古埃及神庙中的"秘传"知识】

"秘传知识"是上古世界一种普遍的文化现象，是知识等级制度的产物，古埃及人称之为"神秘知识"，希腊哲学家称之为"隐微教诲"（与"显白教诲"相对应）。追溯秘传知识的传统，有两个线索：一个是古埃及人自己对神秘知识的记载，通常是间接地提及；另一个是后世对秘传知识传统的演绎，如希罗多德记载的埃及神秘仪式等，这种演绎一直延续到中世纪时期甚至更晚。"秘传"知识的研究需结合这两种文献，从秘传知识的内容以及流传过程中后世的诠释两个角度进行解读。

（作者颜海英，原载《杭州师范大学学报（社会科学版）》2021年第1期）

【论日本军部西进战略的形成与演变】

长期以来，学术界关注日本的北进、南进战略，忽视了日本的西进战略。西进战略以"回教工作"为核心，继伪满洲国、伪蒙疆政权之后，企图在中国西北地区策动建立第三个傀儡国家——"回教国"，建立一条以日本为核心的"反共长廊"，割断苏联与中国的联系，断绝国际援华通道，挑拨中国穆斯林与非穆斯林、少数民族与汉族的矛盾，分裂中国，并越过中亚控制伊朗和土耳其，与德国、意大利在欧洲、北非等地的占领区域接壤，从而使法西斯轴心国家的统治区域连成一片。中国西部少数民族爱国人士的抵抗，使日本军部的西进战略遭遇重大挫折。

（作者祝曙光，原载《江海学刊》2021年第1期）

【近代英国对抑郁症的认知——从忧郁症到抑郁症】

人类社会从产生开始就面临抑郁症的问题。在英国历史上，抑郁症（depression）的概念由忧郁症（melancholia）演化而来。在抑郁症概念演化过程中，人们对这种精神疾病的认知也经历了转变，从体液说、恶魔说、土星影响说到化学解释和机械解释，最后发展到医学上的情感解释和认知解释。抑郁症是一种客观存在，对其认知和理解体现了文化的建构——特别是建立在近代科学基础上的医学兴起之前。考察近代英国以及欧洲抑郁症概念的流变及对这种疾病认知的转变，不仅可以反映文明、理性的进步，而且有助于更深刻理解英国社会的文化建构。

（作者赵秀荣，原载《安徽史学》2021年第1期）

【美国与1958年法国政府危机】

从1958年4月开始，法兰西第四共和国政府陷入持续的危机之中。对于这次危机，美国始终保持密切关注。美国在北非问题上的斡旋和干涉，造成加亚尔政府的倒台和危机的开始。在弗林姆兰政府、阿尔及利亚殖民军、戴高乐三方政治势力纠葛中，美国采取了冷眼旁观但逐渐偏向戴高乐的政策。美国对戴高乐掌权态度的变化，受法国政治局势演化、美国外交政策、美国和戴高乐及戴派人士接触等多种因素的影响。综观美国对1958年法国政府危机的应对，可以看到其政策选择是在矛盾且极为有限的范围中进行的，从保持冷战优势、顺应非殖民化浪潮、法国自身政治变动等角度，美国最终认定戴高乐执政是对其最有利的结果。

（作者姚百慧，原载《世界历史》2021年第1期）

【二战后三十年间澳大利亚技术移民结构与成因探析】

澳大利亚曾长期奉行"白澳"政策,英国一直是该国移民人口最重要的来源国。第二次世界大战后,澳大利亚对移民特别是技术移民的需求量空前增大,以"移民即繁荣"为战略导向选择性地大量引进移民。其移民政策仍然遵循英国优先的原则,技术移民的来源构成中英国人占比最大。随着时间的推移,来自其他国家和地区的技术移民比重增大。技术移民来源的结构变化与英澳之间的特殊关系、以法案和协议形式确定下来的移民关系、技术移民的职业技能、澳大利亚的人才需求和移民策略的调整、来源国的人才供给以及国内外人才环境的变化等存在紧密联系。澳大利亚政府多次改革移民政策,越来越将国家发展的需要放在首位,强调以申请者职业技术能力为移民选择标准,优先接纳技术移民,进一步改变移民人口结构。英澳人才供给的特殊关系逐渐消失,种族歧视的"白澳"政策走向瓦解,族裔、文化及移民来源地日渐多元化。

(作者张瑾,原载《世界历史》2021年第1期)

【国际东南亚研究的演变——以东南亚史研究为重点】

为了满足重新划分世界和了解异域的需要,欧美发明了东南亚概念和东南亚研究。确实,欧美的东南亚研究曾经处于主导地位,但是,随着冷战结束和东亚崛起,东亚和东南亚的东南亚研究异军突起。这种格局变化反映了知识生产动力机制的演化。从这个视角出发,环境史的新思维或许可为东南亚研究提供新的概念基础和分析工具,有助于形成新型的东南亚研究范式。

(作者包茂红,原载《陕西师范大学学报(哲学社会科学版)》2021年第2期)

【"大规模报复"战略与美国海外核部署】

20世纪50年代初,美国氢弹试验成功、核武器小型化、导弹等装载工具的发展及其在这些技术领域的领先,为其国家安全战略的转变提供了可能。艾森豪威尔上台后,实施了更加倚重核武器的"大规模报复"战略。这一战略意在强化核武器的威慑,以此减少常规力量支出,最终实现美国国家安全与经济发展的"大平衡"。为了将抽象的"核威慑能力"变得更具体、更可信,从第二届任期开始,艾森豪威尔政府开始大规模向海外部署核武器。在这一时间段内,美国政府高层在核武器的使用问题上达成一致,借助与盟国既有的"基地权益"进行核存储,并不断通过新闻署的宣传营造有利的舆论环境,为大规模核部署行动扫除思想障碍、做好政策铺垫。美苏在欧亚大陆的核武器部署刺激了两国的核军备竞赛,也使两极对峙的冷战格局更加固化。

(作者陈波,原载《世界历史》2021年第2期)

【处女地假说与北美印第安人的命运】

在白人殖民者到来前,北美印第安人已经在美洲大陆上生活了数万年,并对周围的环境产生了重要的影响。白人殖民者来到美洲后,一方面出于欧洲种族主义的文化偏见,另一方面出于剥夺印第安人土地的现实利益需要,建构出处女地假说,并根据自身需要将北美大陆上的原住民简单形容为高贵的印第安人和嗜血的野蛮人两种非此即彼的刻板形象。处女地假说成为白人殖民者向西部边疆扩张、驱逐和剥削印第安人的理论工具。对于美洲白人来说,该假说意味着机会和希望,而对于北美印第安人来说,该假说则代表了种族主义偏见和殖民主义的罪恶。随着现代环境主义的兴起,处女地假说和印第安人的传统生态智慧受到热捧,印第安人也试图利用这一工具为其当前争取资源控制权的斗争服务，但收效不大。

（作者付成双，原载《史学集刊》2021年第2期）

【老工业城市的再生之路：洛厄尔的转型路径】

去工业化导致发达国家老工业城市人口普遍持续下滑，然而，洛厄尔经过多年的转型，人口数量已经与巅峰时期基本持平。产业结构多元化是洛厄尔转型的基本特征。多元化体现在从单一的制造业一统天下到高技术产业和服务业两翼齐飞，也体现在具体产业部门的多元化发展。洛厄尔的服务业转型过程创造性利用了工业遗产，说明工业遗产可以成为老工业城市重振经济的宝贵资源。洛厄尔的成功转型展示了中小型老工业城市的再生之路。

（作者韩宇，原载《厦门大学学报（哲学社会科学版）》2021年第2期）

【维多利亚时代的困惑：领事裁判权与治外法权之恶】

1856年，《巴黎条约》（Treaty of Paris）在名义上接纳了奥斯曼帝国加入欧洲协同体（维也纳体系），但也暴露了国际关系中的断层线（fault line）。尽管加入欧洲协同体意味着奥斯曼帝国拥有完整的主权，但这与欧洲人依古老的奥斯曼单方让步协定（capitulations）在这片土地上享有治外法权特权的现实似乎又是矛盾的。当新订立的商业条约使得英国人在中国、暹罗和日本等遥远的国度拥有了类似特权后，该问题变得更为复杂。英国商业版图扩展至亚洲后，治外法权问题在地方纠纷中日益凸显，当"亚罗号事件"触发了第二次鸦片战争后，领事裁判权问题很快成为英国议会争论的焦点。在日本和其他一些国家，领事裁判权也成为大众发起的反抗"不平等条约"和反抗"非正式帝国"之非正义行径运动所抨击的核心所在。在类似反抗叙事出现之前，在维多利亚时代的英国政治话语中，已经出现了看待治外法权问题矛盾心理的端倪。英国外交部内部无疑早已了解到条约问题带来的流弊，但真正促成英国对治外法权问题回应的，是围绕设立混合法院（会审公廨）动议展开辩论后形成的新情势。

（作者柯安德，译者屈文生、詹继续，原载《华东政法大学学报》2021年第2期）

【全球史在日本的兴起、实践及其特点】

日本全球史研究的兴起和发展有其内在的学术脉络，水岛司、羽田正、秋田茂等学者是日本全球史的倡导者，他们的研究成果以及在他们倡导下成立的相关学术机构，推动了全球史在日本的发展，并使之具有不同于西方的特点。日本的全球史研究是在欧美学术界的影响与该国的日欧比较、亚洲经济圈、海域亚洲史和东部欧亚史研究发展的内外因共同作用之下出现，因而标榜"亚洲视角"，关注亚洲空间、亚洲海域，强调亚洲经济及国际秩序的内部机制的重要性是日本的全球史研究最显著的特点。

（作者康昊，原载《史学理论研究》2021年第2期）

【美国建国者的"知识政治学"】

美国建国者身处"理性主义"高涨的时代，深信知识和信息的广泛传播不仅使美国政体区别于欧洲的专制统治，而且对于共和国的命运有着至为关键的意义。他们致力于为政治辩论、公共决策和公民生活构建智性基础，不仅在自己的政治生涯中善于调动和运用多种知识资源，而且重视公共图书馆的建设，主张发展公共教育，以培育有知识、有信息的公民，推动美国的共和实验走向成功。他们关于知识的公共属性和政治功用的认识，不仅与"启蒙"时代的思想风气若合符节，而且提升了"启蒙"的意义。

(作者李剑鸣,原载《世界历史评论》2021年第2期)

【19世纪后半期美国城市住房治理研究】

19世纪后半期,针对美国城市投机房普遍、贫民窟蔓延与隔都区初现等住房问题,城市住房领域兴起了模范住房开发,贫民窟清理、改良及改造,城市住房立法等一系列治理实践,既引发了美国社会对住房问题的普遍关注,也在城市住房供应补充、居住质量提升及住房标准规范方面发挥了积极作用。然而,该时期的治理实践终究未能有效改善美国城市住房问题,未在实质上惠及城市低收入阶层,其主要症结在于公共干预仅限于规范市场,规避政府供给补充与需求补贴,且拒绝联邦政府直接干预。

(作者李莉,原载《求是学刊》2021年第2期)

【明清鼎革后日朝通信使笔谈中的"中华"观碰撞】

明清鼎革后,日本在对朝鲜人的笔谈中,早期借助崇明贬清,解构清的"中华上国"政治地位;后在"文化中华"论争中,打造"神国""东方君子国"等理念,继续"斥中"同时,也基于政治目的"抚朝",试图笼络朝鲜到日本的政治秩序内;并重构"神州"概念,提出"中华移易"说,进行"尊己自华"宣传。对此,朝鲜人基于"事大"之职,必须维护清的"中华上国"地位,但又不舍"思明"衷情;在"文化中华"论争中,既要抵制日本的政治"斥中",又想突出自身文化的"中华赓续",还要维系对日"邻好"。因而,在"孰是中华"论辩上,大多采取沉默对抗方式,以消解日本的政治文化企图,但也有少量为清朝文化的间接辩护。在相对摆脱文化束缚的"神州"论辩上,朝鲜方面从"地望中华"角度,依托"夷夏之防"理念,通过维护清的"中华神州"地位,有力回击日本的"自华"与"斥中"。双方"中华"观的碰撞中,可见日朝两国知识界"中华"观演变的复杂样态。

(作者年旭,原载《世界历史》2021年第2期)

【社会文化史视野下的17世纪法国沙龙女性】

作为法国沙龙文化的先驱,17世纪法国的沙龙女性曾在社会文化领域发挥了重要影响。从16世纪开始,法国市民阶层中的精英晋升到贵族等级,开启了新旧精英集团的融合过程。法国新旧精英集团融合之后,需树立全新文化身份标识以区别尚武的旧贵族以及较低阶层。社会结构的内在变化体现在文化层面便是法国文化整体趋向精致优雅。沙龙女性显赫的社会地位以及出色才华使其得以在文化圈施展重要影响,她们被赋予了使社会风尚与交往礼仪更典雅克制的重任。而沙龙女性在18世纪的逐渐退隐既与17—18世纪法国社会结构的变化表里相依,也与公私领域之间的界限日渐清晰不无关联。随着沙龙成为启蒙时代重要的公共领域,它不再局限于贵族精英阶层,开始面向更多元的社会群体,沙龙女性在文化知识领域的发言权因而逐渐式微。

(作者汤晓燕,原载《世界历史》2021年第2期)

【中世纪晚期英格兰农民的仲夏节娱乐】

中世纪晚期,英格兰民众的日常生活丰富多彩,在多达百天的节假日里,人们可以不劳动,去参与宗教活动,并尽情享受休闲娱乐。以仲夏节为例,人们举行各式各样的庆祝活动,宴饮、游行,甚至对上层社会进行模仿和嘲讽。从仲夏节庆活动中可以发现"快乐的英格兰"的若干表象,将中世纪视为"黑暗时代"的传统看法是以偏概全。

(作者王超华,原载《经济社会史评论》2021年第2期)

【19世纪晚期美国农民对"乔治主义"的接受与扬弃】

1879 年，亨利·乔治出版《进步与贫困》一书，提出了将所有税收简化为一种土地价值税的改革思想，史称"乔治主义"。19 世纪 80 年代后期，乔治主义开始在美国迅速传播。此时正逢美国农民抗争运动高涨，通过农民联盟旗下诸多媒体的介绍，以及联盟一些领导者的宣扬，乔治的改革理念在 1890 年前后得到了相当多农民的接受与支持。但进入 1892 年，由于乔治渐渐表露出对民主党候选人克利夫兰的支持，并与已经组建人民党参与总统竞选的农民产生直接冲突，美国农民转而开始摒弃乃至批判乔治的理念，此后也几乎再未合作过。乔治主义与 19 世纪晚期的美国农民运动并非没有联合的可能，但正是它们从互相接触到擦肩而过的过程，揭示了美国农民政治文化的一些独特面向。

（作者王禹，原载《四川大学学报（哲学社会科学版）》2021 年第 2 期）

【国家史观视域下新印度史学的叙事建构：从雅利安文明到莫卧儿帝国】

以《剑桥印度史》和《牛津印度史》为代表的正统印度史学以詹姆斯·米尔在《英属印度史》一书中阐述的"印度文明"概念为基础，借用比较语言学的研究成果建构了正统印度史学的历史叙事：雅利安叙事。而以《新剑桥印度史》为代表的新印度史学则以"早期现代"概念为基础建构了一种完全不同的历史叙事：莫卧儿帝国叙事。尽管这两种印度历史叙事都是在现代西方史学传统中的国家史观视域下进行的，但它们却建立起完全不同的意义空间。正统印度史学的历史叙事建构了一种传统性的历史空间，而新印度史学的历史叙事则建构起一种现代性的历史空间。

（王立新，原载《世界历史》2021 年第 2 期）

【世纪罗马"帝国主义"问题在西方学术界的缘起与发展】

"帝国主义"一词虽然来自 19 世纪中期的现代帝国经验，却常被用来形容古代罗马的军事扩张与帝国统治。若不对该词在罗马史研究最初的用法予以澄清，便容易将现代帝国统治的视角代入对罗马统治的观察之中，从而造成理解上的偏差。伴随着 19 世纪末欧洲殖民帝国达至鼎盛而逐渐发展起来的"帝国主义"及"罗马帝国主义"概念在这一时期所经历的主要变化及其在罗马史研究中造成的影响值得关注。从中我们可以看到，在西方世界中至今仍极具影响力的罗马史话题和论点中，有哪些是在特定的时代背景下提出来的，又在罗马史学史的发展中占据着怎样的地位。

（作者熊宸，《世界历史》2021 年第 2 期）

【德意志农民战争纲领中的国家制度改革】

德意志农民战争的纲领里有着建立人民国家的丰富内容。为此，需要对原有的国家进行体制改革。政治改革表现为用共和制代替君主制，用选举制代替任命制，用人民司法代替贵族领主法庭，用正规军代替战斗力弱小的民兵制。经济方面改革旨在消灭封建剥削制度，变封建剥削制度为国有制和公有制，同时建立由政府直接管理的矿业、商业、工业和农业。社会改革的目的在于确保人民的生存权利和人身自由，通过建立国家掌控的社会福利机构，维护社会的平等和公正。这些改革都服务于一个目的，即人民的国家执政为民，充分保障人民的政治、经济、社会权益，反映出早期人民国家的真正特性。

（作者朱孝远，原载《历史教学（下半月刊）》2021 年第 2 期）

【晚期拜占庭帝国雇佣兵控制权的丧失及其影响】

晚期拜占庭军事衰败的重要转折点发生

在 12 世纪，帝国中央政府逐渐丧失了对雇佣兵的控制权。最先失控的是雇佣兵的征募权，导致多渠道雇佣外籍士兵越来越频繁，随着雇佣兵人数越来越多，其作用越来越重要，原本作为辅助性武装力量的雇佣兵变为主力军；雇佣兵成分的多样性和复杂性加剧拜占庭国家丧失了对雇佣兵作战的指挥权，战场结果的不确定性促使军事行动很难体现帝国战略的要求，也增加了雇佣兵对战争的主导权；对雇佣兵控制权的丧失促使雇佣兵随心所欲地自由行动，战后撤离拜占庭领土的惯例变为常驻帝国境内，从而为其追逐超出雇佣军饷之外的政治、经济利益创造了机会，他们不再是按照拜占庭人意志作战的武装团体。拜占庭人丧失自主军队建设意识，过度依赖雇佣兵，甚至自废武功，解散军队，凿沉战舰，最终将保卫帝国的指挥权交给雇佣兵，是其灭亡的直接原因。

（作者陈志强，原载《世界历史》2021年第3期）

【大变局之际中国世界史研究的学术发展轨迹——以2020年《复印报刊资料·世界史》为中心】

中国世界史研究在"大变局"中经历着深刻的变化。聚焦世界史学术生态，可以发现：中青年学者已成为世界史研究的主力军，科研名家引领着学术发展动向；世界史专业刊物数量偏少、评级不高，综合刊物对其支持力度有待提升；科研院所依据人员构成、研究特色展开学科布局。研究动向方面，2020年度医疗防疫史大热，学者们在资料选取上取得长足的进展，世界史和中国史交融互动，数字技术改变了学术研究路径和学术交流的途径。中国世界史研究面临亟须建构自身话语体系的时代命题，这提醒学者们在埋头实干的同时也要志存高远，学以致用。

（作者柴英、朱文旭，原载《史林》2021年第3期）

【古代两河流域早期王衔的沿革与国家形态的演变】

古代两河流域的统治者一般都拥有许多头衔和名号，有些头衔反映了统治者与神灵的关系，有些头衔则反映了国王的权势。古代两河流域雄心勃勃的统治者都致力于开疆辟土和拓展势力范围，国王的权势往往体现在其控制的疆域面积上。国家版图的扩大往往会引起国家结构的变化，进而导致国家形态的演变，上述变化往往体现在彰显国王声威的头衔的发展演变上。因此，该文拟追溯早王朝时期（Early Dynastic Period，约公元前2900—前2350年）、城邦争霸阶段（The Period of Struggle for Hegemony，约公元前2600—前2350年）以及阿卡德王国（Akkadian Kingdom，约公元前2334—前2154年）与乌尔第三王朝（The Third Dynasty of Ur, Ur III，约公元前2112—前2004年）时期标志统治者权势的头衔的历史沿革，来考察古代两河流域早期国家形态的演变情况。

（作者国洪更，原载《史学集刊》2021年第3期）

【从跨国史视野重新审视美国革命】

美国历史学家托马斯·本德自20世纪末就开始思考，如何突破"国族国家"的边界来考察美国历史。他强烈地意识到以下事实，即"美国历史如果不结合进全球语境中就无法得到充分理解"，因为"国家不可能是它自己的语境"，国别史必须"放在比它自己大的框架中来研究"。[1] 他的这一呼吁得到了许多

---

[1] 托马斯·本德：《众国中之一国：美国在世界历史中的位置》（Thomas Bender, *A Nation among Nations: America's Place in World History*），纽约：希尔-王出版社2006年版，第6、7页。

美国史家的响应。作为美国史研究的经典课题，美国革命也被越来越多的学者置于跨国史视野中看待，由此呈现出以往单纯的国别史路径所无法显示的画面。

（作者李剑鸣，原载《史学月刊》2021年第3期）

【20世纪初期日本的东亚"同文"主张与亚洲主义——以"汉字统一会"为中心的考察】

"汉字统一会"是20世纪初期伊泽修二等在日本发起成立的文化组织。历史上，日本和韩国都长期使用源自中国的汉字，并将其作为各自国家文字的重要组成部分。日本在明治维新后，文字改革方案频出，废除或限制汉字、重塑日本的"国字"等改革主张呼声甚高。在此背景下，日本国粹派提出"汉字国字论"，主张从日本"国字"角度来选择和使用汉字，这为"汉字统一会"统一东亚文字的论调提供了思想资源。汉字统一会的"总设计师"是伊泽修二，他主张以汉字为东亚思想交流的利器。"汉字统一会"反对废除汉字，主张择取汉字中"共通实用"的部分，其实就是试图将日本的限制汉字政策推广到东亚。该组织整理汉字的目标不限于统一文字，他们还主张统一语言，实质是为日本侵略亚洲做文化准备。

（作者林翔，原载《世界历史》2021年第3期）

【古代埃及国家起源过程中的"他者"形象与国家职能建构】

对于古代埃及国家起源问题的探讨涉及多种理论的介入，以考古证据为基础的对国家起源实际历史进程的描述在埃及学领域成果更为丰富。随着考古和文字资料的积累，近年来对于前王朝时期以及早王朝初期埃及对域外的认知问题尤其受到关注。整体而言，相关认知可以大致分为三个阶段：涅伽达文化IIB—IIIA时期、零王朝时期（涅伽达IIIB—IIIC1早期）和早王朝初期。

（作者史海波，原载《史学集刊》2021年第3期）

【影响美国革命的隐藏因素】

美国独立战争就像大多数战争一样，在传统上被描述成一场国际象棋比赛，是乔治·华盛顿最终战胜了一连串的英军统帅。然而，该文关注的是，战争的方向在许多方面受到下级军官、普通士兵和平民的影响，气候、疾病等非人类因素也在其中发挥了作用。该文的结论旨在表明，那个时代的军事技术与实践天然地有利于防御者，几乎确保了反叛者能够取得胜利。"主场"优势得到了北美地形的加强，在英国皇家军队军官们的眼里，这种地形怪异而吓人。不过，美方军队的指挥官却比他们的敌人花了更长的时间才发现自己的天然优势并加以利用，而华盛顿则将这种优势几乎挥霍掉了。

（作者伍迪·霍尔顿，译者陈亚丽，原载《史学月刊》2021年第3期）

【种族问题与冷战初期美国的对外宣传】

冷战初期，美国的种族问题不仅严重损害了美国的国家形象和声誉，令其民主制度蒙羞，而且还成为美国外交的沉重负担，并关涉美国在冷战中的成败。因此，美国政府十分重视在黑人民权事务上的对外宣传，通过小册子等多种方式进行海外宣传，并开展公共外交，宣扬美国在民权领域中取得的进步，以及讲述美国种族关系的故事就是"进步的故事"。其目的是凸显美式民主的制度韧性和纠错能力，捍卫美国"自由世界领袖"的地位。但这种宣传的最大问题是偏离了事实的真相，故有损其宣传的可信性和效果。美国政府唯有进行切实的民权改革，才能改善国家形象。美国黑人等社会力量从中更加深刻地认识到国内种族关系的国际维度和美国在冷战中的困境。在冷战的特殊语境下，这种对外宣传的困境在很大程度上促使美国政府和黑人在民权改革上的利益趋于一致，进而演变为民权改革的动力，推动美国政府兑现民主的承诺。

（作者谢国荣，原载《世界历史》2021年第3期）

【西方古代史学源流辨析】

近代以来，随着史学科学化的推进，世界学术界对西方古典学的研究取得很大进展，尤其在译解古典作品方面成效明显。众多古希腊拉丁文献被译成现代文本，大大地推动了古典文献学的发展，促进了西方古代学术研究的进步。但凡事皆有两重性。当学界都把希罗多德的"ισγορία"与修昔底德的"συγγραφω"、波利比乌斯的"ισγορία"归类或译为"history"的时候，它们之间的差异性也日渐为学者所忽视、所遗忘。因此，追本穷源越来越成为人们祛芜存菁、恢复本真、认识和厘清古代西方史学真实源起发展的理性选择。该文以古典文献为依据，通过溯源法，从根柢上论证西方古代史学并非同源一流，而是多源并存。这对于我们重新认识西方史学的发展意义重大。

（作者杨共乐，原载《史学史研究》2021年第3期）

【大变局时代的世界史研究】

更好地观察和认识世界，从来都是中国的世界历史研究的一个基本任务。从近代中国人开眼看世界起，世界历史这个领域就引起人们的关注，体现出世界史这门学问从一开始就具有鲜明的时代特点。新中国成立以来，世界历史专业的发展、壮大，与时代的进程关系更加密切。"世界历史"发展成为"一级学科"，就是在中国成为具有全球影响的世界大国的背景下实现的。可以说，世界历史作为一个研究领域是时代的产物，是时代造就了世界史专业。而世界史专业的发展，也与时代同步。当今世界处在"大变局"的时代。

（作者俞金尧，原载《历史教学问题》2021年第3期）

【美国史学界关于美国革命历史记忆的研究】

20世纪80年代，记忆研究在美国史学界兴起。利用记忆研究提供的视角与方法，美国革命史的研究得以旧题新作，曲径通幽。美国革命历史记忆的研究根植于美国自身的学术和社会语境，受到政治文化研究、"身份政治"史学和公共史学三个重要的本土因素的推动。第二次世界大战后兴起的政治文化研究从情感和象征的维度考察政治生活，推动了初期美国革命记忆的研究。在此基础上，美国"后60年代"兴起的"身份政治"史学和公共史学将其推至繁盛，前者聚焦以普通民众和边缘群体为主体的革命记忆，后者力图探索革命记忆向博物馆、革命遗址、教科书等公共领域传播的过程。以此，呈现出历史与记忆、过去与当下、记忆与身份之间复杂的关系。

（作者蔡梦竹，原载《世界历史》2021年第4期）

【全球史研究：对民族-国家话语的反思与构建】

当今世界范围内的全球史研究形成了试图摆脱传统民族-国家话语与突破西方中心话语藩篱的两种重要趋向。全球史研究致力于打破传统民族-国家话语，推动当代史学发生卓有成效的变革，但并未改变全球史话语构建者内在的民族-国家身份及其特定的文化诉求。除英、美、德、法等主要发达国家外，当前非西方国家的全球史研究和书写，反映了全球史领域突破西方话语藩篱的新趋向，是世界多极化在文化领域的反映。我们所追求的具有中国特点的全球史，不仅仅是研究空间上的拓展与历史主体多元化的刻意塑造，而是通过不断发掘人类历史时空内涵的文化积淀构建的新型全球史。它基于全球视野对中华民族发展长河中重大历史问题的重新解读，在致力于突破西方话语藩篱的同时，发掘出中国之所以为中国、世界之所以为世界的历史演进和现实呈现，是以马克思主义唯物史观为指导，探索中国历史之世界意义与世界历史之中国影响的新型世界通史。

（作者曹小文，原载《史学理论研究》2021年第4期）

【弃中取日：近代巴西东亚移民政策的转变】

1850年巴西宣布禁止奴隶贸易后，曾试图从中国大规模引进华工，但始终未能如愿。这也在客观上为巴西和日本签署移民协定提供了历史机遇。1895年巴日建交，巴西引进日本劳工拥有了合法性。20世纪初，美国和加拿大相继出台了禁止或限制日本移民的政策，迫使日本劳工另寻出路；欧洲主要移民来源国纷纷颁布法令，禁止向巴西输出补贴劳工移民，巴西欲寻求劳动力来源多元化。与此同时，巴西的咖啡经济在政府的干预下逐渐复苏，增加了对劳动力的需求。在此情况下，巴日两国于1907年签订《移民契约》。不可否认，一系列历史偶然性因素在一定程度上阻碍了中巴劳工协议的达成。但究其根源，19世纪末20世纪初中日两国国力对比及国际地位的变化，中日海外移民政策的不同走向，以及巴西和日本在建设现代民族国家过程中都追随欧洲文明，才是推动近代巴西东亚移民政策发生"弃中取日"转变的深层次原因。

（作者杜娟，原载《世界历史》2021年第4期）

【希罗多德与雅典"史前史"的书写】

希罗多德书写的雅典"史前史"既是对希腊人历史起源的追溯，也是其"蛮族"书写的一部分。然而，对文本的阐释不应止步于"史料"式的阅读方式，即不能仅仅依据文本"说了什么"来判断希罗多德对雅典的态度和立场，并据此推断《历史》的叙事目的。一个新的研究视角是采用文学批评的方法，考察文本是"如何说的"，通过剖析文本的叙事手法和修辞策略，或许更有助于揭示希罗多德精心隐藏于文本背后的真正意图。希罗多德分别运用了人称转换、一词多义、反讽等修辞手法，将"文明的蛮族"埃及人、"野蛮的蛮族"皮拉斯基人、"曾经的蛮族"伊奥尼亚人三个看似片段性的文本叙事，构建成与"地生神话"政治宣传截然不同的历史知识，超越于雅典城邦政治之上。希罗多德的雅典"史前史"对希腊人与蛮族关系的叩问是反思整部《历史》叙事主旨的切入点。

（作者郭涛，原载《世界历史》2021年第4期）

【蒙古时代之后——东部亚洲海域的一个历史关键时期（1368—1420）】

14—15世纪（1368—1420），曾经笼罩欧亚的蒙古帝国在东部亚洲逐渐瓦解。这是东部亚洲国际秩序重新调整的时期，可以把它叫作"后蒙古时代"或"蒙古时代之后"。在这半个世纪中，东部亚洲海域经历了妥协、冲突、再平衡的过程，终于在1419年所谓"应永外寇"或称"己亥东征"事件以及1420年朝鲜通信使赴日之后，初步形成了政治上以朝鲜"事大交邻"为枢轴，以明王朝为中心的国际秩序，经济上环东海、南海诸国，以商贾往来为主的贸易圈。从此，东部亚洲海域经由朝贡与贸易逐渐成为一个新的历史世界。一些历史学家曾经把联通欧亚的"蒙古时代"看成世界史的开端，但蒙古时代之后，世界史却再度出现东西分离的曲折，尽管大航海时代再一次打通东西，但这个东部亚洲国际秩序的根本改变，要到19世纪中叶才出现。作为全球史或称世界史一部分，

1368—1420年是东部亚洲史上一个值得关注的关键时期。

（作者葛兆光，原载《清华大学学报（哲学社会科学版）》2021年第4期）

【英国近代土地确权立法与实践】

英国资本主义土地产权制度是不论政治身份的个人对土地、对自身劳动力的完全所有权。在前资本主义社会里，英国因独立个体缺失而没有完全的私人财产权。经过长期博弈以及对封建采邑制的法律清算，17世纪中叶英国议会推出《骑士领废除与补偿法》，标志着土地私有制在英国率先实现国家立法。后来的议会圈地则是土地确权实践。"骑士领废除"与历时百年的议会圈地应作为英国近代土地私人产权确立的关键节点。圈地损害小农阶层的利益并遭到小农抵抗，但总体说来，议会圈地的法治化程序缩减了无序性和反复性，并使圈地成果受到法律保护，从而为英国的崛起奠定经济基础。

（作者侯建新，原载《世界历史》2021年第4期）

【政治理论中的历史与规范性：以罗尔斯为例】

罗尔斯关于"正义"的论述激发起了学界持续经年的讨论。如何在思想谱系的梳理中理解罗尔斯所承继的思想传统，解析他与休谟、康德、伯林等思想家之间的异同，值得深入探讨。从反对"一元论"出发，罗尔斯在多元和稳定的视角下思考"正义"的实现，构建起了一个"秩序井然的社会模式"。理解和推进罗尔斯"正义论"的一种更好方式，也许并不仅仅在于从规范性维度做出理论论证，还要针对这一理论的历史语境加以分析。考察现有类别的适用性，评估力量平衡的变化，引入社会转型这一实际的历史发展运动，并对社会运动的政治化进行社会学和历史学研究，也许更有助于人们深入思考"正义"的实现问题。

（作者理查德·伯克，译者张楠、李宏图，原载《华东师范大学学报（哲学社会科学版）》2021年第4期）

【记忆、历史与遗忘：雅典大赦与吕西阿斯的修辞策略】

公元前403年，在经历了三十寡头短暂的"残暴"统治之后，雅典民主政制得以再次重建。与其他希腊城邦不同，雅典并未因此陷入公民相互复仇的恶性循环之中，相反，内战后双方达成了和解，并立下大赦誓言，实现了城邦内部相对的和平。吕西阿斯诉讼演说辞中对大赦相关事件的叙述展示了民主政制重建后法庭上演说者关于正义以及和解所使用的修辞策略，反映了诉讼演说对内战后民众集体记忆与雅典公民身份的塑造过程及其对城邦政治稳定所起到的作用。

（作者李宏伟，原载《世界历史》2021年第4期）

【疫情之下的社会分裂——英国医学界关于1832年霍乱的病原学之争】

1832年霍乱在英国流行期间，面对数万人的感染、死亡以及巨大的社会恐慌，医学界经历了一次深刻的思想革命，一场关于霍乱致病原、传播及传染性的病原学之争随之兴起。在这场争论中，传染派认为细菌、病毒、微生物是致病原，通过接触加以传播，强调霍乱具有传染性；非传染派将致病原归结为瘴气，认为人体因吸入瘴气而发病，否认霍乱具有传染性。霍乱病原学之争折射出疫情之下的社会分裂：医学界上层倡导的传染论得到统治精英的支持，因为这为其追求国家权力扩张提供了依据；医学界中下层倡导的非传染论，在工商业阶层及下层民众中广受欢迎，因为它更能反映出社会中下层的经济利益与道德关切。关于霍乱的病原学之争，本质上是医学界不同群体的话语权之争。

尽管传染派观点后来被科学证实，但19世纪中后期传染论的失势及非传染论的崛起表明：科学的发展并不总是一个单线式、不断进步的过程，而经常是一个曲折、迂回的螺旋式上升过程，人类对于流行病的认知与探索将永无止境。

（作者刘金源，原载《史学集刊》2021年第4期）

【20世纪日本学界的"古代虾夷族群"论争】

"古代虾夷族群"论争可与"石器时代日本居民"论争、"古代邪马台国"论争并称为20世纪日本学界的三大古史论争。"古代虾夷族群"论争涉及历史学、文献学、考古学、民族学、人类学等多重学科。20世纪初以来，各个学科均有学者热烈地参与讨论，但论争至今仍未真正终结。2001年，在"古代虾夷族群"问题上，工藤雅树提出"超越论争"的倡议。但论争本身的长期无解并不能简单地视为"超越"的理由。只有对"论争"这一学术现象本身进行分析，对各种学说的合理性、矛盾性都有辩证的认识，才能对"论争"有所超越，避免再次回到重复、执拗的"论争"。

（作者李文明，原载《世界历史》2021年第4期）

【占领初期日本"文化国家"构想中的国权与民权论争】

二战后，日本在占领初期自主提出的"文化国家"构想，是日本最早的国家重建理想形态。围绕"文化国家"是什么以及应当如何实践，在日本政界及思想界形成了保守派与进步派之间的对立。这种对立背后反映的是两条完全不同的国家重建道路，即以延续近代"国体"为目标的国权立国论与以民众思想启蒙为理想的民权立国论。占领初期日本民主化改革不彻底所造成的"帝国民主主义"现象，正是国权与民权在战后重建中矛盾并存的体现。而与民主化改革背道而驰的国权理念最终主导战后日本重建的现象表明，战后日本国家重建并非由占领当局主导，而是从"文化国家"这一原点出发的日本自我能动性选择及适应的结果。其背后折射出的是日本民众民主化思想启蒙缺失导致国家前途命运由极少数政治、文化精英操控传统的延续。

（作者牟伦海，原载《日本学刊》2021年第4期）

【近代早期欧洲军事革命论的西方中心主义偏见】

20世纪中期，英国史家罗伯茨提出了近代早期欧洲军事革命论。其后历经麦克尼尔、帕克、布莱克、唐宁、罗杰斯、霍夫曼等众多学者的推动与发展。该理论开创了西方军事史研究的新局面，确立了具有革新意义、重要学术价值的新研究范式，并对西方兴起、东西大分流等一系列问题做出了新的解释。虽然如此，作为兴起、发展于西方世界的理论，其预设带有一定的偏向性，内容建构亦不可避免地受到弥漫于西方学术界的西方中心主义的影响。尤其是从20世纪末以来，伴随新军事史研究及其所涉地域范围的扩展，该理论所蕴含的西方中心主义偏见越发清晰地显露出来，引起人们的争论，并构成相关研究走向深入的障碍。基于此，该文从时段选择、涵盖地域、判断标准等几个关键问题出发，分析此种"偏见"的表现形式以及内容，以期对该理论达致更全面、客观的认识，并为国内相关研究提供一定借鉴。

（作者屈伯文、陈恒，原载《复旦学报（社会科学版）》2021年第4期）

【联邦德国的德国统一政策研究现状——以联邦德国对民主德国的经济政策为考察核心】

二战后德国的分裂与统一是20世纪最重大的历史事件之一，引起了国内外史学界的广泛关注。迄今为止，国内外关于二战后德国统一问题的研究成果十分丰硕，其中包括一些涉及联邦德国的德国统一政策的学术论著。不过，在此类研究成果中，学者们主要关注联邦德国的德国统一政策的显性部分——政治和外交领域。与之相对，作为联邦德国的德国统一政策的隐性部分，联邦德国对民主德国的经济政策尚未得到充分重视。然而，该政策在促进德国统一的过程中发挥了十分重要且独特的作用。通过对相关论著进行梳理和分析，期待能为进一步深化德国统一史研究起到一定的参考作用。

（作者王超，原载《上海师范大学学报（哲学社会科学版）》2021年第4期）

【小石城事件国际影响下的美国民权运动】

在冷战背景下，1957年小石城事件成为美国种族主义的突出象征。为了维护美国国家形象和声誉，艾森豪威尔总统不惜动用联邦军队干预州内非叛乱性事态，支持公立学校废除种族隔离。小石城事件引发的国际批评和艾森豪威尔采取的极具象征性的政治行动，激发美国社会进一步形成民权国际主义话语，推动美国政府进行民权改革。从这个意义上讲，小石城事件是美国民权运动的转折点和国际化的分水岭，促进了民权运动的发展和民权立法的通过。但是，美国根深蒂固的种族主义观念，导致种族关系始终是严重撕裂美国的社会问题。

（作者谢国荣，原载《历史研究》2021年第4期）

【20世纪30年代初意大利与中国的经济合作计划】

中意关系在20世纪30年代经历了一段"黄金时期"。一方面，意大利法西斯掌权并巩固国内政权之后开始积极寻求对外扩张，认为参与中国事务有利可图；另一方面，中国为经济和国防建设，尤其是抵抗日本的独占野心而努力寻求对外合作。意大利最初抓住国联对华技术合作之机，以"公平分配"和技术实力为由要求参与对华合作项目；而后，孔祥熙、宋子文访意并提出经济合作计划，意方兴趣浓厚。但意大利法西斯政府内部对该计划意见不一，原因在于意大利资本主义经济发展迟滞，无法承担"巨额"投入背后的风险；同时，意大利的战略重点仍在欧洲，不愿在远东牵涉过深，且中日战争有助于转移欧洲列强注意力。中国当时局势动荡，意中经济合作计划提出者宋子文辞去财政部长职务，合作谈判最终无果。意中经济合作计划虽有"合作"之名，其本质仍是法西斯意大利在华进行的帝国主义扩张。经济合作计划的目的不仅是经济利益，更旨在实现意中两国当时政治外交上的战略目标。

（作者信美利，原载《世界历史》2021年第4期）

【19世纪美国反堕胎运动的权力争夺与种族因素】

19世纪下半叶，美国中产阶级妇女为了摆脱无节制生、养子女对身心的折磨及束缚，率先以避孕及堕胎的方式来控制生育，其中堕胎逐渐成为妇女控制生育的重要方式。然而，职业医师认为堕胎导致美国白人妇女生育率的下降，于是发起反堕胎运动。他们一方面利用科学和道德话语面向公众，尤其是女性推广其反堕胎理念；另一方面游说地方各州的立法机构，以立法的形式"监管"和"惩治"妇女的堕胎行为，促使美国由胎动期前堕胎合法的国家转为堕胎违法的国家。然而，反堕胎运动的背后蕴藏着职业医师追求权威地位和经济利益的行业诉求，亦体现了以美国中产阶级职业医师为代表的盎格鲁-撒克逊族裔本土白人对社会转型时期人口—种族结构失衡、社会道德滑坡等问题的应对。

（作者原祖杰、周曼斯，原载《厦门大学学报（哲学社会科学版）》2021年第4期）

【苏联原子弹之父库尔恰托夫与苏联核计划】

苏联核计划是一项关乎苏联国家命运乃至国际政治格局的重要工程，其成功得益于数千名苏联科学家、工程师数年如一日的团结协作，其中，И. В. 库尔恰托夫在科研与领导方面功不可没。在最艰难的战争年代，库尔恰托夫凭借其在核物理领域的权威性、极佳的组织能力以及对祖国的高度责任心，被任命为苏联核科研中心"2号实验室"主任。他通过组织学者开展核物理研究、分析国外核情报等工作，逐一攻克难关，创建了试验反应堆和工业反应堆，成功研制出苏联第一颗原子弹。因此，库尔恰托夫被誉为"苏联原子弹之父"。

（作者张广翔、金丹，原载《吉林大学社会科学学报》2021年第4期）

【全球史的兴起与当代中国全球史学科建设】

全球史兴起于20世纪中期以后，与四个新兴的"全球性"内容有关：全球性机制、全球性联系、全球性挑战和全球性意识。全球史倡导超越西方中心和民族国家史学视角，通过多学科方法研究不同主体之间的互动关系，著作主要有民族史、文明史、人类史、专题史几种书写类型。全球史不仅是一种视野，也是一种史学方法，还可能生成新的历史理论。建设中国全球史学科，不仅是克服西方中心论、走自己学术道路的现实需求，还是破除中国"威胁"论、构建人类命运共同体的现实需求。建设中国全球史学科，要有科学眼光，树立大历史学科观念；要有世界眼光，深入理解中华文明与世界文明关系；要有长远眼光，加强对于人类起源和未来趋势研究，以此为基础探寻人类发展的基本规律。

（作者张文涛，原载《甘肃社会科学》2021年第4期）

【古罗马人对瘟疫的认知与应对】

古罗马人曾遭受多次不知其名瘟疫的创伤，痛苦的记忆多为作家记载于册。面对一次次神秘而可怕的瘟疫，他们主要将之归咎于神灵对人类邪恶行为的惩罚，并采取了求神驱瘟、寻找替罪羊等非理性的应对方式。也有部分百科学者、医生等精英从环境和医学角度观察、思考和记录瘟疫，并初步形成了朴素的传染病科学理论和防疫意识。另外，古罗马政府与民众也采取了诸如避免亲密接触患者和群体性聚集、救治病患、处理尸体等抗疫措施，在一定程度上缓解了疫情，维持了社会的基本运转，也展现出人性的善良与光辉。古罗马人对瘟疫的认知与应对体现了人类直面残酷现实和寻求生存意义的努力，为近代以来传染病医学的进步提供了智识架构和理论贡献。

（作者姬庆红，原载《首都师范大学学报（社会科学版）》2021年第5期）

【反犹主义概念的起源与流变】

自1879年德国人威廉·马尔首创反犹主义术语"Antisemitismus"以来，国际犹太学界关于何为反犹主义的讨论持续至今。在威廉·马尔以"Antisemitismus"最初特指现代种族反犹主义的基础上，反犹主义概念呈现出泛化与类型化趋势。概念泛化表现为反犹主义内涵扩大，即在种族反犹主义基础上演变出基督教反犹主义、希腊—罗马反犹主义与新反犹主义等；类型化表现为对反犹主义进行抽象提炼，对其普遍特点进行归类和定性总结。反犹主义概念的此种演变，导致其概念体系愈加开放与抽象，据此对反犹主义现象的认定也变得更加宽泛，其中某些因素已经引发了学界与国际社会的争议。在对反犹主义概念的认定中，应突出犹太人与其他社会互动交往的独特性，提炼总结针对犹太人的敌意、迫害等思想与行为，把握反犹主义概念的核心内涵。

（作者李大伟，原载《世界历史》2021年第5期）

【我国太平洋与太平洋国家史研究：现状、问题与愿景】

太平洋与太平洋国家史作为世界历史的一个分支在我国正式出现的时间较晚，但与此相关的研究却在 20 世纪下半叶即已出现。截至 2021 年，我国不仅编撰完成了几乎所有太平洋国家的列国志，形成了一支颇具潜力的研究队伍，而且对太平洋贸易和地区一体化开展了较为充分的探讨，移民、华侨和契约劳工等问题的研究也方兴未艾。然而，由于受到起步较晚、偏重现实问题以及现行考评机制等诸多因素制约，该领域还存在诸多问题：相关概念界定在学界尚有分歧，基础研究较为薄弱，成果发表较为困难，研究人员不懂当地语言，研究队伍不成熟、不稳固，等等。未来太平洋与太平洋国家史的编撰刻不容缓，自然科学和社会科学合作研究势在必行，在"一带一路"倡议引领下，大国与太平洋地区的关系研究也应更加充分展开。

（作者吕桂霞，原载《历史教学问题》2021 年第 5 期）

【埃利乌斯·阿里斯泰德与 2 世纪希腊知识精英的历史观】

埃利乌斯·阿里斯泰德在其公共演说词《泛雅典娜节集会辞》和《罗马颂》中，展示了一套与古典时代历史叙述模式有明显区别的、带有浓厚宗教色彩与"普世史"特征的历史记忆。其历史叙述来自对雅典民主制、罗马对外扩张等传统记述的改写，以及对希腊史学传统中固有宗教元素及"普世史"视角的发挥。这种历史记忆成功地迎合了 2 世纪希腊知识精英的品位，而且同尤西比乌斯等早期基督教史学家建立的教会史叙述模式具有相似性。

（作者吕厚量，原载《历史研究》2021 年第 5 期）

【史学史研究的性质、演变和未来：一个全球的视角】

史学史的研究对象是历史学家的过去，其内涵在于研究历代史学家所发展和实践的著史观念与方法。史学史的早期发展包括各种形式的关于过去人物和事件的叙述。这些叙述虽然形式各异，但往往按照一定的时间顺序来编写。史学史成为一个研究领域是 19 世纪历史学走向职业化的一个结果，其发展成为一个成熟的领域则以 20 世纪初《近现代史学史》《十九世纪的历史学和历史学家》等奠基型著作的问世为标志。其后，在新的环境下，史家对历史的性质、范围和方法论有了与前代人截然不同的新理解，即史家们摒弃了启蒙运动关于人类历史单线进步的观念，倾向于将世界历史视为一个多中心、多方向的过程，近年来全球史和环境史的遍地开花就是明证。21 世纪初也有一些新的著作出版，有助于读者预测这个领域未来的发展方向：一是尝试用全球的和跨文化的视角来考察世界各地历史实践的传统与变革；二是许多从业者正在将自己的研究范围扩大到史家的作品之外；三是人们开始分析未来科学技术新进展对人们认识和表述历史的影响。这三种发展趋势敦促历史学从业者：超越欧洲中心主义，落实全球化的视野；将关注的焦点从史家的论著扩展到整个有关过去的知识；检讨和应对科学技术的新进展对未来历史书写的潜在和重大的影响。

（作者王晴佳，原载《河北学刊》2021 年第 5 期）

【21 世纪马克思主义世界历史观的叙事主题】

近代西方世界历史理论包括三种范式，即以休谟和卢梭为代表的"契约论范式"、以康德为代表的"目的论范式"和以黑格尔为代表的"神正论范式"。基于唯物史观的发现，马克思完成了对近代西方世界历史理论的范式革命，开创了世界历史理论的"唯物史观范式"。由此，马克思世界历史理论的叙事主题也发生了根本变革，即人类自身向着自己命运主宰者的回归。进入21世纪，在"百年未有之大变局"的时代判断下"构建人类命运共同体"构成了21世纪马克思主义世界历史观的叙事主题。这一叙事主题为重新确立人类对世界历史反思的自我意识，坚持在两种制度并存条件下实现人类和谐共生的世界历史观，在"变局"中开展出确定性的"新局"，为寻求人类文明新的形态提供了中国智慧和中国方案。

（作者吴宏政，原载《中国社会科学》2021年第5期）

【当代西方口述史学的六大理论转向】

20世纪70年代末以来，由于受到记忆研究、叙事理论、交际研究、女性主义理论、情感研究与空间理论等各种学术思潮与理论转向的冲击与影响，一些更具理论导向的西方口述历史学家呼吁重新思考口述历史的实践与解释方式。在这种背景下，一系列深具理论意识与跨学科特征的新问题与新视角脱颖而出，即当代西方口述史学开始出现所谓的理论转向，其中主要包括"记忆转向""叙事转向""关系转向""女性主义转向""情感转向""空间转向"。

（作者杨祥银，原载《史学理论研究》2021年第5期）

【从掠夺性开发到保护性利用：对美国区域规划文件《大平原的未来》的重新审视】

《大平原的未来》是20世纪30年代中期美国政府出台的区域发展规划之一，是在大平原深陷困境、"新政"改革浪潮激荡之际，在罗斯福总统和有关部门的大力推动下出台的。该规划将20世纪30年代大平原的危机视为一场与自然因素有关、主要由不当生产方式和错误文化观念所导致的人为灾难，倡导通过国家干预化解危机，将生态治理作为恢复重建的根本手段，并从技术、政策和观念等多个方面向各级政府和农业从业人员提出了诸多建议。尽管该规划只是局部地得到贯彻落实，各方面的进展也不尽相同，但它却体现了美国农地利用政策在20世纪30年代前后从掠夺性开发到保护性利用的转折性变化。

（作者高国荣，原载《史学集刊》2021年第6期）

【从书信看兰克第一本书及附本的诞生】

该文以兰克写作与出版第一本书《罗曼与日耳曼诸民族史1494—1535》第一册及附本《近代史家批判》时期的来往书信为主要资料基础，结合其他方面的史料与研究，还原兰克第一本书及附本的写作、出版以及兰克进入德国大学史学界的过程。研究表明，兰克能以其第一本书及附本进入德国大学史学界，主要是由于当时普鲁士文化部高官的重视，而不是因为这两本书被当时的德国与普鲁士史学界视为具有划时代意义的史学著作。兰克得以进入德国大学史学界，固然要归结于他在其第一本书及附本中表现出来的史学才能，但他试图通过出版著作以摆脱个人与研究困境的急切追求，以及出版过程的节外生枝，也给这两本书打上了明显的烙印。

（作者景德祥，原载《上海师范大学学报（哲学社会科学版）》2021年第6期）

【法国启蒙与革命时代的"自然理性"及其效应——以公制单位"米"的诞生为中心的考察】

旧制度时代，法国的度量衡纷繁复杂。启蒙时代的科学家和改革派官员尝试从自然中寻找一种理性的、适用于所有人的标准。这个设想在法国革命期间得以落实。作为新体系的核心，公制单位"米"的酝酿和制定展现了启蒙与革命时代在思想观念上的连续性：新长度单位的倡导者们都坚信，源自自然的理性标准可以改良社会和政治生活。法国大革命以其巨大的政治能量推动了这一观念的实现。虽然新体系的人为命名和十进制原则在普及过程中遇到传统习俗的抵制，但经过近两代人的学校教育，法国最终确立了公制度量衡，新体系也因其科学性、普遍性而走向世界。公制单位"米"的产生历程表明，理性主义的努力可以有效克服旧传统的弊端。

（作者黄艳红，原载《世界历史》2021年第6期）

【英属非洲殖民地的棉花种植推广活动及其影响】

20世纪上半叶，英国意图在新获得的非洲殖民地推广棉花种植，从而满足英国国内棉纺织业的原棉需求，减轻对于美国原棉供应的严重依赖。在英国棉花种植协会推动下，英属非洲殖民地纷纷采取棉花种植推广措施，主要包括劳动力控制、提高原棉质量以及市场销售控制等。英属非洲殖民地的棉花种植推广取得一定成效，尤其是在乌干达、苏丹和尼亚萨兰等地，但未能达到殖民者的预期，一些殖民地的原棉产出也被当地棉纺织业吸收。棉花种植推广活动导致非洲很多地区陷入依附性发展之中，加剧了非洲社会的分化，并引发非洲农民的反抗与抵制。20世纪上半叶英属非洲殖民地棉花种植推广的历史，折射出非洲被纳入全球资本主义体系的复杂进程及其深远影响。

（作者李鹏涛，原载《世界历史》2021年第6期）

【战时日本开发原子弹的底层逻辑、推进体制与路径方法】

日本惯有将自己扮演为"原子弹被害者"的政治偏好，却鲜有检省自己亦是"原子弹加害未遂者"的历史担当。作为前提条件的"拥有核物理基础"、作为目标锁定的"执念帝国主义"、作为内生驱动力的"强权政治意志"、作为组织保障的"高效动员能力"四个要素之间叠加共振与互动耦合，构成了二战期间日本开发原子弹的底层逻辑。在该逻辑运行下，日本构建了以陆军与海军为主导，并各自委托理化学研究所与京都帝国大学具体负责研究的"二元化"推进体制。"仁计划"与"F计划"平行推进，并非隶属关系，在本质上是日本陆海军关系结构的逻辑表达，即"日本的政治军事结构决定其研发结构"。在路径方法方面，"仁计划"与"F计划"的不同在于：在铀浓缩提纯方面分别采取了"热扩散法"和"离心分离法"，在催化反应方面分别研究了"慢中子反应"和"快中子反应"。尽管日本核开发计划最终以失败告终，但通过仔细分析战时日本核武器开发史，可揭示其"在战争中只重精神而忘掉了科学"的"科学忽视论"与试图淡化科学家参与核武器开发的"责任切割论"的欺骗性，实际上，科学家与政府间存在着"共同体关系"与"共犯关系"。

（作者尹晓亮，原载《世界历史》2021年第6期）

【近代英国公司制度的起源】

公司制度兴起于近代英国并对世界上许多国家和地区产生了深远影响。因此，探讨近代英国公司制度起源问题具有重要的学术价值和现实意义。目前，中国学者对这一问题的关注还不够，而国外学者的研究启动早、成果多，并形成了"进化派"与"继受派"等不同观点。只有坚持唯物史观，近代英国公司制度的起源问题才能够得到科学理解和正确把握。近代英国公司制度在形式上是法律制度，公司是法人；在本质内容上则是经济制度，公司就是财产。这是两种研究视角，也是两条实际的历史线索，它们在近代以前是分头并进的。到了16世纪，公司法人与公司财产开始合二为一，近代英国公司制度由此起源。

(作者张乃和，原载《吉林大学社会科学学报》2021年第6期）

【如何在世界文明史范式研究中凸显中国特色】

西方史学史谱系中对文明史的阐释存在着一些不足，如内容较为陈旧、较为宏观、不够深入、西方学者控制着话语权等。针对这些问题，我国学者需要建立起具有中国特色的理论和方法论，梳理、评价和剖析各种以命题形式进行的阐释和以学派形式进行的阐释。中国学者研究文明史，要坚持中国的特色，保证中国学者的话语权。对文明史中出现的错误史观、错误立场、错误理论以及各种强制性阐释，要加大批判力度。文明史范式研究是一项前所未有的研究，对我国文明史的研究和文明史的撰写，会产生重要的推动作用。

（作者朱孝远，原载《中国大学教学》2021年第6期）

【俄罗斯对《苏德互不侵犯条约》评价80年】

1939年签署的《苏德互不侵犯条约》（以下简称《苏德条约》）作为一项对20世纪人类历史发展产生重大影响的双边条约，在现代国际关系史和当代国际政治中产生的广泛争议至今仍未平息。80年来，对《苏德条约》的评价经历了从斯大林时期全面肯定到戈尔巴乔夫时期全盘否定再到普京时期基本肯定但略有批评的曲折变化。在斯大林时期，《苏德条约》被认为是为苏联赢得一年半反击时间的和平条约。在戈尔巴乔夫时期，《苏德条约》被谴责违背了列宁主义的外交原则。普京时期，《苏德条约》被确定为反击西方国家1938年《慕尼黑协定》和避免苏联卷入战争的必要举措，同时也在特定场合下承认条约的非道义因素。对《苏德条约》评价反复变化反映了苏联和俄罗斯社会发展的变迁和对外政策目标的变更，同时也折射出同西方国家关系起伏不定的复杂状况。长远来看，俄罗斯对《苏德条约》的评价并未盖棺定论，评价的定性和评价的内容仍会随着俄罗斯内外政策特别是俄罗斯同西方国家关系的变化而有所不同。

（作者张盛发，原载《俄罗斯学刊》2021年第6期）

【20世纪以来世界历史分期问题探讨】

20世纪以来，中外世界史学界围绕世界历史分期问题展开讨论。国外学界比较具代表性的分期方案有体现"现代性"的"古代—中世纪—现代"三段论分期、以交往和联系为关键逻辑的"世界体系"和"全球史"分期、佩里·安德森的"过渡期"分期及后现代主义的碎片化、主观化分期等。国内比较有代表性的则有以"社会形态"演进为主线的苏联式世界历史分期、以纵向和横向"联系"发展为主线的吴于廑—齐世荣世界历史分期编纂实践和现代化—文明史的历史分期等。国内外的世界历史分期出现了某种呼应和共识，但要解决世界历史分期问题，仍需回到探讨世界历史变迁有无普遍规律上来。

（作者李友东，原载《社会科学战线》2021年第7期）

【"债务换取自然"与塑造绿色话语霸权：美国对热带森林的保护政策及评析】

西方长期的殖民统治使第三世界的热带森林遭受严重破坏。二战后，发展中国家在现代化建设过程中陷入举借国际贷款和不断加强自然资源开发的桎梏。进入20世纪80年代后，环境问题日益引起国际社会的重视，美国率先提出针对第三世界的"债务换取自然"的环境保护政策。鉴于其在国际气候问题上的保守态度引起的反感，美国在20世纪90年代先后以美洲倡议和《热带森林保护法案》付诸实施为基础，试图通过热带森林保护政策以重塑美国政府的环保形象。这对热带森林保护具有一定的积极意义，但也有较大局限性，其背后附加的经济和政治条件将第三世界与美国捆绑在一起，实质上是美国在国际环境事务中塑造绿色话语霸权和推行生态殖民主义的一种体现。

（作者王林亚，原载《历史教学（下半月刊）》2021年第7期）

【古埃及：一个不重视历史的文明】

古埃及是世界四大古文明之一，创造了灿烂的文化成就，为人类社会发展做出了卓越贡献。随着古埃及语言文字的终结，传统宗教信仰的消失，阿拉伯人统治埃及的开始，到公元7世纪中期，古埃及文明逐渐消失在历史长河中，成为失落的文明。直到1822年，法国语言天才商博良（Jean-François Champollion）释读象形文字成功，才揭开了古老文明的神秘面纱。

（作者郭子林，原载《历史教学（下半月刊）》2021年第8期）

【"新帝国史"：西方帝国史研究的新趋势】

帝国史作为一个专门研究领域，出现于19世纪末的英国。20世纪上半叶，以《剑桥英帝国史》为代表，确立起一种关于英帝国史的宏大叙事，以宗主国为中心从政治、经济和军事扩张来解释帝国史。这种叙事在20世纪末的《牛津英帝国史》中仍然有所体现。帝国史研究在20世纪50年代至70年代的去殖民化浪潮中一度衰落，但在20世纪80年代之后随着全球化的深入而出现了复兴和发展，并在后殖民理论、新社会史、妇女和性别史、新文化史、全球史等思潮影响下出现了"新帝国史"。在这种"新帝国史"中，性别、种族、文化、身份认同、互动网络等成为理解和解释帝国的重要维度，尤其是让殖民地人民"说话"和去宗主国中心化，在一定程度上解构了以宗主国为中心的传统帝国史叙事，但这一任务的完成有待非西方学者的参与和努力。

（作者刘文明，原载《社会科学战线》2021年第9期）

【西北欧在欧洲文明形成中的核心作用】

欧洲文明既不是来自西罗马帝国灭亡后古代文明的延续，也不是由于文艺复兴时古代文明的复兴。欧洲文明起源和奠基于中世纪，日耳曼人是欧洲文明的主要创造者。欧洲文明经历了漫长的演变，封建文明为欧洲文明奠定了基础，随后开始的转型文明则使欧洲文明踏上了奔向现代之路。转型文明由哪些国家推动，始于何时，有何特点和表现，对这些问题的思考已近两个世纪，无疑是我们进一步认识欧洲文明形成问题的宝贵财富。

（作者徐浩，原载《史学月刊》2021年第10期）

【从地中海到黄河——希腊化文化信息在中国的回响（至公元7世纪）】

亚历山大东征与张骞通西域是中希两大文明接触、交流史上的重大事件。虽然二者相隔达两个世纪之久，但都为丝绸之路的全线贯通做出了划时代的贡献。丝绸之路开通之时，希腊化世界东西两端的希腊化王国都还存在。公元前后，尽管希腊化王国已经消失，但希腊化世界的遗产及其信息却借助丝绸之路经中亚、印度进入中国，从而在中国古代的典籍、佛教艺术、地方钱币和其他遗迹遗物中留下了它们的印记。这些信息虽然辗转而来，难免失真变异、模糊不清，语焉不详，但它们依然可觅可见，显示了汉唐之际中华文明与希腊化文明及其他丝路文明的深度互动与融合。

（作者杨巨平，原载《历史教学（下半月刊）》2021年第10期）

【气候：17—19世纪欧洲社会和政治抗争的一个因素？】

社会与政治抗争是一个复杂的问题。在

法国旧制度时期，不同的使用者赋予"叛乱""造反"甚或"骚乱"这样的术语以不同的含义。近年来，联合国政府间气候变化专家小组提交的报告，不断强调气候变化在加剧世界范围内社会和军事冲突方面扮演的角色。学者们也用复杂的数学模型比较了长时段里的历史事件序列与小冰河期气候剧烈波动之间的关系。基于法国过去500年连贯的气候数据和历史学家让·尼古拉梳理的法国旧制度时期抗争年表，我们可以推测出，社会暴力的高峰期往往与极端气候事件的出现相重合。通过对1709年"大寒冬"、法国大革命爆发初期和1816年至1817年坦博拉火山喷发时法国和瑞士的社会抗争政治抗争的分析，我们发现，气象状况影响农业生产，造成粮价高涨，引发生计危机，民众骚乱总是在这种状况下爆发。但往往是在面对严重的社会危机，各种政治斗争汇聚到一起时，气候问题才会演化成大规模的社会运动。

（作者埃马纽埃尔·加尼耶，译者周立红，原载《社会科学战线》2021年第11期）

【丸山真男的学术研究与对日本军国主义的反思】

关于七十多年前那场对外侵略战争，日本进步知识分子曾做过深度的反思。其中，体验、观察并反思了日本军国主义内外肆虐全过程的丸山真男及其学术研究，最具代表性。其从未变奏的近代国家意识和主权在民思想，贯穿于前近代与近现代、战（太平洋战争）中与战后的全部重大理论和现实问题中；短暂的军旅生涯之所以无法构成其学术思想的全部背景，缘于丸山"十五年战争观"下的战中军国体验，特别是青少年时期所遭遇的政治暴力和屈辱记忆；其对于"自身历史"和"内在的理解"的反复强调，为揭示丸山庞大学术思想体系的内在机理，提供了一贯始终的观察维度。

（作者韩东育，原载《中国社会科学》2021年第11期）

【美国主流新闻媒体对新左派运动的形象建构——以《纽约时报》对"学生争取民主社会组织"的报道为中心】

新左派运动重要组织"学生争取民主社会组织"于1965年4月17日组织了到当时为止最大规模的一次反战抗议活动，开始成为美国主流新闻媒体竞相报道的对象。以《纽约时报》为代表的主流新闻媒体从1965年至1968年对"学民社"的发展、壮大和衰亡进行了即时报道。作为一种社会政治化工具、媒介和公共记忆手段，《纽约时报》的报道框架随着该组织自身的发展而变化。当"学民社"以一种崭新的政治抗议力量出现在美国政治舞台上时，《纽约时报》的报道是客观中立的；而当"学民社"的不断壮大、人员构成更为复杂、与主流社会日渐疏离时，它则被逐渐"边缘化"；当"学民社"规模继续扩大、组织性质及组织结构发生变化时，《纽约时报》上的"学民社"被妖魔化为一种危险的、破坏性力量。《纽约时报》对"学民社"的即时报道和形象建构，有意无意间体现了与美国主流意识形态相一致的倾向。

（作者谢文玉，原载《史学月刊》2021年第11期）

【法国心态史的研究传统与理论转型】

法国心态史起源于20世纪初的新史学运动，因分析历史中的集体心态和集体表象，从而有别于其他史学研究。经过近百年的发展，心态史成为20世纪史学发展中不容忽视的部分。心态史倾向于关注集体无意识，强调心态的结构性、稳定性以及对个体的制约性，极大地丰富了史学研究的议题，推动了史学发展，但也积累了不少问题，尤其是未能摆脱还原论和线性史观。20世纪80年代之后，西方史学的反思与超越旨在克服心态史以及文化史的弊端，试图结合经验与理论，重新恢复人的能动性，进而更有效地分析历史的转型与变迁。

（作者张弛，原载《社会科学战线》2021年第11期）

博士学位论文、博士后出站报告目录及简介

中国社会科学院大学

2021年，中国社会科学院大学世界历史系总计毕业博士研究生4人，联合培养出站博士后1人。博士学位论文信息如下。

1. 张文静：《美国阿拉斯加北坡石油开发与管道建设的争议及影响（1968—1980）》，指导教师：徐再荣研究员。该文被评为2021年社科大优博论文。

研究方向：北美史

简介：第二次世界大战后，美国进入经济社会发展的黄金时段。"战后繁荣"极大地提高了美国人的生活水平，同时也带来了巨大的原材料和能源消费。美国社会迎来了新一轮的能源结构调整，最终石油超过煤炭，成为最重要的能源消费类型。另外，战后美国环保观念产生了深刻的变化，逐渐由明智利用转变为保护自然，而且防治污染的思想也逐渐深入人心。尼克松当政初期，重视环境保护，开启了著名的"环境十年"；然而随之而来的能源危机又令其面临日益严峻的能源形势。尼克松政府和美国社会面临能源消费与环境保护的双重要求。

能源危机与环境保护对垒的首场战役发生在阿拉斯加。一方面，阿拉斯加成为美国的独立州后，当地经济和生活逐渐发展起来。这片广阔的土地上蕴藏着的丰富的地质资源也逐渐进入民众视野，并成为阿拉斯加开发利益集团关注的焦点。另一方面，鉴于阿拉斯加特殊的地理环境和风土景观，该州的资源保护和环境保护一直受到联邦政府和环保组织的重视。环保组织要求保护阿拉斯加的荒野，保护"最后的边疆"。然而，1968年，石油公司发现了普鲁德霍湾大油田，要求开发北坡石油，建设跨阿拉斯加输油管道。石油开发与荒野保护、经济发展与环保运动的矛盾最终爆发。

对于北坡石油开发与管道建设，人们最先关注的是施工建设的技术问题。拟定修建的管道长达800英里，将经过苔原、森林、沼泽、雪山等严酷的自然环境；线路北半部分的400英里的范围内，还没有任何通行公路。永久冻土、地震、河流穿越和其他阿拉斯加的独特自然环境，严重影响石油管道的施工建设和安全运营。地质学家关注技术难题对管道建设的干扰，环保人士注重技术缺陷对环境带来的威胁。在阿拉斯加这样的苦寒之地，如果不着手解决基本技术问题，管道建设实际难以展开。

进入20世纪70年代以后，北坡石油开发和管道建设面临新的问题——阿拉斯加原住民的土地权索赔问题。自1867年美国购买阿拉斯加以后，原住民的土地权问题就出现了，且一直没有得到很好的解决。北坡石油的发现与开发使得原住民土地问题的解决更为紧迫。为建设管道，石油工业申请了800英里土地使用权，而原住民却声称自己拥有大部分管道走廊的土地所有权。石油工业和开发势力积极着手解决原住民土地权问题。1971年，《阿拉斯加原住民土地赔偿安置法》通过，持续了100年的原住民土地权问题得到一定程度解决。

阿拉斯加独特的荒野环境和稀有的野生动植物，一直是美国环保组织和环保主义者关注的对象。当北坡发现石油，以及管道修建提上日程后，环保主义者对阿拉斯加环境的关注持续上升，环保争议贯穿北坡石油开发和管道建设争议的始终。在这一过程中，全国性的环保组织和阿拉斯加当地的环保组织密切合作，在不断完善自身组织、坚定环保宗旨和理念的同时，还注重在不同阶段联合不同的利益同盟者，持续反对石油开发和管道建设。当技术问题和土地问题都解决后，环保组织的抗议依然没有结束，他们坚持保护驯鹿和北美荒野，并联合新的同盟者——阿拉斯加渔业集团，一起反对石油开发和管道建设。面对强大的石油开发势力，环保组织和环保主义者还适当地调整环保策略——提出了跨加拿大替代线路。

跨加拿大替代线路的提出，使得北坡石油开发与管道建设争议进一步升级。石油开发与管道建设问题从阿拉斯加转到华盛顿，环保主义者又收获了新的同盟者。美国中西部和东北州人士反对企业垄断和石油外销，反对跨阿拉斯加管道建设，而推荐跨加拿大线路。北坡石油开发与管道建设争议，在开发势力与环保势力相斗争的持续发酵下，从最开始较为简单的技术争议和土地争议，发展成为老生常谈的政治经济争议。司法机构鉴于问题的重大性，启动了立法还押程序，即将石油开发争议作为一个公共政策问题和国家优先事项，转给参议院和众议院负责。而石油危机的爆发迅速激化了矛盾，北坡石油开发与管道建设问题，从地区经济和环保问题，最终上升为国家安全问题。开发势力占了上风，国会解决了管道建设的通行权问题，以及管道铺设是否符合《国家环境政策法》的问题。虽然拖延了长达四年之久，北坡石油开发与管道建设最终被批准，跨阿拉斯加管道的施工随之开始。

北坡石油开发与管道建设争议的影响巨大而深远，促进了阿拉斯加土地和资源开发的一系列关键法律的颁布与实施，既调节了阿拉斯加当地的矛盾冲突，也促进了美国环保运动的发展与进步。首先，北坡石油开发和管道建设争议，有效地调节了阿拉斯加开发与环保的冲突，使得开发势力、原住民，以及环保势力各得其所，达成了开发与保护的妥协与平衡。其次，在这一争议中，环保组织和环保主义者对技术乐观主义进行了猛烈的批判，与原住民展开了适时的合作和必要的对抗，并对国际环保合作进行了初步的尝试，有力地推动了美国环境保护运动的发展与进步。

关键词：美国；阿拉斯加；尼克松政府；石油开发；管道建设；环境保护

2. 李巧：《诺夫哥罗德与汉萨同盟贸易关系研究》，指导教师：王晓菊研究员。

研究方向：俄罗斯史

简介：诺夫哥罗德与汉萨同盟的贸易关系是俄国史乃至中世纪欧洲经济史研究不可忽视的课题。蒙古统治时期（1240—1480），罗斯国家几乎中断了与西欧的经济、文化联系，然而其西北部的诺夫哥罗德却与汉萨同盟保持密切的贸易往来，成为俄国历史上一个独特的现象。因此，探究诺夫哥罗德与汉萨同盟贸易关系有助于加深对中世纪俄国与欧洲贸易关系史的认识。

该文从诺夫哥罗德角度出发，在北海—波罗的海贸易圈视野下，考察诺夫哥罗德与汉萨同盟长达5个世纪的贸易历程，进而重新定位诺夫哥罗德在该贸易圈中的地位。在诺夫哥罗德—汉萨贸易中，诺夫哥罗德扮演汉萨同盟的原料商品供应商和西欧商品消费者的角色，成为北海—波罗的海贸易网络不可或缺的组成部分。汉萨同盟作为诺夫哥罗德与西欧贸易联系的中介，基本上垄断了诺夫哥罗德的对外贸易。一直到俄罗斯中央集权国家建立以后，诺夫哥罗德才取得与汉萨同盟平等的贸易地位。

14—15世纪是罗斯国家遭受外族统治的时代，亦是罗斯诸公国走向统一的关键阶段。作为罗斯国家与西欧经济联系的纽带，诺夫哥罗德与汉萨同盟的贸易无疑为俄罗斯统一多民族国家的形成创造了有利的经济条件。诺夫哥罗德通过汉萨同盟积极引进西欧先进的生产技术和文化，为罗斯国家打开了一扇面向西欧的窗户,并向西欧输送其文化精粹,促进了罗斯国家与西欧国家的文化交流与融合。

与汉萨同盟的贸易往来推动了诺夫哥罗德对外拓殖的步伐。诺夫哥罗德的拓殖运动不仅满足了汉萨同盟对毛皮、蜂蜡等商品的需求,而且使诺夫哥罗德共和国成为东欧地区幅员最辽阔的国家之一。

诺夫哥罗德—汉萨贸易的盛衰与诺夫哥罗德贵族民主政治的兴亡呈正相关关系。与罗斯其他封建公国不同,诺夫哥罗德建立了共和政体,这与其对西欧贸易的繁荣存在一定关联。波雅尔脚踏政商两道,既是诺夫哥罗德共和国的当权者,亦是诺夫哥罗德实力最雄厚的商人。因此,诺夫哥罗德与汉萨同盟的贸易增强了波雅尔的经济实力,为波雅尔把控诺夫哥罗德的民主政治机构提供经济条件。15世纪中叶以来,随着诺夫哥罗德—汉萨贸易的衰落和北方殖民地的丧失,波雅尔乃至整个诺夫哥罗德共和国都失去了稳定财源,无力对抗莫斯科的吞并战争。同时,汉萨同盟和利沃尼亚骑士团加紧干涉莫斯科兼并诺夫哥罗德的斗争,试图帮助诺夫哥罗德保持独立地位,从而继续维持在东欧地区的政治、商业利益。1478年诺夫哥罗德向莫斯科俯首称臣,这标志着萌芽中的莫斯科封建君主制对日渐衰微的贵族民主政治的胜利。此后,罗斯国家走上了封建君主制道路。

诺夫哥罗德—汉萨贸易是中世纪晚期欧洲经济史的重要组成部分。15世纪正值欧洲社会经济从中世纪向近代过渡的时期,诺夫哥罗德—汉萨贸易从鼎盛走向衰落。双方贸易的衰落与西欧资本主义经济关系的萌芽与发展不无关系。因此,研究诺夫哥罗德—汉萨贸易关系有助于加深对转型时期西欧社会经济的认识。

该文以辩证唯物主义和历史唯物主义为理论指导,大量运用编年史、条约汇编及其他史料,通过比较分析、个案研究、跨学科研究等方法,在梳理诺夫哥罗德—汉萨贸易兴衰历程的基础上,分析双方贸易关系的特点,着重探讨诺夫哥罗德—汉萨贸易与诺夫哥罗德拓殖运动的关联及双方贸易对罗斯国家发展道路的影响,并考察诺夫哥罗德—汉萨贸易的衰落因素及其对中世纪晚期欧洲社会经济转型的意义。

关键词:诺夫哥罗德;汉萨同盟;贸易关系;北海—波罗的海贸易圈

3. 陈丽蓉:《阿拉伯国家联盟及其安全治理研究》,指导教师:毕健康研究员。

研究方向:中东近现代史

简介:阿拉伯国家联盟于1945年成立,是全球最早建立的地区组织之一。它经历了蓬勃发展(1945—1979年)、停滞不前(1979—1990年)、衰退沉沦(1990—2000年)以及改革与转型(2000年以来)四个发展阶段。安全治理是阿拉伯国家联盟的重要议题,也最受国际社会关注。《阿拉伯国家联盟宪章》和《共同防御条约》是阿盟进行安全治理的法律依据。仲裁、斡旋调解和集体安全是阿盟进行安全治理的三大手段。具体而言,它包括理事会开会讨论、发布决议,组建观察团进行实地调查,授权秘书长进行多方斡旋,派遣维和部队等方式。

该文从历史的角度出发,对阿盟的安全治理进行深入研究。阿盟的安全治理具有其鲜明的特征。其一,它是由理事会、秘书长和成员国共同参与的复合型安全治理;其二,在阿拉伯传统部落文化、伊斯兰文化以及阿拉伯民族认同的共同影响下,阿盟的安全治理高度强调共识和协商;其三,它的安全治理没有严格的程序和固定的机制,较为机动灵活,具有很强的变通性。当前,阿盟的安全治理出现了一些新变化,即它积极与联合国合作,对人的安全和人权事务的关注度提升。

根据阿盟是否将战争冲突控制在"阿拉伯框架"内,是否促使冲突方进行谈判并同意停火的原则,可将阿盟安全治理的绩效分为"成功"、"部分成功"和"失败"三个类型。阿盟安全治理的绩效在不同时期大不相同。在其发展的前半期,阿盟的安全治理较为成功。它成功化解了1961—1963年伊拉克和科威特危机,也为结束1962—1970年也门内战和1975—1989年黎巴嫩内战做出贡献。1990年后,阿盟安全治理的能力下降,其权威也受到削弱,它未能阻止1990年伊拉克入侵科威特,其对叙利亚内战的强势介入甚至为外部势力打开了武装干涉的大门。

影响阿盟安全治理绩效的主要因素既非阿盟的"一致同意"决策机制,也非阿拉伯国家的非民主化,而是多种内外因素共同作用的结果。第一,阿拉伯国家体系的脆弱性和不稳定性是影响阿盟安全治理绩效的根本因素。其一,阿拉伯民族国家构建的不完善导致阿拉伯国家之间存在着激烈的权力争夺。其二,阿拉伯世界不稳定的权力结构以及缺乏一个能长期维持主导地位的大国使得阿盟难以形成稳定和有序的安全治理策略。当阿拉伯国家分立为针锋相对的两大集团,出现严重的利益分歧时,阿盟的安全治理绩效便急剧下降。第二,世界大国的介入和干涉是影响阿盟安全治理绩效的主要因素。美苏两极平衡为阿盟的安全治理提供相对宽泛的空间。1990年以来,美国在中东"一家独大",反而导致阿盟在地区安全治理中不断被边缘化。第三,域内非阿拉伯国家对阿拉伯国家的分化进一步削弱了阿盟凝聚共识的能力。当前,外部因素的影响越来越大。第四,执行机制和预防性外交的匮乏和秘书长职权有限也影响着阿盟安全治理的绩效。

阿盟安全治理绩效的提升首先需要阿盟摒弃阿拉伯剧变以来对西方"人道主义干涉"思想的追随,坚持发展安全观;其次,应该倡导合作安全观,逐步建立起具有包容性的地区安全机制;再次,应建立冲突防御机制,完善执行机制,提高秘书长参与安全治理的权限;最后,域外全球大国应该减少对阿拉伯国家内部事务的干涉,让阿拉伯国家自主掌握其安全主导权。

关键词:阿拉伯国家联盟;安全治理;斡旋;调解;集体安全

4. 周芬:《19世纪英帝国孟买和哈利法克斯海军基地研究》,指导教师:张顺洪研究员。

研究方向:英帝国史

简介:19世纪英国在海外拥有分布广泛的海军基地,它们形成了一个海军基地网,为英帝国海军提供了强大的后勤保障。孟买基地和哈利法克斯基地分别是英国在印度洋和大西洋上重要的海军基地,它们分属于英属印度和英属北美两种不同的殖民地。哈利法斯克海军基地建于英法七年战争之际,对英国海军战胜法国夺取北美殖民地至关重要。它在美国独立战争和英美1812年战争期间得以扩建和完善。孟买海军基地从东印度公司获得孟买岛的垄断经营权后就开始建设,用于建造军舰和修整船只。英国与列强争夺印度殖民统治权时孟买海军基地发挥了重要作用。这两个海军基地与英帝国海上贸易密切相关,由于19世纪海上私掠船和海盗横行,英国海军需要以海军基地为后盾频繁地出击,保护贸易航线的安全。美国独立北美局势稳定之后,尽管英国海军部将北美与西印度舰队的总指挥部迁至百慕大,但是哈利法克斯海军基地仍有威慑美国的作用。孟买海军基地一直是东印度舰队在印度西海岸的补给站。英国稳定了南亚殖民统治后,逐步占据了红海出口和波斯湾,孟买海军基地为东印度舰队在印度洋的行动提供后勤支援。

而后,海军基地受到19世纪科技变革的影响,在功能结构和基础设施方面有了全新的发展和要求。军事技术的发展要求海军基地能够跟进军舰和武器升级,这对英帝国的经济能力和军事管理能力是一大挑战。哈利法克斯基地和孟买基地因此增加了两大重要的功能,即装煤站和电报站的功能。科技发展也影响着海军基地的战略意义,由于煤炭取代了木材对海军军舰的关键作用,因此英国海军部非常重视海军基地周边地区的煤矿资源。哈利法克斯基地邻近地区有优质的煤矿,它的通信设施也比较完备。而且在交通方面,经由加拿大太平洋铁路直达太平洋沿岸,它的战略地位因此被英国海军部提到非常高的位置。尽管英国人在印度积极地寻找和开采煤矿,但是找不到可以用于军舰的优质煤。孟买基地的海军储备煤炭来源于英国,每年定期从英国运来高质量的威尔士煤炭。英国政府为了便于统治印度,建设了多条英印沟通的电缆,孟买基地的电报站可以连接中东、非洲其他重要的海军基地,便于英国东印度舰队获取全面翔实的信息。除了科技变革的挑战,海军基地还面临疫病和19世纪末国际格局变化这两大挑战。19世纪英国及其殖民地流行的疫病种类较多,且发生频繁,造成世界流行的疫病主要是天花和霍乱。疫病考验了英国海军基地的医疗准备和防疫工作,通过哈利法克斯基地和孟买基地的情况得知,当英帝国海军的医疗资源是非常紧要的战略资源时,英国海军后勤体系的弊端被凸显出来。对于国际格局变化,英国政府察觉到了帝国防御体系的缺陷,于是对海军基地进行考察评估,然后改善海军基地落后于军舰发展的状态,调整海军基地的防御部署。英国对孟买基地和哈利法克斯基地进行了定位,找到了合适的方案来改善它们的防御状况,同时有利于帝国的整体战略部署。通过分析这两个海军基地应对19世纪历史性难题的表现,可窥知英帝国维护海洋霸权和殖民统治的真正实力。

关键词:海军基地;孟买;哈利法克斯;英帝国;英国海军

5. 李天瑷:《后人类史学:概念、实践与展望》,指导教师:张文涛研究员。

研究方向:西方史学理论及史学史

简介:随着科技的发展,人类开始有机会借助各类技术改善自己身体的弱点,与之相伴的是,20世纪中叶后在文学批评领域率先被提出的"后人类"概念,逐渐被运用于各个领域。历史学界对于后人类史学的讨论也开始产生。传统史学所提倡的"以人为本"、以人类为中心书写历史的原则受到了巨大的挑战,因此,急需一种新的历史观来应对时代发生的变化。

该文第一章梳理了"后人类"这一概念形成的过程,简单地介绍了实现这一愿景的可能性。第二章对已发生的后人类的实践进行叙述,着重讨论了部分文艺作品中所反映出的对于后人类主义的思考,以及后人类主义在科技伦理领域引起的争论。第三章进一步分析了后人类概念在史学领域已有的应用:"大历史"不仅仅讲述人类的历史,而是将人类社会置于整体宇宙起源的框架内进行叙述;后人类主义者所期待的对人类进行的改造可以弱化两性之间的生理区别,女性主义视角在历史学中的运用也可以被认为带有后人类的色彩;史学家在去人类中心化方面进行尝试,将目光转向环境、动物等,有助于人类认识自我之外的世界。最后,该文试图展望一种能够适应当下现实的新历史观:认识科技在历史与未来中的意义,并将人类对于科技的依赖与信仰纳入历史写作之中。

关键词:后人类主义;后人类史学;史学史

博士后出站报告信息如下。

郑鹏:《西北科学考察团文物文献整理研究与展览策划——以中国国家博物馆馆藏为中

心》，合作导师：俞金尧研究员。

研究方向：中外交流、中外比较

简介：西北科学考察团是民国时期的重要学术团体，成立于1927年，至1935年结束考察活动，取得了多项轰动世界的成果，对我国的考古学、地质学、气象学及古生物学等学科产生了深远影响。考察团的组建经历了曲折的过程，包括北京大学国学门、国立历史博物馆等在内的14家机构组成的中国学术团体协会与斯文·赫定经过多次谈判，成立了由中国主导，采集物品归中国所有的跨国联合考察团，考察过程充满了艰辛，这是由于当时的中国尤其是西北地区军阀割据、匪祸横行，加之考察团所到之处多是环境恶劣之地。所幸在团员们艰苦卓绝的努力下，考察活动最终取得了圆满成功。

考察团获得了大量文物文献，后受政局变动、机构重组等因素影响，这些物品分散保存于多个地方。中国国家博物馆收藏着不少颇有价值的考察团文物文献，其中鲜为人知的是新中国成立后20世纪50年代初期由瑞典归还我国的文物。整理发现，这批文物有三千余件，由陶器、铜器、木器、骨器、钱币及丝绸品等数十类构成，系由瑞典于1935年考察结束后经当时的国民政府批准借出进行研究的。馆藏另一批较为重要的考察团文物为黄文弼等人在新疆发掘所得，学界较为熟悉且多有研究，系由中国科学院于1959年前后移交当时的历史博物馆保存。

民国时期曾举办过以西北科学考察团为主题的展览，引发了不小的社会反响。改革开放之后，相关主题展览得以提上日程，其中两次规模较大的展览分别在中国科学院及鲁迅博物馆举办。中国国家博物馆是国家最高历史文化艺术殿堂浩然文化客厅，展览展示是其主责主业，有条件也有理由在合适的时机推出以考察团为主题的大型展览。其尝试以近代以来外国人在中国的考察、考察团的组建、考察团的科考过程及其影响为线索初拟出展览框架，力图将参加考察团的中外科学家克服重重困难，取得巨大成就的历史画面生动展示出来，使得科学共同体的价值理念、奋斗精神及生活方式为普通大众所熟识，同时也在一定程度上体现了中国国家博物馆作为行业头雁在收藏、研究、展示及阐释等方面的使命担当。

关键词：西北科学考察团；文物文献整理研究；展览策划；中国国家博物馆馆藏

北京大学

2021年，北京大学世界史学科总计毕业博士研究生15人。博士学位论文信息如下。

1. 钟孜：《法国城市水环境治理的历史变迁——以里昂为中心的考察》，指导教师：许平教授。

研究方向：法国史

简介：法国现代城市水环境治理的历史至少可以上溯到19世纪早期。这段近两个世纪的历史可以大致划分为三个阶段：第一个阶段从19世纪初一直持续到20世纪中叶，可被称为"公共卫生的时代"；第二个阶段从战后初期持续到20世纪七八十年代，可谓"规划整治的时代"；第三个阶段从20世纪80年代初开始，到20世纪和21世纪之交仍处在持续深入推进的状态，可概括为"合作参与的时代"。每个时代都有其特定的城市治水模式，它既是城市历史的延续，也体现了具体时期的某些新特点。为更好地展现此中的延续性与断裂性，该文亦引入六大变量（社会-政治考量、水污染观、对水的价值与法理定位、管治机构、技术手段、水域状态）作为分析工具。公共卫生治水模式的核心是水和公共卫生的联盟，利用供水网络、用水装备、下水管道、污水处理等城市水基础设施，市政当局试图达到阻断病菌入侵通道、抵御疾病侵袭、保护民众生命的目的。基于细菌学说，时人把细菌作为判断水体是否受到污染的依据，并力图将污水尽快抛置于城市下游水域。由于多数河流的自我净化能力依然强劲，城市污水的排放量也较为有限，这些水域的水质仍处在可控的状态。多数地方因此并未引入污水处理装置。规划整治治水模式的实质，是将战后法国在国民经济发展和国土开发中运用纯熟的统筹规划战略应用到治水领域，以期缓解发展与水环境之间的尖锐矛盾，保证通向现代化、福利社会和消费社会的道路畅通无阻。时人尤其将水视作经济发展和民众福祉提升的基础资源，并将水质是否可资利用、是否能够天然复原作为评判水污染的依据。战后的国土开发破坏了河流自我净化的条件，急速增长的水污染排放也使其不堪重负。为应对危机，法国政府引入了以流域机构为核心的治水规划和水务财政制度，后者是各地污水处理厂大规模涌现、河湖水污染形势得到逆转的关键。

"合作参与"治水模式的内核是"爱护生态的公民社会"，旨在让民众及其代表深度参与治水的诸个环节，最终形成许多个按照公民社会方式运作的水环境共同体，将保护和治理水环境变成全体法国民众共同的事业。民众开始将水视为社会发展和地球生态系统健康延续的共同基础，并将水域生态状况作为判断水体是否受到污染的依据。民众及其代表越来越频繁地出现在各个治水机构当中，他们和各级政府部门合作推进生态治水的实验，使得法国城市周边水域的整体状况持续、稳步向好。由法国和里昂城市水环境治理的三阶段转变可见，人类历史的演进，既是一个人们与周围世界持续互动的过程，也是一个人们不断自我反思、调整人类与世界之间关系的过程。从生命至上、克制补救到社会-自然兼顾，人类处世之道的内涵一直处在变化和深化的过程当中。

关键词：法国；城市水环境治理；历史变迁；里昂；考察

2. 卢雅怀：《三场争论中的杰罗姆修道理想》，导师：彭小瑜教授。

研究方向：教会史

简介：杰罗姆是拉丁四大教父之一。修道追求是杰罗姆的人格内核、工作纲领；修道运动也是4世纪的核心宗教、社会运动。面对君士坦丁之后的教会扩张，修道者试图成为更"真"的基督徒。杰罗姆宣扬修道生活更优，认为修道者会赢得天国中的更大奖赏。看起来，杰罗姆似乎在提倡一种基于修道成就的"精英主义"与"等级制"，将少数修道"精英"置于普通大众之上。

然而，杰罗姆宣扬修道优越性，这实际上是修道者的自保策略，而不是他们对于普通基督徒的蔑视和压迫。他虽然以更大的奖赏来鼓励人们向善，但是也彻底切断了世俗成功与个人真正价值之间的联系，以此保护现有评价体系下的弱者。杰罗姆的修道理想，是为保护贫弱者服务的：看似琐碎、反人性的修道苦行，蕴含着社会批判，也是为了让贵族修道者切身体会穷人的无权与物资匮乏，以此培养他们对穷人的同情和理解，促使他们全身心地爱与尊重贫弱者，克服他们以努力和善举而自傲的倾向。

首先，对修道者傲慢倾向的警惕和批判，是杰罗姆修道思想中还可以进一步细致和深入研究的内容。杰罗姆认为，人们虽各不相同，成就上也有高低之分，但是彼此依赖，在福祉上是一体的，最卑微的人的苦痛也伤及最高贵者。其次，往往是有权势的富人才误以为做智慧、有德行的人很容易，如果由这些上层修道者界定宗教和道德标准，贫弱者将在世俗与宗教的评价体系中，都沦为最卑微的人。杰罗姆承认人的软弱性、道德改良的困难与漫长，要求修道者耐心、坚忍，长久地以少数群体身份为社会提供激励与警醒。因此，杰罗姆呼吁修道，同时反对修道者以严苛标准要求所有人，都是为了捍卫大多数普通人的福祉与尊严。

关键词：杰罗姆；修道；拉丁教父；基督教社会思想

3. 盛仁杰：《"政治平衡"的艺术：鲁瓦耶-科拉尔的政治思想研究》，指导教师：高毅教授。

研究方向：英国史

简介：皮埃尔·保罗·鲁瓦耶-科拉尔（Pierre Paul Royer-Collard，1763—1845）是1789年大革命和1848年革命之间法国政学两界极为重要的人物。他自从26岁投身革命起，始终密切关注且参与法国政治的进程。波旁王朝复辟以后，鲁瓦耶-科拉尔连续27年作为马恩省众议员活跃在政治舞台上。在漫长的政治生涯中，他的理想是在后革命时代建立起一个融合新旧法国、平衡自由与秩序的稳定政府。

在其政治思想中，最重要的是关于"立宪君主制"、"代议制"和出版自由的观点。鲁瓦耶-科拉尔的"立宪君主制"不同于虚君制，而是主张国王掌握统治实权，两院从旁协助和限制，以此达成符合法国国情的权力平衡。他认为保持一种实质的王权，有利于维护国家统一，协调行政权与立法权之间的冲突。这样做有利于后革命时代的政治稳定，而政治稳定是重建法国和保障权利的基本条件。

鲁瓦耶-科拉尔的"代议制"理论也别具一格。他反对强制委托的代议制，主张众议员应该保持相对独立，不能沦为选民的传声筒。他认为众议员应该代表国民的权利和利益，而非代表其个人与意志。其目的在于防止任何党派利用强制委托的代议制所暗含的"人民主权"力量的危险。在实践层面，鲁瓦耶-科拉尔的"代议制"理论主要体现在选举问题上。具体而言，他提出了政治资格、选举平等、直接选举、共同选举和部分换届等主张。

鲁瓦耶-科拉尔关于出版自由的思想同样具有辩证的特点。他将出版区分为非报刊出版和报刊出版。他认为，在非报刊出版中，出版自由是必不可少的。因为出版自由既是一项不可侵犯的个人权利，也是一项监督权力的制度保障。然而，鲁瓦耶-科拉尔认为，报刊出版可能受党派控制而影响国家稳定，应加以区别对待。在必要时刻，对报刊进行临时的预先审查是可以接受的。

总之，鲁瓦耶-科拉尔以"政治平衡"为指导的思想充分体现在其复辟王朝时期的大量议会演讲中。七月革命之后，虽然他发表演讲的数量骤减，但是他仍然以个人通信的方式关注和影响政治。尽管他认为七月王朝君主制的合法性有所不足，但他仍然强调王权在政治权力结构中的主导作用。这种主张强盛王权的"立宪君主制"思想，与新"信条派"的观点相左。对王权的不同看法，导致了鲁瓦耶-科拉尔持有"支持莫莱，反对基佐"的立场，进而给予托克维尔"专注学术，徐图政治"的建议。

鲁瓦耶-科拉尔生前没有留下系统性论著，导致其死后声名湮没。笔者试图凭借法兰西学会图书馆收藏的大量信件和议会档案中收录的近百篇讲稿，再现鲁瓦耶-科拉尔政治思想中的核心观点，以期从中撷取可借鉴之处。为了突出鲁瓦耶-科拉尔的思想特质并说明其在法国自由主义谱系中的位置，该文最后把他跟孟德斯鸠、卢梭、斯塔尔夫人、贡斯当、基佐和托克维尔进行了比较。

关键词：鲁瓦耶-科拉尔；复辟王朝；立宪君主制；出版自由；托克维尔

4. 董雨：《20世纪土库曼民族建构研究》，指导教师：昝涛教授。

研究方向：中东史

简介：土库曼斯坦曾经是苏联的加盟共和国之一，在冷战结束后方才获得独立。作为拥有这一特殊历史经历的样本之一，研究土库曼斯坦的民族建构过程具有重要的学术意义。土库曼斯坦是联合国承认的中立国，拥有丰富的能源和重要的地理位置，是我国"一带一路"倡议上的重要途经国，因此研究该国具有重要的现实意义。

该文的正文部分共分五章，论述了土库曼从部族/族群到现代民族的演变，尤其重视现代国家在民族建构中的作用与角色。该文首先主要梳理了并入沙俄之前土库曼民族的历史，然后从土库曼人的视角重新划分并讨论了其并入沙俄的历史进程。其次，该文梳理了苏俄（联）初期民族识别与划界时期土库曼苏维埃社会主义共和国建立的过程，在此基础上重点讨论了土库曼民族精英在划界过程中的主观能动作用。再次，该文讨论了苏联民族政策对土库曼现代民族进程的影响以及两者之间的互动关系。最后，该探讨了独立后土库曼斯坦民族国家建构过程中的两大国策及其对新民族认同符号的选择问题，并在介绍土库曼斯坦首任总统尼亚佐夫的生平的基础上，论述了其著作《鲁赫纳玛》对土库曼斯坦民族国家建构的巨大影响。

通过以上讨论，该文认为，在苏俄（联）划界识别之前，土库曼有明确的"族裔核心"，可以较为明显地区别于其他中亚民族，但其民族意识发展相对较弱，并没有形成真正意义上的现代民族；苏维埃时期的民族识别/划界帮助土库曼建立了主权不完整的准现代国家，在此过程中，土库曼精英发挥了巨大的能动作用；苏联时期是土库曼现代民族进程的重要历史时期，在这一阶段，土库曼人的民族意识有了显著提高，民族认同也有所发展；虽然和联盟中央有一定矛盾，但土库曼人整体上对苏联的认同感相对较高；在整个苏联时期，土库曼苏维埃社会主义共和国的现代国家建设和土库曼人的现代民族建构是同步进行但并不重合的两个主题；土库曼苏维埃社会主义共和国的国家性质是社会主义加盟共和国而不是土库曼人的民族国家；苏联解体，土库曼斯坦仓促独立，开启了土库曼民族建构的新阶段，现代民族建构和现代国家建设合二为一，首任总统尼亚佐夫的意志是指导该国民族国家建构的总方针。

现代土库曼民族建构的特殊性在于沙俄和苏俄（联）外力发挥的重要作用。其中沙俄和苏联是形成现代土库曼斯坦国家边界的重要时期，苏联则是现代土库曼民族建构与形成的重要历史时期。苏联时代和内陆亚洲民族的历史是独立后土库曼斯坦民族国家建构的两大历史资源，并集中反映在首任总统尼亚佐夫的著述当中。尼亚佐夫的威权统治在土库曼斯坦的民族建构中发挥了重要塑造作用，其统治方式也被第二任总统继承。因此，现代土库曼民族的建构需要放在一个长时段的历史中加以考察才能认清。

关键词：土库曼；中亚；民族建构；尼亚佐夫；《鲁赫纳玛》

5. 黄浩：《18世纪法国地方行政改革研究：思想与实践》，指导教师：高毅教授。

研究方向：法国史

简介：从15世纪开始，"行省"开始在法兰西王国的行政语言中取代形形色色曾经独立或半独立的公爵领或伯爵领。这一概念抹去了不同封建领地曾经独立的记忆，将它们捆绑到统一的法兰西王国的理想之下。然而，在进一步整合国土的进程中，国王对于地方显贵合作的需求，以及卖官制的实施导致旧制度形成了"立新不破旧"的政治文化，使得王国始终难以整合复杂的行政区划。从17世纪中叶开始，陈旧的体制与王国急速扩张的财政需求之间的矛盾日益尖锐。督办制度逐渐在王国内推广，它在取得一定成效的同时也遭遇了难以克服的障碍，更破坏了旧制度中国王与特权等级合作的默契，引起了后者的担忧与不满。这种担忧与不满在路易十四统治的末期快速发展，形成了反思绝对主义的思想浪潮。这一浪潮在18世纪继续扩大，为解决绝对主义的弊端提出了两种思路。

代表贵族自由主义的"贵族论派"尝试对路易十四统治时期确立的体制进行改革，他们诉诸比旧制度本身更为古老的社会传统与历史经验，希望通过三级会议来制约王权在地方的扩张，通过地方的中间组织，在绝对主义中央政府和地方社会之间树立起一道屏障。而以圣皮埃尔和达让松侯爵为代表的"王权论派"则寄希望于进一步完善行政权力，他们相信可以用理性改造政治，让行政权力更好地服务于公共利益。尽管双方采取了不同的路径，却不约而同地采取了地方自治的治理模式。

18世纪中叶之后诞生的重农学派吸收与借鉴了"王权论派"的许多设想，将之纳入自己独特的政治经济学体系中。米拉波侯爵首先开启了重农学派对于地方行政问题的思考；杜尔哥与杜邦·德讷穆尔试图建立以选举为基础的议会；勒特罗纳试图通过重整地方治理体系解决财税危机，进一步强化地方行政部门。

18世纪各个流派关于地方行政改革的讨论为君主政府改革地方治理体系提供了思想资源。但路易十六的政府从根本上无力承载这些改革：王权受到特权等级的制约，在财政等问题上严重地依赖特权等级。而带有强烈平等色彩的重农学派地方改革方案，则触动了特权的根基。最终，制宪议会中的代表们抱着与过去决裂的精神，终结了旧制度法国的行政区划与地方治理制度，但他们用来搭建新体系的基石，却是从18世纪地方行政改革的讨论中产生的。

关键词：行省；地方分权；重农学派

6. 宋昊：《纳粹德国休闲政策研究》，指导教师：李维教授。

研究方向：德国史

简介：纳粹党上台后，在明确的经济动机与社会政治动机驱使下，推行了一整套休闲政策。在经济层面，纳粹领导层将有组织的休闲活动视为一种可以安抚劳动者的手段，同时认为劳动与休闲是相辅相成的，良好的休闲可以提高劳动的效率，而劳动效率提高所带来的生产增长将为劳动者提供更好的休闲活动；在社会层面，纳粹当局不仅将休闲政策视为其加强控制的有效统治工具，更认为有组织的休闲活动可以促进人的社会化，最终有助于"民族共同体"的缔造。依据对纳粹党推行休闲政策的动机的综合分析，我们可以发现，纳粹党的休闲政策，是为纳粹的战争经济服务的，是为了充分利用劳动者的劳动能力而设计的，是为了政权自身尽可能控制民众的统治需要而定制的，是为了纳粹建构"民族共同体"的追求而生产的。

纳粹党休闲政策的主要实施机构是全国劳动组织德意志劳动阵线下辖的"欢乐是力量之源"组织。它所开展的休闲活动包含多个方面，其中业务占比较高的是旅行、体育、文化三个部门。在安排旅行活动时，纳粹当局一方面有意促进各地区民众之间的交流互动，另一方面则压低活动价格以便让部分工薪阶层可以参与旅行活动；在安排体育活动时，不仅试图吸引尽可能多的德国民众参与体育锻炼以促进其生理健康与劳动能力，还试图在各阶层共同参与的体育活动中营造欢乐的氛围；在举办文化活动时，不仅通过优惠与补贴在工薪阶层群众中大力普及歌剧与音乐等高雅文化，还试图将文化活动推广到乡村地区的民众中去。总之，纳粹当局在安排旅行、体育、文化、环境美化、成人教育等各项休闲业务时，都试图让各阶层民众广泛参与休闲活动来造成一种消除阶级差异、增进社会团结的印象，以求使之产生对"民族共同体"这一宏大社会政治目标的认同。

而在实际的活动过程中，一方面，德国各阶层民众时常会感受到阶级差异、地区隔阂、官员特权等现象的存在，这些都令纳粹当局所营造的美丽表象不攻自破；另一方面，德国民众又常常以实用主义的态度看待各种休闲活动，对于优惠诱人的活动往往趋之若鹜，对于不感兴趣的活动则往往漠然以待，甚至有时还会借用纳粹休闲组织的架构与空间，将其改造为他们自行其是的社会空间。这种实用主义的反应说明，纳粹当局所大力宣扬的"民族共同体"理念并未得到民众的充分认同，纳粹当局所期望构建的"民族共同体"的愿景并未实现。

关键词：纳粹党；休闲；"欢乐是力量之源"；"民族共同体"

7. 李宇恒：《从君主国到人民国家：托马斯·莫尔政治思想再透视》，指导教师：朱孝远教授。

研究方向：欧洲政治思想史

简介：托马斯·莫尔是英国16世纪著名的政治家和思想家。学者们对莫尔的研究大致可以概括为四种形象研究，这些形象的产生主要源于对莫尔思想的理解不同。

鉴于莫尔的论述作品和政治实践，该文认为，研究莫尔的君主观是探究莫尔政治思想的最佳切入点。莫尔对四类君主做了分析：无德与非法的封建君主理查三世、极力扩张王权的新君主亨利八世、相对顾及民生的人文主义君主、全心全意维护人民的乌托邦式君主。莫尔在分析的过程中体现了其政治思想演变。

该文的论述主要建立在莫尔的书信、一些档案文件和学界既有研究基础上。

首先，该文力求将史实、文本与思想紧密结合，通过对比史实和莫尔文本中的理查三世形象、史实和莫尔用言行传递的亨利八世形象，以期更全面地理解莫尔的思想。莫尔用法律的眼光剖析理查篡位过程，是莫尔大法官形象的一个重要体现。权力如何使用、是否受监督、效果如何，是莫尔界定法律合法与否的标准。莫尔与亨利八世分歧根源在于治国理念不同，主要表现为是法律高于国王，还是国王高于法律。在莫尔看来，当国王越来越高于法律时，他与亨利八世的合作基础便开始瓦解。

其次，该文对比分析了莫尔和五位人文主义者的君主观，着重分析莫尔对这些观点的继承与超越；并从文明、和谐的角度阐述乌托邦国家，理解乌托邦式君主。莫尔吸收了人文主义政治传统中以人为本的核心理念，对其有所超越不仅表现在对美德的定义不同，更在于对所处君主国的彻底否定。乌托邦国家和乌托邦式君主是莫尔的政治理想，二者的本质都是一切以服务人民为主，旨在实现全面和谐。

最后，该文就学界既有的莫尔形象做出一定回应与补充，指出在莫尔所处时代，或许人文主义者、爱国者和人民国家设计者更符合莫尔的形象。

关键词：托马斯·莫尔；君主国；乌托邦；人文主义；法律

8. 刘宏焘：《菲律宾渔业危机的形成与社会应对（1946—2010）》，指导教师：包茂红教授。

研究方向：环境史

简介：二战后，菲律宾走上相对独立自主的发展道路，并且开启了大规模开发渔业资源的进程。这一过程包含两个方面：一方面是渔业总产量的持续增长，另一方面是渔业危机的逐渐扩散和深化。其渔业危机主要包括渔业资源衰退、生态环境破坏、小渔民贫困化和非法捕捞盛行等内容，反映了菲律宾渔业在环境和社会方面的不可持续性。

现有研究就菲律宾渔业危机的局部问题进行讨论，但是缺乏整体把握，对各种渔业问题之间的关系也缺乏深入探讨。该文运用海洋环境史视角从整体上考察菲律宾渔业危机的形成与社会应对，认为渔业危机的促成因素和应对因素共同作用，形成了当下的危机状态，它的演变并非一个单一面向的破坏和衰败的历史进程。

一方面，菲律宾渔业危机是过度的渔产品需求驱动渔业生产系统作用于海洋环境的结果。二战后，在市场机制和政策的作用下，渔产品消费者的食物需求、渔业生产者的生计和利润需求，以及政府的社会经济发展和出口创汇需求，其合力驱动生产要素大量流入渔业生产领域，使渔业生产规模不断扩大，超出了菲律宾海洋生态系统的承载力。渔业生产系统作用于海洋环境的媒介主要是渔业生产力，其核心是渔业技术。技术形式的演进和规模的扩大，不仅提升了渔民的捕捞和破坏生境的能力，而且扩大了捕捞的空间和物种范围。二战后，菲律宾渔业捕捞力量的过度增长使渔业产量接近甚至超过菲律宾水域的最大持续产量，出现渔业资源危机；非法捕捞盛行和污染引发了生境危机。此外，技术进步使商业性渔民在与小渔民的资源竞争中处于优势，导致小渔民的贫困状况进一步恶化，促使部分小渔民转而开展炸鱼等非法捕捞。

另一方面，面对渔业危机，菲律宾渔业相关群体形成三种应对危机的主张：渔业扩张、渔业管理和渔业保护。渔业扩张论认为仍然存在可拓展的渔业空间，可以通过扩张来缓解渔业压力和提升产量。渔业管理论认为应当限制捕捞力量和管理非法捕捞，以消除渔业资源和生境所面临的威胁。渔业保护论认为应当建立海洋保护区，为渔业资源和生境的恢复提供保障。其典型实践分别为马科斯政府"加速渔业资源全面开发"国家战略的执行、综合海岸管理制度的实践，以及海洋保护区制度的实践。

作为二战后新独立的民族国家，菲律宾开发自身优势资源以满足各种社会需求，具有天然的合理性。然而，忽视环境承载力限制而过度开发，最终导致其渔业危机，使粮食安全受到威胁。菲律宾不仅提供了警示和教训，而且探索了渔业可持续发展道路。

关键词：菲律宾；渔产品的社会需求；渔业技术；海域承载力；渔业危机

9. 杜世茹：《〈冥世之书〉与埃及新王国时期的来世观念》，指导教师：颜海英教授。

研究方向：古埃及史

简介：在古埃及的历史进程之中，新王国时期是一个全盛时代，同时也是一个大变局时代。这一时期的埃及在政治、经济、文化等方面的发展都到达了顶峰，整个国家虽然经历了帝国式的繁荣强盛，但是同时也经受了宗教情感上的巨大创伤，这些历史文化因素不可避免地引发古埃及来世观念的转变。来世观念是古埃及宗教文化中的一个决定性方面，古埃及人认为，只要做好了适当的准备，就能在来世获得永生。该文的主要研究目的是探究在新王国的时代背景下，古埃及人的来世观念所发生的一系列转变及其原因。

该文以《冥世之书》的图像和文本材料为主要研究对象，同时将《冥世之书》的载体帝王谷陵墓作为研究原境，通过分析《冥世之书》表现来世时空的具体内容，装饰着《冥世之书》

的帝王谷王陵建筑结构,墓葬图像、文本与墓葬空间的配置关系等,结合新王国时期的丧葬礼仪、节日庆典等宗教实践活动,对新王国时期来世观念的特征与演变进行综合性的考察。该文还结合新王国时期的社会历史背景和宗教文化变革,探讨该时期来世观念特点和转变的深层原因。新王国时期的葬仪变化与来世观念的转变相呼应。该时期葬仪的转变首先体现在新王国王室墓区的选址、王陵的建筑结构、内部装饰的风格内容等方面。新王国的王陵出现了诸多新的特征,如陵墓内部轴线的曲直与走向、墓室构造、装饰图像和铭文内容等,且随着时代的推进产生若干新的变化。其中最具时代特色的是,新王国王陵采用一种新的墓葬文本装饰陵墓内部空间,这类墓葬文献被统称为《冥世之书》。《冥世之书》不仅是帝王谷王陵内部装饰的主要图像和文字,其观念内核也引导了当时的宗教实践。这些附着于陵墓建筑表面的文字、图像与陵墓空间融合为一体,共同营造出了一个表现冥界时空的综合体,两者在二维与三维的层面上表现了新王国时期埃及人想象中的冥界,以极为具象的方式全面展现了新王国时期的来世观念。

从《冥世之书》和帝王谷王陵的种种特征可见,埃及新王国时期的来世观念既承袭了传统来世观念的一些方面,又在新王国的不同历史时期产生了一些转变。这些具有时代特点的来世观念特征,一方面是由埃及帝国时代的社会历史背景决定的,另一方面是在埃赫那吞宗教改革的冲击下产生的。帝国时代的大国气度让原本封闭于自己民族内的来世观出现"普世"化趋势,而埃赫那吞的宗教改革对传统来世观念的颠覆,促进了来世观念的复兴和正典化。

关键词:古埃及;新王国时期;《冥世之书》;帝王谷;来世观念

10. 林漫:《"转向"与"矛盾"——20世纪60年代末以来的美国妇女与性别史研究》,指导教师:王晴佳教授。

研究方向:史学理论及史学史

简介:20世纪60年代末70年代初以来,美国兴起了第二波女权主义运动浪潮。受社会运动与政治热情的感召,美国的女性主义历史学家纷纷开展妇女史研究,开辟了历史学的新领域。从20世纪60年代末到80年代末,妇女史在二十年间有了长足发展,结出了累累硕果。但是,妇女史仍存在方法论上的诸多不足,不受主流历史学界的重视。到了1986年,琼·斯科特发表《性别:一个有用的历史分析范畴》一文,吹响了性别革命的号角,催生了性别史研究。自此以后,妇女与性别史逐渐受到了主流史界的重视,产生了重要影响。

该文考察美国当代妇女与性别史的"一个转向"与"两对矛盾"。"一个转向"指的是20世纪80年代末诞生的"性别转向";"两对矛盾"指的是平等主义与性别主义的矛盾,以及妇女的团结性与差异性之间的矛盾。"一个转向"主要是从史学方法论变革的角度考察美国20世纪60年代末以来妇女与性别史的发展历程,而"两对矛盾"既反映在女权斗争的政治实践中,也反映在妇女与性别史的书写之中。二者共同造就了美国女性主义史学的复杂性与多样性。

露易丝·蒂利,是女性主义社会史的杰出代表。她在20世纪70—80年代将女性主义视角融入社会史研究之中,开创了独特的家庭史研究路径,揭示了妇女在工业革命前后的家庭经济与社会经济中扮演的重要角色,以及她们在家庭决策中起到的关键作用。琼·斯科特是在20世纪80年代后期吹响性别革命号角的人。她所发动的认识论与方法论革命,不但改变了妇女史书写本身,推动了性别史的开展与发扬光大,而且改变了美国史学本身,构成了20世纪80年代美国历史学界整体转向的重要一环。"交织性"是美国黑人女性主义的代表性理论,主要反映了黑人女性在性别、种族与阶级等方面所遭受的交织性压迫。交织性理论的思想根源可追溯到美国南方的种族奴隶制。黛博拉·怀特等黑人女性主义史家对奴隶制的研究，显示出与交织性理论的一脉相承。在交织性及相关理论的影响下，美国妇女与性别史书写逐渐走向多元化。男性史，是性别史的一个独特分支，既反映出性别史研究的普遍逻辑，又体现出男性史家的某种主体性。波尼·史密斯把现代职业主义史学放在女性主义的视角下加以审视，对其加以批判与反思。她认为，西方史学的职业化同时也意味着男性化；职业史家的训练过程，也是他们男性身份的锻造过程，导致现代职业史学处处充斥着男权的隐喻，以及职业化以前女性治史的丰富传统被排斥在外。为了倡导历史学的多样性与开放性，历史学界必须重新吸纳女性的视角，摒弃男性中心历史书写的狭隘与专断。

五个案例研究呈现出美国当代妇女与性别史的若干问题，同时也贯穿着"一个转向"与"两对矛盾"的理论概括。从史学史与女性主义的双元视角出发，该文致力于梳理美国当代妇女与性别史的一条线索与若干面向，为国内的外国妇女与性别史研究提供参考。

关键词：妇女史；性别史；美国史；史学史

11. 张国帅：《19世纪北太平洋的域内捕鲸业崛起研究》，指导教师：包茂红教授。

研究方向：环境史

简介：19世纪，北太平洋海域的捕鲸业经历了从域外捕鲸者主导到被域内捕鲸者取而代之的过程。先行研究虽然对域内捕鲸业崛起的原因进行了初步回答，但是相关探讨多停留在国别层面，也很少注意到环境的重要作用。该文将北太平洋海域视为一个整体，探讨域内捕鲸业实现崛起的原因。为此，该文将它分成三部分进行分析：域内捕鲸业如何实现崛起、什么因素推动它崛起以及它崛起产生的影响。

首先，该文以鲸类产品的生产为切入点，分析域内捕鲸业如何实现崛起。19世纪北太平洋海域捕鲸业的发展可分成三个阶段：美国捕鲸者主导阶段（19世纪前半期）、美国捕鲸业相对衰退以及夏威夷王国、俄国和日本三国捕鲸业相继发展阶段（19世纪50—80年代）和俄、日两国崛起为捕鲸大国阶段（19世纪90年代至1905年）。在这个过程中，域内捕鲸者引入挪威式捕鲸法，成功在"美国化的海洋环境"中开展大规模商业捕鲸，实现了域内捕鲸业的崛起。

其次，该文从鲸文化、捕鲸技术和国际局势三个方面研究域内捕鲸业崛起的原因。在鲸文化方面，北太平洋域内传统的鲸文化丰富多彩，人与鲸的关系复杂多样，并非简单的二元对立。19世纪，进入北太平洋海域的域外捕鲸者带来了"把鲸单纯作为产品原材料"的观点。一些域内国家以此为准则"改造"本国传统鲸文化，从文化层面推动捕鲸业的崛起。在捕鲸技术方面，北太平洋海域传统的捕鲸技术不仅种类各异，而且与各地经济、社会以及海洋环境密不可分。受域外捕鲸者的影响，一些域内国家先后引入美国式捕鲸法和挪威式捕鲸法，从技术层面推动捕鲸业的崛起。北太平洋海域传统的鲸文化和捕鲸技术在这个过程中并没有完全消失，它们各自与域外的部分相结合，形成了混杂性的鲸文化和捕鲸技术。在国际局势方面，一些域内国家积极抓住国际格局变化的契机，动用国家的力量推动自身捕鲸业的崛起。对域外鲸文化的引入和推广、域外捕鲸技术的吸收和改造以及国际局势的洞察与把控，都需要国家力量来完成。换言之，国家力量是域内捕鲸业崛起的根本原因。

最后，该文从域内社会、域外社会和海洋环境三个方面来回答域内捕鲸业崛起的影响。在域内社会方面，捕鲸业的崛起不仅为所在国家带来大量财富，还推动俄、日两国对外殖民扩张。在域外社会方面，它的崛起为世界市场提供了大量鲸须和鲸油等产品。在海洋环境方面，它的崛起导致近海须鲸科种群的数量快速减少，而设置在岸上的捕鲸站点在加工鲸体时会向近海排放大量废弃物，严重污染了近海海洋环境。

总而言之，北太平洋海域内捕鲸业实现崛起的根本原因是国家力量对传统鲸文化的"改造"、对捕鲸技术的革新以及对国际局势的把握。这提醒我们，要重视国家力量在产业崛起中的重要作用。

关键词：北太平洋海域；捕鲸业；美国化的海洋环境；海洋环境史

12. 张慧：《法国重农学派政治思想研究（1756—1791）》，指导教师：高毅教授。

研究方向：法国史

简介：18世纪中期的法国处于革命剧变的前夜：在经济领域，资本主义的发展方兴未艾；在政治领域，绝对君主制政体日益衰败；在社会领域，传统的特权-等级结构日益松动，而人们之间的全新关系尚未确立。充满变革、转折与对抗的现实局势直观地反映在政治理论中，贵族论派与王权论派自18世纪初期展开的对峙与交锋，成为孕育重农学派政治思想的土壤。重农学派在政治经济学的理论基础上重新阐释了君主制，渐次构建了国家理论、主权观念和地方行政思想，深刻地影响了大革命的政治现代化进程。因此该文试图以重农学派的几位主要成员为切入点，利用他们的著述、期刊和档案等原始资料，结合语境主义和观念史的研究方法，探究他们如何在旧制度末期的历史语境中，突破传统政治话语的局限从而论述和构建全新的政治学说。

重农学派（physiocrates）是活跃于18世纪50—70年代的学术和政治团体，他们也被称为经济学家（économistes），因为他们是法国古典政治经济学的先驱，这也构成了他们政治理论的主要特点：从经济的视角出发来理解和诠释人性、政治与社会。他们在政治改革的诉求中发明了现代自由主义经济学。魁奈怀着对特权的憎恶、对平等的渴求和富国强民的理想，在钻研经济理论的过程中发现了财富生产、分配和流通的规律，并根据个人在经济运行环节中的功能区分了生产阶级、不生产阶级和地产所有者阶级。为了保护个人的财产，政治成为凌驾于社会之上的权力，王权国家由此具备了合法性。魁奈政治理论的锋芒所向，既是现实社会中的贵族特权团体，也是孟德斯鸠的三权分立学说。

魁奈使孟德斯鸠的追随者米拉波侯爵，从一名传统的贵族论派蜕变为捍卫王权完整性的重农主义者。米拉波还在魁奈的指导下阐述了君主制的内涵和演变，强调君主作为社会家长的权利与义务、法律与宗教对于君主制发展的重要性、维持公正与平等是君主制之完善的关键，使绝对君主制理论实现了从"国家理由"到"法律理由"的嬗变。不久后，拉里维埃、杜邦、特罗纳和博多神父等人相继加入，重农学派壮大为一个颇具影响力的学术团体。他们用理性主义论证了自然权利、国家和国民的概念，在封建王权观念的基础上提出了现代民族国家观念，用双重社会契约理论阐述社会与国家的起源，使传统的等级观念让位于新的国民关系，构建了一种更加平等的政治共同体。

他们进一步对国家主权的归属做出调整，突破并超越了传统的绝对君主制。魁奈以古代中国为榜样提出了"合理专制"（despotisme légitime）；拉里维埃则以"自然秩序"理论为基础，进一步从学理的层面阐发了"合法专制"（despotisme légal），构建了兼顾中央集权与法治主义的主权理论，对孟德斯鸠和卢梭的主权理论做出了回应与挑战。在地方行政层面，重农学派强调行政分权与地方自治。杜邦提出了自由化的代议制理论，以重农学派的政治思想为依据，在肯定商业之经济效用的同时对商业精神心存芥蒂，将地产所有者确立为政治领域内的核心角色。

在法国大革命中，西耶斯继承了重农学派的基本观念，提出了基于财产资格限制的代议制思想，同时认同中央集权与威权主义的国家理念。概言之，重农学派的政治理论继承了以美德和正义为要旨的古典政治哲学的特质，也借鉴了古代中国道德政治的思想内涵，认识到了资本主义经济的发展、知识和理性的进步，并在大革命时代推动了法国政治的转型，也开创了法国式自由主义政治理论的先河。

关键词：重农学派；魁奈；合法专制；代议制；法国大革命

13. 马智博：《古埃及洁净仪式与"洁净"观念研究》，指导教师：颜海英教授。

研究方向：古埃及史

简介：在宗教史与人类学的研究中，"洁净"是一种"神圣"的存在。它借由仪式的举行，使世俗转化为神圣，混乱也因此被消除。古埃及宗教之中的"洁净"同样符合这种宗教史的定义，并且在古埃及文化的背景之下，洁净仪式以及其背后的"洁净"观念与埃及人特有的来世观念与秩序观念产生了密切的关联，埃及人也因此对"洁净"赋予和寄托了更深刻的含义。

但该文对"洁净"的研究并不是再去重复挖掘其本身被赋予的"复活与更新"之含义，而是从历史学的角度入手探寻古埃及人追求这种"神圣"的心态，更进一步言之，乃是洁净仪式与时人秉持之"洁净"观念的变化。该文收集、整理了大量有关洁净仪式的文献、图像与考古材料。在此基础上分析与梳理了埃及语言之中"洁净"的语义与基本内容，并且借助文献与考古材料大致构筑了洁净仪式的框架，通过长时段视角考察洁净仪式与其象征的历史变化。

文章首先从对《金字塔铭文》、《棺木铭文》以及《亡灵书》中有关"洁净仪式"文本之间的传承与变化入手，结合对新王国时期大量出现的图像材料的分析，以与"洁净"密切相关的来世信仰发展为线索，透过洁净仪式的使用者这一层面的史实，讨论文本与图像的变化与其背后的深层次的宗教、社会与历史的原因。该文对新王国时期的洁净仪式着墨甚多，其一是由于材料的充实，其二则是因为该时段发生的历史事件对洁净观念产生了极大影响。

埃及人对"神圣"与"秩序"的关注促使了"洁净"观念的产生与深化。随着埃及历史的发展，追求复活更新的"洁净"观念被埃及人赋予了更深的意义。该文使用了借鉴人类学与宗教史的理论，从"洁净仪式"的宗教内涵与象征出发，依然结合历史现象，分析"洁净"观念的形成与发展，讨论洁净观念与埃及人的秩序观念的关系。并且阐述了其被希腊-罗马统治时期的埃及人所深化的历史原因。"麻风病人"的故事体现出了埃及人对神圣秩序与传统的最热切的渴求。这些背后的原因是埃及人对神圣与秩序被破坏的恐惧，也是对自我文化身份的表达。在个人层面，"洁净"所象征的不仅是生命力不断回复，也是对"罪恶"的涤除，更是死者进入冥界大门之前对其的冥界审判。上升到埃及人的层面，"洁净"观念被古埃及人赋予了恢复被动摇秩序，让传统回归与复活的希冀。以此埃及祭司通过举行节日庆典接触"生命之水"的尼罗河，希望能够洁净与更新整个埃及，让传统秩序重新回归。

关键词：洁净仪式；"洁净"观念；来世信仰；秩序；神圣

14. 乌昵尔：《无奈与有限——1921年英帝国关于中东殖民政策的开罗—耶路撒冷会议及其影响研究》，导师：高岱教授。

研究方向：英国史

简介：第一次世界大战后，英帝国在奥斯曼帝国原属地美索不达米亚和巴勒斯坦地区进行了委任统治。英国对这一地区的关注源自东方问题，即奥斯曼帝国衰落所引发的欧洲列强对其战略竞争和利益争夺的问题。一战的爆发，使中东问题的重要性凸显。而在战事进行中，英国对中东地区的战后安排做出了三大协议，分别是《麦克马洪—侯赛因书简》、《赛克斯—皮科协定》和《贝尔福宣言》。在这三项协议中，英国对阿拉伯人的独立建国要求、盟国间关于战后中东的领土利益分配以及犹太人在巴勒斯坦地区建立"民族之家"的诉求分别进行了承诺。然而，带有临时性和妥协性的战时文件、英国政府内部各部门之间的权限重叠以及战后委任统治方案的出台都迫使英国必须尽快协调与制定战后中东殖民政策，以应对战后中东局势的新发展。

1921年3月，新任殖民事务部大臣丘吉尔率领负责中东地区事务的官员与专家齐聚开罗，召开了关于中东问题的开罗会议，解决了战后初期英国中东殖民政策的摇摆与拖延。会议作出的决议涉及两河流域、约旦河两岸、阿拉伯半岛等诸多议题，是战后英国在中东制定殖民政策、推行殖民统治的一次最重要的政治安排。会议确定了扶持哈西姆家族（Hashemites）成员作为英国代理人进行间接殖民统治的方案，为实现英国在美索不达米亚、外约旦和巴勒斯坦的委任统治奠定了基础。

与此同时，开罗会议给中东各地区带来了深刻的变化。首先，以哈西姆家族的费萨尔一世（Faisal I）为国家元首，涵盖巴士拉、巴格达、摩苏尔三个前奥斯曼行省（vilayet）以及库尔德人自治区的现代伊拉克国家，在开罗决议的基础上成立。其次，约旦河东岸的外约旦从大巴勒斯坦地区剥离出来，英国扶持了同样为哈西姆家族成员的阿卜杜拉一世（Abdullah I）担任总督，随后形成了独立的（外）约旦哈西姆王国。最后，开罗会议在继承《贝尔福宣言》的基础上，继续支持犹太复国主义运动，以此巩固英国在约旦河西岸的委任统治。开罗会议以及《丘吉尔白皮书》对阿犹关系的处理，致使约旦河西岸巴勒斯坦地区的族群冲突问题成为英国委任统治时期最敏感也最激烈的问题。

总之，开罗会议是一战后英国中东殖民政策的综合性调整，确立了英国以委任统治之名，以代理人在中东地区执行间接殖民统治的政策。开罗会议不仅对英帝国有着重要影响，也塑造了中东地缘政治的版图。开罗会议的部分政治安排延续至今，对当今中东地区格局与国际关系产生了深刻而持久的影响。

关键词：英帝国；1921年开罗会议；中东；委任统治；殖民主义

15. 张一博：《"萨尔普遍史"与欧洲近代史学思想变迁》，导师：王晴佳教授。

研究方向：史学理论及史学史

简介：随着新航路开辟，探险者和传教士将大量异域知识带到欧洲，基于《圣经》的世界书写传统遭受冲击。如何整合异域知识构建新的世界历史，成为16—18世纪史家所关切的问题。其中，百科全书式的世界历史书写成为一股重要潮流，18世纪英国学者集体创作的不同于传统中世纪"普遍史"的多卷本《普遍史》（*Universal History*）便是这一潮流的代表。该书由当时的东方学家乔治·萨尔（George Sale）组织一批业余史学家编纂而成。该书各卷不仅叙述了西方，而且叙述了非西方的各个国家，欧洲只被视为多种文明中的一种。该书面面俱到，不仅涵盖世界各地的历史、地理、风俗、政制、艺术、建筑，而且将这些知识纳入一个知识框架之中。例如，"萨尔普遍史"的编者们将中国上古历史与《圣经》叙事相比附，以协调中国上古史与圣经编年的矛盾，通过对中国的描绘塑造一个与西方不同的他者。又如，在处理美洲人起源问题上，编者们吸收了近代早期美洲人起源研究，将美洲人起源纳入世界历史框架之中。编者们还用一种科学的态度借助新的科学发展考察《圣经》记载中的细节，将其精确化。

该书出版之后一度洛阳纸贵。在知识界，人们争相阅读该书。这部《普遍史》也曾受到许多社会名流的称赞。但19世纪以后，该书招致学界的批评和攻击，同时期出现了一种整合世界历史的新尝试，一派以哥廷根学派的世界历史书写为代表，另一派则是以施莱格尔等人为代表，在历史哲学中构建宏大叙事，在这一背景下"萨尔普遍史"被边缘化。但这种整合历史的尝试也遭致另一困境，即如何协调整合历史与史料批判之间的张力。在这一背景下兰克和施洛塞尔基于不同的立场和方法，彼此互相攻评争辩，塑造新的世界史叙事，呈现出史学职业化下多元化的竞争性历史书写。

"萨尔普遍史"可以看作近代欧洲思想转型和史学转型的一个缩影，通过研究"萨尔普遍史"可以看到在异域知识和新科学知识的冲击下，欧洲知识分子希望用传统知识框架去理解这些知识，协调新知识与旧知识框架，将新知识纳入世界史框架之中。在这一过程中新知与旧识相互抵牾融合最终形成一种新的世界图景。"萨尔普遍史"的命运浮沉并非孤例，从中可折射出近代史学职业化背景下，学术风气的变迁和历史意识的转型。

关键词：萨尔普遍史；学术风气；异域知识；史学转型

复旦大学

2021年，复旦大学世界史学科总计毕业博士研究生4人。博士学位论文信息如下。

1. 詹瑜松：《论希腊"叛徒"——以古风和古典时期与波斯人交结的希腊人为中心》，导师：张巍教授。

研究方向：古希腊史

简介：该文以希腊"叛徒"为研究对象，所谓"叛徒"是一个加了引号的中性概念，泛指所有为波斯服务，与波斯人交结、合作的希腊人。"叛徒"有城邦、团体派别、政治人物、专业技艺人员等多种类型，时间范围从波斯人征服小亚细亚一直到波斯帝国灭亡。一般认为，希腊和波斯是对立的两个文明体，其中波斯是古代常见的帝国体制，希腊则是强调独立自由的城邦体制，而该研究的主旨在于通过"叛徒"这一类别来考察希腊的城邦体制，进而反思希腊和波斯对立是否真实存在，是否可以作为东西方对立的开端。基于这样的目标，该文主要考察与波斯人合作的希腊人的类型，梳理其历史发展脉络，分析其投靠波斯或与波斯人交结、合作的动机、原因和途径，探讨希腊人在波斯帝国中的地位、作用以及他们是如何自我定位的。

在研究资料方面，除了传世文献，该文还广泛采用人名、铭文和图像等多种材料，并将这些材料结合起来，使之能够相互印证。在研究方法方面，该文对于人名采用定量分析的统计学方法，然后结合相关的铭文和传世文献，揭示其背后所隐含的社会关系；为了直观地呈现其时间和空间分布特征，该文制作了相应的图表。这些人名及其相关铭文是学界未曾研究过的，研究方法也较为新颖，是该文最突出的创新点；在此基础上对希腊人和波斯人社会关系网的分析是论文另一个重要创新点。

除了绪论和结论外，该文分为四章。第一章"谁为叛徒？"主要是历史叙述，对希腊叛徒的始末、类型做一番系统的梳理。第二章"何以去国？"探讨"叛徒"为什么会离开或背弃希腊，其核心是城邦体制的政治失序。第三章"跨越边界"分析希腊人成为"叛徒"的途径，其核心是人员往来和社会关系。第四章"奔向波斯"从波斯方面探讨"叛徒"问题，其核心是对波斯的政治认同，主要考察波斯的正面形象对希腊人的吸引力、希腊人在帝国中和波斯人的互动，并简述他们最后的命运和结局。

关键词：希腊叛徒；勾结波斯者；城邦体制；希波关系；东方主义

2. 陈小虎：《"巴拉丁事业"与英国内战的爆发》，指导教师：向荣教授。

研究方向：英国史

简介：英国内战的成因是近代早期史研究中经久不衰、百读不厌的重大论题。各类派别针锋相对，各种解释层出不穷。该文以英格兰人眼中的"巴拉丁事业"这个宗教意识形态口号切入之。其核心观点是，从1618年到1642年，巴拉丁事业在政治上的发酵为英国内战的爆发提供了推动力。斯图亚特王朝的公主伊丽莎白在1613年嫁给了巴拉丁选帝侯弗里德里希五世。这不仅激发着新教徒的好战想象，在"三十年战争"爆发以后，还因为巴拉丁选帝侯的求援活动在政治上产生波澜。两任国王不官方支援新教力量的举动引发新教臣民的不满，本属于外交范畴的巴拉丁问题，因宗教意识形态问题而变成内政。凭借"新教事业"上的影响力以及潜在继承人的关系，该问题不仅是王朝层面上的外交问题，更是英格兰各阶层人士关注的问题。以宗教意识形态而论，巴拉丁事业可以窥见内战爆发的长期根源，同时也可以将英格兰与欧洲联系起来。由于伊丽莎白·斯图亚特毕竟也是苏格兰王国的公主，在新教意识形态的问题上，两个王国有共同的诉求。故而该文也将拓宽考察地域，采用不列颠视角。

全文按时间线索分为四部分。第一部分追溯巴拉丁问题作为新教事业的渊薮，并将之放在斯特亚特王朝的外交背景之下进行考察。第二部分包含第二、三章，着重论述整个17世纪20年代英格兰人在宗教、社会、军事及政治等四个层面上对巴拉丁事业的关注。第二章首先梳理前三个层面，作为政治上产生影响的根基。第三章则着重关注巴拉丁事业在17世纪20年代在政治层面所造成的影响。其间经历了1618年到1624年的高潮与1625年到1629年的低谷。第三部分讨论巴拉丁事业在17世纪30年代政坛上的持续发酵，尽管此时没有召开议会，但其实巴拉丁问题仍然在发挥影响。第四部分是该文的核心落脚点。围绕巴拉丁事业国王与长期议会上演了兵权争夺战。内战打响的核心要素在于有两支军队的对垒。《民兵条例》与《征兵令》是内战在1642年不可避免的最后一步。但是在此之前，军队问题就一直在发酵。从查理一世酝酿所谓"军队阴谋"开始，国王就看到了兵力对长期议会的威胁，这也是长期议会最为恐惧的事情。而武力支持巴拉丁选帝侯参与欧洲战争为查理一世提供了重新维持军队的借口，于是一反将近二十年以来的常态，主动发表宣言支持巴拉丁事业。巴拉丁问题再次达到高潮。

关键词：巴拉丁事业；英国内战成因；斯图亚特王朝早期

3. 聂文：《近代早期英国的健康观念及其实践研究》，导师：向荣教授。

研究方向：英国史

简介：近代早期的英国人对健康问题尤为重视。在经历了中世纪晚期黑死病的阴霾后，人们普遍产生了强烈的健康焦虑，格外关注和担忧自身的健康状况；同时，近代早期英国恶劣的健康环境也加深了这种焦虑，时人在日常生活当中十分关注如何保持自身的健康状态，以及在生病后如何有效地恢复健康。近代早期涌现出包括健康书、新闻报刊、日记、书信、医案和本土医学文献在内的丰富史料，不断塑造和记录着时人的健康观念和实践内容。在长达千余年的时间里，亚里士多德的逻辑、希波克拉底和盖仑的体液学说、以阿维森纳及其《医典》为代表的伊斯兰医学、占星医学和萨勒诺医学占据着传统医学界的权威地位，它们所构建的医学理论对普罗大众的健康观念及其实践有着长期的影响。

近代早期的英国正处于传统与变革相互交织的特殊时代，注重观察和实验的实验医学逐渐兴起，在弗朗西斯·培根、罗伯特·波义耳、罗伯特·胡克和艾萨克·牛顿等人的推动下，实验医学的思想在英国获得了较大的发展。它与传统医学理论共同守护着时人的健康，对近代早期英国人健康观念的塑造产生了深远的影响。一方面，实验医学思想促使时人摆脱了对旧有的医学教条和权威的盲目信赖，充分突出了患者的主体性地位，人们更倾向于通过个人观察、经验和实验的方式，将传统理论与新的医学实践有效结合，构建适合自己的健康观念及其实践内容；另一方面，则是医学的标准化和科学化的不断进步，在实验医学思想的指引下产生的药品准则和饮食观念，也为现代社会所借鉴。

需要指出的是，近代早期的英国社会处于连续多于变迁的状态，在时人健康观念及其实践的重塑过程中，传统的医学理论仍然占据着重要的地位，实验医学思想的发展也处于早期阶段，对时人产生的影响颇为有限。与此同时，在传统与变革的交织过程中，医学个人主义的发展和对自然疗法的推崇，也成为近代早期英国医学社会的主要特征，对当代英国社会产生了深远的历史影响。

关键词：健康观念；实验医学；弗朗西斯·培根；近代早期；英国

4. 张娓：《论罗马皇帝朱利安写作〈赫利俄斯王颂〉的政治目的》，导师：吴晓群教授。

研究方向：古罗马史

简介：公元362年12月，罗马帝国皇帝朱利安于东征波斯途中写作并发布《赫利俄斯王颂》。因朱利安在宗教和哲学方面的作为尤其突出，《赫利俄斯王颂》通常被从宗教角度和哲学角度析读。但该颂词开篇即点明朱利安的最高统治者身份，结尾又论及罗马帝国的国家利益，其政治内涵相当鲜明。故朱利安皇帝写作《赫利俄斯王颂》的政治意图亟待发掘。

传统的文本分析通常只注意单个文本本身，结构主义的文本分析又往往忽视了现实与社会对文本形成产生的影响。故该文以罗马皇帝朱利安为核心研究对象，采用互文分析路径析读《赫利俄斯王颂》。在析读过程中以《赫利俄斯王颂》的理论基础——杨布里科斯的《论奥秘》为参照，同时将现实社会作为另一个可参照的文本。在考察分析《赫利俄斯王颂》对《论奥秘》的承袭、调整、创"新"的基础之上，总结出《赫利俄斯王颂》中所渗透的朱利安对罗马帝国现实政治的考量。由此，朱利安的政治目的与文本的规则都能够被分析到。

朱利安皇帝出身于4世纪统治罗马帝国的君士坦丁家族，但他以私自称帝和武力夺权的形式得继皇位，其皇权来源受罗马人质疑，且他于362年末在安条克遭遇皇权危机。于是朱利安沿袭罗马帝国皇帝的传统方法，从宗教中汲取能够巩固皇权的力量，以自己认知范围内多神教的理论型著作——《论奥秘》为基础写作《赫利俄斯王颂》。

文本与文本生活的具体条件和文本所在的文本链条相互作用。析读《赫利俄斯王颂》可知：朱利安通过在《赫利俄斯王颂》的"卷首语"中插入自己，解决《论奥秘》与现实政治及其本人的疏离问题。又根据罗马人实际的理解能力，概述《论奥秘》中的宇宙体系以充当《赫利俄斯王颂》的"背景铺陈"，使之能够为大多数罗马人所理解和接受。

虽然他人和时代的声音会反射到文本身上，但作者会依据所掌握的外部材料，调整文本的内容与形式，在文本中发出作者本人的声音。继续析读《赫利俄斯王颂》可知：朱利安从《论奥秘》中承继第一性原理，作为《赫利俄斯王颂》的核心主角，并将之更名为赫利俄斯。赫利俄斯与第一性原理在起源、本质和权能方面均保持一致。然而朱利安花大篇幅将统合诸神的特点"新"增进赫利俄斯的形象之内，随即根据罗马帝国多民族、多神祇的社会现实，逐一论证帝国内诸民族的神皆系赫利俄斯的一部分。在此基础之上，他向全体罗马人宣告自己是赫利俄斯派来统治罗马帝国的人。此即《赫利俄斯王颂》中朱利安本人的声音：他希望借具有"普适性"的赫利俄斯的神权，以"赫利俄斯之代理人"的神圣身份在罗马帝国最广大范围内巩固皇权。

基于此政治目的，《赫利俄斯王颂》被朱利安用于满足广大罗马人的宗教需求，实现其广泛巩固皇权的政治诉求。它对朱利安本人的真实信仰的反映或许相当有限。由《赫利俄斯王颂》分析朱利安的真实信仰的学者，理应秉持更谨慎和更开放的态度。更重要的是，朱利安虽是多神教徒和哲人，但他身为罗马帝国的皇帝，大抵如戴克里先、君士坦丁一世等前任皇帝一般，积极履行最高统治者的权能，通过宣扬君权神授来确保皇权至上。

关键词：罗马帝国；朱利安皇帝；赫利俄斯；安条克；杨布里科斯；论奥秘

中国人民大学

2021年，中国人民大学世界史学科总计毕业博士研究生5人。博士学位论文信息如下。

1. 贾秀涛：《美国中东之友研究（1951—1967）》，导师：许海云教授。

研究方向：世界近现代史；美国对外关系史

简介：该文以非政府组织美国中东之友（American Friends of the Middle East，AFME）出版的年报、宣传册、会议记录等为研究起点，充分发掘美国国务院、中央情报局等相关政府档案和各类新闻报刊，以国内外学术界相关研究为参考，运用历史唯物主义、辩证唯物主义的研究方法，借助国际关系、社会学等跨学科方法，探讨冷战时期美国中东之友的建立、组织宗旨、重要活动、组织演变、影响及与中央情报局关系等。全文由绪论、五个章节和结论组成。绪论主要介绍了国内外学术界对涉及美国非政府组织的文化冷战研究现状和该文研究的缘起、意义、档案材料、创新与不足等。第一章主要介绍了美国中东之友是在中央情报局启用"组织武器"和美国反犹太复国主义双重背景下创建的；第二章以克米特·金姆·罗斯福为主线，探讨在非政府组织美国中东之友的创建过程中，国家与私人是怎么合作的，以及该组织促进美国与中东理解、反共产主义和反犹太复国主义的组织宗旨等；第三章以美国中东之友的文化教育交流活动为主题，探讨其文化教育交流的特点及具体内容，包括参与"人民对人民项目"、协助组建基督教-穆斯林联盟、资助学生组织等，这些都与文化冷战密切相关，通过具体史实的分析，论述国家和私人之间的关系；第四章主要探讨20世纪60年代美国中东之友的技术培训活动，通过追溯其主要项目的转移，窥探现代化理论和组织变革对非政府组织发展命运的影响，进一步分析国家和私人之间的关系；第五章分析1967年美国中东之友在国内外越来越失去影响力的原因，一方面是受美国20世纪60年代中期亲以色列加强的影响，另一方面是受中央情报局1967

年"丑闻"的影响。此外,本章还考察了中央情报局对美国中东之友到底是如何渗透的。在结论部分,从冷战之外和参与文化冷战两个角度全面总结评价美国中东之友。

该文最大特点是以美国中东之友这一案例为切入点,从文化冷战和"国家–私人网络"关系双重视角分析美国中东之友。以美国中东之友在冷战时期的主要活动为主线,包括文化交流、教育服务、技术培训等活动,以美国中东之友的组织沿革及组织宗旨为辅线,双管齐下,综合分析该组织,以期全面认识美国中东之友,进而认识冷战时期美国一些非政府组织的双面性质。

关键词:美国中东之友;国家–私人网络;文化冷战;非政府组织;反犹太复国主义

2. 李时雨:《摩苏尔问题研究(1914—1926)》,导师:王皖强教授。

研究方向:世界近现代史;国际关系史

简介:摩苏尔是奥斯曼土耳其帝国的亚洲属地,位于今天伊拉克共和国的北部。由于该地有着得天独厚的地缘价值和蕴藏丰富的石油资源,因此,在一战前,英、德、美等国围绕这一地区的石油租让权(Oil Concession)与铁路修筑权就已经展开了激烈的竞争。然而一战的爆发使得列强在摩苏尔省的利益得以重新洗牌,其中,英法两国为了实现各自利益在战后中东的最大化,在战争开始后不久就秘密签署了《赛克斯–皮科协议》(Sykes–Picot Agreement),计划对包括摩苏尔省在内的奥斯曼帝国领土进行瓜分和占领。据此协议,英国在战后可以直接控制巴格达和巴士拉,法国则获得叙利亚和摩苏尔的控制权。

在一战末期,英国通过武力抢占了摩苏尔,随即遭到了法国的强烈反对,"摩苏尔问题"就此产生。为了争夺摩苏尔的控制权,英法曾多次交锋,并在巴黎和会上同叙利亚边界问题相挂钩,双方之间的斗争达到白热化。最后,英法在1920年签署《圣雷莫石油协定》(San Remo Agreement),以英国获得摩苏尔的所有权,并给予法国一定的石油补偿而告终。

在1918年占据该地后,英国关于摩苏尔(南库尔德斯坦)的政策多有变化,考虑到该地库尔德人占人数多数这一特殊性,英国曾支持当地库尔德人领袖马哈茂德建立了库尔德自治政府,试图建立一道土耳其与美索不达米亚之间的地理屏障,在1920年8月签署的《色佛尔条约》(Treaty of Sèvres)中,英国本打算将该地并入将来独立的"库尔德斯坦"(Kurdistan),但是由于后来土耳其独立战争的发展,以及该地区丰富的石油资源,英国舍弃了这一想法,随之转变了最初支持库尔德人建立自治政府的想法,决定将该地合并到由其委任统治国伊拉克。但是,取得民族独立战争胜利的土耳其没有放弃对摩苏尔的主权声明,在此背景下,英国为了维护自身在伊拉克的利益,只得与土耳其就摩苏尔的归属问题进行艰苦谈判。经过历时数年的英土双边的直接谈判、国际场合的交锋争夺与国际联盟(League of Nations)的调停仲裁,直到1926年6月,英、土、伊三方终于达成一致协议,摩苏尔被划归到伊拉克并保留至今,土耳其则获得一定数额的石油补贴作为补偿。

由于"摩苏尔问题"包含地缘政治、石油利益、主权归属、边界争端、民族矛盾、大国博弈等诸多因素,因此这一问题一度成为第一次世界大战后中东地区最敏感的问题之一。

关键词:摩苏尔;伊拉克;边界争端;库尔德人

3. 温灏雷:《中古后期英国议会君主制下的政治舆论研究》,导师:孟广林教授。

研究方向:世界中世纪史;英国史

简介:政治舆论不仅反映出同时代的参与者们对未来政治走向的期许和对现实政治的评价,也深刻影响了中古后期英国政治的历史走向,以及后世对这一时段政治史的书写态度。该文意在以政治舆论为切入点观察中古后期英国政治的历史走向,从而加深对这一时期重要政治制度、政治文化演化和发展等要素的理解,以期探索实现从"活的制度史"向"新政治史"的挺进的新路径。

  该文所使用的"政治舆论"是一个复合词,意为与"政治"相关的"舆论"。"舆论"概念是基于"公共性"和"意见"两个维度构成的。该文将尝试吸取西方"舆论学"研究的相关成果,运用于分析和阐释中古后期英国政治史中的"舆论"现象,并对"舆论"视域下的中古后期议会君主制演进的历史走向问题加以探讨。第一章对中古后期"郡骑士"、"市民"和"乡绅"在政治舞台上扮演更重要的角色现象进行阐释,同时指出议会君主制在此阶段出现了新的发展和变化。第二章对1376年召开的、被后世称为"好议会"期间出现的以"公共利益"舆论干预甚至压制王权的一幕进行了评析。第三章对教会势力的"神权政治"在"教会大分裂"和异端运动兴盛中逐渐式微,以下议院壮大为标志的"代议政治"逐渐崛起的过程进行了阐释。第四章以理查德二世"至尊王权"的塑造与宣传和亨利五世的杰出宣传文本《亨利五世行止》为主题。事实上,理查德二世的王权构想和政治宣传不再强调王权古老的"战争文化",而是希望以"和平文化"取代"战争文化",强调国王作为神的代理人,应当以高于贵族阶层乃至整个政治社会的姿态施行真正的王权统治。第五章从政治舆论角度剖析了此时出现的"王朝之争"、"政治预言之讽喻"和"荣誉之争"等折射的现实政治斗争。该文的结论是,"辉格史学"对诸如"好议会"和"兰开斯特革命"等"宪政时刻"的解读和书写,事实上都存在戴着"宪政有色眼镜",脱离历史语境,从而造成认识上的偏差之问题。中古后期议会君主制的运作是一个极为复杂的历史过程,其中以文本记载的制度变迁反映的只是这个复杂过程的一个方面,即"理论上"和"应然"层面的演进;但是现实政治的复杂性远远不止于"制定"和"遵守"原则这样简单,而是永续不断的"斗争"。政治舆论的客观存在,不仅是地方领主向国王表达政见的媒介,同时也是国王施行政治宣传的重要渠道。

  关键词:英国;中古后期;政治舆论;宣传;议会君主制

  4. 徐进伟:《晚期古代罗马帝国东部边疆研究》,导师:徐晓旭教授。

  研究方向:世界古代史;罗马史

  简介:罗马帝国的东部边疆,北至外高加索,南到叙利亚、巴勒斯坦,东到阿拉伯半岛及红海沿岸、美索不达米亚平原。罗马帝国东部边疆曾先后与东方的帕提亚帝国、萨珊波斯帝国交往,与后来兴起的阿拉伯文明也有密切联系,内部的民族、宗教等成分也极为复杂。无论是在罗马帝国前期还是在帝国晚期,罗马帝国东部边疆都对帝国的发展有着重要意义,值得我们关注。但是目前国内外学术界对罗马帝国东部边疆的研究相对于其他帝国边疆而言,显得不足、较为碎片化,尤其是晚期古代这一时段。该文试图打破以往碎片化的研究,力求将晚期古代罗马帝国的东部边疆拼合成一幅较为完整的画面。

  第一章理论视域下的罗马帝国与边疆,是该文的第一部分。对现有的几种关于罗马边疆的典型观点与理论进行了反思,并在此基础上提出作者的几点思考。该文认为罗马帝国虽不是现代意义上的民族国家,但也不是现在很多学者认为的"普世帝国"(universal empire)。第二章至第五章是该文的第二部分,是该文的研究主体,作者系统研究了罗马帝国东部边疆的历史,特别是重点围绕第一部分学者争论的理论焦点展开分析和讨论。第二章晚期古代罗马帝国东部边疆概况,对晚期古代罗马帝国东部边疆的背景及状况进行简单的梳理概述,以期对之有较为宏观的概念与把握。第三章和第四章晚期古代罗马帝国东部边疆的冲突，是该文的重点章节。作者按照时间顺序对这一时期罗马东部边疆的典型冲突进行了较为详细的梳理及分析，晚期古代罗马帝国在东部边疆主要是与萨珊波斯冲突对立，二者的冲突中夹杂着与亚美尼亚—外高加索地区以及阿拉伯地区的冲突。

经上述研究最终得出结论：晚期古代罗马帝国东部边疆地区不是帝国的边缘地带，相反是帝国的重要地区，帝国东部成功地应对了萨珊波斯等在罗马帝国东部边疆的挑战，是罗马帝国得以在东部继续存续近千年的重要原因。晚期古代罗马帝国与萨珊波斯的关系塑造了罗马东部边疆的轮廓与走向。罗马帝国的阿拉伯附庸在帝国与萨珊波斯的争斗中扮演着重要角色。而亚美尼亚从帕提亚帝国时期起就一直是罗马与东方大国的争夺地带，这一缓冲地带是公元三四世纪罗马东部边疆冲突的重要因素。从6世纪开始，外高加索地区的另外两个王国拉齐卡、伊伯利亚取代亚美尼亚成为冲突的新渊源。这几大关系的交织，构成了一幅较为完整的晚期古代罗马帝国东部边疆的画面。

关键词：晚期古代；罗马帝国；东部边疆；冲突与和平

5. 陶芳：《中世纪晚期英格兰世俗慈善研究》，导师：徐浩教授。

研究方向：世界中世纪史

简介：在中世纪英格兰这一基督教社会，慈善从广义上主要是一种指向上帝的情感，这种对上帝的情感又延伸出对他人的温情和关爱，即慈善是爱上帝和爱邻人的表现，慈善也与宗教虔诚密切联系。因此，虽然论文以世俗慈善为研究对象，但也包含着大量世俗行动背后的宗教逻辑。黑死病后，社会经济、政治、教俗关系都发生着变化：流民问题所造成的劳动力的流失、1381年农民起义导致国家对社会团体组织的忌惮、教会的腐败、异端的崛起……这些均使人们在处理捐赠使用权和慈善管理权相关问题时有了崭新的思考和行动，慈善问题被裹挟在人们对封建经济权力、政治诉求、宗教话语权的争取和维护中。

第一章主要对中世纪晚期慈善主体即施助者和受助者的身份展开论述。黑死病后随着人口的减少，土地持有面积的增加，工业及农业就业机会的增多和工资水平的上涨，结构性贫穷减少，但周期性贫穷仍难以避免。作者以动态的视角关注不同阶层的人可能遭遇贫困的历程。此外，在中世纪还有一类选择自愿贫穷的人，即因信仰而放弃财富的托僧，作者以方济各会为例，分析这类贫穷者的信仰依据。第二章则从慈善实践出发，印证慈善观对现实慈善活动的影响，考察中世纪晚期英格兰世俗慈善活动的本质。作者以个人、慈善机构和兼具慈善功能的兄弟会这三者为研究对象。第三章则是从世俗权力阶层对慈善事业的管理上来分析不同阶层、团体在封建宗教、政治、经济权利上的角力。第四章则是分析中世纪晚期的慈善在当时以及之后的社会发挥的作用。就经济影响来说，虽然我们很难对慈善做整体的量化分析，但通过挑选个人、慈善机构还有兄弟会中的一些个案，再结合当时人的生活水平，可以大概评估慈善发挥的济贫作用。从根源上说，中世纪慈善活动除了践行本身的职责外还旨在建造两座天城，一座是上帝之城，一座是权力/权利之城，慈善的问题被裹挟在宗教虔诚、封建经济权利、政治诉求等问题中，涉及慈善本身的效率、管理等问题尚未受到重视，因此对慈善在解决贫穷方面的效率并不宜做乐观的估计。

从慈善本身的发展来看，中世纪的慈善又是近代亨利八世济贫法和伊丽莎白济贫法产生过程中的重要一环。从中世纪到近代慈善经历了从宗教到世俗、从私到公、从非正式到结构化、从慈善到福利，这个转变不可能是一蹴而就的，要从中世纪寻求根源。

关键词：中世纪晚期；英格兰；世俗；慈善研究

浙江大学

2021年，浙江大学世界史学科总计毕业博士研究生3人。博士学位论文信息如下。

1. 冯丽红：《江户早期唐船贸易及唐商管理研究》，导师：戚印平教授。

研究方向：中外关系史

简介：大航海时代开始之后，东亚海域贸易被纳入逐步形成的世界贸易体系，开启了贸易的新时代。作为东亚海洋贸易中最主要的两个国家，中国和日本在17世纪经历了国内政治形势的重大变化：晚明倭寇对中国沿海的劫掠、明清鼎革之际台湾郑氏集团的崛起以及稍后清政府厉行的海禁政策，17世纪初日本江户幕府的建立以及葡萄牙澳（门）日（本）贸易的终结，都对中日之间的传统贸易形成巨大冲击与深刻影响。由于日本江户时代的中日贸易的主要形式是以唐船为载体，以唐商为主体展开，因此，该文通过考察该时期的唐船贸易及唐商管理制度，分析唐船贸易制度的变迁和唐商管理模式的变化，拟还原当时中日贸易的真实状况，并试图探析中日贸易是如何从以中国政府主导的"朝贡贸易"，走向以中国民间商人赴日贸易为主的贸易形式。

关键词：唐船；贸易制度；唐商管理；长崎奉行；唐通事

2. 张柏榕：《被忽视的共和社会主义者——皮埃尔·勒鲁思想研究》，导师：董小燕教授。

研究方向：19世纪法国社会主义思想史

简介：19世纪上半叶，社会主义思潮在对法国大革命与工业革命的反思中兴起。作为法国社会中有着重要影响力的社会主义者，皮埃尔·勒鲁在反思启蒙哲学的基础上，提出重建政治生活作为确立现代法国政治秩序的重要条件。他提出社会主义的法式概念，试图以社会主义来建构法国政治生活的原则，推进社会主义与共和政治传统的融合，确立共和社会主义学说，在早期社会主义者中可谓独树一帜。然而，与其生前的辉煌形成鲜明对比，勒鲁身后的遭遇显得格外黯淡。其社会主义思想屡遭诟病，本人也比期被归为乌托邦主义行列，不受重视，直到20世纪70年代才被法国学界重新发现。该文在已有研究成果的基础上，对勒鲁的社会主义思想做较为系统的梳理和阐释，反思早期社会主义与法国共和政治之间的亲缘关系，通过对勒鲁社会主义思想的解读，增进对法国社会主义特殊性的理解。

关键词：皮埃尔·勒鲁；共和社会主义；团结；平等观

3. 宣栋彪：《美国海外扩张的种族主义之辨（1893—1901）——以兼并夏威夷、波多黎各和菲律宾为例》，导师：刘国柱教授。

研究方向：美国史

简介：19世纪90年代见证了美国从一个大陆国家向全球性海洋帝国的转型。为了实现扩大商品市场和建立与之相配的海洋战略控制网络的根本目的，通过和夏威夷共和国的兼并条约以及美西战争，以总统威廉·麦金莱为首的共和党政府试图并最终成功兼并了夏威夷群岛、波多黎各岛和菲律宾群岛。一种流行但值得商榷的历史叙事认为，盛行于19世纪末的美国，以盎格鲁-撒克逊种族优越论和社会达尔文主义为代表的种族主义意识形态，鼓吹高等种族取代和统治低等种族。这是美国谋求建立海外帝国的重要动机。该文从种族主义角度切入，对这一时期美国社会不同种族主义观念相互博弈，以及19世纪末20世纪初的美国海外扩张政策及其行动产生的不同影响进行了分析。

关键词：美国；海外领土扩张；种族主义；种族叙事

南京大学

2021年，南京大学世界史学科总计毕业博士研究生6人，培养出站博士后1人。博士学位论文信息如下。

1. 李方：《近代报刊与中国基督教青年会形象之塑造——以〈大公报〉和〈申报〉为中心的考察》，导师：谭树林教授。

研究方向：中外关系史研究

简介：基督教青年会是一个全球性的基督教青年社会服务团体，于1895年传入中国。1902年至1922年《大公报》和《申报》分别对中国基督教青年会（以下简称"中国青年会"）开展的各类活动进行了大量报道，并最终在清末和民初为该团体塑造出不同的综合社会形象。

首先，中国青年会的基督教背景注定了该团体在清末不可能作为普通的社会团体被报刊报道。其中《大公报》在创始人英敛之支持基督教的情况下，得以报道中国青年会举办的部分宣教活动，而《申报》受到当时社会环境的影响，对中国青年会举办的宣教活动采取了不报道政策。这导致《大公报》和《申报》在清末分别为中国青年会塑造形象时存在本质上的区别，即《大公报》保留了中国青年会的基督教背景，而《申报》则抹去了中国青年会的基督教背景。此外，《大公报》从清末起便着重报道了社会上层人士积极参与该团体会务活动的场景。通过这样的报道，《大公报》向中国民众展现了一个广受社会各界认可和支持的中国青年会。而《申报》在清末却极少报道社会上层人士积极参加中国青年会会务活动的场景，因而未能如《大公报》那般在此时期便为中国青年会树立起高公信力。

其次，进入民国后，随着民国政府进一步开放宗教政策，使得社会各界逐渐接受了中国青年会的宣教行为。此时期《大公报》与《申报》对中国青年会宣教活动的报道皆采取了与清末不同的报道政策。从报道的篇幅、标题和内容来看，《大公报》对中国青年会宣教活动的报道不再低调和隐晦，而《申报》则从清末的不报道政策变为大范围的报道政策。与此同时，《大公报》和《申报》对中国青年会其他各项活动的报道也逐渐增多。由于中国各地青年会举办活动时皆围绕其"四育"宗旨开展，因此它们举办这些活动的核心内容和目标一致，进而促使《大公报》和《申报》分别为中国青年会塑造的部分形象相同，如"国民智识的开启者""中国体育事业的推动者""慈善与公益活动的志愿者""基督教宣教团体"。但因《大公报》和《申报》中的中国青年会并非指同一个城市里的同一个团体，并且不同地区青年会举办的活动不尽相同，使得两家报刊为中国青年会塑造的这些形象在内部构造上存在差异。

由此可见，《大公报》和《申报》刊登的每一篇关于中国青年会的报道的背后都隐含着复杂的因素。这些因素既包括两家报刊各自的报道倾向和报道政策等，又包括中国青年会因时就势所举办的各类活动，最终皆对两家报刊为中国青年会塑造的形象起到了重要的影响作用。

关键词：基督教青年会；《大公报》；《申报》；形象塑造

2. 李张兵：《自主与借重：撒切尔时期英国核威慑力量建设政策研究》，导师：刘金源教授。

研究方向：英国史

简介：撒切尔政府的核威慑力量建设政策，围绕军事硬实力的增强与军事软实力的提升，进行谋划与展开。英国要不要现代化核威慑力量、如何建设现代化的核威慑力量，以及怎样摆脱美苏核裁军谈判对英国核威慑力量的影响，皆成为撒切尔政府始终考虑的核心问题，由此形成了撒切尔时期英国核威慑力量建设的现代化政策、成本优化政策及军控规避政策。

自主与借重是撒切尔政府核威慑力量建设政策的基本特征，既体现于该政策蕴含的内容，也体现于该政策制定的过程。

就政策蕴含内容而言，在核威慑力量建设的现代化方面，英国一方面依靠自己力量进行研制，另一方面试图借重美国力量；在核威慑力量建设的成本优化方面，英国一方面自主地在国内进行成本优化，另一方面借重外部的美国力量以降低经济成本与风险成本；在核威慑力量建设的军控规避方面，英国一方面独立自主地展示坚定决心，表示不会无条件地加入美苏核军控谈判，另一方面借助美苏矛盾，利用美苏因素，以减少两国对英国军控规避政策的敌意，并争取盟友美国对其军控规避政策的支持。就政策制定过程而言，一方面撒切尔政府坚持核威慑力量建设政策制定的独立自主地位，使核威慑力量政策享有优先发展地位；另一方面撒切尔政府利用美苏冷战的矛盾，借助或平衡美、苏这两大因素，帮助英国核威慑力量的提升。

从英国视角看，撒切尔政府战略核武器建设的现代化政策、成本优化政策、军控规避政策以及优先发展政策，都面向英苏关系，剑指苏联，要对其进行核威慑。这些政策背后的理论依据就是核威慑思想。

从美国视角看，面向美苏关系，美国在撒切尔政府新型核威慑力量建设过程中，愿意把战略核武器（"三叉戟"导弹）出售给英国；在军售谈判时，就研发费用分摊愿意向英国让利；与英国进行战略合作，帮助英国降低风险成本；在军控规避方面，美国也支持英国。英国发展战略核武器，能够成功借重美国，这背后的理论依据是现实主义的平衡理论。美国通过帮助英国，加强英美军事同盟力量，可以更好地对苏联进行权力平衡、威胁平衡以及利益平衡。

从苏联视角看，面向英美关系，撒切尔政府核威慑力量建设政策呈现出一个有趣现象：美国对英国核武器发展的支持，是有限度的支持；而英国对美国的借重，也不是完全的依赖。英国核威慑力量建设政策体现出的这种现象，其背后的理论依据是现实主义的联盟困境。对于英国发展战略核武器，在英美军事同盟内，英美为了摆脱各自的联盟困境，都必须把握一个"度"，即美国不宜过度地支持英国，英国也不宜过度地依赖美国。

关键词："北极星"导弹；"三叉戟"导弹；撒切尔政府；核威慑力量；核政策

3. 宋斌：《冷战后美日同盟关系研究——基于多元制衡视角》，导师：蔡佳禾教授。

研究方向：东亚国际关系研究

简介：冷战结束后，美日同盟并没有随着苏联的解体而消失。在经历了短暂的漂流之后，美日同盟关系经历重新定义和调整不断走向强化。美日同盟仍然是美国亚太双边同盟体系的基石和美国亚太安全战略的支柱。

冷战后美日同盟关系调整是多元制衡的结果。绝对收益和相对收益是多元制衡的驱动力，而威胁制衡、权力制衡和利益制衡是多元制衡的三种政策手段。威胁制衡、权力制衡和利益制衡在不同驱动力作用下对同盟关系产生不同影响。绝对收益是多元制衡的外部驱动，促进了美日同盟关系的强化。相对收益是多元制衡的内部驱动，导致美日之间的博弈和同盟的不稳定。

制衡中国"威胁"和应对地区安全挑战是美日同盟调整的安全绝对收益驱动。冷战后，为了应对中国军力增长、朝核问题、恐怖主义和中俄军事合作，美日同盟在威胁制衡下结束了"漂流"，实现了同盟关系的强化。为了共同制衡中国的权力，防止权力转移，在权力制衡和"亚太再平衡战略"下美日同盟再次实现了强化。安倍晋三执政后，通过修改和平宪法解禁了集体自卫权。在利益制衡下美日推动同盟走向多边化，实现了对中国制衡的升级和美日同盟的不断强化。

相对收益问题是导致美日同盟关系博弈的根本原因。驻日美军问题和军费分担问题导致威胁制衡下美日安全相对收益博弈。美日同盟关系的不平等导致权力制衡下美日政治相对收益博弈。美日贸易摩擦则导致利益制衡下美日经济相对收益博弈。在博弈中美国对日采取多种手段，既有军事上的"松绑"，也有政治上的"越顶外交"，同时还有经济上的敲打。面对美国的强势，日本对美国采取有限追随策略，并通过多做"贡献"换取同盟关系的"对等"。

多元制衡在两种不同利益驱动下对同盟关系产生了不同影响，绝对收益驱动导致同盟强化，而相对收益博弈影响同盟稳定。从同盟强化角度看，威胁制衡下同盟强化威胁中国安全和周边环境稳定。权力制衡下同盟强化维护了美国霸权。利益制衡下同盟强化加剧了地区主导权博弈。从美日博弈角度分析，威胁制衡下美日同盟安全相对收益博弈导致日本不断被"松绑"，同时也使日本和同盟关系面临失控风险。权力制衡下美日政治相对收益博弈使日本不断走向"自主"，这将诱发日本的脱美倾向。利益制衡下美日同盟经济相对收益博弈加剧了日本同盟政策的摇摆。

关键词：美日同盟关系；多元制衡；影响；战略选择

4. 宋艳华：《季理斐在华活动研究（1888—1930）》，导师：谭树林教授。

研究方向：中外关系史；基督教在华传播史

简介：季理斐（Donald MacGillivray，1862—1931）是近代加拿大长老会来华传教士。从1888年赴华到1930年离华，季理斐在华生活四十余年，其在华活动无论在中国基督教史、中国报刊史、中西文化交流史还是中加关系史上均产生过重要影响。该文从传教、置产、出版、办报、慈善、汉学等多维度对季理斐在华活动进行探究，试图为历史人物与近代中国社会的互动研究提供一个可资参考的样本。

在华前十年，季理斐主要活动范围集中在豫北地区。此间，他投身加拿大长老会扎根中国本土社会的实践。鉴于豫北士绅反教情绪激烈，季理斐将宣教目标定位于下层民众，采取巡回布道、借医传教、组织圣经班的方式来吸收教徒，为近代中国豫北的医疗、教育现代化初步奠定了基础。同时，季理斐参与并主导了加拿大长老会在豫北的置产活动。在历经几次置产纠纷之后，加拿大传教士开始缓和与士绅的矛盾以融入本土社会。

在华后三十年，季理斐主要活动范围集中于上海。此阶段，季氏依托广学会将个人的文学才华发挥到淋漓尽致。非基运动时期，他审时度势地带领广学会转型，将出版重心由政治转向宗教，布道对象亦从官员、文人调至学生、妇孺群体。同时，他将广学会的领导权逐步转移至华人基督徒手中，并将出版物改文言为白话。季理斐与广学会彼此成就，广学会为季理斐施展文学才华提供最佳平台，季理斐则在社会变革之中续写广学会的辉煌。

作为知识中介的传教士在近代中国构建知识仓库的过程中扮演着重要角色，其参与的报刊发行活动即重要途径。《万国公报》《中西教会报》《大同报》是早期中国著名的三份报刊，季理斐均曾担任主编，推动了近代上海报刊发行事业的繁荣。季理斐以广学会发行报刊为联结点，将官员打造为报刊发行的地方代理人，在传教士、官员、读者间构建了一张互动的传教关系网，拓展了近代中国的阅读空间。季理斐一生著作颇丰，被誉为"广学会彩笔"，其汉学成果亦丰富了中国近代知识仓库。

总结而论，季理斐作为加拿大长老会传教士，同时亦堪称报人、出版家、汉学家、慈善家。出于各种原因，其传教活动虽未实现向"百万人传教"的目标，但客观上却对中国近代报刊业、出版业以及中西文化之间的互动与交流起到一定的推逐作用。他基于中国社会现状发出的要求社会变革的呼吁，对唤醒中国官绅暨民众推动中国近代社会变革，也具有一定积极意义。

关键词：季理斐；在华活动；中国社会变革；中西文化交流

5. 邢瑞利：《安全私人化与私营安保治理模式研究》，导师：谭树林教授。

研究方向：安全私人化与私营安保研究

简介：私营安保治理模式研究涉及一个重要的术语就是"安全私人化"。安全私人化反映了安全治理主体的多元化和私人化趋势，在治理主体逐渐由政府转移到非政府组织、跨国公司、私营企业等非国家行为体的过程中，公共和私人之间的关系重新被配置。从规范视角看，安全私人化是私人行为体获得安全暴力及合法性的一种现象。私营军事公司和私营安保公司是安全私人化的两类重要行为主体，可以将安全私人化划分为四种主要的实践类型，即战争私人化、海上安全私人化、边境安全私人化和维和行动私人化。

回顾安全私人化的历史渊源，在民族国家诞生前，雇佣兵垄断安全暴力的现象非常普遍。冷战结束后安全私人化的再度兴起主要受到冷战的结束、私有化浪潮的推动、全球化的发展等结构性因素的驱动。冷战后安全私人化的再度兴起也有着自身独特的发展规律和特征。由于目前导致安全私人化兴起的结构性因素依旧存在，可以预见，私营安保行业将不可避免地进一步发展壮大。

安全私人化广泛参与国际政治实践已经改变了传统的国际安全治理架构，国际私营安保治理模式的出现值得关注。私营军事公司和私营安保公司这一类私人行为体参与国际安全治理有其必要性、可行性和必然性。私营安保行业参与国际安全治理的实践在两个领域表现得尤为典型，即印度洋海上安全治理和欧盟边境安全治理领域。私营安保行业已经逐渐成为印度洋海上安全治理和欧盟边境安全治理中的新主体，并在这两个领域的安全治理中发挥着双重作用。针对私营安保行业带来的消极影响，尤其是危害性，需要对之进行规制，以促进这一类私人行为体更好地参与国际安全治理。

除了国际私营安保治理模式，中国私营安保治理模式事实上也在形成发展之中。在"一带一路"倡议深入推进实施的过程中，私营安保公司这一新兴行为体逐渐参与到"一带一路"安全治理中来，独具特色的中国"一带一路"私营安保治理模式随之产生。目前，中国私营安保公司在参与"一带一路"安全治理的过程中也面临各种难点挑战：在国际上须与西方私营安保公司争夺市场；在地区面临一些国家的质疑排斥；在国内层面监管理念和监管政策滞后制约了其发展；公司自身起步较晚且能力存在诸多不足；等等。针对这些难点和挑战，中国需采取相应的举措以促进国内私营安保公司更好地参与"一带一路"安全治理，从而切实维护好中国的海外利益。

关键词：安全私人化；私营安保公司；私营军事公司；私营安保治理；安全治理

6. 赵儒南：《冷战时期西方大众音乐的发展及其政治作用研究》，导师：谭树林教授。

研究方向：冷战史

简介：冷战时期特殊的国际环境和国际形势变化，美国和苏联之间有关意识形态、价值观和体制优越性的竞争，其中的诸多细节，都展示了"文化"因素在国际关系中的重要性。同时，美苏两国围绕着"文化"问题展开了激烈的博弈，不仅引发了文化与政治之间的互动，也在一定程度上激发了文化本身的政治热情，尤其是多种形式大众文化的兴起和传播，以及它在政治领域发挥的作用。

作为西方大众文化中新颖的表现形式，冷战时期的西方大众音乐为民众表达政治理解和社会诉求、社会行为者参与相关政治活动、冷战国家政府制定文化政策和外交政策等方面提供了全新的理解思路。随着美国国务院、新闻署、中央情报局等政府部门将西方大众音乐直接或间接地纳入关键政治活动当中，其在东西方阵营的博弈中发挥了多方面的作用。该文集中讨论西方大众音乐在冷战时期发挥的政治作用。

首先，西方大众音乐和各个国家的大众音乐人，扮演了冷战国家内部的社会问题发声者角色。其中，美国民众通过迎接西方大众音乐中的"反政策内容"和"反冷战倾向"，表现出对美国政府冷战政策、文化政策的关心和对严峻国际形势的担忧；苏联及一些东方阵营国家民众则通过积极拥抱西方大众音乐的方式，表达对苏联政府"绝对禁止"的文化政策和过度参与冷战竞争的强烈不满。

其次，西方大众音乐进入冷战政治环境的过程，并不是自发和无序的。从美国政府秘密资助的"文化自由大会"和"自由欧洲电台"，美国之音电台的爵士乐广播节目，到美国国务院官方派遣"爵士大使"，以及隐蔽情报行动和心理战活动中潜藏在西方大众音乐背后的政治工作，再到苏联及东方阵营国家政府通过抵抗西方大众音乐的宣传，西方大众音乐与冷战时期政治活动的关系，由相对孤立转为日益密切。

最后，西方大众音乐活动承担了冷战国家政府的部分战争动员任务，其中包括对外宣传任务、心理战任务、情报战任务、公共外交任务、非物质性权力塑造和软实力竞争任务等，在塑造国家形象、建立意识形态优势和吸引他国民众兴趣等方面产生了不可忽视的影响，从侧面影响了冷战国际局势的走势和结果。

该文通过对冷战时期西方大众音乐发展的解读，对其在政治活动中的作用展开研究，力求以事件整理和还原美苏两个冷战大国将西方大众音乐纳入外交活动、国家安全及文化战略的过程，重新审视东西方阵营在冷战时期多领域的博弈状态，并从国际关系史研究和文化史研究领域，对两者之间的互动关系进行系统考察。

关键词：冷战；西方大众音乐；国际关系；文化竞争

博士后出站报告信息如下。

姚全：《竞争性区域主义与中美湄公河角力》，合作导师：郑先武教授。

研究方向：湄公河区域治理与国际战略

简介：竞争性区域主义是世界政治经济发展过程中出现的一种新现象，也是区域主义发展进程中遇到的新问题，但也可以视为一种新的区域治理模式。鉴于学界对竞争性区域主义的研究还停留在现象和概念层面，该报告在既有研究的基础上，结合亚太地区大国区域竞争的历史经验与现实实践，进一步提炼竞争性区域主义理论，构建竞争性区域主义的综合分析研究框架，进而探讨对亚太区域秩序的影响以及未来走向。首先，世界权力中心由欧洲向东亚转移，世界回归大国竞争，以及区域主义的蓬勃发展，使得亚太地区成为大国区域竞争的前沿阵地。其次，区域组织的新建、阻碍与扩员是区域竞争的现实路径。再次，亚太地区的竞争性区域主义表现出区域组织数量众多、区域重叠、功能重叠以及大国发挥主导作用的鲜明特点，而且呈现出轴辐型、同心圆型与相交型的三大竞争形态类型。最后，竞争性区域主义将重塑亚太区域秩序，在维持地区和平秩序的基础上，亦能促进大国在竞争中进行区域制度创新，但同时也存在严重的资源重复投资与浪费、区域碎片化、区域认同混乱等负面作用；亚太区域秩序核心驱动力是中美区域竞争，以中美两国协调为基础的大国协调是亚太区域秩序的最佳模式和突破方向，但缺乏区域认同的区域共同体仍然遥遥无期，东南亚是未来大国竞争的焦点区域。

湄公河区域具有极其重要的地缘战略意义，是竞争性区域主义的典型区域。域外大国在湄公河区域陆续建立了域外国家主导和设计的国际区域制度，同时湄公河域内国家也建立了众多规模更小的国际制度。这两大类型的国际制度成员重叠、议题重叠，功能重叠，相互之间存在一定的竞争关系，尤其是中美在湄公河区域的竞争越来越激烈。美国与湄公河区域关系的演进进程，经历了介入、退出、重返和升级四大历史阶段。自奥巴马政府以来，湄公河重新进入美国的战略视野，成为美国制衡中国的前沿阵地和关键区域。美国最新成立的湄公河-美国伙伴关系取代了历经十一年之久的湄公河下游倡议，对澜湄合作机制构成空前挑战，最主要集中在以下四大方面：在水资源议题上，美国持续不断加压，造成水资源议题政治化、"安全化"；在互联互通议题上，正面挑战中国传统优势领域；在价值观议题上，积极培养亲美青年领袖，对下一代湄公河国家领导人进行投资；在联合盟友与伙伴上，积极引入域外行为主体参与湄公河事务，多渠道促进湄公河议题国际化。

关键词：竞争性区域主义；中美竞争；区域秩序；美湄关系历史演进

北京师范大学

2021年，北京师范大学世界史学科总计毕业博士研究生6人，培养出站博士后1人。博士学位论文信息如下。

1. 徐佳星：《英国工人职业病防治体系构建研究（1864—1914）》，导师：郭家宏教授。

研究方向：世界近现代史

简介：系统研究并梳理了英国职业病防治体制的逐步建立过程，及其对于政府与社会的职业健康领域的正面影响以及自身体制的局限性。19世纪60年代起，英国政府开始从立法、监督和赔偿三个方面着手构建职业病防治体制，60—80年代，重点立法改善工作场所的卫生条件以及保护未成年人与女工群体，80年代之后，开始关注具体职业病问题，政府依托工厂监督体系建立了职业病监督体系。英国职业病防治体制的构建不仅初步解决了工厂和作坊中的职业病问题，也加强了政府对职业健康领域的管理，同时为20世纪英国职业病问题的解决提供了借鉴，为英国现代职业健康管理制度确立了部分基本原则。同时，该体制也具有法律体系过分复杂、体制建设不均衡、立法相对滞后等局限性。

关键词：英国；工人；职业病；防治体制

2. 安凤仙：《狄奥尼修斯对罗马早期历史的构建——基于对〈罗马古事纪〉的考察》，导师：杨共乐教授。

研究方向：世界古代史

简介：狄奥尼修斯的《罗马古事纪》是罗马帝国初期希腊学者文化观念的样本。长期以来，学界以客观史学标准为依据，将之视为简单的史料抄写员和史料汇编。该研究另辟蹊径，在系统翻译、研究《罗马古事纪》的基础上，从研究狄奥尼修斯历史构建的角度入手，深入探究《罗马古事纪》呈现的罗马历史、重塑的罗马传统、展现的罗马人形象和揭示的罗马国家特色，进而剖析狄奥尼修斯赞颂罗马背后暗含的希腊中心主义思想。该研究揭示了狄奥尼修斯以古希腊的血缘谱系和文化元素构建罗马人与希腊人同源的历史线索，说明他对罗马人的希腊身份的判断标准，探讨他对罗马文化与希腊文化关联性的描绘，阐释他对罗马人为蛮族、流浪者和逃亡者后代的观点的驳斥；考察了狄奥尼修斯对罗马人的传统美德、自然法则、兼容并蓄及内部的强硬与妥协的描述，展现他所塑造的虔诚、正义、守法、仁慈而包容的罗马人形象；探析了狄奥尼修斯笔下罗慕卢斯建制和塞尔维乌斯改革的内容，揭示罗马由氏族向国家的转变；梳理了狄奥尼修斯用希腊元素对罗马政治制度及文化传统的重塑与解释，展示他所诠释的罗马人的希腊根源，呈现罗马人战争与妥协并重、武力与法律并举的国家形象。研究认为，狄奥尼修斯20卷本的史著《罗马古事纪》构建起希腊文化传统与罗马政治文明之间的联系，它与拉丁正统叙事完全不同，是罗马治下的希腊人对罗马历史的一种新的解释。

关键词：狄奥尼修斯；《罗马古事纪》；罗马人的希腊起源；罗马早期历史；历史构建

3. 金嵌雯：《海登·怀特的历史话语思想研究》，导师：董立河教授。

研究方向：史学理论与史学史

简介：该文以历史话语为支点，历时统观怀特的全部理论，追溯怀特自20世纪50年代末至2018年去世之前针对史学和历史所作的种种思考，考察其思想的逻辑发展过程及其带来的启发。该文打破以往从后现代主义或叙事主义、人本主义来把握怀特思想的理路，总结怀特不同于经验史家"为过去而过去"的观点。怀特强调历史感与当下意识之间的联结。怀特认为，人们对自身人性及未来道路的看法，将影响他探察过去；反过来，人们为自身选择和构建什么样的历史意义，也将影响他展开当下的筹划。怀特呼吁历史研究者接纳哲学性反思和诗性视野，承担起道德责任，书写一种服务于生活的历史。

关键词：海登·怀特；历史话语；历史意义；历史的真实性；历史之用

4. 张娜：《韩非子的正义思想——兼与柏拉图的正义思想比较》，导师：蒋重跃教授。

研究方向：中西古史比较

简介：该文比较研究了韩非子与柏拉图的正义思想，提出韩非子所憧憬的本质上是一种规训正义。这种规训正义以制度为保障，以利国利民为宗旨，以君主为中心，以法、术、势为实现途径。柏拉图与韩非子的正义思想有共通之处，都认为要实现正义，必须坚持法的公正性，排除私情私利对公共事务的干扰。不同的是，韩非子不主张废除私有制和家庭，而是用明确的外部规则来监管人们的行为；韩非子秉持"世异则事异"的历史观，而柏拉图则在理念论的基础上坚持城邦正义的恒定性质，体现了历史理性和逻辑理性在政治思想领域中的差异。该研究通过比较研究，驳斥了近代以来西方民主自由思想指导下的韩非子思想研究，即以西方的法治观念来否定韩非子的法具有法治精神，以西方的平等、自由、民权等观念对韩非子的政治思想"专制"与"奴役"的错误定性；去除了对韩非子思想体系的遮蔽。

关键词：韩非子；柏拉图；正义

5. 俞紫梅：《赫鲁晓夫时期的对外文化交流研究（1953—1964）》，导师：张建华教授。

研究方向：世界近现代史

简介：该文立足于俄罗斯（苏联）、欧美和中国学者的研究成果，综合运用历史文献调研法、新冷战史和文化外交的研究方法，探讨了赫鲁晓夫时期的对外文化交流问题。20世纪50年代，在斯大林逝世之后，赫鲁晓夫和苏联政府主动向西方发动了"文化攻势"，在以政治对抗、经济封锁和军备竞赛为主的常态冷战的同时，参与了越来越有影响力的文化冷战，东西方集团也由经济、军事的"硬实力"对抗，从而逐渐发展成同时期的文化"软实力"对抗，从而避免了冷战的进一步发展。然而，这一时期的对外文化交流活动存在着一些结构性的问题，违背了文化外交需要经济上的量力而行和智力上的有效支撑等基本原则，因而牵制和阻碍了赫鲁晓夫时期对外文化交流的有效实施，甚至在一定程度上为20世纪80年代中期后苏联的剧变埋下了伏笔。

关键词：苏联；赫鲁晓夫；对外文化交流；教育交流；科技交流

6. 杨昕沫：《罗扎耶夫斯基的俄国法西斯主义活动与思想研究》，导师：张建华教授。

研究方向：世界近现代史

简介：该文收集和甄别大量外文和中文资料，采用多种方法，对罗扎耶夫斯基的俄国法西斯主义思想和"俄国法西斯党"的活动进行全面考察。20世纪二三十年代，弥漫世界的法西斯主义黑色逆流渗透到了当时因国内巨变而迁居他国的俄国侨民群体当中，一些信奉法西斯主义的俄侨团体和组织开始出现，其中尤以产生于中国东北俄侨中的"俄国法西斯党"最具影响力。而康·弗·罗扎耶夫斯基作为"俄国法西斯党"的领袖，不仅将"俄国法西斯党"发展为最具影响力的俄国法西斯主义组织，更在二十年的法西斯主义活动中形成了自己特点鲜明的俄国法西斯主义思想。论文主要论述罗扎耶夫斯基俄国法西斯主义思想从产生到覆灭的具体过程，以及罗扎耶夫斯基俄国法西斯主义思想的实质和特点。研究认为：在俄国法西斯主义中，罗扎耶夫斯基明显模仿了意大利和德国的法西斯主义，并混入了东正教思想和俄罗斯传统历史文化，甚至还吸收了自己抨击的政治思想中的某些要素。这些都使罗扎耶夫斯基的法西斯主义思想有别于其他国家的法西斯主义，也有别于同一时期其他俄侨法西斯主义团体（组织）。作为一个多种思想的混合物，罗扎耶夫斯基的俄国法西斯主义在许多方面都十分混乱。而随着法西斯主义邪恶本质的暴露和世界反法西斯战争的最终胜利，罗扎耶夫斯基和俄国法西斯主义终因其思想的反人类性质和与历史的背道而驰最终走向灭亡。

关键词：康斯坦丁·弗拉基米罗维奇·罗扎耶夫斯基；俄侨；"俄国法西斯党"

博士后出站报告信息如下。
孙琳：《清入关前经济研究》，合作导师：杨共乐教授。
研究方向：全球史
简介：《清入关前经济研究》博士后出站报告，从全球史角度出发，以满语、蒙古语、汉文和朝鲜文的档案资料为基础，通过考察人参和貂皮的陆路和海路贸易运转，探索了女真地区区域性贸易方式的构建过程，论证了清入关前跨区域贸易网络的建立及其对清朝建立的支撑作用。该研究从内陆本位以及从海洋本位双重视角，重新审视游牧民族（蒙古和女真）之间的陆路贸易，将它们与长城以南农耕民族的贸易联系并置于同一陆路地域考察；重新审视了明代女真民族的对外贸易，将东海和南海并置于同一海洋地域考察。

关键词：清朝的建立；贸易；白银；人参；貂皮

武汉大学

2021年，武汉大学世界史学科总计毕业博士研究生6人。博士学位论文信息如下。
1. 王丹桂：《新加坡港口发展的历史演进（至20世纪末）》，导师：胡德坤教授。
研究方向：海洋史
简介：综合传世文献和考古出土文物可以发现：在海上丝绸之路兴起之时，新加坡是中国先民在远洋航海过程中的停留地，并作为地理坐标以不同的名称保存在中国古籍当中；在海上丝绸之路繁盛之时，新加坡成为海上丝绸之路的中转站，发展成为繁荣的早期贸易港，并逐渐成为区域商业中心；在海上丝绸之路转折之时，新加坡的港口地位被马六甲所取代，变得籍籍无名。总之，新加坡早期港口的兴衰与海上丝绸之路发展周期密切相关。

为了更好地服务英国全球殖民体系，以莱佛士为代表的英国殖民者在处心积虑地控制新加坡后，立即实行自由港政策，并排除各种障碍维持这一政策；改善港口的管理，建立和完善码头、道路交通、灯塔、航海地图等基础设施；镇压海盗，建立稳定的周边环境，最终推动新加坡港口发展成为世界上重要的中转港。英国殖民者除了开发利用新加坡港口的经济功能，在第一次世界大战后，也开始进行军港建设，以应对其他列强的威胁和维护其在东方的殖民利益。英国的殖民统治一方面促进了新加坡港口的近代化，推动了新加坡转口贸易的发展，另一方面也造就了新加坡畸形单一的经济结构，不利于其经济的良性发展。

1965年8月9日独立建国后，新加坡港口获得了稳定的内部环境，然而外部环境却已发生翻天覆地的变化，原有的转口模式再也无法持续下去。新加坡政府立足本国实际，审视国际经济变化趋势，及时调整国家经济发展战略，以工业化为先导，充分发挥其港口优势，大力发展港口相关产业，不断推动经济结构转型升级，逐渐培育出物流业、石油化工、船舶修造等支柱产业，形成了比较合理健康的产业格局。同时，新加坡政府始终坚持面向国际市场，大力实行全球化和区域化战略，不断增进与各主要国家之间的贸易往来，构建了全方位的开放贸易格局，为其港口和产业的发展增添不竭的动力。在拥有独立主权的国家治理下，新加坡港口的功能得到了最大限度发挥，不断实现更新换代。

新加坡港口之所以到如今仍然能在国际上保持举足轻重的地位，单靠其优越的地理位置是不可能实现的，这与其政府审时度势，不断采取创新举措以营造良好的环境密切相关。在新加坡政府及其海事管理部门的不懈努力下，新加坡港口对标国际一流标准，积极运用国际规则，逐渐构造了一个环环相扣的海事生态系统和多元化的产业集群，提高了其综合竞争力。在新的历史条件下，21世纪海上丝绸之路建设将给新加坡港口的发展带来巨大的机遇，并为新加坡和中国的合作创造广阔的空间。

关键词：新加坡；港口；海上丝绸之路；自由港

2. 杨勇萍：《美（南）越的乡村"安民计划"（1954—1973）》，导师：潘迎春教授。

研究方向：冷战史

简介：由于越南问题的政治属性及战争方式的综合性质，越南战争实际上包含着不可分割的两个方面：一是越战主流研究所关注的美（南）越针对北越与"越共"主力部队的常规战争，二是越战主流研究较少关注的美（南）越旨在争取南越乡村人民支持其政府的"反叛乱"活动。美（南）越的"反叛乱"活动，在战争美国化以后逐渐称为"安民计划"活动，亦称为"争取民心"的活动。该活动以在乡村地区建立或重建南越政府的权力为核心任务，以争取农民对南越政府的支持与认可为直接目的。换言之，"安民计划"的核心目标是通过争取民心的活动获得南越政府的政治合法性。为此目的，它主要包含安全和发展两大目标和两大活动。具体来讲，安全活动包括提供领土安全（保护居民区）的军事或准军事活动（不包括正面战场的常规军事作战），以及消灭敌人地下组织的治安行动；发展活动包括人民参与政府的政治活动，以及促进经济和社会发展的活动。

美国卷入南越"安民计划"活动经历了1954—1958年的初期实践时期、1959—1963年的勃兴时期、1964—1965年的低谷时期、1965—1967年的复兴时期、1968—1969年的转折时期，以及1969—1973年的终末时期六个历史阶段。美国参与南越"安民计划"活动表现出分工协作、项目庞杂、机构众多、两次高潮、自主攸关等特征。1954—1973年，美国在南越参与、策划、实施了数目众多的"安民计划"项目及行动。这些项目大致可分为爱民行动、乡村建设、乡村发展、土地改革、干部计划、心理战略、反恐计划、民兵行动等八个类别以及"起飞计划"与"安民计划促进运动"等大规模行动。在美国卷入越战的整个时期，"安民计划"主要是由南越人执行和实施的，美国在"安民计划"中的主要作用是提供顾问和后勤支持，以及1965年后参与作战行动为"安民计划"提供安全环境。意识到南越对国家主权的敏感性以及为了树立南越独立自主的国家形象，美国从未在南越试验过"殖民地总督"式的战争管理方式与指挥体制。这使得美（南）越的"安民计划"的活动从未实现过军事与民事事务的真正融合。

由于美国越战目标的帝国主义性质、南越政府自我变革面临的困境、敌对双方政治权力的不平衡等结构性因素，以及美国对越战错误的认知与反应、美国对"安民计划"错误的处理、"安民计划"统一管理体制缺失、"安民计划"长期的从属性地位等策略性因素，美国卷入南越的"安民计划"并未实现赢取民心、拯救南越的战略目标。

关键词：安民计划；越南战争；越南化；争取民心

3. 洪玲艳：《美国科技外交的缘起（1945—1961）》，导师：潘迎春教授。

研究方向：科技史

简介：二战后美国政府意识到科技对于国家安全和发展的重要作用，而且美国也成为世界科技中心，美国政府开始将科技纳入政治范畴，加强对科技的管控，并将科技纳入外交政策制定和实施过程。随着美苏冷战的开始，遏制西方国家共产主义力量的发展，加强西方国家与美国的联盟关系，成为美国外交政策的重要目标。科技外交成为实现该目标的重要手段之一。

为了遏制共产主义的发展，美国对社会主义国家实施科技封锁，通过出入境审查限制科技人员的交流，通过出口管控限制美国科技资料和产品的出口，还通过巴黎统筹委员会，形成限制对社会主义国家科技产品和资料出口的联盟。斯大林逝世后，美国对苏联的政策变化，美国开始与社会主义国家开展有限的科技交流，以实现和平演变苏联的目标。对于伊朗、印度等发展中国家，科技援助从最初的低成本的权宜之计变成与苏联竞争的重要领域，美国在农业发展、公共医疗和卫生以及基础设施建设方面为发展中国家提供科技援助，加强亲美政府的力量，扩大美国的影响力，应对苏联在发展中国家的科技援助攻势。

二战结束后，美国科学界要求重启国际科技交流与合作，国际科技合作在国际事务中发挥越来越重要的作用。美国政府利用国际科技合作的国际性和非政治性，利用自身科技领先优势，推动科技合作向有利于美国的方向发展，推动自身政治目标的实现，构建美国领导下的国际新秩序。美国利用"和平核计划"的宣传活动，塑造热爱和平的形象，应对苏联的和平宣传。美国还利用国际地球物理年的科技合作，将人造地球卫星塑造成为全人类服务的科学工具，避免卫星发射给美国的外交关系带来不利影响。美国促成了《南极条约》的签订，维持了美国在南极管理中的领导地位，阻止苏联在该地区扩大影响力。

二战结束至艾森豪威尔执政时期结束这一时期内，美国政府真正意识到科技在外交中的重要作用，形成关于科技外交的理论文件，将科技正式纳入美国外交决策过程；设置了固定的科技顾问机构，为外交政策的制定和实施提供科技方面的建议。在这一冷战竞争的关键时期内，美国政府开始有意识地利用科技外交，加强与西方国家的联盟，扩大在发展中国家的影响，遏制共产主义力量发展。科技外交逐渐与经济外交、文化外交区分开来，成为美国实现战略目标的重要工具。该时期的科技外交发展为美国科技外交政策的确立奠定了基础，利用科技外交促进美国政策目标的实现逐渐成为美国的一项重要外交政策，为美国维持其全球霸权发挥了重要作用。

关键词：科技外交；冷战；霸权；国家安全

4. 张守慧：《系统性种族主义与20世纪中期美国住房隔离研究》，导师：谢国荣教授。

研究方向：美国史

简介：种族问题是美国20世纪最为明显的政治、社会、经济问题之一。尽管联邦政府在20世纪五六十年代为种族平等做出了许多努力并不断推动民权进展，轰轰烈烈的民权运动也为黑人争取到了一系列种族平等权利，但住房中的种族隔离问题始终横亘在白人和黑人之间。文章借鉴系统性种族主义理论，考察企业、个体、公民组织、联邦最高法院、联邦政府等美国社会中的各个部门，如何通过公开或微妙的种族歧视，有意或无意地制造了黑白种族间的住房隔离。作为直接接触黑人住房的房地产业，其种族隔离措施的全面渗透造成了城市居住地理空间上严重的种族分化，黑人在空间流动上的局限也直接导致了其社会流动的僵化。在公共住房选址上，公民投票作为一种民主程序被白人民众利用，成为阻止种族融合的政治杠杆。最高法院对"谢利诉克莱默案"的判决具有突破性的进步意义，但白人民众、房地产机构依然能找到法律漏洞绕过判决，继续进行类似种族限制性契约的歧视性操作。联邦政府秉承"为每个家庭提供体面住房"的计划和决心，大刀阔斧地进行城市更新。但在经济、政治等因素的影响下，更新主导权发生了从联邦政府向私人资本的转移，少数族裔的住房隔离问题愈益严重。联邦住房机构制定了解决住房问题的政策，却最终演变成制造隔离的门槛。在民权运动的浪潮下，约翰逊总统竭力促成了《1968年公平住房法》的通过。但法案在具体执行过程中缺乏有效监管，对歧视的证明和限制依然困难重重。法案通过二十年后，住房隔离问题依然严峻。住房中的高度隔离是系统性种族主义根深蒂固的结果，而不是公平住房法或其他民权法可以解决的问题。在资本主义体制下，系统性种族主义以自由与民主为名去颠覆自由与民主，最终损害的是公民的权利、民主的根基。

关键词：系统性种族主义；住房隔离；1968年公平住房法；民权运动

5. 徐跃龙：《美国重建时期南方黑人教育问题研究》，导师：谢国荣教授。

研究方向：美国史

简介：重建是美国南方社会转型、走向现代化的时代，也是美国政治秩序重构的时代，与此同时，它既是南方黑人实现宪法地位转变的时代，还是南方黑人教育奠基的时代。美国历史中的多个关键问题在这个时代发生交汇，它们之间有着千丝万缕的关系。国会重建致力于给予南方黑人平等的公民权利，为南方黑人教育的发展提供了难得的历史机遇。意识到黑人教育对南方重建的意义，北方在联邦军队进入南方后便着手开展黑人教育，罗亚尔港实验标志着重建语境下南方黑人教育事业开启的先声。

1865年3月官方重建机构自由民局成立，在自由民局参与南方重建过程中，领导开展南方黑人教育是其核心任务之一。自由民局的作为反映了联邦政府对南方黑人教育的态度。自由民局与北方自由民援助团体积极合作，为北方援助团体提供了有力支持。重建时期的南方黑人教育很大程度上依赖于自由民局的财政支撑，此外，自由民局也为南方黑人教育的有序开展提供了力所能及的安全保护。作为重建时期的临时机构，自由民局为南方黑人教育的进步做出了卓有成效的贡献，奠定了南方黑人教育的基础。

自由民教师是重建时期南方黑人教育事业的直接参与者，他们对这一时期的南方黑人教育贡献良多。他们通过开展黑人教育，从而推动南方重建。在重建前期，来自北方的白人自由民教师构成了自由民教师的多数，他们是北方文化价值观念的有力传播者与实践者。北方白人教师进入南方，教授南方黑人文化知识，也致力于传播北方的文化价值观，推进南方黑人公民权利的进步。除北方教师外，南方本土教师也从事对南方黑人的教育工作，虽然他们与北方教师的立场动机有所不同，但都不同程度上推动了南方黑人教育事业。

以何种教育理念指导南方黑人教育也是重建时期南方黑人教育面临的关键问题。北方自由民教师积极地向南方传播古典教育，与此同时，黑人职业教育也在南方日渐盛行。注重实用的职业教育代表着另一种教育哲学，它与古典教育互补，旨在培养南方黑人的经济能力。在内战后南方由奴隶制向自由劳工制度转变的背景下，职业教育有助于促进南方黑人成长为合格的自由劳工，从而推进南方的社会转型。重建过程中，南方黑人对职业教育有着迫切需求，随着重建结束，职业教育在南方黑人群体中的影响力愈发增强，黑人职业教育逐渐成为南方主流教育模式之一。

经历重建，南方黑人教育体系的雏形基本形成，南方黑人的整体文化水平取得了明显进步。南方黑人在受教育过程中得以成长。南方黑人教育是重建留下的重要成就与历史遗产。

关键词：美国；重建时期；南方；黑人教育问题

6. 闫自兵：《遏制与分化：冷战时期美国对苏联中亚地区的秘密活动研究》，导师：谢国荣教授。

研究方向：美国史

简介：苏联中亚地区是苏联实现向南扩张的重要基地，是苏联军事工业布局的重点地区，还是一个民族问题与宗教问题比较复杂的地区。对此，美国逐步形成了遏制苏联从中亚地区南下与促使中亚地区从苏联分离并举的战略。为了遏制苏联扩张，尤其是从中亚地区南下，美国不仅积极拉拢相关国家结成了包围苏联南部地区的政治与军事同盟，还积极搜集苏联中亚地区的军事情报，以确保在军事上的优势地位，形成对苏联的威慑力量。

具体而言，美国不仅在中国新疆、土耳其北部、伊朗北部等中亚外围地区，通过人力、电子情报站等方式从地面收集中亚地区的核试验情报、导弹试验情报等军事情报，还相继通过U-2侦察飞机和照相侦察卫星从空中收集中亚地区的军事情报。通过这些方式，美国比较全面、准确地掌握了苏联中亚地区的军事情报，从而避免了与苏联之间盲目的军备竞赛，还为双方进行削减战略武器谈判，遵守裁军条约创造了条件。为了削弱苏联在中亚地区的统治，促使中亚地区从苏联分离，美国利用自由电台来煽动中亚地区的民族主义。自由电台使用中亚地区各主体民族的语言，向他们播报中亚地区的历史文化等内容，企图以此唤醒中亚地区各主体民族的民族意识，表明美国对他们独立事业的支持。尽管如此，自由电台对中亚地区的广播效果一般，影响有限，没有达到美国的预期。

中亚地区的伊斯兰问题是美国削弱苏联在中亚地区统治、分化苏联的又一武器。在伊斯兰复兴运动蓬勃发展之际，在中东地区伊斯兰极端势力迅速崛起之时，美国决定利用中亚地区的伊斯兰问题，对付苏联。为了将伊斯兰极端势力的注意力转移至苏联，美国采取了欲擒故纵的方法，引诱苏联入侵阿富汗。美国不仅成功地将阿富汗变成了"苏联的越南"，还将阿富汗战火引向中亚地区。虽然伊斯兰极端主义的火种最终未能在中亚地区燎原，但它使苏联本土在二战以后第一次遭到了入侵，从而打击了苏联。

冷战时期，美国对苏联中亚地区的秘密活动，有些达到了预期的目的，有些则效果有限。美国一方面积极维护本国的国家安全，另一方面无视苏联的领土主权，通过U-2飞机进行越境高空侦察，搜集苏联中亚地区的军事情报。美国在国内致力于解决种族问题，促进族际和谐，在国际上却利用族群问题来分裂苏联，体现了美国在族群问题上的双重标准。此外，美国利用宗教极端势力对付苏联，体现了美国为了达到目的，不择手段的实用主义外交政策。这种种举动，与美国在国际上鼓吹的民主、自由与人权，形成了强烈的反差，体现了美国民主的悖论。

关键词：苏联中亚地区；冷战；美苏关系；伊斯兰教

南开大学

（一）历史学院

2021年，南开大学历史学院总计毕业博士研究生14人。博士学位论文信息如下。

1. 焦健：《巴西黑人奴隶文化研究——文化的传承与变迁》，指导教师：韩琦教授。

研究方向：拉美史

简介：葡萄牙殖民者在巴西建立的种植园奴隶制沿袭了伊比利亚半岛的奴隶制传统，其雏形是大西洋非洲沿岸诸岛的种植园奴隶制。随着16世纪葡萄牙人对巴西进行全面开发，这一在大西洋诸岛的蔗糖生产中经过实践和发展成型的生产模式被引入巴西。最初在巴西种植园中普遍实行的是印第安人奴隶制，后来由于黑人在身体素质和文明程度上的优势逐渐取代印第安人成为巴西种植园中最主要的劳动力，到17世纪印第安人奴隶制被黑人奴隶制所取代。此后，经由奴隶贸易数以百万计的非洲黑人奴隶被源源不断地运往巴西，深刻地改变了巴西的经济发展、人口分布和文化演变进程。受此影响，非洲传统的音乐舞蹈、婚姻家庭伦理、宗教信仰等集中体现着非洲黑人文化，独特个性特征、民族传统和民族精神的文化形式在巴西得到传承。但在巴西奴隶制社会条件下，传统的非洲黑人文化由于黑人奴隶受奴役的地位而受到异质的欧洲白人文化的冲击和同化，非洲黑人文化在这种文化的冲突与融合过程中，逐渐形成了具有巴西黑人奴隶特色的文化形式。

巴西黑人奴隶的衣食起居等物质生活条件皆由奴隶主提供和决定，奴隶们在生存尚且难以保证的恶劣社会条件下，一方面被迫接受和适应缺衣少食、居无定所的生活，另一方面在条件允许的范围内，积极改善自身的物质生活，传承着属于黑人奴隶群体的特色饮食服饰文化，并结合巴西的实际情况形成了黑人奴隶独特的医疗和丧葬文化。家庭是远离非洲故土的巴西黑人奴隶一切社会关系的基础，婚姻是维系家庭关系的保障。巴西黑人奴隶通过不同的婚姻模式组建家庭，构建亲情和人际关系网，形成了专属于黑人奴隶群体的特殊家庭伦理。此外，巴西黑人奴隶的宗教文化也体现了不同文化间碰撞融合的整体特征。黑人奴隶在接纳和吸收基督教相关教义和宗教形式的基础上，结合非洲传统宗教文化对基督教进行了创新和改造，从而形成了具有巴西黑人奴隶特色的宗教形式。

巴西黑人奴隶文化是在奴隶制的奴役和压迫下，黑人奴隶积极适应不利的社会文化环境，将非洲文化传统与其他文化元素以及巴西的实际相结合，形成的黑人奴隶群体所特有的文化形式。黑人奴隶一方面传承和保留了非洲黑人文化的特质，另一方面在文化传承发展的过程中，不断适应环境的变化，创造出有别于非洲文化和欧洲文化的全新的文化。它是白人和黑人文化相互接触、互相同化的结果，是具有双方文化元素的文化复合体。它既体现了黑人奴隶对非洲传统文化的传承，也反映了奴隶制历史条件下文化所发生的变迁。奴隶制废除后，这种特点鲜明、兼容并蓄的黑人文化日益受到人们的重视和推崇，逐渐成为巴西民族文化的重要组成部分。

关键词：巴西；黑人奴隶；非洲文化；文化传承；文化变迁

2. 王杨：《希腊化王像钱币研究》，导师：杨巨平教授。

研究方向：世界古代史

简介：希腊-马其顿人以君主名义发行的钱币塑造了生动形象且丰富多彩的马其顿君主肖像。钱币上印有国王的肖像，其目的在于宣传王权的合法性。因此，国王肖像常见于最重要面值的钱币正面，如四德拉克马面值银币和斯塔德面值金币。希腊-马其顿人的族群特征是贯穿"希腊化王像钱币"研究的最重要线索。马其顿人奉希腊文化为圭臬、追求军事胜利、热衷于权力，也始终接受被统治地区的异族文化并为己所用。这样的族群特征既在主观上奠定了"希腊化王像钱币"宣传王权的整体基调，又在客观上体现了多元文化元素的相遇、融合和创新。

在希腊化时期，文明的相遇是以军事征服和王朝建立为基础的。所以，重大历史事件是"希腊化王像钱币"的起源、形成、成熟和流变四个发展演变过程的主要划分依据。公元前480年，亚历山大一世吞并比萨尔泰部落，并发行最早的阿基德王朝钱币，国王形象开始出现在钱币上。公元前334年亚历山大三世东征，"亚历山大式"钱币的范式得以在亚历山大帝国境内巩固并传播。公元前301年的伊普苏斯战争基本确立三大希腊化王朝的疆界，"希腊化王像钱币"的发展也趋于成熟，即遵循共同的型制，也因不同的文化背景和政治诉求而特征各异。公元前188年阿帕米亚和约以后，罗马的崛起逐渐导致希腊化世界式微，"希腊化王像钱币"也步入流变和消亡时期。曾经发行希腊化王像钱币的地区，其钱币要么被罗马钱币所替代，要么融入了当地的文化与宗教元素，希腊风格日趋淡化。然而，"希腊化王像钱币"的影响力并没有随着希腊化王国的纷纷谢幕而淡出历史舞台。当年的钱币发行者虽然成为历史的过客，但是钱币成为王朝的见证者和文化的传播者。丝绸之路沿线国家和地区所发行的钱币，一定程度上可归类为仿希腊式钱币。"希腊化王像钱币"的范式和它所承载的希腊文化记忆也得以在欧亚大陆的土地上继续流传。

关键词：希腊-马其顿人；"亚历山大式"钱币；国王全身像钱币；国王头像钱币；军事征服与文化融合

3. 桑叶：《9至12世纪初罗斯与拜占庭关系研究——以〈往年纪事〉为中心》，导师：陈志强教授。

研究方向：上古中古史

简介：《往年纪事》约成书于12世纪初，是古罗斯流传下来的第一部编年史汇编。它涵盖了9世纪中叶至12世纪初东斯拉夫人和罗斯国家的历史，是研习以东斯拉夫人为主题的东欧平原各族人民的一份重要的历史文献资料。这部著作还尤为详尽地记载了罗斯与拜占庭交往的历史，是研究罗斯对外关系史的必备史料。中世纪时期，罗斯与拜占庭的关系是罗斯最重要的对外关系之一。因此，以《往年纪事》为研究中心，解读罗斯与拜占庭交往活跃时期的历史轨迹和发展趋势能够为理解拜占庭对罗斯所起的作用和影响提供合适的观察视角。在政治方面，签订条约、国事访问及联姻是一个国家争取盟友，最大限度地维护和扩大自身利益的传统外交手段。罗斯也是通过以上三种形式维护同拜占庭之间的友好联系，进而争取从拜占庭方获取政治和商业利益。此外，罗斯与拜占庭之间还存在一种特殊的交往形式，即宗教外交。受洗及教会的建立是罗斯被纳入基督教文明圈的标志。罗斯在教会关系上同拜占庭由依赖到疏远的过程，表明罗斯民族独立意识的觉醒。在经济方面，罗斯在不断扩张强大的过程中，凭借东欧平原上纵贯南北的"瓦希商路"谋求商机。尽管战争时刻影响着东欧地区的政治格局，但现有的考古资料表明，9—12世纪时，止于这条重要交通线最南端的拜占庭是罗斯众多贸易对象中获得生存资源最多的国家。因此,"瓦希商路"在罗斯与拜占庭的商贸往来中起到了桥梁与纽带的作用。在军事方面,历史上,罗斯曾四次主动远征拜占庭首都君士坦丁堡。在每次战争中,罗斯强势的进攻和防御手段都对拜占庭帝国造成了极大的威胁。由于地缘政治因素,罗斯挑起战争的目的更多的是以暴力的形式稳固同帝国的关系,从而获得更多的利益。另一方面,罗斯通过战争向拜占庭展示它在实践中不断进步的军事实力,也为双方以雇佣军的形式开启军事合作奠定了基础。在文化方面,拜占庭对罗斯文化的影响在双方交往之初就已见端倪,在罗斯接受基督教之后更为显著。经历了多神教到一神崇拜的过程,基督教最终作为一种新的宗教意识形态和文化现象渗透到了罗斯社会的各个层面,改变着罗斯人的精神世界和现实生活,并逐渐根植于罗斯民族的灵魂之中。拜占庭是罗斯走向文明的重要推动者和引领者,对罗斯文化的创建起着决定意义。总体而言,罗斯与拜占庭之间的交往,就是双方之间不断发生碰撞、冲突和融合的过程。双方之间的关系,就是一个后起的急于发展的蛮族国家同一个既继承古典文明又融合了基督教文明,并成为中世纪文明中心的伟大帝国之间的关系。

关键词:罗斯;拜占庭帝国;《往年纪事》;9—12世纪初

4. 范晨星:《脆弱的同盟——美国与法国外交关系研究(1776—1801)》,导师:赵学功教授。

研究方向:美国史

简介:1776年伊始,英王乔治三世公开宣布殖民地出现叛乱状态的消息传至北美,殖民地同宗主国和解的希望彻底破裂。由十三殖民地代表参加的第二届大陆会议决定摆脱英国的桎梏,建立统一的独立国家。然而,无论是经济还是军事实力都较英国相去甚远的北美很难以一己之力对抗英国的武力打击,新生的美国迫切需要其他国家的支持。法国则因七年战争中的失败被迫退出了北美大陆的统治,这给国家实力与国际声誉双双受损的法兰西帝国埋下了复仇的种子。作为英国长期的宿敌,实力仍然较为强大的法国成为北美争取援助的最佳目标。大陆会议在发布《独立宣言》后不久便通过了外交事务的指导性文件——《模范条约》,并派出富兰克林等三位代表前往法国争取商业同盟的建立。事实上,法国政府自七年战争后便密切关注着北美与英帝国日渐分离的趋势,并派出情报人员观察殖民地情势,希望借助双方的矛盾遏制英国的扩张势头。独立战争爆发后不久,法国与西班牙盟友便通过秘密援助的形式为北美提供支持,但碍于英国可能采取的报复行动始终没有公开支持北美独立的立场。

随着独立战争进程的深入,法国政府最终决定正式与美国结盟以削弱英国的日益膨胀的权势,恢复欧陆的均势局面。然而政治制度、宗教文化、经济理念等方面存在巨大差异的美、法两国自结盟之初便呈现出十分脆弱的特性,这也为联盟的最终解体埋下伏笔。

法美同盟正式建立后,英法两国迅速进入交战状态,随着西班牙以及荷兰的相继介入,英国不得不面临多线作战的局面。长期的战争给交战国增加了严重的负担,英国政府迫于国内外政治与经济压力率先提出议和要求,并通过一系列谈判实现与各交战国的停战。在这一过程中,法国的强大军事实力可谓功不可没,法美联军的关键性胜利、法国海军及其西班牙盟友的海上牵制都加速了英国承认美国独立的进程。1783年英美《巴黎和约》的签订标志着美国独立的彻底实现,也意味着因临时利益而走到一起的法美同盟失去了存续的现实基础。

北美独立战争结束后,法国试图通过加强对美贸易以缓解国内严峻的经济危机。但由于法美两国在商业模式、消费习惯等方面存在巨大差异,这一尝试以失败告终,商贸关系的式微也导致两国关系的走远。随着法国大革命的爆发以及 1793 年英法再次宣战，美国政府开始重新思考本国的对外政策。为避免卷入欧洲战争，华盛顿政府确立了保持中立的外交原则。身陷困局的法国希望美国能够投桃报李，在对英作战中给法国以全方位援助。但时任法国驻美大使埃德蒙·热内在美期间数次私自招募军队、煽动民众等行为严重挑战了美国政府的底线，"热内事件"成为美法关系由盛转衰的标志。

在法国看来，《中立宣言》的发表即美国向英国的示好，英美《杰伊条约》的签订更加引起了法国政府的强烈不满。法国的海上力量开始在加勒比海地区采取对美报复行动，给美国商人造成严重损失。受亚当斯指派前往法国进行和谈的几位代表未能完成既定任务，国会内部将谈判失败的原因归咎于法国政府的狡猾与贪婪，并在部分联邦党人的煽动下形成全国性的反法浪潮，两国一度陷入"未宣而战"的"准战争"状态。面对党内高涨的宣战呼声，亚当斯坚持走中立和解的道路，并再次派出三位谈判代表出使法国。已然自顾不暇的执政府强烈希望与美国达成和解，双方在经过近一年的磋商后就《1800 年公约》达成一致，法美同盟关系宣告终结，两国的关系步入正常化轨道。

从一定意义上讲，作为美国早期最为重要的对外关系的法美同盟是美国独立的决定性因素，从依靠、利用法国到宣示中立，从一度剑拔弩张再到和平解决争端，同盟关系的兴衰过程也见证了美国独立外交政策走向成熟。

关键词：法美同盟；早期美法关系；美国外交政策

5. 王潇：《叙利亚希腊化城市及其与丝绸之路关系研究——以安条克、杜拉·欧罗普斯、巴尔米拉为例》，导师：杨巨平教授。

研究方向：世界古代史

简介：公元前 4 世纪末，塞琉古王国开始统治叙利亚地区，并在此地建立了诸多希腊化城市。公元前 139/8 年到前 126 年，张骞首次出使西域，带回了关于西域诸国的信息，其中提到条枝/条支和安息的地理物产信息。这很有可能就是汉朝对叙利亚地区最早的官方了解。也就是说，大概在公元前 2 世纪末之后，叙利亚地区可能与丝绸之路建立联系，其中的某些希腊化城市有可能成为丝绸之路上的交通驿站。

奥龙特斯河上的安条克城作为塞琉古王国建立的都城，在很大程度上保持着浓厚的希腊化特征；杜拉·欧罗普斯城则是由塞琉古王国建立的军事殖民地逐渐发展而成的希腊化城市，城内遗留的丰富文献揭示着这座叙利亚希腊化城市内部社会的复杂结构。它可谓是多元融合的社会微缩模型。巴尔米拉城以"商旅城市"著名，近来的研究表明它也是一座极具希腊化特色的叙利亚城市。它不仅是一座重要的商贸中心，也是叙利亚地区的艺术文化宝库。透过这三座各具代表性的叙利亚希腊化城市，可以看出，这些城市都形成了自身的特征，无论是其政治制度、经济发展，还是其宗教文化、艺术作品，既表现出内部的一致性，又与塞琉古王国其他地区的城市存在着明显的差异。

与此同时，叙利亚地区的商旅贸易兴盛一时。许多之前的希腊化城市逐渐发展成为重要的贸易驿站。其中巴尔米拉城显然是最为重要的一个，安条克城和杜拉城也不例外。这些城市或多或少参与了丝绸之路的贸易往来和文化交流。随着中国两汉魏晋时期对西方的探索，叙利亚地区逐渐为中国所知。中国史籍中对丝绸之路西段的国家和城邑多有记载，其中有多少与叙利亚地区有关，它们是否与本文作为个案研究的三座城市能够认同——这一问题的解决是探索叙利亚地区希腊化城市与丝绸之路之间联系的关键。

到公元3世纪中后期,罗马帝国统治下的叙利亚希腊化城市普遍衰落。原因主要有二:一方面,罗马帝国在3世纪出现了内部危机,削弱了它对东部行省地区的控制;另一方面,罗马帝国与萨珊波斯之间的纷争,或者说是萨珊波斯帝国的入侵,直接导致一部分罗马治下的希腊化城市衰落、转型或商路改道。它们与丝绸之路的联系也就或通或断,甚至不复存在。

尽管叙利亚地区这些最初的希腊化城市在六个世纪之后或衰落,或灭亡,但它们都留下了独特的文化遗产,尤其是以巴尔米拉艺术为代表的帕提亚艺术。它不仅是希腊化文明遗产的一部分,也是丝绸之路文明遗产的一部分。它甚至传至远东印度,为佛教犍陀罗艺术的形成增添了新的文化因素。

关键词:叙利亚地区;希腊化城市;安条克;巴尔米拉;杜拉·欧罗普斯丝绸之路

6. 武文君:《阿尔忒弥斯崇拜研究》,导师:王以欣教授。

研究方向:世界古代史

简介:阿尔忒弥斯女神是希腊奥林波斯十二主神之一,在希腊神话中占据着非常重要的地位。阿尔忒弥斯女神有其深厚的近东渊源,其形象在古希腊的青铜时代已见端倪,线形文字B和克里特-迈锡尼的印章图案中均有女神存在的证据,女神的具体形象在公元前8世纪后期被荷马史诗所塑造,后者对阿尔忒弥斯的崇拜在希腊世界的流行起了重大作用。在阿尔忒弥斯的崇拜和传播过程中,女神的本土形象是其基本要素,随着希腊人的殖民活动还吸收了异邦宗教的要素,加之地方崇拜的泛希腊化,阿尔忒弥斯女神吸收了本土和外域的诸多要素,由此其形象和功能更加饱满,并在希腊本土和包括希腊殖民地在内的希腊世界广泛传播。

阿尔忒弥斯作为融合多种特性的女神,其多重的功能主要表现为:另一方面她是动物的保护神,同时她又是狩猎女神;另一方面她是贞女神,同时也是丰产女神,还帮助女性分娩;此外她还是孩子的保护神、解放奴隶的女神以及月亮女神……这些不同的方面看似不可调和,但却有内在联系,实质上都是女神作为自然界大女神功能的延伸,因此女神的特性实现了有机的统一。

在阿尔忒弥斯女神的众多功能中,最重要的是阿尔忒弥斯的"女兽主"职能和狩猎女神的功能。这一功能使得阿尔忒弥斯与动物联系密切,并在艺术作品中体现得淋漓尽致。女神保护动物的特征,在客观上促进了人与自然的和谐共存,保障了古人获得重要的生产和生活资料,同时还在一定程度上保护了自然环境,对古代生态的发展有积极的影响。

阿尔忒弥斯女神不仅主宰动物界,作为大自然女神功能的延伸,女神在奥里斯、阿提卡半岛的布劳伦、斯巴达和以弗所等地还拥有过渡女神的身份,对青少年的成长具有非常重要的意义。布劳伦的阿尔忒弥斯崇拜仪式有明显的少女成年礼的成分,而斯巴达的阿尔忒弥斯·奥尔提亚女神崇拜在男孩的成年礼仪式中发挥了主要作用。事实上,人们对阿尔忒弥斯的崇拜渗透到了社会生活的方方面面,包含在人生的每一个阶段中。出生与死亡、爱情与婚姻、战争与和平、生产与生活都有阿尔忒弥斯女神的参与。

该文以古希腊罗马文献和图像,包括古典作家的记述、铭文以及陶瓶画、雕像、浮雕、硬币为主要史料,以阿尔忒弥斯的神话、圣所、宗教仪式和风俗为主要考察对象,探讨古代世界的阿尔忒弥斯崇拜,涉及的地区包括希腊本土、爱琴海诸岛屿,以及希腊人在小亚细亚、黑海沿岸、西西里、意大利、高卢、伊比利亚等地建立的殖民地。

该文通过探讨阿尔忒弥斯崇拜的各种形式,分析各种崇拜所附带的各种观念和宗教信息,从而更好地区分女神的不同来源和属性,把握其共性和特性。阿尔忒弥斯崇拜内容丰富,形式多样,是我们了解古希腊人的宗教思想、风俗和文明的一个窗口和媒介,因而具有重要的学术意义和价值。该选题是对阿尔忒弥斯崇拜的一项初步探索,希望能对未来的深入研究有所裨益。

关键词:阿尔忒弥斯;起源;形象;功能

7. 李天宇:《印度尼西亚与联合国关系研究(1945—1965)》,导师:李凡教授。

研究方向:近现代国际关系史

简介:自 1945 年印度尼西亚(以下简称"印尼")宣布建立共和国以来,就确立了积极向外求援的外交政策。印尼向包括澳大利亚、中国在内的多国发出了援助请求,希望在国际社会的帮助下获得独立。在乌克兰代表的提案下,印尼独立问题进入联合国安理会的关注范围,对印尼独立能否依照《联合国宪章》原则,以和平的手段解决成为当时各国代表争议的焦点。最终在安理会"停火令"的强制要求下,联合国开始积极介入印尼独立问题,多次敦促荷兰与印尼双方结束战斗,并进行和平协商,在联合国促成的历次协商中,先后签订了《林芽椰蒂协定》《伦维尔协定》以及《圆桌会议协定》。虽然在此过程中荷兰也发动了两次"警卫行动"试图以武力手段镇压印尼独立,但在联合国安理会的强烈制止下,荷兰最终放弃了武力行动,并承认了印尼的独立,印尼得以成为联合国第 60 个成员国。

独立后的印尼因为地理位置的重要性,立刻成为冷战双方积极拉拢的对象。但是印尼官方在加入联合国后的很长时间内均奉行不结盟的独立外交政策,在联合国中并未倒向美国或苏联中的任何一方,反而积极通过联合国作为外交舞台,试图实现其在冷战两大阵营中间寻找平衡的"中间道路"。印尼凭借与其他亚洲、非洲国家的密切合作,在联合国中形成了一支不容小觑的"亚非集团",使得印尼的主张得到了更为广泛支持。可以说,印尼通过在联合国中保持的中间道路,实现了与两大阵营的平衡外交,不仅无须选边站队,更可以收获来自双边的支援,在冷战国际体系中具有特殊身份。印尼也积极在联合国中发挥作用,秉持其"独立与积极"的外交政策,在联合国会议上推动反对殖民主义的运动。印尼认为自身的独立是亚非拉国家反对西方殖民胜利的结果,要求根据民族自决的原则,西方殖民者撤出殖民地,给予殖民地民族独立和自由。例如印尼在突尼斯和摩洛哥的独立上,在联合国中指责法国殖民者,坚决反对殖民成为印尼的联合国外交中的重要特色。同时,印尼也强调反对冷战的重要性,在联合国中多次选择了与美苏不同的立场。此外,印尼也积极构建联合国框架下的"亚非国家会议"和"不结盟运动",以《联合国宪章》的各项主张为基本原则,增强亚非国家的国际地位。

在印尼与荷兰长期悬而未决的西伊里安争端中,联合国再次扮演了解决者的角色。西伊里安争端是印尼独立的遗留问题,印尼长期声称此地为印尼领土,并将收复西伊里安作为"印尼民族主义的试金石"。在与荷兰的双边谈判迟迟得不到进展的情况下,印尼也将解决争端的希望寄托在联合国的身上,连续向联大提交相关提案,但是每次都功败垂成。相关提案多次被联合国大会否决后,印尼逐步转向了通过武力手段解决争端,在小规模渗透和爆发大规模战争的威胁下,联合国最终站到了印尼一边,经过向荷兰的施压和以"联合国临时执行局"为过渡政府的方式,实现了主权由荷兰向印尼的转换。但是西伊里安争端的解决经验,也造成了印尼对联合国的不信任,并使印尼对外政策更倾向于依靠自身实力而非联合国斡旋,甚至苏加诺总统还要求联合国做出改革。

20世纪60年代，印尼又陷入了与邻国马来西亚的对抗之中。印尼不仅在北加里曼丹岛的领土归属问题上提出异议，更是对马来西亚是否具有独立地位存在不同看法，并由此制定了"粉碎马来西亚"的计划。经过西伊里安争端，印尼已经不再信赖联合国，特别是在联合国决定接受马来西亚接替马来亚联邦的地位，并成为安理会非常任理事国时，印尼不顾各国反对突然宣布退出联合国。不仅如此，印尼也产生了替代联合国的想法，决意以"新兴力量会议"作为亚非国家之间的国际平台，但因国内政治变动而没有成功。

事实上，印尼也并无实力另外组建"联合国"，其一，由于印尼是战后新独立的民族国家，其自身国际影响力无法支撑起建立国际组织的理想；其二，印尼与其他前殖民地国家一样，在经济上仍然对外界特别是西方国家具有依附性，退出联合国意味着其与西方的关系恶化，这样的代价是印尼所不能承担的；其三，联合国作为二战后国际秩序中最具有权威性和代表性的国际组织，与其保持良好的关系，以联合国为平台展开外交活动是印尼必须选择的道路，因此印尼在退出后不久即重新返回联合国。

关键词：苏加诺；印度尼西亚外交政策；联合国；新兴力量

8. 李超：《1910—1940年墨西哥的天主教会与国家研究》，导师：韩琦教授。

研究方向：拉美史

简介：墨西哥革命时期的宗教问题是墨西哥历史上教会问题的延续和发展，也是革命史的必要组成部分，在拉美各国现代化中具有较强的典型性，但在以往的研究中常常被忽视和弱化。该文以革命时期墨西哥天主教会和革命政府之间的互动关系为研究对象，以编年体和专题研究相结合的研究方式，主要考察1910—1940年墨西哥天主教会的政治与社会活动、革命政府的宗教政策、政教关系的演变、政教双方在社会改革问题上的博弈等相关问题。另外，还涉及新教以及外部世界对这一问题的历史影响。通过整体考察，以深化对墨西哥革命史和宗教问题的研究。

墨西哥革命时期的宗教问题，反映了墨西哥政治和社会文化领域长久以来存在的基本问题。自殖民地时期以来，作为一个强大的政治和文化实体，墨西哥天主教会始终是作为政治体制的一部分存在，长期深入地干预国家政治和文化生活。政教关系合作共生、冲突与对抗的互动模式被完整地保留了下来，天主教和天主教会的历史地位和作用问题随着墨西哥世俗化的推进和民族国家的构建不断复现。

19世纪中期的自由主义改革初步解决了教会问题。但是波菲里奥时代随着天主教会的复兴和天主教社会运动的兴起，墨西哥天主教会在基督教原理的指导之下形成了系统的社会改革方案，并试图重构与世俗政权的关系，教会问题再一次在革命前夕出现。革命初期的政治无序为天主教社会运动的发展和壮大创造了条件，逐渐发展成为新生革命政权制度化推进和现代民族国家形成的主要障碍之一。革命与国家重建使得重构教会与国家之间的关系变得迫切而可能。在这种背景之下，革命政府制定并实施了一系列的反教权主义政策，墨西哥天主教会并没有放弃其主张，而是选择重建对抗，挑战革命政权。

在政教双方内部不妥协势力的主导之下，波菲里奥时代相对和谐的政教关系由于天主教会和革命政府的冲突而逐步瓦解，全面对抗打破了之前的平衡，政教双方开始在社会改革问题上展开激烈博弈。墨西哥的政教冲突在一个更广泛和深入的领域以更为激烈的方式展开，并且逐步发展成为一个常态化的历史现象。1929年，在温和势力的主导之下，天主教会和革命政府曾实现短暂的休战，但双方之间的严重分歧一直延续到20世纪30年代末期。在激烈的政教冲突中，墨西哥天主教会不断调整立场和策略，最终接受了革命民族主义，政教关系也复归平静。

这一时期墨西哥的教会问题还具备了更多的国际背景，受到诸多因素的影响。墨西哥国内的新教，以及国际上美国和梵蒂冈的关注和干预，对革命时期墨西哥天主教会和国家关系的演变产生了较为重要的历史影响。研究墨西哥革命时期的宗教问题具有较大的学术价值和现实意义。通过这项研究可以深化对墨西哥及拉美教会问题的认识，也是对革命史研究的一个重要补充和深化。墨西哥革命政府在处理宗教问题中的经验和教训可为其他发展中国家和当代中国提供历史借鉴。

关键词：墨西哥革命；反教权主义运动；墨西哥天主教会；政教关系；天主教社会运动

9. 宁锐：《历史学视域下的巴西亚马孙开发研究》，导师：王萍教授。

研究方向：拉丁美洲史

简介：1542年，多明我会修士加斯帕尔·德·卡瓦哈尔所在的西班牙殖民探险队，于南美洲内陆丛林深处的大河之畔，遭遇到女性武士和当地土著人的猛烈攻击。卡瓦哈尔笃定探险队已闯入消失已久的亚马孙国的领地，并将亲身经历写成《奥雷利亚纳河的发现》一书。其笔下的"亚马孙国"，疆域幅员数千里，内有大江大湖，这些地理特征与西方历史传说中的"亚马孙国"相似度极高，充分迎合了自古希腊以来西方文明对外部世界的文化想象。因此，"亚马孙国"存在于南美大陆的观点得到西方知识界的广泛认同，"亚马孙"也逐渐成为这条南美大河乃至这一广袤自然区域的正式名称。而卡瓦哈尔被后世认为是亚马孙河的发现者，这种说法实际上是一种西方中心主义建构出的历史解释，殖民者借此宣扬征服该区域的合法性。

从16世纪至19世纪初，巴西亚马孙地区处在葡萄牙漫长的殖民统治下。葡萄牙首先将荷兰、法国、英国等欧洲竞争者驱逐出其在亚马孙的领地，巩固自身在该地区的霸主地位，后通过1750年《马德里条约》与1777年《圣伊尔德丰索条约》同西班牙基本确定了双方在亚马孙的势力范围。发迹于巴西南部的旗队运动，在向亚马孙内陆拓荒过程中，不断开辟新的交通路线；从欧洲渡海而来的传教士，则深入亚马孙河的上、中游地区，沿河滨组织原住民建立传教村落。从18世纪中期起，巴西亚马孙成为葡萄牙庞巴尔侯爵改革的重点区域之一：耶稣会传教士及其产业被彻底清除或没收；印第安人获得自由人的法律身份；对包含亚马孙在内的若干行政区域进行整合，强化葡萄牙的中央集权；新的贸易垄断公司在亚马孙成立，加紧当地与巴西南部、葡萄牙的经济联系。

以孔达米纳、洪堡为先驱，一大批近代自然科学的研究者在学术探索精神的感召下抵达亚马孙。他们将该区域的动植物、地理水文、矿产化石、土著居民等作为考察对象，用宣称的客观公正的科学思维来解读分析，撰写出大量科研报告、学术笔记、思想随笔，驱散了笼罩在亚马孙文化观念里的神话传说，把亚马孙视为人类活动改造的客观对象，将其纳入自然科学的知识结构中。而在这帮学者群体里，美国海洋学家马修·莫里独具特色，他提出的"开发亚马孙"设想体现出科学研究的深刻复杂性。莫里奋力鼓吹其发现的海风、洋流规律理论的正确性，实际隐藏着其追求国家利益的政治意图，为美国向亚马孙河流域扩张寻求合法性证明，否定巴西对亚马孙的领土主权，更导致两国间外交争端的发生。

从1822年巴西独立至1930年"第一共和国"结束，这百余年间巴西国家对亚马孙的开发方针具有一定的连续性，集中体现在三个方面。第一，巴西逐步同亚马孙周边国家完成边界划分，形成今天亚马孙地缘政治格局的雏形；第二，巴西在1867年开放亚马孙河通航水道，花费大量人力、物力在亚马孙敷设电报电缆，推动该区域现代航运业和电报通信业的兴起；第三，利用"橡胶潮"的巨额收入，促进亚马孙经济社会的发展，特别是马瑙斯、贝伦成为一时的繁华之都。但20世纪初橡胶贸易迅速衰落，亚马孙亦呈现衰败之势。直到1930年瓦加斯总统上台后，尤其得益于他推行的"新国家"制度，亚马孙才获得巴西国家的有力支持，各级政府部门和研究机构开始指导亚马孙地区的经济发展与社会治理。由于二战的危急局势，亚马孙的橡胶资源得到盟军的高度重视，在美国与巴西的合作下，该地区的橡胶生产与商业贸易出现短暂复苏。借此契机，巴西正式开启了由国家机构强力主导亚马孙开发的新时期。

1964年至1985年，巴西军政府控制整个国家的内政外交，各届将军总统均对亚马孙制定了大规模的开发政策，包括布兰科总统的"亚马孙行动"、梅迪西总统的"国家整合方案"、盖泽尔总统的"亚马孙的农业、畜牧业、采矿业的发展项目"以及菲格雷多总统的"大卡拉哈斯项目"。此外，1978年巴西同另外7个亚马孙周边国家签署《亚马孙合作条约》，迈出区域合作发展的重要一步。但是，军政府的开发政策对亚马孙造成了非常严重的环境破坏，而当代先进的科学技术则充分证明亚马孙的环境问题同全球性的温室效应、冰川融化、物种灭绝等环境危机关系密切。这促成了20世纪80年代世界性的保护亚马孙环境运动的兴起。1985年后，巴西开始政治"民主化"进程，萨尔内总统及其继任者科洛尔总统连续出台政策法规，如建立采掘保留地，设立新的政府环保单位，圈定生态保护区等，逐渐改变军政府时期的开发策略。1988年，巴西国会将保护环境和维护原住民权利原则写入"民主化"后的首部宪法。1992年，巴西政府更主动承办联合国环境与发展大会，并同与会国家一起签署一系列重要的国际性法规章程，"里约峰会"的成功举办标志着巴西国家对亚马孙开发政策的转型。

关键词：历史学视域；巴西；亚马孙；开发政策；西方中心主义；自然科学；环境保护

10. 李潇：《丝路希腊式钱币研究——王像、神像、铭文》，导师：杨巨平教授。

研究方向：世界古代史

简介：所谓丝路希腊式钱币，是指丝绸之路沿线国家的统治者发行的受希腊化钱币传统或风格影响的钱币。这些钱币实际上是对原来希腊化钱币的仿制、改造，甚至再仿制、再改造。其发展、演化过程实为希腊化文明与丝绸之路关系的一个侧面。

塞琉古王国对希腊式钱币在亚洲的传播有承上启下的作用。在两河流域以东，帕提亚继承了塞琉古王国的绝大多数疆土，塞琉西亚造币场为帕提亚国王发行的钱币与塞琉古王国钱币大同小异，其他地区造币场所造的帕提亚钱币在材质、重量标准和图文布局等方面亦与塞琉古钱币一脉相承。在巴克特里亚和印度西北部，希腊—巴克特里亚王国则几乎完全因循塞琉古钱币传统。他们将势力拓展至印度西北部后，又将塞琉古—巴克特里亚造币传统带入印度，以此为基础发展出印度—希腊人钱币，后来的印度—斯基泰、印度—帕提亚和大月氏—贵霜钱币均受其影响。

王像是希腊化钱币最具有识别性的特征，丝路希腊式钱币继承、延续了希腊化王像钱币传统。在伊朗和两河流域，帕提亚王国发行的钱币正面仍继续展示国王头像或胸像，并一直延续至萨珊时期，但国王装扮风格越来越波斯化。印度—斯基泰人发展出国王立像、国王骑马像等新的王像类型。贵霜钱币上仍然展示国王头像，但与希腊化钱币上的王像风格已经大不相同。

希腊化钱币背面多为希腊神像。宙斯、雅典娜、尼科等依然是丝路希腊式上最常出现的神祗。从印度—希腊人时期开始，希腊神与地方神混合的特征就已经非常明显。晚期印度—希腊人钱币上经常出现以某位希腊神形象为基础，同时掺杂一些并不属于该神特征的图像。迦腻色伽时期，钱币背面的希腊神名转化为巴克特里亚语的贵霜神名，希腊诸神最终融入贵霜万神殿。

希腊化钱币背面用希腊语表明国王名字、称号或赞语。希腊人之后的继承者所发行钱币铭文仍有这些内容，但所用语言各不相同。帕提亚钱币上继续在钱币上使用希腊语铭文，有些则转而使用地方语言，如希印双语币上的婆罗米文、佉卢文等。迦腻色伽之后，贵霜钱币上普遍采用巴克特里亚语。此外，用阿拉米亚字母拼写的帕提亚语，中古波斯语等偶尔也出现在丝路希腊式钱币上。由希腊化向地方化发展的趋势在钱币铭文变化上得到充分体现。

关键词：丝绸之路；希腊式钱币；希腊化钱币；巴克特里亚；印度西北部

11. 姚明星：《水泥丛林中的绿色空间：维多利亚时代英国城市公园研究》，导师：付成双教授。

研究方向：世界近现代史

简介：工业革命在英国历史进程中具有划时代的意义。在工业革命的推动下，英国迅速实现了工业化，建立起强大的钢铁、纺织、煤炭、机器和交通五大工业部门，产业结构由家庭制生产转变为工厂制，机器生产代替了传统的手工作业。作为城市化发展的核心驱动力，工业化将流动的人口、便利的交通、先进的技术和发明等众多经济因素以及相关联的工业、企业聚集到一定的地理空间之中，催生了一批又一批工业基地和城市。工业革命及其引发的工业化使英国完成了从乡村社会到城市社会的蜕变，城市成为经济的主导力量。然而，工业化与城市化不仅使英国的经济结构和经济地理面貌发生了翻天覆地的变化，同时还引发了严重的城市环境问题。随着大量人口涌入，城市陷入无序的扩张状态，市政建设和经济发展严重脱节。加之城市资源配套落后、公共设施不足、发展缺乏规划，空气污染、水污染、住房拥挤等环境问题日益凸显。

除此之外，在城市中水泥丛林不断吞噬着绿色公共空间，瓦解了田园牧歌的乡村传统。尤其是在政府与工厂制双重管控下，底层人民传统的户外休闲活动或被取缔或被改造，进一步割裂了人与自然之间的亲密关系。宜居的城市环境绝不仅仅是拥有清洁的水源、干净卫生的街道，还应包括向社会大众开放、以自然形式存在的公共绿色空间。社会上下十分渴望有更多机会到户外放松身心、回归自然乡野，自由呼吸新鲜空气。特别是对城市下层民众而言，由于缺乏足够的休闲时间和经济能力，格外需求可达性强的城市绿色空间。并且随着社会各界对城市环境问题的关注，环境与健康之间的关系逐渐引起人们的广泛思考。而对树木等绿色植物生态价值的重新认知，则进一步推动了绿色空间的建设。以公园为代表的城市绿色公共空间，甚至被赋予了"城市之肺"的称号，公园具备净化空气、有益健康的形象随之被塑造出来。因此，城市公园建设应运而生。

1845年利物浦伯肯海德公园建成，是维多利亚时期英国城市公园发展的重要节点。在此之前，逐渐对外开放的皇家园林与私人捐赠成为英国城市公园的主要来源，推动早期城市公园的发展。之后随着政府职能转变，在城市公园建设中的主导性越来越大，市政公园（municipal park）成为城市公园最为主要的类型。伯肯海德公园作为第一个完全由政府出资修建的市政公园，具有标志性的意义，其设计理念、开发模式也对后来的公园建设产生了广泛影响。城市公园发展时期摘要的情况，可以曼彻斯特、格拉斯哥两市公园建设为考察对象，其公园建设形式各具特色。在19世纪后期，为改变早期公园距离市区过远、不便通达的问题，在城市内部建设小公园成为这一时期城市公园建设的一个主要特征。公园建设主要的推动力量，经历了由中上层人士推动到市政主导的转变。建设公园的资金来源也颇具多样化，像曼彻斯特以社会募捐为主，而格拉斯哥用税收来维持公园的正常运行，并把公园等绿色空间建设与城市改造联系在一起。建设公园所需土地，除了购买和捐赠外，租赁也是常见方式。

城市公园的具体设计和建造，体现出专业性的特征。像劳登等著名景观设计师以其专业的知识主导了公园的设计修建，包括绿化植被的选择、种植与管理，力图使城市公园具有英国乡村的自然风貌。公园的设计既追求多样性以增强吸引力，同时又注重公园的整体性与统一性。与此同时，设计师还充分考虑了城市居民的休闲、运动需要，尽可能满足人们对动、静的双重需求。公园中的花卉、雕塑、乐台、饮水器与图书馆等各种功能设施与建筑，既满足了游客不同层面的需求，同时也发挥着教育与教化的功能。城市公园在拉近人与自然之间距离的同时，传递着有关自然、社会、历史等方面的文化认知。城市公园拥有丰富的活动设施与场地，成为广大市民运动休闲、亲近自然的舒适空间与以往绿色空间相比，开放性与公共性是英国城市公园最突出的特征之一。这一特性弱化了社会中阶层、宗教、经济层面的界限和隔阂，打破了城市化过程中城市绿色空间为上层人士所独享的局面，下层民众不再因阶级差异或经济因素而被拒之自然之外。城市公园使人们能够不分阶级、无论性别，在水泥丛林中自由呼吸新鲜空气，欣赏自然美景。因此英国城市公园在美化城市环境的同时，更体现着民主、平等的进步主义精神。英国的城市公园是充满自然情调的开放空间，人工斧凿的痕迹较少，遵循着自然优先的原则，也符合保护自然的要求。英国的城市公园建设，绝不是仅仅以公园自身所具备的经济利益或实现对下层阶级的控制为出发点。在不断恶化的城市环境中，城市公园体现出社会对自然在工业文明中所处位置的再思考，即无论人类社会发展到何种程度，在生态价值、经济发展、精神观念等层面，自然都不可或缺，更不能通过水泥丛林将都市文明与自然相割裂。建设城市公园正是对以上思考的实践性回应。维多利亚时期英国城市公园的建设，与治理空气、改善居住环境、清洁河流一样，都是改善城市环境的重要组成部分。但城市公园作为经过理性化、文明化打造的绿色公共空间，更加体现出人们对自然的渴求。英国城市公园建设为正处在快速城市化轨道上的当下社会敲响了振聋发聩的警钟，促使我们进一步深思城市文明与自然之间的关系。城市化不代表自然的牺牲，城市文明不意味着自然的退却。

关键词：维多利亚时期；英国；城市公园；环境

12. 潘萌：《伊斯兰革命以来伊朗的海湾政策研究》，导师：哈全安教授。

研究方向：中东史

简介：自波斯帝国开始，海湾地区便成为伊朗国家经略的重要区域。虽然在殖民主义时代伊朗曾在海湾地区一度式微，但追求在海湾地区的主导性和排他性一直是其外交的重要目标。对伊朗而言，海湾地区不仅具有重要的地缘安全、政治和经济意义，同时被赋予了伊朗民族主义与大国复兴的地缘文化价值。伊斯兰革命后，伊朗在国家政权组织形式与意识形态层面发生了重大调整，外交话语体系的伊斯兰化成为伊斯兰共和国海湾外交的突出转变。在霍梅尼时代，伊斯兰革命输出成为伊朗重塑地区秩序的重要手段，两伊战争的爆发集中体现了伊朗与伊拉克对地区主导权的争夺。在战争中，伊朗审时度势运用外交手段争取战场上的有利态势。但受战争形势与地区格局所迫，伊朗外交政策开始逐渐转向实用主义。

两伊战争结束后，经济重建成为伊朗国家现实利益的优先需要。重返国际社会、改善地区孤立则是伊朗实现经济发展的重要条件。对此，拉夫桑贾尼政府实行务实性的海湾政策，利用海湾战争爆发的有利形势主动推进与海湾邻国间关系的缓和。20世纪90年代初国际格局迎来重大转变，冷战的结束标志着两极格局在中东地区对峙态势的消失。海湾战争后，美国军事力量正式进入海湾地区，并重塑了海湾地区安全秩序。面对域外霸权国的直接介入，伊朗一方面积极构建排除域外国家干预的海湾地区集体安全体系，另一方面对海湾三岛宣示主权，以实现对海湾地区的控制能力，保障伊朗自身的地缘安全。在哈塔米时期，"文明间对话"的提出进一步推动了伊朗务实性海湾政策的深入实践，美伊关系的缓和为伊朗海湾外交实现突破创造了有利条件。在这一时期，伊沙关系的发展尤其是两国安全合作协议的签署成为伊朗海湾外交的最大亮点，伊朗在与海湾邻国的良性互动中逐渐回归地区秩序。但在"9·11"事件发生后，"文明冲突"论调下美国对伊政策发生重大转变，导致伊朗与海湾邻国间关系的发展几近停滞。

内贾德上台后，通过在海湾地区实行"接触性外交"，促进与海湾邻国间关系发展。在其任期内，伊朗总统不仅实现了对所有海湾阿拉伯邻国的访问，并深入推进经贸合作。然而，由于内贾德政府在伊核问题上的强硬态度，以及在地区格局变动中的进取性行动，使得伊朗与海湾邻国间政治互信急剧下降。而"阿拉伯之春"的爆发，更加激化了伊朗与沙特等海湾合作委员会成员国间的地缘权力对抗。伊朗再次受到以美国为首的海湾同盟体系国家的排斥，游离于地区秩序之外。鲁哈尼上台初期，提出以"建设性互动"改善地区外交孤立的政策，并尝试主动修复与海湾邻国间关系，软化对地区争端的立场，希望能够以此获得域内国家的接纳。但由于美国退出伊核协议并对伊朗实行全面遏制，海湾局势空前紧张。对此，鲁哈尼在其第二任期提出了"霍尔木兹和平倡议"，以缓和地区形势，促进与海湾邻国间的安全合作。然而在鲁哈尼时期，伊朗并未能获得与海湾邻国关系的有效改善。伊沙对抗持续加剧并致使两国最终断交，伊朗面临的海湾安全形势加速恶化。加之国内政治派系博弈与伊斯兰革命卫队对伊朗外交的长期掣肘，导致伊朗海湾外交举步维艰。

伊斯兰革命以来，伊朗的海湾政策是在对长期形成的地缘文化愿景的继承性之上，受当时国家利益的现实性考量所决定。海湾外交在伊朗外交体系中的核心性，以及排除域外大国干涉海湾事务的排他性是伊朗海湾政策的延续性基调。与此同时，伴随着从巴列维王国时期到伊斯兰共和国时期国家意识形态的转变，外交话语体系的伊斯兰化成为了伊斯兰革命后伊朗海湾外交的重要变革。伊朗海湾政策的演变也是与地区秩序互动下的产物，反映出伊朗与海湾体系互动关系的变动性。伊斯兰革命爆发后，伊朗通过伊斯兰革命输出寻求对地区秩序的主导权。在拉夫桑贾尼时期，伊朗寻求对海湾地区秩序的主动融入和塑造，从而改善地区孤立局面。进入内贾德时期，伊朗在地区权力角逐中被排斥于海湾地区秩序之外。对此，鲁哈尼政府积极希望被地区秩序重新接纳并为此做出让步与妥协。展望未来的伊朗海湾政策与实践，鉴于当前美国在海湾地区的全面影响以及海湾国家间的主要矛盾，美伊关系走向将成为影响伊朗海湾外交政策与实践的突出变量，伊沙关系能否得以缓和将成为影响伊朗与海湾阿拉伯邻国间关系发展的重要环节。

关键词：伊斯兰革命；伊朗；海湾政策

13. 赵云龙：《古代雅典诉讼制度中的讼师研究》，导师：王以欣教授。

研究方向：世界古代史

简介：公元前 5 世纪中期到公元前 4 世纪末，讼师活跃在雅典城邦的舞台，为了获利，他们利用雅典诉讼制度，或直接参与诉讼起诉他人；部分讼师甚至威胁他人，敲诈勒索，诬告无辜之人。讼师的产生及发展，既有雅典政治制度的原因，也有战争、文化方面的原因，深刻地影响了雅典社会的发展。下层公民可以通过讼师，争取自己的利益，抑制富人权势，一定程度上维护了民主制度，但部分讼师见利忘义的行为破坏了司法的公正。该文通过论证"sycophant"的含义、讼师产生和发展的原因、讼师活动类型，能更好地认识古代雅典法治的得与失。

该文主要包括如下五部分。

第一部分是绪论。首先，说明该文的选题缘由。其次，叙述雅典讼师研究的百年学术史。从系统研究讼师第一人洛夫伯格的学术观点，到 20 世纪末克莱斯特的讼师研究。再次，介绍该课题的研究资料，涉及古典文献、网站以及现当代学者的研究成果。最后，阐明该文的创新点，以及需要解决的问题。

第二部分是关于讼师的起源和演变。"sycophant"即雅典讼师，在词源学上有丰富的含义。梳理"sycophant"的词源学含义，具有重要意义。同时，结合古代学者和近现代学者对"sycophant"的研究，证明"sycophant"的"中性"特征。梭伦改革，制定法律，设立志愿公诉制度，是讼师产生的制度基础。同时，雅典帝国扩张，需加强对盟邦的司法控制；伯罗奔尼撒战争的爆发，加剧了雅典城邦内部的阶级矛盾；智者派的流行，让诡辩术渗透到诉讼之中。上述三点，促进了讼师演变。

第三部分是关于雅典的诉讼制度。雅典的诉讼制度，是讼师得以产生和发展的"土壤"。公元前 5 世纪末，雅典民众法庭的权力开始扩大，对公民大会和行政机构形成牵制，与民众法庭关联紧密的诉讼开始左右雅典的政治、社会生活。但是，雅典民众法庭有巨大的缺陷，法庭演说的地位突出，造成部分案件审判不公。因此，讼师能够利用民众法庭的缺陷，为自己牟利。

第四部分详论雅典讼师利用诉讼牟利的具体方法。讼师可以作为原告，直接充当诉讼当事人，或以起诉威胁无辜之人，敲诈勒索，或作为诉讼代理人，被其他人雇用，或组成讼师联盟，发挥组织的力量，也参与到雅典对帝国其他成员的控制之中。讼师尽可能利用各种手段，赢得诉讼，达到自己目的。

第五部分主要是对讼师的评价，以及对古代雅典与古代中国讼师的比较研究。古代雅典上层精英，基于阶层偏见，在著作中批判讼师；同时，雅典人通过法律条文限制讼师行为，制定专门针对讼师的司法程序，抑制讼师的过度诉讼行为。从宋代开始，讼师活跃在中国历史舞台上，与雅典讼师有相似地方，也有不同之处。对两者的比较研究，能更好地认识讼师这一群体的本质和特征。雅典讼师产生和发展是雅典社会的重要特征，甚至影响了雅典城邦的盛衰。通过对雅典讼师的系统研究，能更好地认识雅典司法制度的得与失，以及希腊法律制度的特点及其对后世的影响。

关键词：雅典；司法机构；诉讼；讼师

14. 刘豪：《墨西哥革命小说与社会转型（20 世纪前半期）》，导师：韩琦教授。

研究方向：拉美史

简介：墨西哥革命小说作为墨西哥大革命的直接产物，与该国 20 世纪前半期社会转型存在着紧密互动。探讨这一互动的具体形式，也即探讨革命小说在何种历史条件下产生和发展，在社会转型的不同阶段呈现出何种话语特征，对墨西哥 20 世纪前半期的社会转型又产生了何种影响。要解决上述问题,需要以历史的视角审视特定历史时期的政治、社会发展与思想趋势,追踪小说作者的革命经历与意识形态倾向,同时探查小说中的社会转型话语,明确两者间的紧密互动。该文以发展社会学、社会学研究领域的文学社会学为理论依据,认为凡是直接描绘大革命武装斗争、20世纪20—40年代革命承诺的兑现,或明确以大革命为基点讨论社会转型成果的小说均为革命小说。基于这一界定,论文运用历史学和文本分析相结合的方法,首先以墨西哥20世纪前半期的政治、社会、思想转型为背景,在文化转型的框架下探讨革命小说的产生和发展趋势,通过对不同历史时期、不同主题的革命小说社会转型话语的研究,印证小说与社会转型的具体关联,探查知识分子作者群体对社会转型的认知与思考,再结合革命小说的传播条件与转型话语,分析革命小说在社会转型中的作用,即通过社会变革—思想变革—文化和小说变革—对社会变革的作用(重塑革命后的墨西哥社会)这一主线,进行历史、思想、作者、小说文本的关联研究。通过上述研究可得出以下结论。第一,墨西哥20世纪前半期社会转型对革命小说的产生和走向发挥了决定性影响。在迪亚斯独裁统治时期,受官方实证主义思想的影响,政府追求进步的表象,文化界也掀起了对欧洲艺术文学的模仿风潮,加之政府严格的文化管控,大多数社会现实主义小说与官方意识形态呈现一致性。大革命的爆发带来了社会思想的集体迸发,促使一些进步知识分子以小说形式对大革命和社会问题进行思考。到20世纪20年代初,文化革新运动突出了文化在新生政权中的重要作用,刺激了文化民族主义的活跃和革命小说的大量创作,受革命进程以及社会自由主义思想、反教权思想、马克思主义、"革命统一阵线"等影响呈现出不同特征。尽管20世纪40年代后革命进程的收缩与民族精神性研究的兴盛,导致革命小说激进色彩减弱,但社会矛盾的显现仍刺激了许多小说家以大革命为基点讨论革命进程的成败。第二,通过对革命小说社会转型话语的分析可以发现,小说对社会转型进行了多方位探索,总体体现了以小资产阶级为主体的革命作家呼吁推进革命进程,兑现革命承诺的愿望。许多革命小说具有即时性,其革命话语产生于的激烈社会转型时期,本身即具有重要的历史意义,但受限于阶级立场和资产阶级道德观制约,这些作品对大革命的理解具有理想化、主观化、片面化特征。第三,革命小说作为政府文化制度化的手段之一,对于建立以大革命为基础的民族想象和民族符号,维护革命政权的稳定发挥了重要作用。小说抓住了社会转型时期的主要社会矛盾,本身也具有较强的批判性和政治动员性。许多小说以报刊为媒介,在读者群体不断扩大的20世纪20—40年代,对于唤醒社会意识、动员群众斗争、促进舆论对墨西哥社会转型的关注也进行了引导。

关键词:墨西哥大革命;墨西哥革命小说;社会转型;知识分子;社会转型话语

15. 万里洪:《南印度泰米尔民族主义的历史考察(1885—1977)——以泰米尔纳德邦为中心》,导师:肖玉秋教授。

研究方向:国际关系史

简介:泰米尔民族主义是南印度近现代历史上最为突出和最具有代表性的政治力量之一,且至今仍具有广泛影响。该文以泰米尔民族主义作为考察对象,从南印度的视角切入,运用案例研究法、比较研究法并结合国际关系学、族群政治学、政党政治学等跨学科理论知识与视野进行剖析。综合利用档案馆披露史料、相关重要人物演说著述及新闻报刊材料,探究及还原近现代泰米尔民族主义重要时期发展演变的历史,并对相关的历史发展内容进行考察。

泰米尔人为达罗毗荼人中最核心的一支,为印度的"土著"民族之一。随着北印度"雅利安人"的大规模"挤压与入侵",泰米尔人持续向南迁徙,这在古代泰米尔人的文学中就留下了不少族群冲突的"伤痛记忆"。西方殖民者对印度的炮舰攻击,较早就激发了印度人包括泰米尔人的反抗行动。与此同时,西方传教士所推动的基督教文化输入,与当地本来的宗教文化之间产生了碰撞与互动。而伴随对宣教目标的追求,西方传教士们传入了现代的西方印刷术,专门系统性地研究泰米尔人的语言、文字及文化,这些西方人的殖民活动促发了南印度泰米尔人现代的民族意识觉醒,客观上为近代泰米尔民族主义的产生铺垫了重要基础。19 世纪中期之后,南印度的部分政治组织与民族主义力量日渐活跃,英属印度境内印度人的民族主义意识与思想已开始普遍觉醒,此时南印度的民族主义力量是全印度反对英国殖民统治的民族主义力量一支,但尚未出现较为清晰的泰米尔民族主义力量。

面对印度境内各地民族主义力量的上升和日渐活跃,英国殖民政府中的部分官员授意并支持组建了印度第一个现代的全国性民族主义政党——国大党。于是,在印度国内多地各派民族主义力量的基础上,作为协调性政党组织的国大党应运而生。在国大党的政治活动下,南印度泰米尔人的民族主义意识和力量又有了进一步的发展。与此同时,英国殖民政府在代议制基础上适当地改变了原有政治制度,让国大党在新的政治制度与规则下参与到政府建设与国家治理中来。不过,这并非毫无限制条件,掌握英语与良好的教育背景就成为其中一大核心要素。在接受西式教育的层面,受种姓制度等多种因素的制约与影响,原印度社会上层的婆罗门种姓群体就在这个时候脱颖而出,逐渐掌控了英属印度政府机关留给印度人群体的大多数岗位。普遍身为非婆罗门种姓和"不可接触者"的泰米尔人因而面临残酷的政治现实与利益分配不公的困境。这一时期南印度泰米尔人中的非婆罗门群体率先进行反抗。于是,一些泰米尔人的精英分子就开始筹划与组建可以为泰米尔人群体争取政治权利与利益的组织。1916 年,南印度自由联盟(正义党)宣告成立,并发布了政治宣言。不久,南印度自由联盟就创办与出版了党报,并积极组织非婆罗门会议。20 世纪 20 年代初,南印度自由联盟即在马德拉斯管区选举中脱颖而出,以执政党的地位参与马德拉斯管区的行政管理。与此同时,国大党内部亦在展开非婆罗门群体的斗争,南印度地区泰米尔人国大党精英佩里亚尔成为泰米尔民族主义力量的领导者,并在甘地领导的国大党内同各派民族主义力量之间展开合作,后因分歧逐渐扩大而分化。

佩里亚尔于是率先加入并领导了南印度地区"不可接触者"抗议行动,在南印度地区尤其是泰米尔人社会中获得不小威望。佩里亚尔后又脱离国大党加入正义党,并牵头发起了自尊运动,推动了泰米尔民族主义在南印度的兴起。针对印度国内民族主义思想与力量迅速发展,英国殖民当局感到越来越难以招架。特别是第二次世界大战的爆发加速了英国政府对殖民地的非殖民化进程。这一时期,国大党成为印度民族主义力量的代言人,在南印度地区也获得了政治权利与组织影响。而南印度的正义党等泰米尔民族主义力量也取得了快速的发展,佩里亚尔将正义党改组为了达罗毗荼联盟,甚至提出了建立单独的"达罗毗荼国"口号与目标。

1947 年,印度与巴基斯坦分别取得了自治领地位、实现了政治独立。在印度自治领内,南印度的国大党代表们积极在制宪议会内争取南印度地区及泰米尔人群体的政治权利。尼赫鲁领导的国大党凭借在印度独立与政坛中的实力与威望,推出了一些促进民族融合与国家整合的政策。不过,这些政策特别是语言政策再次引发南印度地区民族的激烈反抗。尼赫鲁去世后,国大党在南印度特别是马德拉斯邦(泰米尔纳德邦)的政治实力快速下降,而奉行泰米尔民族主义的两大新政党达罗毗荼进步联盟、全印安娜达罗毗荼进步联盟先后在泰米尔纳德获得邦的执政权力。在 20 世纪 70 年代末的泰米尔纳德邦，国大党势力逐渐式微，达罗毗荼进步联盟、全印安娜达罗毗荼进步联盟长期"轮流执政"的政治格局逐渐形成，泰米尔民族主义此后长期成为此邦的一大政治底色。

而在英国殖民统治时期，由于斯里兰卡和马来西亚等地区种植园经济发展，大量南印度主要为马德拉斯管区（泰米尔纳德邦）的泰米尔人劳工群体被迁入当地。伴随当地泰米尔人政治意识的上升以及南印度泰米尔民族主义的海外传播，斯里兰卡和马来西亚的泰米尔民族主义亦迎来了一段发展时期。由于国家内部情况的不同，二战结束后马来西亚的泰米尔民族主义则逐渐"没落"，而斯里兰卡的泰米尔民族主义保持了相当长一段时期的"高涨"；马来西亚的泰米尔民族主义体现出较强的离散民族主义特性，而斯里兰卡的泰米尔民族主义则体现出更强的跨境民族主义特性。

总体上来看，泰米尔民族主义在形成及发展的过程中有两条重要主线，一是对西方人主要是英国人殖民活动的"回应"和"反抗"，二是与其他民族主义力量派系的"互动"和"博弈"。泰米尔民族主义在不同时期、不同地区呈现出不同的内涵、形式以及特征。

关键词：泰米尔民族主义；达罗毗荼人；南印度；泰米尔纳德邦

（二）日本研究院

2021 年，南开大学日本研究院毕业博士研究生 4 人。博士学位论文信息如下。

1. 万亚萍：《日本图书馆文化在近代中国的传播研究》，导师：刘岳兵教授。

研究方向：世界地区史国别史

简介：一般来讲，图书馆文化包括物质文化、制度文化和精神文化三个层面。近代图书馆文化区别于古代图书馆文化的主要特征是公共性、开放性、地域性、服务性、专业性等。近代日本图书馆文化在兼具近代西方图书馆文化普遍特征的同时，还被特殊的政治、经济、社会、文化背景下形成的近代日本文化赋予了独特之处，即多样摄取性、自上而下发展性、文化输出扩张性等。甲午战争前，处于摇篮期的日本图书馆文化仅仅是作为明治维新"文明开化"的附属品引入中国的。甲午战争后，在学日思潮的涌动下，国内上至中央、下至地方，甚至民间力量倡办的图书馆大都带有"日本范式"，广泛传播了日本公共图书馆理念。民国以后，对日本图书馆制度文化的考察成为重点，民国的图书馆从业者结合实践经验，基于专业视角的审视、解读，对日本图书馆制度的甄别利用起到重要作用。民国学者辩证看待并客观评价日本图书馆事业及图书馆学术发展，其认知对国内图书馆的发展、两国图书馆间的合作交流均有较大影响。另外，晚清民国时期的汉译日本图书馆学论著，填补了我国近代早期图书馆学理论的空白。20 世纪 20 年代以前在中国传播的日本图书馆学论著，以通论为主。之后，随着日本图书馆标准化、本土化发展及其图书馆学术研究的深入，出现了目录学、分类学、书志学等多领域图书馆学专门著作的译介。然而，受这一时期"留美一代"对欧美图书馆思想的追捧等因素的影响，大多数汉译日本图书馆学专著并未得到足够的重视。纵观日本图书馆文化在近代中国的传播历程，其呈现明显的阶段性特征，既有精华，也有糟粕。前期以物质文化为主，民国以后，随着两国图书馆人的交流，图书馆制度文化和精神文化的传播开始增多。第二次世界大战之前，在政治、军事力量的主导下，日本图书馆文化呈现畸形发展趋势，日本人在其图书馆精神文化的海外传播上呈现出明显的主观性，在华传播的日本图书馆文化也发生了质的变化。战时两国的图书馆事业均因战争而偏离原有发展轨道，在华日本图书馆所进行的一系列文化侵略活动对中国图书文献造成极大的破坏，给中国图书馆事业的本土化发展带来毁灭性打击。

关键词：图书馆史；文化传播；文化交流；文化输出；译介

2. 曹亚坤：《战时日本"学徒出阵"研究》，导师：宋志勇教授。

研究方向：世界地区史国别史

简介："学徒出阵"是二战末期，日本为补充兵源而发动的学生从军运动。它不仅标志着近代日本学生长期享有的在学缓役优待的终止，也是战时体制下学校教育妥协并服务于日本军国主义战争政策的极端化表现。全面系统地研究日本的"学徒出阵"，不但可以揭示日本军国主义错误的国家战争政策的本质，还有助于厘清日本国民在战争中所发挥的作用和应承担的责任。"学徒出阵"之所以能够实现，既有近代日本征兵制关于学生兵役的制度保障，也有总体战时体制下日本兵源，特别是下级军官严重不足的现实需求，同时还有天皇制法西斯主义教育对天皇国民思想的严密统制。为保证"学徒出阵"的有效实施，日本自中央到地方，自校内到校外，自本土到殖民地进行了全方位、立体式动员，典型地反映了日本军国主义为对外扩张不惜动摇国本、竭泽而渔的疯狂属性，对学生及其家庭、学校教育、国家社会发展等诸方面产生难以估量的影响。"学徒出阵"还催生了一个庞大的学生兵群体。学生兵身心备受战争摧残。尽管他们具有一定理性，但对侵略战争本质的误识和对必死宿命的妥协，导致其始终未能突破日本军国主义制造的战争逻辑，奋起反抗。战后日本形成了叙说与传承学生兵战争体验的"记忆场"，出于多种原因导致学生兵战争记忆存在严重错位与失真，特别是受害者意识根深蒂固，缺乏追究战争加害责任的自觉。"学徒出阵"不但揭示了近代日本战争的计划性、欺骗性、残虐性和毁灭性，还更有力地说明，作为日本军国主义对外侵略战争的参与者，学生兵不仅仅是战争受害者，更是那场侵略战争的协助者和加害者。

关键词："学徒出阵"；学生兵；征兵制；总体战；战争责任

3. 吴成苓：《日本藩校教育研究》，导师：宋志勇教授。

研究方向：世界地区史国别史

简介：藩校是幕藩体制下各藩以本藩武士子弟为教育对象的藩立学校的统称，是各藩"教育立国"潮流的产物。始于江户初期武家政权文治转向的藩校教育，在应对体制危机的藩政改革中获得发展，尤其是在内忧外患的幕末时局中成为各藩培养人才、谋求存立与图强不可或缺的一环，直至1872年《学制》颁布、文部省发布第十三号废校指令。藩校教育的兴衰，既从一个侧面反映幕藩社会的发展动向，又决定了近代学校教育起步的基础。

以藩校为代表的江户官方学校的再兴，使得教育走出私人教学活动的范畴，是日本近世教育区别于中世教育的一大特点，归根结底与幕藩体制的建立及其发展变化息息相关，为此需还原至藩校教育产生的历史语境，从"江户"出发，从幕落体制建立到瓦解的过程中历时性把握与定位藩校教育。首先，在武家政权文治转向的背景下，为适应藩政建设、武士阶级身份转型的课题，与"武"相对的、以儒家经典为教学主体的"文"教场应运而生，此即藩校的雏形。其次，在社会文化繁荣与经济发展的大好形势里，却潜藏着深刻的统治危机，突出表现在幕藩财政窘迫与士风颓废，建立学校、教育藩士子弟成为一藩政治改革的重要组成部分，藩校教育由此走向正规化。再次，面对幕末内忧外患的时局，各藩相继推出改革举措，藩校教育在人才培养与风俗教化方面发挥着重要作用，始终服务于藩政改革建设的需要，具有维护封建政权之保守、落后的一面，但与此同时又酝酿出具有时代进步意义的教育现象，构成了日本近代教育探索的第一阶段。最后，在新旧政权更迭、建设明治新国家的初期阶段，鉴于旧藩政权存续至1871年废藩置县以及新学校教育制度确立于1872年《学制》颁布的史实，旧藩学校至文部省发布第十三号令方才悉数废止，以藩校为代表的江户教育资源在近代教育转型过程中发挥着过渡性作用。

作为幕藩体制产物的藩校教育，表现出地域上的封闭性、身份上的等级性、内容上的共通性以及概念上的发展性特征，究其本质而言，是"藩国"意志的体现。无论藩校教育如何改革，都无法更改其维护封建政权的本质以及阶级性的特点。这也意味着明治近代学校绝不是旧藩学校量与质的扩充，在旧藩学校的延长线上无法产生近代意义的学校。另外，不可否认以藩校为代表的江户教育是近代教育起步的重要基础，但是需要强调的是，为近代教育起步做好准备并不是包括藩校教育在内的江户教育形成与发展的初衷，而是其历史影响的表现之一。断绝与连续本身就是江户与明治教育关系的一体两面，而教育领域"非连续的连续"视角亦可延伸至对日本近代转型期间政治、社会、文化等其他领域现象的理解与把握。

关键词：幕藩体制；藩校教育；文武两道；江户教育；近代化

4. 赵岩：《日本全面侵华前对阎锡山控制区的经济调查与渗透研究》，导师：杨栋梁教授。

研究方向：世界地区史国别史

简介：第一次世界大战结束后，日本成为国际联盟常任理事国，称霸亚洲的野心急剧膨胀。从此时起直至1937年7月发动全面侵华战争止，日本对中国展开了大规模的经济调查及渗透，此外还在其传统影响区域，如福建、东北、天津等地，直接行经济扩张之实。1931年日本发动九一八事变并占领中国东北后，华北地区又成为其下一阶段的侵略目标。华北既有地域交通上的重要战略地位，又有丰富的物产和资源，尤其是山西及其周边地区，煤炭、铁、铜等矿产资源储量丰富，自然成了日本必欲猎取的重要目标。该文以阎锡山控制区为中心，梳理和分析这一时期日本对该地区的经济调查和渗透。需要特别说明的是，这里所说的阎锡山控制区（以下统称"阎控区"），是一个相对动态的地域空间概念，而非固定不变的区域地理概念。简而言之，阎锡山所控制的区域以山西为中心，极盛时远及河北、绥远、察哈尔、热河等地的部分地区。"全面侵华前"的时间限定也主要是指1918—1937年阎锡山主政山西的时期。通过这一考察，以期了解日本在该地区的调查重点、渗透方式和路径等问题，从而深化理解日本全面侵华前在经济上准备工作的内容、效果与影响。当日本在调查资源和商品贸易、进而规划立案时，为有效利用资源、实现增值和输出，便会涉及金融、交通等要素，而且在面对当地政府、南京国民政府时，亦需顾及政府政策、时局变动以及与欧美国家的关系等。在诸多要素之中，该文侧重于论述经济方面。众所周知，日本对于中国的经济调查由来已久，早在1890年，荒尾精等人便成立了日清贸易研究所，1892年还出版了《清国通商综览》，这是涉及地理、行政、工商业、交通、金融等各个方面的综合性调查。在此基础上，1901年又成立了东亚同文书院，其学生以"毕业大旅行"的方式展开了更大规模的情报调查。此外，日本军方绘制的地图也有助于其展开经济调查。大致而言，日本的调查机关大概分为官方管辖的调查机关、官方背景的调查机关和民间调查机关三类，其中，诸如"南满洲铁道株式会社"（"满铁"）等，都对阎锡山控制区做了经济调查，涉及都市、交通运输、邮电、工商业、矿业、农户耕地、畜牧业、商品贸易、金融货币等方面，并在调查的基础数据上进一步分析了阎控区的现状及原因、潜力、可行性等。阎锡山主政期间，推行"六政三事"，实施"省政十年建设计划"，为安定民心、发展经济、扩充实力，亦需开发资源、发展军工业，扩大官僚资本，但由于军阀混战、区域内经济结构不均衡、财力和技术水平有限等问题，经济系统呈现短板与不足，这也为日本的经济渗透提供了空间和可能。日本在经济调查的基础之上，以工业和畜牧业等为主要对象，通过有限或有条件的技术交流、转让、技术人员派遣，提供技术和资金，进而介入运营，修筑铁路，获取利益和特权；以棉业和纺织业等为主要对象，通过订货、倾销原料、拖延付款等方式，控制市场交易；再就是通过鸦片生产牟取巨额利润，参与贸易、地下走私，造成深重灾难。在金融领域，由日本政府主导的"国策会社"可以迅速整合为庞大的集团公司，介入交通运输、港口贸易、电力通信，甚至航空等，实现战略框架下的利益目标。由此可见，在全面侵华前，日本已对阎锡山控制区做了大量、详细的经济调查，掌握其资源信息与经济情势，并通过投资、代理人等介入经营，全面渗透到了农业、贸易、新兴工业，特别是军工业之中，对经济系统、财税体系、金融市场等破坏严重，对物资和矿产资源的掌握又便于战争时迅速利用。可以说，战争期日军对资源的私挖滥采、掠夺破坏是其经济调查、渗透的延续，由于战争的不断扩大，这种破坏力愈显强烈。

关键词：日本侵华；阎锡山控制区；经济调查；经济渗透；战略资源

华东师范大学

2021 年，华东师范大学世界史学科总计毕业博士研究生 10 人。博士学位论文信息如下。

1. 张凯成：《纽约市环境污染治理研究（1945—2000）》，导师：林广教授。

研究方向：美国城市史

简介：美国的工业化和城市化在二战后进入新的发展阶段，城市环境污染问题日益凸显，成为重要的社会问题。纽约市是人类城市化进程中密集开发的典型城市，同时也是美国人口最多的城市。其二战后治理环境污染的历程是一个重要的案例，对我们理解美国城市史和城市环境问题具有重要意义。

当前学界的研究涉及纽约市的自然环境变迁、进步主义时期城市卫生改革和战后个别环境污染议题。但是对于这座城市在战后治理环境污染的历程并无系统性地思考。固体垃圾污染、水污染和空气污染是战后美国城市面临的主要污染问题，也是美国环保政策的主要着力点。要深化我们对战后美国城市史和环境史的理解，在经济和社会背景中系统考察城市环境污染治理的个案很有必要。

纽约市的经历反映出环境污染治理中美国地方政府与州和联邦之间的复杂互动。在美国联邦制下，市镇等地方政府是环境污染治理的基础环节，又在权力来源和资金等方面受制于州和联邦政府。纽约市的污染治理行动先于州和联邦。早在 19 世纪中期，纽约市政府就承担起固体垃圾清扫和处理的职能，但是直到 20 世纪 60 年代才出现这方面的联邦立法；早在 20 世纪 30 年代纽约市就着手处理城市污水，早于联邦第一部《水污染控制法》；在纽约市和洛杉矶县等地方社区着手控制空气污染后才出现联邦空气污染控制立法。进入环保运动时期，联邦管控和资助双双强化，地方政府不仅受到更严格的环境约束，还在资金方面更加依赖联邦政府。纽约时常在实现联邦环境质量标准和窘迫的财政资金之间进退两难。20世纪80年代以来联邦政府在环保政策上的进退波动同样牵动着纽约市的污染治理。

跨区域关联是纽约市环境污染治理的另一重要特征。理论上来说，城市的行政边界就是其管辖权的界限，城市负责处理本地的环境污染问题。不过从纽约市的经历来看，跨区域关联是美国城市污染治理的一个重要面向。从技术方面来说，19世纪中期以来纽约市就深受欧洲舶来的固体垃圾处理和混合排污管道技术影响。在环境污染治理的实践中，纽约市处在纽约州、新泽西州和康涅狄格州交界地带，又位于哈德逊河下游入海口，特殊的地理位置决定了其污染问题必然是区域性问题，污染治理历程也伴随着社区之间的冲突与合作。纽约市与新泽西州关于海洋倾倒垃圾的争端、在空气污染问题上的相互指责和建立空气污染控制区，以及三州在州际卫生委员会框架下协作治理水污染都反映出美国城市环境污染的跨区域关联特性。

关键词：纽约市；城市污染；水污染；空气污染；固体垃圾管理

2. 许珊珊：《富格尔家族的商业活动（15—17世纪）》，导师：顾卫民教授。

研究方向：全球史

简介：富格尔家族的兴起处于地理大发现、宗教改革、文艺复兴盛期。雅各布·富格尔管理家族公司之时，家族主要在欧洲中部地区从事贸易、采矿和银行业。在德意志众商人家族中，雅各布·富格尔建立了最为强大和富有的企业，是近代早期商业资产阶级贸易公司的典范，同时，家族商业活动影响了超过两代的欧洲政治。在雅各布·富格尔成功建立的商业帝国基础上，其继承人安东·富格尔将家族贸易活动扩张至伊比利亚半岛。通过西班牙和葡萄牙王室在海外的殖民地，家族将触角延伸至拉丁美洲和亚洲。时代的特征也体现在富格尔家族的商业活动中。

近代早期波云诡谲的欧洲政局，为富格尔家族提供了良机。欧洲各国积极致力于海外殖民地的扩张。对殖民地进行管理，必须考虑如何从殖民地获得经济收益。技术革新用于工业生产，提高了生产力。与此同时，对原材料的需求日增。这些都必须在大资本家的生产运作下进行。家族利用与皇室、国王的关系，获得自己所需要的经济权益。

关键词：富格尔家族；金属贸易；中欧；西班牙；骑士团首领领地租约

3. 徐璟玮：《德国二战记忆中的纽伦堡审判》，导师：孟钟捷教授。

研究方向：德国史

简介：该论文研究的核心是德国二战记忆中的纽伦堡审判。该文在研究时主要采用个案分析的方式，对所有被分析载体采用横剖分层，确定特定的个案进行具体分析。

第一章首先回到历史现场，呈现一种目前大家能够形成共识的纽伦堡审判原貌。从第二章开始，该文以各种载体入手进行分载体分层分析。第二章是有关纽伦堡审判的个人记忆，主要通过对同时代的调研分析，并以纽伦堡审判的首犯戈林和后继审判直接相关的魏茨泽克家族为例，探讨个人记忆的呈现与传承。第三章基于"比勒费尔德学术资源数据库"中有关纽伦堡审判的学术研究关注重点，以三代学人对于纽伦堡审判的研究为例，归纳整理纽伦堡审判战后记忆的评价的变化，深入理解研究者的不同认识。第四章以德国重要社会平台《明镜》周刊为例，列举其创刊以来相关的报道和评论，主要聚焦《明镜》对纽伦堡审判相关人物的评析，审判的法律影响以及对德国战后罪责问题的讨论。第五章以纽伦堡审判法庭纪念博物馆与帝国党代会旧址文献中心为例，采用叙述和调研相结合的方式，探讨相关记忆空间的筹划与影响；以纽伦堡审判75周年纪念仪式为例，表现当代德国人二战记忆建构的主要特征。在结语中，该文通过观察纽伦堡审判的视角变化、分析影响纽伦堡审判记忆变化的原因等，总结出纽伦堡审判记忆研究的现实意义。

作者主要采用分类研究与年代切割的方式来加以梳理，重点关注四个横切面的呈现特征，集中于个案的特殊性及其普遍性价值，并结合同时代英美等相关二战记忆的结果进行比较分析。

关键词：德国历史；二战记忆；纽伦堡审判

4. 刘夏妮：《〈中日和平友好条约〉缔结过程研究》，导师：徐显芬教授。

研究方向：日本史

简介：1972年9月，中日两国政府共同发表《联合声明》，邦交正常化最终实现。《联合声明》第8条规定两国政府同意进行以缔结和平友好条约为目的的谈判，《中日和平友好条约》由此进入公众视野。1974年末，两国开始进行关于条约的预备性谈判，但不久即因反霸权条款问题陷入僵局，直至1978年8月，两国政府才最终签署条约。《中日和平友好条约》作为中日邦交正常化的第二步，以条约的形式将《联合声明》的相关内容固定下来，是当代中日关系的法理基础，也是规范两国关系的四个政治文件之一。

该文以日本外务省外交史料馆解密公开的和平友好条约相关档案为基础，将其与交涉相关人员的回忆录以及美国方面的解密档案相互印证，对《中日和平友好条约》缔约交涉过程进行考察。

关键词：《中日和平友好条约》；反霸权条款；中日邦交正常化；中日关系

5. 熊晨曦：《卡特政府对华科技交流与合作政策研究》，导师：戴超武教授。

研究方向：冷战史

简介：该文将重点探讨1977年到1980年，在中美关系正常化向前推进的背景下，美国卡特政府与中国政府通过接触、协商和谈判，最终签订中美科技合作协定，并且在制度的层面上建立中美科技合作关系的过程。同时，该文还通过详细梳理中美两国在农业、能源、空间技术和教育文化领域的交流与合作来阐述中美科技合作关系的具体表现以及美国政府在其中的基本立场和跨部门合作机制。卡特政府时期，中美两国的科技合作关系有别于尼克松—福特政府时期的中美科技关系。中美科技合作协定的签订使得中美两国在科技领域进入了大规模、制度化的政府间科技交流与合作阶段。中美两国政府依照协定建立了长期科技合作关系的制度框架，即设立中美科技合作联合委员会及其小组委员会和工作小组、签订具体领域的执行协议。同时，在中美关系正常化的背景下，对于美国政府而言，推进两国的科技合作关系，有助于改善中美关系并促进中美建交，更能对中国的现代化发展产生深层影响，以进一步维护两国的和平友好关系。此外，关于中美两国开展的各类科技合作项目，美国政府都尽量与中国政府达成互惠互利的合作原则和目标。

关键词：科技合作；卡特政府；中美关系

6. 赵建成：《美国东欧犹太移民社会生活研究（1880—1930）》，导师：杨彪教授。

研究方向：犹太史

简介：对1880—1930年美国东欧犹太移民社会生活的开展研究具有重要意义。19世纪末，美国城市经历急速扩张，交通便捷化减少了通勤时间，中心城区逐渐衰落，成为移民群体和贫民的社区。受到俄国社会经济的影响，东欧犹太人大规模移民美国，形成社区与隔都模式。长达半个世纪的东欧犹太人移民美国的历史进程，改变了美国犹太社团的人口比例与社会结构，亦促使东欧犹太社会的现代转型。然而，长久以来，学术界对该领域关注相对不足，未全方位、多角度观察该历史。因此，该文立足于全球史、移民史的视角，在吸收前人的研究基础之上，充分利用档案资料，采取了现代化、城市化、民族学与社会经济学理论与研究范式，探究该时期美国东欧犹太移民社会生活，加深对该领域的研究。在某种程度上，借以窥见美国多元文化主义背景之下，少数族群与移民群体的文化认同，东欧犹太人与主流社会之间的矛盾与张力。

关键词：东欧犹太移民；社会生活；现代转型；工人运动；中产阶层

7. 高天宜：《民族主义视域下坦噶尼喀与桑给巴尔走向政治联合研究》，导师：沐涛教授。

研究方向：非洲史

简介：作为非洲现存唯一通过政治联合形成的国家，坦桑尼亚一直以来都是研究非洲民族主义以及泛非主义等问题所关注的焦点。一方面，坦噶尼喀由于国家发展的稳定性而被学界所认可，另一方面，作为18—19世纪东非最重要的地区，桑给巴尔亦在1964年成为举世关注的热点。然而，当前学界对于坦桑尼亚联合问题仅仅停留在官方意义上的认知，未能深入于民族主义视域下对其进行批判与反思。该文在学术界原有的基础上，利用坦桑尼亚的原始档案资料、会议报告、政府报告以及英国和美国等多国档案，进一步揭示坦桑尼亚联合的动机与意义，以及这一时期民族主义思想对于非洲国家政治的影响。

该文以1954年到1964年坦噶尼喀与桑给巴尔的民族主义为线索，在梳理两国政治独立史的基础上，对两国联合的深层次原因进行一种逻辑上与学术上的批判，以期通过民族主义视角，对非洲国家的政治问题做出进一步的思考。学术界对于坦桑联合问题有两种主流解释，分别将其视为泛非主义的结果或是冷战政治的产物。无论哪种解释，其逻辑背后所反映的是忽略历史人物的能动性，将现实需求投射于历史当中。坦桑联合是一次秘密的政治行动，该文对此次政治行动中领导人的动机进行分析后认为，坦桑联合主要针对的是桑给巴尔的前乌玛党成员，尼雷尔所看重的是重新夺回坦噶尼喀兵变之后的非洲声望，希望继续掌控南部非洲解放运动的领导权，桑给巴尔领导人卡鲁姆更重视自身在桑给巴尔的权威。坦噶尼喀与桑给巴尔走向政治联合正是依靠非洲民族主义这一共同的政治信念。非洲民族主义具有四大特征：对抗性、语言性、族裔性和内在矛盾性。这四点特性使得单纯以非洲民族主义视角来看待非洲独立史具有其局限性。非洲民族主义视角的根源仍然是通过西方话语来建构历史的，最终只能使非洲独立史深陷种族问题的桎梏。非洲自身是一个多元文化的集合，需要以多方视角来审视非洲政治独立史。这不仅是理解坦桑联合问题的关键，同样也为理解非洲存在的民族主义、理解非洲政治史提供了一种新的思考与诠释。

关键词：民族主义；坦噶尼喀；桑给巴尔；联合；非洲政治

8. 安竣谱：《美国对缅甸经济援助政策研究（1947—1958）》，导师：梁志教授。

研究方向：冷战史

简介：该文综合利用美国第二国家档案馆、缅甸国家档案馆、中国外交部档案馆、英国外交部解密档案、《苏联历史档案选编》和《尼赫鲁选集》中的历史文献，旨在阐明1947—1958年美国向缅甸提供经济援助的动机、过程以及影响，揭示战后东南亚冷战格局的特点以及对美国向缅甸提供经济援助进程的影响，同时对美国制定和实施对缅甸经济援助政策时，援助国美国和受援国缅甸的国内因素、两国领导人政策取向因素在其中所起的作用予以分析。

第一章论述了1947年2月28日杜鲁门政府与缅甸临时政府签署《美缅剩余财产协定》的

历史进程。第二次世界大战导致英国、法国、荷兰等东南亚传统殖民大国国力削弱，战后东南亚各殖民地纷纷掀起民族解放运动，东南亚殖民体系走向瓦解。与此同时，战后美国国力强盛。在此基础上美国积极追求全球领袖地位，一方面希望缅甸等东南亚地区殖民地人民通过发起民族解放运动，在东南亚地区削弱曾经的世界领袖——英国的国际地位，但是另一方面杜鲁门也需要联合英国共同对抗苏联，经过综合考量美国只得减缓在东南亚地区削弱英国影响力的外交政策，因此战后美国对缅甸等东南亚殖民地人民发起的民族解放运动的态度较为冷淡。但是为了实现争夺世界霸权的目标，美国必须扩大其在缅甸乃至东南亚地区的影响力，所以杜鲁门政府在1947年2月28日与缅甸临时政府签署了《美缅剩余财产协定》。根据协定，美国需要将战时停留在缅甸的吉普车和军用卡车转卖给缅甸，由于缅甸缺乏美元现金，因此杜鲁门政府向缅甸提供了为期20年的价值500万美元的长期贷款，同时为了扩大在缅甸的影响力，杜鲁门政府将这500万美元收入全部用于缅甸经济建设，从而提升了美国在缅甸的国际影响力。

第二章论述了1950年9月13日杜鲁门政府与吴努政府签署《美缅经济合作协定》的历史进程。由于冷战爆发初期美国将外交战略重心选定为欧洲，因此1947年2月28日杜鲁门政府与吴努政府签署《美缅剩余财产协定》之后，美缅经贸关系处于较低水平。中华人民共和国成立、中苏结盟、朝鲜战争爆发以及中美两国在朝鲜战场上兵戎相见，使得杜鲁门政府意识到美国在东南亚地区的国家利益将遭到损害，因此对于缅甸等东南亚新兴民族国家的关注度开始提升。1950年初通过派遣杰瑟普和格里芬使团访问缅甸，美缅双方就经济援助问题进行了多次磋商，1950年9月13日杜鲁门政府与吴努政府正式签署《美缅经济合作协定》。根据协定，缅甸获得了美国提供的1000余万美元的经济援助。吴努政府根据《美缅经济合作协定》接受美国提供的经济援助。在此过程中，美国还在暗中支持盘踞在缅北的国民党残余部队。为了维护国家安全，1953年3月17日缅甸外交部部长藻昆卓向美国提出终止《美缅经济合作协定》的要求。经过多次交涉，艾森豪威尔政府只得接受吴巴瑞政府的意见，在1953年6月30日终止执行《美缅经济合作协定》，但是已经派遣至缅甸的美国经济专家在《美缅经济合作协定》终止后仍留在缅甸进行经济援助，1953年6月30日之前美国已经在缅甸投入建设的援建项目也需要继续执行。

第三章论述了1956年6月30日艾森豪威尔政府与吴努政府签署《美缅技术与大米交换协定》的历史进程。缅甸在英国殖民统治时期形成了以大米种植业为主的畸形经济发展结构，独立之后也未能实现经济结构合理化。朝鲜战争结束后，全球大米需求量下降，缅甸国内出现大量滞销大米，在大米出口已经成为缅甸政府换取外汇的主要来源的情况下，缅甸国民经济陷入困境。为此，吴努政府建议同为亚洲大米重要出口国的美国，降低在亚洲的大米出口量，并向缅甸提供经济援助。美国农业部以及农场主利益集团不愿在经济收益问题上让步，从而制约着艾森豪威尔政府制定和实施对缅甸的经济援助政策。随着1955年底苏缅政要互访的实现，以及中苏等社会主义国家对缅甸的经济援助规模不断扩大的局面的出现，艾森豪威尔政府只得接受吴巴瑞政府提出的"美缅技术与大米交换计划"，以牺牲美国经济利益为代价，向缅甸提供技术援助。1956年4月米高扬访问缅甸，苏联再次向缅甸提供更大规模的经济援助。在此背景下，美国又向缅甸增加了10万美元援助。1956年6月30日，艾森豪威尔政府与吴努政府正式签署《美缅技术与大米交换协定》，美缅关系得到改善。

第四章论述了1956年2月8日艾森豪威尔政府与吴努政府签署《美缅农产品贸易协定》、

1957年3月21日签署的《美缅贷款援助协定》以及1958年5月28日签署的《美缅贷款援助协定续约》的历史进程。1955年缅甸因为大米滞销而造成国民经济发展受阻,为了解决大米滞销和经济发展问题,吴努政府向美国提出利用缅甸大米换取美元现金贷款的提议。由于缅甸向中苏等社会主义国家出口大米、橡胶以及矿藏等战略物资,违反了美国国会通过的《巴特尔法》,导致艾森豪威尔政府无法向缅甸提供贷款援助。面对中苏等社会主义国家与缅甸经贸合作日趋密切的局面,艾森豪威尔政府责成美国农业部根据"480号公法"向缅甸出口经济发展所需的农产品,并允许吴努政府用缅币结算,再将80%左右的缅币用于缅甸经济建设。经过多次谈判,1956年2月8日,艾森豪威尔政府与吴努政府签署了《美缅农产品贸易协定》。《美缅农产品贸易协定》虽然缓解了缅甸经济发展的压力,但是并未实现向缅甸提供贷款援助的目标。随着1956—1958年缅甸与社会主义国家之间经济关系进一步密切,美国国会最终放宽了《巴特尔法》对缅甸的限制,于是美缅在1957年3月21日和1958年5月28日分别签署了《美缅贷款援助协定》和《美缅贷款援助协定续约》,从而在一定程度上提高了美国在缅甸的影响力。

论文结语部分概述并分析了1947—1958年在东南亚冷战不断加剧的背景下,美国以牺牲本国经济利益为代价,仍愿意向缅甸提供经济援助的历史进程。从中可反映出,1947—1958年东南亚冷战格局的特性、美缅战略文化差异、美缅领导人在决策时受到意识形态因素的影响程度、美国国会以及美国国内利益集团,共同影响着美国制定与实施对缅甸的经济援助政策。

关键词:美国;缅甸;东南亚;冷战;经济援助政策

9. 马俊杰:《1912—1970年中国与埃及关系研究》,导师:沐涛教授。

研究方向:非洲史

简介:中国和埃及的关系有着深厚而悠久的历史。两国人民以海、陆"丝绸之路"为纽带,留下了光辉灿烂的宝贵的文化交流遗产,共同谱写了不同文明友好往来、相知相交的历史篇章。从研究角度看,既有研究大多或关注中埃古代的历史交往或集中于中埃建交后的政治与经济关系,对于双方的文化交流,尤其是以伊斯兰文化为基础的多元互动缺少应有的系统研究。

该文聚焦中华民国建立(1912年)至埃及纳赛尔政权(1970年)期间将近七十年的中埃交往,主要从伊斯兰文化的本位视角着眼,以中国与埃及两国大量解密或未解密档案为文献依据,从经贸、政治、外交、教育等领域对这一时期两国的交流与互动背后的文化动因做系统整理和深度研究。该文在简单回顾了20世纪前中埃两国以伊斯兰文化为桥梁发展关系的基础上开展研究。其主要结论如下。一是中埃文化交往虽然是以商贸先行,但文化始终相伴其中。最为突出的是,伊斯兰教在中国得到较为广泛的传播,中国技术传播到包括埃及在内的阿拉伯-伊斯兰世界,产生了极为深远的影响。二是近现代中埃交往之中,尽管出现政治和经贸交往的某些波折,但中埃政府对文化交流并未进行明确限制,双边的文化交往始终没有中断,文化交流尤其是宗教互动始终属于交流中不可分割的重要部分。三是1912年至1970年,中埃互动关系从以伊斯兰文化为主要内容的交往发展到政治主导下的多元互动,具有明显的阶段性特点。在埃及王朝时期和纳赛尔时期两个不同阶段,双方文化交往的目标存在本质差异。埃及王朝时期,埃及和中国名义上是主权国家,但受到西方列强的控制和影响较大,两国的交往主要以伊斯兰文化传播为基础,埃及重视吸引中国穆斯林来爱资哈尔大学学习,旨在传播伊斯兰文化,提升埃及王权在中国的影响力;纳赛尔时期双方强调的文化交流,在相当程度上,是以反殖民文化为基础而非以伊斯兰文化为基础的文化交流与互动,甚至在一定程度上,在双边文化互动中尽可能弱化宗教文化互动。四是该研究时段中显现出宗教文化的交流与互动可以先于政治互动，政治互动可对宗教文化互动产生正反两方面的影响，但不可能替代宗教文化的互动。

关键词：中国；埃及；伊斯兰文化交流；爱资哈尔；纳赛尔

10. 李臻：《美国占领时期日本的"中道政权"研究——以统治体制内政治力量的互动关系为视角》，导师：徐显芬教授。

研究方向：日本史

简介：该文以"美国占领时期日本的'中道政权'研究——以统治体制内政治力量的互动关系为视角"为题，综合利用日美双方已刊载的多种美国对日占领时期的相关资料集和电子数据库等原始档案，在中美日学者已有的研究成果基础上，通过探讨美国对日占领的统治体制内各方政治力量的互动关系，对"中道政权"从形成到崩溃的历史过程进行详细梳理，一方面考察占领时期日本的政治体制特点，另一方面也探讨占领时期日本政府的决策自主性及其局限性。从日美之间的互动关系角度来看，虽然统治体制内以美国的政治力量占主导地位，但日方仍保有一定的主观能动性与自主性，尤其是在美国对"中道政权"的干涉力度达到顶峰的情况下，相关政治家和官僚们仍在与对方尽力交涉与斡旋，为日本的利益积极争取。尽管大多情况下都以"中道政权"的失败而告终，表明日方的自主性比较有限，但唯有他们与盟军总司令部在冲突与调和的过程中进行了不断的"试错"，才为之后日本自第二次吉田内阁开始与美国建立良好的"合作"关系提供了宝贵经验，也为日本应对要同时处理好与中美两国关系这一难题提供了智慧的钥匙。

关键词：美国对日占领；"中道政权"；片山哲内阁；芦田均内阁；战后日本政治；战后日美关系

中山大学

2021年，中山大学世界史学科总计毕业博士研究生2人，培养出站博士后4人。博士学位论文信息如下。

1. 秦云周：《广东省银行海外侨汇经营研究（1945.8—1949.10）》，导师：袁丁教授。

研究方向：华人华侨史

简介：由于侨汇是近代中国非贸易外汇的主要来源，对于平衡国际收支、稳定和巩固中央政权具有重大作用。1927年南京国民政府成立以后，为建立统一、强大的中央政权，着力推行金融垄断政策。而要集中侨汇，就需要将各省地方银行的侨汇业务进行剥离。由于粤省是我国侨汇的主要流入地，长期作为该省"钱袋子"的广东省银行自然而然就成为施行这一政策的重点。然而，近代广东与侨汇关系甚为密切。它通过汇款流动成为有效沟通海外侨居地社会和国内侨乡社会的重要纽带，维系着广东侨乡数百万侨胞家庭的生计。而且其外汇属性已成为广东经济发展的支柱，是推进广东经济和社会发展、实现地方稳定的重要金融力量。为此，围绕粤省侨汇的主导权，国民党中央政府与粤省地方政府进行了激烈的博弈。由于抗战之前国民党中央政府与广东地方当局关系不甚密切，国家行局未能有效"渗透"进入粤省，广东省银行却在粤省地方势力的庇护下一跃而成为华南最大的地方性金融机构和粤省的金融枢纽。全面抗战爆发后，要集中侨汇，就需要在尊重粤省地方利益的基础上联络广东省银行，为此，国民党中央政府转而对该行采取团结和管理的政策。该行因势利导，充分利用战时环境及中央政府相对宽松的侨汇管理政策，再次发展壮大。然而，在国民党中央政府看来，广东省银行的壮大却有碍中央集权政策的推进。为此，抗战即将胜利之际，随着实力和控制力的膨胀，国民党中央政府对广东省银行采取了诸多打压措施。即一方面强化中央银行在集中侨汇中的权威地位，另一方面还通过行政立法、核准外汇指定银行等手段，进一步挤压广东省银行海外拓展的空间。然而，该行的海外侨汇经营，事关粤省的经济恢复和社会稳定。为此，广东省银行会同粤省政府，注重团结和利用粤籍要员、粤省参议会、驻粤参政员、海外侨团及侨领，联合对财政部、中央银行施压。尔后由于内战的推进，中央政府外汇储备急剧减少，为扩大侨汇来源，财政部、中央银行被迫对垄断性的侨汇管理政策进行了局部调整，即在不影响国家行局在海外吸收侨汇的主导地位的前提下，核准粤省行在香港及南洋各地恢复原有行处，而对于侨汇资源丰富的美洲、菲律宾及马来亚、印度尼西亚等地，严禁该行拓展行处。此外，中央银行通过集中供给头寸的方式控制了该行吸收的侨汇资源，广东省银行相当程度上已沦为了央行集中侨汇的"工具"。为维持自身的生存与发展，广东省银行被迫转向侨汇黑市经营，中央政府精心构建的国家金融网在粤省行这个层面出现了重大漏洞。诚然，国民党中央政府对该行的管理和规范，有加强中央政权的积极意义，然而该政策却是以牺牲广大粤侨及粤省政府、广东省银行的正当利益为代价的，政策推行的结果不仅造成了侨汇大规模逃港，而且进一步激化了粤省地方当局和国民党中央政府的矛盾和冲突，从而在一定程度上又弱化了中央政府统合海内外资源的能力和推行金融垄断政策的成效。

关键词：广东省银行；二战后；海外经营；侨汇

2. 谢潇：《中世纪晚期英格兰修道院财政研究》，导师：龙秀清教授。

研究方向：世界中世纪史；英国基督教史

简介：修道院在英国历史上曾经占有重要地位，16世纪时被都铎王朝的亨利八世国王解散。修道院的大量财物被充公，其地产后来流入土地市场。此后，修道院未能在英格兰恢复。

早在凯尔特人时代，大不列颠就已经出现修道行为，盎格鲁-撒克逊时期一度出现英格兰修道院的"黄金时代"。诺曼征服以后，欧洲大陆上兴起的各个修会陆续传入，修道院逐渐遍布英格兰各个地区。修道院是由院长、修士、仆人共同生活的一个集体，这个集体由院长领导和负责，执事体系管理。到中世纪晚期，各执事的权力下降，部分修道院引入财务官一职，修道院的权力越来越多地集中于院长和执行院长。修道院在英格兰拥有大量的教俗财产，构成坚实的经济基础。其中，最主要的经济来源是世俗地产。修道院作为土地主，在不同时期根据经济环境的变化调整经营模式。在黑死病以前的十二三世纪，修道院积极开拓土地，建立庄园和农庄，迎来了农业扩张的时代。在农业大发展中，修道院的规模和财富迅速上升。黑死病之后，面临劳动力减少的情况，修道院不得不调整经营方式，将自营地出租，放宽习惯租佃的租约。调适的策略一度取得成效，但是也暗含着新的危机。地产越来越多地承包出去，代理人代为收取租金成为土地收入的主要形式，修士和执事越来越远离农业生产。

到1535年，修道院的收入依然多而且稳定。收入构成依然具有中世纪特点，土地上的农业收入占一半以上。除了农业收入，其还有城市收入、磨坊收入、法庭收入、市场收入、渔业收入等特权收入。此外，在中世纪的基督教社会，由于圣地、圣徒崇拜，以及修道院管辖着不少教堂，属灵的宗教收入也是一笔可观的收入。所有修道院的总收入相对于英格兰的财政收入来说，是十分醒目的存在。大修道院和小修道院之间的财富差距虽然非常大，但是整体上是一个稳定的三角形结构，即中等收入修道院占主要力量。修道院收入构成的丰富性和收入总量的稳定性反映了英格兰修道院依然强大的经济实力；同时，原本宗教性质的土地与世俗土地一样大量出租，法庭收入、城市收入、市场收入等也主要由代理人收取，修道院获取财政收入的方式已经发生了不可忽视的变化。修道院的支出除了义务性的慈善、津贴费用、租金等开支外，其他开支波动性比较大。数量最多的中等收入修道院修士的确过着舒适的生活，但并不算奢侈，而且就存在的债务记录来看，大部分修道院可以做到自负盈亏。在解散前，英格兰修道院的财务状况虽然存在管理上的问题，但是依然正常运行。修道院的解散并不是自身经济崩坏的结果。

关键词：中世纪晚期；修道院；地产经营；财政收支

博士后出站报告信息如下。

1. 李立华：《古希腊米底化现象研究》，合作导师：龙秀清教授。

研究方向：世界古代史

简介："米底化"（Medism）是古典希腊作家指代希腊人亲波斯现象的专用术语，其含义包括但不限于政治、军事上维护波斯利益，生活习俗上仰慕波斯风尚，思想观念上认同波斯方式。米底化现象大致盛行于古风时代晚期和古典时代，主体是城邦、公民群体、贵族家族、政治领袖、工匠艺人等，始于波斯征服吕底亚并与小亚希腊人开始正面接触之后，在长期的历史进程中表现出了因地制宜、因时制宜的特征，呈现出本质上的统一性与表现上的多样性。以古典文献和考古证据为基础，探讨希腊世界不同地区与群体的米底化现象，可以丰富对古风时代晚期至古典时代希腊与波斯关系的了解，挑战双边关系中长期流行的对抗模式，从中透视该时段波斯帝国政制与希腊城邦政治生态。流亡波斯的希腊人可谓最早和最彻底的米底化者。与母邦在地理上的隔绝，剥夺了他们之为希腊公民的所有要素，让波斯方式成为或主动或被动的物质和精神上的双重选择。一般认为，他们在波斯的政治地位有限，仅受到波斯国王象征性、礼节性的厚待。小亚西部沿岸的希腊城邦，长期受到东方力量的支配或影响，波斯取代吕底亚成为"宗主国"，对于小亚地区的希腊人，不过是更换了"主人"。希腊作家基于各种原因刻画的小亚希腊人誓死抵抗波斯的记载，具有高度的选择性和夸大性，不仅与小亚在波斯统治期间持续繁荣、在希波战争中积极加入波斯大军的记载相悖，也与考古证据所提供的信息不符。小亚僭主是否为波斯所立，长期以来是学界争论的焦点，但这个问题的重要性值得考虑。希腊本土及爱琴海诸岛的希腊城邦，因各自城邦的发展状况、政治经济现状的不同，在如何面临波斯入侵的问题上分歧很大。除少数坚定抵抗波斯的希腊城邦，和少数旗帜鲜明地投靠波斯者之外，大多数城邦的统治阶层与民众对此事的态度，至少在史料记载中表现出强烈的冲突。伯罗奔尼撒半岛的希腊城邦，以是否与斯巴达结盟而划分为两个派别，即斯巴达领导的抵抗派与以阿尔戈斯为代表的中立或米底化派。这种划分虽然粗糙并随着战局的演变而不断变化，但足以证明半岛内部城邦之间的历史恩怨，在希波战争期间也未让步于所谓民族大义，这是希腊团结一心共抗波斯的形象有力的反面证据。雅典因参与小亚叛乱并烧毁波斯省府萨迪斯而被视为波斯最大的敌人，但包括克里斯提尼、庇西特拉图、希庇阿斯、地米斯托克利、克桑提普斯、亚西比德在内的政治领袖,在希波战争前后的不同阶段,均有里通波斯的嫌疑,或者面临这样的指控。有些指控有所依据,有些指控则是假借波斯之名行打击政敌之实,米底化成为政治斗争中的武器。《卡里阿斯和约》签订之后,希腊与波斯的关系发生了重要变化,波斯调整了对希腊的外交方略,更重视以黄金为手段,以抑强扶弱的原则构建了希腊各邦的力量平衡,以城邦之间的内斗牵制希腊,维护波斯利益。自此以后,米底化逐渐从希腊史家的记载中、政客们的相互攻击中消失。波斯成为希腊城邦积极争取的援军和金主,曾经的米底化指控,成为争取波斯的角逐中获胜的历史砝码。

关键词:古希腊;米底化现象研究

2. 张小敏:《北太平洋航路及其影响研究(18世纪后期—19世纪中期)》,合作导师:朱卫斌教授。

研究方向:世界近现代史

简介:作为人类生存空间的重要组成部分,北太平洋在地理位置及其周边局势的重要性方面备受世界关注。但是直到18世纪后期,北太平洋对于世界而言依然是模糊的。随着西北航道的开辟越来越频繁,北太平洋世界成为西方国家必争之地。西北航道的探险由来已久,但是直到1903年挪威人罗尔德·阿蒙森才成功开通这一航道。而且最重要的是,西北航道的开辟有助于北太平洋地区的地理信息和航海图的完善,使欧洲人与北太平洋世界的互动愈见频繁,并且揭开了北太平洋全域性贸易网的序幕。基于北太平洋地区的资源和市场优势,这一时期开辟的航路主要是服务于贸易。一是北美沿岸贸易航路的开辟;二是中美跨洋贸易航路的开辟;三是经由夏威夷的贸易航路;四是北太平洋北部边缘的贸易航路的完善。以上航路的逐渐成型都不同程度地推动了北太平洋地区的发展。北太平洋贸易网初步建立,贸易商品逐渐丰富,贸易形式也呈现出多样化,从而使北太平洋初步融入全球资本主义的发展进程中。北太平洋航路的开辟产生了重要影响,包括显而易见的直接影响和潜移默化的隐性环境影响。直接影响表现为以下几点。一是地理空间的链接,在地理方面,北太平洋的地理信息被认知和文本化,通过北太平洋建立了更广阔范围内的地理空间的链接。二是航路开辟的经济意义,19世纪上半叶北太平洋海洋资源的开发和毛皮贸易的发展,给欧美国家带来了丰厚的经济利益,也为北太平洋地区,特别是夏威夷等地的经济发展提供了重要契机。三是航路开辟的海洋政治权力的变化,不同势力的利益碰撞势必产生国家冲突、地区矛盾,政治权力的角逐在北太平洋开发过程中较为显著。四是航路开辟的文化互动影响。西方国家对北太平洋文化的初步认知逐渐发展为与原住民社区的互动。本土文化与外来文化相遇,使北太平洋区域文化呈现多样化特征。以上这些杂糅在一起,共同构成了北太平洋初入世界市场的内核。环境影响表现为以下几个方面。一是北太平洋环境的初步变迁,北太平洋毛皮贸易至19世纪二三十年代已出现颓势。在市场需求扩大的情况下,伴随而来的是海洋动物的生存问题和北太平洋世界原生环境的局部变动。二是北太平洋航路的开辟以及贸易的发展,加速了海陆之间疾病的空间流动。航海者针对海洋疾病采取了必要的措施,但是外来者与原住民的交流使北太平洋地区成为疾病寄滋和传染的新场所。三是北太平洋航路上的船舶及其空间意义变化。19世纪前后,北太平洋上的船舶仍以帆船为主,但较之前有了新的变化:双桅船在太平洋地区受到欢迎,船速提升,商船明显居多。另外,船舶存在显著的权力等级观念,而且在文化互动过程中发挥了中介作用。这些变化实则在潜移默化地影响着北太平洋世界的内部基因及其与世界其他地方的关系。总之,18世纪后期至19世纪中期,北太平洋主要航路的开辟不仅织就了海洋空间网的经纬线，建立起了北太平洋与其他海域和陆地之间的深入联系。而且使北太平洋的静态地理变迁和动态流动空间的双重历史意义显而易见。最终，航路的不断完善使全域性的北太平洋的综合发展初步融入世界资本主义的发展进程中。

关键词：北太平洋航路；影响研究；18世纪后期至19世纪中期

3. 刘璐璐：《明代海船上的分工组织与船民社会》，合作导师：江滢河教授。

研究方向：亚洲海洋史

简介：以往关于明代中国各式海船的研究对不同式样的船型如福船、广船、沙船等的种类、构造、用途多有论述，但较少关注不同式样的船只上的人员配置情况。为了更清楚地看到船上社会，该研究报告按照海船的使用者与用途将海船划分为使节船只、兵船、渔船、商船、海盗船等，并依次讨论不同类型船上的组织分工情况、航行生活以及流动多变的船民社会。该研究报告的正文主要分为两部分。第一部分是"使节船上的分工组织与航行生活——以中琉航海使节船为例"，借助中琉之间较为翔实的史料，深入讨论中琉使节船包括明朝使琉球封贡船与琉球进贡贸易船在大海中航行时人员的配置、组织、生活等情况，并选取几个翔实案例，以此一窥明代使节船上的分工组织与航行生活。第二部分是"兵船上的分工组织与船民社会——以嘉靖万历年间闽粤海域为例"，通过图文的方式来探讨不同式样与型号的兵船上军士们的配置情况，先分析单一类型兵船上人员的分工组织及其特点，再分析在实际海洋作战中不同式样兵船合成船队时的组织编制与用令情况，还对明中后期官方自民间反复征调雇募兵船、水兵的现象及其原因，船民社会情况进行分析。东南沿海各港口、澳口的船民社会是官方海洋力量的后备军，但在毫无节制向民间索取兵船的举措下也可能致使民间海洋力量的衰落。第三部分是驻站期间所写的三篇论文，分别涉及三个议题：一是"晚明东南海洋政策频繁变更与海域秩序"，分析了明末开洋已是闽海士人们的共识之下，国家政策仍在开海与禁海之间频繁变更的缘由，以及在东西海洋势力竞逐下官方对海域秩序的掌控力；二是"明代海洋社会中的'报水'研究"，梳理了明代海洋社会中的"报水"问题，认为"报水"显示的是海洋活动群体如海防官兵、海寇对海域的控制力与利益分割，当官方能够控制海洋秩序时，收取"报水"的权力收归公家，反之则向民间下移，成为私人的权力；三是"从针路簿看十六七世纪东亚航海网络中的澎湖"，通过考察明清针路簿中所记载的经过澎湖的各航路以及活跃在澎湖航线的海洋活动群体，看到在十六七世纪东亚海域军事贸易网络中澎湖的实际地位与控制澎湖的价值。

关键词：明代；海船；分工组织；船民社会

4. 冯筱媛：《唐代墓室壁画研究》，合作导师：林英教授。

研究方向：中国与拜占庭关系史

简介：这本博士后出站报告是作者对在博士后研究期间所做工作和成果的阶段性总结。大体上包含了这一阶段主要进行的三个方面的工作。一是，在博士学位论文的基础上开展博士后研究。对已发掘刊布的唐代壁画墓材料重新进行了收集、补充和整理，做了地域、年代、类型、配置等方面的初步研究。二是，以唐墓壁画中女性图像为对象进行课题研究，探讨其墓葬形制的变化与壁画内容、题材、配置存在的关联性，唐墓壁画女性图像的流行粉本及唐墓壁画的"女性空间"观念具有历时性和地域性的变化。三是，翻译赤道非洲殖民时期著作。

关键词：唐代；墓室；壁画研究

吉林大学

2021年，吉林大学世界史学科总计毕业博士研究生4人。博士学位论文信息如下。

1. 王力：《沃尔特·R. 米德"美国外交传统"思想研究》，导师：刘德斌教授。

研究方向：国际关系史

简介：沃尔特·R. 米德（Walter R. Mead）是美国杰出的外交政策研究者，他融合了美国外交政策的历史与现实议题，搭建起理解美国外交政策的理论框架。该论文旨在对米德的学术思想加以阐述。美国的外交传统是米德学术研究的核心论题，通过对美国外交历史的爬梳，米德分析了影响美国外交传统的因素，并对美国权力形态的形成和发展进行总结。他认为，对美国外交史的研究应当着眼于更为宏观的视角，注重其历史传承性。米德的研究超越了传统的理想主义/现实主义、单边主义/多边主义等二分法，创新性地提出了汉密尔顿主义、威尔逊主义、杰斐逊主义和杰克逊主义四种美国外交传统，认为正是这四种主义通过相互作用形成有机组合和动态发展，共同决定了美国外交行为。在此基础上，米德对美国外交传统的"权力根源"进行了理论发掘，在硬权力和软权力之外，提出了"黏性权力"的概念，从而实现了对美国外交传统认识的理论升华。

从知识生产的角度而言，这与米德作为学者与智库专家的双重身份是分不开的，依照"四种主义"与"三种权力"框架，米德构建了一个美国外交传统思想研究体系，丰富了学界解析历史、认知现实的理论工具。米德的思想成熟于21世纪初期，根据他的分析框架，该文对后冷战时期美国历届政府即克林顿、小布什、奥巴马和特朗普四届政府的外交行为进行分析，认为米德的理论能够对历届政府的外交行为进行合理的解析，为我们理解美国外交传统和21世纪美国外交提供了一个新颖的、合理的视角。

该文主体部分共分为六章。第一章对米德的学术经历、著述、观点特别是"四种主义"与"三种权力"框架体系进行了详细的分析和解读；第二章主要分析了一战后至20世纪末的美国外交政策演变；第三章主要分析了小布什政府时期威尔逊主义的起落；第四章解读了奥巴马政府期间杰斐逊主义的兴起；第五章分析了特朗普政府期间杰克逊主义者的外交特点；第六章对米德的美国外交传统思想进行了评价。

关键词：美国外交传统；沃尔特·R. 米德；汉密尔顿主义；威尔逊主义；杰斐逊主义；杰克逊主义；美国权力形态

2. 姜金言：《日本平安时代的上皇制度研究》，导师：戴宇教授。

研究方向：日本史

简介：日本上皇制度起源于公元7世纪，明治维新之后被废止，平安时代是日本封建社会快速发展并走向成熟的时期，也是日本上皇制度发展的黄金时期。平安时代的上皇制度对于日本封建社会的政治、经济、宗教和文化等方面都产生了深刻的影响。该文欲通过考证、分析、解读平安时代的各类相关史料，来更加全面而深入地揭示日本平安时代上皇制度的存在机制、发展过程、主要特征和基本影响。

该文主体由绪论、正文、结语三个部分组成。

第一部分为绪论,主要对日本上皇制度的概念与时间界限进行了界定,梳理和分析了国内外史学界对于日本上皇制度的研究现状,并介绍和论述了该文的写作思路、研究方法及创新与不足等问题。

第二部分为正文,由六章构成。

第一章主要介绍日本上皇制度的起源和平安时代以前上皇的身份定位,并探讨早期的上皇以女性居多的原因、其在皇位传承过程中与在位帝所发生的矛盾,以及早期上皇制度逐渐显现的弊端。

第二章主要介绍平安时代前中期的上皇制度与政局变化,时间范围包括平安时代初期和平安时代中期即摄关时代。该章探讨了平安初期上皇宣下仪式的成立及其意义,并简述摄关政治的开始、确立、变形与衰落,以及以藤原氏为世系的皇位传承;同时分析了摄关时代上皇的政治地位和宇多、三条等上皇对藤原氏的抵抗。

第三章主要涉及平安时代后期即院政时代的上皇制度,叙述了从摄关时代过渡到院政时代的历史发展过程,探讨了院政的行政方式以及院政时代的没落与武士阶级的兴起。

第四章主要论述平安时代上皇的礼制待遇与日常生活等。上皇在退位后所享受的待遇与退位前基本无异,其经济待遇也逐步提高,并在院政时代达到空前绝后的高度,为"治天之君"施行院政提供了物质保证。

第五章主要介绍和论述平安时代上皇的礼佛、入道等宗教生活,及其文化娱乐生活。上皇在佛教、建筑艺术、世俗文化艺术等方面均有所建树,同时上皇对佛教的干预也加剧了佛教权门化及僧兵械斗等社会问题。

第六章探讨上皇制度对女帝的兴衰、皇室父系意识的建立和皇太子制度的沿革等所产生的影响,并总结了在权臣及武士阶级压制之下上皇制度对天皇家族存续所起到的保护作用。

第三部分为结语,对全文内容进行了归纳和总结:日本上皇制度作为一项几乎贯穿日本封建社会始终的重要政治制度,既与天皇制有着极大的交集,又有别于天皇制而拥有自己的发展轨迹,并在一定程度上影响了其他封建制度的形成与发展;在权臣及武家掌权的时代,上皇制度对天皇家族的延续也起到了一定的保护作用。

关键词:上皇制度;平安时代;摄关政治;院政;藤原氏

3. 王颖鹏:《美国对苏联的核情报工作研究(1942—1953)》,导师:张广翔教授。

研究方向:俄国史

简介:作为全球率先掌握原子弹技术的国家,美国在核情报问题上面临双重任务:保守本国核机密并获取他国核情报。1942—1953年,苏联秘密启动核计划,全力开展原子弹研制工作。在此期间,美国与苏联开展了全方位的核情报博弈,核情报工作进入快速发展的轨道。

首先,美国各级各类核情报机构纷纷建立并初具规模,在总体上呈现国家与部门两个层级的二元模式。相较而言,以中央情报局为代表的国家情报机构尚处于酝酿和建构阶段;以美国军方、文职情报机构和联合情报机构为代表的部门情报机构则承担了更为具体和专业的核情报工作。其次,在保守核机密问题上,美国在与苏联的早期竞争中处于极为不利的地位,并出现严重情报泄露。这主要是由于美国曼哈顿计划存在安全漏洞、苏联积极开展核间谍行动,以及美国的防守与应对措施显著滞后所导致的。在对苏情报搜集中,鉴于苏联的严密防守,美国在传统情报搜集活动基础之上，积极拓展以科技为依托的新式情报搜集活动，并取得显著成效。通过精准的情报搜集、整合、深加工，美国成功识别苏联境内引爆的全部原子弹。与此同时，美国还通过抢占核资源、外交谈判与贸易封锁，以及信息和技术管控等方式，对苏联开展全方位核情报封锁。美国与盟国开展核情报合作也是美国对苏核情报工作中一个显著特征。美国与英国通过资源互补的形式开展较全面核情报合作，并与加拿大开展有限的情报合作。

总体而言，在苏联研制原子弹的时代，美国的核情报工作经历了从无到有、从被动到主动的良性发展，并取得一定成果。核情报机构建设与核情报活动同步开展并互相影响。与英国开展的核情报合作利弊并存，美国在获得英国支持的同时，也无可避免地向英国分享了核情报。科学技术与情报的关系愈发紧密，科技工作者和科研机构在核情报工作中发挥了突出的作用。

关键词：美国；苏联；原子弹；核情报

4. 张千任：《鸠山一郎内阁"自主外交"政策研究》，导师：陈景彦教授。

研究方向：日本史

简介：战后初期吉田茂内阁实行的"对美一边倒"外交政策，使日本结束了美国的单独军事占领状态，恢复了国家主权。此后，随着国际国内形势的不断变化，"对美一边倒"外交政策已经不能满足日本国家发展的需要。1951年9月8日缔结的《日美安全保障条约》是单方面的，条约没有明确规定美国有保卫日本的义务。正常平等的同盟关系应该是结盟国家之间在平等的基础上相互做出让步，实现互惠互利，通过结盟双方都能够获得利益；不正常不平等的同盟关系则是结盟的一方单方面从结盟的另一方身上获取各种利益，在同盟关系中实力强大的一方获得利益，而实力弱小的一方只有付出没有回报。早期的日美同盟就是美国从日本单方面索取各种利益，日本在日美同盟中只有大规模的付出而没有获得任何回报，这标志着日美关系处于绝对不平等的状态。敌视苏联、中国的态度严重阻碍了日本改善与苏联、中国的关系，特别是日本与苏联没有实现国家关系正常化，使日本在加入联合国问题上得不到苏联的支持，无法顺利加入联合国，重返国际社会。日本与中国的各项关系也得不到改善，中日经济贸易关系难以顺利开展，日本无法开拓中国这个得天独厚的海外原材料来源地和商品销售市场。为了修改《日美安全保障条约》，使美国明确承诺有保卫日本国家安全的义务，让日本能够在日美同盟中获得利益，进而将绝对不平等的日美同盟关系变成相对平等，为了实现日苏关系正常化，使日本能够顺利加入联合国，重返国际社会，为了改善中日关系，开展大规模的中日经济贸易活动，鸠山一郎内阁的"自主外交"政策应运而生。"自主外交"政策取得了巨大的成功：美国同意修改旧的不平等的《日美安全保障条约》，同意给予日本明确的安全保障承诺，这标志着绝对不平等的日美关系开始走向相对平等；日本与苏联实现了国家关系正常化，苏联支持日本加入联合国，使日本成功重返国际社会；中日关系得到了改善，开展了大规模的中日经济贸易活动，日本开辟了中国这个人口众多、国土面积庞大和资源丰富的海外原材料来源地和商品销售市场，促进了国民经济的恢复与高速发展。但是"自主外交"政策还存在着局限性，其实质仍然是在维持日美同盟基础上的"自主外交"政策，没有使战后日本外交摆脱美国的影响与控制。由于20世纪50年代中期苏联、中国在国家实力和国际地位方面存在的巨大差距，加上美国不反对日苏关系正常化，但坚决反对中日邦交正常化的态度，因此鸠山一郎内阁在实现日苏关系正常化的同时并没有一鼓作气实现中日邦交正常化。

关键词：鸠山一郎；"自主外交"；日美关系；日苏关系；中日关系

四川大学

2021年，四川大学世界史学科总计毕业博士研究生2人。博士学位论文信息如下。

1. 许镇梅：《从经济合作到政治反叛：美国南方农民联盟的平民主义活动研究》，导师：原祖杰教授。

研究方向：美国农史；美国的社会运动和政治文化

简介：论文聚焦南方农民联盟在各个阶段的活动重心，观察了美国农民为解决由工业化引发的一系列农业问题而进行的各种努力，考量了这些努力对不断激进化的平民主义发展轨迹的影响，探究了农民从经济自救走向政治反叛的行为逻辑，并揭示了他们在追求经济公平与社会公正的抗议和改革事业中所遭遇的内外部困境。论文的主体内容分为七章。第一章是对美国工业化转型时期的农业情况与农民处境的考察。第二章梳理了1890年之前南方农民联盟在组织建设方面的发展轨迹。第三、四、五章分别聚焦南方农民联盟在得州、棉花地带和其他农业—边缘区这三个逐步扩大的地理范围之内的经济活动，讨论不同农产品的生产者按照相似的合作思路在不同规模、不同内容的合作项目上进行的联合自救努力。考察了这些努力所面临的内外部挑战、成败得失以及所带来的教训和启示。第三章考察了马库恩在得州进行的以联盟交易所为核心的大规模商业合作行动的兴衰成败。第四章分析了马库恩从得州经验中发展出的一系列商业体系，并将其在整个棉花地带推广和改进。第五章考察了联盟向西部产粮区和沿海水果产区的扩展以及两地农民在联盟中的经济合作。第六章讨论了南方棉农与黄麻托拉斯之间的激烈对抗以及农民抗议的激进化发展趋势。第七章探讨的是平民主义的政治化和南方联盟在此冲击下的迅速瓦解。通过对南方联盟这个在19世纪后期非常典型的农民组织的具体抗议和改革活动的剖析，论文得出了以下结论：平民主义运动源于农民在工业化转型中所遭遇的经济困境和社会不公，起初以农民不断走向联合的经济自救努力为中心，最终发展成以其经济诉求为改革核心的政治行动，在他们的经济合作与政治反叛之间存在着清晰合理的行为逻辑。

关键词：工业化转型；平民主义；南方农民联盟；合作社；平民党

2. 王怡辰：《19世纪俄罗斯思想中的俄罗斯特殊性及其当代影响——兼论对西方观的借鉴与批判》，导师：张力教授。

研究方向：世界近现代史

简介：从彼得大帝改革开始，俄罗斯开始了漫长的"西化"过程。随着同西方交流的不断深入，俄罗斯思想也就和俄欧关系越来越多地联系在一起。在19世纪，俄罗斯与西方的交流愈发紧密。随着俄法战争的进行，俄罗斯思想受到了更多西方思想的冲击。这一现实迫使俄罗斯思想家重新认识俄罗斯与西方的关系。此时俄罗斯思想的研究重点聚焦在学习西方还是重新挖掘俄罗斯传统这一问题上。在实践中，这一讨论主要表现为斯拉夫派和西方派的论战。随着俄罗斯与欧洲的差距不断拉大，在经历了克里米亚战争之后，俄罗斯思想转向了俄罗斯本土的改革与革命。在实践中，这主要表现为俄罗斯农奴制改革以及之后的民粹派运动。此时，西方和俄罗斯关系在俄罗斯思想中的重要性看似有所下降，但实际上在俄罗斯思想家探讨俄罗斯未来发展道路的过程中，俄罗斯和西方的对比依旧十分重要。村社和资本主义成为代表俄罗斯和西方的不同发展路径。民粹派对村社的崇拜和对资本主义的厌恶成了民粹派重视俄罗斯特殊性的标志。直到普列汉诺夫与民粹派的论战，科学社会主义在俄罗斯的适用性问题成为俄罗斯思想家论战的主题。这一问题的本质还是俄罗斯相对于西方的特殊性，即俄罗斯和西欧是否可以适用于相同的革命理论。在19世纪俄罗斯思想的发展过程中，俄罗斯思想家对待西方的态度经历了"否定之否定"的过程。受到西方思想侵袭的俄罗斯思想家先是大规模地接受西方思想，接着对此进行反思，最终试图以俄罗斯自身特色为中心，结合西方先进理念构建全新的俄罗斯思想。俄罗斯特殊性以这样一种方式贯穿了整个19世纪俄罗斯思想的发展。与此同时，随着俄罗斯思想的发展，俄罗斯思想家对俄罗斯特殊性的认识和阐释也从东正教、村社、资本主义发展到包含俄罗斯特殊性的思想理论。总体而言，19世纪俄罗斯思想中的俄罗斯特殊性呈现出了从宗教哲学到政治实践、从简单对比到系统化理论的转向。纵观整个19世纪俄罗斯思想的发展，对俄罗斯未来发展道路以及对西方文明未来发展道路的寻求是俄罗斯思想家的总目标。在这一背景下，俄罗斯思想家对俄罗斯特殊性的探索既是俄罗斯摆脱欧洲"影响"，实现本国独立发展的开始，也是俄罗斯寻求西方文明未来发展方向的开始。

关键词：俄罗斯特殊性；俄罗斯与西方关系；恰达耶夫；赫尔岑；巴枯宁；普列汉诺夫

厦门大学

2021年，厦门大学世界史学科总计毕业博士研究生1人。博士学位论文信息如下。

杨慧英：《15—18世纪法国官职买卖研究》，指导教师：许二斌教授。

研究方向：欧洲史

简介：15—18世纪是法国从封建社会向资本主义社会过渡的重要历史时期，与绝对君主制从萌芽到衰亡的整个历史阶段大致重合。其间，法国的政治、经济、社会、文化乃至民众的思想都发生了新的变化，也存在不少问题，这些新的变化和问题共同促成了法国官职买卖的大发展。官职买卖伴随了法国的绝对君主制始终，它在王权的庇护下发展，反过来又侵蚀了王权。

官职买卖的产生受中世纪时期宗教和世俗因素的共同影响。法国是个典型的基督教国家，教会法中的"二十天规则"和有俸圣职的买卖启发了世俗官职的买卖。公共权力和私人财产概念之间界限不明是封建等级制的一个基本特征，其为公共权力的私有化提供了滋养的土壤，导致中世纪时期官职出租和出售的情况时有发生。因此，中世纪时期的官职买卖为15—18世纪时期的官职买卖提供了理论渊源和实践先例，奠定了历史基础。15—18世纪，逐渐进入绝对君主制时期的法国仍然深受封建因素的影响，但是又出现了一系列新的变化，旧要素与新变化的结合导致了法国官职买卖的成熟化发展。其一，等级制和贵族统治原则致使特权充斥了法国，对身份和地位的渴求激发了普通民众对官职的热情。其二，战争规模变大，战费支出扩大且王室支出不减；然而，特权蔓延和地方分权明显的财税制度，存在包税人的盘剥、拖欠税款、征税成本高等诸多弊端，公共信贷体系也不发达，远未能解决法国的大笔紧急财政开支，国家的财政需求为官职买卖的发展提供了现实条件。其三，贵族和教士阶层失去了往日的政治和经济优势,第三等级中的市民阶级兴起,具备了用财富购买官职的实力,扩大了法国官职买卖的目标人群,打开了市场。自路易十四后期始,由于政府对官职持有者的过度剥削、官职交易市场的饱和、税收和公债出售等其他财政所得的增加以及法国社会变革的需要,官职买卖在法国大革命中走向了末路。

对法国而言,官职出售是政府不得已采用的一种财政计策。如何在可控范围内充分发挥它的利用价值,是法国历代君主苦苦思索的问题,结果他们把官职买卖合法化和制度化了,官职买卖成了一种由政府组织、社会广泛参与的公共借贷手段,统治者试图在不损害王权的前提下通过官职出售实现最大创收的目的。确实,官职出售成了法国财政的重要补充手段,甚至一度超过了税收和信贷,成了法国最大的财政收入来源。官职出售不仅改变了法国的财政收入来源结构,还改变了其固有的社会阶层结构和政治权力结构,为法国从封建社会向资本主义社会过渡创造了条件。

关键词:绝对君主制;法国;官职买卖

东北师范大学

2021年,东北师范大学世界史学科总计毕业博士研究生19人,培养世界史学科,培养博士后2人。博士学位论文信息如下。

1. 陈友军:《"语言接触"与中古时期英语的演变》,指导教师:王晋新教授。

研究方向:西欧中古史

简介:任何民族国家与民族语言的形成过程,都是构成本民族的各种要素在特定的历史环境中不断冲突与融合的结果。自罗马帝国以来,外族接续踏上不列颠群岛,那里的本土语言也经历了一轮又一轮的外语冲击。最初由盎格鲁-撒克逊人使用的古英语,在中古时期的动荡历史进程和文化碰撞中,在一次又一次应对"语言接触"中,完成从古英语到中古英语,再到现代英语的转变,最终在15世纪确立了英格兰民族语言的地位,成为凝聚现代英国人的精神风向标和文化黏合剂。

英语是一系列民族迁徙、民族征服与民族融合的产物。英语的形成主要受"三次征服(盎格鲁-撒克逊征服、维京入侵和诺曼征服)"和"一次语言文化革命(圣奥古斯丁在英格兰用拉丁语传播基督教)"的影响。从语音、语法和词汇三个方面来讲,对英语的演变和发展产生过重大影响的语言是古诺斯语、拉丁语和法语。在外来语的影响下,英语从古英语时期的典型综合型语言逐渐演变成具有明显分析型语言特征的语言。

古英语是盎格鲁-撒克逊人的族群语言,属于印欧语系日耳曼语族西日耳曼语支;古诺斯语(斯堪的纳维亚语)是指北欧斯堪的纳维亚地区的维京人(丹麦人、挪威人和瑞典人)的语言,属于印欧语系日耳曼语族北日耳曼语支。中古英语来源于古英语,是在与古诺斯语长期接触融合之后,再分别大量吸收日耳曼语系罗曼语族的拉丁语和同属罗曼语族的法语词汇并加以英语化改造,经过四百余年逐渐演化,又在特定的历史条件下所形成的代表英格兰民族身份的民族语言。

综合型语言也叫屈折语，其特征是用大量的词尾屈折变化表达语法关系，句法成分位置不固定，通过词尾屈折变化表明各成分之间的语法关系。分析型语言也叫孤立语，其特征是用词序表达语法关系。在语言演化过程中，最稳定的就是语言类型，但英语却恰恰相反，从高度屈折的日耳曼综合语语型演化成与汉语十分接近的分析语语型。

该文需要厘清的主要问题依次如下。第一，古英语是综合型语言，现代英语却是分析型语言，现代英语语言类型与同为印欧语系的其他语言不同，是什么原因导致古英语语言类型发生转变；同一语系同一语族却不同的两个语支是怎样融合在一起的；随后又是怎样接纳分属不同语族的，作为世俗统治阶级的语言法语以及作为精神统治阶层的语言拉丁语的。

第二，从9世纪末开始的四个世纪的时间里，在维京人和诺曼人纷至沓来带来的语言侵袭下，英语是如何发展壮大的；诺曼征服之后，作为底层劳动人民的语言，英语怎样取代法语上升为代表统治阶级的王国语言和代表民族身份的民族语言的；中古晚期正值英格兰民族主体的确立时代，民族语言的形成过程又是如何与民族主体的形成与发展息息相关并伴随始终的。

该文从族群互动与融合、语言接触与演变、宗教、民族身份认同等历史文化角度探讨英语成为英格兰民族通用语的过程以及成因，以期丰富国内学界对中古时期英国民族建构过程中的语言因素问题的认识。

关键词：西欧中古史；英语史；英格兰民族；语言社会史；语言接触

2. 谢汉卿：《英国律师会馆研究》，指导教师：王云龙教授。

研究方向：英国史

简介：律师会馆诞生于13世纪中后叶，是英国普通法法律人才的培养机构。该文根据大量文献资料进行动态和静态的描述，在对英国律师会馆形成的历史和社会背景予以充分认识的基础上，对英国律师会馆的历史脉络进行深入分析，厘清律师会馆发展的来龙去脉，重点探讨中世纪晚期至近代早期律师会馆在英国社会秩序重构的进程中所发挥的独特作用，更深刻地认识律师会馆的本质。

该文认为，律师会馆始终以法律教育机构的身份出现在英国教育史的舞台之上。对于律师会馆的历史定位，任何研究都无法否认其在普通法教育史上的独特性。在特定的历史语境中，律师会馆发挥着超越教育机构这一身份的作用。而在面对自身问题和时代挑战时，律师会馆能够及时地自我调整，这是其保持生命力的根本。

第一部分，该文从律师会馆的起源出发，将其置于特定的时空环境之中，论述中世纪后期英格兰封建社会的发展与司法环境的变迁，分析这一时期英国社会发展变化与法律教育需求之间的矛盾，探讨律师阶层与律师会馆兴起的联系，并详细叙述了律师会馆的早期发展以及四大律师会馆的情况。

第二部分，探讨律师会馆的运行机制。这部分重点叙述律师会馆成员结构、运行机制和法律教育等情况。律师会馆的成员呈现三层金字塔结构，即顶层为主管委员和讲师、中间为外席律师、底层为法律学生和内席律师。律师会馆内部的运行机制具有管理集权化和科层组织化的特征，但在管理中出现结构性问题。

第三部分，以律师会馆法律教育的变革为线索，将《培根报告》作为切入点，探讨社会转型期律师会馆法律教育改革的方向，论述律师会馆博雅教育的发展和人文主义因素的传播。这部分重点叙述怀特洛克家族三代人借助律师会馆的平台实现社会阶层跨越的案例，探究律师会馆如何发挥中等阶层进阶之途的作用。

第四部分，英国内战爆发后，英国高等教育发展势头呈现断崖式下跌，律师会馆的法律教育发生结构性变迁。由于律师会馆始终无法克服遭遇的教育内卷化困境，致使自己在革命结束后失去了英国高等教育中心的地位。但在面对时代的挑战时，律师会馆适时做出了自我调整。

作为国家法治建设的一项基本要素，法律教育的质量对于法治参与者的素质起决定性作用，法律教育发展的水平直接影响法治发展的方向、规模与速度。作为英国培养普通法律师的摇篮，自诞生至今，律师会馆不仅肩负着培养普通法职业律师和法官等专业人才的历史使命，而且在推动英国政治生态的建设、调整社会秩序的结构、促进文化艺术的发展等多个方面发挥着独一无二的作用。

关键词：律师会馆；普通法；法律教育；《培根报告》；内卷化

3. 于振洋：《中世纪晚期英国商人商业信贷活动研究》，指导教师：李新宽教授。

研究方向：英国经济社会史

简介：中世纪晚期是英国商业信贷获得发展的重要时期。诚然，自14世纪初期以来，英国发生了数次饥荒和瘟疫。然而，危机环境并未让英国的商业信贷发展停滞不前。相反，危机的环境也存在着信贷发展的机遇。

英国商人的信贷活动范围十分广泛，从日常生活所需的食物与饮品到较高层次的进出口商品等。信贷的这种使用情况不仅得到了中世纪史研究者的普遍认可，更能在不同种类的法庭中得到印证。与此同时，随着工资水平的提升以及物价水平的降低，更多的英国民众能够消费得起较高层次的进口商品。因此，商人也会进口受英国民众欢迎的各种海外商品。来自东方国家的商品在这一时期也受到了英国人的欢迎，以丝绸及其制成品和种类繁多的香料最具代表性。除此之外，中世纪晚期英国商人的信贷活动不仅涉及与民众生活息息相关的物品，更是囊括了交易金额较大的大宗出口商品。

信贷在商人的贸易活动中能够起到如此重要的作用，缘由在于其有制度作为根本保障。中世纪晚期，受经济环境、货币供应等因素的影响，利用信贷手段从事贸易的商人可能无法按时履约，从而引起双方的债务纠纷。为了有效解决债务问题，1283年，议会通过《阿克顿·伯纳尔法令》，初步构建了一套官方信贷债务维护机制。这套机制主要涉及债权人、债务人、担保人与执法人员之间的权责关系，以此开启了债务问题解决的法治化进程。在实际执行过程中，这套债务机制逐渐显露出其缺陷所在。为此，议会陆续发布诸多法令对该机制不断进行完善，在这一过程中又颁布了诸多重要的法令。

信贷在英国商人的商业活动中起到的作用是双重的。一方面，信贷在贸易活动方面发挥了积极的作用，信贷能够确保商人贸易活动的稳定进行；另一方面，信贷也不可避免地带来某些消极作用，突出表现在信贷债务逾期未还而造成的违约，这给商人造成了不同程度上的损失。

关键词：中世纪晚期；英国商人；商业；信贷

4. 李伟：《17—18世纪英国女性消费研究》，指导教师：李新宽教授。

研究方向：英国经济和社会史

简介：17—18世纪是英国由传统农业社会向近代工业社会转变的重要时期，也是英国消费社会得以形成和发展的关键时期。在此期间，全体社会成员都能享受到经济社会发展的成果。其中女性作为重要的社会群体，她们的消费行为引发了更加广泛的社会关注。无论是女性自身的消费，还是代理家庭消费，女性消费水平的增加是多种因素共同作用的结果。与此同时，女性消费又反作用于社会，对传统社会乃至女性自身有着深远的影响。

该文以17—18世纪英国女性消费为主题，通过分析社会转型时期英国女性的消费状况，来考察女性及其与英国社会发展的关系。近代以来，女性外出赚取收入，男主人工资水平提高，都在很大程度上增强了女性的购买能力。社会流行的消费观念的转变，增强了女性的消费欲望。加之消费市场的扩大，为女性消费提供了物质保障。在这种背景下，女性除了消费家庭生产的物品，还会购买时尚新奇的物品。从女性消费的内容上来看，女性不仅参与服饰、化妆品和珠宝首饰等物质消费，还参加许多休闲娱乐方面的文化消费。从消费对象上来看，女性除了为自己购买各种物品，也要为家庭提供各种生活用品。不同经济状况下，女性在消费方面有着很大的差异，中上等阶层的女性在消费过程中有更多的选择和自由。然而，无论处于哪个社会阶层，女性的消费都不只是为了她们自己，作为家庭的代理人，女性还承担着代理家庭消费的责任。女性消费在展示自身的同时，更多的是体现男性的身份和地位。经济社会发展使女性消费水平有了很大的提高，反之，女性消费水平的提高对英国经济社会发展有着很大的促进作用。女性消费各种新奇时尚的物品，一定程度上冲击了传统的社会秩序，对女性自身也有着正反两方面的影响。女性参与各种文化消费活动，增强了女性的群体意识，激励着女性争取更多的权利和自由。同时，女性的消费行为也引发了男权社会的恐慌，继而使女性在消费过程中受到了各种批判和指责。

总而言之，17—18世纪，英国女性消费水平提高是英国经济社会发展的必然结果，符合时代发展的潮流。这一时期女性消费状况与近代英国社会中友爱婚姻的兴起相一致，女性有了更多的权利和自由，她们的社会地位呈上升的趋势。然而女性的社会地位并未摆脱时代发展的范畴，其弱势地位没有从根本上发生改变。女性在消费过程中依然受到男性的约束和限制，女性因消费受到谩骂和指责便是明显的例子。尽管如此，女性在消费过程中为争取自身的权益所表现出来的勇气，为日后女性争取更多的权益奠定了基础。

关键词：女性；消费

5. 李敏：《爱尔兰流亡者的跨国民族主义：美国芬尼亚兄弟会的兴起与衰落（1858—1880）》，指导教师：梁茂信教授。

研究方向：美国史

简介：当下，全球化和经济的不确定性促进了全球资本网络的建设，日益增加的人口流动性与通信技术的发展，又促使跨国界的社会关系日益密切，进而发展出了超越国家边界的社会思潮和政治动员。在这种跨国力量的簇拥之下，民族主义的情绪表达和政治实践，也不必然限定在特定的国家及其领土边界之内。在某种程度上，民族主义者也可以在想象的跨国空间中进行发挥。在历史学家看来，这种跨国民族主义自有其历史先例。1858年，爱尔兰政治流亡者为了实现爱尔兰民族独立，而在美国国土上建立的芬尼亚兄弟会，便是这一民族主义的典型例证。

芬尼亚兄弟会建立之后的最初两年，该组织并没有得到爱尔兰裔美国人的广泛支持，整体呈现缓慢发展态势。鉴于该组织发展迟缓，芬尼亚兄弟会在1861年组织了一场跨越大西洋的政治葬礼。这一葬礼有效地激发了爱尔兰裔美国人的族裔认同，但是从短期效果来看，对该组织的招募工作影响并不明显。对该组织后续发展产生重要影响的因素是美国内战中芬尼亚兄弟会成员的勇猛作战。正是他们的鲜血和对联邦事业的贡献，促使美国主流社会开始承认和认可该组织的存在。

在相对宽松和受欢迎的社会舆论中，芬尼亚兄弟会组织在1863年之后得到了迅速发展。这一发展成果不仅得益于该组织的机构规范化和章程美国化，也得益于其领导层的双重忠诚价值取向与内战时期美国民族主义发展特点的契合性。在保持对爱尔兰民族独立事业的目标追求上，更多地运用美国公民话语，构建对美利坚民族的认同。内战时期这种双重忠诚的民族认同模式，与组织初创时期形成鲜明对比。

美国内战结束后，芬尼亚兄弟会的跨国民族主义正式从意识形态的构建转向跨国政治的军事作战实践，同时也开始从巅峰状态迅速跌入低谷模式。这一时期，芬尼亚兄弟会领导层一改内战时期的双重忠诚取向，将民族认同问题集中在爱尔兰民族独立问题上，一种激进的共和民族主义占据该组织思想意识上风，较少兼顾美国国内事务和美利坚民族认同。在美国民族主义的视野之下，美国内战其实暗流涌动的反芬尼亚情绪，终于在重建时代迸发出来。遭遇内战重创的美国人，再也无法接受该组织的暴力倾向。在大西洋世界范围内，该组织的一系列活动，悉数被塑造成血腥与暴力事件。这也是这一组织留给20世纪初爱尔兰独立事业的历史记忆和民族遗产。

关键词：芬尼亚兄弟会；跨国民族主义；美国移民

6. 许卓：《美国亚洲基金会在菲律宾冷战活动研究（1951—1967）》，指导教师：张杨教授。

研究方向：冷战史

简介：冷战伊始，两大阵营对抗的地域范围逐渐向第三世界国家发展，热点区域亦由欧入亚。为推广第三世界新独立国家及其盟友对自身价值体系的认同，美方即确立了"争夺思想和人心"的国家心理宣传战略。心理宣传日益受到重视并成为重要的冷战武器。美国政府的全方位心理战活动不仅针对社会主义阵营及广大第三世界国家，亦瞄准自身盟国，不遗余力地推销和灌输美国文化、价值观及生活方式，以利于实现美国整体冷战战略，并最终确立其全球霸权。

美国政府实施心理宣传的手段和方式可谓五花八门，主要包括教育文化交流、经济与技术援助、各种传媒产品的发行与传播、多样化艺术形式的展览与推广，以及笔友交流及缔结姐妹城市等，不一而足。为了隐藏这些心理宣传手段，美国政府亦特别注重利用大垄断财团、私人组织机构及形形色色的非政府组织，目的是更有效地实现其冷战目标。

出于自身曾被殖民的敏感性，对于美国政府实施的各种心理宣传，二战后新独立的许多亚洲国家皆持有一定程度的怀疑和抵制态度。因此，美国政府首先利用中央情报局，直接出资创立了"自由亚洲委员会"；随后又意识到该委员会的名称政治性太强，为了有效消除亚洲民众对该组织的心理障碍，故随即将之改为更具慈善掩护色彩的"亚洲基金会"。冷战期间，亚洲基金会的活动轨迹几乎遍布亚洲所有国家，其充分利用与之合作的所在国私人组织，以隐蔽的方式进行广泛的心理宣传。

20世纪上半叶，美国以殖民手段推行其发展模式的唯一对象即菲律宾。1946年独立后，菲律宾随即成为美国在亚洲及太平洋"第一岛链"上重要一环，配合参与遏制中国。美方亦期待菲律宾能成为亚洲新独立国家的典范，以展示"美援"复兴及"美式"民主道路。但基于历史，反美主义在菲律宾社会亦是根深蒂固，并随着战后菲律宾政府的更迭而变化。故而，在日益复杂的亚洲冷战局势下，美国需要以更审慎的方式在菲律宾推行其"亲美反共"的亚洲冷战政策。

该文以冷战初期亚洲基金会在菲律宾的心理宣传活动为考察对象，深入阐述该基金会在菲律宾教育文化交流及大众传媒等多个领域，针对诸如青年学生、女性及海外华人等重点社会群体所进行的广泛而长期的冷战宣传活动。文章对相关国家和地区一手档案进行广泛收集并深入挖掘，详细探讨了亚洲基金会在菲律宾所开展的众多心理宣传项目，揭示该组织如何以隐蔽方式帮助美国实现冷战心理宣传目标，并最终服务于美国国家利益的需要。

关键词：美国；菲律宾；亚洲冷战；亚洲基金会；心理宣传

7. 崔珊：《明治维新时期日本教育法治研究（1868—1889年）》，指导教师：王云龙教授。

研究方向：世界教育法治史

简介：教育法治是我国建设高质量教育体系，实现到2035年建成社会主义现代化教育强国战略目标的重要方式和主要路径。加强教育法治研究，对加快推进我国教育领域法治化进程，实现我国教育治理体系和治理能力现代化具有积极的理论价值和现实意义。日本是开展教育法治建设较早的发达国家，自明治维新时期起，就开启了教育法治的近现代化进程。教育法治在日本的深入实施，进一步推进完善了日本近现代教育体系，为日本在百年间迅速突破封建社会的桎梏、转型为现代化国家奠定了坚实基础。

该文主要包括以下几个部分。

引言部分，介绍了该文的问题背景、国内外研究现状、研究方法及研究意义。综合运用文献研究法、历史唯物主义辩证法、个案分析法等，分析历史背景，对比区别，归纳规律，联系当时社会现状，具体问题具体分析。

第一章，从法治、法制、教育法治和教育法制概念界定出发，从词源学和发生学角度对其一一理解阐述，并试图深究其内涵及外延相关问题，明晰其在不同语境中的不同含义，从而厘清法治和法制、教育法制和教育法治之间的辩证关系，为后文展开明治维新教育法治问题的具体研究奠定概念基础。

第二章，以明治维新前夕社会发展状况为切入点，分析明治时期日本教育法制变革的历史背景，阐明变革是日本社会转型的主要动力，揭示明治维新时期日本社会发展变革与教育法治需求之间的联系，并且详细阐述日本如何引进西方教育法治的途径。

第三章，聚焦日本学制的建立与发展历程。《学制》是明治维新制定的第一部教育法，科学合理地参照美国最先进道德教育法制所制定，具有高起点、高质量的立法特质。通过分析日本《学制》的理论来源、社会背景、制定过程、主要内容和落实情况，进一步论述《学制》对日本教育和近代化的重要作用，同时也指出其存在着诸多方面的不足。

第四章，主要介绍《教育令》，包括其颁布的社会背景、形成过程、主要内容和实施成效。《教育令》深受美国自由主义教育思想的影响，把教育权限逐层下放，实现了教育的地方自治，改变了日本教育中央集权的局面，在日本开启尊重地方办学权的先河，推动了地方办学的积极性，但是实施效果并不理想。

第五章，探讨效仿普鲁士模式的典型法令，依次重点阐述其核心内容。其中《学校令》以德国教育法治为模板，秉承着国家主义教育的原则。同样，《教育敕语》把忠君爱国作为教育方针的灵魂，确立了天皇绝对权威，使日本走上了极端的国家主义之路。

关键词：日本；明治维新；教育；法治化

8. 李彬：《12—15 世纪西欧大学文学院研究》，指导教师：王云龙教授。

研究方向：欧洲中世纪史

简介：欧洲中世纪大学文学院是一个由教师和学生组成的行会，在欧洲中世纪大学的机构设置中居于重要地位，在中世纪大学内部治理机制的探索和实践方面也发挥着独特的作用。它致力于追求知识，并培养七艺教师，肩负着延续和发展七艺的历史使命。

该文通过对大量历史相关文献的梳理和分析，追本溯源，考释了欧洲中世纪大学名称，探究了欧洲中世纪大学文学院名称起源和内涵。在对欧洲中世纪大学文学院形成的历史和社会背景进行充分探索的基础上，深入分析了中世纪大学文学院的内部组织结构和运行机制，明晰其教学体系和学位制度的历史演变，并进一步阐发此种演变的成因，加深对中世纪大学文学院本质的认知。

欧洲中世纪大学称谓不一，该文通过释读史料，考释欧洲中世纪大学之名，辨析"universitas"、"studium"和"studium generale"的指向。在此基础上，从词源学角度探讨"Art"和"Faculty"的演进，从发生学视角解析"the Faculty of Arts"，以细致的语言探微接榫中世纪大学文学院的发展线索。欧洲中世纪大学文学院的产生与欧洲中世纪的社会发展密不可分。随着中世纪城市复兴和教育环境不断变迁，城市发展与教育需求之间的矛盾显现，学者对教育环境要求提升。知识分子阶层开始售卖知识，传授七艺和法律，改变了传统教育方式和知识传播方式。教师和学生组成的学人行会，成为传播知识的组织形式，逐步演变成欧洲中世纪大学文学院。

欧洲中世纪大学文学院的组织结构与运行机制不断健全。文学院内部组织结构呈不断完善趋势，不同大学内部组织结构截然不同。但是，欧洲中世纪大学文学院治理体现着自治化、集中化、民主化和平等化的特征。在完善的组织和运行机制的基础上，欧洲中世纪大学文学院教学体系和学位制度相当健全。借鉴骑士教育制度和行会晋升制度，欧洲中世纪大学文学院明确了学位分类、学位授予程序和学位授予主体。

总之，该文以 12—15 世纪欧洲大学文学院早期发展为切入点，重点探讨欧洲中世纪大学文学院的兴起、内部组织、运行机制和教学体系，突出创新的问题意识、集阐释性与思辨性于一体的跨学科整合型研究，揭示欧洲中世纪大学文学院的历史现状与内涵，从而呈现 12—15 世纪欧洲大学发展过程，了解了教育与社会历史文化的互动关系，以及文学院与知识传承之间的特殊关系。由此得出文学院为大学提供了知识生产的制度保障、人员保障、知识体系保障。探寻欧洲中世纪大学文学院发展轨迹与历史价值可为我国高等教育的改革提供启发借鉴，提升我国高等教育的品质。

关键词：中世纪大学；文学院；体制与机制；教学体系；学位制度

9. 高露：《12—15 世纪欧洲大学特许权研究——以博洛尼亚大学、巴黎大学和牛津大学为例》，指导教师：王云龙教授。

研究方向：欧洲中世纪史

简介：特许权贯穿于 12—15 世纪欧洲大学发展的进程，是 12—15 世纪欧洲大学发展的基础，保障了 12—15 世纪欧洲大学自治。大学自治从 12—15 世纪欧洲大学延续至今，从未中断，成为近现代西方大学争取自治的文化资本和精神支柱。该文以 12—15 世纪欧洲大学特许权为研究对象，以博洛尼亚大学、巴黎大学和牛津大学为例，通过释读特许状，对大学特许权进行历史性考察，总结大学特许权的本质特征，给予大学特许权符合时代条件和社会背景的阐释。

大学肇始于欧洲中世纪，意大利博洛尼亚、法国巴黎和英国牛津是大学兴起的主要发源地。12世纪至13世纪初，在博洛尼亚城、巴黎城和牛津城，教师和学生效仿商业行会或手工业行会，自发组成维护自身利益的学人共同体。作为一种社团组织，学人共同体的法律地位是由最高权威予以规定。基于共同利益的妥协，或大学利用教权和王权之间的矛盾，教权、王权在不同时期以不同理由授予大学特许状。

博洛尼亚大学率先取得特许状和特许权。在12—15世纪，巴黎大学特许权历经产生、发展和受限。巴黎大学巧妙利用王权和教权之间的矛盾，审时度势地选择依附对象，力图取得更多的特许权，使巴黎大学治理朝着规范化、制度化和法治化的方向发展。自15世纪中期，王权不断强化，巴黎大学过度卷入政治纷争，学者滥用特许权，法兰西国王陆续取消巴黎大学部分特许权。与同时期的巴黎大学相比，由于地理因素和英格兰王权强盛，教皇对牛津大学干涉较少。英格兰国王对牛津大学关爱有加，在调解牛津大学和市民之间的冲突时，国王始终偏袒牛津大学。牛津大学通过屡次冲突取得各种特许权，成为凌驾于市民之上的管理者，并具有高度的自治空间。可见，博洛尼亚大学特许权、巴黎大学特许权和牛津大学特许权有着共性和差异性。

12—15世纪欧洲大学特许权是一种权力的让渡，是一种在特许范围内的豁免和自由。特许权既是大学同教权、王权、城市博弈的结果，也是教权、王权或皇权控制大学的一种手段。特许权既是大学繁荣发展和自治的保障，又是大学腐败和封闭的诱因。从历史根源上认清12—15世纪欧洲大学、法人社团、特许状、特许权、大学自治和学术自由等社会现象，更加客观且清晰了解12—15世纪欧洲大学治理机制，有助于厘清12—15世纪欧洲大学自治和现代大学自治的联系和区别。这对推动欧洲中世纪大学史研究具有重要学术价值，对深化现代西方大学自治路径研究具有重要意义。

关键词：12—15世纪；欧洲；大学；特许权；特许状

10. 李震宇：《罗马帝国潘诺尼亚行省治理研究（公元前35年至公元284年）》，指导教师：宫秀华教授。

研究方向：古代罗马史

简介：在公元1世纪至3世纪的罗马帝国前期，潘诺尼亚是帝国在多瑙河地区最重要的边疆行省之一，罗马对该行省的治理始终服务于帝国的整体战略。由于潘诺尼亚独特的地理环境与重要的战略定位，罗马在治理该行省的过程中，在军事、行政、经济与文化多方面体现出其独有的特征。这些特征亦对帝国的发展产生了重大影响，在3世纪危机之际，出身潘诺尼亚的军人皇帝力挽狂澜，在元首制向君主制的转轨过程中起到了重要作用。

该文由引言、正文（五章）和结语三部分组成。

第一章主要阐述了罗马通过武力征服与镇压起义，最终在潘诺尼亚确立起行省统治等问题。罗马为巩固对潘诺尼亚的统治，决定将行省制度引入该地，罗马建立潘诺尼亚行省正是服务于帝国整体战略的必然选择。

第二章主要阐述了罗马对潘诺尼亚行省在军事方面的治理。保卫边疆防线是罗马在潘诺尼亚最重要的战略目标，而治理的副作用，即频繁发生的军人干政，既对前期罗马帝国统治的"乱世"具有不可推卸之责，亦对晚期帝国统治的复兴提供了重要基础。

第三章主要阐述了罗马对潘诺尼亚行省在行政方面的治理。罗马既继承了帝国在治理行省过程中的基本管理框架，又因地制宜，对行省进行分割，这体现出罗马对"分而治之"政策的一种创新，即"分区抗敌"，既确保行省可以应对来自两方面的攻击，又可保障帝国统治的长治久安。

第四章主要阐述了罗马对潘诺尼亚行省在经济方面的治理。罗马对当地经济的治理，最终发展出以中小地主与自耕农为主体的特色经济，并为帝国中后期提供了一个可靠的优质士兵来源地。

第五章主要阐释了罗马对潘诺尼亚行省在文化方面的治理。罗马对该地的文化治理，加强了潘诺尼亚人对罗马人身份的自我认同，并彻底完成了罗马化，最终形成了对帝国后世影响深远的罗马-伊利里亚人。

综观罗马对潘诺尼亚行省的治理，行省军队主导了行省的发展方向，彻底的罗马化则是罗马治理的最大特色。罗马对潘诺尼亚的治理具有双向性影响力，伊利里亚诸帝的崛起是治理成效的最佳表现。这是因为，军事治理导致的军人干政植入了伊利里亚诸帝崛起的历史基因，经济治理导致的小农经济提供了伊利里亚诸帝崛起的军事人才优势，文化治理激发的罗马-伊利里亚人的国家情怀奠定了伊利里亚诸帝崛起和他们尝试结束乱世的思想基础，行政治理导致的"分而治之"政策的革新应用奠定了伊利里亚诸帝及后世君主"四帝共治"或"东西分治"政策的雏形。

关键词：潘诺尼亚；罗马帝国；行省；治理

11. 施晓静：《波里比阿的历史书写与身份认同》，指导教师：周巩固教授。

研究方向：西方古典史学

简介：该文主要探讨了波里比阿的多元身份对其史家身份和历史书写活动的影响，探究他在治史过程中如何做出取舍和平衡，从而在当下的视角反思波里比阿历史书写的地位和贡献。

绪论部分介绍了选题的背景和研究现状，梳理了关于身份认同与史家角色相关的理论研究成果，对波里比阿及其《历史》在国内外不同时期的传播与研究情况进行了整理，并对与波里比阿相关的原始文献和版本情况加以梳理和介绍。

第一章梳理波里比阿多元身份和立场的时代背景。亚该亚同盟在第三次马其顿战争后遭到了罗马人的清算，波里比阿作为人质在羁留期间对罗马的态度也发生了变化。加之世界主义和泛希腊主义思潮的兴起，也对波里比阿的历史书写产生了影响。

第二章主要探讨波里比阿对"历史学家"的身份认同和自我反省。波里比阿对"历史学家"和"作者"的表述存在语境的差异，他对历史学家提出了具体的任务要求，包括书写综合且真实的历史，注重同政治实践活动的密切联系。但他未能平衡史学求真与致用的关系，他对历史学家角色的外在塑造与他的认识也有区别。

第三章考察波里比阿如何平衡自己在希腊和罗马之间的二重性立场。通过对比狄奥多罗斯等罗马治下的希腊作者，分析波里比阿所面临的立场冲突的特殊性。波里比阿认识到罗马统治世界的必然性和合理性，同时也保持着对亚该亚同盟和希腊文化的维护和热爱，力求探索罗马治下的希腊人如何更好地生存和发展。

第四章从波里比阿的政治家身份出发，探究其知识积累和参政经验对其历史写作的影响。通过观察和分析，他比较了不同政体的优劣，将罗马人成功的原因归于政体的优越。他还强调史学的实用性，认为历史写作的目标就是要为从事政治事务的人提供借鉴和指导。

第五章从波里比阿的军事统帅身份出发，探究其军事方面的经验积累的影响。波里比阿详细论述了罗马军团的优势所在，论述了罗马军团的军事纪律和日常纪念仪式对罗马精神的影响。体现了他作为军事统帅的经验优势和历史解释的视角。

第六章从史学史的视角分析了波里比阿多元身份的影响。波里比阿传承并发展了希腊史学传统中求真与立场客观性的主张，借鉴并改造了希腊的"普世"史书写，强调史学要"经世致用"，这也是他对西方史学史的重要创见，为以后的罗马史家提供了启发和借鉴。

结论部分总结了波里比阿的理论贡献，主要表现为他对历史学家这一身份的自觉意识。波里比阿的各种非史家角色和职责也反映在他的历史书写中，这对于分析多元身份对历史学家及其历史书写活动的影响具有启发意义。

关键词：波里比阿；历史书写；身份认同；多元身份

12. 金继宏：《古埃及男性服饰文化研究》，指导教师：李晓东教授。

研究方向：古埃及学

简介：该文以古埃及男性的服装及其配饰为研究对象，试图归纳出不同时期不同社会阶层的穿着。为此该文共分为六个章节。

第一章概括该文所依据的史料，并着重探讨这些史料的可信度以及如何运用这些史料。图像史料数量最多，但古人并未言明图画中衣物的称谓，今人只知其形而不知其名。文字史料数量虽也多，但古埃及无《说文》《尔雅》之类的字书，许多词语今人只知其名而不知其形。

第二章探讨古代埃及人制作服饰和配饰所能够凭借的物质条件和技术条件。物质条件方面探讨了古人所能接触到的纤维、染料及其他原材料。技术条件方面则探讨古人在纺织、制皮、印染、裁剪、缝纫等方面所掌握的工具和技术水平。例如，古埃及人衣物多为白色，其主要原因是古埃及人可轻易获取的染料只有红色的赭土，而且因为杂质多导致色泽不佳，鲜艳的红色、蓝色等染料只是从新王国时代才从西亚引进，而且不是一般人所能够享用的。可见，客观条件在相当程度上制约着古埃及服饰的形制，并久而久之形成文化传统，因此，古埃及人某些穿着习惯的根源不是主观上的崇尚或偏爱什么，而是在客观条件的限制下只得如此。

第三章按照时代顺序依次探讨古王国、中王国、新王国三个时代的国王服饰及配饰，以及国王在战场、重大节庆等特殊场合的穿着。由于实物史料的稀少，该文不过多涉及衣物的制作方式，而着重探讨衣物形式的演变以及衣物背后的文化意义。例如古王国时代的国王多被刻画为穿着一种短围裙的模样，尽管直到埃及成为罗马行省之后，仍有罗马皇帝在埃及神庙的墙壁上被刻画为穿着这种围裙的模样，但该文认为早在中王国时代，这种衣物就已不是国王的日常穿着。

第四章亦按照时代顺序探讨贵族的服饰及配饰。基于同样原因，该文不过多涉及衣物的制作方式，而着重探讨衣物形式的演变以及衣物背后的文化意义。同时该文还注意区分同一时期不同阶层、不同分工的贵族在穿着方面的区别。

第五章探讨平民的服装。平民服装是该文的一个难点，在工匠村出土的文献当中对于工匠衣物的称呼几乎不见于其他文献的记载，可见掌握话语权的贵族与不掌握话语权的平民之间有一道不可逾越的鸿沟，导致平民服装的文化意义难以探讨。但是，工匠村的文献包括人们买卖衣物的许多记录，可用于探讨衣服对于古埃及平民经济生活的意义。

第六章探讨古埃及服饰文化的交流与传承。一方面是古埃及与周边民族的相互影响，另一方面则是现代服饰当中的古埃及印迹，尤其是当代欧美服饰界出于猎奇心理对古埃及文化符号的滥用。

关键词：古埃及；男性；服装；配饰

13. 郭小瑞：《古埃及平民群体研究（公元前 2686—公元前 2069）》，指导教师：郭丹彤教授。

研究方向：古埃及学

简介：平民群体是古埃及社会得以稳定发展的基石之一，也是衡量古埃及社会走向的重要指标之一。古埃及从古王国开始到新王国结束是古埃及文明独立发展完善的历史时期，正是在这一时期平民群体完成了从萌芽、形成、发展到成熟的发展阶段。该文以埃及语中的群体性词汇瑞麦特（rmT）、赖赫特（rxyt）、涅杰斯（nDs）、涅木虎（nmHw）为主要研究对象，在梳理这些词语相关文献的基础上，对古埃及平民群体的发展和特征进行细致深入的探讨。古王国时期，平民群体处于准群体的萌芽状态，文献中主要的平民群体性词语有瑞麦特、赖赫特、赫恩迈麦特（Hnmm.t）。虽然这一时期平民群体尚未形成，但是在瑞麦特和赖赫特群体中已经初见平民群体的端倪，并出现了社会分层的现象。平民群体的一般特征也在这一时期初步成型。第一中间期和中王国时期，涅杰斯群体开始展现平民特征，并以自我意识的觉醒为标志宣告了古埃及平民群体的正式形成。原有的具有平民群体属性的瑞麦特和赖赫特则走向了完全不同的发展方向：瑞麦特成为区别于外国人的具有埃及民族性质的称呼，而赖赫特则开始逐渐向着平民群体总称的方向发展。第一中间期的赖赫特群体分裂后平民群体中出现了一些不完全具备平民属性的群体，这些非典型平民群体的出现预示着平民群体得到了一定程度上的发展，并展现出多样化的趋势。与此同时，平民群体分层呈现复杂化趋势，平民群体的社会流动也有一定加速。中王国时期伴随着赖赫特群体的重塑，统治者加强了对平民群体发展的干预。可以说古埃及平民群体的诞生和发展一直处于埃及统治者们的干涉和推动之下。第二中间期和新王国时期是平民群体的巩固和成熟的时期。赖赫特群体完全具备了平民群体的特征，并且在统治者的主观定义下，成为平民群体的统称。自此开始，赖赫特群体等同于古埃及平民群体，这也标志着平民群体走向成熟。这一时期，涅木虎群体替代涅杰斯群体成为平民群体中的代表，非典型平民群体也得到了一定的巩固，统治者将其同样纳入自己的统治基础中。平民群体整体社会地位的提升是新王国时期平民群体发展的主题，然而，涅木虎群体中不再出现真正跨阶层式的晋升却也意味着古埃及阶层固化的开始。综观古埃及平民群体的发展历程，平民群体的重要性呈不断上升趋势，甚至一度成为国王抗衡宗教势力的中流砥柱。平民群体发展的起伏及其社会流动的动向与国家政治、经济状况有着较为直接的联系。古埃及平民群体的发展既是古埃及文明发展的推动力，同时也是古埃及文明发展的结果。

关键词：古埃及；公元前 2686—2069 年；平民群体；赖赫特群体；涅杰斯群体；涅木虎群体

14. 吴桐：《狄奥多鲁斯〈历史文库〉战争叙事中的情感要素》，指导教师：顾斯文教授。

研究方向：古典学

简介：本文以公元前一世纪的西西里史家狄奥多鲁斯（Diodorus Siculus）所著的《历史文库》（Bibliotheke）为研究对象，考察情感这一叙事要素在《历史文库》的战争描述中的作用和地位。通过对所选材料进行较为详细的文本分析，笔者试图从三个视角阐述以上问题。

本文第一章旨在探究《历史文库》对战争时期"恐惧"心理的叙述。该章前半部分指出恐惧在狄奥多鲁斯战争叙事中的重要性，并梳理其用以描述恐惧的术语及用词习惯。根据文本中恐惧的发生环境和人物的情感回应，作者将《历史文库》中的恐惧叙事范式细分为以对敌军使用震慑手段为特征的"外部恐惧"，与城邦政体相关联的"内部恐惧"，以及用于突出特定人物领导能力的"无畏"叙述。经分析可知，狄奥多鲁斯虽认为适度运用恐惧有利于克敌制胜，但过度的恐惧往往伴随着屠戮等暴行，有悖于其"仁政"（φιλανθρωπία）理念，因此以道德批判的方式对其加以限制。

第二章讨论了狄奥多鲁斯如何运用情感要素构建亚历山大的人物形象。有学者认为，《历史文库》第十七卷对这位史上最伟大的征服者持一味褒扬态度，但研究狄奥多鲁斯笔下亚历山大的情感倾向、军事指挥能力以及道德判断可以发现，《历史文库》对亚历山大的评价是多元立体、褒贬互见的，亚历山大在情绪稳定性和情感控制能力方面的不足常遭到狄奥多鲁斯的批判。该章指出，迪奥多鲁斯将亚历山大的上述性格缺陷归因于其缺乏希腊教养（παιδεία），且其对亚历山大的批评在更深层面上指向了恺撒、庞培等"亚历山大模仿者"。狄奥多鲁斯以历史人物影射时政，希望希腊教养能在"修身"、"治国"等层面约束和指导罗马共和国晚期的军事野心家，这亦在一定程度上体现出史家所持的希腊立场。

第三章分析了情感与狄奥多鲁斯笔下"历史典故"（exempla）的紧密关联。该章重点考察的两则典故叙事分别为第一次布匿战争期间阿提利乌斯（Atilius）与迦太基人的和谈，以及第三次马其顿战争后阿米里乌斯（Aemilius）对马其顿国王佩尔修斯（Perseus）的处置。详细比对狄奥多鲁斯与波利比乌斯、李维对相同事件的不同叙述，可以证实《历史文库》更加倾向以情感形塑和阐发上述历史典故。此外，通过激发读者的"效慕"（ζῆλος）情感，狄奥多鲁斯引导其以古鉴今，反思罗马军事扩张和政治领导地位的现实可持续性与道德合法性。

概言之，本文指出情感是《历史文库》中的重要叙事元素，其在文本中的呈现方式是狄奥多鲁斯本人道德立场和现实关切的具体反映。对狄奥多鲁斯情感叙事的研究，不仅有助于佐证其著作在历史阐释方面的创造性，亦能进一步加深今人对于情感在古典历史编纂学所起作用的认识。

关键词：迪奥多鲁斯；《历史文库》；情感；战争叙事

15. 张红霞：《西塞罗〈为克卢安提乌斯〉辩护词中的形象构建与范式》，指导教师：顾斯文教授。

研究方向：古代西亚；北非和欧洲文明史研究

简介：西塞罗《为克卢安提乌斯》辩护词成于公元前66年，涉及近六十多个人物角色、情节复杂、篇幅较长。本文运用社会学家戈夫曼的框架理论，分析西塞罗对不同人物形象的构建。本文通过审视西塞罗的修辞策略，探讨西塞罗如何利用刻板印象、贬低、置换性别角色来污名化一名罗马贵族妇女、如何刻画一名反派罗马男性公民。更为重要是，该辩护词揭示了西塞罗笔下一位高贵公民的形象特征。通过对框架策略的微妙嵌入，可以将西塞罗的说服方式理解为一套完备的沟通艺术，进而能够勾勒出西塞罗利用听众已有的经验、认知、期望来构建其需要的积极形象或消极形象。这一形象建构揭示了西塞罗辩词策略背后的丰富层次。该文运用社会学框架理论阐释传世文献，揭示静态文本背后的丰富社会文化。西塞罗《为克卢安提乌斯》辩护词中的形象构建与范式，反映了古罗马社会对于女性的刻板印象。

关键词：西塞罗；《为克卢安提乌斯》辩护词；形象构建

16. 陈克：《古希腊嘉奖外邦代理人法令研究》，指导教师：张强教授。

研究方向：古典学

简介：外邦代理人作为古希腊世界所独有的现象，从城邦间友谊的见证者到具有实际代理功能的身份，再到仅仅代表荣誉的头衔，经历了漫长的发展过程。嘉奖外邦代理人之举遍布整个希腊世界，持续数百年。该文所采用的"外邦代理人"之谓，其实在不同城邦、不同历史背景下含义各有所别，远非"代理"一词所能概全。外邦代理人相关问题的主要证据是刻有嘉奖法令的碑铭。这类碑铭具有双重性，既有公示法令的作用，又对被嘉奖人而言是一种实物纪念。古希腊几乎所有城邦都曾嘉奖外邦代理人，现存碑铭数量最多的是雅典（Athens）、德尔菲（Delphi）、提洛岛（Delos）和伯罗奔尼撒半岛（Peloponnese）。该文四个章节便是以上述城邦和地区的铭文法令为基础，结合古典著作家的记载，分析总结嘉奖外邦代理人法令的体例和特点，并对具有代表性的个案进行较为详细分析。第一章关注的是雅典嘉奖外邦代理人的法令。已发现的铭文法令表明，雅典在公元前5世纪逐渐形成并确立了颁布法令嘉奖外邦代理人的传统，雅典嘉奖法令中的要素较多，程序完善，体现出雅典成熟的民主体制。雅典外邦代理人的作用在公元前5世纪主要反映在政治、军事领域，是雅典帝国权力制衡的工具。公元前4世纪，雅典的嘉奖数量达到顶峰，众多嘉奖则是出于经济贡献的考量，因为向雅典提供谷物而被嘉奖的外邦代理人明显增多，同时也反映出雅典当时对谷物的需求。公元前3世纪，雅典部分外邦代理人是因为保障了雅典公民的安全而被嘉奖，折射出马其顿（Macedon）影响下雅典的乱局。第二章是对德尔菲嘉奖外邦代理人法令的整理与分析。比较而言，德尔菲现存的嘉奖外邦代理人法令是古希腊城邦中数量最多的，总计近700篇，占据整个希腊世界的四分之一。除了数量多之外，德尔菲法令的另一特点是措辞简短且体例相对固定。德尔菲在嘉奖外邦代理人荣誉的同时，都会同时嘉奖一系列其他荣誉，所以外邦代理人在德尔菲可能只是系列荣誉之一。外邦代理人在德尔菲更多是回报性的嘉奖，嘉奖数量远多于城邦的实际需求，其实际功能与雅典迥然有别。该章着重考察的是德尔菲嘉奖外邦代理人的礼仪性。第三章是对提洛岛嘉奖外邦代理人法令的整理分析。提洛岛现存的嘉奖外邦代理人法令在数量上仅次于德尔菲，从时间上看主要集中在公元前3世纪。法令中常常强调被嘉奖人是"圣所和提洛人民"的外邦代理人。在提洛岛，随外邦代理人一同嘉奖的最常见的特权是参政权，体现出岛屿城邦的政治开放度。在整个希腊世界，迨至公元前3世纪，外邦代理人的礼仪性已较为突出，提洛岛也不例外，通过礼仪性的嘉奖维护与雅典、爱琴海诸岛以及希腊化王室之间的关系。第四章关注的是伯罗奔尼撒半岛嘉奖外邦代理人的法令。伯罗奔尼撒地区的嘉奖法令以奥林匹亚（Olympia）和埃皮达洛斯（Epidauros）为主。奥林匹亚所发现的法令年代较早，可能因被嘉奖人至圣所奉献而留下记录；而埃皮达洛斯多以名录的形式公布法令，虽铭文较少，但包含的外邦代理人数量众多。该地区的外邦代理人制度的功能主要体现在地区联合与宗教方面。

关键词：外邦代理人；嘉奖法令；雅典；德尔菲；提洛岛；伯罗奔尼撒半岛

17. 段红玉：《西塞罗与罗马共和末期的政治（公元前49—公元前43年）——以西塞罗书信为中心》，指导教师：张强教授。

研究方向：古典学

简介：西塞罗所处的时代是罗马共和制度走向衰落的时代。这一衰落尤以公元前49年凯撒-庞培内战爆发后为剧。自彼时起至公元前43年，罗马政坛经历了凯撒专制、带有独裁性质的安东尼执政以及穆提那战争等一系列重大政治事件。作为上层统治阶级的重要成员，西塞罗以自己的方式参与到这些事件当中，并在他的书信中进行了相应的表达。这些传世书信，为研究西塞罗与罗马共和末期的政治提供了独特的视角，也为研究罗马统治者之间的政治交往提供了重要信息来源。

西塞罗的三部书信集，其抄本经历了一个漫长而复杂的流传过程。作为古代文本，西塞罗的书信遵循一定的书写格式，且经封存直至传递成功才能最终生成。在内容和类型的划分上，西塞罗的书信具有一定的规范。在语言风格上，西塞罗书信沿袭了口语的特色。罗马统治者之间的通信，并不是单纯的交际行为，通信联络归根结底是一种政治联系。在众多通信者中，西塞罗的挚友阿提库斯最为特殊。西塞罗与他的书信占据全部传世书信多达一半。这些书信真实地记录了西塞罗在历经一系列重大政治事件的反应、情感以及评价。

该研究以时间为序，采用史实梳理与文本分析相结合的方法，即以西塞罗的书信为中心，解读从公元前49年—前43年西塞罗如何参与罗马政治。研究涵盖四个维度：一是西塞罗的政治思考与行动；二是西塞罗与罗马上层统治者的交往；三是书信作为一种政治手段的研究；四是西塞罗书信中的政治情感表达。

研究共分为四章。第一章以西塞罗与凯撒-庞培内战为重点。研究认为，凯撒-庞培内战时期的西塞罗，不仅对于内战的性质具有清醒的认识，对于凯撒的独裁企图存在足够的警觉，而且对于庞培走向失败的原因有过深刻的分析。然而，裹挟在政治旋涡中的西塞罗既无力避免内战，也无法保持中立，只能依据形势变化做出艰难的抉择。即便如此，西塞罗不与凯撒为伍的政治信念始终明确。

第二章事关西塞罗与凯撒独裁。凯撒独裁时期的西塞罗淡出了罗马政治的领导核心。西塞罗以学术研究替代政治参与。处于政治隐退状态的西塞罗并没有完全脱离政治生活。他以自己的方式进行有限但是目的明确的政治活动。在目睹凯撒独裁政治愈演愈烈之后，西塞罗以发表演说辞的方式，与凯撒独裁公开决裂。

第三章关注的是西塞罗与安东尼执政。"凯撒遇刺"将年度执政官安东尼推向罗马政治的最前沿。在安东尼执政期间，西塞罗首先着手应对"凯撒遇刺"，极力维护"自由派"刺杀者的利益，并寄希望于其恢复共和制度，然而这一希望很快落空。随着安东尼专制倾向的加剧，西塞罗对于安东尼的统治从私下的反对发展到公开的对抗。政坛新兴势力屋大维的出现，为西塞罗带来了政治希望，西塞罗支持屋大维反对安东尼。

第四章是对西塞罗与穆提那战争的评述。穆提那战争的爆发为西塞罗剪除安东尼、恢复共和制度提供了契机。西塞罗成为元老院反对安东尼的政治领袖。不仅如此，西塞罗与穆提那周围的行省军事将领保持密切的通信往来，竭力鼓动他们军事打击安东尼。其中，西塞罗与山外高卢行省总督普兰库斯的通信，为探究罗马贵族面对危机时刻的政治协商提供了重要个案。

关键词：西塞罗；书信；共和末期；政治

18. 董俊：《国际视域下梁启超近代领袖观研究》，指导教师：韩东育教授。

研究方向：东亚思想史

简介：该文以梁启超的领袖评传为中心，结合不同时期梁启超的个人经历、政治主张变化和救国行动，考察他笔下刻画的不同类型的近代领袖形象，从国际视角出发梳理梁启超近代领袖观的发展脉络以及各个时期其心中理想领袖的特质。

引言部分对于近代领袖的概念进行了界定，结合近代领袖评传的写作时间，确定了该文的研究分期。

第一章为维新运动时期（1895—1899），从国际因素的角度考虑，这一时期是梁启超将中国放置在世界范围内进行比对，寻找能够改变中国命运的近代领袖的开端。通过《圣德光绪记》中梁启超所塑造的光绪皇帝和他对戊戌变法的反思，归纳这一时期梁启超对于国家领袖的基本认识；以梁启超对《仁学》的理解为切入点，结合梁启超在《谭嗣同传》中对"变法流血第一人"谭嗣同的评价，归纳梁启超对于平民领袖的初印象。

第二章为流亡日本初期（1899—1902），这一时期梁启超以日本为媒介学习了西方近代政治理论，对于导师康有为的认知和对政治宿敌李鸿章的看法都较之前更为客观和全面。该章围绕梁启超《南海康先生传》中对康有为时代地位和政治观点的论述，结合康梁矛盾的变化，分析康有为在梁启超心中的领袖形象；集中探讨在《李鸿章传》中梁启超给予李鸿章正负两方面的评价，阐述梁启超在中江兆民影响下产生的对"新民"领袖的期待，以及其近代领袖观的辩证发展。

第三章为旅居日本时期（1902—1912），梁启超开始关注国际范围内的领袖人物，形成了强调领袖个人力量与国民群体力量相结合的近代领袖观。该章论述梁启超资产阶级革命领袖崇拜的缘起和他塑造匈牙利民族解放领袖噶苏士、意大利建国三杰、法国罗兰夫人及英国克林威尔等人领袖形象的目的；考察他对吉田松阴的推崇，论证领袖个体与国家命运的关系；通过剖析他对于"英雄"和"无名之英雄"历史作用的认识，论述其中外英雄说对近代领袖观的影响。

第四章为归国从政时期（1912—1917），由于受到时代和主观的局限，在民国从政时期梁启超的近代领袖观发生演变。该章通过他对袁世凯先支持后反对的态度变化，分析他基于立宪的政治诉求和救国大局，做出如此选择的内外因素，揭示其近代领袖观的终极属性。回溯梁启超与孙中山的政治交往和意见分歧，论述梁启超在近代领袖观上的理论极限和最终回归学者身份的原因。

结论部分对正文的内容进行总体上的概括总结，进一步厘清梁启超近代领袖观的演变历程，论述不同时期梁启超近代领袖观的特点以及对中国近代社会发展的影响。

关键词：梁启超；近代；领袖观；日本；国际视域

19. 卢静达：《日本神话传说与民族信仰研究——以〈古事记〉神代卷为中心》，指导教师：韩东育教授。

研究方向：东亚思想史

简介：神话与神道信仰是日本思想史研究中的重要课题，《古事记》作为神道原典，是该领域研究中最重要的文献资料之一。可以明确的是，日本神灵信仰的形成、发展与成熟的过程中隐含着一条贯穿始终的思维逻辑，即日本宗教在完成了对外来文化、宗教理论的接受后，便随即开始了"去中心化"过程，淡化、否定神灵信仰中存在的外来因素，强调其民族性价值，并不断通过回溯上古神话来找寻或建构自己民族精神的"根"。

以此为线索，该文以下五个方面对日本神灵信仰的发展过程进行了考察。

第一章主要梳理了《古事记》的成书背景、撰史动机，以及神代史的形成过程。通过对《古事记》神代卷的结构进行体系化分类，系统总结出了对后世神灵信仰影响较大的神话元素，并着重论述了神代史叙事中神话世界三层架构的内在原理和其中蕴含的神代思想多元化的特点。

第二章分析了《古事记》成书以前"渡来人"与倭王权之间的关系，发现当外来的神灵崇拜与祭祀礼俗对日本固有的宗教传统产生冲击之时，日本为了追赶先进国家，开始大量借助外来文字和神话理论，与本土信仰相结合，建构起了一套独特的宗教文化体系。

第三章论述了在通过编纂《古事记》将口传记事转为笔录文字之时，日本对汉文字背后所蕴含的哲学理论进行了深入思考和系统学习。《古事记》所载"创世"神话借助阴阳、道家思想提出了对"自然"概念的认识和理解，"创生"神话又暗藏了以"秽"为禁忌、"祓"为手段、"罪""罚"为结果的宗教法则。神代卷对世界本源和人类生死问题的终极探讨，奠定了日本民族宗教的理论基础。

第四章剖析了《古事记》神话中以稻作农耕为基础的祭礼内涵，并以此还原了《古事记》中以众神为核心的祭祀之道，即神道的宗教发源。特别需要注意的是，神道理论的建构并非一蹴而就，其先后经历了与儒佛等思想学说和宗教派别由最初的对立逐渐走向妥协、调和，最后形成了具有一定理论性、覆盖面极广的民族宗教思想体系。

第五章重点对日本国家祭祀的形成和神道思想在后世的流变进行了解读，通过厘清祭祀礼俗由乡土民间传入宫廷系统、地方氏神转化为天皇族神的过程，发现其中隐含了神国正统思想中"神道"与"王道"意识的早期结合。中世以后日本致力于对民族精神的发掘和建构，实现了神道复古的实践。近代，神灵信仰被皇权政治恶用，成为皇国史观主导下民族核心价值的重要部分，这种意识形态的成因和影响是需要深入挖掘的。

关键词：《古事记》；神话；神道；祭祀

博士后出站报告信息如下。

1. 洪仁善：《日本近代化和殖民化进程中的语言政策研究》，合作导师：韩东育教授。

研究方向：世界地区国别史

简介：在近代，日本语言学研究与民族、国防意识以及国家意识、语言战略布局紧密联系在一起，并富有浓厚的政治色彩。在近代日本的整个语言政策当中，保科孝一（1872—1955）是涉入最深、涉时最长的官僚学者。

在近代，日本当局把日语作为文化侵略的重要一环推出到殖民地的同时，在日本政府的支持下，相关组织以学习汉语和韩语的形式为东亚的侵略战争铺路。语言政策俨然成为文化侵略工具。近代日本的对内语言与对外语言政策密不可分，随着对外侵略战争的深入，日本政府在尚未解决日语的诸多问题的情况下，便匆匆向殖民地推出了语言殖民政策。如在文字问题上，明治时期以来日本试图在文字上实现"脱亚"，但是在引进西方文明时却制造了大量的"日本制汉字词"。并且随着侵华战争的深入，汉字的重要性进一步凸显，限制汉字论者在日本步履维艰，废除汉字更是无稽之谈。即便这样，日本政府依旧想方设法把日本国内的"去汉字化"战略，推入东亚语言殖民政策中。伪满洲国的"满洲假名"就是日本政府在中国境内试图废除汉字、推行假名文字的一个尝试。

该出站报告基于保科孝一的关于语言学与语言政策的第一手资料，对近代日本的语言殖民政策进行了梳理和综合考量。

关键词：语言殖民政策；西方语言学；保科孝一；近代日本

2. 孙炜冉：《〈日本书纪〉中高句丽记事研究》，合作导师：韩东育教授。

研究方向：古代东亚史

简介：随着传统中国文献、朝鲜文献及相关金石文献研究的深入和系统，日本文献在研究高句丽历史方面表现出的价值越发突出，只有对其更为系统和科学的研究，才能去其糟粕取其精华，以突破传统文献研究枯竭状态下的藩篱。该文是以《日本书纪》为重点审视对象的高句丽历史研究，主要研究以下几个方面的内容。

第一章，是以《日本书纪》为研究重点，考证众多中原文献及半岛文献未曾披露的史事，既补充了过往未曾被国内学界关注的史料，又丰富了高句丽研究的内容和对象。

第二章，辨析高句丽与日本交流的实际性质，揭露日本自古以来偏居海外独特的民族心理。通过高句丽与日本双方使节互动、文书往来，透析古代东亚世界宗主关系和国际关系构建的礼法观念，更好地把握东亚地区整体的发展史。

第三章，由于移民对日本历史发展起着极其重要的作用，文明程度相对较高的高句丽人移民必然是日本古代史研究中不可忽视的重要方面。探索高句丽移民（包括遗民）在日本生活的情况，以及他们与日本社会相互影响、融合的结果，对研究日本古代史，尤其是文化史的演变具有重大意义，并且可以弥补国内在日本研究中偏近现代、少古代，重政治经济、轻文化社会的不足。系统研究高句丽系渡来人移民日本的历史，从而可以得出一些新的认识：其一，高句丽系渡来人的到来与彼时东北亚地区的国家政治紧密相关；其二，在日本律令国家形成前，其正处于生产力低下的时代，而大量高句丽系渡来人的归化，带来了大陆的先进文化和技术；其三，怀揣着不同目的来日的高句丽系渡来人对日本社会造成了不同层面的影响，其中主要集中在佛教思想、军事堡垒修建、古墓壁画等；其四，高句丽系渡来人归化日本经历了不同的途径，或直接或间接，而间接渡日的高句丽遗民经历了中原大陆、百济，抑或新罗的反复迁徙。因此，不同时期、不同途径而来的高句丽系渡来人承载了各个时期文化特色和时代特点，进而形成了鲜明的叠加结构，显现出一种层次差异。

第四章，通过高句丽等朝鲜半岛系渡来人参与日本律令制改革和社会融入情况的考证，揭示了包括高句丽在内的朝鲜半岛系渡来人对日本社会发展的贡献以及被接受的历史进程。

关键词：《日本书纪》；高句丽；渡来人

上海大学

2021年，上海大学世界史学科总计毕业博士研究生6人。博士学位论文信息如下。

1. 李宁：《伊斯坦布尔都市文化的流变与重塑（1856—1938）》，指导教师：王三义教授。

研究方向：中东史

简介：伊斯坦布尔城市曾经历两次重要改变：一是成为奥斯曼帝国首都四百年之后愿意接受西方都市文化，二是随着帝制废除与共和国建立而放弃首都地位。两次改变重新塑造了伊斯坦布尔的城市格局、公共空间、市民生活和都市文化。伊斯坦布尔城市结构的变化和都市文化的重塑，不仅仅反映出伊斯坦布尔城市的发展与流变，其更深层次折射出晚期奥斯曼帝国至土耳其共和国早期的深刻历史变迁。

自1856年克里米亚战争结束后，伊斯坦布尔开始较快吸收西方文化与大规模接纳欧洲人。

从 1923 年起直到丧失首都地位，城市经历了多方面的动态变迁，涉及不同的阶层、行业以及宗教和文化团体。伊斯坦布尔作为联系帝国和共和国的纽带，其城市的流变既是晚期奥斯曼帝国衰落的表征，同时亦反映了共和国初期凯末尔推行世俗西化改革下精英人物和市民除旧布新与不懈努力。1856—1923 年与 1923—1938 年两个阶段间伊斯坦布尔都市文化的流变，是土耳其历史上西化与世俗化改革效果与得失的一种外在体现。

伊斯坦布尔由皇城格局演变为现代都市，其都市文化的流变，经历了多重变化。首先是结构之变。在聘请外国专家重新设计、规划与改造后，之前拥堵、狭窄、老旧的城市空间不复存在，城市风貌焕然一新。其次是秩序之变。首都上至高层，下至平民百姓，皆接纳西方文化，效仿西方高雅、文明、规矩的生活方式，社会秩序陡然变化。最后是城市公共空间的扩大与社会风气的变迁。伊斯坦布尔新增了公共浴室、咖啡馆、茶馆、报馆、广场、公园等，公共空间迅速扩展，市民的日常习惯、风土人情、娱乐消遣以及深层次的价值观念和思维模式亦发生了变化。此外，其都市文化流变还体现在微观细节层面，如伊斯坦布尔市民职业选择多样化、城市商业经营模式转换、社会服务的理念提升、流行话语的时时翻新等。

伊斯坦布尔都市文化的流变与重塑，反映了土耳其历史上的西化、现代化、世俗化等诸多深层次的问题。两者之间的复杂关系主要体现在三方面：其一，不论帝制到共和制的更替经历了多么大的动荡，伊斯坦布尔都市文化的联系并未中断，而且始终是世界性大都市所具有的多元文化载体；其二，不管土耳其国家的现代化整体程度如何，伊斯坦布尔是其国内城市中最先迈入现代都市文明之列的，而且，伊斯坦布尔都市文化的重塑是土耳其乃至中东地区都市文化塑形的一个样板；其三，从伊斯坦布尔都市文化的流变看，奥斯曼帝国晚期至土耳其共和国早期的社会转型中，对西方文化的接纳多于抗拒，文化层面的衔接大于龃龉，宗教与世俗的交融多于冲突。

关键词：伊斯坦布尔；都市文化；流变；重塑；1856—1938 年

2. 来源：《秘鲁华人饮食文化史研究》，导师：江时学教授。

研究方向：拉美史

简介：作为四大文明古国之一，中国的科技文化水平曾长期领先于世界。兼收并蓄，包容开放的中国文化所体现出的凝聚力、吸引力和影响力是中国软实力的力量源泉。源远流长的饮食文化不仅是我国五千年以来社会文化发展的结晶，也是中国文化软实力的具体体现，它具有广泛的食材涉猎、丰富的进食心理、灵活的烹饪技艺、坚实的历史传承、兼容并蓄的文化吸收五方面的特性。在近代，迫于战乱、天灾、生计等多方面的原因，大量以底层百姓为主体的华人移居海外，因为低下的教育水平与单一的劳动技能，大部分人只能以群居的形式抱团生存，以简单易行、成本低廉的饮食业为安身立命的手段。中国饮食文化在与异域文化的交流与碰撞中不仅传承了自身文化的特性，还逐渐衍生出功利性、族群性、包容性的特征。

在长期的历史发展进程中，华人饮食文化的发展并不是一帆风顺的。既有在秘鲁经济和社会发展的过程中，因社会矛盾而受到的种族、卫生、身份认同与文化语境下的攻击与排斥；也有因秘鲁政局变化而陷入的饮食调料进口与饮食创新的进退两难。此外，秘鲁民众对待华人饮食的心态也是"爱恨交加"的。一方面，廉价的中餐和无处不在的华人食品商店成为秘鲁人的"饭食供应者"；华人与当地女性的结合使中餐文化传承不绝；不断本土化的中餐菜系更是反映出中秘文化的相互交融，中餐的异域烹饪艺术逐渐成为秘鲁饮食文化中不可或缺的一部分。另一方面，中餐和华人食品商业常常受到种族、卫生、身份认同与文化语境下的攻击与排斥。

新中国在 20 世纪 70 年代与秘鲁的建交，以及 20 世纪 80 年代以来资本和人员流动的自由化推动了华人身份与背景的多元化，华人饮食文化的口味、风格、经营形式等也越加多样化。综观秘鲁华人饮食文化的百年发展史，可以发现华人饮食文化对秘鲁社会的影响是多方面的，既有经济方面的影响，也有社会与文化方面的影响。秘鲁华侨华人在饮食商业上的成功不仅使其实现了自身的生存与发展，也促进了当地民众对中国饮食文化的了解与熟识，在提升民族形象和中国国家形象方面起到了"润物细无声"的作用。在漫长的中外文明交流史中，华人饮食文化成为最具传播力的中国文化符号，成为提升中国国家形象，扩大国际影响力的最佳载体。

关键词：秘鲁；华人；饮食文化史；研究

3. Nurettin Akcay：《中国与土耳其公共外交比较研究（2002—2012）》["A Comparative Study of Public Diplomacy between China and Turkey(2002—2012)"]，导师：唐青叶教授。

研究方向：Global Studies（全球学）

简介：该文在公共外交和建构主义理论框架内，使用定性和定量相结合的研究方法，比较了 2002—2012 年中国和土耳其两国为实现双边友好关系所采取的公共外交策略。首先概述了两国在双边关系和民众认知方面所面临的问题与挑战，其次通过内容分析和数据统计系统性比较了 2002—2012 年中土两国各自在对方国家所开展的教育、文化和媒体等领域的公共外交活动及其效果，最后对中土双方未来的友好合作交流提供了建设性意见。

中国在土耳其的外交政策中占有非常重要的位置。2010 年后，两国关系上升到战略伙伴关系高度，并在"一带一路"倡议下达成了许多协议，土耳其已将中国视为重要的经济伙伴和政治选择。两国关系面临两个主要障碍，一个是无法解决的经济方面的结构性困难，尤其是土耳其存在大约 200 亿美元的贸易逆差问题；另一个是"东突"问题，此问题导致两国关系持续紧张，并成为两国关系需要克服的最大障碍。

两国对公共外交工作达成了共识。两国间的关系总体上受到安全和经济问题的影响，但公共外交活动的开展有效地促进了相互了解。与中国相比，土耳其的教育和媒体活动相比较少。中国通过孔子学院、中国国际广播电台（CRI）和使馆活动进行了公共外交活动，但土耳其仅通过使馆活动和土耳其之声开展对华交流活动。通过研究两国公共外交活动的特点和变化，该文揭示了两国公共外交活动的效果差异。就产出而言，中国在公共外交方面比土耳其更有成效，土耳其公共外交表现不足的主要原因是缺乏一种高效的体制，而中国却拥有开展公共外交活动的体制机制。

从 2002 年到 2012 年，土耳其在中国没有设立教育机构，而中国在土耳其有 3 所孔子学院。中国在媒体活动方面具有明显优势，土耳其仅与土耳其广播电视公司（TRT）中国部合作，而中国在土耳其有 7 种不同的媒体渠道。而土耳其无法在中国系统地完成其文化和教育活动。在后期，中国完善了其在土耳其的媒体战略，并试图通过与土耳其的私人广播电台达成协议来吸引更多的听众。

该研究认为，土耳其应增加在中国的机构影响力，而中国应在土耳其开展更有效的媒体工作，中国和土耳其双方可以通过公共外交加深相互了解，消除对对方国家的负面看法。此外，为了在双边关系上达成共识，还需要实施一些整体性政策。两国之间应采取一些互动政策，建立可持续性的关系，同时，也需加强公共外交理论研究和实践，聚焦实用性的对策研究，解决中土双方的现实问题。

关键词：

4. David Perez-Des Rosiers：《技术动态变化：2000—2020年中国与加拿大在高科技领域战略与伙伴关系的案例研究》（"Changing Dynamics in Technology：A Case Study of Canadian-Chinese Strategies and Partnerships in the Area of High Technology，2000-2020"），导师：Tugrul Keskin教授。

研究方向：Global Studies（全球学）

简介：技术作为国家关系的重要组成部分，被视为经济变革的引擎，并塑造了国与国之间的关系。近年来，随着全球化、商业化以及高新技术的不断发展，理解不同国家的高科技参与者之间的动态转换过程也越发重要。该文以21世纪为重点，对中加两国高新技术发展动态进行了历史考察。加拿大提供了一个有趣的案例来研究，这一具体的案例研究提供了有关高科技动态变化的相关见解。

该文采用探索性的案例研究方法，考察了政府、产业和学术界三个构成高技术产业的关键部门。它涵盖了二十年的时间，把三重螺旋模型作为分析的理论框架，整合了技术民族主义的思想来解释两国在这三个领域的变化动态。研究包含定性和定量研究数据，通过这些数据来反映政策变化给高科技行业三个领域所带来的影响，并归纳变化发展的具体语境和动态。研究发现，推动高科技行业发展的动力在不停变化，政策修订和特殊事件都是变化发生的诱因，通过信息和通信技术、清洁技术、航空航天运输以及生物医学技术四个部门的案例，可更准确地了解近年来的变化。

该文揭示了在政策变化、特定事件和技术演进的影响下，与高科技相关的工作力量发生了转变。中国的计划得到了更有效地实施以解决其弱点，其有效的举措得益于快速适应、大量投资和雄心勃勃的目标，相比之下，加拿大近年来的分散结构和不太适应的政策使其在高科技领域的地位受损。21世纪，中国在高科技领域的发展促成了更多的协议，两国政府推动整个高科技领域合作的加速，推动了商业和学术伙伴关系的发展。报告显示，尽管两国外交关系紧张，学术界和商业界仍在鼓励两国在高科技领域的合作。研究结果表明，两国在各自的倡议和现有的伙伴关系中仍然存在互补性，但该研究探讨的多个近期因素限制了两国在高科技领域合作的前景。

这项研究指出了历史因素如何影响两国高科技伙伴关系。首先，中国在21世纪三个领域迅速成熟，而加拿大的发展主要围绕学术人才。随着中国企业越来越有竞争力，加拿大大型企业的缺乏影响了双方的合作关系。其次，重要因素是高技术的发展，这也导致了两国不同部门的转型和竞争平衡的变化。再次，第三个关键发现是政府互补性的历史变迁。最后，在加拿大和中国，政府、工业和学术实体之间的互动随着一体化程度的提高而不断演变。

关键词：中加关系；高科技；政府；产业；学术界

5. 李鑫均：《土耳其经济发展模式的演进（1923—1967）》，导师：郭长刚教授。

研究方向：中东史

简介：土耳其建国后的数十年间，其国民经济的恢复与重建一直致力于实现经济独立，其经济发展模式经历了从模仿西方，到模仿苏联，再到吸取西方、苏联经验之所长，探索本土化的转变，并最终在20世纪60年代形成了具有鲜明特色的经济发展模式。

以伊兹密尔经济会议为起点，经济和军事上弱势的第一代领导集体选择在内外两个维度上暂时予以退让：在外部，承诺偿还奥斯曼帝国欠款，承认外资在土耳其的特权地位；在内部，寻求奥斯曼帝国遗留势力，尤其是商人联盟的支持，同时选择以英法模式为蓝本发展国家经济。此后，土耳其政府依靠垄断壮大国家资本后，开始有计划地压缩商人联盟在社会经济中的活动范围，为国家资本介入社会经济活动埋下了伏笔。

1927年，土耳其以价格危机为由开始大范围干涉经济活动，以最高经济议会的成立为开端，土耳其经济动力的来源开始从私人转变为国家。受1929年西方经济大危机的影响，土耳其模仿的对象开始由西方转向苏联。为妥善安置资本家和发动群众，凯末尔策划了一场由土耳其前共产党员执行的"骨干运动"。这场社会运动指出世界的基本矛盾是富裕国家和贫穷国家之间的矛盾，而非无产阶级和资产阶级间的矛盾，其不仅缓和了土耳其的社会矛盾，而且为学习苏联五年计划夯实了群众基础。

苏联援助的五年计划成为土耳其经济发展模式的里程碑。"二战"结束后，土耳其立即着手制订新的五年计划，但囿于资金缺口难以实现。此后，受美苏冷战的影响，美国意图通过对土经济援助的方式，剪除土耳其经济结构中的苏联元素。1960年军事政变扰乱了美国的计划，尔后土耳其形成了国有成分、私有成分、外资成分以及军人成分并存的混合经济局面。政府通过新的五年计划（1963—1967），取得了协调四种经济成分的主动权，实现了土耳其在多党制下追求财富和权力的平衡。

土耳其经济发展模式的演进可以划分为三个阶段：第一个阶段自伊兹密尔经济会议到最高经济议会，特点是仿效英法，"以夷制夷"；第二个阶段自经济危机前后到"二战"结束，特点是向苏联靠拢，这一时期也是土耳其国家资本快速发展的时期；第三个阶段则贯穿了土耳其新五年计划的制订过程，突出表现为扭转经济上的"美国化"，因地制宜地探索混合经济基础上的土耳其特色经济发展模式。此三个阶段构成了土耳其建国后四十余年经济模式演进的基本脉络，英、法、苏、美四国在土耳其经济发展模式的形成过程中皆不同程度地留下了烙印，也造就了土耳其历史上多种经济发展模式的源头。

关键词：土耳其；经济发展模式；演进；1923—1967年

6. 杜东辉：《土耳其外交战略研究（1922—1952）》，导师：郭长刚教授。

研究方向：中东史

简介：土耳其地处欧亚之交，具有重要的地缘战略地位。在凯末尔主义时代，土耳其在文化和文明层面认同和追随西方，树立成"西方国家"的愿景，但受土耳其革命反帝反殖民内涵的影响，其在政治上亦对西方持批判态度。

在20世纪20年代，土耳其奉行和平的外交政策。这表现在：严格限制外交政策的目标和手段在民族国家边界之内；把苏土关系作为外交政策的基石；在国际事务中反对修正主义，支持国际联盟维护集体安全的努力；维护《洛桑条约》确立的地区秩序，推进同巴尔干国家的合作；以和平方式解决历史遗留问题；等等。

在20世纪30年代，土耳其逐渐放弃中立政策，最终与英法签订了互助协定。"二战"爆发后，受苏联对土友好政策逆转、法国溃败以及英国无力提供援助等因素影响，土耳其遂采取了"积极中立"政策，即根据反法西斯联盟与轴心国之间攻守关系的动态变化适时调整政策。土耳其极力与各方维持平衡以规避战争，其中如何防范苏联始终是其决策者的主要考虑。

伴随美苏冷战的兴起，苏土关系的恶化与英美对土耳其的援助渐趋产生关联。"二战"后，苏联向土耳其提出海峡基地和领土要求，导致"土耳其危机"的出现。美国通过向土耳其提供大量军事和经济援助的方式，以遏制苏联的进攻势头。但土耳其并不满足此种单方面的支持，而是积极游说美国提供正式的安全保证。此后，土耳其积极响应美国号召，参与朝鲜战争，并于1952年加入北约，其与西方国家的关系从而获得了"制度保障"。

加入北约标志着土耳其抛弃了凯末尔时代奠定的谨慎和保守的外交传统，转而投向西方。这表现为：政治上，实现多党制转型，并以"民主/文明国家"的代言人自居；经济上，寻求西方援助，致力于融入欧洲一体化之中；军事上，成为抵御苏联向中东"渗透"的前沿阵地；外交上，继续疏远苏联、中东国家和第三世界。在两极格局中，土耳其放弃了外交决策的主动权，沉湎于捍卫"文明国家"的使命。

从1922年民族运动取得胜利到1952年加入北约，在外交战略上，土耳其大体经历了从"和平外交"到"西向外交"的转变，其间交织着国家身份重塑、国际格局演变，以及冷战的兴起。在冷战环境中，土耳其与欧洲的"融合"主要基于安全合作，而掩盖了两者的身份差异。土耳其的西向外交，本质上是一种以欧洲为中心的世界观的体现。这种世界观放弃了自身文化的主体性，将欧洲和现代性等同起来，视现代化为西方化。结果是，每当土耳其遭受西方的区别对待，它都会处于无所适从的焦虑之中。

关键词：土耳其；外交战略研究；1922—1952年

华南师范大学

2021年，华南师范大学世界史学科总计毕业博士研究生2人。博士学位论文信息如下。

1. 吕素娟：《伊斯兰教阿赫默迪亚派的创建与发展特征探究》，导师：张来仪教授。
研究方向：南亚史
简介：作为从伊斯兰教衍生出来的宗教流派，阿赫默迪亚派自称为唯一的、真正的伊斯兰教，且否认其他的所有穆斯林；而正统穆斯林则认为该派是异端，是伊斯兰教的叛徒。站在学术中立的立场上来看，该派应该属于伊斯兰教的范畴，是伊斯兰教内一个充满改革精神的派别，它发起的阿赫默迪亚运动也是一场改革运动。

该派自创立以来一直遭受着正统穆斯林的敌视和排斥，它的信徒也被视作"假穆斯林"与"异教徒"，这主要是由于该派创始人颇具争议的宗教教义使得该派与正统穆斯林之间产生了不可调和的矛盾与无法逾越的鸿沟。这些教义不仅在伊斯兰世界引发了巨大的争议，且在该派内部也引发了异议，创始人去世数年后，该派便分裂为两大派别：卡迪安派和拉合尔派。

阿赫默迪亚派在南亚本土的发展特征，突出地表现为与当时旁遮普地区其他宗教势力的对立化、政治原则的亲英化以及宗教身份的政治化。该派在南亚本土的发展不只是一种宗教现象，也不是创始人古拉姆神学主张的必然结果，相反，它的发展在某些情况下受到了独立于宗教因素以外的事件的影响。

阿赫默迪亚派在南亚以外的国家和地区，尤其是在非伊斯兰国家和地区，得到了相对公平和友好的对待，比起在南亚本土，该派在南亚以外似乎拥有更广阔的发展天地和更为确定的未来。该派在南亚以外地区的发展突出地呈现出以下特征：宗教氛围浓郁化、宗教传播平台多样化，以及宗教传播策略灵活化。

阿赫默迪亚派并未因创始人的逝去而分崩离析，也没有因生存处境艰难而日渐衰败，反而发展势头一路向好，现如今已是一个有着众多追随者的全球性宗教社团，在世界多地都设有社团分支。该派的发展壮大除了它自身具有体制上、制度上和管理上的适应性之外，还得益于它的宗教诉求和宗教实践所具有的现代价值以及它与时俱进的进取精神。在南亚的巴基斯坦、孟加拉国以及东南亚的印度尼西亚等国，该派遭遇敌对、仇视乃至暴力迫害等早已是屡见不鲜的新闻，而这也已经引起了国际社会的关注。

尽管阿赫默迪亚派的一些教义，尤其是对封印先知的重新解读，确实违背了正统伊斯兰教的基本原则，挑战了逊尼派穆斯林的底线，然而，作为伊斯兰教内的改革派，该派在百余年的时间里不仅发展壮大起来，还传播到了世界各地。目前全世界各地的阿赫默迪亚信徒人数众多，分布较广，研究这一教派对于认识宗教问题的复杂性、国际性具有重要的学术价值与现实意义。

关键词：伊斯兰教；阿赫默迪亚派；南亚；发展特征

2. 赵莉莉：《多元女性人生：社会性别视角下的美国女传教士斐尔德研究》，导师：贺璋瑢教授。

研究方向：美国史

简介：在目前学界关于女传教士的研究著述中，女性仍为较为统一的形象，女性主体的多元性并不突出。而19世纪末来华的美国单身女传教士斐尔德（Adele M. Fielde, 1839—1916）的人生主体特征鲜明，内容丰富，呈现了一个勇于突破传统、挑战既有秩序的"新女性"形象，凸显了女性的历史经历和声音。

以社会性别视角为历史分析工具，将斐尔德的多元女性人生置于社会两性权力关系的分析框架下梳理解读，可见斐尔德在不同阶段，与差会、美国社会甚至异质文化中的社会性别秩序的动态关联互动中面临的性别困境、体悟及人生选择，以及贯穿其中的女性主体意识的不断深化。斐尔德传教事业的发展曾受限于差会传统性别秩序的严厉规制，却又得益于海外传教环境中两性"公私领域"界定的松动。她于华南差会传教事工上的成功引领她逐步拓展女性性别空间边界，进而迈入"公共领域"。其间她对女性自身价值内涵的认识有所更新，促成其女性主体意识的觉醒及深化，使她无惧突破其时社会性别秩序规范下的"纯正女性风范"性别期待；更促使她与理念不合的差会决绝分手，转而投身美国女性选举权运动以及女性公民政治教育等社会活动。由此，发轫于传教士经历，斐尔德以演说家、社会活动家、讲师、作家等多元女性角色持续活跃在美国社会的公共领域，示范及启迪美国女性摆脱被社会性别制度定义的客体身份，多层次地展现女性价值。在斐尔德以女性主体意识洞悉自我、探寻女性生命意义的同时，亦将其应用于对外部世界的审视，反映于她笔下与男性视角有所区分的中国民间文化观感。如此，斐尔德的西方女性性别角色在中国文化记载中的价值亦有所体现。

总的来说，斐尔德的人生经历完整呈现了19世纪末美国女性从被动遭受男性主导的社会性别秩序教化，到主动挑战性别秩序，再到积极实践重塑女性社会性别的历史成长进程。这与个人贯穿其中的与时俱进的女性主体意识发展息息相关，亦离不开美国宏观社会性别文化变迁之影响。因此，斐尔德的多元女性人生，作为19—20世纪之交第一次女性主义浪潮中女性成长的一个具象化过程，凸显了斐尔德作为"女性"研究个案的历史价值与时代意义。

关键词：斐尔德；社会性别秩序；女性主体意识；美国女性；多元角色

西北大学

（一）西北大学历史系

2021年，西北大学历史系总计毕业博士研究生2人。博士学位论文信息如下。

1. 张文涛：《中东地区国际组织研究》，导师：王新刚教授。

研究方向：中东史；中东地区国际关系史；国际组织史

简介：该论文从历史学角度对中东地区国际组织进行系统研究。中东地区一直是西方列强争夺的目标。在欧洲殖民扩张过程中，中东地区被纳入欧洲国家发起建立的国际组织体系中，从而为欧洲殖民扩张提供交通运输、通信联络以及预防疾病等方面的便利，客观上使中东地区成为国际组织最早的诞生地之一。近代以来，中东地区历次重大事件都与国际组织存在密切联系。二战结束时，中东地区率先建立了区域性国际组织——阿拉伯国家联盟。随着中东地区政治经济社会的发展，联合国、阿拉伯国家联盟、石油输出国组织、伊斯兰合作组织以及阿拉伯海湾合作委员会等一系列国际组织开始在中东国际舞台上出现，在调解阿以冲突，推进中东和平进程，促进中东政治经济发展方面发挥了重要作用。非洲、欧洲、亚洲等地区的国际组织也与中东地区存在着错综复杂的互动关系。

该选题以国际组织联合会（Union of International Associations，UIA）2018年《国际组织年鉴》（*Yearbook of International Organizations*）为工具，以22个阿拉伯国家加上土耳其、伊朗、以色列、阿富汗和塞浦路斯等5个中东地区国家为研究范围，通过对《国际组织年鉴》中正式注册的69862个国际组织以"中东""阿拉伯""伊斯兰""穆斯林""犹太""锡安"等关键词及27个国家与其首都为注册地进行检索，梳理出976个中东区域内政府间国际组织和国际非政府组织。同时，该研究对与国际组织相关的档案、文献、文集、专著、论文、网站、报道等材料进行整理，梳理出中东区域以外的国际组织在中东地区的活动情况，整体研究国际组织在中东地区产生、发展、演变及其在不同历史阶段的特点和作用，并对不同类别的国际组织在中东历史进程中的作用、特点和成效进行综合评价。

论文由绪论、正文、结论及文献附录等四部分组成。绪论部分介绍了选题的缘起和意义，分析了国内外研究现状和该论文的研究思路和研究方法。第一章论述了中东地区国际组织产生的过程及主要类型，陈述了国际组织在中东地区活动现状。第二章论述了近代以来中东地区政府间国际组织的产生及发展历程，阐释了全球性政府间国际组织和区域性政府间国际组织在中东地区产生和发展的过程及其在不同历史阶段的作用。第三章论述了中东地区国际非政府组织的发展历程及全球性国际非政府组织和区域性国际非政府组织在中东区域治理过程中的特点和作用。第四章总结了中东地区国际组织的特点，并对国际组织参与中东区域治理的效果进行了分析和评价。

关键词：中东国际组织；政府间国际组织；国际非政府组织

2. 李云鹏:《叙利亚历史进程中的国家与部落关系研究》,导师:王新刚教授。

研究方向:中东史

简介:国家与部落之间的交往互动是叙利亚历史进程中未曾中断的一条主要线索。早期国家形成之后,叙利亚的史前部落并没有消失,随着古代国家的不断扩张,部落逐渐丧失了与国家的对等地位,并最后转化为经常处于国家宗主权和霸权之下的次国家社会。

1946 年,叙利亚脱离法国殖民统治独立建国。独立建国后,叙利亚的民族主义者认为阿拉伯部落的独立身份和自治权对民族国家建构不利。因此,在民族国家早期建构的三个主要历史时期,即议会民主制时期、阿拉伯联合共和国时期以及复兴党执政初期,叙利亚民族国家均倾向于通过强制政策吞噬阿拉伯部落的社会结构。

1970 年,叙利亚形成了以哈菲兹·阿萨德为领袖的强威权体制。在强威权体制下,国家放弃了建国初期对阿拉伯部落社会采取的强制性政策,并转而以一个温和且系统化的融合性政策取而代之。在这一背景下,叙利亚国家与部落首先在政治、经济以及文化三个层面上实现了和解;其后,国家与部落逐渐在复兴党、军队以及人民议会三个框架内完成了政治整合;最后国家还与部落展开了功能主义合作,并以之改善了自身的地缘政治环境,抵制了激进的伊斯兰主义思想,管控了库尔德少数民族的分离主义。

2000 年,叙利亚形成了以巴沙尔·阿萨德为领袖的弱威权体制。叙利亚的阿拉伯部落开始自主寻求利益并多次引发冲突。

2011 年叙利亚危机率先爆发于阿拉伯部落集中的豪兰地区的重要省份德拉,并呈现出外围对抗中心的态势。其原因在于国家对阿拉伯部落利益的损害以及长期性边缘化政策。危机爆发后,叙利亚阿拉伯部落在政治与军事层面上出现了新一轮的分化重组。一些反政府的阿拉伯部落建立了自己的武装和政治组织;一些亲政府的阿拉伯部落在政府的接触与授意下,也成立了自己的武装力量和附庸于政府的政治机构。

在叙利亚危机爆发和演进的全过程中,叙利亚国家和部落逐渐重新认识了对方的社会意义。叙利亚国内和解前途已经包含着叙利亚国家与部落关系的全面重构。

关键词:叙利亚;国家;部落;国家与部落关系

(二) 西北大学中东研究所

2021 年,西北大学中东研究所总计毕业博士研究生 8 人,培养出站博士后 1 人。博士学位论文简介如下。

1. 龙沛:《罗马波斯战争研究 (66BC—628AD)》,导师:黄民兴教授。

研究方向:伊朗史

简介:公元前 66 年至公元 628 年,以地中海盆地为核心的罗马—拜占庭帝国与以伊朗高原及美索不达米亚平原为核心的帕提亚—萨珊帝国之间发生了一系列周期性相互攻伐,即所谓的"罗马波斯战争"。罗马波斯战争从广义上延伸,可以指公元前 1 世纪至公元 7 世纪罗马人(晚期罗马共和国、罗马帝国和早期拜占庭帝国)与波斯人(帕提亚帝国和萨珊帝国)为争夺西亚地区进行的长达七个世纪的政治、军事、宗教和文化较量。双方交往的方式以战争为主,但战争背后牵涉东西方两大文明之间在各个领域和层次的全方位对抗。从欧亚草原游牧民族到高加索和阿拉伯沙漠诸王国、部落乃至非洲诸王国,两大帝国内外众多国家和族群在不同程度上参与罗马波斯战争,罗马波斯战争的行为体数量和交往复杂性远远超出罗马和波斯两大帝国本身。

罗马波斯战争贯穿双方国家地缘安全战略、宗教意识形态、经济贸易利益、文化同化与抗拒的全方位博弈，成为古代持续时间最长、波及地域最广、涉及国家和族群最多的战争，造成了极为深远的历史影响。

作为古代世界旷日持久、勾连东西的文明大战，罗马波斯战争对现代西方和东方文明之间的历史认知产生了许多潜在的深刻影响。在文明理想和统治者意志层面上，罗马人恢复亚历山大大帝事业的理想和波斯人恢复居鲁士大帝事业的宏愿在西亚和东地中海地区形成战略对冲，双方均不具备凌驾于对方的绝对政治和军事优势，仅在不同时期先后占据相对优势。双方综合国力对比在7个世纪内经历了此消彼长的复杂变化，但总体在西亚和东地中海保持战略均势，双方对对方领土的征服成果均不能持久。罗马波斯战争后期，随着两大帝国交界处的缓冲国和附庸国相继被瓜分和吞并，两国战争烈度在7世纪初达到最高峰，且均一度将对方逼至绝境。与此同时，阿拉伯沙漠各部落由于长期参与罗马波斯战争，其政治组织、军事技术和文明程度迅速提高，终于在各种内外因素的催化下诞生了中东地区最后一个一神教——伊斯兰教和麦地那乌玛政权。罗马人和波斯人在7世纪初的生死大战之后国家实力消耗殆尽，而西亚和东地中海地区因长期处于战争前线经济凋敝、民怨沸腾，两国在阿拉伯沙漠边缘构建的附庸国体系也于此时彻底瓦解，遂使得阿拉伯人大征服的门户洞开。罗马波斯战争是希腊罗马文明和波斯文明在古代的终极对决，见证了古代世界帝国的发展极限。罗马波斯战争和欧洲民族大迁徙、阿拉伯—伊斯兰文明兴起等重大历史事件相互影响，最终导致了古典时代的结束和中世纪的到来。

关键词：罗马波斯战争；地缘政治；国际体系；文明交往

2. 李彩玲：《埃及民族民主党及其执政研究》，导师：彭树智教授。

研究方向：中东史

简介：该文以埃及民族民主党及其执政历程为研究对象，旨在通过对埃及民族民主党执政脉络的梳理、埃及民族民主党组织模式与执政特点的分析将埃及民族民主党兴衰沉浮的过程全方位展现出来，试图在此基础上寻找到阿拉伯埃及共和国以及阿拉伯世界政治发展的出路。

文章由绪论、正文、结语与附录四部分组成。绪论部分阐述了文章的选题缘由、选题意义、国内外研究现状、论文的研究理论与方法、论文的研究思路及创新点，并且对埃及民族民主党的发展简史、党的起源主张以及相关概念做了简要的梳理和说明，以便读者对埃及民族民主党及其执政研究有基础的了解。

正文包括五章内容，前三章以阿拉伯埃及共和国的总统任期为界，纵向梳理了前埃及民族民主党的组织发展与实践背景、埃及民族民主党的诞生及执政实践、埃及民族民主党的改革发展与执政终结。第一章认为，埃及民族民主党是对纳赛尔时期政治组织（解放大会、国家联盟以及阿拉伯社会主义联盟）的继承与改革，所以对纳赛尔时期政治组织发展与执政历程研究有助于我们了解埃及民族民主党克里斯玛式执政党特点的源头、埃及威权政治发展的基础以及萨达特改革的背景。第二章梳理了萨达特时期埃及的政治、经济、外交、社会变革以及埃及民族民主党成立初期的组织结构、运行模式与执政方案，系统展现了埃及民族民主党缘起时的组织特点与执政内容。第三章对穆巴拉克时期埃及民族民主党如何应对"代际更替"问题，如何推进党内、党外的政治民主化改革以及穆巴拉克政府与埃及民族民主党走向终结的原因进行了系统地梳理与分析。前三章的内容是我们了解埃及民族民主党兴衰成败的基础。

正文的第四章是对埃及民族民主党组织模式分析、第五章是对埃及民族民主党执政实践分析，以宏观横向的视角审视了埃及民族民主党作为执政党组织权力的模式运行特点以及执政政策不足。埃及民族民主党组织发展主要表现为党内民主化的推进，但是改革没有突破埃及威权政治的框架，尤其是穆巴拉克之子贾迈勒主导的改革更多表现为强化自身党内权力，完善子承父业计划的导向性改革，埃及民族民主党的总统党、高度集权性、工具性与寄生性特点反而更加突出。埃及民族民主党实行党政合一的执政方案，主要包括强化政党管理、扩大社会福利、促进经济发展、实行有利于埃及利益的多边友好外交政策。埃及民族民主党执政的三十二年使阿拉伯埃及共和国在政治、经济、外交以及社会各方面都有所发展，实现了阿拉伯埃及共和国相对的政治稳定、经济复苏以及国际威望的提升。但改革也面临不足：政治改革停滞不前；经济有所发展，但因结构性缺陷未解决①反而加大了社会矛盾；外交依赖性强，弱化了自己的内政独立性。这些不足成为穆巴拉克与埃及民族民主党走向政治终结的重要背景。

结语部分对埃及民族民主党及其执政历程进行了整体的总结与辨析，通过辨析得出埃及民族民主党及其执政兴衰的特点与不足。附录部分主要是将埃及民族民主党的党章内容、埃及民族民主党的经济政策文件、外交政策文件以及历任领袖与重要成员名单进行了罗列，这些附录内容是研究埃及民族民主党及其执政方案的重要资料。

埃及民族民主党是阿拉伯埃及共和国执政时间最长、组织结构最为完善、政治经验最丰富的执政党，是阿拉伯埃及共和国政治、经济以及外交社会转型过程中的重要参与者，该党的兴衰沉浮是阿拉伯埃及共和国政治发展的重要一环。开展对埃及民族民主党及其执政历程的研究对埃及、阿拉伯世界以及中东地区的政治发展具有重要的启示意义。

关键词：埃及民族民主党；克里斯马型执政党；党政合一；执政实践

3. 李赛：《以色列利库德集团的起源、发展与执政研究》，导师：黄民兴教授。

研究方向：以色列政治与外交

简介：政党是现代社会的重要政治力量，政党政治则是现代政治的基本运作方式。作为议会民主制国家，政党在以色列的国家构建和政治现代化进程中发挥着重要作用。自 1977 年以来，利库德集团跻身以色列政坛，成为该国主导政党，为以色列在纷繁复杂的外部环境中保持政治稳定、经济发展和国家安全提供了助力。对利库德集团的起源、发展与执政研究，有助于厘清以色列的政治发展轨迹、社会经济变迁和周边安全形势。

利库德集团的政治演进历程可以分为起源（1925—1948）、发展（1948—1977）与执政（1977—2021）三个时期。利库德集团发轫于修正派犹太复国主义的早期活动，修正派犹太复国主义的产生则是犹太复国主义组织分裂、阿拉伯民族主义思潮高涨和英国殖民主义利益关切的共同结果，并最终形成于英国委任统治时期的巴勒斯坦。修正派犹太复国主义以"大以色列"国土为追求、以强调军事力量和武装斗争为其主要意识形态基础，同时具有极端和暴力属性。修正派犹太复国主义的思想、组织和活动助推了以色列国家的建立，也为利库德集团的崛起奠定了基础。利库德集团的组织形态经历了自由运动党、加哈尔集团和利库德集团三个发展阶段。自由运动党脱胎于修正派犹太复国主义武装伊尔贡，形成之初即被视为修正派运动的"内部他者"，遭到主流政党的排斥和犹太群体的道德指摘，在建国初期的政党格局中处于边缘位置。为改变生存状况，自由运动党适时软化其极端民族主义意识形态，同时组建新的政党联盟加哈尔

---

① 失业率高居不下、贫富差距扩大、产业发展不合理以及腐败等内容。

集团，并借"六日战争"之机加入联合政府，最终获得合法地位。1973年，为进一步逐鹿政坛，加哈尔集团联合其他政党组建利库德集团，并在宗教与族群矛盾的背景下逐渐扩展政治空间与选民支持，1977年成功取代工党取得执政地位。

1977年以后，以利库德集团为代表的右翼政党长期把持政坛，开创了以色列内政外交的新局面。利库德集团之所以能够长期屹立政坛，是以色列政治社会右倾化的自然结果，同时得益于其自身完备的政党组织体系，更离不开其以安全为核心诉求的右翼民粹主义意识形态宣传。利库德集团在以色列政坛由边缘到中心的成长历程深刻揭示了以色列在中东复杂的地缘环境中自我认知与政治诉求的变化。利库德集团的意识形态和执政实践深刻推动了以色列的民族国家构建和政治现代化进程，但其伴生的犹太性与民主性之间的冲突、世俗原则与宗教理念之间的博弈，以及后犹太复国主义思潮的冲击构成了以色列政治发展的不确定性。

关键词：以色列；利库德集团；修正派犹太复国主义；右翼政党

4. 林友堂：《摩洛哥苏非派历史演进研究》，导师：韩志斌教授。

研究方向：世界史

简介：摩洛哥苏非派是苏非派发展史上不可或缺的重要部分。从其起源来看，摩洛哥苏非派结合了东方苏非主义的哲学思辨和马格里布本土的神秘崇拜，形成了独具特色的苏非思想。从其发展来看，摩洛哥苏非派不仅是马格里布文化的继承者，还是发展者。撒哈拉以南非洲和伊斯兰世界东部地区也都不同程度地受其影响。从其社会影响来看，当代摩洛哥苏非派不仅是抵制宗教极端思想的堡垒，还在维护社会稳定和对外交流上起到了一定的作用。对摩洛哥苏非派的研究不仅有利于分析其在摩洛哥的发展流变，还有助于了解当代摩洛哥政府的宗教政策，更能为其他具有相似国情的国家提供借鉴。

该文围绕摩洛哥苏非派，全面深入地梳理了其在摩洛哥历史上的发展流变。12—14世纪是摩洛哥苏非派的萌芽时期。由于受到东方和伊比利亚半岛苏非主义的影响，当时的摩洛哥出现了多位著名的苏非大师，以及颇具影响力的沙兹里教团，从而奠定了摩洛哥苏非派发展的基础。15—18世纪是摩洛哥苏非派的成熟时期。这一时期以加祖里教团为代表的苏非派将苏非思想中的哲学思辨、神秘主义传统和政治理念相结合，奠定了此后摩洛哥苏非派的发展方向。19世纪至今是摩洛哥苏非派的转型时期。当摩洛哥面临西方国家入侵时，该国的苏非派开始转型。以卡塔尼教团为代表的苏非派以积极参政、实行改革等方式来面对危机。以哈马德沙教团为代表的苏非派则选择回归神秘崇拜以逃避现实。摩洛哥独立之初，苏非派遭到边缘化，但凭借自身的改革和宗教政策的变化，20世纪90年代后又重新活跃。目前，苏非派已经成为摩洛哥宗教支柱之一，为维护社会稳定和国家发展提供力量。

摩洛哥苏非派在发展过程中，自身也形成了两大特点。首先是参政意识。传统苏非派大多主张禁欲和遁世，不鼓励其成员过多参与政治。摩洛哥苏非派的参政意识与其自身的发展分不开。苏非教团的建立和发展需要得到当地居民和地方官员的支持，如果一味强调出世，那么该教团就不会进一步发展。因此苏非派在发展的过程中需要主动参与政治以获取庇护和支持。其次是创新意识。在历史的长河中，一成不变的事物很容易被时代所抛弃。在日新月异的当代社会，传统的宗教思想和理念往往会遭到冲击。摩洛哥苏非派为适应社会，也积极寻求改变。它不仅利用互联网传播思想，还通过改革传统仪式重新树立形象，并积极承担社会责任。正是这两大特点使苏非派在摩洛哥发展数百年。在如今的摩洛哥，苏非派凭借温和的宗教观和较为开放的理念得到了政府和民众的信任,这也有助于其进一步发展。

关键词:摩洛哥;苏非派;政教关系

5. 李小娟:《19世纪美国传教士在中东地区的传教活动研究》,导师:蒋真教授。

研究方向:中东政治史、宗教史

简介:15世纪末,西方向海洋进发,迎来地理大发现的时代,开启世界一体化的进程。推进这一重大历史事件的动机除了对资源、商路和财富的渴望之外,还有西方对基督教传教的热情。长期以来,中东是西方基督徒憧憬和向往的圣地耶路撒冷的所在。十字军东征时期,西欧传教士萌生了向中东传教的理念,16世纪以来,西欧传教士的"福音"在这里生根发芽,到了19世纪,西欧的基督教传教活动已经在中东广泛存在。传教理念是美国对外文化扩张的重要组成部分,19世纪以来,美国基于西欧早期传教活动的成果,在该地区开启了一个空前的基督教传播的时代。美国传教士在中东的传教活动具有深刻的历史背景。首先,美国传教士在中东的传教活动是美国海外传教活动的一部分,与西方殖民主义全球扩张和基督教复兴运动密切相关。近代工业革命和资本主义扩张带来的交通工具、经济条件的改善推动基督教大规模的传教运动。美国传教士在中东的传教活动作为美国对外文化扩张和基督教复兴的一部分而存在。其次,19世纪盛行于美国的天命论思想和社会达尔文主义理论为美国海外传教事业提供精神动力。这些思想都建立在盎格鲁-撒克逊的种族优越论之上,将"拯救众生"和向落后民族传播基督教"福音"看作他们的神圣使命。最后,"第二次大觉醒"运动和美部会的诞生,直接推动了美国传教士在中东的传教活动的发展。美国在中东传教的主体是美国福音派,他们在美部会的组织和领导下传教。美部会主要由公理会、长老会和归正会的成员组成,总部设在波士顿,致力于实现"全世界的福音化"。其中,长老会在中东的传教贡献尤为突出。美国传教士在中东传教活动的客体包括安纳托利亚地区、黎凡特地区、海湾地区和北非等地区的穆斯林、犹太人和基督徒。起初,美部会将这些地区的穆斯林和犹太人作为传教的主要目标。然而,由于伊斯兰教法对穆斯林改宗的严格约束和来自犹太人内部的极力排斥,美部会改变传教策略,集中向所谓的"堕落的东方教会"和"名义上的基督徒"进行精神启蒙,复兴当地的基督教教会,将此作为穆斯林和犹太人皈依基督教的序幕。为了达到促进皈依的目的,美部会采取教育、医疗和出版等方式向中东民众传播基督教。其中,教育是美国传教士最主要的传教方法,他们在中东开办各类教会学校,在美国传教士看来,这是影响年轻一代最可行的方法。他们在教会学校推行《圣经》教育,通过在当地创办出版社的方式印刷《圣经》和宗教传单,试图在精神上"唤醒"中东民众。另外,美国传教士在中东医疗领域的传教工作也较为突出。中东社会普遍缺乏现代医疗条件,传教医生在当地开办了医院和药房,并开展了医疗培训,对中东医疗事业的发展产生了重要影响。鉴于中东社会存在的性别隔离习俗,美国女传教士在向中东妇女的传教活动中扮演了重要的角色,她们对当地妇女教育和医疗条件的改善起到了一定的作用。美国传教士在中东的传教活动是西方基督教世界向中东伊斯兰世界文化扩张的一部分,传教士在其中扮演了先行者的角色,生动地诠释了基督教与伊斯兰教文明互动的内涵和外延。这场互动是对历史上基督教与伊斯兰教文明互动的继承和延续,其影响一直持续至今,冲突与融合为其基本特点。而美国传教士与中东穆斯林的交往更多地表现出冲突的一面。从交往哲学上讲,宗教冲突源于将己方奉为主体,将他方视为顺从和受支配客体的"主—客"式的交往观。美国传教士在与穆斯林的互动中往往陷入这样的交往观之中,将基督教文明奉为唯一的文明,将西方价值观奉为唯一的价值观。这种西方中心论的交往观对基督教与伊斯兰教关系的影响持续至今，这一点也将始终影响美国乃至整个西方世界与中东伊斯兰世界的关系。

关键词：美国传教士；中东；基督教；伊斯兰教；文明交往

6. 康丽娜：《文明交往视阈下的布哈拉汗国研究》，导师：黄民兴教授。

研究方向：中亚近代史

简介：近年来，随着中亚地区在世界地缘政治格局中占据着愈发重要的地位，世界各主要行为体高度重视并积极扩大自身在该地区的影响力。自2013年9月习近平主席在访问哈萨克斯坦期间首先提出构建"丝绸之路经济带"倡议以来，我国学术界对中亚地区的关注急剧上升，成为区域国别研究的重要领域。不过，我国在中亚各国的政治体制、外交政策、军事安全、经济合作等方面的研究成果相对较多，而对历史、文化等议题的研究十分有限。

一直以来，有关中亚文明史的研究是中国世界史研究的薄弱领域。该文从历史学角度出发，采用文明史的研究路径和区域史的叙述框架进行写作。从理论分析来看，该文的研究立足于中国自己的世界史学派——文明交往理论，从而有助于在国际学术界发出自己的声音，加强话语权。该文以布哈拉汗国为研究主体，围绕制度文明、物质文明、精神文明、生态文明四个方面，对近代中亚地区内、外交往的背景、历程及影响进行系统论述，进而深入探讨中亚近代文明的形成原因、发展规律和演变特点。

该文的主要内容分为五章。第一章概述汗国文明交往变迁史。布哈拉汗国经历了兴盛、发展、衰落、沦为俄国附属国的历史变迁，这也从侧面反映出了中亚近代史的演变规律。第二章分析汗国制度文明交往的特点及演变。汗国的制度文明经历了继承、融合、形成和完善的演变过程，以传统伊斯兰国家的制度为根基，借鉴游牧帝国的管理体制，因地制宜，结合各国实际情况，推动中亚近代制度文明的建设。第三章论述汗国物质文明交往的曲折性和进步性。游牧文明与农耕文明的交往贯穿于整个中亚文明史进程，是中亚社会经济变革的主要动力。再者，俄国的统治加速了中亚社会形态更替，从某种程度上使之实现了跳跃式发展。第四章阐述了汗国多元宗教文化的融会与变迁。自古以来，中亚地处欧亚文明的核心地带，在保持自身文明特色的同时，中亚文明还不断学习、吸收和融汇其他文明的有益成果。第五章探讨汗国对外交往的背景和进程。汗国的对外交往具有明显的地缘特性，汗国的对外交往是不同文明之间相互作用的动态过程，丰富了中亚近代文明史的内容。结论指出汗国历史演变主要取决于生产力、地缘、宗教和国家四大因素，它对中亚文明交往产生了重要影响：一则较完整地保留和传承了中亚传统的伊斯兰文明体系；二则成为今天乌兹别克民族的文明生根之地；三则体现了中亚文明交往的多元融合属性。

关键词：布哈拉汗国；文明交往；中亚；俄国；历史演变

7. 成飞：《巴勒斯坦非暴力抵抗运动研究》，导师：王铁铮教授。

研究方向：巴以问题

简介：该文以英国委任统治时期以来的巴勒斯坦非暴力抵抗运动为考察对象，力求探寻除武装暴力斗争之外，巴勒斯坦人为实现生存、发展及民族解放而进行的另一种更为普遍、但往往被忽视的抵抗方式，为解读巴勒斯坦民族抵抗运动及巴以冲突提供更为全面、深刻的历史视角。

第一章探讨了英国占领巴勒斯坦后，面对犹太复国主义运动的发展，巴勒斯坦人发起了持续不断的非暴力抵抗运动。这时期的非暴力抵抗运动以一种反作用力在客观上推动了犹太复国主义运动的发展，但也促进了巴勒斯坦武装暴力抵抗行动的兴起。

第二章论述了1967年"六五"战争之后，被占领土上的巴勒斯坦人积极展开以建设民间组织为核心的非暴力动员，并在1987年爆发的大起义中发起了前所未有的大规模非暴力抵抗运动。这场以非暴力为特征的大起义在客观上提升了巴解组织的地位、迫使约旦退出对西岸地区的控制，并促使以色列转向政治谈判，最后还为巴勒斯坦民族主义的斗争积累了宝贵的经验。

第三章分析了21世纪元年，巴勒斯坦人出于对奥斯陆和平进程的绝望，爆发了以党派主导的无序的武装暴力抵抗行动。在暴力对抗所造成的不利情形下，巴勒斯坦民众以以色列修建隔离墙为时间点发起了非暴力抵抗运动，并逐渐发展为持续至今的反占领运动。以色列的消极回应与巴勒斯坦内部动员力的不足，是这一时期巴勒斯坦本土非暴力抵抗运动面临的主要问题。

第四章讨论了2005年巴勒斯坦民间组织发起的"抵制、撤资、制裁"（BDS）运动。作为巴勒斯坦非暴力抵抗运动的最新发展形式，BDS运动立足于国际民间社会，以学术抵制与经济抵制为主，将"领土争端"的巴勒斯坦问题转化为"人权问题"，并推入国际舆论的探讨之中，以此追求形成对以色列的国际压力。BDS运动的发展挑战了以色列主导的话语叙事及其国际形象；拓宽了巴以问题在美国公共舆论和政治领域探讨的话语空间；开辟了巴勒斯坦对以斗争的新方向。

结论部分首先总结了巴勒斯坦非暴力抵抗运动特点：一，实践主体随着历史环境的变迁不断变化；二，地理空间随着历史环境的变迁而不断变化；三，对于普通巴勒斯坦民众而言，参与非暴力抵抗运动的直接动机在大多数情况下主要是基于生存威胁，而不是建国等宏大的政治目标；四，国际与地区局势对巴勒斯坦非暴力抵抗运动的策略选择有着重要的影响；五，在巴勒斯坦民族主义运动中，非暴力抵抗与武装暴力抵抗在一定程度上互为因果，同时在推动实现巴勒斯坦民族权利的目标框架内相辅相成。结论部分分析了在法塔赫与哈马斯两大政治派别无法推进巴勒斯坦解放事业的情况下，以BDS运动为代表的非暴力抵抗运动成为当前巴勒斯坦人对以斗争的战略趋势，其对未来巴以局势可能产生的影响：赢得国际舆论中的"合法性"之战或在失败后再次转向极端的暴力冲突。

关键词：巴勒斯坦；非暴力；抵抗运动；以色列；BDS运动

8. 杨张锋：《冷战后土耳其的中亚政策研究》，导师：王铁铮教授。

研究方向：土耳其外交史

简介：20世纪90年代初，中亚五国获得独立，土耳其综合国际和国内因素先后确立了"领导者""桥梁国家""中心强国"三种身份，并以之为基础制定了相应的中亚政策。

该文将冷战后土耳其的中亚政策划分为厄扎尔、联合政府、正义与发展党三个时期。在厄扎尔时期（1991年至1993年），俄罗斯无暇顾及中亚，西方支持土耳其在中亚填补权力真空。土耳其国内多数政治派别均支持政府进军中亚。厄扎尔领导层确立了"领导者"身份。然而中亚国家出于对主权的考虑，拒绝加入土耳其所设想的联盟，因此厄扎尔确立的"领导者"身份无果而终。

在联合政府时期（1993年至2002年），俄罗斯出台了"近邻政策"，美国针锋相对制定出"新中亚战略"。这一时期土耳其国内动荡不安，政府更换频繁，经济背负外债和通货膨胀双重压力。德米雷尔领导层为土耳其确立了连接欧洲与中亚的"桥梁国家"身份。土耳其借助突厥语国家峰会继续保持与中亚国家间的政治合作，同时积极寻求成为东西方间的能源走廊。中亚国家对与土耳其发展政治合作热情下降，仅愿维持经贸合作，土耳其的"桥梁国家"身份得到了中亚国家一定支持，但始终没有得到欧盟的认可，因此并不成功。

正义与发展党（以下简称"正发党"）执政后（2002年至今），阿富汗战争为土耳其与中亚国家加强反恐合作提供了良好机遇，而普京执政后俄罗斯也表现出与土耳其合作的积极态度。这一时期土耳其国内政治较为稳定，经济以较快速度发展，具备了在中亚发挥影响的实力。正发党领导层因此确立了成为具有全球影响力的"中心强国"身份。2009年突厥语国家合作委员会的建立使土耳其拥有了一个能够在欧亚大陆发挥影响的国际组织，在该组织框架内土耳其与中亚国家在经贸、交通、海关等领域的合作得到加强。这一时期土耳其与中亚国家之间的政治、经贸关系发展迅速。"中心强国"身份突出了土耳其的主体地位，对中亚国家具有一定吸引力，但其长远的效果还有待于观察。

土耳其的中亚政策受到俄罗斯因素、中亚国家外交倾向、自身综合国力等一系列内、外部因素的制约。通过研究，该文得出的主要结论如下。第一，身份决定了土耳其中亚政策的内容和方向。第二，俄罗斯对土耳其中亚政策影响显著，当俄土关系以竞争为主时土耳其中亚政策目标实现的难度增大，反之难度降低。第三，文化、能源、援助始终是土耳其中亚政策的三个重点领域。第四，塔吉克斯坦在土耳其中亚政策中处于边缘，但并没有被忽略。展望未来，如何确立稳定的身份仍是土耳其中亚政策面临的核心问题。

关键词：国家身份；土耳其中亚政策；突厥语国家峰会；俄罗斯

博士后出站报告信息如下。
1. 张玉友：《阿尔及利亚部落社会变迁研究》，合作导师：韩志斌教授。
研究方向：北非史
简介：部落是1962年阿尔及利亚独立之前主要的社会组织形式，其存续时间超过十个世纪。作为一种社会组织，部落参与了阿尔及利亚历史上各个时期的"国家构建"。但至1962年独立之际，阿尔及利亚部落社会却几近消失，只在一些山区和沙漠地区遗留有部落的痕迹。究其缘由，目前学界尚无系统的研究。此报告从该问题出发，运用历史政治学、社会学、人类学和民族国家构建等学科和理论，试图考察和阐释阿尔及利亚部落社会的兴衰史。该报告以时间为序，结合历史与现实、理论与实践，将阿尔及利亚部落问题置于北非史流变的宏观场域进行考察。导论部分对该报告的选题背景、研究意义、国内外研究现状、研究方法和思路进行了阐述。

第一章阐释了阿尔及利亚部落社会研究的关键问题和书写范式的演变。阿尔及利亚部落社会主要涉及概念构建、理论适应性和部落瓦解三大问题，这也对应着书写范式的三个演变过程，即从民族志范式到"分支型社会"范式，再到部落转型范式的演变。

第二章重点梳理和考察了阿尔及利亚早期部落的起源、发展及其与国家之间的互动。学界关于阿尔及利亚部落起源虽尚无统一定论，但均认可早期部落社会组织是由柏柏尔人建立的。从罗马统治时期到柏柏尔帝国时期，部落在与各种文明交流、互动过程中逐步发生演化，其从松散的社会组织发展成高度组织化的各类政治实体。在阿尔及利亚早期国家形成中，部落与国家关系呈现"部落即是国家"的特征。

第三章重点剖析了奥斯曼时期阿尔及利亚部落社会的高速发展与部落社会治理。进入奥斯曼时期，部落开始从政治阶层向社会阶层转变，即部落不再是政权的来源，而是组成国家的"社会部分"。在奥斯曼帝国的间接统治下，由部落构成的乡村社会获得了极大的自治空间，形成了一套独特的政治、经济和社会体系与规范。部落社会的高速发展与土耳其人的柔性治理有着较大的关系。

第四章重点分析了法国殖民统治对阿尔及利亚部落社会的差异化改造政策及其后果。征服阿尔及利亚是法兰西第二殖民帝国建立的重要标志，其对当地土著的政策模式为后来的非洲殖民统治奠定了重要基础。法国殖民政府对阿尔及利亚部落社会形成了两种政策：一种是针对北阿尔及利亚的部落瓦解政策，另一种是广泛用于南阿尔及利亚的部落保留政策，前者偏向于直接管理，而后者是一种间接统治模式。两种改造政策均对阿尔及利亚社会造成了灾难性的后果，如持续的贫穷化、不平等以及大量人口外流。

结论部分对阿尔及利亚部落社会的发展演变、阶段性特征和相关理论进行了总结和讨论，并提出了未来可拓展的研究方向。

关键词：阿尔及利亚；部落社会；法国殖民统治；马格里布

郑州大学

2021年，郑州大学世界史学科总计毕业博士研究生3人。博士学位论文信息如下。

1. 邢文海：《当代埃及外国投资法律变迁研究》，导师：陈天社教授。

研究方向：犹太—中东史

简介：近代以来，特别是1952年以来，外国投资在埃及发展过程中发挥了重要作用，埃及出台颁布了许多适用于外国投资的法律与规定。1952年以前，埃及就有一些法律涉及外国投资。1948年《民法典》是适用于合同法律规则的主要来源。纳赛尔时期是埃及外国投资法律的创立阶段，制定并颁行的相关法律法规主要有《外国投资法》（1960年第2108号法）、《投资法》（2017年第72号法）等。《外国投资法》对于外国资本实施了严格限制，规定须经由共和国总统批准才能在埃及投资。

萨达特时期是埃及外国投资法律的转折阶段，外国投资法律法规也逐渐从限制外国资本转变为鼓励外国投资。穆巴拉克时期是埃及外国投资法律的深化阶段，逐渐与国际投资准则接轨。2011年埃及剧变之后，特别是塞西2014年当政后，埃及对外国投资法律再调整，最重要的就是颁布和实施《投资法》。

埃及外国投资法律的颁布与调整，是政治战略调整的必然结果、经济发展转型的客观需要、对外关系缓和与全球化的大势所趋。这三大因素决定了埃及制定投资法律的意愿及其方向。纳赛尔时期，埃及对外资企业采取了国有化及征收的政策，并出台外国投资法律以限制外国资本投资埃及。萨达特时期，埃及颁布了对外开放的外国投资法律，开始有限度地引进外国投资，以开放促发展。穆巴拉克时期，为适应了埃及结构性改革与社会转型的步伐，埃及外国投资法律逐步推动了法治化、体系化和市场化的调整与改革。后穆巴拉克时期，埃及在营造可持续发展的投资环境上构筑了法律框架和基础，体现了改革积弊、与时俱进的特点。埃及外国投资法律的演变本质上体现了埃及维护国家经济主权、积极发展经济民生、有效管理外国资本的基本治国方略。

该文得出以下结论。第一，埃及外国投资法律具有内外一致、多法并立、保护与治理相结合等特征。第二，埃及外国投资法律的变迁总体上适应了埃及现代化转型与世界经济全球化的发展潮流，促进了经济社会发展与转型。第三，埃及外国投资法律的实施体现了埃及经济发展方略的变化，同时也反映了埃及经济发展战略所存在的显著问题。埃及外国投资法律变迁为中国及广大发展中国家提供了重要启示。一是政府在投资法律制定与实施过程中应当注重长期性产业政策和适度引导手段。二是外国投资法律需系统性地改善营商环境。三是外国投资法律应符合本国国情，特别注重保护国家的经济主权。

关键词：埃及；外国投资法律；外国投资；经济方略

2. 杨彪：《以色列农业转型发展研究（1948—2020）》，导师：张倩红教授。

研究方向：犹太—中东史

简介：以色列是一个农业发展缺乏先天资源禀赋的国家，却用半个多世纪的时间创造了农业发展的奇迹，实现了农业发展的两次转型。该文以农业转型为主线，梳理了以色列的农业发展轨迹。以色列农业生产一定程度上是一种移民农业，移民对于以色列农业发展有着无比重要的意义。伴随着大规模的移民，犹太垦殖运动使这一地区水土资源得到开发，伊休夫农业经济的发展为新政权的建立奠定了经济基础。以色列建国后遂开始了以内向型农业为主要发展模式的农业生产。至20世纪60年代末，内向型的农业发展取得可喜的成效，农业生产已基本实现自给自足。随着国内外政治经济局势的渐趋稳定，以色列以满足自我需要为主的内向型农业发展模式进入瓶颈，以色列农业发展模式随之实现了由内向型向外向型的转变。

20世纪80年代，随着国际农产品市场竞争日趋激烈，"石油农业"发展的不可持续性对以色列未来农业发展提出了新的课题，至21世纪初，农业发展也随之实现了由外向型向科技依存型农业发展方式的转变。以色列农业发展呈现出一些新的趋向，主要表现在以下几个方面。首先，休闲农业与有机农业的发展日渐受到以色列政府的重视。其次，农业国际化发展显著，以色列政府瞄准广大发展中国家潜在的农业技术市场。最后，农业生态环境保护成为可持续农业发展的重要方向。

以色列农业转型的成功经验可以归纳为以下几个方面：一是政府的高度重视，对农业发展进行统筹规划；二是重视提高劳动者素质，建立了完善的农业技术推广服务体系；三是建立了一批符合该国农业发展国情的"基布兹""莫沙夫"等农业合作组织，形成一套健全的乡村综合发展模式；四是以科技的高投入替代资源不足，依靠科技进步实现了农业发展的转型升级；五是确立了以外向型农业为导向的农业发展模式，根据市场需求来指导农业生产；六是重视农业经济与生态环境保护的协调发展。

总的来说，农业对以色列政治、经济发展有着多维意义。农业转型使以色列农业技术和生产结构发生了极大的变化，实现了农业的科技化、国际化和绿色化发展。正是农业的转型使以色列农业发展实现了劳动力向非农部门转移，进而推动了国家整体的经济转型。虽然农业产值长期以来一直保持着增长的态势，但农业在国民经济中的总体比重一直呈下降的趋势，可以说以色列农业发展在增长中走向"衰落"，未来该国农业仍将呈小部门化的发展态势。

关键词：以色列；农业转型；农业现代化；发展模式

3. 徐成志：《尼赫鲁时期印度的越南政策研究（1947—1964）》，导师：于向东教授。

研究方向：越南史

简介：尼赫鲁时期印度对越南的政策，是在保障印度自身国家安全和利益的前提下，以追求大国理想为目标，而实行的"积极中立"的不结盟外交政策。其制定和实施，有深刻的历史和现实原因。第一次印度支那战争爆发后，印度虽对越南抱有同情态度，但基本上奉行了"不干涉"政策。1953—1954年，印度对越南实行的是一种"积极调停"政策。其调停政策的首要工作是限制外部力量干涉，反对美国扩大印度支那的言论和计划，同时避免中国直接介入战争。印度还发挥了"规划型调停"的作用，召开科伦坡五国总理会议，提出了解决印度支那问题的"六点和平倡议"。

1955—1958年，印度则试图将越南纳入"和平区域"范围中。它通过国际监察与监督委员会对越南局势发挥作用，负责监察越南停火、撤军及普选等相关事宜。尼赫鲁从实现自身大国理想出发，提出建立区域集体安全体系。他积极反对军事同盟，推动与南越、北越高层互访。1955年，印度还与印度尼西亚共同发起亚非会议，在会议上进一步巩固了日内瓦会议的成果。但由于南越吴庭艳政权在美国支持下，拒不履行协议，国际监察与监督委员会又无实际性的强制力，监察工作举步维艰，越南普选也遥遥无期。1959—1964年，印度在国际监察与监督委员会的工作中逐渐向南越倾斜，实行"亲南远北"的政策。在南越"1959年第10号"法令及美国继续扩大在南越的"军事援助顾问团"问题上，支持加拿大偏袒南越的主张，并批评北越在南越的"颠覆"和"渗透"活动。

印度对越南"积极中立"的不结盟政策，虽然在不同时期有着不同变化与表现，但总体来看，第一，印度对越南的政策始终是在冷战两极对峙的国际关系格局中，保障自身国家安全和利益的前提下进行的局部调整；第二，始终处于尼赫鲁不结盟外交政策框架之内，虽偶有偏向，但基本上保持了自身的中立和不结盟态度；第三，始终处于尼赫鲁追求印度大国理想的努力实践中，从属于其以中印合作作为基础的"亚洲主义"思想和构建亚洲区域集体安全体系计划的兴衰。尼赫鲁逝世后，其所提出的大国理想和不结盟政策，以及在与其他大国间关系影响下处理印越关系的实用主义原则和方法，对印度提出"东向政策""东向行动政策"和积极回应美国提出的"印太战略"背景下的印越关系，产生了重要影响。

关键词：尼赫鲁；印度对越外交；第一次印度支那战争；国际监察与监督委员会；不结盟

陕西师范大学

2021年，陕西师范大学世界史学科总计毕业博士研究生4人，培养出站博士后2人。博士学位论文信息如下。

1. 宋海群：《捷克斯洛伐克反法西斯抵抗运动研究（1938—1945）》，导师：胡舶教授。

研究方向：二战史

简介：作为欧洲反法西斯抵抗运动的重要组成部分，捷克斯洛伐克反法西斯抵抗运动在推翻法西斯统治,实现民族独立和国家解放的过程中发挥了重要作用。在历史和二战前夕国际国内诸多因素的影响下,对捷克斯洛伐克觊觎已久的纳粹德国,利用英法一味求和避战的心态和其他反纳粹力量薄弱的弱点,不断对捷克斯洛伐克提出领土要求,制造了多次危机,包括标志着绥靖政策达到顶峰的慕尼黑事件,甚至在1939年3月直接对它进行了肢解,扶植建立波希米亚-摩拉维亚保护国和斯洛伐克"独立国"。为了配合执行战前制定的战略战术,纳粹德国在这两个国家推行了两种不同的统治模式。总体而言,法西斯对保护国的奴役和控制程度远大于对"独立国"。面对纳粹德国的侵略和统治,捷克民族抵抗法西斯的意愿明显要强于斯洛伐克民族。在整个抵抗运动逐渐兴起和发展的过程中,捷克斯洛伐克出现了两个重要的领导核心——以爱德华·贝奈斯为首的捷流亡政府和转移到苏联的捷共中央。不过,它们的领导地位不是与生俱来的,而是在二战整体发展进程中通过自身的不懈努力和获取国际社会支持建立起来的。具体而言,捷流亡政府之所以能在捷克斯洛伐克人民当中建立威信,跟贝奈斯与英国展开的一番历时近两年、过程较为曲折的博弈密切相关;捷共领导地位的树立也并非一帆风顺,甚至在苏德关系剧烈变化中遭遇了重大挫折,不过最终在苏联的支持和帮助下获得了国内外捷克斯洛伐克人民的认可。在该两大领导核心确立领导地位的过程中以及确立之后,捷克民族和斯洛伐克民族有组织地或自发地兴起了一股方式多样、规模不一的抵抗运动,主要包括文化抵抗、武装抵抗和其他如游行示威、罢工等诸种方式的活动。文化抵抗主要是以捷克斯洛伐克人民自身的文化因素来抗拒德意志民族的文化侵略,捍卫自身的文化特色,坚定反击法西斯的精神信念。包括"类人猿行动"、斯洛伐克民族大起义以及布拉格起义在内的武装抵抗是捷克民族和斯洛伐克民族抵抗法西斯的"最强音",突出反映了他们对法西斯强烈的憎恨和愤怒之情。此外,他们还在工厂、街道、铁路等公共场合以游行示威、怠工、罢工、藏匿粮食等方式破坏法西斯的统治基础。在近十年的抵抗运动中,受历史、地缘政治、战争进程等多种因素影响的英美苏三大国在不同阶段推行了不同的政策。英国的政策大致以1940年6月法国败降和1941年6月苏德战争爆发为界划分为三个阶段,先后呈现出相对漠视、积极支持和消极支持的变化过程。美国是以1939年3月捷克斯洛伐克再次遭肢解、波德战争爆发为界分别推行了高度漠视、道义上支持和外交上支持的政策。苏联则是以慕尼黑事件的发生、苏德战争爆发为分界点分别对捷克斯洛伐克人民采取了外交上支持、反对和禁止、积极支持的态度。它们的政策对捷克斯洛伐克抵抗运动的特点、规模乃至最终结局都产生了重要而深远的影响,甚至决定了该民族解放和国家独立的进程。这场波及范围广、经历时间长的抵抗运动对捷克斯洛伐克共产党的意义尤为重要,使它得到了充分的锻炼,扩大和巩固了群众基础,显著提升了它战后的政治实力和国际地位。同时,苏捷关系在此过程中迅速建立起来并在战后通过多方面的合作获得了进一步的巩固。在此背景之下,捷克斯洛伐克随后通过"二月事件"走向了社会主义道路,开辟了捷克斯洛伐克国家的新征程。当然,捷克斯洛伐克人民在抵抗运动中被激发出来的报复怒火并未随二战的结束而立刻得到平息,而是在战后继续发泄到了以德意志民族为主体的异族身上,制造了影响深远的民族清洗事件。相比于其他国家的抵抗运动,捷克斯洛伐克抵抗运动呈现出了境内地区不平衡和外国力量渗透明显两大特点。对捷克斯洛伐克抵抗运动的研究,可以反映出二战期间小国人民反抗法西斯的精神风貌,一定程度上凸显人民群众为了反对异族统治、追求民族解放和国家独立、维护人权、实现自由和平等而迸发出来的强大力量。

关键词:抵抗运动;捷克斯洛伐克;贝奈斯;捷克斯洛伐克共产党

2. Smirnov Vadim（瓦金）：《苏联专家在陕西工作的历史考察（1956—1960）》，导师：胡舶教授。

研究方向：中苏关系史

简介：20世纪50年代苏中的十年友谊，对苏联和中国的后续发展产生了深远影响。这种友谊表现在从高级领导会谈到两国内政外交的相互支持，而苏联向中国派遣专家即两国友好合作最重要的体现之一。一方面，派遣专家成为苏联向中国转移新技术的最主要的方式；另一方面，在华专家的状况反映了两国十年间关系变化的真实情况。

对十年"永恒友谊"后苏中矛盾的研究，在俄罗斯和中国仍然存在争议。其中一个有争议的问题是中苏冲突出现的客观原因。通过分析陕西省及俄罗斯相关档案馆关于苏联专家在中国工作的文件，该研究发现了一些合乎规律的情节，而通过对这些内容的分析，能够得出这样的结论，即苏中冲突部分反映了两国对内政策的发展。这一结论是通过对中国方面与苏联专家在"大跃进"期间的思想工作的分析得出的。因此，这项研究的目标是彻底研究苏中关系的恶化和苏联专家在陕西的情况之间的关系。此外，该研究在尝试整理并说明苏联专家在军事工业和民用领域对陕西省发展的贡献的过程中，于陕西省档案馆找到了大量第一手资料，其中包括14个关于在陕专家工作情况报告的归档案卷。该研究还使用了西安市档案馆和陕西西电公司的资料，其中包含有关苏联专家在陕活动的文件。该研究运用的新发现的档案文件，大部分生成于1956—1960年，这是苏联专家在陕西工作最集中的时期，并且直到1960年，他们的数量也是稳步增加的。

该研究内容包括五个章节。第一章以来陕专家的历史背景为开端。1950年苏中同盟的形成，是在二战后苏联国际影响力增加和斯大林享有威望与无限权力的背景下发生的。雅尔塔体系推动了苏联与中国建立同盟关系，确保了苏联的国家利益。斯大林与中国结盟是为了保障苏联的东部边界安全，使外蒙古缓冲区得到中国的承认。而苏联似乎是唯一能够帮助新中国的力量。1950—1954年，苏联对中国的援助是由于三个协议的缔结而形成的，苏联按照这些协议在中国协助建立了156个工业设施。苏联对华援助建设的156个项目，是在斯大林前同僚之间的权力斗争背景下发生的，上台的赫鲁晓夫为了加强自己的地位，在苏共二十大上发表了批评斯大林个人崇拜的言论。这是中苏关系的转折点，从1956年起苏中关系逐渐开始变化，这一切都影响了包括陕西省在内的中国各地的苏联专家。陕西省在第一个五年计划中，成为中国的一个新产业基地。在计划的156个项目中，有24项位于陕西，并且主要是军工设施。

第二章以来陕专家的基本情况为主要研究内容。在陕的苏联援建项目带有明显的军工色彩，因此赴陕的苏联专家也集中在军工企业。苏联专家在陕西的活动，可以分为1952—1955年和1956—1960年两个主要阶段。在1952—1954年，苏联专家最多时有三十多人。这一时期，专家的招待工作由交际处管理。1956年，随着陕西社会主义建设事业的发展，专家逐渐增多，达到了100人左右。1960年，在西安、宝鸡、兴平、延安等市、县的苏联专家达到114人。尽管从1957年开始，在中国的苏联专家总数开始减少，但是在陕西苏联专家的数量却不减反增。在陕苏联专家长期在西安、宝鸡、咸阳、铜川、鄠县、兴平、耀县等地工作。在工种上，苏联专家主要是设计师、工艺师、建筑师、设备安装专家以及技术专家。

第三章以"大跃进"浪潮中的来陕苏联专家为主要研究对象。对苏联专家开展思想政治工作，与中国20世纪50年代末的"大跃进"政策和人民公社的建立有直接关系。根据中方的观点，随着"大跃进"的开始，苏联专家的思维方式以及劳动效率都受到了旧的无效想法和规范的控制。为了纠正这种情况，中国方面计划对专家进行大规模的思想工作。进行思想工作的目的是解释"大跃进"政策的本质，因为没有这一点，将无法让专家有效跟进生产过程，也无法提高他们的劳动效率。由于苏联专家的技术水平高于当时的中国工人，中方认为，苏联专家在掌握了"大跃进"的先进思想后，会表现出比中国工人更高的工作效率。专家掌握先进的思想后，中方必须向专家虚心学习，因为专家能提出有价值的建议。

第四章着力探讨来陕专家的工作及生活条件。中国方面尽力设法保持和发展与苏联专家密切合作。从专家在华工作之初中方就明确表示，为专家开展接待及服务工作是专家良好执行职务的不可分割的部分。这表明，尽管在20世纪50年代末苏联和中国之间关系恶化，但中国方面并没有排斥苏联的专家，仍然对专家寄予很大期望，否则不会如此重视对专家的接待工作。尽管在"大跃进"时期中国对苏联的经验不再全面肯定，但是否定多集中在思想领域，并没有拒绝苏联的技术专家。

第五章综合归纳来陕苏联专家的作用及其贡献。在中华人民共和国成立之前，陕西省有200多家工厂，其中大部分都是专门从事纺织行业的。而到了20世纪50年代末，这个省份却在苏联专家帮助下成为当时先进的高科技军工生产中心之一，兴办了一批重要的航空、发动机制造和电力企业。因此，可以得出苏联专家为陕西省创造新的专业化设施方面发挥了重要作用的结论。作为"156项目"的一部分，苏联在陕西援建了为数最多的军工厂，使陕西省不仅成为中国西北的关键地区，而且对整个中国有重要的作用。

总而言之，一方面，我们可以从向中国提供技术援助的角度考虑苏联专家在陕西的存在，这对中国工业发展产生了积极影响；另一方面，中国方面与在华苏联专家的关系可以看作中苏国家关系的一种缩影。

关键词：苏联专家；陕西省；国际关系；中苏关系

3. Hamed Elsayed Kahlil Mohamed（博文武）：《中世纪初期中阿关系史（从远古至阿巴斯王朝中期）》，导师：何志龙教授。

研究方向：中东史

简介：该论文以中阿古文献为主要参考来研究中世纪不同层面的中阿关系。以双方在对方的资料中出现为起点，以阿拉伯帝国阿巴斯王朝（黑衣大食）（与中国的晚唐同一时段）为终点，具体是从远古直至960年。作者选择这个阶段的原因之一，是前辈学者，特别是中国学者在研究中阿关系时，出于忽视了阿拉伯古文献所记载的内容，使这段时间的很多细节研究不够详细。同样，阿拉伯学者深入研究中阿关系时，出于各种原因也忽视了早期的中阿关系。

另外，与中阿关系相关的一些问题由于双方古文献缺乏互证，使得很多问题至今无法得到突破。比如，蒙昧时代的中阿关系、伊斯兰早期的中阿关系、伊斯兰宗教的圣人穆罕默德是否与中国联系、伊斯兰何时传入中国、阿拉伯伍麦叶王朝有没有征服唐朝、早期外贸关系的性质、著名的怛罗斯战役在阿拉伯文献记载情况，以及阿拉伯文献所记载的早期穆斯林群体在中国的情况等问题，虽然中阿学者都谈到过，但由于双方缺乏足够的资料，尤其是缺少古阿拉伯文献资料，使得上述话题无法开展更为深入的研究。

基于以上原因，在该论文中，作者以阿拉伯和中国古文献为主要参考，从远古到阿巴斯王朝中期，以阿拉伯朝代的历史阶段为分界线，深入研究中阿关系史。这也是该论文的特点之一。

该论文主要内容如下。

第一章，作者深入探究伊斯兰前的中阿关系。该章主要探究这段时间中阿双方的政治、经济和文化方面的联系。

第二章，作者注重出于各种原因被其他学者所忽视的一些问题，譬如，伊斯兰入华的问题、圣人是否与中国联系、中阿古文献所记载的正统哈里发期间的中阿关系的特征、从阿拉伯文献所记载的信息去看待波斯帝国霍斯劳二世（590年至628年在位）逃难到中国的问题等。

第三章，伍麦叶王朝期间的中阿关系。这一阶段是阿拉伯帝国实现最大对外扩张运动的时段，中国文献对这段时期记载的不少，如中国文献记录了不少使团从该帝国出发向中国皇帝"朝贡"的事件。因此，作者从三个方面论述该朝代中的双方政治、经济和社会的关系，并叙述了早期穆斯林在中国的概况等，以及双方交换使节的真相。

第四章，由于阿拉伯帝国当时处于兴盛时期，因此很多方面都实现了空前的发展，尤其是在国际关系上更是如此。当时的中国正处于盛唐，这一时期双方实现了空前的合作互利，甚至哈里发国政权曾协助中国平定叛乱，恢复政权。当时的唐朝采取开明政策，鼓励了大量穆斯林和阿拉伯商人到中国经商。这些穆斯林和阿拉伯商人在中国定居，与当地人联姻，并设立了自己的社群，留下了中阿文化和社会融合的物质证据。

第五章，该章选择了最具代表性的问题来展示中阿关系主要的互动影响，这种互动表现在历史学中，即当时出现了一些中国和阿拉伯国家的游记，这些游记详细地描述了双方各种各样的生活状态。不仅如此，经过双方的互动，在文化、语言、社会建筑、政治和经济方面等都出现不同程度的互通。

作者在该文中研究了中阿友好往来的历史，认为阿拉伯人从开始了解中国，直到两国发生互通，始终对中国有着一定的情感和情怀。阿拉伯人普遍热爱中国、热爱中国皇帝、热爱中国人民，并认为中国手艺或技术在世界上绝无仅有。虽然这不是绝对的，但是大致如此。作者经过阅读古汉文文献，认为中国对阿拉伯和阿拉伯人有着积极友好的一面，这激励着阿拉伯人将双方悠久的关系作为现代和未来关系的榜样，以此来学习中国文化。希望该关系建立在互补、团结和和谐的基础上。

关键词：中国阿拉伯关系；中世纪伊斯兰教；回族；怛罗斯战役

4. 马茜：《乌兹别克斯坦音乐史（1917-1991）》，导师：李琪教授。

研究方向：中亚史

简介：该论文运用跨学科研究方法，基于多语种历史文献资料的分析解读与实地调研访谈，旨在展示苏联时期乌兹别克斯坦国家主流音乐文化艺术七十余年的发展历程，体现这一时期音乐艺术发展与社会历史、政治和文化之间的互动关联。作者尝试在西方音乐学者与乌国音乐学者观点的比较中，对苏联时期乌兹别克斯坦国家音乐历史文化发展进行客观评价，进而丰富我国世界史中区域和国别（中亚—乌兹别克斯坦）史的研究内容，弥补我国中亚历史文化研究的不足，填补我国中亚音乐历史研究的阶段性欠缺。

论文绪论对相关研究现状、方法、意义、重难点与创新，以及研究时段的历史分期、篇章内容选取做了详细说明。第一章阐明了十月革命前乌兹别克斯坦古典音乐历史发展。第二章研究了在列宁民族文化政策指导下，乌兹别克斯坦进入社会主义音乐文化建设期。第三章诠释了斯大林时期（20世纪20年代下半期至1953年）乌兹别克斯坦社会主义音乐文化的形成。第四章展示了赫鲁晓夫时期（1953—1964年）乌兹别克斯坦音乐文化的繁荣。第五章呈现了勃列日涅夫与戈尔巴乔夫时期（1964—1991年）乌兹别克斯坦现代音乐发展趋向。结语部分对苏联时期乌兹别克斯坦音乐历史文化发展历程做了客观评述。

关键词：乌兹别克斯坦；音乐史；1917—1991年

博士后出站报告信息如下。

1. 龙国仁：《中亚非传统安全的历史演进与现实侧观（1991—2021）》，合作导师：李琪教授。

研究方向：中亚史

简介：该文主要围绕两个问题展开研究：一是中亚非传统安全的历史演进，概括中亚国家独立建国三十年来的非传统安全发展脉络和阶段性特征；二是分析中亚非传统安全的现实发展，尤其在新的时代背景和条件下，中亚非传统安全新的变化和态势。具体章节安排如下。

第一章主要对中亚非传统安全的历史演变进行了阶段划分。将中亚国家独立建国三十年来，非传统安全的历史演进划分为四个主要阶段。第二章阐释了综合安全视域下哈萨克斯坦的迁都。第三章阐述了中亚恐怖主义的现实情况与趋势。第四章从族群安全的视角解读了费尔干纳盆地民族关系的碰撞与融合。第五章从能源安全视角分析了土库曼斯坦天然气管道博弈。第六章从数字经济安全视角概述了中亚国家的数字经济战略。第七章从援助安全视角分析了新冠疫情下美国对中亚的援助。第八章从公共卫生安全视角探讨了中国与中亚共建"健康丝绸之路"。最后，对全文进行了简要总结，指出了该文存在的不足和未来进一步研究的方向，并对中亚非传统安全的治理进行了初步思考。

关键词：

2. 周厚琴：《危机与选择：俄国大动乱研究》，合作导师：胡舶教授。

研究方向：俄国史

简介：16世纪和17世纪之交，俄国爆发了一场全国性的大动乱。这场动乱虽短短十余年，却是俄国历史上的重要转折时期，对俄国社会和政治发展道路影响深远。2005年普京政府设"人民团结日"，以纪念民军在大动乱年代拯救国家于危亡之举。受苏联史学影响，国内对大动乱的通行看法基本停留在"王朝更替"、"农民战争"和"外国干涉"等方面。然而，这段历史的面貌远不止如此。大动乱如一枚多棱镜，不仅展现16—17世纪俄国繁复的政治现象，亦反映俄国各社会阶层多元的政治观念。一个有趣的悖论是，在看似充满选择机遇的大动乱之后，俄国最终依然继续专制君主制道路，并在百年后走向了帝国。该报告通过考察俄国对大动乱的历史书写和历史记忆、大动乱年代俄国的政治现象与社会思想，探究17世纪初俄国政治发展的选择及其影响。

大动乱过去的四百年里，帝俄、苏联和俄罗斯政府及学者不断重构大动乱的历史书写和历史记忆。第一章梳理大动乱研究的史学动态与成果，展现大动乱年代重要历史人物及事件相关的纪念碑、纪念物和公共节日，比较研究当代俄罗斯历史教科书中有关大动乱的教学资源，展现大动乱史学研究的必要性与重要性，探寻理解大动乱历史的不同路径。

大动乱的发生有其深刻的历史背景，如伊凡四世特辖制后社会各阶层的不满、留里克王朝中断、波雅尔贵族的争权夺利以及外国的武装干涉。第二章以16—17世纪档案史料为基础，以留里克王朝中断与戈杜诺夫登位，伪德米特里一世的短暂统治与舒伊斯基登位，波兰、瑞典的干涉与地方民军的民族解放斗争三个阶段，还原大动乱从王朝危机演化为政治、经济、社会、文化的国家制度系统性危机的历史进程，解析大动乱发生的多重历史原因。

大动乱年代俄国政治生活中新政治现象与旧社会思想交叠并存。新政治现象使俄国有建立"等级代表君主制"的契机和可能，但传统社会思想的根深蒂固使俄国依然重建专制。第三章以新旧两条线索，剖析"选举"沙皇、限制沙皇权力和出现多个政治权力中心的新政治现象所展现的新政治观念，以及"王子复活""皇位上的巫师"等政治谣言和"伪沙皇"冒名顶替现象所反映俄国社会思想的传统局限。第四章以点、线、面结合的方式，分别阐释1613年选举沙皇的缙绅会议、等级代表君主制、帝国模式专制君主制的选择空间与路径依赖，揭示17世纪初俄国大动乱年代政治选择的影响。

大动乱年代政治选择的长时段历史影响，体现在当代俄罗斯史学的动乱学研究中。动乱学视野下，17世纪初、20世纪初和20世纪末的历史事件是俄国国家制度的三次系统性危机，前两次危机都以建立帝国而结束，17世纪初大动乱年代的政治选择影响了后两次危机应对模式，俄国历史在"动乱—帝国"的周期性节律中循环。

关键词：17世纪初；大动乱；系统性危机；政治选择；动乱学

上海师范大学

2021年，上海师范大学世界史学科总计毕业博士研究生9人，培养出站博士后1人。博士学位论文信息如下。

1. 李逸夫：《佐西莫斯〈罗马新史〉研究》，导师：裔昭印教授、刘津瑜教授。

研究方向：西方史学史

简介：该文以罗马帝国晚期历史学家佐西莫斯及其历史著作《罗马新史》为主要研究对象，综合利用古代文献资料考证该书的版本和来源，分析佐西莫斯作品对古典历史传统的继承与发展，探讨社会转型时期知识精英在面对社会政治现实剧变时的思想回应，发掘《罗马新史》对于研究晚期罗马帝国史的重要价值。该文共分五章。第一章考证佐西莫斯的生平和《罗马新史》写作时间，介绍该书的内容框架并分析了版本情况，论述著作的写作背景和来源。第二章讨论了佐西莫斯与古典史学传统的关系。作者阐述了古典史家天命观的演变，进而探讨了佐西莫斯的宗教、哲学和历史观，认为上述观念构成了他作为异教历史学家的思想世界，他继承和发展了古典史学传统。第三章对比分析了佐西莫斯与基督教史家奥罗修斯在历史观念等方面的异同。作为基督教史家的奥罗修斯和作为异教史家的佐西莫斯由于信仰的不同，在政治和宗教等方面的观点因而有所不同，但他们作为古典传统的继承者，也具有一些相似之处，譬如对人物品性道德的重视等。第四章论述了5世纪罗马帝国危机的发生以及东罗马帝国、异教徒和佐西莫斯对罗马衰落的历史反映。第五章根据当时的社会现实分析了佐西莫斯"罗马帝国衰落论"。佐西莫斯从政治、经济等方面论述了"罗马衰落"的原因，认为沉重的赋税、不当的军政改革措施、统治者的腐化堕落以及帝国大量招募蛮族士兵入伍等因素均发挥了作用。同时，他也强调了罗马人对多神教信仰的背弃是导致罗马帝国衰亡的重要宗教原因。通过考察佐西莫斯及其历史著作《罗马新史》的内容和来源，探讨佐西莫斯与古典历史传统的关系，剖析其与基督教史家在思想上的异同，并深入分析其"罗马帝国衰落论"，该文发现，作为东部帝国的异教史家，佐西莫斯继承和发展了古典历史传统，其作品表现了东部帝国对于社会剧变的真实反映，从东部异教徒的视角阐释了罗马帝国衰落的原因，一定程度上填补了4—6世纪罗马帝国历史的缺失，这对于晚期罗马帝国史研究具有重要价值。

关键词：晚期罗马帝国；佐西莫斯；《罗马新史》；异教；宗教因素

2. 马百亮：《乔治·格罗特雅典民主观研究》，导师：裔昭印教授、刘津瑜教授。

研究方向：世界古代中世纪史

简介：英国的古希腊史学家乔治·格罗特是希腊史学史上分水岭式的人物。作为功利主义思想在史学领域的代表，他在政治、教育、哲学和历史等领域都颇有建树，尤其是在希腊史研究方面。12卷本的《希腊史》以实证主义的科学和严谨，在批判式地吸收借鉴前人研究成果基础上，对希腊史上的几乎每一个重要问题都进行了新的阐释，一举确立了雅典在希腊政治、文化和社会史上不容置疑的主导地位，系统而彻底地洗刷了长期以来对雅典民主的污名，为后世的希腊史研究指明了新的方向、树立了新的标准、注入了新的动力。直至今天，人们对希腊史的研究依然绕不过他的作品。该文主要聚焦格罗特为雅典民主所作的辩护，将其研究置于他所处的政治、历史和思想传统之中，从接受史的角度梳理了他和古代以及近代的史学家和思想家跨越时空的对话，以此阐明他在学术史和思想史上的地位和影响。该论文由绪论、正文和结语三部分构成，绪论主要阐明了选题缘由、国内外研究现状、该文的写作思路和史料基础。正文分为四章。第一章介绍了格罗特所处的维多利亚时代早期的社会背景，重点阐述了格罗特的人生经历和交游，展示了他在不同人生阶段在各个领域富有成效的作为，主要体现在教育、政治和学术研究这几个领域的贡献。第二章从共时和历时两个方面入手，介绍了前格罗特时期希腊史的书写和对雅典民主制度的考察，包括米特福德、瑟尔沃尔和布尔沃-利顿的希腊史研究，尤其着眼于他们对于雅典民主制度的认识和考察，同时介绍了格罗特《希腊史》的主要内容和编纂思想，既将其置于希腊史学传统之内，也为第三章和第四章的内容做了铺垫。第三章通过分析陶片放逐法、米太亚德的命运、对阿吉纽西战役将领和苏格拉底的审判，为雅典民主正名。在传统的希腊史中，这些都是雅典民主最显著也最严重的罪证，格罗特像一位高明的律师，利用强大的逻辑推理能力和渊博的学识积累，在充分尊重并重新解读各方面证据的基础上，通过对陶片放逐法和雅典民主历史上几个重大事件或案件的分析，逐一驳斥了对雅典民主的各项指控，表明了陶片放逐法在新生的雅典民主发展壮大的过程中所发挥的不可或缺的作用，也表明雅典民众并非传统上所诟病的那样是一群乌合之众。第四章探讨的是精英与民主的关系，摘掉了分别贴在民众领袖和智术师身上的"蛊惑家"和"诡辩家"的标签，还原了他们在雅典民主政治中的真实角色。

关键词：乔治·格罗特；《希腊史》；为雅典民主正名

3. 杨年：《西非传统宗教研究——以阿肯人、伊博人和约鲁巴人为例》，导师：张忠祥教授。

研究方向：非洲历史与宗教

简介：该文共分为五章。第一章从非洲传统宗教的基本问题入手，探讨相应的历史背景和社会基础。第二章从非洲传统宗教的特点、内涵和意义入手,探讨非洲人的信仰本质。第三章从个案研究的视角入手,探讨西非黑人民族(阿肯人、伊博人和约鲁巴人)有关崇拜和献祭祖先的问题。第四章接续从个案研究入手,探讨西非黑人民族(阿肯人、伊博人和约鲁巴人)对至高神的崇拜与献祭问题。第五章从历史演进入手,探讨非洲传统宗教的变迁。总之,通过考察非洲传统宗教的相关议题,该文阐明非洲人古老的宗教体系是他们宝贵的精神财富。无论是在过去的记忆、当下的时空,还是未来的生活中,非洲人都希望和至高神、祖先保持和谐的对话模式,以期实现"神—人感应"的最终目的,即在现实世界与精神世界中互通有无。

关键词:非洲传统宗教;至高无上的神;祖先;西非黑人民族

4. 姚汉昌:《柯林武德进步观念研究》,导师:陈恒教授。

研究方向:外国史学史与史学理论

简介:进步观念作为西方历史上重要的思想观念,一直受到西方思想界的重视。在柯林武德短暂而绚烂的一生中,进步观念始终是柯林武德关注的焦点。柯林武德在《精神镜像,或知识地图》——该书奠定了柯林武德后来写作的基调——的开篇中写道:"一切思想皆为行动而存在。"思想指的是对我们人类本身和世界的理解,而行动则指我们该如何生活。而无论是对理论问题的解答,还是对实践问题的解决,这些在柯林武德看来都是进步的体现。

柯林武德生活的时代背景,无论是他青年时代直接参与的第一次世界大战,还是在生命末期目睹的第二次世界大战的爆发,都使柯林武德面临同一个问题:如何避免战争的再次爆发以及取得社会文明的进步。譬如,在第二次世界大战爆发后,柯林武德中断了《史学原理》一书的写作,着手完成另一部酝酿已久的政治哲学著作,即1942年出版的《新利维坦》。该书采用致敬霍布斯的形式处理政治哲学。在《新利维坦》中,柯林武德把西方过往几千年的伦理思维分为三个阶段:功利、正当性和责任。柯林武德在《新利维坦》中较为全面地阐述了以上三种伦理思维,认为功利、正当性作为伦理思维,是过去占主导地位的伦理思维,而解决当下危机的,则必须是责任伦理思维。相应的,为这三种伦理思维提供理论基础的,分别是古希腊—中世纪的科学、近代以来的自然科学和现代历史学。在《自然的观念》一书中,柯林武德论述了古希腊—中世纪的科学、近代以来的自然科学。关于历史学,柯林武德则采用了两本书的篇幅。其中,《历史的观念》侧重史学史方面,论述了西方从古希腊到20世纪历史观念的发展以及相关史学理论问题。《史学原理》则包括了对历史学的性质、题材和方法的哲学反思。柯林武德对历史学的论述,是为了证明责任伦理思维的合理性,为人们以这种伦理思维行动提供依据。而根据柯林武德对进步观念的定义,历史思维一方面必须保存之前的思维成果,包括希腊的数学、近代以来的自然科学;另一方面,历史学又必须克服它们的不足,从而使人类思维和社会取得进步。该文以柯林武德的进步观念为研究与阐释对象,重点阐述柯林武德笔下的三种在西方历史上相继占据主导地位的伦理思维以及为这三种伦理思维提供依据的理论思维。首先,该文考察了柯林武德进步观念形成的背景,包括循环论观念的盛行以及对实在主义割裂理论与实践之间的联系、实在主义对历史学忽视的反抗。其次,在一系列柯林武德论述进步观念的文本中,提炼出柯林武德的进步观念的基本特征,包括进步观念的适用领域、推动历史进步的动力以及进步是否拥有起点及终点的问题。再次,重点阐述柯林武德笔下关于理论与实践、历史与哲学之间的和解,以及这些和解所带来或必然带来的进步。最后,评价柯林武德的进步观念,包括柯林武德进步观念所包含的宗教因素、柯林武德对西方进步观念的贡献以及柯林武德进步观念的影响。

关键词：柯林武德；进步观念；实践思维；理论思维；宗教信仰

5. 陆建平：《古罗马儿童研究——从共和晚期到帝国早期》，导师：裔昭印教授。

研究方向：西方社会文化史

简介：该文以共和晚期至帝国早期的罗马儿童为主要研究对象，描述儿童在家庭、社会、国家等各种领域中的表现，考察罗马儿童的本质与地位、意义与价值，探究罗马人对儿童的社会期待以及罗马文化发挥作用的机制。该文共分四章。第一章从古罗马儿童的定义入手，探析罗马人眼中儿童所具有的天性特征和所承担的角色身份。他们认为童年是一个具有特殊意义的年龄段，与宇宙自然运行的规律相契合，是承担国家政治义务前的准备期。罗马人普遍认同儿童的纯洁性，正视儿童幼稚、不理性的弱点，对儿童的成长性充满了信心和期待。儿童对于罗马家庭十分重要，是罗马传统道德价值的传承者；从社会层面看，儿童是国家未来的公民，儿童代表了未来的希望。第二章讨论了罗马家庭生活中儿童的生活经历，分析儿童在家庭中所承担的角色作用，以及他们与家庭成员之间的关系。父权制是罗马家庭的核心特征，父母亲对儿童有主要的抚养责任，家庭中的亲族及仆役也对养育儿童起到作用，家庭中多文化的氛围对儿童成长发挥了一定作用，传承家族传统是儿童应尽的义务。从共和国初期至帝政时期，家庭对于儿童的关注在逐渐增加，儿童始终是家庭中不可或缺的成员。第三章论述了罗马社会变迁的背景下，儿童在政治生活、国家宗教、国家政策中的历史状况，阐释了社会变革对于公共生活中儿童地位和作用的影响。共和国末期至帝政时期，罗马统治者用传统父权制的内涵、元首制的形式替换了原有的政治体制。新体制呈现出父权制的特征，统治者为了巩固王朝政权，大大加强了不同社会阶层儿童在宗教活动和政治宣传中的作用，部分地干预和接管罗马人对儿童的养育义务，统治者扮演了罗马最高家长的角色。在社会变革时期，女童与男童在宗教政治地位上的差距逐渐在缩小。第四章探讨了罗马儿童教育的发展脉络及两个教育阶段的开展形式，讨论了儿童与施教者的关系。在共和国晚期至帝国早期，古罗马人以培养道德完善、技艺成熟的演说家为主要目标开展教育活动，把罗马道德规范作为启蒙教育的内容，将掌握口头演说技艺作为学校教育的教学要求，家庭成员、家仆及教师共同施加了对儿童的教育影响。罗马教育在多方面受到了希腊文化的影响。通过考察古罗马儿童在公共生活、家庭生活及教育中的经历，该文发现，从共和国晚期至帝国早期，罗马国家政体的转型对罗马人的社会生活产生了深刻影响，父权制特征得到巩固；其间，希腊文化对罗马文化的影响力不断加大，作为跨地中海的庞大国家，这种状况与它的统治需要相一致。

关键词：罗马儿童；父权制；政体转型；希腊文化

6. 黄建：《普鲁塔克的女性观研究》，导师：徐善伟教授。

研究方向：西方社会文化史

简介：普鲁塔克的诸多作品都涉及女性与两性问题，该文即在相关作品解读的基础上，通过对其婚姻观、女性教育观、女性德性观、女性活动观的梳理与考察，分析普鲁塔克女性观的特点，并初步探讨其女性观与所处时代社会文化背景、哲学风潮的关系。第一部分概述普鲁塔克所处时代的相关社会文化背景。古典时代希腊社会的两性关系模式至罗马帝国时期受到冲击，传统女性伦理观念亦变得松动。至普鲁塔克所处时代，甚至出现了某些女性自主与男性订立婚姻关系的现象。随着罗马因素对希腊地区的不断渗透，富有的希腊女性愈加按照罗马的法律与习俗结婚、离婚、处理财产，而不再如古典时代的希腊女性那样甘心在婚姻关系中居于屈从地位。许多保守的男性作家将这一时期女性所表现的道德视为一种堕落。第二部分考察普鲁塔克的婚姻观。普鲁塔克是异性婚姻之爱欲的支持者，其作品不仅有关于婚姻建议的，且专门讨论了婚姻制度的重要性。普鲁塔克时代最盛行的哲学学派是斯多亚学派，而与斯多亚学派将婚姻视为种族繁衍以及延续社会的必要手段不同，普鲁塔克没有过多从宇宙、城邦，甚至家庭的角度强调婚姻的重要性，而是更多聚焦个体，将婚姻视为最神圣的结合，并强调婚姻的情感基础以及夫妻间的分享。该部分着重讨论普鲁塔克婚姻观的理论来源、婚姻观的具体内涵及其爱欲观念。第三部分关注普鲁塔克的女性教育观。古典时代雅典女性的训练主要集中在家政等实用项目，而普鲁塔克所处时代的女性则能接受更高深的哲学等教育。该部分对普鲁塔克女性教育观具体内涵的考察，主要围绕以下三方面进行：女性接受教育的权利、女性教育的内容、丈夫在妻子教育中所扮演的角色。第四部分考察普鲁塔克的女性德性观。该部分在讨论女性德性、恶习的基础上，分析普鲁塔克如何建构科尼里娅、屋大维娅、克里奥帕特拉、奥林匹娅斯、阿斯帕西娅等女性形象，同时关注这些女性形象的建构如何服务于普鲁塔克的德性教育目标。从上述章节的分析可以看到，为了应对主观感知的所谓道德危机，在吸收其他古代哲学观念的基础上，普鲁塔克阐发了自己的女性观，并更多呈现了希腊传统价值的取向。怀乡式的情绪使普鲁塔克将过去的希腊传统理想化，并试图将其作为宣传与教育工具以"纠正"所处时代的女性行为。然而，他对女性从属地位的强调与当时希腊行省女性地位的变化是存在冲突的，故其女性观在罗马帝国的疆域下亦是难以施行的。

关键词：普鲁塔克；婚姻；教育；德性

7. 蒋吕一：《近代以来斯德哥尔摩城市实体规划与建设研究》，导师：洪庆明教授。

研究方向：欧洲近现代社会文化史

简介：斯德哥尔摩城市发展在不同历史阶段呈现出较为不同的特征。有时缓慢乃至停滞不前，有时激进甚至大刀阔斧。回顾历史，瑞典首都自17世纪到20世纪经历了三大主要的城市规划阶段，并拥有一系列令人印象深刻的激进规划项目。在此三百多年的斯德哥尔摩城市规划演变过程中，斯德哥尔摩所有的主要城市规划项目都充分反映出每个阶段斯德哥尔摩的规划理念。那些颇具代表性的规划方案虽部分未能付诸现实，但大多数都获得了规划界的一致认可，在不同程度上促进了斯德哥尔摩城市发展并影响了这座城市的最终形态，从而在首都建设过程中发挥了不可替代的关键作用。

该文以斯德哥尔摩三大阶段的城市规划建设过程为研究对象，以当代规划学理论为指导，综合应用历史地理学、新史学、文献研究、比较分析等方法，以斯德哥尔摩城市更新的时间脉络为经，以各阶段城市规划建设的关键要素（规划决策者、规划方案内容、规划的实施效果、规划的指导思想等）为纬，深挖斯德哥尔摩近代城市规划相关史料，梳理斯德哥尔摩近代城市规划思想的发展脉络，揭示了在不同时代背景下斯德哥尔摩探索规划发展的过程，进而形成对近代以来斯德哥尔摩城市规划理想、规划内容特点以及规划在城市建设中实际作用等方面的系统性认识。该文并不涉及斯德哥尔摩发展和转型的全面历史，而是着重去展示我们今天所看到的斯德哥尔摩城市各区域形成过程，并归纳总结了近代以来斯德哥尔摩城市发展的规划建设基础。作者依据近代斯德哥尔摩城市发展历程的基础研究，将近代斯德哥尔摩城市规划历程分为三个主要阶段：斯德哥尔摩城市扩张的第一个主要时期发生在17世纪中叶，郊区尝试了正规化并进行了区域扩展。当时最迫在眉睫的,是将瑞典的首都从一个位于欧洲外围的落后城镇,转变成北欧地区领先的大都市乃至北方巴黎,这契合此时瑞典渴望成为新兴超级大国的理想。之后斯德哥尔摩规划史上出现了一个高峰——1866 年的"林德哈根规划",该规划是关于如何通过新的街道系统和公园绿地将斯德哥尔摩重塑为一个更健康、美丽、庞大的城市的步骤。步入 20 世纪后,斯德哥尔摩城市规划的第三个主要阶段来临,斯德哥尔摩市区内历经了多种规划主义原则的交融与碰撞,以 1928 年总体规划为起点,斯德哥尔摩市中心在 20 世纪 50 年代和 60 年代进行了大规模的戏剧性重建改造,至 20 世纪 70 年代,斯德哥尔摩市中心极具争议的重建工程趋于尾声并最终落下帷幕;而郊区的扩张也进行得如火如荼,1952 年斯德哥尔摩总体规划确立了战后郊区扩张的原则。从恩斯凯德的"花园城市"郊区到斯卡普纳克,斯德哥尔摩市政府在有序的扩张时间段内建立了诸多风格迥异的郊区。通过对上述斯德哥尔摩城市规划三大历史阶段的分期,概括了近代以来斯德哥尔摩城市规划历史的分阶段特征,发掘了诸多斯德哥尔摩城市规划建设史方面的历史文献,对近代以来斯德哥尔摩城市规划与建设史研究具有一定价值。

关键词:斯德哥尔摩;城市规划;功能主义;北马尔姆

8. 张亚庆:《美国对东非三国外交政策的研究(1960—1980 年)》,导师:刘子奎教授。

研究方向:美国和非洲关系史

简介:美苏冷战爆发后,美国更多地从政治和军事角度而不是经济角度看待东非。尤其是 20 世纪 60 年代以来,随着美苏在欧洲、亚洲和美洲对峙局面形成定势。东非三国也在非洲民族独立运动的浪潮下陆续获得独立并由此形成大量"权力真空"地区。这一局面促使美国和苏联将冷战的触角伸向了东非及整个非洲大陆。

20 世纪 60 年代初,美国面对东非三国接踵而至的独立,起初是不支持的,它认为东非国家还没有为独立做好准备,没有能力管理好国家,较早且快速的独立只能导致东非地区的动荡和权力真空。不过,美国面对东非三国既定事实的独立,很快调整了对该地区的态度。其中,最明显的调整体现于桑给巴尔一月革命上。出于"零和思维"的观念,美国积极动员桑给巴尔前宗主国英国对革命采取行动,并向其提供军事、物资等各方面的幕后支持。总之,在 60 年代前期,由于美国对东非的关注程度有限,所以它在该地区的政策是不完整和不系统的,并且对东非发生的一些事情的态度也比较低调。到 60 年代中后期,虽然美国仍然宣称支持东非国家自己处理它们的内部事务,但凭借不断提升的实力和全球影响力以及与苏联竞争中的优势地位,它对东非地区的参与度不断增加,而且主要是政治军事方面的参与。在东非之角索马里的"大索马里"计划上,美国虽一再对外强调支持索马里、肯尼亚和埃塞俄比亚自己处理领土、民族和边界之间的矛盾。但仍时刻关注着东非之角局势的变化,监视着苏联在该地区的行动,并随时准备对共产主义国家对该地区的干预做出反应,尤其是在军事方面。在不知不觉间,东非及整个非洲大陆在 60 年代已经不可避免地被卷入了美苏冷战。到 70 年代,美国对东非的关注和物资投入似乎又提升了一个层次。虽然,美国在 70 年代由于在与苏联的冷战竞争中处于相对劣势的地位,对非洲的政策也一再调整,表面上看是进行了战略收缩。但美国在东非的活动似乎并没有因此而受到影响。1971 年阿明夺取乌干达政权并废除前任总统奥博特的"社会主义计划",美国给予了阿明积极的支持,一度与乌干达发展了比较友好亲密的关系。但后来由于阿明寻求独立于西方的国家发展和"残暴统治",美国以乌干达侵犯人权的理由关闭了驻坎帕拉大使馆，直到1978年阿明政府倒台，美国又恢复了与乌干达的关系。在此期间，美国多次谴责和批评了阿明管理国家的方式，停止了对乌干达的各项援助并采取了经济制裁。与此同时，美国对东非的另一个国家肯尼亚采取了与乌干达截然相反的态度和行动。较之60年代，美国在70年代向肯尼亚政府提供了大量军事援助。美国计划将肯尼亚作为它在东非对抗苏联、中国等共产主义国家活动的堡垒，作为它在中东和印度洋军事行动的整装中转站和基地，维护它在东非和印度洋进而维护它在中非和南部非洲的利益和势力，以避免苏联凭借其冷战竞争中的军事优势侵犯美国在非洲的利益。

总之，东非虽然在美国的全球战略中一直处于次要地位，但却也是美国在冷战中不愿放弃的一个地区。

关键词：美国；东非；外交政策；冷战

9. 何杨：《心态史视野下19世纪英国的意大利游记研究》，导师：周春生教授。

研究方向：近代早期欧洲史

简介：该文以19世纪英国的意大利游记为研究对象，且以心态史为研究视角，旨在揭示19世纪英国的旅行群体在意大利游记中所呈现的心态因素。英国人酷爱旅行，他们的旅游文化可追溯至中世纪。自文艺复兴时期以来，意大利是英国人重要的旅行目的地。在"大旅行"时期，英国贵族精英更是将意大利视为文化宝地。到了19世纪，英国依旧有一股意大利旅行热，来自不同背景的英国旅行者还以旅行记叙、日记、信件、诗歌等形式创作了意大利游记。故此，19世纪英国出版界的意大利游记层出不穷。游记研究自20世纪70年代以来不断吸引着学者的目光，学界从文化批评的视角、从文学的视角等方面展开研究。尤其是西方文化批评界，该领域的学者们热衷于研究游记与殖民地话语的关系从而窥探游记的文化价值。然而在史学领域，游记往往作为历史文献来辅助历史研究，并非史学研究的主要对象与内容。该文跳出了对游记的文本分析、文化价值分析，也不单是把游记作为史料加以运用，而是从心态史的视角来认识19世纪这一历史时期英国旅行者透过游记所表达的思想、情感和态度，以此反观他们对意大利以及对英国的社会、文化、历史等诸多因素的思考。从史学的角度看，自然引申出几个问题：英国旅行者在意大利游历的当下或者游记文本创作之时的心态是什么；他们又隐藏着怎样的历史心态来看待意大利的过往；不同阶段、不同的游记创作群体又有何心态的差异；这些游记又反映出怎样一种时代和文化的特点。总结来看，在时代转型期，人们的心态十分复杂，他们将工业文明确立时期的复杂心态通过游记呈现出来，以此说明那时的心态总体而言是对西方文明的未来充满乐观自信的精神，认为未来是由西方文明引领世界，但同时对文明的前景也有忧虑。这种矛盾的心境或心态的积淀成型时期就是19世纪，而英国旅行群体的意大利游记就是上述复杂心态的集中体现。由此看出，一个时期的社会文化发展不只是体现在各种成果的物化层面，还通过各种内在的心态呈现出来。该文以心态史为研究视角，为历史与游记的融合做了率先垂范的研究，抛开了历史事件、历史信息的平铺直叙，通过对游记心态进行深入地解读，从而揭示不同人群在特定时期的整体思考。该文把游记设置为史学研究的主要对象与内容，为游记成为独特史学门类做了奠基。

关键词：意大利游记；心态史；英国；19世纪

博士后出站报告信息如下。

陈慧本：《德国新历史主义史学思想研究（1945—2016）》，合作导师：陈恒教授。

研究方向：外国史学史与史学理论

简介：该文以1945年以来的德国新历史主义史学思想为研究对象。以科泽勒克、尼佩代、吕森等学者的史学思想为核心进行分析，讨论德国新历史主义史学思想的形成、时代背景和主要内涵。新历史主义史学批判性地继承了经典历史主义史学的若干元素，包括"如是直书"的理想、对历史现象特殊性和个体性的强调、对历史理解的方法论探索等。尼佩代自称"新历史主义者"，坚信只要剔除那些19世纪的哲学政治理念，历史主义仍是合法的研究范式，他在总体史研究中探索历史主义的适用性。科泽勒克试图借鉴存在主义、诠释学等思想资源改造历史主义，构筑新的历史知识理论，尤其是关于历史时间的理论。吕森扬弃历史主义史学的科学性，在叙事主义史学理论的语境下重估历史主义的理论价值与意义。战后的德国史学界中或许并不存在一个名副其实的新历史主义学派，但历史主义史学思想的传统并未完全破产，仍在德国史学之林占据一席之地，不仅其思想谱系得到续写，而且也通过与其他思想资源的融合焕发新生。德国新历史主义史学是历史学本身理论发展探索的重要组成部分，也是对新时代现实背景下历史学的定位与功能问题的一种解答。

关键词：德国史学；历史主义；新历史主义；史学思想

首都师范大学

2021年，首都师范大学世界史学科总计毕业博士研究生8人。博士学位论文信息如下。

1. 成振海：《英国与1961—1963年伊拉克-科威特危机》，导师：梁占军教授。

研究方向：现代国际关系史

简介：1961—1963年伊科危机是阿拉伯现代史上的重要历史事件之一。1961年6月25日，伊拉克领导人卡塞姆对科威特提出带有军事威胁意味的主权要求，伊科危机随之爆发。伊科危机的产生是历史积怨与现实利益、客观环境与个人主观意志等多重因素相互作用的结果。首先，伊科两国间存在已久的领土主权争端是该危机发生的历史背景；其次，科威特的独立为卡塞姆提供了发难的时机；再次，对1961年《英科换文》的不满以及对其效力的试探是卡塞姆的直接动机；最后，伊拉克内部深层次的政治、经济困局以及卡塞姆统治地位的不稳是卡塞姆提出对科威特主权要求的主要推动力和根本原因。

伊科领土主权争端问题是英国在中东殖民遗产的重要组成部分。英国在该问题的酝酿、形成和恶化阶段均扮演了至关重要的角色，而英国对伊、科各自立场认识的不足，政策上的短视和实用性，反而导致伊科两国间的戒心和敌视不断增长。危机爆发后，英国对卡塞姆意图的认知经历了由最初的"一时冲动"到"军事占领"科威特的转变，英国的政策随之从一开始的"静观其变并寄希望'阿人协调'"，到最终决定提前进行军事介入。英国的介入表面上是情报"误导"的结果，但事实上，英国在科威特巨大的经济、金融、地缘战略利益以及维护"帝国威信"的需要才是根本原因。英国的军事介入本质上是一次"先发制人"的行动，意图以最稳妥、高效的方式，实现阻止伊拉克使用军事手段威胁科威特安全和独立的目标。

国际社会对伊科危机以及英国军事介入的反应，既集中反映了阿拉伯世界内部的矛盾和分裂，又一定程度上体现了冷战背景下东西方对抗的国际政治格局。美、苏出于各自的利益考量，对伊科危机采取了完全相反的态度，这为危机增添了冷战对抗的色彩。伊科危机爆发后，尽管阿拉伯世界总体上反对卡塞姆的主张，但在外在表现上却差异巨大：由于地理上的毗邻，利益上的紧密，以沙特为首的波斯湾地区阿拉伯国家坚定支持科威特，而其余阿拉伯国家基于各自利益，最初反应颇为消极。英国出兵科威特之初，阿拉伯世界的反应总体上也较为客观和温和。总之，美国对英国的支持以及阿拉伯世界总体上对危机的迟滞反应，推动了英国的军事介入。

二战后英国国力的加速衰退，以及在中东地区影响力的日益弱化，导致英国无力单方面结束该危机。英国转而寻求联合国的调解和仲裁。与此同时，由于英国始终无法证实伊拉克军事威胁的真实性，卡塞姆政权的强硬态度及其对阿拉伯世界大肆进行"反帝反殖"舆论宣传，再加上苏联的反对等因素，最终不但导致英国利用联合国解决该危机的计划失败，而且随着阿拉伯世界反英情绪的高涨，伊科危机的解决主导权开始转移到阿拉伯人手中。

尽管阿拉伯各国利益的相异甚至相悖严重迟滞了"阿拉伯解决方案"的达成，但是它们彼此制衡的意图，反而促成了"阿拉伯联盟安全部队"的最终组建。此外，阿拉伯解决方案的实现与阿盟秘书长萨苏纳的推动密不可分。尽管英国政府乐见阿拉伯国家参与危机的解决，但英国人最初对"阿拉伯解决方案"的可行性及其实际效力心存疑虑。然而，随着"阿拉伯解决方案"的不断推进，英方逐渐转变为"阿拉伯解决方案"的支持者和游说者，并主动承诺逐步撤离在科英军。英国务实灵活的外交选择显然助力了"阿拉伯解决方案"的最终实现。

英国撤军后，鉴于卡塞姆的威胁仍未消除，以及英国对阿盟安全部队军事效力的质疑，英国又制定以巴林为中心、以亚丁基地为后援保障的新的科威特军事防卫计划。尽管卡塞姆军事威胁的真实性仍然存疑，但是对"成功"捍卫科威特安全的自满情绪，不但导致英国政府忽视了在危机解决过程中英国无力的表现，反而增强了英方"复兴"在波斯湾地区政治影响力的信心。然而，随着后卡塞姆时代伊科关系的缓和，以及科威特寻求多边安全的努力，英科关系渐趋弱化，而波斯湾阿拉伯国家独立诉求的日益增长和英国影响力的持续下降，最终导致英国在波斯湾的霸权走向终结。

关键词：伊拉克-科威特危机；英国外交；阿拉伯世界；领土主权争端；阿卜杜勒·卡里姆·卡塞姆

2. 陈强：《20世纪早期足球运动的本土化与国际化》，导师：刘新成教授。

研究方向：全球史

简介：现代足球运动起源于英国，这项运动在19世纪末20世纪初传播到世界各地，成为遍及全球的体育实践。但此时的足球运动尚不能算作真正的"全球性文化"，而至多是英国主导的、具有广泛影响力的文化现象。

足球实现真正意义上的全球化的关键是20世纪早期的发展。一方面，各地根据自身的社会文化状况对足球运动进行本土化改造。另一方面，足球运动作为一项国际体育比赛也发展起来。基于这一思考，该文对20世纪早期足球运动全球化过程中的本土化与国际化现象进行探讨，并通过对当时中国和阿根廷的集中分析来达到这一目的。具体的章节安排如下。

绪论介绍研究缘起并回顾既有的研究成果，同时厘清相关概念和研究的时间、空间界限。

第一章论述足球运动在英国的兴起及其如何走向世界。发明现代足球的是英国人，把足球向世界传播的主要也是英国人。但其他欧洲人、留学生、体育教师等也在其中发挥了关键作用。不论如何，可以说大约到第一次世界大战以前，作为"英式运动"的足球已经走向全球。

第二章探讨20世纪早期足球运动本土化的表现及其背后驱动力。足球运动在英国主导下传播至全世界后，各地开始对这项运动进行本土化改造。从20世纪早期中国与阿根廷足球运动的本土化可以看出，不同国家由于历史文化背景的差异，本土化也会呈现出不同的特点。中国的本土化立足于自身的历史文化传统，同时又寄托了近代以来民族复兴的夙愿。阿根廷足球本土化与霍布斯鲍姆所说的"民族建构模式"更接近，这个新兴国家在足球本土化的过程中也在探索自身的内外定位。民族主义与足球运动本土化相互交织，足球本土化在很多时候不仅是民族主义情结的投射，也是民族主义运动本身。

第三章和第四章关注足球运动的国际化问题。20世纪早期，足球运动经历了国际化发展，集中表现为国际比赛的开展和国际体育组织的建立与完善。国际比赛包括地区性比赛、地区性锦标赛、世界性比赛，国际组织包括国际奥委会、国际足联以及各地区的体育国际组织。这些赛事和组织的出现把足球运动全球化推进到一个新阶段。

从民族国家的角度分析足球的国际化能深入理解足球国际化发展。国际足球在某种程度上成为各国展现其本土化成果和表达自身诉求的平台。国际足球赛场的建立和完善为各国提供更多交流互动的机会。通过与不同的"他者"比赛交流，各民族也反思自身的本土化特征。

结语部分总结全文，分析本土化、国际化和全球化的关系。在足球全球化的过程中，本土化通过各地方的历史文化特质解构了足球中的英国文化特性，国际化则最大限度地减弱了英国足球在世界足球权力体系中的话语权。二者同时也互相影响和交织。足球的本土化往往在国际化背景中展开，足球的国际化因为有本土化的实践而更加多元，二者从不同维度搭建起作为全球性运动的足球文化的基本框架和内容，世界足球的文化之网因此越来越细密、越来越复杂、越来越多彩。

关键词：足球运动；全球化；本土化；国际化

3. 荆玲玲：《烟草与英帝国兴起（16世纪末—18世纪初）》，导师：刘文明教授。

研究方向：世界近现代史

简介：16世纪后期，伴随欧洲殖民者在美洲的开拓和发现，美洲烟草传入欧洲，并在16世纪末17世纪初发展成为一种时尚的消遣。烟草与英帝国兴起之间存在多重关联：英属美洲殖民地的烟草生产为英帝国的烟草贸易和烟草消费提供了原料来源；烟草贸易对英帝国市场的开拓至关重要；英帝国内的烟草消费尤其是英国本土的烟草消费促进了烟草生产和烟草贸易的扩大，其烟草文化对英国社会变革和帝国认知有重要影响；英帝国统治者对烟草业的管理体现了英帝国兴起时期的帝国治理体系，促进了第一帝国的形成。烟草视域下对英帝国的考察，对于理解重商主义时期英帝国庞大的网络体系、美洲殖民地在英属大西洋世界中的地位以及英帝国的兴起，具有重要意义。

全文分为绪论、正文、结语三大部分。

绪论部分介绍该文的选题缘由和研究意义，回顾国内外研究现状，对相关术语和研究范围进行界定，并说明该文的研究思路和研究方法。

正文部分分为五章。第一章论述美洲烟草文化及其在英国等欧洲国家的传播，在对烟草起源进行探讨的基础上,对美洲印第安人的烟草文化进行了分类总结;从不同文明相遇的角度考察了欧洲殖民者在与美洲烟草文化相遇时的态度和认识,并对烟草在英国等国的传播和普及概况进行梳理。

第二章从烟草生产的视角研究烟草在英国早期殖民地建立过程中的作用和美洲殖民地对英帝国烟草生产的重要性。首先论述烟草对于英属北美和加勒比殖民地建立和维系的重要性,其次从英帝国烟草生产的两大地区切萨皮克和加勒比地区来探讨英帝国烟草生产的状况,最后还论述了烟草生产对英属北美殖民地社会生活产生的影响。

第三章从烟草贸易的视角探讨烟草贸易在英帝国市场开拓中的作用,英帝国与西班牙帝国的烟草贸易,与美洲殖民地的烟草殖民贸易,与荷兰、俄国等欧洲大国之间的烟草贸易以及烟草再出口贸易都取得了成功,论述美洲殖民地的烟草对于满足英国本土烟草消费和欧洲市场开拓的重要性,突出烟草贸易在英属大西洋世界殖民体系建立中的作用。

第四章进一步论述英帝国的烟草消费及其烟草文化。烟草消费的不断增长成为英属美洲殖民地烟草扩大再生产的动力和源泉,在此过程中形成的烟斗文化和烟草商业文化对英国社会阶级变革和帝国想象有重要影响。

第五章总结探讨烟草与英帝国治理之间的关联。从起初调整烟草税收政策、利用民间商业公司对烟草殖民地进行经济治理,到颁布王室公告和议会法令对烟草业进行规范,再到设立专门的机构和皇家海军的护航,帝国从经济、政治和军事等方面对烟草的多维度管理,不仅促进了英帝国烟草业的发展,也强化了英帝国的治理。

结语部分对全文进行升华总结,梳理学术界关于英帝国兴起动因的不同观点,突出了从烟草与英帝国兴起关系的新视角进行研究的意义。

总之,烟草在英帝国兴起过程中的地位颇为重要,帝国内烟草的生产、贸易和消费成为帝国经济中的一个重要组成部分,大英帝国作为一个由以伦敦为中心的政治经济利益集团、美洲殖民地的种植园主、官员、奴仆等群体组成的全球性商业、政治和殖民网络,烟草在其中扮演了重要的角色。

关键词:烟草;英帝国兴起;英属美洲殖民地;帝国治理

4. 李雅菲:《改革开放以来的中国环境史与环境保护研究》,导师:施诚教授。

研究方向:早期近代世界文明互动

简介:该文以中国环境史与环境保护为主要研究视角,旨在探讨我国改革开放以来人与自然环境相互作用的过程和彼此产生的影响,并以此为依据对我国生态文明建设和生态环境保护提出对策建议。改革开放以来,中国经济社会发展高速运行,取得的成就举世瞩目。与此同时,随着人与自然环境的关系愈加密切,随之而来的中国生态环境问题也日趋严重。经济社会的发展是在人类对自然环境改造与利用不断增强的基础上获得的,自然环境在人类文明进步的过程中受到深刻影响。通过对四十年来人与自然环境互动关系的考察,可以揭示中国环境问题日益演变的动态过程。该文基于对相关史料的分析整合,在研究中采用跨学科研究方法,尽力去理解人与环境相处之不易,用公正而严谨的态度看待人类活动与生态环境之间的关系,并在此基础上加以思考,得出自己的结论。具体的章节安排如下。

首先是导论,分析了在当今经济社会发展背景下对中国环境史以及环境保护问题进行研究的理论意义及现实意义,指出了该文的创新之处与理论研究中存在的不足。

第一章是综述,详细梳理了国内学者、国外学者对中国环境史研究现状和评析。国内外学者对中国环境史的研究已经取得了颇为丰硕的成果,对这些论著进行分类归纳与梳理,形成清晰的脉络,为该研究的顺利开展提供大量可资借鉴的材料。

第二章是对中国生态环境保护的历史进行整理和归纳,总结中国改革开放以来各阶段生态环境保护的政策演变,回顾中国环保事业的发展。论述了在中国环境史相关研究的推动下,四十多年来环境保护政策的发展和存在的不足。

第三章是在上一章阐述生态环保实践以及政策方面存在不足的基础上,分析目前我国的环境问题和生态环境保护现状,按不同环境要素对目前存在的问题进行探讨,评估当前环境变迁的动态以及未来发展趋势。

第四章是对推进我国生态文明建设和生态环境保护进行思考。按照前两章的分析,以史为鉴,从历史的经验教训中探寻我国现在和未来生态文明建设和生态环境保护的对策建议,为国家环境治理决策贡献一己之力。

环境史研究是国内外史学中的一个新兴领域,我国政府和学者对此都非常关注,此课题的研究具有强烈的现实意义。同时,关注改革开放以来中国环境史与环境保护演变的研究几乎没有,该文对此进行梳理与讨论具有一定的学术意义,也期待能够为当今社会生态环保理论发展提供参考价值。

关键词:改革开放;环境史;互动;生态环境保护

5. 毛佳鹏:《布罗代尔〈地中海史〉在美国学界的影响》,导师:夏继果教授。

研究方向:地中海史

简介:费尔南·布罗代尔(Fernand Braudel)是20世纪最伟大的历史学家之一。作为年鉴学派第二代的领袖,他带领年鉴学派走向巅峰,开创了"长时段"这一颇有影响力的研究范式,写出了以《地中海史》为代表的多部脍炙人口的著作。在布罗代尔的理论形成、机构建设和《地中海史》的传播过程中,他与美国学界之间的学术交流互动起到了非常重要的作用,这种作用本身也对布罗代尔的学术生涯和美国当时的学术发展起到了重要影响。该文就试图通过厘清史实,探求微末,分析和揭示这种互动与作用的具体形式和影响。

首先,布罗代尔的《地中海史》写作凝结了他整个前半生的学术训练和人生思考。他辗转阿尔及利亚、巴西圣保罗等多地生活学习,又经历了从传统政治史学到年鉴学派总体史、人文地理传统、跨学科研究的方法熏陶,尤其是在第二次世界大战的影响下,布罗代尔遭到长时间的俘虏和囚禁,这些共同成为他的史学理论和《地中海史》萌发的背景。他的长时段理论和总体史方法的诞生与《地中海史》的写作是高度一致的。《地中海史》是他学术方法成熟进步的核心标志。这部重要作品不仅在法国和欧洲得到了极大的重视,在美国也获得了充分的反响,但是这种反响的批评远远大于认可。面对质疑,布罗代尔把来自美国的批评作为了他理论完善进步的重要动力。同时,以《地中海史》为媒介,布罗代尔与美国学界的持续交流也为他引入了机构建设的重要资金,布罗代尔正是借助从美国基金会获得的充足资助,才在战后的法国劈波斩浪,建设了一系列重要的学术机构,把年鉴学派发展壮大。到20世纪70年代,布罗代尔的《地中海史》正式发行了英译本,迎来了在美国的第二次登陆。由于当时布罗代尔在史学界的非凡影响力,这一次《地中海史》获得了极大的关注,大量的评论和介绍让《地中海史》在美国获得了巨大的影响力。虽然美国学术界依然没有接受《地中海史》所蕴含的史学方法,但是由于特殊的时代需求,《地中海史》却成为一本畅销书,在美国的大众读者中取得了很大成功,并为布罗代尔赢取了极大的公众声誉,提供了持久的国际影响力。另外,布罗代尔的理论虽然当时被美国史学界所抗拒,但也在经济史和总体史方面产生了持续而坚实的影响,最终为新海洋史的发展、尤其是大西洋史的发展、环境史的发展,以及美国全球史的发端提供了有价值的思想资源。通过全球史中互动的视角和方法,以文化学术的互动为内容,全面厘清布罗代尔学术生涯中的"美国因素",洞悉这段思想互动的作用与意义,对于研究布罗代尔的学术历程和许多现代学术领域的发展过程都有重要意义。

关键词:布罗代尔;地中海史;长时段;年鉴学派;全球史

6. 刘旭:《11—12世纪西西里族群关系研究》,导师:夏继果教授。

研究方向:地中海史

简介:11世纪中叶至12世纪末处于诺曼王朝统治下的西西里和西西里王国继承了拜占庭帝国和阿拉伯统治的制度和文化遗产,在将拉丁—基督教文化、希腊—拜占庭文化和阿拉伯—伊斯兰文化等多元文化进行"马赛克"式拼凑的基础上,诺曼西西里创生出中世纪地中海特有的跨文化族群和以对抗—共生为突出标志的多元族群社会。由语言、文化和宗教背景各不相同的诸多族群构成的基督教社区、穆斯林社区和各个离散族群社区在日常社会生活中既相对隔离,又频繁互动,它们不仅组成11—12世纪西西里精彩绝伦的族群关系,更为后世留下以多元族群和多元文化为底色的学术遗产、建筑艺术和物质文化,使诺曼西西里成为中世纪地中海世界跨文化交流的重要枢纽之一。

该文正文部分共分为五个章节。

第一章"'和平世界'与'西方世界'的西西里"简要介绍11—12世纪伊斯兰教世界在地中海逐渐转为守势,作为伊斯兰教世界边缘地带的西西里重新归于基督教统治。处于"和平世界"与"西方世界"之间的西西里长期受到希腊文化和阿拉伯文化影响,迫使诺曼统治者接受并适应现实。该章对从诺曼征服之前到后诺曼时期西西里的政治社会情况进行简要描绘,以说明诺曼西西里的多元族群社会既是对前诺曼时期的传承,也对整个中世纪西西里产生深远影响。

第二章"诺曼统治者的族群管理"从诺曼王国君主、诺曼王国官员两个方面分析诺曼统治者的族群构成是如何在一个多世纪中逐渐变化的,以及这种具有明显跨文化特性的统治阶层如何制定和实施族群管理政策。无论是西西里王国以族群分治为基础的官僚体系,还是统治阶层对"契约之民"的管理,无不体现着拜占庭和阿拉伯制度文化印记和逐渐深入王国骨髓的拉丁化进程。

第三章"对抗与共生的族群关系"试图用文献资料复原11—12世纪西西里人居住的隔都式城市社会。分离和分治是诺曼西西里族群关系的基础,但西西里各族群凭借本地商业活动、跨地区商业活动和遍及地中海世界的商业会馆体系频繁突破族群隔离限制,实现隔离基础上的依存共生。不过,隔都式社会也加重了族群间的陌生与敌视,族群冲突在这一时期的西西里时有发生,本地拉丁基督徒和希腊人、北意大利商人之间的利益冲突,基督徒和穆斯林之间的宗教敌意令大体和平的族群关系危机四伏。

第四章"西西里的离散族群"主要关注犹太人和热那亚、威尼斯、比萨三个北意大利商业城邦在11—12世纪西西里族群关系中扮演的角色。西西里犹太人长期受到阿拉伯—伊斯兰文化的影响,但仍然保持相对独立的离散族群身份,他们生活在穆斯林地区并和各族群保持密切的经济社会往来；北意大利城邦控制着西西里和欧洲之间的商业航路，并借由商业活动深入西西里内地，和各个本地族群产生商业关系和族群关系。离散族群不仅是对以基督徒—穆斯林关系为主的本地族群关系的重要补充，更将西西里纳入更加广阔的移民网络之中。

第五章"多元族群与跨文化交流"聚焦诺曼西西里为后世留下的文化遗产。多元文化汇聚的西西里成为无数学者的成长地和目的地，创造出兼容并包的建筑艺术和东西交汇的物质文化，我们可以从这些文化遗产中复原一个各族群融洽共生的诺曼时代，以及一个西西里人频繁穿梭于地中海世界的中古胜景。

结语部分以"双重边缘"模式解读西西里族群共生状况的深层原因，即生活在各自文明边缘的基督徒、穆斯林和离散族群西西里人的宗教和文化认同被削弱，"跨文化统治者"和"跨文化族群"的广泛存在令西西里成为更广阔地中海世界眼中的"边缘地带"。西西里的"双重边缘"性是11—12世纪诺曼统治者管理下的特殊时代产物，也是此时期西西里对抗与共生并存的族群关系之大背景。

关键词：诺曼西西里；族群关系；基督徒；穆斯林；离散族群

7. 薛宁：《非洲与美洲的跨文化交流：1500—1900年》，导师：施诚教授。

研究方向：早期近代世界文明互动

简介：15世纪末哥伦布首航美洲，新、旧大陆随之建立起前所未有的联系。此后，大西洋业已成为跨文化互动的平台，不仅欧、美两大洲的交往愈加紧密，而且非洲与美洲的接触也日臻频繁。该文拟将非洲—美洲的交流作为切入点，聚焦1500年至1900年四百年中，不同文化群体之间的交往、相互影响及历史变迁。

该论文由绪论、正文和结语三大部分构成。

绪论首先交代该文研究问题的提出和选题意义，其次说明论文研究范围，包括时间、地域以及研究对象等，再次梳理大西洋史学领域当前国内外研究情况，最后介绍该论文使用的研究方法、尝试运用的研究视角以及整体写作思路。

正文共有四章。

第一章探讨非洲与美洲人口的跨大西洋流动。由于美洲向非洲的人口流动数量十分稀少，所以该章主要论述非洲人口向美洲的流动，尤其是跨大西洋奴隶贸易，分析其发生原因、概述其兴衰过程，论述其对美洲、非洲和欧洲产生的经济、人口、种族观念方面的影响。第二章论述跨越大西洋的作物交流。该章着重分析原产于美洲的作物，尤其是玉米、树薯因何原因移植到非洲，种植情况以及产生的影响。第一、二章研究的对象是容易看得见、摸得着的实体，后面两章要探讨的内容却不那么显性。第三章讨论非洲疾病在美洲的传播。黄热病和疟疾是从非洲传播到美洲的两种主要疾病，该章首先简述这两种疾病在美洲的传播状况，其次分析瘟疫暴发原因，最后分析其产生的影响。第四章主要研究宗教的传播和保留。随着非洲人口不断向美洲的输入，伏都教也被带到美洲，该章努力分析伏都教在美洲的传播状况、保留原因以及产生的影响。

结语部分对该文主要内容做简要回顾，并呈现作者在该研究中获得的几点启悟与思考。

经研究作者认为非洲与美洲的跨洋互动——主要体现在人口流动、作物的移植、疾病传播以及宗教的输入四个层面——是大西洋两岸非洲、美洲以及欧洲人历史发展的重要推动力；一个地方的事物传播到另一个地方，都会深刻改变当地的社会生活样态，产生多方面的影响。

关键词：跨洋互动；奴隶贸易；农作物；疾病；伏都教

8. 倪娜：《早期近代塞法迪犹太·美洲散居研究》，导师：施诚教授。

研究方向：早期近代世界文明互动

简介：犹太民族是一个强大的民族。在他们的民族发展史上，一直都是移民和被孤立的群体。长期遭到排挤和驱逐，使塞法迪犹太人练就了快速适应生活环境的能力，他们能够熟练地掌握多种语言、善于利用无形的资产来创造更多的价值。犹太教信仰又使他们能够无论身处何处，都与亲友保持紧密的联系并相互扶持。这些因素造就了他们在商业贸易活动中的地位，使他们能够在不利的环境中利用有利条件创造出更大的经济价值，并迅速将其垄断在自己手中。1492年西班牙对塞法迪犹太人的大驱逐，使他们将本应属于伊比利亚半岛的经济繁荣带到了荷兰和英国，从而改变了早期近代欧洲殖民体系的格局和美洲殖民地的建立和发展。塞法迪犹太人的加入，推动了早期近代航海事业的发展，加速了海外殖民地的开拓和跨大西洋贸易网络的建立，稳固了资本主义的确立和城市的发展。作为犹太人的一个强大分支——塞法迪犹太人是早期近代历史发展中不可缺少的组成部分。对于欧洲和近代世界格局产生了深远的影响。该文将早期近代（15世纪末期至18世纪）作为时间界限，从15世纪末期西班牙驱逐犹太人的历史原因和驱逐过程入手，梳理塞法迪犹太人向美洲散居的全过程。通过对于16世纪至18世纪，他们在不同国家和地区的生存环境和经济状况的介绍，以及对他们在欧洲、美洲和非洲之间的商业贸易活动和殖民地发展建设的研究，来说明塞法迪犹太人对美洲各地区的经济、政治和社会文化等方面的重要影响和巨大贡献。

关键词：1492年大驱逐；塞法迪犹太人散居；美洲殖民；跨大西洋贸易

河南大学

2021年，河南大学世界史学科总计毕业博士研究生3人，培养出站博士后1人。博士学位论文信息如下。

1. 宋瑞娟：《二战后美国犹太人族群认同建构因素研究（1945—1973）》，导师：张礼刚教授。

研究方向：犹太—以色列史

简介：第二次世界大战后，美国犹太社团成为世界上第一大流散地犹太社团，美国犹太人的社会、经济、政治地位有了显著提升，成功地融入主流社会。研究犹太人的族群认同问题对深入理解美国社会少数族裔的社会融入、族群归属感、移民的社会适应以及创伤性记忆等具有重要的意义。美国犹太人的族群认同建构受多种因素的影响，美国犹太人族群认同体现了犹太性与美国性和谐共存的双重特征，其认同内涵的变化体现了族群认同因素不断流动的变化。犹太民族的文化精神内核如宗教文化等并没有完全消失，仍在犹太人族群认同的建构中起着重要的延续作用。不可忽视的是，战后美国犹太人族群认同的可持续发展仍然面临潜在的威胁，如同化对犹太性的削弱、异族通婚对犹太持续性的威胁、反犹主义引发的生存担忧等。由此也可以看出，美国犹太人族群认同的建构受到各种因素的影响，体现了其身份认同的流变性，对于我们认识犹太人身份认同问题以及少数族裔的身份认同起到积极的借鉴作用。

关键词：美国犹太人；大屠杀记忆；以色列；多元文化主义；族群认同

2. 臧德清：《以色列高等教育国际化发展研究》，导师：张倩红教授。

研究方向：犹太—以色列史

简介：以色列高等教育国际化对提升该国高等教育发展水平、推动科研创新、加强国防安全、促进犹太民族文化传承和知识传播具有重要意义。国际化的发展举措不仅有力地支撑了以色列高等教育的优势地位，而且成为经济振兴和创新发展的重要支撑力量。以色列高等教育国际化与高等教育体系的发展同步，它肇始于以色列建国前的巴勒斯坦犹太社团"伊休夫"，勃兴于以色列建国后，快速发展于20世纪90年代。根据以色列高等教育自身发展的特点，结合该国政治经济形势和政府相关政策的演变，可以将以色列的高等教育国际化分为萌芽时期（1948年之前）、形成和初步发展时期（1948年至20世纪90年代）和改革发展时期（20世纪90年代以来）三个阶段。经过包括委任统治时期在内的近一个世纪的发展，以色列的高等教育形成了一套政府监管，以高等院校为主体，内容丰富、体系完备的国际化发展模式，可以被称为"以色列模式"。高等教育国际化的"以色列模式"产生了较大的国际影响，成为以色列崛起为中东地区的高等教育强国的根本途径。

关键词：以色列；高等教育；国际化；研究型大学；以色列模式

3. 崔财周：《当代英国反犹主义研究》，导师：胡浩教授。

研究方向：犹太—以色列史

简介：在历史上，英国多次出现反犹现象，以宗教、经济、种族为主题的反犹活动层出不穷。在当代，英国反犹主义有所减弱，但依然存在，并在不同时期呈现迥异的特征。在当代民主政治发达的英国，为何反犹主义一直存在，这是值得深思的问题。该文以当代英国反犹主义为研究对象，回顾英国反犹主义的历史渊源，考察当代英国极右派、左派、伊斯兰组织的反犹现象，分析反犹主义的特点与影响，以及英国社会对反犹主义的反应，以期较为全面地探究当代英国反犹主义的全貌。从当代英国反犹主义的特点来看，主要包括：反犹主义与反犹太复国主义、反以色列的结合，网络反犹主义日益猖獗，反犹主义由右向左的转向以及英国反犹与国际反犹思潮的互动等特点，而这些特点呈现出英国反犹主义的新变化。这就好像形成了一个"定律"，反犹主义者总能在不同时期玩出花样。毋庸置疑，当代英国反犹主义造成诸多不利影响。随着英国反犹主义的不断涌现，不仅造成英国与犹太社团关系紧张、英以关系蒙上阴影，还使得英国多元文化主义模式受到质疑。比较糟糕的是，越来越多的犹太人离开英国，前往以色列和其他国家，呈现了当代英国面临的诸多困境。

关键词：当代英国；否认大屠杀；抵制、撤资和制裁运动；"伊斯兰解放党"与"移民党"；《种族关系法》

博士后出站报告信息如下。

陈超：《公元前5世纪末的雅典例外状态与立法制度改革》，合作指导教师：张倩红教授。

研究方向：古希腊史

简介：公元前403年，雅典人将"nomos"（法律）和"psephisma"（法令）这两个原本混同为一的法律概念加以区别，规定前者的地位高于后者，后者不得与前者相矛盾，并在此基础上建立了复杂的立法制度 nomothesia，将最终立法权从公民大会转移到立法委员会手中。这次立法制度改革激起了学术界的讨论。争论的焦点在于，雅典人进行上述改革的动机是什么，改革是否标志着雅典政治史上的巨大转折，如果是的话，是什么样的转折。该文在批判和吸收前人研究成果的基础上，从例外状态理论出发，提出新的解释。该文认为，克里斯提尼改革之后，雅典民主制发展日臻完善，形成了以自由和平等为原则，以大众主权和轮番为治为特征的政治制度。但这只是雅典民主制的常态。根据例外状态理论，民主宪政在遭遇例外状态时，拥有对紧急状态的决断权的主权所有者往往与常态政治的主权者不同。雅典民主制也有类似问题。至少在公元前 5 世纪中叶，雅典人发明了一种专门应对海上帝国中盟邦反叛等例外状态的机构，即草案委员会。公元前 403 年，雅典民主制再度重建之后，雅典民主派在总结此前经验的基础上，从观念和制度两个层面对雅典立法制度进行改革，防止民主制再度被推翻。首先，规定法律的地位高于法令，公民大会创建的法令不能与规定城邦基本制度的法律相冲突，杜绝了公民大会在例外状态的威胁与政治精英的蛊惑下再度通过法令推翻民主政体。其次，建立新立法制度 nomothesia，将创制新法律和修订现存法律的主动权放在民众的手中，并将立法程序拉长，通过漫长复杂的立法程序争取让尽可能多的民众知晓并参与立法。并且，立法委员会虽然看似是独立于公民大会的立法机关，但实际上是从后备陪审员中抽签选出的代表民众意志的机构。这一套改革措施弥补了例外状态中草案委员会制度的漏洞，加强了民众的权力。

关键词：雅典民主制；雅典立法制度；例外状态；寡头革命；草案委员会

天津师范大学

2021 年，天津师范大学世界史学科总计毕业博士研究生 3 人。博士学位论文信息如下。

1. 王家超：《贵族土地权利与〈大宪章〉的产生》，导师：侯建新教授

研究方向：欧洲经济社会史

简介：诺曼征服后，英格兰确立起封建制度。来自大陆的诺曼底贵族取代原本的盎格鲁-撒克逊贵族，成为英格兰贵族体系的上层和核心。他们掌握了大量的土地，建立起一套贵族体系。在封建制度下，英格兰的国王与贵族通过缔结领主附庸关系，确立起一种原始的契约关系。贵族向国王效忠，为其履行义务，从后者处获得保有土地的权利。双方互相的权利义务关系都得到封建法律和惯例的保护和认可。身为封臣的贵族即便在地位、力量上逊于国王，也不是毫无抵抗能力的。本该"靠自己过活"的国王出于维护统治和自身利益的目的，在某些情况下会侵害贵族的土地权利，并在与贵族的博弈中占得优势。而作为封臣，面对国王其对土地权利的侵害，贵族既可以选择趁其虚弱时争取利益，也可以规避义务索取，还可以通过法律程序与国王协商解决矛盾。即便面对国王严厉的侵害，贵族可以运用抵抗权，在一定条件下以武力对抗国王，维护自身的利益。《大宪章》即鲜明一例。

关键词：英国贵族；诺曼征服；土地权利；《大宪章》

2. 袁跃华：《近代英国个人破产制度研究》，导师：张乃和教授。

研究方向：欧洲经济社会史

简介：近代英国个人破产制度发端于16世纪，1542年《破产法》是其标志。经过三百多年的历史演变，1883年《破产法》标志着近代英国个人破产制度的成熟。从1542年到1883年形成了相对完整的历史阶段。1542年是该文研究的起点，1883年是该文研究的终点。该文旨在专题研究这一历史阶段的英国个人破产制度问题。

全文主要由绪论、论文主体、结语和附录四大部分构成。其中，绪论部分主要交代了该文研究的主要问题。全文主体部分共分为五章。第一章主要阐述近代英国个人破产制度发端的历史背景、早期个人破产法的主要内容及其影响。1542年《破产法》确立了集中处理破产者财产以及破产财产在债权人之间按照债权比例进行平等分配两个原则，因此该法被普遍认为是近代英国第一部个人破产法，标志着近代英国个人破产制度的发端。第二章主要阐述近代英国个人破产制度转变的历史背景、主要内容及其影响。近代英国个人破产制度的转变始于1705年安妮女王《破产法》的实施。该法开始实施个人破产免责制度与豁免财产制度，破产立法开始考虑维护债务人的利益，不再保护绝对的债权人的利益，这是英国个人破产制度重要的转变。第三章主要阐述近代英国个人破产制度稳定实施的历史背景、主要表现及其影响。从1732年到1825年，该阶段的个人破产制度没有做出较大幅度的调整，总体处于稳定实施的阶段，破产法没有进行大范围原则与程序上的调整。第四章主要阐述近代英国个人破产制度改革的历史背景、实际进展及其影响。重点阐述了破产管理机构的改革与官方破产财产管理人的设立。1831年布鲁哈姆制定的《破产法庭法》建立了专业的破产法庭，分离了大法官法庭的个人破产案件审理权，这有效地缓解了大法官法庭的司法案件压力，有利于破产案件审理的专业化。第五章主要阐述了19世纪80年代英国个人破产制度成熟的历史背景、主要内容及影响。19世纪80年代约瑟夫·张伯伦改革个人破产制度，制定了1883年《破产法》。该法肯定了自然人破产主体条件，明确了债务人自愿申请破产地位，确立了以官方接管人为主导的破产实施程序与破产信托人为主体地位的破产清算程序，建立了一套较为完整的破产调查与监督制度，制定了完善的个人破产失权制度与免责制度，形成了一套独具特色的个人破产市场退出机制。这部法律奠定了一百多年英国个人破产制度，以及当代个人破产制度的基础，标志着近代英国个人破产制度成熟。该文结语部分对近代英国个人破产制度的演变过程进行了系统的概况和总结。

关键词：个人破产；近代英国破产；财产管理人破产；免责制度

3. 郭佳丽：《近代早期英国贵族阶层女性教育》，导师：孙立田教授。

研究方向：欧洲中世纪晚期和近代早期

简介：该文以近代早期英国贵族阶层女性为研究对象，结合贵族阶层女性一生中生活空间和所扮演角色的变化，从家庭生活、公共生活、宗教生活等方面，探讨其教育状况，并充分肯定贵族阶层女性教育在近代早期英国社会文化中发挥的不可替代的作用。全文共分为六章。第一章导论介绍了选题的缘起、论题的意义，国内外研究概况，以及该文的研究对象和方法。第二章梳理了近代早期英国社会的女性观。结合近代早期的时代背景和其中性别观念的建构，了解在当时的文化结构下社会对于女性的认知、女性的自我认知以及贵族阶层女性的形态，由此进一步分析近代早期英国贵族阶层女性教育呈现的特点。第三章从家庭生活方面考察贵族阶层女性的教育。在贵族阶层女性庞大的家庭规模中，女性承担着许多责任，因此女性成长的每一个阶段——女儿、妻子、母亲，都在为了相应的家庭角色而接受教育。第四章从公共生活与社交空间考察贵族阶层女性的教育。第五章对贵族阶层女性的宗教生活和教育进行考察。宗教信仰为女性提供了某种程度的公共影响力,女性无论是作为宗教的施教者还是接受者,她们对事关宗教信仰的虔诚、宗教礼仪的遵守和实践,都产生了重要影响。第六章分析了贵族阶层女性教育产生的影响。随着社会变革,贵族阶层女性的教育水平不断提高,增加了文化的多样性,为社会文化教育事业发展做出了重要贡献。

关键词:近代早期;英国;贵族阶层女性;家庭;社交;宗教

福建师范大学

2021年,福建师范大学世界史学科总计毕业博士研究生3人。博士学位论文信息如下。

1. 王光伟:《黄热病、霍乱与美国公共卫生发展研究(1793—1905)》,导师:王晓德教授。

研究方向:美国史

简介:美国立国以降,作为烈性传染病的黄热病和霍乱便开始在这个国家频繁流行,成为萦绕在不少民众脑海中的可怕梦魇。特别是19世纪,美国的社会环境开始发生剧变。随着城市化进程加快,美国人口不断增长,迅速向城市集中,城市人口密度骤然上升,令滞后的城市行政和卫生基础设施不堪重负,这导致的结果是城市水源趋于恶化,排水压力剧增,住房日趋拥挤。人口集中本已为潜在的病原体提供了充足的食物来源,水源、排水及住房等问题更是成为黄热病和霍乱流行的重要助力。更糟糕的是,伴随着工业革命的展开,美国的"交通革命"和区域之间愈发频繁的贸易往来使得人际交流的频率陡升,范围大大延伸,进而令黄热病和霍乱的传播速率加快,传播范围得以扩展。换言之,19世纪美国社会环境的剧变,打破了人、环境与病原体之间业已形成的相对平衡的生态系统,黄热病和霍乱的反复流行就顺理成章了。

面对黄热病和霍乱流行,美国通常基于主流的医学理论,采取应对之法。19世纪是传统医学逐渐走向现代医学的关键时期。19世纪中期以前,"瘴气论"(Malaria Theory)和"接触传染"(Contagion)是解释传染病的重要医学话语,也是指导这一时期流行病防治的重要理论。19世纪后期,现代医学一路高歌猛进,众多传染病的奥秘被逐一揭开,伴随着医学知识的更新,传染病疫情治理的目标、措施和程序也随之发生显著变化。

面对黄热病疫情和霍乱疫情,美国不单在疫情期间不断寻求有效的应对之法,即便疫情过后,也在思考如何能长久地阻止两者出现。思考的结果是,有必要彻底改善美国的公共卫生状况。为此,19世纪上半期,美国早期的公共卫生运动正式拉开帷幕。在黄热病和霍乱的冲击下,公共卫生专家积极呼吁和奔走,推动了美国公共卫生的发展。这种发展主要体现在两点:一是城市卫生设施的建设;二是各级政府卫生权力的增长。就前者而言,包括芝加哥、纽约和孟菲斯在内的城市率先通过城市卫生改革的方式,致力于改善城市的排供水系统和住房状况。就后者而言,一方面,州和地方政府的卫生权力在不断强化,霍乱、黄热病等传染病的防治从临时事务逐渐变为卫生机构的常规责任;另一方面,联邦的检疫权也在不断扩张。根据美国宪法,包括检疫在内的卫生权力属于各州,但在黄热病和霍乱流行的背景下,联邦不断拓展自身的检疫权力,从州检疫的协助者,变身为检疫工作的重要执行者,逐步分享由州和地方政府独占的检疫权。

关键词：美国；黄热病；霍乱；公共卫生

2. 陈榕猇：《印尼海洋政策的演变研究——以"群岛观"为视角》，导师：孙建党教授。

研究方向：东南亚史

简介：作为东南亚拥有海域面积最大的国家，印度尼西亚（以下简称"印尼"）海洋政策始终围绕其"群岛国家"身份的特征而演变。在这一演变过程中，印尼海洋政策与"群岛观"之间存在复杂的互动关系。1957年出台的《朱安达宣言》不仅确立了"群岛原则"的划界方式，而且拉开了印尼争取自身海洋权益和捍卫领海主权的帷幕。国防版的"群岛观"因苏哈托为了统合之前派系林立的军方而得以诞生。之后在此基础上升级的发展理念版的"群岛观"则致力于建构印尼民众对"群岛国家"的身份认同，培育印尼民众的国族意识，并且在建构这一身份认同的过程中，直接影响了印尼海洋政策的脉络走向。该文认为，"新秩序"时期初期的印尼海洋政策主要表现出"群岛观"中的政治统一体内涵；20世纪80年代以来的印尼海洋政策则主要表现出"群岛观"中的经济统一体内涵；民主改革时期的印尼海洋政策则展现出"群岛观"中的经济统一体和国防安全统一体的内涵。

第一章主要考察了印尼"群岛观"的思想起源与形成背景，以及"群岛观"有关的话语建构情况。在思想和文化谱系上，"群岛观"的思想起源是"潘查希拉"建国五项原则和《朱安达宣言》中的"群岛原则"；第二章考察了"群岛观"中的政治统一体内涵与印尼海洋边界政策的互动过程；第三章探讨了"群岛观"中的经济统一体内涵与印尼海洋经济政策的互动过程；第四章阐述了"群岛观"中的国防安全统一体内涵与印尼海防政策的互动关系；第五章探讨了印尼"群岛国家"身份与"群岛观"之间的逻辑关系，以及这一身份在国际海洋规则建构中的角色；结语部分概括了印尼海洋政策与"群岛观"之间的互动过程，以及"群岛观"对建构"群岛国家"身份认同的意义。"群岛原则"是独立建国的印尼因应自信的国家形象的建构而诞生的。来源于这一原则的"群岛观"可被视为建构印尼国族认同的一部分。将海洋"领土化"的"群岛观"使得1966年至2014年的印尼海洋政策总体呈现出"内向型"的脉络走向。

关键词：印尼海洋政策；"群岛观"；"群岛国家"身份；政治统一体；经济统一体；国防安全统一体

3. 黄玥瑜：《日本总体战体制在冲绳的建构与实施》，导师：赖正维教授。

研究方向：日本史

简介：首先提出"总体战"理论的是德国军事思想家埃里希·冯·鲁登道夫，其核心内容是一切的社会物质生产和社会精神生活都应服从战争利益，为准备和进行战争而服务。第一次世界大战后，总体战思想进一步成为日本法西斯发动对外侵略战争的指导思想。1938年出台的《国家总动员法》标志着日本总体战体制的最终形成。二战末期，总体战体制也被应用在冲绳。短短数年间，冲绳县内建立起了全面的战时体系，冲绳民众各方面都被战时体制所束缚与控制，全县进入"全民参战"的战时状态。其政治、经济、军事、思想、社会动员多个方面均被影响至深，特别是思想方面，日军在冲绳实施的"防谍"政策与密切监控冲绳县民的手段，都表现出了其对冲绳民众的极度警惕与不信任。该体制在冲绳实施后，虽在一定程度上给予了美军打击，拖延了其进攻日本本土的脚步，但最终无法使日本逃脱战败的命运。并且，冲绳民众也因此遭受巨大伤害，创伤至今无法弥合。该论文通过大量的口述资料以及原始档案资料，详细叙述了日本如何从冲绳的政治、军事、经济、思想、社会多个方面来实施总体战体制，继而将整个冲绳绑上法西斯战车，使其最终成为日本本土防卫的"弃子"。同时，论文总结了冲绳总体战体制与本土不同的特征以及背后的相关因素，进而深入探讨该体制对冲绳所造成的巨大影响。冲绳战役已经过去了七十多年，然而，冲绳人民仍旧被笼罩于战争伤痛的阴影之下，时至今日，他们还在为尚未解决的教科书问题、战争赔偿等问题与日本右翼势力进行抗争。

关键词：冲绳战役；总体战；冲绳民众；动员

期刊、集刊动态

学术期刊

《世界历史》

《世界历史》(World History)是国内世界史学科领域的专业学术期刊,由中国社会科学院主管,中国社会科学院世界历史研究所主办。双月刊,大16开,每期160页,逢双月15日出版。

《世界历史》关注学术前沿,倡导学术创新,注重学术质量。《世界历史》实施同行专家匿名审稿制度,刊物设有国别史、地区史、断代史和专门史专栏、主题笔谈、史学理论、史学史、问题讨论、研究述评、读史札记、学者论坛、会议综述、书评、书讯等栏目。

创刊40多年来,《世界历史》杂志在国内学界一直享有良好的声誉,曾获得国家新闻出版总署颁发的全国优秀期刊奖和中国社会科学院颁发的优秀期刊奖。2021年5月,《世界历史》获国家哲学社会科学文献中心颁发的"2016—2020年最受欢迎期刊"和"2020年度历史学最受欢迎期刊"荣誉。在2021年度人大复印报刊资料世界史学科期刊排名中,《世界历史》在转载量、转载率和综合指数方面排名第一。

《世界历史》编辑部定期主办"全国世界史中青年学者论坛"和"世界史研究前沿论坛",同时与高校研究机构合作,召开各类小型专题研讨会,就学界关注的前沿和热点问题进行深入的探讨,旨在促进国内世界史研究领域的学术对话,推动国内世界史学科的发展。

《世界历史》2021年总目录

第1期

亚太史

合作与限制:20世纪70年代美国对韩国导弹开发活动的反应与对策 　　梁　志
二战后三十年间澳大利亚技术移民结构与成因探析 　　张　瑾

欧美史

启蒙运动时期德波对美洲全面"退化"的想象 　　王晓德
毛皮贸易与17世纪俄国的西伯利亚拓殖运动 　　李　巧
英国信鸽在"一战"中的角色转换与形象变迁 　　贾　珺
美国与1958年法国政府危机 　　姚百慧

古代中世纪史

苏美尔人驿站系统的形成及其作用 　　李　智
格里高利一世时期的政教关系 　　包倩怡
私人法权的介入:中世纪英格兰的城镇化 　　谢丰斋
彼特拉克"贫穷观"的发展:基于方济各思想的解读 　　钟碧莉

第 2 期

特稿·世界历史视域下的中国共产党

上海城市的国际性与中共的创立及早期发展　　　　　　　　　　　　　　熊月之

亚洲史

明清鼎革后日朝通信使笔谈中的"中华"观碰撞　　　　　　　　　　　　年　旭

战时日本"出版新体制"的构筑及其法西斯化　　　　　　　　　　　　　孙继强

欧洲史

社会文化史视野下的 17 世纪法国沙龙女性　　　　　　　　　　　　　　汤晓燕

"光辉三十年"期间法国工业环境监管模式的转型　　　　　　　　　　　肖晓丹

美洲史

近代早期美洲烟草文化的欧洲化　　　　　　　　　　　　　　　　　　　荆玲玲

"大规模报复"战略与美国海外核部署　　　　　　　　　　　　　　　　陈　波

史学理论与史学史

国家史观视域下新印度史学的叙事建构：从雅利安文明到莫卧儿帝国　　　王立新

19 世纪罗马"帝国主义"问题在西方学术界的缘起与发展　　　　　　　 熊　宸

古代史

从《尤里乌斯法》和《帕披乌斯·波派乌斯法》看奥古斯都的婚育政策　　倪滕达

第 3 期

笔谈·世界历史视域下的中国共产党

李大钊的世界历史观　　　　　　　　　　　　　　　　　　　　　　　　于　沛

毛泽东对美国认识的理论及其现实启示　　　　　　　　　　　　　　　　唐洲雁

抗战中的中共和日共关系侧记　　　　　　　　　　　　　　　　　　　　韩东育

欧洲史

争议、表述和再考证：近代英国"贵族"概念探究　　　　　　　　　　　张迅实

巴尔干战争前后英国的"协调外交"　　　　　　　　　　　　　韩志斌　张　弛

美洲史

种族问题与冷战初期美国的对外宣传　　　　　　　　　　　　　　　　　谢国荣

卡内基基金会与一战后国际秩序的构建　　　　　　　　　　　　　　　　滕凯炜

亚洲史

20 世纪初期日本的东亚"同文"主张与亚洲主义
　　——以"汉字统一会"为中心的考察　　　　　　　　　　　　　　　林　翔

古代中世纪史

布鲁日习惯法的两次更迭与国王、伯爵、城市的权力之争（1281—1297）　董子云

晚期拜占庭帝国雇佣兵控制权的丧失及其影响　　　　　　　　　　　　　陈志强

史学理论与史学史

希伯来经典文献对世界帝国话语体系的重构与借鉴　　　　　　　　　　　梅华龙

第 4 期

欧洲史

英国近代土地确权立法与实践 　　　　　　　　　　　　　　　　　　　侯建新
博雅与专业的妥协：19 世纪牛津大学历史学科的建立 　　　　　　　　　陈 磊
20 世纪 30 年代初意大利与中国的经济合作计划 　　　　　　　　　　　信美利

美洲史

弃中取日：近代巴西东亚移民政策的转变 　　　　　　　　　　　　　　杜 娟
美国史学界关于美国革命历史记忆的研究 　　　　　　　　　　　　　　蔡梦竹
19 世纪末 20 世纪初阿根廷的肺结核防治与民族国家建构 　　　　　　　夏婷婷

亚洲史

20 世纪日本学界的"古代虾夷族群"论争 　　　　　　　　　　　　　　李文明
1908 年的抵制日货运动与日本企业的应对
　　——以三井物产会社为中心 　　　　　　　　　　　　　　　　　　吴 起

世界古代史

希罗多德与雅典"史前史"的书写 　　　　　　　　　　　　　　　　　郭 涛
记忆、历史与遗忘：雅典大赦与吕西阿斯的修辞策略 　　　　　　　　　李宏伟

第 5 期

特稿

加强文明交流互鉴，推动中伊全面合作
　　——在第六届中伊文化对话会上的致辞 　　　　　　　　　　　　　王灵桂

城市史

劫后重生：1906 年旧金山大地震后唐人街的原址重建及其意义 　　　　伍 斌
20 世纪七八十年代纽约市保障性住房政策的转变及其影响 　　　　　　李文硕
迪亚斯执政时期美国的资本扩张与墨西哥城的城市重建 　　　　汪艮兰　程 洪

亚洲史

原敬关于立宪君主制改革的构想与实践 　　　　　　　　　　　　　　　陈 伟
近代日本军队的国民"统制"机制及其演进 　　　　　　　　　　　　　郭循春
砂糖产业与近代日本的南方扩张 　　　　　　　　　　　　　　　瞿 亮　张承昊
法国委任统治与亚历山大勒塔问题的由来 　　　　　　　　　　　　　　赵 娜

欧洲史

反犹主义概念的起源与流变 　　　　　　　　　　　　　　　　　　　　李大伟
跨阵营的探路者：法国议员在中法建交中的角色 　　　　　　　　　　　高嘉懿

古代中世纪史

亚述帝国诉讼的行政化 　　　　　　　　　　　　　　　　　　　　　　国洪更

会议综述

庆祝中国共产党成立 100 周年暨世界历史研究回顾与前瞻学术研讨会综述 　李 超

第 6 期
笔谈·发展中国家现代化的历史进程与经验教训
南非现代化之路及其特征	沐　涛
墨西哥现代化模式的转换及其经验教训	董经胜
印度政治现代化进程中的中央—地方关系	宋丽萍

英帝国史
英属非洲殖民地的棉花种植推广活动及其影响	李鹏涛
英帝国与殖民地自由贸易权问题	
——以初创期新南威尔士为中心的考察	徐桑奕

亚洲史
战时日本开发原子弹的底层逻辑、推进体制与路径方法	尹晓亮
中国对老挝援助政策的演变及其动因（1956—1965）	时伟通

欧洲史
12 世纪的地中海世界与巴勒莫的兴起	朱　明
中世纪行会视域下的英格兰法律会馆	康　宁
法国启蒙与革命时代的"自然理性"及其效应	
——以公制单位"米"的诞生为中心的考察	黄艳红

美洲史
"蚊子说"与 1905 年美国黄热病疫情的防治	王光伟

《外国问题研究》

《外国问题研究》（*Foreign History Studies*）是由教育部主管，东北师范大学主办的世界史领域学术期刊。1964 年创刊，国内统一连续出版物号为 CN22-1398/C，国际标准连续出版物号为 ISSN 1674-6201。国内外公开发行，大 16 开，季刊，每季度末出版。现任主编为韩东育教授。

2016 年，期刊从内容到形式进行了全新改版，以尊重学术传统，凸显学科特色，会集中外学术名家，在充分关注新时期中国国家战略的基础上，以全球视野和开放的眼光，研究域外历史重大理论问题和实证问题为办刊方针。

办刊宗旨及业务范围为刊载东亚、欧美和其他国家的历史问题及相关研究成果，为我国世界史研究提供一个学术交流平台。办刊理念是突破国别限制，淡化时代区隔，打通专业壁垒，强化基础研究，兼顾智库建设。从文明生态的视角，动态观察域外各国的政治、经贸、文化等领域的历史演进过程，借以展现人类文明多元互动的古今本然，增进不同文明之间的相互了解与理解。主要栏目：1. 东亚文明研究；2. 古典文明研究；3. 欧美文明研究；4. 丝路古今研究。改版后的期刊得到了学界的广泛关注和支持。2021 年成功入选 CSSCI 扩展版来源期刊。

该刊采取约稿和自投稿两种方式组织稿件。每期约请国内知名学者为专栏撰写文章。对自投稿件进行三审，择优刊发。实行双向匿名审稿制度，严格执行"三审三校"制度。建立了审稿专家库，聘请相关领域专家学者对初审通过的稿件进行外审，确保稿件学术质量。

编委会围绕重大热点问题和活动积极策划、组织、实施出版，2021 年适逢中国共产党成立

100周年和九一八事变爆发90周年,为了纪念这两起中国现代史上的重大事件,该刊在2021年第3期开办了"抗战中的中共与日本"专栏,特邀三名学者从不同方面入手,充分运用最新日本文献资料,对抗战时期中共与日本的关系进行了探讨,以期从日本乃至国际的视角为中共党史和抗日战争史研究提供一个新的观察维度。编辑部在2021年召开了"三大体系载体与学术期刊质量的提升"学术研讨会,会上主编韩东育强调《外国问题研究》将依托东北师范大学世界史一流学科建设,凝练研究方向与选题,打造世界史学术期刊共同体联盟,为构建中国特色、中国风格、中国气派的世界史学科体系、学术体系和话语体系贡献应有的力量。

《外国问题研究》2021 年总目录

第 1 期

特稿

"述往事,思来者"
　　——追念王斯德老师　　　　　　　　　　　　　　　　　　　　孟钟捷

中东问题研究

试析伊斯兰教与近现代中东民族国家构建的关系　　　　　　　　　黄民兴
埃及民族主义史家古尔巴勒的史学作品、史学思想及其史学贡献　　孔　妍

古典文明研究

扩张者拉巴玉的辩白:第252—254号阿马尔那泥板书信译注　　　　袁指挥
试析古典泛希腊主义的两种面相　　　　　　　　　　　　　王志超　黄晓博
试论潘诺尼亚起义对罗马扩张政策的影响　　　　　　　　　李震宇　宫秀华

欧美文明研究

杜鲁门政府时期美国的核战争计划探析　　　　　　　　　　　　　胡　晔
德国"债务刹车"的缘起、机制与功效　　　　　　　　　　　　　刘兴华
跨文化传播视域下中西叙事交流的形式发展与理论演进　　　　　　王妙迪

东亚文明研究

伊波普猷"日琉同祖论"的形成与转变探析　　　　　　　　刘　丹　赖正维
近代日本宪法的解释与论争
　　——以"天皇机关说"的胜出与终结为中心　　　　　　　　　孟二壮
西方语言学对近代日本语言学界的影响　　　　　　　　　　洪仁善　姜言胜
从"免缓现役"到"学徒出阵":近代日本学生兵役制度的演变　　　曹亚坤
19世纪末20世纪初西方人在环渤海地区的海滨避暑活动研究　　　　闻　虹

新书推介

《从"道理"到"物理":日本近世以来"化道为术"之格致过程》　黄　滢

第 2 期

东亚文明研究

万历朝鲜战争初期袁黄朝鲜行迹新考　　　　　　　　　　　　　　齐　畅

在"文明"的诉求中诠释"武士道"
　　——新渡户稻造与梁启超的"武士道论" .... 杜 品
古典文明研究
古代地中海世界的"古实" .... 冯定雄
谴责与辩护：海伦形象变化的历史语境 .... 魏凤莲　宋冠依
神圣、复活与秩序
　　——古埃及宗教仪式中的"洁净"及其相关观念 .... 马智博
欧美文明研究
从习惯到立法：19世纪英国佃农权运动 .... 任有权
美国对日俄《朴茨茅斯条约》签订的影响 .... 赵 欣
阿伯拉尔与爱洛伊丝书信探略 .... 钟姗姗　张晓华
行会视角下西欧中世纪大学起源
　　——以巴黎大学为例 .... 高 露　王云龙
丝路古今研究
从异质多样性到命运共同体
　　——亚洲文明的地缘板块与历史走向 .... 哈全安
《郎戴亚和约》与安世高身份之谜解析 .... 亓佩成
约旦少数族群对国家构建的影响 .... 李 茜
研究综述
中国史学界关于西欧农业史、农村史、农民史研究70年述评
　　——以对英、法、德三国研究为例 .... 柴 彬　孙 柳

第3期
专栏：抗战中的中共与日本
中共在抗战中的国际生存环境 .... 韩东育
日本视角下的中国共产党与抗日战争 .... 董灏智
日本战时从军日记所反映的侵华罪行与中国抗战
　　——以《小林太郎战时日记》为中心 .... 王明兵
古典文明研究
论晚期罗马帝国皇帝芝诺统治时期政局混乱的原因 .... 董晓佳
地理史观视域下的怛罗斯之战研究 .... 白 楠　马峥嵘
古代埃及阿蒙贞女研究 .... 陈嘉琪
欧美文明研究
后民权时代美国种族主义思潮嬗变：路径、逻辑与成因 .... 牛忠光
1979年《中美贸易关系协定》与中美经贸关系正常化 .... 刘 磊　于婷婷
冷战中的美苏国际学术交流活动探析（1958—1972） .... 王子晖　李楚楚
19世纪伦敦公地用途的法律争讼与思想语境 .... 严玉芳

研究综述
美国进步主义运动研究百年回顾与展望 …… 赵辉兵
欧美学术界关于"战后正义"问题研究述评 …… 周旭东

第 4 期
东亚文明研究
日本情报部门对九一八事变的国际舆论调查 …… 潘德昌
江户初期幕府对长崎唐人住宿制度的调整 …… 吕晶晶
江户日本对中华价值的置换：以徂徕学双重中国认知为中心 …… 高悦
20世纪60年代美国对日本的民主化改革
　——以安部公房"失踪三部曲"为中心 …… 邵一平　刘雨

古典文明研究
圣化与神化：论早期罗马帝国奥古斯都崇拜的形成和传播 …… 何立波
犹太人希腊化改革的文献考察与历史重释 …… 张琳
古埃及贝斯神崇拜 …… 杜雪婷

欧美文明研究
布罗代尔的通史意识：对"长时段"的再思考 …… 袁鸿钧
西班牙第二共和国的教育改革及其历史意义 …… 谷佳维
中世纪德国商事法律制度演进探析
　——以集市法为中心 …… 张万春

丝路古今研究
19世纪上半期埃及政治与宗教关系的历史流变 …… 王泰
两汉时期中国与奄蔡、阿兰交往刍论 …… 张龙海

书讯
《古代埃及新王国时期经济文献译注》（上、下编）出版 …… 季旻洋

《古代文明》

《古代文明》（季刊）（*The Journal of Ancient Civilizations*）创刊于2007年，是由东北师范大学主管，东北师范大学世界古典文明史研究所、东北师范大学亚洲文明研究院、东北师范大学世界文明史研究中心、东北师范大学出版社共同主办的学术期刊。该刊以反映世界范围内关于古代文明的研究成果，增进中国与国际学术界的交流，提供重要学术信息为办刊宗旨。

《古代文明》主要刊发关于古代文献的文本研究、个案实证研究、区域文明和全球文明关系研究、历史文化解释性研究，以及关于古代文明研究的重要著作和重大理论问题的阐述、评论、综述与争鸣等学术文章。

《古代文明》主要刊登的稿件以人类古代文明、文化、历史各方面问题为范围，根据该刊目前编辑力量，侧重点为：1. 西亚、北非、地中海地区古代文明研究；2. 中国及亚洲东部其他地区古代文明研究；3. 欧洲、中亚古代文明研究。研究内容可包括：古代文献的文本研究、个

案实证研究、区域文明和全球文明关系研究、历史文化解释性研究，以及关于古代文明研究的重要著作和重大理论问题的阐述、评论、综述与争鸣等。

主要栏目有古代地中海、中国先秦史、中国传统学术、帝制中国、拜占庭与欧洲中世纪、理论与思想、日本历史文化、神话与文化等。

《古代文明》2021 年总目录

第 1 期

古代地中海文明

税制与乌尔第三王朝的国家治理　　　　　　　　　　　　　　　　　　刘昌玉

文本、图像与仪式
　　——古埃及神庙中的"冥世之书"　　　　　　　　　　　　　　　颜海英

普鲁塔克《平行列传》的"四体结构"　　　　　　　　　　　　　　　张元伟

拜占庭与欧洲中世纪

《圣伯丁年代记》探微　　　　　　　　　　　　　　　　　　　　　　王晋新

《大宪章》制定考
　　——从男爵方案到国家特许状　　　　　　　　　　　　　　　　　王　栋

中国先秦史

黄老学三才思想考论　　　　　　　　　　　　　　　　　　　　　　　葛志毅

帝制中国

从《堂邑元寿二年要具簿》解析秦汉徭役制度的几个概念
　　——事、算与事算　　　　　　　　　　　　　　　　　　　　　　王彦辉

秦代官徒调配问题初探　　　　　　　　　　　　　　　　　　　　　　齐继伟

明代京畿道的设置与运作研究　　　　　　　　　　　　　　　　　　　吕成震

重新思考明清鼎革
　　——兼谈"十七世纪危机"、"大分流"、"新清史"　　　　　　　赵轶峰

明清时期府县官对下政务运作　　　　　　　　　　　　　　　柏　桦　李　静

东亚历史文化

"日本型华夷秩序"辨析　　　　　　　　　　　　　　　　　杨立影　赵德宇

16 世纪朝鲜对明朝情报的搜集与应对　　　　　　　　　　　　　　　丁晨楠

第 2 期

古代地中海文明

论德尔菲外邦代理人制的礼仪性　　　　　　　　　　　　　　　　　　陈　克

波里比阿著史的立场二重性问题　　　　　　　　　　　　　　　　　　施晓静

帕提亚帝国"希腊化王朝论"商榷　　　　　　　　　　　　　　　　　龙　沛

拜占庭与欧洲中世纪

中世纪晚期法庭情感标准的变迁

——以"撒旦的诉讼"系列文本为中心的考察 　　　　　　　　　董子云

中国先秦史

西周五服制的国家形态与国家治理 　　　　　　　　　　　　　　　张利军

沫司徒疑簋与卫国封建的再讨论

——兼说西周诸侯身份的双重性 　　　　　　　　　　　　　　　杨永生

帝制中国

真假之间

——秦始皇史迹的"二重"文献考察 　　　　　　　　　　　　　苏俊林

制造权威

——从秦简看秦代国家对中央威权的塑造 　　　　　　　　　　　沈　刚

列侯位次与汉初政治秩序

——从位次厘定时间说起 　　　　　　　　　　　　　　　　　　丁佳伟

林梅村《蒙古山水地图》商榷 　　　　　　　　　　　　　　　　　李祥东

邹炳泰与《四库全书》纂修 　　　　　　　　　　　　林存阳　周　轩

东亚历史文化

壬辰战争出兵与乞师言说中的政治伦理 　　　　　　　　　　　　刘晓东

万历朝鲜战争再战前夜日朝外交关系探微

——以金应瑞与小西行长的外交活动为中心 　　　　　　　　　郑洁西

朝鲜王朝的土官制度 　　　　　　　　　　　　　　　　　　　　刘　波

文庙祭礼变动与16至18世纪中朝关系的演进

——以朝鲜王朝启圣祠为中心 　　　　　　　　　　　　　　　李　佳

第3期

理论与思想

历史是什么？

——一种新实证主义的思考 　　　　　　　　　　　　　　　　赵轶峰

古代地中海文明

古埃及第三中间期贵族女性的身份表达 　　　　　　　　　　　　李梦怡

论新亚述王国的帝国理念与外交实践 　　　　　　　　　　　　　梅华龙

罗马帝国行省政府的免役士兵探析 　　　　　　　　　　　　　　李大维

拜占庭与欧洲中世纪

《马可·波罗游记》与中世纪欧洲东方观的悖异

——以东方三博士传说体系为例 　　　　　　　　　　　　　　姬庆红

从"辉格解释"到"议会虚权"论

——西方学界对15世纪英国政治史的考量 　　　　　　　　　　杨　军

中国先秦史

《日书》所见疾病问题探赜

——以睡虎地秦简《日书》为例 　　　　　　　　　　　　　　刘　伟

帝制中国
魏晋南北朝太后命令文书考论
　　——以"诏"与"令"的辨析为中心　　　　　　　　　　　　　　　　韩　旭
天人互动
　　——明代天文星变与政治变动　　　　　　　　　　　　展　龙　李争杰
明清商人的职业身份认同　　　　　　　　　　　　　　　　　　　　张明富
从辅弼、监察到尸位
　　——明代王府文官制度的历史演变　　　　　　　　　　　　　　梁曼容
义民义官与明代的乡村捐赈　　　　　　　　　　　　　　　　　　　向　静
东亚历史文化
17世纪朝鲜基层组织"五家统"的成立与制度设计　　　　　　　　　朱　玫
清代中越封贡关系的实态考察
　　——以越南燕行文献为中心　　　　　　　　　　　　　　　　王志强

第4期
古代地中海文明
论古代以色列王国时期的长老阶层
　　——构成、起源及其政治地位　　　　　　　　　　　　　　　张若一
科林斯两代僭主考　　　　　　　　　　　　　　　　　　　　　　王以欣
拜占庭与欧洲中世纪
中古英国地方共同体的政治参与
　　——基于末日审判调查的视角　　　　　　　　　　　　　　　侯兴隆
14世纪早期英格兰寡妇产请愿探究　　　　　　　　　　　　　　　黄嘉欣
西欧中世纪史料学初探
　　——以德意志王国的帝王诏旨为例　　　　　　　　　　　　　张　弢
中国先秦史
卫国地名与甲骨文地名对读蠡测六则
　　——以《诗经·泉水》为例　　　　　　　　　　　邹芙都　唐英杰
清华简《楚居》樊郢、同宫之北与承之野考论　　　　　　　　　　罗　丹
帝制中国
新出秦简所见涉田诸吏考辨　　　　　　　　　　　　　　　　　　刘　鹏
秦汉律中的"失刑罪"　　　　　　　　　　　　　　　　　　　　宋　磊
东魏北齐军队的设置及保障士兵来源的措施　　　　　　张鹤泉　刘健佐
"幽魂及第"
　　——科举制度下的进士追赐及文人心态　　　　　　　　　　　戚　昊
晚明政治生态与士大夫仕宦生涯
　　——以万衣为例　　　　　　　　　　　　　　　　　　　　　万　明

东亚历史文化
从平城京到长冈京
　　——日本奈良时代都城迁移探析　　　　　　　　　　　　张　伟　韩宾娜

《经济社会史评论》

《经济社会史评论》（Economic and Social History Review）由天津师范大学欧洲文明研究院承办，坚持"守望学术田园，创新历史文化"的办刊理念，侧重对欧洲文明的研究和认知，突出经济-社会史的学科特色，努力打造经济-社会史研究的国际平台。

《经济社会史评论》前身是《经济-社会史评论》辑刊，由侯建新教授主编，自2005年始由生活·读书·新知三联书店出版。2014年，经国家新闻出版广电总局批准，《经济社会史评论》获得正式刊号，2015年始以季刊形式出版，在国内外公开发行。

该刊既面向外国史研究，也面向中国史研究，欢迎中外学者撰文投稿。主要栏目包括：欧洲文明研究、专题研究、中国史研究，欢迎经济学、社会学、法学、人类学等专家学者惠赐佳作。

《经济社会史评论》既是国内新兴学科"经济社会史"的专业期刊，也是国内少数以世界史研究为主的期刊之一，在院领导的大力支持下，主编侯建新教授带领编辑部秉承"守望学术田园，创新历史文化"的办刊理念，群策群力，坚持高起点、高格局、高质量，使该杂志成为我国世界史学科不断推出精品力作的平台以及中外学者交流的平台，赢得了良好的学术声誉。

《经济社会史评论》2021年总目录

第1期
欧洲文明研究
欧洲文明内核之全景式探寻　　　　　　　　　　　　　　　　任世江　王元天
1297年危机：英国议会与王权的初次较量和妥协　　　　　　　　　　谷延方
近代早期英国的土地银行　　　　　　　　　　　　　　　　　　　　李新宽
英国国民健康服务制度的新自由主义改革与反思　　　　　　　　　　胡　莉
专题研究
文化取向与帝国崛起的成败　　　　　　　　　　　　　　　　　　　王加丰
再论全俄统一市场的形成
　　——兼论19世纪末俄国经济发展特征　　　　　　　　　　　　邓沛勇
中国史研究
康乾时期落弟士人的生存状态　　　　　　　　　　　　　　　　　　孙永兴
哈尔滨电业公司与"北满电气株式会社"竞争始末　　　　　　　　　关靖华
小荷论坛
加冕礼与耶路撒冷王国神授王权的建构　　　　　　　　　　　　　　苏泽明

第 2 期

欧洲文明研究

《大宪章》渊源：罗马法还是蛮族习惯法	王　栋
市场化与英国土地租期的转变	任有权
中世纪晚期英格兰农民的仲夏节娱乐	王超华

专题研究

菲律宾为何积极参加朝鲜战争	王秋怡
伊朗萨法维时期驿站建设及功用	王泽壮　李屿萌

中国史研究

中共早期动员上海工人的机制	张仰亮
近代评弹艺人"走码头"	彭庆鸿

名家讲坛

中世纪英国工资研究的问题意识	徐　浩

小荷论坛

秘鲁早期现代化与劳动力困局 ——以劳工代理人制度为中心（1895—1930）	王　迪

第 3 期

欧洲文明研究

自上而下变革：德国农民土地确权	侯建新
英国议会圈地的实施程序及其特点	倪正春
都铎王朝普通法法院的危机与自救	邵政达
玛格丽·帕斯顿的婚姻和乡绅身份的构建与认同	高峻峰

中国史研究

告朔饩羊：国民党"清党"后的民众运动	徐秀丽
北洋政府财政预算数据辨析	杜佩红　徐鹤涛

专题研究

美国独立战争中英国雇用的德意志部队	许二斌
近代早期英国社会对"歇斯底里"的认知	赵秀荣
近代日本的鼠疫防控及社会管理	孙志鹏　李思佳

第 4 期

欧洲文明研究

尼特哈德《历史》的再认识	王晋新
13 世纪英格兰"规训特权"运动探究	刘　林
"真实财富"与"普遍富裕"：亚当·斯密的财富观	杨　芳
1785 年后苏格兰高地渔业争取国家支持的经过	褚书达

专题研究

喀提林阴谋与罗马共和末期的派系斗争	杨俊明　匡林林
犹太人基布兹组织性质辨析	饶本忠
日本近世百姓一揆与幕藩体制	郑辟楚
美国内战前费城女性协会的济贫活动	鲁迪秋

《世界历史评论》

《世界历史评论》(*The World History Review*)从2019年起，经五年试刊后正式发刊，从每年出版两期的辑刊，升级为每年出版四期的季刊。由上海世纪出版集团光启书局和上海师范大学共同出版。设有专论、评论、专题论坛、文献与史料等栏目。自正式创刊以来，该刊在业界树立了较高的口碑，具有较大的学术与社会影响力。目前已收入中国知网、维普中文期刊库等数据库，多篇文章被人大复印报刊资料、《中国社会科学文摘》等转载。在上海市新闻出版局年度期刊核验及上海市期刊质量编校质量检查中多次获得优秀。

选题倡导以扎实的材料为基础，通过新颖适恰的方法路径，探索人类文明史中的一切现象；希图突破学科的藩篱，促进跨学科的交流碰撞，多视角更全面地呈现世界历史图景；同时也期待透过人类悠远深邃的历史经历，观照当下，启迪未来。

《世界历史评论》以搭建学术界与公众之间的沟通平台为己任，推动学术走向公众，使学术界与公众之间产生互动。当前"世界历史评论"微信公众号的订阅用户已逾8000位，单篇文章的最高阅读量逾4000人次。期刊的获取渠道日趋多元：既可在线下的各地新华书店、邮局订阅，还能够通过线上的微店购买，期刊的电子版也正在稳步地推进，是为该刊传播知识之体现。

该刊注重文章质量，坚持公平公正的原则，采用匿名审稿模式，以稿件质量为录用与否的唯一衡量标准。在刊登文章方面，既有德高望重的知名学者，亦不乏初露锋芒的青年才俊。刊登德高望重知名学者的文章，是期刊质量的保障之一，而刊登青年才俊的文章，则可视为对学界青年的鼓励。学术之公正，是推动学术发展之条件，该刊所刊文章皆以质量为最高导向，一律采用匿名审稿模式，以求公平公正，确保文章学术水准。

该刊始终倡导创新性研究、跨学科研究、跨国跨地区研究，服务于新时代的中国世界史研究。选题倡导以扎实的材料为基础，通过新颖适恰的方法路径，探索人类文明史中的一切现象；希图突破学科的藩篱，促进跨学科的交流碰撞，多视角更全面地呈现世界历史图景；同时也期待透过人类悠远深邃的历史经历，观照当下，启迪未来。每期分特稿、专论、光启论坛以及评论等板块，追踪学术前沿、展现研究创见。文章题材选择不限，论证风格不拘，以学术价值和专业规范为准，既有旁征博引论证厚重的长文，也有短小精粹不乏创见的短文。

为促进学术交流，激活学术创新，《世界历史评论》依托光启国际学者中心、上海师范大学世界史系等平台，与国内外学术机构合作，定期举办兆武历史思想讲坛、愚庵比较史学讲坛、光启读书会、光启青年说、年度学术亮点讨论会、主题研讨会、新书推荐会以及各类工作坊等学术活动，并择优在《世界历史评论》上刊发。

《世界历史评论》2021 年总目录

第 1 期（春季号）

专论

"理性不能辨识的，爱心可以体验"
——于格的《论童贞玛利亚》与《教会法汇要》案例第 29 　　　　彭小瑜

情感与真实
——诺特克所述"查理曼之泪"之辨析 　　　　王晋新

贝尔纳·葛内的中世纪史学研究述略 　　　　黄艳红

塑造丕平与教宗斯蒂芬二世的圈地建国 　　　　张　楠

查理曼的钦定布道辞
——"德意志文献集成"《法兰克王国条令》第 121 号译释 　　　　刘　寅

拜占庭帝国土地关系述评 　　　　庞国庆

奥斯曼帝国统治时期东正教会对希腊公益教育的支持（1593—1821 年） 　　　　陈莹雪

圣职、仪式与表演
——教务会议视域下法兰克王国的日常统治 　　　　刘虹男

16 世纪伊斯坦布尔的咖啡馆文化与市民社会 　　　　李　宁

法国 18 世纪中后期"浪荡小说"中教会人士的形象 　　　　张茜茹

足利义满对明外交政策的调整
——"日本国王源道义"成立之前 　　　　马云超

光启讲坛

东亚青铜潮：前甲骨文时代的千年变局 　　　　许　宏

微观史与思想史
——对话卡洛·金兹堡　　　　[意] 卡洛·金兹堡　[美] 李汉松

评论

《图德拉的本杰明行纪》所见 12 世纪中后期犹太人流散状况探微 　　　　李大伟

挑战现代化的现代性理论
——读《远方的陌生人》 　　　　王　栋

犹太世界阴谋论与反犹大屠杀成因新探
——评《德意志公敌：第二次世界大战时期的纳粹宣传与大屠杀》 　　　　黄柳建

第 2 期（夏季号）

专论

亚洲史的学术史：欧洲东方学、日本东洋学与中国的亚洲史研究 　　　　葛兆光

美国建国者的"知识政治学" 　　　　李剑鸣

以理性的名义：行为科学与冷战前期美国的知识生产 　　　　张　杨

试论当代德国的"德累斯顿大轰炸之争" 　　　　孟钟捷

"空"就一定是 Nothingness？	
——耶稣会士对佛教的态度与文化交流的限制	吴莉苇
"最后离开的第一批"：富布莱特学者雷德斐尔德的中国之旅	陈 希
"后见"的阐释伦理：伊恩·布鲁玛的历史书写及其文化政治	柏奕旻
18世纪法国《百科全书》的知识系统：知识的分类及其新的组织方式	张茜茹
养生丧死与中世纪欧洲大学的起源	王 珞
马尔科姆·X晚年的海外游历、国际主义及影响	于 展

评论

摹绘中外史学交流的壮阔图景	
——评张广智《近代以来中外史学交流史》	虞云国
一种知识的世界史？	
——读宫纪子《蒙古时代"知"的东西》	郑德长

第3期（秋季号）

特稿

第二次鼠疫大流行与意大利和英国的社会应对	向 荣

专论·欧亚历史上的动物与人类

主持人按语	陈怀宇
波斯多善犬：古伊朗犬的神圣功能	张小贵
中世纪西欧骑士文学中的动物地理	张亚婷
14至18世纪东亚世界的"象记"：博物学知识比较史研究的一个视角	邹振环
虎、人和神：18至19世纪安泽黑虎庙研究	张舒然
牛瘟、防疫与动物运输改革：蒸汽动力时代下的动物移动经验变迁	李鉴慧
护牛与杀牛：晚清及民国时期中国牛肉经济引起的争议	潘淑华
日本明治时期的家蚕与病虫：迈向多物种历史？	大永理沙
平面广告的动物再现（1921—1937年）：从符号学观点解读《台南新报》的广告图像	
	李若文
动物园与水族馆的历史：环境史、科学史与动物史在东亚的联系与比较	陆伊骊
从中介视角理解中国和欧洲的家牛贸易体系	杜博思

第4期（冬季号）

特稿

"无猫之地"：《尼拉玛塔往世书》所见克什米尔动物世界	陈怀宇
法国动物史研究的理论与实践：塞尔纳教授访谈录	
［法］皮埃尔·塞尔纳 黄 浩 李惟一	

专论

帖卜·腾格里所传神谕考	邱轶皓
古代两河流域人的宇宙观	宋 娇 李海峰

古代埃及书信中的玛阿特观念　　　　　　　　　　　　　　　　　　　　郭丹彤　陈嘉琪
佛教文献中记载的古代印度大地区划　　　　　　　　　　　　　　　　　　　　　周利群
古希腊文明视域下的"世界中心"：一项观念史考察　　　　　　　　　　　　　　白春晓
从殖民地、大道、游记、里程碑和地图看罗马世界观与罗马帝国主义　　　　　　王忠孝
朝鲜后期西方世界地图的传入与影响　　　　　　　　　　　　　　　　　［韩］安洙英
19世纪越南朝贡体系建构的另一个维度：阮朝如何书写"和亲史"？　　　　　　钱盛华
20世纪泰国对世界史的认知与教育　　　　　　　［泰］瓦查拉·辛德胡帕尔玛　陈玉珊
"边土"的超克：中世日本世界观与两界曼荼罗　　　　　　　　　　　　　　　　康　昊
认知语言学概念研究范式下的俄罗斯人世界观初探：一项基于《俄语意象词典》的实证考察　　　　　　　　　　　　　　　　　　　　　　　　　　　　　　　　刘　淼

评论

中国中外关系史研究的兴起与学科体系创立　　　　　　　　　　　　　　　　　陈奉林
文史之通义何在：重读章学诚暨《道公学私：章学诚思想研究》读书会
　　　　　　　　　　　　　　　　　　　岳秀坤　陈　新　邓志峰　章益国

《华侨华人历史研究》

《华侨华人历史研究》（季刊）（Journal of Overseas Chinese History Studies）是由中国华侨华人历史研究所主办的国家级期刊，是国内第一份面向国内外公开发行的研究华侨华人问题的学术期刊。

自创刊以来，《华侨华人历史研究》倡导文章的学术性、理论性、文献性和参考性，注重研究的新领域、新课题、新视角和新方法，得到了学界同人的广泛肯定和大力支持。该刊是国内刊登华侨华人研究成果数量最多的刊物，1998年以来一直是《中文社会科学引文索引》（CSSCI）的来源期刊，2011—2014年为北京大学《中文核心期刊要目总览》来源期刊，2018年入选中国人文社会科学期刊AMI综合评价（A刊）核心期刊。该刊坚持学术性，密切跟踪学术前沿，注重学术创新，辟有"专论特稿""分析探讨""史海探源"和"书评书介"分类栏目以及"国际移民""侨乡研究""新移民研究"等专题栏目。

《华侨华人历史研究》2021年总目录

第1期

专论

21世纪以来海外华侨华人社会的变迁与特点探析　　　　　　　　　　　　　　张秀明

分析探讨

海外华商参与"一带一路"建设问卷调查研究　　　　　　　　　张伟玉　王　丽　黄德海
分层融合视角下族群融合的弥合机制研究
　　——以新加坡华族为例　　　　　　　　　　　　　　　　　　　　王开庆　史秋霞

文教专题
延续与变化：荷兰中文教育追踪调研数据比较分析 　　　　　　　　　　　　　李明欢
当代海外华人的双重文化认同特征探析
　　——以美国华人为例 　　　　　　　　　　　　　　　　　　　　　　刘燕玲
归侨与侨乡研究
"流动"视角下侨乡青年社会区隔研究
　　——以浙江青田幸村为例 　　　　　　　　　　　　　　　　　　　　夏翠君
归侨侨眷的跨国网络与中越跨境经济合作
　　——以广西东兴为例 　　　　　　　　　　　　　　　　　　　　　　普鹏飞
女性研究
"金色牢笼"：美国华人高技能家属移民的"再女性化"困境　　　　　　　黄雅兰
史海探源
美国华人争取公立教育平权第一案：泰普诉赫尔利案之背景、过程与意义　谢佳璐　商丽浩

第 2 期
国际移民研究
国际移民创业与族裔社区建设
　　——以美国洛杉矶华裔和韩裔经济为例 　　　　　　　　　周　敏　王大磊
分析探讨
欧洲华文媒体的历史发展与跨文化传播　　　　　　　　　　　　　　　陈　平
关系网络视角下中国侨务公共外交评析　　　　　　　　　　　　　　　周　英
日本新兴春节祭品牌共同体：生成路径与建构机制探讨　　　　　　　　张慧婧
华人文教
菲律宾华人宗教信仰的特点及成因分析　　　　　　　　　　　　　　　朱东芹
疫情冲击下海外华文教育面临的困境与发展趋势
　　——基于组织生态学视角的分析 　　　　　　　　　　　　谢树华　包含丽
文学中的史学：汤亭亭《中国佬》侨乡视角探析　　　　　　　　　　　李夕菲
史海探源
五四时期中国近代民族主义的对外表达
　　——以《纽约时报》华人读者来信为中心　　　　　　　　　　　　杨　帆
日本华侨社会形成时期考察
　　——兼论江户初期"唐人社会"的实态 　　　　　　　　　吕品晶　迟　皓
民国时期国内涉侨报刊分类述评　　　　　　　　　　　　　　沈毅秦　王　华

第 3 期
分析探讨
外国高层次人才满意度影响因素探析
　　——基于 23 位在鲁外国高层次人才的结构化访谈　　俞少宾　蔡　伦　施徐蔚

新时代英国华文教育工作者职业生存状态的社会学分析　　　　李　欣　付梦芸　康青霞
东南亚华人文化的"政治化"探析　　　　　　　　　　　　　　　　　　潘　玥　肖　琴
地方记忆与日常生活
　　——越南归难侨的家园建构　　　　　　　　　　　　　　　　　　舒璋文　庞艳宾

新移民研究
从自防、协防到联防：安哥拉中国新移民的社会安全空间营造　　高　哲　朱　宇　林　胜
感性、惯性与理性
　　——泰国中国新移民的迁移动机研究　　　　　　　　　　　　　　潘劲平　王元超

国际移民研究
人工智能技术在国际移民治理中的应用及影响　　　　　　　　　　　陈　程　吴瑞君
加拿大华人和印度人政治参与比较研究
　　——以近两次联邦大选为例　　　　　　　　　　　　　　　　　　吴　婷　汪　炜

动态信息·书讯一则
《在日华侨华人在印侨文化适应的比较研究》出版

史海探源
越南史籍中华侨华人的称谓与界定　　　　　　　　　　　　　　　　　　　　平兆龙

书评书介
拓宽华侨华人研究的新尝试
　　——读《离散华人的博物馆表达：移民历史与祖籍国文化遗产》　　　　　高　佳

动态信息
中国华侨历史学会第八次会员代表大会在杭州召开
"少数民族海外华人研究"研讨会综述　　　　　　　　　　　　　　海　璐　鱼　耀

第 4 期
庆祝中国共产党成立一百周年专题
海外华侨与中国共产党形象的国际传播
　　——以陈嘉庚为例的分析　　　　　　　　　　　　　　　　　　　　　　雷艳芝

分析探讨
当代新加坡华人社会的嬗变及其动力与特征
　　——新政治经济学的视野　　　　　　　　　　　　　　　　　　　　　　刘　宏
从"双重缺席"到"共同在场"
　　——华人移民的社交媒体使用研究　　　　　　　　　　　　　　　　　　张焕萍
非正规劳工移民的"道义经济"研究
　　——以荷兰中餐馆为例　　　　　　　　　　　　　　　　　　　　　　　陈肖英
疫情冲击下美国的种族歧视与华人的应对　　　　　　　　　　　　陈惠扬　潮龙起

动态信息
书讯　正阳
近期拉丁美洲华侨华人研究动态综述　　　　　　　　　　　　　　　　　　杨新新

新移民研究

空间与进阶：意大利华人的场域拓展与上向流动 　　　　　　　　　　　华　骁

史海探源

近代广东侨乡家产分配新形态初探
　　——以两家博物馆馆藏文书为主的分析 　　　　　　　　　　　　罗佩玲

学术评论

被迫回流移民安置的中国经验
　　——华侨农场研究的回顾与展望 　　　　　　　　　　　　童　莹　王　晓

书评书介

近代朝鲜华侨史的新作
　　——读《东亚华侨资本和近代朝鲜：广帮巨商同顺泰号研究》 　　　　王奕斐

World History Studies

World History Studies（《世界史研究》）是我国世界历史学专业英文期刊。它创刊于2014年，由中国社会科学院主管，中国社会科学院世界历史研究所与社会科学文献出版社联合主办，刊号 ISSN 2095-6770，CN 10-1180/K，社会科学文献出版社出版。该刊为半年刊，每年6月15日和12月15日出版。全文可在国家哲学社会科学学术期刊数据库（http://www.nssd.org/journal/cn/72130x/）、国家哲学社会科学文献中心（http:www.ncpssd.org）和中国世界史研究网（http://iwh.cssn.cn/xsqk_world_history_studies/）免费获取。

该刊设置专题论文、著名史学家的学术和生平介绍、学术评论、综述、书评等几个栏目，以后将设置读史札记栏目。该刊主要刊登中国世界史专家的论文，也适当发表外国学者的论文。该刊聘有国内外编委二十余人，国外编委来自五大洲共9个国家。

该刊旨在推动中国世界史学术成果的国际传播，扩大中国世界史学界的国际影响，增强中国世界史学者在国际学术界的话语权，加强中外世界史专家的交流对话，促进我国世界历史学整体水平的提高。

World History Studies
Volume 8 Number 1 June 2021

Contents

Articles

Terror of War in Diodorus Siculus' Bibliotheke 　　　　　　　　　　　　Wu Tong

Jeremy Bentham and Robert Peel in the Context of Legal Reform Movement (1826-1832)
　　　　　　　　　　　　　　　　　　　　　　　　　　　　　　　　　　Li Cheng

The Anglo-American Limited Competition around Economic Aid to Myanmar (1949-1953)
　　　　　　　　　　　　　　　　　　　　　　　　　　　　　　　　　Guo Pengdi

Atimia: Interpretation of Honor and Disgrace and Political Ethics in Ancient Greece　　Pang Wei

Conference Review

The 2021 Conference of the China Research Society of the USSR and East European History
　　　　　　　　　　　　　　　　　　　　　　　　　　　　　　　　Bao Hongzheng

Pathfinder

Qi Wenying's American History Studies　　Yang Yusheng

Book Reviews

Wang Jinhu, *The History of American Slaveholders*　　Zhao Wanwu

Guo Qiuping, ed., *A Compilation of Archives and Document of the Jews in Harbin* (15 volumes)
　　　　　　　　　　　　　　　　　　　　　　　　　　　　　　　　Guo Baige

Pang Guanqun, *Justice and Royalty: The Parlements under the Absolute Monarchy in France*
　　　　　　　　　　　　　　　　　　　　　　　　　　　　　　　　Xiong Fangfang

Tian Qingli, *The Construction of Post-War Japanese National Identity*　　Wang Guangtao

World History Studies
Volume 8 Number 2 December 2021

Contents

Articles

"Guided Modernization" in Turkey: From Young Turks to Kemalists　　Zan Tao　Dong Zhenghua

Ideas on Forest Conservation and Changes of the Land Policy in the United States (1891–1911)
　　　　　　　　　　　　　　　　　　　　　　　　　　　　　　　　Li Hongmei

Bulgarian Diplomatic Strategies *vis-à-vis* Byzantium during the Twenty Years' Anarchy　　Pang Guoqing

On Pliny the Younger's View of Feminine Virtues: A Study Based on *Epistulae*　　Liu Xin

Note on Reading

An Everyday Turn in Political History　　Liu Yonghua

Conferences

Symposium of "World History Studies at the Time of Great Changes"
　　Held in Shanghai　　　　　　　　　　　　　　　　　　　　　　　Yao Peng

Symposium of "War and Civilization" Held in Beijing　　Zhang Wei

Book Reviews

Yang Juping et al., *Ancient Civilizations and the Silk Road*　　Lyu Houliang

Zhou Houqin, *From City-state to Empire: The Origins of Russian Autocracy*　　Zhuang Yu

Han Qi et al., *The Movement of Cultural Renovation and Modernization in Mexico*　　Dong Jingsheng

Wu Xiangping, *Japan's Policy towards the German-Japan Alliance from 1936 to 1941*　　Zhang Dong

Hang Cong, *British Government Policy on British Sub-Saharan African Colonies
　　at Postwar (1945–1980)*　　　　　　　　　　　　　　　　　　　Li Shizhen

Hou Shen, *Cities without Walls: Relations between Urban and Nature in American History* .... Fu Chengshuang

Journal of Ancient Civilizations

Journal of Ancient Civilizations（《古代文明》，简写作"JAC"；曾用名《世界古典文明史杂志》），创办于1986年，主管单位是东北师范大学，主办单位是东北师范大学出版社有限责任公司，出版单位是东北师范大学出版社有限责任公司，国内统一连续出版物号为 CN 22-1428/K，发行范围为国内外。每年发行两期，编辑部设在东北师范大学世界古典文明史研究所，主编为张强教授。

20世纪80年代，在中国世界古典文明史展开之初，为配合填补亚述学、埃及学、赫梯学以及西方古典学在国内教学与研究上的空白，林志纯教授于1986年在外籍专家的协助下创办《世界古典文明史杂志》年刊。《世界古典文明史杂志》实施同行专家匿名审稿制度。杂志刊载研究古代两河流域、古代埃及、古代希腊罗马和古代中国文明的专业学术论文。三十年来，刊物始终以创办具有国际影响力的哲学社会科学杂志为宗旨，主要刊登国内外学术界在上述领域的最新研究成果，同时观照中国古史研究中的前沿问题。所刊论文先后被意大利《古代东方学研究》（*Orientalia*）、德国-奥地利《古代东方研究档案》（*Archiv für Orientforschung*）以及法国《古典学年鉴》（*L'Année Philologique*）列入论文索引，全文被中国知网、超星数据库、万方数据知识服务平台等国内数据库收录。2020年起，杂志被收入全球最大文摘索引Scopus，2021年进入European Reference Index for the Humanities（ERIH）。

为适应国际国内学术界蓬勃展开的古代文明研究新形势，积极参与国家"双一流"建设计划，推动建立和完善中国特色古代文明学术话语体系，集中展示国内外古代文明研究原创成果，经过共同努力，2021年6月将杂志名称变更为涵盖更为广泛的《古代文明》。同时，随着古代文明研究不断拓展深化，中外学术界交流的重要性和紧迫性日益凸显，急需专业学术交流平台来反映和推动国内外古代文明研究，故同时将杂志文种由中文变更为中英文，以刊载世界古代文明研究的中文、英文高水平学术论文。在制度建设方面，该刊在办刊过程中，认真履行"三审三校"制度，遴选出选题具有明确社会、文化、学术价值的稿件，经主编审查筛选后，呈送各专业领域专家做出匿名评审，再经编辑部负责人作出总体评价，择优出版。

在学术论文主题选择方面，该刊继2019年度和2020年度的古代经济史和古代东西方文化交流外，于2021年度继续以东西方文化交流为取向，选刊国际学术界的最新成果，奉献给读者。同时，借助庆祝学人从教纪念的专题研究活动，组织国内外学者，在2021年第2期推出"Ad Fontes Ipsos Properandos-Proceedings"主题论文，内容涵盖雅典演说辞、古典碑铭制作、希腊化时代社会史科斯个案、古代瓶画图像的文化解释等等。

Journal of Ancient Civilizations 36 (2021), 1

Articles

The Collapse of Early Mesopotamian Empires-A Homemade Disaster .... Sebastian Fink

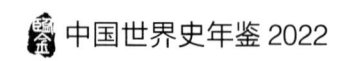

Specialized Weavers in First Dynasty Egypt?   Islam Amer
Erato, reine d'Arménie, étude historique et numismatique   Roy Arakelian, Maxime K. Yevadian
Obrussa and Ὄβρυζα: Their History and Meanings   John Melville-Jones

Journal of Arcient Civilizations 36（2021），2
"Ad Fontes Ipsos Properandos-Proceedings"

Articles

Republished Texts in the Attic Orators   Guo Zilong
Delian Accountability and the Cost of Writing Materials   Irene Berti
Pictorial Elements vs. Composition? "Reading" Gestures
   in Comedy-related Vase-paintings (4th Century B.C.)   Elisabeth Günther
Wealthy Koans around 200 BC in the Context of Hellenistic Social History   Péter Kató
   Early Roman Syene (1st to 2nd Century) – A Gate to the Red Sea?   Stefanie Schmidt

学术集刊

《妇女与性别史研究》

《妇女与性别史研究》创刊于 2016 年，是我国首部以妇女与性别史为主题的学术刊物。该刊由国内该领域领军学者人文学院裔昭印教授领衔，以世界史学科妇女与性别史研究方向团队为学术依托。刊物的宗旨是倡导以扎实的史料为基础，从社会性别和全球的视角，运用历史学、社会学、文化学、人类学、心理学和神话学等学科的理论和方法，结合中外历史上男性的状况，探讨人类文明进程中女性的角色、状况以及性别关系。刊物设置了专题研究、理论与方法、学术综述等栏目，截至 2021 年已出版六辑，发表高水平论文 81 篇。2017 年，该刊获上海高校服务国家重大战略出版工程专项资助。2018 年，《妇女与性别史研究》被人大复印报刊资料纳入集刊选材范围，其多篇论文被全文转载。刊物邀请世界以及我国妇女史与相关领域的杰出学者担任编委会成员，包括美国斯坦福大学克莱蒙社会性别研究所凯伦·奥芬教授、法国知名妇女史期刊《克里奥女神》主编弗朗索瓦·蒂布教授、北京大学邓小南教授、中国社会科学院武寅研究员、北京师范大学郭小凌教授等。刊物延揽国内外妇女与性别史与相关领域的知名学者为刊物提供高质量的论文，其中包括巴黎第一大学维奥莱纳·屈谢教授、天津师范大学杜芳琴教授、中国国家博物馆高世瑜研究员、香港浸会大学刘咏聪教授、山西师范大学畅引婷编审、北京大学彭小瑜教授、南开大学王以欣教授等等。屈谢投稿论文的中文版获得了法国《年鉴》杂志的授权。《妇女与性别史研究》自 2016 年起，连续六年与上海师大世界史学科和女性研究中心合作，举办以妇女与性别史研究为主题的国际与全国学术研讨会，吸引了海内外的专家学者、妇女工作者与报刊、出版社等媒体工作者踊跃参加，累计参会者达到近千人次（含线上），为妇女与性别史研究提供了高水平学术交流平台，推动了该领域的深入发展。

《妇女与性别史研究》2021 年总目录

第 5 辑
专题研究

试析卡利玛库斯《颂诗》第 5 篇的社会性别史史料价值	吕厚量
英国下层女性在工业时代中的劳动境况与抗争意识	
——以 1888 年火柴女工罢工为中心	褚书达
近代以来非洲妇女经济角色变迁及影响	郑晓霞
思想史中女人位置与角色的思考	
——以先秦诸子与古希腊三贤为例	贺璋瑢
性别、政党与国族：吕云章女性思想及实践	宋青红

20世纪上半叶留美知识女性平衡职业家庭初探
　——基于53名清华留美专科女生群体的分析　　　　　　　　　　　王晓慧
校园恋与姐妹情：日常生活视角下的民国女学生　　　　　　　　　　倪浩然
近代上海理发业中的女性消费与女性就业　　　　　　　　　　　　　郭恬薇
战时上海的雏妓
　——以报刊为中心的考察　　　　　　　　　　　　　　　　　　文星豪

理论与综述

从女权主义视角看欧美思想史中父权制研究走向（18世纪—20世纪50年代）　杜芳琴
美国新世纪以来的晚清"新女性"研究初探　　　　　　　　　　　　王　燕
"新中国成立七十年妇女/性别史研究的回顾与展望学术研讨会综述　　李顺平

第6辑

专题研究

瑙西卡——荷马诗歌中的理想少女　　　　　　　　　　　　　　　　王以欣
试析《旧约》中以色列妇女在家庭中的身份处境　　　　　　　　　　阮　芬
悲伤与欢愉：性别文化视野下古典雅典地母节仪式探析　　　　　　　吕晓彤
唐代西州女性研究三题　　　　　　　　　　　　　　　　　　　　　王旭送
国外生育保险与父母假述略　　　　　　　　　　　　　　　　　　　陆伟芳
护理职业与社会性别：近代中国男护士群体探析　　　　　　　　　　宋青红
清代士大夫家训文献的男性建构
　——论陆陇其《治嘉格言》　　　　　　　　　　　　　　　　　何宇轩
重谐花烛：二十世纪前半期报刊有关老人婚庆之记载　　　　　　　　刘咏聪
杨之华与上海女工　　　　　　　　　　　　　　　　　　　　　　　肖琳琳
建党前后的女子教育与革命实践
　——以景贤女中为中心　　　　　　　　　　　　　　　　　　　崔彬瑶

女性主义

妇女运动语境下女权主义思潮多元变化和纵深拓展（1950—1999）（上）　杜芳琴

理论与方法

妇女史研究的材料与方法问题探析　　　　　　　　　　　　　　　　铁爱花

综　述

历史上的危机与女性"妇女性别史研究学术研讨会综述　　　　　　　唐蓓妍

《海洋史研究》

　　《海洋史研究》是广东省社会科学院海洋史研究中心主办、中国历史研究院资助的学术性辑刊，每年出版两辑，由社会科学文献出版社公开出版，为中国社会科学研究评价中心"中文社会科学引文索引"（CSSCI）来源集刊、社会科学文献出版社CNI名录集刊。

　　广东省社会科学院海洋史研究中心成立于2009年6月（原名广东海洋史研究中心，2019年改现名），以广东省社会科学院历史与孙中山研究所为依托，聘请海内外著名学者担任学术顾问和客座研究员，开展与国内外科研机构、高等院校的学术交流与合作，致力于建构一个国际性海洋史研究基地与学术交流平台，推动中国海洋史研究。该中心注重海洋史理论探索与学科建设，以华南区域与中国南海海域为重心，注重海洋社会经济史、海上丝绸之路史、东西方文化交流史、海洋信仰、海洋考古与海洋文化遗产等重大问题研究，建构具有区域特色的海洋史研究体系。同时，立足历史，关注现实，为政府决策提供理论参考与资讯服务。为此，《海洋史研究》努力发表国内外海洋史研究的最近成果，反映前沿动态和学术趋向，诚挚欢迎国内外同行赐稿。

《海洋史研究》自2010年创刊以来，始终坚持正确政治方向，坚持历史唯物主义立场和观点，秉持专业本位、高端定位、特色发展和国际视野，注重学术创新与理论探索，贴近国际学术前沿，引领学术潮流。该刊聘请海内外著名学者担任学术顾问，立足我国海疆，聚焦南海、东亚海域，面向南太平洋、印度洋乃至全球海域，在专业、特色、质量上狠下功夫，致力于建构有影响力的海洋史学交流平台，推动我国海洋史学研究与学科体系建设，凝聚了国内外一批海洋史学同行，成为海洋史学界共同耕耘的学术园地。该刊注重学术传承、学术创新与学科建设。从2018年开始，每年定期举办"洋史研究青年学者论坛"，围绕专题，以文会友，择优录取，同时邀请著名学者参与点评互动，迄今已成功举办三届，得到学界特别是青年学人的热烈响应和支持。

《海洋史研究》使用中文、英文、日本等语言，发表专业论文及其他文章300余篇，其中不乏该领域高水平精品力作，成为国内外学界关注的海洋史学标杆性优秀刊物。

《海洋史研究》2021年总目录

第16辑
专题论文
16世纪英格兰海洋渔业由盛转衰及原因分析
　　——以大雅茅斯为例　　　　　　　　　　　　　　　　　　周东辰
17世纪初的英日贸易　　　　　　　　　　　　　　　　　　　　刘　钦
英属新英格兰海运业的崛起　　　　　　　　　　　　　　　　　王伟宏
曼彻斯特海船运河兴衰探析　　　　　　　　　　　　　王　伟　李　晶
1783—1793年英国海军舰船和人员领域的策略探析　　　　　　徐桑奕
阿美士德使团（1816—1817）中方译员研究　　　　　　　　　　叶霭云
"有趣"与"真实"之间
　　——英国航海家巴塞尔·霍尔笔下的琉球　　　　　　　　　刘啸虎
学术述评
作为历史空间的海域世界
　　——近代以来日本的海洋史研究　　　　　　　　早濑晋三　申　斌
韩国华侨史研究的回顾与展望
　　——以近年韩国学界为中心　　　　　　　　　　　　　　　冯国林
结构与历史：海域社会的人类学研究　　　　　　　　　　　　　王利兵
清前期中缅、中暹贸易比较研究　　　　　　　　　　　　　　　王巨新

越南使者对下洲或南方国家的观察（1830—1844）	苏尔梦	成思佳
美国排华法案后华人女性入境因应初探		朱 祺
晚清中墨托雷翁侨案交涉		马 一
关于"葡王柱"商榷二则		
——葡萄牙"发现碑"简述		金国平
荷兰语文献中的1622年荷葡澳门之战		陈琰璟
《擒获王直》作者考论	李贤强	吴宏岐
清季海防股与海军衙门关系考辨		徐笑运
山、河、海：从历史角度看广州与连阳贸易系统	安乐博	何爱民
从国家礼品到民间用器		
——明清广锅的海外贸易		罗一星
明教与东南滨海地域关系新证		尤小羽
马角、莲峰、干豆、麻豆等地名及有关天后庙名源流探真	谭世宝	谭学超
土肥祐子《宋代南海贸易史研究》述评		陈烨轩
大航海时代全球奴隶贸易史中的东亚		
——评《早期近代葡萄牙人在日本的奴隶贸易：商人、耶稣会士与日、中、朝三国的奴隶》		
		李 庆
刘勇著《近代中荷茶叶贸易史》评介		郭文浩

第17辑

地中海的橄榄与南海的槟榔：两种文化的比较	王 洋	普塔克
中西富贵人家西方奢侈品消费之同步		
——基于《红楼梦》的考察分析		张 丽
18世纪瑞典东印度公司商船的航海生活		
——以"卡尔亲王"号1750—1752年航程为例		何爱民
葡萄牙人东来与16世纪中国外销瓷器的转变		
——对中东及欧洲市场的观察		王冠宇
《明史》所载"中荷首次交往"舛误辨析		李 庆
17世纪东亚海域华人海商魏之琰的身份与形象		叶少飞
越南阮朝对清朝商船搭载人员的检查（1802—1858）		黎庆松
近代日本"北进"战略与"北鲜三港"开发	杨 蕾	祁 鑫
中法关于广州湾租借地设关的交涉（1901—1913）		郭康强
宋元环珠江口的县域变迁与土地开发		
——以香山县为中心		吴建新
民间文献所见清初珠江口地方社会		
——"桂洲事件"的再讨论		张启龙
清前中期粤海关对珠江口湾区贸易的监管		
——以首航中国的法国商船安菲特利特号为线索的考察		阮 锋

明清珠江口水埠管理制度的演变		
——以禾虫埠为中心	杨培娜	罗天奕
明清至民国时期广东大亚湾区盐业社会		
——基于文献与田野调查的研究	段雪玉	汪　洁
再造灶户：19世纪香山县近海人群的沙田开发与秩序构建		李晓龙
戏金、罟帆船与港口：广州湾时期碑铭所见的硇洲海岛社会		吴子祺
辽西新石器时代的海陆互动		
——以出土海贝为中心	范　杰	田广林
广东南海西樵山新发现细石器年代与海侵现象研究　张　弛　余章馨	黄　剑	朱　竑
越南发现的巴地市沉船初议　　　　　　　　　　　　　秦大树	王筱昕	李含笑
双屿港16世纪遗存考古调查报告		贝武权
上川岛海洋文化遗产调研报告		肖达顺
2020年海洋史研究综述	林旭鸣	刘璐璐
19世纪英国档案对海峡殖民地华侨华人的文献概述	黄靖雯	安乐博
粤海关税务司署档案目录与文本问题初探		李娜娜
中国近海污染史研究述评	赵九洲	刘庆莉
耶稣会士的外传、新编与全球史		
——戚印平新著《耶稣会士与晚明海上贸易》述评		唐梅桂
"大航海时代珠江口湾区与太平洋—印度洋海域交流"国际学术研讨会		
暨"2019（第二届）海洋史研究青年学者论坛"会议综述	周　鑫	申　斌

《冷战国际史研究》

《冷战国际史研究》2004年创刊，半年刊，每辑40万字左右，由商务印书馆于年中和年末出版；自2014年连续入选"中文社会科学引文索引"（CSSCI）来源集刊目录，并被中国知网、万方数据库、维普（全文版）等数据库，海内外知名学府，科研机构，公共图书馆收录。《冷战国际史研究》的办刊宗旨在于为中国的冷战国际史研究提供平台，发表国内外学者高水平的研究论文，推介中外学者的优秀研究著述以及国内外新解密的档案文献和口述历史资料。《冷战国际史研究》常设栏目有特邀专论/特邀专访、专题研究、青年学者论坛、书评、书介、档案研究信息、口述历史及档案文献等。

《冷战国际史研究》2021年总目录

第31/32辑，2021年夏季号/冬季号

卷首语/　　　　　　　　　　　　　　　　　　　　　　　　　　　李丹慧
外论选摘·美国冷战史权威学者谈冷战起源与当前美中关系
胜利——"国家"、"西方"和冷战　　　　　［美］梅尔文·P. 莱弗勒　高欣宇译
"经济冷战"专题研究

错失良机：苏联与布雷顿森林体系的建立
　——关于美苏冷战起源的经济因素（讨论之二·下） ……沈志华
预期与结果：国民政府与布雷顿森林会议 ……白　冰

专题研究

法越"枫丹白露会谈"始末
　——基于法国外交档案的解析 ……谷名飞
桂林"九·二"学校的医疗保障研究（1967—1976） ……钟　珂　马千紫
西哈努克政府的对外政策（1954—1975） ……黄宇兴
试析冷战时期泰国对联合国中国代表权问题的政策变迁及其对泰中关系的影响 ……韩长青
民主德国援建郑州二砂项目工期延宕问题探源（1954—1964） ……童　欣

青年学者论坛

另起炉灶：推动东南亚地区中立化（1954—1959） ……时伟通
论越战时期南越"诱降计划"的缘起 ……杨勇萍　潘迎春
从不支持到不反对：冷战局势下美国对东非国家独立的态度变化 ……张亚庆
"中立"的背后与"缓和"的衰落
　——论卡特政府就欧加登战争的危机应对与外交战略 ……忻　怿
美古断交之后的接触与对话（1961—1981） ……许文芳
DTPILLAR 计划：美国在亚洲隐蔽行动的源起与机理 ……张亮兆　张　杨
基于新材料对中美"八一七公报"谈判及其意义的探讨 ……杨　茂

书评·书介

莱弗勒之史学：《保卫民主资本主义》及其他 ……牛　可
一部研究冷战初期美—德关系的力作 ……［德］斯特凡·基宁格　夏亚峰译
美国是如何阻止台湾发展核武能力的
　——评《台湾的前核武器计划：按需制造核武器》 ……耿　志

档案研究信息

研究核问题的档案富矿
　——俄罗斯选编苏联核计划档案评介 ……赵万鑫
略谈杜鲁门图书馆馆藏及其利用 ……刘　京

档案文献

基辛格秘密越南谈判（二） ……程晓燕

《全球史》

《全球史》由北京外国语大学历史学院主办，2021年创刊，每年两辑，专事刊登全球史研究领域的论文、译作、访谈和书评，力求在不同尺度与维度上探究和呈现近代以来人类超越各种地理、政治和文化边界的交往与互动，包括但不限于贸易史、移民史、传教史、语言交流史、知识迁移史、环境史、科技史、疾病史、概念史、翻译史、留学史等内容。

该刊对所有原创学术论文实行匿名评审制度。来稿必须未经发表，如属会议论文，以未收入正式出版论文集为限。所有学术论文先由编委会作初步遴选，获通过的论文会送请专家学者做匿名评审。发表论文以中文为主，一般以3万字为限，特殊情况另行处理。欢迎海内外学者赐稿。

《全球史》2021年总目录

第1辑

专论

普鲁士柏林王室图书馆的中文文献收藏
　　——以19世纪上半叶的两部书目为中心　　　　　　　　　　　　李雪涛
江户后期"无鲸可捕"原因研究的分析
　　——日本学者对美日捕鲸者不同定性背后的逻辑　　　　　　　　张国帅

访谈

创造历史的瘟疫
　　——有关新冠肺炎与人类疾病史的对话　　　　　［德］腊碧士　李雪涛
访谈：从中国出发，抵达全球史　　　　　　　　　　　　　葛兆光　张彦武

学术前沿

·专题研讨会·
知识的环流与第一代留日学人　　　　　　　　　　严安生　王　颂　李雪涛等
·"全球史与中国"系列讲座·
丝绸之路上的中外医药交流　　　　　　　　　　　　　　　　　　　宋　岘

译文

俄罗斯国立宗教历史博物馆所藏阿列克谢耶夫院士的手稿遗产
　　　　　　　　　　［俄］捷留科娃　　［俄］扎维多夫斯卡娅著　周峪竹译
异域之美种种
　　——性别与欧洲扩张（1500—1850）研究项目初探　［德］戴默尔著　王强译

书评

Ezra F. Vogel, *China and Japan : Facing History*　　　　　　　　　李玉蓉
斯文·贝克特《棉花帝国：一部资本主义全球史》　　　　　　　　　文源长
托马斯·本德《万国一邦：美国在世界历史上的地位》　　　　　　　于晨阳
徐国琦《中国人与美国人：一部共有的历史》　　　　　　　　　　　方晨蕾
李雪涛《东亚研究与全球史的建构——德语东亚文化史的几个研究路径》　何玉洁

《全球史评论》

《全球史评论》（半年刊），2008年创刊，是国内第一份专门为全球史研究提供交流平台的学术性刊物，由首都师范大学历史学院、首都师范大学全球史研究中心主办，为连续性学术集刊，入选CSSCI来源集刊（2014—2016）（2017—2018）（2019—2020）（2021—2022），入选中

国人民大学人文社会科学学术成果评价研究中心和中国人民大学书报资料中心《复印报刊资料重要转载来源期刊（2020版）》，为中国知网收录。编辑部设于首都师范大学历史学院，主编是刘新成教授，副主编为历史学院刘文明教授（从2021年起主编为刘新成、刘文明），刘文明教授亦为首都师范大学全球史研究中心主任。

全球史是目前国际史学界新兴的、发展迅速并广为关注的研究领域，首都师范大学历史学院率先将其引入国内并主办专题刊物《全球史评论》。2008年起出版第一辑，从第八辑起，每年出版两辑，截至2021年底目前已出版至第二十一辑，均由中国社会科学出版社出版。2018—2019年，《全球史评论》承担了部分新清史研究、组稿和发表的引领组织任务，推出专辑"世界历史中的中国"。2021年6月下旬中国历史研究院公布的2021年度学术性集刊资助名录中，《全球史评论》在列，说明期刊在全球史学界已具有重要影响。

作为全球史研究的阵地，《全球史评论》呈现出鲜明的特色。第一，强烈的现实关怀。第二，学术研究的前沿性。第三，跨文化、跨地域、跨学科的研究方法。第四，研究原则的客观性。全球史致力于打破"西方中心论"，以平等、客观的原则研究世界历史中的诸地区、国家或民族，尝试中心、边缘视角的调换，重新思考世界历史。

《全球史评论》2021年总目录

第20辑
全球史理论与方法
太平洋史与太平洋国家史研究刍议　　　　　　　　　　　　汪诗明　刘舒琪
近年来史学界对跨国史的批评与反思　　　　　　　　　　　　　　　　刘　祥
专题研究
《乾隆皇帝谕英王乔治三世敕书》与有关传统中国对外关系
　之观点在20世纪早期的形成　　　　　　　　　沈艾娣　张　丽　杨　阳
地图何为？东西方早期的空间描绘　　　　　　　　　　　　赖　锐　安　珂
察物与想象：1688年的《中国新志》　　　　　　　　　　　　　　　潘天波
明清时期丝绸之路上农作物传播及对中国的影响　　　　　　　　　　崔思朋
中韩近世财产分割文书的比较　　　　　　　　　　　　　　　　　　朱　玫
小斯当东与英使访华"礼仪之争"　　　　　　　　　　　　　　　　赵连城
林则徐与伯驾的"交往"：跨文化互动视角的思考　　　　　　　　　李　杨
时局下的个人：华工何广培出洋经历的跨国史考察　　　　　　　　　王延鑫
"丁戊奇荒"中的灾情信息传播与"洋赈"　　　　　　　　　　　　赵　莹
康有为的"新世"论：从欧美政治变革思考中国问题　　　　　　　　张　翔
从"鬼子"词义及其指称变化看近代中国的外来侵略者　　　　　　　许龙波
基督教传教士对日本侵华的观察和言说
　——以《教务杂志》的书评为中心（1928—1941）　　　　　　　　王　皓
评论
航海图绘制的世界史

——评宫崎正胜著《从航海图到世界史》 张小敏
二战时期英国军队军备规模述评 张　箭　陈安琪

海外新书评介
《没有永远的咖啡：咖啡叶锈病的全球史》评介 朱守政
《缓缓之灾：澳大利亚的干旱生活》评介 乔　瑜
《从巡捕到革命者：全球上海的锡克移民（1885—1945）》评介 黄肖昱
《物质帝国：15—21世纪我们如何成为世界消费者》评介 王仰旭
《女性的世界/女性的帝国：国际视角下的基督教妇女禁酒联盟（1880—1930）》评介 孙晓霞
《海战：1860年以来的全球历史》评介 李向远
《帝国眼中的中国法律：主权、正义与跨文化政治》评介 魏怡多
《橡胶的世界史：帝国、工业和日常生活》评介 张炜伦
《大航海时代的日本人奴隶：亚洲·新大陆·欧洲》评介 韩　仑
《东方是黑色的：黑人激进主义者想象中的冷战中国》评介 苏学影
《全球化的大历史：全球世界体系的诞生》评介 汪锦涛

第21辑
全球史理论与方法
帝国与文明：菲利普·费尔南德兹—阿迈斯托的全球史书写 施　诚　马忠玲
起源、周期与动力：丹尼斯·弗林和阿图罗·吉拉尔德兹的
　早期全球化研究 王志红

专题研究
1756年以来的"文明"概念：世界历史框架下的反思 帕特里克·曼宁　刘文明
"文明"视角下美国国家构建中的自我与多重他者
　——以杰斐逊《弗吉尼亚笔记》为中心的考察 张国琨
18世纪欧洲文本记述与艺术形塑中的太平洋土著女性 徐桑奕
"文明"话语与19世纪前期英国殖民话语的转向
　——以英属印度为中心的考察 魏孝稷
再造传统：英属印度1877年帝国杜尔巴仪式 赵媛春
"巴尔干战争"的他者叙事与巴尔干主义话语
　——以《卡内基报告》为中心的考察 李建军
"文明国"特例：日本与1919年华盛顿国际劳工大会 张　亮　王　萌
皮毛与帝国：1820年代美洲西北海岸外交危机新论 梁立佳
跨国史视角下的索科尔体操三调：民族独立、社群团结和文化交流 武　垚
非洲外交官在美受歧视事件与肯尼迪政府的应对 于　展
两极之间：1950年代国际原子能机构保障监督体制的建立 朱雅莉

评论
跨国史方法对传教史研究的启迪

——《海外的新教徒》所见传教史研究的新趋向　　潘米奇
最初的相遇：梅阿芳与美国早期的东方主义
——评南希·E. 戴维斯的《中国女人：梅阿芳在早期的美国》　　潘　雯
行动者网络中的早期国家形态
——评詹姆斯·斯科特的《反抗谷物：早期国家的深度历史》　　刘　珩

海外新书评介

《法国革命与世界历史：两个世纪的史学和政治论辩》评介　　黄艳红
《王室巡游、殖民地臣民和世界性英帝国的形成（1860—1901）》评介　　廖义珺
《古代印度—罗马的胡椒贸易与穆齐里斯纸草》评介　　庞　纬
《罗马时期意大利的卫生设施考古：厕所、下水道和供水系统》评介　　曹　牧
《咖啡的全球史》评介　　刘　畅
《商人们的广州——1750年代的中英贸易》评介　　刘赫宇
《前往君士坦丁堡的西方旅行者：962—1204年拜占庭和
西方的文化及政治联系》评介　　焦鹏飞
《第一次世界大战环境史》评介　　刘　岳
"人类历史中的文明交流互鉴"学术论坛综述　　李　杨

《水历史与水文明研究》

　　《水历史与水文明研究》是由水利部宣传教育中心、中国长江文化研究院、湖北大学历史文化学院主办，湖北大学水历史与水文明研究所组织编撰的关于水历史和水文明研究的集刊，刊发中国和国际学者关于水的历史文化的最新研究论文，包括中外水历史和水文明理论探讨、个案研究和水可持续发展研究方面的最新研究成果。集刊同时刊发中英文原创文章，注重文献研究、田野研究和国际比较研究相结合的方法，注重国际视野，聚焦水历史与水文明理论研究、水与中华文明、海外水历史研究、水与生态文明研究、田野考察报告等，是国内第一本关于水文明研究的专业学术集刊。主编为湖北大学社会科学领军人才郑晓云教授。

　　该刊从历史学、民族学、文化学等视野出发，关注点在于：一是对水在人类文明形成和发展中的作用的关注，注重探讨水和人类社会发展之间的关系、历史上的水事件、水工程对后来社会的影响等；二是注重探讨人类历史上在使用水和管理水中的历史智慧，经验、教训对于当代水管理的启示作用。该刊的切入领域较广，从政治、社会、经济、文化、技术等角度去开展水历史的研究；同时也注重研究成果的运用，将研究与解决当代水环境问题紧密结合起来。

《水历史与水文明研究》2021年总目录

第1辑

特稿

中国古代水利的基本内容及主要特征　　郭　涛

特辑：古代希腊水历史

米诺斯时代（约公元前3200—公元前1100年）希腊的水利技术	A. N. 安吉拉克斯
几个世纪以来古希腊地下水的开采和管理	［希腊］康斯坦丁诺斯·S. 沃道里斯
希罗多德关于水文、水力学和水利工程文献的研究	K. L. 卡西法拉克　I. 阿夫戈卢比

水与社会

围垦活动中的水域产权纠纷、宗族与跨宗族联合	
——以民国湖北樊湖水域为例	徐　斌
渠碾争水，耕牛被劳	
——论汉唐关中的漕运建设与农业灌溉用水之争	祝昊天
清代河西走廊水案中的官绅关系	潘春辉
史前河南水环境与农业文明的产生	贾兵强
越南义安省襄阳县泰族水资源开发与合理利用的地方性知识研究	阮宏安
祈生与驭水：哈尼梯田灌溉社会中的"协商过水"个案研究	罗　丹

海外水历史

罗马帝国的水文明及其政治文化含义	郑晓云
殖民地时期南亚水利变迁与农业商业化	李晓霞
西班牙埃赛克亚灌溉遗产：一个水文明缩影的考察	郑晓云　［西班牙］Martinez-Sanmartin

水信仰

明清云南龙王庙信仰和地域分布	江　燕
近三十年来龙王庙文化研究综述	张　敏

水情势

应对水危机大众传媒不可缺位	
——一个高级记者的水故事与思考	任维东
非洲水治理的探索历程	张　瑾

《丝绸之路研究集刊》

　　《丝绸之路研究集刊》由陕西师范大学历史文化学院、陕西历史博物馆、陕西师范大学人文社会科学高等研究院联合主办，2017年创刊。刊物任务是借学术同道之力，深入挖掘丝路历史、地理、民族、宗教、语言、文字、考古、艺术的"新材料"和"旧材料"，提出"新问题"，复原丝绸之路上跌宕起伏、有血有肉的历史，展示丝绸之路研究在人文社会科学、精神文明建设中的无穷魅力。就具体的研究方法而言，该刊尤其关注考古、艺术、图像资料所带来的"视觉形象"，倡导"图像证史"的研究方法，以期在漫长丝绸之路上保持或发现的各类色彩丰富、题材多样、可观可感的"艺术"与"图像"实物中探寻丝绸之路真实、复杂、生动、有趣、"见物见人"的"形象历史"。

　　该刊刊发与丝路相关的原创性学术论文、考古新发现、学术书评、学术综述，涵盖中外关系史、中亚研究、西域史地、敦煌学、吐鲁番学、西夏学、藏学等领域和方向。该刊以中文为主，稿件字数一般不超过2万字（优秀稿件不限制字数），同时欢迎英文、日文等其他文字稿。

　　该刊已加入"中国学术期刊全文数据库"（CNKI）及CNKI系列数据库，凡在该刊发表论

文者（特别声明者除外），均视为同意授权编入相关数据库，该刊所付稿酬已包括此项费用。凡转载、引用该刊文章及信息者，敬请注明出处。该刊审稿期为三个月，实行匿名双审制度。

《丝绸之路研究集刊》2021年总目录

第1期（第六辑）

唐代的道路系统	史念海　王双怀
唐鸿胪卿萧嗣业事迹钩沉	张维慎
佛像的解读——从犍陀罗到中国	宫治昭　李茹
从钱币等看贵霜伊朗系宗教信仰的多神偶像崇拜	袁炜
波斯萨珊皇家狩猎纹石盘	阎焰
中国大北方弧形带岩画中的尖顶帽人	高启安
镌石为金——安伽石棺床与一位入华粟特移民的文化认同	徐津
文物视域下的西晋洛阳与西域地区的文化交流	张成渝　张乃翥
龟兹石窟壁画布局反映的小乘说一切有部佛教思想	李瑞哲
克孜尔第38窟原创性影响初探	王雨
高昌"俗事天神"新论——以魏晋南北朝时期道教流布为中心	张世奇
交河沟北一号台地石窟调查简报	高春莲
交河沟北三号台地石窟调查简报	李亚栋
伯西哈石窟第3窟药师净土变考	崔琼　吾买尔·卡德尔
涅槃与"众生举哀图"名称考	张统亮
教俗互动——唐长安城内的"舍宅为寺"与"舍宅为观"	呼啸
历仕三朝 备受信赖——回人哈铭与明前期北部边疆经略	邓涛
The Wild Boar Head Motif among the Paintings in Cave 420 at Dunhuang	Matteo Compareti
归义军首任节度使张议潮功德窟莫高窟第156窟的里程碑意义	梁红　沙武田
刘萨诃的美术——吴越阿育王塔与敦煌莫高窟第72窟	田林启　王辉锴
敦煌壁画所见中古女子体育游艺初探	郭海文　张平
杂宝纹起源考——由佛教七宝图的演变说起	沙琛乔
19世纪末20世纪初外国人对帕米尔地区的探险考察	李吟屏
20世纪70年代以来唐代丝织品考古发掘及研究述评	赵凌飞

深圳宝安"龙津石塔"辨·兼论"宝箧印塔"
——宝箧印塔（阿育王塔）在中国陆岸南缘的发现 　　　　　　　　　阎　焰

第 2 期（第七辑）

甘肃瓜州县早期矿冶遗址调查及初步认识	王　辉　李延祥　潜　伟　林怡娴　陈国科　芦国华　方志军　孙明霞
甘肃省金塔县早期矿冶遗址调查及初步认识	王　辉　陈国科　芦国华　李延祥　潜　伟　林怡娴　杨国文　段殷军　艾　登　方志军　孙明霞　杨月光
金塔县三个锅庄滩马厂墓地调查及初步认识	王　辉　陈国科　芦国华　李延祥　潜　伟　林怡娴　杨国文　段殷军　艾　登　方志军　孙明霞　杨月光
叶尼塞河流域阿巴坎的中国式宫殿新考	A. A. 科瓦列夫　张宝洲　万　翔
战国《人物御龙帛画》为"湘君乘龙车"论——兼论湘君、黄帝神话所反映的早期中外文化交流	宋亦箫
秦汉六朝海上丝绸之路历史地位的重新审视	周永卫
龟兹石窟中的佛塔与法藏部在龟兹的流行	李瑞哲
唐代于阗交通路线补考	田海峰
丝路艺术的地方镜像——敦煌石窟于阗系绘画表达的区域历史与信仰需求	沙武田
尉迟迥起兵与山东地区	黄寿成
安史之乱前后唐代景教东都教门的亚文化自觉——以洛阳新发现的两件景教文物为缘起	张成渝　张乃翥
唐代丝织品种类与区域分布特点探析	赵凌飞
谢统师墓志与隋唐之际河西史事考	王庆昱
墓志所见唐前期政治变局中的武氏女性——以裴光庭妻武氏墓志为中心	吴雨晴
从没蕃到破落官——敦煌落蕃诗写本研究省思	张　鹏
中外文明交流背景下中国佛舍利崇拜的形成	杨效俊
浅述丝绸之路沿线壁画胶结材料	周智波
西瓜由高昌回鹘入契丹路径问题考辨	杨富学　程嘉静　郎娜尔丹
敦煌西夏洞窟净土变的新样式再研究——东千佛洞第 7 窟净土变的释读	邢耀龙
喀喇汗王朝与北部各部关系新探	葛启航
六世班禅进京期间藏语翻译考述	石岩刚
通俗佛教版画所见的《金刚经》灵验力	黄士珊　熊兆睿
A Glance of Means for Policy-Making in Sultan Hossien Bayqara's Court	Han Zhongyi　Seyyed Ali Mazinani

一部专门研究莫高窟洞窟编号的力作
——评《敦煌莫高窟编号的考古文献研究》　　　　　　　　　　张景峰
读杨富学著《霞浦摩尼教研究》的若干思考　　　　　　　　　　盖佳择

《外交与军事历史评论》

《外交与军事历史评论》是首都师范大学文明区划研究中心和国际关系史研究中心共同创办的一本专题集刊，2020年创刊。其办刊宗旨在鼓励学者突破学科壁垒，从外交与军事互动的新视角来探讨国际关系史上应对国际争端的典型案例，总结其经验和教训，为现实国际问题的处理提供有效参考，彰显历史研究对现实的资政作用。

众所周知，在复杂的国际政治博弈过程中，外交斡旋与军事压制是当政者经常配合使用的两大手段。特别是在应对国际纷争或国际冲突时，外交与军事之间的紧密配合更是不可或缺。在实际过程中，二者通常不是简单地交替使用，而是要结合不同的实际情况，在不同阶段各有侧重。比如战争期间，先谈后打、打打谈谈、边打边谈的情况都是有的，但总体上看，各国在应对国际危机时都是文武兼备，外交与军事措施是相互策应、并行不悖的。

该集刊立足于从历史的实例中提炼和总结经验，鼓励通过跨学科、多角度的案例研究，为处理现实中类似的热点国际问题提供历史借鉴，为我国的国际关系史研究增加一个新的跨学科交流平台。

《西学研究》

《西学研究》于2005年创刊，旨在增进读者了解中文西方古代中古史的新进展，由商务印书馆出版。主要收录有关西方古代中世纪的原始史料译文以及文献学方面的相关研究成果。每一辑都有一个相关的主题，如法律文献、经济文献等。但以政治、宗教方面的文献为译介的重点。刊物也密切关注中文学界对西方古代中世纪研究的译介活动，每辑都有专门的书评栏目，对近年出版的中文相关著作和译作进行介绍和评论。初创期，由彭小瑜教授和张绪山教授联合主编。刊物于2019年复刊，陈莹雪助理教授和李隆国副教授负责主编，并聘请了国内中青年学者12位组成编辑委员会。刊物拟每年出版一辑。

该刊与北京大学古典学研究中心和北京大学历史学系密切合作，定期召开"拉丁语希腊语文献研究工作坊"。

《西学研究》2021年总目录

第四辑

译文

米利都与赫拉克莱亚的"同公民权"合约　　　　　　　　　　王班班
亚历山大的克莱门《谁是可以得救的富人》　　　　　　　　　陈莹雪
约翰·吕杜思《罗马政论》Ⅰ：1—6译释　　　　　　　　　　庞国庆

加洛林改革的地方实践：里昂主教莱德拉德致查理曼述职信译释	刘 寅
教宗格里高利三世致查理·马特书信两通	张 楠
817年虔诚者路易《帝国御秩》	李云飞
831年分国诏书	李隆国

专题研究

论现代希腊政治中的庇护主义	郭云艳

演讲纪要

帝王宝球的钱币形象作为一种文化符号的西传	徐家玲
分而和平与西罗马帝国灭亡	李隆国

书评

读《古代经济》与《古希腊的经济与经济学》	刘群艺
延续的罗马到中世纪 ——读多普施《欧洲文明的经济与社会基础》	李 昊
读《修道主义的兴起》	黄志远
朝向罗马的人类精神史 ——评《中世纪历史与文化》	宁 飞
评《转型的时代：中世纪晚期的英国经济与社会》	张 哲
评《拜占庭：一个中世纪帝国的传奇历史》	林柏墅

《亚洲概念史研究》

《亚洲概念史研究》是由南京大学学衡研究院主办，著名学者孙江主编的历史类书籍（集刊）。概念史关注文本的语言和结构，通过对历史上主导概念的研究来揭示该时代的特征。《亚洲概念史研究》刊载海内外学者与语言、翻译、概念、文本、学科、制度和现代性等主题有关的论文和评论，旨在从不同国家和地区之间概念的互动关系来揭示东亚圈内现代性的异同，推动亚洲概念史研究的发展。

《亚洲概念史研究》第7卷收录沈国威、李恭忠、王海洲、李冬木、陈力卫、Pascal Ory、陈继东、闵心蕙、祁梁等学者关于赫胥黎的evolution，严复的"天演"、"国民性"话语的建构，近代中国"社会"概念的早期生成，"半边天"的政治现象学反思，"国民性"话语的建构，语词概念研究中的古典追溯，皮埃尔·拉鲁斯的"大词典"，晚清中国对日本明治佛教的认识，多明我会士黎玉范《圣教孝亲解》新考，晚清时期"封建"与"自治"的思想勾连等的文章，并收录了孙江关于《重塑中华：近代中国"中华民族"观念研究》的书评和闵心蕙撰写的《"中国概念史大辞典编纂暨概念研究学术研讨会"纪要》。

《亚洲概念史研究》2021年总目录

第7卷

代序：概念史与历史教科书	孙 江

概念

赫胥黎的 evolution 与严复的"天演" ……………………………… 沈国威

近代中国"社会"概念的早期生成 ……………………………… 李恭忠

"半边天"的政治现象学反思：兼论新中国女性地位与角色的再构 …… 王海洲

特约稿

"国民性"话语的建构
——以鲁迅与《支那人气质》之关系为中心 ……………………… 李冬木

比较

语词概念研究中的古典追溯有何意义？
——以《四库全书》电子版为例 …………………………………… 陈力卫

皮埃尔·拉鲁斯的"大词典"
——共和国的字母表 ………………………………………… Pascal Ory

晚清中国对日本明治佛教的认识
——近代中国佛教形成的又一途径 ……………………………… 陈继东

礼仪之争的伏线
——多明我会士黎玉范《圣教孝亲解》新考 ……………………… 闵心蕙

论衡

晚清时期"封建"与"自治"的思想勾连 ……………………………… 祁　梁

中华民族的现代时刻——评黄兴涛《重塑中华：近代中国"中华民族"观念研究》 …… 孙　江

"中国概念史大辞典编纂暨概念研究学术研讨会"纪要 ……………… 闵心蕙

《医疗社会史研究》

《医疗社会史研究》由上海大学历史学系主办，张勇安教授主编，是国内首份"医疗社会史"领域专业学术刊物，也是唯一入选"CSSCI（2021—2022）收录集刊"的该领域刊物。集刊创刊于2016年6月，每年6月、12月各出版一辑，由社会科学文献出版社出版。每辑均设专题论文、档案选编、学术述评等栏目，并邀请特约主编以特定专题联缀各文。

集刊秉持"立足前沿、学科交叉、服务学界、鉴往知来"的办刊宗旨，旨在从医疗卫生与社会变迁的角度，探察揭示"自然"之无常，"人事"之复杂与"社会"之丰富，既为学界交流搭建一方平台，亦力求为现实世界提供些许启示。

截至2021年，集刊已覆盖的主题主要有："国际卫生组织与医疗卫生""中国传统医学史""新中国医学""医疗与东亚的近代化""古代世界的医疗""煤矿工人的身体与健康""医疗社传教士研究""丝路医药交流与中国社会""疾病的政治学""医院史研究的新视野""拉丁美洲医疗社会史"等。

集刊坚持学术价值取向，倡导依据扎实史料、遵循规范但不囿于成规、不拘于篇幅而以洞见为上的学术研究。集刊实行严格的双向匿名审稿制度，拥有一支广布海内外的权威专家匿名审稿队伍。同时，集刊还设立了由国内外权威专家组成的学术委员会与编辑委员会。

至今，在学界同人的大力支持与编辑部同人的辛勤努力下，集刊已逐渐成长为具有相当学术影响力的专业刊物。近三年来，集刊共有 9 篇文章获人大复印报刊资料全文转载，此外还有多篇文章被《科技史文摘》、中国作家网、澎湃新闻、《新京报·书评周刊》等全文发表或转载。集刊还被中国知网、万方数据知识服务平台、中国集刊网等全文收录。2020 年、2021 年，集刊连续荣获社会科学文献出版社"优秀集刊奖"。2021 年 4 月，集刊正式入选"CSSCI 来源集刊"。凡此，为集刊迈向新的目标奠定了良好的基础，并成为上海大学世界史学科的亮丽名片。

《医疗社会史研究》2021 年总目录

第 11 辑
主题：医院的历史
专题论文

导言：医院史研究：过去、现在与未来	［英］乔纳森·雷纳茨
中世纪晚期和近代早期神圣罗马帝国医院多样性与多功能性	［德］安妮玛丽·金泽尔巴赫
欧洲近代早期隔离区的选址与设置：以防疫医院为中心	［英］简·史蒂文斯·克劳肖
1906 年旧金山大地震前当地中国移民医疗状况研究 ——以东华医院为例	［美］京特·B. 瑞斯
医学与种族：20 世纪加拿大的印第安人医院	［加］莫林·勒克斯
公共慈善、私营机构和国家干预：英格兰疯人的制度化护理（1600—1815）	［英］李奥纳多·史密斯
旨在治愈的建筑：18 世纪到 20 世纪早期的苏格兰医院设计	［英］哈里特·理查森
从建筑学到声学：1948 年以来英国国民健康服务体系中"以病人为中心"医院的建立	［英］维多利亚·贝茨
危机、国家和医疗保健：两次世界大战期间中欧建立的医院系统	［英］巴里·M. 多伊尔
英国志愿医院与专业护理的发展（1700—1914）	［英］斯图尔特·怀尔德曼
韩国近代医院建筑的空间变化及其特征：从济众院到世富兰斯病院	［韩］辛圭焕
公医制度的地方困境 ——以四川省县级卫生院为例（1939—1949）	李　哲

档案选编

上海小三线医疗卫生事业档案选编（2）	徐有威　张程程　赵宇清　王清华

学术书评

跨国史视角下国际毒品管制研究的新尝试 ——评斯特芬·里姆纳《鸦片长影：从亚洲的厌恶到全球毒品管控》	王　聪

《日本学研究》

《日本学研究》是由"北京日本学研究中心"与"教育部国别和区域研究基地——北京外国语大学日本研究中心"共同主办的综合性日本学研究学术集刊，1991 年创刊，国内外发行。

办刊宗旨为反映我国日本学研究以及国别和区域研究最新研究成果，促进中国日本学研究的进一步发展。《日本学研究》从创刊至今，受到了国内外日本学研究界的广泛好评，为我国日本学研究的发展做出了重要贡献。2018年，为满足我国日本学研究以及国别和区域研究的迫切需要，《日本学研究》改为半年刊，常设栏目有：特别约稿、热点问题、国别与区域研究、日本语言与教育、日本文学与文化、日本社会与经济、海外日本学、书评等。该刊注重稿件质量，采用双向匿名审稿制。

《日本学研究》2019年入选社会科学文献出版社"CNI名录集刊"，2021年被南京大学中国社会科学研究评价中心评为"中文社会科学引文索引来源期刊（集刊）CSSCI（2021—2022）收录集刊"。

《越南研究》

《越南研究》是由中国教育部国别和区域研究中心广西师范大学越南研究院主办的专业性学术集刊（中文版，英、越文摘要），2019年1月出版创刊号。作为国内唯一的研究越南历史、文化、政治、经济、外交以及中越关系的专门刊物，《越南研究》旨在搭建我国越南研究的学术平台，加强该领域国内外同行学者的交流和对话，推进、拓展和深化越南前沿研究。

继英语、俄语之后，中文版《越南研究》创办以来，受到了越南、美国、俄罗斯等国际学界的广泛关注，越南相关媒体还专门进行了报道。《越南研究》入选2020年度国别和区域研究之东盟好书推荐书单。

该刊提倡学术自由，坚持百家争鸣，倡导多学科方法的交叉与应用。设有如下栏目。1. 特邀专论，刊登国内外关于越南研究的名家作品。2. 专题研究，刊登国内外学者有关越南某一具体问题研究的前沿新作。3. 书评书介，介绍评述国内外最新或具有广泛影响力的越南研究著作。4. 文献资料的整理研究，刊登专门针对有关越南的档案文献、汉喃典籍、口述史料的整理研究成果。该刊明确要求，稿件须是未经公开发表的学术作品，并应遵守学术规范。凡研究性论文均应有相关学术评述，在文中或通过注释简要评析前人的已有研究基础和目前的研究状况。严格禁止剽窃、抄袭行为。文稿字数以8000—20000字为宜。

为扩大《越南研究》稿源，提升《越南研究》在国内外的影响力，2021年度，越南研究院主办中越关系研究学术论坛、"跨学科视域下的越南研究"学术研讨会、越南汉喃文献整理研究工作坊等国内国际学术会议，组织编撰会议论文集，从中评选优秀作品，优先刊用于《越南研究》；邀请知名专家学者指导《越南研究》的办刊实践，加强与国内外在越南研究领域有广泛影响力的专家学者的交流，先后邀请郑州大学越南研究所于向东教授、中国社会科学院潘金娥研究员、外交部亚洲事务特使孙国祥先生、南京大学历史学院于文杰教授、云南大学国际关系研究院毕世鸿教授等学者到越南研究院开展交流讲座，并在国际同行学者的建议下，从2022年起将在《越南研究》增设"国际名家"栏目，介绍和评述国外越南研究的重要学者及其成果；着力加强与国内外越南问题研究机构和相关高校的学术合作，通过国内以及越南、美国、俄罗斯等国际同行学者的合作参与，推荐国内外优质稿源，不断提升《越南研究》的办刊水平和国际影响力，推动广西师范大学世界史学科发展。

《越南研究》2021年总目录

专家评论

《家庭财产：近世越南的性别、国家与社会，1463—1778》评述　　［美］孙来臣著　徐晓东译

中越关系

从贡赐物品看安南与明朝关系的衍化　　刘祥学

为了新型的教育：冷战时期在华越南学校研究的另一个视角　　范丽萍

中越边境口岸城市语言景观调查研究　　孟凡璧　唐师瑶

越南观察

越南突发公共卫生事件应急系统与防控措施研究
　　——以新冠疫情防控为例　　陈赛花　吴晓山

2014年以来日本对越ODA援助研究　　郑宇龙　周永生

越南文化

越南华文报纸《新越华报》的刊文特征与史料价值
　　——以厦门大学馆藏（1965—1968年）部分为例　　高艳杰

17—19世纪粤籍华侨华人民间信仰在越南的传播与流变　　严艳

越南传统庙会的历史源流及文化内涵　　［越］阮志坚　裴龙

口述历史

桂林"九二"学校医疗保障工作者访谈录
　　　　杨翔发　田小平　张丽　潘黎口述　钟珂访谈并整理

沃土荷花别样红
　　——中越建交70周年联欢晚会侧记　　阮忠元

《中东研究》

　　《中东研究》源自西北大学中东研究所于1979年创办的《中东资料编译》（内部资料）。1983年该刊更名为《中东》（内部刊物），1990年《中东》（内刊）更名为《中东研究》（内刊）。2015年，西北大学创办《中东问题研究》集刊，在社会科学文献出版社出版发行，两个刊物并行。2017年，西北大学中东研究所进一步整合办刊资源，将《中东研究》（内刊）和《中东问题研究》两刊合并，以《中东研究》集刊的形式出版，原来的内刊停刊。截至2021年，《中东研究》（内刊）共出版69期，《中东研究》集刊共出版14期，共计83期。

　　20世纪80年代以来，彭树智教授、王铁铮教授、黄民兴教授先后担任该刊的主编，为刊物的建设与发展做出了重要的贡献。《中东研究》以集刊形式出版以来，得到了国内学界同仁、各位学术顾问和编委，以及社会科学文献出版社的鼎力支持与关注，办刊质量显著提升。《中东研究》入选《中文社会科学引文索引（CSSCI）来源集刊目录（2021—2022）》、中国社会科学院创新工程科研岗位准入考核期刊、社会科学文献出版社名录集刊（CNI），截至2021年三次荣获社会科学文献出版社年度优秀集刊奖励，并为中国知网、万方数据知识服务平台、维普数

据库、中国集刊网等全文收录。

《中东研究》将继承西北大学中东研究所的办刊传统，继续加强编辑部建设，规范编辑流程、提升编辑效率，倡导编研结合，严格实行"三审三校"和双向匿名评审制度，以文章学术品质与创新作为选稿的第一原则，着力打破国别区域研究的学科界限，重点刊发涉及国内外中东研究的重大理论与现实问题，以及我国中东研究的薄弱领域，扶持青年学者的成长。

《中东研究》2021年总目录

第1期（总第82期）
中东社会运动与政治抗争
概念、机制与议题：萨拉菲主义研究的本土化　　　　　　　　　　　　　　宁 彧　王 涛
埃及反恐形势下西奈半岛贝都因人的困境与选择　　　　　　　　　　　　　　　　张经纬
从边缘到中心：叙利亚阿拉维派的历史嬗变与现实挑战　　　　　　　　　　　　　杨玉龙

中东国际关系与外交
威胁还是福气？
　　——对3—7世纪萨珊波斯与罗马帝国关系的考察　　　　　［德］亨宁·伯尔姆　龙 沛
阿拉伯国家"主权"观念的历史演变及其影响因素　　　　　　　　　　　　　　　陈丽蓉
拉夫桑贾尼时期伊朗外交转向的动因、行为与困境：基于批判性地缘政治理论的考察
　　　　　　　　　　　　　　　　　　　　　　　　　　　　　　　　　　　　陈小迁
土美联盟机制化问题：内涵、路径与展望　　　　　　　　　　　　　　　　　　　曹鹏鹏

文化观念与社会流变
文化人类学视域中的伊朗塔洛夫文化解读　　　　　　　　　　　　　　冀开运　杨晨颖
试论近现代埃及卧格夫与公共文化的发展　　　　　　　　　　　　　　　　　　　马玉秀
论哈梅内伊的妇女观与伊朗女性地位的流变　　　　　　　　宋江波　刘蓓蓓　王泽壮

古代政治文明史
希伯来与古埃及王权政治制度比较研究　　　　　　　　　　　　　　　　　　　　赵克仁
和平崛起的大国：阿马尔那第9、15、16号书信译注　　　　　　　　　　　　　袁指挥

中东学术史
犹太教辞书编纂的成就与特色述论　　　　　　　　　　　　　　刘精忠　刘 鹏　李迎春

第2期（总第83期）
中东剧变与中东政治新变化
中东剧变与土耳其的政治和外交转型　　　　　　　　　　　　　　　　　　　　　魏 敏
中东剧变与地区安全的困局及前景　　　　　　　　　　　　　　　　　　　　　　仝 菲
叙利亚危机的历程、影响与重建前景　　　　　　　　　　　　　　　　　　　　　刘 冬
从治理危机到代理人战争：也门冲突的流变轨迹与安全困境　　　　　　　　　　朱泉钢
南北分立后苏丹的治理危机与政治变局
　　——一种国家与社会关系的视角　　　　　　　　　　　　　　　　　　　　　赵雅婷

试析利比亚战后的国家重建与政治发展	王金岩
延续与革新:"2·20"运动与摩洛哥的政治发展及其前景	孟瑾

中东经济与社会治理

中东剧变十年:经济转型困境与发展机遇	姜英梅
中东剧变以来突尼斯的经济状况及前景分析	王凤
"1·25"革命以来的埃及经济改革:成就、挑战及前景	王琼 安雨康
中东的能源仲裁	托马斯·R.斯奈德等著 朱伟东
以色列知识产权保护:法制建构与国际合作	李晔梦

国际社会与中东的交往

进程与动力:俄罗斯与伊斯兰合作组织的合作分析	胡冰
日本与中东关系的历史建构与现实发展	陈沫
当前印度的中东政策:背景、定位与外交实践	魏亮
论苏伊士运河战争后联合国紧急部队的维和行动(1956—1979)	李彩玲

《亚洲与世界》

《亚洲与世界》是基于中、德、奥、日、韩五国六所高校多年以来在中国研究、历史研究、亚洲研究等学科的紧密合作,使用全球互动而非个别国家交往的视角,分析各领域内重大及前沿问题。该书为第4辑,分为特稿、语言接触史研究、留学史研究、东西文化交涉研究、历史与翻译研究五个栏目22篇文章。这些文章是北京外国语大学、德国波恩大学、德国埃尔兰根-纽伦堡大学、奥地利维也纳大学、日本关西大学、韩国外国语大学6所大学汉学、国别研究、亚洲研究等专业在读博士研究生研究课题的阶段性成果。

《英国研究》

《英国研究》(半年刊)由南京大学历史学院创办于2009年。南京大学的英国史研究具有悠久的历史和深厚的底蕴,不仅扬名国内学界,在国外学界也有着较大的影响力。蒋孟引、钱乘旦、王觉非、陈晓律、沈汉等多位扬名海内外的英国史大家即来自南京大学历史学院,并为国内的英国史研究领域做出了极大贡献。在历史学研究日益专业化、精细化的今天,以陈晓律教授为首的一批国内英国史研究大家秉持"为了给国内的英国史研究提供一个稳定而高质量的学术平台"的办刊宗旨于2009年创办了《英国研究》集刊,以满足国内英国史研究领域"高质高量,多元布局"的学术需求。该刊至2021年已累计出版共十五辑。目前,该刊每年出版两辑。

为了打造一本能够为学术界同仁认可并看重的学术集刊,该刊以学术性强、创新性足、逻辑紧密、富有研究深度、文字表达流利无误的高标准去选择所刊稿件。在刊载学界大家文章的同时,该刊也为学界新秀们留出了适当的版面。目前,该刊主要刊登英国史类文章,选题包括但不限于英国政治史、英国经济史、英国社会/文化史、英帝国史及英联邦国家历史研究。

《英国研究》2021年总目录

第 14 辑

英国思想史研究

"well-being"概念的"知识考古"
　　——以约翰·密尔为中心的考察　　　　　　　　　　　　李宏图　张婧文
托马斯·里德的能力心理学说及其历史影响　　　　　　　　　　　　任裕海

英国政治史研究

《伊尼法典》与《阿尔弗雷德法典》之比较　　　　　　　　　　　　张建辉
共话《大宪章》：以《大宪章》新出中文译著为中心　　　　　　　　王　栋
1665年伦敦大瘟疫与英国近代早期的防疫应对　　　　　　　　　　王希铭

英帝国及英联邦国家研究

20世纪前后英日在台航运竞争及其东亚海洋战略　　　　　　杨　蕾　杨承志
二战前英国的克伦人政策探析　　　　　　　　　　　　　　　　　　刘　京

英国史名篇译介

英国当前的社会主义观　　　　　　　　　　　　　　　郑景婷译　于文杰校
马姆斯伯里的威廉与《阿马拉利乌斯提要》序言　　　　　　　　　　刘　铭

书讯

关于英国移民问题的若干思考　　　　　　　　　　　　　　　　　　陈晓律
当代学者对社会生活与民本意识的人文关怀
　　——以俞金尧著《西欧婚姻、家庭与人口史研究》为案例　　　　李　诚
国内澳大利亚土著问题研究领域的一部力作
　　——汪诗明《澳大利亚土著问题研究：以种族和解为线索》述评　赵春丽

第 15 辑

英国思想史研究

《宣誓与市政团法》中《宣誓法》的相关问题辨析　　　　　　　　　李义中
英国马克思主义史学家的历史书写
　　——以《过去与现在》的创刊与早期发展为中心　　　　　　　　初庆东
罗伯特·欧文的儿童教育思想及其在新拉纳克的教育实践探究　张荟芳　宋严萍

英国政治与经济研究

工业革命时期伦敦的娼妓问题及其治理　　　　　　　　　　李家莉　苏泽明
英国大众废奴运动（1787—1807）文献述评　　　　　　　　　　　　张　旭
试论近代早期英国奢侈消费的下移　　　　　　　　　　　　　　　　李新宽

英帝国及英联邦国家研究

19世纪上半叶英国国内关于印度铁路建设的争论　　　　　　赵媛春　郭家宏
拉斯塔法里运动对于当代加勒比地区与非洲地区交往联系的作用分析　周嘉希

英国史名篇译介

| 有用的工作与无用的劳碌 | 杨瑾瑜　王庆奖译　于文杰校 |

书讯

对英国现代旅游业兴起之路的有益探究之作	
——《英国旅游文化史》评介	王本立
探索英国治理煤工尘肺的历史经验	
——评马瑞映著《20世纪英国煤工尘肺治理研究》	张子翔

《欧美史研究》

　　《欧美史研究》是中国社会科学院世界历史研究所欧美近现代史学科主办的专业性学术集刊。该辑刊获中国社会科学院创新工程资助，由社会科学文献出版社出版，2018年出版了第1辑，在2019—2021年每年出版一辑。辑刊由欧美近现代史学科负责人俞金尧任总主编，具体每一辑由不同的执行主编负责。辑刊集中展现了世界历史所欧美近现代史学科成员取得的成绩，所收录的文章既有已刊发过的，也有首次发表的。这些成果的研究范围相当广泛，或属于国内前沿问题，或是涉及国计民生的热门课题，或在传统研究领域内有所突破。这些成果，既是对过去研究的一种思考与总结，也有利于推动该领域和相关领域的继续研究。

《欧美史研究》2021年总目录

第4辑

环境史

| 17—20世纪美国地区的几次重大疫病流行及其影响 | 孟庆龙 |
| 论20世纪五六十年代联邦德国的核能政策 | 王　超 |

社会文化史

评亚当·斯密的同情理论	姜　南
种植园奴隶制与内战前美国社会的发展	金　海
革命歌曲的法国版本与法国大革命初期歌曲的"革新"	罗宇维
美国高等教育的发展和贡献（1950—2000年）	张　瑾

外交史

| 第一次世界大战与德国民主制替代君主专制制度的变革 | 王宏波 |
| 两次世界大战之间的国际关系与意大利外交研究刍议 | 信美利 |

专题讨论

| "大变局之际的世界史研究"学术研讨会发言纪要 | 张　炜 |

访谈

昆廷·斯金纳：思想史的研究方法与旨趣	罗宇维
何谓经济思想史？对话罗斯柴尔德教授	李汉松
美国早期史的全球转向：罗斯玛丽·扎加里教授访谈	魏　涛
历史学科的精髓在于持续对话：彼得·蒙蒂思教授访谈	张　瑾

讲座实录
民国知识界对美国水土保持的关注及其影响　　　　　　　　　　　　　　　　　高国荣
研究综述
欧洲近现代史研究新进展　　中国社会科学院中国历史研究院世界历史研究所欧洲史研究室
2020年北美史研究综述　　　中国社会科学院中国历史研究院世界历史研究所美国史研究室
新书籍何以取代旧书籍：书籍史视角下的英格兰宗教改革研究述评　　　　　　　张　炜

《古典学评论》

　　《古典学评论》是由西南大学希腊研究中心、古典文明研究所和中希文明互鉴中心主办的学术集刊，2014年秋创办，由上海三联书店出版发行，每年春季出版一辑。该刊旨在探讨世界古典文明、文化及相关问题，以期促进古典学术发展，推动文明互鉴和国际学术交流，提升国内古典学研究水平。该刊重点研究西方古典学，兼及中国古典文明和世界诸文明比较研究；提倡严谨扎实的学风，注重创新、探讨、切磋和争鸣。

《古典学评论》2021年总目录

第7辑
东西古典学
天依阿那演婆海神传说及其意义　　　　　　　　　　　　　　　　　　　　　于向东
地震对古典希腊历史的影响　　　　　　　　　　　　　　　　　　　　　　　祝宏俊
古希腊的狄奥尼索斯崇拜及其现代内涵　　　　　　　　　　　　　　　　　　魏凤莲
罗马帝国元首继承问题透视　　　　　　　　　　　　　　　　　　　　　　　何立波
论著选译
阿格西劳斯传　　　　　　　　　　　　　　［古希腊］色诺芬原著　张晓媛　陈思伟译注
粟特艺术中的古典因素：片治肯特壁画中的《伊索寓言》故事　　　康马泰著　齐小艳译
《萨摩斯石碑》　　　　　　　　　　　　　　　　　　　　　　　　　　　刘峰译注
古代希腊与早期中国比较研究与古典世界的比较方法综述
　　　　　　　　　　　　　　　　　　　　　　　　［英］杰瑞米·谭诺著　安宸庆译
天平之上的雅典与耶路撒冷：二战前后莫米利亚诺与埃利亚斯
古典史学研究的变通　　　　　　　　　　　　阿尔贝特·鲍姆加腾著　尚万里译
小荷才露
波利比乌斯论撰史或反提麦奥斯
　　——波利比乌斯《通史》
第十二卷（残篇）全文迻译　　　　　　　　　［古希腊］波利比乌斯著　杨之涵译
马其顿军事霸权的建立　　　　　　　　　　　　［英］N.G.L.哈蒙德著　刘　豪译
战争与和平时期的斯巴达城邦　　　　　　　　　［英］保罗·卡特利奇著　王　霞译
学术龙门阵

从《周易·蛊卦》谈如何治蛊除瘟	寇方墀
古希腊史家的求真精神	徐松岩
卡莱的箭雨与飘落的鹰旗	王三三
皮浪学说与庄子思想中的怀疑主义	薛荣臻

实地考察

罗马与南意访古见闻	陈安民

嘉陵书评

古希腊钱币与历史	
——评《古希腊钱币史》第一卷	晏绍祥
贵族在雅典民主政治中所扮的角色	
——贾文言《安多基德斯与雅典城邦政治》读后	陈思伟
评莱昂纳德·金《古代巴比伦：从王权建立到波斯征服》	史孝文

《近代中外关系史研究》

　　《近代中外关系史研究》是中国社会科学院近代史研究所中外关系史学科创办的学术集刊，创办伊始得到浙江大学蒋介石研究中心的大力支持，每年出刊1—2期。该刊刊发论文的范围为近代中外关系史方向，要求所有论文均为首发，大部分选自近代中外关系史学科主办的历届近代中外关系史国际学术研讨会以及部分约稿，同时也接受学术界朋友的赐稿，欢迎大家投稿该刊，共同助力与推进近代中外关系史的研究。

　　第11辑主题为"区域视域下的近代中外关系"，是在第七届近代中外关系史国际学术研讨会与会论文基础上遴选而成的，含专题论文与海外学人新研究成果等，共计17篇。该辑论文尝试突破传统的民族、国家、主权的界限和传统政治史、外交史的框架，以"跨国史"的视角，强调非民族—国家因素在各国人民交往中所产生的影响。这不仅丰富了本学科一致坚持的多元化的研究旨趣，而且进一步拓展了本学科的研究视域与主题。

《近代中外关系史研究》2021年总目录

第11辑

近代中外关系专论

"一沙一世界"：威海卫与英帝国的远东战略（1898—1930）	刘本森
大革命后的国家、主权与生命个体	
——1929年上海"张学亮案"研究	刘爱广
王世杰与中苏关系（1945—1947）	刘传旸

晚清中外关系

西方视野中的近代东亚宗藩关系：基于琉球及朝鲜的分析	侯中军
国家荣誉与条约权利：同治初年中美关于白齐文案件的交涉	徐　高
日本驻华公使森有礼"特约案"交涉（1876—1878）再检讨	李启彰

晚清"皇族外交"的东亚史意义
　　——以1907年溥伦、1910年载振的访日行程为例　　　　　　　　　任天豪
民初中外关系
1918年12月陆征祥的美国之行　　　　　　　　　　　　　　　　　　唐启华
一战爆发后美国在华商会的演变与文化转型（1915—1941年）　　　　吴翎君
20世纪20年代初期的中韩关系
　　——中韩互助社的成立及其活动　　　　　　　　　　　　　　　裴京汉
战时中外关系
"不寻常的经历"：外人对淞沪会战中城市战的评论（1937年8—11月）　　何铭生
华北之变局："何梅协定"与1935年中日外交关系的转折　　　　　　左春梅
全面抗战爆发前后香港的对外贸易　　　　　　　　　　　　　　　　张晓辉
海外学人研究
一战华工与全新中国的缔造　　　　　　　　　　　　　邓杜文　杨位俭
"潘兴的中国部属"：另一类华工团　　　　　　　　　　詹恪礼　魏兵兵
学术综述
"区域视野下的近代中外关系"
　　——第七届近代中外关系史国际学术研讨会综述　　　　　　　魏兵兵
法国学界关于"华工与一战"专题研究综述　　　　　　　　　　　任雯婧

《近现代国际关系史研究》

　　《近现代国际关系史研究》（半年刊），2006年创刊，是首都师范大学历史学院、国际关系史研究中心主办的连续性学术集刊，主编徐蓝教授，为中国知网收录学术集刊。2006年出版第一辑，目前已出版至第18辑，第一辑至第三辑由人民出版社出版，后续均由世界知识出版社出版。

　　《近现代国际关系史研究》期刊旨在为从事国际关系史研究的学者提供一个相互交流的平台，设置专题研究、二战史研究、研究生论坛、宣传与公共外交史、档案文献、书评和学术动态等栏目。该刊以持续扩大刊物影响，促进国际关系史学科发展，为学科发展做出贡献为目标。

　　2021年未出版新辑。

《世界近现代史研究》

　　《世界近现代史研究》是南开大学世界近现代史研究中心主办的学术年刊，面向国内高校和研究机构，为促进和推动国内世界近现代史研究而提供的一个学术交流的园地。

　　《世界近现代史研究》提倡科学严谨的学风，坚持百家争鸣的方针，遵循相互尊重、自由讨论、文责自负的原则，注重扶持和培养新人。

　　《世界近现代史研究》辟有史学理论研究、全球史研究、国际关系史、地区国别史、博士生论坛、争鸣、书评、史学资料、研究综述等栏目。

《世界近现代史研究》每年一辑，4 月截稿，大约 10 月出版，对青年学者有思想深度、有创新观点的论文尤为欢迎。

《世界近现代史研究》2021 年总目录

第 18 辑

世界史高端论坛：英国历史上的经验

"修昔底德陷阱"与英国经验	钱乘旦
怎样理解西欧中世纪的农民	侯建新
英格兰经济板块的演变及影响	刘景华
论英国史长时段研究的必要性	阎照祥
中世纪英国王权对议会的操控	孟广林

拉美国家独立以来的社会转型

2020 年拉丁美洲政治地图：一种批判性透视　　［墨西哥］卡洛斯·安东尼奥·阿吉雷·罗哈斯；刘　豪	
多米尼加共和国：独立与社会——政治演进　　［多米尼加］爱德华多·克林格·佩维达　刘　豪	
1950—2020 年秘鲁利马市的三代民众领袖　　［秘鲁］安东尼奥·萨帕塔　刘　豪	
阿根廷的经济政策与社会转型（1975—2002）　　［阿根廷］古斯塔沃·恩里克·桑蒂廉　张昀辰	
巴西的现代化道路（1808—1930）　　［巴西］马科斯·科尔代罗·皮雷斯　安玮晨	
墨西哥现政府经济政策分析与效果评估（2019—2020）	刘学东
拉美国家独立后 50 年的阶级矛盾和社会变革	林　华
文化革新运动与墨西哥的社会转型（1910—1940）	韩　琦
小农制与墨西哥的现代化道路	董经胜
皮诺切特政府的土地改革与智利社会转型	李仁方
从"绿房子"的命运看拉美社会的现代转型：对《绿房子》的文学社会学解读	张伟劼

地区国别史

英国、美国与"闪电"导弹事件	赵学功
威廉·乔治·霍斯金斯与法国年鉴学派	姜启舟
抗战时期日本在中国西南边疆的思想渗透与社会控制	雷娟利

博士生论坛

沈曾植与日本学人往来之论考	陈凌菡
阿亚·德拉托雷的早期思想与其形成原因	谢文侃

书评

奴隶制、独立运动和发展的不确定性

  ——读 D. H. 菲格雷多、弗兰克·阿尔戈特-弗雷雷的《加勒比海地区史》 陈丁铭

考迪罗主义、石油经济与政治变革

  ——读迈克尔·塔弗、朱丽亚·弗雷德里克的《委内瑞拉史》 张　敏

会议综述

"拉美国家独立以来的社会转型"线上国际研讨会会议综述 张昀辰

"英国社会转型研究丛书"新书发布会在南开大学举行 桑紫瑞　姜玉妍

《新史学》

  《新史学》由上海师范大学世界历史系主办，大象出版社出版，2003 年创刊，每年出版 2 辑。该刊以历史学的新发展为重点，同时兼及其他相关学科，并着眼于最新的变化和前沿问题的探讨。既要及时了解国外史学的最新发展，特别是理论、方法论上的新发展和新变化，又要结合中国史学界的实际，努力加强我国史学与国际史学的交流对话。因此，《新史学》的办刊目标和宗旨如下。第一，以史学为基础，进行跨学科、跨文化的综合研究。每辑悬置一个主题，邀请不同文化背景、学科背景的专家、学者就这一问题进行多方位、多层次、全面的探讨，以阐述常见中之不常见。长远的计划是把人类文明进程中的重大问题逐一进行专题研究，编辑相关的经典读物与文献索引，为后人研究提供便利的条件。第二，关注史学理论的研究。史学总是不断地反省着现时、反省着自身，当今西方学界新的理论范式和新的发展趋向，是关注的重中之重。

  经过努力，《新史学》陆续与一些国际著名的史学杂志建立了良好的合作关系，得到了它们的授权，择其精华文章翻译成中文。这些杂志是《历史与理论》（History and Theory）、《观念史杂志》（Journal of the History of Ideas）、《世界史杂志》（Journal of World History）、《评论》（Review）等。希望通过合作，搭建起中西学术交流的桥梁，为中国学术的"引进来"和"走出去"提供一条通路。

  《新史学》经过多年积累，在中国学术界产生了良好的反响，2012—2013 年度曾被中国社会科学研究评价中心列入"中国社会科学引文索引来源集刊目录"（CSSCI），这是对《新史学》过去成绩的充分肯定，也是对《新史学》未来发展的有力鞭策。

《新史学》2021 年总目录

第 26 辑

作为艺术与科学的历史学

史学理论的转向

  ——海登·怀特在元史学历史中的地位 ［德］约恩·吕森

重思海登·怀特对克罗齐的建构 ［美］大卫·罗伯茨

重思 18 世纪末法国的道德经济 ［法］劳伦斯·方丹

历史学中的风格：作为艺术与科学的历史学	[美] 格奥尔格·伊格尔斯
松散的网络：海登·怀特之后的历史哲学	[荷] 赫尔曼·保罗
作为重思的历史理解	[美] 威廉·德雷
柯林武德历史哲学中的重演和重构	[丹] 马吉特·赫鲁普·尼尔森
柯林武德论思想的同一性	[芬] 海基·萨里
重演和彻底的解释	[英] 杰索菲娜·狄奥诺
共情、理性与解释	[美] 马克·贝维尔　[美] 卡斯滕·斯图贝尔

大旅行

意大利之旅与法国精英的培养	[法] 让·巴尔萨莫
法国旅行者眼中的那不勒斯（1630—1780）	[英] 安东尼·布伦特
大旅行：18 世纪的意大利魅力	[意] 切萨雷·德·塞塔
发现意大利：18 世纪的英国旅行家	[英] 约翰·英加梅利斯
16 世纪的游记：欧洲人对非白和非西文化的态度源头之一	[美] 理查德·G. 科尔
18 世纪英国种族主义、帝国主义与旅行家的凝视	[美] 玛格丽特·亨特
美国商人眼中的中国形象（1785—1840）	[美] 斯图尔特·米勒
18 世纪罗马收藏和博物馆的发展	[美] 安东尼·克拉克
文化转译研究：流亡者对英国社会学和艺术史建立的贡献，1933—1960 年	[英] 彼得·伯克

光启评论

古今思想之辩：对话基多米利德斯教授	[希腊] 基多米利德斯　李汉松
有教无类 　　——本杰明·富兰克林、托马斯·杰斐逊与美国的公共教育	[美] 迈克尔·朱克曼
"刺杀僭主的英雄"之考辨	阮　芬
古希腊罂粟探赜	陈　克
论中古早期西欧编年体史书时间序列的安排	朱君杙
2 至 5 世纪异教和基督教关于《圣经》的论战	焦汉丰

第 27 辑

当代亚洲史学

殖民史观批判论的出现和内在发展论的形成	[韩] 金正仁
镰仓佛教的形成与发展	[日] 平雅行
三十年代日本农山渔村经济更生运动	[日] 庄司俊作
马克思主义和战后日本史学	[日] 户边秀明
越南近年来日本研究的状况及其特征	[越] 阮进力
关于越南民族形成问题的学术研讨	[越] 潘辉黎
中华人民共和国的建立与新加坡华人企业家的经济视野	[新加坡] 黄坚立
受到两面夹击的学术史：以当代以色列的犹太史学为例	[以] 巴鲁赫·基默林
政治回忆录与当代历史书写	[埃] 穆罕默德·拉贾卜·巴友米
汉纳·巴塔图和阿里·瓦尔迪的伊拉克历史与社会	[美] 迪娜·里兹克·胡里

伊斯兰教之前伊朗政治和文化历史回顾	［伊朗］额桑·雅沙特尔
当代伊朗史学	［伊朗］阿卜杜拉·侯赛因·扎林库布
早期印度历史与高善必的遗产	［印度］罗米拉·塔帕尔
从坦齐马特至共和国时期的土耳其史学	［土］泽齐·阿尔坎

光启讲坛

想象的还是政治的共同体？
　　——反思一种流行的民族主义理论
　　　　　　　　　　　　梁　展　罗　岗　殷之光　袁　剑　邱士杰　王　锐　周展安

再谈 H-word：葛兰西理论中的领导权问题
　　　　　　　　　　　陈　越　罗　岗　章永乐　倪　伟　张　翔　潘妮妮　田　延

光启评论

打开一扇门，发现新天地
　　——评诺曼·庞兹《欧洲历史地理》　　　　　　　　　　　　　　　　　　屈伯文

第 28 辑

军事革命与近代早期国家

马基雅维利论军事与国家	韩　潮
有关 15 世纪后期至 18 世纪末瑞士雇佣兵的若干问题	许二斌
新军事史的兴起：迈克尔·罗伯茨及其军事革命论	屈伯文
后罗马帝国空间与欧洲国家体系的形成	孙兴杰　钟汉威
中国是否为"近代早期国家" 　　——以军事变革为视角	段维聪
常备陆军与苏格兰国家的解体	廖　平
1618 年英国海军改革成败考	陈　剑
近代早期欧洲军事承包人与下属的关系	廖锦超
税收、国债与英国"财政-军事国家"的兴起	张荣苏
1560—1660 年的"军事革命" 　　——一个神话	［美］杰弗里·帕克
军事优势论与西欧亚在世界体系中的兴起	［美］威廉·R. 汤普森
"漫长的"18 世纪中的财政-军事国家	［英］克里斯托弗·斯托尔斯
财政-军事国家的兴起，1500—1700 年	［瑞典］扬·格莱特
从"军事革命"到"财政-海军国家"	［英］N. A. M. 罗杰

史学史与史学理论

领悟的模式与知识的统一性	［美］路易斯·明克
论张荫麟对"传统历史哲学"的批判与建构	张　翔
《黄秉义日记》所见神圣时间的特征：米尔恰·伊利亚德批评	侯亚伟

光启评论

古罗马的"自传"：以奥维德《哀怨集》第四卷第十首为例	刘津瑜

罗马帝国早期的皇家被释奴	何立波
不列颠或英格兰？詹姆斯一世继位时的国名之争	陈小虎
再造"黄种"：美国华裔学人与中国人种智力论的构建（1920—1924）	王佳欣
美国城市早期公共卫生管理探析	
——以纽约市为中心的考察	李晶

《新世界史》

《新世界史》是中国人民大学历史学院主办的集刊，2017年创刊，以马克思主义为指导，力图在新材料的解读、新理论和新方法的运用和新视角的发掘上下功夫，每辑设置不同的研究主题，设有"专题研究""史料及论著选择""学术动态""读史札记""名家访谈""圆桌会议"等栏目，全面展示中国世界史研究的新成果，为建设中国特色和时代特征的世界史研究做出贡献。

《国际史学研究论丛》

《国际史学研究论丛》是中国社会科学院世界历史研究所主办，2015年创刊，讨论的重点是当代历史学的新发展问题。该集刊是为了适应时代的发展和国际史学日新月异的变化而创办的。它向学界提供关于国际史学各方面发展的新动态，各大洲、各主要国家、国际史学各重大领域、国际史学有关问题的研究成果，以及著名史家访谈、疑难问题争论、一手史料公布等广泛和丰富的内容。

The BNU Historical Review

The BNU Historical Review（《京师历史评论》）是北京师范大学历史学院主编的英文类历史学专业研究辑刊，是北京师范大学历史学院"双一流建设"的重要成果，2020年创刊。该集刊旨在展示中国历史学界的优秀研究成果，引领中国历史学研究的发展，推动中国历史学研究的繁荣；深化与国外同行的学术交流，促进中外文明的交流与互鉴。

该刊主要发表中国史学界的优秀原创成果，中国史与世界史并重，注重比较研究，涵盖历史学的各个分支及与历史学关系密切的学科。设有专题研究、书评等栏目。

The BNU Historical Review 2021年总目录

A Comparative Study of the History of Chinese and Western Civilizations in the 3rd–6th Century	Liu Jiahe & Liu Linhai
Rewriting the "World History" Centered on "Central Eurasia":	
A Review of the Recent Tendency in Inner Asia Studies in Japan	Zhong Han

The Origin and Evolution of the Concept of Hellas: A Survey on Conceptual History　　Xu Songyan
Britain in the 19th Century: The Change of Opium Concept, Mass
　　Communication and the Construction of Imperial Discourse　　Zheng Yudan
The Dialogue Between Historical Reason and Logical Reason: A Review of Learning
　　in History: An Exploration of History and Theory　　Wang Daqing
A Great Achievement in the Sinicization of Marxist Historiography:
　　On The Collected Works of Qu Lindong (10 volumes)　　Li Zhen
A Study on the Chinese Ethos from a Historical Perspective and Its Contributions:
　　A Review of the Chinese Ethos from a Historical Perspective　　Jiang Chongyue
Review of Ling Wenchao, Zoumalou Wu jian caiji boshu zhengli yu yanjiu [A Collation and Study
of the Recovered Slips of the State of Wu Excavated at Zoumalou] Brian Lander

《世界历史文摘》

《世界历史文摘》为西北大学中东研究所创办的学术文摘，由中国社会科学出版社出版发行。该文摘从国内主要的相关史学期刊、社科学报以及综合类期刊中选取一定数量的世界史论文进行转载，以期成为推介世界史优秀学术成果的平台。该文摘以学术性、客观性、专业性、创新性和现实性作为摘录的客观依据，重视对于反映世界史研究学术前沿和最新动态的成果的转录，同时注重欧美史，亚洲、非洲、拉丁美洲和大洋洲史，古代中世纪史，史学理论与史学史等研究领域的平衡。摘录的文章由栏目主持人收集和整理，编辑部初步筛选，匿名专家评审，最后按照评审的结果确定摘录的类型。每个专栏最少由国内该领域5名左右知名学者进行评审，力求该文摘的客观性和摘录文章的学术水准。

《世界历史文摘》2021年卷（总第3期）秉承着学术性、客观性、专业性、创新性和现实性，对欧美史，亚洲、非洲、拉丁美洲和大洋洲史，古代中世纪史，史学理论与史学史进行了汇编。

《世界历史文摘》2021年总目录

全文转载

欧美史（栏目主持：刘磊、王子晖）
权力与权利的博弈
　　——美国同性婚姻的合法化及其悖论的思考　　梁茂信
处女地假说与北美印第安人的命运　　付成双
美国与1958年法国政府危机　　姚百慧
资本扩张与近代欧洲的黑夜史　　俞金尧
从伪君子到阴谋家

——反启蒙运动塑造的启蒙哲人形象　　　　　　　　　　　　　　　　　　　　　　石　芳
中世纪与欧洲文明元规则　　　　　　　　　　　　　　　　　　　　　　　　　　　侯建新

亚洲、非洲、拉丁美洲和大洋洲史（栏目主持：白胜洁、张向荣、张玉友、石瑜珩）
朝贡体系在中南半岛的变异与实践
　　——以越南阮氏政权与暹罗曼谷王朝同盟为中心（1784—1833）　　　　　　钱盛华
日本与护国战争期间的南北妥协　　　　　　　　　　　　　　　　　　　　　　　承红磊
中国海外贸易的空间与时间
　　——全球经济史视野中的"丝绸之路"研究　　　　　　　　　　　　　　　　李伯重
"耶路撒冷学派"与犹太民族主义史学的构建　　　　　　　　　　　　　　　　　艾仁贵
阿德·阿贾伊与非洲史研究　　　　　　　　　　　　　　　　　　石海龙　　张忠祥
论1881年悉尼天花疫情下的排华运动　　　　　　　　　　　　　　　　　　　　费　晟

古代中世纪史（栏目主持：刘金虎）
古典时代雅典国葬典礼演说与城邦形象建构　　　　　　　　　　　　　　　　　　晏绍祥
中世纪晚期法庭情感标准的变迁
　　——以"撒旦的诉讼"系列文本为中心的考察　　　　　　　　　　　　　　　董子云
"地中海共同体"
　　——古代文明交流研究的一种新范式　　　　　　　　　　　　　　　　　　　李永斌

史学理论（栏目主持：柏悦）
西方马克思主义史学的过去、现在与未来　　　　　　　　　　　　　　　　　　　汪荣祖
当代西方史学理论的人文反思评析　　　　　　　　　　　　　　　　　　　　　　董立河
从阐释学到历史阐释学　　　　　　　　　　　　　　　　　　　　　　　　　　　李红岩

论点摘编

欧美史
1959年尼克松与赫鲁晓夫互访及美国社会"苏联形象"的建构　　　　　　　　　张建华
亨利·卢斯"美国世纪"命题的提出及其影响　　　　　　　　　　　　　　　　　王一哲
重读乔治·凯南的"长电报"　　　　　　　　　　　　　　　　　　　　　　　　张小明
19世纪晚期美国农民对"乔治主义"的接受与扬弃　　　　　　　　　　　　　　王　禹
试论美国制宪奇迹话语之构建　　　　　　　　　　　　　　　　　　　　　　　　胡晓进
19世纪末20世纪初俄国城市基础设施建设　　　　　　　　　　　　　　　　　　张广翔
近代法兰西的国家形象及其传播
　　——兼论共同体意识的文化构建　　　　　　　　　　　　　　　　　　　　　于京东
法国启蒙时代初等教育改革
　　——原因、过程与结果　　　　　　　　　　　　　　　　　　　　　　　　　徐前进
英国信鸽在一战中的角色转换与形象变迁　　　　　　　　　　　　　　　　　　　贾　珺
魏玛共和国的11月9日
　　——"国家庆祝日"缺失的历史包袱　　　　　　　　　　　　　　　　　　　孟钟捷

亚洲、非洲、拉丁美洲和大洋洲史
华性的历史层累与结构重写
　　——柬埔寨华文教育的人类学考察　　　　　　　　　　　　　罗　杨
全球史在日本的兴起、实践及其特点　　　　　　　　　　　　　康　昊
国家史观视阈下新印度史学的叙事建构
　　——从雅利安文明到莫卧儿帝国　　　　　　　　　　　　　王立新
奥斯曼帝国晚期与现代土耳其官方关于"库尔德问题"话语的嬗变　　昝　涛
中亚帖木儿王朝王权合法性的建构　　　　　　　　　张文德　姜蔚巍
16世纪伊斯坦布尔的咖啡馆文化与市民社会　　　　　　　　　　李　宁
论1932年智利"社会主义共和国"的性质和失败原因　　韩　琦　桑紫瑞
英属非洲殖民地的野生动物保护　　　　　　　　　　　　　　　李鹏涛
殖民统治时期阿尔及利亚共产党的历史演变　　　　　慈志刚　刘爱娇

古代中世纪史
太阳、王权与来世
　　——埃及古王国时期太阳神信仰的嬗变　　　　　　　　　　温　静
从元首政制到王朝统治
　　——罗马帝国早期政治史研究路径考察　　　　　　　　　　王忠孝
拜占庭经济"中产阶级决定论"考辨
　　——关于《罗马—拜占庭经济史》　　　　　　　　　　　　陈志强
杰罗姆书信的社会批判锋芒
　　——古典晚期思想史研究一例　　　　　　　　　　　　　　彭小瑜
维杜金德《萨克森人史》中的政治世界　　　　　　　　　　　　侯树栋

史学理论与史学史
二战前后英国左翼知识分子与1930年代的历史书写　　　　　　　莫　磊
史学理论的性质、对象、价值与方法　　　　　　　　　　　　　陈　新
爱德华·汤普森和英国马克思主义新社会史学的"文化转向"　　　梁民愫
建构、突破与回归
　　——晚期中世纪英国政治史书写范式的流变　　　　孟广林　温灏雷
年鉴学派的总体史理论及其实践　　　　　　　　　　　　　　　王加丰

篇目推荐

欧美史
亚洲、非洲、拉丁美洲和大洋洲史
古代中世纪史
史学理论与史学史

（执笔者：徐再荣、杜娟）

全国性学术社团动态

全国性学术社团动态

(按拼音排序)

(一) 中国朝鲜史研究会

1. 学会简介

中国朝鲜史研究会成立于1979年,由全国范围内研究和关心朝鲜(韩国)历史和朝鲜半岛问题的教授、专家、学者等社会各界人士组成,是中国研究朝鲜(韩国)历史的民间学术团体。研究会接受业务主管单位中国社会科学院和社团登记管理机关民政部的业务指导和监督管理。

研究会的宗旨是:以马克思列宁主义为指导,深入贯彻落实习近平新时代中国特色社会主义思想,坚持党的全面领导,坚持民主办会的原则;以奉献、创新、协作的精神,加强研究朝鲜半岛历史各相关单位、人员之间的合作,本着"百花齐放、百家争鸣"的方针,开展学术交流活动,促进中国朝鲜史研究的繁荣;逐步建立具有中国特色的朝鲜史研究体系和教学体系;为促进中国与朝鲜半岛国家的学术文化交流以及相互理解与友好合作做出积极的贡献。

研究会的最高权力机构是会员代表大会,理事会是会员代表大会的执行机构,在闭会期间领导该会开展日常工作,对会员代表大会负责。该会设立常务理事会和秘书处处理日常事务。按照《民政部社会团体管理条例》中的相关规定,管理学会日常事务。

现有会员近300名。成立40余年来,召开学术会议27次,出版论文集(包括内部刊行和公开发行)17部,2008—2021年每年召开一次学术年会,出版论文集一部,是研究会活动最为正常、最为活跃、健康发展的时期。

研究会自成立以来,开展了各种学术活动和组织,就朝鲜历史分期、封建土地所有制的特点、高句丽的社会性质、资产阶级的形成与作用、日本对亚洲的侵略、朝鲜半岛南北关系、韩国现代化道路、中朝中韩关系等问题组织了多次学术研讨会,其中包括具有重大影响的国际会议,产生了良好的社会效应。研究会先后出版了《朝鲜历史研究论丛》和《中国朝鲜史研究》等学术著作,组织翻译了《朝鲜全史》(1—5卷)。

先后担任过研究会会长的有朴文一、姜孟山、黄有福、金成镐,现任会长是朴灿奎。

2. 学会动态

2021年11月5—6日,由中国朝鲜史研究会主办,延边大学朝鲜—韩国研究中心承办的中国朝鲜史研究会2021年学术年会暨第十一届会议代表大会,在吉林延边州以线上形式召开。此次年会的主题为"朝鲜半岛的历史与文化",其中主要议题分为五个方面,分别是朝鲜半岛历史与文化、东亚视域下的朝鲜半岛对外关系、中朝(韩)古代移民研究、朝核问题以及讨论第十一届理事会换届事项。出席线上会议的人员来自北京、上海、天津、吉林、黑龙江、河南、山东、浙江、江苏、陕西、安徽、四川、江西、福建、广东、广西等16个省和直辖市以及朝鲜、日本等，总计参与人员逾百名，提交了近90篇论文。此次年会以线上形式举行，并分为五个会场，分别是主会场古代史组、近现代史组、政治经济文化组、硕博论坛一组、二组。

11月6日的会议开幕式由秘书长孙泓主持，中国社会科学院世界历史研究所副所长刘健和延边大学朝鲜半岛研究院院长朴灿奎致开幕词。

开幕式结束后，进行了第十一届理事会的换届工作会议，会议由孙泓主持，并由其向全体会员代表汇报了第十届理事会工作报告、财务报告，全体与会代表通过问卷星线上投票选举产生了中国朝鲜史研究会第十一届理事会，选举产生第十一届理事会理事57人；法人代表孙泓主持召开了第十一届理事会会议，选举产生了会长、副会长9人，常务理事28人，组成了第十一届理事会，朴灿奎教授任会长，孙泓任副会长兼秘书长、法人代表。

延边大学朝鲜—韩国研究中心历史研究所所长全莹主持主旨发言，金洪培、李花子、郑继永、宋成有分别做了主旨发言。延边大学人文学院院长金洪培对朝鲜半岛文人"徐福东来"记事叙述与半岛民间记忆—传说、民谣等资料的研究，勾勒出了徐福一行在半岛的可能行迹，认为徐福作为一个正面的东亚文化交流形象，对增进东亚地区文化交流，增强区域凝聚力方面仍然具有价值，值得各国学界对"徐福东渡与朝鲜半岛"这一课题做更深入的研究。中国社会科学院历史研究所研究员李花子将法兰西学院收藏的《天下诸国图》与韩国奎章阁收藏的《舆地图》做了对比研究，认为法藏、奎藏"穆胡定界时所模图"，是根据穆克登定界时送给朝鲜的长白山图摹画的，题记标注"壬辰穆克登胡定界时所模"最能说明问题。两幅图的制作时间虽有不同，但是可以确定摹自同一个长白山图。两图互为补充，用最直观的形式再现了穆克登定界的历史原貌，特别是设栅以前的原貌，弥补了文献记载的不足，具有较高的史料价值。复旦大学韩国研究中心主任郑继永对朝鲜半岛当前局势以及中国对朝鲜半岛外交政策走势进行了分析、论述。北京大学历史系宋成有教授梳理了最近十年的朝韩史研究成果，认为：（1）当前整体研究成果分布失衡，朝韩古代史方研究成果居多，近现代史的成果偏少，现当代朝鲜史缺项；（2）古代史的研究成果偏重于高句丽、朝鲜时代，古朝鲜、新罗与百济研究，以及统一新罗、渤海、后三国时代、高丽时代、朝鲜时代等领域的研究或刚刚开始，或依然缺项，仍需继续大力拓展；（3）中朝韩关系史是中国学者看朝韩的研究视角，对朝韩关系属于中国对外关系史的一部分，缺乏朝韩看中国的研究视角，也是一种偏重偏轻的表现。他指出：其一应持中国学者的视角，自成一家之言，不能亦步亦趋地复制、转述外国学者的观点，甚至挟洋自重，傲视本国学术界；其二，坚持中国学者传统的全方位整体思维方式，运用唯物史观和辩证法研究朝韩史的理论立场，体现中国学者应有的眼光、气度与格局，而非沉湎于研究的史料堆积，研究课题的细分化、碎皮化；其三，发扬中国学者研究朝韩史的独有优势，综合搜集并采用国内外不同类型、文本的研究资料，借鉴朝韩、欧美、日本学者的研究理论与视角，有所借鉴、有所选择、有所开拓，而非迷失方向，或囫囵吞枣，或人云亦云，以至数典忘祖，自我矮化。期待经过数代中国学者的持续努力，最终形成有中国学术特色的朝韩史研究系列。

大会主旨发言结束后，与会代表分为古代史、近现代史、政治经济文化、硕博论坛一组、硕博论坛二组这五个小组，分别进行了线上学术讨论。古代史组提交论文15篇，讨论的主题是"朝鲜半岛历史与文化和中朝（韩）古代移民研究"。近现代史组提交论文17篇，讨论的主题为"朝鲜半岛历史与文化、东亚视域下的朝鲜半岛对外关系、中朝（韩）古代移民研究、朝核问题"等。政治经济文化组提交论文19篇，讨论的主题为"朝鲜半岛历史与文化、东亚视域下的朝鲜半岛对外关系"等。硕博论坛共收录论文30篇，分为两个小组。一组由郭海燕、魏志江、孙卫国三位教授进行点评指导；二组由刘宝全、张礼恒、张慧智三位教授进行点评指导。

分组讨论结束后，进入分组汇报换届，分组汇报由延边大学人文学院历史系主任姜秀玉主持，陕西师范大学拜根兴教授、北京大学王元周教授、辽东学院朝鲜半岛研究所所长满海峰分别代表古代史组、近现代史组、政治经济文化组进行小组汇报，硕博论坛分别由延边大学博士生杨璐和沈昊汇报了各自小组的讨论情况。

闭幕式由中国社会科学院孙泓副研究员主持，会长朴灿奎教授充分肯定了此次朝鲜史年会取得的成果及第十届理事会的工作，并对下一届理事会的工作提出展望和设想。

此次会议上的论文时间跨度大、主题领域广泛，古代史组包括对史料的研究、对移民问题的研究、对思想史的研究以及对考古问题的研究等，近现代史组研究领域涉及政治史、外交关系史、社会文化史等。论文成果充分展现了专家学者们强烈的历史观和现实观，展现了研究者们从多维度、多视角展开研究的创新性和开拓性。参会人员不仅包括极具资历的老前辈老学者，也有不少青年学者和硕博士研究生参加，并设立两个硕博论坛专场，请知名学者进行点评，对硕博士研究生的成长起到了非常重要的推动作用，充分发挥了该平台促进多层学术观点交流互融的多元性，促进了朝鲜史研究领域的深入发展。

（二）中国德国史研究会

1. 学会简介

中国德国史研究会成立于1980年，是由从事德国史研究和教学的专业工作者自愿组成的全国性、学术性、非营利性的社会组织。该会接受业务主管单位中国社会科学院和社团登记管理机关民政部的业务指导和监督管理。

该会的宗旨是：团结德国历史研究者，积极开展德国史研究、学术讨论和教学经验交流，培养青年德国史工作者，推进世界史学科发展，为国家现代化建设服务。

该会遵守宪法、法律、法规和国家政策，践行社会主义核心价值观，弘扬爱国主义精神，遵守社会道德风尚，自觉加强诚信自律建设。坚持中国共产党的全面领导，根据中国共产党章程的规定，设立中国共产党的组织，开展党的活动，为党组织的活动提供必要条件。

研究会的最高权力机构是会员代表大会。会员代表大会的职权是：（1）制定和修改章程；（2）选举该会理事会；（3）审议理事会的工作报告和财务报告；（4）决定终止事宜；（5）决定其他重大事宜。研究会设理事会、常务理事会负责研究决定学会日常工作。

研究会自成立以来，先后举行了七次会员代表大会暨学术讨论会，以及多次专题性的学术讨论会，就德国史的宏观整体及若干重大问题，如德国宗教改革、德国的工业化——现代化、德国文化史、德国工人运动史、德意志民族主义、德国法西斯主义、德国社会市场经济、德国的分裂与统一、德国对外政策、中德关系史等进行学术讨论和交流，还举行了《中德关系和多边化趋势》等国际学术讨论会。

研究会先后编辑出版《德国史研究通讯》、《德国史论文集》、《中德关系史文丛》、《中德关系史资料》、《德国史文献与资料》（现代部分）等，研究会会刊为《德国史研究通讯》。研究会成员出版（发表）了《德国通史》《德国资本主义发展史》等专著和论文多篇，并翻译出版了若干国外的德国史著。部分会员还依托高校培养德国史的研究生。

先后担任过研究会会长的有熊伟、朱忠武、丁建弘、吴友法、邢来顺、郑寅达，2021年在任会长是景德祥（代理）。

2. 学会动态

2021年1月10日，中国德国史研究会举行第10届理事会第3次常务理事会（线上会议），讨论郑寅达会长因年龄问题卸任，并通过相关决议。审批教师会员，选举产生景德祥研究员作为代会长。

6月28日，中国德国史研究会申报的国家社科基金社科学术社团主题学术活动"德国史研究的新视野"中国德国史研究青年论坛获准立项（项目批准号：21STB020）。

9月25日，中国德国史研究会举行第10届理事会第4次常务理事会。会议内容主要有三项：学术回顾、行政事务汇报、有关新会员入会的表决。通过决议，接收2名新会员。

10月15日，学会微信公众号（德史研究）发出《第一届中国德国史研究青年论坛1号启事》。

10月29日，学会常务理事会举办联合党课（线上会议），主题为"中美变局与世界前途"。

11月6—7日，中国人民大学举办"文化建构与首都城市治理发展"国际专家论坛活动，中国德国史研究会为协办单位，景德祥、李维等学会领导参加了此次会议。

（三）中国第二次世界大战史研究会

1. 学会简介

中国第二次世界大战史研究会成立于1980年，是由从事二战史教学与科研工作的研究人员、教学人员和对该专史有兴趣且有一定研究成果的业余爱好者自愿组成的非营利性社会组织。

研究会接受业务主管单位中国社会科学院和社团登记管理机关民政部的业务指导和监督管理。

其宗旨是在马克思列宁主义、毛泽东思想、邓小平理论、"三个代表"重要思想和科学发展观的指导下，认真学习领会习近平新时代中国特色社会主义思想，开展学术讨论、交流科研成果，促进我国二战史的教研工作，为培养史学人才服务。研究会的一切活动，应遵守宪法、法律、法规和国家政策，践行社会主义核心价值观，遵守社会道德风尚，自觉加强诚信自律建设。

40年来，研究会举行了40余次专题学术讨论会，先后编辑出版了《第二次世界大战史论文集》共五辑，内部出版会刊《二战史通讯》，并协助推动和支持出版了一批我国学者撰写的第二次世界大战史学术专著、教材、论文集和资料集。这些活动得到了军队和地方有关部门领导同志的肯定和学术界同仁的称赞，并已引起了国际史学界的关注。

截至2021年，研究会有会员二百余人，分布于全国21个省市的56个单位，主要为地方与军队的科研单位、高等院校的专业工作者，另有部分的出版机构、宣传部门的工作者和中学教师。2016年以后，随着我国军队体制改革的深入发展，部队的编制和人员发生了很大的变化。为了落实民政部、中央军委政治工作部印发的《关于加强非军队主管的社会团体涉军事项管理的通知》（民发〔2018〕78号）和民政部刊发的《军队人员参加社会团体政策问答》文件，研究会进行了会员重新登记。

该会的最高权力机构是会员代表大会。会员代表大会每届五年，设有理事会、常务理事会。理事会是会员代表大会的执行机构，在闭会期间领导该会开展日常工作，对会员代表大会负责。

先后担任过研究会会长的有陈正飞、张继平、黄玉章、陈祥超（代理）、胡德坤、徐蓝，现任会长是林利民。

2. 学会动态

中国第二次世界大战史研究会2021年年会暨学术研讨会，于2021年10月30日至31日如期举行。此次学术研讨会由中国第二次世界大战史研究会主办，中国社会科学院世界历史研究所、武汉大学中国第二次世界大战史研究所、武汉大学中国边界与海洋研究院共同承办。来自国内多所大学、研究机构、博物馆与纪念馆的研究学者共105人参加了会议，集中展现了二战史研究心得与最新成果。此次会议采取线上线下相结合的方式进行。

大会的主题报告主要围绕二战史研究重大问题与现实问题展开。胡德坤指出，马克思主义中国化已成为我党百年史上的优秀传统，我们必须继承和发扬。徐蓝从宏观上介绍了战后国际秩序关系的变化与中国自身的外交发展。李绍先重点介绍了阿富汗的概况、美国为什么打阿富汗战争、阿富汗未来的局势发展，以及中国的机遇与挑战等几个问题。袁鹏指出，中美间一系列的变化不是一件事促成的，它是实力对比、战略态势、战略基础共同发生变化导致的结果。徐步从自身与美方的外交实践出发，强调中美之间的战略竞争将是常态。由于会议主题的丰富性和与会学者研究方向的多元化，此次会议主体议程分为4个组，6个大主题，11个线上会议室进行，评议人对各小组的论文进行了精彩的点评，与会学者们也进行了热烈的讨论与交流。现将主要观点总结如下。

关于二战中的中共抗战问题。有关中共战时外交。韩永利认为，中国共产党以马克思主义理论为指导辨析时代的主要矛盾，率先提出构建反法西斯统一战线，确定并坚持将美英纳入反法西斯合作范畴。王睿恒以美国新闻处为观察视角，聚焦国共两党围绕新闻处的争斗，揭示了国共两党对新闻处的不同政策及政策成因。刘晓莉提出，反法西斯战争后期，中国共产党全面启动对外政策的制定与对外交往的实践。有关外国档案文献中的中共抗战。彭敦文分析了抗战时期装备极端落后的八路军、新四军面对拥有现代化武器的日军，如何积蓄力量形成战胜对手的有效战力的问题。卢晓娜指出，1944年夏，基于击败日本的共同战略目标，在中共的配合和观察组成员的推动下，中共与美军建立起了短暂、顺利的军事合作。喻卓通过对1931年至1945年英国外交部《中国政治报告》的梳理，分析英国对中共抗战的认知经历了四个阶段。韩永利提出，材料使用的单一不利于史学研究的深入，战时英国对中共的认知还需要更全面多维的考察。赵耀虹关注埃德加·斯诺引发的战时集体"亲共"的叙述模式。张逦提出，日方通过调查研究认识到，中国共产党最大的威力在于该政党的政治攻势，同时配合了人民战争随机应变的战略战术。有关共产国际与中共抗战。汪金国依据苏联史料，认为中共在抗战时期坚持的独立自主原则，暴露出共产国际已不适应各国革命斗争需要的缺陷，其解散是必然的归宿。郝江东认为，从1938年下半年至1942年东北抗联教导旅组建，东北抗联的历史变迁中折射出了苏联远东战略的不断调整。

关于欧洲大陆、美英与二战问题。有关欧洲大陆与二战。张志华认为，希特勒虽然有分三步称霸世界的扩张计划，但实际上已经意识到美国迟早要加入反法西斯战争。罗衡林论述二战德国女性研究，是包括科塞勒克等德国史学家在内的欧洲史学界强调共同的历史记忆的价值所在。徐之凯关注二战末期，法国光复之后，临时政府开始积极争取盟国支持，以实现法国国际形象的恢复。有关美英与二战。高国荣聚焦罗斯福"新政"时期美国的农业调整政策问题。武垚从英国对南斯拉夫流亡政府的政策切入考察二战时期英国与欧洲流亡政府的关系。

关于二战史研究理论探析。林利民将二战史研究分为三波大发展阶段，2020年、2021年的新冠疫情则是第三波大发展阶段，它导致人们重新思考世界大战的新形式。梁占军认为，要在全球史视域下进行抗日战争史研究，就要重视中国战场的跨国合作研究，用全球史观、借鉴全球史理论来分析问题。何桂全认为，二战是世界历史发展的一个重要节点，由此谈到二战对世界格局和全球化方式的影响。赵文亮在指出苏联学者与西方学者关于二战起源不同看法的基础上，重点讨论了国内学者的观点。李怀顺阐述了绥靖政策的错误与教训，着重探讨了英国推行绥靖政策的原因。闫自兵将中国学术界对二战起点的讨论及观点分三个阶段进行了较细致的梳理。

关于战争记忆与战争观念问题。陶赋雯以玛丽安·赫希提出的"后记忆"理论为切入点，考述"后记忆"视域下的二战影像问题。王薇拟通过利用英国档案，研究二战期间对中国国际地位认识的演变过程。朱大伟注意到从20世纪20年代末期到二战爆发前，中国知识界对日趋紧张的国际局势保持着关切和思考。孙敏指出，在文化记忆的视域下，靖国神社成为一处记忆之场。

关于二战期间的国际关系。王新谦注意到第二次世界大战是人类历史的一个重大转折点，也是战后国际关系史发展的一个重大转折点。石建国依据中、韩文资料，重新梳理了大韩民国临时政府辗转迁徙面临的困难。郑晓明关注了泰国外交的传统原则"以夷制夷"的形成与发展。蔡佳以全新的视角诠释第二次世界大战中法国的抵抗运动。

关于二战史研究的其他问题。史林凡论述了20世纪30年代英国和平主义者提出武装国联方案的原因及其局限性，强调了相关争论造成的影响。宋立斌指出，二战后军事法庭审判中，战争罪行委员会密切关注法庭实践并对其局限进行补充，积极与联合国相关部门合作，极大地促进了国际人道法和人权法的发展。马天新考察了二战期间美苏租借物资清偿问题的缘起、内容及其负面影响。路文睿以《纽约时报》等报纸为主要的考察对象，分析了1943年西方反法西斯盟国对共产国际解散的态度变化。曹占伟考察了二战中英法等宗主国对非洲和南亚殖民地附属国进行大规模的士兵动员，强调殖民地士兵自身的成长和对战争的巨大贡献。杨赛认为，新四军战地服务团和教导队文化大队开展的戏剧创演和歌咏活动，极大地鼓舞了军民的斗志，团结了各种抗日力量，对抗战的胜利起到了积极作用，并为新中国的音乐事业培养了大量人才。宋青红考察了中国护士学会总动员委员会在1942年成立后的活动及其遇到的困难，总结了抗战时期战时护士动员四个方面的特征。叶炘睿通过考证歌曲《在太行山上》的创作过程，认为存在诸多值得商榷的地方，反映出历史知识在传播过程中存在的问题或误区。白明宇论述了抗战时期晋察冀边区基层党组织发展的四个阶段。高翠介绍了馆藏马海德文物的概况，强调了它们的学术价值。林泉忠指出从1945年到1957年，以蔡璋为核心的"琉球青年同志会"对中国琉球政策的影响力体现在如下方面：获得了南京国民政府高层的高度重视，提高了琉球议题在中国社会的能见度，增加了中国政府与社会舆论对"收回琉球"主张的支持，等等。杨瑞璟以台北"国史馆"滇缅运输海路档案为中心，考察了全面抗战时期中国对伊洛瓦底江的运营构想。张华聚焦国际著名防疫专家伯力士从1941年至1948年在中国浙江的鼠疫防疫人才培养工作。

会议闭幕式由新一届中国第二次世界大战史研究会副会长、武汉大学彭敦文教授主持，他对会议召开及取得的成果给予充分肯定。新一届中国第二次世界大战史研究会会长、国际关系学院林利民教授致闭幕词。他指出，世界在历史的长河中瞬息万变，过去一个世纪人类社会历经诸多大事，除了两次世界大战，还有之后的冷战、伊斯兰和基督教之间的文明冲突，以及日新月异的技术创新。二战史的研究因其重要性、复杂性、政治影响的持久性、为人类服务的目的性而不断发展，永不止步。

（四）中国法国史研究会

1. 学会简介

中国法国史研究会于1979年8月正式成立，主要由全国从事法国历史研究和教学工作的人员自愿组成的非营利的民间组织。研究会接受业务主管单位中国社会科学院和社团登记管理机关民政部的业务指导和监督管理。

研究会的宗旨是：贯彻"百花齐放、百家争鸣"的方针，提高我国法国史的教学与研究水平；促进国际学术交流，为中国改革开放服务。遵守宪法、法律、法规和国家政策，践行社会主义核心价值观，弘扬爱国主义精神，遵守社会道德风尚，自觉加强诚信自律建设。

研究会坚持中国共产党的全面领导，根据中国共产党章程的规定，设立中国共产党的组织，开展党的活动，为党组织的活动提供必要条件。

研究会在40余年的学术活动中，造就培养了一大批中青年研究人才，形成了良好的传统和风气：专注于学术研究，勤于思考、勇于开拓，使研究会学术活动充满活力和创新精神；在老一代学者的身体力行和带动下，研究会自成立之日起就弘扬团结合作、不计得失、相互关心的精神，这也是该会得以发展、人才辈出、取得学术成果的基本条件。经过40余年的历史沿革，研究会形成了完备的组织机构和管理制度。该会的最高权力机构为会员大会。会员大会原则上每四年召开一次。会员大会承担以下职权：制定和修改章程；选举和罢免理事；审议理事会的工作报告和财务报告；决定其他重大事宜；决定终止活动事宜。截至2021年该会约有200位会员，主要分布在全国各科研机构和高等院校。

研究会的业务范围主要在以下五个方面：1. 举办该学科学术研讨活动；2. 编撰、翻译与该学科有关的出版物和资料；3. 组织该学科专业学术培训；4. 开展国内外学术交流；5. 接受有关部门、机构的业务咨询。研究会成立以来，组织召开了国际和国内学术研讨会几十次，并与法国合作举办了"中法历史文化研讨班"（2004—2021）。由研究会组织编写和翻译的出版物达数十种，不定期会刊为《法国史通讯》。

先后担任过研究会会长的有张芝联、陈崇武、端木美，2021年在任会长是沈坚。

2. 学会动态

2021年11月12—13日，由中国法国史研究会主办，武汉大学历史学院世界历史研究所和《法国研究》杂志社共同承办的"中国法国史研究会2021年年会"暨"法国历史上的社会转型与文化变迁"学术研讨会在武汉大学成功举行。来自国内外三十多所高校和杂志社的专家同人和代表共60余人参加了此次会议，线上旁听和参与讨论的人数达200多人。会议采取线上方式召开。

会议开幕式由武汉大学历史学院世界史教研室主任潘迎春教授主持。武汉大学人文社会科学研究院副院长陶军致欢迎词，表达了对与会学者的热烈欢迎，也表达了受新冠疫情影响无法邀请各位与会代表亲临武汉大学的遗憾。陶军副院长向与会学者介绍了武汉大学历史学院和世界史学科的情况，改革开放以来武汉大学对法交流的情况，武汉大学法国问题研究所创刊于1983年的《法国研究》杂志的详细情况。陶军副院长感谢学界前辈和同仁一直以来对刊物的支持，希望在大家的共同努力下，将《法国研究》的影响力再推上一层楼，使之成为中国法国研究同行之间交流的一块精神园地，也成为中法合作和文化交流的一座桥梁。

中国法国史研究会会长、浙江大学沈坚教授致开幕词。他指出法国史研究呈现出几个特点：其一，法国史研究呈现年轻化的趋势；其二，法国中世纪史研究得到加强；其三，参会代表的研究主题涵盖了社会史、政治史、文化史、思想史、全球史等诸多领域，大部分研究紧扣国际学术前沿，且有着自身的突破和创新。沈坚教授强调，中国的法国史学者要具备现实关怀和问题意识，应该多关注现当代问题，也要立足于中国，提出我们需要思考和研究的原创性问题，在法国研究中贡献中国学者的智慧，发出中国学者的声音与观点，加强与法国学者的对话。

大会发言环节由中国法国史研究会副会长、浙江大学吕一民教授主持。北京大学崇明的发言题目为"孟德斯鸠思想的宗教基础"。他从孟德斯鸠对宗教采取激进批判态度以及肯定宗教的积极意义两个维度进行剖析，指出孟德斯鸠思想的宗教基础可以概括为宗教精神与自由精神的结合，他所主张的政治与宗教的分离是为了更好地促进两者的相互补充。暨南大学李云飞的发言题目为"加洛林王朝主教选任的实际程序和隐性制度"。他通过考察加洛林王朝主教选任的具体程序，尤其是国王如何将王权的掌控内嵌到自主推举的正式规范之中，揭示了主教选任中显性制度与隐性制度之间的张力。中山大学曾晓阳的发言题目为"近现代法国小学历史教科书对高卢先祖的共和民族形象建构"。她以维钦及托列克斯为例，分析了第三共和国时期历史教科书的编者们如何借助故事内容的选取和人物形象的建构，来激发和强化学童的民族认同和政治认同。浙江大学董子云的发言题目为"14—16世纪法国高等法院立法权观念的兴衰"。他考察了14—16世纪高等法院与国王围绕立法权问题展开的理论和实践层面的博弈，阐述了法国高等法院立法权观念的演变，以及国王立法权在16世纪得以确立的过程。

随后的分组讨论环节按主题分成三组进行。第一组的主题是政治、观念与革命。上午场由中国社会科学院世界历史研究所的姜南与《光明日报》杂志社的周晓菲共同主持，评议人为浙江大学的张弛；下午场由浙江大学的乐启良与《社会科学战线》杂志社的刘莉共同主持，评议人为复旦大学的张智和北京大学的崇明。北京大学李隆国重新审视了奠定中古拉丁欧洲基本政治框架的法兰克王朝—罗马教宗联盟的形成。天津师范大学黄浩指出，行省概念的发展和推广是中世纪晚期以来王权主导的地方治理制度创新的结果，其背后蕴含着地方与中央权力的政治互动与冲突。中山大学的陈喆探讨了17世纪末震动法国朝野的"静寂主义事件"的具体起因。法国高等研究实践学院周之桓博士认为，可以将法兰克王国于536年或537年获得普罗旺斯地区视为法兰西诞生的中世纪起点。西南政法大学李锐思阐述了克劳德·德·塞瑟尔（Claude de Seyssel）的王权理论。中国社会科学院世界历史研究所张慧考察了18世纪法国重农学派对国民观念内涵的革新。上海师范大学黄艳红在勾勒大革命之前繁复且混乱的度量衡的基础上，将公制米的创立置于启蒙时代对"自然尺度"的推崇以及大革命时期对"普世主义"的追求的历史语境中，探讨了这一过程背后的思想、文化和政治意涵。北京师范大学江天岳在全球化视野下考察了法国海军对美国援助的历史意义。北京外国语大学潘丹考察了斯塔尔夫人关于革命时期的政制与民情。南京大学盛仁杰探讨了后革命时代法国关于"立宪君主制"的争论。

第二组的主题为仪式、图像与文化。上午场由《读书》杂志社的饶淑荣和南京大学的于京东共同主持，评议人为上海师范大学的黄艳红；下午场由华南师范大学的张庆海和中山大学的陈喆共同主持，评议人为北京大学的李隆国和上海师范大学的洪庆明。浙江师范大学江晟考察了中世纪与近代早期欧洲葬礼仪式中的空间隔离和时间隔离特性。北京外国语大学吕珊珊探讨了 15 世纪和 16 世纪之交的作者和印刷商皮埃尔·格兰高尔利用政治戏剧来表达理想，并进行行会的宗教和世俗身份构建的过程。浙江大学汤晓燕将图像史与政治史相结合，对大革命时期法国国内外出现的反革命图像进行分析。温州大学唐运冠探讨从中世纪到近代法国人对猫的普遍情感经历的变化。四川大学陈昊博士关注了法国宗教战争时期的天主教宣传问题。中国社会科学院大学贾方舟同学研究了亨利四世 1594 年加冕仪式研究。南京大学韩伟华通过分析鲁本斯的二十四幅系列组画，解释了他的叙事技巧。南京大学于京东将地图出版生态史的研究置于科学史、知识史与政治史相融合的视域之下，探讨了 17 世纪、18 世纪法国地图出版业的生态特征及其外部语境，并分析了它对知识传播与政治社会的影响。四川大学石芳以伏尔泰为例，分析了权贵为文人提供的经济资助和政治保护，及其对启蒙运动的发展和传播的意义。山东大学孙一萍梳理了记忆与情感史的发展历程及其相互关系。

第三组的主题为社会、经济与治理。上午场由山东大学的孙一萍和《浙江学刊》杂志社的田明孝共同主持，评议人为清华大学的吕昭；下午场由湖南师范大学的刘大明和华南师范大学的周小兰共同主持，评议人为中山大学的曾晓阳和浙江大学的朱晓罕。中山大学周立红从总体史的视角分析了旧制度谷物的生产、分配和流通环节。华中师范大学的詹娜探讨了旧制度治理权的来源和性质。华南师范大学周小兰分析了 19 世纪上半叶法国的社会救助体系。武汉大学梁桂蓉博士考察了近代早期法国城市的清洁与卫生治理。浙江大学盛舒蕾博士关注了 19 世纪法国香水制造业的诞生。上海杉达学院董涵宇分析了 19 世纪法国世俗化思想从保卫到反对《教务专约》的转变过程。浙江外国语学院孟亚莉考察了新教推动教育世俗化的进程。四川大学刘梦佳探讨了二战之后阿尔及利亚独立造就的"黑脚"回流法国的浪潮。江苏师范大学朱正梅探讨了欧共体无法正常运转的"空椅子危机"形成的根源。华东师范大学高嘉懿梳理了法国左翼力量发展和法国共产党建立的过程及其在不同时期发挥的作用。

分组讨论结束后，大会进入闭幕式环节。闭幕式由中国法国史研究会会长沈坚教授主持。第一项议程为小组汇报，盛仁杰、韩伟华和周立红三位老师作为三个小组的代表分别向大会汇报了本组的发言和讨论情况。第二项议程由中国法国史研究会副会长、浙江大学吕一民教授对大会作学术总结。他认为，此次大会参会代表的研究和讨论体现出学术视野开阔、史料更为丰富、紧随国际学术前沿等特点，并提出加强法国现当代史研究，重视学术研究的普及工作等建议。第三项议程由中国法国史研究会副会长、北京大学高毅教授致闭幕词。他指出，要想做好中法文化交流，就应该有现实关怀、问题意识。而这一阶段最重要的问题意识在于通过研究不同国家的政治和文化演进之路，为我国的国家建设提供经验教训。

（五）中国非洲史研究会

1. 学会简介

中国非洲史研究会成立于 1980 年 4 月。是由从事非洲史研究、教学的单位和专业人员自愿组成的全国性、学术性、非营利性社会组织。

研究会的宗旨是：贯彻"百花齐放、百家争鸣"的方针，协调和加强国内外学术交流，促进非洲问题研究的深入，推动中国与非洲关系的发展，为我国的改革开放和社会主义现代化事业做出贡献。研究会遵守宪法、法律、法规和国家政策，践行社会主义核心价值观，弘扬爱国主义精神，遵守社会道德风尚，自觉加强诚信自律建设。坚持中国共产党的全面领导，根据中国共产党章程的规定，设立中国共产党的组织，开展党的活动，为党组织的活动提供必要条件。

研究会的主要任务为团结和组织全国非洲史的教学、研究人员和实际工作者开展非洲史和非洲问题研究；组织举办该学科学术研讨会、报告会；组织该会会员撰写、编辑和译介与本学科有关的专著、论文、报告和资料；等等；接受有关部门、机构的业务咨询；促进国际学术交流；等等。

研究会成立以来，先后举办了全国性的学术会议四十余次。研究会编辑出版了《非洲史论文集》、《非洲通史》（三卷本），主持《非洲大事年表》《非洲问题研究中文文献目录》等工具书的撰写，组织和协调联合国教科文组织编写的八卷本《非洲通史》等学术名著的译介工作，出版会刊《非洲历史研究》。

研究会的最高权力机构是会员代表大会，会员代表大会选举产生理事会，理事会是会员代表大会的执行机构。会员代表大会闭会期间，理事会领导该会开展日常工作，对会员代表大会负责。秘书长主持秘书处开展日常工作，组织实施年度工作计划。会长召集和主持理事会；检查会员代表大会、理事会决议的落实情况。

截至2021年，研究会有会员260余人，他们主要来自全国的高等院校和科研院所，也有部分会员来自国内的政府机构、新闻出版单位和涉非企业。会员基本覆盖全国各地的高校和研究机构，他们所从事的专业研究既包括基础研究，如非洲历史、语言、文学与文化，也包括对策研究，如非洲政治与国际关系、非洲经济、大国与非洲、中非关系与"一带一路"等。这些会员共同组成一支专业性强，覆盖面广的教学和科研队伍。

先后担任过研究会会长的有纳忠、陆庭恩、宁骚，现任会长是李安山。

2. 学会动态

2021年10月16日，中国非洲史研究会成立40周年纪念大会暨"中国非洲史研究：理论与方法"学术研讨会在湘潭大学举行。

湘潭大学法学院院长欧爱民主持开幕式，湘潭大学党委副书记廖永安、外交部非洲司公使衔参赞贺红燕、中国社会科学院世界历史研究所党委书记罗文东分别在开幕式上致辞。廖永安指出，湘潭大学非常重视非洲研究，开中国非洲法律学科研究先河。贺红燕高度评价了中国非洲史研究会在过去取得的成就，希望非洲史研究会作为民间智库，为中非关系发展做出自己的贡献。罗文东指出，当前，在以习近平同志为核心的党中央坚强领导下，随着"一带一路"建设的展开，特别是新时代中非关系的提升，非洲史研究迎来了最好的时期；希望中国非洲史研究会在广阔的发展空间做出更具创新意义的研究。

中国非洲史研究会成立大会代表、湘潭大学李广一教授声情并茂地回顾了非洲史研究会成立的艰难历程。中国非洲史研究会前会长、北京大学宁骚教授在书面发言中指出，非洲史研究会形成了包容团结的优良传统。中国非洲史研究会会长李安山谈及自身与非洲史研究会的不解之缘，祝中国非洲史研究会再创佳绩。

外交部非洲司公使衔参赞贺红燕做了"百年变局下的非洲形势和中非关系新发展、新挑战"的主旨报告。她谈道，正如习近平总书记所指出的，放眼世界，我们面对的是世界百年未有之大变局。当前，百年变局叠加世纪疫情，使得非洲形势发生新的变化，虽然非洲新冠疫情走势总体要好于预期，但非洲疫情后续发展仍面临一定的不确定性。

贺红燕指出，百年变局下非洲形势呈现新特点，非洲国家积极应对新冠疫情挑战，政治形势总体保持稳定，但非传统安全问题有所突出。非洲国家经济陷入新的困境，但也迎来新的发展机遇。中非关系克服疫情困难稳步向前，中非政治交往力度不减，政治互信愈加稳固。中非团结抗疫，相互支持，共克时艰；中国对非洲抗疫援助实现全覆盖。中非合作砥砺前行，中非贸易逆势增长。中非在国际事务中携手捍卫多边主义，共促国际公平正义。将于2021年底召开的中非合作论坛第八届部长级会议，对中非双方进一步凝聚共识、加强合作，高质量推进中非命运共同体建设，推动疫后非洲、中国乃至世界经济复苏发展具有重要意义。

湖南省商务厅党组成员、副厅长李心球就中非经贸博览会与中非经贸深度合作先行区做主旨报告。他指出，非洲国家有着充分的经济增长空间，中非经贸面临新起点、新挑战、新机遇，需要新作为。湖南通过举办中非经贸博览会，打造中非合作论坛经贸新平台，打开地方对非合作的新窗口，务实推进非洲国家农贸商品对华出口。同时，湖南将着力建设中非经贸深度合作先行区，打造非洲非资源性产品集散加工交易中心、中西部地区对非合作物流人流中心等，构建地方对非经贸合作示范高地。李心球表示，湖南将当好博览会组织筹备和地方对非经贸合作这"两个东道主"，办好中非经贸博览会，建好中非经贸深度合作先行区。

此次年会由中国非洲史研究会主办，湘潭大学法学院、湘潭大学中国—非洲经贸法律研究院共同承办。湘潭大学一直是研究非洲问题的重镇，是我国改革开放后成立的第一所研究非洲问题的学术机构。为适应中非关系的新发展，湘潭大学成立了非洲法律与社会研究中心、中非经贸法律研究院。

出席此次会议的还有中国前驻厄立特里亚、卢旺达大使舒展，以及来自中国社会科学院、北京大学、清华大学、华东师范大学等40多个科研机构和高等院校的专家学者，共计99人。

（六）中国国际文化书院

学会简介

中国国际文化书院成立于1989年，是由从事人文社会科学研究和文化工作的专家学者自愿组成的全国性、学术性、非营利性社会组织，接受业务主管单位中国社会科学院和社团登记管理机关民政部的业务指导和监督管理。

书院的宗旨是：研究和传播国内外优秀文化，促进中外民间学术交流，增进中外学者之间的交往和友谊，为中国特色社会主义文化建设提供智力支持，为弘扬和发展中国文化做贡献。

书院遵守宪法、法律、法规和国家政策，践行社会主义核心价值观，弘扬爱国主义精神，遵守社会道德风尚，自觉加强诚信自律建设。坚持中国共产党的全面领导，根据《中国共产党章程》的规定，设立中国共产党的组织，开展党的活动，为党的组织的活动提供必要条件。

书院的活动内容是，以中国社会科学院的专家、学者为依托，组织国内外学者，开展人文社会科学各领域的多学科课题研究；举办国际和国内学术讨论会和报告会；接待外国学者来华进行学术交流和参观访问；组织和协助外国学术著作的翻译出版；等等。

书院自成立以来，开展了广泛的课题研究，举办了10多次类型不同的国际学术会议及10多次全国性学术讨论会和报告会，出版了8部学术著作。

先后担任过学会会长的有陈翰笙、雷中庆、张椿年、吕同六、武寅、于沛、张顺洪，现任院长是汪朝光。

（七）中国拉丁美洲史研究会

1. 学会简介

中国拉丁美洲史研究会成立于 1979 年，是由全国从事拉丁美洲历史研究或教学的个人为进行学术交流、促进该学科研究而自愿组成的全国性、学术性、非营利性社会组织。研究会接受业务主管单位中国社会科学院和社团登记管理机关民政部的业务指导和监督管理。

研究会的宗旨和任务是团结和组织全国从事拉丁美洲史的教学、科研人员开展拉美史研究，推动该学科的学术讨论和信息交流，增进中国人民与拉丁美洲人民之间的友谊，为我国现代化建设和精神文明建设做出贡献。

研究会坚持中国共产党的全面领导，认真学习领会习近平新时代中国特色社会主义思想，牢固树立马克思主义指导地位，切实加强党对该团体的政治领导、思想领导、组织领导，将党的领导贯穿到社团管理中，促进该团体健康发展。遵守宪法、法律、法规和国家政策，践行社会主义核心价值观，弘扬爱国主义精神，遵守社会道德风尚，自觉加强诚信自律建设。

研究会自成立以来，组织召开了各种形式的国际和国内学术会议几十次，先后编辑出版了《拉丁美洲史论文集》《通向世界的 500 年》《全国图书馆藏拉美史书目》等书籍。会刊《拉丁美洲历史研究通讯》每年出版两期。

研究会的会员主要包括三类人员：一是来自全国高等院校从事拉丁美洲史教学和研究工作的教师、博士研究生和部分硕士研究生；二是来自中国社会科学院、现代国际关系研究院和其他社会科学研究机构从事拉丁美洲历史与现实问题研究的科研人员和部分博士研究生、硕士研究生；三是来自媒体、出版机构的工作人员。

先后担任过研究会会长的有李春辉、罗荣渠、洪国起、王晓德，现任会长是韩琦。

2. 学会动态

2021 年 11 月 6—7 日，由中国拉丁美洲史研究会主办，中国社会科学院世界历史研究所承办的中国拉丁美洲史研究会第 20 届年会暨"全球史视野下拉丁美洲与世界的互动"学术研讨会顺利举行。此次研讨会的主题为"全球史视野下拉丁美洲与世界的互动"，来自中国社会科学院、中国现代国际关系研究院、北京大学、南开大学、东北师范大学、福建师范大学等科研机构和高校的九十余名师生以线上形式参会。

中国社会科学院世界历史研究所副所长刘健研究员，中国拉丁美洲史研究会理事长、南开大学拉丁美洲研究中心韩琦教授先后致辞。刘健研究员高度肯定了中国拉丁美洲史研究会自成立以来在团结全国拉美研究力量，推动中国拉美史研究中发挥的积极作用，希望研究会继续加强国内外学术交流，积极为构建中国特色拉丁美洲史学科体系、学术体系、话语体系而努力。韩琦教授在致辞中强调采取全球史研究范式，加强国家、地区与世界的互动研究的重要性。他表示，"互动"是全球化史观的一个核心概念，从全球史的角度研究拉丁美洲与外部世界的互动是国内拉美史研究中的一个薄弱环节，应采取多种途径推动国内史学界对拉丁美洲与外部世界关系的深入研究。

此次研讨会以主题报告、分组论坛、大会发言等多种形式展开。中国拉丁美洲史研究会副理事长兼秘书长、南开大学拉丁美洲研究中心董国辉教授，中国社会科学院拉丁美洲研究所《拉丁美洲研究》编辑部主任刘维广编审、中国社会科学院拉丁美洲研究所高波副研究员、中国社会科学院拉丁美洲研究所林华副研究员、浙江大学光华法学院夏立安教授分别主持了大会报告、分组论坛和大会发言环节。与会代表从全球史角度出发,围绕拉美与世界的互动,以及拉美国家的历史与现实问题发表了观点与看法。

关于地理大发现与殖民地时期新旧大陆之间的互动。中国拉丁美洲学会会长、福建师范大学社会历史学院王晓德教授做题为"16世纪50年代初'巴利亚多利德辩论'及其影响"的主旨报告。他从观念史的视角考察这场辩论在欧洲人认知美洲过程中的重要意义及其产生的影响,深刻揭示了欧洲人的早期美洲观之中所蕴含的中心主义本质。南开大学潘芳副教授探析了16世纪葡萄牙人眼中巴西印第安人形象转变的历程,将其归纳为自然交往阶段的"单纯懵懂的原始人"、同化奴役阶段的"需要教化监督的野蛮人"、种植园经济和奴隶制兴起后的"脆弱懒散的浪者"三个历史阶段。上海外国语大学吴小凡讲师探讨了奴隶争端与西属佛罗里达兴衰的内在联系,重点分析了16世纪至18世纪初黑人奴隶制度的历史脉络,并揭示了西属佛罗里达殖民地的发展轨迹。福建师范大学郭建军通过分析巴巴多斯奴役观的演化过程,揭示了近代早期殖民者现代性思维的发展面向。

关于域外大国在拉美地区的博弈。中国社会科学院荣誉学部委员、拉丁美洲研究所徐世澄研究员做了题为"全球史视野下拉美与亚洲的关系"的主旨报告,从全球视野考察了拉美与亚洲的关系,重点梳理了拉美同中国、日本、韩国、印度以及东南亚诸国的关系。中国社会科学院拉丁美洲研究所副所长袁东振研究员做了题为"当前中国和美国在拉美地区的博弈及影响"的主旨报告。他认为,中美在对拉战略、指导思想和具体政策上存在较大的差异,美国在拉美的战略目标决定了中美在拉美地区的矛盾和冲突不可避免。南开大学王萍教授概述了世界主要大国在拉美的竞争与博弈,并对世界大变局之下应如何看待美国对拉合作、如何看待其他世界大国在拉美地区的合作、如何客观认识"中国因素"在西半球的作用,以及中国面临的机遇和挑战等问题进行了冷思考。山东师范大学孙若彦教授分析了20世纪初西班牙主义对泛美主义的挑战及影响。南开大学王翠文副教授从历史缘起、互动模式与进程等角度,探讨了东亚与拉美的跨地区主义,从全球南方视角下重新审视地区一体化和地区主义的理论和实践,从历史和比较地区主义的研究中发掘地区主义本土化的全球意义。北京大学郭洁副教授考察了当代中美拉三边互动关系。南开大学薛桐解读了美国对英阿《罗加—朗西曼条约》的反应。

关于英美与拉美国家的互动。中国美国史研究会理事长、东北师范大学美国研究所所长梁茂信做了题为"美国的拉美移民来源的梯度结构分析:1900—1929年——以墨西哥移民为中心"的主旨报告。他以跨国史为视域,以"差异与融合"概念为切入点,揭示了这一时期拉美移民迁移美国的过程,凸显墨西哥在其中的地位与含义。南开大学董国辉教授阐释了19世纪英国对拉美国家政策的起源,认为英国在西属美洲和葡属美洲的长期渗透为其19世纪对拉美国家政策奠定了基础,自由主义在经济、政治等层面的变化加强了对殖民主义的反思和对自由主义贸易政策的坚持。中国社会科学院拉丁美洲研究所孙洪波副研究员概述了英国与拉美之间的互动历史。南开大学冯利从全球史的视角审视了1825年《英阿友好通商航海条约》。中国现代国际关系研究院严谨助理研究员梳理了拜登执政以来美拉关系的新动向。中国社会科学院世界历史研究所博士后李超关注了美国对大革命时期墨西哥政教关系的关注和干预,分阶段考察了墨西哥革命政府、天主教会、美国民间和宗教界、美国政府之间的互动和相互影响。上海大学张崧分析了20世纪70年代美巴运河谈判背景下巴拿马"联合阵线"的历史地位和作用。南开大学石晓文追溯了美国对拉美知识外交的源起,认为美国的拉美研究受到政治需求的极大影响,导致学术研究的"工具化"。

关于中国与拉美国家的互动。中国社会科学院拉丁美洲研究所郭存海研究员展望了新时期中拉知识交流与合作的前景。北京外国语大学李紫莹教授论述了"古巴性"与华人的跨文化融合问题。湖北大学程晶副教授以30家湖北企业为主要研究对象，重点考察新冠疫情冲击下中国企业走进拉美的现状和特点，分析其取得的成就和面临的挑战。重庆科技学院张利亚副教授对新冠疫情下中拉各国油气合作风险进行了预判，并展开对策性分析。中国现代国际关系研究院李萌副研究员分析了当前墨西哥的经济形势及中墨经贸合作的近况与前景。南京农业大学张敏副教授考察了阿根廷大豆行业从小规模种植到转基因大豆繁盛的历史。上海大学张琨副教授分析了1951—1970年智利以及中国大陆和中国台湾地区三方互动关系。天津外国语大学讲师肖岚基于中国游客感知视角，运用网络文本分析法研究中国游客对拉美文化的总体感知、认知感知和情感感知。湖北大学讲师缴洁在对中巴关系历史性回顾的基础之上，分析了博索纳罗执政时期中国与巴西双边关系的发展与挑战。北京建筑大学讲师吕天石探析了民国时期中国与拉丁美洲之间的农产品贸易问题。西班牙格拉纳达大学周萌探讨中国艺术品在构建墨西哥民族文化身份的过程中所起的重要作用。

关于拉美国家的历史与现实问题。上海大学特聘教授江时学做了题为"拉美史研究中的若干问题"的主旨报告，概述了印第安人种族灭绝的后果、拉美历史上的采掘主义、马尼拉大帆船的现实意义等十个拉美史研究中的重要问题。北京大学董经胜教授对1821年独立以来墨西哥发展模式进行了再思考和再探讨。中国社会科学院世界历史研究所王文仙研究员重点关注战后墨西哥农业生产转型问题，认为外部诱因和内部因素相结合共同推动墨西哥农业生产从粮食生产转型到农业畜牧业化。西南科技大学李仁方副教授分析了智利皮诺切特政府的土地改革政策及其对农村社会转型的影响。中国社会科学院拉丁美洲研究所李昊旻助理研究员以墨西哥国家行动党为中心探讨了拉美中产阶级政党困境的成因。上海大学讲师夏婷婷关注阿根廷新左派国际战略的形成。中国社会科学院拉丁美洲研究所何露杨助理研究员探讨了百年未有之大变局之下巴西共产党的社会主义理论和实践探索。南开大学桑紫瑞考察了1850—1930年智利铁路网络的运营模式及其历史影响。

关于拉美国家的思想变迁与社会发展等问题的探讨。中国拉丁美洲史研究会理事长韩琦教授做了题为"拉美学者关于马克思对玻利瓦尔评价的辩论"的主旨报告，系统梳理了这场史学辩论。中国社会科学院世界历史研究所杜娟副研究员论述了近代巴西东亚移民政策的转变。浙江外国语学院叶健辉副教授重新阐释了教宗方济各与解放神学之间的关系。天津外国语大学讲师颜娟围绕"20世纪60—70年代拉美学界关于拉美生产方式的争论"进行阐释。南开大学谢文侃探寻了阿亚·德拉托雷的早期思想及其形成原因。南开大学刘颖围绕加西亚印第安马克思主义思想形成的时代背景与理论渊源、具体内容、影响展开论述。南开大学张佳蓉分析了19世纪中期到1925年智利天主教会去特权化的历程。

关于拉美历史与当代的灾变与应对的探讨。中国现代国际关系研究院杨首国研究员聚焦新冠疫情与百年未有之大变局下的拉丁美洲，认为新冠疫情既是检视拉美的透视镜，也是激化各类社会矛盾的催化剂。巴塞罗那大学时光考察了古巴历史上的大型流行病及其应对措施。南开大学韦自明解析了1918年大流感期间巴西里约热内卢的防疫政策。

在闭幕式上，中国拉丁美洲史研究会副理事长兼法人王文仙研究员，中国拉丁美洲史研究会副理事长兼秘书长董国辉教授先后作总结发言,他们从不同层面高度评价了此次研讨会,并对青年学者提出了殷切希望。

(八) 中国美国史研究会

1. 学会简介

中国美国史研究会成立于1979年,是中国从事美国史研究和教学的专业工作者自愿组成的全国性民间学术团体,接受业务主管单位中国社会科学院和社团登记管理机关民政部的业务指导和监督管理。

研究会宗旨和任务是:以马克思列宁主义、毛泽东思想、邓小平理论、"三个代表"重要思想、科学发展观,特别是习近平新时代中国特色社会主义思想为指导,发扬理论联系实际的学风,贯彻百花齐放的方针,团结并组织全国美国史研究和教学工作者,积极开展学术交流活动,不断扩大与美国历史学家的交流,增进中美两国史学界和人民之间的了解与友谊。致力于联络中国美国史学者,以共同促进美国史教学和研究在中国的发展与繁荣,加深社会各界对美国的了解和认识,推动中美两国美国史学界的交流,增进美中两国人民的友谊。

研究会坚持中国共产党的全面领导,认真学习领会习近平新时代中国特色社会主义思想,牢固树立马克思主义指导地位,切实加强党对研究会的政治领导、思想领导、组织领导,将党的领导贯穿到社团管理中,促进本会健康发展。根据《中国共产党章程》的规定,研究会设立中国共产党的组织,开展党的活动,为党组织的活动提供必要条件。

学会组织机构包括会员代表大会、理事会、常务理事会。

40年来,研究会已经举办了十八届年会。此外,(1)在年会的基础上,从2016年开始,研究会又举办"长三角"美国史研讨会。迄今为止,已经举办五届。(2)在适当的时候出版相关的研究成果。到2021年为止,研究会以编者名义,出版论文集和译注等七部,其中包括中国美国史研究会编《美国史论文集》(生活·读书·新知三联书店1980年版)和中国美国史研究学会编《美国现代化历史经验》(东方出版社1994年版)。此外,研究会编辑内部发行的史料目录集和史料辑等7种。1979—2002年,研究会组织国内高校30多名学者集体撰写并出版了六卷本《美国通史》(人民出版社2002年版)。(3)组织学者与美国学界交流。作为会员所在单位,北京大学、南开大学和东北师范大学等高校,经常邀请美国学者讲学,或者组织国际研讨会。2019年举行的"传承与创新:外来移民、族裔与美利坚文明国际研讨会"是迄今为止规模最大、参会美国学者最多的一次国际会议,参会人数180多人。(4)发布《美国史研究通讯》,启动微信公众号、运营研究会网站。《美国史研究通讯》是研究会发布研究动态和会员信息的重要平台,已运营多年。除此之外,2016年研究会还启动了微信公众号,受理事会领导,秘书处负责运营。最后,经过同仁们的共同努力,2018年6月全新的中国美国史研究会网站上线。新网站在保留原来功能的情况之下,增加新的手机版,阅读浏览更加方便。

先后担任过研究会会长的有黄绍湘、张友伦、时殷弘、李剑鸣、王旭,现任会长是梁茂信。

2. 学会动态

2021年5月28—30日,中国美国史研究会和华东师范大学历史学系联合举办了第六届"长三角"美国史论坛。来自全国有关高校、科研院所的100多位学者和研究生参加了此次论坛。此次论坛的主题为"史料开掘、视角更新与方法转向",分组讨论主要围绕"美国社会、城市与环境""美国社会政治变迁""跨国视野中的美国""美国与亚洲""美国对外事务与移民"

"美国医疗疾病史""美国社会问题与社会抗争""美国早期政治发展""美国的知识生产与对外宣传""美国战后对外政策"十个主题展开。

7月23—25日，由中国美国史研究会主办，东北师范大学历史文化学院美国研究所承办的"传承与变革——第四届美国史青年学者论坛"成功举行。来自北京大学、复旦大学、浙江大学、南开大学、四川大学、武汉大学等高校的60余名美国史领域青年专家学者参加了此次论坛。历史文化学院院长董灏智教授出席了开幕式并致辞，复旦大学李剑鸣教授、四川大学原祖杰教授以及东北师范大学梁茂信教授发表了主旨演讲。论坛分为十个小组讨论，主题涉及早期美国政治文化、美国史的跨国阐释、黑人与美国政治、美国对外关系、美国移民与族裔、美国城市、美国性别和经济、美国农业和环境、美国内战和南部、美国思想与文化等领域。此外，此次论坛还举行了"美国史青年学者成果的发表：与期刊编辑的对话"以及"作为作者与审稿人的青年学者"两个主题的圆桌会议讨论。第四届美国史青年学者论坛在形式上和内容上都有不同程度的创新和提升。在研讨模式上，此次论坛开创了"1+3"的高效模式，即一篇论文会得到三位评议人的集中点评，得到与会青年学者的高度肯定和一致赞扬。在研讨内容上，除了围绕核心主题进行分组讨论外，青年学者们还与《世界历史》、《史学集刊》、《社会科学战线》、《吉林大学学报》和《外国问题研究》等国内具有影响力的期刊的编辑们举办圆桌会议，进行集中对谈，为青年学者们从选题到写作提供了切实有效的启发和帮助。

11月4—6日，上海大学历史系成功举办第三届美国城市史论坛。在开幕式上，上海大学文学院院长张勇安教授，复旦大学历史学系李剑鸣教授，厦门大学历史学系王旭教授，东北师范大学历史文化学院、中国美国史研究会理事长梁茂信教授，上海社会科学院历史研究所所长郭长刚教授分别致辞。他们对此次论坛的顺利召开表示热烈祝贺，并从他们各自的专业领域对美国城市史研究的认识提出见解和展望，对美国城市史研究基本趋势给予了判断，同时也提出了各自的期望。论坛主旨演讲由三位专家发言。上海社会科学院的熊月之教授发言的题目是"上海'魔都'的魔性解读——近代上海城市特性分析"。厦门大学韩宇教授发言的题目是"激励措施与美国城市经济：以亚马逊公司第二总部选址为例"。日本大阪市立大学塚田孝教授的发言题目是"从周边村落史料聚焦巨大都市——日本近世都市史研究的现状"。此次论坛小组讨论分为三个主题进行，学者们围绕"'城市的空气使人自由'：族群、正义、韧性城市与城市文化"、"'明日的田园城市'：公共卫生、健康城市与城市生态"和"'城市让生活更美好'：城市治理、改革、规划与城市政治"进行深入的交流。此次论坛期间，除了主旨演讲和小组学术讨论外，围绕此次论坛主题开展了上海大学"城市史学术周"活动，分别举行了线下学术圆桌"历史学家为什么要介入城市研究？"、线上女性学术圆桌"性别、身份、空间——城市与历史书写"，以及线上"学术快闪"——"环境史溯源：'衰败论'的是与非"。

12月18日，由中山大学历史学系（珠海）主办的"美国史研究的多维视角"青年学者工作坊线上举行。来自南京大学、南开大学、武汉大学、厦门大学、四川大学、东北师范大学、陕西师范大学、北京外国语大学、上海大学、上海师范大学、国际关系学院、西安交通大学和中山大学等单位的14位美国史青年学者，就"早期美国的政治与社会""美国的外交与国际事务""美国的城市与知识生产"三个讨论组进行研究分享和圆桌讨论。

（九）中国日本史学会

1. 学会简介

中国日本史学会成立于1980年。学会是由从事日本史教学与科学研究工作的专业人员自愿组成的非营利性社会组织，是中国研究日本史的唯一一个全国性学术团体。学会接受业务主管单位中国社会科学院和社团登记管理机关民政部的业务指导和监督管理。

学会的宗旨是：团结中国的日本史工作者，大力开展对日本历史的科学研究活动，以期有所成就，有所创造，多出人才，多出成果。通过史学研究工作，增进中日两国人民和两国史学工作者的相互理解和友谊，促进中日两国学术界的交流。

学会的任务是：（一）广泛联系、组织国内研究日本史的有关机构专业人员，促进各单位日本史研究的协调和交流，组织切实可行的协作和共同研究项目，接受和承担国家及有关单位委托的科研任务；（二）组织学术讨论，开展学术（包括图书资料）交流活动，推动专题研究和历史资料的收集、编译和出版工作，并向出版单位推荐优秀科研成果；（三）鉴定学会和委托单位的重要科研成果；（四）加强日本史研究队伍的建设，调动一切有利于开展日本史研究的积极因素，发现和培养人才；（五）出版会刊；（六）广泛积极地开展国际学术交流活动。

中国日本史学会成立后，开展了各种学术活动和组织、推动日本史资料收集、学术著作的编写、出版工作，有力地促进了我国的日本史研究。第一，促使面向日本史教学、研究的基础性著作的编纂和出版。主持编印了《日本史图书资料索引》等，相继出版了《日本通史》《日本史》《日本近代史》《简明日本古代史》《简明日本近代史》《日本资本主义史研究》《明治维新史》等著作。第二，编纂出版《日本史辞典》。参加辞典编纂的人员有79人，几乎囊括了当时站在第一线的全国日本史学者。这部辞典由吴杰副会长任主编，王金林、沈仁安、吕万和、张玉祥任副主编，1992年由复旦大学出版社出版，是一部100多万字的中型辞书。这部辞典是在我国日本史研究水平不断提高的基础上编写出来的，吸取了我国四十多年来的日本史研究成果。对于推进我国日本史教学、研究以及社会各界对日本史的了解十分有益。第三，组织我国学者撰著《东亚中的日本历史》（全13卷）并在日本出版发行。这件事的意义在于，让日本的史学家和读者看到了中国的日本史研究事业的迅速恢复和所达到的水平。这套书出版前后，引起了日本史学界的极大关注。第四，先后举办了30余次年会暨学术讨论会、8次国际学术会议、30余次专题学术讨论会。

学会的最高权力机构是会员大会或会员代表大会，会员大会或会员代表大会每届5年。理事会是会员大会或会员代表大会的执行机构，对会员大会或会员代表大会负责。学会设立常务理事会。常务理事会由理事会选举产生。学会领导由会长、副会长、秘书长构成，任期5年，任期最长不得超过两届。学会设秘书长和秘书处，主持办事机构开展日常工作，组织实施年度工作计划等。

中国日本史学会积极吸纳有志于从事日本历史研究的学者，共同开展学术研究，共同举办学术研讨会。目前共有300余名会员，全国各类研究机构、高校等都有学会会员。

先后担任过学会会长的有吴廷璆、万峰、汤重南、张健，现任会长是杨栋梁。

2. 学会动态

2021年8月21日，由中国日本史学会主办，东北师范大学历史文化学院、东亚研究院和南开大学日本研究院、世界近现代史研究中心联合举办的"中国日本史学会2021年会暨两次世界大战期间日本的内外矛盾及其政策选择"学术研讨会如期召开。此届年会以线上形式举行，来自全国百余家单位的共计三百余位学界同人参加了此次会议。

会议开幕式由中国日本史学会秘书长宋志勇教授主持，中国日本史学会会长杨栋梁教授做工作报告。杨栋梁首先感谢了南开大学、东北师范大学等单位为此次会议所做的筹备工作，随后围绕党的引领、组织建设、文集出版、学术会议、项目申报、学会年检、财务情况等七个方面汇报了2020—2021年度中国日本史学会的工作情况。杨栋梁还提出，学会预备2021年底在福建师范大学历史文化学院再次召开工作会议，为2022年的学会换届等工作做准备。

大会主题报告环节由南开大学日本研究院院长刘岳兵教授和李卓教授主持。北京大学历史系宋成有教授、东北师范大学副校长韩东育教授、北华大学东亚历史与文献研究中心郑毅教授、苏州科技大学历史学系祝曙光教授、中国社科院日本研究所胡澎研究员分别做了题为"大正时期'国体论'境遇与昭和初期的'国体明徵'运动"、"关于日本新旧宪法的兴废原理"、"虚幻的构建：'满洲国'表象空间的制造与殖民地属性的构成"、"试论日本军部西进战略的形成与演变"和"战时体制下的'国民动员'研究"的大会主题报告，奠定了此次会议的主体基调。

此次会议共设"日本古代史""日本近代史""日本现代史"三个研讨专题，与会报告人携103篇会议论文在六个分科会场展开讨论，内容涉及军事、医疗、教育、航运、文化交流、政治制度等日本史诸领域，取得了丰硕的研讨成果。

会议闭幕式由天津社会科学院东北亚区域合作研究中心执行主任程永明研究员主持。中国日本史学会名誉会长汤重南研究员，中国日本史学会原副会长周颂伦教授，中国日本史学会副会长徐建新研究员、王新生教授、张跃斌研究员，以及会长杨栋梁教授分别作总结发言，此届会议圆满落下帷幕。

会议中，还举行了纪念中国日本史学会成立四十周年论文拔萃——《日本社会变迁研究》（四卷本）出版发布会，杨栋梁和宋志勇共同为文集揭幕，中国日本史学会原会长张健研究员和副会长韩东育分别致辞。张健简要介绍了论文集的出版情况，并代表中国日本史学会向负责论文统计、联络、校对等工作的刘岳兵和程永明，为论文集出版提供资金支持和帮助的东北师范大学社会科学处、东亚研究院，以及在编辑出版中发挥了重要作用的江苏人民出版社总编辑王保顶先生等表达了衷心的感谢。韩东育强调，中国日本史学会四十年来筚路蓝缕，前辈学者们尤其是各届会长为中国的日本史研究做出了重要贡献；南开大学在日本史研究中具有特殊地位，取得了很多优秀成果。他充分肯定了该论文集的学术意义和参考价值，认为其既有助于青年学人全方位了解国内日本史研究的学术动态，也将引导学界对一些问题进行更深层次的思考。最后，韩东育向大病初愈仍全身心投入学会和文集编辑工作的杨栋梁表达了衷心感佩之情，并希望全国日本史研究者进一步凝聚起来，推动我国的日本史研究事业迈向新的高峰。

（十）中国世界古代中世纪史研究会

1. 学会简介

中国世界古代中世纪史研究会成立于1991年。下设两个分支机构：中国世界古代中世纪史研究会世界古代史专业委员会，该专业委员会原为中国世界古代史研究会（1979年成立）；中国世界古代中世纪史研究会世界中世纪史专业委员会，该专业委员会原为中国世界中世纪史研究会（1979年成立）。中国世界古代中世纪史研究会是由从事世界古代中世纪史研究和教学的专业工作者自愿组成的全国性学术团体,是非营利性社会组织。研究会接受业务主管单位中国社会科学院和社团登记管理部门民政部的业务指导和监督管理。

研究会的宗旨是:以马克思列宁主义为指导,贯彻落实习近平新时代中国特色社会主义思想,坚持中国共产党的全面领导,根据《中国共产党章程》的规定,设立中国共产党的组织,开展党的活动,为党组织的活动提供必要条件。贯彻双百方针,积极开展学术讨论和教学经验交流,培养青年世界史工作者,发展世界史学科,为国家和人类的进步事业服务。遵守宪法、法律、法规和国家政策,践行社会主义核心价值观,弘扬爱国主义精神,遵守社会道德风尚,自觉加强诚信自律建设。

研究会自成立以来,主要以专业委员会为单位开展活动,每年召开一次学术讨论会,其中包括国际学术讨论会,由会员所在高校或研究单位分别承办。两个专业委员会还设有学术网站和编印不定期的学术通讯,用以通报世界古代史和中世纪史研究的最新成果和学术动态,并负责编选学术论文集和主持学科研究项目,如世界中世纪史专业委员会前理事长刘明翰主编的多卷本《欧洲文艺复兴史研究》。

研究会的最高权力机构是会员代表大会。研究会设有理事会,理事会在闭会期间领导研究会开展日常工作。

先后担任过研究会会长的有林志纯、胡钟达、刘家和、吴于廑、戚国淦、刘明翰、王敦书、侯建新,现任会长是晏绍祥。

2. 学会动态(古代史专业委员会)

2021年11月14—15日,中国世界古代中世纪史研究会古代史专业委员会2021年学术年会暨"纪念刘文鹏先生诞辰九十周年"学术研讨会在内蒙古民族大学成功举办。会议采取线上线下相结合的方式召开。

世界古代史专业委员会理事长、复旦大学历史学系主任黄洋教授,世界古代史专业委员会副理事长、中国人民大学徐晓旭教授,世界古代史专业委员会副理事长、复旦大学金寿福教授,内蒙古民族师范学院原院长、世界现代史学学会原副会长姜桂石教授,刘文鹏教授遗孀杨寿长及其家属,内蒙古民族大学党委书记陈永胜,内蒙古民族大学党委副书记、校长赵东海,内蒙古民族大学法学与历史学院院长田明教授,以及内蒙古民族大学各职能部门、教辅单位负责人,刘文鹏先生学生等出席会议及揭幕仪式。开幕式由内蒙古民族大学发展规划与学科建设处处长、世界史重点学科带头人王泰教授主持。

黄洋教授在开幕式致辞中表示,此次会议是对刘文鹏先生的纪念和缅怀,体现了会议的承办方对学者、学人、学术的高度重视。此外,为刘文鹏先生塑铜像也表达了对学者的崇高敬意和对学术传统的重视。赵东海在开幕式致辞中表示,此次学术研讨会对内蒙古民族大学学科建设,特别是世界史学科建设意义重大,世界史学科和团队要利用好现有研究平台,在各级领导的关怀下,在全国各地知名专家学者的支持下,在全体成员的共同努力下,科学规划、脚踏实地、加强对外交流,继续推进我国世界史和埃及史相关学术研究的深化,为学校和国家学术发展做出应有的贡献。

中国社会科学院世界历史研究所原所长于沛研究员、姜桂石教授、首都博物馆原馆长郭小凌教授、南开大学杨巨平教授、上海师范大学副校长陈恒教授、北京师范大学王海利教授、西北大学中东研究所所长韩志斌教授分别就刘文鹏先生的史学贡献及其刻苦钻研的学术精神进行发言，表达对先生的深切缅怀和崇高敬意。

刘文鹏先生铜像揭幕仪式由副校长任军主持，陈永胜、赵东海和嘉宾代表为铜像揭幕。其间赵东海，深情回顾了刘文鹏先生从事教书育人的光辉一生，他说，刘文鹏先生是我国著名世界史学家，中国埃及学研究的主要奠基人，为我国埃及学发展做出了突出贡献，被誉为中国埃及学之父。他强调全校师生要以习近平新时代中国特色社会主义思想为指导，以立德树人为根本，以铸牢中华民族共同体意识为主线，以刘文鹏教授为榜样，在学校党委的正确领导下，扎根祖国北疆，深化综合改革，推进内涵建设，为顺利实现学校"十四五"规划目标任务，为学校的高质量发展，为建设人民满意、特色鲜明、区域一流的高水平大学而不懈奋斗。

开幕式主旨发言由中国社会科学杂志社英文版和国际社会科学编辑部主任舒建军教授主持，金寿福教授评议。南开大学陈志强教授就治学者要养成重视细节的习惯等问题提出一些建议，希望后学者在写作时应仔细推敲、重视细节。首都师范大学晏绍祥教授就斯巴达摄政王宝萨尼亚斯的亲波斯等问题进行发言。上海师范大学裔昭印教授在以往学术界研究的基础上，以社会性别为视野，重点考察古希腊女性服饰的象征意义和多种社会文化功能。中国出版集团公司副总经理于殿利编审运用翔实充足的证据展示了用艺术追寻历史之源的范例，并总结了建立艺术历史学的可能性和艺术历史学的局限。北京大学外国语学院西亚系梅华龙助理教授通过对希伯来经典文献的梳理和分析，论证以色列和犹大两国兄弟之邦的关系及其共同的宗教信仰，并重塑犹大和犹太文化身份。中国社会科学院世界历史研究所吕厚量副研究员就泰西阿斯《波斯志》的"东方主义"及其历史渊源等问题进行阐述。内蒙古民族大学讲师杨熹就古代埃及神庙地产的来源、经营与保护情况等问题进行发言。

下午的学术研讨会设有四个分会场。第一分会场上半场由中国人民大学书报资料中心历史学科执行主编、编审柴英主持，东北师范大学世界古典文明史研究所李晓东教授评议；下半场由《史学集刊》编辑部宋鸥主持，天津师范大学袁指挥教授评议。第二分会场由《历史研究》编辑部焦兵主持，中国社会科学院世界历史研究所副所长刘健研究员评议；下半场由北京大学李政教授主持，中国人民大学徐晓旭教授评议。第三分会场上半场由《光明日报》理论部世界史版编辑周晓菲主持，复旦大学黄洋教授评议；下半场由上海社会科学院历史所所长、《史林》主编郭长刚教授主持，首都师范大学晏绍祥教授评议。第四分会场上半场由《社会科学战线》杂志社史学编辑室主任刘莉副研究员主持，东北师范大学徐家玲教授评议；下半场由历史教学社执行编辑王向阳主持，中国社会科学院世界历史研究所徐建新研究员评议。

15日上午的闭幕式主旨发言由上海大学郭丹彤教授主持，黄洋教授评议。东北师范大学徐家玲教授就《新编剑桥中世纪史》（第一卷）译后杂感进行发言。中国社会科学院世界历史研究所副所长刘健研究员就古代两河流域文献中有关"下海"的描述，梳理总结不同阶段、不同情境下古代两河流域国家与海湾地区的关系等相关问题进行发言。徐晓旭教授从希腊拉丁文献角度对月氏西迁问题进行探讨。复旦大学欧阳晓莉教授就两河流域早期神庙的慈善功能等相关问题进行发言。北京大学李政教授从阿卡德语入手，探讨了赫梯国家早期阶段的内政建设等问题。

闭幕式由中国社会科学院世界历史研究所副所长刘健研究员主持，分为两阶段进行。第一阶段为小组汇报，分别由内蒙古民族大学讲师南树华博士、滨州学院讲师张龙海博士、兰州大学姬庆红副教授、安徽师范大学陈悦副教授进行总结汇报。

第二阶段为闭幕会议。首先，刘健研究员就学会章程的修改意见进行宣读，随后会员举手表决，大会一致通过章程修改。接着，田明教授在闭幕致辞中表示，感谢中国世界古代史研究会、内蒙古民族大学各级领导以及与会学者对此次会议的鼎力支持，对会议承办过程中存在的不足表示歉意，对会务组师生克服天气、设备等困难努力完成会议服务表示感谢。田明教授对各位专家学者的与会特别是多位老专家的到会致以敬意，田明表示此次大会以纪念刘文鹏先生为主题，刘文鹏先生一生"经难为之时，历难为之地，治难为之学，成难为之功"，是值得尊敬和怀念的大家和学者。最后田明表示期待春暖花开之时，草原敞开绿色怀抱，再聚通辽。中国世界古代史专业委员会理事长黄洋教授致闭幕词，对学会2021年所进行的学术活动以及学会随后的工作安排进行汇报，感谢会议承办方对此次会议的精心准备与安排，并表示此次会议也是通过学术交流的方式对刘文鹏先生表示崇高敬意，对能够亲自参加和见证刘文鹏先生的铜像揭幕仪式感到荣幸。最后，他宣布下一届学会承办单位并鼓励会员积极准备。

3. 学术动态（中世纪史专业委员会）

2021年10月29日至31日，由中国世界古代中世纪史研究会世界中世纪史专业委员会主办，厦门大学人文学院历史系承办的中国世界古代中世纪史研究会世界中世纪史专业委员会2021年学术年会暨第一届研究生论坛在厦门举行。会议面向广大专家学者与研究生开展征文，受到广泛关注。会议共收到论文169篇，其中研究生论文91篇。受新冠疫情影响，会议采取线上线下结合的方式进行。来自中国社会科学院、复旦大学、南京大学、厦门大学、中山大学、中国人民大学、北京师范大学、山东大学、四川大学、东北师范大学、华中师范大学、郑州大学、暨南大学、上海师范大学、天津师范大学、云南大学、匈牙利罗兰大学、土耳其安纳托利亚文明研究所等机构的近80位专家学者及研究生代表参加了此次会议，另有40多位专家学者和研究生代表以线上方式参加了会议。

10月30日上午，大会开幕。开幕式由世界中世纪史专业委员会常务理事、厦门大学历史系许二斌教授主持。厦门大学社科处处长高和荣参加大会并代表学校科研管理部门致辞。世界中世纪史专业委员会理事长刘景华教授和厦门大学历史系副主任李莉教授分别代表中世纪史学会与会议承办方致辞。

开幕式后，大会进行第一场主题报告会。第一场主题报告会由东北师范大学徐家玲教授主持，《经济社会史评论》副主编任世江先生进行点评。天津师范大学刘景华教授做了题为"世界中世纪史研究与时偕行"的主题报告，总结了改革开放以来我国中世纪史研究的变化趋势。东北师范大学王晋新教授的报告介绍了尼德哈特的《历史》对于研究加洛林王朝的史料价值，以及国际学界对该文献研究的最新进展。中国人民大学徐浩教授的报告通过解读原始材料，对转型时期英国限奢法令的社会背景、内容与特点、实施效果进行了深入探讨。暨南大学李云飞教授的报告分析了加洛林王朝主教选任的实际程序和隐性制度，认为体现在公文、信函中的实际程序与隐性制度相较于体现在法律文本中的显性规范更为重要。厦门大学许二斌教授的报告依据中世纪晚期意大利雇佣兵的史实，对马基雅维利提出的雇佣兵"无用"与"不忠"说法进行了辨析。

10月30日下午，大会以分组讨论形式进行。会议共设置了六个分组讨论会场，其中第一组至第四组为线下会议，第五组与第六组为线上会议。此次会议分组讨论的论文数量众多，时间跨度涵盖了自中世纪早期至近代早期，地域范围涉及西欧、北欧、东欧至中东及东亚，研究领域包括政治史、经济史、宗教史、文化史、军事史、情感史、法律史、艺术史及古文书学等。呈现时间跨度长、地域范围广、涉及领域多的特点。分组讨论过程中，除了学者和研究生汇报论文外，还设有专家点评、提问和讨论环节，与会学者及研究生发言踊跃，互动频繁，气氛热烈。

10月31日上午，大会进行第二场主题报告会。第二场主题报告会由聊城大学李增洪教授主持，中山大学龙秀清教授进行点评。东北师范大学徐家玲教授分享了《新编剑桥中世纪史》（第一卷）的译后杂感。上海师范大学李新宽教授讨论了中世纪晚期英国消费社会问题，认为中世纪晚期英国社会虽然在消费方面有了长足发展，但这种消费的性质和内容并不符合消费社会的标准。中国社会科学院世界历史研究所王超华副研究员介绍了国外关于中世纪英国工资史研究的最新趋向，特别是围绕该问题存在的主要争论。华中师范大学沈琦教授的报告讨论了水权之争与中世纪英格兰河道治理问题。最后一位进行主题报告的是复旦大学博士研究生黄嘉欣，其对14世纪早期英国大量出现寡妇产请愿的原因、寡妇在请愿中使用多种文本策略，及寡妇产的性质、特征等问题进行了探讨。

第二场主题报告会后，大会进入闭幕式环节。闭幕式由中国世界中世纪史学会副理事长兼秘书长徐浩教授主持，先由各小组代表向大会汇报本组的讨论情况。随后，中国世界中世纪史学会副理事长王晋新教授对此次大会进行了精彩的学术总结。在全体参会人员热烈的掌声中，会议圆满结束。

此届年会首次以学术年会与研究生论坛相结合的方式举办，得到了国内各大院校的研究生及一些在国外就读的青年学子的积极响应。研究生参会论文由中世纪史学会学术委员会根据学术质量进行遴选，确定研究生论坛入选名单并予以公布。所有与会研究生都在各个分组汇报了自己的论文，其中特别优秀的研究生论文还被列入大会主题报告。这些举措激发了与会青年学子的荣誉感和学术热情，在加强国内世界中世纪史研究的学术传承、促进青年人才成长等方面发挥了良好的作用。

（十一）中国世界近代现代史研究会

1. 学会简介

中国世界近代现代史研究会成立于1991年，下设两个分支机构：世界近代现代史研究会世界近代史专业委员会，该专业委员会原为中国世界近代史研究会（1984年成立）；中国世界近代现代史研究会世界现代史专业委员会，该专业委员会原为中国世界现代史研究会（1979年成立）。

中国世界近代史研究会是由从事世界近代现代史研究和教学的专业工作者自愿组成的全国性学术团体，是非营利性社会组织，接受业务主管单位中国社会科学院和社团登记管理机关民政部的业务指导和监督管理。

研究会以马克思列宁主义、毛泽东思想、邓小平理论、"三个代表"重要思想、科学发展观和习近平新时代中国特色社会主义思想为指导，遵守国家宪法、法律、法规和国家政策，遵守社会道德风尚，贯彻双百方针，积极开展学术讨论和教学经验交流，培养青年世界史工作者，发展世界史学科，为国家和人类的进步事业服务。

研究会自成立以来，主要以专业委员会为单位开展活动，每年召开一次学术讨论会。在研究会的鼓励和支持下，会员们完成了一批具有影响力的学术成果，如吴于廑、齐世荣主编的世界史教材《世界史》（六卷本）被认为是我国世界史学科的一项重大研究成果。此外，两个专业委员会多次组织有关世界近代史和世界现代史的教材编写和教学方法研讨会，举办暑期培训班，以推动学科发展。两个专业委员会还分别出版会刊《世界近代史研究通讯》和《中国世界现代史研究通讯》。

研究会的最高权力机构是会员代表大会。理事会是会员代表大会的执行机构，在闭会期间领导研究会开展日常工作，对会员代表大会负责。截至2021年，研究会有会员700余人，会员分布在全国31个省、自治区和直辖市。其中，来自东北地区、华北地区和华东地区的会员构成该会会员的主体部分。同时，会员工作单位众多，包括研究机构、各类大专院校和出版机构等。

先后担任过研究会会长的有齐世荣、王荣堂、张宏毅、郭化荣、阎照祥、李世安，现任会长是高毅。

2. 学会动态（近代史专业委员会）

2021年10月22—25日，中国世界近代现代史研究会世界近代史专业委员会2021年学术研讨会在广西桂林召开。来自全国各地的近80位学界同人共襄盛会，在桂花飘香的山水之城相互交流研究心得，互结学术情谊，推动学术进步。

此次会议由中国世界近代现代史研究会世界近代史专业委员会主办，广西师范大学历史文化与旅游学院承办。10月23日上午，会议开幕式在桂林碧居山庄会议厅举行。中国世界近代现代史研究会会长、北京大学历史学系高毅教授，中国世界近代现代史研究会副会长、中国社会科学院世界历史研究所俞金尧研究员，以及来自全国数十所高校和科研机构的专家学者参加了开幕式。广西师范大学党委副书记旷永青教授应邀出席开幕式并致辞。旷永青表示，在广西师范大学获得世界史一级学科博士学位授予单位之际，研究会召开这次学术盛会具有重要意义，这既是学术界对该校世界史学科已有成绩的肯定和信任，更是推动该校世界史学科发展的契机和动力。开幕式由广西师范大学历史文化与旅游学院刘祥学教授主持。

此次会议共收到来自全国各地学者撰写的参会论文80余篇，其中既有传统的政治、经济史议题，也不乏从环境、传播、海洋等新视角展开的讨论。同时，学者们在关注的地域范围方面也有所扩大。此次大会的主旨报告即体现了这一特点。

主旨报告涵盖了西欧、美国、大洋洲、东南亚和俄罗斯等世界主要国家和地区的重要历史问题。北京大学高毅教授讨论了"波拿巴主义"的现代意义，认为所谓"波拿巴主义"指的是一种在坚持人民主权原则的前提下，既推行经济自由主义，又实施威权主义的统治体制，其最终目的，是达成资本主义和社会主义的某种平衡。高毅指出，自拿破仑的"民主独裁"出现以来，很多民族国家的建设都在某种程度上引入过这种统治体制，而"波拿巴主义"在当今欧美一些国家的流行，部分反映了民众对抑制资本的贪婪的诉求，至于其实际效果如何，则有待进一步观察。南开大学历史学院付成双教授着重阐述了美国农业现代化与家庭农场主梦想破灭之间的关系。他认为，农业技术革新和现代化大农业的兴起，导致了农业阶梯假说的破产，租佃农业的比例越来越高，工业化农业综合体代替家庭农场成为美国农业发展的新趋势。中山大学历史学系费晟教授关注了华人移民对热带昆士兰殖民地的经济—环境重塑作用。费晟教授以生动的事例表明，地处热带的昆士兰殖民地之所以能够迅速与澳大利亚温带殖民地有机整合，是因为殖民当局利用华人移民的采矿及农业开发活动，推动当地生态的改造；随后又利用政治优势排挤和压榨华人移民社会，最终实现了欧洲移民对该地的宰制。华中师范大学历史文化学院罗爱林教授分析了俄国农奴农村公社内部土地关系的变革及由此带来的村社制度危机。他指出，沙皇政府虽名义上保留了农村公社制度，但土地私有化政策却动摇了村社制度的根基，而19世纪末20世纪初的农业危机以及1905年革命则是推动沙皇政府村社政策和土地政策转向的关键因素。广西师范大学历史文化与旅游学院的王本涛副教授聚焦18世纪的苏禄外交与中英贸易关系问题。他强调，在清廷拒绝了苏禄国希望恢复朝贡关系后，苏禄国接受了西方殖民国家的条约体系，与英国签订商约和缔结同盟，实质上是以出让贸易权为条件，争取军事外交上的援助和支持。他认为，苏禄的外交转向发生在东西方贸易快速发展的时期，既体现了朝贡体系和条约体系的碰撞，也反映出近代早期东西方国家在东南亚地区的互动特点。

主旨报告后，此次会议以"政治史与外交史""近代史上的社会变迁与社会治理""跨国史与文明互动""近代史上的疾病、健康与环境"为主题展开分组讨论。与会专家学者依据各自提交的原创性成果，围绕共同关系的议题畅谈各自学术观点，相互讨论切磋，会场气氛热烈，深化了对上述诸主题的认识。

此次学术会议的成功举办，对于推动中国世界近代史研究的学科体系、学术体系、话语体系建设，促进学者间的学术交流，加强学术机构间的合作研究起到了积极作用。

3. 学会动态（中国世界近代现代史研究会世界现代史专业委员会）

2021年10月22—25日，中国世界近代现代史研究会世界现代史专业委员会2021年年会暨学术研讨会在赣州举行。此次年会以"40年来世界现代史学科体系建设的回顾与展望"为主题，由中国世界现代史研究会主办，赣南师范大学新加坡研究中心、历史文化与旅游学院承办。来自中国社会科学院世界历史研究所、中国人民大学、首都师范大学、北京师范大学、中国政法大学、四川大学、浙江大学、中山大学、华东师范大学等科研院所和高校以及部分中央出版机构的70余名专家学者出席会议。

华东师范大学郑寅达教授主持开幕式。在开幕式上，赣南师范大学副校长易龙教授、中国世界近现代史研究会副会长梁占军教授先后致辞，世界现代史研究会前会长张宏毅先生发来贺信。易龙在致辞中介绍了学校基本情况，指出研究世界现代史必定离不开研究党史，研究党史也离不开世界史视野。在中国共产党成立100周年之际，在赣州这片红土地回顾、研究百年党史和世界现代史具有特殊的意义，必将对我们更好总结历史经验和发展规律，汲取历史智慧，开创美好未来产生重要影响。易龙衷心希望和诚挚邀请各位专家能常来赣州，常到学校考察指导，对学校学科建设特别是历史学建设发展给予大力支持和帮助，共同推动历史科学繁荣发展。梁占军在致辞中表示，此次会议包括研究会理事会换届选举和学术研讨两项议程。他提出，将"40年来世界现代史学科体系建设的回顾与展望"作为会议主题具有非常重要的学术价值。过去的40年，中国世界现代史研究会的发展有赖于齐世荣、张宏毅等老一辈学者的奠基、后备学者的努力和各类协会的共同推进。理事是研究会的中坚力量，担任着研究会建设和发展的重任；"理事"不是荣誉，"理事"意味着付出；此次推选要把那些有影响、有能力、敢负责、肯奉献的学术同人选进新一届理事会。郑寅达教授宣读了张宏毅先生的贺信。张宏毅先生指出，这些年来，在李世安会长主持下及广大会员同志大力支持下，研究会在世界现代史学科体系的建设和前沿问题的探索上都取得很好的成绩，产生了积极影响。张宏毅先生勉励学会同人，世界百年未有之大变局的本质特征、"大变局"时期的主要矛盾、今后"大变局"将如何发展等重大而影响深远的课题，值得尚属年富力强的中老年学人特别是青年学人在马克思主义唯物史观的指导下，结合历史与现实，去认真完成。

开幕式之后，中国社会科学院世界历史研究所张丽研究员主持了换届选举。中国人民大学李世安会长从过去5年来研究会主办的学术活动、经费情况、章程修改几方面做了第九届理事会工作报告，并预祝充满活力、新老结合的新一届常务理事会取得更大成就。随后选举产生了第十届中国世界现代史研究会理事会和会长、副会长、秘书长等研究会领导班子，梁占军当选新任会长，任灵兰当选常务副会长兼秘书长，贾文华、车效梅、刘德斌、黄民兴、徐友珍、赵文亮、吴建华当选副会长。

此次会议共有7位老师做大会主题发言。李世安教授做了题为"唯物史观与新时代世界现代史学科体系建设"的报告。他强调，唯物史观是唯一科学的历史观。从一开始，我国世界现代史学科体系建设就是在唯物史观指导下进行的。历史观是处理历史材料、解释和理解历史、正确评价历史的根本原则，是学习和研究历史的最重要观点，在新时代，我们要认真学习和坚决贯彻习近平总书记的指示精神，坚定不移地坚持唯物史观。郑寅达教授在名为"课程思政与世界现代史教学"主题发言中，以个人工作经历为切入点，深刻阐述了世界现代史教学中课程思政的地位，认为世界现代史教学一定要关注课程思政，因为资本主义道路和社会主义道路孰优孰劣等问题时常被学生问起，如果在世界现代史教学中运用有效的思维方式，坚持积极的立场和观点，注意场合的特殊性，则可引导学生形成正确的思想认识。赣南师范大学魏炜教授做了题为"新加坡社会治理现代化：历程、特点与启示"的报告。她以"国家与社会"的关系为分析框架，指出新加坡的社会治理经历了殖民统治时期的自由放任到有序管理、工业化时期威权控制式的社会管理、后工业化时期建构政府主导参与式社会治理模式的历史演变，具有政府主导、社会与公民共同参与等特点，并强调必须高度重视社会治理。四川大学何平教授做了题为"当代历史研究及其范式"的报告。他认为，"当代史"既不同于历史社会学，也不同于历史哲学，"当代史"研究代表了历史视域由横向向纵向回归，但它不是简单的回归，而是在充分肯定全球视域的必要性的基础上的回归。作为一种史学研究范式的当代史具有理论创新性较强等特点。梁占军教授做了题为"世界史视域下的国别区域研究"的报告。他认为，国别区域研究为多学科交叉性质学科，是顺应时代发展要求和服务国家现实需求背景下产生的。历史和现实是国别区域研究的两大路径，世界史具备开展国别区域研究的学科优势，国别区域研究是发挥世界史资政功能、拓展社会服务的新境地。山西师范大学车效梅教授做了题为"中东城市化、市民心理危机与社会稳定"的报告。她认为，中东国家低质城市化的快速推进，会导致城市社会成员尤其是城市边缘群体产生心理危机，一定程度上促使中东市民犯罪率上升、暴力活动猖獗、恐怖主义蔓延，从而成为社会稳定的不利因素。人民教育出版社芮信副编审做了题为"世界现代史研究会与世界现代史学科建设"的报告。他认为，世界现代史研究会的成立与世界现代史学科建设的初创几乎同期，两者的发展与建设息息相关，研究会的各项工作随着中国学者对世界现代史研究的深入得到了不断的完善，形成了比较完整的组织机构和工作流程，学会的老中青各代学者都为中国特色世界现代史学科的建设作出了自己的贡献。

在分组讨论中，与会学者围绕40年来世界现代史学科体系建设的回顾、新时代世界现代史学科体系建设的展望、世界现代史的教学和科研问题研究、中国共产党百年与世界现代史等多个议题交流探讨。第一组主要集中于国际政治和民族问题。第二组聚焦国际关系史的重大问题。第三组涉及外交史、医疗史、环境史、社会史等领域。第四组主要集中于第二次世界大战及中外国历史教科书关于战争的书写问题。渤海大学潘德昌、长春师范大学毕元辉、曲靖师范学院杨黔云、首都师范大学李建军、福建师范大学孙建党、华东师范大学郑寅达、湖南工业大学张亚东、广西师范大学范丽萍分别担任了各场主持人。华东师范大学梁志、江苏师范大学张秋生、浙江大学程早霞、赣南师范大学朱大伟、淮阴师范学院杨春龙、曲阜师范大学赵文亮、四川大学何平、中国社会科学院世界历史研究所任灵兰分别担任各场评议人。

赣南是中央苏区所在地。在中国共产党百年华诞这个具有重大意义的历史纪年,在中华苏维埃共和国的诞生地举办中国世界现代史研究会年会,具有特殊的意义。为此,此次年会特别设立了"中共百年与世界现代史"的子议题,探访中华苏维埃政府、长征起始地等革命旧址,重温党史,研讨中共百年与现代世界百余年的互联互动。与会学者们纷纷表示,走进中央苏区所在地,近距离地了解党在中央苏区时期的历史,解答了以往关于苏区革命和长征的一些疑问,对农村包围城市的中国革命道路的选择有了更深刻的认识与领悟。

在闭幕式上,芮信主持了分组讨论汇报。8位评议人对各小组与会者的发言进行了点评,认为参会论文题材广泛,选题深具学术价值和现实意义,视角新颖,一手文献运用充分。新任常务副会长兼秘书长任灵兰、新任会长梁占军、原会长李世安先后在闭幕式致辞。在新冠疫情的特殊背景下,经过与会专家学者的共同努力,中国世界现代史研究会2021年年会暨学术研讨会取得圆满成功,老中青专家学者从不同角度探讨了40年来世界现代史学科体系建设的诸多问题,交流研究成果,碰撞思想火花,表达了新时代勇于担当、开拓进取,为繁荣中国世界现代史学科而共同努力的心声。

(十二) 中国苏联东欧史研究会

1. 学会简介

中国苏联东欧史研究会成立于1985年,是中国从事俄罗斯、东欧、中亚历史研究和教学以及对俄罗斯、东欧、中亚历史感兴趣的人员自愿组成的全国性民间学术团体,属于非营利性社会组织。

研究会接受业务主管单位中国社会科学院和社团登记管理机关民政部的业务指导和监督管理。

研究会宗旨是:以马克思列宁主义、毛泽东思想、邓小平理论、"三个代表"重要思想、科学发展观、习近平新时代中国特色社会主义思想为指导,贯彻、执行党的科学文化方针和政策,遵守我国宪法、法律、法规和国家政策,践行社会主义核心价值观,遵守社会风尚,团结我国从事俄罗斯、东欧、中亚历史研究的工作者,通过开展学术活动和对外学术交流,促进我国俄罗斯、东欧、中亚史研究的发展。研究会坚持中国共产党的全面领导,认真学习领会习近平新时代中国特色社会主义思想,牢固树立马克思主义指导地位,切实加强党对研究会的政治领导、思想领导、组织领导,将党的领导贯穿到社团管理工作中,促进团体健康发展。根据中国共产党章程的规定,该会设立中国共产党的组织,开展党的活动,为党的组织的活动提供必要条件。

研究会成立以来,每年召开一次学术年会,就当年研究中的热点问题进行交流研讨,至今已运行34年。进入21世纪以来,研究会多方筹集经费,邀请俄罗斯、芬兰等国学者举行了近10次国际研讨会;出版了一系列论文集。研究会的老中青三代学者以严谨求实的学术精神和高度的社会责任感,孜孜不倦治学,推动了中国俄罗斯东欧中亚历史学科的发展。

老一辈学者在经费极为困难的情况下，编辑出版了《苏联历史译文辑》与《苏联历史问题》杂志。1991年，由研究会编辑出版了国内迄今唯一一本《苏联历史辞典》（吉林文史出版社1991年版）。在这一过程中，研究会团结了全国苏东史学界老中青三代学者，为推动学科早期发展发挥了不可替代的作用。研究会秉承发展苏联东欧史研究，服务当代改革开放事业的理念，成立三十余年以来，努力排除各方面的困难，为中国的苏联东欧史研究做出了重要贡献。

截至2021年，研究会有会员二百余人，均为中国高校和科研单位中苏联东欧史学界的资深学者和骨干力量。研究会的最高权力机构是会员代表大会，每届五年。设有理事会、常务理事会。理事会是会员代表大会的执行机构，在闭会期间领导研究会开展日常工作，对会员代表大会负责。

先后担任过研究会会长的有陈之骅、吴恩远、于沛、姚海，现任会长是张盛发。

2. 学会动态

2021年4月17—18日，中国苏联东欧史研究会2021年学术年会在广东省佛山市举行。此次年会由研究会与北京外国语大学俄语学院联合主办，主题是"后苏联空间和东欧国别区域发展道路三十年回顾与展望"，近50位学者参会讨论，论文涉及苏联（俄国）和东欧史的各个方面。

关于国际共运与苏联历史。中国社会科学院世界历史研究所马龙闪研究员指出，恩格斯与特卡乔夫（P. Tkachev）之间的论战是由恩格斯在批评拉甫罗夫时，连带批评了正与拉甫罗夫论辩的特卡乔夫而引发的；恩格斯驳斥了特卡乔夫关于"密谋"和否认沙皇阶级属性的观点，同时提出了俄国革命的战略问题。吉林大学张广翔教授和金丹教授根据近年解密资料，以库尔恰托夫的个人经历为线索，梳理了苏联核计划的酝酿和实施，全方位呈现了20世纪40年代后期苏联的科学和军工情况。许金秋教授则以赫洛平镭学研究所为中心，围绕核材料制备这一问题记述了苏联核科学发展的一个侧面。海南大学吕卉副教授认为，农民成分的官兵在早期苏联红军中占比很大，因此军队也通过组建红军农场使红军直接参与到经济建设中。黑龙江大学潘晓伟副教授认为，在朝鲜战争结束后，苏联曾给予朝鲜大量的经济援助，但此后苏联开始根据朝鲜在中苏分歧中的立场决定援助规模，这使朝鲜成为中苏关系中的重要一环。中国社会科学院世界历史研究所黄立茀研究员认为，为实现世界革命，苏联选择了赶超型现代化道路和高度集中的经济体制，战后历届领导人都制定了超越苏联发展阶段的政策。粮食危机就是在上述政策的驱动下，向世界革命目标前行的一个结果。中国人民大学王宪举教授针对各界关于"无人曾预测到苏联会解体"的议论，引用两位新华社记者的报道合集《易主纪实》，认为中国记者和学者对形势发展实际上有着过人的洞察力。吉林大学杨翠红教授回顾了戈尔巴乔夫时期恢复圣经印刷、允许外国人传教等政策，认为这导致了苏共的严重削弱和外部势力的迅速渗透；而斯大林时期和戈尔巴乔夫时期宗教政策的两极化，均对苏联解体起到了推波助澜的作用。

关于沙俄史、俄联邦史及俄罗斯当代问题。华中师范大学博士研究生宋歌认为，1856年克里米亚战争失败后，俄国实行铁路国有化和运价改革后，俄国资本主义发展明显提速，这也为集权政治的发展创造了条件。中国社会科学院大学博士研究生李巧认为，由于毛皮在对汉萨同盟国家的贸易中可以大幅改善沙俄政府财政，因此拓展毛皮货源成为沙俄当局拓殖西伯利亚的重要原因，使西伯利亚在17世纪融入沙俄统一市场，并进一步促使俄国人进入中国和阿拉斯加地区。中国社会科学院大学博士研究生王晓丹认为，在西伯利亚创建大学的事业一波三折，原因在于西伯利亚在俄国的从属地位、沙皇政府教育政策的不断变化,以及社会未对创办大学形成共识。天津师范大学讲师叶召霞介绍了俄罗斯对孤儿的住房政策,并分析了俄罗斯人源自东正教和社会主义经历的福利观念。北京外国语大学戴桂菊教授指出,俄罗斯各派教徒在新冠疫情初期曾抵制防控措施,但随着疫情的发展,俄罗斯的宗教信徒们也开始顺应疫情防控。

关于史学理论和史学史。北京师范大学张建华教授指出,中国东北史诞生于国土沦丧之际,自始就有着强烈的使命意识。他回顾了不同时期东北史研究,认为其研究应打破画地为牢的观念。他还介绍了王禹浪的"东北流域文明"概念,新社会史框架下的东北人口史、移民史、城市史等研究。黑龙江社会科学院刘爽教授认为,在叶利钦时期,摆脱苏联教条与否定祖国历史的民族虚无主义相伴。普京第一、第二任期,史学的主旋律是肯定俄罗斯传统文化价值,从中寻找复兴俄罗斯的精神力量。普京第二任期之后,俄罗斯面对金融危机和制裁,史学界的作用之一乃是团结民众为复兴祖国而奋斗。这三个阶段既有联系,又有差异,史学家的心路也发生了变化。中国社会科学院欧亚所刘显忠研究员分析了俄罗斯史学在20世纪90年代强烈的政治化问题,指出俄史学在这一时期从一个极端滑向了另一个极端。作者还介绍了从全面否定马列主义的"新教条主义"到引入"社会形态"和"文明"等分析法的过程;俄学者对不同时期的副博士学位论文选题分布情况的统计结果。中共中央党校左凤荣教授认为,普京是一位强调历史继承性的强国主义者,重视历史教育中所展示出的苏联时期的强国主义、传统爱国主义和"铁腕"治国理念。复旦大学冯玉军教授认为,学者要有宏大的历史观、系统的国际比较能力、明确的本体意识,即以中国国家利益作为根本出发点。他以1856年克里米亚战争前后俄国的对欧和对华外交为例,提出要实现"历史回归",进行科学的历史比较。陕西师范大学周厚琴副教授比较了俄国专有历史术语"专制君主制"与西欧君主制的不同,认为俄国君主权力的独立自主和不受限制是其核心理念,西欧的君主权力则是在民族国家的形成过程中才开始逐渐强大的。

关于苏联相关国家史和东欧史。有关俄苏相关国家史。西北大学讲师赵静分析了19世纪上半叶哈萨克地区并入俄罗斯帝国后,其传统社会遭到殖民统治剧烈冲击,哈族知识分子从提出启蒙主义和保守主义的抽象主张,到一步步参与俄杜马选举,展开文学创作和出版活动,并在一战、二月革命和十月革命三个历史性事件中,以实际行动促进哈萨克民族的觉醒。北京外国语大学孔垂柳等将哈萨克斯坦独立后的现代化建设分为1992—1996年、1997—2017年、2017年至今三个阶段,分析了纳扎尔巴耶夫提出的四个"发展原则"。河北北方学院耿海天从曾被热议的"白罗斯"(Belarus)还是"白俄罗斯"(Bela-Russia)问题入手,介绍了该国学者的相关研究成果。有关东欧国家历史。中国社会科学院世界历史研究所马细谱研究员指出,南共在民族问题上概念混乱,将"民族平等"片面化、绝对化;过早提出党和国家消亡的问题,取消了民主集中制;在外部干预方面,最新解密材料显示,西方国家早在20世纪70年代就有了颠覆南政权的计划。这些因素使得最早摆脱苏联模式,甚至曾一度接近于加入欧共体的南斯拉夫国家最后走向了分裂。中国社会科学院世界历史研究所王晓菊研究员指出,转轨以来保加利亚和俄罗斯均遭遇了人口危机,两国的正常发展和国家安全受到严峻挑战。尽早摆脱人口危机已成为两国的当务之急。中国社会科学院世界历史研究所助理研究员鲍宏铮认为,经过二十余年的发展,中东欧国家在整体上已经与欧盟的西欧成员国具有了几乎相同的产业结构,欧盟新老成员国的经济结构一体化已经实现,中东欧国家不应再被视为一个单独的经济区域。

在学术研讨之外，此次年会还通过了新的学会章程，选举了新一届即第八届研究会领导。中国社会科学院欧亚所的张盛发研究员连任会长。

（十三）中国英国史研究会

1. 学会简介

中国英国史研究会成立于1980年，是由从事英国史研究和教学的专业工作者自愿组成的全国性、学术性、非营利性社会组织。

研究会的宗旨和任务是：团结和组织全国英国史研究和教学人员，通过学术讨论，交流研究与教学经验，举办讲习班，培养和推荐专业人才，并组织会员编译资料及撰写论著，开展国际学术交流。

研究会接受业务主管单位中国社会科学院和社团登记管理机关民政部的业务指导和监督管理。

研究会的宗旨是坚持中国共产党的全面领导，以马克思列宁主义为指导，深入贯彻落实习近平新时代中国特色社会主义思想，切实加强党对研究会的政治领导、思想领导、组织领导，将党的领导贯穿到研究会管理中，促进研究会健康发展。根据中国共产党章程的规定，设立中国共产党的组织，开展党的活动，为党组织的活动提供必要条件。

研究会遵守宪法、法律、法规和国家政策，践行社会主义核心价值观，遵守社会道德风尚，发扬理论联系实际的学风，贯彻"百花齐放、百家争鸣"的方针，团结和组织全国英国史研究、教学和编辑工作者开展学术讨论，交流教学经验，促进英国史研究，为繁荣社会主义的科学文化事业、增进中英两国人民的友谊和文化交流及我国的现代化建设服务。

研究会的最高权力机构是会员代表大会。研究会设有理事会和常务理事会，理事会是会员代表大会的执行机构，在闭会期间领导研究会开展日常工作，对会员代表大会负责。

研究会成立后至2021年已举行过九次会员代表大会暨学术讨论会，以及一系列有关英国史问题的专题研讨会。研究会出版不定期内部刊物《英国史研究会通讯》。从2005年起，研究会建立了学术网站，为会员们提供了更为便捷的交流渠道。

研究会的工作主要包括提出和讨论英国史研究的重要课题，制定规划，促进英国史研究工作的开展；不定期地组织学术报告会、讨论会和座谈会，介绍并交流国内外英国史研究及教学的成果和动态；组织会员编译英国史资料，撰写英国史论著；了解会员的研究和教学情况，并向有关部门推荐他们的成果，发现和培养人才，推动英国史研究和教学队伍的建设；在平等对话的基础上，进一步拓展与英国学术界的联系，并积极开展国际学术交流；同国内有关学术团体保持联系，交流相关研究和教学经验和成果；积极创造条件，努力编辑出版英国史研究和教学方面的学术期刊；利用互联网等现代信息技术手段，扩大英国史研究和教学方面的学术交流。

先后担任过研究会会长的有蒋孟引、王觉非、王章辉、钱乘旦，现任会长是高岱。

2. 学会动态

2021年6月19日，由中国英国史研究会和天津师范大学欧洲文明研究院联合主办的"英国史研究高端论坛暨中国英国史研究会理事会"在天津举行。在开幕式上，中国英国史研究会会长、北京大学历史学系高岱教授，天津师范大学资深教授、欧洲文明研究院侯建新院长先后致辞。高岱强调，面对国际环境变化和疫情威胁的新形势，学会应该发挥自己独特的作用，宣传好中国形象，讲好中国故事，促进中外学术交流。侯建新首先对各位专家的到来表示感谢，指出中国的世界史研究仍处于弱势地位，英国史在世界史研究中十分重要，世界史研究面对现在百年未有之大变局，要坚持做学术，能做一点是一点，为国为民做出贡献。

在学术论坛上，高岱探讨了二战后英美学术界有关帝国主义理论的研究进展。关于帝国主义的理论，继费伊的"有形帝国"和"无形帝国"论，普罗维什、沃勒斯坦等人的依附论后，加拉赫和罗宾逊提出了合作理论，他们认为帝国主义是宗主国外部因素和殖民地国家内部因素共同作用的结果，并且二者之间建立了一个"合作体系"，但该理论忽略了殖民地和宗主国之间从一开始就不平等这一事实，反映了许多西方学者在殖民主义研究中存在片面性。这也启示第三世界的学者对西方学者的观点不能盲从。南京大学陈晓律教授讨论了二战后的英国移民问题，指出二战结束后，英国最初移民政策宽松，但随着很多有色人种进入英国及种族歧视问题的出现，移民政策逐渐收紧，且对英国本土国民在海外的后代进入英国做出了更为严格的限制，结果英国人的自我认同出现问题，开始追问到底谁是真正的英国人。天津师范大学刘景华教授将英格兰经济板块化的演变划分为四个阶段。中世纪英格兰的东南区域相对先进、西北区域比较落后；16世纪、17世纪英格兰形成了准一体化的国内市场和民族经济体系，但偏倚于朝向伦敦这个核心；工业革命后英格兰形成西北工业区和东南伦敦的发达两极，南北经济基本平衡；20世纪末期起受全球化影响，西北工业区出现产业空心化、经济下降，从而支持脱欧，甚至闹独立。中国历史研究院历史理论所张顺洪研究员在发言中评估了英国共产党的地位和作用，认为该党虽然规模小但是理论水平高。他还将其与其他西方国家的共产党做了对比。

北京师范大学郭家宏教授梳理了英国新济贫法体制下贫民医疗救济体制的建立过程，指出《新济贫法》颁布后，穷人可以去慈善医院和济贫院医院看病，19世纪后济贫院条件变好规模变大，一战时由于济贫院医院被征用，条件进一步改善，为免费医疗奠定了基础，到二战时，发展为公立医院。南京大学刘成教授介绍了国外对英国工党的研究成果，认为需要对工党做更深入的研究，他目前承担的国家社科基金重大项目就是专注于这一主题。北京大学黄春高教授关注英国史研究的史料建设，讨论了对历史研究十分重要的史料及其运用问题，指出了史料汇编的优点和缺点，对教学和研究中如何运用史料包括中文材料提出了建议，希望能组织进行系统的史料建设工作。清华大学梅雪芹教授探讨了百年来英国环境治理方略变革及其意义。她从近期云南大象北迁新闻入题，认为大象正是一个讲好中国故事的机会；要对工业革命进行反思，重视西方福利国家建设中环境治理的问题。南京师范大学姜守明教授提出宗教改革有神学支点，认为马丁·路德的因信称义理论突破了犹太教禁锢，使得基督教从民族宗教得以走向世界，并且由早期宗教重视外在形式转变为重视内在信仰，是对中世纪宗教形式的改变，英国的宗教改革也受到一定影响。陕西师范大学李秉忠教授考察了转型时期奥斯曼土耳其和英帝国在中东的角力及其遗产，认为英帝国史研究中应重视中东，指出英国对君士坦丁堡的态度影响了对土耳其的态度。他还指出，土耳其本是亚洲伊斯兰国家，但由于进行了西化改革，反而使得自身身份认同出现问题。上海大学柴彬教授探讨了英国近代早期的戏剧政治问题，讨论近代早期英国剧院、王室与清教徒间的关系，认为早期教会对戏剧的形式和内容有很大影响，中世纪以来戏剧逐步世俗化，都铎时期戏剧完成了世俗化、专业化、制度化的转型。宗教改革时期，加尔文限制娱乐，使得新教敌视戏剧，戏剧与剧院成为王权和清教徒博弈的舞台。上海师范大学梁民愫教授指出，英国共产党在英国历史和社会中的影响较小，但是英国马克思主义史学是在新左派运动中兴起的，突出了新史学的追求，同时组织相对完善，有自己的专门机构，在欧美史学界影响很大。

与会学者还进行了自由讨论，认为国内世界史研究势头正旺，但是要根据我国国情选择研究重点，不应盲目追求学术潮流和热点，要使自己的研究为国为民服务。世界史同人要共同努力，抓住和巩固学术发展阵地。

（十四）中国中日关系史学会

1. 学会简介

中国中日关系史学会于1984年8月31日在北京成立，是由研究中日关系史和关心中日两国关系发展的人士自愿组成的全国性非营利性民间学术团体。学会接受业务主管单位中国社会科学院和社团登记管理机关民政部的业务指导和监督管理。

学会的宗旨是广泛团结我国从事研究中日关系史的知识界人士以及其他关心中日关系发展的有关人士，推动对中日关系史和两国间有关问题的研究，增进与日本有关团体和人士的学术交流和友好往来，以提高中日关系史的研究水平，为促进中日两国人民世代友好和两国关系的健康发展做贡献。

学会首任会长是已故全国政协副主席、中国佛教协会会长、著名社会活动家赵朴初；第二任会长是已故国务院发展研究中心主任孙尚清；第三任会长是原全国政协常委、全国政协经济委员会副主任、北京大学社会科学学部主任、北京大学光华管理学院名誉院长厉以宁；第四任会长是中国社会科学院原副院长武寅；现任会长为北京大学历史系王新生教授。

学会设理事会、常务理事会。在理事会、常务理事会闭会期间，由常务理事会负责研究决定学会日常工作。

学会日常工作机构设有办公室、编辑部、联络部、学术研究部。

学会积极开展国内外交流活动，与日本有关团体及日本驻华机构有良好的交流关系。学会经常举办中小型座谈会、研讨会、学术报告会，邀请日本及中国的专家、学者、政治家、外交官等，就中日关系史和当前中日关系进行学术交流和研讨。

学会多次组团出访日本，加强中国青年与日本人民的交流，促进中日民间的友好往来。

多年来，学会编辑出版了《友谊铸春秋——为新中国做出贡献的日本人》卷一和卷二，翻译出版了《大平正芳》、《日本通商产业政策史》全十七卷等，在国内外受到广泛好评。

学会的会刊是《中日关系史研究》，季刊，每年出版四期（目前休刊中）。

2. 学会动态

2021年10月22日，中国中日关系史学会第七届理事会第四次会议暨"海洋维权维稳需加强战略传播——以钓鱼岛列岛为案例"学术研讨会在北京举行。学会王新生会长、徐启新顾问、吕小庆副会长、刘江永副会长、张玉霞秘书长等近20名学会理事会成员出席了会议。

会议首先听取了学会2021年度工作报告、2022年度工作设想，提出以中日邦交正常化50周年为契机，进一步加强与其他学术团体、社会团体、高等院校等交流合作。

学会副会长吕小庆主持了学术研讨会环节。学会副会长、清华大学刘江永教授围绕"海洋维权维稳需加强战略传播——以钓鱼岛列岛为案例"进行主旨发言。他对我国1972—2021年在维护钓鱼岛主权与维护中日关系稳定方面的情况进行了评估，并对维权维稳"负相关"关系成因进行了解释，分析并展望了中日关系结构性矛盾上升及前景情况，提出海洋维权维稳的必由之路，即在执法巡航常态化的同时，加强战略传播，以公共外交、政党外交、议会外交等多种渠道和方式，配合对日说理斗争也要常态化、多样化、普及化、大众化。最后，刘江永针对钓鱼岛归属正本清源问题，提出了六大要领：要敢于把握机会说明中方立场；要勇于和善于说明中方立场；要针锋相对"硬碰硬"，以理服人；要具有建设性，求同存异；要重视确认关键事实细节，不断澄清；要对事不对人，保持相互尊重。

与会学者还就"日本新政府对中日关系及钓鱼岛问题的考虑"进行了热烈深入的讨论。学会理事周永生表示，在日本不承认钓鱼岛主权存在争议的情况下，我们也需改变一些策略，避免陷入被动局面。学会常务理事姜弘认为，中日关系正处于一个关键的"十字路口"。她主张为学者搭建一个"发声"的固定渠道或固定平台，充分发挥学者研究问题的专业性、应对具体问题的针对性、应对方式的灵活性、应对问题的前瞻性与研究问题的可持续性。对未来的中日关系，学会顾问徐启新认为，应对岸田政府多做工作。

最后，王新生做总结发言。他认为，未来中日关系有可能不会一帆风顺，有可能出现紧张状况，甚至有可能恶化。岸田政府作为一个不是很强势的政权，很有可能打"民族主义"牌，采取对中日关系不利而对其执政有帮助的政策。王新生表示，此次会议取得了较好效果。2022年是中日邦交正常化50周年，学会可采取线上线下相结合的方式，多精心谋划、认真组织相关学术活动，为庆祝中日邦交正常化50周年营造良好氛围。

全国世界史主要科研和教学单位动态

中国社会科学院世界历史研究所

1. 学科建设

中国社会科学院世界历史研究所前身为1959年设在中国科学院哲学社会科学部历史研究所的世界历史研究组，1964年成立世界历史研究所；1977年归属中国社会科学院，是对世界各国和地区的历史进行综合性研究的专门学术机构。研究所以研究世界近现代历史为主，同时开展对世界古代和中世纪历史的研究，在国别史研究的基础上进行跨时代、跨国别、跨地区的专题研究；探讨和阐述人类社会发展的规律，特别是自16世纪以来世界各国政治、经济、文化发展演变的统一性、多样性与历史经验。

世界历史研究所设有俄罗斯中亚史研究室、欧洲史研究室、西亚南亚史研究室、日本与东亚史研究室、非洲史研究室、美国史研究室、拉丁美洲史研究室、太平洋与太平洋国家史研究室、"一带一路"史研究室、全球史研究室、世界古代中世纪史研究室11个研究部门，另有《世界历史》和 World History Studies 两个学术期刊。世界历史研究所代管14个全国性学术社团，并代管3个研究中心，分别为中国社会科学院加拿大研究中心、中国历史研究院中华文明与世界古文明（古埃及、古巴比伦、古印度）比较中心、中国社会科学院世界历史研究所日本历史与文化研究中心。截至2021年，研究人员61人，其中研究员22人，副研究员19人，助理研究员20人。2021年世界历史研究所承担国家、中国社会科学院、研究所等级别的在研究课题50项，同时还承担培养世界史专业、史学理论及史学史专业的研究生的任务。世界历史系为研究生教学培养机构，中国社会科学院大学历史学院承担本科生教学任务。

世界历史系以中国社会科学院世界历史研究所为依托，成立于1978年。截至2021年，拥有博士生导师12名，硕士生导师27名。博士主要研究方向有古代西亚南亚对外交流史、俄罗斯史、非洲近现代史、近现代西欧经济社会史、日本史、北美史、太平洋史、战后国际关系史、中亚史及高加索史、德国近现代史；硕士主要研究方向有古代西亚史、古代南亚史、古希腊史、古罗马史、古代东亚史、中世纪欧洲经济社会、古埃及文明史、古代两河流域史、美国外交政策史、欧洲现代史、北美史、北美环境史、中东近现代史、西方史学理论及史学、东欧、英国近代史、英国现代史、欧（德）美关系史、苏联史、非洲史、拉美史、世界社会主义史、英帝国史、俄国史、美国史、德国近现代史、太平洋史、全球史、法国史、日本史。

2. 科研发展

（1）在研究项目方面，2021年中国社会科学院世界历史研究所有22项课题立项。

表9.1 2021年重要课题立项情况

项目类型	负责人	项目名称
国家社科基金冷门绝学研究专项	刘健	赫梯石刻文献研究
国家社科基金重点项目	国洪更	亚述帝国土地制度研究

续表

项目类型	负责人	项目名称
国家社科基金一般项目	魏涛	美国城市化进程中的种族暴力研究
国家社科基金一般项目	李文明	日本应对1918—1920年世界性流感的历史考察
国家社科基金青年项目	郑立菲	韩国独立运动时期"联中抗日"思潮研究
中国历史研究院委托项目	于沛	中国世界史学思想史
中国历史研究院重大课题（子课题）	孙泓	（新编）中国通史·历史经验研究（中外关系史卷）
中国历史研究院重大课题（子课题）	汪朝光	（新编）中国通史·中外关系史卷
世界历史所基地国情调研项目	刘健	临川区的生态文明建设
中国社会科学院青年项目	罗宇维	西方语境下种族/族群概念的生成与流变
北京市社会科学基金青年学术带头人项目	魏涛	美国革命的多样面孔
中国社会科学院亚洲研究中心项目	郑立菲	近代初期朝鲜天下观的嬗变
世界历史研究所创新工程项目	景德祥	全球史理论与个案研究
世界历史研究所创新工程项目	孙泓	古代国家的制度与治理研究——以仪式、记忆、危机为中心的考察
世界历史研究所创新工程项目	高国荣	美国国家治理的历史考察
世界历史研究所创新工程项目	毕健康	殖民主义与非洲——以埃及、南非、尼日利亚和肯尼亚为重点
世界历史研究所创新工程项目	张跃斌	近代以来的东亚政治史研究
世界历史研究所创新工程项目	王文仙	人口迁移流动与拉美国家的经济社会发展研究
世界历史研究所创新工程项目	国洪更	多元视角下的西亚南亚地区国家治理个案研究——以古代两河流域为中心
世界历史研究所创新工程项目	俞金尧	西方近代文明的当代困境
世界历史研究所一般项目	吕桂霞	新冠疫情与太平洋岛国的应对
世界历史研究所青年项目	时伟通	国民党残军与老挝危机的关系探究

（2）在科研成果方面，2021年中国社会科学院世界历史研究所发表重要学术论文70余篇，出版著作10部。代表性篇目如下。

表9.2 论文类

作者	论文题目	发表刊物、时间
罗文东	中国共产党百年历程经验探析	《中国特色社会主义研究》2021年第2期
吕厚量	埃利乌斯·阿里斯泰德与2世纪希腊知识精英的历史观	《历史研究》2021年第5期

续表

作者	论文题目	发表刊物、时间
刘健	古代两河流域国家对海湾政策的演变和调整	《史林》2021年第6期
张跃斌	浅析二战战后初期日本的选举政治	《晋阳学刊》2021年第6期
文春美	寺内内阁的"区域经济一体化"政策与西原借款	《华中师范大学学报（人文社会科学版）》2021年第3期
陈伟	原敬关于立宪君主制改革的构想与实践	《世界历史》2021年第5期
李文明	20世纪日本学界的"古代虾夷族群"论争	《世界历史》2021年第4期
毕健康	背叛抑或弃守？——埃以和谈中埃、以、美围绕巴勒斯坦问题的三方博弈	《安徽史学》2021年第4期
刘兰	全球极端天气走向常态化	《生态经济》2021年第9期
杭聪	20世纪南非种族资本主义发展简述	《学术探索》2021年第7期
国洪更	亚述帝国诉讼的行政化	《世界历史》2021年第5期
杜娟	弃中取日：近代巴西东亚移民政策的转变	《世界历史》2021年第4期
张炜	英语与近代不列颠国家的身份认同	《光明日报》2021年2月1日
王超	联邦德国的德国统一政策研究现状——以联邦德国对民主德国的经济政策为考察核心	《上海师范大学学报（哲学社会科学版）》2021年第4期
信美利	20世纪30年代初意大利与中国的经济合作计划	《世界历史》2021年第4期
吴迪 王晓菊	1917年—1944年苏日萨哈林石油之争探析	《东北亚学刊》2021年第6期
侯艾君	中—俄—美战略三角与世界秩序	《深圳大学学报（人文社会科学版）》2021年第2期
邢媛媛	日俄早期关系中的日本漂流民研究	《日本学刊》2021年第3期
邢媛媛	早期欧洲人制作地图中的"世界"	《光明日报》2021年2月22日
张艳茹	近代日本马克思主义史学的兴起与发展	《光明日报》2021年11月15日
国洪更	古代两河流域早期王衔的沿革与国家形态的演变	《史学集刊》2021年第3期
俞金尧	大变局时代的世界史研究	《历史教学问题》2021年第3期
王宏波	试论恩格斯关于德国工人运动的思想及其实践	《当代世界与社会主义》2021年第5期
高国荣	从掠夺性开发到保护性利用：对美国区域规划文件《大平原的未来》的重新审视	《史学集刊》2021年第6期

续表

作者	论文题目	发表刊物、时间
金海	18世纪末至19世纪上半期的英美废奴运动：合作、分歧和局限	《首都师范大学学报（社会科学版）》2021年第6期
姚朋	当代加拿大海洋经济管理、海洋治理及其挑战	《晋阳学刊》2021年第6期
魏涛	英帝国与美国革命初期的黑人军队——以南部殖民地为中心的考察（1775—1778）	《北京社会科学》2021年第1期
邓超	"英美霸权和平转移论"的底层逻辑	《太平洋学报》2021年第8期
吕桂霞	斐济的印度移民：历史演变及影响	《世界民族》2021年第5期
时伟通	中国对老挝援助政策的演变及其动因（1956—1965）	《世界历史》2021年第6期
孟庆龙	印度对1962年战争的认知与对华政策走势	《中国社会科学院研究生院学报》2021年第6期
张瑾	二战后三十年间澳大利亚技术移民结构与成因探析	《世界历史》2021年第1期
姜南	从共同农业政策看欧共体的运行机制	《重庆邮电大学学报（社会科学版）》2021年第6期
张文涛	全球史的兴起与当代中国全球史学科建设	《甘肃社会科学》2021年第4期
景德祥	从书信看兰克第一本书及附本的诞生	《上海师范大学学报（哲学社会科学版）》2021年第6期
国春雷	飯一派在俄国教会分裂中的弥合作用	《世界宗教文化》2021年第4期
孙泓	北京大兴出土铭文砖相关问题研究	《殷都学刊》2021年第3期
邢颖	古典时代雅典的节日空间与历史记忆——以雅典绘画柱廊为核心的探讨	《殷都学刊》2021年第3期
孙思萌	拜占庭皇室女性的政治角色刍议——基于铸币的历史考察	《殷都学刊》2021年第3期
王超华	中世纪英格兰乡村的节日庆祝及其功能	《首都师范大学学报（社会科学版）》2021年第6期
宋丽萍	印度政治现代化进程中的中央—地方关系	《世界历史》2021年第6期

表9.3 著作类

作者	著作名称	类型	出版社
杭聪	《战后英国英属撒哈拉以南非洲政策研究（1945—1980）》	专著	中国社会科学出版社

续表

作者	著作名称	类型	出版社
张炜	《社会变迁的催化剂：16世纪英格兰的印刷媒介》	专著	社会科学文献出版社
王超华	《中世纪英格兰工资问题研究》	专著	中国社会科学出版社
吕厚量	《古希腊史学中帝国形象的演变研究》	专著	中国社会科学出版社
姚惠娜	《殖民遗产与现实困境：历史视域下的欧盟地中海政策研究》	专著	中国社会科学出版社
姜南 张文涛	《跨学科视野下的世界史研究》	论文集	河南人民出版社
高国荣 张炜	《欧美史研究》（第四辑）	论文集	社会科学文献出版社
徐再荣 张瑾	《环境史的理论与实践：世界环境史研究演讲录》	论文集	商务印书馆
信美利	《人类愚蠢基本定律》	译著	东方出版社
王超华	《儿童生活历史百科》	译著	北京出版集团北京出版社

（3）重要奖项

经国家哲学社会科学文献中心和中国社会科学院图书馆组织评选，《世界历史》杂志荣获国家哲学社会科学文献中心"2016—2020年最受欢迎期刊"和"2020年度历史学最受欢迎期刊"。张跃斌研究员和张红菊研究员的2篇《要报》成果获中国社会科学院优秀对策信息三等奖。

2021年世界历史研究所优秀科研成果奖共产生14个奖项：一等奖8项，分别为吕厚量的专著 Xenophon's Theory of Moral Education（Cambridge Scholars Publishing，2015）、张红菊的专著《英属北美殖民地烟草种植园经济研究》（中国社会科学出版社2017年版）、杜娟的专著《冷战前期美国对拉美政策研究》（中国社会科学出版社2016年版）、俞金尧的论文《全球化进程中的时间标准化》（《中国社会科学（哲学社会科学版）》2016年第7期）、孟庆龙的论文《印度对中印边界问题态度的变化》（《清华大学学报（哲学社会科学版）》2016年第5期）、姚惠娜的论文《利益集团与美国的中东研究》（《美国研究》2018年第3期）、郭子林的论文《从文本到王权：〈图特摩斯一世加冕敕令〉的释读与解析》（《史学集刊》2018年第2期，代评）、焦兵的论文《特朗普保守国际主义战略分析》（《现代国际关系》2018年第8期）；二等奖6项，分别为文春美的论文《满铁"历史地理调查部"与"满鲜史观"》（《史学理论研究》2018年第3期）、杭聪的论文《战后英美在英属撒哈拉以南非洲的经济伙伴关系（1945—1964）——基于英国政策的考察》（《世界历史》2016年第6期）、张艳茹的论文《日本史学史上的"昭和史论争"》（《史学理论研究》2017年第1期）、金海的论文《十七至十八世纪英属大西洋世界的奴隶制与废奴运动》（《北京社会科学》2018年第9期）、张瑾的专著《第二次世界大战后英国科技人才流失到美国的历史考察》（中国社会科学出版社2013年版）、王超的论文《论施密特政府的德国政策》(《河南师范大学学报（哲学社会科学版）》2018 年第 6 期)。

3. 学术活动

2021 年，世界历史研究所积极组织各种类型的学术活动，承办中国社会科学院、中国历史研究院交办的国际、国内学术研讨会 3 场，主办论坛、研讨会 2 场；研究所代管的 14 个学术社团和 3 个研究中心举行了 17 次学术活动。世界历史所还举办了包括全所、研究室和学科在内的 18 场学术报告会。

9 月 3 日，中国社会科学院世界历史研究所举办了庆祝中国共产党成立 100 周年暨世界历史研究回顾与前瞻学术研讨会。来自中国社会科学院世界历史研究所、中国社会科学院当代中国研究所、东北师范大学等科研机构和高校的专家学者参会并发言。与会专家就如何推进基础理论研究与应用对策研究融合发展、马克思主义理论体系与历史研究之间的关系、史学工作者如何主动适应新史学的发展与新时代的变化、世界史不同领域的发展状况和前沿，以及不同学科的发展方向、存在的问题和遇到的挑战等进行了深入的交流。

9 月 14—15 日，由中国社会科学院和伊朗伊斯兰文化联络组织联合主办，世界历史研究所承办的第六届中国和伊朗文化对话会，在中国社会科学院中国历史研究院以线上、线下的方式同步召开。此次文化对话会主题为"中国伊朗两大文明中的多样性和包容性"。来自两国智库、高校等机构的 20 多位专家学者参加了此次会议。专家学者们就中伊双方文化交流的历史背景与现状，尤其是双方文化内涵中的"多元性与包容性"进行了热烈讨论。

9 月 25—26 日，由《世界历史》编辑部主办，广西师范大学历史文化与旅游学院承办的第五届全国世界史中青年学者论坛在广西桂林举行。来自中国社会科学院、北京大学、清华大学、中国人民大学、南开大学、复旦大学、武汉大学、东北师范大学、华东师范大学等高校和科研机构的 60 余位专家学者参加了此次会议。大会共设置五个分论坛，每个分论坛分别进行三场讨论。"全国世界史中青年学者论坛"是《世界历史》编辑部创办的学术交流平台，旨在加强中青年学者的学术交流，促进世界史研究人才的成长。

10 月 23—24 日，华东政法大学与中国社会科学院世界历史研究所、中国社会科学院近代史研究所、全国外国法制史研究会联合主办的全国法学与史学跨学科前沿论坛在上海举行。此次论坛也是华东政法大学"纪念研究生培养 40 周年"系列学术论坛之一。来自中国社会科学院、北京大学、清华大学、华东政法大学等全国 30 多家单位的 90 多名学者参加会议。此次论坛共设七个单元，与会代表们围绕"建党百年与法律史研究的新进展""全球法律史的新进展与再审视""法学与史学的对话""文明碰撞与东西语境下的法律交流史""国际法史与国际关系的新视点""宏观视域下的中外法律史""法律史研究的新方法与新论题"等论题展开交流，就跨学科研究的方法与进路交换意见。

10 月 29 日，中国社会科学院世界历史研究所日本与东亚史研究室、日本历史与文化研究中心共同举办东亚史研究前沿论坛。来自中国社会科学院世界历史研究所、历史理论研究所、中国边疆研究所、日本研究所和中国社会科学院大学以及北京大学、清华大学、首都师范大学、中央民族大学、南开大学的十余位青年学者做报告。论坛采取线上线下相结合的方式进行。与会学者们围绕"东亚中的观念和概念史""日本、朝鲜研究动态""长时段历史视野下的东亚国际关系""东亚视野下的中日关系"等问题进行交流。

11 月 4 日，由中国社会科学院加拿大研究中心主办的加拿大历史与现实学术研讨会在世历史研究所召开，来自南开大学、北京外国语大学、中国社会科学杂志社、国际法研究所、世界经济与政治研究所、世界历史研究所等高校和科研院所的20位专家学者参会。会议采取线上线下相结合的方式举行。会议主要结合加拿大历史和现实问题，特别是中加关系、美加关系展开自由、平等的学术研讨。与会专家就近期研究成果，对加拿大研究中心"十四五"时期的工作规划以及热点问题展开讨论。

11月10日，由中国社会科学院世界历史研究所主办，非洲史研究室承办的殖民地时期非洲史研究与编纂学术研讨会在京举行，来自中国社会科学院、北京大学、复旦大学、华东师范大学、湖南师范大学、内蒙古民族大学、苏州大学、浙江师范大学等高校和科研机构的15位专家学者发言。会议围绕殖民主义与埃及、殖民主义与南非、殖民主义与尼日利亚、殖民主义与肯尼亚、殖民主义与东非、殖民主义与非洲发展等六个议题展开交流讨论。

11月19日，世界历史研究所第五届青年论坛在中国历史研究院举行。此届青年论坛的主题是"世界史研究前沿与热点问题"，与会青年学者共提交论文15篇，分为四个小组进行讨论。

11月25—26日，由世界历史研究所主办的第二届中国世界史高端论坛在中国历史研究院举行。论坛为期一天半，来自北京大学等全国三十多所设有世界史专业博士学位授予点的高校和中国社会科学院世界历史研究所等科研机构的近70位专家学者，围绕"世界史视阈中的人类文明新形态""世界史视阈中的现代化新道路""新时代世界史学科体系、学术体系、话语体系建设"等议题，通过现场和线上相结合的方式进行深入研讨。

12月24日，由中国历史研究院主办，中国社会科学院世界历史研究所和中国社会科学院"登峰战略"欧美近现代史优势学科承办的"大变局与世界史研究：世界史成为一级学科十周年"学术研讨会在京举行。来自中国社会科学院、北京大学、清华大学、中国人民大学、北京师范大学、首都师范大学、光明日报社等高校和科研机构的专家学者，围绕世界史成为一级学科后取得的成绩与今后的发展方向等问题进行了深入研讨。

4. 人才培养

2021年，中国社会科学院大学世界历史系共录取了9名硕士研究生（含3名推免生和扩招1人）和8名博士研究生。总计联合培养出站博士后1人，博士毕业生4人，硕士毕业生8人。

北京大学

1. 学科建设

北京大学世界史学科起源于京师大学堂1903年开设的万国史学门。1963年北京大学历史系在国内首建世界史专业。1981年以来，北京大学世界史学科的世界近现代史、世界地区国别史、世界上古中古史等方向先后获得博士学位授予权。1988年，该学科的世界近现代史入选首批国家重点学科。1997年，包含世界史在内的北大历史学入选全国首批一级学科博士点。2017年，北京大学世界史名列国家双一流学科名单。截至2021年12月31日，学术学位硕导31人，学术学位博导30人。

北京大学世界史学科拥有世界古代史教研室、欧美近现代史教研室和亚非拉近现代史教研室三个机构，形成了对欧洲历史、亚洲历史、非洲历史、北美洲历史和拉丁美洲历史较为全面的覆盖。历史学系设有实体机构西方古典学中心，以西方古典语言、历史为专门的研究对象。此外，还设有朝鲜半岛研究中心、世界现代化进程研究中心、中外关系史研究所、东北亚研究所、东南亚学研究中心、拉丁美洲研究中心、中外妇女问题研究中心、地中海区域研究中心、英国研究中心、视觉与图像研究中心、华侨华人研究中心、古代东方文明研究所、世界环境史研究中心、丝绸之路与内亚研究中心、土耳其研究中心等虚体研究机构。这样的布局体现了学科的专门化研究与团队合作的前沿特征。另外，北京大学还设有区域与国别研究院。

2. 科研发展

（1）在研究项目方面，2021年北京大学世界史学科有6项课题立项。

表9.4　2021年重要课题立项情况

项目类型	负责人	项目名称
国家社科基金重大研究专项（马工程）	钱乘旦	亚洲文明特质以及人类文明多样性研究
国家社科基金中国历史研究院重大研究专项	钱乘旦	亚洲文明全要素研究
国家社科基金重要国家和区域重大研究专项	昝涛	欧亚"泛伊斯兰主义和泛突厥主义"研究
国家社科基金重点项目	彭小瑜	现代天主教社会思想研究
国家社科基金一般项目	牛可	美国地区和国际研究的历史演进
国家社科基金一般项目	吴靖远	罗马帝国东部行省总督政令中的地方自治与帝国治理研究

（2）在科研成果方面，2021年北京大学世界史学科发表学术论文40余篇，出版著作11部。代表性篇目如下。

表9.5　论文类

作者	论文题目	发表刊物、时间
黄春高	同意原则的表里：15世纪英国乡绅书信中的日常婚姻	《历史研究》2021年第1期
包茂红	国际东南亚研究的演变——以东南亚史研究为重点	《陕西师范大学学报（哲学社会科学版）》2021年第2期
包茂红	人类世与环境史研究	《大加速：1945年以来人类世的环境史》，中信出版社2021年版
包茂红	从全球视野看环境史研究的起源与发展	《环境史的理论与实践：世界环境史研究演讲录》，商务印书馆2021年版
包茂红	世界环境史研究的新进展	《环境史的理论与实践》，商务印书馆2021年版
崇明	孟德斯鸠政治与社会思想中的自然观念	《社会》2021年第6期
崇明	孟德斯鸠与西方思想的转折	《当代法国史学研究新趋势》，浙江大学出版社2021年版

续表

作者	论文题目	发表刊物、时间
董经胜	阿根廷民粹主义政党的转型与新自由主义改革	《北大区域国别研究》第3辑，江苏人民出版社2021年版
黄春高	从封土到契约：经济视角下的英国封建主义的演变历程	第三届全国史学高层论坛暨第十五届历史学前沿论坛，2021年10月20—22日
李隆国	Charlemagne's Imperial Title: From the Perspective of Evidence Science	A Dialogue between Law and History, 2021
李隆国 刘群一	Allegory of Commerce: Double-entry Bookkeeping and Economic Rationality in Sixteenth-century Germany	Rivista Corte dei conti, Special Issue 1, 2021
李隆国	查理曼的帝号	《中国历史研究院集刊》第2辑，社会科学文献出版社2021年版
李隆国	831年分国诏书	《西学研究》第四辑，商务印书馆2021年版
李维	从大洋堡垒到大陆边疆——德国现代地缘政治说中的青岛	《中德关系语境下的历史记忆》论文集，2021年
李维	北京、柏林、维也纳——国家命运与首都变迁	《文化构建与首都城市治理发展》论文集，2021年
林丽娟	A New Syriac Witness to Aristotle's Categories from Turfan,	ZDMG, 2, 2021
林丽娟	The First Round of Tortures in the Legend of St. George-Remarks on the Turfan Syriac Fragments SyrHT 359 and SyrHT 360	Oriens Christianus 103, 2021
牛可	冷战与美国的大战略、国家安全理念和国家建构	《国际政治研究》2021年第1期
牛可	莱弗勒之史学：《保卫民主资本主义》及其他	《国际冷战史研究》第31/32期，世界知识出版社2021年版
潘华琼	跨撒哈拉商路上的文明交流	《光明日报》2021年7月12日
彭小瑜	"理性不能辨识的，爱心可以体验"——于格的《论童贞玛利亚》与《教会法汇要》案例第29	《世界历史评论》2021年第1期
彭小瑜	"仇恨是死亡的种子"：托马斯·默顿的反战立场与世界和平理想	《上海师范大学学报（哲学社会科学版）》2021年第4期
彭小瑜	由《大宋之变》说到古代帝国与官僚制度	《读书》2021年第1期
彭小瑜	文化多元主义的思考	《人民政协报》2021年5月10日

续表

作者	论文题目	发表刊物、时间
钱乘旦	全球化、反全球化和"区块化"	《当代中国与世界》2021年第1期
钱乘旦	解析英国脱欧	《北大区域国别研究》第3辑,江苏人民出版社2021年版
王立新	What Can History Reveal about the Future of Sino-American Relations? —Retrospect, Reflections, and Prospects	Chinese Studies in History, Vol. 54, No. 1(2021)
颜海英	文本、图像与仪式:古埃及神庙中的《冥世之书》	《古代文明》2021年第1期
昝涛	在布哈拉与"幸福门"之间——十六至十九世纪中亚穆斯林朝觐与丝绸之路西段的耦合	《北京大学学报(哲学社会科学版)》2021年第2期
昝涛	商业文明、世界知识与海洋秩序:反思多维视野下的马嘎尔尼使华事件研究	《新丝路学刊》第12期,社会科学出版社2021年版
昝涛	从奥斯曼帝国到"新奥斯曼主义":历史记忆与现实政治	《北大区域国别研究》第3辑,江苏人民出版社2021年版
朱青生	世界艺术史全球艺术史和外国艺术史	《美术观察》2021年第1期
聂槃	数字化技术的新发展正逐渐改变艺术史研究的范式——专访朱青生、张彬彬	《美术观察》2021年第4期
庄宇	俄罗斯的国家建构——历史路径与选择	《俄罗斯国家建构的历史进程》,商务印书馆2021年版
陈莹雪	奥斯曼帝国统治时期东正教会对希腊公益教育的支持(1593—1821年)	《世界历史评论》2021年第1期
陈莹雪	约翰·克里索斯托的古代社会正义理想——来自考茨基、卢森堡的评价及其同代人的见解	《北京大学学报(哲学社会科学版)》2021年第2期
包茂红	菲律宾有机农业的兴起与发展	《海上丝绸之路:全球史视野下的考察》,江苏人民出版社2021年版
王新生	江田三郎的"结构改造论"与战后日本社会党转型的失败	《北大区域国别研究》第3辑,江苏人民出版社2021年版
徐健	普鲁士改革时期的浪漫主义:思想与行动	《史学集刊》2021年第3期
唐利国	论近代日本亚洲侵略思想的原型吉田松阴	《世界史研究论丛》(第二辑)《全球史中的东亚世界》2021年
唐利国	两面性的日本近代化先驱——论吉田松阴思想的非近代性	《日本社会变迁研究——纪念中国日本史学会成立四十周年论文拔萃(第一卷)》,2021年

表 9.6 著作类

作者	著作名称	类型	出版社
吴小安	《区域与国别之间》	专著	科学出版社
彭小瑜	中国平民教育的拓荒者——陶行知诞辰 130 周年	《新京报书评周刊》2021 年 10 月 18 日	
颜海英	《中国收藏的古埃及文物》	专著	中国社会科学出版社
范韦里克	Rome and the Near Eastern Kingdoms and Principalities, 44–31 BC: A Study of Political Relations during Civil War	专著	Brill
钱乘旦	《英国通史》（单卷本）	合著（修订版）	上海社会科学院出版社
董经胜 李伯重	《海上丝绸之路：全球史视野下的考察》	编著	社会科学文献出版社
李隆国	《西学研究》第四辑	编著	商务印书馆
庄宇	《俄罗斯国家建构的历史进程》	编著	商务印书馆
高毅、高煜	《法国大革命前夕的图书世界》	译著	上海人民出版社
钱乘旦	《看画有方法》	译著（增订版）	北京联合出版公司
昝涛	《区域国别研究学刊》第 3 辑	学术集刊	江苏人民出版社
昝涛	《北大区域国别研究》第 4 辑	学术集刊	江苏人民出版社

（3）重要奖项

朱孝远开设的课程《西方文明史导论》《文艺复兴经典名著选读》，以及朱青生、王婧思、高明、黄羽婷开设的课程《艺术史》获得"首批教育部一流本科课程"荣誉。

3. 学术活动

6 月 10 日，"北大文研讲座"第 210 期举行，彭小瑜教授做了题为"西方社会观念的旧与新——圣维克多修院的于格论婚姻和家庭"的学术讲座。

10 月 23 日，北京大学历史学系举办了题为"'九一八事变'与东亚世界及百年变局"的北大人文论坛。

10 月 24 日，在首都师范大学历史学院国际关系史研究中心主办的"理解国际关系：东方与西方的历史经验——第二届全国国际关系史研究生论坛"上，王立新教授做了题为"历史学者应该如何提出一个好的研究选题"的学术讲座。

11 月 10 日，在中国社会科学院世界历史研究所主办，非洲史研究室承办的"殖民地时期非洲史研究与编纂学术研讨会"上，潘华琼教授做了题为"殖民主义时期非洲人的能动性"的学术讲座。

4. 人才培养

截至 2021 年底，在校生中，博士研究生 77 人，硕士研究生 49 人；其中港澳台生 6 人，外国留学生 4 人。2021 年，共计有硕士毕业生 16 人，博士毕业生 15 人。硕士学位授予人数 16

人,博士学位授予15人。博士毕业生多进入高校、科研机构,硕士毕业生就业岗位多元。

清华大学

1. 学科建设

历史学是清华大学历史最悠久、成就最辉煌的学科之一,1911年建校初期就开设有中国史、西洋史等课程,1926年正式成立历史系。1952年院系调整,历史系并入北京大学等校。1993年,历史系恢复建制。2003年,历史系与思想文化研究所合并,成立新的历史系,对原有力量进行了整合。2006年,清华历史学科获得历史学一级学科博士学位授予权。2011年,世界史学科调整为一级学科博士学位授权点。

根据清华大学学科布局的实际要求,世界史确立了建设"小而精"的学科目标。主攻方向初步确定为西方史学理论与史学史、中外文化交流史、环境史、东亚区域文化史和全球史等。截至2021年,世界史学科现有专职教授5人,副教授2人,助理教授1人,师资博士后1人,其中"教育部新世纪人才"3人。

2. 科研发展

在科研成果方面,2021年清华大学世界史学科发表重要学术论文20余篇,出版著作5部。代表性篇目如下。

表9.7 论文类

作者	论文题目	发表刊物、时间
吕昭	阿维尼翁兄弟会与中世纪晚期法国基层互助	《历史研究》2021年第6期
梅雪芹	论20世纪英国史学家屈威廉的乡村保护事业及其意义	《北京师范大学学报(社会科学版)》2021年第6期
刘晓峰	中国古代节日食品对日本的影响——以《宇多天皇御记》宽平二年二月卅日记事为中心	《广西民族大学学报(哲学社会科学版)》2021年第3期
刘晓峰	New Perspectives in the Comparative Study of East Asian Culture	《中国社会科学》英文版第42卷第1期
张弢	西欧中世纪史料学初探——以德意志王国的帝王诏旨为例	《古代文明》2021年第4期
张弢	"黑死病"与欧洲中世纪大学	《北京大学教育评论》2021年第2期
曹寅	The Return of Chen Ching Lin: Chinese Deserters and Chinatowns in the British Raj, 1943–1946	*South Asia: Journal of South Asian Studies*, 5(2021)
曹寅	An Indian Town's Entry into the Second World War: Holding Together the Congress Party and Training Chinese Soldiers in Wartime Raj	*China Report*, 1(2021)

表 9.8 著作类

作者	著作名称	类型	出版社
张绪山	《东域纪程录丛》	译著	商务印书馆
张绪山	《国王神迹》	译著	商务印书馆
梅雪芹	《生态文化与传播》	专著	中国环境科学出版社
刘晓峰	《时间与东亚古代世界》	专著	社会科学文献出版社
刘晓峰	《历史与文化——亚洲史中的日本古代研究》	论文集	清华大学出版社

3. 学术活动

5月29日，清华大学历史系举办了"八渡河上的信息传递——朝鲜王朝《吏文》的研究"工作坊。来自清华大学、北京大学、中国政法大学、中央民族大学、中国社会科学院大学、中山大学、南京大学、安徽师范大学、太原师范学院以及中国社会科学院、广东省社会科学院等高校与科研机构的近30名师生参加了该次会议，议题涉及明代公文行移、官员选任与中外关系、民族关系、明代社会经济、社会治理等方面。

6月19日，清华大学历史系举办第一届流动中的亚非研究工作坊。来自清华大学、北京大学、复旦大学、南京大学、牛津大学、中国社会科学院、北京师范大学等高校的30余位专家学者参会。会议围绕"亚洲边缘的宗教冲突与移民""联系中印腹地的商品、技术与资本主义""亚非城市的日常空间政治""革命世界里的非洲与中国""在学术期刊中发现亚非研究"等主题进行讨论。

6月28日至7月26日，清华大学人文学院历史系琉球史读书班在线上主办了"琉球王国历史·文化系列讲座"。此次系列讲座邀请到了高良仓吉、丰见山和行、赤岭守、上里贤一等四位日本学界关于琉球王国历史和文化研究的著名学者。来自北京大学、北京语言大学、中国海洋大学、东京大学、琉球大学等国内外高校的师生70余人参会。

9月7日，清华东亚文化讲座（青年工作坊第2期共同讨论会）"纵论'移行期'：日本史研究的时代划分与视野转换"在北京举行。

9月17日，由清华大学日本研究中心、中国社会科学院中日历史研究中心、清华大学历史系联合举办了"九一八事变90周年学术研讨会"。会议从世界史和当代史角度探讨了九一八事变对中国历史进程的改变，及其对东亚世界及20世纪历史发展路径的影响。

此外，清华大学世界史学科已经设立了"王国维讲堂"，该"讲堂"已成为联系该校各学科学者、该校学者与兄弟院校学者交流的平台。

4. 人才培养

2021年，招收世界史博士研究生2人，硕士研究生8人；博士毕业生3人，硕士毕业生2人。

复旦大学

1. 学科建设

复旦大学历史学系 1925 年正式设立，时称史学系。1937 年随校本部迁往重庆，1938 年春改为史地学系。1949 年夏，暨南大学和同济大学文学院并入复旦，复改为史学系。1952 年全国院系调整后，江浙多所大学著名史学家加盟，遂成为名家云集的一流史学系。世界史领域有周谷城、王造时、耿淡如、章巽、田汝康等。改革开放以来，历史学系获得了新的发展。1981 年，中国古代史、历史地理学、世界上古史中古史 3 个学科点被评定为国家首批博士学位授予点，1986 年新增世界近现代史、世界地区史国别史 2 个博士学位授予点。1997 年成为国内首批 5 家获得历史学一级学科博士学位授予权的单位之一。2004 年"中外现代化进程研究中心"列入教育部人文社会科学重点研究基地。

复旦大学历史学系世界史学科下设史学理论及外国史学史、世界上古史中古史、世界近现代史、世界地区国别史 4 个二级学科。历史学系直接承担教学任务。截至 2021 年，历史学系有教职员工 101 名，其中教授 41 名，包括 2 名国务院学位委员会学科评议组专家，3 名教育部长江特聘教授，6 名复旦大学特聘教授。世界史教研室有教职员工 25 人。

2. 科研发展

（1）在研究项目方面，2021 年复旦大学世界史学科有 4 项课题立项。

表 9.9　2021 年重要课题立项情况

项目类型	负责人	项目名称
国家社科基金重大项目	李宏图	欧洲近代社会主义思想史研究
上海市浦江人才计划	孙遇洲	流亡国外的南部非洲解放运动组织及其领导人的跨国史研究（1960—1994）
国家社科基金一般项目	商兆琦	近代日本社会思想转型中的财富与美德之争研究
其他中央政府部门项目	周兵	新西兰本土中文教师支持发展规划调研项目

（2）在科研成果方面，2021 年复旦大学世界史学科发表重要学术论文 40 篇，出版著作 12 部。代表性篇目如下。

表 9.10　论文类

作者	论文题目	发表刊物、时间
Lee Lydia（李思琪）	On the Vorlage, Tendenz, and Scribal Negligence of AT Esth 1: 10 – 15	*Journal for the Study of Judaism*, 2021 – 07 – 29

续表

作者	论文题目	发表刊物、时间
Lee Lydia（李思琪）	The Tyrian King in MT and LXX Ezekiel 28：12b-15	*Religions*，2021-01-29
黄洋	从古代文明的比较研究探寻中国史和世界史的融通	《光明日报》2021年7月26日
黄洋	古代希腊蛮族观念与族群认同研究述评	《西方古典学辑刊》第三辑，复旦大学出版社2021年版
黄洋	The Invention of the "Barbarian" and Ethnic Identity in Early Greece and China	*Rulers and Ruled in Ancient Greece, Rome, and China*，2021-01-01
李宏图	"政治宽和"：孟德斯鸠眼中的"江南"	《中华读书报》2021年7月21日
李宏图	新文科建设需要重拾人文教育的最初内涵	《复旦教育论坛》2021年第3期
李宏图	"安全"：理解启蒙思想的一个视角	《中华读书报》2021年4月21日第19版
李宏图	全球社会重建的思想资源何在——由"大变局"展望未来的思想史研究	《探索与争鸣》2021年第4期
李宏图	"Well-being"概念的知识考古——以约翰·密尔为中心的考察	*La Revue Tocqueville（The Tocqueville Review）*，2021-02-10
李剑鸣	美国建国者的"知识政治学"	《世界历史评论》2021年第2期
李剑鸣	从跨国史视野重新审视美国革命	《史学月刊》2021年第3期
陆启宏	新视野 新领域 新路径——张广智教授主编《近代以来中外史学交流史》读后	《史学理论与史学史学刊》2021年第1期
欧阳晓莉	The Tyrians and Their Settlement as Attested in the Murashu Archive	Sven Günther, Wayne Horowitz, and Magnus Widell eds., Of Rabid Dogs, Hunchbacked Oxen and Infertile Goats in Ancient Babylonia: Studies Presented to Wu Yuhong on the Occasion of His 70th Birthday (Changchun: Institute for the History of Ancient Civilizations, 2021)
欧阳晓莉	真实的《汉谟拉比法典》是什么样的？	《解放日报》2021年8月13日
钱静怡	村法—惣村文書と村掟	《室町・戦国時代の法の世界》2021年6月1日
邱轶皓	帖卜·腾格里所传神谕考	《世界历史评论》2021年第4期
邱轶皓	Rescuing Legitimate Narrative by Re-imaging Qubilai Qa'an	*The Mongol World*，2021年12月7日

续表

作者	论文题目	发表刊物、时间
邱轶皓	Mirroring Timurid Central Asia in Maps: Some Remarks on Knowledge of Central Asia in Ming Geographical Documents	Acta Orientalia Academiae Scientiarum Hungaricae, 2021-12-05
商兆琦	内村鉴三的近代批判——以其足尾矿毒论为线索	《复旦学报（社会科学版）》2021年第6期
商兆琦	从荻生徂徕到福泽谕吉——丸山真男关于近代性的思索	《知识分子论丛》2021-05-01
孙科志	March 1st Movement in Literary Perspective: A study of the drama "tears of mountains and rivers"	Critical Review of History, 2021-02-20
孙遇洲	H-Diplo Review of Michele Louro, Carolien Stolte, Heather Streets-Salter, and Sana Tannoury-Karam eds., The League Against Imperialism: Lives and Afterlives. Leiden: Leiden University Press, 2021	H-Diplo, 2021-11-16
孙遇洲	一场被忽视的大选与一位等待了十五年的总统	"非洲研究小组", 2021-08-18
王忠孝	从殖民地、大道、游记、里程碑和地图看罗马世界观和罗马帝国主义	《世界历史评论》2021年第4期
王忠孝	奥维德与奥古斯都	《全球视野下的古罗马诗人奥维德研究前沿（上）》，2021-07-01
王忠孝	论"凯撒"之名号在罗马元首制时期的演变	《复旦学报（社会科学版）》2021年第2期
吴欣	Kyzyltepa	Encyclopedia Iranica, 2021-11-01
吴欣	Central Asia in the Achaemenid Period	The Graeco-Bactrian and Indo-Greek World (Routledge Worlds), 2021-11-01
吴欣	帝国印记：波斯阿契美尼德王朝在中亚的统治	《历史研究》2021年第3期
夏洞奇	《忏悔录》中的"微型自传"	《世界宗教研究》2021年第1期
冼若冰	A Note on Aratus' Phaenomena 100-107	Athenaeum, 2021-11-15
冼若冰	Blameless Aegisthus Revisited	Mnemosyne, 2021-03-01
向荣	第二次鼠疫大流行与意大利和英国的社会应对	《世界历史评论》2021年第3期
许明杰	Analysing the actions of the rebels in the English Revolt of 1381: The case of Cambridgeshire	Economic History Review, 2021-11-23
许明杰	中世纪英国议会的起源	《历史教学（上半月刊）》2021年第5期

续表

作者	论文题目	发表刊物、时间
薛冰清	"网络路径"与美国早期史研究	《史学月刊》2021年第3期
薛冰清	英美激进主义网络与美国革命的兴起	《全球史评论》第18辑，此文被《中国社会科学文摘》2021年第2期全文转载
张巍	从"古典传统"到"古典接受"——西方古典学的自我反思之道	《光明日报》2021年5月10日
朱联璧	全球史学者如何以母语书写国别简史——读《极简英帝国史》	《文汇报·读书》2021年2月19日

表9.11 著作类

作者	著作名称	类型	出版社
李宏图	De la Liberté John Stuart Mill et la naissance du libéralisme	专著	Edition Kime
欧阳晓莉	《英雄与神祇——吉尔伽美什史诗研读》	专著	上海三联书店
吴晓群	《希腊思想与文化》（修订第四版）	专著	中信出版集团
吴晓群	《穿墙而过——一个个体投资者的思想世界》	专著	上海三联书店
冼若冰	Raum und Erz?hlung in der Odyssee	专著	Brill
向荣	《历史的延续与变迁》	专著	商务印书馆
黄洋	《古代经济》	译著	商务印书馆
许明杰	《中世纪的模型：英格兰经济发展的历史与理论》	译著	上海三联书店
李剑鸣	《美国社会和政治史管窥》	编著	广东高等教育出版社
张巍	《希罗多德的序言》（《西方古典学辑刊》第四辑）	编著	复旦大学出版社
黄洋	《希腊史研究入门》第二版	教材	北京大学出版社
孙遇洲	Africa in Global History	教材	De Gruyter

3. 学术活动

10月23日，复旦大学历史学系举办了复旦大学世界史青年论坛。来自中国历史研究院、北京大学、复旦大学、武汉大学、中国人民大学等15家科研院所和高校的20余位青年学者参加了此次论坛。论坛共设置了5场分组讨论，第一组为英国史、法国史专场，第二组为古希腊、罗马史专场，第三组为史学史和史学理论专场，第四组为古代近东和中世纪史专场，第五组为东亚、非洲和美国史专场。

11月7日，历史学系举行"世界历史上的城市、国家和文明"学术研讨会暨复旦大学世界文明史研究中心"十四五"规划咨询会。

12月11日，历史学系举办了第九届西方近代思想史论坛。来自复旦大学、华东师范大学、华东理工大学的十余位专家学者参会，议题涉及公共卫生、新自由主义、市政社会主义等领域。

此外，2021年复旦大学历史学系还举办了十余场学术讲座，内容涉及古波斯帝国艺术、法国社会主义史学动态、非洲史研究、历史社会学等领域。

4. 人才培养

2021年，总计博士毕业生4人，硕士毕业生10人。

中国人民大学

1. 学科建设

中国人民大学世界史学科主要涵盖世界古代中世纪史和世界近现代史，其中包括古希腊罗马史、欧洲中世纪史、英国史、环境史、冷战史等研究领域。截至2021年，世界史师资队伍总数为17人，全部拥有国内外著名高校的博士学位，4人在海外名校获得博士学位，老中青三代结合，梯队合理。3人担任全国性学术组织副会长以上职务，1人为青年长江学者。世界史研究机构包括欧美史研究中心、比较史学研究中心、英国档案文献资料和英国史研究中心等。

在学科建设方面，世界古代中世纪史和世界近现代史是国内较早获批硕士和博士学位授予权的单位，1986年开始招收硕士研究生，1998年开始招收博士研究生，并设立了博士后流动站，拥有一级学科授予权，培养了大批世界史专业人才，在国内外拥有良好的声誉。世界史学科门类齐全，特色鲜明，师资雄厚，成果丰硕，在注重世界古代中世纪史、英国史、美国史等传统优势学科的同时，近年来大力发展世界环境史、医疗社会史等新兴学科。

2. 科研发展

（1）在研究项目方面，2021年中国人民大学世界史学科有1项课题立项。另有1项课题结项，为侯深教授主持的国家社科基金项目"1800年以来的美国城市环境史研究"（项目批准号：15BSS020），结项等级为优秀。

表9.12　2021年重要课题立项情况

项目类型	负责人	项目名称
国家社科基金冷门绝学研究专项	徐晓旭	古希腊语史诗《女英雄谱》残篇译注与研究

（2）在科研成果方面，2021年中国人民大学世界史学科发表重要学术论文10余篇，出版著作2部。代表性篇目如下。

表9.13　论文类

作者	论文题目	发表刊物、时间
徐浩	告别糊口经济——中世纪欧洲食品供求关系研究	《史学月刊》2021年第2期

续表

作者	论文题目	发表刊物、时间
徐浩	西北欧在欧洲文明形成中的核心作用	《史学月刊》2021年第10期
徐浩	中世纪英国工资研究的问题意识	《经济社会史评论》2021年第2期
王大庆	The Dialogue Between Historical Reason and Logical Reason	*The BNU Historical Review*, 2021
徐晓旭	"条条大道通罗马"：交通信息的展示与视觉化的帝国	《光明日报》2021年9月27日第14版
许海云	北约联盟体制中的"土耳其问题"	《现代国际关系》2021年第12期
赵秀荣	近代早期英国社会对"歇斯底里"的认知	《经济社会史评论》2021年第3期
赵秀荣	近代英国对抑郁症的认知——从忧郁症到抑郁症	《安徽史学》2021年第1期
赵秀荣（译）	纸张技术、数字技术——近代早期医疗记录的利用全文替换	《国际社会科学杂志（中文版）》2021年第2期
侯深	自然与城市历史的缠绕——草海之城堪萨斯城的变迁	《史学集刊》2021年第2期
周施廷	永恒的在场——但丁《神曲》在文艺复兴时期的多元接受路径	《文艺研究》2021年第11期

表9.14 著作类

作者	著作名称	类型	出版社
许海云	《北大西洋公约组织》	专著	社会科学文献出版社
侯深	《无墙之城：美国历史上的城市与自然》	专著	四川人民出版社

3. 学术活动

4月8日，中国人民大学举行了2021年春季学期"史学前沿"系列讲座第六讲，北京大学王立新教授应邀做题为"跨国与全球视野下的20世纪中国与世界——兼论中国史与外国史的相互借鉴如何可能"的学术报告。

学科教师积极参加国内学界活动。徐浩教授参加了中国世界古代中世纪史研究会世界中世纪史2021年学术年会。徐晓旭教授参加了中国世界古代中世纪史研究会世界古代史2021年学术年会、汉译世界学术名著丛书"出版四十周年座谈会暨第二十辑专家论证会"。侯深教授参加了"传承与变革——第四届美国史青年学者论坛"、第七届"中韩人文学论坛：生态文明与中韩文化"。许海云教授参加了中美欧三边关系新变化研讨会。赵秀荣教授参加了第一届中国公共卫生防疫史工作坊。周施廷副教授参加了中国世界古代中世纪史研究会世界中世纪史2021年学术年会。

4. 人才培养

2021年，总计博士毕业生5人，硕士毕业生17人。

浙江大学

1. 学科建设

浙江大学世界史学科，拥有一级学科博士学位授予点，是教育部文科基础学科人才培养与科学研究基地，浙江省一流学科和浙江大学一流骨干基础学科，设有世界史博士后流动站。2021年度泰晤士高等教育中国学科评级世界史排名为A-；2021年QS世界大学学科排名历史学101-150。该学位点在教育部学位与研究生教育发展中心组织的全国第四轮学科评估为B梯队。

学科拥有相当数量、享誉国内学术界的一流学者：国务院政府特殊津贴获得者1人，法国海外科学院通讯院士1人，国家社科基金评审专家1人，国家教学名师1人，宝钢优秀教师2人，教育部青年长江学者1人，教育部"新世纪优秀人才"计划入选者2人。法国史方向一直保持国内领先优势，该学科教师长期担任中国法国史研究会会长和副会长职务；目前国内法国史领域仅有的三个重大课题项目均由该学科教师领衔。美国史、东亚史、史学理论和史学史方向发展态势良好，中世纪方向逐渐受到国内学术界的认可。

学科依托国家文科基础学科人才培养与科学研究历史学基地、国家民委设立的浙江大学中亚与丝路文明研究中心、教育部（备案）的浙江大学东北亚研究中心、浙江省教育厅和财政厅资助的"一带一路"合作与发展协同创新中心、浙江省教育厅支持的浙江大学非传统安全与和平发展研究中心等平台；学科教师组织或参与了浙江大学公众史学研究中心、美国研究中心、欧洲文明研究中心等研究机构，为人才培养提供了保障。2021年，有在研国家社科基金重大攻关课题项目2项，国家智库重点项目2项，各类国家社科基金项目8项，其他省部级项目5项。

2. 科研发展

（1）在研究项目方面，2021年浙江大学世界史学科有5项课题立项。该学科教师完成国家和教育部重大攻关课题2项，均以"优秀"等级结项。

表9.15　2021年重要课题立项情况

项目类型	负责人	项目名称
国家社科基金重点项目	吕一民	法国在第三共和国时期的海外殖民扩张研究
国家社科基金青年项目	刘寅	查理曼改革文献考释与实践机制研究
国家社科基金青年项目	董子云	法国习惯法编纂与地方治理体系构建研究

（2）在科研成果方面，2021年浙江大学世界史学科发表重要学术论文近40篇，出版著作9部。代表性篇目如下。

表9.16　论文类

作者	论文题目	发表刊物、时间
李娜	When Environmental History Goes Public	*Nature + Culture*，2021(3)

续表

作者	论文题目	发表刊物、时间
刘寅	Agobard, Deuteronomic Curses, and an Anti-Jewish Exegetical Discourse in Carolingian Lyon	*Viator: Medieval and Renaissance Studies*, 2021(1)
Ylber Marku	Stories from the International Communist Movement: the Chinese front in Europe and the limits of the anti-revisionist struggle	*Cold War History*, 2021(2)
李娜	Playing the Past: Historical Video Games as Participatory Public History in China	*Convergence: The International Journal of Research into New Media Technology*, 2021(3)
刘寅	Baptismal Renunciation and the Moral Reform of Charlemagne's Christian Empire	*Traditio: Studies in Ancient and Medieval History, Thought, and Religion*, 2021(76)
刘寅	迈向现代的中世纪	《文汇报》2021年2月8日，此文被《新华文摘》2021年第9期全文转载
汤晓燕	社会文化史视野下的17世纪法国沙龙女性	《世界历史》2021年第2期
董子云	布鲁日习惯法的两次更迭与国王、伯爵、城市的权力之争（1281—1297）	《世界历史》2021年第3期
陈新	史学理论的性质、对象、价值与方法	《史学月刊》2021年第1期
吴彦	沙特阿拉伯历史上的部落与国家	《史学月刊》2021年第5期
张弛	孟德斯鸠商业思想语境辨析	《史学月刊》2021年第8期
刘国柱 易恒	精英游说组织与杜鲁门政府军事遏制政策的构建——以1950年"当前危险委员会"为中心的考察	《浙江大学学报（人文社会科学版）》2021年第4期
张弛 成沅一	书籍史和启蒙运动研究的往昔与未来——美国文化史学家罗伯特·达恩顿访谈录	《史学理论研究》2021年第1期
董子云	贝尔纳·葛内与法国中世纪晚期政治史研究	《史学理论研究》2021年第5期
张弛	法国心态史的研究传统与理论转型	《社会科学战线》2021年第11期
尹楠楠 刘国柱	塑造大国竞争的工具——拜登政府科技联盟战略	《国际政治研究》2021年第5期
汤晓燕	16至19世纪法语作为民族语言地位的变化	《光明日报》2021年2月1日
陆启宏 吕应和 张弛	西方史学如何从传统走向现代	《光明日报》2021年3月8日
吕一民	法国在第三共和国前期的知识生产与传播	《光明日报》2021年8月30日
乐启良	法国大革命百周年纪念和1889年世界博览会	《光明日报》2021年10月11日

续表

作者	论文题目	发表刊物、时间
张杨	战后美国全球知识霸权与国际学术界的新批判浪潮	《光明日报》2021年10月25日
刘寅	彼得·布朗与他的古代晚期研究	《史学史研究》2021年第2期
张弛	心态、社会结构与社会变迁——乔治·勒费弗尔的心态史	《史学史研究》2021年第3期
张柏榕 董小燕	被忽视的"法国式社会主义者"：皮埃尔·勒鲁思想探讨	《浙江学刊》2021年第6期
尹楠楠 刘国柱	美国新兴技术治理的理念与实践	《国际展望》2021年第2期
董子云	中世纪晚期法庭情感标准的变迁——以"撒旦的诉讼"系列文本为中心的考察	《古代文明》2021年第2期
董子云	"出于确知"与中世纪法国习惯法编纂的历程	《华东政法大学学报》2021年第1期
刘国柱	拜登政府国家安全战略的基本方针与发展方向	《当代世界》2021年第5期
吴彦	疫情背景下全球战略格局及其面临的安全威胁——以中东地区为例	《中东研究》2021年6月发行
刘寅	查理曼的钦定布道辞——"德意志文献集成"《法兰克王国条令》第121号译释	《世界历史评论》2021年第1期
张杨	以理性的名义：行为科学与冷战前期美国的知识生产	《世界历史评论》2021年第2期
陈新	文史之通义何在：重读章学诚暨《道公学私：章学诚思想研究》读书会	《世界历史评论》2021年第4期
刘国柱	大国竞争背景下的美国新海洋战略	《世界知识》2021年第3期
刘国柱	"跨大西洋联盟"回得来吗	《世界知识》2021年第6期
刘国柱	美国国会启动对华战略竞争法案立法进程	《世界知识》2021年第9期
刘国柱	美国对华科技竞争战略"来势汹汹"	《世界知识》2021年第10期
刘国柱	大国竞争时代美国科技创新战略及其对中国的挑战——以国家安全创新基地为中心	《社会科学》2021年第5期

表9.17 著作类

作者	著作名称	类型	出版社
张弛	《重估政治：理解18世纪法国史》	专著	浙江大学出版社
董小燕	《西方文明史纲》	专著	浙江大学出版社

续表

作者	著作名称	类型	出版社
吕一民 应远马	《食物简史》	译著	天津出版传媒集团、天津科学技术出版社
张弛	《牛津法国大革命史》	译著	人民日报出版社
刘寅	《欧洲的创生》	译著	民主与建设出版社
刘寅	《穿过针眼：财富、西罗马帝国的衰亡和基督教会的形成，350—550年》	译著	社会科学文献出版社
沈坚 董子云	《论历史》（下）	译著	北京大学出版社
李娜	《公众史学》（第四辑）	集刊	浙江大学出版社
沈坚 乐启良	《当代法国史学研究新趋势》	论文集	浙江大学出版社

（3）重要奖项

张杨教授的专著《冷战与学术：美国的中国学（1949—1972）》（中国社会科学出版社2019年版）荣获浙江省第二十一届哲学社会科学优秀成果奖一等奖。刘寅的论文《莱德拉德与里昂的加洛林革新》（《历史研究》2020年第5期）荣获浙江省第二十一届哲学社会科学优秀成果奖二等奖。

3. 学术活动

5月8日，浙江大学世界历史研究所和美国研究中心主办的"塑造大国竞争的工具：美国大国竞争战略的历史与现实"学术研讨会暨2021年美国研究西湖论坛在浙江省杭州市召开。来自北京大学、复旦大学、厦门大学、南京大学、中国人民大学、浙江大学、中国社会科学院、中国现代国际关系研究院、上海市美国研究所、浙江省委办公厅以及《国际安全研究》《国际展望》《中国国际战略》等20余所高校、研究机构和杂志社的近50人与会。

6月6日，张杨教授担任首席专家的国家社科基金重大项目"知识外交与战后美国学术话语体系的全球建构研究"举办开题论证会。邀请中国历史研究院世界历史研究所、吉林大学、武汉大学、陕西师范大学、浙江大学、美国纽约州立大学佛里多尼亚分校和美国长岛大学的专家参加，课题组成员亦参加了开题论证会。

10月21日，由中国历史研究院和浙江大学联合举办的第三届全国史学高层论坛暨第十五届历史学前沿论坛在杭州开幕。世界史学科协助组织了此次会议。

此外，世界史学科沈坚教授、吕一民教授还受邀参加浙江大学"名师面对面"系列讲座。韩国所教师主持和协办"亚洲文明·中韩文化交流年系列讲座"。

4. 人才培养

2021年，总计博士毕业生3人，硕士毕业生8人。

南京大学

1. 学科建设

南京大学历史学院前身溯源于 1902 年建立的三江师范学堂国史科。1952 年院系调整时,由原中央大学历史学院、边疆政治系和金陵大学历史学院合并而成的南京大学历史学系。2014 年 12 月撤销历史学系建制,成立南京大学历史学院,下设中国历史系、世界历史系、考古文物系、国际关系研究院、中国边政研究所。中国史学科和世界史学科入选教育部"强基计划"和"双万计划",系国家基础学科人才培养基地。世界史为国家重点学科和江苏省优势学科,也是首批"2011 计划"中国南海研究协同创新中心主要参与单位。

南京大学世界史学科覆盖了世界史的五个二级学科,特色研究方向包括英国史、国际关系史与理论,英国史、国际关系史是该学科的传统优势研究方向,近年来,德国史、美国史、法国史、南海及周边国家历史、医疗社会史、数字人文史学理论与实践、欧洲古典文明、欧洲思想史等新的研究特色逐步形成,基本形成了对欧美洲大国历史、欧洲古今历史、西方文明史的全覆盖。

世界史学科现有六个科研平台,为人才培养和学科建设提供了有力支持。六个平台分别是联合国教科文组织和平学教席、中国南海研究协同创新中心、国家记忆与国际和平研究院、欧洲研究中心、南京大学—约翰斯·霍普金斯大学中美文化研究中心、国际关系研究院。

在人才培养方面,该学科积极参与本科人才培养,参加了"基础学科人才培养"、历史学本科专业国家双万计划、历史学拔尖创新人才培养 2.0 计划等本科人才培养工程,在本科生中努力培养立志从事世界史研究的人才。该学科重视本科生培养,教授为本科生授课率达到 100%。在硕士研究生和博士研究生培养上,新修订了《南京大学世界史专业硕士生培养方案》和《南京大学世界史专业博士生培养方案》,进一步强化了学生的政治思想教育,明确思想品德一票否决制,改变了此前两个方案合一的情况,使得培养方案对人才培养的指导性和规约性更强。建立了研究生管理网上平台,引入数字化管理,提高了管理效力。学科组织导师认真学习了教育部制定的《研究生导师指导行为准则》,并落实。

2. 科研发展

(1) 在研究项目方面,2021 年南京大学世界史学科有 2 项课题立项。另有 8 项国家社科基金重大项目、重大项目专项,以及教育部哲学社会科学研究重大课题攻关项目和重大专项在研。

表 9.18 2021 年重要课题立项情况

项目类型	负责人	项目名称
国家社科基金重大项目	于文杰	太平洋丝绸之路档案文献整理与研究
国家社科基金重大项目专项	洪邮生	美国研究

(2) 在科研成果方面,2021 年南京大学世界史学科发表重要学术论文 50 余篇,出版著作 5 部。代表性篇目如下。

表 9.19 论文类

作者	论文题目	发表刊物、时间
陈日华	古物学家与近代早期英国民族认同建构	《历史研究》2021年第3期
姚全	亚太竞争性区域主义及其地缘影响	《太平洋学报》2021年第5期
征咪	在信仰与理性之间：论理查德·本特利的波义耳讲座	《自然辩证法研究》2021年第4期
征咪	科学决策的盲区——19世纪英国海洋拖网渔业立法依据转型的思考	《史学月刊》2021年第7期
王睿恒	China's Image in U.S. Propaganda during the Pacific War Era	Chinese Studies in History, No. 1 (2021)
舒建中	敦巴顿橡树园会议与联合国的建立	《史学月刊》2021年第6期

表 9.20 著作类

作者	著作名称	类型	出版社
祝宏俊	《古代斯巴达经济社会史研究》	专著	中国社会科学出版社
于文杰	《西方人文主义史略》	专著	南京大学出版社
于文杰	《"一带一路"传统文化访谈录》（上下册）	访谈录	人民出版社
陈祖洲	《最后的雄狮：温斯顿·丘吉尔》（第一卷）	译著	山东人民出版社
闵凡祥	《医疗社会史研究》（第十一辑）	集刊	社会科学文献出版社

（3）重要奖项

王睿恒副教授入选中宣部"万人计划"，获青拔人才荣誉称号；王涛、朱锋、闵凡祥三位老师参与的《融通"四史"教育与本科历史专业教学体系的创新实践》项目获江苏省教学成果奖（高等教育类）集体成果二等奖；敬璇琳（导师刘金源教授）的毕业论文《欧盟南海政策中的美国因素》获省级优秀硕士学位论文；张春梅获南京大学优秀博士学位论文；王涛、王睿恒获南京大学第七届青年教师人文科研提名奖；闵凡祥老师获2021年度"郑钢基金——学业导师优秀示范奖"。

3. 学术活动

4月17—18日，南京大学历史学院暨学衡研究院与上海师范大学光启国际学者中心联合主办的"时代与史学——中国史与世界史的对话"在南京举办。来自中国社会科学院、清华大学、南京大学、复旦大学、浙江大学、中国人民大学、北京师范大学、东北师范大学、上海师范大学、华中师范大学、上海社会科学院等科研院所和高校的20余位专家学者参会。

5月15日，南京大学历史学院、中国南海研究协同创新中心、南京大学国际关系研究院、新中国史研究院、国际战略与安全研究中心主办了第一届情报与冷战史研究石城论坛。论坛邀请了国内历史学、国际关系学等多领域的30余名专家学者参会。学者们围绕"上兵伐谋：情报、隐蔽行动与美国的冷战战略""静水流深：情报与冷战史视角的美国对华政策和亚太地缘政治""见微知著：冷战隐蔽行动背景下的全球公共问题与战略情报分析"三个议题展开讨论。

5月、12月两次举办南京大学"百位名师邀约计划"，分别邀请伦敦国王学院潘特森教授、爱丁堡大学历史系教授威廉·埃尔德开设系列讲座。

7月，举办"南京大学2021年C9和平学国际暑期学校"，此次暑期班由联合国教科文组织和平学教席、南京大学本科生院和东北亚和平教育学院（NARP）三方联合举办，采用线上讲座与小组讨论相结合的形式，共有来自清华大学、北京大学等大学的61名本科生学员参与。

9月24—25日，由南京大学历史学院、南京大学一带一路研究院共同承办的南京大学海外院院士大讲堂暨中国名家论坛成功举办。英国人文社会科学院院士帕特·塞恩教授，巴哈丁大学校长曼苏尔·阿克巴尔·昆迪教授，南京大学副校长陆延青教授，东北师范大学副校长韩东育教授，英国历史学会前会长哈利·T. 狄金森教授，中国世界近现代史学会会长高毅教授，中国博物馆学会会长、国家文物局原副局长刘曙光研究员，中国英国史研究会副会长陈晓律教授，南京大学历史学院院长张生教授，南京大学一带一路研究院常务副院长黄贤金教授出席会议。来自中国、英国、埃及、日本、巴基斯坦等国的150余名专家学者与会。

10月，南京大学历史学院与南京市政府合作举办南京和平论坛，会议同时发表《2021南京和平共识》。11月，召开南海论坛，国内外70余名代表与会。

12月9—23日，南京大学历史学院举办"欧美国家治理现代化模式及其启示"系列讲座。邀请英国牛津大学保罗·贝茨（Paul Betts）教授、意大利的里雅斯特大学奎亚多·阿巴蒂斯塔（Guido Abbattista）教授，通过腾讯会议做了四场精彩的学术演讲。来自南京大学、南开大学、中山大学、山东大学等40多家单位的数百位师生在线参加了讲座，并通过在线问答形式与两位外国学者进行了深度交流。

4. 人才培养

2021年，招收硕士研究生25人，毕业24人；招收博士研究生13人，6人毕业；博士后出站1人。招收外国留学生硕士研究生2人，在校生6人，博士研究生2人，在校生7人。2021年7月，学科教师刘成教授利用联合国教科文组织和平学教席教授身份与南京大学本科生院和东北亚和平教育学院（NARPI）三方联合举办"南京大学2021年C9和平学国际暑期学校"，招收国内外学员60人。

北京师范大学

1. 学科建设

作为历史学院核心组成部分，北京师范大学世界史学科是该校最早形成的系科之一，由1902年创立的京师大学堂"第二类"分科演变而来。1912年称北京高师史地部，1928年单独设系，1952年院系调整，辅仁大学历史系并入。在百年的历史发展中，一批享誉海内外的学者如李大钊、钱玄同、白寿彝等在此辛勤耕耘过，奠定了北师大历史学科坚实的基础。历史学院门类齐全，师资力量雄厚，共有在职教授34人，博士生导师29名，在聘"985"项目教授10

人、副教授 17 人。现有 1 个国家级重点学科，1 个教育部人文社会科学重点研究基地，7 个博士学位授予点，8 个硕士学位授予点。

北京师范大学世界史学科主要研究方向为古希腊罗马史、西方史学史、中外古史比较、欧洲中世纪史、西方近现代思想史、近现代国际关系史、美国史、英国史、俄国史、德国史、日本史等。历史学院下设有史学研究所、影像史研究中心等研究机构。史学研究所是 1980 年经教育部批准建立的全国第一个史学史科研机构。它既是国家批准的历史学人才培养基地，也是教育部批准的史学理论及史学史学科的科研中心。它一直承担着国家重点科研项目和教育部重大科研项目以及多项横向科研项目，主要研究方向包括：中国马克思主义史学与中国近现代史学、中国古代史学理论与史学批评、中国史学史、中国史学思想史、中国古代学术思想史、西方史学理论及史学史、中外古史比较研究、中国古典文献（经史）研究。特别是在史学理论及史学史研究和中外古史比较研究方面具有明显优势，形成特色，学术水平和科研能力居国内领先地位，在国际上有一定的影响。设有史学理论及史学史研究室、中国通史研究室、《史学史研究》编辑部。

2. 科研发展

（1）在研究项目方面，2021 年北京师范大学世界史学科有 2 项课题立项。

表 9.21　2021 年重要课题立项情况

项目类型	负责人	项目名称
国家社科基金重大项目	张建华	俄罗斯西伯利亚远东地区藏中国共产党档案文献的整理与研究
国家民委重点重大项目	杨共乐	正确的中华民族历史观

（2）在科研成果方面，2021 年北京师范大学世界史学科发表重要学术论文 29 篇，出版著作 7 部。代表性篇目如下。

表 9.22　论文类

作者	论文题目	发表刊物、时间
杨共乐	人类文明进程中的中华文明	《光明日报》2021 年 12 月 31 日
安然	改革开放以来中国现代化研究的演进及原因	《学习与探索》2021 年第 10 期
董立河	思辨的历史哲学的复兴——当代西方历史理论的最新进展	《史学理论研究》2021 年第 6 期
贾珺	马克·布洛赫的一战记忆与史家技艺	《光明日报》2021 年 12 月 13 日
张建华	A Review and Reflection on the Study of Russian History in China(1878-2015)	Russian Studies Hungary, 2021.02
庞冠群	Les liens historiques entre le Se?nat du Second Empire et les parlements de l'Ancien Re?gime	Interculturalités Chine-France, 2021.07
刘少楠	The Chinese' in Nigeria: Discursive Ethnicities and (Dis)embedded Experiences	Journal of Contemporary Ethnography, 2021.03

续表

作者	论文题目	发表刊物、时间
吴愁	Reformation Studies in China over Seventy Years	*The Sixteenth Century Journal*, 2021.04
吴愁	Luther's Reception in China and the Evolution of His Image (1840-2020)	*Reformation and Renaissance Review*, 2021.06
杨共乐	西方古代史学源流辨析	《史学史研究》2021年第3期
何立波	圣化与神化：论早期罗马帝国奥古斯都崇拜的形成和传播	《外国问题研究》2021年第4期
倪滕达	从《尤里乌斯法》和《帕披乌斯·波派乌斯法》看奥古斯都的婚育政策	《世界历史》2021年第2期
郭家宏	新济贫法体制下英国贫民医疗救助问题探析	《史学月刊》2021年第2期
贾珺	英国信鸽在"一战"中的角色转换与形象变迁	《世界历史》2021年第1期
王广坤	论近代英国的卫生检查制度	《北京师范大学学报（社会科学版）》2021年第4期
胡莉	英国国民健康服务制度的新自由主义改革与反思	《经济社会史评论》2021年第1期
刘林海	刘家和先生学术研究的实践、特点及品格	《学术研究》2021年第1期
李兴	国际格局演变与"两个一百年"奋斗目标	《人民论坛·学术前沿》2021年第22期
张瑞胜 梅雪芹	意图与历史的错位——万国农机奖学金设立始末（1945—1948）	《中国农史》2021年第6期
吴琼	后现代视野下的影像史学——兼论"Historiophoty"在中国史学语境的实践与发展	《北京联合大学学报（人文社会科学版）》2021年第1期

表9.23 著作类

作者	著作名称	类型	出版社
郭家宏	《近代英国的贫富差距问题》	专著	南京师范大学出版社
杨共乐	《古代罗马史》（第四版）	专著	北京师范大学出版社
蒋重跃	《道的生成与本体化：论古代中国的本体思想》	专著	四川人民出版社
蒋重跃	《韩非子的政治思想》	专著	北京师范大学出版社
全根先 蒋重跃 （访问整理）	《丽泽忆往——刘家和口述史》	回忆录	商务印书馆
刘家和	《愚庵续论》	学术随笔	商务印书馆
吴琼	《影像史学概论》	专著	华夏出版社

（3）重要奖项

2021年，杨共乐教授主编的《世界史》（古代卷、近代卷、当代卷、现代卷）荣获教育部颁发的全国优秀教材首届全国教材建设奖（高等教育类）一等奖。杨共乐教授主编的《世界古代史》（第二版）上、下册荣获教育部颁发的全国优秀教材首届全国教材建设奖（高等教育类）二等奖。杨共乐教授主编的《"一带一路"古文明书系》（6卷7册）荣获北京市第十六届哲学社会科学奖二等奖。郭家宏教授参与撰写的《英帝国史》（共八卷，第四卷：英帝国的转型 郭家宏著）荣获江苏省政府出版奖。

3. 学术活动

11月13—14日，北京师范大学历史学院、北京师范大学影像史学研究中心和影像史学实验室联合主办"影像史学与'新文科'"第七届中国影像史学学术研讨会。来自中国国家图书馆、故宫博物院、中国国家博物馆、中国人民大学、北京电影学院、南开大学以及北京师范大学等单位的60余位专家学者和青年学生与会研讨。此届研讨会共分为"影像史料与传统史学""影像史学与历史记忆""影像史学与文博考古""影像史学与'新文科'应用"四个分论题，专门设置青年学者分论坛，为硕、博研究生提供交流探讨的平台，研讨范围不仅涵盖中国史、世界史和考古学三个历史学一级学科，也涉及传播学、艺术史、博物馆学、电影学等相邻学科，内容包含农业史、战争史、城市史、影视传媒、课堂教学等专题模块。

12月18—19日，北京师范大学史学理论与史学史研究中心暨北京师范大学铸牢中华民族共同体意识研究培育基地主办了2021年史学理论与史学史学术研讨会。来自中国社会科学院、北京大学、中国人民大学、北京师范大学、南开大学、山东大学、复旦大学、中山大学等30余所高等院校和科研机构的70余名学者参会。此次会议分为"中国古代史学""中国近现代史学"和"外国史学"三个小组，学者们探讨了"编年史在中西史学传统中含义的异同""和平与发展为主题的新时代激起对历史发展规律的重新认识""史学史学科建设六十年的成就与问题""从建党百年历史中思考新时代历史发展的动力观"等中西史学理论方面的诸多前沿议题。

12月25日，北京师范大学历史学院中西文明比较研究中心主办了中西文明比较研究学术研讨会。来自中国社会科学院、中国人民大学、复旦大学、武汉大学、陕西师范大学、中国政法大学等国内高校、研究机构和出版单位的近30位专家学者及10多位研究生参会。与会学者围绕中西古史、语言思维方式、文明体系、哲学思想、历史书写、政治心态、世界观念、理性结构异同等重要学术问题展开研讨，选题涉及历史、哲学、社会、政治、宗教、民族等学科领域，讨论了"中西语文与思维方式：古代希腊与中国之比较""中西古代两大文明体系何以成立？""孟子与亚里士多德政治伦理观比较研究""荀子与柏拉图对理想君主形象的构建""先秦时期华夏人与古希腊人的世界观念""秦汉与罗马地方治理之比较""关于中西古代政治心态异同的几点思考""20世纪以来英语国家学者对中西理性结构异同的认识""中西传记史学的内在矛盾与发展的异同"等议题。

4. 人才培养

2021年，总计出站博士后1人，博士毕业生6人，硕士毕业生23人。

武汉大学

1. 学科建设

武汉大学历史学科创建于1913年，是我国高等院校中成立较早的历史系科之一，有着悠久历史和深厚积淀。武汉大学历史学院的前身是1913年国立武昌高等师范学校设立的历史地理部。1930年，国立武汉大学设立史学系。1953年，改名历史学系。1998年，改建为历史文化学院。1999年，与中文系、哲学系等共同组建人文科学学院。新武汉大学组建后，学校进行院系调整，保留了人文科学学院。2003年8月，撤销人文科学学院，历史学科单独组建为历史学院。1981年，世界史和中国古代史获国家首批博士学位授予权。2007年，世界史被列为国家重点学科。作为国家文科基础学科（历史学）人才培养和科学研究基地，学院设有历史学基地班、世界史试验班和考古学三个本科专业。

历史学院设有世界史研究所、15—18世纪世界史研究所、第二次世界大战与战后世界研究所、阿拉伯研究中心等研究机构。世界史学科拥有教授6人，副教授7人，讲师3人。

2. 科研发展

（1）在研究项目方面，2021年武汉大学世界史学科有1项课题立项。

表9.24　2021年重要课题立项情况

项目类型	负责人	项目名称
教育部人文社会科学研究项目——后期资助项目	何元国	修昔底德《伯罗奔尼撒战争史》语法解析

（2）在科研成果方面，2021年武汉大学世界史学科发表重要学术论文十余篇，出版著作2部。代表性篇目如下。

表9.25　论文类

作者	论文题目	发表刊物、时间
谢国荣	小石城事件国际影响下的美国民权运动	《历史研究》2021年第4期
谢国荣	种族问题与冷战初期美国的对外宣传	《世界历史》2021年第3期
赵涵	Holy shame shall warm my heart: Shame and Protestant Emotions in Early Modern Britain	Cultural & Social History (A&HCI), 2021-02-09
刘晓莉	抗战后期中国共产党的外交成就	《武汉大学学报（哲学社会科学版）》2021年第6期
谢国荣 徐跃龙	南方黑人自由民教师与美国重建	《历史教学问题》2021年第2期
牟伦海	占领初期日本"文化国家"构想中的国权与民权论争	《日本学刊》2021年第4期

续表

作者	论文题目	发表刊物、时间
熊芳芳	Review：Justice and Royalty. The Parlements under the Absolute Monarchy in France	World History Studies, No. 2(2021)
熊芳芳	近年来西方学界的近代早期法国史研究	转载于沈坚、乐启良编《当代法国史学研究新趋势》，浙江大学出版社2021年版（原载于《欧美史研究》2020年第3辑）
尚洁	文艺复兴时期意大利的崇奢与禁奢	转载于人大复印报刊资料《世界史》2021年第5期（原载于《历史研究》2020年第6期）
牟伦海	"想象的同盟"：战后美日同盟的文化起源探析	转载于人大复印报刊资料《世界史》2021年第3期（原载于《日本学刊》2020年第6期）

表9.26 著作类

作者	著作名称	类型	出版社
李荣建	《新时代中华文明礼仪》	专著	中共中央党校出版社
赵涵	《索菲·冯·拉罗什的伦敦游记，1786年》	译著	武汉大学出版社

3. 学术活动

10月30—31日，中国第二次世界大战史研究会2021年年会暨学术研讨会在武汉大学召开。此次会议由中国第二次世界大战史研究会主办，武汉大学中国第二次世界大战史研究所、武汉大学中国边界与海洋研究院及中国社会科学院世界历史研究所联合承办。

11月12—13日，中国法国史研究会2021年年会暨法国历史上的社会转型与文化变迁学术研讨会在武汉大学召开。此次会议由中国法国史研究会主办，武汉大学历史学院世界历史研究所和《法国研究》杂志社共同承办。

4. 人才培养

2021年，总计出站博士后2人，博士毕业生6人，硕士毕业生15人。

南开大学

1. 学科建设

南开大学世界史学科历史悠久、综合实力雄厚。1923年建系之初，蒋廷黻、刘崇鋐、蔡维藩等便开设外国史课程，新中国成立初期已形成由雷海宗、吴廷璆、杨生茂领衔，在全国颇具影响的世界史团队。地区国别史学科1981年获得全国首批世界史博士学位授予权（全国只有六家单位），1986年起为国家二级重点学科，是首批"211工程"、首批"985工程"资助学科。

南开大学世界史学科2012年入选国家一级重点学科，2017年首批入选国家一流学科建设名单，2021年再次入选一流学科建设名单，并被列入天津市高校顶尖学科培育计划（第一层次）。截至2021年，世界史学科共有在职专任教师27名，其中教授10人，副教授14人，博士生导师10人，硕士生导师24人，具有博士学位人数26人，学科分布均衡，年龄结构合理。

南开大学历史学院下设有世界近现代史研究中心、美国历史与文化研究中心、拉美史研究中心、希腊研究中心、中外文明交叉科学中心、韩国研究中心、科学技术史研究中心、生态文明研究院等科研机构。

2. 科研发展

（1）在研究项目方面，2021年南开大学世界史学科有3项课题立项。

表9.27　2021年重要课题立项情况

项目类型	负责人	项目名称
国家社科基金重大项目	孙卫国	韩国汉文史部文献编年与专题研究
国家社科基金后期资助项目	杨栋梁	日本帝国兴亡史
国家社科基金重点项目	付成双	白人种族主义与美国有色族裔的文化认同研究

（2）在科研成果方面，2021年南开大学世界史学科发表重要学术论文8篇，出版著作3部。代表性篇目如下。

表9.28　论文类

作者	论文题目	发表刊物、时间
赵学功	美国对苏联的预防性核打击计划及其流产（1945—1949）	《历史研究》2021年第6期
陈志强	晚期拜占庭帝国雇佣兵控制权的丧失及其影响	《世界历史》2021年第3期
滕凯炜	卡内基基金会与一战后国际秩序的构建	《世界历史》2021年第3期
郭循春	近代日本军队的国民"统制"机制及其演进	《世界历史》2021年第5期
汪艮兰 程洪	迪亚斯执政时期美国的资本扩张与墨西哥城的城市重建	《世界历史》2021年第5期
王光伟	"蚊子说"与1905年美国黄热病疫情的防治	《世界历史》2021年第6期
尹晓亮	战时日本开发原子弹的底层逻辑、推进体制与路径方法	《世界历史》2021年第6期
滕凯炜	Trans-Pacific Intellectual and Political Interactions: The Carnegie Endowment, Legal Internationalism, and Sino-U.S. Relations, 1912-1925	*Chinese Studies in History*, Vol.54, No.1 (Winter 2021)

表9.29　著作类

作者	著作名称	类型	出版社
韩琦	《墨西哥文化革新运动与现代化》	专著	社会科学文献出版社

续表

作者	著作名称	类型	出版社
杨巨平	《剑桥古代史第七卷第一分册》	译著	中国社会科学出版社
杨巨平	《古国文明与丝绸之路》	编著	中国社会科学出版社

(3) 重要奖项

付成双教授入选教育部文化名家暨"四个一批"哲学社会科学领军人才计划；丁见民教授入选天津市宣传文化"五个一批"人才计划。第十七届天津市社会科学优秀成果奖公布，南开大学世界史学科共有三项成果获奖。其中，刘岳兵教授为第一作者的专著《百年南开日本研究文库》获一等奖，付成双教授2019年发表于《历史研究》的论文《种族主义与北美毛皮边疆印白通婚的兴衰》获三等奖，武鹏副教授撰写的专著《东地中海世界的转变与拜占廷帝国的奠基时代（4—6世纪）》获三等奖。

3. 学术活动

5月8日，由南开大学世界近现代史研究中心主办的高端学术报告会在南开大学日本研究院举行。来自北京大学、中国人民大学、天津师范大学、河南大学的五位专家在会上做了主题报告。此次论坛侧重英国历史经验，联系当下的现实关怀，既为观察和研究英国史、国际关系等课题提供了思考，也为世界史学者的研究提供了更加多元的视角与方法上的借鉴。

6月12—13日，由南开大学历史学院、首都师范大学历史学院、河南大学历史文化学院联合主办的南开大学—首都师范大学—河南大学世界史本科科研教学研讨会在南开大学举行。

10月15—17日，南开大学举办了第一届跨国史研究青年学者论坛，来自国内多所高校、科研机构的110余位学者参会。此次论坛由南开大学、北京大学、东北师范大学、复旦大学、华东师范大学、上海大学、首都师范大学、天津师范大学世界史学科联合主办，南开大学世界近现代史研究中心、南开大学历史学院承办。报告会后论坛进入分会场报告环节，参会人员分为4组15个会场进行报告、评议，分会场主题涵盖了跨国史视野下多个领域，主题新颖，内容多元。

11月14日，由南开大学世界近现代史研究中心、南开大学拉丁美洲研究中心主办的"现代化、全球化与社会转型"报告会在线上举行。主办方邀请了华中师范大学历史文化学院邢来顺教授、南京大学历史学院刘金源教授、华东师范大学历史系沐涛教授、中国社会科学院世界历史研究所毕健康研究员，以及中国社会科学院社会发展战略研究院房连泉研究员做主题报告。

4. 人才培养

2021年，总计博士毕业生14人，硕士毕业生21人。

华东师范大学

1. 学科建设

华东师范大学历史学系是1951年建校时首批设置的系科之一。1984年，世界近现代史学科被国务院学位委员会批准为博士学位授予点。1994 年，世界近现代史学科成为上海市教委重点学科。1998 年，设立历史学一级学科博士后流动站。2000 年获得历史学科一级学科博士学位授予权。2007 年世界史学科被教育部批准为国家重点学科（培育）。2011 年，世界史学科获得一级博士学位授予权，并相应设立博士后流动站。在 2017 年教育部学科评估中，世界史学科获得 A+。2018 年，世界史学科入选上海市高峰 I 类计划。历史学系师资力量雄厚，截至 2021 年有专任教师 62 人，其中教授 29 人、副教授 21 人，具有高级职称的教师比例超过 80%。教师队伍中有 1 位国务院学科评议组（世界史）成员，1 位教育部高等学校历史学学科教学指导委员会委员，1 位教育部长江学者特聘教授，1 位国家"百千万人才工程"入选者，3 位青年长江学者，3 位中组部"万人计划"青年拔尖人才，多人次入选教育部新世纪优秀人才支持计划、上海市浦江人才计划、上海市曙光人才计划、上海市晨光人才计划等。

华东师范大学世界史一级学科下设世界断代史、地区国别史、专门史（冷战国际史）3 个研究方向。世界史一级学科在冷战国际史、中国与周边国家关系史、非洲史、德国史、国际历史教育比较等领域拥有一批知名学者。历史学系下辖冷战史研究中心、世界历史研究院、非洲研究所、全球思想史研究中心等科研机构。

2. 科研发展

（1）在研究项目方面，2021 年华东师范大学世界史学科有 7 项课题立项。

表 9.30　2021 年重要课题立项情况

项目类型	负责人	项目名称
国家社科基金重大项目	梁志	美国对朝鲜半岛政策档案文献整理与研究（1945—2001）
国家社科基金重大项目	孟钟捷	外国历史教科书中的中国形象史料整理与研究
国家社科基金一般项目	孟钟捷	魏玛德国的第一次世界大战记忆研究
国家社科基金一般项目	朱明	意大利海外商人与地中海—印度洋商路研究（14—16 世纪）
国家社科基金一般项目	张锐	罗马教廷对华政策研究（1622—1939）
上海市社科项目	陈波	科学家群体与艾森豪威尔政府的国家安全政策研究
科技部国际合作司委托任务	陈波	冷战时期美苏科技交流合作对当前中美科技关系的启示研究

（2）在科研成果方面，2021 年华东师范大学世界史学科发表重要学术论文 7 篇，出版著作 6 部。代表性篇目如下。

表 9.31　论文类

作者	论文题目	发表刊物、时间
梁志	合作与限制：20 世纪 70 年代美国对韩国导弹开发活动的反应与对策	《世界历史》2021 年第 1 期
陈波	"大规模报复"战略与美国海外核部署	《世界历史》2021 年第 2 期
高嘉懿	跨阵营的探路者：法国议员在中法建交中的角色	《世界历史》2021 年第 5 期

续表

作者	论文题目	发表刊物、时间
沐涛	南非现代化之路与特征	《世界历史》2021年第6期
朱明	12世纪的地中海世界与巴勒莫的兴起	《世界历史》2021年第6期
陈波	艾森豪威尔时期美国在联邦德国的核武器部署	《史林》2021年第5期
李海峰	新亚述时期奴隶买卖活动论析	《史林》2021年第6期

表9.32 著作类

作者	著作名称	类型	出版社
孟钟捷	《魏玛德国的社会政策研究》	专著	中国社会科学出版社
孟钟捷	《大夏世界史研究：德国工作站文集》	文集	东方出版中心
李晔梦	《以色列科研体系的演变》	专著	社会科学文献出版社
朱明	《巴勒莫：一部全球史》	专著	上海人民出版社
沐涛	《对话百年：经典阅读中的红色力量》	论文集	华东师范大学出版社
李孝迁	《史学旅行：兰克遗产与中国近代史学》	专著	上海人民出版社

3. 学术活动

5月28—30日，由华东师范大学历史学系、中国美国史研究会联合主办的第六届"长三角"美国史论坛在华东师范大学闵行校区成功召开。

9月24日，华东师范大学历史学系、中国法国史研究会与法国格勒诺布尔大学举行了"塞纳河与樱桃河畔时空契阔——第十六届中法历史文化研讨班"。此次会议的主题为"历史时间理论的实践与应用"。研讨班采取线上线下相结合的形式举行，中法双方主会场分别设置于华东师范大学历史学系与巴黎人文科学之家基金会，另设有中国社会科学院世界历史研究所、中山大学、华南师范大学等多个分会场。来自全国各地的200余名师生学者与法国学者在云端相会，围绕"历史时间理论的实践与应用"展开研习讨论。

11月6日，由上海市世界史学会主办，华东师范大学历史学系承办的上海市世界史学会2021年学术年会暨第十六届青年论坛与第七届教学论坛在华东师范大学闵行校区举行。此次年会的主题是"文明互鉴与跨国交流"。来自复旦大学、华东师范大学、上海大学、上海师范大学、上海社会科学院、上海交通大学等高校、研究机构的60余位专家学者莅临出席大会，研究生代表以线上方式参会。会议采取线上线下相结合的形式进行。

11月20日，由华东师范大学全球思想史研究中心、《探索与争鸣》编辑部、《华东师范大学学报（哲学社会科学版）》编辑部、华东师范大学历史学系和华东师范大学世界历史研究院等单位共同主办的"全球思想史：理论与路径"学术工作坊在华东师范大学闵行校区举办。来自华东师范大学、复旦大学、上海师范大学和上海纽约大学的20多位学者，就全球思想史研究实践中的诸多问题和发展方向展开了交流。

此外，2021年，华东师范大学历史学系世界史学科先后邀请了北京师范大学郭小凌教授、复旦大学李剑鸣教授、北京大学包茂红教授、复旦大学金寿福教授、东北师范大学韩东育教授、南开大学王以欣教授、复旦大学董少新教授、复旦大学葛兆光教授、复旦大学向荣教授讲学。

4. 人才培养

2021年，总计出站博士后2人，博士毕业生10人，硕士毕业生28人。

中山大学

1. 学科建设

中山大学历史学系成立于1924年。该系为国家人文社会科学基础学科人才培养与科学研究基地，拥有中国史、世界史、考古学三个一级学科博士和硕士学位授予权及博士后流动站，2019年入选首批"双万计划"国家级一流本科专业建设点。2020年入选首批"强基计划"和"基础学科拔尖学生培养计划2.0基地"。

世界史学科是广东省重点学科。世界史学科在东南亚史研究、欧洲文明史研究、国际关系史研究、亚洲海洋史研究、中外关系史研究等领域具备了良好的学科基础和拓展潜力，与美国、英国、法国、德国、俄罗斯、日本等国家及中国港澳台知名大学和学术机构开展了广泛的学术交流与合作。世界史学科有教师22人，其中教授11人，副教授8人，助理教授3人。历史学系设有历史人类学研究中心、宗教文化研究所、艺术史研究中心等科研机构。

2. 科研发展

（1）在研究项目方面，2021年中山大学世界史学科有2项课题立项。另有2项课题结项，分别为曹鸿副教授主持的国家社科基金青年项目"美国'社会政治'的兴起——以道德改革和权利运动为中心"（项目批准号：14CSS007），顾晓伟副教授主持的国家社科基金后期资助项目"从怀疑走向共识——英语世界的历史知识客观性问题研究"（项目批准号：18FSS021）。

表9.33 2021年重要课题立项情况

项目类型	负责人	项目名称
国家社科基金青年项目	吉辰	宇都宫太郎旧藏涉华资料的整理与研究
国家社科基金后期资助项目	顾晓伟	柯林武德的"历史理性批判"研究

（2）在科研成果方面，2021年中山大学世界史学科发表重要学术论文20余篇，出版著作6部。代表性篇目如下。

表9.34 论文类

作者	论文题目	发表刊物、时间
费晟	史学专业课混合式教学初探——以《近现代世界环境史》为例	《历史教学问题》2021年第4期
顾晓伟	从媒介技术角度重新理解西方历史书写的秩序	《中国社会科学评价》2021年第1期
顾晓伟（译）	柯林武德历史哲学中的重演和重构	《新史学》第26辑，大象出版社2021年版

续表

作者	论文题目	发表刊物、时间
顾晓伟	历史理论与史学理论之关系新解	《史学理论研究》2021年第6期
江滢河	广州外销玻璃画与18世纪英国社会	刘希言、郑伊看主编：《闲步观妆：18—19世纪的中国平板玻璃画》，上海世纪出版集团、上海书画出版社2021年版
李爱丽	晚清海洋事务之国际接轨：参加航海公会及《行船免碰章程》的颁行	戴一峰主编：《近代中国海关与中国社会：纪念陈诗启先生百年诞辰文集》，厦门大学出版社2021年版
林英	早期拜占庭帝国的世界地理观念与日益重要的东方	《历史教学（下半月刊）》2021年第12期
龙秀清	中古教会婚姻立法中的同意原则	《史学月刊》2021年第10期
舒全智	From Armed Revolution to Neutralism: China and the Indochinese Revolution in Laos, 1950–54	Journal of Social Issues in Southeast Asia, Vol. 36, No. 1(2021)
温强 李星然	美国对尼泊尔民主植入政策述论	《史学集刊》2021年第5期
杨洋	《四书章图》东亚流传考——以日藏文献为中心	《域外汉籍研究集刊》第二十一辑，中华书局2021年版
杨洋	从"文"向"道"——花园天皇与14世纪初日本宫廷对宋学的接受	《文史哲》2021年第5期
周立红	从境地研究到气候史：勒华拉杜里的总体史探索	《社会科学战线》2021年第11期
朱玫	17世纪朝鲜基层组织"五家统"的成立与制度设计	《古代文明》2021年第3期
朱玫	朝鲜与明代户籍文书的比较研究——以文书形成及遗存现况的考察为中心	王振忠、刘道胜主编：《徽州文书与中国史研究》第2辑，中西书局2021年版
朱玫	中韩近世财产分割文书的比较	刘新成、刘文明主编：《全球史评论》第20辑，中国社会科学出版社2021年版
朱卫斌	郑藻如与中美洛案交涉	张应龙、袁丁、张国雄主编：《广东华侨史论文集》，广东人民出版社2021年版

表9.35 著作类

作者	著作名称	类型	出版社
费晟	《再造金山：华人移民与澳新殖民地生态变迁》	专著	北京师范大学出版社
陈喆	《从东方学到汉学——19世纪的比较语言学与艾约瑟的汉语研究》	专著	中华书局

续表

作者	著作名称	类型	出版社
肖瑜 江艺鹏	《从蜜月走向对抗：冷战初期的苏联与以色列关系研究（1948—1953）》	专著	社会科学文献出版社
章文钦 江滢河	《戴裔煊先生诞辰一百一十周年纪念文集》	论文集	中西书局
费晟	《大洋洲发展报告（2019—2020）》	论文集	社会科学文献出版社
周立红（参译）	《论历史》（上）	译著	北京大学出版社

3. 学术活动

4月22日，中山大学历史学系在线上举办世界史一流课程建设研讨会暨中山大学与首都师范大学全球史教学与研究交流会。

4月24—25日，中山大学历史学系举行世界史一流课程建设研讨会暨中山大学与首都师范大学全球史教学与研究交流会。两校老师共分六组，分享各自在全球史相关领域的最新研究成果。

5月8—10日，中山大学历史学系和中国社会科学院世界历史研究所共同举办了世界史前沿议题科研与教学研讨会。两个学术机构的部分学者和教师代表齐聚中山大学岭南文化研究院，共同讨论世界史前沿议题科研与教学问题。

6月19日，中山大学历史学系举行了第一届中大史学与数字人文工作坊。

11月20—21日，中山大学历史学系举行了以"历史地图与东亚形象"为主题的学术活动。

11月23日，中山大学历史学系举行了以"欧美历史上的道德改革与社会治理"为主题的学术活动。

为配合本科生和研究生《世界环境史》教学课程教学，同时丰富我国学界对世界环境史多元化样貌的认识及理解，中山大学历史学系特邀请美国、德国、西班牙、巴西、澳大利亚、新西兰、南非等国的资深环境史学家，开设世界环境史线上系列讲座。讲座主要分为"环境史理论与史学史"、"地方、国别与区域视角的环境史"及"环境史前沿专题"三个板块展开。

此外，中山大学历史学系还邀请国内学者举行系列学术讲座。4月18—19日，邀请中国社会科学院世界历史研究所徐建新研究员先后进行了题为"日本历史上的'平安时代'"和"日本史研究漫谈"的讲座。5月7日，邀请中国社会科学院世界历史研究所孟庆龙研究员做题为"从西姆拉到加勒万：中印关系的历史回顾"的学术讲座。5月19日，邀请清华大学人文学院历史系张绪山教授做题为"国王行医创奇迹——《国王神迹》对中古英法王权政治研究的贡献"的学术讲座。

4. 人才培养

2021年，总计博士毕业生2人，硕士毕业生11人。

吉林大学

1. 学科建设

吉林大学世界史学科始建于1952年，拥有悠久的学术传承和优良的学术传统。著名亚洲史专家丁则良教授、著名印度史专家王藻教授、著名法国史专家申晨星教授、著名国际战略学家王家福教授以及欧洲近代史专家尹曲教授均曾在此任教。1978年获批世界史硕士学位授权点。1995年获批教育部历史学国家基础学科人才培养基地。2001年获批世界史博士学位授权点和博士后科研流动站。2011年获批世界史一级学科博士学位授权点、吉林省省级重点学科。2019年在教育部办公厅关于实施一流本科专业建设"双万计划"中，成为首批吉林省一流学科建设点。在长期的历史发展中，世界史学科形成了优秀的学术传统，整体实力较为雄厚，学术声誉良好，是国内世界史教学和研究的学术重镇之一。

经过60余年的发展，世界史学科形成了一支知识层次高、学术研究精深、年龄结构合理、国际化程度较高的学术梯队。截至2021年，世界史学科有16位教师（15人拥有博士学位），其中教授10人，副教授2人，讲师3人。2/3的教师有海外留学或者研修经历。教师中，入选"中央马工程首席专家"2人，"国家社科基金重大项目首席专家"1人，"教育部马工程首席专家"1人，"吉林省有突出贡献的中青年专业技术人才"2人。

吉林大学世界史学科已经形成了稳定的四个学科方向，设立了具有研究特色和优势的世界上古中古史、世界近现代史、国际关系史和区域国别史（俄国史、日本史）四个研究生招生方向。2017—2021年吉林大学世界史学科承担在研国家社科基金、教育部哲学社会科学研究基金等项目26项，其中，在研国家社科基金重大项目1项，国家社科基金重点项目、一般项目、青年项目和后期资助项目13项。在研教育部哲学社会科学研究重大课题攻关项目1项，教育部人文社会科学研究基金一般项目、青年项目5项。外交部重大课题攻关项目1项，教育部综合改革司委托项目1项，2017年度国别和区域研究中心课题1项。在研中国博士后科学基金3项。

2. 科研发展

（1）在研究项目方面，2021年吉林大学世界史学科有2项课题立项。另有1项课题结项，为刘鸣等教授主持的国家社科基金项目"二战后美国公共外交政策与机制研究"（项目批准号：15BSS024）。

表9.36　2021年重要课题立项情况

项目类型	负责人	项目名称
国家社科基金后期资助项目	许金秋	俄罗斯国家机构史
国家社科基金后期资助项目	杨翠红	俄国修道院与国家、社会研究（14—18世纪）

（2）在科研成果方面，2021年吉林大学世界史学科发表重要学术论文18篇，出版著作7部。代表性篇目如下。

表 9.37 论文类

作者	论文题目	发表刊物、时间
周嘉滢 张广翔	Marx and Russia: The Fate of a Doctrine	*Europe-Asia Studies*, 2021, 73 (2)
张广翔 王金玲	德国专家与苏联核计划（1945—1956）	《史学月刊》2021年第10期
张广翔 师成（译）	预期寿命增长的影响因素：世界各国聚类分析	《社会科学战线》2021年第10期
许金秋 史旭超（译）	现代化理论视角下的俄罗斯帝国	《社会科学战线》2021年第9期
王玉强	联合国人权机构审议"慰安妇"问题研究	《吉林大学社会科学学报》2021年第5期
王玉强 庄苗苗	近代日本马政及其对外扩张	《史学集刊》2021年第5期
姜金言 戴宇	藤原氏外戚政治与上皇制度的发展	《史学月刊》2021年第8期
许金秋（译）	俄罗斯形式论学派对能量的直觉	《社会科学战线》2021年第8期
张广翔 金丹（译）	苏联原子弹之父库尔恰托夫与苏联核计划	《吉林大学社会科学学报》2021年第4期
许金秋	赫洛平镭学研究所与苏联核计划	《吉林大学社会科学学报》2021年第4期
周嘉滢	美苏意识形态分歧与经典现代化理论的形成	《史学月刊》2021年第6期
张广翔 师成（译）	从人口红利到人口老龄化：系统性转型的世界趋势	《社会科学战线》2021年第4期
张广翔 白帆	1881—1904年俄国政府亲贵族政策的实施及评价	《江汉论坛》2021年第11期
戴宇 蔡百松	伪满时期日本对中国东北地区白俄侨民群体的管控	《日本研究》2021年第3期
张广翔	1894—1914年俄国酒销售垄断政策目的与结果为何相悖（上）	《北方论丛》2021年第3期
张广翔	1894—1914年俄国酒销售垄断政策目的与结果为何相悖（下）	《北方论丛》2021年第4期
史海波	古代埃及国家起源过程中的"他者"形象与国家职能建构	《史学集刊》2021年第3期
徐萍	冷战期间东北亚国家加入联合国的三种模式论析	《吉林大学社会科学学报》2021年第1期

表 9.37　著作类

作者	著作名称	类型	出版社
于洪	《英国现代法治的历史渊源研究》	专著	人民出版社
张广翔 刘颜青	《19世纪上半叶的俄国农奴》	译著	社会科学文献出版社
张广翔 高笑	《俄国金融资本的起源》	译著	社会科学文献出版社
张广翔 梁红刚	《俄国税收史（9—20世纪初）》	译著	社会科学文献出版社
张广翔 王祎 赵子恒（译） 赵万鑫 （审校）	《卢布不是万能的：十月革命前俄国的纺织企业与工人》	译著	社会科学文献出版社
张广翔 高腾	《权力、社会、文化：19世纪末20世纪初俄国文化发展概论》	译著	社会科学文献出版社
张广翔 师成	《20世纪初的莫斯科企业家》	译著	社会科学文献出版社

3. 学术活动

9月30日，吉林大学文学院举办庆祝吉林大学建校75周年哲学社会科学名家讲座第2场，邀请东北师范大学谢乃和教授做题为"国族建构视角下的亚洲近代历史学"的学术报告。

12月5日，吉林大学文学院举办了哲学社会科学名家讲座，邀请东北师范大学韩东育教授做题为"近世日韩交往中的几个细节"的学术报告。

4. 人才培养

2021年，总计博士毕业生4人，硕士毕业生19人。

四川大学

1. 学科建设

四川大学历史文化学院是在四川大学最古老的系科——历史系的基础上发展而成的。学院成立于1999年，其办学历史可追溯到1875年创办的尊经书院。学院下设考古学系和历史学系。世界史学科历史悠久，卢剑波、赵卫邦、谭英华、杨宗遂和顾学稼等前辈开辟了诸多研究领域并为之奠定了坚实的学术基础。经过几代学者的不懈努力，学科传承有序，已成为西南地区世界史学科重镇之一。

四川大学世界史学科以世界史系为主体进行建设。2011年获批世界史一级学科博士学位授权点，属于省级重点学科。2017年以来，学科依托四川大学"区域历史与边疆学"学科群进行一流学科建设，建设目标是建成中西部地区一流世界史学科。学科具有一支结构合理的高素质学术队伍。截至2021年12月，学科拥有教授8人、副教授12人、讲师7人，其中博士生导师6人、硕士生导师15人，大多数教师都有海外学习经历。2011—2021年，学科累计发表A.&.HCI、CSSCI论文250余篇。学科在教育部第四轮学科评估中被评为B档，在上海软科"中国大学最好学科"（2017—2021）排名中处于第10—16位。

学科硕博士招生的二级学科包括外国史学理论与史学史、世界上古中古史、欧洲社会文化史、世界近现代史、世界地区与国别史、历史人类学、中外交流史。

2. 科研发展

（1）在研究项目方面，2021年四川大学世界史学科有8项课题立项。另有2项课题结项，分别为原祖杰教授主持的国家社科基金项目"美国工业化转型时期农民状况研究（1870—1900）"（项目批准号：16BSS029），结项等级为优秀；李若愚副研究员主持的国家社科基金项目"第二次世界大战结束以来的日本领土问题研究"（项目批准号：16CSS018），结项等级为良好。

表9.39 2021年重要课题立项情况

项目类型	负责人	项目名称
国家社科基金一般项目	张箭	全球史视野下的若干美洲作物的发展传播研究
国家社科基金一般项目	邹薇	拜占庭帝国对疾疫的认知与应对研究
国家社科基金青年项目	张涛	西方后叙事主义历史哲学研究
国家社科基金后期资助项目	张骏	德国近代历史观念史研究
国家社科基金后期资助项目	刘祥	非政府组织与美国对外人权政策的演变
国家社科基金专项项目	刘祥	美国与联合国人权机制的演变研究
四川省哲学社会科学规划项目一般项目	吕和应	德国现代史学的起源和形成研究
四川省哲学社会科学规划项目一般项目	张骏	德国历史主义背景下的康德历史理论

（2）在科研成果方面，2021年四川大学世界史学科发表重要学术论文20余篇，出版著作2部，获批咨询报告4篇。代表性篇目如下。

表9.40 论文类

作者	论文题目	发表刊物、时间
王禹	19世纪晚期美国农民对乔治主义的接受与扬弃	《四川大学学报（哲学社会科学版）》2021年第2期，此文被人大复印报刊资料《世界史》2021年第6期、《新华文摘》2021年第13期和《中国社会科学文摘》2021年第9期转载
赵艾东	二十世纪早期巴塘基督会实业项目研究	《澳门理工学报》2021年第1期，此文被人大复印报刊资料期刊《宗教》和《中国近代史》全文转载

续表

作者	论文题目	发表刊物、时间
陆启宏 吕和应 张驰	西方史学如何从传统走向现代	《光明日报》2021年3月8日
张箭	辣椒在全球的传播	《光明日报》2021年4月19日
辛旭	儿童福祉：一个历史性的概念	《光明日报》2021年6月7日
石芳	法国社交史研究的兴起	《光明日报》2021年7月12日
原祖杰	从"姐妹情谊"到"女性差异"——美国女性史研究范式的转变	《社会科学战线》2021年第7期
原祖杰	19世纪美国反堕胎运动的权力争夺与种族因素	《厦门大学学报（哲学社会科学版）》2021年第4期
刘祥	美国社会组织与联合国人权规范的起源	《史学集刊》2021年第1期
刘祥	普遍主义与例外主义的变奏：战后初期美国围绕国际人权的争论	《四川大学学报（哲学社会科学版）》2021年第4期
刘祥	美国与联合国初期的人权政治	《美国研究》2021年第4期
刘祥	近年来史学界对跨国史的批评与反思	《全球史评论》第20辑，中国社会科学出版社2021年版
张骏	19世纪德国历史主义之危机——国家学说理论为例	《世界哲学》2021年第2期

表9.41 著作类

作者	著作名称	类型	出版社
张箭	《地理大发现研究：15—17世纪》	专著	商务印书馆
张博	《王安石：立于浊流之人》	译著	上海人民出版社

（3）重要奖项

王禹副教授的论文《"大佬"拉福莱特与"进步主义运动"的悖论》（《四川大学学报（哲学社会科学版）》2018年第3期），荣获美国历史学家协会（OAH）2020年度的戴维·西伦奖。刘君教授的专著《从手艺人到神圣艺术家：文艺复兴时期意大利艺术家阶层的兴起》（商务印书馆2018年版）荣获四川省第十九次社科优秀成果奖二等奖，徐波教授的专著《文艺复兴时期西欧民族历史写作》（中国社会科学出版社2019年版）荣获该奖项三等奖。2021年底，原祖杰教授、邹薇副教授分别荣获四川省"天府文化领军人才"学术和技术带头人、后备人选称号。

3.学术活动

2021年，四川大学世界史学科主办全国性学术会议1场、各类学术讲座30场，该系在职教师参加学术会议49次，受邀举办学术讲座18次。

4月10—11日，由历史文化（旅游）学院原祖杰教授领衔的国家社科基金重大项目"十九世纪美国工业化转型中的农村、农业与农民问题研究"开题报告会暨世界史学术共同体建设研讨会在蓉举行。来自北京大学、清华大学、复旦大学、南开大学、武汉大学、厦门大学、中山大学、华东师范大学、东北师范大学、陕西师范大学、上海大学、上海师范大学、四川大学和《历史研究》编辑部等全国30余所知名高校及科研机构的50余名专家学者参会。

4. 人才培养

2016—2020年，招收硕士研究生100人、博士研究生21人，授予硕士学位99人，授予博士学位14人。2021年，总计博士毕业生2人，硕士毕业生20人。

厦门大学

1. 学科建设

自1921年厦门大学创校以来，历史学一直是该校文科的传统优势学科。1924年6月，成立历史社会学系。1926年，设立历史系。厦门大学世界史学科特色鲜明，跨学科优势突出，尤其在美国史、亚洲史、国际关系史、海外华人华侨史和欧洲史五个方向形成较大的优势和特色。美国史尤其是美国城市史是厦门大学世界史领域在全国知名度最高、影响力最大的研究方向，始于王旭教授到厦门。亚洲史以海上丝绸之路沿线国家和区域为核心，既包括陈碧笙教授开创的传统优势方向东南亚史，也涵盖以亚述学、埃及学为特色的古代近东地区研究；海外华人华侨史研究在新加坡华人、菲律宾华人、印度尼西亚华人及华人研究理论等方面居国内领先地位；国际关系史侧重于大国与东南亚间外交关系史研究，尤其是区域相关史料收藏规模在国内首屈一指。欧洲史研究囊括欧洲社会经济史、文化史、史学理论等多个领域，其中欧洲军事史研究在国内独树一帜。厦门大学世界史学科拥有一级学科博士和硕士学位授予权，并设有博士后流动站。拥有教育部人文社会科学重点研究基地"厦门大学东南亚研究中心"、教育部国别与区域研究中心（备案）、"印度尼西亚研究中心"、"东盟研究中心"，以及"世界文明比较研究中心""海洋文明与战略发展研究中心"等校级研究机构。

厦大世界史学科拥有较强的师资力量。依托历史与文化遗产学院和国际关系学院/南洋研究院两个单位师资团队，截至2021年，有专任教师共计28人，包括教授13人、副教授8人、助理教授7人；其中博导9人、硕导19人。

2. 科研发展

（1）在研究项目方面，2021年厦门大学世界史学科有3项课题立项。另有1项课题结项，为马一舟主持的国家社科基金青年项目《第二十六王朝时期埃及外交与战争文献整理与研究》（项目批准号：16CSS002），结项等级为优秀。

表9.42 2021年重要课题立项情况

项目类型	负责人	项目名称
国家社科基金重点项目	李莉	20世纪美国联邦政府住房政策研究

续表

项目类型	负责人	项目名称
国家社科基金中国历史研究院中国历史重大问题研究专项（子课题）	陈博翼	中国与现代太平洋世界关系研究（1500—1900年）（中国与现代太平洋世界的移民和文化关系研究）
贵州省2021年度哲学社会科学规划国学单列课题	陈博翼	稀见海外环南海文献整理与研究

（2）在科研成果方面，2021年厦门大学世界史学科发表重要学术论文20余篇，主编丛书两套，总数达421册。代表性篇目如下。

表9.43　论文类

作者	论文题目	发表刊物、时间
韩宇	老工业城市的再生之路：洛厄尔的转型路径	《厦门大学学报（哲学社会科学版）》2021年第2期，此文被《新华文摘》（网络版）2021年第13期全文转载
许二斌	论瑞士雇佣兵的兴起与没落	《史学集刊》2021年第6期
许二斌	美国独立战争中英国雇用的德意志部队	《经济社会史评论》2021年第3期
许二斌	中世纪晚期意大利境内的雇佣兵	《历史教学问题》2021年第1期
李莉	19世纪后半期美国城市住房治理研究	《求是学刊》2021年第2期，此文被《新华文摘》（网络版）2021年第18期全文转载
陈博翼	The Hokkien in Early Modern Hoi An, Batavia, and Manila: Political Agendas and Selective Adaptions	*Journal of Southeast Asian Studies*, 52.1 (2021)
陈博翼	Early Modern English Borders: Homogeneity and Heterogeneity	*European Review*, March 15, 2021
薛斌 施雪琴	国货"下南洋"——近代中国参与马尼拉嘉年华展览会考察	《北大史学》2021年第22辑
曾玲 郭宗华	印尼井里汶传统手稿中"郑和记录"的发现与研究——兼与《三宝垄与井里汶华人编年史》及其他文献的比对	《厦门大学学报（哲学社会科学版）》2021年第1期
刘计峰	Proselytising the Indigenous Majority: Chinese Christians and Interethnic Relations in East Malaysia	*Anthropological Forum*, Vol. 31, No. 2(2021)
范宏伟	缅甸中立主义外交选择（1949—1954）——缅北国民党军与美国干涉的影响	《南开学报（哲学社会科学版）》2021年第2期
沈慧芬	华人离散群体的战争记忆——以东南亚华侨关于太平洋战争的侨批为中心	《厦门大学学报（哲学社会科学版）》2021年第6期

续表

作者	论文题目	发表刊物、时间
沈慧芬	"离而不散":近代华人移民的跨域流动与故土联结——以清末广东嘉应叶家侨批为例	《世界民族》2021年第2期
沈燕清	美援"侨生教育计划"下台湾当局对印尼侨生的争取及其影响（1954—1965）	《台湾研究集刊》2021年第6期

表9.44 著作类

作者	著作名称	类型	出版社
陈博翼	《域外著汉文家谱丛刊》（全131册）	丛书	北京燕山出版社
陈博翼 王守谦	《中国古代财政文献汇编》（全290册）	丛书	北京燕山出版社

（3）重要奖项

2项科研成果获得福建省社会科学优秀成果奖三等奖。曲天夫获批福建省本科教育教学改革项目1项（涉密项目），同时获得厦门大学青年教师技能大赛一等奖。

3. 学术活动

6月19日，厦门大学世界史学科举办了世界史学科建设会。来自北京大学、复旦大学、南开大学、吉林大学、四川大学、云南大学以及上海师范大学的专家，就世界史的研究趋势、方向进行了探讨，并且对厦门大学世界史今后的发展方向、发展形式提出了大量具有建设性的建议。

10月23—24日，厦门大学世界史学科举办了"陈嘉庚与百年厦大"学术研讨会。多位来自海外的专家以及国内学者参与了此次研讨会，就陈嘉庚、陈嘉庚与厦门大学、陈嘉庚在海外等诸多历史进行研讨。作为庆祝厦门大学百年华诞的重要活动，此次论坛致敬校主，弘扬了嘉庚精神。

10月29—31日，由中国世界古代中世纪史研究会世界中世纪史专业委员会（中国世界中世纪史学会）主办，厦门大学人文学院历史系承办的中国世界中世纪史学会2021年学术年会暨第一届研究生论坛在厦门举行。来自中国社会科学院、复旦大学、南京大学、厦门大学、中山大学、匈牙利罗兰大学、土耳其安纳托利亚文明研究所等机构的120余位专家学者和研究生代表参会。会议共设置了六个分组讨论会场，时间跨度涵盖了自中世纪早期至近代早期，地域范围涉及西欧、北欧、东欧至中东及东亚，研究领域包括政治史、经济史、宗教史、文化史、军事史、情感史、法律史、艺术史及古文书学等。

4. 人才培养

2021年，总计博士毕业生1人，硕士毕业生7人。

山东大学

1. 学科建设

山东大学的世界史教学研究始于1901年"山东大学堂"创办之际。1961年开始招收世界古代史硕士研究生，1979年开始招收世界中世纪史硕士研究生，后又增加世界近现代史专业。1981年，教育部设立世界史本科专业，山东大学成为与北京大学、南开大学和武汉大学并列的、专门招收世界史专业本科生的4所部属高校之一。2011年，山东大学世界史学科首批获得一级学科博士学位授权点；2012年成立世界史系。2015年，山东大学承办了第22届国际历史科学大会，世界史学科也因此而获得了更大的国际影响力。

山东大学及历史文化学院高度重视世界史学科建设，提出了世界史与中国史、考古学"齐驱并进、融合发展"的战略，学术委员会委员、学位分委员会委员和世界史专业教师同心协力、齐抓共管，努力争取在达到博士学位授权点基本要求的基础上，实现世界史学科评估进入"B+"目标。到2021年底，已有专任教师21人，其中教授6人，副教授（含副研究员）9人，讲师（含助理研究员）6人；博导6人，硕导12人。

主要学科方向为世界上古中古史、世界近现代史、世界地区国别史，拥有山东省东方文化研究基地、山东省文化发展战略高端智库、德国研究中心、东亚文献研究中心、数字人文实验室（筹）、全球史与跨国史研究院等学术平台，拥有微机教学实验室、多媒体教学实验室等现代化仪器设备，拥有图书资料20余万册，期刊168种，以及Jstor、Proquest、EBSCO、Gale Scholar和KISS等国内外数据库247种。

2. 科研发展

（1）在研究项目方面，2021年山东大学世界史学科有2项课题立项。另有1项课题结项，为李巍主持的国家社科基金项目"加拿大社会住房政策史研究"（项目批准号：14BSS017）。

表9.45　2021年重要课题立项情况

项目类型	负责人	项目名称
国家社科基金后期资助项目	李月珊	日本近世孔庙祭祀研究
教育部人文社会科学研究青年基金项目	崔华杰	近代西人对中国边疆的史地书写与路径演变研究

（2）在科研成果方面，2021年山东大学世界史学科发表重要学术论文18篇，出版著作5部。代表性篇目如下。

表9.46　论文类

作者	论文题目	发表刊物、时间
顾銮斋	补缺、汲取、提升——关于中外关系史学科构建的一些思考	《上海师范大学学报（哲学社会科学版）》2021年第3期
孙一萍	威廉·雷迪如何解读情感的变化及其意义	《安徽史学》2021年第6期

续表

作者	论文题目	发表刊物、时间
杨华	"后学"留痕：后现代史学在国内的传播、实践及影响	《东岳论丛》2021年第1期
丁晨楠	韩国所藏清朝塘报关联文献初探——以首尔大学藏《环报删节》为中心	《历史档案》2021年第4期
丁晨楠	16世纪朝鲜对明朝情报的搜集与应对	《古代文明》2021年第1期
陈建红	数字人文在边疆历史研究中的应用	《云南师范大学学报（哲学社会科学版）》2021年第4期
杨华	改革开放40年来国内美国中国学的研究历程	《国际汉学》2021年第2期
岳梦臻	Review of States of Memory: The Polis, Panhellenism, and the Persian War	Classical Journal, 2021.10
安乐博（Robert Antony）	Defending Canton: Chinese Pirates, British Traders, and Hong Merchants, 1780–1810	Review of Culture (International Edition), Vol. 66(2021)
安乐博（Robert Antony）	Piracy, Empire, and Sovereignty in Late Imperial China	in Stefan Eklöf Amirell and Hans Hägerdal, eds., Piracy in World History. Amsterdam: University of Amsterdam Press, 2021.
岳梦臻	Review of Concepts and Functions of Philhellenism: Aspects of a Transcultural Movement	Bryn Mawr Classical Review, 2021.12
Carlo Virgilio	Review of The Grand Ducal Medici and the Levant: Material Culture, Diplomacy, and Imagery in the Early Modern Mediterranean. Maurizio Arfaioli and Marta Caroscio, eds. The Medici Archive Project Series. London: Harvey Miller, 2016.	Renaissance Quarterly, Vol. 74, No. 4 (2021)
张圣东	「《書評》飯倉江里衣著『満洲国軍朝鮮人の植民地解放前後史』」	『アジア民衆史研究会会報』2021年10月，総第49号
张圣东	「『満洲国軍』内の中国人と日本人：その入隊から戦後まで（第30回近現代東北アジア地域史研究会大会報告）」	『近現代東北アジア地域史研究会 NEWS LETTER』2021年12月，総第33号
胡炜权	概论日本战国时代汉学经典的吸收：以武士社会为中心	《国际儒学（中英文）》2021年第3期
邹翔	近代英国民间医学的衰落：一项社会史的考察	《中国社会科学院研究生院学报》2021年第4期
孙立新	美国当代史学家莫泽的纳粹研究探析	《史学史研究》2021年第2期
孙丽芳	拜占庭末代王朝的存续之道	《中国社会科学报》2021年8月16日

表 9.47 著作类

作者	著作名称	类型	出版社
张新刚	《古希腊思想通识课·希罗多德篇》	专著	湖南人民出版社
孙丽芳	《13世纪拜占庭—尼西亚帝国的：“陪都”研究》	专著	山东大学出版社
丁晨楠	《海东五百年：朝鲜王朝（1392—1910）兴衰史》	专著	漓江出版社
孙立新	《"俾斯麦的使团"：德国军事教官在中国（1884—1890）》	译著	社会科学文献出版社
孙丽芳	《约翰·坎塔库泽尼及14世纪的拜占庭帝国史》	译著	山东大学出版社

（3）重要奖项

杨华的论文《近四十年来美国中国学理论、范式与方法对国内史学研究的影响》(《史学理论研究》2019年第2期）荣获山东省社会科学优秀成果奖二等奖。

3. 学术活动

8月20—21日，山东大学历史文化学院与中国海外交通史研究会联合举办了全球史视野下的东亚海洋史学术研讨会。来自中国社会科学院、浙江大学、中山大学、中国海洋大学、华东师范大学、福建师范大学、上海师范大学、青岛大学、中国文化遗产研究院、山东省博物馆、福建省泉州海外交通史博物馆、山东大学等单位的近50位学者参会。与会学者围绕"全球史视野下的东亚海洋史研究""水下考古、沿海考古与中国海洋文化遗产研究""黄渤海海上丝绸之路与中日韩三国交流史研究""海洋史料的文书档案与国像学研究"四个主题展开讨论。

10月22—24日，山东大学与德国阿登纳基金会联合举办了中德关系语境下的历史文物与历史记忆国际学术研讨会。来自德国柏林自由大学、法兰克福大学、德国博物馆联合会、德国文化遗产遗失研究中心、中国社会科学院、北京大学、中国人民大学、首都师范大学、青岛市社会科学研究院、青岛市档案馆、青岛一战遗址博物馆等30多所高校、研究机构和博物馆的60余位专家学者参会。会议围绕"历史文物的研究价值和现实意义""中德文明交流互鉴""德国馆藏中国文物的历史与现状""德国在华历史文化遗产""历史记忆的理论与实践""全球化与全球史研究和教学"等议题进行交流。

孙立新教授参加了德国东弗里西亚风景协会主持的"东弗里斯博物馆藏中国文物溯源研究"项目，并作为中方代表参加了项目启动会议和结项会议。他带领中国学者团队进行的研究工作，受到了德国政府的积极肯定和感谢。

11月21日，由山东大学历史文化学院、全球史与跨国史研究院联合主办，山东大学历史文化学院世界史系承办的2021年山东大学全球史与跨国史本科教学论坛顺利举行。此次论坛是山大教改项目"全球史与跨国史课程群建设"的中期教研活动，共收到论文30篇。

截至2021年，由山东大学历史文化学院主持，世界史系教师参加的潍县集中营历史资料整理与研究课题，已收集各类被俘侨民资料50多种，整理翻译100多万字，为乐道院·潍县集中营博物馆的展陈升级提供了基础资料和学术服务，也为潍坊市2021年成功申请"国际和平城市"做出了重要贡献。

4. 人才培养

2021年，总计博士毕业生2人，硕士毕业生17人。

东北师范大学

1. 学科建设

东北师范大学世界史学科始建于1949年，与历史学科同时创建。1955年，由林志纯（日知）教授发起，在全国率先举办了有苏联专家参加的世界古代史、中国近代史和亚洲史研究班，造就了大批著名史学家及史学人才，涌现出刘家和、朱寰、郭守田、李洵、丁则民、陈连庆、徐喜辰、毛昭晰、吴雁南、朱绍侯等一大批学界精英。20世纪80年代，世界古代中世纪史获得国内首批博士学位授予权，并被确定为国家高等学校重点学科；2000年，世界文明史研究中心被批准为教育部人文社会科学重点研究基地；2001年，世界史专业再度被确定为国家高等学校重点学科；2004年，历史系更名为历史文化学院，成立世界史系。2011年，世界史成功申报一级学科博士学位授予点。截至2018年6月，历史文化学院有专任教师73人，其中教授30人（博士生导师25人、外籍教授3人）、副教授30人，讲师13人。2017年，东北师大世界史学科入选国家"双一流"建设学科。2021年，根据首轮建设反馈结果，世界史学科在人才培养、教师队伍建设、科学研究、社会服务、总体情况、可持续发展能力全部位于第一档（成效显著）。符合"践行一流学科培优行动"的条件。根据软科"中国最好学科"排名的结果，世界史学科连续三年（2017—2019）在全国三家"双一流"建设学科中位列第一。此外，学科入选国家基础学科拔尖学生培养计划2.0基地、国家文科基础学科人才培养与科学研究基地，获批教育部国别和区域研究中心、高等学校学科创新东亚史学引智基地。

东北师范大学历史文化学院世界史一级学科主要设置以下学科方向：史学理论与外国史学史；世界上古史；世界中古史；世界近现代史；美国史；东亚史（含朝韩史、日本史、蒙古史、越南史、俄国远东史）。历史文化学院下设世界文明史研究中心、东亚研究院、世界古典文明史研究所、世界中古史研究所、亚洲文明研究院、美国研究所、史学理论研究所等世界史相关的科研机构，另有世界史系、东亚学系两个世界史相关的教学机构。

2. 科研发展

（1）在研究项目方面，2021年东北师范大学世界史学科获立9项课题。

表9.48　2021年重要课题立项情况

项目类型	负责人	项目名称
教育部人文社会科学研究项目（基地重大项目）	韩东育	东亚世界与"新文明体系"的形成研究
教育部人文社会科学研究项目（基地重大项目）	王晋新	地中海裂变后西方（欧洲）文明的形成研究

续表

项目类型	负责人	项目名称
教育部人文社会科学研究项目（基地重大项目）	梁茂信	移民、流动性与美利坚文明研究
国家社科基金冷门绝学团队项目	张强	铭文与文献双重视阈中的西方古典职官研究
国家社会科学基金项目重大专项项目	费驰	近代英日俄人对长白山区域调查资料整理与研究——以对高句丽及渤海历史认知为中心
国家社会科学基金一般项目	张楠	罗马行省总督名衔与权责变迁研究
国家社会科学基金一般项目	阴元涛	古典时代雅典法令铭文整理与研究
国家社会科学基金后期资助项目	王云龙	从维京人到福利国家：北欧千年史
博士后科学基金项目	孟凡青	托勒密埃及王后参政与国家治理研究

（2）在科研成果方面，2021年东北师范大学世界史学科发表重要学术论文34篇，出版著作20部。代表性篇目如下。

表9.49 论文类

作者	论文题目	发表刊物、时间
韩东育	丸山真男的学术研究与对日本军国主义的反思	《中国社会科学》2021年第11期
韩东育	从近代化到近代性：日本新旧宪法的思想史解读	《历史研究》2021年第6期
徐前进	法国启蒙运动的语言学基础——关于17—18世纪古典法语的文化史研究	《外语教学与研究》2021年第3期
唐科	"人的圣经"和"神的圣经"之张力——《随笔与评论》研究	LOGOS&PNEUMA - CHINESE Journal of Theology, 2021.08
DR GUENTHER SVEN	Die Germanen und das Geld. Anmerkungen zu Tac	Gymnasium, 2021.11
DR GUENTHER SVEN	Römische Bilderwelt in Edessa? Ma'nu (Mannos) Philorhomaios und die Münzprägung	Gymnasium, 2021.11
朱君杙	查理曼时期的"和子句"纠纷与基督教会的大分裂	《世界宗教研究》2021年第6期
韩东育	抗战中的中共和日共关系侧记	《世界历史》2021年第3期
伍斌	劫后重生：1906年旧金山大地震后唐人街的原址重建及其意义	《世界历史》2021年第5期
韩东育	抗日不需要神剧：日军家书如是说	《读书》2021年第10期
王永杰	西方地理文献中"意貌山"概念的演变	《中国历史地理论丛》2021年第3期

续表

作者	论文题目	发表刊物、时间
伍斌	美国内战后的南部华人农业劳工	《四川大学学报（哲学社会科学版）》2021年第2期
朱君杙	英国"脱欧"对苏格兰"脱英"影响初探	《世界民族》2021年第1期
刘军	洛布本《地理志》残篇55b的史源学考察	《史学史研究》2021年第2期
韩东育	"封贡体制"的制度渊源与东亚伸展始末——兼谈秦汉以降无封建说	《思想史研究》2021年第2期
大田英昭	明治前期プロテスタントキリスト教界と社会主義	《思想史研究》2021年第2期
汪力	尾崎秀実の中国社会論と「アジアの生産様式論」	《思想史研究》2021年第2期
董灏智	日本江户思想家的"日本优越论"取向	《东北师大学报（哲学社会科学版）》2021年第4期
王明兵	山崎闇斋的"脱佛入儒"及其佛教批判	《东北师大学报（哲学社会科学版）》2021年第6期
胡天舒	"双重中国认知"的演绎经纬与事实定位——对近代日本来华知识人"中国体验"的再观察	《东北师大学报（哲学社会科学版）》2021年第6期
郭子龙	Republished Texts in the Attic Orators	*Journal of Ancient Civilizations*, 2021.12
伍斌	新冠肺炎疫情下美国的仇视亚裔问题及其根源	《美国研究》2021年第6期
韩东育	中共在抗战中的国际生存环境	《外国问题研究》2021年第3期
董灏智	日本视角下的中国共产党与抗日战争	《外国问题研究》2021年第3期
高悦	江户日本对中华价值的置换：以徂徕学双重中国认知为中心	《外国问题研究》2021年第4期
吕品晶	江户初期幕府对长崎唐人住宿制度的调整	《外国问题研究》2021年第4期
王明兵	日本战时从军记所反映的侵华罪行与中国抗战——以《小林太郎战时日记》为中心	《外国问题研究》2021年第3期
韩东育	《论语》与乡土中国的密钥	《延边大学学报（社会科学版）》2021年第2期
孙志鹏	夺命的流感：大正中期日本的突发公共卫生事件及危机应对	《历史教学问题》2021年第2期
王晋新	尼特哈德《历史》的再认识	《经济社会史评论》2021年第4期
孙志鹏 李思佳	近代日本的鼠疫防控及社会管理	《经济社会史评论》2021年第3期

续表

作者	论文题目	发表刊物、时间
吕品晶 迟皓	日本华侨社会形成时期考察——兼论江户初期唐人社会的实态	《华侨华人历史研究》2021年第2期
王云龙	西方中世纪学的嬗演路径——基于《剑桥中世纪学指南》的述析	《贵州社会科学》2021年第12期
王晋新	《圣伯丁年代记》探微	《古代文明》2021年第1期

表9.50 著作类

作者	著作名称	类型	出版单位
刁书仁 王崇时	《古代中朝宗藩关系与中朝疆界历史研究》	专著	北京大学出版社
赵轶峰	《在亚洲思考历史学》	专著	(香港)中华书局
大田英昭	『日本社会主義思想史序説：明治国家への対抗構想』	专著	日本評論社
宇信潇	《逝去的帝国：契丹》	专著	华中科技大学出版社
王志 王晓峰	《近代日本武士道思想研究》	专著	人民日报出版社
孙志鹏	菊分根：西原借款与日本的大陆政策	专著	(台湾)翰芦图书出版有限公司
李强	《征服,1016—1130》	译著	中国友谊出版公司
李强	《王国,1130—1194》	译著	中国友谊出版公司
王晋新	《穆罕默德和查理曼》	译著	商务印书馆
徐家玲	《新编剑桥中世纪史(第一卷 约500年至约700年)》	译著	中国社会科学出版社
郭子龙	《诉提马尔霍斯》	译著	上海人民出版社
王云龙	(丛书)国外教育法律译丛	译著	吉林出版集团股份有限公司
李强	*From Constantinople to Chang'an: Byzantine Gold Coins in the World of Late Antiquity*	编著	世界古典文明史研究所
DR GUENTHER SVEN	*From Constantinople*	编著	世界古典文明史研究所
DR GUENTHER SVEN	*Of Rabid Dogs, Hunchbacked Oxen, and Infertile Goats in Ancient Babylonia: Studies Presented to Wu Y*	编著	世界古典文明史研究所
王云龙	《2020年国外教育法治动态》	学术集刊	江苏人民出版社

3. 学术活动

5月22日，东北师范大学世界古典文明史研究所举办了主题为"拜占庭内与外：军事、宗教与外交"的第十三届拜占庭与东地中海研究沙龙。

5月23日，国务院学位委员会第八届学科评议组（世界史）第二次研讨会议在东北师范大学召开。与会专家对世界史学科建设的主要问题达成了广泛共识，为世界史学科的承前启后和推陈出新夯实了基础，明确了方向。

7月23—25日，由中国美国史研究会主办，东北师范大学历史文化学院美国研究所承办的"传承与变革——第四届美国史青年学者论坛"举行。

8月1日，由教育部高等学校历史学类专业教学指导委员会主办，东北师范大学历史文化学院、社会科学处、东亚研究院承办的2021年教育部历史学类专业教学指导委员会年会暨全国高校历史系主任联席会议在长春召开。来自全国数十所高校的历史学教指委委员和历史学专业培养单位负责人及嘉宾共百余人参加了此次会议。会议设四个分会场，讨论主题分别为"新文科背景下的史学研究与人才培养"、"历史学一流专业与一流课程建设"、"历史学专业实习及教材资源建设"与"历史学专业跨学科创新人才培养模式"。与会学者和专家围绕各组议题进行了热烈的研讨，就相关问题深入交换意见，取得了广泛共识。

2021年8月21日，东北师范大学历史文化学院、东亚研究院和南开大学日本研究院、世界近现代史研究中心联合举办了中国日本史学会2021年会暨两次世界大战期间日本的内外矛盾及其政策选择学术研讨会。

2021年10月21日，东北师范大学历史文化学院举行了"东亚历史都城与都市研究"第五场系列报告会，北京大学城市与环境学院历史地理研究所韩茂莉教授、唐晓峰教授以及历史系辛德勇教授应邀参加，并分别做了题为"历史乡村社会地理与村民认知空间"、"北京城市历史地理"和"海昏侯刘贺的墓园结构与西汉长安城平面布局形态"的学术报告。历史地理学、考古学、东亚史等相关学科的老师和学生参会。

12月11日，东北师范大学《外国问题研究》编辑部举办了"三大体系载体与学术期刊质量的提升"学术研讨会。《经济社会史评论》《历史教学问题》《社会科学战线》《东北师大学报（哲学社会科学版）》《外国问题研究》等刊物负责人出席会议。

此外，2021年历史文化学院还举办了"则民讲堂"系列学术论坛和"东师问史"系列学术论坛等学术活动，在国内外学界产生了较大的学术反响。

4. 人才培养

2021年，总计出站博士后3人，博士毕业生19人，硕士毕业生63人。

上海大学

1. 学科建设

1978年，上海大学文学院前身——复旦大学分校成立，上海大学成为国内率先招收历史学本科生的高校之一。四十余年栉风沐雨、校址三迁、校名两变，见证了改革开放以来我国高等教育的发展历程。历史学系继往开来、发扬传统、抓住机遇，在较短的时间里实现内涵式跨越发展。邓中夏、唐培吉、袁俊卿、谢维扬、忻平、李向平、陶飞亚、郭长刚、段勇等筚路蓝缕、弦歌不辍，助推历史学系谱写新章。2011 年上海大学世界史学科成为全国首批拥有世界史一级学科博士授权点单位。经过十年耕耘，形成包括本、硕、博和博士后流动站、建制完整的人才培养体系。上海大学世界史相继入选国家"211 工程"重点建设学科、上海市教委重点学科、上海市重点学科、上海市一流学科、上海市高原学科、上海市首批高水平地方高校重点建设学科。2020 年，历史学入选首批国家级一流本科专业建设项目。在 2020 年、2021 年软科"中国最好学科"排名中，上海大学世界史学科位列全国第三。

上海大学世界史学科现拥有教育部国别和区域研究中心（备案）——"土耳其研究中心"、国家禁毒领域高端智库——国际禁毒政策研究中心、中阿国际联合研究中心——"上海大学—阿根廷国家科技委员会"、上海市高校智库——全球问题研究院、上海市教委人文社科研究基地——"宗教与全球政治研究院"、中国智库索引来源（CTTI）——"拉美研究中心"等特色智库和研究平台。上海大学世界史学科师资队伍年龄结构合理、学缘背景多元且具有相当国际化程度，截至 2021 年有教师 40 余人，其中教育部指导委员会委员 1 人，国家级人才 5 人，上海市海外高层次人才 7 人；师资全部具有长期海外学习或研究经历，其中海外学位获得者 19 人，全职外籍教师 9 人。

2021 年度该学科制定"十四五"规划建设方案，从学科定位、特色领域、培养目标、建设路径、平台搭建和社会服务等方面提出新思路、新目标。一是形成世界上古中古史、世界近现代史、世界地区与国别史、世界通史与专门史、史学理论及外国史学史五大学科方向。二是优化国际化路径。发挥上海国际大都市优势，建设国际化的师资队伍。三是实现平台建设新突破，加强研究机构建设，出版《医疗社会史研究》学术集刊，多项重要成果获国家和省部级领导重要批示。2021 年获准确立"国际城市社会治理创新平台"，获批上海高水平地方高校"国际城市治理与区域发展"战略创新团队。

2. 科研发展

（1）在研究项目方面，2021 年上海大学世界史学科有 5 项课题立项。

表 9.51　2021 年重要课题立项情况

项目类型	负责人	项目名称
国家社科基金重大项目	王三义	中东经济通史
国家社科基金一般项目	黄薇	古代以色列宗教史专题研究
国家社科基金一般项目	刘义	世界基督教本土化进程比较研究
国家社科基金青年项目	王佳尼	土耳其"复核地缘战略"与中土战略合作关系研究
国家社科基金青年项目	郑彬彬	英国在华情报网络的建构与对华外交决策研究（1843—1911）

（2）在科研成果方面，2021 年上海大学世界史学科发表重要学术论文 30 余篇，出版著作 13 部。代表性篇目如下。

表 9.52 论文类

作者	论文题目	发表刊物、时间
郑彬彬 张志云	英国驻华使领馆的情报工作与修约决策（1843—1869）	《历史研究》2021 年第 2 期
张勇安 施基 邱艳	从道德教化到政治参与：国际宣教会与 1920 年代的国际禁毒运动	《社会科学研究》2021 年第 3 期
张勇安	走向国际的中国世界史与新文科	《探索与争鸣》2021 年第 10 期
刘春燕 张勇安	医学知识的发展与防疫方式的变迁：初探医用口罩的知识史	《史林》2021 年第 5 期
郭丹彤	从书吏到工匠：古代埃及的职业培训教育	《光明日报》2021 年 3 月 29 日
郭丹彤	古代埃及文明的包容性	《历史教学（下半月刊）》2021 年第 8 期
郭丹彤 王晗	波斯统治时期的埃及王权形象	《史林》2021 年第 6 期
王三义	大国"治权"与特殊行省——奥斯曼帝国行省管理的"埃及难题"	《复旦学报（社会科学版）》2021 年第 4 期
刘义	从东方政策到社会民主——土耳其的社会主义运动	《史林》2021 年第 1 期
黄薇	《传道书》12：2-6 的废园：一种跨文本阅读的尝试	梁工主编：《圣经文学研究》第 23 辑，宗教文化出版社 2021 年版
柴彬	1665—1666 年伦敦大瘟疫治理中的面相探析	《历史教学（下半月刊）》2021 年第 8 期
徐之凯	二战后法国对德占领初期的社会治理危机考察（1945—1946）	《首都师范大学学报（社会科学版）》2021 年第 4 期
蒋华杰	制度镜像：波兰团结工会事件与中国改革开放的变奏	《二十一世纪》2021 年第 3 期
谢晓啸	中澳建交之前两国民间往来初析——以 1949—1965 年间来沪的澳方人士为例	《史林》2021 年第 3 期
张智慧	戦前上海における日本人居留民社会に関する研究	《比较日本学教育研究部门研究年报》2021 年第 3 期
江时学	金砖国家如何参与"一带一路"——以巴西为例	《同济大学学报（社会科学版）》2021 年第 4 期
江时学	国际秩序、中美关系与中国外交：关于中国国际关系研究的若干认识	《亚太安全与海洋研究》2021 年第 6 期

续表

作者	论文题目	发表刊物、时间
江时学	论拉丁美洲国家的"国家风险"	《国际论坛》2021年第2期
黄保罗	"信"为什么在汉语语境里常被误解	《世界宗教研究》2021年第4期
黄保罗	《罗马书》1：17中令马丁·路德从恨恶到甜蜜的"上帝的义"用语之诠释	梁工主编：《圣经文学研究》第22辑，宗教文化出版社2021年版
Iris Borowy	Human Waste: Hazardous Waste or Valuable Resource? Shifting Views of Modernity	World History, Vol. 32, No. 3 (2021)
Iris Borowy	Making Sense of Toxicity, for Me and Everybody Else	Environmental History, Vol. 26, No. 3 (2021)
Reiko Kanazawa	Positioning AIDS Activism in India: Civil Society Responses Between Development Aid, Global Health and the State, 1989 to 2001	Social History of Medicine, Vol. 34, Issue 1 (2021)
Arnab Chakraborty	Negotiating Medical Service in the Madras Presidency: The Subordinate Perspectives (1882-1935)	Medical History, Vol. 65, Issue 3 (2021)
Yun Huang	Medical Missions, Pharmaceutical Commerce and Drug Consumption: The Introduction of Cocaine to China, 1887-1910	History of Pharmacy and Pharmaceuticals, Vol. 63, No. 1 (2021)
Wei Huang	Heaven-Human Harmony in Chinese Philosophy and the Theology of Impurity in the Hebrew Bible	Jione Havea, ed., Doing Theology in the New Normal, London: SCM, 2021
张琨	La diplomacia de pueblo y las relaciones triangulares: Chile, China y Taiwan de China durante la guerra fria (1951-1970)	Relaciones entre Chile y China, un enfoque integral, 2021
张琨	Desde el rincon: El Gobierno de Taiwan frente al Peru y Chile, 1955-1971	Peru y Chile, 2021
王三义	Mustafa Kemal Atatürk's Halkçlllk and Devletçılık: A Comparison with Sun Yat-sen's Political Thought	Belt & Road Initiative Quarterly, No. 4, 2021
杨晨	From the 'Silk Road of Health' to the 'Community of Shared Future for Human Health' in a Post-COVID-19 World	Belt & Road Initiative Quarterly, Vol. 2, No. 2 (2021)
杨晨	The Mutual Construction of Image of China and Turkey: Perceptions, Problems, and Policy Proposals	Belt & Road Initiative Quarterly, Vol. 3, No. 1 (Winter 2021-2022)

表9.53 著作类

作者	著作名称	类型	出版社
郭丹彤	《古代埃及新王国时期经济文献译注》	专著	中西书局

续表

作者	著作名称	类型	出版社
江时学	《认识拉丁美洲》	专著	中国社会科学出版社
王三义	《土耳其的道路》	专著	天津人民出版社
黄保罗	《探索使徒保罗在希腊的脚踪》	专著	赫尔辛基：阿乌雷阿（Aurea）出版社
张勇安 朱虹	《国际禁毒蓝皮书：国际禁毒研究报告（2021）》	研究报告	社会科学文献出版社
黄保罗	Yearbook of Chinese Theology (2021)	年鉴	Koninklijke Brill
郎荣吉 郭长刚	China and South Asia Changing Regional Dynamics, Development and Power Play	专著	Routledge
Tugrul Keskin	Towards an International Political Economy of Artificial Intelligence	专著	Palgrave Macmillan
Antonio Zapata	OLIGARQUÍA EN GUERRA. ÉLITES EN PUGNA DURANTE LA II GUERRA MUNDIAL	专著	Taurus
Antonio Zapata	Lucha políticay crisis social en el Perú Republicano 1821-2021	专著	Lima
Iris Borowy (et al.)	For Good Measure: An Agenda for Moving Beyond GDP	编著	The New Press
Craig Colten (et al.)	Coastal Cities in a Changing Climate	专著	Rolling publication

（3）重要奖项

2021年，张勇安的专著《科学与政治之间：美国医学会与毒品管制源起（1847—1943）》获得第八届高等学校科学研究优秀成果奖（人文社会科学）二等奖（著作）；郭丹彤的专著《古代埃及象形文字文献译注（上、中、下卷）》获得第八届高等学校科学研究优秀成果奖（人文社会科学）二等奖（著作）；Iris Borowy当选费尔南·布罗代尔高级研究员（Fernand Braudel Senior Fellowship）；张勇安的著作《新精神活性物质：全球新威胁与新全球治理》获得第十二届"优秀皮书报告奖"二等奖；张勇安、郭丹彤、刘招静、黄薇、徐之凯教授的"全球文明通论"获得2021年上海高等学校一流课程；忻平、张勇安教授的"开天辟地"获得2021年上海高等学校一流课程；张勇安、杨长云教授的"以读书会拓展课堂教学渠道：《全球文明通论》教学模式的新探索"，获得全国慕课与线上线下混合式典型教学案例"东西部高校课程联盟"优秀案例（高校在线开放课程联盟联席会）。

3. 学术活动

4月23日，上海大学历史系举行《马丁·路德著作集》翻译研讨会。来自清华大学、复旦大学、南开大学、四川大学、德国波恩大学、柏林自由大学、芬兰赫尔辛基大学等十余所高校的学者数十人参会。会议由上海大学中欧人文研究与交流中心主任、芬兰华人学者黄保罗教授组织。学者们就各自所负责的路德文本进行了进度汇报与问题交流。

5月9日，由国家禁毒委员会办公室批准设立，国家禁毒委员会办公室、上海市禁毒委员会、上海大学合作共建的"国际禁毒政策研究中心"揭牌仪式在上海大学举行。

9月23—24日，中国历史研究院和上海大学主办，《历史研究》杂志社和上海大学文学院承办了第八届青年史学家论坛。该届论坛以"历史周期律与盛衰之变"为主题。来自全国高校和科研单位的50余名青年学者参加了该届论坛。

10月26日，上海大学文学院举办了以"国家、跨国、全球——历史研究的视野和路径"为题的世界史学术圆桌，特邀复旦大学李剑鸣教授、华东师范大学沐涛教授、上海师范大学陈恒教授、上海社会科学院历史研究所郭长刚教授、上海大学的王三义教授作为主讲嘉宾。

11月4—6日，上海大学历史系举办"超越时空边界：跨国视野下的美国城市史研究——第三届美国城市史"论坛。

11月6—8日，由上海大学文学院世界史学科主办，《外国问题研究》编辑部协办的上海大学世界史青年学者工作坊"察古今之治：东西方社会治理的历史反思"成功举办。此次会议是上海大学世界史青年工作坊系列的第二次会议。来自复旦大学、华东师范大学、上海师范大学、上海大学以及普林斯顿大学等国内外名校的30余位专家学者及研究生就东西方历史进程中的社会治理相关议题进行了充分深入的交流和研讨。

11月10—11日，上海大学历史系举办医学史研究和医学史国际期刊建设工作坊。

11月13—14日，上海大学历史系举办近代东亚的帝国竞合工作坊。

4. 人才培养

2021年，上海大学世界史学科在读留学生37人，其中新招收博士研究生10人，博士毕业生6人。

华中师范大学

1. 学科建设

华中师范大学世界史学科拥有国家一级学科博士、硕士学位授予权，世界史博士后流动站。世界史一级学科下设世界上古与中古史、世界近代与现代史、世界地区与国别史三个二级学科方向。其中，世界近现代史方向的研究重点在于时下方兴未艾的世界近现代社会、经济、文化、移民史；世界上古中古史方向重点研究古代希腊罗马社会的群体认同和文化互动和英国中世纪晚期的经济、城市和交通等领域。地区国别史方向涵盖德国史、俄国史、英国史、东南亚和南亚史、日本史等领域。截至2021年，该学科有教育部印度研究中心（教育部备案区域国别研究中心）、教育部菲律宾研究中心、湖北省重点学科（世界史学科）等学术支撑平台，是湖北省世界史学会会长单位。

学科拥有一支学缘结构和年龄结构搭配合理、专业技术职称搭配有序的高素质教学和研究团队。2020年以来该学科引进了2名博士毕业生加入团队。截至2021年，该学科有教学和研究人员16人，其中教授6人、副教授7人、讲师3人，全部具有博士学位和海外留学一年以上的经历。该学术团队与国内外学术界建立起了良好的、稳固的学术合作关系，具有较丰富的研究成果，在国内相关研究领域拥有较高的学术地位和重要影响力，有5人担任国家级学术团体常务理事以上职务。各培养方向都配置有学术带头人，师资数量基本满足研究生培养需要，研究主题突出。

教学方面，依据国务院学位委员会制定的世界史一级学科研究生核心课程指南，开设博士研究生"世界史前沿问题"、硕士研究生的"世界上古中古史专题""世界近现代史专题""地区国别史专题""国际关系史专题"等一级核心课程。在一级学科、二级学科必修及选修课程中，加强马克思主义史学理论和方法的统领作用，开设"马克思主义史学史""西方史学理论与史学史"等必修课程，并强调"回归原典"，在学科核心课程教学中强化唯物史观等内容，为构建中国特色世界史学科体系、学术体系和话语体系提供助力。在科技部"高端外国专家引进计划"的支持下，邀请国际一流学者开设系列课程，为研究生培养提供新鲜优质的学术营养，使研究生能够更好地把握国际国内学术前沿。在本科生教学方面，承担该校历史专业"世界上古史"、"世界中古史"、"世界近代史"、"世界现代史"和"世界当代史"等必修课程和其他世界史选修课程，同时承担"世界文明进程""近现代国际关系史"等全校本科通识核心课程。

2. 科研发展

（1）在研究项目方面，2021年华中师范大学世界史学科有3项课题立项。另有1项课题结项，为王立新教授主持的国家社科基金项目"部落社会理论视野下早期现代印度的农业社会研究"（项目批准号：15BSS010）。

表9.54　2021年重要课题立项情况

项目类型	负责人	项目名称
中国历史研究院重大历史问题研究专项一般委托项目	王立新	南亚文明的历史嬗变与时代特征研究
湖北省社科基金一般项目	初庆东	乡绅之治：近代早期英国治安法官与地方社会治理研究
湖北省教育科学规划2021年度重点课题	马冰洁	当代日本高等职业教育理念与政策研究

（2）在科研成果方面，2021年华中师范大学世界史学科发表重要学术论文10篇。代表性篇目如下。

表9.55　论文类

作者	论文题目	发表刊物、时间
邢来顺	19世纪旅美德国学者的文化民族主义关切	《历史研究》2021年第3期
王立新	国家史观视域下新印度史学的叙事建构：从雅利安文明到莫卧儿帝国	《世界历史》2021年第2期
邢来顺 宋彩红	乡土认同与德意志帝国时期政治社会矛盾的舒解	《历史教学（下半月刊）》2021年第5期，此文被人大复印报刊资料《世界史》2021年第8期全文转载
邢来顺	近代德国有组织的知识生产与文化科技发展	《光明日报》2021年8月30日

续表

作者	论文题目	发表刊物、时间
沈琦	从"交通困局"到"交通革命":近代英国建设交通强国的历史进程	《光明日报》2021年9月27日
初庆东	英国马克思主义史学家的历史书写——以《过去与现在》的创刊与早期发展为中心	《英国研究》第15辑,上海人民出版社2021年版
岳伟	阿登纳的"保守主义"国家治理政策研究	《内蒙古师范大学学报(哲学社会科学版)》2021年第4期
詹娜	法国旧制度时期的犯罪与管控	《内蒙古师范大学学报(哲学社会科学版)》2021年第4期
羽贺祥二	产业都市化与乡土史的形成——名古屋的博览会与历史祭典	《遗产》2021年第1期
蔡丽娟 钟典晏	罗马共和国显贵群体中收养现象探究	《安阳师范学院学报》2021年第6期

(3)重要奖项

初庆东的论文《信息国家的兴起与国家治理现代化》获得第四届全国青年理论创新征文奖提名奖。

3. 学术活动

1月12日,武汉大学历史学院教授、中国美国史研究会理事、副秘书长谢国荣教授应邀到华中师范大学历史文化学院举办一场题为"'未完成的事业':1958年布鲁塞尔世界博览会与美国国家形象的重塑"的学术讲座。

3月28日,印度研究中心召开专家咨询会暨新印度史学学术研讨会,印度研究中心成员和相关领域专家学者与会。

5月13日,中国拉丁美洲学会会长、福建师范大学王晓德教授应邀在华中师范大学历史文化学院举办一场题为"关于研究启蒙运动时期'美洲退化论'的思考"的学术讲座。

9月22日,中国人民大学历史学院侯深教授应邀在华中师范大学历史文化学院举办了一场题为"'新的海洋、新的城市':美国西海岸的城市化与生态变迁"的学术讲座。

4. 人才培养

2021年,世界史学位点博士研究生报考人数16人,录取5人;2021年硕士研究生报考人数165人,录取29人。全日制考生比重为100%。2021年,总计硕士毕业生23人。

华南师范大学

1. 学科建设

华南师范大学历史学是1933年该校建校之初最早设立的学科之一。2005年,在历史系的基础上，成立历史文化学院。2011 年，世界史学科成为该学科全国首批一级学科博士学位授权单位，同时也是广东省优势重点学科。截至 2021 年，有专任教师 18 人，其中教授 8 人（博导 5 人），副教授 5 人。学科团队成员入选珠江学者特聘教授 1 人，教育部新世纪优秀人才 1 人，教育部高等学校历史学类教学指导委员会委员 1 人。

华南师范大学世界史学科下设世界古代中世纪史、世界近现代史、世界地区国别史、专门史与整体史和世界史学理论与史学史五个二级学科。总体看，世界史学科随着老教师的陆续退休，加之青年队伍的不稳定，整个队伍建设仍面临较为严峻的问题。科研虽有进步，但总量仍显不足。2021 年，世界史学科引进 2 名青年教师。

2. 科研发展

（1）在研究项目方面，2021 年华南师范大学世界史学科有 3 项课题立项。

表 9.56　2021 年重要课题立项情况

项目类型	负责人	项目名称
国家社科基金后期资助暨优秀博士论文出版项目	刘虹男	教务会议视域下的法兰克早期国家形塑研究
教育部人文社科青年基金项目	刘虹男	古代晚期高卢教务会议文献译注与研究
国家民委民族研究课题	张峰峰	近代西方行纪所见新疆各民族交往交流交融史料汇编

（2）在科研成果方面，2021 年华南师范大学世界史学科发表重要学术论文 10 余篇。代表性篇目如下。

表 9.57　论文类

作者	论文题目	发表刊物、时间
刘虹男 陈文海	墨洛温王朝教务会议与法兰克王权理论的构建	《历史研究》2021 年第 1 期
刘虹男	圣职、仪式与表演——教务会议视域下法兰克王国的日常统治	《世界历史评论》2021 年第 1 期
刘虹男	墨洛温王朝中后期"王权虚无论"考议	《华南师范大学学报（社会科学版）》2021 年第 3 期
代国庆 林中泽	早期教会"三位一体"问题的论争：缘由及历史价值	《世界宗教研究》2021 年第 5 期
周小兰	从社会史到情感史——法国历史学家阿兰·科尔班的学术之路	《史学理论研究》2021 年第 3 期
周小兰	法国 1846—1847 年经济危机新论——兼论 1848 年革命的爆发原因	《学术研究》2021 年第 4 期
张峰峰	从礼仪到象征：阈限理论在西方学界的学术发展路径	《北方民族大学学报》2021 年第 1 期

续表

作者	论文题目	发表刊物、时间
张峰峰	Spies and Scholars: Chinese Secrets and Imperial Russia's Quest for World Power	*Cahiers du Monde Russe*, Vol. 62, Issue 4 (2021)
张峰峰	The Bukharan Crisis: A Connected History of 18th Century Central Asia(Central Asia in Context)	*Slovo*, Vol. 34, Issue 2(2021)
代国庆	吕宋唐字书中的"神魂"论——亚里士多德灵魂学说最早的汉语概说	《北京行政学院学报》2021年第3期
代国庆	王定安：《祭如在：明清之际西学观照下的儒家丧葬礼》	《国际比较文学（中英文）》2021年第4期
李国强	福利政治视域下沙特王国国民教育评析	《比较教育研究》2021年第1期

（3）重要奖项

易建平教授的论文《论塞维斯与弗里德文化演进理论的区别》获得第九届广东省哲学社会科学优秀成果奖二等奖。

3. 学术活动

5月24日，学院邀请清华大学张绪山教授做题为"论以史为鉴有效性的限度——重审'以史为鉴'传统观念"的学术讲座。

10月19日，学院邀请兰州大学敏敬教授做题为"凯末尔宗教民族化改革刍议"的学术讲座。

4. 人才培养

2021年，结合学校和学院的实际情况，华南师范大学世界史学科修订了硕士研究生和博士研究生培养方案，且邀请了国内世界史学科知名学者对培养方案进行了意见征询和论证，9月新的培养方案正式启用。与此同时，学院世界史学科改革了硕士研究生的开题和预答辩制度，加大了学院世界史硕士研究生的培养监督力度。2021年，世界史硕士研究生招生26人、博士研究生4人，包括硕、博留学生各1人。此外，学院世界史学科出国访学硕士研究生1人、教师2人。2021年，总计博士毕业生2人，硕士毕业生19人。

西北大学

1. 学科建设

西北大学历史学院现设有历史学、世界史2个本科专业和3个专业方向，即历史学（基地）、历史学（国学）、世界史。其中，世界史专业创办于2015年，依托西北大学历史学院和中东研究所雄厚的师资力量，是适应国家改革开放进程需要而设立的新兴专业；2017年该专业被列入陕西省"一流专业"培育项目建设，2019年正式获批省级一流专业，并于2021年开始申报国家级一流专业。由此，西北大学的世界史学科的人才培养形成了涵盖本科、硕士研究生、博士研究生和博士后的完整链条。在世界史学科发展平台建设方面，历史学院设有叙利亚研究中心和以色列研究中心。2017年，叙利亚研究中心获批列入教育部国别和区域研究中心备案名录。以色列研究中心成立于2014年，是中以学术交流促进协会与历史学院和中东研究所合作建立，挂靠历史学院的虚体机构。

西北大学中东研究所是1964年国务院在高校设立的首批国际问题研究机构之一，原名伊斯兰教研究所，1978年更名至今，设有巴勒斯坦研究中心、伊朗研究中心、南亚研究中心等科研机构。研究所集科学研究、人才培养、咨政和社会服务等功能于一体，拥有国内高校中规模最大的中东研究团队，在中东研究高级人才培养方面处于国内前列。中东研究所拥有国内最早的中东·南亚史博士学位授予点（1986年），现为省重点学科，设有世界史一级学科博士学位授予点和博士后流动站。截至2021年，中东研究所拥有专职教师26人，其中高级职称17人。先后11人次入选国家级人才项目、中宣部"文化名家暨四个一批人才"、人社部"百千万人才工程国家级人选"，以及"国务院特殊津贴"专家等国家级和省部级人才项目。科研团队入选首批陕西省"三秦学者创新团队支持计划"。

中东研究所部分教师参与历史学院世界史课程的教学，主要承担了中东区域与国别的历史、国际政治等方面的课程，展现出西北大学"大世界史"的结构特点。

2. 科研发展

（1）在研究项目方面，2021年西北大学世界史学科有7项课题立项。

表9.58　2021年重要课题立项情况

项目类型	负责人	项目名称
国家社科基金重大项目	王铁铮	新编中东国家通史（多卷本）
国家社科基金重点项目	王铁铮	海湾国家的家族统治与君主制政体嬗变史比较研究
国家社科基金西部项目	刘磊	美国在香港的隐蔽行动研究（1949—1972）
国家社科基金后期资助项目	张宏宇	大西洋视野下的美国捕鲸移民与环境变迁研究
国家社科基金后期资助项目	张玉友	摩洛哥国家治理的多维研究
国家社科基金青年项目	曹峰毓	海上恐怖主义及其治理研究

（2）在科研成果方面，2021年西北大学世界史学科发表重要学术论文40余篇，出版著作3部。代表性篇目如下。

表9.59　论文类

作者	论文题目	发表刊物、时间
黄民兴	试论第二次世界大战后发展中国家的经济发展道路	《西北大学学报（哲学社会科学版）》2021年第2期，此文被《新华文摘》2021年第10期全文转载
王铁铮	关于非洲阿拉伯国家通史研究的若干问题	《西亚非洲》2021年第1期，此文被《中国社会科学文摘》2021年第7期全文转载

续表

作者	论文题目	发表刊物、时间
韩志斌 张弛	巴尔干战争前后英国的"协调外交"	《世界历史》2021年第3期
闫伟	无政府社会：当代阿富汗部落社会的权力结构与秩序延展	《史学月刊》2021年第5期
韩志斌	中东部落：概念认知、类型演化及社会治理	《史学月刊》2021年第5期
张玉友	民族志·"分支型社会"·部落转型——阿尔及利亚部落社会史书写范式的演变	《史学月刊》2021年第5期
王铁铮	非洲阿拉伯民族国家构建中的部落因素	《光明日报》2021年1月18日
龙沛	帕尔米拉的兴衰沉浮及文明交往特征	《光明日报》2021年11月15日
张玉友	部落在阿尔及利亚国家构建中的作用	《光明日报》2021年11月29日
曹峰毓	论中东能源地缘政治中的海上通道问题——对霍尔木兹海峡安全问题的再思考	《当代世界与社会主义》2021年第2期
王新刚（第一作者）	中外学界关于古叙利亚文明史研究述评	《西北大学学报（哲学社会科学版）》2021年第6期
王子晖	二战期间美国"官智合流"现象探析——以战略情报局研究分析处为中心	《军事历史研究》2021年第4期
王子晖（第一作者）	冷战中的美苏国际学术交流活动探析（1958—1972）	《外国问题研究》2021年第3期
Xingang Wang, Muhammad Aslam	Ideological Shifts and Social Impacts: A Study of Labour Migration from Pakistan to GCC Countries	Asian Journal of Middle Eastern and Islamic Studies, 01 Mar 2021
Xingang Wang, Farrukh Faheem	Reinventing the Identity and Interests: Pakistan and the Middle East (1971 to 1979)	Liberal Arts and Social Sciences International Journal, Feb 2021
李福泉 张雅梅	多维视角下的阿塞拜疆什叶派问题	《阿拉伯世界研究》2021年第1期
王晋	美国影响下的俄罗斯与伊朗关系	《阿拉伯世界研究》2021年第2期
张玉友	摩洛哥对以色列"接触政策"中的犹太人因素考察	《西亚非洲》2021年第2期
黄民兴	试析伊斯兰教与近现代中东民族国家构建的关系	《外国问题研究》2021年第1期
龙沛	帕提亚帝国"希腊化王朝论"商榷	《古代文明》2021年第2期

续表

作者	论文题目	发表刊物、时间
张向荣	正义与发展党执政以来土耳其的巴尔干政策新变化	《西亚非洲》2021年第6期
李芳洲	米斯尔银行与埃及经济民族主义的构建（1920—1939年）	《西亚非洲》2021年第4期

表9.60 著作类

作者	著作名称	类型	出版社
彭树智	《京隐述作集》（两卷）	专著	中国社会科学出版社
王新刚 王晋	《叙利亚发展报告蓝皮书（2020）》	皮书	社会科学文献出版社
蒋真	《西亚北非地区政治发展的困境与危机研究》	专著	中国社会科学出版社

（3）重要奖项

历史学院马锋的论文《东哥特王国的罗马化》（《世界历史》2020年第2期）、王子晖的论文《冷战后期美国对苏联社会状况的调查——以"苏联访谈项目"为中心》（《史学月刊》2019年第1期）荣获2021年陕西高等学校人文社会科学研究优秀成果奖论文类二等奖。

中东研究所韩志斌教授的《阿拉伯社会主义国家治理的历史考察》（中国社会科学出版社2019年版）获陕西省高等学校人文社会科学研究优秀成果奖一等奖。韩志斌、姜欣宇的论文《"加齐起源说"与奥斯曼早期国家的历史阐释》（《世界历史》2019年第2期）获陕西省第十五次哲学社会科学优秀成果奖二等奖。谢志斌博士的《中土早期观音造像研究》（中华书局2019年版）获陕西省第十五次哲学社会科学优秀成果奖二等奖。李玮副教授主持的2018年度国家社科基金青年项目"'一带一路'倡议在以色列推进的重点与难点研究"（18CGJ023）的阶段性成果《关于应对美方巴以问题"世纪交易"的建议》刊发于国家社科基金《成果要报》2019年第9期（总第1292期），并获陕西省高校人文社科成果奖二等奖。

3. 学术活动

2021年，西北大学叙利亚研究中心分别在西安和北京举办两次大型国内会议。1月9日，在陕西省西安市西北大学长安校区举办教育部哲学社会科学研究重大课题攻关项目"古叙利亚文明史研究"开题论证会暨"古叙利亚文明史研究"项目开题论证会。4月17日，在北京与社会科学文献出版社联合主办《叙利亚蓝皮书（2020）》新书发布会暨叙利亚问题学术研讨会，来自中国社会科学院、北京大学、中国人民大学、北京外国语大学、北京语言大学、上海外国语大学、浙江外国语学院、社会科学文献出版社和学校中东研究所等单位的负责人和专家学者，"叙利亚发展报告"研创团队部分成员以及来自人民网、中国社会科学网、中新社等多家媒体记者共40余人参加会议。

2021年，西北大学中东研究所继续提高国际化水平，积极组织和参与国际、国内学术交流活动：（1）与伊朗塔巴塔巴伊大学联合召开"变化中的全球舞台上的中伊关系：挑战与机遇"线上学术研讨会，举办"中伊建交50周年系列讲座"共七讲。（2）中东研究所主办"文明交往与世界历史研究——彭树智先生学术思想"研讨会。(3) 承办中国社会科学院《世界民族》主办的第三届全国中青年世界民族论坛。(4) 与历史学院联合承办西北大学与《史学月刊》联合主办的"第五届新史学青年论坛：社会变迁与国家治理"学术会议。(5) 组织西北大学"名家讲座"、中东研究所"世界历史名家讲座""中东高端讲座"近20讲。中东研究创新团队成员参与学术会议50余次。

4. 人才培养

2021年，历史学院总计博士毕业生2人；中东研究所博士毕业生8人。

郑州大学

1. 学科建设

世界史学科是原郑州大学1956年创建时的初设学科之一，1981年世界地区国别史专业获中国首批硕士学位授权点，2006年和2011年分别获批世界史二级学科和一级学科博士学位授予权，2012年获准设立世界史博士后科研流动站和世界史本科专业，现为河南省一级重点学科、河南省首批优势特色学科群"中原历史文化"（2015）主要支撑学科之一，入选郑州大学"双一流"建设"361"学科体系之基础学科建设行列（2021）。2021年，作为郑州大学"361"学科体系建设中的基础学科，世界史学科所申报的"文明交流互鉴视域下的国别和区域研究"项目入选省级一流学科建设项目库。

学科设有世界史系、越南研究所（2011国家级协同创新中心成员）、埃及研究中心（教育部国别区域研究备案中心）、亚洲研究院（高校智库）、中外文化交流与文明比较研究所等教学科研平台，汇聚了犹太—中东史、东南亚与南亚史、国际关系史、世界近现代史等学科方向。截至2021年，有校内学科成员24人，其中教授5人，副教授10人（含校聘），博士生导师5人，硕士生导师16人，均具有博士学位，11人具有国际学术交流经历。另，有国家社科基金学科规划组评审专家1人、教育部历史学教学指导委员会委员1人、2人担任4个全国性学会副会长，"万人计划""四个一批"入选者各1人，其他省级人才5人。

经过60余年发展，郑州大学世界史学科在越南史、犹太—以色列史等领域的研究特色鲜明、优势突出，打造了1个河南省高校哲学社会科学创新团队，在研重大国家社科项目或特别委托项目3项，入选国家哲学社科成果文库著作1部，获教育部高校人文社科优秀成果奖二等奖1项，在《中国社会科学》期刊上发表标志性成果。

学科秉承"以史资世、文明互融、命运与共"的培养理念，旨在打造面向世界的专业知识扎实、学科交叉融合、创新能力突出、具有区域国别研究特色的高水平人才。学科与美国、日本、以色列和越南等国外知名教育机构建立了学术交流和人才培养机制。2021年，郑州大学世界史学科有在校本科生74人（不含一年级专业大类培养学生）、硕博研究生61人、国际生7人。

2. 科研发展

（1）在研究项目方面，2021年郑州大学世界史学科有11项课题立项。

表 9.61 2021 年重要课题立项情况

项目类型	负责人	项目名称
国家社科基金后期资助	冀占强	青年与英国宗教改革研究（1530—1580）
国家社科基金青年项目	高文洋	全球化背景下的近现代摩洛哥乡村社会变迁研究
国家社科基金青年项目	孔妍	近现代埃及民族主义史学研究
教育部年度项目	孔妍	埃及、沙特阿拉伯、以色列生态环境问题的成因、治理及其对我国生态文明建设的启示
郑州大学重点项目	姜静	《世界现当代史研究》课程思政教育教学改革项目
郑州大学一般项目	姜静	《世界当代史》课程思政教学改革的研究与实践
教育部新文科研究与改革项目	张倩红	新文科背景下中原文化育人体系构建与实践
河南省教育厅新文科研究与改革项目	张倩红	新文科背景下中原文化育人体系构建与实践
郑州大学四新教学改革研究与实践项目	张倩红	新文科背景下中原文化育人体系构建与实践
河南省教育厅 2021 年河南省高等教育教学改革研究与实践项目	张倩红	人文社科类国际研究生培养质量提升路径研究与实践
郑州大学通识教育核心课程	张倩红 张瑞 谢志恒	郑州大学通识教育核心课程《以色列历史与文化》

（2）在科研成果方面，2021 年郑州大学世界史学科发表重要学术论文 13 篇，出版著作 2 部。代表性篇目如下。

表 9.62 论文类

作者	论文题目	发表刊物、时间
陈天社	巴以百年冲突的多视角解读——兼评《敌人与邻居：阿拉伯人和犹太人在巴勒斯坦和以色列，1917—2017》	《世界民族》2021 年第 2 期
高文洋	"里夫战争"起源和性质的部落社会阐释	《史学月刊》2021 年第 5 期
郑辟楚	国家、基层精英、农民互动视角下的日本近世农村社会治理	《中国农史》2021 年第 3 期
刘涛	跨区域性和多元性：荷兰黄金时代城市化发展趋向	《郑州大学学报（哲学社会科学版）》2021 年第 3 期
Ruth Frimpomaa Anarfi Gordon	The Evolution of Colonial Legacy and Social Status of Women, A Case Study of Egypt BetweenE 1952-2016	People: International Journal of Social Sciences, 2021,7(3)
郑辟楚	日本近世百姓一揆与幕藩体制	《经济社会史评论》2021 年第 4 期

续表

作者	论文题目	发表刊物、时间
张倩红	国际组织对大屠杀记忆的传承	《历史教学（下半月刊）》2021年第6期
陈天社	埃及穆罕默德·阿里时期教育改革探究	《阿拉伯世界研究》2021年第4期
孔妍	埃及民族主义史家古尔巴勒的史学作品、史学思想及其史学贡献	《外国问题研究》2021年第1期
孔妍	埃及编年史家杰巴尔提及其史学"三部曲"	《北方论丛》2021年第2期
侯波	促使美国出兵欧洲的沉船事件勿忘卢西塔尼亚：一场海难的是非真假	《世界博览》2021年第17期
王毓敏	比尔和梅琳达·盖茨基金会对美国教育的资助和影响	《世界教育信息》2021年第6期
谢志恒	2015—2019年河南省历史学学科研究情况报告	《河南哲学社会科学发展报告（2021）》，社会科学文献出版社

表9.63 著作类

作者	著作名称	类型	出版社
张倩红	《以色列发展报告（2021）》	研究报告	社会科学文献出版社
侯波	《巴黎和会亲历记》	译著	上海社会科学院出版社

（3）重要奖项

张倩红教授主持的"以中原文化为核心的中华优秀传统文化融入高校育人体系探索与实践"荣获2021年度河南省高等教育教学成果奖特等奖。侯波副教授的专著《学术与政治：美国进步时代专家参政现象研究（1900—1920）》（中国社会科学出版社2020年版）荣获河南省高校哲学社会科学优秀成果奖二等奖。

3. 学术活动

5月31日，郑州大学历史学院举办新文科建设与人才培养学术研讨会。

11月27日，郑州大学历史学院与日本冈山大学举办线上学术交流会。

12月4—5日，郑州大学历史学院举办以色列研究学术论坛暨《以色列蓝皮书》专家论证会。

12月18日，郑州大学历史学院、中原历史与文化研究院和韩国釜山大学历史系共同承办了第四届中韩国际人文研讨会。

2021年，郑州大学历史学院世界史学科邀请首都师范大学晏绍祥教授、中国社会科学院世界宗教研究所赵文洪研究员、南开大学历史学院赵学功教授、南京大学哲学系徐新教授与西南交通大学越南研究中心刘玉珺教授等国内知名专家学者十余人讲学。

4. 人才培养

2021年，总计博士毕业生3人，硕士毕业生16人。

西南大学

1. 学科建设

西南大学历史文化学院、民族学院前身可追溯到1940年国立女子师范学院史地系，1952年更名为西南师范学院历史系。学院下设中国史、世界史、民族学与人类学、民族教育4个系。1984年，获批世界上古史硕士学位授权点。1996年，获批世界近现代史、地方史硕士学位授权点。1999年，历史文化与旅游学院组建。2006年，获批历史学一级学科硕士学位授权点。同年，历史文化学院、民族学院组建。2010年，启动历史学博士后科研流动站。2011年，获批世界史一级学科硕士学位授权点。2018年，获批世界史一级学科博士学位授权点。

世界史系拥有教育部国别和地区研究基地"希腊研究中心"和"伊朗研究中心"。2021年5月，全球知识史研究中心挂牌成立。2021年9月，西南大学世界史学科成功获评重庆市"十四五"重点学科。

2. 科研发展

（1）在研究项目方面，2021年西南大学世界史学科有4项课题立项。另有1项课题结项，为邓云清教授主持的国家社科基金一般项目"转型时期英国政治话语的生成和实践研究（1485—1640）"（项目批准号：15BSS033），结项等级为优秀。

表9.64　2021年重要课题立项情况

项目类型	负责人	项目名称
国家社科基金一般项目	张绪强	梭伦法律残篇整理与研究
重庆市社科规划办重点智库委托课题	冀开运	后疫情时代中国伊朗合作新路径研究
西南大学特优学科研究成果后期资助计划	黄贤全	美国阿巴拉契亚地区开发史研究
西南大学特优学科研究成果后期资助计划	徐松岩	古代地中海海盗问题研究

（2）在科研成果方面，2021年西南大学世界史学科发表重要学术论文10余篇，出版著作1部。代表性篇目如下。

表9.65　论文类

作者	论文题目	发表刊物、时间
郭涛	希罗多德与雅典"史前史"的书写	《世界历史》2021年第4期
徐松岩	修昔底德选用史料方法刍议	《史学集刊》2021年第1期
张绪强	"口头传统理论"与荷马研究	《西南大学学报（社会科学版）》2021年第5期
范秀琳	西汉与古罗马农书之比较——以《氾胜之书》与《农业志》为例	《辽宁师范大学学报（社会科学版）》2021年第5期

续表

作者	论文题目	发表刊物、时间
冀开运	文化人类学视域下的伊朗塔洛夫文化解读	《中东研究》2021年第1期
徐松岩	古希腊史家的求真精神	《古典学评论》第7辑，上海三联书店2021年版
张绪强	从荷马到梭伦：口头传统理论在早期希腊历史研究中的应用	《史学理论与史学史学刊》2021年上半年刊
张绪强	林志纯与崔连仲世界古代史往来信札著疏	《西部史学》2021年12月
张绪强	世界古典文明史学科的创建者和推动者	《中国社会科学报》2021年8月4日
李晶	美国城市早期公共卫生管理探析——以纽约市为中心的考察	《新史学》第28辑，大象出版社2021年版

表9.66 著作类

作者	著作名称	类型	出版社
徐松岩	《古典学评论》（第7辑）	集刊	上海三联书店

（3）重要奖项

西南大学伊朗研究中心为中伊文化交流做出的贡献得到了伊朗驻华大使馆的表彰，中心主任冀开运教授荣获伊朗驻华使馆颁发的"优秀伊朗学专家"称号。

3. 学术活动

3—10月，西南大学世界史系举办"嘉陵历史名家"系列讲座。3月29日，邀请首都师范大学晏绍祥教授做题为"罗马共和国的官职体系与权力运行"的学术报告。5月13日，邀请郑州大学张倩红教授做题为"以色列：文化传统与创新活力"的学术报告。5月14日，邀请西北大学韩志斌教授做题为"中东部落：概念认知、类型演化与社会治理"的学术报告。5月30日，邀请天津师范大学张乃和教授做题为"从全球史角度审视英国经济社会史"的学术报告。9月17日，邀请河南师范大学吴成教授做题为"伊朗核问题与国际关系新变化"的学术报告。10月8日，邀请陕西师范大学何志龙教授做题为"东方骑士萨拉丁"的学术报告。10月9日，邀请山西师范大学车效梅教授做题为"'路'与'城'：丝路城市史研究的思考"的学术报告。

为引进国外优质教育资源和先进教育理念，拓展学生的国际视野，切实推进人才培养的国际化，满足学院本科、研究生培养方案中对国际学分的要求，世界史系于2021年7月12日至25日举办第三届国际课程周。受新冠疫情影响，此届国际课程周采用线上授课方式，开设《德国史》和《美国最高法院：一部历史》两门课程。《德国史》由德国洪堡大学历史学和政治学双聘教授、美国霍普金斯大学高级国际问题研究院当代德国研究中心高级研究员博恩哈德·马洛克（Bernhard Maleck）讲授。《美国最高法院：一部历史》由以色列特拉维夫大学副教授、特拉维夫大学美国研究中心主任和以色列青年学会主席伍迪·索姆尔（Udi Sommer）讲授。

4. 人才培养

2021年，总计硕士毕业生12人。

陕西师范大学

1. 学科建设

1984年，陕西师范大学世界古代中世纪史与世界近现代史两个方向获批硕士学位授予权。2003年，陕西师范大学获批历史学一级博士授予权，当时作为二级学科的世界史学科取得博士学位授予权。2011年，世界史获批一级博士学位授予权。2012年，世界史继承历史学博士后科研流动站，改设为世界史博士后流动站，开始接收优秀世界史博士人员进站研究。

以学位点为依托，在"走出去"与"请进来"相结合的发展战略指导下，将人才引进和培养相结合，世界史学科在现代国际关系史、中东中亚史与欧洲史三大方向凝炼科研团队，造就了一支精干的高水平学术团队。截至2021年，历史文化学院世界史学科有专业教师16人，其中教授7人、副教授7人、讲师2人。

世界史学科在现代国际关系史、中东中亚史、欧洲史三大方向凝炼研究特色，在美国史、冷战史、西方文化史、欧洲史以及中东史5大方向招收博士研究生，在美国史、欧洲史、苏联东欧史、中东史、西方社会文化史以及世界近现代史等6大方向招收学术硕士研究生。历史文化学院设有美国历史与文化中心、东北亚历史研究所、国际问题研究中心、中西比较史学研究中心、犹太历史文化研究所、土耳其研究中心、环黑海研究中心等科研机构。

2. 科研发展

（1）在研究项目方面，2021年陕西师范大学世界史学科有5项课题立项。

表9.67 2021年重要课题立项情况

项目类型	负责人	项目名称
国家社科基金重大项目	李化成	人类瘟疫史
国家社科基金区域国别研究重大专项重点项目	李琪	重要国家的中亚政策及其涉华动向和举措跟踪研究
国家社科基金青年项目	忻怿	美国对华安全战略研究（1969—2001）
教育部区域国别研究项目	郭响宏	美苏（俄）黑海黑空摩擦、危机管控及其对我启示研究
陕西师范大学"一带一路"专项科研项目重点项目	李秉忠	《黑海通史》四卷本

（2）在科研成果方面，2021年陕西师范大学世界史学科发表重要学术论文7篇，出版著作6部。代表性篇目如下。

表 9.68　论文类

作者	论文题目	发表刊物、时间
金欣	地理、政治与法律：当代国家边疆的三张面孔	《中国社会科学（内部文稿）》2021年第5期
李大伟	反犹主义概念的起源与流变	《世界历史》2021年第5期
李大伟	唐代敦煌景教文献所见犹太人信息	《道风：基督教文化评论》2021年第55期
李琪 陈东芳	B.B.巴托尔德的中亚历史地理研究及其贡献	《中国历史地理论丛》2021年第3期
李琪	构建上海合作组织人文共同体的理论内涵与实践推进	《陕西师范大学学报（哲学社会科学版）》2021年第2期
龙国仁	构建中国—中亚"卫生健康共同体"面临的机遇、挑战与路径选择	《陕西师范大学学报（哲学社会科学版）》2021年第2期
李如东	论谷苞的民族研究：从社会类型比较到多民族国家的历史解释	《西北民族研究》2021年第1期

表 9.69　著作类

作者	著作名称	类型	出版社
宋永成	《苏联犹太人研究（1941—1953）——以犹太人反法西斯委员会为中心》	专著	商务印书馆
高建红	《中世纪西欧的医生（12—16世纪）》	专著	四川大学出版社
郭响宏	《崛起之路：沙特阿拉伯发展史》	译著	社会科学文献出版社
李大伟	《本杰明行纪》	译著	商务印书馆
杨盛翔	《漫长的周末：英国乡间别墅的生活》	译著	中国工人出版社
高建红	《中世纪的知识分子》	译著	华东师范大学出版社

（3）重要奖项

在陕西省第十五次哲学社会科学优秀成果奖评选中，学院马瑞映教授《英国煤业史》获著作类一等奖；詹晋洁副教授《当代阿拉伯国家社会结构研究》获著作类三等奖；何志龙教授《塞勒斯·万斯对1967年塞浦路斯危机的调解》获论文类一等奖。

在2021年度陕西高等学校人文社会科学研究优秀成果奖评选中，詹晋洁副教授《当代阿拉伯国家社会结构研究》获著作类一等奖，周厚琴副教授《从城邦到帝国：俄国专制君主制探源》获著作类二等奖；李化成教授《14世纪西欧黑死病疫情防控中的知识、机制与社会》、李大伟副教授"Chinese terms of address for Jews from the Tang to the Qing dynasty"获论文类一等奖；李秉忠教授《转型时期奥斯曼土耳其和英帝国在中东的角力及其遗产》获论文类三等奖。

杨松副教授的博士学位论文《19世纪英国体育运动的发展及其在帝国传播研究》获2021年度陕西省优秀博士学位论文奖。

3. 学术活动

5—6月,陕西师范大学世界史学科邀请德国奥格斯堡大学人文历史学系苏珊·波普（Susanne Popp）教授、米歇埃尔·沃布林（Michael Wobring）博士为该学位点研究生进行中德线上课程"世界历史和历史教育"。该课程共14讲,以当今世界和全球历史教育发展现状为参照,囊括德国历史教学法领域许多最新和经典的主题,授课形式采取教师主讲和师生深度讨论的模式,参训学员在课程结束后需提交英文书写的课程作业。课程有助于推动历史学科建设,深化"一带一路"相关研究和助推学校"双一流"建设。

10月19日,2021欧亚经济论坛智库分会国际研讨会以线上方式举行。该次智库分会由中国社会科学院俄罗斯东欧中亚研究所、陕西师范大学中亚研究所和欧亚经济论坛秘书处共同主办,来自中国、俄罗斯、白俄罗斯、哈萨克斯坦、乌兹别克斯坦、塔吉克斯坦、吉尔吉斯斯坦、格鲁吉亚、乌克兰等13个国家的130余位政界、学界、企业界和新闻媒体代表出席会议。与会专家学者围绕"推动欧亚区域合作：助力世界经济复苏""地区治理：上合组织作为'一带一路'建设的重要平台""新时代新机遇：互学互鉴,创新发展"等议题展开了深入研讨。

11月13日,由中国中东学会与陕西师范大学历史文化学院主办的2021中国中东学会年会暨构建中国中东研究的知识体系学术研讨会在长安校区召开。会议以线上线下相结合的形式举行。来自中国社会科学院、上海社会科学院、南京大学、复旦大学、中国人民大学等单位的300余名与会代表参加了会议。研讨会共设5个分议题论坛和2个研究生论坛。学者们围绕"中国中东研究的学科体系和话语体系建设""中东民族国家构建与发展道路""中东经济发展和'一带一路'共建""当代中东社会思潮和社会问题""中东秩序、地区治理及前景"五个主题交流研讨。

12月19日,由陕西师范大学"一带一路"文化研究院主办,国家民委环黑海研究中心、陕西师范大学外高加索研究中心承办的"环黑海区域：历史与当下"国际学术研讨会在线上举行,并通过网络进行全球直播。出席此次会议的有来自中共中央党校、中国社会科学院、北京师范大学、首都师范大学、复旦大学、吉林大学、南京大学、四川大学、西北大学、英国埃克塞特大学阿拉伯伊斯兰文明研究中心、格鲁吉亚国际黑海大学、格鲁吉亚高加索国际大学、美国田纳西科技大学、亚美尼亚政治经济战略研究中心、俄罗斯科学院东方学研究所等国内外知名高校和科研机构的专家学者60余人。会议的召开引发了广泛的关注,累计1400余人在线观看了会议直播。此次研讨会是国内学术界第一次召开以黑海区域为研讨对象的国际学术盛会,进一步推进中国与国际学者在黑海问题研究上的对话,对深化中国与"一带一路"沿线国家高质量的合作和推动民心相通产生重要影响。

4. 人才培养

2021年,总计出站博士后2人,博士毕业生4人,硕士毕业生29人。

上海师范大学

1. 学科建设

世界史是上海师范大学最为悠久的学科之一,1984年获批世界史硕士学位授权点,2003年获批世界史博士学位授权点；2011年世界史升级为一级学科后，又成功获批世界史一级学科博士授权点；2012年获准建立世界史博士后流动站，并被列入上海高校一流学科建设规划；2014年获得上海市高峰高原学科建设高原Ⅰ类；2018年获批建立世界史本科专业。2012年在全国世界史学科评估中获得19名。截至2021年，该系共有专任教师30人，其中教授12人，副教授7人，讲师8人。此外，还有特聘教授、教育部首批跨世纪人才1人，特聘教授5人。在这支师资队伍中，获得各类优秀人才称号的教师共8位，其中包括"马工程"首席专家1人、"四个一批"文化名人1人、"上海市申江学者"1人，占整个师资总数的26.7%。

该系包括四个学科方向：世界古代中世纪史、世界近现代史、世界区域与国别史、外国史学史与史学理论。在长期的教学和研究过程中，逐渐形成了西方社会文化史、非洲史、城市史、外国史学史等多个颇具特色和优势的研究阵地。上海师范大学人文学院设有非洲研究中心、都市文化研究中心、光启国际学者中心。近年来，世界史学科教师共获得国家级科研项目16项，其中国家社科基金重大项目6项，教育部马工程项目1项，国家社科基金重点项目1项，国家社科基金一般项目7项，后期资助项目1项，青年项目2项。发表论文200余篇，其中在《中国社会科学》《历史研究》《世界历史》《新华文摘》等权威刊物发表论文共计30篇，并在国外刊物发表英文论文9篇。获省部级哲社奖项共5项，省教委优秀教学成果奖2项。

目前，学科正按照"学科一流、追求卓越"的发展目标，描绘未来蓝图，夯实师资力量，培养一流人才，瞄准国际学术前沿，提升学科核心竞争力；同时，对焦社会需求，聚焦国家和上海市发展的重大现实问题，积极为国家社会服务提供基础研究和应用研究成果。

2. 科研发展

（1）在研究项目方面，2021年上海师范大学世界史学科有8项课题立项。

表9.70　2021年重要课题立项情况

项目类型	负责人	项目名称
国家社科基金一般项目	张忠祥	非国大与新南非国家治理研究
国家社科基金一般项目	蔡萌	工业化早期美国工人阶级的政治与文化
国家社科基金青年项目	冯雅琼	近代早期英国的食物危机与社会治理研究
国家社科基金"学习习近平总书记七一重要讲话专题"专项课题	陈恒	共同价值与构建人类命运共同体理念的历史源流及世界意义
上海市哲社规划课题	陈慧本	当代德国历史学话语和知识生产研究
上海哲学社会科学项目	刘晓卉	美国绿色城市建设研究
上海哲学社会科学一般项目	李新宽	近代英国个人信用网络构建的启示
中央社会主义学院高端智库项目	康凯	罗马认同的衰亡与中世纪早期西欧多民族政治共同体的塑造

（2）在科研成果方面，2021年上海师范大学世界史学科发表重要学术论30余篇，出版著作14部。代表性篇目如下。

表 9.71 论文类

作者	论文题目	发表刊物、时间
刘子奎	卡特政府防核扩散政策的考察	《历史研究》2021 年第 5 期
李文硕	20 世纪 70 年代纽约市保障性住房政策的转变及其影响	《世界历史》2021 年第 5 期
Paolo Visigalli	Classifying and Defining Deities in the late Vedic Age: A Study and An Annotated Translation of Yāska's Nirukta Chapter 7	Journal of the Royal Asiatic Society, Vol. 31, No. 2 (2021)
陈恒	全球视野下的城市软实力与国家文明	《探索与争鸣》2021 年第 7 期
周春生	心态史比较视野下的文艺复兴虚影与实景——以罗杰斯、罗斯科、西蒙兹意大利游记诗文为线索	《上海师范大学学报（哲学社会科学版）》2021 年第 1 期
康昊	全球史在日本的兴起、实践及其特点	《史学理论研究》2021 年第 2 期
姚汉昌	全球史学史研究入门——评丹尼尔·沃尔夫的《简明史学史》	《史学理论研究》2021 年第 3 期
安洙英	从"东洋史"到"东亚史"——韩国学界近三十年的历史叙事反思	《史学理论研究》2021 年第 5 期
李新宽	危机中的繁荣：中世纪晚期英国信贷与商业活跃性	《史林》2021 年第 2 期
李腾	中世纪研究在美国的建立及其早期风格	《史学史研究》2021 年第 1 期
康凯	西方马克思主义史学视野下的古代晚期研究	《光明日报》2021 年 9 月 13 日第 14 版
刘峰	日本早期社会主义运动的挫折——以幸德秋水的精英主义思想为线索	《社会主义研究》2021 年第 5 期

表 9.72 著作类

作者	著作名称	类型	出版社
周春生	《西蒙兹文化观研究》	专著	人民出版社
陆伟芳	《英国城镇社会转型与发展》	专著	南京师范大学出版社
康昊	『中世の禅宗と日元交流』	专著	东京：吉川弘文馆
梁民愫	《英国学派与历史学家：霍布斯鲍姆的马克思主义史学》	专著	社会科学文献出版社
刘津瑜	《罗马史研究入门》（第二版）	专著	北京大学出版社
刘津瑜	《全球视野下的古罗马诗人奥维德研究前沿》（上下卷）	论文集	北京大学出版社
陈恒	《希腊化时代》（中英双语）	译著	译林出版社

续表

作者	著作名称	类型	出版社
李文硕	《城市思考者：关键40人》	译著	上海三联书店
廖平	《英国故事：从11世纪到脱欧动荡，千年历史的四重变奏》	译著	中信出版集团
黄艳红	《历史主义》	译著	世纪出版集团、格致出版社、上海人民出版社
李腾	《规训革命：加尔文主义与近代早期欧洲国家的兴起》	译著	北京师范大学出版社
刘子奎	《追寻事实：历史解释的艺术》	译著	上海三联书店

（3）重要奖项

陈恒获评首届全国教材建设奖"全国教材建设先进个人"；梁民愫领衔的《西方史学史》入选"上海市属高校第二批国家级一流课程推荐名单"；刘晓晨获评上海师范大学第七届青年教师教学竞赛三等奖以及第二届全国世界史专业论坛"海国图志奖"优秀论文指导教师；刘峰指导学生获批大学生创新创业训练计划项目（市级）"东亚共同体的构建与'东亚共同价值'研究"，刘峰还获得2021年上海师范大学"王乐三奖教金"和第七届上海大学生创新创业训练计划"优秀指导教师"称号。

3. 学术活动

10月23—24日，上海师范大学都市文化研究中心和人文学院世界史系举办了第七届海洋文明学术研讨会。此次会议采用线上线下相结合的形式，来自国内多所高校和科研机构的40余位专家学者与会交流。此次会议的主题是"东亚世界的海洋认知"。会议聚焦东亚各国历史上海洋观念的转变历程和海洋文明对东亚社会发展的意义。与会学者就东亚国家的海洋观念与海上经略、东亚沿海社会历史变迁、海上丝绸之路、涉海文献与海图考证、沿海地域文化等课题的最新研究成果做了阐述与交流。

11月27—28日，由上海师范大学人文学院世界史系、上海市中国特色哲学社会科学学术话语体系建设基地"人类历史重大理论问题话语体系建设"主办，上海师范大学光启国际学者中心协办的20世纪以来的中外史学理论及话语体系学术研讨会在上海师范大学徐汇校区西部会议中心召开。来自全国各地高校和科研机构的专家学者，《历史研究》、《光明日报》（世界史版）、《史学月刊》、《史林》等期刊媒体人士共300余人参会。与会代表围绕着唯物史观与20世纪以来马克思主义史学话语体系、20世纪以来中国传统史学话语体系的现代转化、20世纪以来域外史学理论及话语体系的流变、20世纪以来中外史学交流与话语体系建设等主题展开热烈研讨。

2021年，上海师范大学世界史学科还邀请国内外学者举办了20余场学术报告会。

4. 人才培养

2021年，总计出站博士后1人，博士毕业生9人，硕士毕业生23人。

首都师范大学

1. 学科建设

首都师范大学世界史学科为国家级重点学科和一级学科、北京市重点学科、北京高校高精尖学科。学科始建于1954年，奠基人是齐世荣先生和戚国淦先生。1979年开始招收硕士研究生，1984年、1987年世界近现代史和世界上古中古史相继获批博士学位授权点。该学科所属的历史学科于1994年被批准为"国家基础学科人才培养和科学研究基地"，1999年设立博士后流动站。2001年创建世界史本科专业（基地班）。2002年，学科被评为北京市重点学科，2007年被评为国家级重点学科。2011年，世界史学科被批准为新的一级学科博士学位授权点。2012年，学科成为一级学科北京市重点学科。同年成立的"文明区划研究中心"，是教育部设立的首批国别与区域研究基地之一。2019年入选北京市高校高精尖学科，2020年入选国家级一流专业。2020年，历史学拔尖学生培养基地入选教育部基础学科拔尖学生培养计划2.0基地。2021年，"中外文明传承与交流研究中心"获批首批北京人文社会科学研究中心；世界史—外语（俄语、法语、西语、日语、英语）获批双学士学位项目。

学科在多年发展中，始终将自身定位于国内一流的世界史高级人才培养基地与科研重镇，是国内屈指可数的同时拥有国家教学名师、教育部长江学者特聘教授、国家级教学团队、国家级教学成果奖、国家教材奖、国家级精品课程、国家级精品视频公开课、国家级一流课程、国家级一流专业的国家重点学科，已形成文明起源与古代世界研究、中古时期中外文明互动与历史比较研究、国际关系史研究、全球史研究、国别区域研究五个比较明确的研究方向，各方向均拥有一批一流学者和一流成果。在老一代奠基人和后来徐蓝教授、刘新成教授、晏绍祥教授等历任、现任学科负责人带领下，世界史学科的学术地位得到广泛认可。在第三轮和第四轮学科评估中，学科均并列全国第3位。学科也是地方高校中世界史唯一的国家重点学科。预估第五轮学科评估中可以保持现有的位序。

历史学院下设历史研究所，历史研究所下设全球史研究中心、文明区划研究中心、社会文化史研究中心、国际关系史研究中心、西方古典文明研究中心、欧洲中世纪与近代早期研究中心、中国与拉丁美洲古代文明比较研究中心等研究机构。世界史学科有国家级教学团队1个：徐蓝领衔的"世界近现代史教学团队"。省部级教学与科研团队6个：刘城带领的"世界史团队"为"北京高校优秀本科育人团队"；徐蓝领衔的"世界近现代史教学团队"为"北京市优秀教学团队"；徐蓝和晏绍祥分别领衔的"世界史团队"均为"北京市创新团队"；姚百慧带领的"世界近现代史研究团队"、李永斌领衔的"前丝绸之路时期（公元前20—前2世纪）欧亚大陆的文明交流和互动研究团队"均为北京市"青年哲学社会科学科研创新团队"。

2. 科研发展

（1）在研究项目方面，2021年首都师范大学世界史学科有7项课题立项。

表 9.73　2021 年重要课题立项情况

项目类型	负责人	项目名称
国家社科基金重点项目	晏绍祥	古代罗马共和政治研究
国家社科基金一般项目	李永斌	早期希腊国家形态演变研究
国际社科基金一般项目	岳秀坤	历史学"全球转向"的史学史研究
教育部国际合作与交流司项目	李建军	东欧和外高地区六国独立 30 年来发展情况和前景
北京市教委项目	乔瑜	物种的跨洋传播与生态经验互动：以桉树进入中国为中心（1890—1920）
中国社会科学院近代史研究所（横向课题）	姚百慧	C0129 类缩微胶卷电子化服务项目
中国历史研究院（横向课题）	刘文明	全球史评论

（2）在科研成果方面，2021 年首都师范大学世界史学科发表重要学术论文 39 篇，出版著作 4 部。代表性篇目如下。

表 9.74　论文类

作者	论文题目	发表刊物、时间
刘城	伊丽莎白一世时代天主教徒的身份认同困境	《历史研究》2021 年第 4 期
姚百慧	美国与 1958 年法国政府危机	《世界历史》2021 年第 1 期
荆玲玲	近代早期美洲烟草文化的欧洲化	《世界历史》2021 年第 2 期
刘文明	中国全球史研究的回顾与思考	《史学理论研究》2021 年第 6 期
晏绍祥等	国家与文明起源研究笔谈·克里特国家的起源及特征	《史学集刊》2021 年第 3 期

表 9.75　著作类

作者	著作名称	类型	出版社
晏绍祥	《与距离斗争：中国和西方的古代世界史研究》	专著	上海人民出版社
岳秀坤	《扭曲的人性之材》（增订版）	译著	译林出版社
刘文明(主著)	《全球史概论》	教材	北京大学出版社
黄洋 晏绍祥	《希腊史研究入门》（第二版）	教材	北京大学出版社

（3）重要奖项

2021 年，首都师范大学世界史学科获得省部级科研奖励 1 项，教学奖励 8 项。科研获奖：徐蓝、耿志合著的《英美军事战略同盟关系的形成与发展（1919—1945）》（北京师范大学出版社 2019 年版）获得北京市第十六届哲学社会科学优秀成果奖一等奖。教学奖励：齐世荣主编义务教育教科书《历史》（七年级至九年级）（共六册），获首届全国教材建设奖特等奖；齐世荣主编《世界史（古代史编、近代史编、现代史编、当代史编）》，获首届全国教材建设奖一等奖；晏绍祥、刘城作为副主编的马工程教材《世界古代史（第二版）》上册、下册，获首届全国教材建设奖二等奖；徐蓝入选首届全国教材建设奖"全国教材建设先进个人"；李永斌主讲的《西方古典文明》获评第一届北京高校教师教学创新大赛三等奖；徐蓝获评北京市年度人物"我心中的大先生"；翟韬指导的学生董继泽获得"田家炳杯"第七届全国师范院校师范生教学技能竞赛决赛二等奖；翟韬指导的学生游曼欣、郑子昂分别获得第二届统编历史教材"精彩一课"全国教学大赛一等奖、三等奖。

3. 学术活动

6月19—20日，首都师范大学全球史研究中心与《光明日报》理论部联合举办"人类历史中的文明交流互鉴"学术论坛。来自清华大学、北京大学、中国人民大学、中国社会科学院、河南大学、华东师范大学、西北大学、首都师范大学、《光明日报》等单位的十余位学者在会议上发言。

8月14—15日，首都师范大学全球史中心、华东师范大学全球思想史中心、上海师范大学光启国际学术中心联合举办了"亚欧大陆的历史整体性：问题与方法"研讨会。

9月25日，首都师范大学世界史学科举办第六届国际关系史工作坊。

10月16日，首都师范大学世界史学科举办东亚区域史视野下的中日战争学术工作坊。

4. 人才培养

2021年，总计博士毕业生8人，硕士毕业生21人。

河南大学

1. 学科建设

河南大学世界史学科创设于20世纪30年代，张绍良、韩承文、赵克毅、王继麟、陈文艺、鞠秀熙等教授曾执教于此，在世界近现代史、近现代国际关系史、1848年欧洲革命史、史学理论与史学史等研究领域积淀深厚。2002年首次招收世界史专业本科生，2006年获硕士学位授予权，2008年遴选为河南省重点学科，2011年获批一级学科博士学位授予权，2012年获批一级学科博士后流动站。截至2021年拥有3个河南省教学质量工程项目，以及河南省高等学校人文社科开放研究中心世界历史研究所、河南大学校级重点科研机构犹太研究所等重要科研平台。历史文化学院下设有以色列研究中心、世界历史研究所、古代文明研究中心、区域与国别研究院等世界史研究机构，开设有"明德计划实验班"。

2021年，学位点建设总体进展顺利，在学科方向布局、师资引育、平台建设、人才培养及质量保障体系建设、主要成果等方面取得一些成绩。在学科方向布局方面，继续巩固和发展世界近现代史、世界通史与专门史、世界地区与国别史、史学理论与外国史学史四个特色学科方向，以色列—中东研究领域继续保持在全国的优势地位；欧美史、国际关系史、史学理论与史学史等领域获得稳步发展；积极拓展澳大利亚和中东欧等新的研究领域。在师资引育方面，师资队伍建设成效明显，学科总体规模达到 24 人。其中，1 人入选中原英才计划—中原青年拔尖人才，1 人入选河南省哲学社会科学创新人才，2 人入选河南省高层次人才（C 类），4 人晋升高级职称；引进优秀青年博士 2 人、师资博士后 2 人。在平台建设方面，学科重要的支撑平台河南大学以色列研究中心顺利通过教育部国别和区域研究及河南省人文社科重点研究基地等各项考核评估，2020 年 12 月成功入选中国智库索引目录（CTTI）；学科平台河南大学区域与国别研究院，明确了功能定位和研究方向的凝练，入选河南省新型特色智库建设项目。

2. 科研发展

（1）在研究项目方面，2021 年河南大学世界史学科有 5 项课题立项，其中国家社科基金项目 4 项、省部级课题 1 项。

表 9.76　2021 年重要课题立项情况

项目类型	负责人	项目名称
河南省新文科研究与改革实践项目	张礼刚	新文科背景下地方高校历史学一流专业建设研究与实践
国家社科基金一般项目	胡浩	20 世纪美国犹太教的"社会行动"研究
国家社科基金一般项目	梅祖蓉	美国种族主义的非人化观念与历史研究
国家社科基金青年项目	杨磊	近代早期法国捐官制度研究
国家社科基金青年项	刘洪洁	以色列城市社会的变迁及其治理研究

（2）在科研成果方面，2021 年河南大学世界史学科发表重要学术论文 20 余篇，出版著作 3 部。代表性篇目如下。

表 9.77　论文类

作者	论文题目	发表刊物、时间
阎照祥	论 19 世纪中后期英国保守党领袖的政治主动性	《历史教学（下半月刊）》2021 年第 1 期
艾仁贵	建造"第一座希伯来城市"——"田园城市"理念与特拉维夫的城市规划（1909—1934）	《史林》2021 年第 2 期
艾仁贵	港口犹太人与近代早期的洲际交流互鉴	《光明日报》2021 年 8 月 16 日
艾仁贵	资本主义是靠战争喂养大的	《历史评论》2021 年第 1 期
马丹静	纳粹德国对欧洲犹太文化财产的劫掠	《历史教学（下半月刊）》2021 年第 6 期
高阳	文艺复兴时期西欧的星占学改革——以皮科的《驳星相书》为中心	《自然辩证法研究》2021 年第 6 期

表 9.78　著作类

作者	著作名称	类型	出版社
艾仁贵	《马萨达神话与以色列集体记忆塑造》	专著	社会科学文献出版社
艾仁贵	《犹太人与世界文明》	译著	商务印书馆

(3) 重要奖项

2021年7月，王翠主编的《新课程历史教学论》获得河南省教材建设奖二等奖。

3. 学术活动

1月16日，由河南大学以色列研究中心、郑州大学历史学院及社会科学文献出版社共同举办的《以色列蓝皮书：以色列发展报告（2020）》发布会以线上线下相结合的方式举行。

9月17日，河南大学线上举办了第二届中国—希腊环境与文化国际学术论坛。此届论坛为期三天，是2021"中国希腊文化和旅游年"系列活动的重要内容。"中国—希腊环境与文化国际学术论坛"是河南大学、希腊爱琴大学共同主办的高端国际学术交流平台，每年一届，由两校轮流主办。

11月6—7日，河南大学世界史学科主办了第二届全国世界史专业论坛暨"海国图志奖"评选活动。此次论坛采取线上线下相结合的方式举行，由河南大学主办，河南大学历史文化学院承办、首都师范大学历史文化学院协办，来自全国高校世界史专业师生300余人与会。会议分为世界史古代史组、世界近代史组和世界现代史及史学理论组三个小组，围绕着政治、经济、法律、环境等多个研究领域展开充分的学术研讨，并揭晓了第二届"海国图志奖"获奖论文及指导教师名单。

4. 人才培养

2021年，招收博士研究生2人，授予学位3人；招收硕士研究生13人，授予学位12人；出站博士后1人。研究生招生总体保持稳定发展态势，生源质量不断提升；博士毕业生均在高等教育单位就业（占比100%）；硕士毕业生就业去向主要有升学（占比20%）、基础教育（占比20%）、企业（占比40%）、高等教育（占比4%）等，就业形势整体稳定。

天津师范大学

1. 学科建设

天津师范大学世界史学科以实体机构欧洲文明研究院为依托，具有一级学科博士学位授予权，设有博士后流动站，是天津市一流学科、重中之重学科；世界史本科专业入选首批国家一流本科专业建设点；主办专业期刊《经济社会史评论》（CSSCI来源期刊），建有欧洲文明图书馆和中英文网站，拥有天津市人文社科重点研究基地。

天津师范大学世界史学科基础厚重、传统优良。截至2021年，共有专职教师37人，其中教授16人，副教授9人，拥有侯建新、刘景华等一批享誉国内的著名学者。师资队伍职称结构、年龄结构、学缘结构合理。硕博研究生导师共计24人，其中博士研究生导师13人，硕士研究生导师22人。学科带头人侯建新教授是国务院学位委员会历史学科评议组第五届、第六届成员，第七届世界历史组召集人，为天津师范大学资深教授、校学术委员会副主任、欧洲文明研究院院长。刘景华教授为世界中世纪研究会会长。

2021年，世界史学位授权点有五个培养方向，覆盖了世界史一级学科之下所有二级方向，为我国一级学会世界中世纪史研究会会长单位，为我国世界史研究与世界史人才培养的重镇之一。

2. 科研发展

（1）在研究项目方面，2021年天津师范大学世界史学科有7项课题立项。另有2个课题结项，分别为王臻教授主持的国家社科基金项目"朝鲜王朝前期历史与研究（1392—1649）"（项目批准号：18FSS007）和郑阳讲师主持的国家社科基金项目"希腊化—罗马时期地中海世界的犹太观念研究"（项目批准号：14CSS002）。

表9.79 2021年重要课题立项情况

项目类型	负责人	项目名称
国家社科基金重大招标项目	侯建新	中古中国与欧洲文明比较研究
国家社科基金一般项目	刘章才	殖民主义视域下的英国对华茶业考察研究（1787—1905）
国家社科基金一般项目	杜宪兵	英属印度霍乱防治与医学交汇研究（1817—1947）
教育部人文社会科学规划一般项目	徐滨	英国早期银行体系的发展与金融创新
天津市哲学社会科学规划重点项目	谷延方	早期人口流动与近代英国经济地理变迁
天津市哲学社会科学规划一般项目	姜启舟	中世纪英国市民准入制度研究
天津市哲学社会科学规划一般项目	刘宇方	11—12世纪拜占庭国家权力重构研究

（2）在科研成果方面，2021年天津师范大学世界史学科发表重要学术论文30余篇，出版著作4部。代表性篇目如下。

表9.80 论文类

作者	论文题目	发表刊物、时间
侯建新	英国近代土地确权立法与实践	《世界历史》2021年第4期
侯建新	"准独立个体"日耳曼人突破性贡献	《史学月刊》2021年第10期
侯建新	大革命前后法国农民土地产权问题——从托克维尔的一个误判谈起	《史学集刊》2021年第5期
侯建新	自上而下变革：德国农民土地确权	《经济社会史评论》2021年第3期
谢丰斋	私人法权的介入：中世纪英格兰的城镇化	《世界历史》2021年第1期
张乃和	马克思恩格斯关于历史文献重要论述的当代启示	《史学理论研究》2021年第2期
张乃和	近代英国公司制度的起源	《吉林大学社会科学学报》2021年第6期
张乃和	英国现代知识生产机制的形成	《光明日报》2021年8月30日
刘雪飞	波斯帝国的道路遗产及其历史意义	《光明日报》2021年9月27日
刘景华	英格兰经济板块的演变与影响	《世界近现代史研究》第18辑，社会科学文献出版社2022年版

续表

作者	论文题目	发表刊物、时间
谷延方	1297年危机：英国议会与王权的初次较量和妥协	《经济社会史评论》2021年第1期
袁指挥	扩张者拉巴玉的辩白：第252—254号阿马尔那泥板书信译注	《外国问题研究》2021年第1期
袁指挥	和平崛起的大国：阿马尔那第9、15、16号书信译注	《中东研究》2021年第1期
李友东	20世纪以来世界历史分期问题探讨	《社会科学战线》2021年第7期
李友东	大概念讨论与唯物史观深度思维培育	《历史教学（上半月刊）》2021年第9期
饶本忠	犹太人基布兹组织性质辨析	《经济社会史评论》2021年第4期
刘章才	十八世纪中英茶贸易中的运输问题	《文化杂志》2021年第3期
王元天	欧洲文明内核之全景式探寻	《经济社会史评论》2021年第1期
周芬	"帝国"与"帝国主义"概念不可泛用	《历史评论》2021年第4期
哈全安	从异质多样性到命运共同体——亚洲文明的地缘板块与历史走向	《外国问题研究》2021年第2期
王臻	东亚区域外交：壬辰战后朝鲜与日本之间的关系态势探析	《安徽史学》2021年第4期
王臻	朝鲜王朝时代的派系党争问题探析	《贵州社会科学》2021年第8期
刘合波	中国当代日常生活史研究的缘起、现状与展望	《齐鲁学刊》2021年第2期
耿志	美国是如何阻止台湾发展核武能力的——评《台湾的前核武器项目：按需制造核武器》	《冷战国际史研究》第31/32辑，世界知识出版社2021年版

表9.81 著作类

作者	著作名称	类型	出版社
刘景华	《欧洲农村城镇化进程及其借鉴意义》	专著	经济科学出版社
哈全安	《土耳其通史》（修订本）	专著	上海社会科学院出版社
刘章才	《英国茶文化研究（1650—1900）》	专著	中国社会科学出版社
冯金朋（参译）	《剑桥古代史·第七卷第一分册·希腊化世界》	译著	中国社会科学出版社

（3）重要奖项

科研方面，侯建新教授论文《圈地运动与土地确权——英国16世纪农业变革的实证考察》（《新华文摘》2020年第1期转载）入选中国历史研究院"庆祝建党百年2019年度十大优秀论文"，2021年该文获第十七届天津市社会科学优秀成果奖一等奖；刘景华教授的《欧洲农村城镇化及其借鉴意义》获天津市社会科学优秀成果二等奖；徐滨教授的《英国工业革命中的资本投资和社会机制》获天津市社会科学优秀成果三等奖。教学方面，10月，侯建新教授主编的义务教育《世界历史》（九年级上下册）荣获国家教材委员会颁发的首届全国优秀教材奖特等奖。

3. 学术活动

2021年，天津师范大学世界史学科共召开30余场学术讲座及学术会议。

6月19日，由中国英国史研究会和天津师范大学欧洲文明研究院联合主办的英国史研究高端论坛暨中国英国史研究会理事会在天津举行。

10月30—31日，在厦门召开的中国世界中世纪史研究会2021年学术年会上继任世界中世纪史研究会理事长的刘景华教授在开幕式上致辞，并做"世界中世纪史研究与时偕行"的主题报告。学院多位学者也做了主题报告。

此外，世界史学科还采用线上线下相结合的形式邀请北京大学钱乘旦、高岱、黄春高，中国社会科学院世界史所于沛，南京大学陈晓律、刘成，中国人民大学孟广林，复旦大学向荣，山东大学顾銮斋，吉林大学刘德斌、张广翔，郑州大学张倩红，中山大学龙秀清，暨南大学李云飞等国内知名学者做学术报告二十余次。

4. 人才培养

2021年，总计博士毕业生3人，硕士毕业生30人。

福建师范大学

1. 学科建设

福建师范大学世界史学科多年来立足地方和自身实际，整合学科力量，着眼于国际前沿问题，突出世界区域和国别史的特色研究。世界史学科设有世界近现代史、地区和国别史、专门史3个二级学科方向，同时另设有美洲史、东南亚史、东北亚区域史3个重点研究领域，并且拥有区域与国别研究院、美洲史研究院、印度尼西亚研究中心、菲律宾研究中心和中琉关系研究所等科研平台。截至2021年世界史一级学科师资队伍相对完整，结构基本合理，共有专任教师19名，其中正高7人，副高6人，讲师6人。其中入选教育部"长江学者"特聘教授1人、省"闽江学者"特聘教授1人，省高校杰出青年科研人才支持计划1人，校"宝琛计划"特聘岗位1人及青年英才2人。学科有博士生导师6人，硕士生导师14人。截至2021年，福建师范大学世界史学科共承担在研国家社科基金项目11项，其中在研国家社科基金重大招标项目1项，重点项目1项，一般项目和青年项目9项。

近年来，福建师范大学世界史学科团队，围绕美洲与跨大西洋史以及东北亚、东南亚等地区的"互动"问题，将分散的研究有机联结在一起，探讨全球史视野下的亚欧美文明及其互动关系的本质和规律。其中，美国外交史、中琉关系史、亚太国际关系史等传统学术领域，都呈现出扎实的研究基础和鲜明的学术特色。同时，积极拓展美国宪政史、环境史、妇女史以及世界华侨华人史、印尼历史与文化等研究方向，使之成为学科新的增长点。此外，地区和国别史方向还设置了英语、日语、印尼语、西班牙语等多语种的专业外语课程。

福建师范大学世界史学科重视文献资料建设，正在建设中的区域与国别研究院资料室已粗具规模，收藏美国早期史、琉球史、印尼国别史等美、日、印尼文档案、报刊和图书两万余册。在此基础上，世界史学科着眼于国家与地方发展需要，积极建言献策，先后就中国—拉丁美洲关系、钓鱼岛争端问题、福建与"海上丝绸之路"以及福建侨乡侨务工作等问题，向相关政府部门提交十余份咨询报告。

2. 科研发展

（1）在研究项目方面，2021年福建师范大学世界史学科新获批立项国家社科基金项目2项。另有2个课题结项，分别为王晓德教授主持的国家社科基金重点项目"'退化论'与启蒙时期欧洲构建美洲形象及其影响"（项目批准号：17ASS005）、贺建涛副教授主持的国家社科基金青年项目"二战后多族群视阈下加拿大国家认同建构研究"（项目批准号：16CSS019），均以优秀等级结项。

表9.82　2021年重要课题立项情况

项目类型	负责人	项目名称
国家社科基金一般项目	余伟	概念史视域下的"证据"与当代西方史学理论范式研究
国家社科基金青年项目	王林亚	生态殖民主义视角下美国全球霸权追逐与东南亚环境变迁（1898—1975）研究

（2）在科研成果方面，2021年福建师范大学世界史学科发表重要学术论文5篇，出版著作1部。代表性篇目如下。

表9.83　论文类

作者	论文题目	发表刊物、时间
郭巧华	在法律共识与人民主权之间——约翰·马歇尔的美国宪法观	《历史研究》2021年第2期
王晓德	启蒙运动时期德波对美洲全面"退化"的想象	《世界历史》2021年第1期
王晓德	中国拉丁美洲研究的回顾与思考	《拉丁美洲研究》2021年第1期
王晓德	文化中心论与早期欧洲精英构建美国"他者"形象的根源	《史学月刊》2021年第3期
江振鹏	冷战与知识生产：哈佛大学东亚中心越南研究兴起的个案分析（1960—1976）	《南洋问题研究》2021年第3期

表9.84　著作类

作者	著作名称	类型	出版社
江振鹏	《奠基金融帝国美国塔夫脱政府"金元外交"研究》	专著	中国社会科学出版社

（3）重要奖项

2021年，世界史学科共获得福建省第十四届社科优秀成果奖二等奖2项，分别是：王晓德教授的《雷纳尔美洲退化思想与启蒙时代欧洲的"他者"想象》（论文，二等奖）；孙建党教授的《美国20世纪非殖民化政策研究——以东南亚为个案》（专著，二等奖）。

3. 学术活动

6月15—16日，福建师范大学世界史学科举办"'印太香料之路与文化交流：过去、现在与未来'国际学术研讨会"。会议由福建师范大学与印尼玛拉拿塔基督教大学联合主办，印尼古迹遗址保护协会（ICOMOS INDONESIA）和印尼国家香料基金会（Yayasan Negeri Rempah）协办。会议特别邀请印尼驻中国及蒙古国特命全权大使出席并发表致辞，同时来自中国、美国、印尼、马来西亚等国家的高校、科研机构以及政府部门、非政府组织、国际组织/机构的代表和媒体代表参与。此次会议以世界史学科印尼研究在地化为契机，融合多学科、跨区域研究，加深了各领域不同研究方式和理论的沟通与对话，为继续开展多维度、深度合作的世界史及跨学科研究夯实了理论和实践基础。

10月16日，由福建师范大学、福州市政协和世界福州十邑同乡总会联合主办的"福州与'一带一路'沿线国家历史文化交流（福州—马来西亚）国际学术研讨会"以线上线下相结合的形式举行。来自中国、马来西亚等国家高校的40余位专家学者参会，为福州打响"闽都文化"国际品牌、深化"一带一路"倡议下福州与马来西亚关系建言献策。

4. 人才培养

2021年，世界史学科总计博士毕业生3人，硕士毕业生19人。

广西师范大学

1. 学科建设

广西师范大学世界史学科涵盖世界地区与国别史、世界古代中世纪史、世界近现代史三个方向，是广西唯一的世界史一级学科博士学位授权点。以世界史博士点为学科支撑的广西师范大学越南研究院，是教育部国别和区域研究中心、国家民委"一带一路"国别和区域研究中心、广西高校人文社会科学重点研究基地，近年来在中越关系、越南校友、中越文化与教育合作、越南民族问题等领域取得了系列研究成果，也引起了国内外学界的关注，成为广西师范大学世界史学科建设和发展的重要特色。

广西师范大学世界史学科着力打造一支高水平的国际化研究团队，团队成员高学历、高职称、跨学科优势突出。截至2021年，世界史方向近30名学术骨干中，有博导10人，国务院政府特殊津贴1人，广西十百千人才3人，漓江学者1人，其中留学归国人员4人，7人在国外访学、工作一年以上。2021年，广西师范大学世界史学科依托广西的区位优势以及学校对外交流合作的资源优势和已有的学科基础，积极推进世界史学科的建设和发展，在团队建设、科研立项、学术会议、科学研究、文献整理、智库成果等方面取得了较为丰富的成果。

2. 科研发展

（1）在研究项目方面，2021年广西师范大学世界史学科获得纵向课题10项、横向课题1项，其中国家级项目3项。

表 9.85　2021 年重要课题立项情况

项目类型	负责人	项目名称
中国历史研究院重大历史问题研究专项	范丽萍	援越抗美官兵口述史料抢救与整理
国家社科基金一般项目	吕富渊	19 世纪英国动物疫病防治研究
国家社科基金后期资助项目	吴晓山	战后东南亚国家义务教育政策变迁研究（1945—2018）
广西哲学社会科学规划课题	黄兴球	当代中越关系研究（1991—2020）
广西哲学社会科学规划课题	蒋苑昕	印刷文化与德国社会近代化研究（15—17 世纪）
广西特色新型智库联盟重点课题	黄兴球	RCEP 与中国-东盟博览会、中国-东盟投资峰会升级发展思路研究
广西社科智库重点课题	黄兴球	新时代广西边境建设政策提升研究

（2）在科研成果方面，2021 年广西师范大学世界史学科发表重要学术论文近 30 篇，出版著作 3 部。代表性篇目如下。

表 9.86　论文类

作者	论文题目	发表刊物、时间
徐毅	探索长期增长与不平等：英语学界对全球经济大分流的量化研究	《史学理论研究》2021 年第 6 期
林漫	女性主义与社会史——以露易丝·蒂利为例	《史学理论研究》2021 年第 5 期
刘祥学	远迩相安 共享太平——中国古代对外交往的宗旨	《历史评论》2021 年第 2 期
刘祥学	从贡赐物品看安南与明朝关系的衍化	《越南研究》2021 年第 1 期
陈国保	安南都护府与唐代南疆经制州县的国家管控和治理	《社会科学战线》2021 年第 10 期
丁克顺	越南会安华人会馆之汉文碑铭	《海交史研究》2021 年第 3 期
丁克顺	越南河内白马神祠汉喃碑铭研究	《形象史学》2021 年第 2 期
范丽萍	为了新型的教育：冷战时期在华越南学校研究的另一个视角	《越南研究》2021 年第 1 期
钟珂（访谈并整理）	桂林"九二"学校医疗保障工作者访谈录	《越南研究》2021 年第 1 期
杨永平	以色列和埃及的天然气合作：动因、问题及影响	《阿拉伯世界研究》2021 年第 3 期
李倩文	课程史的元话语：基于《美国课程斗争（1893—1958）》的历史哲学反思	《广西师范大学学报（哲学社会科学版）》2021 年第 3 期

表 9.87 著作类

作者	著作名称	类型	出版社
丁克顺	《越南汉文碑铭》	专著	越南河内国家大学出版社
苏楚言	Activity of Catholic missioners in China and Vietnam：In 16-17th century, the case of Matteo Ricci and Alexandre de Rhodes	专著	PETERBURGSKOE VOSTOKOVE-DENIE
苏楚言	Colloquial Vietnamese：The Complete Course for Beginners (2nd Edition)	教材	Russian KARO

此外，2021年，世界史团队围绕中越关系、越南舆情动态、越南在南海的活动、越南新冠疫情等重点议题，撰写系列调研报告、专题报告和舆情报告20余篇，分别获得中央海权办、教育部、国家民委、外交部亚洲司、中共广西壮族自治区党委宣传部、广西壮族自治区教育厅等各级部门采纳。

（3）重要奖项

徐毅教授的论文《探索长期增长与不平等：英语学界对全球经济大分流的量化研究》获广西第十七次社会科学优秀成果奖二等奖；陈国保教授的论文《安南都护府与唐代南疆经制州县的国家管控及治理》获广西第十七次社会科学优秀成果奖三等奖。

3. 学术活动

1月8—10日，广西师范大学越南研究院、历史文化与旅游学院承办了跨学科视域下的越南研究学术研讨会。来自北京、吉林、辽宁、河南、湖北、湖南、江苏、江西、广东、广西、福建、云南、海南等地高校和研究机构的60余位专家学者通过线上线下的形式参加会议。会议从历史与现实两个维度，就中越关系研究展开了深入的学术交流和专题研讨。

9月25—26日，中国社会科学院《世界历史》编辑部主办，广西师范大学历史文化与旅游学院承办了第五届全国世界史中青年学者论坛。

10月16—17日，中国社会科学院历史理论研究所、《史学理论研究》编辑部主办，广西师范大学历史文化与旅游学院承办了第24届全国史学理论研讨会。此次研讨会以"百年以来的史学理论与史学史研究"为主题，与会学者主要围绕中国马克思主义史、中国古代史、中国近现代史和世界史四个议题开展讨论。

10月22—25日，中国世界近代现代史研究会世界近代史专业委员会主办，广西师范大学历史文化与旅游学院承办了中国世界近代现代史研究会2021年学术研讨会。来自全国几十所高校和科研机构的近80位专家学者参会。会议以"政治史与外交史""近代史上的社会变迁与社会治理""跨国史与文明互动""近代史上的疾病、健康与环境"为主题进行分组研讨。

4. 人才培养

2021年，总计硕士毕业生10人。

2021年世界史学科大事记

1 月

1月8—10日，由广西师范大学主办，广西师范大学越南研究院和广西师范大学历史文化与旅游学院承办的跨学科视域下的越南研究学术研讨会在桂林召开。

1月9日，西北大学举办教育部哲学社会科学研究重大课题攻关项目"古叙利亚文明史研究"开题论证会。

1月16日，由河南大学以色列研究中心、郑州大学历史学院及社会科学文献出版社共同举办的《以色列蓝皮书：以色列发展报告（2020）》发布会。

4 月

4月10—11日，由四川大学历史文化（旅游）学院原祖杰教授主持的国家社科基金重大项目"十九世纪美国工业化转型中的农村、农业与农民问题研究"开题报告会暨"世界史学术共同体建设研讨会"在成都举行。

4月17日，由西北大学与社会科学文献出版社联合主办的《叙利亚发展报告（2020）》新书发布会暨叙利亚问题学术研讨会在北京举行。

4月17—18日，中国苏联东欧史研究会2021年学术年会在广东省佛山市举行。此次年会由中国苏联东欧史研究会与北京外国语大学俄语学院联合主办，主题是"后苏联空间和东欧国别区域发展道路三十年回顾与展望"。

4月17—18日，由南京大学历史学院暨学衡研究院与上海师范大学光启国际学者中心联合主办的"时代与史学——中国史与世界史的对话"在南京举行。

4月24—25日，世界史一流课程建设研讨会暨中山大学与首都师范大学全球史教学与研究交流会在中山大学历史学系举行。

5 月

5月8日，由南开大学世界近现代史研究中心主办的高端学术报告会在南开大学日本研究院举行。

5月8—10日，由中山大学历史学系和中国社会科学院世界历史研究所共同举办的世界史前沿议题科研与教学研讨会在中山大学岭南文化研究院举行。

5月15日，由南京大学历史学院、中国南海研究协同创新中心、南京大学国际关系研究院、新中国史研究院、国际战略与安全研究中心主办的第一届情报与冷战史研究石城论坛在南京举行。

5月23日，国务院学位委员会第八届学科评议组（世界史）第二次研讨会议在东北师范大学召开。

5月28—30日，中国美国史研究会联合主办的第六届"长三角"美国史论坛在华东师范大学举行，论坛主题为"史料开掘、视角更新与方法转向"。

5月29日,"八渡河上的信息传递——朝鲜王朝《吏文》的研究"工作坊在清华大学举行。

6月

6月12—13日,由南开大学历史学院、首都师范大学历史学院、河南大学历史文化学院联合主办的世界史本科科研教学研讨会在南开大学举行。

6月15—16日,由福建师范大学与印尼玛拉拿塔基督教大学联合主办,印尼古迹遗址保护协会(ICOMOS INDONESIA)和印尼国家香料基金会(Yayasan Negeri Rempah)协办的"'印太香料之路与文化交流:过去、现在与未来'国际学术研讨会"在福州举行。

6月19日,由中国英国史研究会和天津师范大学欧洲文明研究院联合主办的英国史研究高端论坛暨中国英国史研究会理事会在天津举行。

6月19日,第一届流动中的亚非研究工作坊在清华大学历史系举行。

6月19—20日,首都师范大学全球史研究中心与《光明日报》理论部联合举办了人类历史中的文明交流互鉴学术论坛。

6月28日至7月26日,清华大学人文学院历史系琉球史读书班举办"琉球王国历史·文化系列讲座"。

7月

7月23—25日,由中国美国史研究会主办,东北师范大学历史文化学院美国研究所承办的"传承与变革——第四届美国史青年学者论坛"在长春举行。

7月30日,全国主要史学研究与教学机构年度重大成果发布会(2020—2021)在中国历史研究院举行。此次发布会共发布《当代俄罗斯史学研究》《宗教改革时期的新教与罗马公教研究》等9项重大成果。

8月

8月1日,2021年教育部历史学类专业教学指导委员会年会暨全国高校历史系主任联席会议在东北师范大学召开。

8月14—15日,由首都师范大学全球史中心、华东师范大学全球思想史中心、上海师范大学光启国际学术中心联合举办的"亚欧大陆的历史整体性:问题与方法"会议在北京举行。

8月20—21日,由山东大学历史文化学院与中国海外交通史研究会联合举办的全球史视野下的东亚海洋史学术研讨会在济南召开。

8月21日,中国日本史学会2021年年会暨两次世界大战期间日本的内外矛盾及其政策选择学术研讨会在天津召开。

8月28日至9月18日,北京论坛组委会、北京大学人文社会科学研究院、北京大学中华人民共和国史研究中心与北京大学历史学系共同举办了"跨学科对话:百年中国与世界"学术研讨会。

9月

9月3日，由中国社会科学院世界历史研究所主办的庆祝中国共产党成立100周年暨世界历史研究回顾与前瞻学术研讨会在北京举行。

9月6日，由华东师范大学历史学系、中国法国史研究会与法国格勒诺布尔大学主办的第十六届中法历史文化研讨班在上海举行，会议主题是"历史时间理论的实践与应用"。

9月14—15日，由中国社会科学院和伊朗伊斯兰文化联络组织联合主办，世界历史研究所承办的第六届中国和伊朗文化对话会在中国历史研究院执中楼阳明厅召开。此次文化对话会主题为"中国伊朗两大文明中的多样性和包容性"。

9月17日，清华大学日本研究中心、中国社会科学院中日历史研究中心、清华大学历史系联合举办了九一八事变90周年学术研讨会。

9月17日，河南大学举办了第二届中国—希腊环境与文化国际学术论坛。

9月23—24日，由中国历史研究院和上海大学主办，《历史研究》杂志社和上海大学文学院承办的第八届青年史学家论坛在上海召开。会议主题是"历史周期律与盛衰之变"。

9月24日，由华东师范大学历史学系、中国法国史研究会与法国格勒诺布尔大学主办的"塞纳河与樱桃河畔时空契阔——第十六届中法历史文化研讨班"在上海举行。会议主题为"历史时间理论的实践与应用"。

9月24—25日，由南京大学历史学院、南京大学"一带一路"研究院共同承办的南京大学海外院士大讲堂暨中国名家论坛在南京举办。大讲堂包含三个主题：英国与英联邦国家历史研究、世界历史与国际问题研究、"一带一路"与文化遗产研究。

9月25—26日，由中国拉丁美洲史研究会和中国拉丁美洲学会主办，西南科技大学拉美研究中心承办的第11届中国拉美研究青年论坛暨拉美现代化进程中的科技与文化研讨会在绵阳举行。

9月25日，中国德国史研究会第10届理事会第4次常务理事会在线上举行。

9月25—26日，由《世界历史》编辑部主办，广西师范大学历史文化与旅游学院承办的第五届全国世界史中青年学者论坛在桂林举行。

10月

10月15—17日，由南开大学、北京大学、东北师范大学、复旦大学、华东师范大学、上海大学、首都师范大学、天津师范大学的世界史学科主办，南开大学世界近现代史研究中心、南开大学历史学院承办的第一届跨国史研究青年学者论坛在天津召开。

10月16日，"中国非洲史研究会成立40周年纪念大会暨中国非洲史研究：理论与方法"学术研讨会在湘潭大学举行。会议主题是"百年变局下的非洲形势和中非关系新发展、新挑战"。

10月16日，由福州市政协、福建师范大学、世界福州十邑同乡总会联合主办的福州与"一带一路"沿线国家历史文化交流（福州—马来西亚）国际学术研讨会在福建师范大学举行。

10月16—17日，由中国社会科学院历史理论研究所、《史学理论研究》编辑部主办，广西师范大学历史文化与旅游学院承办的第24届全国史学理论研讨会在桂林召开，会议主题为"百年以来的史学理论与史学史研究"。

10月19日，由中国社会科学院俄罗斯东欧中亚研究所、陕西师范大学中亚研究所和欧亚经济论坛秘书处共同主办的2021欧亚经济论坛智库分会国际研讨会在陕西西安举行，会议主题为"互通互融共享共赢"。

10月22日，中国中日关系史学会第七届理事会第四次会议暨"海洋维权维稳需加强战略传播——以钓鱼岛列岛为案例"学术研讨会在北京举行。

10月22—24日，山东大学与德国阿登纳基金会联合举办的中德关系语境下的历史文物与历史记忆国际学术研讨会在济南召开。

10月22—25日，由中国世界近代现代史研究会世界近代史专业委员会主办，广西师范大学历史文化与旅游学院承办的中国世界近代现代史研究会2021年学术研讨会在桂林举行。

10月22—25日，中国世界近代现代史研究会世界现代史专业委员会2021年年会暨学术研讨会在赣州举行，会议主题是"40年来世界现代史学科体系建设的回顾与展望"。

10月23日，复旦大学历史学系举办复旦大学世界史青年论坛。学者们就英国史、法国史、古希腊罗马史、史学史和史学理论、古代近东和中世纪史等领域的问题进行了交流。

10月23—24日，华东政法大学与中国社会科学院世界历史研究所、中国社会科学院近代史研究所、全国外国法制史研究会联合主办的全国法学与史学跨学科前沿论坛在上海举行。

10月23—24日，上海师范大学都市文化研究中心和人文学院世界史系共同举办第七届海洋文明学术研讨会，会议主题是"东亚世界的海洋认知"。

10月29日，中国社会科学院世界历史研究所日本历史与文化研究中心和日本与东亚史研究室共同举办的东亚史研究前沿论坛在北京召开。

10月29—31日，中国世界古代中世纪史研究会世界中世纪专业委员会2021年学术年会暨第一届研究生论坛在厦门举行。

10月30—31日，中国第二次世界大战史研究会2021年学术年会暨第九届会员代表大会在武汉市召开。年会主题包括二战史研究重大问题与现实问题、二战中的中共抗战问题、欧洲大陆、美英与二战、战争记忆与战争观念等。

11月

11月4日，中国社会科学院加拿大研究中心举行加拿大历史与现实学术研讨会。会议主要结合加拿大历史和现实问题，特别是中加关系和美加关系展开讨论。

11月4—6日，中国美国史研究会主办的第三届美国城市史论坛在上海大学举行。会议主题是超越时空边界：跨国视野下的美国城市史研究。

11月5—6日，由中国朝鲜史研究会主办，延边大学朝鲜—韩国研究中心承办的中国朝鲜史研究会2021年学术年会暨第十一届会员代表大会在延边举行。年会的主题为"朝鲜半岛的历史与文化"。

11月6日，上海市世界史学会2021年学术年会暨第十六届青年论坛与第七届教学论坛在华东师范大学举行。年会的主题是"文明互鉴与跨国交流"。

11月6—7日，由中国拉丁美洲史研究会主办，中国社会科学院世界历史研究所承办的中国拉丁美洲史研究会第20届年会在线上举行。年会的主题是"全球史视野下拉丁美洲与世界的互动"。

11月6—7日，由河南大学主办，河南大学历史文化学院承办、首都师范大学历史文化学院协办的第二届全国世界史专业论坛暨海国图志奖评选活动在开封举行。

11月7日，复旦大学历史学系举行"世界历史上的城市、国家和文明"学术研讨会暨复旦大学世界文明史研究中心"十四五"规划咨询会。

11月10日，由中国社会科学院世界历史研究所主办，非洲史研究室承办的殖民地时期非洲史研究与编纂学术研讨会在北京举行。

11月12—13日，由中国法国史研究会主办，武汉大学历史学院世界历史研究所和法国研究杂志社共同承办的中国法国史研究会2021年年会暨法国历史上的社会转型与文化变迁学术研讨会在武汉大学举行。会议的主题是"政治、观念与革命""仪式、图像与文化""社会、经济与治理"。

11月13日，由中国中东学会与陕西师范大学历史文化学院主办的2021中国中东学会年会暨构建中国中东研究的知识体系学术研讨会在西安召开。年会的议题包括："中国中东研究的学科体系和话语体系建设""中东民族国家构建与发展道路""中东经济发展和'一带一路'共建""当代中东社会思潮和社会问题""中东秩序、地区治理及前景"。

11月13—14日，北京师范大学历史学院、北京师范大学影像史学研究中心和影像史学实验室主办的"影像史学与'新文科'"第七届中国影像史学学术研讨会在北京召开。

11月14日，由南开大学世界近现代史研究中心、南开大学拉丁美洲研究中心主办的"现代化、全球化与社会转型"系列报告会在线上举行。

11月14—15日，中国世界古代中世纪史研究会古代史专业委员会2021年学术年会暨纪念刘文鹏先生诞辰九十周年学术研讨会在内蒙古民族大学举办。年会的主题包括"古代历史上游牧文明与农耕文明的冲突与交融""草原丝绸之路与古代地中海世界""古代世界文化生命力"等。

11月19日，中国社会科学院世界历史研究所第五届青年论坛在中国历史研究院举行，论坛主题为"世界史研究前沿与热点问题"。

11月20日，"全球思想史：理论与路径"学术工作坊在华东师范大学举办。

11月20—21日，由中山大学历史学系和博雅学院召开的中山大学亚洲史研究工作坊第三期，主题为"历史地图与东亚形象"。

11月25—26日，由中国社会科学院世界历史研究所主办的第二届中国世界史研究高端论坛在北京举行，论坛议题包括"世界史视阈中的人类文明新形态""世界史视阈中的现代化新道路""新时代世界史学科体系、学术体系、话语体系建设"等。

11月25—26日，第七届中韩人文学论坛以线上和线下相结合的方式召开，论坛议题包括"中韩文学中的人与自然""中韩传统文化与生态文明理念""儒学中的'自然'思想与生态文明建设""中韩生态教育与文化传播"等。

11月27—28日，由上海师范大学人文学院世界史系、上海市中国特色哲学社会科学学术话语体系建设基地"人类历史重大理论问题话语体系建设"主办,上海师范大学光启国际学者中心协办的 20 世纪以来的中外史学理论及话语体系学术研讨会在上海师范大学召开。

12 月

12 月 9—23 日,南京大学历史学院举行"欧美国家治理现代化模式及其启示"系列讲座。

12 月 11 日,东北师范大学《外国问题研究》编辑部举办三大体系载体与学术期刊质量的提升学术研讨会。

12 月 11 日,复旦大学历史学系举办第九届西方近代思想史论坛,论坛议题包括公共卫生、新自由主义、市政社会主义等。

12 月 18 日,由西北大学中东研究所主办的"文明交往与世界历史研究——彭树智先生学术思想"研讨会在线上举行。

12 月 18 日,郑州大学历史学院、中原历史与文化研究院和韩国釜山大学历史系共同举办了第四届中韩国际人文研讨会。

12 月 18—19 日,北京师范大学史学理论与史学史研究中心暨北京师范大学铸牢中华民族共同体意识研究培育基地主办了 2021 年史学理论与史学史学术研讨会。

12 月 19 日,由陕西师范大学"一带一路"文化研究院主办,国家民委环黑海研究中心和陕师大外高加索研究中心承办的"环黑海区域:历史与当下"国际学术研讨会在线上举行。

12 月 20 日,北京大学人文社会科学研究院举行了"文明之间:欧洲文明的多元性"系列讲座。

12 月 22 日,山东师范大学历史文化学院举行中外海洋战略研究创新团队建设启动会。

12 月 24 日,由中国历史研究院主办,中国社会科学院世界历史研究所和中国社会科学院"登峰战略"欧美近现代史优势学科承办的"大变局与世界史研究:世界史成为一级学科十周年"学术研讨会在北京举行。

12 月 24 日,由宁夏大学中国阿拉伯国家研究院、社会科学文献出版社联合主办的《古代阿拉伯史学文献提要丛书》发布会暨第二届"中东史学史研究"学术研讨会在宁夏大学召开。

12 月 25 日,北京师范大学历史学院中西文明比较研究中心举办了中西文明比较研究学术研讨会。